Revue des Nouvelles Technologies de l'Information
Sous la direction de Djamel A. Zighed et Gilles Venturini

RNTI E.39 - ISBN 979-10-96289-19-6

Extraction et Gestion des Connaissances, EGC'2023

Rédactrices invitées : Catherine Faron, Sabine Loudcher

LE MOT DES DIRECTEURS DE LA COLLECTION RNTI

Très chers lecteurs et lectrices,

La conférence EGC continue d'affirmer sa présence au sein de sa communauté. Rien ne semble ralentir sa progression : Les difficultés engendrées par la pandémie du COVID-19 l'ont poussée à innover pour maintenir la tenue de conférence EGC 2021. L'organisation inédite d'EGC 2021 en mode distanciel en est une belle illustration quant à sa résilience. RNTI tient à rester solidaire et fidèle aux organisateurs de la conférence pour leur offrir un support éditorial adapté, flexible et accessible largement. Afin de permettre à EGC de garder sa dynamique, RNTI s'engage à assurer une disponibilité des publications en ligne mais également en diffusion de livres classiques ou numériques via des grands libraires et distributeurs.

Nous sommes tous conscients de la place qu'occupe RNTI dans l'édition scientifique francophone car tout son contenu est référencé dans les banques de données bibliographiques et notamment DBLP. A ce titre, la communauté universitaire, notamment francophone, la considère comme l'une des publications d'autorité du domaine. Le nombre de pages publiées chaque année est d'environ 750 issues d'articles sélectionnés sur la base d'une évaluation scientifique rigoureuse selon les normes internationales, dans le respect des standards en matière de transparence et d'éthique. Le taux de sélection des articles soumis, autour de 30%, positionne RNTI parmi les publications les plus exigeantes. Nous continuons à faire paraître des numéros dans les thèmes liés à l'Extraction de Connaissances à partir des données, à la Fouille de données et à la Gestion des connaissances. Mais l'espace RNTI reste ouvert largement à d'autres domaines de l'Informatique selon les mêmes niveaux d'exigence.

Nous vous invitons à nous soumettre vos projets éditoriaux qui partagent cette démarche. Le principe des publications demeure assez simple faisant la distinction entre deux sortes de publications :

- Des numéros à thème qui font l'objet d'un appel à communication. Chaque numéro à thème est édité par un ou plusieurs rédacteurs en chef invités. Un comité scientifique spécifique, d'une quinzaine de personnes, est formé pour accompagner l'édition et garantir sa qualité. Les éditeurs en chef organisent librement la mise en place de l'appel à contribution, de la collecte des articles et de leur évaluation, de la sélection des meilleures soumissions et de la réalisation matérielle de l'ouvrage qui sera publié.
- Des actes issus de conférences sélectives. Le ou les présidents du comité de programme de la conférence, rédacteurs en chef invités, s'appuient sur le comité scientifique pour suivre le processus conduisant à la meilleure production.

Nous tenons encore une fois à exprimer toute notre gratitude aux auteurs, aux rédacteurs invités et à tous nos collègues qui nous ont fait l'honneur et l'amitié de proposer des numéros.

Nous remercions chaleureusement la communauté EGC de garder sa confiance en RNTI pour la parution de ce numéro issu de la 23ème édition de la conférence, et nous espérons vivement qu'il sera à la hauteur de vos attentes.

En cette fin d'année nous apprenons la triste nouvelle de la disparition de Régis Gras. Nous perdons un collègue passionné et estimé, ainsi qu'un ami, et nous pensons à ses proches dans ce moment difficile. Nous nous associons vivement aux hommages que la communauté lui rend.

Nous terminons ce mot en vous adressant nos meilleurs vœux pour 2023 et une bonne réussite pour EGC 2023.

Djamel A. Zighed et Gilles Venturini.

PRÉFACE

La sélection d'articles publiés dans le présent recueil constitue les actes de la 23e édition de la conférence francophone sur l'Extraction et la Gestion des Connaissances (EGC 2023) qui s'est déroulée à l'Université Lumière Lyon 2, du 16 au 20 janvier 2023. L'objectif de ces journées est de rassembler dans un même lieu les chercheurs de différentes disciplines en Science des Données (Bases de Données, Statistiques, Apprentissage, Représentation des Connaissances, Gestion des Connaissances et Fouille de Données) et les industriels et ingénieurs qui mettent en pratique les avancées scientifiques afin de contribuer à l'activité de recherche, à la formation de la communauté scientifique dans le monde francophone, et à l'impact de la recherche en Science des Données. Les communications rassemblées dans ce volume traduisent à la fois le caractère multidisciplinaire des travaux de recherche présentés, la diversité des champs disciplinaires mobilisés, et la richesse des applications. Tout cela atteste de la vitalité du domaine de l'extraction et de la gestion des connaissances.

Dans cette 23e édition nous avons souhaité metrte en avant le thème de la gestion et le traitement intelligent des écosystèmes de graphes de connaissances. Cette thématique englobe les approches d'intelligence artificielle symbolique, numérique ou hybride pour la construction, la publication et l'exploitation de bases de graphes de connaissances annotés et interconnectés, et donne une place centrale aux problématiques de la qualité des données et graphes de connaissances produits, de la capture de la provenance des graphes de connaissances et de l'explication des résultats de leurs traitements. Le recueil inclut les résumés des cinq conférences invitées en lien avec ce thème qui nous ont fait l'honneur de répondre favorablement à notre invitation :

- *Next-Generation Intelligent Assistants for AR/VR Devices*, Xin Luna Dong ;

- *Data-aware Processes and their Executions: what's in for Knowledge Representation and Graphs*, Chiara Ghidini ;

- *Scaling Machine Learning on Knowledge Graphs*, Axel Ngonga ;

- *Graphes sémantiques et réseaux sociaux*, Camille Roth ;

- *Symbolic vs Subsymbolic Knowledge Representation, an Epic Dilemma?*, Harald Sack.

Ces journées se sont déroulées sous la présidence d'honneur d'Axel Ngonga et nous l'en remercions chaleureusement.

Cent trois soumissions de dix-sept pays différents ont été évaluées chacune par trois relecteurs. La sélection finale a été faite lors de la réunion du comité de programme en distanciel le 17 novembre 2022. À l'issue de cette réunion et après confirmation des auteurs nous avons le plaisir de vous présenter dans ce recueil vingt et un articles en version longue, vingt trois articles en version courte, douze résumés d'articles déjà publiés à l'international, et vingt deux posters dont deux issus d'articles déjà publiés à l'international. Par ailleurs, neuf articles ont été sélectionnés dans la catégorie "démonstrations de logiciels".

Le recueil contient également le résumé des travaux récompensés par le prix de thèse de l'association EGC. Cette année, ce prix est décerné à Francesco Bariatti pour son manuscrit intitulé "Mining Tractable Sets of Graph Patterns with the Minimum Description Length Principle".

Nos remerciements les plus sincères vont tout d'abord aux auteurs des articles recueillis pour la qualité scientifique de leurs contributions.

Nous remercions chaleureusement les cent trente neuf membres du comité de programme de la conférence et les vingt sept relecteurs additionnels pour la qualité de leurs rapports d'évaluation et le temps consacré. Nous remercions tout particulièrement les membres senior du comité pour leur travail d'animation des discussions entre relecteurs et de synthèse des rapports d'évaluation : Peggy Cellier, Thomas Guyet, Christine Largeron, Elsa Negre, Marc Plantevit, Pascal Poncelet, Arnaud Soulet, Christel Vrain.

Pour leur travail, leur implication, leur mobilisation, leur réactivité et leur enthousiasme, nous remercions chaleureusement les membres du comité d'organisation issu des laboratoires ERIC, LIRIS, et Hubert Curien.

Et enfin, nos plus vifs remerciements sont également adressés aux organismes qui ont soutenu financièrement l'organisation de la conférence et qui ont permis qu'elle se déroule dans de bonnes conditions : l'institut rhônalpin des systèmes complexes (IXXI), la fédération lyonnaise d'informatique (FIL), Google, EDF, l'association Léonard de Vinci, les laboratoires ERIC et LIRIS, l'école EPITA, l'université Lyon 2.

Catherine FARON
I3S, Université Côte d'Azur
Présidente du Comité de Programme

Sabine LOUDCHER
ERIC, Université Lumière Lyon 2
Présidente du Comité d'Organisation

<h1 style="text-align:center">Membres du comité de pilotage</h1>

Sihem Amer-Yahia (LIG)
Jérôme Azé (LIRMM)
Hanene Azzag (LIPN)
Lydia Boudjeloud-Assala (LORIA)
Peggy Cellier (IRISA)
Antoine Cornuéljols (AgroParisTech)
Bruno Crémilleux (GREYC)
Etienne Cuvelier (ICHEC)
Jérôme Darmont (ERIC)
Cyril De Runz (LIFAT)
Jean-Gabriel Ganascia (LIP6)
Pierre Gancarski (ICube)
Fabrice Guillet (LS2N)
Thomas Guyet (Inria)
Ali Khenchaf (Lab-STICC)
Christine Largeron (LHC)
Mustapha Lebbah (David)
Vincent Lemaire (Orange)

Arnaud Martin (IRISA)
Guy Melancon (LABRI)
Elsa Negre (LAMSADE)
Monique Noirhomme-Fraiture (FUNDP)
Benoît Otjacques (LIST)
André Peninou (IRIT)
Bruno Pinaud (LABRI)
Suzanne Pinson (LAMSADE)
Marc Plantevit (LRDE)
Pascal Poncelet (LIRMM)
Marie-Christine Rousset (LIG)
Florence Sedès (IRIT)
Arnaud Soulet (LIFAT)
Thomas Tamisier (LIST)
Gilles Venturini (LIFAT)
Christel Vrain (LIFO)
Djamel Abdelkader Zighed (ERIC)

<h1 style="text-align:center">Membres du comité de programme</h1>

Présidente : Catherine Faron, Université Côte d'Azur

Membres :

Nathalie Abadie (IGN / COGIT)
Jacky Akoka (CEDRIC-CNAM & IMT-TEM)
Baghdad Atmani (LIO - Oran 1 Univ.)
Hanane Azzag (LIPN)
Jérôme Azé (LIRMM - CNRS UMR 5506)
Khalid Benabdeslem (LIRIS - Univ. Lyon 1)
Younès Bennani (LIPN- Univ. Sorbonne Paris Nord)
Fadila Bentayeb (ERIC - Univ. Lyon 2)
Giuseppe Berio (Univ. Bretagne Sud - IRISA)
Marc Bertin (Univ. Lyon 1)
Amel Borgi (ISI / LIPAH - Univ. Tunis)
Cécile Bothorel (IMT Atlantique)
Lydia Boudjeloud-Assala (LORIA)

Omar Boussaid (ERIC - Univ. Lyon 2)
Agnès Braud (Univ. Strasbourg)
Sandra Bringay (LIRMM - Univ. Montpellier)
Paula Brito (Univ. Porto)
Pierrick Bruneau (Luxembourg Institute of Science and Technology)
Patrice Buche (INRA)
Nicolas Béchet (IRISA)
Guillaume Cleuziou (LIFO)
Camelia Constantin (LIP6 - Univ. Paris)
Bruno Cremilleux (Universite de Caen Normandie)
Jérôme Darmont (Univ. Lyon 2)
Jérôme David (INRIA)
Francisco De A. T. De Carvalho (Centro de Informatica - CIn/UFPE)

Sylvie Despres (LIM & BIO)
Nabil El Malki (IRIT)
Sebastien Ferre (Univ. Rennes - IRISA)
Françoise Fessant (France telecom R&D)
Frédéric Flouvat (Univ. Aix-Marseille)
Françoise Fogelman-Soulié (Univ. Tianjin)
Germain Forestier (Univ. Haute Alsace)
Esther Galbrun (Univ. Eastern Finland)
Jean-Gabriel Ganascia (UPMC - LIP6)
Pierre Gancarski (ICUBE - Univ. Strasbourg)
Dominique Gay (Univ. Réunion)
David Ggross-Amblard (Univ. Rennes 1 - IRISA)
François Goasdoue (Univ. Rennes 1)
Damien Graux (Inria)
Daniela Grigori (LAMSADE - Univ. Paris-Dauphine)
Adrien Guille (ERIC - Univ. Lyon 2)
Christiane Guinot (Univ. Tours)
Thomas Guyet (Inria)
Allel Hadjali (LIAS/ENSMA)
Fayçal Hamdi (CEDRIC - CNAM)
Nathalie Hernandez (IRIT)
Gilles Hubert (IRIT)
Dino Ienco (IRSTEA)
Siwar Jendoubi (HIM Tunis)
Clement Jonquet (MISTEA - INRAE - LIRMM - Univ. Montpellier)
Fabrice Jouanot (Univ. Grenoble)
Mehdi Kaytoue (Infologic)
Zoubida Kedad (Univ. Versailles)
Ali Khenchaf (Lab-Sticc - ENSTA Bretagne)
Camille Kurtz (Univ. Paris)
Nicolas Labroche (Univ. Tours)
Nicolas Lachiche (Univ. Strasbourg)
Frederique Laforest (LIRIS - INSA Lyon)
Anne Laurent (LIRMM - Univ. Montpellier)
Florence Le Ber (icube)
Mustapha Lebbah (Lab. DAVID)
Yves Lechevallier (INRIA)

Vincent Lemaire (Orange Labs)
Marie-Jeanne Lesot (LIP6 - UPMC)
Diane Lingrand (I3S - Univ. Nice)
Stephane Loiseau (Leria)
Sofian Maabout (LaBRI - Univ. Bordeaux)
Arnaud Martin (Univ. Rennes 1 - IRISA)
Florent Masseglia (INRIA)
Zoltan Miklos (Univ. Rennes 1)
Rokia Missaoui (LARIM - UQO)
Pascal Molli (Univ. of Nantes - LS2N)
Fabrice Muhlenbach (LHC - Univ. Saint-Étienne)
Amedeo Napoli (LORIA - Univ. Lorraine)
Damien Nouvel (INaLCO)
Benoit Otjacques (Luxembourg Institute of Science and Technology)
Frédéric Pennerath (CentraleSupélec)
Nathalie Pernelle (LIPN - Univ. Sorbonne Paris Nord)
Fabien Picarougne (LINA - Univ. Nantes)
Suzanne Pinson (Univ. Paris-Dauphine)
Marc Plantevit (LRE - EPITA)
Cédric Pruski (Luxembourg Institute of Science and Technology)
André Péninou (IRIT)
Gianluca Quercini (CentraleSupélec - LRI)
Cyril Ray (Arts et Metiers Institute of Technology - Ecole Navale - IRENav)
Michel Riveill (Univ. Nice)
Christophe Roche (Univ. Savoie Mont-Blanc - Condillac)
Marie-Christine Rousset (Univ. Grenoble Alpes)
Catherine Roussey (INRAE)
Celine Rouveirol (LIPN - Univ. Paris 13)
Lucile Sassatelli (Univ. Cote d'Azur)
Lucile Sautot (AgroParisTech - TETIS)
Fatiha Saïs (LRI - Univ. Paris Saclay)
Florence Sedes (Univ. Toulouse III Paul Sabatier)

Nazha Selmaoui-Folcher (ISEA - Univ. New Caledonia)
Samira Si-Said Cherfi (CEDRIC - CNAM)
Dan Simovici (Univ. Massachusetts Boston)
Hala Skaf-Molli (Univ. Nantes - LS2N)
Thomas Tamisier (Luxembourg Institute of Science and Technology)
Andon Tchechmedjiev (IMT Mines Ales - Univ. Montpellier)
Maguelonne Teisseire (Irstea - Tetis)
Olivier Teste (IRIT)
Andrea Tettamanzi (Univ. Nice Sophia Antipolis)
Constance Thierry (Univ Rennes - IRISA)
Konstantin Todorov (LIRMM / Univ. Montpellier)
Fabien Torre (Univ. Lille)
Ronan Tournier (IRIT)
Cassia Trojahn (UT2J & IRIT)
Nicolas Turenne (Univ. Gustave Eiffel)
Julien Velcin (ERIC - Univ. Lyon 2)
Gilles Venturini (LI - Univ. Tours)
Nicole Vincent (Univ. Paris)
Marco Winckler (Univ. Côte d'Azur)
Haifa Zargayouna (Univ. Paris 13)
Yiru Zhang (ETIS - Univ. CY Cergy Paris)
Cyril de Runz (LIFAT - Univ. Tours)

Relecteurs additionnels

Hugo Ayats, Francesco Bariatti, Slim Bouker, Rémy Decoupes, Lamine Diop, Karim El Haff, Mourad El Hamri, Nour El Imene Hamda, Nabil El Malki, Seif Eddine Benkabou, Armita Khajeh Nassiri, Sylvain Lamprier, Jerry Lonlac, Thibaut Martinet, Melanie Munch, Thomas Papastergiou Joe Raad, Pegdwendé Sawadogo, Hana Sebia, Molka Tounsi Dhouib, Norbert Tsopze, Nadia Yacoubi Ayadi,

Membres du comité de lecture des démonstrations de logiciels

Khalid Benabdeslem (LIRIS, Univ. Lyon)
Fadila Bentayeb (ERIC, Univ. Lyon)
Sandro Bimonte (INRAE)
Lydia Boudjeloud (LORIA, Univ. Lorraine)
Omar Boussaid (ERIC, Univ. Lyon)
Raphael Couturier (Univ. Franche-Comte)
Laurent D'Orazio (IRISA, Univ. Rennes)
Christophe Guyeux (Univ. Bourgogne Franche-Comté)
Nouria Harbi (ERIC, Univ. Lyon)
Abdessamad Imine (LORIA, Univ. Lorraine)
Sofian Maabout (LABRI, Univ. Bordeaux)
Florent Masseglia (INRIA)
Guillaume Metzler (ERIC, Univ. Lyon)
Marc Plantevit (LRE, EPITA)
Sana Sellami (LIS, Univ. Aix Marseille)

Comité d'organisation

Présidente : Sabine Loudcher, Université Lumière Lyon 2 (ERIC)

Membres :

- Fadila Bentayeb, Université Lumière Lyon 2 (ERIC)
- Rémy Cazabet, Université Claude Bernard Lyon 1 (LIRIS)
- Stéphane Chrétien, Université Lumière Lyon 2 (ERIC)
- Cécile Favre, Université Lumière Lyon 2 (ERIC)
- Adrien Guille, Université Lumière Lyon 2 (ERIC)
- Christine Largeron, Université Jean Monnet Saint-Etienne (LabHC)
- Guillaume Metzler, Université Lumière Lyon 2 (ERIC)
- Habiba Osman, Université Lumière Lyon 2 (ERIC)
- Marc Plantevit, EPITA Lyon (LRDE)
- Céline Robardet, INSA Lyon (LIRIS)
- Julien Velcin, Université Lumière Lyon 2 (ERIC)

TABLE DES MATIÈRES

Conférences invitées

Prix de thèse

Articles longs

Articles courts

Articles issus d'articles déjà publiés à l'international

Démonstrations

Posters

CONFÉRENCES INVITÉES

Next-Generation Intelligent Assistants for AR/VR Devices

Xin Luna Dong

META

Résumé   An intelligent assistant shall be an agent that knows you and the world, can receive your requests or predict your needs, and provide you the right services at the right time with your permission. As smart devices such as Amazon Alexa, Google Home, Meta Ray-ban Stories get popular, Intelligent Assistants are gradually playing an important role in people's lives. The Emergence of AR/VR devices brings more opportunities and calls for the next generation of Intelligent Assistants. In this talk, we discuss the many challenges and opportunities we face to grow intelligent assistants from server-side to on-device, from voice-only to multi-modal, from context-agnostic to context-aware, and from listening to the users' requests to predicting the user's needs. We also describe the roles public and personal knowledge graphs play to empower such an assistant. We expect these new challenges to open doors to new research areas and start a new chapter for providing personal assistance services.

Bio   Xin Luna Dong is the Head Scientist at Facebook AR/VR Assistant. Prior to joining Facebook, she was a Senior Principal Scientist at Amazon, leading the efforts of constructing Amazon Product Knowledge Graph, and before that one of the major contributors to the Google Knowledge Vault project, and has led the Knowledge-based Trust project, which is called the "Google Truth Machine" by Washington's Post. She has co-authored books "Machine Knowledge : Creation and Curation of Comprehensive Knowledge Bases" and "Big Data Integration", was awarded ACM Distinguished Member, and VLDB Early Career Research Contribution Award for "Advancing the state of the art of knowledge fusion". She serves in the VLDB endowment and PVLDB advisory committee, and is a PC co-chair for KDD'2022 ADS track, WSDM 2022, VLDB 2021, and Sigmod 2018.

Scaling Machine Learning on Knowledge Graphs

Axel Ngonga

Paderborn University

Résumé   Automated knowledge extraction have engendered a plethora of knowledge graphs, which are used in a large number of applications. Symbolic machine learning on these knowledge graphs has a plethora of advantages. First, this family of approaches is often less data-hungry than sub-symbolic models. Moreover, the models computed in this manner are ante-hoc globally explainable. In this talk, we present some recent results on accelerating symbolic machine learning based on inductive logic programming on knowledge graphs with rich semantics. In particular, we focus on algorithms which improve the runtime of ML approaches while maintaining completeness guarantees. We also discuss some of most pertinent challenges faced by this family of approaches.

Bio   Axel Ngonga is a professor at Paderborn University, where he heads the Data Science Group. He is also a director of the Joint Artificial Intelligence Institute Paderborn-Bielefeld and the coordinator of the KnowGraphs MSCA ITN. Axel studied Computer Science in Leipzig. His PhD thesis was on knowledge-poor methods for the extraction of taxonomies from large text corpora. After completing his PhD in 2009, he wrote a Habilitation on link discovery with a focus on machine learning and runtime optimization. After leading the AKSW research group for four years, Axel went on to lead the DICE research group at Paderborn University. His research group focuses on foundational research on data-driven methods to improve the lifecycle of knowledge graphs. These include techniques for the extraction of knowledge graphs, the verification of their veracity, their integration and fusion, their use in machine learning, and their exploitation in user-facing applications such as question answering systems and chat bots. Axel has served in various functions at multiple international conferences, including ISWC, ESWC, WWW, AAAI, ECAI, and IJCAI. He is the grateful recipient of over 25 international research prizes, including a Next Einstein Fellowship and several best research paper awards. His group is funded by grants from the German Research Foundation, the German Ministry for Economic Affairs and Climate Action, the German Ministry of Education and Research, and the European Commission.

Data-aware Processes and their Executions: what's in for Knowledge Representation and Graphs

Chiara Ghidini

Fondazione Bruno Kessler

Résumé   The worlds of Business Process Management (BPM) and Process Mining (ProM) has had only few connections with those of Information Extraction (IE), Knowledge Management (KM), and Semantic Web (SW). Indeed their intersections amounted in few attempts to model semantic business processes or exploit ontologies, such as the BPMN ontology, to reason on semantically enriched process models. One of the reasons of this distance might lie in the fact that the business process oriented communities were mainly focused on handling temporally oriented entities such as activities and their temporal (work)flows relations, while the knowledge oriented ones were mainly focused on the modelling and handling of static entities and relations. In the last few years nonetheless the two groups have started expanding their interests and this may end up in better connecting with each others. Indeed, the business process communities have started looking more and more towards multi-dimensional processes, characterised by a complex network of entities that go beyond the typical event-based ones and include data objects, resources, actors, goals, among others. At the same time the knowledge oriented one has shown a growing interest in temporally denoted entities such as events, stories and narratives. In this talk I will use some of our works on Semantic Modelling and Analysis of Complex Data-aware Processes and their Executions to try to highlight possible connections between these two worlds and challenges where an interaction may provide mutual benefit.

Bio   Chiara Ghidini is a senior Research Scientist at Fondazione Bruno Kessler (FBK), Trento, Italy, where she heads the Process & Data Intelligence (PDI) research unit and is responsible of the scientific ordination of the new centre of digital Health & Well Being. Her scientific work in the areas of Semantic Web, Knowledge Engineering and Representation, Multi-Agent Systems and Process Mining is internationally well known and recognised, and she has made significant scientific contributions in the areas of multi-context logics; deliberative resource bounded agents; ontology mappings and integration; collaborative modeling platforms, business process modelling, and predictive business process monitoring. She has been involved in a number of international research projects, among which the FP7 Organic.Lingua and SO-PC-Pro European projects and the current network of Excellence Humane-AINet, as well as industrial projects in collaboration with companies in the Trentino area.

Symbolic vs Subsymbolic Knowledge Representation, an Epic Dilemma?

Harald Sack

Karlsruher Institut für Technologie

Résumé   Over the last decade, deep learning methods made tremendous progress. Massive parallelization via GPUs, huge training data harvested from the Web, and efficient neural network architectures enable humanlike or even superhuman performance in specific areas. Huge pre-trained language models seem to capture complex semantics of natural languages and obtain outstanding results in classification, prediction, or generation tasks. The same holds for the image generation domain with models like Stable Diffusion or Dall-E. As a result, do we still need symbolic knowledge representations and logics? Will Deep Learning models take over and will symbolic logic, ontologies, or knowledge graphs become an obsolete niche product? In this talk, we will look at various examples from both worlds and show that each by itself alone might fail. Both sides will have to join forces to succeed and move forward.

Bio   Harald Sack is Professor of Information Service Engineering at FIZ Karlsruhe - Leibniz Institute for Information Infrastructure and Karlsruhe Institute of Technology (KIT). After graduating in computer science at the University of the Federal Forces Munich, he worked as a network engineer and project manager in the signal intelligence corps of the German Air Force. In 1997 he became an associated member of the graduate program 'mathematical optimization' at the University of Trier and obtained a PhD in computer science in 2002. After working as a postdoctoral researcher at the Friedrich-Schiller-University in Jena, he headed the research group Semantic Technologies and Multimedia Retrieval at Hasso Plattner-Institute for IT-Systems Engineering at the University of Potsdam from 2009 to 2016. His current areas of research include semantic technologies, knowledge discovery as well as applications of hybrid symbolic and subsymbolic AI. He has served as General Chair, PC Chair, and (Senior) PC member of numerous international conferences and workshops. Harald Sack has published more than 200 scientific papers in peer reviewed international journals and conferences including several standard textbooks.

Graphes sémantiques et réseaux sociaux

Camille Roth

Centre Marc Bloch

Résumé La distribution sociale des informations et la structure des interactions sociales sont de plus en plus fréquemment étudiées de manière conjointe, notamment dans les travaux se réclamant des sciences sociales computationnelles. D'une part, l'analyse des contenus, diversement appelée "text mining", "automated text analysis" ou encore "text-as-data methods", s'y appuie sur un vaste éventail de techniques allant de simples statistiques numériques (similarité textuelle, termes saillants) à des approches d'apprentissage automatique s'appliquant au niveau d'ensembles de mots ou de phrases, en particulier en vue d'extraire divers types de graphes sémantiques – qu'il s'agisse simplement de liens de co-occurrence entre termes, de triplets "sujet-prédicat-objet", ou de structures plus élaborées au niveau d'une phrase entière. Ces données et, parfois, ces graphes sémantiques, sont d'autre part associés à des acteurs dont les diverses relations (interaction, collaboration, affiliation) sont également rassemblés fréquemment au sein de graphes sociaux. Cette présentation vise à proposer un tour d'horizon des approches mêlant contenus et interactions, où les espaces publics numériques et les communautés scientifiques représentent des terrains privilégiés en tant que systèmes sociaux où informations et savoirs sont produits et se propagent de manière décentralisée.

Bio Chercheur au CNRS en informatique depuis 2008, Camille Roth a également été enseignant-chercheur en sociologie (professeur à Sciences Po Paris et maître de conférences à Toulouse). Docteur de l'École Polytechnique (2005) et ingénieur des Ponts (2002), ainsi que titulaire d'un DEA de sciences cognitives (EHESS, 2002), il a un profil à la croisée entre sciences dures et sciences sociales. En 2012, il a fondé et dirige depuis lors l'équipe de sciences sociales computationnelles du Centre Marc Bloch à Berlin, où il encadre un groupe interdisciplinaire d'une dizaine de personnes mêlant sciences sociales et modélisation mathématique et informatique. Il y dirige notamment un ERC Consolidator (2018-23) sur le thème du confinement et des bulles dans les espaces publics numériques et y mène également des travaux sur le rôle des algorithmes dans l'accès aux contenus en ligne.

PRIX DE THÉSE

Résumé de la thèse "Mining Tractable Sets of Graph Patterns with the Minimum Description Length Principle"

Francesco Bariatti*

*LIACS, Leiden University, Leiden, The Netherlands
f.bariatti@liacs.leidenuniv.nl

Dans nombreux domaines il est courant de trouver des données structurées sous la forme d'un ensemble d'entités reliées entre elles par des relations. Par exemple, en chimie et en biologie, les molécules peuvent être exprimées comme des atomes reliés par des liaisons ; en linguistique, les phrases peuvent être exprimées comme des mots reliés par des relations de dépendance ; dans le web sémantique, les connaissances peuvent être exprimées sous forme d'entités nommées reliées par des relations sémantiques. Ces données sont représentées sous forme de graphes : des structures de données où les "sommets" (les entités) sont interconnectés par des "arêtes" (les relations). Les sommets et arêtes peuvent aussi être étiquetés, afin de préciser les attributs des entités et relations correspondantes.

Ces données peuvent révéler de la connaissance utile à l'utilisateur, cependant leur analyse par un humain devient de plus en plus difficile à mesure que la taille du jeu de données augmente. En pratique, il n'est pas rare de trouver des jeux de données dont les graphes comportent des millions ou des milliards de sommets reliés par autant d'arêtes. Afin d'aider les utilisateurs, des approches automatisées sont nécessaires pour rendre les données plus faciles à traiter. Les approches de *fouille de motifs* aident l'utilisateur à s'attaquer à cette tâche en extrayant des structures locales à partir des données. En particulier, de nombreuses approches ont été proposées pour traiter les données de type graphe. Cependant, un problème courant est l'*explosion du nombre de motifs* : même sur des petits jeux de données, les approches classiques de fouille génèrent de très grandes quantités de motifs (des millions ou des milliards). Dans ce cas, la fouille de motifs n'est d'aucune utilité pour l'utilisateur, car l'analyse de la grande quantité de motifs extraits devient une tâche aussi difficile que celle de l'analyse des données initiales. Afin de réduire le nombre de motifs extraits, plusieurs techniques ont été proposées, comme l'utilisation de représentations condensées pour réduire le nombre de motifs affichés à l'utilisateur ; l'intégration de contraintes dans le processus de fouille ; et l'échantillonnage aléatoire de l'espace des motifs. Ces méthodes permettent souvent de réduire le nombre de motifs extraits de plusieurs ordres de grandeur, mais cela n'est souvent pas assez pour que les motifs puissent être analysés par un utilisateur humain (des centaines de milliers de motifs peuvent encore rester).

Plus récemment, des approches ont été proposées qui utilisent le principe *Minimum Description Length* (MDL) pour générer et sélectionner des ensembles de motifs suffisamment *petits* pour permettre une analyse humaine et suffisamment *descriptifs* des données pour permettre d'en extraire de la connaissance significative. Le principe MDL provient du domaine de la théorie de l'information et est souvent résumé par la formule suivante : "le modèle qui décrit le mieux les données est celui qui les compresse le plus", ce qui signifie qu'un modèle adapté aux données devrait permettre de les décrire avec une quantité minimale d'informations par rapport à un modèle qui n'est pas adapté. Le principe MDL a été appliqué au problème de la sélection de motifs en traitant les ensembles de motifs comme des "modèles" qui sont utilisés pour encoder les données. Les approches basées sur le principe MDL ont montré leur efficacité sur de nombreux types de données : données transactionnelles, bases de données relationnelles, séquences, matrices, etc. Peu d'approches MDL existent pour les graphes et elles imposent généralement des limites sur le type de motifs extraits.

Dans cette thèse, nous proposons des approches qui utilisent le principe MDL afin de générer et sélectionner des *petits ensembles* de motifs *descriptifs* de type graphe à partir de données de type graphe, afin d'aider les analystes humains à extraire de la connaissance significative des données. La fouille de motifs dans les graphes présente non seulement les défis habituels de la fouille de motifs —tels qu'un grand espace de recherche qui nécessite une stratégie d'exploration efficace— mais présente également des défis spécifiques dus à la nature des graphes. En premier lieu, détecter les occurrences d'un motifs dans les données est un problème NP-complet. Deuxièmement, les données de type graphe ont une composante structurelle importante. Savoir qu'un motif est *présent* dans les données n'est pas suffisant. Savoir *comment le motif se connecte au reste des données* est une information importante qui révèle également de la connaissance sur les données, et qui doit pouvoir être communiquée à l'utilisateur. Dans cette thèse, nous instancions le principe MDL dans un contexte de fouille de motifs de graphes. Nous proposons des mesures basées sur MDL pour évaluer des ensembles de motifs, sans imposer des limites sur la forme de ces derniers. Nous introduisons la notion de *ports*, qui permet de décrire les données de type graphe comme une composition d'occurrences de motifs de type graphe sans aucune perte d'information, ce qui est fondamental dans les approches MDL. De plus, nous montrons que cette notion met en valeur les interactions entre différents motifs. Nous proposons des approches utilisant ces notions pour extraire un petit ensemble *de taille humaine* de motifs descriptifs à partir de données de type graphe. Pour chacune de ces approches nous proposons des algorithmes heuristiques, permettant de produire des résultats en un temps raisonnable, et ne demandant pas un paramétrage extensif par l'utilisateur. Nous évaluons toutes nos contributions expérimentalement sur des jeux de données provenant de différents domaines, y compris du web sémantique. Nous proposons aussi un outil pour *visualiser interactivement* les résultats de nos approches, permettant à l'utilisateur de les manipuler afin de mieux les comprendre.

ARTICLES LONGS

Benchmark pour la classification de commentaires toxiques sur le jeu de données Civil Comments

Corentin Duchêne*, Henri Jamet*, Pierre Guillaume*, Réda Dehak*

* EPITA Speaker and Language Recognition Group (ESLR),
Laboratoire de Recherche de l'EPITA (LRE), France
`{prénom.nom}@epita.fr`

Résumé. La détection des commentaires toxiques sur les réseaux sociaux est devenue essentielle pour la modération automatique des messages. Dans cet article, nous présentons une comparaison d'un large éventail de modèles sur un ensemble de données multi-labels de discours haineux. Nous prenons en compte dans notre comparaison le temps d'inférence, les performances et le biais en utilisant différentes métriques. Nous avons découvert que tous les modèles BERT ont des performances similaires, indépendamment de leur taille, des optimisations ou du langage utilisé pour le pré-entraînement. Les réseaux BiLSTM restent un bon compromis entre la performance et le temps d'inférence. Le modèle RoBERTa utilisant la fonction Focal Loss pour l'entraînement demeure le moins biaisé de tous. Comme prévu, le modèle DistilBERT a le temps d'inférence le plus faible des modèles BERT. Enfin, tous les modèles sont affectés par le biais d'association des identités à la toxicité. Les modèles BERT, RNN et XLNet y sont moins sensibles que les CNN et les Compact Convolutional Transformers.

1   Introduction

La détection des commentaires toxiques sur les médias sociaux s'est avérée essentielle pour la modération automatique du contenu. Selon le ministre français de l'éducation, 18% des élèves français ont été victimes de harcèlement sur les réseaux sociaux en 2021. Dans le même temps, le nombre de publications sur ces plateformes n'a cessé d'augmenter. En 12 ans, le nombre de tweets par jour a été multiplié par dix pour atteindre 500 millions aujourd'hui [1].

Cela montre que la détection rapide et ciblée des commentaires toxiques sur les réseaux sociaux est devenue un enjeu crucial pour assurer la cohésion de la société. Par conséquent, cela ne peut se faire qu'en automatisant la modération en ligne.

De nos jours, les types de modèles les plus performants en matière de classification de textes et représentant l'état de l'art sont des modèles basés sur des Transformers (Vaswani et al., 2017) tels que le modèle BERT (Devlin et al., 2019). Plusieurs modifications de ce modèle ont été proposées, Liu et al. (2019) ont fine-tuné un modèle BERT préentraîné pour identifier les discours offensants, catégorisant automatiquement les types de haine et identifiant la cible de ces commentaires.

---

1. `https://www.internetlivestats.com/twitter-statistics/`, Statistiques d'utilisation de Twitter - Internet Live Stats.

Dans cette étude, nous comparons les modèles les plus performants et les plus répandus en traitement du langage naturel, comme BERT, et en vision appliquée au texte, comme des ResNet et des Vision Transformers. À notre connaissance, nous n'avons pas trouvé dans l'état de l'art une comparaison aussi détaillée de tous ces modèles sur un large éventail de métriques en utilisant les mêmes conditions d'entraînement et les mêmes ensembles de données d'entraînement et de test. La plupart des benchmarks récents (Lee et al., 2018; Ibrohim et Budi, 2019) s'attachent à comparer différentes méthodes d'apprentissage automatique ou d'apprentissage profond en s'appuyant seulement sur des métrics comme le F1 score, la Precision ou le Recall. Cependant les travaux de Dixon et al. (2018) tendent à montrer que ces métriques ne sont pas suffisantes pour évaluer certains biais de classification. Borkan et al. (2019) proposent même leurs propres métriques pour évaluer ces biais. Comme jamais auparavant, la même méthodologie et le même ensemble de données sont utilisés tout au long de notre analyse pour se concentrer sur la performance, la mesure des biais et le temps d'inférence. Nous avons fine-tuné chacun de nos modèles pour obtenir les meilleures performances. Le résultat de ce travail devrait aider à déterminer quel modèle peut être utilisé dans la pratique.

Notre comparaison a été effectuée à l'aide des mêmes ensembles de données d'entraînement et de test extraits de Civil Comments 2019[2]. Ce jeu de données est un jeu de données multi-labels avec des classes déséquilibrées fournies par Jigsaw/Conversation AI. Pour ce jeu de données, nous connaissons l'identité de la cible pour certains commentaires, ce qui nous permet d'évaluer les biais lors de la classification.

Le reste du document est organisé comme suit : La section 2 décrit le jeu de données et les modèles utilisés dans la comparaison. Le protocole d'expérimentation et l'analyse des résultats sont présentés dans les sections 3 et 4. Enfin, la section 5 conclut l'article.

2 Méthodologie

2.1 Jeu de données

En 2017, la plateforme d'hébergement de commentaires Civil Comments a fermé. Elle a rendu publics ses 1,8 million de commentaires pour soutenir la recherche visant à comprendre et à améliorer la détection de la haine dans les conversations en ligne. L'équipe de Jigsaw a soutenu cette initiative pour l'étiquetage de ces commentaires; chaque commentaire a été montré à 10 annotateurs en leur demandant de "noter la toxicité du commentaire". Pour garantir l'exactitude des notes, certains commentaires ont été vus par plus de 100 annotateurs. Pour tous les commentaires, la valeur obtenue à la fin pour chaque classe est la fraction des annotations positives par rapport au nombre d'annotateurs. Tous les commentaires ont été classés en sept catégories : `toxicity`, `severe_toxicity`, `obscene`, `threat`, `insult`, `indentity_attack`, et `sexual_explicit`.

En outre, un sous-ensemble de 450 000 exemples a été étiqueté avec l'identité visée par chaque commentaire (Table 1) en utilisant une liste de questions, telles que "Quels genres sont référencés dans le commentaire ?" ou "Quelles ethnies sont référencées dans le commentaire ?". Encore une fois, le score obtenu pour chaque classe d'identité est la fraction d'annotateurs qui ont mentionné l'identité sur le nombre d'évaluateurs. Comme on peut le voir dans le Tableau 2,

---

2. `https://www.kaggle.com/c/jigsaw-unintended-bias-in-toxicity-classification/data` : Jigsaw unintended bias in toxicity classification Kaggle.

Catégorie	Identité
Gender	Male, Female, Transgender, Other gender
Sexual Orientation	Heterosexual, Homosexual, Bisexual, Other sexual orientation
Religion	Christian, Jewish, Muslim, Hindu, Buddhist, Atheist, Other religion
Race or ethnicity	Black, White, Latino, Other race or ethnicity
Disability	Physical disability, Intellectual or learning disability. Psychiatric disability or mental illness, Other disability

TAB. 1 – Liste des options de communautés présentées aux annotateurs.

Sous-groupe	Nombre	Fréquence
all comments	1 999 516	7.99%
male	48 870	15.05%
female	58 584	13.66%
transgender	2 759	21.13%
heterosexual	1 432	22.56%
homosexual	12 062	28.28%

TAB. 2 – Pourcentage de commentaires qualifiés de toxiques pour une sélection de communautés.

il y a un déséquilibre dans le pourcentage d'annotation de toxicité entre les différentes communautés.

2.2   Pré-traitement des données

Dans la base utilisée, pour chaque commentaire, les étiquettes représentent la probabilité d'appartenance ou pas aux différentes classes de toxicité et d'identité. Il faut rappeler que ces classes ne sont pas disjointes. . Pour déterminer si un commentaire est considéré comme positif ou négatif pour chaque classe, nous avons appliqué un seuil : si la probabilité est supérieure à 0,5, nous supposons que le commentaire est positif pour cette classe, sinon c'est négatif. A la fin, chaque commentaire peut être affecté à une des classes ou à un sous-ensemble des différentes classes.

Comme on peut le voir sur le Tableau 3, les classes sont fortement déséquilibrées. La classe `severe_toxicity` est rarement activée sur l'ensemble du jeu de données. Pour cette raison, nous avons choisi de retirer cette classe des classes à prédire et de limiter le nombre de classes à six.

Pour l'ensemble des commentaires traités, nous avons appliqué les transformations suivantes :
— Transformer en minuscules,
— Supprimer les balises HTML, les l'URL et les signes diacritiques,
— supprimer les espaces blancs et les valeurs NA ou vides

Sous-type de haine	Nombre
toxicity	159 782
severe_toxicity	13
obscene	10 671
sexual_explicit	5 127
identity_attack	14 761
insult	118 079
threat	4 725

TAB. 3 – Nombre de commentaires pour chaque sous-type de discours de haine.

Les ensembles d'apprentissage et de test utilisés sont les mêmes que ceux proposés lors du Kaggle [2]. On suppose que les distributions des étiquettes et des sous-groupes entre les deux sous-ensembles sont similaires mais non exactes.

Pour traiter le problème du déséquilibre de l'ensemble de données pendant l'entraînement, nous rééquilibrons les différentes classes. Pour ce faire, nous appliquons un ré-échantillonnage négatif : nous gardons seulement 10% des exemples choisis aléatoirement sans toxicité (les 6 classes de haine non activées : classe sur-représentée dans le jeu d'entraînement), et nous gardons tous les exemples avec au moins une des 6 classes activées. A la fin, il y a autant d'exemples avec toutes les classes négatives que d'exemples avec au moins une classe positive. Au total, la taille de l'ensemble d'entraînement est de 310 000 exemples. Il est important de noter qu'aucun rééquilibrage n'est effectué sur le sous-ensemble de test.

2.3 Modèles

La plupart des modèles Transformers utilisés ici sont basés sur BERT(Bidirectional Encoder Representations from Transformers). Google a proposé ce modèle en 2018. Il est composé uniquement d'un empilement de couches encodeurs des modèles Transformers. Le modèle BERT est également utilisé pour la classification, pour cela, il utilise un jeton spécifique `<CLS>` au début de chaque séquence. C'est un modèle qui a montré de très bonnes performances dans le domaine du traitement du langage en termes de résultat et vitesse de calcul par rapport aux autres modèles. C'est pour cette raison qu'on a choisi le modèle BERT comme modèle de référence pour notre comparaison.

Malgré les excellents résultats obtenus dans différents benchmarks, ce modèle présente certaines limites. Depuis la sortie de BERT, différents modèles ont été proposés pour répondre à ces limitations. Pour cette raison, nous allons aussi étudier les performances des variantes récentes de BERT sur la classification des commentaires toxiques : DistilBERT (Sanh et al., 2019), AlBERT (Lan et al., 2019), RoBERTa (Zhuang et al., 2021), XLM RoBERTa (Conneau et al., 2020), BERTweet (Nguyen et al., 2020), HateBERT (Caselli et al., 2021), XLNet (Yang et al., 2019) et Compact Convolutional Transformer (CCT) (Hassani et al., 2021).

DistilBERT a été proposé par Sanh et al. (2019). Il s'agit d'une version distillée (Hinton et al., 2014) du modèle BERT. Le nouveau modèle a 40% de paramètres en moins et est 60% plus rapide en préservant 95% des performances de BERT.

AlBERT (Lan et al., 2019), qui signifie "A Lite BERT", a été mis à disposition dans une version open source par Google en 2019. Le modèle a été construit avec la structure originale de BERT, mais conçu pour réduire drastiquement les paramètres (de 89%) en utilisant le partage des paramètres à travers les couches cachées du réseau, et en factorisant la couche d'intégration. Tout cela a été accompli avec une réduction de la précision de 82,3% à 80,1% en moyenne sur une liste de jeux de données.

RoBERTa (Zhuang et al., 2021) est une amélioration du modèle BERT proposée par Facebook AI. Roberta est entraîné seulement sur une tâche de modélisation du langage masqué (MLM), avec un masquage dynamique, de sorte que les tokens masqués changent à chaque époque d'entraînement, sur une taille de lot plus grande et pendant plus longtemps.

XLM RoBERTa (Conneau et al., 2020) est une version multilingue de RoBERTa. Il est pré-entraîné sur 2.5 To de données CommonCrawl filtrées contenant 100 langues.

BERTweet (Nguyen et al., 2020) est un modèle basé sur BERT entraîné sur un énorme corpus de tweet anglais proposé par Nvidia en utilisant la même méthode que pour Roberta sur une tâche de modélisation du langage. Le corpus utilisé pour l'entraînement est d'environ 820 millions (80 Go) de tweets anglais. BERTweet s'est montré plus performant que le modèle de base Roberta dans les tâches suivantes liées aux tweets : L'étiquetage morpho-syntaxique, la reconnaissance d'entités nommées et la classification de textes.

HateBERT (Caselli et al., 2021) est un modèle publié lors de la conférence de l'Association for Computational Linguistics. Il utilise un modèle de base BERT pré-entraîné. Ce modèle a été fine-tuné pour une tâche de modélisation du langage sur le jeu de données RAL-E (Reddit Abusive Language English dataset). Ce jeu de données est composé de 1 492 740 phrases différentes provenant de Reddit et contient des discours haineux, des phrases offensantes et abusives. Le modèle a également été fine-tuné sur trois jeux de données différents : OfensEval, AbusEval et HatEval, battant ainsi l'état de l'art sur ces 3 jeux de données.

XLNet (Yang et al., 2019) est un modèle Transformer bidirectionnel de grande envergure qui utilise la permutation de tokens pour capturer des informations contextuelles et améliorer la précision des prédictions. XLNet a surpassé BERT dans 20 tâches, telles que la réponse à des questions, l'inférence en langage naturel, l'analyse de sentiments, etc.

Pour tous ces modèles, nous concaténons la sortie des 4 dernières couches du token <CLS> en un grand vecteur de caractéristiques et empilons deux couches denses pour prédire un vecteur de dimension 6 qui correspond aux 6 classes de haine à prédire. Des modèles pré-entraînés ont été utilisés, et les poids des modèles ont été dégelés pendant l'entraînement. De nombreuses recherches ont été effectuées concernant l'extraction de caractéristiques avec les modèles Transformers. Les résultats présentés dans (Devlin et al., 2019)) ont inspiré notre étude et notre comparaison. L'article montre que la concaténation des quatre dernières couches de l'encodeur donne de meilleurs résultats que l'utilisation de la seule dernière couche.

Compact Convolutional Transformer (CCT) (Hassani et al., 2021) est une architecture basée sur les Transformers, utilisée à la base pour de la vision par ordinateur que nous avons ré-utilisé sur du texte. L'article original montre que CCT peut donner de bons résultats sur des ensembles de données d'images et de textes avec moins de paramètres que les modèles basés sur des modèles Transformers. CCT combine des convolutions et des couches d'attention en utilisant d'abord une tokenisation par convolution sur l'image contrairement aux ViT (Dosovitskiy et al., 2021) qui utilise une tokenisation par patch. L'entraînement a été effectué à partir de zéro, et nous avons utilisé un embedding GloVe pré-entraîné (Pennington et al., 2014) et enrichi pendant l'entraînement.

Global Vectors for Word Representation (GloVe) (Pennington et al., 2014) est un modèle utilisé pour trouver des vecteurs à partir de mots. Il utilise une matrice de co-occurrence pour prendre en compte le contexte global des mots dans la phrase. Les relations sémantiques entre les mots peuvent être extraites de la matrice de co-occurrence.

Pour comparer les modèles basés sur BERT avec d'autres modèles plus traditionnels, nous avons aussi entraîné un GRU bidirectionnel et un LSTM bidirectionnel à partir de zéro. Pour chacun d'entre eux, trois couches de RNN et une couche d'incorporation non gelée GloVe (Pennington et al., 2014) ont été utilisées.

Plusieurs ResNet (He et al., 2016) avec une profondeur de 44 et 56 couches ont également ment été entraînés à partir de zéro. Pour ces modèles, nous avons utilisé un embedding GloVe pré-entraîné. Dans certaines sessions d'entraînement, nous avons gelé l'embedding pour voir l'impact durant l'apprentissage.

3 Expérimentations

3.1 Entraînement

Tous les modèles[3] sont entraînés sur trois époques, avec une taille de lot de 32 exemples, sauf pour CCT, où nous nous limitons à 8 par lot en raison du manque de VRAM. Nous utilisons l'optimiseur AdamW, avec amsgrad : False, betas : (0.9, 0.999), eps : 1e-08, lr : 1e05, maximize : False et weight_decay : 0.01.

Nous utilisons l'entropie croisée binaire pondérée positive (pwBCE) comme fonction de perte. Cette fonction de perte ajoute des poids sur les échantillons positifs pour les considérer autant que les négatifs. Pour le modèle RoBERTa, nous utilisons trois autres fonctions de perte qui sont l'entropie croisée binaire (BCE), la perte focale (FL) (Lin et al., 2017), et la perte focale pondérée positive (pwFL). La FL réduit la perte attribuée aux exemples bien classés et se concentre sur les exemples mal classés généralement dû à un déséquilibre des classes. pwFL correspond à la même astuce que pour pwBCE appliquée à FL.

Pour mesurer les performances du modèle, nous utilisons des métriques similaires à celles utilisées lors de la compétition Kaggle[2] : Macro AUROC, Macro F1 et Micro F1 avec un seuil de 0.5, Précision et Rappel. Pour mettre en évidence la complexité du modèle, nous mesurons également le temps d'inférence. Le temps d'inférence moyen par lot est calculé à partir de 6 000 lots pendant la phase d'inférence sur le jeu de test.

Comme nous pouvons le voir dans le tableau 4, les modèles de détection des discours haineux pourraient faire des prédictions biaisées pour des identités particulières qui sont déjà la cible de tels abus. Pour mesurer ce biais involontaire du modèle, nous nous appuyons sur les mesures basées sur l'AUC développées par Borkan et al. (2019). Il s'agit de l'AUC du sous-groupe (Sub. AUC), de l'AUC du sous-groupe négatif par rapport aux positifs (BPSN) et de l'AUC du sous-groupe positif par rapport aux négatifs (BNSP).

---

3. Le code source est disponible sur github à l'adresse `https://github.com/Nigiva/hatespeech-detection-models`

Sub. AUC mesure l'AUROC pour chaque communauté en utilisant les messages toxiques et normaux de l'ensemble de test qui mentionnent la communauté considérée. Une valeur plus élevée signifie qu'un modèle est moins susceptible de confondre un message normal qui mentionne la communauté avec un message toxique qui ne le fait pas.

BPSN AUC mesure l'AUROC pour chaque communauté, en utilisant les messages normaux qui mentionnent la communauté et les messages toxiques qui ne mentionnent pas la communauté considérée. Une valeur plus élevée signifie qu'un modèle est moins susceptible de confondre un message normal qui mentionne la communauté avec un message toxique qui ne le fait pas.

BNSP AUC mesure l'AUROC pour chaque communauté en utilisant les messages toxiques qui mentionnent la communauté et les messages normaux qui ne mentionnent pas la communauté considérée dans l'ensemble de test. Une valeur plus élevée signifie que le modèle est moins susceptible de confondre un message toxique qui mentionne la communauté avec un message normal qui ne la mentionne pas.

Pour combiner ces métriques entre les différentes communautés, nous avons utilisé la moyenne généralisée (MG) ou moyenne de puissance avec comme exposant p, qui a déjà été utilisée par l'équipe Jigsaw/Conversation AI lors d'une compétition Kaggle[2]. Nous présentons donc **GMB-Subgroup-AUC**, **GMB-BPSN-AUC** et **GMB-BNSP-AUC** qui sont respectivement les moyennes généralisées de **Sub. AUC**, **BPSN AUC** et **BNSP AUC**.

Nous limitons l'évaluation au jeu de test uniquement. Cette restriction nous permet d'évaluer les modèles en termes de réduction des biais. Seules les communautés ayant plus de 500 exemples dans l'ensemble de test seront incluses dans l'évaluation.

4 Résultat

Type	Id	Nom	Performance					Biais		
			AUROC	Macro F1	Micro F1	Precision	Recall	GMB Sub.	GMB BPSN	GMB BNSP
BERT	0	AlBERT	0.9790	0.3463	0.4786	0.3247	0.9104	0.8674	0.8998	0.9513
	1	BERTweet	0.9816	0.3616	0.4928	0.3363	0.9216	0.8780	0.8945	0.9603
	2	DistilBERT	0.9804	0.3879	0.5115	0.3572	0.9001	0.8762	0.8740	**0.9644**
	3	HateBERT	0.9791	0.3679	0.4844	0.3292	0.9165	0.8744	0.8915	0.9589
	4	RoBERTa BCE	0.9813	**0.4749**	0.5359	0.3836	0.8891	0.8800	0.8901	0.9616
	5	RoBERTa FL	**0.9818**	0.4648	0.5524	0.4017	0.8839	**0.8807**	**0.9010**	0.9597
	6	RoBERTa pwBCE	0.9809	0.3541	0.4845	0.3284	0.9232	0.8741	0.8982	0.9575
	7	RoBERTa pwFL	0.9809	0.3612	0.4861	0.3297	0.9254	0.8734	0.8920	0.9597
	8	XLM RoBERTa	0.9790	0.3368	0.4680	0.3135	0.9230	0.8689	0.8859	0.9581
CCT	9	CCT	0.9505	0.3428	0.4874	0.3507	0.7983	0.8133	0.8307	0.9447
CNN	10	Freeze GloVe ResNet44	0.9526	0.4189	0.5591	0.4631	0.7053	0.8219	0.7876	0.9499
	11	Unfreeze GloVe ResNet44	0.9660	0.4566	**0.5958**	**0.4835**	0.7759	0.8421	0.8493	0.9540
	12	Unfreeze GloVe ResNet56	0.9639	0.3778	0.5098	0.3604	0.8707	0.8487	0.8445	0.9579
RNN	13	BiGRU	0.9748	0.3492	0.4762	0.3232	0.9036	0.8573	0.8616	0.9600
	14	BiLSTM	0.9754	0.3638	0.5089	0.3586	0.8761	0.8636	0.8758	0.9569
XLNet	15	XLNet	0.9800	0.3336	0.4586	0.3045	**0.9287**	0.8738	0.8834	0.9597

TAB. 4 – Résultats des performances des modèles.

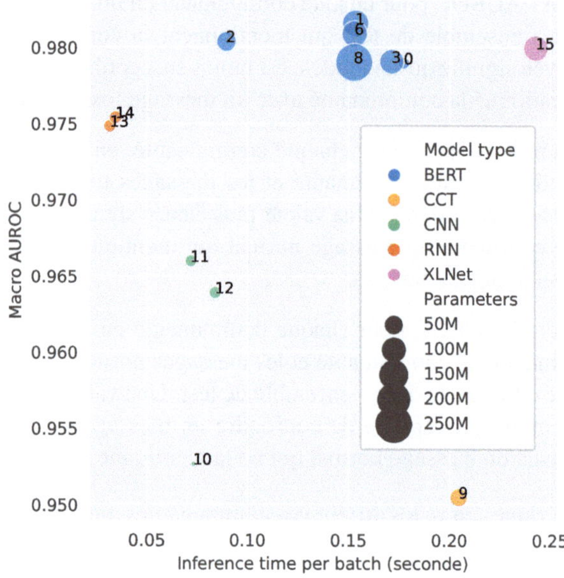

FIG. 1 – Performances du modèle, en fonction du temps d'inférence par lot et du nombre de paramètres entraînables. Les numéros correspondent à l'identifiant du modèle dans le tableau 4. Tous les modèles ont un lot de 32 échantillons, sauf CCT, qui utilise un lot de 8.

4.1 Performances

D'après la Figure 1 et le Tableau 4, BERT, RNN et XLNet ont en général de meilleurs scores AUROC que les autres. Comme les commentaires sont assez courts (27 tokens), les RNN parviennent à garder en mémoire la majorité du message, ce qui à notre avis les aide à faire de bonnes prédictions. Nous aurions probablement constaté un écart de performance plus important entre BERT et RNN si les commentaires avaient été plus longs. RoBERTa et les modèles de perte focale offrent les meilleures performances AUROC pour les biais les plus faibles. Tous les BERT, indépendamment de leur taille et de leurs optimisations, ont des performances très similaires : DistilBERT et AlBERT sont aussi performants qu'un HateBERT. Cependant, on note que l'ajout de la fonction de perte focale sur RoBERTa diminue les biais relatifs aux différentes classes de toxicité tandis que la version XML RoBERTa ne se distingue pas des autres : la pluralité des langages appris ne semble pas améliorer les performances quant à la détection de commentaires haineux.

Pour tous les modèles, le rappel est souvent très élevé, malheureusement la précision reste faible. En d'autres termes, les modèles sont très sensibles aux commentaires haineux mais génèrent plus de faux positifs.

A propos des BERT, si nous examinons les RoBERTa avec les différentes pertes d'apprentissage (BCE, pwBCE, FL, pwFL), nous constatons des scores relativement proches à la fin. Aucune des pertes d'apprentissage testées n'améliore l'apprentissage des modèles par rapport à un simple BCE. Nous notons même que les poids positifs (pwBCE et pwFL) obtiennent de

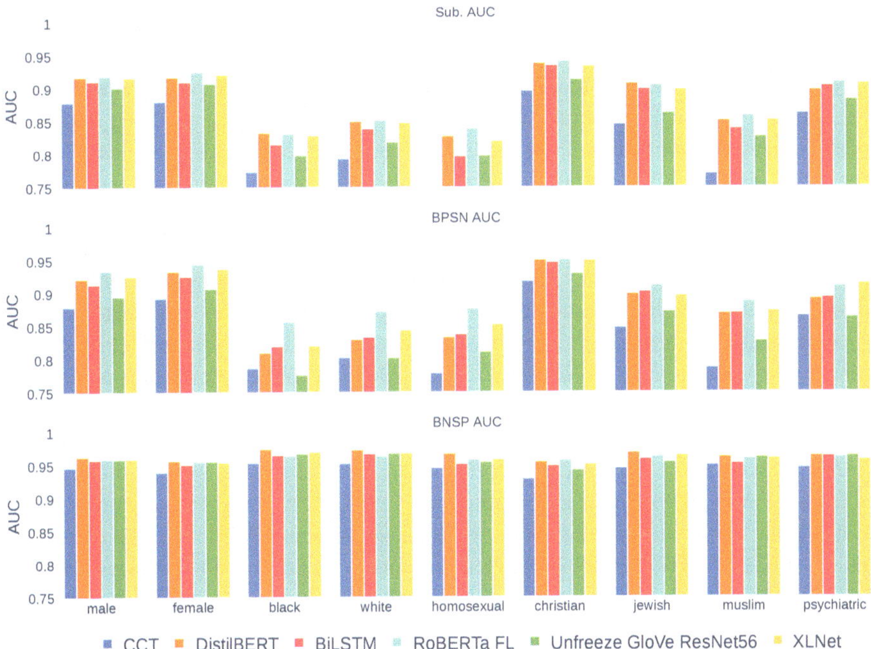

FIG. 2 – Résultats de la communauté pour chaque mesure de biais sur la classe de toxicité. Dans un souci de lisibilité, nous n'avons gardé que les modèles BERT, RNN, et CNN ayant les meilleures performances sur AUROC ou sur la métrique de biais AUC.

moins bons scores F1 que BCE ou FL, mais le rappel est 0.04 plus élevé et la précision est inférieure de 0.1.

Le Bi-GRU et le Bi-LSTM ont des performances équivalentes en termes d'AUROC et de scores F1. Enfin, nous remarquons que tous les modèles ont un peu plus de difficultés à classer les commentaires toxiques et les insultes que les commentaires sexuels explicites.

4.2   Biais

Dans l'ensemble, si nous examinons les résultats présentés dans le tableau 4, nous constatons que les modèles ont un BNSP GMB supérieur à 0.95. En d'autres termes, les modèles n'ont aucune difficulté à différencier les commentaires haineux ciblant une communauté des commentaires génériques (sans cibler une identité particulière). Au contraire, on observe que les scores de GMB BPSN et GMB Sub sont plus faibles que ceux de GMB BNSP qui sont pour leur part souvent inférieurs à 0.90. Ainsi, tous les modèles présentent un biais d'association entre les identités et les insultes. Ils auront tendance à annoter les commentaires positifs sur une communauté comme étant des insultes. Mais ce biais dépend du type de modèle.

D'après le tableau 4, nous voyons que les modèles BERT et RNN sont généralement moins sensibles à ce biais en ayant des GMB BPSN et GMB Sub légèrement plus élevés. En revanche, les modèles basés sur la convolution, tels que CNN et CCT ont tendance à être plus sensibles à ce biais d'association. On peut expliquer ce comportement par la capacité qu'ont les CNN à capturer des motifs avec des convolutions.

D'après la figure 2, tous les modèles obtiennent en moyenne de moins bons résultats sur BPSN et Sub. AUC pour les communautés `black`, `homosexual`, `muslim`, et `white` par rapport aux autres communautés. Pour les BPSN, cela signifie que les modèles ont du mal à différencier les insultes qui ne visent pas de population en particulier et commentaires neutres à propos d'une communauté. Ainsi, ces mêmes modèles auront tendance à avoir un biais d'association plus important. Pour Sub. AUC, cela signifie que lorsqu'un commentaire cible une communauté telle que `black`, `gay`, `muslim`, ou `white`, les modèles auront simplement plus de difficultés à distinguer les commentaires haineux des commentaires non haineux.

Si nous examinons maintenant plus en détail chaque modèle et chaque identité, nous remarquons à nouveau que *RoBERTa with FL*, *BiLSTM*, and *XLNet* sont moins affectés par ce type de biais que *Unfreeze GloVe ResNet56* et *CCT*. Il y a même une différence de 0.05 sur la Sub. AUC pour les commentaires ciblant des communautés telles que `jewish` ou `muslim` entre *RoBERTa with FL* et *Unfreeze GloVe ResNet56*. De même, il existe une différence allant jusqu'à 0.1 sur l'AUC BPSN pour les communautés `black`, `homosexual` et `muslim`. Cela montre que pour ces communautés, qui sont particulièrement ciblées par des commentaires haineux, les modèles BERT, RNN et XLNet sont moins sujets aux biais d'association que le CNN et le CCT.

4.3 Temps d'inférence

D'après la figure 1, avec des performances à peine moindres que celles des modèles de type BERT et XLNET, les RNNs ont un temps d'inférence par lot au moins 5 à 8 fois inférieur. DistilBERT présente des performances 2 fois supérieures à celle de Bi-GRU et Bi-LSTM, et ce, avec le plus petit temps d'inférence testé dans notre étude, même si la différence de performance est seulement de 0.005 en AUROC.

Le CNN se retrouve avec un temps d'inférence plus court que la plupart des BERT et plus grand que le plus long RNN testé, mais avec des performances bien inférieures à celles des RNN ou des BERT. Avec le même temps d'inférence par lot, DistilBERT présente de meilleures performances.

Nous remarquons également qu'en figeant nos projections, les performances de nos modèles sont réduites sans impact notable sur leur temps d'inférence.

Enfin, le CCT offre des performances décevantes avec un temps d'inférence par lot considérable, surtout quand on sait que nous avons réduit la taille des lots de 32 à 8 pour ce modèle particulier.

5 Conclusions et Perspectives

Tous les BERT ont des performances très similaires, quelle que soit leur taille, les optimisations ou le langage utilisé pour les pré-entraîner. Plus largement, les BERT, RNN et XLNet ont des performances presque semblables. Les RNNs sont beaucoup plus rapides à l'inférence que tous les BERTs testés et restent un bon compromis entre performance et temps d'inférence pour la détection multi-label de commentaires haineux. RoBERTa et les modèles avec une fonction de perte focale offre les meilleures performances sur l'AUROC et le minimum de biais. Enfin, DistilBERT combine à la fois de bonnes performances de classification et un faible temps d'inférence par lot. Ce résultat nous encourage à développer des modèles Transformers plus petits et donc plus rapide en termes de temps de calcul pour prendre en considération les contraintes de production.

Même si les modèles sont tous affectés par le biais d'association des identités à la toxicité, BERT, RNN et XLNet y sont moins sensibles que CNN et CCT. Ceci nous oblige à être très prudents dans la mise au point d'un système de détection de discours haineux pour éviter ce genre de biais.

Références

Borkan, D., L. Dixon, J. Sorensen, N. Thain, et L. Vasserman (2019). Nuanced metrics for measuring unintended bias with real data for text classification. pp. 491–500.

Caselli, T., V. Basile, J. Mitrović, et M. Granitzer (2021). HateBERT : Retraining BERT for abusive language detection in English. In *Proceedings of the 5th Workshop on Online Abuse and Harms (WOAH 2021)*, Online, pp. 17–25. Association for Computational Linguistics.

Conneau, A., K. Khandelwal, N. Goyal, V. Chaudhary, G. Wenzek, F. Guzmán, E. Grave, M. Ott, L. Zettlemoyer, et V. Stoyanov (2020). Unsupervised cross-lingual representation learning at scale. In *Proceedings of the 58th Annual Meeting of the Association for Computational Linguistics*, Online, pp. 8440–8451. Association for Computational Linguistics.

Devlin, J., M.-W. Chang, K. Lee, et K. Toutanova (2019). BERT : Pre-training of deep bidirectional transformers for language understanding. In *Proceedings of the 2019 Conference of the North American Chapter of the Association for Computational Linguistics : Human Language Technologies, Vol. 1*, Minneapolis, Minnesota, pp. 4171–4186.

Dixon, L., J. Li, J. Sorensen, N. Thain, et L. Vasserman (2018). Measuring and mitigating unintended bias in text classification. In *Proceedings of the 2018 AAAI/ACM Conference on AI, Ethics, and Society*, AIES '18, New York, NY, USA, pp. 67–73.

Dosovitskiy, A., L. Beyer, A. Kolesnikov, D. Weissenborn, X. Zhai, T. Unterthiner, M. Dehghani, M. Minderer, G. Heigold, S. Gelly, J. Uszkoreit, et N. Houlsby (2021). An image is worth 16x16 words : Transformers for image recognition at scale.

Hassani, A., S. Walton, N. Shah, A. Abuduweili, J. Li, et H. Shi (2021). Escaping the big data paradigm with compact transformers. *CoRR abs/2104.05704*.

He, K., X. Zhang, S. Ren, et J. Sun (2016). Deep residual learning for image recognition. In *2016 IEEE Conference on Computer Vision and Pattern Recognition (CVPR)*, pp. 770–778.

Hinton, G., O. Vinyals, et J. Dean (2014). Distilling the knowledge in a neural network. In *Deep Learning and Representation Learning Workshop, NIPS*.

Ibrohim, M. O. et I. Budi (2019). Multi-label hate speech and abusive language detection in Indonesian Twitter. In *Proceedings of the Third Workshop on Abusive Language Online*, Florence, Italy, pp. 46–57. Association for Computational Linguistics.

Lan, Z., M. Chen, S. Goodman, K. Gimpel, P. Sharma, et R. Soricut (2019). ALBERT : A lite BERT for self-supervised learning of language representations. *CoRR abs/1909.11942*.

Lee, Y., S. Yoon, et K. Jung (2018). Comparative studies of detecting abusive language on Twitter. In *Proceedings of the 2nd Workshop on Abusive Language Online (ALW2)*, Brussels, Belgium, pp. 101–106. Association for Computational Linguistics.

Lin, T., P. Goyal, R. Girshick, K. He, et P. Dollar (2017). Focal loss for dense object detection. In *2017 IEEE International Conference on Computer Vision (ICCV)*, Los Alamitos, CA, USA, pp. 2999–3007. IEEE Computer Society.

Liu, P., W. Li, et L. Zou (2019). NULI at SemEval-2019 task 6 : Transfer learning for offensive language detection using bidirectional transformers. In *Proceedings of the 13th International Workshop on Semantic Evaluation*, Minneapolis, Minnesota, USA, pp. 87–91.

Nguyen, D. Q., T. Vu, et A. Tuan Nguyen (2020). BERTweet : A pre-trained language model for English tweets. In *Proceedings of the 2020 Conference on Empirical Methods in Natural Language Processing : System Demonstrations*, pp. 9–14.

Pennington, J., R. Socher, et C. Manning (2014). GloVe : Global vectors for word representation. In *Proceedings of the 2014 Conference on Empirical Methods in Natural Language Processing (EMNLP)*, Qatar, pp. 1532–1543. Association for Computational Linguistics.

Sanh, V., L. Debut, J. Chaumond, et T. Wolf (2019). Distilbert, a distilled version of bert : smaller, faster, cheaper and lighter. In *NeurIPS EMC2 Workshop*.

Vaswani, A., N. Shazeer, N. Parmar, J. Uszkoreit, L. Jones, A. N. Gomez, L. u. Kaiser, et I. Polosukhin (2017). Attention is all you need. In I. Guyon, U. V. Luxburg, S. Bengio, H. Wallach, R. Fergus, S. Vishwanathan, et R. Garnett (Eds.), *Advances in Neural Information Processing Systems*, Volume 30. Curran Associates, Inc.

Yang, Z., Z. Dai, Y. Yang, J. Carbonell, R. Salakhutdinov, et Q. V. Le (2019). *XLNet : Generalized Autoregressive Pretraining for Language Understanding*. Red Hook, NY, USA : Curran Associates Inc. English

Zhuang, L., L. Wayne, S. Ya, et Z. Jun (2021). A robustly optimized BERT pre-training approach with post-training. In *Proceedings of the 20th Chinese National Conference on Computational Linguistics*, Huhhot, China, pp. 1218–1227. Chinese Information Processing Society of China.

Summary

Toxic comment detection on social media has proven to be essential for content moderation. This paper compares a wide set of different models on a highly skewed multi-label hate speech dataset. We consider inference time and several metrics to measure performance and bias in our comparison. We show that all BERTs have similar performance regardless of the size, optimizations or language used to pre-train the models. RNNs are much faster at inference than any of the BERT. BiLSTM remains a good compromise between performance and inference time. RoBERTa with Focal Loss offers the best performance on biases and AUROC. However, DistilBERT combines both good AUROC and a low inference time. All models are affected by the bias of associating identities. BERT, RNN, and XLNet are less sensitive than the CNN and Compact Convolutional Transformers.

Exploitation des dépendances entre labels pour la classification de textes multi-labels par le biais de transformeurs

Haytame Fallah*,***, Patrice Bellot*, Elisabeth Murisasco**, Emmanuel Bruno**

* Aix-Marseille Université, Université de Toulon, CNRS, LIS, Marseille, France
** Université de Toulon, Aix-Marseille Université, CNRS, LIS, Toulon, France
*** Hyperbios, Aix-en-Provence, France

Résumé. Nous présentons une nouvelle approche pour améliorer et adapter les transformeurs pour la classification multi-labels de textes. Les dépendances entre les labels sont un facteur important dans le contexte multi-labels. Les stratégies que nous proposons tirent profit des co-occurrences entre labels. Notre première approche consiste à mettre à jour l'activation de chaque label par une somme pondérée de toutes les activations par les probabilités d'occurrence. La deuxième méthode proposée consiste à inclure les activations de tous les labels dans la prédiction, en utilisant une approche similaire au mécanisme de 'self-attention'. Les jeux de données multi-labels les plus connus ont tendance à avoir une faible cardinalité, nous proposons un nouveau jeu de données, appelé 'arXiv-ACM', composé de résumés scientifiques d'arXiv, étiquetés avec leurs mots-clés ACM. Nous montrons que nos approches contribuent à un gain de performance, établissant un nouvel état de l'art pour les jeux de données étudiés.

1 Introduction

La classification multi-labels peut être considérée comme une généralisation de la classification multi-classes. Dans la classification multi-labels de texte *(CMLT)*, l'objectif est d'associer un ou plusieurs labels au texte d'entrée. C'est une tâche importante pour différentes applications telles que la réponse aux questions (Wu et al., 2019; Sahu et al., 2019) où les questions peuvent contenir plus d'un sujet, ou la reconnaissance d'entités (Remolona et al., 2017; de Souza et al., 2020) où les entités peuvent avoir plusieurs catégories sémantiques. Dans ce contexte, le nombre de labels à prédire est plutôt limité, ce qui diffère de la CMLT extrême (Liu et al., 2017; Yu et al., 2019; Shen et al., 2020). Plusieurs méthodes ont été proposées pour la CMLT et peuvent être divisées en deux familles : les méthodes de transformation de problèmes et les méthodes d'ensemble. Les méthodes de transformation de problèmes (Tsoumakas et al., 2010; Luaces et al., 2012) visent à "transformer" le jeu de données pour changer le problème en une classification multi-classes à label unique. Dans les méthodes d'ensemble (Tsoumakas et Vlahavas, 2007; Saini et Ghosh, 2017), plusieurs classifieurs sont formés pour prédire la présence d'un label, puis combinés pour capturer tous les labels présents. En transformant le problème, ces méthodes ne sont pas de véritables approches multi-labels, et ne tiennent donc pas compte des corrélations entre labels.

Dans la configuration multi-labels, des caractéristiques discriminantes doivent être trouvées pour identifier chaque label dans le texte donné, mais dans certains cas, des dépendances peuvent exister entre les labels. Ces deux facteurs opposés font de la CMLT une tâche difficile. Les cooccurrences et les dépendances entre les labels sont des caractéristiques importantes qui peuvent conduire à une amélioration des performances de classification. Par exemple, un article sur l'informatique est très susceptible de contenir des sujets mathématiques, et peut être lié à des sujets de physique, mais il est très peu probable qu'on y trouve de l'ingénierie électrique.

En fonction du niveau de corrélation des labels utilisé par le modèle, les méthodes de CMLT peuvent être divisées en trois catégories différentes :

— premier ordre : les dépendances entre les labels ne sont pas prises en compte ;
— second ordre : les dépendances par paire entre les labels sont prises en compte ;
— ordre élevé : l'influence de tous les autres labels sur chaque label est imposée.

Avec l'émergence des transformeurs basés sur l'attention (Vaswani et al., 2017) et leur capacité en utilisant uniquement le mécanisme d'attention, à mieux extraire les représentations sémantiques d'un texte, une adaptation de ces modèles pour la CMLT reste à explorer.

Nous proposons dans cet article deux approches d'exploitation de la corrélation des labels qui tirent parti des cooccurrences de labels, d'une manière simple mais efficace, pour la CMLT. Nous nous concentrons principalement sur le réseau à propagation avant (Feed-Forward Neural Network-FFNN) qui est généralement ajouté au modèle Transformeurs pour réaliser une tâche spécifique du TAL. La dernière couche de ce FFNN contient les activations pour chaque label à prédire. Dans la première méthode, nous utilisons la matrice de probabilité de cooccurrence par paire pour mettre à jour les activations de la dernière couche comme suit : l'activation d'un label sera la somme pondérée des activations de tous les labels multipliées par les probabilités de cooccurrence de ce label. Pour la deuxième approche, nous mettons à jour ces activations d'une manière similaire au mécanisme de 'self-attention' (Vaswani et al., 2017), où l'influence d'un label sur un autre n'est pas seulement basée sur la probabilité de co-occurrence mais aussi relative à tous les autres labels. Lorsque ces contraintes sont imposées à chaque neurone correspondant à un label, les dépendances entre labels seront apprises par le modèle tout au long des couches du transformeur. Cette approche peut être considérée comme une méthode d'ordre supérieur puisque l'activation de chaque label influence la prédiction d'un label spécifique.

La CMLT n'est pas présente dans les compétitions actuelles les plus populaires du TAL, le benchmark GLUE par exemple, ni dans les récentes conférences CLEF ou Semeval. En outre, peu de jeux de données de texte multi-labels sont utilisés parmi les articles traitant du problème multi-labels. AAPD (Yang et al., 2018), Reuters (Lewis et al., 2004) et PubMed (NCBI Resource Coordinators, 2016; Tsatsaronis et al., 2015) semblent être les jeux de données les plus utilisés. Mais la plupart d'entre eux souffrent d'une faible cardinalité (nombre moyen de labels par instance), avec un grand nombre d'instances n'ayant qu'un seul label, ce qui rend difficile l'expérimentation de nouvelles approches pour la CMLT. Nous introduisons ainsi un nouveau jeu de données multi-labels à cardinalité élevée, construit en associant les résumés d'articles scientifiques à leurs mots-clés ACM donnés par les auteurs.

Nous évaluons notre approche en utilisant une architecture basée sur BERT (Devlin et al., 2019) sur Reuters, une collection d'articles d'actualité, et d'articles scientifiques AAPD, et

notre nouveau jeu de données 'arXiv-ACM'. Nous montrerons que nos approches conduisent
à un gain en performance de prédiction sur tous ces jeux de données.

Nos deux principales contributions sont les suivantes :
— deux nouvelles méthodes qui permettent aux approches de classification basées sur les
   transformeurs d'apprendre les dépendances qui existent entre les labels en utilisant les
   informations de co-occurrence disponibles dans le jeu de données ;
— un nouveau jeu de données à cardinalité élevée construit à partir de arXiv.org, bien
   adapté à la classification multi-labels.

2   Travaux antérieurs

La classification multi-labels consiste à pouvoir associer chaque entrée X à plusieurs labels $\mathbf{Y}$, plutôt qu'à un seul. Les méthodes de classification multi-labels peuvent être classées
en trois catégories : transformation du problème, adaptation et méthodes d'ensemble. Ces méthodes peuvent soit ignorer la corrélation des labels (premier ordre), soit prendre en compte les
dépendances qui peuvent exister entre les labels (second ordre et ordre supérieur).

2.1   Stratégies de classification multi-labels

La transformation du problème consiste à "transformer" le jeu de données pour convertir
le problème en une classification multi-classes à un seul label. Une de ces méthodes consiste
à considérer toutes les combinaisons uniques possibles de labels, *label powerset* (Tsoumakas
et al., 2010), et à former un classifieur multi-classes $M : X \to P(Y)$, où $P(Y)$ est l'ensemble
des sous-ensembles distincts de labels. Outre le nombre élevé de labels possibles qui peut
atteindre $2^{|Y|}$, le défi consiste à trouver suffisamment d'exemples pour chaque combinaison
de labels. Il est important de noter qu'en transformant le problème en une classification multi-
classes, les dépendances qui peuvent exister entre les différents labels ne sont plus considérées.

Un ensemble de classifieurs multi-classes peut être combiné pour créer un classifieur multi-
labels. Pour une instance donnée, chaque classifieur prédit un seul label et toutes les sorties de
ces classifieurs sont ensuite combinées par une méthode d'ensemble. L'algorithme $RAKEL$
(Tsoumakas et Vlahavas, 2007) est une autre variante de cette méthode. L'utilisation de classifieurs multiples impose de fortes contraintes d'utilisation mémoire, ainsi que la nécessité
d'optimiser plusieurs modèles qui augmentent linéairement avec le nombre de labels.

Une adaptation des algorithmes d'apprentissage profond, sans transformation préalable des
données, pourrait être une méthode meilleure et plus efficiente pour la CMLT.

2.2   Dépendances des labels

Il a été démontré que la capture explicite de la dépendance entre les labels améliore les
performances de la classification multi-labels (Zhang et Zhou, 2007), de nombreuses méthodes
ont été proposées pour modéliser cette dépendance.

La structure hiérarchique qui peut exister entre les labels a été utilisée pour tenter de mieux
explorer les relations entre les labels (Yang et al., 2016; Alaydie et al., 2012). Les graphes
et réseaux conditionnels (Zhang et Zhang, 2010; Guo et Gu, 2011) utilisent les dépendances
hiérarchiques sémantiques et les cooccurrences de labels, ou un mélange des deux (Wu et al.,

2018), pour construire des réseaux de dépendance combinés avec le modèle principal. Cependant, les labels d'un jeu de données ne sont pas toujours de nature hiérarchique. De plus, ces méthodes négligent les dépendances latérales entre les labels au profit des relations verticales.

MAGNET (Pal et al., 2020), un réseau de graphes qui utilise les plongements de BERT, met en œuvre le mécanisme d'attention pour capturer la structure de dépendance entre les labels. Cette méthode parvient à obtenir de bonnes performances en F1 pour AAPD et Reuters (cf. section 5.1) tout en utilisant une variante de LSTM pour les représentations textuelles.

Kurata et al. (2016) implémentent une couche cachée dédiée connectée à la couche de classification de sortie. Les poids entre ces deux couches sont initialisés en utilisant des modèles de cooccurrences. Cette méthode n'est pas agnostique aux modèles, et impose des valeurs pour les poids ce qui peut entraver le processus d'apprentissage.

Liu et al. (2022) encodent les labels en embeddings et les introduisent dans le mécanisme d'attention avec la séquence de texte. La dépendance entre les labels peut être considérée comme prise en compte via le mécanisme d'attention, mais cette approche n'aboutit à des améliorations de performances que dans le cas où les labels sont constitués de mots pleins et non pas d'abréviations ou de codes (par ex. 'cs.it' pour le jeu de données AAPD).

3   Exploitation des dépendances à l'aide de transformeurs

Nous détaillons dans cette section comment l'architecture basée sur les transformeurs est adaptée à la CMLT, et comment nous utilisons les informations de cooccurrence pour permettre aux transformeurs (Devlin et al., 2019) d'apprendre des dépendances de label d'ordre élevé.

3.1   Classification multi-label avec BERT

BERT introduit un token de classification **[CLS]** contenant un *état caché* de la phrase, mis à jour dans chaque couche du modèle tout au long du processus d'entraînement.

Un feed-forward neural network (FFNN) de L couches denses est ajouté à la dernière couche du modèle. Ceci est fait pour affiner le transformeur pré-entraîné pour la tâche désirée (classification de texte dans notre cas). Le token **[CLS]** constitue l'entrée de ce FFNN.

Pour la CMLT, les valeurs des activations de la couche de sortie peuvent être utilisées pour déterminer la présence d'un label. Nous utilisons la fonction d'activation *Sigmoïde* σ pour lier chaque activation à une probabilité de la présence du label correspondant. Nous utilisons l'entropie croisée binaire comme fonction de perte, qui est la mieux adaptée à ce cas.

3.2   Apprentissage de dépendance des labels

Notre objectif est de mettre à jour les activations de la dernière couche du FFNN, où l'activation de chaque label est influencée par les activations de tous les labels, en utilisant uniquement les probabilités d'occurrence par paire. Nous utilisons les informations de cooccurrence extraites du jeu de données d'apprentissage en construisant une matrice de cooccurrence $C^{n \times n}$, avec n étant le nombre de labels cibles, comme suit :

$$C_{i|j} = \frac{\text{Instances où le label } j \text{ et } i \text{ sont présents ensemble}}{\text{Instances où le label } i \text{ est présent}} \tag{1}$$

$C_{i|j}$ est la probabilité de la présence du label j étant donné la présence du label i.

Approche de mise à jour simple (Simple Update-SU)   Nous utilisons la matrice de cooccurrence C pendant l'apprentissage pour mettre à jour les activations de la dernière couche de classification du FFNN $A^{[L]}$, en multipliant simplement ces activations par la matrice de cooccurrence. Nous appliquons ensuite la fonction d'activation *Sigmoïde* σ sur le vecteur résultant.

Chaque activation correspondant à un label i est mise à jour par les valeurs des activations des autres labels, pondérées par les probabilités de cooccurrence. Le modèle apprend alors ces dépendances de label au fur et à mesure que l'information est propagée dans les couches du modèle pendant le processus d'apprentissage.

Méthode de mise à jour par self-attention (Self-Attention Update-SAU).   Cette approche s'inspire du mécanisme du 'self-attention' de l'architecture transformeur. Avec ce mécanisme, la représentation d'un token (son plongement) est mise à jour par tous les plongements de la séquence d'entrée. Dans Vaswani et al. (2017), le self-attention est définie comme suit :

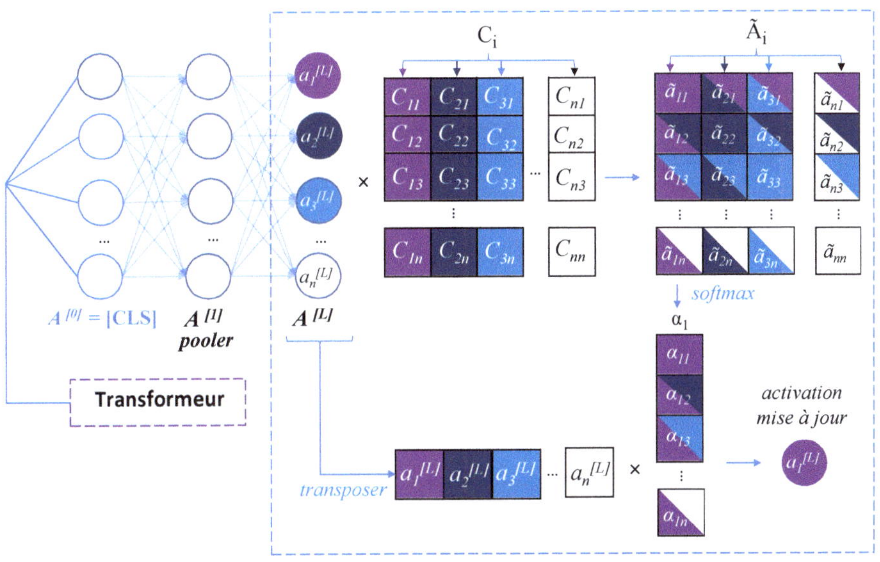

FIG. 1 – La mise à jour des activations utilise une approche similaire au mécanisme du self-attention, où l'influence d'un label sur un autre est relative à tous les autres labels.

Q, K, V étant les matrices de requêtes, de clés et de valeurs, et dk étant la dimension des embeddings. Nous cherchons à mettre à jour les activations de la dernière couche du FFNN en pondérant les activations des labels et les valeurs de cooccurrence de manière similaire au self-attention. La Requête et la Valeur sont dans ce cas les activations de la dernière couche, et la Clé correspond à la matrice des probabilités de cooccurrence C :

$$A^{[L]} = \sigma(Softmax(\frac{A^{[L]}C}{\sqrt{n}})A^{[L]}) \tag{3}$$

$$a_i^{[L]} = \sigma(Softmax(\frac{A^{[L]}C_i}{\sqrt{n}})A^{[L]}) \tag{4}$$

L'objectif de cette approche est d'incorporer l'information de dépendance contenue dans les probabilités de cooccurrence d'une manière plus significative. Plutôt que de simplement pondérer les activations par ces seules probabilités, l'utilisation de la fonction *softmax* pour obtenir la "contribution réelle" de chaque label par rapport à tous les labels peut être un moyen plus efficace d'encoder les dépendances des labels. Comme l'illustre la figure 1, pour chaque label i, toutes les valeurs d'activation sont multipliées par le vecteur de poids C_i de la matrice de cooccurrence correspondant à ce label, la fonction *softmax* est ensuite appliquée aux activations pondérées résultantes $\tilde{A}_i$ pour obtenir des scores "d'attention" relatifs pour chaque label α_i. La somme pondérée des activations originales A^L et du vecteur des scores d'attention α_i calculés pour un label spécifique sera la valeur actualisée de l'activation de ce label. La fonction *sigmoïde* est toujours utilisée afin d'obtenir une probabilité de prédiction valide.

4 arXiv-ACM Dataset

Les jeux de données couramment utilisés, détaillés dans la section 5.1, présentent de nombreuses limitations. La plus contraignante est le nombre d'instances par label. En général, les instances avec un seul label sont plus fréquentes que les labels multiples. Cela peut introduire un biais de classification, où les modèles sont plus susceptibles d'apprendre à prédire un seul label, en général le plus fréquent. Pour remédier à ces limitations, nous introduisons dans cet article un nouveau jeu de données multi-labels, que nous appelons 'arXiv-ACM', avec une cardinalité élevée, une taille raisonnable et une meilleure distribution des instances par nombre de labels. Ce jeu de données est composé de résumés d'articles en informatique publiés entre 1998 et 2021 extraits via l'API arXiv [1]. Ces résumés ont ensuite été appariés avec les mots-clés ACM [2] fournis par les auteurs des articles. Seuls les mots-clés de deuxième niveau ont été pris en compte, le premier niveau étant large et les niveaux suivants trop spécifiques. Nous avons ensuite filtré les labels qui comptaient moins de 20 occurrences pour obtenir au final 64 labels. Le tableau 1 et la figure 2 présentent certaines caractéristiques de ce jeu de données par rapport à AAPD et Reuters, les autres jeux de données traités dans cet article.

	#Train	#Valid	#Test	labels	W	Card
arXiv-ACM	9600	2157	2160	64	152	2,33
AAPD	53840	1000	1000	54	163,16	1,4
Reuters-21578	6770	1000	3019	90	127,76	1,24

TAB. 1 – Jeux de données utilisés, W est le nombre moyen de mots par résumé, Card est le nombre moyen de labels par instance.

---

1. https ://arxiv.org/help/api/
2. https ://www.acm.org/publications/computing-classification-system/1998/ccs98

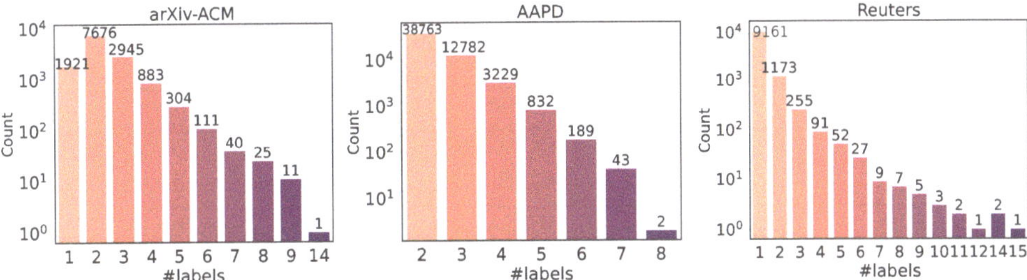

FIG. 2 – Nombre d'instances basé sur le nombre de labels pour tous les jeux de données. Pour AAPD, le nombre de labels commence à 2, car certaines paires de labels apparaissent toujours ensemble. Dans Reuters et AAPD, les instances avec un seul label sont beaucoup plus présentes que celles avec des labels multiples. En construisant arXiv-ACM nous visons à résoudre ce problème qui est présent dans plusieurs jeux de données multi-labels.

5   Expériences et résultats

5.1   Jeux de données

Nous fournissons des détails sur les jeux de données utilisés [3] :
— **arXiv-ACM** : Le nouveau jeu de données présenté dans cet article, où les résumés peuvent avoir un ou plusieurs mots-clés ACM ;
— **Reuters-21578** [4] est une collection d'articles du fil d'actualité Reuters de l'année 1987. Il s'agit d'un jeu de données qui a souvent été utilisé pour évaluer les modèles de CMLT. Un article peut appartenir à un ou plusieurs des 90 domaines du jeu de données ;
— **AAPD** (ou arXiv Academic Paper Dataset) est, de manière similaire à notre proposition de jeu de données 'arXiv-ACM', une collection de "résumés" de plusieurs publications scientifiques. Un article peut avoir une ou plusieurs classifications parmi 54 labels. Nous utilisons la même distribution d'entraînement (53840), de validation (1000) et de test (1000) que Yang et al. (2018).

5.2   Méthode d'évaluation

Pour l'évaluation des méthodes proposées, i.e. BERT+SU (Simple Update) et BERT+SAU (Self-Attention Update), nous utilisons l'implémentation (Wolf et al., 2020) de HugginFace de la version *uncased-base* de **BERT**, avec 12 couches transformeurs comportant chacune 12 têtes d'attention, un vecteur de plongements de 768 dimensions, et une longueur de séquence de 512 tokens. Nous utilisons l'entropie croisée binaire (BCE) pour la version base de BERT ainsi que pour nos approches, avec un taux d'apprentissage de 2×10^{-5}. AdamW (Loshchilov

---

3. Tous les jeux de données, ainsi que le code d'implémentation, peuvent être téléchargés sur GitHub : `https://anonymous.4open.science/r/EGC2023-350/`

4. `https://archive.ics.uci.edu/ml/datasets/reuters-21578+text+categorization+collection`

Modèles	arXiv-ACM			Reuters			AAPD		
	Pr.	R	F1	Pr.	R	F1	Pr.	R	F1
Baselines									
GradientBoost	57,99	29,87	39,43	88,06	80,56	84,14	79,73	46,8	58,98
SVM	**70,15**	39,79	50,78	**94,19**	79,62	80,64	**80,85**	59,98	68,86
MAGNET	57,31	53,24	55,2	91,2	88,6	89,9	72,88	66,79	69,7
CB-NTR	60,11	55,74	57,84	91,37	90,34	90,85	75,44	72,85	74,12
CNLE	56,85	52,37	54,52	90,9	88,7	89,8	74,71	69,11	71,8
BERT	60,04	55,58	57,72	91,22	90,33	90,77	76,33	71,95	74,07
Nos approches d'apprentissage par dépendance									
BERT+ SU	59,57	**57,73**	**58,63**	91,59	90,3	**90,94**	75,63	**73,12**	**74,35**
BERT+ SAU	60,33	56,02	58,10	91,35	**90,38**	90,86	75,84	72,66	74,22

Tab. 2 – Scores pour le jeu de données de test provenant de arXiv-ACM, Reuters et AAPD, les meilleurs scores sont en bleu gras. *Orig.* fait référence au résultat original tiré des articles correspondants.

et Hutter, 2022) est l'optimiseur utilisé avec $betas = (0,9; 0,999)$, et une dégradation des pondérations (weight decay) de $0,01$.

Nous comparons nos approches avec des approches non-neuronales, à savoir Gradient-Boosting et SVM, en utilisant TF-IDF (sans nombre maximum de caractéristiques) comme entrées, dans une approche One-vs-Rest. Le GradientBoosting est utilisé avec la régression logistique comme fonction d'erreur, un taux d'apprentissage de 0,1 et 100 estimateurs, tandis que nous utilisons le SVM avec un noyau de type RBF et une régularisation de 1,0. Nous comparons également nos approches à d'autres approches neuronales :
— **MAGNET** (Pal et al., 2020) : un réseau de graphes implémentant le mécanisme d'attention pour capturer les dépendances entre les labels ;
— **CB-NTR** (Huang et al., 2021) utilisant des fonctions de perte adaptées pour l'équilibrage des classes dans le cas des jeux de données déséquilibrés ;
— **CNLE** (Liu et al., 2022) qui introduit les plongements des labels dans le mécanisme d'attention avec le texte à classifier.

5.3 Résultats

Le tableau 2 montre les scores de micro-précision, de micro-rappel et de micro-F1 pour tous les jeux de données. Ces scores sont calculés sur une moyenne de 5 exécutions sans modification des hyperparamètres des modèles.

L'utilisation des informations de dépendance contenues dans la matrice de cooccurrence entraîne une augmentation du score micro-F1 pour tous les jeux de données.

Le SVM peut être considéré comme l'approche non neuronale la plus performante, mais n'est pas à la hauteur des autres méthodes testées, même si le SVM et GradientBoost obtiennent les scores de micro-précision les plus élevés pour tous les jeux de données. Cette précision élevée se fait au prix d'un rappel plus faible, ce qui réduit le score micro-F1.

Pour le jeu de données **Reuters**, la version de base de BERT parvient déjà à obtenir de bonnes performances. La méthode CB-NTR réalise un petit gain en précision et en rappel (0,15 et 0,01 respectivement), contribuant à un gain en micro-F1 avec 90,85 par rapport à la méthode de base qui utilise la perte d'entropie croisée binaire (90,77). Les approches d'apprentissage par dépendance pour ce jeu de données obtiennent une augmentation plus importante de la micro-précision de 0,37 et 0,13 pour les méthodes **SA** et **SAU** respectivement, avec des gains marginaux dans le micro-rappel (0,05 pour la méthode SAU), mais suffisants pour surpasser toutes les autres méthodes avec un score micro-F1 de 90,94 et 90,86 respectivement, une augmentation maximale de 0,17 par rapport à la version de base de BERT. Un résultat obtenu sur une moyenne de 5 exécutions avec un écart-type $\sigma = 0,013$.

En raison de la nature du vocabulaire utilisé dans les résumés scientifiques, **AAPD** est un jeu de données plus complexe que Reuters. Dans les articles scientifiques, plusieurs domaines et disciplines peuvent être impliqués. Avec un vocabulaire plus spécifique et des mots plus précis (moins d'homonymes et de synonymes), les tâches de modélisation du langage et de classification sont plus difficiles pour AAPD. L'apprentissage par dépendance permet cette fois d'obtenir une augmentation du rappel de 1,17 point pour la méthode **S**imple **U**pdate et de 0,71 pour la méthode **S**elf-**A**ttention inspired **U**pdate. La méthode **SU** réalise un gain plus important par rapport à CB-NTR (avec un gain de 0,9 en rappel) et permet à notre approche de surpasser une fois de plus toutes les autres méthodes avec un score micro-F1 de 74,35.

La nature du jeu de données **arXiv-ACM** est similaire à celle d'AAPD mais se confirme être un jeu de données plus difficile, notamment parce que la proportion d'instances avec plus d'un label est plus élevée. La version de base de BERT parvient à obtenir un score micro-F1 de 57,72. CB-NTR contribue à un léger gain en précision et en rappel, avec une augmentation de 0,12 du score micro-F1. La méthode **SU** présente le gain le plus élevé en rappel dans tous les jeux de données, avec une augmentation de 2,15. Cette augmentation notable contribue au meilleur score micro-F1 pour ce jeu de données (58,63, $\sigma = 0,021$), avec la plus forte augmentation par rapport à la version BERT de base.

Ce gain de performance obtenu par les approches d'apprentissage des dépendances que nous proposons peut s'expliquer par le fait que la prédiction d'un label est influencée par la prédiction de tous les autres labels à l'aide des cooccurrences. Dans certains cas, cette information permet de prédire des labels qui n'auraient pas été prédits autrement (augmentation du rappel). D'autre part, les dépendances des labels peuvent diminuer le nombre de faux positifs en réduisant le biais que le modèle peut avoir pour les labels fréquents dans le jeu de données, ce qui contribue à un gain en précision. La méthode de mise à jour simple est étonnamment plus efficace que sa contrepartie basée sur le self-attention, nous suggérons que l'imposition de contraintes complexes sur les activations pourrait avoir des effets dégradants sur la performance globale et que les informations de dépendance de label sont beaucoup plus difficiles à propager dans les couches du modèle. Néanmoins, la méthode **SAU** parvient à obtenir une augmentation par rapport à la version de premier ordre de BERT et de légers gains de performance par rapport aux autres méthodes.

6   Conclusion

La classification multi-labels de textes est une tâche importante pour de nombreuses applications. Malheureusement, elle n'est pas incluse dans les benchmarks les plus populaires tels que GLUE. Nous avons proposé dans cet article des moyens simples mais efficaces, utilisant les informations de cooccurrence des labels par paire, pour permettre aux modèles transformeurs d'apprendre les dépendances entre les labels. Ces méthodes de dépendance de labels d'ordre élevé sont agnostiques par rapport au modèle et ne sont pas limitées à la classification de textes, mais peuvent être utilisées pour toute autre tâche de classification multi-labels.

Nous avons testé et montré que les cooccurrences et les dépendances entre labels peuvent être utilisées pour obtenir un gain de performance tangible pour la classification multi-labels de textes. Et ce, pour tous les jeux de données, mais avec un gain plus perceptible pour les jeux de données équilibrés (arXiv-ACM ici). La méthode de mise à jour de l'activation basée sur l'auto-attention montre des résultats prometteurs mais n'est toujours pas aussi efficace que la méthode de mise à jour de l'activation simple. L'ajout d'une couche cachée supplémentaire juste avant la couche de sortie, ou la projection du vecteur d'activation dans des matrices distinctes de requête, de clé et de valeur (de manière similaire au mécanisme d'auto-attention dans les transformeurs) pourrait améliorer l'efficacité de cette méthode.

Nous avons introduit dans cet article un nouveau jeu de données multi-labels qui est plus approprié pour tester de nouvelles approches multi-labels. Il vise à répondre aux limitations des jeux de données couramment utilisés, en termes de distribution du nombre de labels et d'équilibre des classes. Nous avons rendu public ce jeu de données 'arXiv-ACM', ainsi que le code d'implémentation des approches proposées ici.

Références

Alaydie, N., C. K. Reddy, et F. Fotouhi (2012). Exploiting Label Dependency for Hierarchical Multi-label Classification. In P.-N. Tan, S. Chawla, C. K. Ho, et J. Bailey (Eds.), *Advances in Knowledge Discovery and Data Mining*, Lecture Notes in Computer Science, Berlin, Heidelberg, pp. 294–305. Springer.

de Souza, J. V. A., E. T. R. Schneider, J. O. Cezar, L. E. Silva, Y. B. Gumiel, E. Paraiso, D. Teodoro, et C. M. C. M. Barra (2020). A multilabel approach to portuguese clinical named entity recognition. *Journal of Health Informatics 12*, 366–372.

Devlin, J., M.-W. Chang, K. Lee, et K. Toutanova (2019). BERT : Pre-training of Deep Bidirectional Transformers for Language Understanding. *NAACL*.

Guo, Y. et S. Gu (2011). Multi-label classification using conditional dependency networks. In *Proceedings of the Twenty-Second international joint conference on Artificial Intelligence - Volume Volume Two*, IJCAI'11, Barcelona, Catalonia, Spain, pp. 1300–1305. AAAI Press.

Huang, Y., B. Giledereli, A. Köksal, A. Özgür, et E. Ozkirimli (2021). Balancing Methods for Multi-label Text Classification with Long-Tailed Class Distribution. In *Proceedings of the 2021 Conference on Empirical Methods in Natural Language Processing*, Online and Punta Cana, Dominican Republic, pp. 8153–8161. Association for Computational Linguistics.

Kurata, G., B. Xiang, et B. Zhou (2016). Improved Neural Network-based Multi-label Classification with Better Initialization Leveraging Label Co-occurrence. In *Proceedings of the 2016 Conference of the North American Chapter of the Association for Computational Linguistics : Human Language Technologies*, San Diego, California, pp. 521–526. Association for Computational Linguistics.

Lewis, D. D., Y. Yang, T. G. Rose, et F. Li (2004). RCV1 : A New Benchmark Collection for Text Categorization Research. *Journal of Machine Learning Research 5*(Apr), 361–397.

Liu, J., W.-C. Chang, Y. Wu, et Y. Yang (2017). Deep learning for extreme multi-label text classification. In *Proceedings of the 40th International ACM SIGIR Conference on Research and Development in Information Retrieval*, SIGIR '17, New York, NY, USA, pp. 115–124. Association for Computing Machinery.

Liu, M., L. Liu, J. Cao, et Q. Du (2022). Co-attention network with label embedding for text classification. *Neurocomputing 471*, 61–69.

Loshchilov, I. et F. Hutter (2022). Decoupled Weight Decay Regularization.

Luaces, O., J. Díez, J. Barranquero, J. J. del Coz, et A. Bahamonde (2012). Binary relevance efficacy for multilabel classification. *Progress in Artificial Intelligence 1*(4), 303–313.

NCBI Resource Coordinators (2016). Database resources of the National Center for Biotechnology Information. *Nucleic Acids Research 44*(D1), D7–19.

Pal, A., M. Selvakumar, et M. Sankarasubbu (2020). Multi-Label Text Classification using Attention-based Graph Neural Network. In *ICAART*.

Remolona, M. F. M., M. F. Conway, S. Balasubramanian, L. Fan, Z. Feng, T. Gu, H. Kim, P. M. Nirantar, S. Panda, N. R. Ranabothu, N. Rastogi, et V. Venkatasubramanian (2017). Hybrid ontology-learning materials engineering system for pharmaceutical products : Multi-label entity recognition and concept detection. *Computers & Chemical Engineering 107*, 49–60.

Sahu, T. P., R. S. Thummalapudi, et N. K. Nagwani (2019). Automatic Question Tagging Using Multi-label Classification in Community Question Answering Sites. In *2019 6th IEEE International Conference on Cyber Security and Cloud Computing (CSCloud)/ 2019 5th IEEE International Conference on Edge Computing and Scalable Cloud (EdgeCom)*, pp. 63–68.

Saini, R. et S. Ghosh (2017). Ensemble classifiers in remote sensing : A review. In *2017 International Conference on Computing, Communication and Automation (ICCCA)*, pp. 1148–1152.

Shen, Y., H.-f. Yu, S. Sanghavi, et I. Dhillon (2020). Extreme Multi-label Classification from Aggregated Labels. *arXiv :2004.00198 [cs, stat]*.

Tsatsaronis, G., G. Balikas, P. Malakasiotis, I. Partalas, M. Zschunke, M. R. Alvers, D. Weissenborn, A. Krithara, S. Petridis, D. Polychronopoulos, Y. Almirantis, J. Pavlopoulos, N. Baskiotis, P. Gallinari, T. Artiéres, A.-C. N. Ngomo, N. Heino, E. Gaussier, L. Barrio-Alvers, M. Schroeder, I. Androutsopoulos, et G. Paliouras (2015). An overview of the BIO-ASQ large-scale biomedical semantic indexing and question answering competition. *BMC Bioinformatics 16*(1), 138.

Tsoumakas, G., I. Katakis, et I. Vlahavas (2010). Mining Multi-label Data. In O. Maimon et L. Rokach (Eds.), *Data Mining and Knowledge Discovery Handbook*, pp. 667–685. Boston, MA : Springer US.

Tsoumakas, G. et I. Vlahavas (2007). Random k -Labelsets : An Ensemble Method for Multi-label Classification. Volume 4701, pp. 406–417.

Vaswani, A., N. Shazeer, N. Parmar, J. Uszkoreit, L. Jones, A. N. Gomez, L. Kaiser, et I. Polosukhin (2017). Attention is All you Need. In *Advances in Neural Information Processing*

Systems, Volume 30. Curran Associates, Inc.

Wolf, T., L. Debut, V. Sanh, J. Chaumond, C. Delangue, A. Moi, P. Cistac, T. Rault, R. Louf, M. Funtowicz, J. Davison, S. Shleifer, P. von Platen, C. Ma, Y. Jernite, J. Plu, C. Xu, T. L. Scao, S. Gugger, M. Drame, Q. Lhoest, et A. M. Rush (2020). HuggingFace's Transformers : State-of-the-art Natural Language Processing. Technical Report arXiv :1910.03771, arXiv.

Wu, B., F. Jia, W. Liu, B. Ghanem, et S. Lyu (2018). Multi-label Learning with Missing Labels Using Mixed Dependency Graphs. *International Journal of Computer Vision 126*(8), 875–896.

Wu, H., S. Zhang, J. Wang, M. Liu, et S. Li (2019). Multi-label Aspect Classification on Question-Answering Text with Contextualized Attention-Based Neural Network. In M. Sun, X. Huang, H. Ji, Z. Liu, et Y. Liu (Eds.), *Chinese Computational Linguistics*, Lecture Notes in Computer Science, Cham, pp. 479–491. Springer International Publishing.

Yang, P., X. Sun, W. Li, S. Ma, W. Wu, et H. Wang (2018). SGM : Sequence Generation Model for Multi-label Classification. In *Proceedings of the 27th International Conference on Computational Linguistics*, Santa Fe, New Mexico, USA, pp. 3915–3926. Association for Computational Linguistics.

Yang, Z., D. Yang, C. Dyer, X. He, A. Smola, et E. Hovy (2016). Hierarchical Attention Networks for Document Classification. In *Proceedings of the 2016 Conference of the North American Chapter of the Association for Computational Linguistics : Human Language Technologies*, San Diego, California, pp. 1480–1489. Association for Computational Linguistics.

Yu, H.-F., K. Zhong, I. S. Dhillon, W.-C. Wang, et Y. Yang (2019). X-bert : extreme multi-label text classification using bidirectional encoder representations from transformers. In *NeurIPS 2019 Workshop on Science Meets Engineering of Deep Learning*.

Zhang, M.-L. et K. Zhang (2010). Multi-label learning by exploiting label dependency. In *Proceedings of the 16th ACM SIGKDD international conference on Knowledge discovery and data mining*, KDD '10, New York, NY, USA, pp. 999–1008. Association for Computing Machinery.

Zhang, M.-L. et Z.-H. Zhou (2007). ML-KNN : A lazy learning approach to multi-label learning. *Pattern Recognit.*.

Summary

We introduce a new approach to improve and adapt transformers for multi-label text classification. Dependencies between labels are an important factor in the multi-label context. Our proposed strategies take advantage of co-occurrences between labels. Our first approach consists in updating the final activation of each label by a weighted sum of all activations by these occurrence probabilities. The second proposed method consists in including the activations of all labels in the prediction. This is done using an approach similar to the 'self-attention' mechanism. As the most known multi-label datasets tend to have a small cardinality, we propose a new dataset, called 'arXiv-ACM', comprised of scientific abstracts from arXiv, tagged with their ACM keywords. We show that our approaches contribute to a performance gain, establishing a new state of the art for the studied datasets.

Une extension de la décomposition tensorielle au phénotypage temporel

Hana Sebia*, Thomas Guyet*, Etienne Audureau**

* Inria, AIStroSight, Centre de Lyon, France
{hana.sebia, thomas.guyet}@inria.fr,
** AP-HP, Hôpital Henri Mondor, Université Paris Est Créteil, France

Résumé. La décomposition tensorielle a récemment fait l'objet d'une attention croissante dans la communauté de l'apprentissage automatique en raison de sa polyvalence dans le traitement des données à grande échelle. Cependant, cette tâche devient plus difficile lorsqu'il s'agit de prendre en comte la dimension temporelle. Dans cet article, nous étendons la décomposition tensorielle à l'extraction de phénotypes temporels, décrits comme un combinaison de caractéristiques sur une fenêtre de temps. Nous proposons un nouveau modèle de décomposition intégrant plusieurs régularisations pour améliorer l'interprétabilité des phénotypes extraits. Nous validons ce dernier sur des données synthétiques et réelles provenant de l'Assistance Publique – Hôpitaux de Paris (AP-HP). Les résultats montrent qu'il est plus performant que les modèles les plus récents de décomposition et qu'il découvre des phénotypes intéressants pour les cliniciens.

1 Introduction

Un tenseur est une représentation naturelle des données multidimensionnelles. La décomposition tensorielle est un outil statistique historique pour l'analyse de ces données complexes. La popularisation de techniques d'apprentissage automatique efficaces et évolutives l'a rendue attrayante pour les données du monde réel (Perros et al., 2017). Elle a donc été intensivement étudiée dans de nombreux domaines, tels que le traitement du signal, les neurosciences, la communication, la psychométrie, etc (Fanaee-T et Gama, 2016). Techniquement, la décomposition tensorielle est une méthode non-supervisée qui simplifie un tenseur multidimensionnel en tenseurs d'ordre inférieur (Anandkumar et al., 2014). Ceci revient à identifier des variables latentes. Ces variables latentes sont des caractéristiques non observées qui capturent les comportements cachés d'un système. Elles sont difficiles à extraire de données multidimensionnelles complexes en raison 1) des multiples interactions entre les dimensions et 2) de l'entrelacement des occurrences de comportements cachés.

Récemment, plusieurs approches basées sur la décomposition tensorielle ont montré leur efficacité et leur intérêt pour le phénotypage computationnel à partir des dossiers médicaux électroniques (DME) (Afshar et al., 2020, 2021; Chambard et al., 2021; Yin et al., 2019). Les motifs récurrents cachés qui sont découverts dans ces données sont appelés *phénotypes*. Ces phénotypes sont particulièrement intéressants pour 1) décrire les pratiques réelles des unités médicales et 2) aider les administrateurs d'hôpitaux à améliorer leur gestion des soins. Par exemple, une meilleure description des parcours de soins des patients COVID-19 au début de la pandémie peut aider les cliniciens à améliorer la gestion des soins lors des futures vagues épidémiques. La principale limite des techniques existantes est la définition d'un phénotype comme une combinaison de traitements sans tenir compte de la dimension temporelle. On parle alors de phénotypes journaliers. Dans ce cas, un parcours de soins est considéré comme une succession de soins quotidiens indépendants. Néanmoins, il semble plus réaliste d'interpréter un parcours de soins comme des combinaisons de *séquences de traitements*. Par exemple, les patients COVID-19 hospitalisés pour un syndrome de détresse respiratoire aiguë sont traités pour plusieurs problèmes au cours de la même visite : infection virale, syndromes respiratoires et problèmes hémodynamiques. D'une part, le traitement de l'infection virale implique l'administration de médicaments sur plusieurs jours. D'autre part, le syndrome respiratoire aigu nécessite également une surveillance continue pendant plusieurs jours. Le parcours de soins d'un patient peut alors être abstrait comme une combinaison de ces traitements. Le phénotypage computationnel vise à découvrir un phénotype pour chaque traitement.

Dans cet article, nous présentons un modèle décomposition tensorielle basé sur l'apprentissage automatique pour extraire les phénotypes temporels. Contrairement à un phénotype journalier classique, un phénotype temporel décrit la combinaison de médicaments/procédures sur une fenêtre temporelle de quelques jours. Cela améliore nettement l'expressivité de la méthode. Suivant le principe de la décomposition tensorielle, le modèle découvre des phénotypes qui reconstruisent avec précision un tenseur d'entrée avec une dimension temporelle. Il permet le chevauchement d'occurrences distinctes de phénotypes pour représenter le début asynchrone de traitements. À notre connaissance, notre proposition est la première extension de la décomposition tensorielle au phénotypage temporel. Nous évaluons notre modèle en utilisant à la fois des données synthétiques et des données réelles de patients. Les résultats montrent qu'il reconstruit plus précisément les parcours que les modèles de l'état de l'art. De plus, l'analyse qualitative montre que les phénotypes découverts sont cliniquement significatifs.

2 État de l'art

La découverte de phénotypes à partir des données longitudinales du DME est une tâche fondamentale qui a fait l'objet de nombreux travaux. Ces données peuvent être structurées en un tenseur tridimensionnel, c'est-à-dire un cube de données dont les dimensions sont : les identifiants des patients, les événements de soins (procédures, tests de laboratoire, médicaments administrés) et le temps. La décomposition tensorielle a été largement utilisée et a fait ses preuves pour extraire des modèles concis et interprétables à partir de telles données. La factorisation CP (Kolda et Bader, 2009) est la technique de décomposition générique qui décompose un tenseur $\mathcal{X}$ en une collection de tenseurs d'ordre inférieur $\mathcal{Y}_1, \ldots \mathcal{Y}_m$ tels que $\mathcal{X} \approx \mathcal{Y}_1, \otimes \cdots \otimes \mathcal{Y}_m$ où $\otimes$ représente le produit vectoriel externe. PARAFAC2 (Kiers et al., 1999) est une variante de la factorisation CP qui traite les tenseurs irréguliers. Ceci est particulièrement intéressant pour les patients dont la durée de séjour à l'hôpital est variable. Divers travaux ont proposé des améliorations du modèle de base de PARAFAC2. Certains ont exploité des architectures parallèles pour passer à l'échelle (Perros et al., 2017; Afshar et al., 2018, 2021). D'autres ont introduit diverses contraintes (Afshar et al., 2018; Yin et al., 2020) sur les matrices résultantes pour améliorer leur interprétabilité, ou même introduit des tâches de prédiction spécifiques (Wang et al., 2015; Yang et al., 2017; Henderson et al., 2018) pour guider la décomposition. Ces avancées ont amélioré la décomposition des parcours de soins. Cependant, il existe un nombre limité de contributions améliorant l'exploitation de la dimension temporelle. COPA (Afshar et al., 2018) utilise une régularisation pour considérer l'irrégularité des durées entre deux visites. LogPar (Yin et al., 2020) l'a étendu aux tenseurs irréguliers binaires et incomplets. Cependant, ces deux modèles supposent que chaque pas de temps est indépendant des autres, ignorant le fait que l'état de santé des patients est fortement lié à leur historique médical. Pour résoudre ce problème, CNTF (Yin et al., 2019) exploite un RNN pour prendre en compte l'ordre des événements cliniques dans la construction des parcours des patients, tandis que TedPar (Yin et al., 2021) introduit la notion de transition temporelle d'un phénotype (journalier) à un autre pour capturer la dépendance temporelle lors de la modélisation de l'évolution des maladies chroniques. Dans ces travaux, l'aspect temporel n'est considéré que pour la construction des parcours des patients et non pour les phénotypes. En revanche, (Chambard et al., 2021) construit des phénotypes temporels comme des séquences typiques de phénotypes journaliers en utilisant un clustering a posteriori d'une décomposition tensorielle. Il se base néanmoins sur une décomposition en phénotypes journaliers.

Notre objectif est d'étendre la notion de phénotype journalier à celle de phénotype temporel, c'est-à-dire la description d'un comportement latent sur plusieurs pas de temps. Cet objectif est similaire à celui du *topic modeling* pour des documents temporels. Pour cela, TAMM (Emonet et al., 2014) a proposé un modèle graphique probabiliste conçu pour la découverte non-supervisée de modèles temporels récurrents dans les séries temporelles. Il extrait à la fois les motifs typiques, décrits sur une fenêtre temporelle, et leurs occurrences dans les documents. La principale limite de cette approche est son manque d'efficacité computationnelle. L'utilisation de technique d'échantillonnage de Gibbs la rend beaucoup moins performante que des techniques d'optimisation utilisées pour la décomposition tensorielle (Kolda et Bader, 2009).

3 Phénotypage temporel

Dans cette section, nous définissons les notations et le problème du phénotypage temporel.

Soit $\mathcal{X}$ un tenseur d'ordre 3, également considéré comme une collection de K matrices de dimensions $n \times T_k$, où K est le nombre d'individus (patients), n est le nombre de caractéristiques (événements de soins), et T_k est la durée des observations du k-ième individu. $\boldsymbol{X}^{(k)}$ désigne la matrice du k-ième individu. Les matrices de $\mathcal{X}$ n'ont pas nécessairement la même durée, mais elles partagent le même ensemble de caractéristiques. Étant donné $R \in \mathbb{N}^*$, un nombre de phénotypes, et $\omega \in \mathbb{N}^*$, la durée des phénotypes, le phénotypage temporel vise à construire :

— $\mathcal{P} \in \mathbb{R}_+^{R \times n \times \omega}$: un tenseur d'ordre 3 représentant les R phénotypes temporels qui sont communs à tous les individus. Chaque phénotype temporel est une matrice de taille $n \times \omega$. Un phénotype représente la présence d'un événement à un moment relatif τ, $0 \leq \tau < \omega$ et ω est la même pour tous les phénotypes.

— $\mathcal{W} = \left\{ \boldsymbol{W}^{(k)} \in \mathbb{R}_+^{R \times T'_k} \right\}$: une collection de K matrices de dimension $R \times T'_k$ où $T'_k = T_k - \omega + 1$ est la durée du parcours du k-ième individu. Une valeur non-nulle à la position (r, t) dans $\boldsymbol{W}^{(k)}$ décrit le début du phénotype r au temps t pour le k-ième individu.

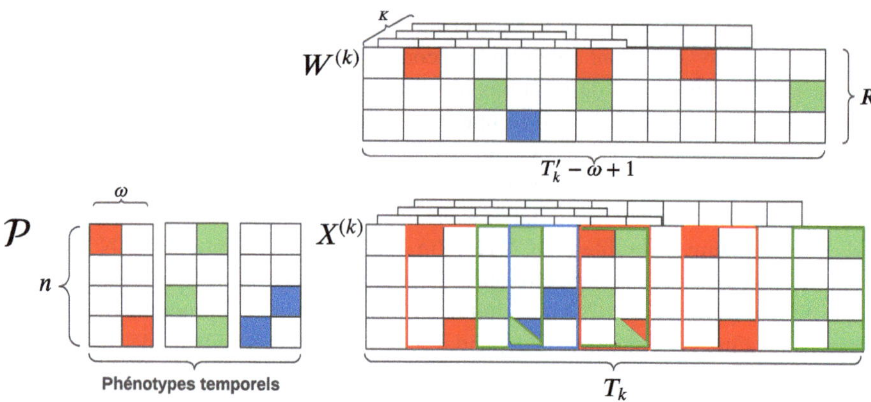

FIG. 1 – *Illustration d'une reconstruction matricielle ($\boldsymbol{X}^{(k)}$) à partir de 3 phénotypes (à gauche) et d'un parcours de soins ($\boldsymbol{W}^{(k)}$) (en haut). Chaque cellule colorée dans $\boldsymbol{W}^{(k)}$ désigne le début d'une occurrence de phénotype dans la reconstruction (entourée d'un rectangle coloré dans $\boldsymbol{X}^{(k)}$). Une cellule avec deux couleurs décrit les contributions de deux occurrences de phénotypes différents. Les mêmes phénotypes sont utilisés pour les K patients.*

Les phénotypes $\mathcal{P}$ et les parcours $\mathcal{W}$ sont définis de sorte à reconstruire avec précision le tenseur d'entrée, à savoir $\mathcal{X}$. Pour la décomposition tensorielle classique, la reconstruction est définie par un produit de matrices. Dans le cas de phénotype temporel, cette opération de reconstruction doit être redéfinie. Nous introduisons pour cela un nouvel opérateur, noté $\circledast$, qui prenne en compte la dimension temporelle de $\mathcal{P}$. On a alors $\boldsymbol{X}^{(k)} \approx \widehat{\boldsymbol{X}^{(k)}} = \mathcal{P} \circledast \boldsymbol{W}^{(k)}$ pour tout $k \in [K]$. Formellement, cet opérateur reconstruit chaque vecteur de la matrice $\widehat{\boldsymbol{X}^{(k)}}$ au temps t, noté $\widehat{\boldsymbol{x}^{(k)}_{.,t}}$, comme suit :

$$\widehat{\boldsymbol{x}}^{(k)}_{.,t} = \sum_{r=1}^{R} \sum_{\tau=1}^{\min(\omega,t-1)} \boldsymbol{w}^{(k)}_{r,t-\tau} \boldsymbol{p}^{(r)}_{\tau}. \tag{1}$$

La figure 1 illustre la reconstruction pour une matrice du tenseur d'entrée. Cette matrice est de longueur $T_k = 14$ avec $n = 4$ caractéristiques. Sa décomposition est constituée de $R = 3$ phénotypes de taille 4×2 chacun ($\omega = 2$ et $n = 4$) et d'un parcours de longueur $T'_k = 14 - 2 + 1 = 13$. Les cellules colorées contiennent des valeurs non-nulles (1 par exemple) tandis les autres cellules contiennent des 0. La figure montre que pour chaque valeur non-nulle de $\boldsymbol{W}^{(k)}$ au temps t, le phénotype correspondant est positionné au temps t dans la reconstruction. Les occurrences des phénotypes peuvent se chevaucher ou commencer à la même date. L'équation 1 formalise la reconstruction à un instant (une colonne) comme la somme du τ-ème jour des R phénotypes pondérés par la matrice $\boldsymbol{W}^{(k)}$. En considérant que la longueur des phénotypes est de ω, $\widehat{\boldsymbol{x}}^{(k)}_{.,t}$ est une combinaison de phénotypes qui se sont manifestés au plus ω unités de temps auparavant, sauf au début. Il est important de noter que la décomposition se fait pour tous les individus en même temps.

4 Découverte des phénotypes temporels

Dans cette section, nous présentons la méthode de découverte des phénotypes temporels par une approche par optimisation.

Phénotypage temporel vu comme un problème de minimisation   Comme dans le cas de la décomposition tensorielle classique, le phénotypage temporel est un problème de minimisation de l'erreur entre le tenseur d'entrée et sa reconstruction. L'équation 1 détaille la reconstruction de la matrice d'un patient. Nous devons maintenant définir une mesure de cette erreur.

Le modèle que nous proposons considère la décomposition de tenseurs binaires, *i.e.* $\mathcal{X} \in \{0, 1\}$. Ceci correspond à des données qui décrivent la présence/absence d'événements. Dans ce cas, nous supposons que le tenseur d'entrée $\mathcal{X}$ suit une distribution de Bernoulli et nous utilisons la fonction de perte proposée par (Hong et al., 2020) pour les données binaires. Le problème d'optimisation résultant est alors défini comme suit :

$$\mathcal{L}^{SW} = \arg\min_{\mathcal{W},\mathcal{P}} \sum_{k=1}^{K} \sum_{t=1}^{T_k} \sum_{i=1}^{n} log(\hat{x}_{i,t}^{(k)} + 1) - x_{i,t}^{(k)} log(\hat{x}_{i,t}^{(k)}) \tag{2}$$

$$\text{subject to} \quad \mathcal{W} \geq 0, \quad \mathcal{P} \geq 0.$$

Contrainte de Normalisation   Le problème de minimisation présenté dans l'équation 2 impose la non-négativité de $\mathcal{W}$ et $\mathcal{P}$ pour assurer une interprétation cohérente. Néanmoins, la restriction des valeurs à l'intervalle $[0, 1]$ rend les résultats plus interprétables. L'idée est d'interpréter les valeurs de $\mathcal{P}$ (resp. $\mathcal{W}$) comme la probabilité d'avoir un événement (resp. un phénotype) à un moment donné. Nous proposons donc d'ajouter une contrainte de normalisation qui impose que les valeurs de $\mathcal{P}$ et $\mathcal{W}$ se situent dans l'intervalle $[0, 1]$.

Termes de régularisation   Le modèle comprend également deux termes de régularisation : la parcimonie et la non-succession de phénotypes.

L'introduction d'une régularisation sur la parcimonie des phénotypes améliore leur interprétation. Nous avons choisi la technique de régularisation L_1 pour réduire le nombre de valeurs non-nulles. Ce choix de norme s'est montré plus efficace dans nos cas d'application que celui d'autres normes.

Nous proposons également une régularisation limitant l'utilisation successive du même phénotype. La figure 2 illustre une décomposition indésirable que nous cherchons à éviter. Considérons deux phénotypes identiques le premier jour, et une matrice de patient décrivant l'apparition du second phénotype. Nous aimerions que le modèle soit capable de trouver la seconde représentation de la matrice du parcours du patient, et non de proposer une succession du premier phénotype sur trois jours consécutifs, comme l'illustre la première matrice de parcours. Le terme de régularisation proposé pénalise un modèle de reconstruction qui utilise un même phénotype sur plusieurs jours successifs sans considérer l'étendue de la fenêtre temporelle. Cette régularisation est appliquée sur les parcours des patients $\boldsymbol{W}^{(k)}$ et est définie comme suit :

$$\mathcal{S}(\boldsymbol{W}^{(k)}) = \sum_{r=1}^{R} \sum_{t=1}^{T_k} w_{r,t} \log \left(\sum_{\tau=t-\omega}^{t+\omega} w_{r,\tau} \right). \tag{3}$$

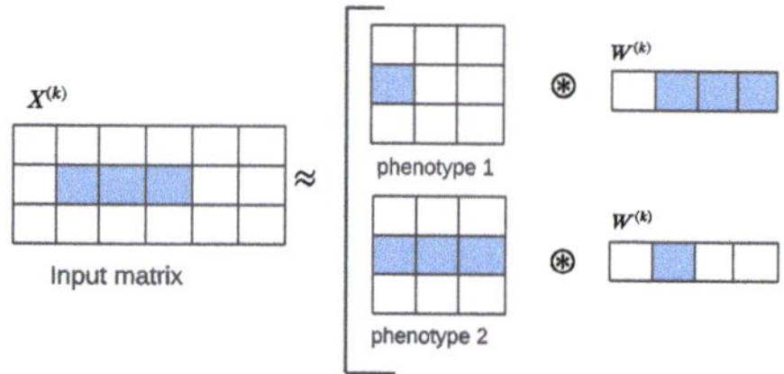

FIG. 2 – *Exemple d'une reconstruction incorrecte avec événements similaires consécutifs. Le phénotype 1 ne capture pas la séquence des événements contrairement au phénotype 2.*

La fonction logarithmique est utilisée pour empêcher ce terme de l'emporter sur les autres. Notons que cette régularisation n'a de sens qu'avec un parcours normalisé, *i.e.* $\boldsymbol{W}^{(k)} \in [0, 1]$. Sinon, la régularisation pénalise chaque présence d'un phénotype avec des poids élevés.

Finalement, la fonction de perte à optimiser est donnée par la somme pondérée de l'erreur de reconstruction, la régularisation de parcimonie et de la non-succession de phénotypes :

$$\ell = \mathcal{L}^{SW} + \alpha ||\mathcal{P}||_1 + \gamma \sum_{k=1}^{K} \mathcal{S}(\boldsymbol{W}^{(k)}) \tag{4}$$

où $\mathcal{W}$ et $\mathcal{P}$ doivent satisfaire les contraintes de non-négativité et de normalisation. α et γ sont deux hyperparamètres réels positifs.

Framework d'optimisation Pour optimiser la fonction de perte ℓ, nous avons utilisé une stratégie de minimisation alternée avec une descente de gradient projeté pour gérer les contraintes de non-négativité et de normalisation. L'apprentissage étant non supervisé, l'ensemble du jeu de données est utilisé pour l'extraction des phénotypes.

5   Expérimentations et résultats

Nous avons expérimenté notre modèle sur des jeux de données synthétiques et réels afin d'évaluer sa précision de reconstruction par rapport à ses concurrents.[1] Les jeux de données synthétiques sont utilisés pour proposer des expériences reproductibles et contrôlables. De plus, comme les motifs cachés sont connus dans ce cas, cela permet d'évaluer la qualité des motifs découverts. Les résultats obtenus sont ensuite confirmés sur un jeu de données réel afin de démontrer leur fiabilité.

Données synthétiques La génération de données synthétiques est basée sur le processus inverse de la décomposition. 1) Un tenseur de phénotypes du troisième ordre $\mathcal{P}$ est généré en tirant aléatoirement un sous-ensemble d'événements médicaux pour chaque instant de la fenêtre temporelle de chaque phénotype. 2) Les parcours des patients $\mathcal{W}$ sont générés en tirant aléatoirement les jours d'occurrence de chaque phénotype tout au long du séjour du patient

---

1. Code disponible ici : https://gitlab.inria.fr/hsebia/swotted

avec comme contrainte : le même phénotype ne peut pas se produire plusieurs jours consécutifs. Pour 1) et 2), nous utilisons des distributions de Bernoulli avec $p = 0.5$. 3) Les matrices de patients de $\mathcal{X}$ sont ensuite calculées en utilisant la formule de reconstruction proposée dans l'Eq. 1. Cette reconstruction peut conduire à des valeurs supérieures à 1 lorsqu'on accumule plusieurs occurrences de phénotypes qui partagent le même événement. Nous binarisons donc le tenseur résultant en projetant les valeurs non nulles à 1. Les caractéristiques par défaut des jeux de données synthétiques générés par la suite dans les différentes expérimentations sont les suivantes : $K = 100$ patients, $n = 20$ événements de soins, $R = 4$ phénotypes de longueur $\omega = 3$ et des séjours de $T_k = 6$ jours.

Concurrents   Nous comparons les performances de notre méthode à celles de trois modèles récents : **LogPar** (Yin et al., 2020), une version logistique de PARAFAC2 pour la décomposition de tenseurs binaires supposés suivre la distribution de Bernoulli ; **CNTF** (Yin et al., 2019), un modèle de décomposition de tenseurs ayant une dimension temporelle variable, qui suppose que le tenseur d'entrée suit une distribution de Poisson mais qui a également montré son efficacité sur des données binaires ; et **SWIFT** (Afshar et al., 2021), un modèle de décomposition minimisant la distance de Wasserstein entre le tenseur d'entrée et sa reconstruction. Pour chaque expérience, nous configurons manuellement leurs hyperparamètres afin d'assurer une comparaison équitable. L'implémentation de TedPar n'étant pas disponible, il n'a pu être testé.

Mesure de précision   Nous utilisons la $FIT \in (-\infty, 1]$ (Bro et al., 1999) pour mesurer la qualité de la reconstruction de notre modèle. Plus la valeur de FIT est élevée, meilleure est la reconstruction.

$$FIT_X = 1 - \frac{\sum_{k=1}^{K} ||\boldsymbol{X}^{(k)} - \widehat{\boldsymbol{X}}^{(k)}||_F}{\sum_{k=1}^{K} ||\boldsymbol{X}^{(k)}||_F} \tag{5}$$

où le tenseur original $\mathcal{X}$ sert de vérité terrain, le tenseur résultant est noté $\widehat{\mathcal{X}}$ et $|| \cdot ||_F$ est la norme de Frobenius. La mesure FIT est également utilisée pour comparer les phénotypes et les parcours des patients lorsque les motifs cachés sont connus a priori. Ainsi, FIT_P (resp. FIT_W) désigne la qualité de reconstruction de $\mathcal{P}$ (resp. $\mathcal{W}$).

Implémentation   Le modèle est implémenté à l'aide de *PyTorch*. Nous avons entraîné le modèle avec un optimiseur *Adam* pour la mise à jour de $\mathcal{P}$ et $\mathcal{W}$. Le taux d'apprentissage est fixé à 10^{-3}. Nous avons ajusté les hyperparamètres α et γ en testant différentes valeurs et en sélectionnant celles qui donnent la meilleure mesure de reconstruction. Leurs valeurs par défaut sont $\alpha = 0.5$ et $\gamma = 0.5$.

5.1   Étude des termes de la fonction de perte

Cette expérimentation compare différentes versions régularisées du modèle. L'objectif est de montrer que tous les termes de la fonction de perte sont importants pour obtenir de bons résultats. Nous évaluons trois versions de notre modèle avec différents termes : Sp pour la régularisation de parcimonie seule, Sp+Nr pour la parcimonie avec la contrainte de normalisation et Sp+Nr+PS pour la version incluant également la régularisation de non-succession de phénotypes. La parcimonie est toujours prise en compte pour garantir une interprétation

	FIT_X	FIT_P	FIT_W
Sp	0.66 ± 0.08	0.47 ± 0.29	0.48 ± 0.14
Sp+Nr	0.69 ± 0.07	0.59 ± 0.18	0.53 ± 0.11
Sp+Nr+PS	**0.71 ± 0.07**	**0.61 ± 0.29**	**0.56 ± 0.18**

TAB. 1 – *Valeurs moyennes et écarts types de FIT_X, FIT_P et FIT_W pour différentes versions régularisées du modèle appliquées à des jeux de données synthétiques.*

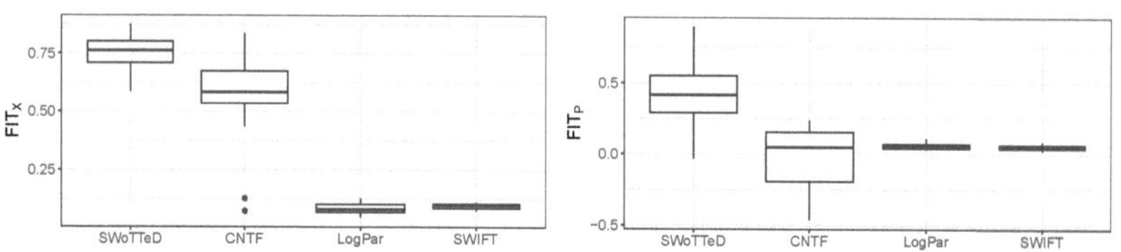

FIG. 3 – *Valeurs FIT du modèle et ses concurrents sur des données synthétiques avec $\omega = 1$. SWoTTeD désigne le modèle présenté dans cet article.*

des phénotypes. Comme la régularisation de non-succession n'a de sens que pour les $\mathcal{W}$ normalisés, la combinaison Sp+PS n'est pas évaluée. Chaque version est exécutée sur 20 jeux synthétiques et les valeurs FIT sont collectées.

Le tableau 1 présente les résultats de cette expérimentation. Nous observons que la moyenne de FIT_X varie entre 0.66 et 0.71 pour toutes les versions. De plus, les valeurs moyennes de FIT_P et FIT_W sont comprises entre 0.47 et 0.61. Ces valeurs, proches de 1, signifient que les reconstructions des trois tenseurs sont précises sur les données synthétiques. Nous concluons à partir des valeurs de FIT_P que les trois versions ont la capacité de découvrir précisément les phénotypes cachés. Nous observons également que la valeur moyenne de FIT augmente lorsqu'on ajoute la normalisation et la régularisation de la non-succession des phénotypes. La version Sp+Nr+PS est meilleure que les autres. Cependant, la différence n'est pas statistiquement significative selon le test pairé de Wilcoxon.

Nous concluons que tous les termes sont nécessaires pour obtenir les meilleurs résultats. De plus, l'ajout de la régularisation de non-succession désambiguïse la situation illustrée dans la figure 2 et aide le modèle à reconstruire correctement les variables latentes.

5.2 Précision des phénotypes découverts

L'expérimentation compare la précision du modèle à celle de ses concurrents sur des données synthétiques générées avec des phénotypes journaliers ($\omega = 1$). L'objectif est d'évaluer sa capacité à extraire les motifs cachés par rapport aux modèles récents de l'état de l'art.

Les résultats, résumés dans la figure 3 montrent que notre modèle obtient les meilleures performances en termes de mesures FIT_X et FIT_P. Selon le test de Wilcoxon, cette différence est significative. Le modèle parvient même à atteindre une reconstruction parfaite sur 3 jeux de données. Ces bonnes performances s'expliquent premièrement par la flexibilité de la reconstruction permettant le chevauchement de différents phénotypes et leur arrivée avec un décalage, et deuxièmement par l'utilisation d'une fonction de perte qui suppose une distribution de Bernoulli adaptée aux données binaires.

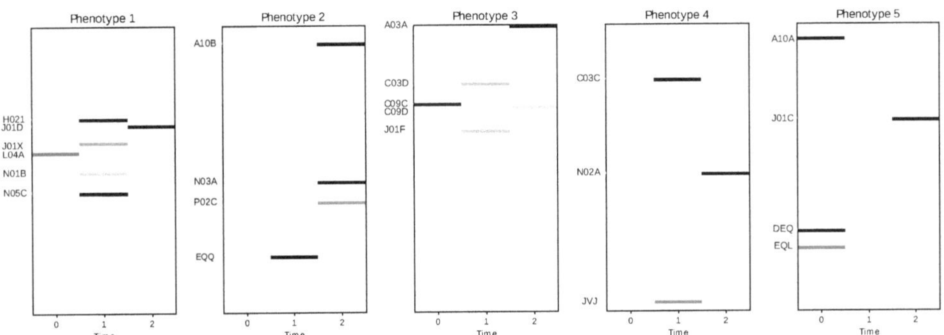

FIG. 4 – *Cinq phénotypes découverts pour la 4ème vague épidémique. Chaque cellule grise représente la présence d'un médicament à un instant relatif. Plus la cellule est foncée, plus la valeur est élevée. Les valeurs des cellules sont comprises dans l'intervalle* $[0, 1]$.

6   Application à l'analyse de parcours de patients COVID-19

L'objectif de cette étude de cas est de décrire les parcours typiques des patients qui ont été admis dans une unité de soins intensifs lors des premières vagues de COVID-19 en région parisienne. Ces parcours typiques sont représentatifs des protocoles de traitement qui ont été effectivement mis en œuvre. Leur description peut aider les hôpitaux à mieux appréhender leur gestion des traitements en période de crise. Dans le cadre de COVID-19, nous savons que les cas les plus critiques sont les patients présentant des comorbidités (diabète, hypertension, etc.). Cela complique l'analyse des parcours de soins de ces patients car ils cumulent plusieurs traitements indépendants. Dans une telle situation, les outils développés pour l'analyse des parcours sont utiles pour démêler les différents traitements qui ont été délivrés. Les parcours de soins des patients COVID-19 ont été obtenus à partir de l'entrepôt de données de l'Assistance Publique – Hôpitaux de Paris. Nous créons un jeu de données par chacune des 4 premières vagues épidémiques de COVID-19. Les périodes de ces vagues sont celles définies officiellement par le gouvernement. Les patients sélectionnés pour cette étude sont des adultes (plus de 18 ans) ayant un test PCR positif. Pour chaque patient, nous créons une matrice binaire qui représente les événements des soins du patient (délivrance de médicaments et procédures) au cours des 10 premiers jours de son séjour dans l'unité de soins intensifs. Les épidémiologistes ont sélectionné 85 types d'événements de soins (58 types de médicaments et 27 types de procédures) en fonction de leur fréquence et de leur pertinence pour la COVID-19. Les médicaments sont codés en utilisant le troisième niveau des codes ATC et les procédures en utilisant le troisième niveau des codes CCAM.[2]

Nous présentons maintenant les résultats obtenus pour la quatrième vague (du 05/07/2021 au 06/09/2021) qui contient 2 593 patients et 21 325 événements de soins. Nous exécutons le modèle pour extraire $R = 8$ phénotypes de longueur $\omega = 3$ avec comme paramètres 1 000 epochs et un taux d'apprentissage de 10^{-3}. La figure 4 illustre cinq des huit phénotypes extraits de la quatrième vague. Une première observation est que ces phénotypes contiennent peu

---

2. L'ATC (Anatomical, Therapeutical and Chemical) est une classification standard des médicaments. La CCAM est la classification française des procédures médicales.

Code	Description	Jours		
H02A	*Prednisone, antibiotique*	0.00	1.00	0.00
J01D	*Cefotaxime, antibiotique*	0.00	0.00	1.00
J01X	*Metronidazole*	0.00	0.40	0.00
L04A	*Tocilizumab*	0.59	0.00	0.00
N01B	*Lidocaine*	0.00	0.21	0.00
N05C	*Midazolam, sédation*	0.00	1.00	0.00

TAB. 2 – *Phénotype 1 : ventilation mécanique après le traitement à la COVID-19.*

Code	Description	Jours		
A10A	*Insuline*	1.00	0.00	0.00
J01C	*Amoxicilline*	0.00	0.00	1.00
DEQ	*Électrocardiogramme*	1.00	0.00	0.00
EQL	*Dopamine*	0.50	0.00	0.00

TAB. 3 – *Phénotype 5 : choc septique sévère.*

d'éléments non-nuls ce qui les rend presque faciles à interpréter. Deuxièmement, chaque phénotype décrit la présence d'événements de soins a moins deux instants différents, ce qui souligne l'importance de leur dimension temporelle. Ces phénotypes ont été montrés à un clinicien pour interprétation. Il a été confirmé que ces derniers révèlent des combinaisons pertinentes de soins. Deux types différents de combinaisons ont été identifiés : certaines combinaisons de soins esquissent le contexte pathologique des patients (hypertension, insuffisance hépatique, etc.) tandis que d'autres sont représentatives des protocoles de traitement. Nous détaillons un phénotype de chaque type dans les tableaux 2 et 3. Chaque ligne du tableau correspond à un événement de soins qui a au moins une valeur non nulle dans le phénotype. La première colonne donne le code (ATC ou CCAM) de l'événement, et la deuxième colonne sa description. Les autres colonnes détaillent sa présence au cours du temps (jours). Le tableau 3 illustre un phénotype temporel qui a été interprété comme un protocole typique de COVID-19. En effet, le *Tocilizumab* est devenu un médicament standard pour aider les patients souffrant de problèmes respiratoires aigus à éviter le recours à la ventilation mécanique. Dans ce phénotype, les cliniciens détectent une transition de l'administration prophylactique de *Tocilizumab* (le premier jour) à une ventilation mécanique identifiée par l'utilisation de médicaments sédatifs typiques (*Lidocaïne*, *Métronidazole* et *Midazolam*). Ce changement, incluant l'arrêt du traitement par *Tocilizumab*, est un protocole typique. Néanmoins, des investigations complémentaires sont nécessaires pour expliquer la présence d'antibiotiques. Le tableau 2 illustre le phénotype temporel d'un choc septique sévère : un patient dans cette situation sera monitoré, on lui administrera de la *dopamine* pour induire une activité cardiaque et on lui injectera de l'*insuline* pour gérer sa glycémie. Ce protocole est couramment rencontré dans les unités de soins intensifs et a été appliqué pour les patients COVID-19 en état critique.

En conclusion, les phénotypes détaillés précédemment illustrent le fait que notre méthode démêle les protocoles génériques des soins intensifs et des traitements spécifiques de la COVID-19. D'autres phénotypes ont également été facilement identifiés par les cliniciens comme correspondant au traitement de patients ayant des antécédents médicaux spécifiques. Leur conclusion générale est que notre modèle extrait des phénotypes pertinents qui décrivent de véritables pratiques.

7   Conclusion

Les méthodes de décomposition tensorielle les plus récentes se limitent à l'extraction de phénotypes qui ne décrivent qu'une combinaison de caractéristiques survenant un même jour. Dans cet article, nous avons proposé une méthode de décomposition tensorielle dédiée à l'extraction de phénotypes temporels. Elle a été testée sur des jeux de données synthétiques et réels. Les résultats montrent qu'elle est plus performante que les techniques de décomposition de l'état de l'art :les phénotypes extraient sont plus expressifs et permettent une reconstruction plus précise des tenseurs d'entrée. Une étude de cas sur les patients COVID-19 illustre l'efficacité du modèle pour extraire des phénotypes temporels significatifs et la pertinence de la dimension temporelle pour décrire des protocoles de soins typiques. Ces résultats prometteurs ouvrent de nouvelles voies de recherche en apprentissage automatique, en phénotypage temporel et en analyse de parcours de soins. Pour les travaux futurs, nous prévoyons d'étendre le modèle pour extraire des phénotypes temporels décrits sur des fenêtres de taille variable.

Remerciements   Une partie des recherches présentées dans cet article est subventionnée par la Fondation de l'AP-HP, dans le cadre de la Chaire AI-RACLES et a reçu l'accord du Comité scientifique et éthique du CDW de l'AP-HP (CSE-20-11-COVIPREDS).

Références

Afshar, A., I. Perros, E. E. Papalexakis, E. Searles, J. Ho, et J. Sun (2018). COPA : Constrained PARAFAC2 for sparse and large datasets. In *Proceedings of the International Conference on Information and Knowledge Management (CIKM)*, pp. 793–802.

Afshar, A., I. Perros, H. Park, C. R. deFilippi, X. Yan, W. F. Stewart, J. Ho, et J. Sun (2020). TASTE : temporal and static tensor factorization for phenotyping electronic health records. In *Proceedings of the Conference on Health, Inference, and Learning (CHIL)*, pp. 193–203.

Afshar, A., K. Yin, S. Yan, C. Qian, J. C. Ho, H. Park, et J. Sun (2021). SWIFT : Scalable wasserstein factorization for sparse nonnegative tensors. In *Proceedings of the AAAI Conference on Artificial Intelligence*, pp. 6548–6556.

Anandkumar, A., R. Ge, D. Hsu, S. M. Kakade, et M. Telgarsky (2014). Tensor decompositions for learning latent variable models. *Journal of machine learning research 15*, 2773–2832.

Bro, R., C. Andersson, et H. Kiers (1999). PARAFAC2 – Part II. modeling chromatographic data with retention time shifts. *Journal of Chemometrics 13*(3-4), 295–309.

Chambard, M., T. Guyet, Y.-L. NGuyen, et E. Audureau (2021). Temporal phenotyping for characterisation of hospital care pathways of COVID-19 patients. In *Proceedings of the Workshop on Advanced Analytics and Learning on Temporal Data (AALTD)*, pp. 55–70.

Emonet, R., J. Varadarajan, et J.-M. Odobez (2014). Temporal analysis of motif mixtures using dirichlet processes. *IEEE Transactions on Pattern Analysis and Machine Intelligence 36*(1), 140–156.

Fanaee-T, H. et J. Gama (2016). Tensor-based anomaly detection : An interdisciplinary survey. *Knowledge-Based Systems 98*, 130–147.

Henderson, J., H. He, B. A. Malin, J. C. Denny, A. N. Kho, J. Ghosh, et J. C. Ho (2018). Phenotyping through semi-supervised tensor factorization (PSST). In *Proceedings of the Annual Symposium of AMIA*, pp. 564–573.

Hong, D., T. G. Kolda, et J. A. Duersch (2020). Generalized canonical polyadic tensor decomposition. *SIAM Review 62*(1), 133–163.

Kiers, H. A., J. M. Ten Berge, et R. Bro (1999). PARAFAC2–part I. A direct fitting algorithm for the PARAFAC2 model. *Journal of Chemometrics : A Journal of the Chemometrics Society 13*(3-4), 275–294.

Kolda, T. G. et B. W. Bader (2009). Tensor decompositions and applications. *SIAM review 51*(3), 455–500.

Perros, I., E. E. Papalexakis, F. Wang, R. Vuduc, E. Searles, M. Thompson, et J. Sun (2017). SPARTan : Scalable PARAFAC2 for large and sparse data. In *Proceedings of the International Conference on Knowledge Discovery and Data Mining (SIGKDD)*, pp. 375–384.

Wang, Y., R. Chen, J. Ghosh, J. C. Denny, A. Kho, Y. Chen, B. A. Malin, et J. Sun (2015). Rubik : Knowledge guided tensor factorization and completion for health data analytics. In *Proceedings of the International Conference on Knowledge Discovery and Data Mining (SIGKDD)*, pp. 1265–1274.

Yang, K., X. Li, H. Liu, J. Mei, G. Xie, J. Zhao, B. Xie, et F. Wang (2017). TaGiTeD : Predictive task guided tensor decomposition for representation learning from electronic health records. In *Proceedings of the AAAI Conference on Artificial Intelligence*, pp. 2824–2830.

Yin, K., A. Afshar, J. C. Ho, W. K. Cheung, C. Zhang, et J. Sun (2020). LogPar : Logistic PARAFAC2 factorization for temporal binary data with missing values. In *Proceedings of the International Conference on Knowledge Discovery and Data Mining (SIGKDD)*, pp. 1625–1635.

Yin, K., W. K. Cheung, B. C. Fung, et J. Poon (2021). TedPar : Temporally dependent PARA-FAC2 factorization for phenotype-based disease progression modeling. In *Proceedings of the SIAM International Conference on Data Mining (SDM)*, pp. 594–602.

Yin, K., D. Qian, W. K. Cheung, B. C. M. Fung, et J. Poon (2019). Learning phenotypes and dynamic patient representations via RNN regularized collective non-negative tensor factorization. In *Proceedings of the AAAI Conference on Artificial Intelligence*, pp. 1246–1253.

Summary

Tensor decomposition has recently been gaining attention in the machine learning community due to its versatility in processing large-scale data. In particular, it has become popular for the analysis of Electronic Health Records (EHR). However, this task becomes significantly more difficult when the data follows complex temporal patterns. This paper introduces the notion of a temporal phenotype as an arrangement of features over time. We propose a novel model integrating several constraints and regularizations to discover interpretable hidden temporal patterns. We validate our proposal using both synthetic and real patient data from the Greater Paris University Hospital. The results show that this technique outperforms the recent state-of-the-art tensor decomposition models.

Un cadre semi-supervisé résilient pour la détection d'anomalie sur graphe attribué

Bastien Giles*,**, Baptiste Jeudy*, Christine Largeron*, Damien Saboul**

* Laboratoire Hubert Curien UMR5516, UJM-Saint-Etienne, CNRS, IOGS,
Université de Lyon, F-42023 St-Etienne, France
prenom.nom@univ-st-etienne.fr
** be-ys research
prenom.nom@be-ys-research.com

Résumé. La détection d'anomalies dans des graphes est une tâche importante dans de nombreux domaines. Même si les modèles semi-supervisés existants se sont avérés efficaces pour identifier les anomalies, ils supposent cependant qu'un échantillon étiqueté du graphe est disponible mais sans prendre en compte le problème du manque de fiabilité d'un tel échantillon. Dans cet article, nous considérons des graphes attribués et nous proposons un nouveau cadre méthodologique basé sur deux auto-encodeurs à convolution de graphe entraînés selon un mécanisme de suspicion. Le premier est entraîné sur un échantillon censé être composé d'entités normales tandis que le second sur un échantillon supposé contenir des anomalies. La classification finale se fait en couplant le résultat des deux auto-encodeurs. Nous démontrons expérimentalement que notre approche obtient des performances au moins équivalentes aux méthodes de l'état de l'art dans le cas d'échantillons parfaits tout en étant plus résiliente aux erreurs d'étiquetage.

1 Introduction

L'identification d'anomalies est un problème important étudié depuis longtemps (Grubbs, 1969; Akoglu, 2021; Aggarwal, 2017; Chalapathy et al., 2018; Pang et al., 2021). Elle est utilisée dans divers domaines tels que la santé (Esteva et al., 2017), la détection des fraudes (Zhang et al., 2019; Lu et Li, 2020), ou encore la finance (Wang et al., 2019). Selon les applications, les données peuvent être représentées sous des formats variés requérant des méthodes appropriées. Les graphes attribués sont l'une de ces représentations (Ma et al., 2021). Alors que les graphes permettent de représenter par des liens des interactions entre des entités correspondant aux sommets, les graphes attribués fournissent en plus une matrice d'attributs qui contient les informations caractéristiques de chaque nœud. Par exemple, dans le cas d'un réseau social, le graphe attribué décrit les interactions entre les utilisateurs, mais également le profil de chaque utilisateur (âge, sexe, centre d'intérêt, etc.) (Interdonato et al., 2019).

Dans la pratique, les approches supervisées de détection d'anomalies dans des graphes attribués sont souvent difficilement applicables, car elles nécessitent un jeu de données complètement étiqueté, difficile et coûteux à obtenir manuellement. Pour cette raison, la plupart des études expérimentales de détection d'anomalies privilégient des méthodes dites non supervisées, qui ne nécessitent aucun étiquetage et utilisent la rareté des anomalies pour guider la conception des modèles de classification. Si ces méthodes identifient efficacement les éléments aberrants, c'est-à-dire ceux qui diffèrent significativement du reste de l'ensemble de données, elles échouent à trouver les anomalies lorsqu'elles sont plus semblables à la classe majoritaire.

C'est pourquoi, des méthodes semi-supervisées, ne nécessitant qu'un petit échantillon des données sont également explorées. À l'aide de cet échantillon, la frontière entre entités normales et anomalies peut être mieux détectée. Dans la pratique, l'étiquetage de cet échantillon nécessite cependant une expertise humaine. Or, les méthodes semi-supervisées actuelles ne prennent pas en compte la possibilité d'erreurs humaines dans cet étiquetage qui se traduisent par l'existence d'entités normales étiquetées comme anormales et réciproquement, d'anomalies considérées comme normales. Dans la pratique, de telles erreurs d'étiquetage dans l'échantillon d'apprentissage ne sont pas rares et, en général, elles ne sont pas sans impact sur le résultat final.

Pour surmonter ces limites, nous proposons un nouveau cadre méthodologique générique pour détecter des anomalies dans les graphes attribués. Ce cadre, appelé Suspicious, est fondé sur des modèles à la pointe de l'état de l'art, les "Graph Convolutional Networks" (GCN). Suspicious, utilise simultanément le déséquilibre des classes dans l'ensemble de données et un mécanisme de suspicion pour produire un modèle de détection d'anomalies efficace et résistant à l'erreur humaine.

Plus précisément, Suspicious utilise deux auto-encodeurs qui calculent une représentation des nœuds du graphe attribué dans un espace vectoriel de dimension réduite. Ensuite, une approximation du graphe original est générée à partir de cette représentation. Le premier auto-encodeur reconstruit le graphe de telle façon que les point normaux soient bien reconstruits et le second auto-encodeur de sorte que les points anormaux soient bien reconstruits. Enfin, les erreurs de reconstruction des deux auto-encodeurs sont calculées puis combinées pour obtenir un score final permettant l'identification des anomalies.

Dans le cadre de notre évaluation expérimentale, nous utilisons une architecture d'auto-encodeur semblable à celle présentée dans Dominant (Ding et al., 2019). Mais, Suspicious, du fait de son caractère générique, supporte n'importe quelle autre architecture d'auto-encodeur de graphe, notamment en changeant la méthode de plongement.

Notre contribution est la suivante :

1. Nous proposons *Suspicious*, un cadre semi-supervisé général fondé sur la reconstruction, pour la détection d'anomalies dans les graphes attribués. Il présente en outre l'avantage d'être résilient aux jeux de données mal étiquetés.

2. Nous démontrons expérimentalement sur cinq jeux de données réels que notre cadre est aussi performant que les meilleures méthodes actuelles sur des jeux de données parfaitement étiquetés, tout en les surpassant de façon systématique lorsqu'il y a des erreurs d'étiquetage dans le jeu d'entraînement.

Après une présentation de l'état de l'art permettant de mieux positionner cette proposition dans la Section 2, nous décrivons Suspicious dans la Section 3 et son évaluation expérimentale dans la Section 4 avant de conclure.

2   État de l'art

Lorsqu'on considère des données relationnelles représentées par un graphe, un élément anormal peut être un sous-graphe, un lien entre deux nœuds ou le nœud lui-même. Dans cet article, nous nous concentrons sur ce dernier type d'anomalies. Parmi les méthodes conçues pour les identifier, nous pouvons mentionner l'approche basée sur la proximité (Jeh et Widom, 2002; Antonellis et al., 2008) qui mesure la proximité des objets à travers la structure du graphe et considère que les objets proches dans le graphe sont susceptibles d'appartenir à la même classe (anormale ou normale). Une autre famille de méthodes dédiées aux réseaux ayant une structure communautaire (Xu et al., 2007) composée de groupes de nœuds fortement connectés, considère comme anormaux les nœuds (ou arêtes) qui relient deux communautés. Cependant, nous pouvons remarquer que les méthodes appartenant à ces familles ne réussissent qu'à trouver un type très spécifique d'anomalies "structurelles".

À l'opposé, une troisième famille de méthodes, conçues pour les graphes attribués, ne considère que la matrice d'attributs et réduit le problème à de la détection d'anomalies dans des données tabulaires. La littérature dans ce domaine est assez vaste (Akoglu, 2021; Chandola et al., 2009), avec divers modèles tels que ceux basés sur la distance, la densité, le regroupement d'éléments similaires, la profondeur, et bien d'autres. Cependant, ces méthodes ignorent toutes les informations relationnelles contenues dans la structure du graphe.

Pour exploiter à la fois les informations relationnelles et les attributs des nœuds contenus dans un graphe attribué, l'état de l'art actuel utilise les plongements (Kipf et Welling, 2017; Veličković et al., 2018). Ces plongements sont produits par un encodeur qui crée une représentation vectorielle de faible dimension des nœuds en utilisant les deux types d'informations : la matrice d'attributs et la matrice d'adjacence. Les techniques classiques de détection d'anomalies sur les vecteurs peuvent alors être appliquées sur ces plongements. Par exemple, dans le modèle semi-supervisé présenté dans Kumagai et al. (2021), la distance entre la représentation vectorielle des nœuds dans le plongement et le centre d'une hypersphère apprise est calculée et elle définit un score d'anomalie. L'hypersphère est entraînée par un GCN sur des nœuds étiquetés afin qu'elle n'englobe que des nœuds normaux. Cependant, en tentant d'exploiter les rares données étiquetées, ces méthodes deviennent extrêmement sensibles aux erreurs présentes dans celles-ci.

D'autre part, les méthodes basées sur la reconstruction visent également à exploiter la structure du graphe et les attributs des nœuds pour détecter les anomalies (Li et al., 2017; Peng et al., 2018). Elles utilisent la factorisation matricielle pour créer une approximation du graphe original, avant de calculer la distance de chaque nœud à sa reconstruction en tant que score d'anomalie.

Certaines approches actuelles (Ding et al., 2019; Akcay et al., 2019; Fan et al., 2020) combinent les plongements et la reconstruction. Dans ce cas, après le plongement, un décodeur est ajouté pour essayer de recréer le graphe et les attributs originaux à partir du plongement. Un score d'anomalie est calculé à partir de l'erreur de reconstruction.

Parmi ces méthodes, Dominant (Ding et al., 2019) est probablement la plus proche de notre travail. Elle utilise un GCN (Kipf et Welling, 2017) pour créer un auto-encodeur qui compresse le graphe dans un plongement puis elle décode les représentations précédemment obtenues pour obtenir une approximation de la matrice d'adjacence et de la matrice d'attributs. Finalement, les nœuds mal reconstruits sont considérés comme anormaux. Cependant, les anomalies détectées par Dominant semblent limitées à un certain type. Il s'agit des nœuds dont les valeurs d'attributs varient de façon significative par rapport à celles de leurs voisins.

Notre modèle contourne cette faiblesse de Dominant en ajoutant de l'apprentissage semi-supervisé. De plus, il pallie l'absence de résilience des modèles semi-supervisés en ayant recours à deux auto-encodeurs.

3 Suspicious

Après avoir défini plus formellement la problématique à résoudre et introduit les notations utilisées dans la suite, cette section présente le cadre méthodologique Suspicious proposé pour identifier des anomalies dans un graphe attribué, de façon résiliente aux erreurs d'étiquetage de l'échantillon d'apprentissage.

3.1 Problématique

Soit $G = (\mathcal{V}, \mathcal{E}, \mathbf{X})$ un réseau attribué défini par l'ensemble des nœuds $\mathcal{V} = \{\mathbf{v}_1, \ldots, \mathbf{v}_n\}$; l'ensemble des arêtes $\mathcal{E}$, représenté par une matrice d'adjacence symétrique $\mathbf{A}$ de dimension $n \times n$ où $a_{k,j} = 1$ s'il existe une arête entre les nœuds k et j et $a_{k,j} = 0$ sinon ; et la matrice d'attributs $\mathbf{X} \in \mathbb{R}^{(n \times d)}$ où $\mathbf{x}_i$ représente le vecteur d'attributs du i-ème nœud.

On suppose que l'on dispose d'un sous-ensemble $\mathcal{V}_l$ de $\mathcal{V}$, lui-même composé de deux sous ensembles disjoints $\mathcal{V}_s$ et $\mathcal{V}_n$, contenant respectivement des nœuds déjà identifiés comme anormaux et normaux : $\mathcal{V}_l = \mathcal{V}_s \cup \mathcal{V}_n$ tel que $\mathcal{V}_s \cap \mathcal{V}_n = \emptyset$.

Le problème que nous cherchons à résoudre peut être exprimé de la façon suivante :

Étant donné le graphe attribué $G = (\mathcal{V}, \mathcal{E}, \mathbf{X})$ et les deux sous-ensembles de nœuds $\mathcal{V}_s$ et $\mathcal{V}_n$ déjà identifiés, le but est d'estimer un score d'anomalie des nœuds non étiquetés de telle sorte que les nœuds anormaux aient un score plus élevé que les nœuds normaux.

3.2 Modèle

3.2.1 Principe sous-jacent à Suspicious

Pour résoudre cette tâche, notre modèle Suspicious [1] utilise deux auto-encodeurs de graphes, *Susp* et *Norm*, comme illustré sur la Figure 2. L'auto-encodeur *Norm* est appris de façon à ce que les nœuds de $\mathcal{V}_n$ soient correctement reconstruits et ceux de $\mathcal{V}_s$ ne le soient pas. Pour sa part, l'auto-encodeur *Susp* fait l'inverse : il essaye de mieux reconstruire les nœuds de $\mathcal{V}_s$ que ceux de $\mathcal{V}_n$.

Pour un nœud non étiqueté, on peut ensuite obtenir ainsi une erreur de reconstruction (*i.e.* score) pour *Norm* et une pour *Susp* . Ces deux scores sont utilisés pour catégoriser les nœuds de la façon suivante :

— Des scores élevés en sortie des deux auto-encodeurs pour un nœud signifie que le modèle est incapable de reconstruire le nœud peu importe les données sur lesquelles il a été entraîné. Il s'agit donc d'une valeur aberrante et non pas d'une anomalie recherchée. Il faut donc que le score final attribué à ce nœud soit faible.

---

1. implémentation disponible à l'adresse https ://github.com/GILESBastien/Suspicious_EGC

— Des scores faibles en sortie des deux modèles signifient que le nœud est facilement reconstruit peu importe les données sur lesquels le modèle a été entraîné. Ce n'est donc pas l'anomalie recherchée et il faut donc aussi que le score final attribué à ce nœud soit faible.

— Un score faible attribué par *Norm* et un score élevé avec *Susp* signifie qu'il s'agit plutôt d'un nœud normal ; ce qui doit aboutir aussi à l'attribution d'un score final faible.

— Un score élevé dans *Norm* et un score faible dans *Susp* signifie que les deux modèles sont en accord sur l'anormalité du nœud. Ce qui signifie que le nœud correspond bien à une anomalie pertinente et, par conséquent, il doit obtenir un score final parmi les plus hauts.

Susp	*Norm*	**Suspicious**
Erreur faible	**Erreur élevée**	**Anomalie**
Erreur élevée	Erreur élevée	Nœud aberrant
Erreur faible	Erreur faible	Nœud normal
Erreur élevée	Erreur faible	Nœud normal

TAB. 1 – *Classification des nœuds en fonction des erreurs de reconstruction de Susp et Norm .*

3.2.2 Architecture de Suspicious

L'architecture de ces auto-encodeurs peut être fondée sur celle de Dominant (Ding et al., 2019) qui utilise des GCN (Kipf et Welling, 2017) comme encodeur pour créer un plongement de nœuds $\mathbf{Z}$ de G, puis deux autres GCN, un décodeur d'attributs et un décodeur de la matrice d'adjacence afin de recréer respectivement à partir de $\mathbf{Z}$ des approximations $\tilde{X}$ et $\tilde{A}$ de X et A, comme illustré dans la Figure 1. Il convient cependant de noter que notre méthode peut utiliser n'importe quel auto-encodeur de graphe et par conséquent d'autres méthodes de plongement de graphes comme GraphSAGE (Hamilton et al., 2017) ou GAT (Veličković et al., 2018) ; ce qui lui confère un caractère générique.

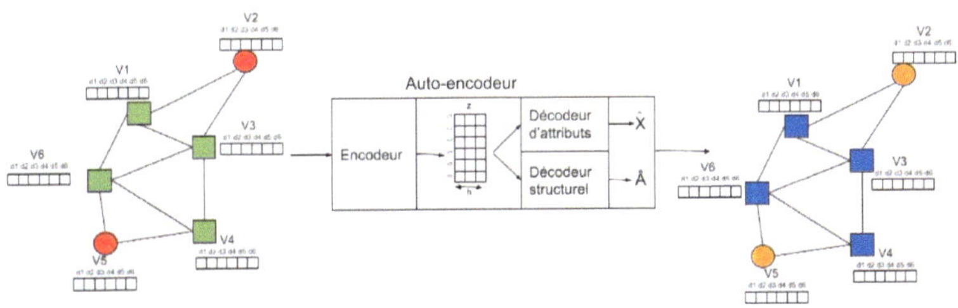

FIG. 1 – *Architecture d'un auto-encodeur. Les nœuds verts sont des nœuds normaux, les nœuds rouges sont des nœuds anomalies, les nœuds orange sont des nœuds mal reconstruits par l'auto-encodeur, et les nœuds bleus sont les nœuds bien reconstruits.*

Les GCN créent les plongements de nœuds de sorte que $\mathbf{H}^{(l+1)}$, le plongement de G après $l+1$ couches est obtenu à partir du plongement précédent $\mathbf{H}^{(l)}$ à l'aide de la règle de propagation suivante :

$$\mathbf{H}^{(l+1)} = \sigma(\tilde{D}^{-\frac{1}{2}}\tilde{A}\tilde{D}^{-\frac{1}{2}}\mathbf{H}^{(l)}W^{(l)} + b^{l}), \tag{1}$$

où $\tilde{A} = A + I$ et $\tilde{D} \in \mathbb{R}^{n \times n}$ est la matrice de degré de $\tilde{A}$, $\mathbf{W}^{(l)} \in \mathbb{R}^{h \times h}$, $b^{(l)} \in \mathbb{R}^{h}$ représentent respectivement la matrice des poids et le vecteur de biais de leurs couches respectives et $\sigma(..)$ est une fonction d'activation, ReLU pour notre expérience. Pour la première couche, nous utilisons la matrice d'attributs comme plongement :

$$\mathbf{H}^{(0)} = X. \tag{2}$$

L'encodeur de notre modèle utilise un GCN à k couches pour créer un plongement de nœuds à h dimensions $\mathbf{Z} \in \mathbb{R}^{n \times h}$ de G, tel que $z_i \in \mathbb{R}^{h}$ est le plongement du nœud v_i :

$$\mathbf{Z} = \mathbf{H}^{(k)}. \tag{3}$$

Le décodeur d'attributs reconstruit la matrice d'attributs originale à partir des attributs compressés dans $\mathbf{Z}$. Il utilise un GCN à une seule couche sur le plongement $\mathbf{Z}$ pour construire $\hat{\mathbf{X}}$ une approximation de $\mathbf{X}$:

$$\hat{\mathbf{X}} = \sigma(\tilde{D}^{-\frac{1}{2}}\tilde{A}\tilde{D}^{-\frac{1}{2}}ZW^{(k)} + b^{k}), \tag{4}$$

$\mathbf{W}^{(k)} \in \mathbb{R}^{h \times d}$ et $b^{(k)} \in \mathbb{R}^{d}$ représentent respectivement la matrice de poids et le vecteur de biais de leurs couches respectives et h le paramètre dimension cachée.

Le décodeur de structure reconstruit l'information relationnelle, c'est à dire la matrice d'adjacence, à partir de $\mathbf{Z}$. Il utilise une couche de prédiction de liens pour construire $\hat{\mathbf{A}}$ une approximation de $\mathbf{A}$:

$$\hat{\mathbf{A}} = \sigma(\mathbf{Z}\mathbf{Z}^{T}), \tag{5}$$

3.2.3 Calcul des erreurs d'approximation

Pour chaque nœud v_i et chaque auto-encodeur AE, qui peut être *Susp* ou *Norm*, nous définissons l'erreur de reconstruction du nœud :

$$error_{AE}(v_i) = \|\mathbf{a}_i - \hat{\mathbf{a}}_i\|_2^2 + \|\mathbf{x}_i - \hat{\mathbf{x}}_i\|_2^2 \tag{6}$$

On en déduit l'erreur associée à un sous-ensemble de nœuds V_{set} comme la somme des erreurs des nœuds qui le composent :

$$Error_{AE}(V_{set}) = \sum_{\mathbf{v}_i \in V_{set}} error_{AE}(v_i) \tag{7}$$

Notre modèle essaie de minimiser l'erreur de reconstruction de chaque auto-encodeur sur son propre échantillon tout en maximisant l'erreur sur le reste des données étiquetées. Ce qui conduit à la définition de deux fonctions de perte. La fonction de perte pour *Norm* est :

$$Loss_{Norm} = \frac{Error_{Norm}(\mathcal{V}_n)}{Error_{Norm}(\mathcal{V}_s)}. \tag{8}$$

Celle pour *Susp* est :

$$Loss_{Susp} = \frac{Error_{Susp}(\mathcal{V}_s)}{Error_{Susp}(\mathcal{V}_n)}. \tag{9}$$

De cette façon, les nœuds qui sont semblables aux nœuds majoritaires dans leur échantillon respectif obtiennent des scores plus faibles, tandis que les nœuds moins représentés dans l'échantillon obtiennent des scores plus élevés.

Ainsi, la différence majeure de Suspicious par rapport à Dominant réside, non seulement dans son architecture basée sur deux auto-encodeurs, comme illustré sur la Figure 2, alors que Dominant n'en a qu'un mais aussi sur le calcul de la fonction de perte. Alors que Dominant essaye de reconstruire le graphe entier avec une erreur minimale, dans notre modèle, chaque encodeur essaie de minimiser l'erreur de reconstruction par rapport à son propre échantillon.

3.2.4 Score final et critère de décision

Nous normalisons ensuite l'erreur calculée pour chaque nœud par chaque auto-encodeur AE afin que les scores soient tous deux dans l'intervalle $[0, 1]$ et sur une échelle similaire :

$$En_{AE}(\mathbf{v}_i) = \frac{error_{AE}(\mathbf{v}_i) - Min_{\mathbf{v}_j \in \mathcal{V}}(error_{AE}(\mathbf{v}_j))}{Max_{\mathbf{v}_j \in \mathcal{V}}(error_{AE}(\mathbf{v}_j)) - Min_{\mathbf{v}_j \in \mathcal{V}}(error_{AE}(\mathbf{v}_j))}. \tag{10}$$

Nous utilisons ensuite ces erreurs normalisées produites par les deux auto-encodeurs pour calculer un score final qui permettra d'ordonner les nœuds :

$$Ranking_{score}(v_i) = \frac{En_{Norm}(\mathbf{v}_i)}{En_{Susp}(\mathbf{v}_i)}. \tag{11}$$

Grâce à cette opération, nous obtenons un critère de décision où des scores équivalents dans En_{Norm} et En_{Susp} donnent un score final moyen. Des scores faibles dans En_{Norm} et élevés dans En_{Susp} aboutissent à un score final faible. Des scores élevés dans En_{Norm} avec des scores faibles dans En_{Susp} produisent un haut score final. Le score final produit donc bien une liste dans laquelle les nœuds ayant les plus hauts scores correspondent aux anomalies recherchées.

4 Expérimentation

Afin d'évaluer notre cadre méthodologique, nous suivons le protocole expérimental introduit par Kumagai et al. (2021).

4.1 Jeux de données

Les expérimentations sont réalisées sur 5 jeux de données réelles dont les caractéristiques sont résumées dans le Tableau 2

Réseaux de citation : Cora, Citeseer et PubMed sont des réseaux de citation publics très populaires (Sen et al., 2008). Dans ces graphes, chaque nœud est une publication scientifique, et l'arête représente la citation d'une autre publication. Leurs matrices d'attributs correspondent au contenu des publications représenté sous forme vectorielle de sac de mots.

Graphe d'achat en commun : Amazon Photo et Amazon Computers sont également des jeux de données très populaires. Dans ces graphes, chaque nœud est un produit, une arête existe si deux produits sont souvent achetés ensemble ; les matrices d'attributs sont également composées de vecteurs d'attributs de type sac de mots.

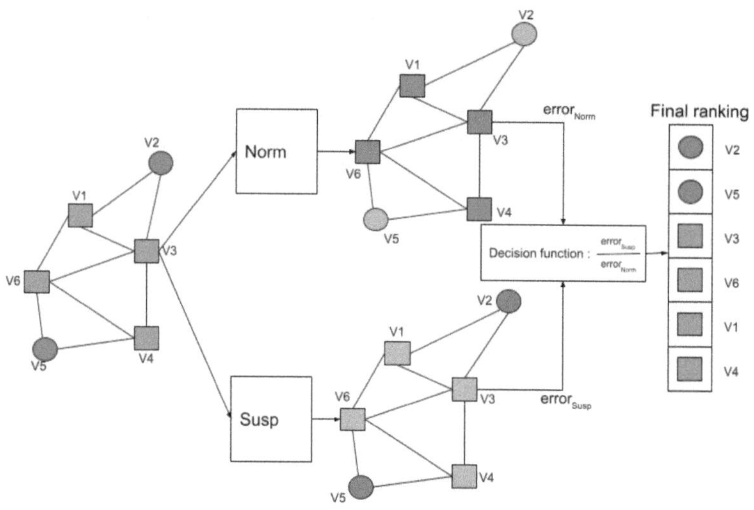

FIG. 2 – *Architecture de Suspicious. Norm et Susp sont des auto-encodeurs semblables à ceux présentés dans la Figure 1. Les nœuds verts sont des nœuds normaux, les nœuds rouges sont des nœuds anomalies, les nœuds orange sont des nœuds mal reconstruits par l'auto-encodeur, et les nœuds bleus sont les nœuds bien reconstruits.*

Jeu de données	Type	Nœuds	Arrêtes	Attributs	Classes	Taux d'anomalies
Cora	Citation	2708	5278	1433	7	0.066
Citeseer	Citation	3327	4732	3703	6	0.079
PubMed	Citation	19717	44338	500	3	0.208
Amazon Photo	Achats groupés	7487	119043	745	8	0.043
Amazon Comp.	Achats groupés	13381	245778	767	10	0.020

TAB. 2 – *Caractéristiques des jeux de données.*

Protocole : Pour adapter ces jeux au problème de détection d'anomalies, nous suivons le protocole de Kumagai et al. (2021) qui consiste à changer les étiquettes de sorte que dans chaque jeu de données, les éléments de la plus petite classe, en effectif, soient ré-étiquetés comme anormaux, tandis que tous les autres sont classés comme normaux. De cette façon, nous disposons d'un jeu adapté à un problème de classification binaire avec déséquilibre de classes. Pour chaque jeu de données, l'échantillon d'apprentissage est construit en choisissant aléatoirement 10 % des nœuds. Afin d'évaluer la résilience des méthodes de détection d'anomalies, nous introduisons ensuite des erreurs d'étiquetage des nœuds appartenant au jeu d'apprentissage en inversant les étiquettes (anomalies/normaux) des nœuds avec une certaine probabilité (le taux d'erreur). Ainsi, nous créons pour chaque jeu, et chaque taux d'erreur de 0 (pas d'erreur d'étiquetage), 10 % (erreur moyenne d'étiquetage), 20 % (forte erreur d'étiquetage) à 30 % (très forte erreur d'étiquetage), 10 échantillons d'apprentissage.

4.2 Méthodes concurrentes

Nous comparons notre cadre méthodologique Suspicious avec les méthodes de l'état de l'art suivantes :
— Méthode Kumagai et al. : une méthode d'intégration de graphe semi-supervisée qui utilise le régularisateur AUC comme support pour minimiser le volume d'une hypersphère qui englobe les nœuds étiquetés normaux (Kumagai et al. (2021)).
— Dominant : une méthode non supervisée de reconstruction de graphe, basée sur des auto-encodeurs, qui calcule les scores d'anomalie comme la somme des erreurs de reconstruction commises sur les attributs et la structure de graphe (Ding et al. (2019)).

4.3 Paramètres et mesure d'évaluation

La méthode Kumagai est implémentée avec les paramètres publiés dans l'article : un plongement de dimension 32, un maximum de répétitions avec un mécanisme d'arrêt précoce, le centre C défini comme la moyenne du plongement des nœuds étiquetés comme normaux après la première couche du modèle. Pour Dominant, nous utilisons l'implémentation de pygod (Liu et al. (2022)) et les paramètres de la publication avec un GCN à deux couches comme encodeur et un GCN à une couche comme décodeur d'attributs, une dimension de plongement de 32, 500 répétitions et α=0.5. Pour notre framework, nous utilisons aussi les mêmes paramètres : une dimension de plongement de 32, un dropout égal à 0.5 pour les deux auto-encodeurs, 500 répétitions et un pas d'apprentissage de 0.005.

Nous mesurons ensuite la performance des trois approches en calculant les scores moyens d'AUC (et l'écart type) obtenus lors du classement des nœuds non étiquetés correspondant aux 10 échantillons d'apprentissage construits pour chaque ensemble de données.

4.4 Résultats

	Suspicious	Dominant	Kumagai
Cora	**95.92(3.4)**	49.47(0.66)	93.59(4.3)
Citeseer	**72.30(1.63)**	40.18(0.09)	67.31(3.9)
PubMed	92.41(0.61)	50.93(0.27)	**94.36(0.35)**
Computers	**99.74(0.0)**	46.45(0.09)	97.21(5.46)
Photo	**96.95(0.3)**	51.89(0.07)	60.86[2](10.61)
Moy	**91.46(1.33)**	47.78(0.24)	82.67(4.92)

TAB. 3 – *Résultats sur des jeux de données parfaitement étiquetés (0% d'erreur).*

Les Tableaux 3 à 6 correspondent chacun à un taux d'erreur d'étiquetage : 0, 10, 20 et 30% et les résultats sont moyennés sur les nœuds non étiquetés correspondant aux 10 échantillons d'apprentissage.

On peut observer dans le Tableau 3 qu'en cas d'absence d'erreur d'étiquetage, Suspicious obtient des résultats comparables à ceux de Kumagai dans la plupart des cas, voire meilleurs, et

---

2. Il convient de noter que les performances rapportées dans Kumagai et al. (2021) sont supérieures pour le jeu de données Photo, mais que nous n'avons pas été en mesure de reproduire bien que nous ayons retenu les mêmes paramétrages et protocole.

	Suspicious	Dominant	Kumagai
Cora	**90.42(3.02)**	49.66(0.53)	77.44(12.63)
Citeseer	**67.54(4.49)**	40.26(0.13)	61.55(2.56)
PubMed	91.30(0.10)	50.98(0.02)	**92.81(0.09)**
Computers	**97.56**(1.23)	46.37(0.09)	52.51(7.71)
Photo	**88.68(15.2)**	51.73(0.19)	51.64(8.12)
Moy	**87.1(4.81)**	47.91(0.21)	67.19(6.22)

TAB. 4 – *Résultats sur des jeux de données avec 10% d'erreur d'étiquetage.*

	Suspicious	Dominant	Kumagai
Cora	**82.10(7.9)**	49.46(0.36)	63.88(6.76)
Citeseer	**62.44(4.94)**	40.23(0.1)	59.30(3.2)
PubMed	**89.10(4.67)**	50.87(0.02)	87.59(6.80)
Computers	**93.60**(11.06)	46.35(0.1)	49.13(6.86)
Photo	**78,85(13.69)**	51.75(0.15)	48.83(4.21)
Moy	**81.22(8.45)**	47.73(0.20)	61.74(5.56)

TAB. 5 – *Résultats sur des jeux de données avec 20% d'erreur d'étiquetage.*

largement supérieurs à ceux de Dominant. Les mauvaises performances de Dominant ne sont pas surprenantes dans la mesure où le type d'anomalies recherchées ne correspond pas bien à celle pour laquelle la méthode s'avère la plus efficace, à savoir des nœuds ayant des valeurs d'attributs différentes de celles de leurs voisins.

De plus, lorsque des erreurs sont commises dans l'étiquetage des jeux d'apprentissage, ce qui est fréquent dans la pratique, comme on peut le voir dans le Tableau 4 pour un taux d'erreur de 10 %, dans le Tableau 5 pour un taux de 20 %, puis dans le Tableau 6 pour un taux de 30%, notre modèle souffre de la dégradation de l'ensemble d'entraînement, ce qui se traduit par une diminution des scores d'AUC par rapport à ceux présentés dans le Tableau 3. Mais, il obtient des résultats qui restent satisfaisants et qui sont constamment meilleurs et très supérieurs à ceux des autres méthodes ; ce qui prouve sa résilience à des défauts du jeu d'apprentissage.

4.5 Conclusion

Nous avons proposé un cadre général semi-supervisé pour la détection d'anomalies dans les graphes attribués qui est plus résistant à l'erreur humaine. Nous utilisons des auto-encodeurs

	Suspicious	Dominant	Kumagai
Cora	**69.82(7.06)**	50.07(0.7)	53.19(4.95)
Citeseer	**59.17(6.61)**	40.27(0.09)	57.03(4.28)
PubMed	**89.02(5.21)**	50.69(0.02)	67.55(4.66)
Computers	**79.51(18.25)**	46.34(0.09)	48.61(2.32)
Photo	**63.73(16.85)**	51.76(0.22)	48.69(4.9)
Moy	**72.25(10.79)**	47.82(0.22)	55.01(4.22)

TAB. 6 – *Résultats sur des jeux de données avec 30% d'erreur d'étiquetage.*

entraînés sur un sous-ensemble de nœuds étiquetés pour mieux identifier les anomalies. Nos expériences montrent que, dans le cas où aucune erreur d'étiquetage n'a été commise, les résultats de Suspicious sont comparables à ceux de l'état de l'art actuel et, qu'ils sont systématiquement meilleurs s'il y a eu des erreurs d'étiquetage. Ces résultats confirment la performance et la résilience de Suspicious.

Références

Aggarwal, C. C. (2017). *Outlier Analysis*. Springer International Publishing.

Akcay, S., A. Atapour-Abarghouei, et T. P. Breckon (2019). Ganomaly : Semi-supervised anomaly detection via adversarial training. In *Computer Vision – ACCV 2018*, pp. 622–637.

Akoglu, L. (2021). Anomaly mining - past, present and future. In *IJCAI*, pp. 4932–4936.

Antonellis, I., H. G. Molina, et C. C. Chang (2008). Simrank++ : query rewriting through link analysis of the click graph. *Proceedings of the VLDB Endowment 1*, 408–421.

Chalapathy, R., A. K. Menon, et S. Chawla (2018). Anomaly detection using one-class neural networks. *arXiv :1802.06360 [cs.LG]*.

Chandola, V., A. Banerjee, et V. Kumar (2009). Anomaly detection : A survey. *ACM Comput. Surv. 41*(3), 1–58.

Ding, K., J. Li, R. Bhanushali, et H. Liu (2019). Deep anomaly detection on attributed networks. In *SIAM International Conference on Data Mining*, pp. 594–602.

Esteva, A., B. Kuprel, R. A. Novoa, J. Ko, S. M. Swetter, H. M. Blau, et S. Thrun (2017). Dermatologist-level classification of skin cancer with deep neural networks. *Nature*, 115–118.

Fan, H., F. Zhang, et Z. Li (2020). Anomalydae : Dual Autoencoder for Anomaly Detection on Attributed Networks. In *International Conference on Acoustics, Speech and Signal Processing (ICASSP)*, pp. 5685–5689.

Grubbs, F. E. (1969). Procedures for detecting outlying observations in samples. *Technometrics 11*(1), 1–21.

Hamilton, W., Z. Ying, et J. Leskovec (2017). Inductive Representation Learning on Large Graphs. In *Advances in Neural Information Processing Systems*, pp. 1025–1035. Curran Associates, Inc.

Interdonato, R., M. Atzmueller, S. Gaito, R. Kanawati, C. Largeron, et A. Sala (2019). Feature-rich networks : going beyond complex network topologies. *Appl. Netw. Sci.*, 4 :1–4 :13.

Jeh, G. et J. Widom (2002). Simrank : A measure of structural-context similarity. In *ACM SIGKDD*, pp. 538–543.

Kipf, T. N. et M. Welling (2017). Semi-Supervised Classification with Graph Convolutional Networks. In *International Conference on Learning Representations*.

Kumagai, A., T. Iwata, et Y. Fujiwara (2021). Semi-supervised Anomaly Detection on Attributed Graphs. In *2021 International Joint Conference on Neural Networks (IJCNN)*, pp. 1–8.

Li, J., H. Dani, X. Hu, et H. Liu (2017). Radar : Residual Analysis for Anomaly Detection in Attributed Networks. In *Proceedings of the Twenty-Sixth International Joint Conferences on Artificial Intelligence, IJCAI-17*, pp. 2152–2158.

Liu, K., Y. Dou, Y. Zhao, X. Ding, X. Hu, R. Zhang, K. Ding, C. Chen, H. Peng, K. Shu, L. Sun, J. Li, G. H. Chen, Z. Jia, et P. S. Yu (2022). Benchmarking node outlier detection on graphs. *arXiv :2206.10071*.

Lu, Y.-J. et C.-T. Li (2020). GCAN : Graph-aware co-attention networks for explainable fake news detection on social media. In *Association for Computational Linguistics*, pp. 505–514.

Ma, X., J. Wu, S. Xue, J. Yang, C. Zhou, Q. Z. Sheng, H. Xiong, et L. Akoglu (2021). A Comprehensive Survey on Graph Anomaly Detection with Deep Learning. arXiv : 2106.07178.

Pang, G., C. Shen, L. Cao, et A. v. d. Hengel (2021). Deep Learning for Anomaly Detection : A Review. *ACM Computing Surveys*, 1–38.

Peng, Z., M. Luo, J. Li, H. Liu, et Q. Zheng (2018). ANOMALOUS : A Joint Modeling Approach for Anomaly Detection on Attributed Networks. In *IJCAI*, pp. 3513–3519.

Sen, P., G. Namata, M. Bilgic, L. Getoor, B. Galligher, et T. Eliassi-Rad (2008). Collective Classification in Network Data. *AI Magazine 29*(3), 93.

Veličković, P., G. Cucurull, A. Casanova, A. Romero, P. Liò, et Y. Bengio (2018). Graph Attention Networks. *International Conference on Learning Representations (Poster)*.

Wang, D., J. Lin, P. Cui, Q. Jia, Z. Wang, Y. Fang, Q. Yu, J. Zhou, S. Yang, et Y. Qi (2019). A Semi-supervised Graph Attentive Network for Financial Fraud Detection. In *ICDM*, pp. 598–607.

Xu, X., N. Yuruk, Z. Feng, et T. A. J. Schweiger (2007). SCAN : a structural clustering algorithm for networks. In *ACM SIGKDD*, pp. 824–833.

Zhang, C., D. Song, C. Huang, A. Swami, et N. V. Chawla (2019). Heterogeneous graph neural network. In *ACM SIGKDD*, pp. 793–803.

Summary

Graph based anomaly detection is an important task in many real-world domains such as health care, insurance, finance, and cyber-security. Even if existing semi-supervised models have proven to be efficient in identifying anomalies, they assume however that a labeled sample of the network is available but without taking into account the real-world problem of the unreliability of such a sample. In this paper we consider attributed networks and, we propose a new framework based on two graph convolutional (GCN) auto-encodeurs trained following a suspicion mechanism: the first GCN is trained on a sample suspected of being composed of normal entities while the second one on a sample suspected of containing anomalies. The final classification is done by coupling the result of both auto-encodeurs. We demonstrate that our approach obtains at least equivalent performances as state-of-the-art methods in the perfect sample case while being more resilient to the introduction of mistakes in these labeled samples.

Sélectionner les "bons" passages pour créer les "bonnes" questions : Analyse et Évaluation d'un nouveau Corpus de Questions et Réponses pour l'Éducation

Thomas Gerald*, Sofiane Ettayeb*, Ha Quang Le **, Gabriel Illouz***, Patrick Paroubek***, Anne Vilnat***

* Université Paris Saclay, CNRS, SATT Paris Saclay, LISN
prenom.nom@lisn.fr
** Professorbob.ai
ha-quang.le@polytechnique.edu
*** Université Paris Saclay, CNRS, LISN
prenom.nom@lisn.fr

Résumé. Les systèmes intelligents pour le support scolaire sont aujourd'hui absents de la plupart des applications, alors que les récentes améliorations du Traitement Automatique des Langues (TAL) permettent d'imaginer des solutions innovantes. La création d'un système de questions-réponses reposant sur des sources scolaires permettrait d'accélérer, d'améliorer et de motiver l'apprentissage de l'étudiant. Dans ce contexte nous nous intéressons à la génération de questions au travers d'approches neuronales. Avec la récente création d'un corpus de questions-réponses par annotation de sources éducatives en langue française, nous disposons des ressources pour évaluer et développer de telles approches. Néanmoins, il faut considérer plusieurs obstacles : la quantité de données qualitatives n'est pas suffisante pour entraîner des approches génératives; dans le cadre d'une application autonome nous ne disposons pas explicitement du support pour la génération. Dans cette étude, nous proposons différentes méthodes d'extraction de ces supports comparant et analysant les résultats sur notre corpus et ceux de la littérature.

1 Introduction

Dans le milieu de l'enseignement, peu d'approches matures d'aide à l'apprentissage utilisant des algorithmes poussés d'apprentissage statistique sont aujourd'hui fonctionnelles. Les récentes avancées dans le traitement automatique des Langues (*TAL*) permettent pourtant de créer des outils pour traiter, extraire de l'information ou générer du contenu pour des documents et des supports de cours. Dans cet article, nous nous intéressons à cette problématique, en particulier en considérant les tâches de génération de questions et de création de réponses extractives ou abstractives. Nous travaillons en langue française afin de développer en partenariat avec l'industrie (entreprise ProfessorBob) un système automatique d'aide à l'enseignement. L'objectif poursuivi serait de fournir une application complète capable d'aider l'étudiant dans son apprentissage, en répondant partiellement à ses questions de cours, en l'orientant sur les sujets à réviser ou en proposant des QCM. Aujourd'hui, nous proposons de mettre l'accent sur le système de questions-réponses, pour cela nous disposons de données en français que nous avons fait annoter. Ces données consistent en un ensemble de questions-réponses, avec pour chaque exemple une question rédigée par l'annotateur et une réponse correspondant à une partie sélectionnée dans le texte. Les documents sources sont extraits soit de manuels scolaires, soit de Wikipedia pour des sujets d'histoire, de géographie et d'éducation civique. Nous disposons d'environ 400 couples de question et réponse que nous compléterons dans de prochaines campagnes d'annotations. Il n'est donc aujourd'hui pas encore envisageable d'apprendre des modèles profonds génératifs sur ces données.

Dans l'application existante, afin de vérifier la pertinence des résultats, les questions et les réponses sont pré-générées, celles-ci pourront être filtrées afin d'être certains de ne pas produire d'erreurs. Pour évaluer la qualité des questions générées par le système, le volume des données nous permet seulement d'envisager

des approches *few-shot* ou *zero-shot*, sans entraînement sur les domaines cibles. Aussi, dans le cadre d'une application fonctionnelle nous ne disposons pas explicitement des parties de phrases ou de paragraphes cible à donner en entrée des modèles génératifs (support de la question). Pour cela, nous proposons d'étudier différents supports pour la génération de la question en se basant sur l'extraction de suite de mots pertinents dans les phrases cibles (via l'utilisation d'un arbre de dépendance). Enfin nous proposons d'étudier la pertinence des corpus obtenus, en mesurant les performances à partir des supports de génération relativement à une typologie des questions que nous avons établie.

2 Approches connexes

La génération dans le TAL   La génération de résumés, de questions et de réponses sont des thèmes centraux dans le TAL. Ces différentes tâches ont profité des récentes avancées en apprentissage statistique, tout particulièrement grâce aux améliorations des approches neuronales (apprentissage profond). Avec les modèles *"transformeurs"* (Vaswani et al., 2017) et ses différentes configurations et améliorations (Radford et al., 2019; Raffel et al., 2020; Brown et al., 2020), la génération de texte a connu un regain d'intérêt. Ces architectures ont été adaptées pour la langue française dans plusieurs travaux (Eddine et al., 2021; Martin et al., 2020; Le et al., 2020) ou en multilingue (Winata et al., 2021). Nous allons utiliser ce type d'architecture afin de développer un modèle de génération de questions.

Génération de questions   Nous nous intéressons plus particulièrement à la génération automatique de questions (**AQG**)
en utilisant les architectures susmentionnées.

Les données utilisées en **AQG** sont variées : du texte (Heilman et Smith, 2010), des images (Mostafazadeh et al., 2016) ou tout autre type de données structurées. Pour les données en langage naturel plusieurs approches existent, comme celles s'appuyant sur des modèles de questions (Wolfe, 1976), sur des modèles séquence vers séquence(Zi et al., 2019) ou les deux à la fois (Fabbri et al., 2020).

Toujours sur ces données textuelles, une des tâches est la génération de réponses avec comme entrée des questions.

Cette tâche est souvent assimilée à la tâche duale de celle de réponse aux questions (Chan et Fan, 2019). Les corpus de questions-réponses sont alors ré-utilisés en donnant en entrée le paragraphe utilisé pour la génération (que nous appellerons *contexte* par la suite) et la réponse à la question que l'on souhaite générer. Cela entraîne majoritairement la création de questions dites "factuelles" qui présentent un intérêt pédagogique limité (Dong et al., 2018). Des modèles n'utilisant pas la réponse en entrée ont également été développés (Lopez et al., 2021). Cependant, ces derniers ont tendance à générer des questions qui ont peu de rapport avec le paragraphe utilisé ou auxquelles les éléments de ce paragraphe ne suffisent pas pour apporter une réponse (Scialom et al., 2019).

Les entrées des modèles pour la génération   Plusieurs travaux visent à fournir une entrée pertinente pour orienter la génération. Ainsi, il a été proposé de fournir un résumé automatique du contexte (Dugan et al., 2022), d'ajouter des meta-données comme des titres de paragraphes (Nguyen et al., 2022) ou de fournir les phrases contenant la réponse (Back et al., 2021). La langue des données est également un facteur important, les modèles multilingues pouvant profiter d'un *fine-tuning* sur des données plus nombreuses dans une langue secondaire (l'anglais) afin d'améliorer les performances sur la langue qui nous intéresse, ici le français (Kumar et al., 2019). Enfin la pertinence des questions par rapport à l'enseignement est un point clef. Ainsi, considérer seulement des questions amenant une réponse factuelle n'est pas souhaitable (Yao et al., 2012).

Corpus de questions réponses   Les corpus de questions et réponses sont aujourd'hui nombreux et variés en terme de domaines. On discerne plusieurs configurations pour ces corpus telles que les approches en domaine ouvert (Fan et al., 2019; Kwiatkowski et al., 2019), incluant souvent des modèles de RI pour rechercher l'information, les approches en domaine restreint (Rajpurkar et al., 2016, 2018), où un contexte est donné dans lequel extraire la réponse), ou bien dans les systèmes de dialogue (Choi et al., 2018; Elgohary et al., 2019). Les deux premiers types de corpus, domaine ouvert et domaine restreint, sont exploitables pour la génération de questions, contrairement aux systèmes de dialogue où la question ne contient que rarement l'intégralité du contexte.

En langue française, il existe peu de corpus de questions et réponses disposant d'un nombre de données annotées suffisantes pour espérer pouvoir entraîner ou adapter des modèles neuronaux. Les plus connus sont FQuAD (Martin et al., 2020) et Piaf (Keraron et al., 2020) contenant respectivement 23919 et 9224 couples de questions et réponses. Bien que disposant d'un grand nombre d'exemples d'entraînement, les réponses sont majoritairement factuelles. Le corpus CALOR-QUEST fournit en français une base de questions et réponses générées de manière semi-supervisée (Bechet et al., 2019). Plus récemment, CALOR-DIAL intègre les questions et réponses dans les systèmes de dialogue (Béchet et al., 2022).

3   Un corpus pour la génération et la sélection de questions réponses

Les sources.   Pour parvenir à un corpus regroupant ces qualités, nous avons récolté plusieurs supports de cours dans différentes matières (Histoire, Éducation Civique et Morale, Géographie et Science et Vie de La Terre). Aussi, plusieurs niveaux scolaires sont considérés allant de la classe de 6e à la classe de 1re. Les données sont extraites des livres numériques de la plateforme "Lelivrescolaire" [1]. En supplément de cette ressource, nous utilisons plusieurs articles Wikipedia. Ces derniers sont filtrés avec le moteur de recherche fourni par wikipedia en utilisant comme requêtes les entités nommées extraites des supports scolaires ; les sous-sections sont proposées comme documents à annoter sur la plateforme.

Les annotations.   Lors de l'annotation nous récupérons les éléments suivants :

1. **La question** : une question rédigée par l'annotateur portant sur le document ;

2. **Le type de la question** : nous proposons quatre classes de question différentes : factuelles, descriptives, de cours et d'agrégation de l'information ;

3. **Le support de la question** : un passage dans le texte servant de support à la génération d'une question ;

4. **Les éléments de réponse** : une sélection de plusieurs passages permettant de répondre aux différents éléments de la question ;

5. **La réponse rédigée** : une réponse écrite par l'annotateur reprenant les différents éléments de la réponse extraite ;

Des exemples de ces annotations sont fournies Table 1. Dans cette étude nous nous concentrons sur les trois premiers éléments.

Les campagnes.   Lors de deux campagnes d'annotations expérimentales menées en 2022 nous avons obtenu 412 questions réponses réparties sur plusieurs documents. Aujourd'hui les couples questions-réponses ne disposent pas toujours de réponses rédigées. Dans la suite, nous nommerons ainsi les corpus associés aux campagnes : Question Réponse pour L'enseignement (*QRE*), avec *QRE-A* le dataset obtenu avec des professionnels de l'éducation et *QRE-B* les annotations obtenues avec le second groupe via une structure d'annotations. Nous planifions la récolte d'environ 10000 couples de questions et de réponses dans la prochaine campagne d'annotation afin de collecter une quantité de données suffisante pour l'apprentissage de réseaux de neurones profonds.

Type	Question	Support
Factuelle	En quelle année Christophe Colomb atteint l'Amérique ?	Christophe Colomb atteint l'Amérique (1492)
Descriptive	Qu'est-ce qu'une rotative ?	Rotative : presse typographique montée sur un cylindre, permettant d'imprimer en continu.
Cours	Comment les Européens ont légitimé leur domination ?	Les Européens repensent la hiérarchie des peuples au sein d'un schéma chrétien et européocentré qui sert ensuite à légitimer leur domination
Synthèse	Pourquoi certains français ont-ils soutenu l'Etat d'urgence après les attentats de Paris de 2015 ?	• les protège contre la menace terroriste et le risque d'un nouvel attentat, redouté de tous. • ce régime d'exception continue d'apparaître comme « une nécessité »

TAB. 1 – *Exemples d'annotations obtenues pour les différents types de questions*

---

1. https://www.lelivrescolaire.fr/

4   Génération de questions et graine de génération

Dans les corpus annotés, nous disposons d'un support extrait du texte qui nous aide à guider la génération (il s'agit généralement de la réponse à la question). Dans les cas applicatifs, cette donnée n'est pas disponible et il faut alors déterminer quels sont les meilleurs passages du texte pour générer la question. Afin de générer une question, nous utilisons un modèle "transformeur" de type Seq2Seq.

4.1   La génération de question

Pour générer une question nous donnons en entrée du modèle génératif une chaîne de caractères, le contexte, qui est représenté par un paragraphe. Afin de diriger la question, une information supplémentaire est fournie, le support, qui est une partie du contexte. Le support est entouré par un caractère spécial $< hl >$. Le format de donnée en entrée est le suivant :

$$[contexte\_antrieur] < hl > [support] < hl > [context\_postrieur]$$

Pour l'apprentissage du modèle nous utilisons la fonction de coût proposé dans l'implémentation du modèle s'appuyant sur la minimisation de l'entropie croisée.

4.2   Les différentes approches d'extractions de graine de génération

Dans le cas d'une application autonome, le support n'est pas explicitement fourni. Dans cette étude, nous nous intéressons tout particulièrement à la sélection de celui-ci, l'objectif étant de produire la question proposée dans les corpus. Par exemple, étant donné le contexte :
"Après l'échec de la révolution populaire hongroise lors du Printemps des peuples, l'Empire d'Autriche et sa dynastie, les Habsbourg, sont restaurés dans toute leur puissance."
le but est de déterminer la partie à extraire pour générer la question suivante :
"Quelle est la conséquence de l'échec de la révolution populaire hongroise ?"
Dans les corpus de la littérature, c'est souvent une entité nommée qui est ciblée dans le texte, qui, de plus, correspond à la réponse.

Dans les corpus que nous avons collectés, le support de la question est rarement une entité, du fait du domaine pédagogique.

Dans un système automatique, l'extraction du support de la question est nécessaire, il s'agit donc de retrouver les potentielles réponses.On se propose d'étudier plusieurs approches pour l'extraction du support :

- **Source** : Le texte sélectionné comme support de la question pour notre corpus ou comme réponse pour les corpus *FQuAD* et Piaf, par exemple : "l'Empire d'Autriche et sa dynastie, les Habsbourg, sont restaurés dans toute leur puissance",
- **les entités nommées (ENT)** : Une sélection des entités des phrases où se trouve la réponse. Par exemple : "Printemps des peuples", "l'Empire d'Autriche", "Habsbourg" ont été automatiquement extraites.
- **les groupes nominaux (GN)** : Une sélection des groupes nominaux des phrases où se trouve la réponse, les groupes nominaux sélectionnés ne devant pas être présents dans les entités retrouvés. Par exemple les groupe nominaux "l'échec", "la révolution populaire", "sa dynastie" et "toute leur puissance" ont été automatiquement extraits.

- **Les compléments d'objet (CO)** : L'objectif est ici de retrouver le complément d'objet, pour cela nous extrayons les rôles de dépendances OBJ, IOBJ et extrayons le sous arbre de dépendance complet associé, ici nous obtenons "l'Empire d'Autriche et sa dynastie, les Habsbourg, sont restaurés dans toute leur puissance"
- **Phrases (PH)** : Dans ce dernier cas, nous sélectionnons l'intégralité des phrases en intersection avec la réponse ; ici nous obtiendrons : "Après l'échec de la révolution populaire hongroise lors du Printemps des peuples, l'Empire d'Autriche et sa dynastie, les Habsbourg, sont restaurés dans toute leur puissance."

Pour extraire cette information, nous considérons les phrases de la réponse pour *Piaf* et *FQuAD* ou de la source sélectionnée par les annotateurs pour les deux corpus *QRE*, nous laissons les problématiques de recherche d'information (phrase) pour des travaux ultérieurs. Dans certains cas, aucun support supplémentaire n'est trouvé. Dans ce cas-là nous utilisons par défaut la source de la question. Dans tous les cas, nous extrayons les passages sur les phrases sélectionnées en support de question (resp en réponse pour FQuAD et Piaf).

5   Protocole expérimental

Les données.   Pour l'entraînement et la validation de nos approches nous utilisons les corpus *Piaf* (Keraron et al., 2020) et *FQuAD* (Martin et al., 2020). Nous découpons le dataset Piaf en ensemble d'entraînement, de validation et d'évaluation. Pour *FQuAD*, un ensemble d'apprentissage et un ensemble de validation sont présents, nous découpons l'ensemble de validation afin d'obtenir un nouvel ensemble de validation et un ensemble d'évaluation. La taille de chacun des ensembles est décrite dans la table 2.

Pour évaluer les performances nous utilisons conjointement aux ensembles d'évaluation de *FQuAD* et *Piaf* les corpus *QRE-A* et *QRE-B* obtenus sur les supports scolaires lors des deux premières campagnes d'annotations.

Corpus	Entraînement			Validation			Évaluation		
	DOC	PAR	QUE	DOC	PAR	QUE	DOC	PAR	QUE
FQuAD	117	4921	20731	9	405	1641	9	363	1547
Piaf	428	1478	7375	92	217	1082	91	154	767
QRE-A	–	–	–	–	–	–			252
QRE-B	–	–	–	–	–	–			182
Total	545	6399	28106	101	622	2723	100	517	2726

TAB. 2 – *Les tailles des ensembles d'entraînement, de validation et d'évaluation pour les corpus FQuAD et Piaf et d'évaluation pour les corpus récoltés QRE-A et QRE-B. DOC est le nombre de documents,* PAR *le nombre de paragraphes,* QUE *le nombre de questions*

Évaluation.   Pour évaluer les expériences, nous avons sélectionné deux métriques :
- **rougeL** (Lin, 2004) : Métrique originellement conçue pour l'évaluation de la traduction automatique mesurant le nombre de n-grams (nombre de tokens) partagés entre la source et la prédiction. Cette métrique est préférée aux approches similaires comme

BLEU où la performance globale est calculée via une moyenne géométrique, ici nous voulons être en mesure d'évaluer des sous-parties du corpus.
- **BERTScore** (Zhang et al., 2020) : La métrique BERTScore calcule la similarité entre deux paragraphes en regardant non pas les mots similaires mais les plongements contextuels obtenus via un modèle BERT.

Pour ces deux métriques nous reportons les scores multipliés par 100 pour favoriser la lisibilité dans les tables 3 et 5.

Entraînement et génération. Pour l'entraînement nous utilisons un modèle T5 pré-entraîné en français [2]. Nous sélectionnons la meilleure itération du modèle en accord avec les performances obtenues sur les ensembles de validation de *Piaf* et *FQuAD* (voir table 2). Le modèle est appris sur les réponses extraites du texte données pour chaque question, plusieurs réponses étant disponibles pour chaque annotation, nous tirons uniformément une réponse.

Pour l'optimisation nous avons sélectionné la méthode Adam (Kingma et Ba, 2015), en utilisant un *learning-rate* de $1e-4$ avec un *warmup* linéaire (sur 500 itérations démarrant à $5e-7$) et une taille de *batch* de 128 (avec accumulation du gradient). Pour la génération des questions nous utilisons *generate* proposée dans la bibliothèque *HuggingFace* en fixant le nombre maximal de tokens à 64. Nous expérimentons sur 4 types de graines de génération identifiés ci-dessus. Pour obtenir ces graines, nous utilisons la bibliothèque *spacy* [3] avec le modèle *fr_core_news_lg*.

6 Résultats et Analyses

Dans un premier temps, nous reportons les résultats obtenus dans la table 3 en considérant le support de la question sélectionné par les annotateurs. Notons que pour le dataset *QRE-B* plusieurs passages non contigus pouvant être sélectionnés, dans ce cas nous générons une question par passage. On remarquera tout d'abord que les performances obtenues sur nos deux collections sont inférieures en moyenne à celles obtenus sur FQuAD et PIAF. Nous pouvons supposer que ce résultat est dû aux différences entre les domaines (syntaxique, lexical) ou aux différences de pertinence de support entre les corpus. La différence entre *QRE-A* et *QRE-B* semble montrer que les questions sont plus difficiles pour *QRE-A* ou bien que la sélection ne correspond pas à ce que le modèle attend en entrée. Des expériences supplémentaires permettront d'infirmer ou d'affirmer cette dernière hypothèse.

6.1 Les différents supports

Dans la table 4, nous reportons les résultats pour les différents supports de question sélectionnés. Comme plusieurs supports peuvent être retrouvés pour une même question (plusieurs COD/COI/entités dans les phrases de la source), nous calculons la moyennes des scores par question, la moyenne des scores les plus élevés pour une question, la moyenne des scores les plus faibles pour une question ainsi que le nombre moyen de support par question, noté N.

Les résultats obtenus sur *QRE-B* sont proches de ceux que l'on peut obtenir sur les datasets de référence (FQuAD et Piaf), il est donc possible de trouver un support de génération pour

---

2. https ://huggingface.co/airKlizz/t5-base-multi-fr-wiki-news
3. https ://spacy.io/

	Moyenne		N
	rougeL	BERTScore	N
FQuAD	42.0	90.8	1
PIAF	36.4	90.0	1
QRE-A	25.0	90.0	1
QRE-B	34.2	90.1	1.4

TAB. 3 – *Résultats pour la génération de questions en utilisant la source. N est le nombre de support de question moyen pour une question.*

Dataset	Sup	Moyenne		Maximum		Minimum		N
		rougeL	BERTS	rougeL	BERTS	rougeL	BERTS	
FQuAD	ENT	31.4	89.0	37.6	90.1	26.0	88.0	2.3
	GN	28.1	88.5	**44.1**	**91.2**	15.9	86.0	7.1
	CO	**32.4**	**89.2**	35.8	89.8	**29.3**	**88.6**	1.7
	PH	27.2	88.5	27.4	88.6	27.0	88.5	1.0
Piaf	ENT	28.9	88.6	34.4	89.6	24.0	87.6	2.4
	GN	25.7	88.1	**39.6**	**90.5**	15.0	85.9	6.4
	CO	**30.3**	**88.7**	33.1	89.3	**27.7**	**88.2**	1.6
	PH	25.4	88.1	25.6	88.1	25.3	88.0	1.0
QRE-A	ENT	23.5	88.1	27.7	88.9	20.1	87.2	2.5
	GN	22.1	88.0	**35.1**	**90.3**	12.5	85.6	8.5
	CO	23.2	88.1	26.5	88.7	20.1	87.4	2.0
	PH	**25.4**	**88.5**	29.9	89.3	**21.2**	**87.6**	2.0
QRE-B	ENT	25.2	88.4	30.2	89.3	20.9	87.4	2.5
	GN	25.7	88.6	**40.4**	**91.1**	14.9	86.2	8.7
	CO	**29.9**	**89.1**	34.0	89.9	**26.2**	**88.3**	2.3
	PH	26.8	88.9	29.6	89.4	24.4	88.4	2.0

TAB. 4 – *Résultats pour rougeL et BERTScore sur les corpus d'évaluation et les différents supports de question. N est le nombre de support de question moyen pour une question.*

notre corpus qui soit adapté. Notons que le corpus *QRE-B* n'a pas été annoté par des personnes formées pour l'éducation contrairement au corpus *QRE-A*. Les résultats obtenus sur *QRE-A* sont généralement moins bons, probablement du fait de la complexité des questions produites par les professionnels. On remarquera aussi que le meilleur support de question (en moyenne) repose majoritairement (non vérifié pour *QRE-A*) sur l'extraction des compléments d'objet, aussi il maximise dans la plupart des cas les plus faibles résultats ; il s'agit donc d'un support intéressant afin de minimiser le risque de génération de mauvaises réponses.

Pour le corpus *QRE-A* nous obtenons des résultats légèrement supérieurs à ceux obtenus dans le cas du support annoté, ce qui montre que nous pouvons proposer un support de génération de manière automatique sans effet négatif sur les performances (ce qui ne signifie pas pour autant de bonnes questions). Notons enfin que contrairement aux autres corpus, le support par extraction de phrase permet d'obtenir les plus hauts résultats. Plusieurs causes peuvent être à l'origine de cet effet : des questions moins précises ou des types de questions difficiles. Notons

Dataset	QType	Moyenne		Maximum		Minimum		N
		rougeL	BERTS	rougeL	BERTS	rougeL	BERTS	
QRE-A	TOTAL	22.79	88.07	39.96	90.99	10.51	84.93	15.9
	FACT	23.74	88.51	43.84	91.68	11.35	**85.25**	14.34
	VOCA	**35.43**	**89.44**	**62.62**	**93.96**	**13.19**	85.13	13.11
	COUR	22.63	88.15	40.15	91.21	10.38	85.16	16.21
	SYNT	19.73	87.58	33.57	89.98	9.74	84.67	16.82
QRE-B	TOTAL	27.05	88.77	47.44	92.25	11.61	85.35	16.9
	FACT	**32.92**	**89.77**	**56.64**	**93.64**	**13.56**	85.79	10.1
	VOCA	31.39	88.84	55.11	92.6	12.72	85.67	11.68
	COUR	26.81	89.16	44.39	92.31	12.38	**85.92**	12.7
	SYNT	19.57	87.53	37.92	90.85	8.49	84.15	30.41
FQUAD	TOTAL	30.11	88.86	51.19	92.29	13.11	85.31	13.12
PIAF	TOTAL	27.79	88.4	46.21	91.64	12.53	85.18	12.37

TAB. 5 – *Résultats pour les différents types de questions, FACT (factuelles), VOCA (vocabulaire), COUR (cours) et SYNT (raisonnement et synthèse). Les résultats reportés cumulent les sélections (**Source**, **ENT**, **GN**, **CO**,**PH**).*

que des expériences et des évaluations humaines supplémentaires permettraient de mieux trancher. Enfin, en observant les résultats de la colonne "Maximum", pour la totalité des corpus, les groupes nominaux permettent d'obtenir les meilleures performances. Ce résultat est dû au grand nombre de supports proposés offrant plus de variété dans les questions générées. Il existe donc dans les textes des groupes nominaux permettant de créer une question similaire à celle de l'annotateur.

6.2   Les types des questions

Dans le tableau 5 nous nous intéressons aux performances obtenues en lien avec le type de questions. Pour rappel, intuitivement les questions les plus difficiles sont celles des types cours et synthèse, les performances reportées appuient cette hypothèse. Sur les questions factuelles les résultats diffèrent selon les corpus. Sur *QRE-A* celles-ci semblent plus difficiles à générer. Nous avons observé dans ce corpus des questions doubles pouvant engendrer cette différence de performances observés. En revanche pour les deux corpus, les questions de vocabulaire sont plus facilement obtenues ; cela s'explique par la présence dans le corpus annoté, d'encadrés regroupant des listes de définitions, ces contenus donnent naturellement lieu à des questions de vocabulaire telles que "Quelle est la définition..."

7   Conclusion

Dans cet article nous avons étudié les problématiques de la génération de question sur deux corpus que nous avons récemment collectés. Nous avons mis en place un protocole afin d'étudier les différents supports de génération de la question. Nous montrons expérimentalement, la pertinence des différentes méthodes d'extraction de support et mesurons leur adéquation à nos données. Nous montrons expérimentalement la pertinence de la typologie des questions produites et la cohérence des pré-campagnes réalisées. Néanmoins plusieurs points sont à améliorer ou à éclaircir : 1) Les métriques d'évaluations ne rendent pas compte de la pertinence et de la qualité des questions générées mais seulement de leur similarité avec la question manuellement produite; 2) Nous avons mené des expériences sur un unique modèle avec une configuration monolingue, des expériences préliminaires démontrent l'efficacité des modèles multilingues; 3) Les performances pour les questions difficiles (cours et synthèse) sont généralement faibles, pour cela nous travaillons sur la réalisation d'un corpus similaire de taille conséquente (environ 10000 couples questions réponses) afin de pouvoir entraîner des modèles de bout-en-bout.

Avec cette étude, nous posons les fondations pour la création d'un système de questions-réponses pour l'éducation. Les corpus et matériaux utilisés seront mis à disposition de la communauté dans un futur proche.

Références

Back, S., A. Kedia, S. C. Chinthakindi, H. Lee, et J. Choo (2021). Learning to generate questions by learning to recover answer-containing sentences. In *Findings of the Association for Computational Linguistics : ACL-IJCNLP 2021*.

Bechet, F., C. Aloui, D. Charlet, G. Damnati, J. Heinecke, A. Nasr, et F. Herledan (2019). CALOR-QUEST : un corpus d'entraînement et d'évaluation pour la compréhension automatique de textes. In *Actes de la Conférence sur le Traitement Automatique des Langues Naturelles (TALN) PFIA 2019*.

Béchet, F., L. Robert, L. Rojas-Barahona, et G. Damnati (2022). Calor-Dial : a corpus for Conversational Question Answering on French encyclopedic documents. In *CIRCLE (Joint Conference of the Information Retrieval Communities in Europe)*, Samatan, France.

Brown, T. B., B. Mann, N. Ryder, M. Subbiah, J. Kaplan, P. Dhariwal, A. Neelakantan, P. Shyam, G. Sastry, A. Askell, S. Agarwal, A. Herbert-Voss, G. Krueger, T. Henighan, R. Child, A. Ramesh, D. M. Ziegler, J. Wu, C. Winter, C. Hesse, M. Chen, E. Sigler, M. Litwin, S. Gray, B. Chess, J. Clark, C. Berner, S. McCandlish, A. Radford, I. Sutskever, et D. Amodei (2020). Language models are few-shot learners. *CoRR*.

Chan, Y.-H. et Y.-C. Fan (2019). A recurrent BERT-based model for question generation. In *Proceedings of the 2nd Workshop on Machine Reading for Question Answering*.

Choi, E., H. He, M. Iyyer, M. Yatskar, W. Yih, Y. Choi, P. Liang, et L. Zettlemoyer (2018). Quac : Question answering in context. In *Proceedings of the 2018 Conference on Empirical Methods in Natural Language Processing*. Association for Computational Linguistics.

Dong, X., Y. Hong, X. Chen, W. Li, M. Zhang, et Q. Zhu (2018). Neural question generation with semantics of question type. In *Natural Language Processing and Chinese Computing*.

Dugan, L., E. Miltsakaki, S. Upadhyay, E. Ginsberg, H. Gonzalez, D. Choi, C. Yuan, et C. Callison-Burch (2022). A feasibility study of answer-agnostic question generation for education. In *Findings of the Association for Computational Linguistics : ACL 2022*.

Eddine, M. K., A. J. Tixier, et M. Vazirgiannis (2021). Barthez : a skilled pretrained french sequence-to-sequence model. In *EMNLP (1)*.

Elgohary, A., D. Peskov, et J. L. Boyd-Graber (2019). Can you unpack that ? learning to rewrite questions-in-context. In *EMNLP-IJCNLP*. Association for Computational Linguistics.

Fabbri, A. R., P. Ng, Z. Wang, R. Nallapati, et B. Xiang (2020). Template-based question generation from retrieved sentences for improved unsupervised question answering. Association for Computational Linguistics.

Fan, A., Y. Jernite, E. Perez, D. Grangier, J. Weston, et M. Auli (2019). ELI5 : Long form question answering. In *Proceedings of the 57th Annual Meeting of the Association for Computational Linguistics*.

Heilman, M. et N. A. Smith (2010). Good question ! statistical ranking for question generation. In *The 2010 Annual Conference of the North American Chapter of the Association for Computational Linguistics*.

Keraron, R., G. Lancrenon, M. Bras, F. Allary, G. Moyse, T. Scialom, E.-P. Soriano-Morales, et J. Staiano (2020). Project piaf : Building a native french question-answering dataset. In *Proceedings of The 12th Language Resources and Evaluation Conference*.

Kingma, D. P. et J. Ba (2015). Adam : A method for stochastic optimization. In *ICLR (Poster)*.

Kumar, V., N. Joshi, A. Mukherjee, G. Ramakrishnan, et P. Jyothi (2019). Cross-lingual training for automatic question generation.

Kwiatkowski, T., J. Palomaki, O. Redfield, M. Collins, A. Parikh, C. Alberti, D. Epstein, I. Polosukhin, J. Devlin, K. Lee, K. Toutanova, L. Jones, M. Kelcey, M.-W. Chang, A. M. Dai, J. Uszkoreit, Q. Le, et S. Petrov (2019). Natural questions : A benchmark for question answering research. *Transactions of the Association for Computational Linguistics*.

Le, H., L. Vial, J. Frej, V. Segonne, M. Coavoux, B. Lecouteux, A. Allauzen, B. Crabbé, L. Besacier, et D. Schwab (2020). Flaubert : Unsupervised language model pre-training for french. In *Proceedings of The 12th Language Resources and Evaluation Conference, LREC 2020*.

Lin, C.-Y. (2004). ROUGE : A package for automatic evaluation of summaries. In *Text Summarization Branches Out*, Barcelona, Spain. Association for Computational Linguistics.

Lopez, L. E., D. K. Cruz, J. C. B. Cruz, et C. Cheng (2021). Simplifying paragraph-level question generation via transformer language models. In *PRICAI (2)*. Springer.

Martin, d., V. Maxime, B. Wacim, et B. Tom (2020). FQuAD : French Question Answering Dataset. *arXiv e-prints*.

Martin, L., B. Müller, P. J. O. Suárez, Y. Dupont, L. Romary, É. de la Clergerie, D. Seddah, et B. Sagot (2020). Camembert : a tasty french language model. In *Proceedings of the 58th Annual Meeting of the Association for Computational Linguistics, ACL 2020, Online, July 5-10, 2020*.

Mostafazadeh, N., I. Misra, J. Devlin, M. Mitchell, X. He, et L. Vanderwende (2016). Generating natural questions about an image. In *Proceedings of the 54th Annual Meeting of the Association for Computational Linguistics*.

Nguyen, H. A., S. Bhat, S. Moore, N. Bier, et J. Stamper (2022). Towards generalized methods for automatic question generation in educational domains. In *Educating for a New Future : Making Sense of Technology-Enhanced Learning Adoption*.

Radford, A., J. Wu, R. Child, D. Luan, D. Amodei, I. Sutskever, et al. (2019). Language models are unsupervised multitask learners. *OpenAI blog*.

Raffel, C., N. Shazeer, A. Roberts, K. Lee, S. Narang, M. Matena, Y. Zhou, W. Li, et P. J. Liu (2020). Exploring the limits of transfer learning with a unified text-to-text transformer. *J. Mach. Learn. Res.*.

Rajpurkar, P., R. Jia, et P. Liang (2018). Know what you don't know : Unanswerable questions for squad. In *Proceedings of the 56th Annual Meeting of the Association for Computational Linguistics*.

Rajpurkar, P., J. Zhang, K. Lopyrev, et P. Liang (2016). Squad : 100, 000+ questions for machine comprehension of text. In *EMNLP*. The Association for Computational Linguistics.

Scialom, T., B. Piwowarski, et J. Staiano (2019). Self-attention architectures for answer-agnostic neural question generation. In *Proceedings of the 57th Annual Meeting of the Association for Computational Linguistics*, Florence, Italy. Association for Computational Linguistics.

Vaswani, A., N. Shazeer, N. Parmar, J. Uszkoreit, L. Jones, A. N. Gomez, L. Kaiser, et I. Polosukhin (2017). Attention is all you need. In *Advances in Neural Information Processing Systems 30 : Annual Conference on Neural Information Processing Systems*.

Winata, G. I., A. Madotto, Z. Lin, R. Liu, J. Yosinski, et P. Fung (2021). Language models are few-shot multilingual learners. In *Proceedings of the 1st Workshop on Multilingual Representation Learning*.

Wolfe, J. H. (1976). Automatic question generation from text - an aid to independent study.

Yao, X., G. Bouma, et Y. Zhang (2012). Semantics-based question generation and implementation. *Dialogue Discourse 3*, 11–42.

Zhang, T., V. Kishore, F. Wu, K. Q. Weinberger, et Y. Artzi (2020). Bertscore : Evaluating text generation with bert. In *International Conference on Learning Representations*.

Zi, K., X. Sun, Y. Cao, S. Wang, X. Feng, Z. Ma, et C. Cao (2019). Answer-focused and position-aware neural network for transfer learning in question generation. In *KSEM (2)*, Lecture Notes in Computer Science.

Summary

Intelligent systems for teaching and learning assistance are missing from most applications, even though recent improvements in NLP allow us to imagine innovative solutions. The creation of a question-answer system based on academic sources would accelerate, improve and motivate student learning. In this context, we are interested in the generation of questions through neural approaches. With the recent annotation of a corpus of questions and answers in French, we have the resources to evaluate and develop such approaches. Nevertheless, several obstacles must be considered: the amount of qualitative data is not sufficient to train generative approaches; in the context of a stand-alone application we do not explicitly have the support for generation. In this study we propose different methods for extracting these supports comparing and analyzing the results on our corpus and those of the literature.

Une plateforme de management des connaissances pour le domaine des ressources spatiales

Cédric Pruski*, Louis Deladiennée*, Emmanuel Scolan*, Marcos Da Silveira*

* Luxembourg Institute of Science and Technology
5, avenue des Hauts-Fourneaux, L-4362, Esch-sur-Alzette, Luxembourg
{cedric.pruski, louis.deladiennee, emmanuel.scolan,marcos.dasilveira}@list.lu

Résumé. L'intérêt toujours croissant aussi bien du monde académique que de l'industrie et des institutions gouvernementales pour les informations sur les ressources spatiales a mis en évidence la difficulté de trouver, d'accéder à, d'intégrer, et de réutiliser ces informations. Toute cette connaissance est diffusée dans des publications scientifiques, des brevets, des news, et des rapports, qui sont régulièrement mis à disposition de la communauté sur le Web à travers de nombreux médias et dans différents formats. En collaboration avec l'agence spatiale européenne (ESA), nous développons actuellement une plateforme de management des connaissances du domaine des ressources spatiales. Cet outil, reposant sur l'utilisation des technologies du Web Sémantique telles que les graphes de connaissance et les ontologies, a pour vocation de formaliser la connaissance du domaine contenue dans les documents évoqués précédemment et de les mettre à disposition de la communauté. Dans cet article applicatif, nous décrivons les concepts et techniques pour l'extraction et la gestion des connaissances mis en œuvre pour le design et l'implémentation d'une telle plateforme.

1 Introduction

La colonisation durable de l'espace nécessite l'utilisation et l'exploitation de ressources spatiales telles que les minéraux, l'eau, et les matériaux volatiles (Rovetto, 2017; Meurisse et al., 2021; ISECG, 2021). De nombreuses agences spatiales visent la production et l'utilisation in situ de ces ressources pour notamment organiser l'exploration humaine à long terme de la Lune, de Mars, et de l'espace [1] (ESA, 2019). Cette quête est largement soutenue par un certain nombre d'initiatives nationales et internationales (cf. le programme Artemis), par le développement de nouvelles technologies, par l'élaboration du cadre politique et juridique, par le financement de projets de recherche scientifique, ainsi que la mise en place d'activités commerciales. Les États-Unis et le Luxembourg ont promulgué des lois sur l'exploration pacifique et l'utilisation durable des ressources spatiales au profit de l'humanité, faisant d'eux des leaders mondiaux dans ce domaine [2]. En collaboration avec l'Agence spatiale européenne (ESA), l'initiative luxembourgeoise a conduit en 2020 à la création d'un centre d'innovation dédié

---

1. https://www.globalspaceexploration.org
2. https://space-agency.public.lu/en/space-resources.html

aux ressources spatiales, l'European Space Resources Innovation Centre (ESRIC)[3]. L'ESRIC a pour ambition de devenir le centre d'expertise internationalement reconnu pour les aspects scientifiques, techniques, commerciaux, et économiques liés à l'utilisation des ressources spatiales pour l'exploration humaine et robotique, pour le développement d'une économie pour le domaine spatial. Dans cet objectif, l'ESRIC s'efforce de connecter et de fédérer la communauté des ressources spatiales en créant un environnement ouvert et collaboratif pour encourager le dialogue, l'échange d'idées, et les coopérations scientifiques, technologiques, et économiques.

Dans ce contexte, nous développons actuellement une plateforme pour l'extraction, la gestion, et le partage des connaissances pour les ressources spatiales[4] (Da Silveira et al., 2022). Il s'agit d'une application web qui propose un ensemble de services pour interroger, analyser, et visualiser les connaissances du domaine des ressources spatiales obtenues en extrayant automatiquement le contenu d'articles scientifiques, de brevets, de news et plus généralement de documents du Web pertinents pour le domaine des ressources spatiales. Cette plateforme vise à fédérer la communauté des ressources spatiales en offrant la possibilité d'accéder et de contribuer à l'état de l'art des connaissances scientifiques, techniques, commerciales, et juridiques dans le domaine. Cet outil permettra également à ses utilisateurs d'obtenir des informations actualisées sur les événements régulièrement publiés sur les réseaux sociaux. La communauté du domaine des ressources spatiales ne cesse de croître et par conséquent, la demande pour cet outil augmente également. Cette communauté est actuellement composée d'entreprises, d'universités, d'organismes et d'agences de recherche et de technologie, ainsi que d'organisations non industrielles publiques et privées. Beaucoup de ces acteurs clés (près de 40% selon une enquête menée par l'ESRIC en 2021) ne sont pas encore actifs dans le secteur spatial, mais recherchent des opportunités dans ce domaine, soulignant l'impact potentiel de ce type de plateforme. Dans cet article applicatif, nous décrivons l'utilisation des concepts et techniques de l'extraction et du management des connaissances pour le design et l'implémentation d'une plateforme de management des connaissances pour le domaine des ressources spatiales développée pour répondre aux besoins de la communauté. Cet outil repose sur un graphe de connaissance pour la représentation des connaissances du domaine construit sur la base d'une ontologie du domaine conçue suivant les bonnes pratiques du Web Sémantique et d'un ensemble de services accessibles à partir du Web pour le partage et l'exploitation de ces connaissances.

L'article est structuré comme suit : La section 2 présente les travaux existants similaires aux nôtres. La section 3 porte sur les motivations de ces travaux. La section 4 décrit l'architecture, les principaux composants et services offerts par la plateforme. Ceci inclus une ontologie du domaine (section 4.1) et le graphe formalisant les connaissances du domaine (section 4.2). La section 5 décrit l'implémentation de la plateforme. La section 6 décrit l'évaluation des composants de la plateforme. Enfin, la section 7 sert de conclusion et donne une idée des travaux futurs.

2 Travaux relatifs

Dans cette section nous décrivons les applications similaires à la nôtre pour mettre en évidence le besoin d'une telle plateforme, ainsi que le bien fondé des concepts et de la technologie

---

3. `www.esric.lu`
4. `https://knowledge.esric.lu`

mis en œuvre. Une première famille d'approches comparables se focalise comme nous sur le domaine spatial, puis d'autres se focalisent sur d'autres domaines ou sur certains types de documents où de sources d'information.

L'étude SLOAN est une initiative connue pour le domaine (York et al., 2000). A travers cette application, ont été créées les cartes tridimensionnelles les plus détaillées de l'Univers. Ceci inclut des images multicolores profondes d'un tiers du ciel et des spectres pour plus de trois millions d'objets astronomiques. Les données de la plateforme SDSS sont accessibles au public dans un format utile à un large éventail d'utilisateurs allant des étudiants débutants aux astronomes amateurs et professionnels. La Space platform (`https://spacepp.com`) offre des informations sur certains composants de l'écosystème du domaine spatial. Les données sont fermées et portent surtout sur les entités gérant des satellites et des lanceurs. Cette plateforme vise principalement un public composé de startups, de PME, de grandes entreprises, d'investisseurs, d'universitaires, et d'agences spatiales et offrent des services payant pour identifier des appels à projet, des levées de fonds et des appels d'offre ouverts. The Space Resource (`https://www.thespaceresource.com`) a été créée en 2018 en tant que plateforme médiatique indépendante dédiée à la création d'une communauté interactive de passionnés et de professionnels des ressources spatiales. En termes d'information, la couverture se concentre sur le partage d'idées et de nouvelles, visant à accroître la collaboration entre les nombreux professionnels travaillant à révolutionner le développement des ressources spatiales. Le site Web a été mis à jour pour la dernière fois en septembre 2021. Notons que le contenu n'est pas exprimé dans un format interprétable par l'ordinateur. Enfin, il existe un certain nombre de sites Web ou de base de données ciblant un aspect très précis des ressources spatiales. On retrouve parmi ces outils la CSM Planetary Simulant Database (`https://simulantdb.com/`) fournissant des informations sur les simulants, Factories in Space (`https://www.factoriesinspace.com`) pour l'économie spatiale émergente et la fabrication dans l'espace et enfin la famille de Wiki tel que lunarpedia, spacepedia et marspedia dans l'idée de Wikipedias dédiés aux connaissances sur des astres précis. Les initiatives existantes ne couvrent donc que partiellement le domaine spécifique des ressources spatiales.

L'approche que nous proposons s'appuie sur les concepts et les technologies du Web Sémantique telles que les graphes de connaissances et les ontologies pour intégrer, formaliser, partager et générer les connaissances du domaine des ressources spatiales. Dans le paragraphe ci-après, nous analysons les approches similaires, pas nécessairement orientées vers le spatial, et leurs originalités.

SpaceML (Koul et al., 2020) regroupe une suite d'outils développée par un consortium international ayant pour but de permettre d'utiliser le résultat de projets de recherche en Intelligence Artificielle pour le domaine spatiale. Parmi ces résultats, on retrouve un projet visant à utiliser les graphes de connaissances pour formaliser la connaissance contenue dans des articles scientifiques portant sur la gestion de l'hydrogène[5]. Les auteurs combinent également des approches d'IA sub-symbolique avec ce graphe de connaissances afin de proposer une classification par ordre d'intérêt pour les utilisateurs. Ces travaux ne décrivent pas les sources d'informations utilisées pour construire ce graphe et se restreignent à un domaine très précis. Dans les travaux de Auer et al. (2021), les auteurs décrivent la construction d'un graphe volumineux des connaissances du monde académique structuré par discipline obtenues via CrossRef (Hendricks et al., 2020). De par la grande quantité de données traitée, ORKG s'appuie sur des

---

5. `https://vimeo.com/751598254/b05e37e643`

méthodes de crowdsourcing pour assurer une bonne qualité des données et offre également un ensemble de services pour l'exploitation du graphe. Nos deux approches sont complémentaires dans la mesure où nous traitons d'un sous-domaine du monde spatial pouvant étendre ORKG alors que ORKG vient compléter notre graphe par des connaissances de domaines connexes au notre (e.g. chimie, physique, géologie). Plus récemment, les travaux de Liu et al. (2022) visent également la création d'un graphe pour la représentation des connaissances du monde académique avec comme unique point d'entré le portail IOSpress [6]. Le fait d'avoir une seule source d'information permet d'éviter les doublons provenant de plusieurs sources différentes comme c'est le cas pour notre plateforme.

Cette revue de la littérature montre d'une part qu'une telle plateforme de partage des connaissances n'existe pas spécifiquement pour le domaine des ressources spatiales et d'autre part que les outils comparables se basent sur un nombre restreint de sources de même nature (articles scientifiques) et, par conséquent, n'offrent qu'une vision académique du domaine. La cartographie d'un domaine appliqué comme celui des ressources spatiales nécessite la collecte élargie des connaissances aussi bien académiques que technologiques, légales, économiques, politiques, éducatives, et même événementielles en ciblant une plus grande variété de sources d'information pour construire un graphe pertinent du domaine.

3   Motivations

Le management des connaissances est une activité primordiale pour le développement durable d'activités le long de la chaine de l'innovation (science-technologie-business/marché), mais aussi dans les domaines de l'économie, de la législation, et de la politique. En plus d'éviter la perte de savoir, la gestion des connaissances constitue un vecteur fédérateur de communautés de pratique.

Le domaine des ressources spatiales est encore un secteur en voie de définition et dont les limites peuvent fluctuer selon les visions et intérêts. Une enquête menée en 2021 par l'ES-RIC auprès de sa « communauté des ressources spatiales » a cependant permis d'en dessiner quelques contours. Cette communauté se situe tout au long de la chaine de l'innovation (académie - centres d'innovation - industrie) et comprend aussi bien des organisations publiques, gouvernementales, que privées. 40% ne sont pas encore impliqués dans une activité spatiale. L'intérêt de cette communauté s'étend à l'ensemble de la chaine de valeur des ressources spatiales (ISECG, 2021). La communauté des ressources spatiales est donc très variée et multiple dans ses intérêts et attentes. Néanmoins, l'attente principale concerne l'accès et le partage de la connaissance académique et technologique du domaine.

Suivant le résultat de cette enquête, il est apparu qu'un des outils les plus adéquats pour atteindre les objectifs du management des connaissances de l'ESRIC est un portail de connaissances sur le secteur des ressources spatiales. Un tel portail devra être basé sur :
— une ontologie cartographiant les concepts du domaine,
— l'accès à des informations/connaissances appropriées et à jour (i.e. base documentaire requêtable, agenda d'événements, newsletters, alertes),
— des fonctionnalités supportant des communautés de pratique permettant ainsi l'échange d'informations (i.e. blogs, événements),

---

6. https://www.iospress.com

— la possibilité de contribuer au partage de ces informations/connaissances, et de colla-
borer (i.e. Wikipedia pour les ressources spatiales).

L'implémentation incrémentale d'un tel portail inclut i) la création et la mise à jour régulière
d'une ontologie, ii) la connexion à plusieurs sources de données, d'informations et de documents dont le contenu est capturé sous forme de graphes de connaissance, iii) le développement d'outils d'analyses de données adaptés pour traiter de grandes quantités d'informations
et leurs évolution, iv) la mise en place des fonctionnalités attendues par la communauté, v) tout
en garantissant la qualité et la sécurité des accès aux informations et connaissances partagées.

4 Architecture de la plateforme

Les besoins de la communauté décrits à la section précédente montrent la nécessité pour
notre plateforme d'être en capacité :
— d'extraire l'information pertinente de sources d'information fiables,
— de formaliser cette information et de faire émerger sa sémantique afin de la transformer
en connaissance,
— d'exploiter cette connaissance à travers un ensemble de services adéquats

Pour répondre à ces besoins, nous nous appuyons sur les technologies du Web Sémantique qui
offrent des moyens standardisés pour décrire la sémantique des concepts d'un domaine grâce
à des ontologies (Gruber, 1993), et pour lier ces concepts à la connaissances capturée dans un
graphe de connaissances (Bizer et al., 2011). Dans cette section nous décrivons la construction
et l'utilisation d'une ontologie du domaine et d'un graphe de connaissance pour répondre aux
besoins de la communauté des ressources spatiales (voir FIG. 1).

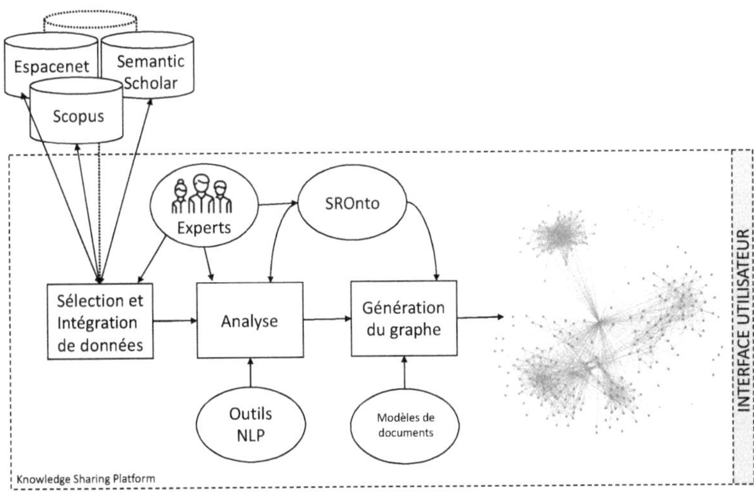

FIG. 1 – *Composants et activités de la plateforme KSP.*

4.1 SROnto : une ontologie du domaine des ressources spatiales

La construction de la plateforme KSP et notamment les processus d'intégration et de partage des connaissances s'appuie essentiellement sur une ontologie du domaine, SROnto, que nous avons construite en étroite collaboration avec des experts du monde des ressources spatiales et d'autres du domaine de l'ingénierie des connaissances. Cette ontologie est construite suivant les principes FAIR (Wilkinson et al., 2016) et les bonnes pratiques du Web Sémantique tel que la méthode NeON (Suárez-Figueroa et al., 2012) avec l'ambition de devenir un standard du domaine. En effet, seuls des glossaires comme JORC (Stephenson, 2001), contenant certains termes du domaine existent actuellement. Cependant, ceux-ci ne sont pas formalisés de façon compréhensible par des machines, prévenant ainsi l'utilisation de logiciels intelligents. SROnto sert non seulement à décrire les connaissances du domaine, mais est également utilisée pour, d'une part, annoter les documents ingérés dans notre graphe de connaissance (voir la section 4.2) et, d'autre part, enrichir les requêtes émises par les utilisateurs au moment d'interroger la plateforme (Pruski et al., 2011) sur la base des relations sémantiques existants entre les termes de la requête et les labels de concept de l'ontologie.

Une ontologie repose principalement sur deux aspects : la partie terminologique et la partie logique. Pour SROnto, la terminologie a été déterminé d'une part en utilisant les glossaires existants (e.g., LORS 101, JORC) fournissant les termes et leurs définitions et, d'autre part, par l'extraction manuelle par les experts du domaine des termes d'un ensemble de rapports rédigés par les acteurs clés du secteur des ressources spatiales. L'ensemble des termes ainsi identifiés va constituer les labels des concepts de SROnto. Pour la partie logique (i.e., l'axiomatisation de l'ontologie) et notamment la hiérarchisation des concepts, nous nous sommes appuyés sur la réutilisation d'un ensemble d'ontologies existantes. La partie supérieure de SROnto (i.e., la partie la plus abstraite) repose entièrement sur Basic Formal Ontology (Arp et al., 2015) pour faciliter la compréhension de nos concepts qui étendent ceux de BFO et leur future réutilisation. La partie intermédiaire de SROnto repose sur l'importation de concepts définis dans d'autres ontologies existantes telles que ENVO pour décrire des connaissances environnementales (e.g., le type de sol où trouver de la ressource), CHEBI pour la description d'éléments chimiques (comme l'oxygène contenu dans la régolithe lunaire) ou OBI pour la description des processus tels que l'extraction de l'oxygène de la roche. La partie la plus spécifique de SROnto contient les concepts spécifiques au domaine des ressources spatiales que nous avons ajoutés sur la base des termes extraits précédemment. Lors de la formalisation de ces concepts, nous avons enrichi leur description par des métadonnées standards provenant par exemple du Dublin Core afin de renforcer les aspects FAIR de notre ontologie. SROnto est exprimé suivant le standard OWL et contient finalement 556 classes mais aussi 159 Object et Data properties et 59 instances de concepts. De plus, notre ontologie est accessible au public à partir de l'URL permanente `https://purl.org/esric/sronto`. L'aspect *Findable* des principes FAIR été renforcé via l'enregistrement de SROnto dans le référentiel Linked Open Vocabulary (Vandenbussche et al., 2017). Nous avons associé la ressource à une licence creative commons pour faciliter la réutilisation de l'ontologie. De plus, la documentation de l'ontologie a été générée à l'aide de l'application logicielle WIDOCO (Garijo, 2017), ce qui la rend compréhensible par l'homme.

SROnto étant au cœur de notre plateforme KSP, il est par conséquent crucial pour la communauté spatiales d'y intégrer en permanence de nouvelles connaissances dans le graphe et de la faire évoluer en conséquence. C'est pourquoi nous avons mis en place un processus de maintenance régulière de notre ontologie. Ce dernier commence par une analyse automatique du contenu du graphe de connaissance de la KSP en utilisant un ensemble d'outils de traitement automatique des langues capables d'extraire de nouveaux termes et de nouvelles relations non présents dans la version actuelle de SROnto. Le résultat de cette analyse automatique est ensuite revu et enrichi par un comité composé d'experts du domaine des ressources spatiales et des gestionnaires de la plateforme. Ils évalueront les nouveaux termes et suggéreront des améliorations en fonction de leur connaissance personnelle du domaine (connaissance tacite). Le résultat est ensuite transmis aux ingénieurs de la connaissance qui formaliseront le contenu fourni selon les bonnes pratiques et standards du W3C et générera une nouvelle version de SROnto, qui est ensuite validée par le comité suivant un processus itératif jusqu'à l'obtention d'un consensus. La version validée de l'ontologie est publiée sur le Web, ajoutée dans un graphe de connaissance historique (Cardoso et al., 2020) et utilisée par la KSP afin d'ingérer du nouveau contenu. Le pipeline de production garantit qu'une fois la nouvelle version de SROnto publiée, la documentation de l'ontologie est également mise à jour.

4.2 Graphe de connaissances du domaine des ressources spatiales

Le graphe de connaissance est la deuxième composante de notre plateforme KSP. Comme son nom l'indique, il permet de représenter sous forme de graphe un ensemble de métadonnées associées aux entités pertinentes pour les besoins de la communauté (i.e., des documents, les acteurs clés du domaine, les événements importants). Les besoins de la communauté, évoqués à la section 3, nous ont poussés à exprimer dans notre graphe les notions de :

— Personnes (*Person* sur la FIG. 2) afin de représenter les auteurs, éditeurs, inventeurs (pour les brevets) ou autre entité humaine jouant un rôle par rapport aux documents traités par la plateforme.

— Organisation (*Organisation* sur la FIG. 2) pour représenter les instituts de recherche, les universités, les entreprises ou encore les organisations gouvernementales ou non-gouvernementales (ou autres) du domaine des ressources spatiales. Ces organisations sont reliées aux personnes par la relation «AFFILIATED_TO».

— Documents (*Documents* sur la FIG. 2) pour décrire les articles scientifiques, les brevets, les rapports techniques où les documents légaux. Cette entité est centrale dans notre graphe car elle relie les personnes, les organisations, le domaine et les événements à travers 5 relations. Cette notion est davantage raffinée car un ensemble de propriétés de ces documents sont spécifiés (e.g., le type de document, le DOI, etc).

— Domaine (*Domain* sur la FIG. 2) permet de spécifier à quel domaine un document appartient ou à quel domaine une personne contribue. La notion de domaine permet de faire le lien entre les informations du graphe et notre ontologie car un concept de SROnto est vu comme un domaine dans notre cas. Ce lien entre les concepts de l'ontologie et les documents sont établis grâce à des outils du traitement de la lange naturelle sur la base du résumé des documents et de leur titre.

— Événement (*Venue* sur la FIG. 2) fait référence aux événements comme les conférences, symposium ou colloques pertinents pour le domaine des ressources spatiales.

Au moment de la rédaction de cet article, le contenu de notre graphe de connaissance et obtenu par l'interrogation via des APIs dédiés, l'analyse et la restructuration des informations provenant :

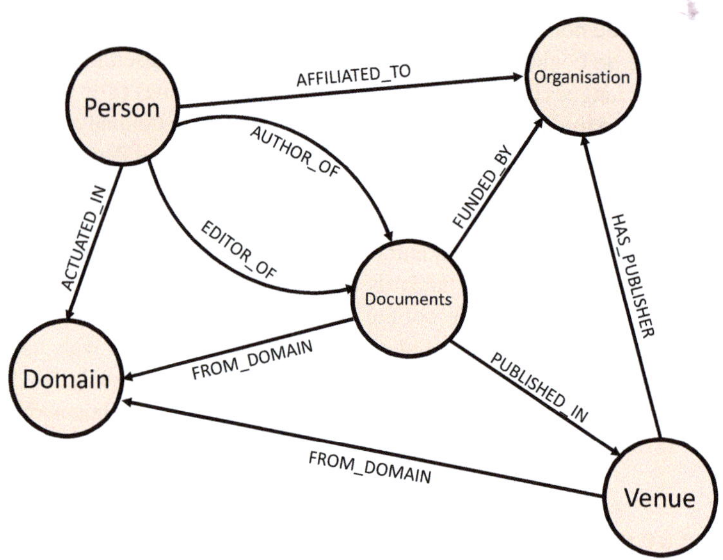

FIG. 2 – *Métamodèle du graphe de connaissance.*

— du corpus du portail Semantic Scholar (Lo et al., 2019) offrant accès à de la littérature scientifique.
— de la base de connaissance de Scopus (Burnham, 2006) donnant accès aux documents scientifiques dans les domaines de la science, de la technologie, de la médecine, des sciences sociales, des arts et des sciences humaines.
— de la base de brevet fournie par le portail Espacenet[7] afin de couvrir la partie technologique important pour la communauté.

Dans un futur proche, nous comptons également ajouter d'autres sources d'information comme des sites de news pour enrichir notre graphe.

Dans notre contexte, une difficulté majeure dans l'intégration d'information provenant de plusieurs sources différentes consiste en l'identification d'information redondante. Ceci survient notamment lorsque deux bases de connaissances distinctes nous fournissent des informations sur le même document ou les mêmes personnes par exemple. Nous avons donc mis en place un mécanisme simple qui consiste à comparer, pour deux documents, si ces derniers ont le même titre ou le même identifiant (DOI) afin d'en déduire qu'il s'agit bien du même document. Une fois identifié, les informations provenant des deux sources sont ajoutées au graphe afin d'avoir une connaissance la plus complète possible.

5   Implémentation de la plateforme

La plateforme KSP est une application Web (`http://knowledge.esric.lu`) offrant actuellement les fonctionnalités suivantes :

---

7. `https://worldwide.espacenet.com`

— Une interface afin d'interroger la base de connaissance. Ceci peut se faire directement en cliquant sur des mots clés proposés provenant de SROnto soit à travers de l'interface de saisie et l'utilisation de mots clés entrés par l'utilisateur.
— Un accès direct à l'ontologie SROnto et à la définition de ses concepts.
— Un lien vers la liste des fournisseurs de simulants de régolithe extraite des rapports (ISECG, 2021).

D'un point de vue implémentation, les composants dépeints sur la FIG. 3 forment la plate-forme KSP.

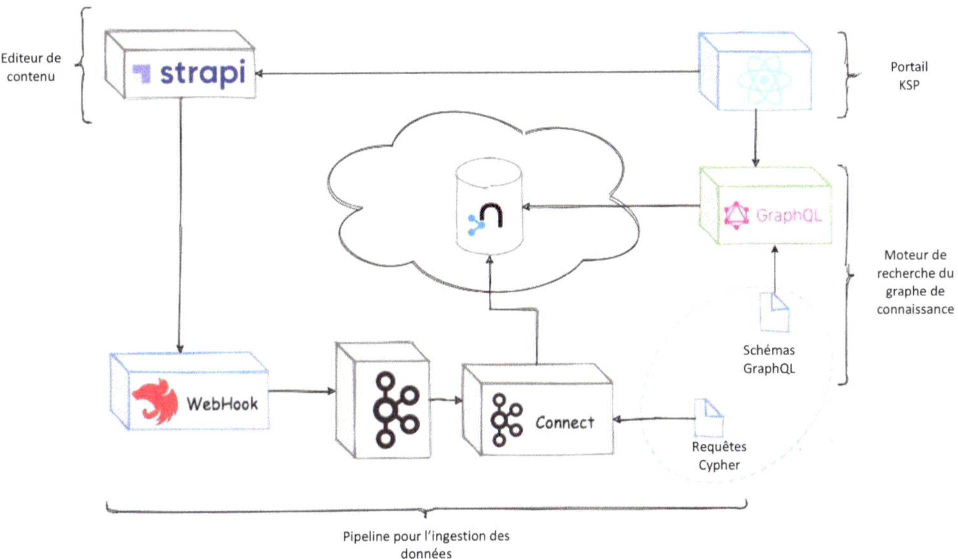

FIG. 3 – *Composants logiciels de la plateforme.*

Le graphe de connaissance est stocké dans une base graphe Neo4J[8]. Il ne contient que les métadonnées associées aux documents et non les documents eux-mêmes.

Un webservice basé sur la librairie Neo4J GraphQL[9] sert à exposer le contenu du graphe via une API GraphQL. GraphQL est un langage de requête et un moteur d'exécution qui permet de créer rapidement des APIs flexibles et faciles à utiliser. Notre service GraphQL utilise des fichiers définissant le mapping entre la structure du graphe et des schéma GraphQL pour générer automatiquement une API utilisable par l'interface web.

L'interface de la plateforme, développée avec React[10], utilise donc cette API GraphQL pour requêter la base graphe et afficher les résultats. C'est la partie publique de la plateforme destinée aux membres de la communauté. Elle leur permet d'accéder à des vues prédéfinies du graphe et de rechercher des documents sur la base des concepts de l'ontologie SROnto.

Finalement, l'édition du contenu du graphe peut se faire via le logiciel Strapi[11], un headless CMS qui fournit des formulaires de saisie pour les types de concepts principaux du graphe.

---

8. https://neo4j.com
9. https://neo4j.com/developer/graphql/#_the_neo4j_graphql_library
10. https://reactjs.org
11. https://strapi.io

Seuls les utilisateurs ayant le droit d'ajouter et de corriger le contenu du graphe ont accès à cet outil. Un pipeline basé sur Kafka permet d'injecter les données publiées via Strapi dans le graphe, et donc dans la plateforme.

6 Evaluation des composants de la plateforme

Pour tester la plateforme KSP, nous proposons d'une part l'évaluation de l'ontologie et d'autre part l'évaluation du graphe de connaissance.

6.1 Evaluation de l'ontologie SROnto

Tout d'abord, nous avons utilisé OOPS ! (Poveda-Villalón et al., 2014) pour identifier les erreurs les plus courantes commises lors de la conception d'ontologies. Ensuite, Pour SROnto, nous avons décidé de baser notre évaluation suivant deux approches : la première basée sur les tâches (ou sur les applications) et, la seconde, l'évaluation par des humains. L'ontologie étant construite pour répondre à des questions sur le domaine, SROnto a été évaluée pour sa capacité à répondre à un ensemble initial de questions générées par des experts du domaine. Ceci s'est matérialisé via un ensemble de requêtes SPARQL et la réponse à ces requêtes. De plus, comme l'ontologie sert à indexer les documents à stocker dans la KSP, nous avons vérifié que les documents indexés pouvaient être récupérés via la plateforme si les mots clés composant les requêtes contiennent des étiquettes de concept de SROnto. Deuxièmement, des experts du domaine de l'ESRIC et de l'ESA ont été impliqués dans le processus de validation. Guidé par des ingénieurs de la connaissance, des chercheurs, ingénieurs et des responsables de l'informatique décisionnelle disposant d'une large expérience dans les aspects scientifiques, technologiques et commerciaux des ressources spatiales ont revu et corrigé un par un les entités présentes dans l'ontologie. Quelques itérations ont conduit à une première version publiable de SROnto en 2022.

6.2 Evaluation du graphe de connaissance

Le graphe des connaissances contenant les métadonnées associées aux documents scientifiques et technologiques pertinents du domaine a fait l'objet d'une démonstration lors de la Space Ressources Week 2022. Le graphe de connaissance, visualisable sur une table tangible, a été consulté et critiqué par les 250 participants à cet événement majeur pour la communauté des ressources spatiales. À la suite de ces résultats encourageants, nous poursuivons les évaluations du contenu du graphe notamment par la quantité de doublons, d'information incomplète (e.g., quantité de documents pour lesquels il manque des informations telles que les auteurs ou le type de document) ou d'information contradictoire (i.e., des informations sur le même document qui ne seraient pas les mêmes comme des auteurs différents pour un même article).

7 Conclusion

L'identification et l'utilisation des ressources spatiales deviennent rapidement une réalité, poussées par une évolution de la technologie, l'accélération de l'exploration de l'espace extraatmosphérique, et la rareté de certaines ressources sur Terre. Dans cet article nous avons présenté une plateforme de management des connaissances des ressources spatiales contenu dans les documents pertinents du domaine produits par le monde académique, l'industrie, et les institutions gouvernementales et non-gouvernementales basée sur les technologies du Web Sémantique. Cet outil, accessible via le Web à un grand nombre d'utilisateurs, offre des moyens de cartographier l'état des connaissances sur des thématiques spécifiques du domaine et d'en identifier les acteurs majeurs. Ces travaux s'inscrivant dans la durée, une tâche majeure va consister d'une part à poursuivre le développement de services autour de cette plateforme (e.g., visualisation, système de questions/réponses, partage et création de connaissance) et, d'autre part, à continuer le travail de fédération et d'implication de la communauté dans le développement de la plateforme KSP.

Références

Arp, R., B. Smith, et A. D. Spear (2015). *Building ontologies with basic formal ontology*. Mit Press.

Auer, S., M. Stocker, L. Vogt, G. Fraumann, et A. Garatzogianni (2021). ORKG : Facilitating the transfer of research results with the open research knowledge graph. *Research Ideas and Outcomes 7*, e68513.

Bizer, C., T. Heath, et T. Berners-Lee (2011). Linked data : The story so far. In *Semantic services, interoperability and web applications : emerging concepts*, pp. 205–227. IGI global.

Burnham, J. F. (2006). Scopus database : a review. *Biomedical digital libraries 3*(1), 1–8.

Cardoso, S. D., M. Da Silveira, et C. Pruski (2020). Construction and exploitation of an historical knowledge graph to deal with the evolution of ontologies. *Knowledge-Based Systems 194*, 105508.

Da Silveira, M., L. Deladiennee, C. Pruski, et E. Scolan (2022). A knowledge sharing platform for space resources. In *Proceedings of the Space Resources Week*, Luxembourg.

ESA (2019). ESA space resources strategy. Technical report, European Space Agency.

Garijo, D. (2017). WIDOCO : a wizard for documenting ontologies. In *International Semantic Web Conference*, pp. 94–102. Springer.

Gruber, T. R. (1993). A translation approach to portable ontology specifications. *Knowledge acquisition 5*(2), 199–220.

Hendricks, G., D. Tkaczyk, J. Lin, et P. Feeney (2020). Crossref : The sustainable source of community-owned scholarly metadata. *Quantitative Science Studies 1*(1), 414–427.

ISECG (2021). ISECG annual report. Technical report, International Space Exploration Coordination Group.

Koul, A., S. Ganju, M. Kasam, et J. Parr (2020). Space ML : distributed open-source research with citizen scientists for the advancement of space technology for NASA. *CoRR abs/2012.10610*.

Liu, Z., M. Shi, K. Janowicz, B. Regalia, S. Delbecque, G. Mai, R. Zhu, et P. Hitzler (2022). LD Connect : A linked data portal for ios press scientometrics. In *European Semantic Web Conference*, pp. 323–337. Springer.

Lo, K., L. L. Wang, M. Neumann, R. Kinney, et D. S. Weld (2019). S2ORC : The semantic scholar open research corpus. *arXiv preprint arXiv :1911.02782.*

Meurisse, A., J. Mousel, A. Kapoglou, M. Conti, A. Makaya, A. Cowley, J. Carpenter, M. Link, et B. Hufenbach (2021). Utilization scenarios—outcome of the space resources week 2021. *LPI Contributions 2635*, 5024.

Poveda-Villalón, M., A. Gómez-Pérez, et M. C. Suárez-Figueroa (2014). OOPS ! (OntOlogy Pitfall Scanner !) : An On-line Tool for Ontology Evaluation. *International Journal on Semantic Web and Information Systems (IJSWIS) 10*(2), 7–34.

Pruski, C., N. Guelfi, et C. Reynaud (2011). Adaptive ontology-based web information retrieval : The target framework. *International Journal of Web Portals (IJWP) 3*(3), 41–58.

Rovetto, R. (2017). Ontology-based knowledge management for space data. In *68th International Astronautical Congress, Adelaide, Australia.*

Stephenson, P. (2001). The JORC code. *Applied Earth Science 110*(3), 121–125.

Suárez-Figueroa, M. C., A. Gómez-Pérez, et M. Fernández-López (2012). The NeOn methodology for ontology engineering. In *Ontology engineering in a networked world*, pp. 9–34. Springer.

Vandenbussche, P.-Y., G. A. Atemezing, M. Poveda-Villalón, et B. Vatant (2017). Linked Open Vocabularies (LOV) : a gateway to reusable semantic vocabularies on the web. *Semantic Web 8*(3), 437–452.

Wilkinson, M. D., M. Dumontier, I. J. Aalbersberg, G. Appleton, M. Axton, A. Baak, N. Blomberg, J.-W. Boiten, L. B. da Silva Santos, P. E. Bourne, et al. (2016). The FAIR guiding principles for scientific data management and stewardship. *Scientific data 3*(1), 1–9.

York, D. G., J. Adelman, J. E. Anderson Jr, S. F. Anderson, J. Annis, N. A. Bahcall, J. Bakken, R. Barkhouser, S. Bastian, E. Berman, et al. (2000). The sloan digital sky survey : Technical summary. *The Astronomical Journal 120*(3), 1579.

Summary

The ever-increasing interest from academia, industry, and governmental institutions in space resources information has highlighted the difficulty of finding, accessing, integrating, and reusing the related knowledge. All this knowledge is disseminated in scientific publications, patents, news, and reports, which are regularly made available to the community on the Web through many media and in different formats. In collaboration with the European Space Agency, we are currently developing a knowledge management platform in the field of space resources. This tool, based on the use of Semantic Web technologies such as knowledge graphs and ontologies, aims to formalize the knowledge of the domain contained in the documents mentioned above and to make them available to the community. In this article, we describe the concepts and techniques of knowledge extraction and knowledge management implemented for the design and implementation of such a platform.

Encodeur hybride pour la détection automatique de désinformation

Géraud Faye*, Sylvain Gatepaille*, Guillaume Gadek*, Souhir Gahbiche*

* Airbus, Élancourt, France
{geraud.faye, sylvain.gatepaille, guillaume.gadek, souhir.gahbiche}@airbus.com

Résumé. L'encodage de texte pour des tâches de classification repose aujour-d'hui grandement sur de larges modèles de langage difficilement explicables et nécessitant de grandes quantités de données pour fonctionner. Ces modèles sont à la base de tâches de classification comme la détection de désinformation, importante aujourd'hui. Récemment, les approches hybrides entre l'apprentissage profond et l'IA symbolique tentent de surpasser les performances des modèles à base d'attention en introduisant du raisonnement dans le processus de décision pour le rendre moins opaque à l'utilisateur. Dans cet article, nous proposons CATS, un mécanisme d'attention basé sur la compréhension sémantique des documents, améliorant les performances des modèles neuronaux équivalents, réduisant le besoin en données annotées et facilitant l'explicabilité de la décision.

1 Introduction

Avec le récent et fort développement des réseaux sociaux, la diffusion de désinformation est devenue de plus en plus présente, au point où une majorité la considère comme une menace pour la démocratie[1]. Les réseaux sociaux deviennent l'unique source d'information pour de plus en plus de personnes[2], ce qui en fait le terrain idéal pour la désinformation. Il s'agit d'une certaine forme de mésinformation (information de mauvaise qualité) s'appuyant sur des biais cognitifs (Greifeneder et al., 2020) afin d'influer sur l'opinion publique.

Étant par nature liée à l'actualité et à la politique, la désinformation peut avoir un impact important lorsqu'elle est utilisée pour manipuler les votes lors d'élections majeures (élections américaines de 2016 ou référendum du Brexit) ou pour impacter la santé publique (récente crise du Covid-19 ou les vaccins en général). La manière dont ces informations sont rédigées est idéale pour les réseaux sociaux, car elle fait réagir et incite au partage. De plus, il est très difficile de réparer les dommages causés une fois qu'elles ont été beaucoup lues (loi de Brandolini). Cela rend important leur détection avant qu'elles ne soient largement partagées. La grande quantité d'information postée quotidiennement rend l'automatisation de cette tâche de détection cruciale.

Les travaux actuels se concentrent soit sur des facteurs de style des articles (utilisation de *features* de modèles transformers, règles symboliques), soit sur des facteurs de propagation

---

1. www.civica.eu/fake-news-and-democracy/
2. en.wikipedia.org/wiki/Social_media_as_a_news_source

sur internet, car les schémas de propagation de la désinformation sont différents de ceux des informations légitimes. D'autres approches utilisent les premiers commentaires des articles ou le contenu de tweets les citant afin de mieux détecter la désinformation.

Toutefois, comme nous nous intéressons à la détection de la désinformation en amont, nous faisons le choix de traiter la désinformation uniquement sous forme textuelle. Nous proposons une adaptation des modèles d'attention avec un nouveau mécanisme d'attention à base de règles **CATS** (*Cognitive Attention To Semantics*) qui essaie de reproduire l'attention cognitive humaine pour la compréhension des textes.

En section 2, nous allons présenter l'état de l'art de la détection de fake news et l'interprétation actuelle des modèles d'attention. En section 3, nous proposons une nouvelle approche de l'attention basée sur la sémantique, qui sera ensuite évaluée en section 4 face à des modèles plus classiques.

2   État de l'art

2.1   Considérations autour de la désinformation

La désinformation/mésinformation est relativement complexe à définir et sa définition varie souvent en fonction des auteurs ou des jeux de données. Islam et al. (2020) ont identifié 5 grandes catégories non-exclusives de mésinformation :

— Fausse information : le contenu factuel de l'information est faux et peut être discrédité.

— Rumeur : le contenu de l'information ne peut être vérifié de manière certaine.

— Spam : l'information est propagée de manière répétée pour induire de la confusion chez les lecteurs.

— *Fake news* : l'information, bien que basée sur des faits réels, est modifiée pour ne plus correspondre à la réalité, tout en restant plausible.

— Désinformation : l'information est reportée avec une intention de tromper le lecteur.

Ces différentes catégories sont souvent réunies dans les jeux de données sous le même label, les informations rapportées étant dans tous les cas inexactes. Différentes perspectives permettent de détecter cette désinformation, par lesquelles elle diffère de l'information légitime (Zhou et Zafarani, 2018) :

— Identification des faits relayés : ces derniers sont généralement faux dans les articles de désinformation.

— Style d'écriture : afin d'être plus relayée par les utilisateurs, l'information est écrite pour appeler à l'émotion et à la réaction, souvent dans un style journalistique pauvre.

— Schémas de propagation : la manière avec laquelle la désinformation est relayée diffère grandement de celle des informations légitimes, la désinformation se propageant près de 6 fois plus vite en moyenne.

Les modèles de détection automatique de désinformation font le choix de se focaliser sur un seul de ces points, ou alors les combinent pour obtenir une prédiction plus fiable.

2.2   Méthodes de détection de la désinformation

Une fois propagée et largement commentée, la désinformation est facile à identifier. En utilisant les schémas de propagation (graphe reliant l'information, les commentaires la mentionnant et les commentaires supplémentaires), Han et al. (2020) parviennent à identifier la désinformation sans accéder à son contenu. En y ajoutant un graphe de posture des utilisateurs, Davoudi et al. (2022) parviennent à identifier de manière presque parfaite la désinformation. En ajoutant du contenu textuel, Lu et Li (2020) parviennent à identifier les tweets propageant de la désinformation sans citer d'articles de presse.

Toutefois, ces méthodes utilisent les schémas de propagation de l'information, qui ne devraient pas être disponibles si la désinformation était identifiée en amont, ce qui est notre problème d'intérêt.

Les modèles de langages pré-entrainés sont étonnamment performants une fois *fine-tunés* pour identifier la désinformation (Pelrine et al., 2021). Certaines méthodes sont plus complexes, utilisant des bases de données d'articles vrais (Vo et Lee, 2021), des architectures plus profondes (Karnyoto et al., 2021) ou des réseaux adversariaux (Wang et al., 2018).

Certains auteurs montrent que les différents types de mésinformation partagent des points communs en entrainant un encodeur commun sur différentes tâches (rumeurs, pièges à clics, désinformation...), ce qui a eu pour conséquence d'améliorer la performance sur chacune des tâches considérées (Lee et al., 2021). D'autres modèles plus simples existent, comme celui présenté par Guélorget et al. (2021), utilisant un réseau convolutif pour obtenir des résultats satisfaisants et interprétables.

Pour limiter la sur-spécialisation sur certains sujets, Castelo et al. (2019) proposent de conjuguer l'usage d'un modèle profond faisant la classification avec un discriminateur se chargeant d'identifier l'évènement traité. L'objectif est de pénaliser le réseau si les *embeddings* produits sont spécifiques à différents évènements, afin d'obtenir une meilleure généralisation.

Il existe de nombreux jeux de données, avec des articles souvent annotés manuellement par des associations de journalistes telles que Politifact[3]. Les principaux datasets contenant des informations de propagation sont consignés dans le tableau 1.

Nom	Sujets
PHEME (Lukasik et al., 2015)	9 évènements divers
WNUT-2020 (Nguyen et al., 2020)	Covid-19
PolitiFact (Shu et al., 2018)	Politique
GossipCop (Shu et al., 2018)	Actualités *people*

TAB. 1 – Principaux datasets de désinformation.

2.3 Fonctionnement des modèles d'attention

Afin de comprendre l'intuition qui a mené à notre modèle, il faut rappeler le fonctionnement du mécanisme d'attention des transformers (Vaswani et al., 2017). Les *embeddings* en entrée d'une couche d'attention sont projetés de manière linéaire dans 3 espaces nommés *Key*, *Query* et *Value*, donnant trois matrices K, Q et V. On calcule ensuite la matrice d'attention A en multipliant les matrices K et Q entre elles, puis on applique une normalisation *softmax* par ligne, donnant $A = \mathrm{softmax}(QK^T)$

---

3. www.politifact.com/

Cette matrice est ensuite multipliée par la matrice V pour obtenir la sortie de la couche d'attention. Chaque ligne de la matrice d'attention A décrit comment les *embeddings* de chaque token influent sur le token correspondant à la ligne. Ce mécanisme ressemble au principe de compositionnalité sémantique, une théorie de la compréhension sémantique du langage [4].

Ce mécanisme continue de faire l'objet de travaux et certains essaient de modifier son fonctionnement tout en gardant la même inspiration. Par exemple, les *synthesizers* (Tay et al., 2020) calculent l'attention avec un réseau de neurones entièrement connecté, ou même des poids aléatoires, tout en gardant des performances similaires aux *transformers* (Vaswani et al., 2017).

Des travaux plus spécifiques sur la compréhension des modèles d'attention existent. Vig (2019) a développé un outil permettant de visualiser les poids d'attention dans un transformer sur des exemples. Cet outil a permis le développement de la BERTologie (Rogers et al., 2020) qui vise à la compréhension des mécanismes d'attention. Pande et al. (2021) ont identifié différents comportements syntaxiques proches des raisonnements humains (liaison entre verbe et sujet, entre nom et adjectif, ...). Cette interprétation des têtes d'attention laisse entrevoir la possibilité d'utiliser des règles sémantiques explicites permettant de relier les mots directement dans la matrice d'attention, sans avoir à passer par les matrices K et Q qui nécessitent d'être apprises.

Le fonctionnement observé des têtes d'attention nous ouvre la possibilité de reproduire son fonctionnement, mais en se basant directement sur l'attention cognitive humaine que les transformers essaient d'imiter. Cette attention cognitive basée directement sur des règles compréhensibles pourrait rendre les systèmes de traitement du langage plus robustes et interprétables.

3 Modèles proposés

3.1 CATS - Attention Cognitive Sémantique

La principale contribution de ce papier est l'introduction du mécanisme d'attention cognitive sémantique CATS (**C**ognitive **A**ttention **T**o **S**emantics), basé sur les interprétations de l'attention par la BERTologie.

Pour l'esprit humain, le sens des mots dépend de leur contexte, et le sens de chaque mot est altéré par leur rôle dans la phrase. Par exemple, un adjectif vient moduler le sens d'un nom ou alors un sujet va moduler le sens du verbe auquel il est attaché. La BERTologie s'est aperçue qu'une partie des têtes d'attention effectuait cette même modulation, ce qui a inspiré cette couche réutilisable dans tous les modèles traitant des données textuelles.

Dans un premier temps, la couche reçoit en plus des *embeddings* de chacun des *tokens* la phrase entière sous forme de chaîne de caractères afin de pouvoir la traiter sémantiquement. L'analyse sémantique est effectuée avec SpaCy [5]. Cet outil permet à partir d'une phrase de créer un arbre sémantique reliant chaque mot avec les autres en fonction de leur rôle dans la phrase. Un exemple d'arbre sémantique est donné en figure 1.

Les adjectifs sont directement connectés au nom correspondant et les groupes verbaux sont décomposés entre sujet, base verbale et compléments. L'entité sémantique apportant le plus de sens en général est le verbe, qui est alors à la racine de l'arbre. L'avantage de cette approche

---

4. https ://doi.org/10.1093/acrefore/9780199384655.013.42
5. spacy.io

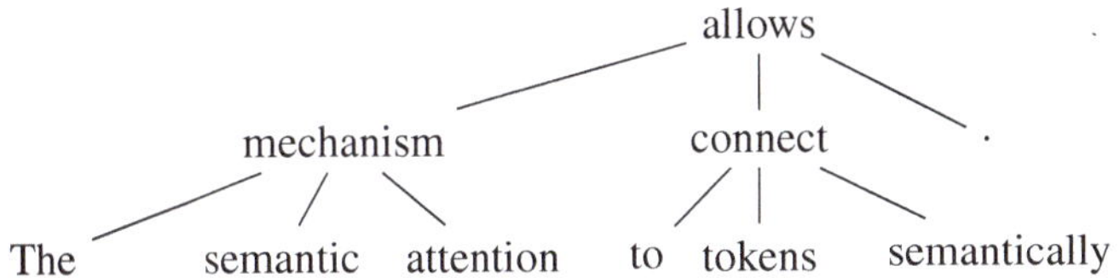

FIG. 1 – Arbre sémantique calculé par SpaCy pour la phrase "The semantic attention mechanism allows to connect tokens semantically.'.

sémantique est qu'elle peut être appliquée à tout texte et toute langue avec une analyse sémantique adaptée. Ainsi, toutes les phrases, même si elles diffèrent beaucoup de celles vues par le modèle pendant l'entraînement, pourront être encodées avec la même logique. On s'attend donc à une meilleure généralisation avec cette approche, particulièrement lorsque peu de données sont disponibles.

Une fois cet arbre construit, la matrice d'attention est remplie en fonction de ce dernier. La matrice d'attention est d'abord initialisée comme la matrice identité. L'arbre sémantique est ensuite lu du bas vers le haut. Chaque mot de l'avant-dernière couche de l'arbre est connecté avec les *tokens* au dessous en ajoutant leur ligne correspondante de la matrice d'attention multipliée par un scalaire γ dans la matrice d'attention, similaire au facteur de réduction de l'apprentissage par renforcement. Un exemple de construction de matrice est présenté en figure 2.

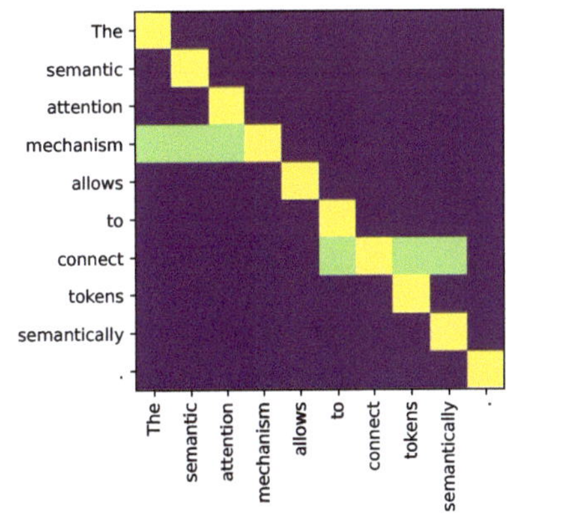
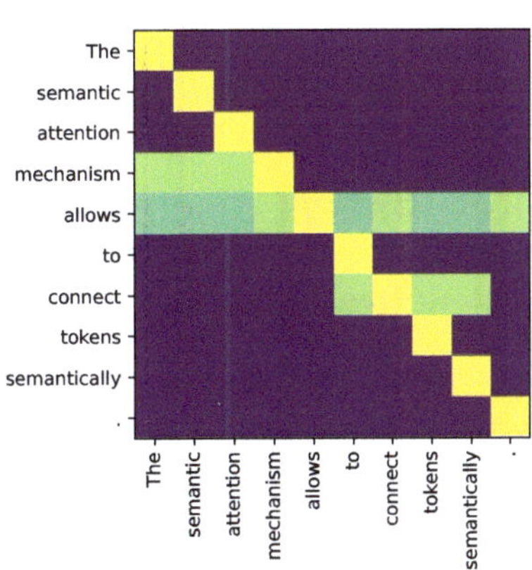

FIG. 2 – Construction de la matrice d'attention correspondant à l'arbre de la figure 1. À la première étape, seules les lignes de "mechanism" et "connect" sont mises à jour. À l'étape suivante, la ligne du mot principal "allows" est remplie à partir des lignes de "mechanism", "connect" et ".". Les mots connectés indirectement au *token* principal ont un poids plus faible.

Cette matrice d'attention est ensuite utilisée dans la couche d'attention classique à la place de la matrice d'attention classique A. Ce processus limite la couche d'attention à utiliser une unique tête d'attention car une seule analyse est effectuée dans notre cas. Cette couche n'a pas de poids entraînables, ce qui économise près de 2.4 millions de poids pour une dimension d'*embeddings* de 768.

Il faut noter que, contrairement à la couche standard d'attention, les *embeddings* ne sont que *combinés* par CATS et qu'aucune projection n'est faite, même en sortie de la couche. Ce comportement fait que les couches CATS et d'attention standard ne sont pas strictement équivalentes, et que des matrices de projection sont à ajouter si l'on souhaite projeter les *embeddings* vers un autre espace latent.

3.2   Modèles à base d'attention cognitive sémantique

On définit à présent les modèles testés, qui peuvent chacun se résumer en 3 étapes :

1. Le texte est *tokenisé*, puis chaque *token* est projeté dans un espace vectoriel de dimension 300 avec fastText (Bojanowski et al., 2016), puis projeté dans un espace de dimension 768, la dimension utilisée par les *embeddings* de BERT (Devlin et al., 2018).

2. Ensuite, un mécanisme d'attention est utilisé, soit la couche standard d'attention utilisée par BERT, soit une couche CATS (respectivement notées "Standard" et "CATS" dans les résultats.

3. Enfin, une couche de classification est ajoutée. Deux options sont utilisées. Dans un premier temps, nous proposons une couche entièrement connectée (notée "dense" dans les résultats) avec une fonction d'activation softmax pour obtenir la probabilité que l'article soit de la désinformation. Toutefois, la couche CATS ne connecte pas les phrases entre elles (un arbre sémantique pour une phrase). Pour parer à cela, nous proposons un modèle récurrent (un réseau récurrent à porte "GRU") qui traite séquentiellement les *embeddings* des *tokens* à la racine des arbres sémantiques des documents, donnant une prédiction à partir d'une analyse phrase par phrase du document.

4   Résultats et discussion

4.1   Identification de désinformation

Les modèles présentés dans la section précédente ont été testés sur les jeux de données PolitiFact et GossipCop, composés respectivement de 960 et 19545 articles de presse. Ces jeux de données ont été retenus car ils disposent aussi des métadonnées de propagation des articles, pouvant donner lieu à d'autres travaux prenant plus de paramètres en compte. Ces derniers ont été nettoyés pour garder les articles écrits (on retire les articles centrés sur des photos ou vidéos) et correctement *scrappés* par le script de FakeNewsNet[6]. Les jeux de test sont définis avant tout entraînement avec 10% des données. Le reste des données est ensuite aléatoirement séparé en jeu d'entraînement et de validation (80% et 10% des données initiales respectivement). Les résultats rapportés sont obtenus avec une moyenne et un écart-type sur 5 séparations aléatoires.

Ces modèles sont entraînés avec arrêt prématuré si le score F1 de validation n'augmente plus pendant 10 itérations. Les poids sont alors restaurés à ceux ayant eu le meilleur score F1 et le modèle est évalué sur le jeu de données de test. Les résultats sont consignés dans le tableau 2.

---

6. https://github.com/KaiDMML/FakeNewsNet

Notons que pour des raisons de temps d'apprentissage, seulement 20% du dataset GossipCop ont été utilisés en tant que jeu de données d'apprentissage. À titre de comparaison, les scores obtenus par BERT *fine-tuné* avec les mêmes divisions train/validation/test sont mentionnés.

	PolitiFact		GossipCop	
	Fiabilité	F1	Fiabilité	F1
Standard + dense	0.889±0.035	0.902±0.034	0.727±0.020	0. 758±0.026
CATS + dense	**0.916**±0.029	**0.929**±0.025	0732±0.031	**0.762**±0.027
CATS + GRU	0.914±0.018	**0.929**±0.014	**0.753**±0.047	0.761±0.047
BERT	0.930±0.027	0.940±0.023	0.824±0.021	0.819±0.033

TAB. 2 – Résultats des différents modèles sur le jeu de données de test. Les meilleurs scores pour les modèles comparables sont reportés en gras.

Les résultats globaux démontrent la capacité d'expression de CATS pour l'encodage de textes en comparaison avec son équivalent entièrement neuronal et en comparaison à BERT pour PolitiFact. On remarque une différence notable en la capacité de discrimination entre les deux datasets. Cela vient du fait que les sujets traités dans les articles de PolitiFact ont tendance à donner des articles de désinformation dans un style plus agressif et très différent du style des informations réelles. Dans le cadre de GossipCop et de ses articles concernant des personnalités, la différence de style entre un article propageant une rumeur et un article propageant une vraie information est moindre, ce qui explique aussi la chute de score pour le mécanisme d'attention standard et BERT.

4.2 Avantages par rapport à un modèle entièrement neuronal

Les modèles utilisant CATS sont **neuro-symboliques** dans la mesure où ils manipulent les données sous forme de vecteurs scalaires (*embeddings*) et symbolique (graphe sémantique). Ce type de modèles est théorisé par certains auteurs (Kautz, 2022) comme le futur de l'intelligence artificielle et pourrait apporter des avantages par rapport aux modèles profonds :
— Modèles plus légers en termes de poids
— Besoin réduit en données annotées
— Meilleure interprétabilité des modèles
Nous allons dans les prochaines sous-sections étudier si notre nouvelle approche présente ces avantages.

4.2.1 Analyse du nombre de paramètres et des temps de calcul

Le passage d'un type de modèle entièrement neuronal à un type de modèle neuro-symbolique a un coût important en temps de calcul, qui a été mesuré. Les résultats en coût temporel et en gain de poids du modèle sont présentés dans le tableau 3. La colonne *Forward* correspond au temps de calcul effectif une fois que les étapes de pré-calcul ont été réalisées.

L'analyse sémantique du texte est la partie la plus longue du modèle, le rendant plus de 30 fois plus long pour le traitement de nouvelles données. Cette analyse peut cependant se faire une unique fois par jeu de données, ne rendant finalement le modèle que 2,5 fois plus lent une

	Pré-calcul	*Forward*	#paramètres
Standard + dense	**0s**	**17ms**	3.0M
CATS + dense	0.52s	43ms	**0.6M**
CATS + GRU	0.52s	111ms	29.3M

TAB. 3 – Ressources temporelles et spatiales demandées par les différents modèles. Les valeurs en gras sont celles des modèles les plus efficaces.

fois le pré-calcul terminé (43ms contre 17ms). Cette optimisation du calcul est primordiale pour rendre l'entraînement possible malgré l'ajout coûteux de l'analyseur sémantique.

Cette augmentation de temps de calcul est encore plus grande pour le modèle utilisant un réseau récurrent (111ms contre 17ms), car ce dernier rajoute plus de 25 millions de paramètres. Cependant, le gain en nombre de paramètres est substantiel pour les modèles plus simples, avec la disparition des matrices projetant les *embeddings* dans les espaces *Key*, *Query* et *Value*.

De plus, le temps de pré-calcul n'a lieu qu'une unique fois, et la matrice d'attention peut être partagée entre différentes couches, comme dans l'extension AlBERT de BERT qui partage les paramètres entre les différentes couches des transformers, rendant cette approche *scalable*.

4.2.2 Besoin en données annotées

Pour tester le besoin en données annotées, nous avons réentraîné chaque modèle sur des fractions de PolitiFact. Nous avons appliqué la même méthodologie qu'énoncée au début de la section. La dépendance en données annotées est illustrée dans la figure 3.

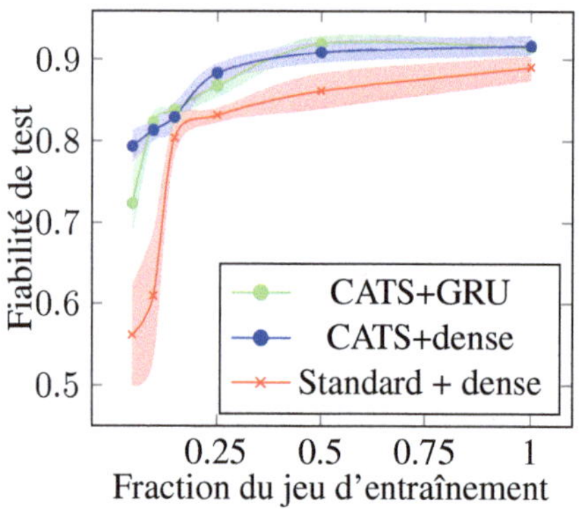

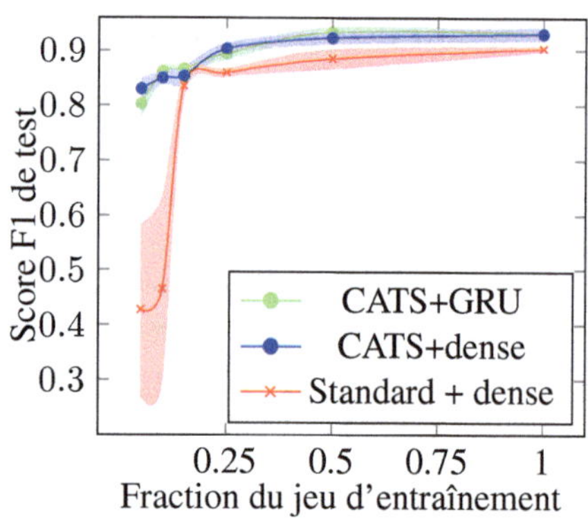

FIG. 3 – Évolution des différentes métriques lors d'un apprentissage sur une portion du jeu de données PolitiFact.

Les résultats obtenus montrent que notre modèle avec une couche de classification dense est bien efficace lorsque les données annotées sont rares, avec un gain de près de 40% face à son équivalent neuronal lorsque l'on utilise uniquement 5% du jeu d'entraînement (25 articles). Le modèle avec GRU a un avantage moindre, dû au réseau récurrent qui nécessite tout de même beaucoup de données.

Ce comportement valide notre supposition que le modèle ait besoin de moins de données annotées. L'utilisation du moteur de raisonnement symbolique permet d'encoder efficacement les phrases du jeu de test, quelle que soit leur structure. On obtient facilement des *embeddings* assez discriminants pour la classification de texte, sans avoir eu à entraîner un grand modèle de langage comme BERT. Cette propriété est utile pour résoudre les tâches avec peu de données.

4.2.3 Interprétabilité

Les grands modèles de langage ont le désavantage d'être très peu explicables, limitant leur utilisation dans certains domaines critiques, comme la modération de contenu fiable. Toutefois, les modèles d'attention avec peu de couches sont interprétables car on peut calculer la contribution de chaque token dans la décision finale à partir des poids d'attention et des embeddings. Cela est possible car la matrice d'attention produite par CATS est inversible et que l'on peut aussi *inverser* la couche de classification.

La couche de classification aplanit la matrice d'embeddings puis applique une opération linéaire avant d'utiliser la fonction softmax. Les contributions de chacun des *tokens* peuvent être isolées, donnant un vecteur de contributions Z avec les coordonnées vérifiant $Z_i = WX_i +$ b avec W et b les paramètres de la couche de classification et X_i la matrice d'embeddings aplanie avec les embeddings des tokens $j \neq i$ masqués.

La construction d'une matrice d'attention par CATS pour une unique phrase revient à effectuer un pivot de Gauss. En effet, en partant du bas de l'arbre, on ajoute sur les lignes des noeuds supérieurs les lignes de la matrice des noeuds directement connectés en dessous, multipliées par le facteur de réduction. En effectuant ce procédé dans l'autre sens, on peut aisément calculer l'inverse de cette matrice. Quand il y a plusieurs phrases et donc plusieurs arbres, on a une matrice d'attention définie par blocs, dont chaque bloc diagonal est inversible, ce qui rend la matrice d'attention inversible.

Pour obtenir les contributions réelles C de chaque token, on multiplie le vecteur des contributions Z calculé précédemment et on le multiplie par l'inverse de la matrice d'attention, selon l'équation 1.

$$C = A^{-1}Z = A^{-1}\left(WX_i + b\right)_i \tag{1}$$

Nous avons à partir de ces calculs développé un démonstrateur permettant de visualiser ces contributions ainsi que les prédictions du modèle. Un exemple est montré en figure 4. Les poids d'attention montrés correspondent à la moyenne des poids visant le token correspondant, c'est à dire la moyenne de la colonne correspondante dans la matrice d'attention.

Dans notre exemple, il est difficile d'interpréter les poids d'attention, étant focalisés sur le premier token, de manière semblable à ce qui est observé dans BERT avec une focalisation vers le token [CLS]. Cela n'aide toutefois pas à comprendre quels tokens ont le plus guidé la décision.

Grâce à notre approche, on voit dans notre exemple que c'est la partie de l'article citant la source qui a le plus aidé à identifier de l'information légitime ("says chief warden" : *a dit le gardien en chef* sont les tokens les plus importants pour la décision). Il faut toutefois noter que le modèle ne donne pas de garantie que la source soit fiable, mais souligne le fait que l'article cite ses sources, ce qui traduit une meilleure probabilité d'information légitime. Notre

Attention weights

Indian wildlife officials are mourning the death of a pregnant wild elephant in Kerala , India , who reportedly died after being fed a firecracker - filled pineapple by an unknown assailant . " Her jaw was broken and she was unable to eat after she chewed the pineapple and it exploded in her mouth , " says chief wildlife warden Surendra Kumar .

Word contributions

Indian wildlife officials are mourning the death of a pregnant wild elephant in Kerala , India , who reportedly died after being fed a firecracker - filled pineapple by an unknown assailant . " Her jaw was broken and she was unable to eat after she chewed the pineapple and it exploded in her mouth , " says chief wildlife warden Surendra Kumar .

FIG. 4 – Notre démonstrateur basé sur le modèle présenté dans cet article avec un exemple d'article légitime. La visualisation des contributions de chaque token (Word contributions) apporte plus d'information que la visualisation des poids d'attention (Attention weights).

mécanisme d'attention CATS permet d'obtenir plus facilement les contributions de chacun des tokens, grâce à sa matrice d'attention inversible et basée sur des règles sémantiques.

4.3 Futures extensions

La plus grande limitation de notre modèle vient de la forte augmentation des temps de calcul par rapport à un modèle uniquement neuronal. Une première optimisation serait l'utilisation de matrices creuses pour les poids d'attention, étant donné que la plupart des poids d'attention valent strictement 0. Cette optimisation pourrait considérablement réduire la taille de la matrice d'attention en mémoire par au moins un facteur 100 sur le dataset PolitiFact.

Un autre problème inhérent à l'analyse sémantique est que chaque phrase est cloisonnée des autres dans la matrice d'attention. L'ajout d'un mécanisme de coréférence entre les phrases pourrait permettre de "fusionner" les arbres entre eux au niveau des tokens représentant les mêmes objets, ce qui enrichirait encore plus leur représentation (voir figure 5 pour un exemple).

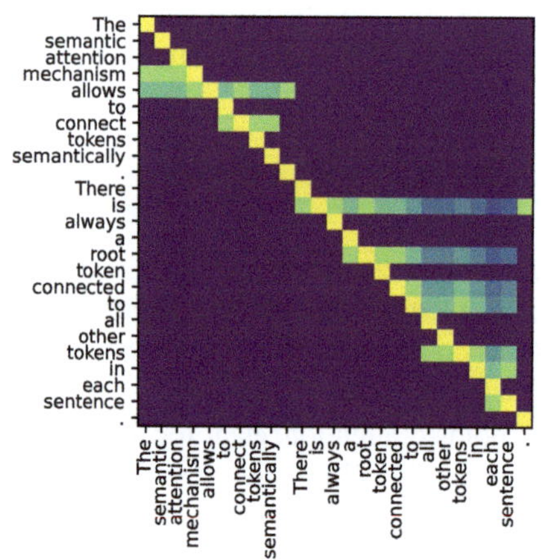
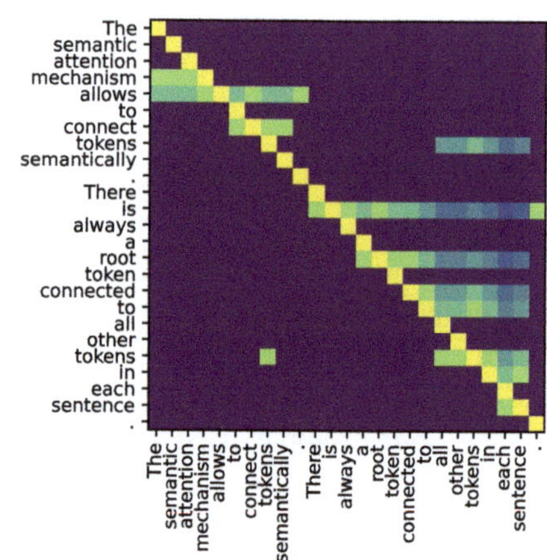

FIG. 5 – Deux matrices d'attention. À gauche, la matrice calculée par le modèle proposé et à droite, la matrice qui serait calculée avec l'extension du modèle par la coréférence. Notons que "root token" ne représente pas la même entité que les tokens indépendants dans la phrase, sa représentation n'est donc pas affectée par les autres occurences des mots *token* ou *tokens*.

Enfin, les performances obtenues sur GossipCop montrent que le fonctionnement de l'attention n'est pas parfaitement reproduit et que des études complémentaires sur le fonctionnement de BERT sur ce dataset permettrait d'identifier de nouvelles règles à utiliser dans CATS.

5 Conclusion

Nous avons dans cet article présenté la première approche hybride du mécanisme d'attention à notre connaissance. Son fonctionnement basé explicitement sur la compréhension cognitive humaine des textes est inversible, permet de facilement expliquer la prise de décision des modèles l'utilisant et fonctionne particulièrement bien lorsque peu de données sont disponibles.

Les scores obtenus pour la détection de désinformation sont encourageants, particulièrement lorsque les données annotées sont en quantité réduite. Nous pensons qu'en utilisant un mécanisme de partage des poids d'attention, cette approche pourrait être *scalable* à de grands modèles de langage. Toutefois, des optimisations et améliorations sont possibles, notamment en optimisation de temps de calcul, afin de rendre le modèle plus attractif lorsque les données annotées sont disponibles en grandes quantités.

Références

Bojanowski, P., E. Grave, A. Joulin, et T. Mikolov (2016). Enriching word vectors with subword information. *CoRR abs/1607.04606.*

Castelo, S., T. G. Almeida, A. Elghafari, A. S. R. Santos, K. Pham, E. F. Nakamura, et J. Freire (2019). A topic-agnostic approach for identifying fake news pages. *CoRR abs/1905.00957.*

Davoudi, M., M. Moosavi, et M. Sadreddini (2022). Dss : A hybrid deep model for fake news detection using propagation tree and stance network. *Expert Systems with Applications.*

Devlin, J., M. Chang, K. Lee, et K. Toutanova (2018). BERT : pre-training of deep bidirectional transformers for language understanding. *CoRR abs/1810.04805.*

Greifeneder, R., Jaffé, M.E., Newman, E.J., Schwarz, et N. (Eds.) (2020). The psychology of fake news: Accepting, sharing, and correcting misinformation (1st ed.). *Routledge.*

Guélorget, P., B. Icard, G. Gadek, S. Gahbiche, S. Gatepaille, G. Atemezing, et P. Égré (2021). Combining vagueness detection with deep learning to identify fake news. *CoRR abs/2110.14780.*

Han, Y., S. Karunasekera, et C. Leckie (2020). Graph neural networks with continual learning for fake news detection from social media. *CoRR abs/2007.03316.*

Islam, M. R., S. Liu, et G. Wang, Xu (2020). Deep learning for misinformation detection on online social networks: a survey and new perspectives. *Social Network Analysis and Mining.*

Karnyoto, A., C. Sun, B. Liu, et X. Wang (2021). Transfer learning and gru-crf augmentation for covid-19 fake news detection. *Computer Science and Information Systems*, 53–53.

Kautz, H. (2022). The Third AI Summer: AAAI Robert S. Engelmore Memorial Lecture. *AI Magazine 43*, 93–104.

Lee, N., B. Z. Li, S. Wang, P. Fung, H. Ma, W. Yih, et M. Khabsa (2021). On unifying misinformation detection. *CoRR abs/2104.05243*.

Lu, Y. et C. Li (2020). GCAN: graph-aware co-attention networks for explainable fake news detection on social media. *CoRR abs/2004.11648*.

Lukasik, M., T. Cohn, et K. Bontcheva (2015). Estimating collective judgement of rumours in social media. *CoRR abs/1506.00468*.

Nguyen, D. Q., T. Vu, A. Rahimi, M. H. Dao, L. T. Nguyen, et L. Doan (2020). WNUT-2020 task 2: Identification of informative COVID-19 english tweets. *CoRR abs/2010.08232*.

Pande, M., A. Budhraja, P. Nema, P. Kumar, et M. M. Khapra (2021). The heads hypothesis: A unifying statistical approach towards understanding multi-headed attention in bert.

Pelrine, K., J. Danovitch, et R. Rabbany (2021). The surprising performance of simple baselines for misinformation detection. *CoRR abs/2104.06952*.

Rogers, A., O. Kovaleva, et A. Rumshisky (2020). A primer in bertology: What we know about how BERT works. *CoRR abs/2002.12327*.

Shu, K., D. Mahudeswaran, S. Wang, D. Lee, et H. Liu (2018). Fakenewsnet: A data repository with news content, social context and dynamic information for studying fake news on social media. *CoRR abs/1809.01286*.

Tay, Y., D. Bahri, D. Metzler, D. Juan, Z. Zhao, et C. Zheng (2020). Synthesizer: Rethinking self-attention in transformer models. *CoRR abs/2005.00743*.

Vaswani, A., N. Shazeer, N. Parmar, J. Uszkoreit, L. Jones, A. N. Gomez, L. Kaiser, et I. Polosukhin (2017). Attention is all you need. *CoRR abs/1706.03762*.

Vig, J. (2019). A multiscale visualization of attention in the transformer model. *CoRR abs/1906.05714*.

Vo, N. et K. Lee (2021). Hierarchical multi-head attentive network for evidence-aware fake news detection. *CoRR abs/2102.02680*.

Wang, Y., F. Ma, Z. Jin, Y. Yuan, G. Xun, K. Jha, L. Su, et J. Gao (2018). Eann: Event adversarial neural networks for multi-modal fake news detection. pp. 849?857.

Zhou, X. et R. Zafarani (2018). Fake news: A survey of research, detection methods, and opportunities. *CoRR abs/1812.00315*.

Summary

Natural Language Processing mainly relies on large language models requiring very large datasets and behaves like a "black box". These models are the baselines for many classification tasks, such as disinformation detection. Recently, hybrid approaches between deep learning and symbolic AI try to outperform attention-based models by introducing symbolic reasoning in the decision process, making it more understandable to the users. In this paper, we introduce CATS, an explainable attention mechanism based on the semantic analysis of documents. This approach outperforms equivalent fully-neuronal models, reduces annotated data needs and allows to understand how the decision process is made.

Wave Top-k Random-d Family Search : comment guider un expert dans un espace structuré

Etienne Lehembre*, Bruno Cremilleux*, Bertrand Cuissart*, Abdelkader Ouali*
Albrecht Zimmermann*

* UNICAEN, ENSICAEN, CNRS - UMR GREYC, Normandie Univ 14000 Caen, France
{prenom.nom}@unicaen.fr

Résumé. Dans cet article, nous développons une méthode (WTRFS) incluant le retour utilisateur dans le but de le guider parmi les résultats d'une fouille de motifs. Ce travail vise à remplacer l'étape de déclaration des descripteurs utilisée dans la fouille interactive de motifs. Pour cela, la méthode s'appuie sur l'existence hypothétique d'un lien entre les différents motifs intéressants un expert. Nous montrons empiriquement que WTRFS renvoie rapidement les résultats les plus pertinents pour l'utilisateur. De plus, même si les retours de l'utilisateur sont imparfaits, le comportement de WTRFS n'en est pas altéré.

1 Introduction

Le but de la fouille de données est d'aider les experts de domaines applicatifs (ils ou elles) à analyser leurs données en leur montrant des associations d'intérêt. Lorsque ces résultats sont fournis sous la forme d'un ensemble de motifs saillants, un problème récurrent est la grande quantité de solutions fournies, souvent impossible à appréhender par un humain. Différentes approches traitent ce problème comme les représentations condensées de motifs qui synthétisent *l'espace des solutions* (Pasquier et al., 1999), les nombreuses *mesures de qualité* (Tan et al., 2004) et, plus récemment, les techniques de *fouille d'ensembles de motifs* (De Raedt et Zimmermann, 2007). Cependant, la combinaison de ces résultats reste insuffisante à rendre l'espace des solutions humainement abordable. Aussi, une proposition est d'intégrer l'expert au processus via une fouille qualifiée *d'interactive*.

Alors que plusieurs méthodes de fouille interactive de motifs traitent les données sous forme d'itemsets (Boley et al., 2013; Van Leeuwen, 2014), peu de travaux portent sur la recherche interactive de motifs à partir de données structurées, comme la fouille interactive de sous-graphes (Bhuiyan et Hasan, 2016; Bhuiyan et Al Hasan, 2016). De plus, même dans ces travaux, un sous-graphe est traité comme un itemset et les relations entre motifs sont peu exploitées. Les algorithmes considèrent les motifs comme un ensemble, sans exploiter la taille des sous-graphes pour induire leur degré de spécificité. Bien que certains travaux (van Leeuwen et al., 2016) travaillent à retranscrire l'intérêt subjectif dans la distribution de l'échantillonnage. Cette dernière est généralement impactée globalement et non localement. Pourtant, l'expert est sensible à ces paramètres locaux et son intérêt peut diverger lorsqu'il étudie deux régions distinctes de l'espace des solutions.

L'approche standard en fouille interactive apprend une approximation des préférences de l'expert en encodant les motifs via des descripteurs prédéfinis pour lesquels des poids sont appris. La création de descripteurs est ainsi une phase cruciale de ces méthodes. Si les descripteurs créés ne retranscrivent pas fidèlement les points saillants de l'ensemble des graphes étudiés, alors, cela conduira à un impact négatif sur le résultat de la fouille. De plus la méthode de définition des descripteurs peut elle-même être un obstacle. Ils peuvent être définis dans le code de l'algorithme, par l'expert à travers un éditeur fourni, ou produit par un réseau neuronal (Bhuiyan et Al Hasan, 2016). La première méthode requiert une compréhension du langage utilisé pour développer l'algorithme créant de ce fait une barrière pour modifier les descripteurs.La seconde méthode contraint l'expert à travers les outils de définition des descripteurs. Ces outils peuvent manquer de flexibilité ou de précision pour traduire convenablement l'intérêt de l'expert. De plus, ces deux méthodes requièrent de l'expert qu'il sache déjà ce qu'il recherche dans le jeu de données. Enfin, les réseaux neuronaux produisent généralement des vecteurs comme descripteurs dont l'interprétation est difficile et donc peu explicable. Les trois méthodes partagent un manque de flexibilité au cours de l'exploration. En effet, elles ne permettent pas de redéfinir les descripteurs au cours de l'exploration ce qui rend impossible toute adaptation à un changement d'avis de l'expert.

Notre méthode se concentre sur l'exploitation des propriétés de la fouille de sous-graphes. Son but est de structurer l'espace des solutions en exploitant les sous-graphes afin de l'utiliser pour échantillonner efficacement les propositions soumises à un expert. Nous identifions trois points cruciaux. Premièrement, il est important que la recherche des solutions ne soit pas restreinte à une sous-partie de la structure. Deuxièmement, il est possible d'exploiter la relation d'ordre partiel structurant l'espace des solutions afin diffuser l'intérêt subjectif de l'expert. Troisièmement, afin de diffuser correctement cet intérêt il est essentiel de fournir une interaction nuancée et graduée à l'utilisateur.

L'article est organisé comme suit. Le section 2 introduit les notions et notations nécessaires pour comprendre l'article. La section 3 détail l'algorithme. La section 4 décrit une expérience clef permettant de prendre du recul sur les résultats de la méthode. La section 5 résume les contributions de l'article.

2   Notations et notions préliminaires

Soit $\mathcal{D}$ l'ensemble de données, $\mathcal{L}$ le langage de motifs, et $\mathbb{G}(\mathbb{V}, \mathbb{E})$ un graphe où $\mathbb{V}$ est l'ensemble de sommets et $\mathbb{E}$ est l'ensemble d'arcs. Un POG (Partial Order Graph) modélise l'espace partiellement ordonné des motifs solutions (poset) de $\mathcal{L}$ dont l'ordre partiel est noté $<$. Par exemple, en analyse formelle de concepts, le POG serait un treillis et $<$ serait l'opérateur de fermeture (Kuznetsov et Obiedkov, 2001). Pour chaque sommet $v \in \mathbb{V}$, v contient un motif X pouvant être dans notre cas un sous-graphe ou un ensemble de sous-graphes. Chaque motif X possède un ensemble nommé support noté $Supp(X)$ contenant les éléments de $\mathcal{D}$ dans lesquels il apparaît : $Supp(X) : \{t \in \mathcal{D} \mid X < t\}$. On définit l'ensemble des arcs tel que :

$$\mathbb{E} = \{(v_1, v_2) \mid v_1, v_2 \in \mathbb{V}, v_1 < v_2, \nexists v_3 \in \mathbb{V} : v_1 < v_3 < v_2\}.$$

On appelle v_1 *parent* et v_2 *enfant*. On étend cette relation par transitivité aux parents des parents et aux enfants des enfants appelés respectivement *ancêtres* et *descendants*. On définit alors la *lignée* de v comme l'ensemble de ses ancêtres et descendants. On définit les *racines* de $\mathbb{G}$ comme l'ensemble des sommets $v \in \mathbb{V}$ ne possédant aucun parent, la *distance* comme le nombre minimal d'arcs entre deux sommets du POG et une couche L comme un ensemble de v ayant la même distance des racines du POG, où la *profondeur* de la couche est définie par cette distance. Soit L une couche du graphe. On dit que la couche composée des parents des sommets de L et la couche composée des enfants de L sont ses *couches adjacentes*.

3 Méthode

Dans cette section, nous proposons un algorithme aillant pour but de retranscrire avec nuance l'intérêt de l'expert afin de l'accompagner dans son exploration. La méthode WTRFS (Wave Top-k Random-d Family Search) repose sur un ensemble de principes fondamentaux. Le premier est l'exploration en *vague* de la structure. Le second est la diffusion de l'intérêt de l'expert à travers son interaction en adoptant des actions radicales lorsque l'expert est certain de ses choix et des actions plus nuancées lorsque le doute est présent. Le dernier est l'exploitation de l'intérêt subjectif afin de modifier l'espace de recherche et composer les échantillons proposés à l'expert. Durant son exécution, l'algorithme conduit l'expert à des motifs portant son intérêt ou permettant de discriminer l'espace selon ce dernier, positivement ou négativement. Durant l'algorithme ou une fois celui-ci arrêté, l'utilisateur peut étudier une explication de son intérêt à travers le POG impacté par ses choix.

Afin d'intégrer l'intérêt de l'expert dans le POG, nous devons y ajouter quelques notions. Pour cela nous définissons le graphe d'ordre partiel de l'intérêt subjectif (SIPOG). Le SIPOG est défini comme $\mathbb{G}(\mathbb{V}, \mathbb{E}, \mathbb{V}^+, \mathbb{V}^-, poids)$ où $\mathbb{V}^+ \subset \mathbb{V}$ est le sous-ensemble des sommets prioritaires pour l'exploration, $\mathbb{V}^- \subset \mathbb{V}$ est le sous-ensemble des sommets exclus de l'exploration, et $poids : \mathbb{G} \to \mathbb{R}$ est la fonction $poids(v)$ qui associe à chaque sommet $v \in \mathbb{V}$ un nombre réel $j \in \mathbb{R}$ appelé poids. Nous détaillons par ce qui suit les principes sur lesquels repose l'algorithme WTRFS.

Le parcours en vague. Le parcours en vague commence aux éléments les plus généraux, ici les sous-graphes d'ordre minimal, et parcourt les couches du graphe jusqu'à atteindre les sous-graphes d'ordre maximal. Ce parcours amène l'expert à examiner des éléments de plus en plus spécifiques afin de confirmer sa compréhension des concepts généraux. Lors de la remontée, le parcours amène l'expert à confronté sa compréhension des éléments spécifique avec des éléments plus généraux qui les contiennent. Ce parcours itératif permet de diffuser l'intérêt de l'expert dans le graphe sans sauter d'étape. C'est-à-dire, sans observer d'élément décorrélé de l'espace observé.

Interaction	Conséquence·s	Couleur
Rejeté	Zone d'exclusion & Diminution des poids	Rouge
Non-intéressé	Diminution des poids	Orange
Incertain	rien	Violet
Intéressé	Augmentation des poids	Bleu
Accepté	Zone prioritaire & Augmentation des poids	Vert

TAB. 1 – *Interaction expert et son impact*

Interaction expert et diffusion de l'intérêt subjectif.   Afin de diffuser l'intérêt de l'expert, il faut d'abord lui fournir un médium pour le transmettre : une interaction. Dans le tableau 1, on liste dans la colonne *Interaction* les réponses possibles de l'expert à un sommet proposé et dans la colonne *Conséquence·s* la ou les conséquences liées à l'interaction.

La conséquence la plus drastique présentée est la définition de zones prioritaires ou exclues de l'exploration. En effet, ces conséquences ont un impact important car les échantillons sont d'abord extraits dans les zones prioritaires puis dans les zones non-marquées mais jamais dans les zones exclues. Ces conséquences doivent donc être contenues aux descendants et ancêtres directs des sommets acceptés ou rejetés. Soit v_1 le motif présenté à l'expert :
Si il accepte v_1 :

$$\mathbb{V}^+ \leftarrow \mathbb{V}^+ \cup \{\forall v_2 \in \mathbb{V} | \exists(v_1, v_2) \in \mathbb{E} \text{ or } \exists(v_2, v_1) \in \mathbb{E}\} \tag{1}$$

Si il rejette v_1 :

$$\mathbb{V}^- \leftarrow \mathbb{V}^- \cup \{\forall v_2 \in \mathbb{V} | v_2 \notin \mathbb{V}^+ \text{ and } \exists(v_1, v_2) \in \mathbb{E} \text{ or } \exists(v_2, v_1) \in \mathbb{E}\} \tag{2}$$

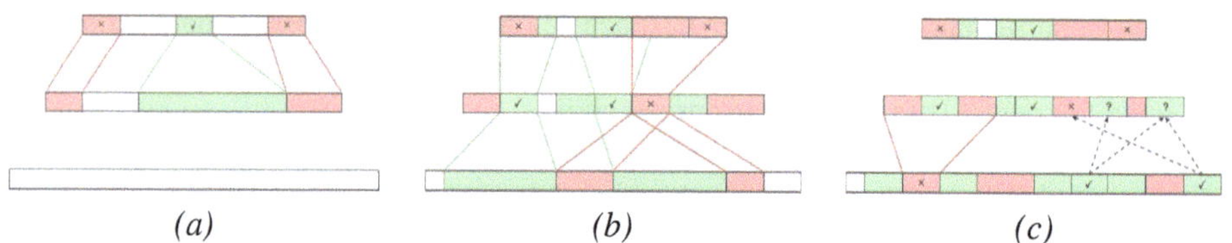

(a)   (b)   (c)

FIG. 1 – *Illustration de la définition de zones prioritaires ou exclues dans le SIPOG.*

La figure 1 illustre la modification des zones de recherche décrites respectivement dans l'équation 1 et l'équation 2 comme conséquence des interactions "accepté" et "rejeté". L'étape *(a)* situe l'algorithme dans la couche la plus haute de l'espace des solutions, c'est-à-dire la couche contenant les sous-graphes les plus génériques. On soumet un échantillon de trois motifs à l'expert qui accepte un motif (marqué par une encoche) et en rejette deux (marqués par des croix). On définit alors dans la couche adjacente inférieur une zone de recherche prioritaire (en vert) et deux zones exclues de la recherche (en rouge). L'étape *(b)* place l'algorithme dans la couche intermédiaire. On échantillonne deux motifs provenant de la zone de recherche prioritaire, et un provenant d'une zone neutre. Cette fois, la définition des zones prioritaires ou exclues de la recherche se fait sur les deux couches adjacentes. L'étape *(c)*, situe l'algorithme dans la couche la plus basse de l'espace des solutions, contenant les éléments les plus spécifiques. Les interactions de l'expert définissent ici des zones spécifiques dans des couches adjacentes supérieures. Une fois l'interaction finie, l'algorithme WTRFS échantillonne dans la couche adjacente supérieure et remonte itérativement jusqu'à la première couche de l'espace de recherche. On note alors des conflits et des confirmations provenant de l'intérêt subjectif pouvant être exploités pour amorcer la compréhension de l'espace.

Notre seconde méthode de diffusion de l'intérêt est plus subtile. Elle consiste à modifier le poids des ancêtres et descendants du sommet portant l'interaction de manière à impacter les futurs échantillonnages. Cette modification dépendra donc de l'interaction de l'expert, à savoir si celle ci est positive (réponses "accepté" et "intéressé") ou négative (réponses "rejeté" et "non-intéressé") :

Soit v un sommet, A une interaction expert et λ un modificateur.

$$ponderation(v, A, \lambda) = \begin{cases} poids(v) + \lambda & \text{if } A \in \{\text{accepté, intéressé}\} \\ poids(v) - \lambda & \text{if } A \in \{\text{rejeté, non-intéressé}\} \end{cases} \quad (3)$$

Néanmoins, plus la distance entre deux sommets est grande, plus les motifs contenus diffèrent. Il faut ainsi considérer cette variation dans l'application de l'équation 3. Nous définissons la formule 4 où k est la distance entre un sommet v et v' son ancêtre (resp. descendant) tel que :

$$\forall v' \in \text{Ancêtres}(v) \cup \text{Descendants}(v) \cup \{v\}, ponderation(v', A, |poids(v)| * \frac{1}{2^k}) \quad (4)$$

Notons que la modification des poids affectés aux sommets modifie aussi leur impact lorsque l'expert interagit avec eux. Plus la valeur absolue du poids d'un sommet sera importante, plus l'interaction liée aura d'impact. Donc plus les sous-graphes et les sur-graphes d'un motifs auront un étiquetage uniforme, plus le motif aura d'impact, favorisant la non-ambiguïté.

Échantillonage des motifs. Disposant d'une propagation efficace de l'intérêt expert dans le graphe relationnel d'intérêt subjectif, nous exploitons cet intérêt pour échantillonner l'espace des solutions. Pour cela, nous exploitons le graphe d'ordre partiel d'intérêt subjectif et ses poids afin de calculer l'intérêt potentiel des sommets.

La probabilité d'un motif d'être échantillonné doit augmenter
— avec le poids cumulatif de ces ancêtres/descendants ayant des interactions positives (accepté/intéressant) parce que ce type d'interactions signifie une meilleure probabilité d'être accepté
— avec le poids cumulatif de ses ancêtres/descendants avec lesquels l'expert n'a pas encore interagi afin d'aider à l'exploration de l'espace
— si les poids cumulatif des ancêtres/descendants ayant des interactions positives et de ceux ayants des interactions négatives (rejeté, non-intéressant) sont similaires parce que ces informations contradictoires exigent plus d'exploration

À partir de ces considération, nous calculons l'intérêt d'un sommet v selon :

$$f_p(v, \mathbb{G}) = \sum_{i=0}^{k} (poids(L_i^+(v, \mathbb{G})) + poids(L_i^?(v, \mathbb{G})) + \\ (poids(L_i^*(v, \mathbb{G})) - |poids(L_i^+(v, \mathbb{G})) - poids(L_i^-(v, \mathbb{G}))|)) * \frac{1}{2^i} \quad (5)$$

Dans la formule 5, $L_i(v, \mathbb{G})$ indique la lignée de v à distance i dans $\mathbb{G}$ avec :
— $poids(L_i^+(v, \mathbb{G}))$ la somme des poids de ceux qui portent une interaction positive,
— $poids(L_i^?(v, \mathbb{G}))$ la somme de poids de ceux qui ne portent pas d'interaction,
— $poids(L_i^*(v, \mathbb{G}))$ la somme des poids de ceux qui portent n'importe quelle interaction,
— $poids(L_i^-(v, \mathbb{G}))$ la somme des poids de ceux qui portent une interaction négative
— le facteur $\frac{1}{2^i}$ permettant de réduire l'influence des sommets en fonction de leur distance

Cette valeur est exploitée de deux manières dans l'échantillonnage. Premièrement, dans une volonté d'exploitation, l'échantillonnage sélectionne les k premiers motifs classés par f_p. Secondement, dans une volonté d'exploration, l'échantillonnage tire d motifs de manière pseudo aléatoire où la probabilité de sélection sera déterminé par f_p.

Soit $L \in \mathbb{G}$ une couche du graphe. La partie aléatoire de l'échantillonnage suit les probabilités définies comme suit :

$$\forall v \in L, P(v) = \frac{f_p(v)}{\sum\limits_{\forall v' \in L} f_p(v')} \tag{6}$$

Au début de l'exploration, les sommets favorisés par l'échantillonnage sont les sommets ayant le plus de parents, d'enfants, d'ancêtres et de descendants proches. Puisque qu'aucune interaction n'a encore eu lieu, la seule somme non-nulle lors du calcul de f_p est $poids(L_i^?(v, \mathbb{G}))$. Tous les sommets étant initialisés avec un poids identique cela implique que les sommets ayants la connexité proche la plus forte auront les meilleurs valeurs d'intérêt potentiel. Ce comportement nous intéresse car il permet de favoriser les sommets ayant un impact plus grand sur le SIPOG en début de recherche et donc d'atteindre rapidement une meilleure discrimination de l'espace de recherche.

Complexité des opérations sur les lignées. Soit n le nombre de sommets de $\mathbb{G}$ et m le nombre de sommets de la couche L de $\mathbb{G}$. La complexité de la pondération de la lignée et du calcul de f_p est de $O(n - m)$ par sommet de L.

Algorithme WTRFS. Ayant défini les éléments nécessaires à la compréhension de l'algorithme WTRFS, nous pouvons à présent le détailler.

L'algorithme 1 prend en entrée un SIPOG $\mathbb{G}$, un facteur d'exploitation k déterminant le nombre de tirage en tête, un facteur d'exploration d déterminant le nombre de tirage pseudo-aléatoires, et la profondeur minimale et maximale des couches à considérer. Tant que l'expert ne met pas fin au processus et qu'il reste des motifs à explorer, la boucle ligne 1 à 20 continue. Dans la boucle ligne 2 à 18 la valeur i commence à la profondeur f et termine à la profondeur l, i est incrémentée à chaque itération si $f < l$ ou décrémentée si $f > l$. À la ligne 3 on affecte à L la couche de $\mathbb{G}$ de profondeur i. Puis on assigne à chaque sommet v dans L son intérêt potentiel à travers la boucle ligne 4 à 6 en utilisant la formule 5. À la ligne 7, on affecte à $\mathbb{S}$ un échantillon de L en tirant k premiers motifs et d pseudo-aléatoires basés sur leur intérêt potentiel. La boucle ligne 8 à 17 itère sur chaque sommet v de l'échantillon et modifie le graphe $\mathbb{G}$ selon l'interaction A obtenue à la ligne ligne 9. Les poids de la lignée du sommet sont modifiés ligne 10 en utilisant la formule 4 et les ensembles de zones prioritaires $\mathbb{V}^+$ et de zones exclues $\mathbb{V}^-$ sont mis à jour ligne 12 and 15 en utilisant respectivement l'équation 1 et l'équation 2. Après une descente ou une montée complète, on échange les valeurs de f et l de manière à fouiller les couches dans le sens contraire à la ligne 19. Cela permet d'effectuer la recherche de haut en bas puis de bas en haut de manière alternative donnant une forme de vague à l'exploration. Une fois que l'expert est satisfait ou qu'il n'y a plus de motif pouvant être traité, on renvoi le graphe modifié ligne 21.

WTRFS produit deux résultats. Le premier est l'ensemble des motifs échantillonnés et étiquetés par l'expert. Le second est le graphe relationnel $\mathbb{G}$ sculpté par l'interaction de l'expert. Ce graphe, à travers ses zones de recherche prioritaires, ses zones d'exclusions, les poids des sommets, leur valeur d'intérêt potentiel, et leur étiquette est une représentation structurée de l'intérêt expert. Cette représentation peut être observée et étudiée et offre une vision *globale* de l'espace de recherche à partir des interactions *locales*. À travers cette représentation, l'expert

---

Algorithm 1 Wave Top-k Random-d Family Search

Require: $\mathbb{G}(\mathbb{V}, \mathbb{E}, \mathbb{V}^+, \mathbb{V}^-, poids)$ un graphe, k le nombre de tirages en tête, d le nombre de tirages aléatoires, f la première couche à explorer, l la dernière couche à explorer.

Ensure: $\mathbb{G}$ le graphe modifier par les interactions experts.

```
 1: while ∃v ∈ V|v ∉ V⁻  &  v non exploré do
 2:     for i : f → l do
 3:         L ← Layerᵢ(G)
 4:         for v ∈ L do
 5:             v ← fₚ(v, G)                                        (Équation 5)
 6:         end for
 7:         S = {les k v'ayant le plus grand fₚ(v', G)}
 8:         S = S ∪ {d v''aléatoirement choisis selon Équation 6}
 9:         for v ∈ S do
10:             A ← Interaction(v)
11:             Pondération_de_la_lignée(V, v, A)                   (Équation 4)
12:             if A = accepté then
13:                 V⁺ ← V⁺ ∪ {∀v₂ ∈ V|∃(v, v₂) ∈ E or ∃(v₂, v) ∈ E}
14:             end if
15:             if A = rejeté then
16:                 V⁻ ← V⁻ ∪ {∀v₂ ∈ V|v₂ ∉ V⁺ and ∃(v, v₂) ∈ E or ∃(v₂, v) ∈ E}
17:             end if
18:         end for
19:     end for
20:     t ← f; f ← l; l ← t
21: end while
```

---

peut explorer son propre intérêt, voir la relation entre les motifs qu'il a choisit de mettre en avant et ceux qui on été mis en retrait. Mais cette structure permet aussi d'évaluer les éléments qui n'ont pas été observés car leur poids et l'intérêt potentiel qui leur est assigné ont aussi été affectés durant l'exploration.

4 Expériences et résultats

Une difficulté intrinsèque à l'évaluation des méthodes de fouille interactive est que l'évaluation devrait solliciter un expert afin d'interagir avec le système et évaluer les résultats. Or, typiquement pour les jeux de données publiques, des experts ne sont pas disponibles. De plus, demander à l'expert d'effectuer des évaluations répétées afin d'avoir des résultats fiables et les valider d'une manière non-numérique, par exemple par des expériences biologiques, exige un investissement en temps et peut être extrêmement coûteux. La protocole adopté dans la littérature est donc de simuler les retours d'utilisateur par un *oracle omniscient* qui exploite une mesure de qualité objective afin d'étiqueter les motifs avec fidélité (Bhuiyan et Al Hasan, 2016; Bhuiyan et Hasan, 2016; Gyongyi et al., 2004).

Dans notre travail, on utilise la mesure de qualité Weighted Relative Accuracy WRAcc (Todorovski et al., 2000). Cette mesure est calculée à partir des classes des graphes formant l'ensemble des données et est définie tel que :

$$WRAcc(X, \mathcal{D}) = \frac{Supp(X)}{|\mathcal{D}|} * \left(\frac{Supp(X)^+}{Supp(X)} - \frac{|\mathcal{D}^+|}{|\mathcal{D}|}\right),$$

où $\mathcal{D}^+$ est un sous-ensemble de $\mathcal{D}$ qui contient les données qui font partie d'une classe cible et $Supp(X)^+$ le support de X dans ce sous-ensemble.

Néanmoins, l'utilisation d'un tel oracle risque de donner une évaluation trop optimiste, particulièrement pour une méthode exploratrice comme la nôtre. Afin de pallier ce défaut, nous éprouvons notre méthode avec cinq autres types *oracles* simulant plusieurs comportements experts possibles. À notre connaissance, c'est la première fois qu'une méthode de fouille interactive est évaluée d'une telle manière.

Nous assignons à chaque sommet du graphe une *étiquette cachée* déterminée par la qualité du motif contenu. L'oracle, lui, assigne une *étiquette découverte* déterminée par la combinaison du type d'oracle et la valeur de qualité.

Les valeurs de la mesure de qualité sont transcrites avec les étiquettes cachées de manière à ce que les valeurs les plus basses de l'espace des solutions soient rejetées, les valeurs suivantes soient inintéressantes, etc. Les valeurs seuils sont calculées pour chaque espace des solutions de manières à respecter autant que possible la distribution suivante : 2.00% d'étiquettes *Rejeté*, 18.00% d'étiquettes *Inintéressant*, 60.00% d'étiquette *Incertain*, 18.00% d'étiquettes *Intéressant*, et 2.00% d'étiquettes *Accepté*. Cette distribution a pour but de représenter le fait qu'un expert n'est pas intéressé par l'ensemble des résultats, il utilisera moins les actions ayant beaucoup de conséquences et plus les autres.

	Rejeté	Inintéressant	Incertain	Intéressant	Accepté
Rejeté	80%	15%	5%	0%	0%
Inintéressant	10%	75%	10%	5%	0%
Incertain	5%	10%	70%	10%	5%
Intéressant	0%	10%	70%	10%	0%
Accepté	0%	0%	5%	15%	80%

TAB. 2 – *Distribution des probabilités de réponses pour l'oracle probabiliste*

Les cinq oracles sont :

1. *l'oracle omniscient* : il assigne à chaque sommet présenté son étiquette cachée.

2. *l'oracle probabiliste* : il possède pour chaque étiquette un vecteur de probabilité de réponse induisant un pourcentage d'erreur fixe. Afin de rester cohérent, chaque vecteur possède des probabilité de choix concernant chacune des étiquettes de façon à éviter les réponses improbables. L'idée est de donner le plus de probabilité à la bonne étiquette et des probabilités positives aux étiquettes similaires. Plus un choix aura d'impact moins la probabilité de se tromper sera grande car on considère que ces choix sont faits lorsque l'expert se sent sûr de lui. Les probabilités sont décrites dans la table 2 où chaque ligne correspond à un vecteur de probabilités dans lequel chaque colonne contient la probabilité que l'étiquette soit choisie.

3. *l'oracle biaisé* : il modélise un a priori de l'expert provenant de ses connaissances concernant des jeux de données étudiés par le passé on choisit d'utiliser une seconde

mesure de qualité dont le comportement diverge de celle choisie pour déterminer les étiquettes cachées. De cette façon, les erreurs commises par l'oracle gardent une cohérence par rapport au support des motifs. Dans cet article, la mesure choisie pour représenter le biais est la confiance. On fixe arbitrairement la marge d'erreur à 20%, c'est-à-dire de donner 20% de chance à l'oracle de choisir sa réponse d'après la valeur de qualité du biais plutôt que de la valeur de qualité de la vérité terrain.

4. *l'oracle localement subjectif* : il modélise le comportement qu'un expert a en ne prenant en compte un échantillon de manière locale. Cela l'amène à classifier l'échantillon proposé en considérant que le meilleur motif est au moins intéressant et que le pire motif est au moins inintéressant. L'oracle étiquette donc le motif dont la qualité est la plus haute comme intéressant si il n'est pas accepté et le motif dont la qualité est la plus basse comme inintéressant si il n'est pas rejeté.

5. *l'oracle subjectivement surpris* : il modélise un expert voulant explorer les motifs qui le surprennent, qu'ils aient une bonne qualité ou non. Afin de calculer cette surprise avec cohérence nous utilisons le sélecteur *Outstanding Pattern Selector* introduit dans l'article (Lehembre et al., 2022) dont les motifs sélectionnés seront automatiquement étiquetés comme *accepté* par l'oracle.

4.1 Jeux de données

Dataset	Graphes	Fréquence	Sous-graphes	Classes d'équivalence
AIDS	2,000	10%	192	192
BZR_MD	306	10%	3,249	2,147
MUTAG	188	10%	603	110
MCF-7	27,770	10%	1,024	1,024
Mutagenicity	4,337	10%	1,904	1,880
NCI-H23	40,353	10%	1,001	1,001

TAB. 3 – *Informations essentielles concernant les jeux de données TUDatasets, les sous-graphes extraits, et les classes d'équivalence formant le POG.*

Nous étudions six jeux de données ayant des caractéristiques différentes du répertoire TUDataset[1] possédant deux classes pour une facilité d'utilisation expérimentale. Les sous-graphes fréquents sont extraits avec *quickSpan*[2] avec un support minimal de 10%. On limite la taille des sous-graphes à sept sommets en supposant que des sous-graphes plus grands seront difficiles à interpréter. La table 3 liste les noms des jeux de données, leur taille, ainsi que le nombre de sous-graphes extraits et le nombre de classes d'équivalence.

Les classes d'équivalence sont calculées comme suit : si deux sous-graphes p et q ont le même support $Supp(p) = Supp(q)$ et qu'ils sont liés dans le POG par un chemin passant uniquement par des sous-graphes p_i ayant le même support $Supp(p) = Supp(p_i)$ alors ils font partie de la même classe d'équivalence. Ces classes permettent d'éviter les informations redondantes dans le POG pour ne pas montrer deux fois la même information à l'expert. Par la suite, chaque sommet du POG contiendra une classe d'équivalence qu'on appellera motif.

---

1. https://chrsmrrs.github.io/datasets/docs/datasets/
2. https://gitlab.inria.fr/Quickspan/quickspan

La dimension des espaces étudiés variant d'environ 200 motifs à quelque milliers. La méthode WTRFS explore avec 300 interactions entre 10% et 100% de l'espace de recherche lors des expériences. La variation de la proportion explorée de l'espace des motifs nous permet d'observer les comportements variables ou non de WTRFS par rapport à son espace d'application et d'avoir un indice sur son adaptabilité.

Protocole expérimental. Dans le but d'évaluer l'efficacité de WTRFS, on étiquette chaque classe d'équivalence dans le POG avec l'une des cinq interactions : Rejeté, Inintéressé, Incertain, Intéressé, Accepté. On soumet 100 échantillons de 3 motifs à chacun des oracles décrits plus tôt. On choisit de répartir les 3 motifs de l'échantillon en 2 motifs exploités ($k = 2$) et 1 motif exploré ($d = 1$). Comme les résultats incluent des éléments aléatoires, chaque couple jeu de données - oracle est réalisé une centaine de fois et les résultats observés sont la moyenne des résultats de ces cent itérations.

Afin d'interpréter nos résultats on étudie les étiquettes découvertes proposées à l'oracle et les étiquettes cachées. Soit A un type d'étiquette, on définit le *Rappel* tel que :

$$Rappel(A) = \frac{\text{Découvertes}(A)}{\text{Cachées}(A)}$$

Résultats. Poser 300 questions est difficile. On espère donc aider rapidement l'expert à découvrir le plus grand nombre possible de motifs acceptés, tout en lui soumettant quelques motifs à rejeter. Si d'autres motifs sont présentés à l'expert, ils doivent être intéressants.

Dans la figure 2, pour chaque illustration, l'axe des abscisses indique le nombre de motifs proposés à l'oracle, et l'axe des ordonnés indique le rappel. Les colonnes correspondent aux couches du POG et les lignes correspondent aux types d'oracle. Les couleurs correspondent aux types des étiquettes (voir table 1).[3]

Les résultats montrent la quasi-constante progression du pourcentage d'étiquettes *accepté* retrouvées. Même si dans les réseaux les plus denses ces étiquettes ne sont pas toujours toutes retrouvées, on remarque que leur pourcentage de découverte reste plus haut que ceux des autres étiquettes quel que soit l'oracle observé. En comparant les courbes obtenues avec WTRFS à celles obtenues avec un parcours en *vagues* où l'échantillonnage est aléatoire, on remarque que les résultats de WTRFS sont nettement meilleurs.

On note que pour le jeu de données *AIDS* la progression du Rappel, dans le cas de l'échantillonnage aléatoire, est linéaire et quasi-équivalente pour chaque type d'étiquette. Ce qui signifie que pour chaque couche, la distribution des étiquettes est équivalente.

Même si l'oracle omniscient arrive toujours aux meilleurs résultats, les autres oracles ne dégradent pas fortement la qualité des résultats. De plus, la courbe des *intéressants* augmente généralement plus rapidement que les autres. Les courbe des *rejetés* restent basses, soit pour la totalité de l'expérience, soit pendant une longue période. Le jeu MUTAG est une exception, sa courbe des éléments étiquetés *rejeté* excède celles des *acceptés* et *intéressants* après 20 à 30 questions selon oracle. Cela peut-être expliqué par la dimension remarquablement petite de l'espace des solutions. En effet, la courbe des éléments *accepté* stagne lorsque celle des *rejeté*

---

3. Prises indépendamment, les courbes de rappel sont strictement croissantes. Mais chaque parcours n'étant pas identique, toutes les courbes ne sont pas considérées au même moment dans la même couche. C'est pourquoi la courbe de la moyenne des résultats n'est pas forcément strictement croissante.

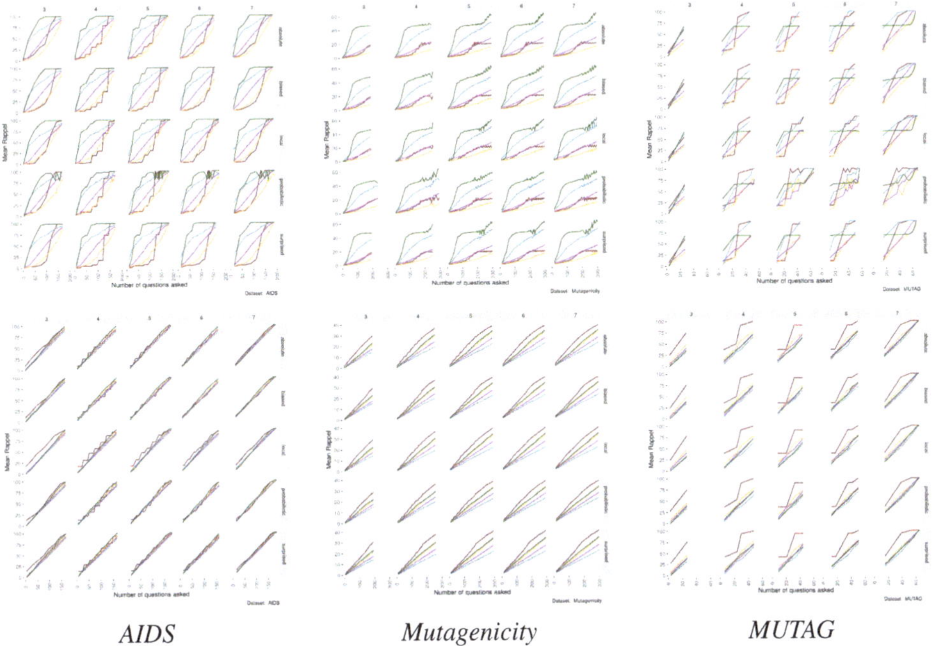

AIDS   *Mutagenicity*   *MUTAG*

FIG. 2 – *Moyenne du Rappel pour AIDS, MUTAG, et Mutagenicity avec WTRFS en haut et un parcours en vague avec échantillonage aléatoire en bas.*

s'envole, ce qui signifie que des zones sont excluses de la recherche. L'espace des solutions étant restreint, ces coupes impactent une proportion importante de l'espace de recherche et donc la découverte des autres éléments.

Les jeux de données, exécutables et l'ensemble des résultats sont disponibles [4].

5 Conclusion

Dans cet article nous présentons un algorithme dont le but est d'accompagner un expert durant son exploration d'un espace de solutions. Nos travaux se concentrent sur les motifs et espaces structurés, en particulier sur les motifs de graphes. Pour cela, nous présentons un parcours adapté aux objets étudiées se découpant en trois points essentiels : le parcours de la structure, la gestion des zones de recherche et l'échantillonnage. Nous déterminons cinq interactions et leur conséquences. Chaque couple interaction-conséquence influe sur l'espace de recherche accessible ou l'échantillonnage des motifs.

Pour évaluer notre méthode, nous avons simulé les retours d'un expert en utilisant des oracles se basant sur une mesure de qualité objective. Nous avons montré que la méthode recouvrent un nombre important de motifs de haute qualité, en fonction du nombre d'interactions avec l'oracle, même si les retours des oracles sont bruités. De plus, la méthode échantillonne peu de motifs de mauvaise qualité.

---

4. https://github.com/wtrfs/Wave-Top-k-Random-d-Family-Search/

Références

Bhuiyan, M. et M. A. Hasan (2016). Interactive knowledge discovery from hidden data through sampling of frequent patterns. *Statistical Analysis and Data Mining : The ASA Data Science Journal 9*(4), 205–229.

Bhuiyan, M. A. et M. Al Hasan (2016). Priime : A generic framework for interactive personalized interesting pattern discovery. In *2016 IEEE International Conference on Big Data (Big Data)*, pp. 606–615. IEEE.

Boley, M., M. Mampaey, B. Kang, P. Tokmakov, et S. Wrobel (2013). One click mining : Interactive local pattern discovery through implicit preference and performance learning. In *Proceedings of the ACM SIGKDD workshop on interactive data exploration and analytics*, pp. 27–35.

De Raedt, L. et A. Zimmermann (2007). Constraint-based pattern set mining. In *Proceedings of the Seventh SIAM International Conference on Data Mining*. SIAM.

Gyongyi, Z., H. Garcia-Molina, et J. Pedersen (2004). Combating web spam with trustrank. In *Proceedings of the 30th international conference on very large data bases (VLDB)*.

Kuznetsov, S. O. et S. A. Obiedkov (2001). Algorithms for the construction of concept lattices and their diagram graphs. In *European Conference on Principles of Data Mining and Knowledge Discovery*, pp. 289–300. Springer.

Lehembre, E., R. Bureau, B. Crémilleux, B. Cuissart, J.-L. Lamotte, A. Lepailleur, A. Ouali, et A. Zimmermann (2022). Selecting outstanding patterns based on their neighbourhood. In *International Symposium on Intelligent Data Analysis*, pp. 185–198. Springer.

Pasquier, N., Y. Bastide, R. Taouil, et L. Lakhal (1999). Discovering frequent closed itemsets for association rules. In *ICDT*, pp. 398–416. Springer.

Tan, P., V. Kumar, et J. Srivastava (2004). Selecting the right objective measure for association analysis. *Inf. Syst. 29*(4), 293–313.

Todorovski, L., P. Flach, et N. Lavrač (2000). Predictive performance of weighted relative accuracy. In *European Conference on Principles of Data Mining and Knowledge Discovery*, pp. 255–264. Springer.

Van Leeuwen, M. (2014). Interactive data exploration using pattern mining. In *Interactive knowledge discovery and data mining in biomedical informatics*, pp. 169–182. Springer.

van Leeuwen, M., T. De Bie, E. Spyropoulou, et C. Mesnage (2016). Subjective interestingness of subgraph patterns. *Machine Learning 105*(1), 41–75.

Summary

In this paper, we develop a method (WTRFS) that includes the user interaction in order to guide her through data mining results. This work aims to replace the descriptor declaration step used in interactive data mining. For this we exploit the hypothetical relation between experts' patterns of interest. We empirically demonstrate that WTRFS returns first the most relevant results for the user. Moreover, even if the users' interactions are not perfect, we observed that WTRFS behavior isn't altered.

Echantillonnage de motifs avec une contrainte de fréquence

Arnaud Soulet

Université de Tours, LIFAT, Blois
`firstname.lastname@univ-tours.fr`

Résumé. L'échantillonnage de motifs est une technique récente de découverte de motifs favorisant l'interactivité avec l'utilisateur. Son principe est de tirer aléatoirement un motif proportionnellement à son intérêt. Malheureusement, les tirages peuvent se focaliser sur une partie de l'espace de recherche avec des motifs peu fréquents mais extrêmement nombreux. Il serait bien possible d'échantillonner des motifs et d'éliminer ceux non-fréquents, mais le taux de rejet s'avère souvent trop élevé. Dans cet article, nous proposons la première méthode efficace d'échantillonnage de motifs avec une contrainte de fréquence minimale. Elle s'appuie sur la suppression des items non-fréquents (opération de réduction) et sur la projection de la base de données sur chacun des items (opération de projection). En combinant ces deux opérations, nous proposons une méthode générique qui revient à éliminer tous les motifs contenant un couple non-fréquent d'items. Nos expérimentations montrent que notre méthode réduit considérablement le taux de rejet.

1 Introduction

Ces dernières années, une large partie des méthodes de découverte de motifs s'est orientée vers des approches favorisant l'interaction avec l'utilisateur afin d'intégrer ses retours dans le processus de découverte (Leeuwen, 2014). Pour cela, il est nécessaire de disposer de techniques d'extraction non-exhaustives afin d'être assez rapide pour extraire des motifs à la volée tout en s'appuyant sur des mesures d'intérêt complexes pouvant être mises à jour à chaque itération. Typiquement, ces méthodes d'extraction s'appuient sur des algorithmes de recherche en faisceau (Leeuwen, 2014), de recherche arborescente Monte-Carlo (Bosc et al., 2018) ou encore, d'échantillonnage de motifs (Boley et al., 2011). En particulier, les méthodes fondées sur l'échantillonnage de motifs ont reçu beaucoup d'attention avec la proposition de systèmes interactifs (Giacometti et Soulet, 2017; Dzyuba et al., 2017) ou d'algorithmes anytime pour extraire des données aberrantes (Giacometti et Soulet, 2016).

Plus précisément, l'échantillonnage de motifs consiste à tirer un motif X avec une probabilité proportionnelle à son intérêt $m(X)$. Par exemple avec la fréquence, un motif X deux fois plus fréquent qu'un motif Y aura deux fois plus de chance d'être tiré. Malheureusement, l'échantillonnage de motifs a souvent tendance à se focaliser sur des parties de l'espace de recherche avec une densité forte de motifs peu intéressants (i.e., beaucoup de motifs avec des valeurs faibles pour m). Pour minimiser ce phénomène, appelé « malédiction de la longue traine », Diop et al. (2018) ont proposé d'ajouter une contrainte de longueur maximale sur les motifs tirés car les motifs courts sont les plus généraux et ils ont tendance à être plus fréquents. Il n'en demeure pas moins que certains motifs courts sont inintéressants au sens de la mesure m et surtout, que ce filtrage supprime des motifs longs intéressants. Par ailleurs, il est difficile de choisir le seuil de longueur adéquat inférant une mesure m suffisante. Il serait donc particulièrement intéressant de pouvoir ajouter une contrainte retirant seulement les motifs qui ont une faible mesure pour m. Nous montrons dans cet article comment pousser la contrainte de fréquence minimale dans l'échantillonnage de motifs.

Nos contributions dans cet article sont les suivantes :
— Nous proposons une méthode générique d'échantillonnage qui intègre un seuil minimal de fréquence pour retirer les motifs non-fréquents. Pour cela, nous décomposons la base de données sur plusieurs bases de données projetées desquelles nous supprimons les items non-fréquents. Notre méthode est générique puisqu'elle permet de pousser la contrainte de fréquence minimale dans n'importe quelle méthode d'échantillonnage de motifs selon la fréquence.
— Nous évaluons notre méthode sur les benchmarks de l'UCI. Ces résultats expérimentaux montrent la réduction significative du taux de rejet par rapport à une méthode naïve montrant la faisabilité de l'échantillonnage de motifs sous contrainte de fréquence.

La suite de cet article est organisée de la manière suivante. La section 2 situe notre travail dans le domaine de l'extraction de motifs. La section 3 introduit les notations et définitions de l'article et elle formule notre problème. Nous présentons notre proposition dans la section 4 en soulignant les défis techniques à relever et en introduisant nos deux principaux outils à savoir la réduction et la projection de la base de données. Nous évaluons le taux de rejet de la procédure avec projection et le volume de données qu'elle requiert dans la section 5. Enfin, nous concluons l'article.

2   Travaux relatifs

Al Hasan et Zaki (2009) ont introduit le principe de l'échantillonnage de motifs qui vise à tirer des motifs avec une distribution de probabilité proportionnelle à leur intérêt. Actuellement, les techniques d'échantillonnage se répartissent principalement en deux grandes familles : les méthodes stochastiques (Al Hasan et Zaki, 2009) et les méthodes en plusieurs étapes (Boley et al., 2011). La première famille (Al Hasan et Zaki, 2009) repose sur les méthodes de Monte-Carlo par chaînes de Markov. L'idée est que la loi stationnaire de la marche aléatoire corresponde à la distribution à échantillonner. L'avantage de telles approches stochastiques est de pouvoir considérer des mesures variées et même des contraintes. Malheureusement, leur vitesse de convergence est souvent très lente. La seconde famille (Boley et al., 2011) repose sur l'enchaînement de plusieurs tirages successifs. En choisissant judicieusement les différentes distributions de tirage, il est alors possible d'obtenir un tirage exact selon la distribution désirée. Dans ce travail, nous avons opté pour une telle approche pour sa rapidité et son exactitude.

Dans les méthodes en plusieurs étapes, chacune des étapes consiste à répartir les occurrences de motifs en différents groupes et à tirer un groupe proportionnellement à son poids. Au niveau de la dernière étape, une occurrence est choisie aléatoirement au sein de son groupe proportionnellement à son poids. Quelles que soient les spécificités du problème, la difficulté est donc de trouver une décomposition judicieuse en plusieurs étapes. Par exemple, la méthode originelle de Boley et al. (2011) regroupe les occurrences par transaction. Pour traiter les motifs séquentiels, Diop et al. (2018) ajoute une étape supplémentaire pour regrouper les occurrences selon leur longueur au sein de chaque transaction. Dans le contexte des bases de données distribuées, Diop et al. (2022) utilise une étape préliminaire pour tirer la bonne base de données distribuée. D'un point de vue technique, notre proposition s'inscrit dans cette direction avec une étape de tirage dans une base de données projetée. Mais, de manière originale, l'occurrence finalement retournée agrège des parties d'occurrences obtenues à différentes étapes.

A la différence de l'échantillonnage, la découverte de motifs classique énumère tous les motifs satisfaisant un prédicat logique de sélection (aussi appelé contrainte) pour éliminer les motifs inintéressants (Mannila et Toivonen, 1997). La contrainte de fréquence minimale introduite par Agrawal et al. (1993) est l'une des plus populaires parmi l'ensemble des contraintes. Cette popularité s'explique par l'efficacité de cet élagage éliminant de nombreux motifs dont la probabilité d'apparition est trop faible pour être jugés pertinents (Agrawal et al., 1994). Même lorsque d'autres contraintes de filtrage sont requises, la contrainte de fréquence minimale est souvent utilisée conjointement (Ng et al., 1998). La technique d'échantillonnage proposée par Al Hasan et Zaki (2009) intègre naturellement la contrainte de fréquence minimale lors de sa marche aléatoire. A l'inverse, aucune méthode d'échantillonnage de motifs en plusieurs étapes n'a été proposée permettant de conjuguer l'efficacité de la proposition de Boley et al. (2011) avec un élagage suivant la fréquence. A notre connaissance, seule la contrainte de longueur maximale et ses variantes (Diop et al., 2022) ont été poussées dans ces méthodes d'échantillonnage de motifs pour les séquences et pour les itemsets. Il est bien plus difficile de pousser la contrainte de fréquence minimale qui n'est pas une contrainte syntaxique i.e., vérifier la contrainte requiert de considérer la base de données dans son intégralité.

3 Préliminaires

3.1 Définitions

Soit $\mathcal{I}$ un ensemble de littéraux distincts appelés *items*, un itemset (ou un motif) est un sous-ensemble de $\mathcal{I}$. Nous considérons une relation d'ordre totale arbitraire sur $\mathcal{I}$ dénotée par $<_{\mathcal{I}}$ (par exemple, l'ordre alphabétique). Le langage des itemsets correspond à $\mathcal{L} = 2^{\mathcal{I}}$. Une base de données transactionnelles est un multi-ensemble d'itemsets de $\mathcal{L}$. Chacun de ces itemsets, généralement appelé *transaction*, est une observation des données. Une transaction t contient l'*occurrence* du motif X ssi $X \subseteq t$. La *fréquence* d'un itemset X dans la base de données $\mathcal{D}$ est son nombre d'occurrences : $\mathsf{freq}(X, \mathcal{D}) = |\{t \in \mathcal{D} : X \subseteq t\}|$. Étant donné un seuil minimal de fréquence γ, un motif est fréquent lorsque sa fréquence est supérieure ou égale à γ. Pour intégrer cette contrainte à la mesure de fréquence, nous définissons la *fréquence contrainte* comme $\mathsf{freq}_{\gamma}(X, \mathcal{D}) = \mathsf{freq}(X, \mathcal{D})$ si $\mathsf{freq}(X, \mathcal{D}) \geq \gamma$, et 0 sinon. La table 1 montre une base de données jouet contenant 5 transactions $t_1, \ldots, t_5$ décrites par 8 items $A, \ldots, H$. Pour $\gamma = 3$, l'itemset FGH est fréquent car sa fréquence est 3 (i.e., $\mathsf{freq}_3(FGH, \mathcal{D}) = 3$) tandis que l'itemset AB n'est pas fréquent avec $\mathsf{freq}(AB, \mathcal{D}) = 1$ (i.e., $\mathsf{freq}_3(AB, \mathcal{D}) = 0$).

3.2 Formulation du problème

Soit Ω une population et $f : \Omega \to [0, 1]$ une mesure, la notation $x \sim f(\Omega)$ signifie que l'élément x est tiré au hasard dans Ω avec une distribution de probabilité $\pi(x) =$

$\mathcal{D}$

Trans.	Items							
t_1				D			G	H
t_2			C			F	G	H
t_3	A	B	C	D	E	F	G	H
t_4		B			E	F	G	H
t_5			C	D	E	F		

TAB. 1 – Une base de données $\mathcal{D}$ avec en gris les items non-fréquents pour $\gamma = 3$

$f(x)/\sum_{y\in\Omega} f(y)$. Le problème usuel de l'échantillonnage de motifs selon la fréquence revient à tirer avec remise un motif X avec $X \sim \mathsf{freq}(\mathcal{L}, \mathcal{D})$. Dans cet article, nous ajoutons une contrainte minimale de fréquence qui pourrait s'écrire : $X \sim \mathsf{freq}(\mathcal{L}, \mathcal{D})$ subject to $\mathsf{freq}(X, \mathcal{D}) \geq \gamma$. Pour éviter toute ambiguïté, nous préférons formaliser notre problème avec la fréquence contrainte freq_γ de la manière suivante :

Etant donnés une base de données $\mathcal{D}$ et un seuil minimal de fréquence γ, notre objectif est de proposer une procédure d'échantillonnage $\mathcal{S}_{\mathsf{freq}_\gamma}$ qui sélectionne un itemset X dans $\mathcal{L}$ avec une probabilité déterminée par son poids relatif $\mathsf{freq}_\gamma(X, \mathcal{D}) : X \sim \mathsf{freq}_\gamma(\mathcal{L}, \mathcal{D})$.

4 Procédure d'échantillonnage avec des bases projetées

4.1 Défis et idée clé de notre approche

Une approche naïve pour échantillonner des itemsets avec une contrainte de fréquence minimale consisterait à utiliser une procédure d'échantillonnage selon la fréquence pour tirer des itemsets et rejeter ceux qui ne sont pas fréquents. Plus formellement, nous considérons $\mathcal{S}_{\mathsf{freq}}$ une procédure d'échantillonnage selon la fréquence comme la procédure aléatoire en deux étapes de Boley et al. (2011). Nous introduisons alors une procédure de rejet $\mathcal{R}_\gamma$ qui répète $\mathcal{S}_{\mathsf{freq}}$ sur $\mathcal{D}$ tant que le motif tiré $\mathcal{S}_{\mathsf{freq}}(\mathcal{L}, \mathcal{D})$ a une fréquence inférieure à γ. On a donc l'équivalence suivante : $\mathcal{S}_{\mathsf{freq}_\gamma}(\mathcal{L}, \mathcal{D}) \Leftrightarrow \mathcal{R}_\gamma(\mathcal{S}_{\mathsf{freq}}, \mathcal{L}, \mathcal{D})$. Malheureusement, le taux de rejet de la procédure $\mathcal{R}_\gamma(\mathcal{S}_{\mathsf{freq}}, \mathcal{L}, \mathcal{D})$ augmente très rapidement avec le seuil minimal de fréquence (voir les expérimentations de la section 5). L'échantillonnage est une procédure extrêmement rapide mais le calcul de la fréquence pour vérifier l'acceptation ou le rejet entraine un surcout important. Dans notre exemple, avec la base de données de la table 1 et un seuil $\gamma = 3$, le taux de rejet est de 86% notamment à cause des nombreux motifs non-fréquents qui contiennent soit A, soit B. Bien entendu, il faudrait éviter de considérer ces itemsets non-fréquents dans notre procédure d'échantillonnage. La propriété suivante formalise cette observation :

Propriété 1 (Elagage d'itemsets) *Etant donnés une base de données $\mathcal{D}$, un seuil minimal de fréquence γ et une procédure $\mathcal{S}_{\mathsf{freq}}$ d'échantillonnage de motifs suivant la fréquence (sans contrainte), l'équivalence $\mathcal{S}_{\mathsf{freq}_\gamma}(\mathcal{L}, \mathcal{D}) \Leftrightarrow \mathcal{R}_\gamma(\mathcal{S}_{\mathsf{freq}}, \mathcal{L} \setminus R, \mathcal{D})$ est vraie pour tout ensemble R d'itemsets non-fréquents (i.e., $\forall X \in R$, nous avons $\mathsf{freq}(X, \mathcal{D}) < \gamma$) et le taux de rejet,* *dénoté $\rho_{\gamma,\mathcal{D}}$, de la procédure $\mathcal{R}_\gamma(\mathcal{S}_{freq}, \mathcal{L} \setminus R, \mathcal{D})$ est :*

$$\rho_{\gamma,\mathcal{D}}(R) = 1 - \frac{\sum_{X \in \mathcal{L}} freq_\gamma(X, \mathcal{D})}{\sum_{X \in \mathcal{L} \setminus R} freq(X, \mathcal{D})}$$

Cette propriété signifie qu'un tirage aléatoire reste proportionnel à la fréquence contrainte même si certains motifs non-fréquents sont ignorés. Par manque de place, les preuves ont été omises dans cet article. Néanmoins, ce résultat s'explique par la valeur nulle pour $freq_\gamma$ des motifs contenus dans R. De manière intéressante, il est facile de voir que le taux de rejet sera d'autant plus faible que l'ensemble R sera grand. Revenons à l'exemple de la table 1 où $\gamma = 3$, la procédure naïve $\mathcal{R}_\gamma(\mathcal{S}_{freq}, \mathcal{D})$ va considérer 203 motifs de fréquence 1 et 40 de fréquence 2 qui seront rejetés, ce qui donne bien un taux de rejet de $1 - (8 \times 3 + 4 \times 4 + 1 \times 5)/(203 \times 1 + 40 \times 2 + 8 \times 3 + 4 \times 4 + 1 \times 5) = 1 - 45/328 = 86\%$ avec la procédure $\mathcal{R}_\gamma(\mathcal{S}_{freq}, \mathcal{L}, \mathcal{D})$. Idéalement, nous voudrions supprimer les 243 motifs non-fréquents.

Dans la suite, nous cherchons à trouver le plus grand ensemble de motifs non-fréquents R afin de minimiser le taux de rejet. Cette tâche est rendue ardue par deux contraintes :

C1 Pour rester efficace, l'échantillonnage doit se faire sans la matérialisation des motifs fréquents. Nous devrons donc isoler un maximum de motifs non-fréquents à moindre coût.

C2 En réalité, les procédures d'échantillonnage traditionnelles $\mathcal{S}_{freq}(\mathcal{L}, \mathcal{D})$ considèrent $\mathcal{L}$ dans son intégralité. Nous ne pourrons pas retirer les motifs non-fréquents R : $\mathcal{S}_{freq}(\mathcal{L} \setminus R, \mathcal{D})$.

Par conséquent, l'idée clé de notre approche est de modifier la base de données $\mathcal{D}$ pour supprimer directement les motifs non-fréquents de l'échantillonnage. La section 4.2 propose de supprimer les items non-fréquents de $\mathcal{D}$ (opération de réduction) et la section 4.3 amplifie cette réduction en l'appliquant sur les bases projetées de $\mathcal{D}$ (opération de projection).

4.2 Suppression des items non-fréquents

Pour rappel, la fréquence décroit avec la spécialisation à savoir si un itemset est non-fréquent, tous ses sur-ensembles le sont également. Or, la suppression d'un item i de $\mathcal{D}$ retire aussi tous ses sur-ensembles de $\mathcal{D}$. Cela signifie que la suppression d'un item non-fréquent retire aussi d'autres itemsets non-fréquents. Pour notre exemple de la table 1 où $\gamma = 3$, la base de données réduite $\mathcal{D}_3$ revient à supprimer les items grisés à savoir A et B. Cela entraine la suppression de 196 itemsets incluant A ou B : AC, AD, etc. Nous formalisons cette réduction de la base de données de la manière suivante :

Définition 1 (Base de données réduite) *Soient une base de données $\mathcal{D}$ et un seuil minimal de fréquence γ, la base de données réduite $\mathcal{D}_\gamma$ reprend la base de données $\mathcal{D}$ en retirant les items non-fréquents : $\mathcal{D}_\gamma = \{t_\gamma \subseteq t \,:\, t \in \mathcal{D} \wedge (i \in t_\gamma \Leftrightarrow freq(\{i\}, \mathcal{D}) \geq \gamma)\}$*

Cette réduction de la base de données est une technique déjà exploitée par les méthodes d'extraction de motifs sous contrainte de fréquence minimale (Han et al., 2000; Bonchi et al., 2003). La propriété suivante démontre son utilité pour l'échantillonnage sous contrainte :

Propriété 2 *Soient une base de données $\mathcal{D}$, un seuil minimal de fréquence γ et une procédure $\mathcal{S}_{freq}$ d'échantillonnage de motifs suivant la fréquence (sans contrainte), un processus de tirage avec rejet d'un motif tiré dans $\mathcal{D}_\gamma$ est équivalent à un processus de tirage avec rejet d'un motif tiré dans $\mathcal{D}$: $\mathcal{R}_\gamma(\mathcal{S}_{freq}, \mathcal{L}, \mathcal{D}_\gamma) \Leftrightarrow \mathcal{R}_\gamma(\mathcal{S}_{freq}, \mathcal{L}, \mathcal{D})$*

$\mathcal{D}^{(C)}$ Trans.	Items
t_2	F G H
t_3	D E F G H
t_5	D E F

$\mathcal{D}^{(D)}$ Trans.	Items
t_1	G H
t_3	E F G H
t_5	E F

$\mathcal{D}^{(E)}$ Trans.	Items
t_3	F G H
t_4	F G H
t_5	F

$\mathcal{D}^{(F)}$ Trans.	Items
t_2	G H
t_3	G H
t_4	G H
t_5	

$\mathcal{D}^{(G)}$ Trans.	Items
t_1	H
t_2	H
t_3	H
t_4	H

$\mathcal{D}^{(H)}$ Trans.	Items
t_1	
t_2	
t_3	
t_4	

TAB. 2 – Bases de données projetées de $\mathcal{D}$ avec en gris les items non-fréquents pour $\gamma = 3$

Cette propriété se démontre facilement en s'appuyant sur la propriété 1 et en observant que $\mathcal{R}_\gamma(\mathcal{S}_{\text{freq}}, \mathcal{L}, \mathcal{D}_\gamma) \Leftrightarrow \mathcal{R}_\gamma(\mathcal{S}_{\text{freq}}, \mathcal{L} \setminus R, \mathcal{D})$ où les motifs de $\mathcal{D}$ absents dans $\mathcal{D}_\gamma$ forment l'ensemble $R : R = \{X \subseteq t \ : \ t \in \mathcal{D} \wedge (\exists i \in X)(\text{freq}(\{i\}, \mathcal{D}) < \gamma)\}$. En comparaison de $\mathcal{R}_\gamma(\mathcal{S}_{\text{freq}}, \mathcal{L}, \mathcal{D})$, la suppression des motifs non-fréquents diminue le taux de rejet : $1 - (\sum_{X \in \mathcal{L}} \text{freq}_\gamma(X, \mathcal{D}))/(\sum_{t \in \mathcal{D}_\gamma} 2^{|t|})$.

Cette réduction respecte bien les deux contraintes définies dans la section précédente. D'une part, les items non-fréquents sont déterminés lors de la lecture de la base de données et la réduction ne nécessite aucun surcout (respect de la contrainte C1). D'autre part, une procédure d'échantillonnage traditionnelle $\mathcal{S}_{\text{freq}}$ peut bénéficier directement de la réduction en opérant directement sur la base de données (respect de la contrainte C2). Néanmoins, la réduction de la base de données manque de subtilité. En pratique, l'élagage induit par la contrainte de fréquence minimale est plus avantageux à partir des itemsets de taille 2.

4.3 Projection de la base de données suivant les items

Base de données projetée Nous proposons d'étendre l'élagage à tous les motifs contenant au moins une paire d'items non-fréquente en projetant la base de données sur chacun de ses items – revenant à une base de données de profondeur 1 dans (Pei et al., 2004). Pour commencer, nous rappelons la notion de base de données projetée :

Définition 2 (Base de données projetée) *Soient une base de données $\mathcal{D}$ et un item $i \in \mathcal{I}$, la base de données projetée $\mathcal{D}^{(i)}$ regroupe toutes les transactions contenant i en ne conservant que les items j plus grand que i (au sens de la relation d'ordre $<_\mathcal{I}$) : $\mathcal{D}^{(i)} = \{t_i \subseteq t \ : \ t \in \mathcal{D} \wedge i \in t \wedge (j \in t_i \Leftrightarrow i <_\mathcal{I} j)\}$*

Une base de données projetée suivant l'item i correspond donc tout simplement aux transactions contenant i où tous les items inférieurs à i ont été supprimés. Bien sûr, il est aussi possible de réduire une base de données projetée $\mathcal{D}^{(i)}$ pour donner $\mathcal{D}_\gamma^{(i)}$. La table 2 explicite les 6 bases de données projetées correspondant aux 6 items fréquents de $\mathcal{D}$ (voir la table 1).

A. Soulet

Procédure avec projection   Comme annoncé dans la section 2, nous allons ajouter une étape de tirage avec les bases de données projetées. Plus précisément, il suffit de tirer une base de données projetée $\mathcal{D}_\gamma^{(i)}$ proportionnellement au nombre d'occurrences quelle contient, puis d'y tirer un itemset Y comme suffixe pour former le motif $\{i\} \cup Y$. Admettons que la base de données projetée $\mathcal{D}_\gamma^{(C)}$ soit tirée, on pourra alors échantillonner soit le motif $\emptyset$, soit le motif F pour former au final C ou CF. Il est clair que l'élimination des items D, E, G et H empêche de tirer des motifs qui aurait été tirés avec $\mathcal{S}_{\mathsf{freq}}(\mathcal{L}, \mathcal{D}_\gamma)$ (comme CD, CDE, etc). L'algorithme 1 retourne un motif fréquent par rapport à γ qui a été échantillonné dans $\mathcal{D}$ selon la fréquence. Naturellement, cette procédure prend en entrée le jeu de données $\mathcal{D}$ et le seuil minimal de fréquence γ. De plus, par généricité, elle prend aussi en argument une méthode d'échantillonnage suivant la fréquence dans un jeu de données $\mathcal{D}$ (sans considérer de contrainte de fréquence). Dans nos expérimentations, nous utilisons par exemple la procédure aléatoire en deux étapes proposée par Boley et al. (2011).

Algorithm 1 Procédure avec projection de tirage de motifs sous contrainte de fréquence

---

Input: Une base de données $\mathcal{D}$, un seuil minimal de fréquence γ et une procédure $\mathcal{S}_{\mathsf{freq}}$ d'échantillonnage de motifs suivant la fréquence (sans contrainte)

Output: Un itemset X tiré aléatoirement suivant la fréquence tel que $\mathsf{freq}(X, \mathcal{D}) \geq \gamma$

1: Soit $\omega(i) := \sum_{t \in \mathcal{D}_\gamma^{(i)}} 2^{|t|}$ pour tout $i \in \mathcal{I}$

2: Soit $\Omega := |\mathcal{D}| + \sum_{i \in \mathcal{I}} \omega(i)$

3: **repeat**

4:    Tirer uniformément un entier u entre 1 et Ω : $u \sim \mathsf{unif}(\{1, \ldots, \Omega\})$

5:    **if** $u \leq |\mathcal{D}|$ **then return** $\emptyset$

6:    Tirer un item i proportionnellement à ω : $i \sim \omega(\mathcal{I})$

7:    Tirer un itemset suffixe Y dans $\mathcal{D}_\gamma^{(i)}$ suivant la fréquence : $Y := \mathcal{S}_{\mathsf{freq}}(\mathcal{L}, \mathcal{D}_\gamma^{(i)})$

8:    $X := \{i\} \cup Y$

9: **until** $\mathsf{freq}(X, \mathcal{D}) \geq \gamma$

10: **return** X

Les lignes 1 et 2 initialisent la procédure en faisant un prétraitement qui peut être effectué une seule fois pour échantillonner plusieurs motifs. Il consiste à calculer le nombre d'occurrences présentes dans chacune des bases de données projetées $\mathcal{D}_\gamma^{(i)}$ où i est un item (ligne 1). On notera que $\omega(i) = 0$ si l'item i n'est pas fréquent car $\mathcal{D}_\gamma^{(i)}$ est vide. Ensuite, ces valeurs sont immédiatement exploitées à la ligne 2 pour calculer Ω qui est le nombre d'occurrences contenues dans la base de données $\mathcal{D}$ (i.e., les $|\mathcal{D}|$ occurrences de l'ensemble vide plus les occurrences contenues dans chacune des bases projetées). L'échantillonnage effectif d'un motif X est réalisé entre les lignes 4 et 8 imbriquées dans une boucle qui se répète tant que la fréquence de X est inférieure au seuil minimal de fréquence γ (condition de la ligne 9). Chaque répétition correspond donc au rejet d'un motif. Pour commencer, la ligne 4 tire un entier u entre 1 et Ω. Si cet entier u est inférieur à la cardinalité de la base de données $\mathcal{D}$, la ligne 5 retourne l'ensemble vide comme motif. Sinon, les lignes 6 à 8 s'appuient sur les bases de données projetées pour construire un motif X. Pour cela, la ligne 6 tire un item correspondant à la base de données projetée choisie aléatoirement en faisant un tirage proportionnel au poids ω. La ligne 7 tire alors un itemset Y dans la base de données projetée $\mathcal{D}_\gamma^{(i)}$ en utilisant la procédure $\mathcal{S}_{\mathsf{freq}}$. Enfin, le motif X est composé de i suivi de l'itemset Y comme suffixe (ligne 8).

Analyse théorique L'algorithme 1 propose une procédure de tirage aléatoire exact :

Théorème 1 (Justesse de l'algorithme 1) *Soient une base de données $\mathcal{D}$, un seuil minimal de fréquence γ et une procédure $\mathcal{S}_{\text{freq}}$ d'échantillonnage de motifs suivant la fréquence, l'algorithme 1 retourne un itemset X tiré aléatoirement suivant la fréquence tel que $\text{freq}(X, \mathcal{D}) \geq \gamma$.*

Ce résultat découle de la propriété 2 au niveau de la ligne 7 et les motifs non-fréquents éliminés diminuent le rejet sans remettre en cause la justesse conformément à la propriété 1. Comme indiqué dans la section 3.1, la relation d'ordre total sur les items $<_\mathcal{I}$ est arbitraire et elle n'a pas d'impact sur la justesse de l'algorithme. En revanche, il est judicieux de choisir une relation $<_\mathcal{I}$ énumérant les items du plus rare au plus fréquent afin de minimiser le nombre d'occurrences dans chacune des bases de données projetées. Cette même heuristique est utilisée dans les méthodes d'énumération de motifs en profondeur (Han et al., 2000). Quel que soit $<_\mathcal{I}$, il est clair que le taux de rejet de l'algorithme 1 est inférieur à celui de $\mathcal{R}_\gamma(\mathcal{S}_{\text{freq}}, \mathcal{L}, \mathcal{D}_\gamma)$:

Propriété 3 *Le taux de rejet de la procédure avec projection (algorithme 1) est inférieur à celui de la procédure avec suppression des items non-fréquents ($\mathcal{R}_\gamma(\mathcal{S}_{\text{freq}}, \mathcal{L}, \mathcal{D}_\gamma)$) :*

$$1 - \frac{\sum_{X \in \mathcal{L}} \text{freq}_\gamma(X, \mathcal{D})}{|\mathcal{D}| + \sum_{i \in \mathcal{I}} \sum_{t \in \mathcal{D}_\gamma^{(i)}} 2^{|t|}} \leq 1 - \frac{\sum_{X \in \mathcal{L}} \text{freq}_\gamma(X, \mathcal{D})}{\sum_{t \in \mathcal{D}_\gamma} 2^{|t|}}$$

En plus d'avoir un bon taux de rejet, l'algorithme 1 satisfait à nouveau nos deux exigences initiales. Même si l'application d'une projection et d'une réduction pour chacun des items fréquents de $\mathcal{I}$ alourdit le prétraitement par rapport à la procédure $\mathcal{R}_\gamma(\mathcal{S}_{\text{freq}}, \mathcal{L}, \mathcal{D}_\gamma)$, le coût reste raisonnable même pour les bases de données les plus larges (respect de la contrainte C1). L'utilisation exclusive d'opérations sur la base de données $\mathcal{D}$ permet à nouveau l'utilisation de $\mathcal{S}_{\text{freq}}$ (respect de la contrainte C2).

5   Expérimentations

Cette étude expérimentale évalue les performances de notre approche d'échantillonnage de motifs sous contrainte de fréquence en analysant l'évolution du taux de rejet et du volume de données selon le seuil minimal de fréquence.

Nous utilisons 16 bases de données de référence provenant du UCI Machine Learning repository et du FIMI repository dont la taille et la densité sont variées (voir leurs caractéristiques dans la table 3). Nous comparons 3 méthodes s'appuyant toutes sur la procédure en deux étapes de Boley et al. (2011) pour $\mathcal{S}_{\text{freq}}$: la procédure naïve $\mathcal{R}_\gamma(\mathcal{S}_{\text{freq}}, \mathcal{L}, \mathcal{D})$ (Naive), la procédure avec suppression des items non-fréquents $\mathcal{R}_\gamma(\mathcal{S}_{\text{freq}}, \mathcal{L}, \mathcal{D}_\gamma)$ (Del) et la procédure avec projection de l'algorithme 1 (Proj). Les méthodes sont implémentées avec le langage Java. Le code source est disponible en ligne [1]. Toutes les expériences sont réalisées sur un processeur Xeon de 2,5 GHz avec le système d'exploitation Linux et 2 Go de mémoire RAM. Même si nous ne reportons pas les temps d'exécution du prétraitement (tous inférieurs à la minute), ils sont proportionnels au volume de données étudié ci-après. De même, le temps d'exécution du tirage d'un motif dépend du temps de tirage de la procédure $\mathcal{S}_{\text{freq}}$ utilisée et du nombre de rejets $1/(1 - \rho_{\gamma,\mathcal{D}})$ où $\rho_{\gamma,\mathcal{D}}$ est le taux de rejet. Pour calculer $\rho_{\gamma,\mathcal{D}}$, nous utilisons la propriété 1 avec

---

1. https://github.com/asoulet/egc23freqsamp

Base de données $\mathcal{D}$	$|\mathcal{D}|$	$|\mathcal{I}|$	AUC Naive	AUC Del	AUC Proj	Taille Proj
abalone	4 177	28	0.886	0.216	0.081	4.
austral	690	55	0.97	0.561	0.24	7.
chess	3 196	75	0.974	0.931	0.835	18.
cmc	1 473	28	0.941	0.452	0.13	4.5
connect	67 557	129	0.975*	0.945*	0.872*	21.
crx	690	59	0.971	0.589	0.254	7.46
hypo	3 163	47	0.942	0.526	0.299	8.7
iris	150	15	0.778	0.133	0.008	2.
mushroom	8 124	119	0.973	0.603	0.271	11.
page	941	35	0.962	0.376	0.122	5.
pumsb	49 046	7 117	0.975*	0.948*	0.911*	36.5
retail	88 162	16 470	0.975	0.052	0.001	7.89
sick	2 800	58	0.957	0.589	0.353	10.72
T40I10D100K	97 182	999	0.975	0.16	0.	20.21
vehicle	846	58	0.973	0.352	0.17	9.
waveform	5 000	67	0.975	0.3	0.184	10.5
Moyenne :			0.950	0.483	0.296	

TAB. 3 – AUC du taux de rejet et taille pour 16 bases de données (*dénote des valeurs qui sont des approximations surévaluées)

$\gamma = 0$ sur $\mathcal{D}$ pour **Naive** et avec $\gamma = 0$ sur $\mathcal{D}_\gamma$ pour **Del**, et nous nous appuyons sur la partie gauche de la propriété 3 pour **Proj**.

La table 3 (colonnes 4 à 6) donne l'aire sous la courbe (AUC) du taux de rejet pour les 16 bases de données. L'aire sous la courbe du taux de rejet correspond à l'aire sous une courbe du taux de rejet tracé en fonction du seuil minimal de fréquence [2]. Par exemple, la figure 1 détaille l'évolution du taux de rejet en fonction du seuil minimal de fréquence pour 4 bases de données : abalone, chess, mushroom et sick. Plus l'AUC est faible, plus la méthode est efficace car le rejet est minimisé. Premièrement, nous observons d'abord que la méthode naïve n'est pas exploitable en pratique avec un taux de rejet toujours très élevé et une moyenne de 0.950. Plus précisément, l'AUC du taux de rejet est toujours supérieure à 0.778. Deuxièmement, la procédure **Del** diminue énormément le taux de rejet lorsque le seuil γ est élevé ce qui explique des AUC raisonnables avec une moyenne de 0.483. Mais, en observant les variations du taux de rejet, on constate que la méthode est inefficace pour les seuils minimaux de fréquence peu élevés. Dans cette configuration, il n'y a plus d'items qui sont supprimés. Clairement, la procédure **Proj** parvient davantage à conserver un taux de rejet faible pour ces seuils donnant une AUC moyenne du taux de rejet de 0.296. Ce phénomène s'observe bien sur les différents graphiques de la figure 1. En particulier, pour mushroom, le taux de rejet de **Del** remonte rapidement dès que $\gamma = 0.6$ tandis que la méthode **Proj** résiste mieux. Il y a aussi des gains plus marginaux pour les seuils de fréquence élevés comme pour sick autour de 0.9.

Pour la procédure **Proj**, la table 3 présente le volume maximal pour les différentes bases

---

2. Ce calcul nécessite de disposer du nombre d'occurrences complet pour un seuil minimal γ. Comme il n'a pas été possible de calculer ce nombre pour les seuils les plus faibles pour connect et pumsb, le taux de rejet a été surévalué en utilisant le nombre d'occurrences le plus élevé extrait.

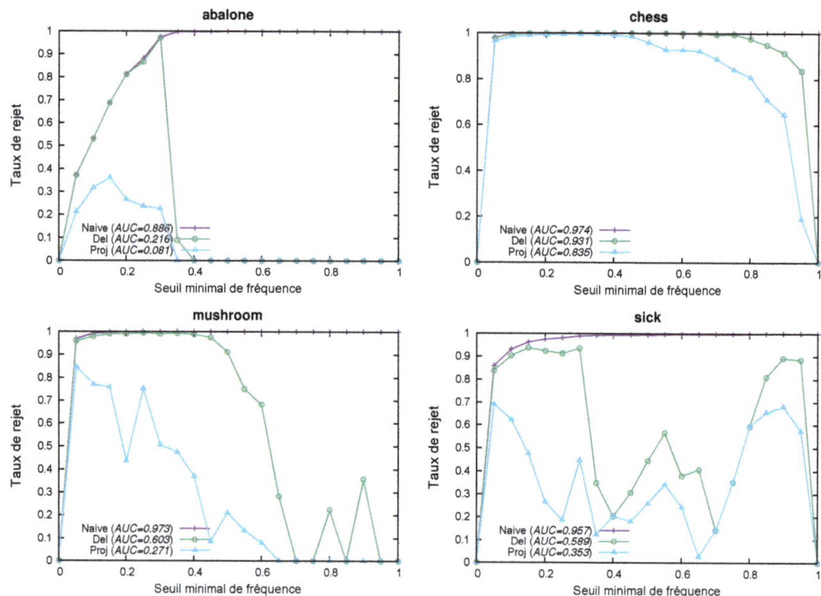

FIG. 1 – Evolution du taux de rejet en fonction du seuil minimal de fréquence γ

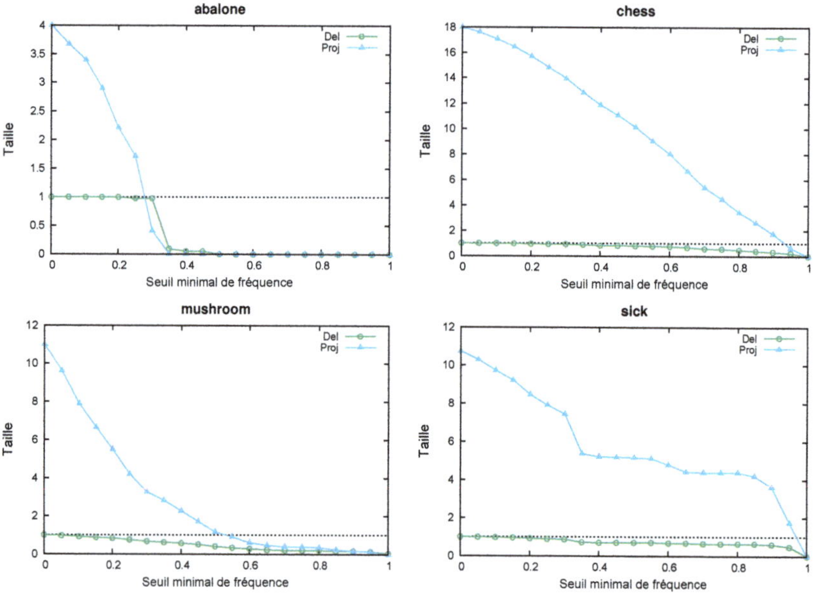

FIG. 2 – Evolution du volume de données en fonction du seuil minimal de fréquence γ

de données (i.e., pour $\gamma = 0$ même si l'intérêt d'une contrainte est plutôt de viser un seuil supérieur à 0). Plutôt que de mesurer la mémoire vive dépendant de l'implémentation, ce volume est donné en nombre de fois le volume de la base de données initiale. Il est à noter que ce volume maximal pour Naive et Del est non-reporté car toujours égal à 1. Au pire, ce volume est 37 fois supérieur au volume initial montrant que le stockage des différentes bases projetées est faisable même sur des grands jeux de données. Par ailleurs, dès que le seuil minimal de fréquence augmente, ce volume décroit rapidement comme nous pouvons l'observer sur la figure 2 détaillant l'évolution en fonction de γ pour 4 bases de données. Occasionnellement, le volume de données pour Proj est moins important que pour la procédure Naive (e.g., sur abalone pour $\gamma \geq 0.30$ ou sur mushroom pour $\gamma \geq 0.55$). Sur ces graphiques, on peut aussi noter que la procédure Del est très avantageuse par rapport à la procédure Naive. C'est par exemple le cas sur abalone pour $\gamma \geq 0.35$. Au final, le volume de données n'est pas une limite forte empêchant l'utilisation de la procédure Proj.

6 Conclusion

Cet article propose la première méthode d'échantillonnage de motifs avec une contrainte de fréquence. Pour cela, nous avons repris des mécanismes bien connus de l'extraction de motifs fréquents en prenant garde à ne pas matérialiser une collection de motifs et en conservant une procédure d'échantillonnage traditionnelle. Les expérimentations soulignent l'intérêt de l'approche pour réduire significativement le taux de rejet par rapport à une approche naïve ou limitée à la seule suppression des items non-fréquents. Ces résultats montrent qu'il est désormais possible d'appliquer l'échantillonnage de motifs avec une contrainte de fréquence minimale. Nous pensons que la levée de cette limite (souvent et légitimement entendue comme critique) augmentera l'intérêt pratique de l'échantillonnage de motifs.

En perspective, il serait intéressant d'étudier l'impact de l'ajout d'une étape supplémentaire de projection des bases projetées lorsque le taux de rejet reste trop élevé. Cela permettrait d'éliminer des itemsets non-fréquents de taille 3 manqués par notre méthode. De plus, notre méthode dédiée au langage des itemsets et à la fréquence peuvent s'étendre plus ou moins facilement à d'autres configurations. La généralisation à d'autres langages comme les séquences ou les graphes semble plutôt naturelle. En effet, des approches d'extraction de motifs fréquents ont déjà bénéficié de la réduction et de la projection de bases de données. En revanche, il sera plus compliqué de généraliser cette approche à toute mesure d'intérêt en remplacement de la fréquence (que cela soit au niveau de la probabilité de tirage ou de la contrainte). En première approche, nous pensons qu'il est possible d'étendre l'approche pour l'échantillonnage de motifs suivant les mesures fondées sur la longueur (Diop et al., 2022).

Références

Agrawal, R., T. Imieliński, et A. Swami (1993). Mining association rules between sets of items in large databases. In *Proceedings of the 1993 ACM SIGMOD*, pp. 207–216.

Agrawal, R., R. Srikant, et al. (1994). Fast algorithms for mining association rules. In *Proc. 20th int. conf. very large data bases, VLDB*, Volume 1215, pp. 487–499. Santiago, Chile.

Al Hasan, M. et M. J. Zaki (2009). Output space sampling for graph patterns. *Proceedings of the VLDB Endowment 2*(1), 730–741.

Boley, M., C. Lucchese, D. Paurat, et T. Gärtner (2011). Direct local pattern sampling by efficient two-step random procedures. In *Proceedings of the 17th ACM SIGKDD international conference on Knowledge discovery and data mining*, pp. 582–590.

Bonchi, F., F. Giannotti, A. Mazzanti, et D. Pedreschi (2003). Exante : Anticipated data reduction in constrained pattern mining. In *European Conference on Principles of Data Mining and Knowledge Discovery*, pp. 59–70. Springer.

Bosc, G., J.-F. Boulicaut, C. Raïssi, et M. Kaytoue (2018). Anytime discovery of a diverse set of patterns with monte carlo tree search. *Data mining and knowledge discovery 32*(3), 604–650.

Diop, L., C. T. Diop, A. Giacometti, D. Li, et A. Soulet (2018). Sequential pattern sampling with norm constraints. In *2018 IEEE International Conference on Data Mining (ICDM)*, pp. 89–98. IEEE.

Diop, L., C. T. Diop, A. Giacometti, et A. Soulet (2022). Pattern on demand in transactional distributed databases. *Information Systems 104*, 101908.

Dzyuba, V., M. van Leeuwen, et L. De Raedt (2017). Flexible constrained sampling with guarantees for pattern mining. *Data Mining and Knowledge Discovery 31*(5), 1266–1293.

Giacometti, A. et A. Soulet (2016). Anytime algorithm for frequent pattern outlier detection. *International Journal of Data Science and Analytics 2*(3), 119–130.

Giacometti, A. et A. Soulet (2017). Interactive pattern sampling for characterizing unlabeled data. In *International Symposium on Intelligent Data Analysis*, pp. 99–111. Springer.

Han, J., J. Pei, et Y. Yin (2000). Mining frequent patterns without candidate generation. *ACM sigmod record 29*(2), 1–12.

Leeuwen, M. v. (2014). Interactive data exploration using pattern mining. In *Interactive knowledge discovery and data mining in biomedical informatics*, pp. 169–182. Springer.

Mannila, H. et H. Toivonen (1997). Levelwise search and borders of theories in knowledge discovery. *Data mining and knowledge discovery 1*(3), 241–258.

Ng, R. T., L. V. Lakshmanan, J. Han, et A. Pang (1998). Exploratory mining and pruning optimizations of constrained associations rules. *ACM Sigmod Record 27*(2), 13–24.

Pei, J., J. Han, B. Mortazavi-Asl, J. Wang, H. Pinto, Q. Chen, U. Dayal, et M.-C. Hsu (2004). Mining sequential patterns by pattern-growth : The prefixspan approach. *IEEE Transactions on knowledge and data engineering 16*(11), 1424–1440.

Summary

Pattern sampling is a recent technique for discovering patterns that promotes interactivity with the user. Its principle is to randomly draw a pattern in proportion to its interestingness. Unfortunately, the draws can focus on a part of the search space with non-frequent but extremely numerous patterns. It would be possible to sample patterns and eliminate those that are not frequent, but the rejection rate is often too high. In this paper, we propose the first pattern sampling method with a minimum frequency constraint. It is based on (i) the deletion of the non-frequent items and (ii) the projection of the database on each item. We propose a generic method that removes all occurrences containing a non-frequent pair of items. Our experiments show that our method significantly reduces the rejection rate.

Comment rendre les GNN plus équitables pour la prédiction de liens ?

M. Choudhary *, A. Gourru*, C. Laclau**, C. Largeron*

* Laboratoire Hubert Curien UMR5516, UJM-Saint-Etienne, CNRS, IOGS,
Université de Lyon, F-42023 St-Etienne, France
prenom.nom@univ-st-etienne.fr
** LTCI, Télécom Paris, Institut Polytechnique de Paris
charlotte.laclau@telecom-paris.fr

Résumé. L'équité algorithmique a suscité un grand intérêt dans la communauté de l'apprentissage automatique et plus récemment dans le domaine des données relationnelles représentées sous forme de graphe. Dans cet article, nous abordons le problème de l'apprentissage de représentations équitables des noeuds d'un graphe, en se concentrant plus spécifiquement sur l'équité dyadique pour la tâche de prédiction de liens dans des graphes attribués. Nous avons conçu un modèle qui, étant donné des paires de nœuds avec un attribut protégé/sensible, apprend une représentation basée sur le principe du Variationnal Information Bottleneck (Alemi et al., 2017) en utilisant un Graph Neural Network (GNN) comme encodeur. Le modèle proposé permet d'apprendre simultanément des plongements de nœuds non linéaires reflétant la structure du graphe, tout en contrôlant explicitement le niveau d'équité. Les expériences menées sur plusieurs jeux de données du monde réel ont confirmé la capacité de la méthode à maintenir une haute précision sur la tâche de prédiction de liens tout en réduisant significativement le biais.

1   Introduction

De nos jours, un nombre croissant de tâches sont exécutées ou assistées par des algorithmes d'apprentissage automatique ("machine learning", ou ML). Dans ce contexte, il est important de contrôler que les décisions prises ou assistées par ces algorithmes sont équitables. Prenons l'exemple de l'analyse automatique de demandes d'emploi. Dans ce cas, *équitable* peut avoir différentes significations. D'une part, on s'attend à ce que la recommandation faite par l'algorithme soit indépendante de certains attributs sensibles des candidats, par exemple, leur sexe ou leur origine ethnique ; ce type d'équité est appelé équité de groupe dans la littérature. D'autre part, nous voudrions également que la recommandation reste équitable d'un point de vue individuel, c'est-à-dire que deux candidats ayant des compétences similaires devraient obtenir une décision similaire.

Dans cet article, nous nous intéressons principalement à la notion d'équité dyadique (Li et al., 2021) ; ce qui signifie que nous nous attendons à ce que la probabilité d'un lien entre deux nœuds soit la même, qu'ils présentent ou pas la même valeur pour un attribut sensible.

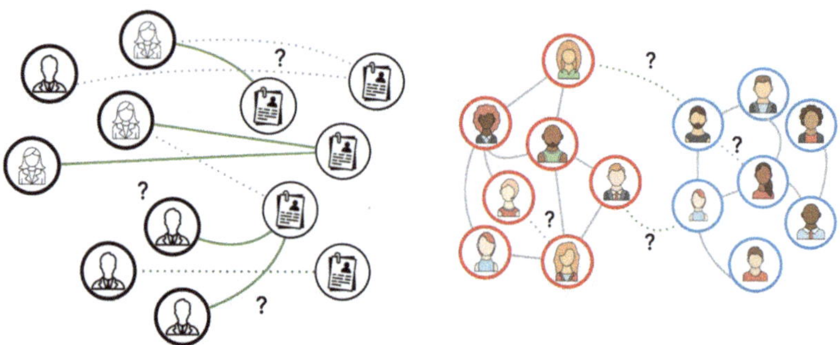

FIG. 1 – Exemples de prédiction de liens sensibles à la non-équité : recommandation d'emploi et réseaux sociaux polarisés

Par exemple, dans un réseau social de blogueurs où l'inclinaison politique peut être considérée comme un attribut protégé, nous aimerions, notamment, pour éviter la formation de bulles en ligne et la polarisation, que le modèle de prédiction ne favorise pas seulement les liens entre les personnes ayant la même idéologie politique, même si elles sont plus susceptibles d'être connectées dans un réseau homophilique, comme illustré en fig. 1. De même, la prédiction de lien étant largement utilisé dans des systèmes de recommandation, il est nécessaire que la prédiction soit indépendante du genre au moment de recommander une offre d'emploi à des personnes en recherche d'emploi.

En ML, l'équité peut être prise en compte à différentes étapes du processus de décision : pendant le pré-traitement des données, en intégrant des contraintes ou des pénalités dans le modèle d'apprentissage lui-même, ou par un post-traitement qui débiaise directement la sortie du modèle (Mehrabi et al., 2021). En outre, l'importance majeure de l'apprentissage de représentation en ML ces dernières années a conduit aussi à l'apprentissage de représentation équitable, qui peut être considéré comme une étape entre le pré-traitement des données et l'entraînement du modèle lui-même. Par exemple, Zemel et al. (2013) ont proposé l'un des premiers algorithmes d'apprentissage de représentation pour la classification qui garantit à la fois l'équité individuelle et de groupe. Dans le même esprit, des techniques de régularisation adversariale (adversarial regularization) ont été introduites pour apprendre directement des représentations équitables (Madras et al. (2018)). Bien que ces solutions se soient avérées efficaces pour atténuer les biais algorithmiques potentiels, elles ont toutes été conçues pour des données indépendantes et identiquement distribuées. Or, dans cet article, nous nous intéressons aux données modélisées sous la forme de graphes qui sont devenus omniprésents pour décrire des structures complexes dans lesquelles cette propriété n'es pas vérifiée en général.

L'équité dans le contexte des données représentées par un graphe est un domaine de recherche émergent. À notre connaissance, la première contribution dans ce domaine a été proposée par Rahman et al. (2019), qui a étendu l'algorithme populaire Node2vec (Grover et Leskovec, 2016) en modifiant la procédure de marche aléatoire originale pour atteindre l'équité. Un inconvénient de cet algorithme est qu'il ne fonctionne pas dans le cas d'une forte dépendance de la structure communautaire du graphe à l'attribut sensible : en explorant le voisinage de chaque nœud, l'algorithme trouvera des nœuds ayant le même attribut sensible. Il en résultera une représentation biaisée vers un attribut particulier qui sera facilement identifié lors de l'étape de prédiction. De même, DeBayes (Buyl et Bie, 2020) adopte un modèle bayésien où l'information sensible est modélisée dans la distribution a priori. Buyl et Bie (2021) ont aussi proposé un cadre pour les modèles de représentation probabilistes, intégrant un terme de régularisation de l'équité basé sur la théorie de l'information. Dans Bose et Hamilton (2019), contrairement aux méthodes précédentes, les auteurs définissent un cadre adversarial générique permettant de filtrer a posteriori les informations sensibles des représentations. Cependant, cette approche ne peut garantir qu'une classification équitable des nœuds. Enfin, `FairGNN` (Dai et Wang, 2021) est une approche contrastive basée sur les Graph Neural Networks (GNN) qui se concentre sur la tâche de classification équitable des nœuds, traitant donc de l'équité au niveau individuel. D'autres méthodes Laclau et al. (2021); Li et al. (2021) entrent dans la catégorie des méthodes de prétraitement (débiaiser le graphe original) qui garantissent que l'entrée est sans biais mais qui ne sont pas capables de contrôler les biais potentiels qui peuvent apparaître lors de l'apprentissage des plongements des nœuds dans l'espace vectoriel.

Dans cet article, nous introduisons une approche nommée LEarning FAir Variational Embedding (`LEAVE`), capable d'inférer des représentations équitables des nœuds pour la tâche de prédiction des liens. `LEAVE` est un modèle qui ne repose pas sur un algorithme spécifique de représentation de nœuds comme beaucoup d'autres (Rahman et al., 2019; Buyl et Bie, 2020). De plus, l'architecture proposée pour l'apprentissage de représentation exploite l'aspect relationnel des graphes, à la fois pour apprendre les représentations et pour résoudre la tâche de prédiction de liens, tout en tenant compte des biais potentiels. De cette façon, notre méthode permet de contrôler explicitement l'équilibre entre la précision en prédiction de liens et la réduction du biais.

Notre contribution est triple : (1) nous proposons un modèle dérivé du principe du VIB (Variational Information Bottleneck, Alemi et al. (2017)), intégrant un double objectif : atténuer à la fois l'équité dyadique et le biais au niveau de la représentation, (2) nous implémentons ce modèle sur deux architectures différentes de GNN et, (3) nous démontrons expérimentalement son utilité sur plusieurs graphes du monde réel. Dans la section 2, nous définissons notre modèle `LEAVE` qui prend en compte simultanément la précision de la prédiction des liens et l'équité. Nous évaluons notre modèle sur différents jeux de données et présentons les résultats dans la section 3. Nous concluons ensuite en section 4.

2 Plongement variationnel équitable de noeuds

Nous considérons un réseau représenté par un graphe non orienté et non pondéré $G = (V, E)$, où V est l'ensemble de n sommets et E, l'ensemble de m arêtes observées. y est une fonction indicatrice des liens définie pour chaque paire de nœuds $(u, v) \in V \times V$ telle que $y_{u,v} = 1$ s'il existe un lien entre u et v et $y_{u,v} = 0$ sinon. En outre, nous supposons l'existence de A, un attribut sensible catégoriel qui attribue une valeur appartenant à $\{0, \cdots, l\}$ à chaque nœud du graphe. Par exemple, dans un réseau social où les arêtes représentent les interactions entre individus, A peut être le sexe ou le continent d'origine de chaque nœud. En outre, nous définissons s, un indicateur d'information sensible pour chaque paire de nœuds (u, v) tel que $s_{u,v} = 1$ si les nœuds u et v ont des valeurs d'attributs sensibles similaires, c'est-à-dire lorsque $A_u = A_v$ et, $s_{u,v} = 0$ s'ils n'ont pas la même valeur d'attribut sensible, c'est-à-dire lorsque $A_u \neq A_v$.

Nous nous concentrons sur la prédiction d'arête, où l'objectif est d'identifier les paramètres de $p(y_{u,v}|u,v)$. À cette fin, nous apprenons des représentations, ou plongements, équitables des nœuds dans un espace vectoriel de représentation à d dimensions, notées z, avec z_u la représentations du nœud u. Nous nous attendons à ce que ces représentations satisfassent les propriétés suivantes :

[**P1**] Les représentations doivent permettre de prédire l'existence d'arêtes entre les nœuds.

[**P2**] Les représentations doivent être indépendantes de l'attribut sensible A.

2.1   Fonction objectif de **LEAVE**

Notre objectif est d'apprendre des représentations de nœuds satisfaisant les propriétés [**P1**] et [**P2**]. Pour ce faire, nous considérons les deux problèmes simultanément. D'une part, nous voulons prédire correctement l'existence d'un lien entre deux nœuds et d'autre part, nous voulons échouer à prédire l'attribut sensible des nœuds. Nous concevons une fonction objectif permettant de rechercher un compromis entre la précision de la prédiction des arêtes et l'équité dyadique. Nous définissons la fonction objectif suivante à maximiser, qui étend l'approche du goulot d'information (Information Bottleneck, Tishby et al. (2000)) :

$$\mathcal{L}_{IB} = (1 - \alpha)I((z_u, z_v), y_{uv}) - \alpha I((z_u, z_v), s_{uv}) - \beta I((z_u, z_v), (x_u, x_v)), \qquad (1)$$

où I est l'information mutuelle, x_u et x_v sont les représentations initiales des noeuds, $\alpha \in [0, 1]$ et $\beta \geq 0$ sont deux hyperparamètres du modèle. Les représentations initiales x_u et x_v sont issues d'un encodeur entraînés simultanément (voir le dernier paragraphe de la sous-section 2.2 au sujet de cette représentation initiale). Dans cet article, nous utilisons deux architectures GNN.

Décomposons cette fonction objectif : (1) Le premier terme évalue la dépendance entre les représentations Z et la vraie fonction de lien y. Ce terme permet de préserver l'information relationnelle en encodant la structure du graphe ; (2) le deuxième terme quantifie la dépendance entre les représentations Z et l'attribut sensible s, qu'on cherche à minimiser : c'est à dire qu'on construit des représentations pour "oublier" l'information sensible ; (3) le troisième terme évalue la dépendance entre les représentations z_u et z_v des nœuds u et v et leurs représentations initiales qui doivent être réduites pour compresser au maximum l'information.

De plus, l'information mutuelle permet d'incorporer une certaine forme d'incertitude/variance dans la fonction objectif, qui a plusieurs avantages en apprentissage de représentations (Oh et al., 2018; Gourru et al., 2020). Dans le contexte de l'apprentissage de représentations de graphes équitables, nous nous attendons, et montrons dans nos expériences, que l'apprentissage d'une mesure de variance peut réduire le biais des représentations. Notre intuition est que l'ajout d'une part d'aléatoire permet de prédire des liens *inattendus* pour les graphes qui démontrent de l'homophilie, c'est-à-dire de prédire des liens entre des nœuds ayant des attributs sensibles différents. En résumé, α contrôle le compromis entre [**P1**] et [**P2**], lorsque $\alpha = 0$ le modèle se concentre uniquement sur la structure du graphe, alors que lorsque $\alpha = 1$ le modèle se concentre sur l'équité dyadique, indépendamment de la structure originale du graphe.

2.2 Borne et Optimisation de LEAVE

Les représentations probabilistes des noeuds sont apprises en maximisant l'équation (1). Cependant, le calcul de l'information mutuelle est généralement difficile, c'est pourquoi nous utilisons l'approximation variationnelle proposée par (Alemi et al., 2017), qui permet d'obtenir une borne inférieure de l'équation (1), qui devient :

$$\mathcal{L}_{VIB} = \mathbb{E}_{z_u \sim p(z_u|x_u), z_v \sim p(z_v|x_v)} \left[(1-\alpha)\mathbb{L}_{y_{uv}} - \alpha\mathbb{L}_{s_{uv}} \right] - \beta KL(p(z|x)||r(z)) \quad (2)$$

où $p(z|x)$ est la distribution conditionnelle latente de z dont les paramètres sont appris (l'encodeur), et $r(z)$ est un terme marginal qui est généralement fixé à une distribution gaussienne unitaire $\mathcal{N}(0, I)$. Dans cette équation, les deux premiers termes sont les log-vraisemblance négative par rapport aux liens observés y et aux attributs sensibles s. Enfin, le troisième terme correspond à l'aspect compressif du modèle et prend la forme d'une régularisation de Kullback-Leibler.

Nous présentons ci-dessous les détails du calcul de $\mathbb{L}_{y_{uv}}$ et de $\mathbb{L}_{s_{uv}}$ dans notre contexte, par rapport à y_{uv} et s_{uv}.

Pour calculer $p(y_{uv}|z_u, z_v)$, nous adoptons l'approche contrastive, similairement à (Oh et al., 2018). Nous définissons les paires positives et négatives de noeuds de telle sorte qu'une paire (u, v) est une paire positive si $y_{uv} = 1$, c'est-à-dire si elles sont connectées, et une paire négative si $y_{uv} = 0$, c'est-à-dire si elles ne sont pas connectées. Ensuite, la probabilité qu'un exemple soit positif ou négatif en fonction de y_{uv} est donnée par :

$$p(y_{uv}|z_u, z_v) := \sigma\left(-a||z_u - z_v||_2 + b\right),$$

où a et b sont des paramètres entraînables, s.t. $c > 0$, $d \in \mathbb{R}$ et σ est la fonction sigmoïde $\sigma(t) = \frac{1}{1+e^{-t}}$. Après avoir défini la probabilité $p(y_{uv}|z_u, z_v)$, la vraisemblance contrastive correspondante est donnée par :

$$\mathbb{L}_{y_{uv}} = \begin{cases} \log p\left(y_{uv}|z_u, z_v\right), & \text{si } y_{uv} = 1 \\ \log(1 - p\left(y_{uv}|z_u, z_v\right)), & \text{si } y_{uv} = 0. \end{cases} \quad (3)$$

De la même manière, nous définissons les paires positives et négatives de nœuds par rapport à l'attribut sensible. Une paire positive à pour valeur $s_{uv} = 1$, c'est-à-dire que les nœuds de la paire possèdent le même attribut sensible, et inversement. Ensuite, la probabilité qu'un exemple soit positif ou négatif en fonction de s_{uv} est donnée par :

$$p(s_{uv}|z_u, z_v) := \sigma\left(-c||z_u - z_v||_2 + d\right).$$

La vraisemblance $\mathbb{L}_{s_{uv}}$ est définie similairement qu'en equation 3. En adoptant cette approche, nous minimisons la vraisemblance des observations s, et donc maximisons la perte d'un classifieur probabiliste prédisant la valeur de s. Le fonctionnement est ainsi similaire à une approche adversariale.

Détails de calcul Nous définissons $p(z|x)$ comme étant une gaussienne de dimension d avec une variance diagonale, comme cela a été fait dans (Oh et al., 2018).

Comment rendre les GNN plus équitables pour la prédiction de liens ?

$$z|x \sim \mathcal{N}(f(x), g(x)), \tag{4}$$

où f et g sont des perceptrons multicouches (MLP). Pour optimiser $\mathcal{L}_{min}$, nous reparamétrons $p(z|x)$ ((Kingma et Welling, 2014)), et approximons la vraisemblance avec un échantillonnage de Monte Carlo pour obtenir un flux lisse de gradients. Nous tirons $2k$ échantillons par paires et par époques :

$$z^{(k)} = f(x) + g(x) \odot \epsilon^{(k)}, \text{ avec } \epsilon^{(k)} \sim \mathcal{N}(0,1) \tag{5}$$

Sur la représentation initiale des noeuds LEAVE repose principalement sur la représentation initiale des noeuds. Il peut s'agir de caractéristiques créées à la main, de vecteurs d'adjacence ou de représentations pré-entraînées. Dans ce travail, nous proposons d'utiliser une troisième fonction $x_u = h(u, G)$ dont les paramètres sont entraînés *simultanément*. L'utilisation de ce choix de modélisation rend le modèle général et indépendant de la modélisation initiale des nœuds. Dans nos expériences, nous avons utilisé des architectures GNN standard (Kipf et Welling, 2016; Veličković et al., 2018).

L'architecture globale est décrite en fig. 2.

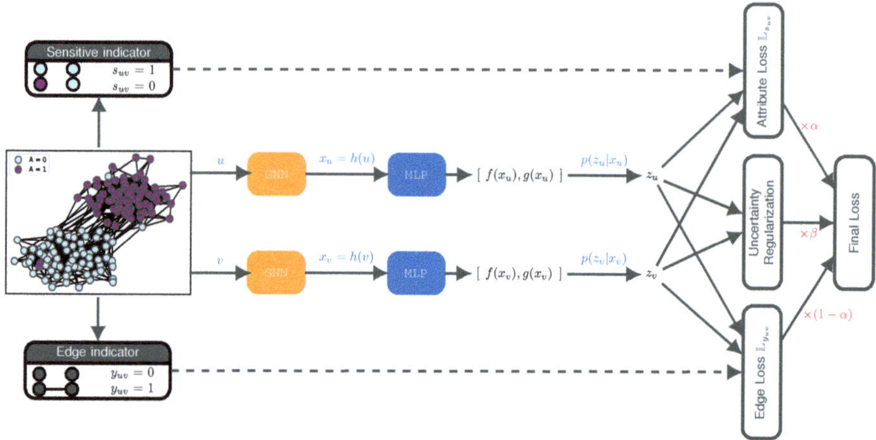

FIG. 2 – Illustration complète de l'architecture de LEAVE

3 Cadre expérimental et résultats

Dans cette section, nous présentons notre cadre expérimental et les résultats obtenus. Nous étudions également dans quelle mesure l'hyper-paramètre α nous permet de contrôler le compromis entre les propriétés **P1** et **P2**. Ces expériences sont menées sur plusieurs ensembles de données de référence dont les caractéristiques figurent dans le tableau 1.

Dans Polblogs (Adamic et Glance, 2005), les nœuds représentent les blogs et les sommets représentent les hyperliens entre deux blogs. Chaque blog est accompagné de la tendance politique que nous considérons comme l'attribut sensible (binaire). Pour LastFM (Rozemberczki

TAB. 1 – Caractéristiques des graphes. #groups : nombre de modalités de l'attribut sensible, r : *fair* mixing coefficient, S : attribut sensible

Dataset	$|V|$	$|E|$	mc	densité	S	#groups
Polblogs (Adamic et Glance, 2005)	$1,490$	$19,090$	0.81	$2e^{-2}$	party	2
LastFM (Rozemberczki et Sarkar, 2020)	$7,624$	$27,806$	0.86	$1e^{-3}$	country	16
Facebook-P (Rozemberczki et al., 2021)	$22,470$	$171,002$	0.82	$7e^{-4}$	page-type	4

et Sarkar, 2020), les noeuds représentent les utilisateurs et les arêtes représentent les relations mutuelles de "followers" entre les utilisateurs. L'attribut sensible est le pays de l'utilisateur. La distribution de ces modalités est très déséquilibrée, c'est pourquoi nous ne considérons que les modalités avec plus de 150 nœuds, ce qui donne au final 11 modalités pour l'attributs sensible. Dans Facebook-P (Rozemberczki et al., 2021), les nœuds correspondent aux pages Facebook et une arête aux "likes" mutuels entre les pages. Le type de page est traité comme l'attribut sensible.

Pour évaluer le biais potentiel déjà présent dans les graphes utilisés, nous proposons de regarder de plus près le coefficient de mélange ("mixing coefficient") par rapport à l'attribut protégé. Le coefficient de mélange, dans l'analyse des réseaux sociaux, permet d'évaluer la tendance des nœuds à se connecter avec d'autres ayant des attributs similaires (Newman, 2003). Le mélange assortatif est lié à l'homophilie et ce coefficient s'est révélé être un indicateur fort de la ségrégation dans les réseaux en ligne et hors ligne (Hofstra et al., 2017). Nous l'adaptons dans le contexte de l'équité dyadique, et il est désigné par mc dans le tableau 1. Le coefficient mc se situe dans $[-1, 1]$, où 1 correspond au cas parfaitement assortatif, c'est-à-dire que les nœuds ayant la même valeur pour A se connectent exclusivement entre eux ; -1 correspond au cas dissortatif, c'est-à-dire que les nœuds se connectent uniquement avec les nœuds ayant une valeur différente pour A. Dans notre contexte, un graphe *équitable* a un coefficient de mélange de 0. Dans ce qui suit, nous utiliserons également ce critère pour réduire la recherche sur grille des hyperparamètres. Pour les trois jeux de données, nous constatons que mc est élevé, LastFM étant la structure la plus biaisée à cet égard. Une implication directe de cette remarque est que l'on peut s'attendre à ce que, dans ces cas, l'imposition d'une contrainte d'équité dans le processus d'apprentissage entraîne une baisse de la précision de la prédiction de liens.

3.1 Mesures d'évaluation

Biais de représentation (RB)   Proposée à l'origine par (Bose et Hamilton, 2019), puis formalisée par (Buyl et Bie, 2020), la mesure RB évalue le biais des représentations de nœuds, en considérant l'attribut protégé A comme variable cible. Étant donné les vecteurs de représentation des nœuds en entrée, le RB calcule la moyenne pondérée des scores AUC un-contre-un obtenus à partir de la sortie $\mathbb{P}_h(a, z_v)$ d'un classificateur h entraîné à prédire l'attribut protégé A. En définissant par $V_a = \{v | A_v = a\}$ l'ensemble des nœuds prenant la valeur a pour l'attribut protégé A, on rappelle que $A_u \in \{0, .., \ell\}$ le score RB est donné par

$$RB = \sum_{a=0}^{\ell} \frac{\ell}{|V_a|} \text{AUC}(\{\mathbb{P}_h(a, z_v) | \forall v \in V_a\}).$$

Comment rendre les GNN plus équitables pour la prédiction de liens ?

RB $\in [0, 1]$ et est idéalement proche de l'aléatoire (0.5), ce qui signifie que le classifieur entrainé à partir des représentations de nœuds effectue une prédiction aléatoire pour l'attribut sensible. Il convient de noter que, par rapport aux autres métriques, RB n'est pas un critère d'équité dyadique car il se concentre sur chaque nœud individuellement, et n'est donc pas suffisant pour évaluer la prédiction équitable des liens.

Effet disparate (DI et IDI) évalue le biais au niveau de la prédiction d'arête (Laclau et al., 2021) et est calculé comme le rapport entre les probabilités de prédire une arête entre deux nœuds sachant que ces nœuds possèdent le même attribut sensible ou ont des attributs sensibles différents. Formellement, nous avons :

$$\text{DI} = \frac{P(\hat{y}_{uv} = 1 | A_u \neq A_v)}{P(\hat{y}_{uv} = 1 | A_u = A_v)}, \text{ et IDI} = \frac{1}{\text{DI}}.$$

Par souci de facilité de lecture, nous présentons l'inverse de cette valeur dans nos expériences qu'on note IDI. Comme le RB, plus la valeur IDI est grande, plus la probabilité de prédire un lien entre noeud de même attribut est grande par rapport à des noeuds d'attributs différents (ce qui correspond à la situation le plus souvent observée).

Aire sous la courbe ROC (AUC) mesure la performance en prédiction de lien et se situe dans $[0, 1]$, 1 étant la valeur optimale.

3.2 Protocole d'évaluation

Nous entraînons les modèles sur 70% des arêtes observées, et utilisons les 10 % et 20% restants pour la validation et le test, respectivement. Pour chaque ensemble, nous générons aléatoirement un nombre égal d'arêtes négatives, c'est à dire qu'on sous échantillonne les liens non observés, conformément aux travaux de l'état de l'art.

Nous implémentons notre modèle avec deux architectures basées sur un GNN comme fonction d'encodage $h(.)$, à savoir un Graph Convolutional Network (GCN) (Kipf et Welling, 2016) et un Graph Attention Network (GAT) (Veličković et al., 2018). Pour chaque architecture, nous évaluons LEAVE et réalisons une étude d'ablation pour mettre en évidence l'impact des différents termes composant la vraisemblance. GAT et GCN correspondent au cas où α et β sont tous deux fixés à 0, et $z = x$ est la sortie de l'encodeur sans aspect probabiliste. Ces modèles se concentrent sur les performances en prédiction de liens (AUC élevée). LEAVE-GAT$_{wo_{VIB}}$ (resp. LEAVE-GCN$_{wo_{VIB}}$) sont des versions dans lesquelles $\alpha \neq 0$ mais $z = x$ (z déterministe et $\beta = 0$). Ces modèles se concentrent sur la recherche d'un compromis performance en prédiction de lien - équité (IDI faible). LEAVE-GAT (resp. LEAVE-GCN) sont les modèles incluant à la fois le régularisateur d'équité dyadique ($\alpha \neq 0$) et le terme d'incertitude ($\beta \neq 0$), la aussi ajusté grâce à l'ensemble de validation. Nous espérons ici renforcer l'équité, tant des représentations (RB) que de la prédiction de liens (IDI).

Nous comparons avec la méthode Fair I-Projection Regularizer FIPR (Buyl et Bie, 2021) qui s'appuie sur un terme de régularisation qui encourage l'équité dyadique. Nous implémentons ce régularisateur sur les deux architectures basées sur le GNN et désignons par GAT-FIPR et GCN-FIPR , les méthodes de référence correspondantes. Cette approche s'est avérée

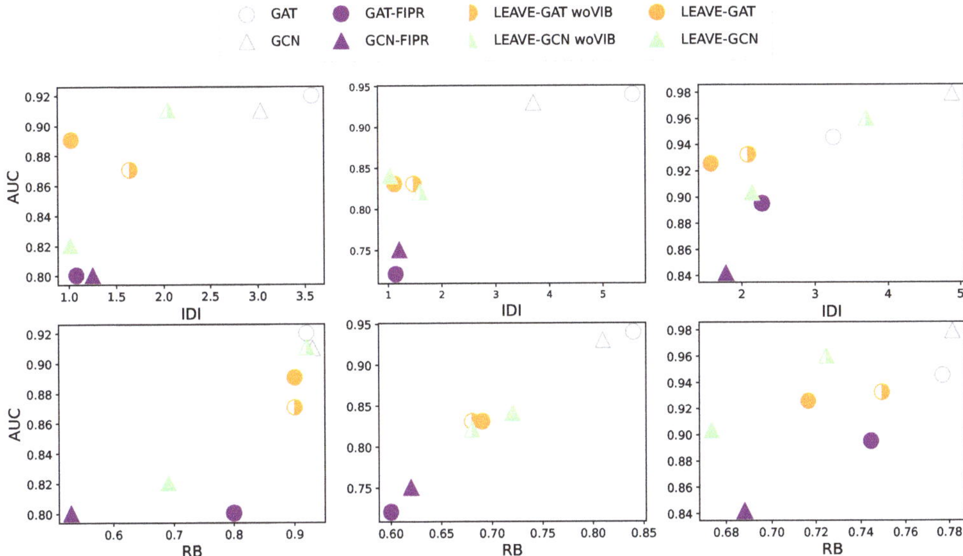

FIG. 3 – Résultats sur les réseaux Polblogs (à gauche), LastFM (au milieu) et Facebook (à droite) - La ligne supérieure représente l'AUC par rapport à IDI et la ligne inférieure l'AUC par rapport au RB.

jusque là plus performante que tous les travaux existants tels que (Buyl et Bie, 2020; Rahman et al., 2019; Bose et Hamilton, 2019).

Pour les architectures GNN, nous réglons le nombre de couches, le nombre d'unités cachées par couche, et la dimension de représentation par recherche par grille. Nous avons également ajusté α pour le modèle sans le principe VIB, et ajusté β pour les modèles basés sur VIB. Enfin, pour FIPR, nous avons également ajouté le poids de régularisation dans l'ensemble des hyperparamètres. Comme l'équité consiste souvent à trouver un bon compromis utilité-équité, nous utilisons la moyenne harmonique entre l'AUC et le IDI pour sélectionner le meilleur ensemble d'hyperparamètres pour toutes les méthodes.

3.3 Resultats

Résultats en prédiction de liens La figure 3 présente les résultats obtenus sur les jeux de données. Le modèle optimal devrait être situé dans le coin supérieur gauche (AUC élevée et IDI/RB faible). Sans surprise, sur Polblogs et LastFM, GAT et GCN obtiennent de meilleures AUC, mais les pires IDI et RB, puisqu'ils ne prennent pas en compte les contraintes d'équité. Nous pouvons également noter que GAT est plus enclin au traitement inéquitable que GCN.

D'un point de vue global : en termes d'IDI, nos modèles permettent d'obtenir une AUC plus élevée à IDI égal, par rapport aux modèles FIPR et, en termes de RB, ils permettent un compromis entre FIPR (RB faible mais perte importante d'AUC) et les modèles non régularisés (AUC élevée mais RB élevé). On obtient donc avec LEAVE un classifieur équitable qui conserve de bonnes performances sur la tâche de prédiction de liens, mais avec des représen-

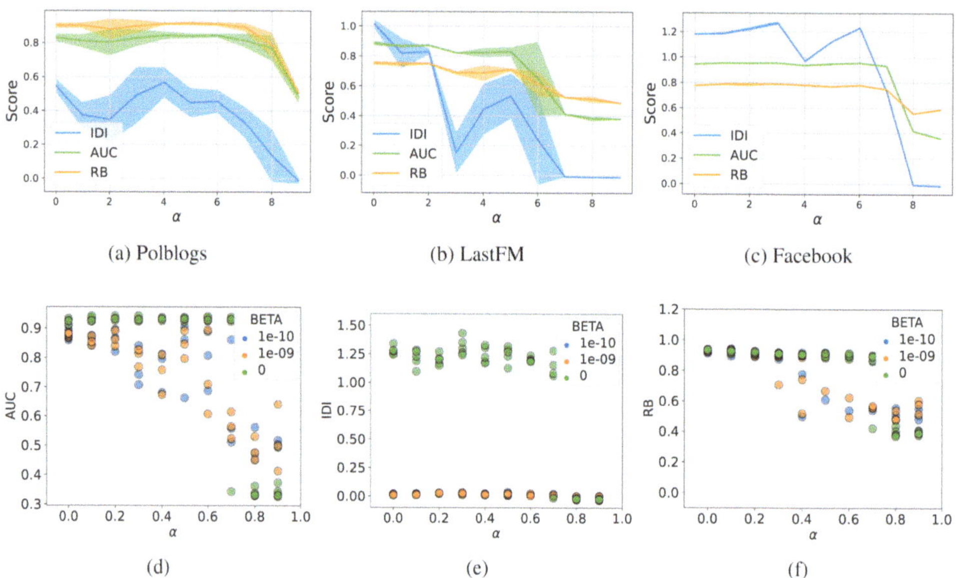

<table>
<tr><td>(a) Polblogs</td><td>(b) LastFM</td><td>(c) Facebook</td></tr>
<tr><td>(d)</td><td>(e)</td><td>(f)</td></tr>
</table>

FIG. 4 – Première ligne : impact de α avec LEAVE-GAT$_{wo_{VIB}}$ pour les trois repères (a à c) ; deuxième ligne : impact de la combinaison de α et β pour LEAVE-GAT sur Polblogs (d à f). Chaque point correspond aux résultats obtenus avec une graine aléatoire différente. L'IDI est en échelle logarithmique, donc équitable si proche de 0.

tations qui restent partiellement séparables. L'intégration de la variance, dans LEAVE versus LEAVE$_{wo_{VIB}}$, améliore globalement l'équité (à l'exception du RB sur LastFM pour GCN) tout en maintenant, voire en améliorant l'AUC. Ainsi, l'introduction d'une dimension probabiliste nous permet de prédire des liens "inattendus" mais probables.

Impacte d'α et β   Enfin, la figure 4 montre l'impact d'α et de β. Nous présentons le logarithme de l'IDI, ce qui signifie que le modèle est équitable s'il est proche de 0. Comme prévu, lorsque α augmente, l'AUC, le RB et l'IDI diminuent, confirmant une amélioration de l'équité au détriment des performances en prédiction de liens. Néanmoins, l'évolution de IDI n'est pas monotone, et nous observons des régions d'augmentation de cette mesure, mais aussi des régions où l'IDI diminue sans perturber l'AUC (la solution idéale). Enfin, les scores RB et AUC évoluent conjointement, suggérant que les performances sont, sur ces données et avec ces encodeurs, fonction de la séparabilité des représentations de l'attribut sensible. Une contrainte plus forte sur les représentations est donc nécessaire pour débiaiser ces architectures. En ce qui concerne l'impact de β, l'ajout du terme d'incertitude attaché à β permet d'obtenir un compromis plus lisse et plus intéressant entre une représentation exacte et une représentation équitable. Pour DI, nous observons que l'ajout du second terme de régularisation est en fait suffisant pour atteindre l'équité de ce point de vue (log de IDI proche de 0 lorsque $\alpha = 0$).

4   Conclusion

Nous avons abordé le problème de l'apprentissage de représentations équitables des nœuds avec LEAVE, un modèle de bout en bout optimisant une fonction qui prend en compte simultanément la tâche de prédiction de liens et la contrainte d'équité dyadique. Notre modèle permet de contrôler explicitement le compromis entre la capture de la structure relationnelle du graphe et la réduction du biais potentiel pour la prédiction des liens. Nos résultats expérimentaux confirment que les représentations produites par LEAVE peuvent être utilisées efficacement pour la prédiction équitable des arêtes. Les perspectives de recherche futures sont nombreuses. Par exemple, nous aimerions explorer la possibilité d'étendre notre modèle au cas des attributs sensibles continus et aux graphes pondérés.

Références

Adamic, L. A. et N. Glance (2005). The political blogosphere and the 2004 us election : divided they blog. In *International Workshop on Link discovery*, pp. 36–43.

Alemi, A., I. Fischer, J. Dillon, et K. Murphy (2017). Deep variational information bottleneck. *International Conference on Learning Representations,*.

Bose, A. et W. Hamilton (2019). Compositional fairness constraints for graph embeddings. In *International Conference on Machine Learning*, pp. 715–724.

Buyl, M. et T. D. Bie (2020). Debayes : a bayesian method for debiasing network embeddings. In *International Conference on Machine Learning*, pp. 2537–2546.

Buyl, M. et T. D. Bie (2021). The kl-divergence between a graph model and its fair i-projection as a fairness regularizer. In *Joint European Conference on Machine Learning and Knowledge Discovery in Databases*, pp. 351–366. Springer.

Dai, E. et S. Wang (2021). Say no to the discrimination : Learning fair graph neural networks with limited sensitive attribute information. In *Proceedings of the 14th ACM International Conference on Web Search and Data Mining*, pp. 680–688.

Gourru, A., J. Velcin, et J. Jacques (2020). Gaussian embedding of linked documents from a pretrained semantic space. In *Proceedings of the Twenty-Ninth International Conference on International Joint Conferences on Artificial Intelligence*, pp. 3912–3918.

Grover, A. et J. Leskovec (2016). node2vec : Scalable feature learning for networks. In *Proceedings of the 22nd ACM SIGKDD international conference on Knowledge discovery and data mining*, pp. 855–864.

Hofstra, B., R. Corten, F. Van Tubergen, et N. B. Ellison (2017). Sources of segregation in social networks : A novel approach using facebook. *American Sociological Review 82*(3).

Kingma, D. P. et M. Welling (2014). Auto-encoding variational bayes. *Proceedings of the International Conference on Learning Representations (ICLR)*.

Kipf, T. N. et M. Welling (2016). Semi-supervised classification with graph convolutional networks. *International Conference on Learning Representations*.

Laclau, C., I. Redko, M. Choudhary, et C. Largeron (2021). All of the fairness for edge prediction with optimal transport. In *International Conference on Artificial Intelligence and*

Statistics, pp. 1774–1782. PMLR.

Li, P., Y. Wang, H. Zhao, P. Hong, et H. Liu (2021). On dyadic fairness : Exploring and mitigating bias in graph connections. In *International Conference on Learning Representations*.

Madras, D., E. Creager, T. Pitassi, et R. Zemel (2018). Learning adversarially fair and transferable representations. In *ICML*, pp. 3384–3393. PMLR.

Mehrabi, N., F. Morstatter, N. Saxena, K. Lerman, et A. Galstyan (2021). A survey on bias and fairness in machine learning. *ACM Comput. Surv. 54*(6).

Newman, M. E. J. (2003). Mixing patterns in networks. *Physical Review E 67*(2).

Oh, S. J., K. P. Murphy, J. Pan, J. Roth, F. Schroff, et A. C. Gallagher (2018). Modeling uncertainty with hedged instance embeddings. In *International Conference on Learning Representations*.

Rahman, T. A., B. Surma, M. Backes, et Y. Zhang (2019). Fairwalk : Towards fair graph embedding. In *Proceedings of the Twenty-Seventh International Conference on International Joint Conferences on Artificial Intelligence*, pp. 3289–3295.

Rozemberczki, B., C. Allen, et R. Sarkar (2021). Multi-scale attributed node embedding. *Journal of Complex Networks 9*(2), cnab014.

Rozemberczki, B. et R. Sarkar (2020). Characteristic functions on graphs : Birds of a feather, from statistical descriptors to parametric models. In *Proceedings of the 29th ACM international conference on information & knowledge management*, pp. 1325–1334.

Tishby, N., F. C. Pereira, et W. Bialek (2000). The information bottleneck method. In *Proc. 37th Annual Allerton Conference on Communications, Control and Computing, 1999*, pp. 368–377.

Veličković, P., G. Cucurull, A. Casanova, A. Romero, P. Liò, et Y. Bengio (2018). Graph attention networks. In *International Conference on Learning Representations*.

Zemel, R., Y. Wu, K. Swersky, T. Pitassi, et C. Dwork (2013). Learning fair representations. In *International conference on machine learning*, pp. 325–333. PMLR.

Summary

Although algorithmic fairness has recently raised a great deal of interest in the machine learning community, the number of contributions specific to graph data remains scarce. In this paper, we address the problem of fair representation learning for graph data with a focus on the notion of dyadic fairness in the context of edge prediction for attributed graphs. We designed a model that, given pairs of nodes along with a protected attribute, learns individual representation based on the variational information bottleneck principle (Alemi et al., 2017). The proposed model allows us to simultaneously learn non-linear node embeddings reflecting the graph structure, while explicitly controlling the level of fairness. Experiments carried out on several real-world datasets confirmed the capacity of the proposed method both to maintain high accuracy on the edge prediction task while significantly reducing bias.

Énumération efficace des cliques maximales dans les flots de liens réels massifs

Alexis Baudin*, Clémence Magnien*, Lionel Tabourier*

* Sorbonne Université, CNRS, LIP6, F-75005 Paris, France
prenom.nom@lip6.fr

Résumé. Les flots de liens offrent un formalisme de description d'interactions au cours du temps. Un lien correspond à deux sommets qui interagissent sur un intervalle de temps. Une clique est un ensemble de sommets associé à un intervalle de temps durant lequel ils sont tous connectés. Elle est maximale si ni son ensemble de sommets ni son intervalle de temps ne peuvent être augmentés. Les algorithmes existants pour énumérer ces structures ne permettent pas de traiter des jeux de données réels de plus de quelques centaines de milliers d'interactions. Or, l'accès à des données toujours plus massives demande d'adapter les outils à de plus grandes échelles. Nous proposons alors un algorithme qui énumère les cliques maximales sur des réseaux temporels réels et massifs atteignant jusqu'à plus de 100 millions de liens. Nous montrons expérimentalement qu'il améliore l'état de l'art de plusieurs ordres de grandeur.

1 Introduction

L'analyse des réseaux d'interactions issus du monde réel a récemment fait des progrès significatifs, en passant de représentations statiques à des représentations dynamiques. La disponibilité de données temporelles, ainsi que le développement d'outils pour les décrire et les analyser, ont révélé l'importance de la temporalité des événements pour comprendre la structure et le fonctionnement de systèmes complexes en interaction, tels que les réseaux de machines, les réseaux électriques, les réseaux sociaux en ligne, ou même les réseaux biologiques.

Dans cet article, pour représenter les interactions dynamiques, nous utilisons le formalisme des flots de liens, introduit par Latapy et al. (2018). Il associe à chaque interaction un intervalle de temps, pendant lequel l'interaction existe dans le réseau. C'est un formalisme rigoureux qui permet de rendre compte à la fois des aspects temporels et structurels des données d'interaction, ce qui enrichit leur analyse, en considérant ces deux aspects intrinsèquement liés.

Le problème de l'énumération des cliques maximales dans un graphe est NP-difficile. Néanmoins, c'est un problème important pour l'analyse des graphes issus de données d'interactions réelles, car il permet de décrire leur structure. Par exemple, l'énumération de cliques est utilisée pour détecter des sous-graphes denses pertinents (Gibson et al., 2005; Fratkin et al., 2006), pour définir des communautés (Palla et al., 2005; Baudin et al., 2022), ou encore pour la compression de graphes (Buehrer et Chellapilla, 2008).

En y ajoutant une dimension temporelle, l'énumération des cliques maximales dans les flots de liens (maximales à la fois en nombre de sommets et en temps) a suscité de l'intérêt ces dernières années, car elle apporte un puissant outil d'analyse au domaine. La détection de cliques maximales dans un flot de lien est une étape importante pour l'étude de sa structure, comme pour les graphes, il existe en effet un besoin pour des applications telles que la détection d'anomalie, elle-même utilisée pour la détection de fraudes bancaires ou d'attaques informatiques (Viard et al., 2018).

Cependant, les méthodes existantes pour l'énumération (Viard et al., 2016, 2018; Himmel et al., 2016, 2017; Bentert et al., 2019) restent limitées à des réseaux dynamiques relativement petits, et ne permettent pas le dénombrement sur des flots de liens de plus de quelques centaines de milliers de liens. Or, les avancées technologiques permettent l'accès à des jeux de données toujours plus massifs, créant un besoin d'algorithmes plus efficaces pour lister les cliques maximales.

Les contributions de cet article sont les suivantes : nous proposons un nouvel algorithme pour énumérer les cliques maximales dans les flots de liens ; nous montrons expérimentalement qu'il surpasse significativement l'état de l'art et permet d'augmenter la taille des jeux de données de deux ordres de grandeur ; nous en fournissons deux implémentations [1] : une en Python, pour se comparer à l'état de l'art, et une en C++, qui est la plus efficace actuellement disponible.

Le reste de ce papier est organisé comme suit. La Section 2 donne les définitions et notations de base que nous utilisons. La Section 3 présente les travaux de la littérature associés à l'énumération des cliques maximales dans les flots de liens. Notre nouvel algorithme est présenté dans la Section 4. Enfin, dans la Section 5, nous faisons une évaluation expérimentale des performances de notre algorithme.

2 Définitions et notations

Cliques dans un graphe.   Nous rappelons quelques définitions sur les graphes. Un *graphe* $G = (V, E_G)$ est une paire constituée d'un ensemble V de *sommets*, et d'un ensemble E_G d'*arêtes*, où les arêtes sont de la forme $\{x, y\}$, avec $x, y \in V$ et $x \neq y$. Pour un sommet donné $u \in V$, le *voisinage* de u, noté $\Gamma_G(u)$, est l'ensemble des sommets adjacents à u dans G. Une *clique* C de G est un ensemble de sommets tous connectés entre eux, c'est-à-dire tels que $\forall u, v \in C$ *avec* $u \neq v$, $\{u, v\} \in E_G$. Elle est *maximale* si elle n'est incluse dans aucune autre.

Cliques dans un flot de liens.   Nous donnons à présent des définitions autour des *flots de liens*, suivant le formalisme proposé dans Latapy et al. (2018). Dans un flot de liens, un lien entre deux sommets u et v est associé à un intervalle de temps d'existence $[b, e]$:

Définition 1 (Flot de liens). *Un* flot de liens *est un triplet* $L = (T, V, E)$ *où T est un intervalle de temps, V un ensemble de sommets et $E \subseteq T \times T \times V \times V$ un ensemble de liens tel que pour tous les liens (b, e, u, v) dans E on a $e \geq b$. Nous appelons $e - b$ la durée du lien.*

Les flots de liens que nous utilisons sont non orientés, *i.e.* il n'y a pas de distinction entre $(b, e, u, v) \in E$ et $(b, e, v, u) \in E$. Ils sont également simples, *i.e.* pour tous les liens différents, mais sur les mêmes sommets (b, e, u, v) et (b', e', u, v), on a $[b, e] \cap [b', e'] = \emptyset$. Pour éviter toute confusion, nous utilisons le terme *arête* pour les éléments de E_G dans un graphe $G = (V, E_G)$, et *lien* pour les éléments de E dans un flot de liens $L = (T, V, E)$.

---

1. https://gitlab.lip6.fr/baudin/maxcliques-linkstream

Définition 2 (Clique d'un flot de liens). *Une* clique d'un flot de liens *est une paire* $(C, [t_0, t_1])$, *où* $t_0, t_1 \in T$ *sont respectivement appelés les temps de début et de fin de la clique, et* $C \subseteq V$ *est l'ensemble des sommets de la clique, avec* $|C| \geq 2$. *Chaque paire de sommets de* C *est reliée par un lien qui existe sur tout l'intervalle* $[t_0, t_1]$.

Formellement $(C, [t_0, t_1])$ *est telle que :*

$$\forall u, v \in C \text{ avec } u \neq v, \ \exists (b, e, u, v) \in E \text{ tel que } [t_0, t_1] \subseteq [b, e].$$

Notez que par souci de simplicité, nous utilisons le terme *clique* à la fois pour désigner une clique C dans un graphe et une clique $(C, [t_0, t_1])$ dans un flot de liens, alors que ces objets sont de nature différente, le contexte permettra de lever l'ambiguïté. Enfin, comme dans un graphe, les cliques contiennent des sous-cliques : nous n'énumérons que celles qui sont maximales. La notion de maximalité se traduit en termes de *temps* et de *sommets*, et elle est formalisée par les définitions suivantes. La Figure 1, à gauche, montre un flot de liens, avec ses cliques maximales en couleur.

Définition 3 (Clique maximale en temps). *Une clique* $(C, [t_0, t_1])$ *est* maximale en temps *si elle ne peut pas être étendue dans le temps : il n'existe pas de clique* $(C, [t'_0, t'_1])$ *avec* $[t_0, t_1] \subsetneq [t'_0, t'_1]$.

Définition 4 (Clique maximale en sommets). *Une clique* $(C, [t_0, t_1])$ *est* maximale en sommets *si elle ne peut pas être étendue en sommets : il n'existe pas de clique* $(C', [t_0, t_1])$ *avec* $C \subsetneq C'$.

Définition 5 (Clique maximale). *Une clique est* maximale *si elle est à la fois maximale en temps et en sommets.*

Graphes instantanés d'un flot de liens. Nous nous intéressons à présent à la manière d'analyser le flot de liens $L = (T, V, E)$ à un temps $t \in T$ donné. L'ensemble des liens de E qui existent à t peut être vu comme l'ensemble des arêtes d'un graphe, que nous appelons le *graphe instantané de* L *au temps* t. Ce graphe contient les sommets de V et les arêtes qui existent au temps t, ou plus formellement :

Définition 6 (Graphe instantané G_t). *Le graphe instantané de* L *au temps* $t \in T$ *est le graphe* $G_t = (V, E_{G_t})$ *tel que :*

$$E_{G_t} = \{\{u, v\} \mid \exists (b, e, u, v) \in E, \ t \in [b, e]\}.$$

Ainsi, chaque arête de G_t est induite par un lien de L qui existe à t. Ce lien a un temps de fin et nous formalisons alors les notions de *temps de fin d'une arête* et de *temps final d'une clique* de G_t :

Définition 7 (Temps de fin $\mathcal{E}_t(u, v)$ d'une arête $\{u, v\}$ de E_{G_t}). *Soit* $\{u, v\}$ *une arête de* E_{G_t}. *Par définition de* G_t, *il existe un lien* $(b, e, u, v) \in E$ *tel que* $t \in [b, e]$. *Nous appelons* e *le temps de fin de l'arête* $\{u, v\}$ *dans* G_t, *et nous le notons* $\mathcal{E}_t(u, v)$.

Définition 8 (Temps final $\mathcal{E}_t(C)$ d'une clique C de G_t). *Soit* C *une clique de* G_t. *Le* temps final de la clique C, *noté* $\mathcal{E}_t(C)$, *est le minimum des temps de fin de toutes les arêtes de la clique* C *sur* G_t. *Formellement :*

$$\mathcal{E}_t(C) = \min_{u, v \in C} \{\mathcal{E}_t(u, v)\}.$$

Par exemple, à droite de la Figure 1, le graphe instantané au temps $t = 4$ est le graphe $G_4 = (\{a, b, c, d\}, E_4)$, avec $E_4 = \{\{a, b\}, \{a, c\}, \{b, c\}, \{c, d\}\}$. Les temps de fin de ses arêtes sont : $\mathcal{E}_4(a, b) = 7$, $\mathcal{E}_4(a, c) = 6$, $\mathcal{E}_4(b, c) = 8$ et $\mathcal{E}_4(c, d) = 12$. G_4 contient la clique $\{a, b, c\}$, qui existe aussi dans G_5 et dans G_6, et dont le temps final est 6, qui correspond au minimum du temps de fin de chacune de ses trois arêtes.

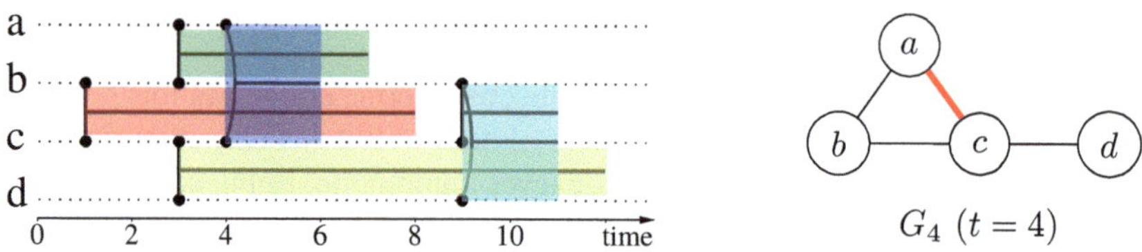

FIG. 1 – **À gauche :** *un flot de liens, avec les sommets en ordonnée et le temps d'interaction en abscisse. Par exemple, il y a un lien entre b et c sur l'intervalle de temps* $[1, 8]$. *Les cliques maximales sont représentées en couleur. Par exemple, sur l'intervalle* $[4, 6]$, *les trois sommets* a, b, c *sont reliés entre eux, et forment une clique maximale* $(\{a, b, c\}, [4, 6])$. **À droite :** *le graphe instantané de ce flot de liens à* $t = 4$, G_4, *avec en rouge l'arête qui commence à* $t = 4$.

3 État de l'art

Cliques maximales dans les graphes. Parmi les nombreux articles sur la recherche de cliques maximales dans les graphes, l'algorithme fondamental de Bron et Kerbosch (1973), noté BK, résout ce problème efficacement en pratique et sert de base à la conception de notre algorithme. Il s'agit d'un algorithme de retour sur trace récursif, qui est formellement décrit par l'Algorithme 1. Il maintient une clique R avec l'ensemble des voisins de tous ses sommets, qui sont partagés entre deux ensembles P et X (*i.e.* $P \cup X = \bigcap_{v \in R} \Gamma_G(v)$). P correspond aux voisins utilisés pour faire grossir la clique R, tandis que X correspond aux sommets auxquels il est interdit d'étendre R pour éviter l'énumération de cliques déjà énumérées. La clique R est maximale si et seulement si aucun sommet n'est voisin de tous ses sommets, c'est-à-dire si et seulement si $P \cup X = \emptyset$ (lignes 5 et 6).

Pour réduire la recherche, Bron et Kerbosch (1973) ont introduit l'idée d'élaguer l'arbre des appels récursifs, en sélectionnant un sommet pivot $p \in P \cup X$. L'idée est que toute clique maximale qui contient R inclut soit p soit un sommet qui n'est pas voisin de p. Alors, aucune clique maximale n'est manquée en ne faisant pas les appels récursifs sur les sommets de $\Gamma_G(p)$ (lignes 7 et 8). Les stratégies de sélection du pivot pour réaliser un élagage efficace ont été discutées dans divers travaux, par exemple Koch (2001). Actuellement, les versions les plus efficaces de cet algorithme sont inspirées du pivot proposé par Tomita et al. (2006), qui maximise $|P \cap \Gamma_G(p)|$ pour $p \in P \cup X$, et son implémentation par Eppstein et al. (2010) qui est efficace pour les grands graphes peu denses, avec une méthode adéquate d'ordonnancement des sommets. Pour calculer les cliques maximales dans les flots de liens, nous nous inspirons de cette implémentation et de ce pivot.

Cliques maximales dans les flots de liens. À notre connaissance, il existe trois principaux travaux pour énumérer les cliques maximales dans les flots de liens : Viard et al. (2016, 2018);

Algorithm 1 Algorithme de Bron-Kerbosch (avec pivot) sur un graphe G.

1: **Entrée :** $G \leftarrow (V, E)$ graphe
2: **Sortie :** les cliques maximales de G
3: $BK(\emptyset, V, \emptyset)$ $\triangleright$ Lancement de la procédure
4: **function** $BK(R, P, X)$
5:      **if** $P \cup X == \emptyset$ **then**
6:          **output** R clique maximale
7:      Choisir un pivot $p \in P \cup X$
8:      **for** $u \in P \setminus \Gamma_G(p)$ **do**
9:          $BK(R \cup \{u\}, P \cap \Gamma_G(u), X \cap \Gamma_G(u))$
10:         $P \leftarrow P \setminus \{u\}$
11:         $X \leftarrow X \cup \{u\}$

Himmel et al. (2016, 2017); Bentert et al. (2019). Notez que les flots de liens sont appelés graphes temporels dans Himmel et al. (2016, 2017) et dans Bentert et al. (2019). Tous ces travaux considèrent qu'une clique est un ensemble de sommets qui interagissent sur un intervalle de temps donné. Viard et al. (2018) montrent qu'il est simple et équivalent de passer d'une représentation à l'autre, ce qui permet de comparer les différentes méthodes.

Dans le travail original de Viard et al. (2016) les liens n'ont pas de durée, mais les cliques sont elles-mêmes paramétrées avec une valeur Δ, et sont appelées Δ-cliques. Ce paramètre est défini de telle sorte que toutes les paires de sommets dans la Δ-clique interagissent au moins une fois pendant chaque sous-intervalle de durée Δ. Leur algorithme a depuis été simplifié et étendu au formalisme plus général du flot de liens par Viard et al. (2018); mais il s'appuie sur de la mémoïsation afin de décider si une clique donnée a déjà été traitée, ce qui induit une forte consommation de mémoire et est prohitif dans beaucoup de cas. En parallèle, Himmel et al. (2016, 2017) ont proposé un autre algorithme pour énumérer les Δ-cliques. Ils adaptent l'algorithme BK à ce cadre dynamique, et mettent en œuvre différentes stratégies pour le choix du pivot. Cette version est plus efficace que l'algorithme de Viard et al. (2016), et l'est plus ou moins que celui de Viard et al. (2018), selon les paramètres expérimentaux et les données étudiées. Plus récemment, une généralisation de cet algorithme a été proposée par Bentert et al. (2019) pour lister tous les Δ-k-plexes maximaux dans les flots de liens. Sans définir un Δ-k-plexe, retenons qu'avec $k = 1$, c'est équivalent à une Δ-clique, ce qui permet de comparer l'algorithme aux autres décrits ci-dessus, en montrant qu'il est plus efficace.

Enfin, les interactions d'un flot de liens peuvent être représentées par une succession de graphes instantanés. Par conséquent, certaines méthodes conçues pour mettre à jour l'ensemble des cliques d'un graphe lorsqu'on lui ajoute ou supprime des arêtes peuvent être exploitées dans le contexte de l'énumération des cliques dans les flots de liens. En particulier, Das et al. (2019) appliquent la méthode d'énumération de Tomita et al. (2006) et l'utilisent pour mettre à jour les cliques d'un graphe après lui avoir ajouté un ensemble d'arêtes donné. Ceci est fait en listant les cliques qui contiennent au moins l'une des nouvelles arêtes. Bien que le problème formel soit différent du nôtre, leur méthode peut être directement adaptée à notre problème, comme nous le verrons dans la Section 4.

4   Algorithme

Notre algorithme est basé sur une adaptation de l'algorithme de Bron et Kerbosch (1973) à un cadre dynamique, en s'inspirant de ce que propose Himmel et al. (2017). La principale différence avec les travaux de l'état de l'art est que nous travaillons sur des voisinages de sommets limités aux interactions à un temps t, et non sur l'ensemble des interactions du flot de liens, ce qui permet un gain significatif d'efficacité. À noter que nous utilisons dans cette partie plusieurs théorèmes qui ne sont pas démontrés pour des contraintes de place, mais qui le sont dans une version longue de cet article en préparation. Dans ce qui suit, nous considérons un flot de liens $L = (T, V, E)$.

Structure générale de l'algorithme.   L'Algorithme 2 énumère pour chaque $t \in T$ les cliques maximales qui commencent en t. Dans ce but, il énumère les cliques maximales *en temps* commençant à t (lignes 4 à 9), puis filtre celles qui sont maximales *en sommets* (lignes 10 à 12), et donc maximales. Pour énumérer les cliques maximales en temps commençant à t, nous utilisons l'équivalence du Théorème 1 : ce sont les cliques de la forme $(C, [t, \mathcal{E}_t(C)])$, où C est une clique du graphe instantané G_t contenant une arête issue d'un lien qui commence à t. Il suffit donc d'énumérer ces cliques de G_t. Cette énumération est faite par les appels à la fonction GRAPHCLIQUEENUM (ligne 8), qui est expliquée dans le prochain paragraphe, puis nous expliquons le filtrage des cliques maximales en sommets dans le paragraphe d'après. Nous résumons la structure générale de l'algorithme par la Figure 2. Pour illustrer son fonctionnement sur l'exemple de la Figure 1, nous voyons que les cliques énumérées de G_4 sont celles qui contiennent $\{a, c\}$: $\{a, c\}$ et $\{a, b, c\}$; les cliques maximales en temps commençant à $t = 4$ sont donc $(\{a, c\}, [4, 6])$ et $(\{a, b, c\}, [4, 6])$; la première n'est pas maximale en sommets, car elle est incluse dans la deuxième, elle n'est donc pas conservée pour l'énumération.

Théorème 1 (Maximalité en temps d'une clique). $(C, [t_0, t_1])$ *est une clique maximale en temps si et seulement si :cd*

(i) C *est une clique de* G_{t_0} *;*

(ii) *il existe une arête* $\{u, v\}$ *avec* u *et* v *dans* C *qui provient d'un lien* $(t_0, e, u, v) \in E$ *dont le temps de début est* t_0 *;*

(iii) $t_1 = \mathcal{E}_{t_0}(C)$.

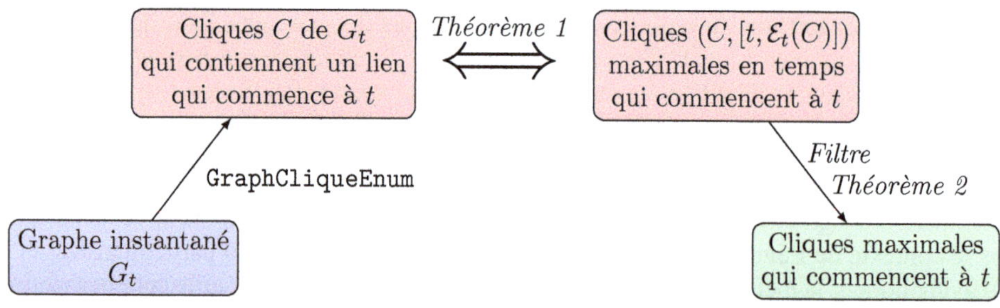

FIG. 2 – *Structure générale de l'Algorithme 2 : pour chaque temps* $t \in T$*, il énumère l'ensemble des cliques maximales qui commencent à* t*.*

Algorithm 2 Algorithme d'énumération des cliques maximales dans les flots de liens.

1: **Entrée :** $L = (T, V, E)$ flot de liens
2: **Sortie :** les cliques maximales de L
3: **for** $t \in T$ **do**
4:     $Cliques \leftarrow \emptyset$ ▷ Cliques qui contiennent un lien qui commence à t
5:     $ForbidEdges \leftarrow \emptyset$
6:     **for** $(t, \_, u, v) \in E$ **do**   ▷ Liens qui commencent à t
7:         $P_{uv} \leftarrow \Gamma_{G_t}(u) \cap \Gamma_{G_t}(v)$
8:         $Cliques \leftarrow Cliques \cup \text{GraphCliqueEnum}(\{u, v\}, P_{uv}, \emptyset, ForbidEdges, t)$
9:         $ForbidEdges \leftarrow ForbidEdges \cup \{\{u, v\}\}$
10:     **for** $(C, \mathcal{N}_C) \in Cliques$ **do**   ▷ $\mathcal{N}_C$ = voisins de la clique C
11:         **if** $\forall u \in \mathcal{N}_C,\ \mathcal{E}_t(C \cup \{u\}) < \mathcal{E}_t(C)$ **then**   ▷ Test de maximalité en sommets
12:             **output** $(C, [t, \mathcal{E}_t(C)])$
13: **function** $\text{GraphCliqueEnum}(R, P, X, ForbidEdges, t)$
14:     **output** $(R, P \cup X)$ ▷ $P \cup X$ = voisins de la clique R
15:     $Q \leftarrow \{u \in P \mid \exists \{u, v\} \in ForbidEdges, v \in R\}$
16:     **for** $u \in P \setminus Q$ **do**
17:         $\text{GraphCliqueEnum}(R \cup \{u\}, P \cap \Gamma_{G_t}(u), X \cap \Gamma_{G_t}(u), ForbidEdges, t)$
18:         $P \leftarrow P \setminus \{u\}$
19:         $X \leftarrow X \cup \{u\}$

Lister les cliques des graphes G_t avec la fonction GraphCliqueEnum. Un appel à GraphCliqueEnum$(R, P, X, ForbidEdges, t)$ (ligne 13) renvoie toutes les cliques de G_t qui contiennent R, des sommets de P et aucune arête de $ForbidEdges$. Il s'agit d'une variante de l'algorithme de Bron et Kerbosch (1973). Ici, la clique en construction est R, son voisinage est $P \cup X$, et les candidats pour augmenter R sans énumérer de doublons sont les sommets de P. Notez que les cliques sont retournées qu'elles soient maximales ou non dans G_t, et avec leur voisinage (nécessaire au test de maximalité de la ligne 11). Enfin, la ligne 15 assure qu'elles ne contiennent aucune arête de $ForbidEdges$: il est interdit d'ajouter un sommet u à R si cela implique l'ajout d'une arête $\{u, v\}$ de $ForbidEdges$ à la clique résultante $R \cup \{u\}$. L'ensemble d'arêtes $ForbidEdges$ permet ainsi d'éviter d'énumérer plusieurs fois une même clique, à l'image de ce que proposent Das et al. (2019). Par exemple, dans le graphe instantané de la Figure 3, la clique $\{a, b, c, d\}$ contient deux nouvelles arêtes : $\{a, b\}$ et $\{c, d\}$. Alors, pour ne pas qu'elle soit énumérée deux fois, lorsque les cliques qui contiennent l'arête $\{a, b\}$ sont énumérées par la ligne 8, l'arête $\{a, b\}$ est ajoutée à l'ensemble $ForbidEdges$ à ligne 9. Ainsi, la clique $\{a, b, c, d\}$ ne peut pas être énumérée par l'appel qui énumère les cliques contenant $\{c, d\}$, et donc elle n'est énumérée qu'une fois.

Filtrer les cliques maximales en sommets parmi les cliques maximales en temps. La ligne 11 filtre les cliques maximales en sommets parmi l'ensemble des cliques maximales en temps qui commencent à t. Pour cela, elle utilise l'équivalence du Théorème 2 : une clique $(C, [t, \mathcal{E}_t(C)])$ qui est maximale en temps est maximale en sommets (et donc maximale) si et seulement si on ne peut lui ajouter aucun sommet de son voisinage sans réduire strictement son temps final. Son voisinage correspond aux voisins de l'ensemble de ses sommets dans G_t,

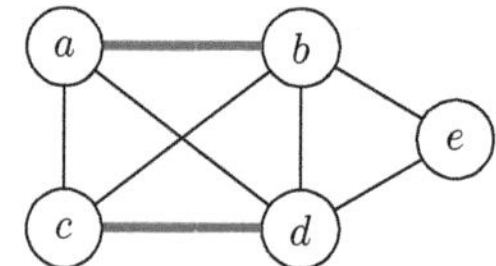

Un graphe instantané G_t

FIG. 3 – *Exemple d'une énumération de cliques utilisant $ForbidEdges$. Un graphe instantané G_t est représenté, pour $t \in T$ donné. Les arêtes rouges épaisses correspondent à des liens qui commencent à t, tandis que les autres correspondent à des liens qui ont commencé plus tôt.*

i.e. $\bigcap_{v \in C} \Gamma_t(c)$, noté $\mathcal{N}_C$ à la ligne 11. Par exemple, dans la Figure 1, à $t = 4$, $(\{a,c\}, [4,6])$ n'est pas maximale en sommets, car on peut lui ajouter le sommet b, voisin de a et de c dans G_4, sans réduire son temps final. Notez que si $\mathcal{N}_C$ est vide, alors $(C, [t, \mathcal{E}_t(C)])$ est toujours maximale en sommets.

Théorème 2 (Maximalité en sommets d'une clique maximale en temps)**.** *Soit $(C, [t, \mathcal{E}_t(C)])$ une clique maximale en temps. Alors :*

$$(C, [t, \mathcal{E}_t(C)]) \text{ est maximale en sommets} \Leftrightarrow \forall u \in \bigcap_{v \in C} \Gamma_t(v), \ \mathcal{E}_t(C \cup \{u\}) < \mathcal{E}_t(C).$$

Stratégie du pivot pour améliorer l'énumération des cliques dans les graphes G_t. Nous adaptons la stratégie classique du pivot, mentionnée dans la Section 3, à l'Algorithme 2, dans la fonction GRAPHCLIQUEENUM :

Remplacer la ligne 16 par :
    $p \leftarrow \text{pivot} \in P \cup X$
    $Del \leftarrow \{u \in P \cap \Gamma_{G_t}(p) \mid \mathcal{E}_t(R \cup \{u\}) = \mathcal{E}_t(R \cup \{u,p\})\}$
    for $u \in P \setminus Del \setminus Q$ **do** ...

Le pivot retire les sommets de Del des candidats à l'augmentation de R. On peut montrer que l'élimination de ces sommets n'élimine de l'énumération aucune clique maximale du flot de liens (non-détaillé ici). Pour sélectionner le pivot $p \in P \cup X$, nous nous inspirons des travaux de Tomita et al. (2006) et Himmel et al. (2017), et en choisissons un qui maximise le nombre de sommets à éliminer des appels récursifs : $|Del|$.

5 Expériences

Implémentations et matériel. Nos expériences sont réalisées sur une machine équipée de 2 processeurs Intel Xeon Silver 4216 de 32 cœurs chacun, et de 384 Go de RAM. Nous expérimentons ici l'Algorithme 2 avec pivot, implémenté en deux langages : en `Python` pour nous comparer à l'état de l'art qui est lui-même implémenté en `Python`, et en `C++` pour permettre le calcul sur des flots de liens massifs[2].

---

2. `https://gitlab.lip6.fr/baudin/maxcliques-linkstream`

Jeux de données.   En suivant les travaux de Viard et al. (2018), nous construisons nos jeux de données à partir de flots de liens instantanés dans lesquels tous les liens ont une durée égale à 0, et nous associons une durée Δ à chaque lien (t, u, v) en le remplaçant par $(t, t + \Delta, u, v)$. Cela permet, d'une part, de se comparer à l'état de l'art qui étudie les Δ-cliques dans les flots de liens instantanés, puisque Viard et al. (2018) ont montré que les deux problèmes sont équivalents ; d'autre part, d'étudier l'impact de Δ sur l'efficacité de l'algorithme et les résultats retournés. En effet, ce paramètre modifie l'échelle de temps de l'analyse. Par exemple, dans un réseau d'interactions humaines, un Δ d'une journée masque la complexité de la dynamique des interactions quotidiennes, mais rend compte des différences entre interactions durant la semaine et au cours du week-end, dont on sait qu'elles ne correspondent pas aux mêmes cercles sociaux en général.

Nous utilisons les jeux de données de la référence la plus récente (Bentert et al., 2019), ainsi que des flots de liens massifs issus de données réelles (Paranjape et al., 2017 ; Mislove, 2009 ; Rossi et Ahmed, 2015 ; Isella et al., 2011). Ces données sont issues d'échanges de paquets dans des réseaux de communication, d'interactions humaines en ligne ou physique, et d'interactions biologiques. Dans les jeux de données issus de Bentert et al. (2019), les valeurs de Δ sont choisies identiques à celles utilisées dans cet article, à des fins de comparaison. Dans le jeu de données massif, les valeurs de Δ sont choisies comme des fonctions de Θ, la durée totale du flot de liens : soit 0, soit $\Theta/10000$, soit $\Theta/100$. Ces jeux de données sont peu denses, bien que le degré maximal peut être élevé, allant jusqu'à 36 000, le degré moyen reste faible, et les tailles des cliques ne dépassent pas quelques dizaines (allant jusqu'à 237 pour le flot de liens le plus massif).

Résultats.   Nous comparons notre implémentation `Python` à celles disponibles dans l'état de l'art (également programmées en `Python`) issues de Viard et al. (2018)[3], Himmel et al. (2016)[4], et Bentert et al. (2019)[5]. La Figure 4 illustre les résultats des expériences sur l'ensemble des jeux de données, où les temps sont donnés en secondes. Les flots de liens y sont triés en abscisse du plus petit au plus massif (on notera que les échelles sont logarithmiques, pour voir les différents ordres de grandeur). Le Tableau 1 montre les résultats de manière plus détaillée sur un échantillon de nos jeux de données, choisi pour couvrir différents ordres de grandeurs du nombre de liens et de cliques. On observe que dans tous les cas testés, notre implémentation `Python` (triangles bleus) est plus efficace que l'état de l'art (croix vertes), et que plus la taille du flot de liens augmente, plus le gain est important. Sur la plupart des cas où les implémentations de l'état de l'art terminent, il y a un gain de temps d'au moins un facteur 10, et allant jusqu'à 10^3. D'autre part, au-delà de $m = 10^6$, ces implémentations ne terminent pas dans les limites de temps et de mémoire du protocole, alors que notre implémentation `Python` produit des résultats pour une partie de ces flots de liens.

Par ailleurs, nous observons un gain significatif entre l'implémentation C++ (disques rouges) par rapport à notre implémentation `Python` (triangles bleus). Sur les jeux de données de l'état de l'art, le temps de calcul de cette implémentation ne dépasse jamais 3 secondes. Sur les flots de liens massifs (de plus de 1 million de liens), pour lesquels l'état de l'art ne produit pas de résultat dans les limites de temps et de mémoire du protocole, l'implémentation C++

---

3. `https://bitbucket.org/tiph_viard/cliques`
4. `https://fpt.akt.tu-berlin.de/temporalcliques/`
5. `https://fpt.akt.tu-berlin.de/temporalkplex/`

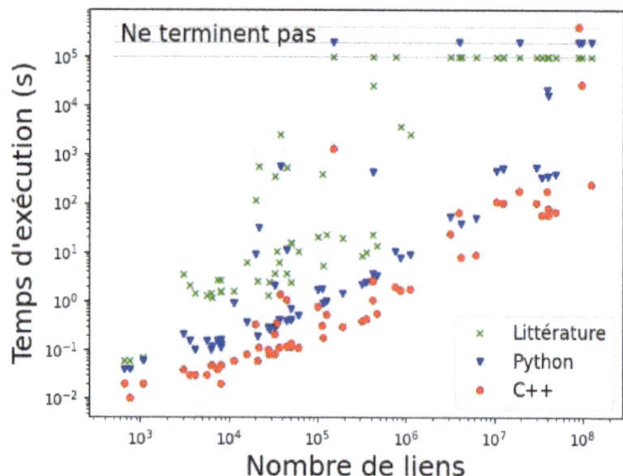

FIG. 4 – *Temps d'exécution en secondes en fonction du nombre de liens du flot de liens, sur l'ensemble des jeux de données. Le temps "Littérature" correspond au meilleur temps parmi les implémentations de l'état de l'art. Les lignes en haut de la figure correspondent aux exécutions pour lesquelles le calcul ne termine pas, stoppées au bout de 24 heures ou 380 Go de RAM.*

Flot de liens	Δ	m	α	C++	Py	BHM+	VML	HMNS
highschool-2011	125	6 472	7 732	0.05	0.12	1.2	1.6	5.4
facebooklike	3 125	34 116	34 342	0.35	0.31	25	10	59
facebooklike	125	50 056	50 080	0.12	0.42	26	15	96
infectious	125	100 329	138 670	0.78	1.7	634	20	945
stackexchange	23 961	870 128	894.317	1.7	7.5	-	3 747	-
youtube	1 944	12 223 774	12 253 571	104	513	-	×	-
wikipedia	19 318	39 246 821	40 898 684	79	16 223	-	×	-
soc-bitcoin	15 653	93 897 987	787 519 128	27 660	-	-	×	-
soc-bitcoin	1 565 366	86 668 193	-	-	-	-	×	-

TAB. 1 – *Résultats obtenus sur un échantillon des jeux de données. Δ correspond à la durée associée aux liens, m au nombre de liens, α au nombre de cliques. Les temps sont en secondes, et représentent les temps d'exécution de nos implémentations (**C++** pour le C++ et **Py** pour le Python), et celles de l'état de l'art (**BHM+** pour Bentert et al. (2019), **VML** pour Viard et al. (2018) et **HMNS** pour Himmel et al. (2017)). Un "-" correspond à un calcul qui ne termine pas au bout de 24 heures, et un "×" qui ne termine pas à moins de 380 Go RAM.*

termine pour tous les flots de liens excepté 1, et cette implémentation permet une énumération des cliques en moins de 5 minutes pour tous les jeux de données du protocole exceptés 3. Elle permet donc de faire passer à l'échelle l'énumération des cliques maximales aux flots de liens massifs non traités par l'état de l'art.

6   Conclusion

Dans cet article, nous avons traité du problème de l'énumération des cliques maximales dans les flots de liens : nous avons proposé un nouvel algorithme qui permet de passer à l'échelle de réseaux temporels massifs, puis nous avons réalisé un protocole expérimental sur des jeux de données variés issus d'interactions réelles, dans le but de comparer les performances de notre algorithme à l'état de l'art, et montré que nous pouvions obtenir un gain de performance de plusieurs ordres de grandeur. Les preuves de correction de l'algorithme proposé, ainsi que des considérations théoriques sur la complexité seront détaillées dans une version étendue et peuvent être mise à disposition des lecteurs intéressés.

Pour poursuivre ce travail, il serait intéressant d'adapter cet algorithme à l'énumération de cliques de taille fixée dans les flots de liens, car cette tâche est une étape utile à la description des jeux de données d'interactions. En particulier, la détection de sous-flots de liens denses est pertinente pour définir des notions de communautés dans les réseaux d'interactions, un concept notamment utilisé pour la détection d'anomalies.

Remerciements

Ce travail est financé par l'ANR (Agence Nationale de la Recherche) à travers l'ANR FiT LabCom. Les auteurs remercient la communauté SocioPatterns[6] pour la mise à disposition de leurs jeux de données.

Références

Baudin, A., M. Danisch, S. Kirgizov, C. Magnien, et M. Ghanem (2022). Clique percolation method : memory efficient almost exact communities. In *Proceedings of ADMA'22*, pp. 113–127. Springer.

Bentert, M., A.-S. Himmel, H. Molter, M. Morik, R. Niedermeier, et R. Saitenmacher (2019). Listing all maximal k-plexes in temporal graphs. *Journal of Experimental Algorithmics (JEA) 24*, 1–27.

Bron, C. et J. Kerbosch (1973). Algorithm 457 : finding all cliques of an undirected graph. *Communications of the ACM 16*(9), 575–577.

Buehrer, G. et K. Chellapilla (2008). A scalable pattern mining approach to web graph compression with communities. In *Proceedings of WSDM'08*, pp. 95–106.

Das, A., M. Svendsen, et S. Tirthapura (2019). Incremental maintenance of maximal cliques in a dynamic graph. *The VLDB Journal 28*(3), 351–375.

Eppstein, D., M. Löffler, et D. Strash (2010). Listing all maximal cliques in sparse graphs in near-optimal time. In *Proceedings of ISAAC'10*, pp. 403–414. Springer.

Fratkin, E., B. T. Naughton, D. L. Brutlag, et S. Batzoglou (2006). Motifcut : regulatory motifs finding with maximum density subgraphs. *Bioinformatics 22*(14), e150–e157.

Gibson, D., R. Kumar, et A. Tomkins (2005). Discovering large dense subgraphs in massive graphs. In *Proceedings of VLDB'05*, pp. 721–732.

Himmel, A.-S., H. Molter, R. Niedermeier, et M. Sorge (2016). Enumerating maximal cliques in temporal graphs. In *Proceedings of ASONAM'16*, pp. 337–344. IEEE.

---

6. http://www.sociopatterns.org

Himmel, A.-S., H. Molter, R. Niedermeier, et M. Sorge (2017). Adapting the bron–kerbosch algorithm for enumerating maximal cliques in temporal graphs. *Social Network Analysis and Mining 7*(1), 1–16.

Isella, L., J. Stehlé, A. Barrat, C. Cattuto, J. Pinton, et W. Van den Broeck (2011). What's in a crowd ? analysis of face-to-face behavioral networks. *Journal of Theoretical Biology 271*(1), 166–180.

Koch, I. (2001). Enumerating all connected maximal common subgraphs in two graphs. *Theoretical Computer Science 250*(1-2), 1–30.

Latapy, M., T. Viard, et C. Magnien (2018). Stream graphs and link streams for the modeling of interactions over time. *Social Network Analysis and Mining 8*(1), 1–29.

Mislove, A. (2009). *Online Social Networks : Measurement, Analysis, and Applications to Distributed Information Systems*. Ph. D. thesis, Rice University, Department of Computer Science.

Palla, G., I. Derényi, I. Farkas, et T. Vicsek (2005). Uncovering the overlapping community structure of complex networks in nature and society. *nature 435*(7043), 814–818.

Paranjape, A., A. R. Benson, et J. Leskovec (2017). Motifs in temporal networks. In *Proceedings of WSDM'17*, WSDM '17, New York, NY, USA, pp. 601–610. ACM.

Rossi, R. A. et N. K. Ahmed (2015). The network data repository with interactive graph analytics and visualization. In *AAAI*.

Tomita, E., A. Tanaka, et H. Takahashi (2006). The worst-case time complexity for generating all maximal cliques and computational experiments. *Theoretical computer science 363*(1), 28–42.

Viard, T., R. Fournier-S'Niehotta, C. Magnien, et M. Latapy (2018). Discovering patterns of interest in ip traffic using cliques in bipartite link streams. In *International Workshop on Complex Networks*, pp. 233–241. Springer.

Viard, T., M. Latapy, et C. Magnien (2016). Computing maximal cliques in link streams. *Theoretical Computer Science 609*, 245–252.

Viard, T., C. Magnien, et M. Latapy (2018). Enumerating maximal cliques in link streams with durations. *Information Processing Letters 133*, 44–48.

Summary

Link streams provide a consistent formalism to represent interactions in time. A link consists of two vertices that interact over a given time interval. With this formalism, a clique corresponds to a set of vertices and a time interval during which they are all linked together. It is maximal if neither its set of vertices nor its time interval can be increased. Existing algorithms for enumerating these structures are not able to handle datasets with more than a few hundred thousand links. However, access to increasingly massive data requires tools to be adapted to larger scales. We then propose an algorithm that scales up the enumeration of maximal cliques to massive real-world temporal networks of up to more than 100 million links. We show experimentally that this algorithm is more efficient than the state-of-the-art by several orders of magnitude.

Extraction d'un réseau social criminel par transformation d'un graphe d'enquête multivarié

Bruno Pinaud*, Maud Bénichou**,***, Guy Melançon*

* Univ. Bordeaux, CNRS, Bordeaux INP, LaBRI, UMR 5800
351 Cours de la Libération, 33405 Talence Cedex
{prenom.nom}@u-bordeaux.fr
** Univ. Bordeaux, IRM, Av Léon Duguit, CS 50057, 33608 Pessac
maud.benichou@ik.me
*** Service Central de Renseignement Criminel
Pôle Judiciaire de la Gendarmerie Nationale,
5 boulevard de l'Hautil 95001 Cergy Pontoise Cedex

Résumé. L'analyse des réseaux sociaux que constituent les organisations criminelles permet de capitaliser des connaissances sur leurs structures pour faciliter la détection de leurs acteurs essentiels. Cependant, les actes d'enquêtes établissent des liens de différentes natures (par ex. géolocalisation, propriété) entre différents types d'entités (par ex. personnes, lieux, véhicules). Ainsi se pose le défi d'extraire du graphe d'enquête multivarié un réseau social en considérant l'ensemble des informations à disposition. Il sera alors possible d'effectuer des analyses structurelles basées sur les mesures de centralité, appuyant l'identification des acteurs clés du réseau. Cet article propose une méthode d'extraction d'un réseau social à partir d'un tel graphe multivarié, les variables attachées aux sommets et arêtes du graphe multivarié étant prises en compte pour quantifier la vraisemblance des liens induits dans le réseau social.

1 Introduction

L'analyse des réseaux sociaux constitués par les organisations criminelles permet de capitaliser des connaissances sur leurs structures sociales, notamment au travers de la détection des acteurs essentiels à leur fonctionnement dans le but tant d'appuyer des enquêtes judiciaires que pour mettre en place des solutions proactives d'entrave des activités criminelles (Morselli, 2010; Everton, 2012). Cependant, les procès-verbaux d'actes d'enquêtes ne contiennent pas nécessairement de liens directs entre des personnes impliquées mais plutôt différents types de liens (géolocalisation, appels téléphoniques, *etc.*) entre différents types d'entités (personnes, lieux, véhicules, téléphones, *etc.*) (Lavaud-Legendre et al., 2017). Or, les indicateurs de centralité utiles pour caractériser les acteurs ou cerner leur position dans le réseau – telle la centralité d'intermédiarité (Freeman, 1977) — requièrent de disposer d'un réseau *social*, c'est-à-dire liant exclusivement des personnes entre elles (Bichler, 2019). Le calcul d'un tel réseau social n'est pas immédiat, sauf peut-être dans le cas où le réseau de départ est biparti, aussi appelé

2-modes (Borgatti, 2009), bien que ce cas qui semble plus facile ait donné lieu à différentes approches (Giatsidis et al., 2011; Neal, 2013).

Cet article propose une méthode de transformation d'un graphe multivarié G réunissant les différentes entités issues des actes d'enquêtes (voir un extrait figure 1a) en un réseau social N constitué par l'organisation criminelle (figure 1b). Pour chaque paire d'individus $\{u, v\}$ reliée par au moins un chemin dans G, la méthode consiste à induire un lien unique pondéré entre u et v dans N. La sémantique des éléments qui composent les différents chemins entre u et v dans G est prise en compte pour quantifier la vraisemblance des liens induits dans le réseau social N. Cette approche permet aux analystes d'avoir recours aux calculs usuels généralement utilisés sur les réseaux sociaux (Borgatti et al., 2018). La transformation est conduite de manière à historiser la création d'un lien dans N, permettant ainsi à un analyste d'examiner les éléments du graphe multivarié G ayant donné naissance aux liens dans le réseau social N.

Ainsi, les contributions de cet article :

— Apportent un cadre de lecture d'un réseau mutivarié G facilitant sa transformation en un réseau social N entre individus, se prêtant dès lors aux méthodes d'analyse des réseaux sociaux (centralités, calcul de communautés, *etc.*).

— Explicitent un algorithme de transformation et son implémentation, avec le logiciel de visualisation TULIP (Auber et al., 2017)[1], applicable à tout graphe multivarié induisant à partir des chemins entre individus un lien direct unique entre eux.

— Illustrent et valident l'approche sur un jeu de données réelles anonymisées issues d'une enquête de gendarmerie et rendu disponible pour la communauté.

La section 2 présente un état de l'art des méthodes permettant d'induire un réseau social depuis un graphe multivarié et souligne la singularité de nos travaux. La section 3 présente les différentes phases de calcul de l'algorithme. La section 4 présente un cas d'application sur un réseau de terrain avant une conclusion en section 5.

2   État de l'art

Nous n'avons pas connaissance d'algorithmes établis qui permettent d'induire à partir d'un graphe multivarié G un réseau social, c'est-à-dire de calculer à partir de $G = (V, E)$ un graphe $N = (P, F)$ rassemblant les sommets $P \subset V$ d'un type donné liés entre eux alors qu'ils ne le sont pas nécessairement dans G. Cela dit, la notion de contraction de chemins afin de réduire un graphe a fait l'objet de nombreux travaux et ce, depuis de nombreuses années (Aho et al., 1972; Martello, 1979), et demeure un sujet d'actualité (Bessouf et al., 2019).

Une situation usuelle proche est celle où le graphe multivarié G est un graphe biparti, aussi appelé 2-modes, ou réseau d'affiliation (Borgatti et al., 2018). Un tel graphe comporte deux types d'entités t et t' et les arêtes lient des entités qui sont nécessairement de types différents. C'est le cas, par exemple, lorsque des individus sont liés à des évènements auxquels ils participent. Le réseau social N obtenu de G lie des personnes ayant co-participé à au moins un évènement. Dans ce cas souvent rencontré, on dit parfois que N est obtenu par *projection* du graphe G. Les liens du réseau social peuvent être pondérés pour, notamment dans cet exemple, comptabiliser le nombre d'évènements auxquels les individus ont co-participé.

---

1. `https://tulip.labri.fr`

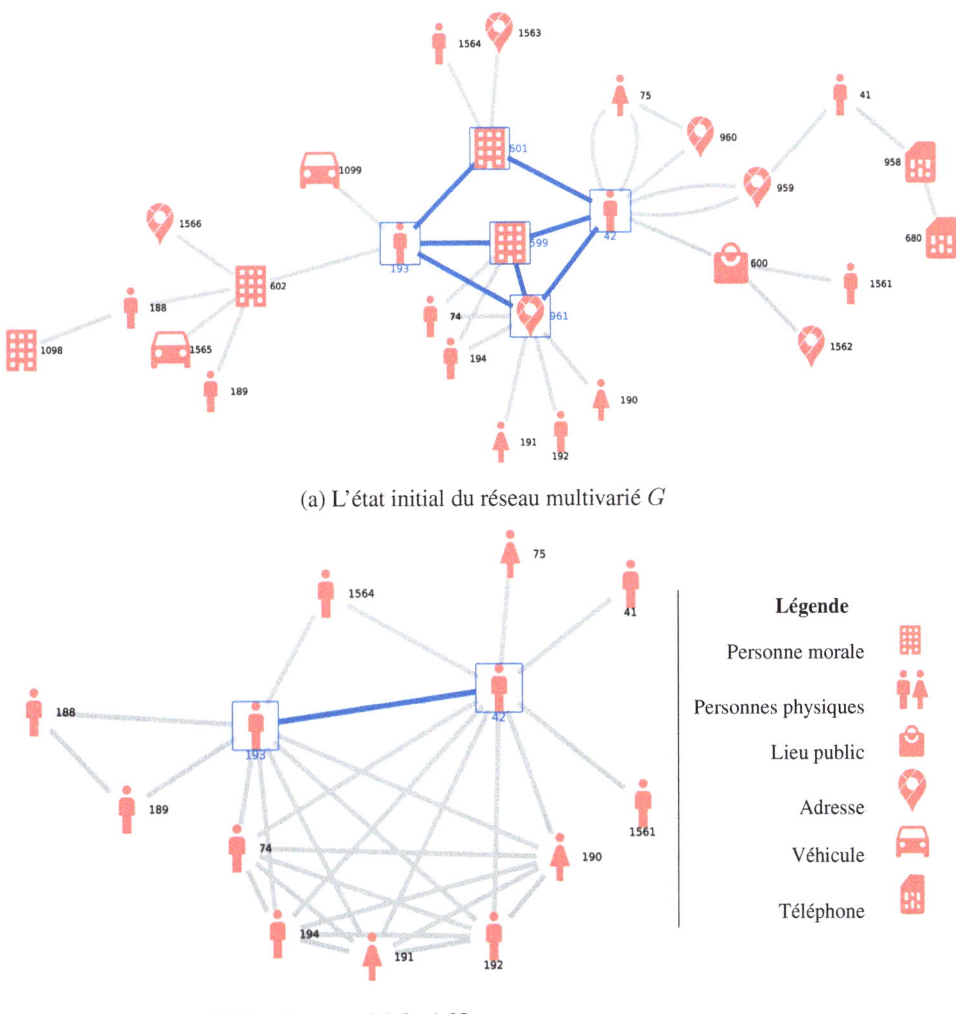

(a) L'état initial du réseau multivarié G

(b) Le réseau social final N

FIG. 1 – (a) Extrait d'un graphe issu d'une enquête criminelle. Cet article décrit comment les éléments en bleus sont transformés pour créer un lien direct entre les personnes (b).

Dans le cas 2-modes, le passage au réseau social engendre un graphe d'une forte densité, essentiellement parce que le graphe résultant est en quelque sorte une "collection de cliques". En effet, pour reprendre notre exemple, les personnes ayant co-participé à un évènement sont alors toutes liées deux à deux. Pour pallier à cette situation, Neal (2013) propose un critère probabiliste qui permet de contrôler le nombre d'arêtes induites dans le réseau social. Giatsidis et al. (2011) proposent un calcul du poids des arêtes induites qui tient compte de la taille des cliques par lesquelles elles arrivent. Un seuil imposé aux arêtes permet alors de filtrer le graphe pour obtenir un réseau social d'une densité convenable. Dans une approche faisant une analogie avec la capacité à mémoriser une information à long terme, Kudelka et al. (2010)

étendent cette idée au cas où les données présentent un caractère temporel. On peut aussi citer Nick et al. (2013) qui proposent de filtrer un réseau social de forte densité en privilégiant la présence de triades pour en obtenir un "squelette".

Cet article se penche sur le cas de graphes multivariés où plus de deux types de sommets sont présents (notre cas d'application en compte 10, cf. section 4). De plus, ils ne présentent pas de régularités comme c'est le cas pour les graphes 2-modes, puisque les sommets d'un type donné peuvent être liés par des chemins de longueur variable. Dans le contexte ayant donné naissance à notre travail, la procédure calculant le poids d'une arête doit refléter combien il est vraisemblable que deux personnes soient effectivement liées l'une à l'autre (bien qu'aucun contact direct n'ait été observé), afin d'amener un analyste à lui accorder une certaine crédibilité dans son travail d'enquête. Le calcul du poids d'une arête dans le réseau social N est l'une des questions au cœur de l'algorithme que nous proposons.

3   Passer du multigraphe multivarié à un réseau social

Cette section pose quelques définitions avant de décrire les différentes transformations pour passer du graphe multivarié modélisant les relations établies durant l'enquête au réseau social.

3.1   Graphe multivarié, force liante et sommets projetés

Le graphe d'enquête est modélisé à l'aide d'un multigraphe $G = (V, E)$ non orienté et sans boucle avec V l'ensemble des sommets et E l'ensemble des arêtes (aussi appelées *liens*). Dans un multigraphe, deux sommets $\{u, v\} \in V$ peuvent être liés par plus d'une arête. Cela se justifie dans le contexte d'une enquête, par exemple, lorsqu'un individu est observé à de multiples occasions en un même lieu donnant ainsi naissance à des *arêtes multiples* liant cet acteur à ce lieu.

Une sémantique est associée aux éléments de V et E, faisant du multigraphe G un *réseau* au sens de Wasserman et Faust (1994). Plus précisément, un sommet $u \in V$ (resp. une arête $e \in E$) a un *type* t_u (resp. t_e). Ainsi, dans le cas d'usage qui sera présenté à la section 4, la catégorie *PERSONNE* correspond à l'ensemble des sommets $u \in V$ pour lesquels $t_u = PERSONNE$. Il en va de même pour les autres types, qui définissent des catégories *LIEU*, *VEHICULE*, *etc.* De la même manière, on peut considérer des catégories de liens comme *UTILISATEUR* (d'un véhicule, d'un téléphone), *FAMILIAL* (deux personnes de la même famille), *LOCALISATION* (pour une personne vue en un lieu donné), *etc.*

Étant donné un lien $e = (u, v)$, on définit la *force liante* $f(t_u, t_e, t_v) \in [0, 1]$ associée au triplet que forment e et ses deux extrémités $\{u, v\}$ (par souci de simplicité dans la suite, les triplets sont désignés uniquement par les liens dont ils sont composés). La force liante, définie par l'analyste, reflète la capacité du triplet, en tant que fragment d'un chemin liant deux personnes, à soutenir l'existence d'un lien direct entre elles. Par exemple, pour l'analyste, le fait que deux individus aient été localisés au même moment dans un lieu privé (une maison), soutient fortement l'existence d'un lien direct entre elles et incite à attribuer une valeur élevée à la force liante $f(PERSONNE, LOCALISATION, LIEU PRIVE)$ (0.7 dans le cas d'usage présenté à la section 4). En revanche, le fait que deux véhicules utilisés par deux individus aient été localisés dans un lieu public (parking d'un centre commercial) soutient modérément l'existence d'un lien direct, suggérant d'attribuer une valeur plus faible à f (*VEHICULE, LOCALISATION, LIEU PUBLIC*) (0.3 dans le cas d'usage présenté à la section 4).

Les sommets qui deviendront les sommets du réseau social sont appelés les *sommets projetés* (ceux qui font l'objet de la projection sur le réseau social N), et nous désignons par P l'ensemble de ces sommets. Traditionnellement, les sommets projetés représentent des personnes. Néanmoins, dans le cas d'un réseau de trafics, il pourrait être intéressant de rapprocher des objets (voitures, substances illicites, etc.) afin d'être éclairé sur le mode opératoire des trafiquants ou de détecter des séries.

Les sommets de $V \setminus P$ qui sont d'un autre type seront appelés des *sommets accessoires*. Nous nous intéressons aux chemins liant des sommets $u, v \in P$, et qui ne passent que par des sommets accessoires (hormis leurs extrémités u, v). En d'autres mots, seules les extrémités de ces chemins sont des sommets projetés ; nous dirons que ces chemins sont *admissibles*.

Ce faisant, le réseau est construit sans égard aux triades (ou plus précisément aux chemins liant simultanément trois sommets projetés à la fois). Dans un article fondateur, Granovetter (1973) met en exergue une configuration qualifiée d'impossible dans un réseau social : si un individu X possède un lien fort avec des individus Y et Z, alors il n'est pas possible que Y et Z ne soient pas liés. Cependant, dans un réseau criminel, la posture des protagonistes est différente. Afin de conserver à la fois leur importance stratégique et leurs éventuelles commissions, ils n'ont aucun avantage à faire bénéficier les autres membres de l'organisation de leurs contacts. De plus, réduire le nombre d'individus ayant accès aux autres membres, plans ou opérations aide à protéger le réseau dans son ensemble (DoD, 2016). Ainsi si Y est lié à X lui-même lié à Z, cela ne permet pas de supposer l'existence d'un lien direct entre Y et Z.

3.2 Fusion de liens, élagage et contraction de chemins

Classiquement en analyse de réseaux sociaux, un analyste recherche le ou les plus courts chemins entre deux individus (Wasserman et Faust, 1994), privilégiant parfois les chemins avec la meilleure pondération. *A contrario*, notre objectif, qui vise à extraire un réseau social depuis un graphe multivarié, ne se limite pas aux seuls plus courts chemins dans le multigraphe. Cela permet de prendre en compte toutes les dimensions "sémantiques" qui entrent en jeu dans la relation entre les sommets projetés. Dès lors que deux sommets projetés $u, v \in P$ sont liés par un chemin dans le multigraphe G, ils seront liés dans le réseau social N (Figure 1). La force liante de l'arête liant u et v dans N résulte d'opérations appliquées sur les forces liantes des différentes arêtes de G lui donnant naissance.

Une première phase de *fusion* traite le cas des arêtes multiples. On convient qu'une arête multiple entre deux sommets de $u, v \in V$ correspond à un multi-ensemble d'arêtes que nous noterons simplement $\{e_1, \ldots, e_k\}$. Une première phase remplace chaque arête multiple par une arête "simple" $e = (u, v)$ dont la force est alors définie comme étant $f = \phi(f_1, \ldots, f_k)$, où ϕ est un opérateur associatif et commutatif, à l'image de l'opération arithmétique d'addition. Cela permet d'étendre sans ambiguïté l'opérateur ϕ à un nombre indéterminé d'opérandes. La figure 1a comporte deux cas entre les sommets 42 (entouré en bleu), 75 et 959. Dans la figure 2a, les arêtes simples fusionnées sont de couleur bleue.

Après cette première phase, le graphe est simple (ni arête multiple, ni boucle). Il est susceptible de contenir des sommets accessoires de degré 1. Ces sommets sont un artefact des données d'observation et ne contribuent pas à renforcer des liens entre des sommets projetés. En accord avec la logique qui cherche à créer le réseau social entre des sommets projetés, le

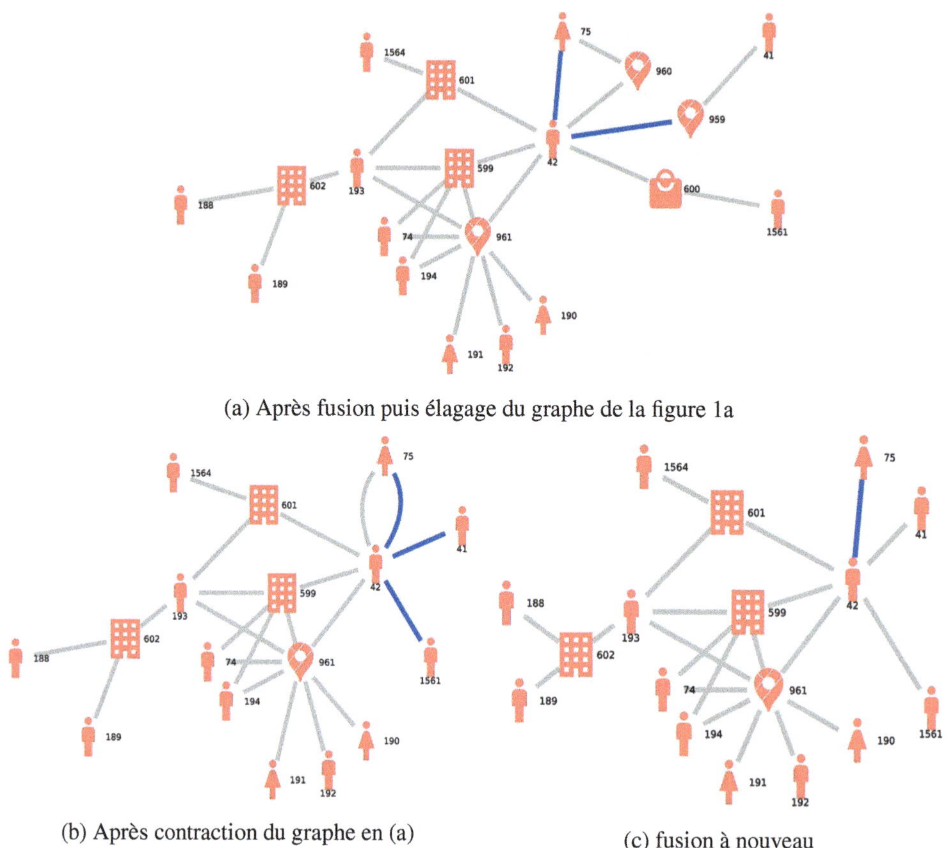

(a) Après fusion puis élagage du graphe de la figure 1a

(b) Après contraction du graphe en (a)

(c) fusion à nouveau

FIG. 2 – Évolution du graphe de la figure 1a issu du cas d'application détaillé dans la section 4. Les arêtes bleues sont issues de la transformation illustrée par rapport à l'étape précédente.

choix est fait de les supprimer. Ce faisant, la suppression d'un sommet accessoire de degré 1 peut diminuer le degré de son voisin, accessoire aussi et en faire un sommet de degré 1 à son tour. On le supprime aussi, et ainsi de suite jusqu'à ne plus en avoir parmi les sommets accessoires. Cette phase, effectuée entre les figures 1a et 2a (par ex. les sommets 958 et 680 à droite de la figure 1a), est appelée l'*élagage*, puisque la succession de sommets ainsi supprimés forme une chaîne apparaissant comme une "branche" accrochée au reste du graphe.

Après élagage, un chemin admissible peut contenir des sommets accessoires de degré 2 (par ex. le sommet 959 de la figure 2a). Soit v un tel sommet lié à deux autres sommets u, w, **et à eux seuls**, par des arêtes $e = (u, v)$ et $e' = (v, w)$ de forces liantes respectives f, f'. Les deux arêtes e, e' sont alors *contractées* pour donner lieu à une arête $e'' = (u, w)$ dont la force liante est alors égale à $f'' = f \cdot f'$ (figure 2b). Cette étape peut créer des arêtes multiples entre les sommets u et w lorsque le sommet v de degré 2, supprimé par l'effet de la contraction, forme une triade avec les sommets u et w (entre les sommets 42 et 75 sur la figure 2b). La contraction doit donc être suivie d'une fusion afin de se trouver à nouveau avec un graphe simple, avant de poursuivre l'étape de contraction (figure 2c). A noter toutefois que la propriété d'associativité de l'opérateur ϕ permet de retarder l'étape de fusion, à condition d'en tenir compte lorsqu'on évaluera le degré des sommets u ou w qui pourront faire l'objet ultérieurement d'une contraction.

Il y a donc nécessité d'itérer les étapes de fusion, d'élagage et de contraction des sommets de degré 2 jusqu'à ce le graphe résultant ne contienne aucune occurrence d'arêtes multiples à fusionner, de sommets accessoires de degré 1 à supprimer ou de sommets accessoires de degré 2 donnant lieu à une contraction d'arêtes.

3.3   Contraction de sous-graphes

On considère ensuite, pour chaque paire de sommets projetés $u, v \in P$ le sous-graphe $H_{u,v}$ de G composé de l'union de l'ensemble des chemins admissibles et *élémentaires* entre u et v (qui ne passent pas deux fois par le même sommet). La figure 3 montre 3 exemples issus de la figure 2c où les sommets u, v sont de type *PERSONNE*. Parce que les sommets font maintenant partie d'un sous-graphe de G, il est possible que des sommets accessoires soient de degré 2 dans $H_{u,v}$ (sommet 599 de la figure 3b à comparer avec la figure 2c). Il faut donc itérer sur $H_{u,v}$ les opérations de contraction et de fusion. Chaque sous-graphe $H_{u,v}$ pourra alors être contracté jusqu'à n'avoir plus qu'une seule arête entre les sommets projetés $u, v \in P$. Cette arête devient dès lors une arête du réseau social, dont la force liante aura été calculée au fil de la projection comme précisé à la section 3.2.

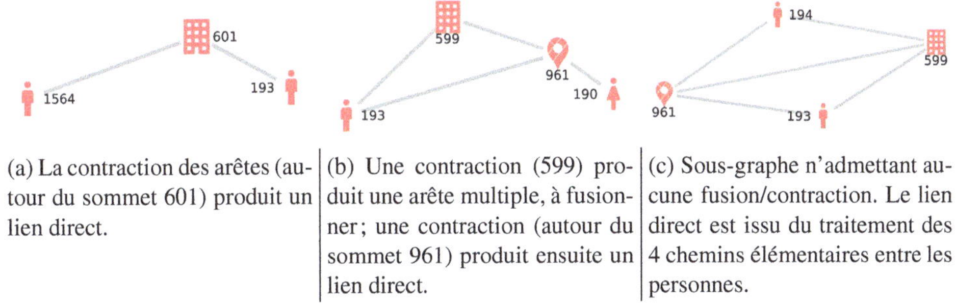

(a) La contraction des arêtes (autour du sommet 601) produit un lien direct.

(b) Une contraction (599) produit une arête multiple, à fusionner ; une contraction (autour du sommet 961) produit ensuite un lien direct.

(c) Sous-graphe n'admettant aucune fusion/contraction. Le lien direct est issu du traitement des 4 chemins élémentaires entre les personnes.

FIG. 3 – Quelques sous-graphes $H_{u,v}$ issus de l'exemple de la figure 2c.

Cependant, certains sous-graphes ne se réduisent pas à une arête entre les sommets projetés $u, v \in P$, comme illustré à la figure 3c. Pour ceux-ci, on énumère alors l'ensemble des chemins $\{c_1, c_2, \ldots, c_k\}$ élémentaires entre u et v et on les contracte pour calculer pour chacun sa force liante $f_1, f_2, \ldots, f_k$, égale au produit des forces liantes des arêtes qui le forment. On retire le chemin $c_{\max}$ de force liante $f_{\max}$ maximale parmi tous les chemins considérés. Les arêtes du chemin $c_{\max}$ sont ensuite retirées du sous-graphe $H_{u,v}$ (on retire aussi les sommets qui ce faisant ne sont incidents à aucune arête) pour obtenir un sous-graphe $H'_{u,v}$. Cette phase de *réduction* est répétée jusqu'à épuisement des chemins élémentaires entre u et v, pour obtenir une séquence de chemin $c_{\max}, c'_{\max}, c''_{\max}, \ldots$ extraits de sous-graphes $H_{u,v}, H'_{u,v}, H''_{u,v}, \ldots$ de force liante $f_{\max}, f'_{\max}, f''_{\max}, \ldots$. En définitive, une arête entre les sommets $u, v \in P$ est créée dans le réseau social N de force liante $\phi(f_{\max}, f'_{\max}, f''_{\max}, \ldots)$.

3.4 Confluence des calculs

L'algorithme effectue ainsi une série d'étapes de fusions et d'élagages simplifiant en quelque sorte le graphe multivarié avant d'en contracter les arêtes par itérations successives. Cette étape est d'une complexité de $O(|E|)$ si on tient compte des arêtes multiples qui peuvent éventuellement faire l'objet d'une fusion, ou des paires d'arêtes qui sont contractées (suivies d'une fusion). La dernière étape, qui procède par énumération des chemins élémentaires dans les sous-graphes $H_{u,v}$, reste d'une complexité maîtrisée dès lors que ces sous-graphes sont de petite taille, ce vers quoi amènent les étapes de réduction qui la précèdent.

La question de la confluence mérite qu'on s'y arrête car l'ordre de traitement des arêtes du multigraphe lors des étapes de fusion, d'élagage et de contraction pourrait *a priori* influer sur le résultat final. Or, ici entrent en jeu les propriétés de commutativité et d'associativité de l'opérateur ϕ. Pour s'en convaincre, il suffit d'examiner la situation où deux sommets projetés u, v sont liés par trois chemins distincts passant par des sommets accessoires w_1, w_2 et w_3 (figure 4). En effet, sans égard à l'ordre dans lequel les contractions, suivies de fusion, sont appliquées, la valeur associée à l'arête liant u et v dans le réseau social sera égale à $\phi(f_i \cdot f_i', \phi(f_j \cdot f_j', f_k \cdot f_k'))$ qui est aussi égale à $\phi(\phi(f_i \cdot f_i', f_j \cdot f_j'), f_k \cdot f_k')$, et ce pour tout choix de valeurs $\{i, j, k\} = \{1, 2, 3\}$ précisant l'ordre de traitement des arêtes à contracter. L'argument vaut aussi pour le cas où les contractions doivent s'opérer sur des chemins plus longs dont les valeurs associées sont le produit des forces liantes des arêtes qui les constituent.

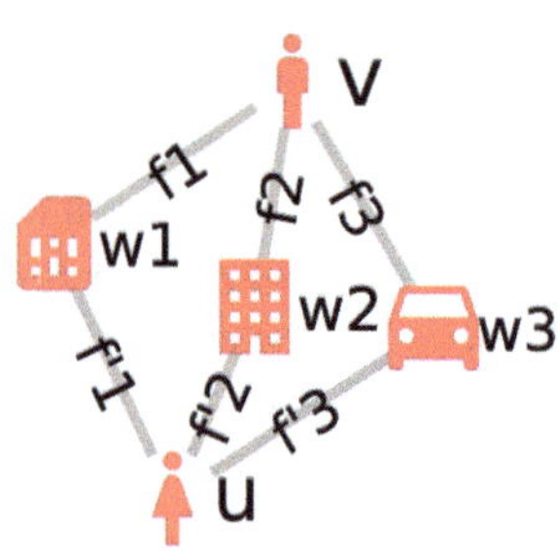

FIG. 4 – L'ordre dans lequel les trois chemins sont contractés n'importe pas en vertu des propriétés de l'opérateur ϕ.

3.5 Historisation des calculs

La définition de l'opérateur ϕ utilisé dans le calcul de la force liante d'une arête du réseau social est laissée à l'analyste, et dépend du domaine étudié – seules sont imposées les propriétés arithmétiques garantissant la confluence des calculs et l'appartenance des forces liantes à $[0, 1]$. Cela dit, les forces liantes ainsi calculées n'ont pas valeur de vérité et doivent pouvoir être examinées de près par l'analyste qui peut en questionner la vraisemblance.

À cette fin, il est possible de stocker au fil du déroulement de l'algorithme les informations nécessaires pour exhiber à l'analyste l'ensemble des chemins qui sont entrés en jeu dans le calcul de la force liante d'une arête du réseau social. Le logiciel TULIP (Auber et al., 2017) offre un modèle de données particulièrement adapté à cette fin. TULIP permet de gérer une hiérarchie de sous-graphes et des collections de propriétés associées aux éléments du graphe à la manière du mécanisme d'héritage des langages de programmation à objets. Ainsi, un sommet présent dans un sous-graphe n'est pas dupliqué en mémoire puisque d'un point de vue informatique il s'agit du même objet que dans son graphe parent. Un sous-graphe est créé en appliquant un filtre booléen sur son parent et les propriétés associées aux éléments du sous-graphe sont héritées du graphe parent.

TULIP permet de présenter simultanément deux vues, l'une sur le réseau social, l'autre sur le graphe multivarié initial. Le mécanisme d'héritage autorise alors, par une sélection simple dans le réseau social de sommets projetés u, v, d'identifier ces mêmes acteurs dans le graphe multivarié. Les informations stockées sur la cascade d'opérations de fusion, élagage et contraction doublées de l'accès au sous-graphe $H_{u,v}$ rend possible la production à la volée du sousgraphe ayant donné lieu à l'arête (u, v), qui peut alors être examiné par l'analyste.

4   Cas d'usage sur des données d'enquêtes réelles

Nous rapportons ici des résultats de l'algorithme appliqué sur un multigraphe multivarié construit à partir de données d'enquête. L'experte en sciences criminelles, co-auteure de l'article, auprès de laquelle les données ont été obtenues a de plus participé activement à la conception de l'algorithme de la section 3. Les données proviennent d'une enquête de gendarmerie sur un réseau de trafic de fonds et de blanchiment ayant agi sur l'ensemble du territoire français. Une version anonymisée des données est librement accessible (Pinaud et al., 2022).

Le graphe multivarié initial G possède 1703 sommets de 10 types différents dont 665 de type *PERSONNE* qui forment l'ensemble des sommets projetés P. Il compte 2318 arêtes pour 19 types de liens. Chaque arête est associée à une force liante définie par les analystes. Le réseau possède 12 composantes connexes pour un diamètre de 23 et une longueur moyenne des chemins proche de 4. Le degré moyen des sommets est 2.7 (écart-type 4.9). La faible densité d'arêtes par rapport au nombre de sommets est une caractéristique commune des réseaux criminels (Morselli, 2009). Dans notre cas, G ne contient que les liens présentant un intérêt pour les forces de l'ordre et validés dans le cadre de l'enquête judiciaire.

La fusion des liens utilise une opération ϕ définie par les experts qui reflète leur importance relative. Soit la force liante f d'un lien de G, on définit une première fonction :

$$\gamma(f) = \begin{cases} 0.01 & \text{si } 0 < f < \alpha \\ 0.05 & \text{si } \alpha \leq f < \beta \\ 0.1 & \text{si } \beta \leq f < 1 \end{cases}$$

où α, β sont définies à la discrétion de l'expert, de manière à classer les arêtes du graphe en liens faiblement ($0 < f < \alpha$), moyennement ($\alpha \leq f < \beta$) ou fortement ($\beta \leq f < 1$) liants. On pose ensuite $\varphi(f, f') = \gamma(f) + \gamma(f')$. On vérifie facilement que l'opérateur φ est commutatif et associatif. On observe que les fonctions max et min vues comme des opérateurs sont elles aussi commutatives et associatives. Il en va donc de même de l'opérateur $\phi(f, f') = \min(\max(f, f'), \varphi(f, f'))$ défini par nos experts pour le graphe G de ce cas d'usage. Au dire de notre experte en science criminelle, cette possibilité de façonner l'opérateur ϕ contribue en quelque sorte à rapprocher le calcul de son interprétation.

Après la première phase de *fusion-élagage-contraction* décrite dans la section 3.2, les nombres de sommets et d'arêtes ont diminué de près de moitié (832 sommets, 1136 arêtes) et 4 composantes connexes contiennent encore des sommets accessoires. Le diamètre du graphe passe à 17, la longueur moyenne des chemins à 3.2, et le degré moyen des sommets à 2.5 (écart-type 2.4). L'étape suivante, qui construit les sous-graphes $H_{u,v}$ (et extrait de chacun l'ensemble des chemins élémentaires), génère 12996 sous-graphes – qui résulteront chacun en une arête du réseau social N – dont le plus gros a 37 sommets et 58 arêtes. Parmi ceux-ci, 8429 sous-graphes se réduisent à un lien direct entre deux personnes. La réduction des 4567 sous-graphes restant irréductibles par fusion/contraction nécessite d'énumérer, réduire et fusionner 39258 chemins. Le plus grand de ces sous-graphes $H_{u,v}$ possède encore 14 sommets et 24 arêtes.

En définitive, le réseau social N possède 665 sommets et 12996 arêtes. Le degré moyen des sommets est donc de 40 (chaque personne est en lien avec 40 autres personnes). Ce fort degré est à l'image de la projection d'un graphe 2-modes en un graphe 1-mode, faisant passer un graphe en étoile comptant N arêtes à une clique de taille $O(N^2)$. Dans notre cas, l'explosion combinatoire reste maîtrisée puisque le nombre d'arêtes est multiplié par 6. Cela dit, l'analyse du réseau social, notamment avec les techniques classiques (Morselli, 2009), requiert d'en filtrer les arêtes. Cette opération, laissée à la discrétion des experts, pourra s'appuyer sur une inspection des liens en ayant recours à l'historique de la projection (cf. section 3.5).

La figure 1 illustre notre contribution qui permet à l'analyste de solliciter les mesures de centralités usuelles appliquées à un réseau social, sans pour autant "oublier" les observations de terrain desquelles sont induites les liens. En effet, équipé d'une vue multiple et grâce au mécanisme d'historisation, il devient possible pour l'analyste de calculer et visualiser le sous-graphe de G ayant donné naissance à une arête du réseau social N.

L'algorithme a été implémenté à l'aide de la librairie `tulip-python` (Lambert et Auber (2012)), librairie compagne du logiciel TULIP). Il a été exécuté sur un seul cœur d'un ordinateur récent (i7-11850H à 2.50GHz, 32Go RAM, TULIP 5.7, Python 3.10). L'étape de fusion-élagage-contraction prend moins d'une seconde. Le calcul des sous-graphes $H_{u,v}$, et plus encore l'énumération pour chacun des chemins élémentaires requiert un peu moins de 6 minutes, dont moins d'une minute pour traiter le cas des 8429 sous-graphes réduits à un lien direct entre deux personnes. Ce temps de calcul reste raisonnable pour l'utilisateur puisque l'algorithme vient en étape préalable à l'analyse. On le doit à l'évidence à la faible densité du multigraphe multivarié G.

5   Conclusion

Nous avons présenté un algorithme qui à partir d'un multigraphe multivarié modélisant les relations établies au cours d'une enquête criminelle permet de calculer un réseau social entre les personnes qui se trouvent connectées par des chemins liant différents éléments de l'enquête (lieux, véhicules, etc.). Le déroulement de l'algorithme permet d'attribuer aux liens du réseau social une force liante, qui quantifie leur vraisemblance sur le terrain. La définition de la force liante des arêtes du multigraphe de départ appartient à l'expert de domaine. Un opérateur, aussi défini par l'expert, permet de faire la synthèse des forces liantes des chemins induisant une force liante sur les liens du réseau social. Cette définition doit répondre à certaines conditions algébriques – en tous points similaires à l'opération arithmétique d'addition, pour assurer la confluence des calculs. L'historisation des calculs (rendue possible par les capacités de la librairie TULIP à gérer une hiérarchie de sous-graphes) apporte à l'algorithme sa capacité à expliquer les choix qui ont été faits pour induire un lien du réseau social.

L'algorithme, présenté dans le contexte de l'analyse criminelle et de la construction d'un réseau social impliquant des personnes, est générique. Il peut calculer un réseau liant directement des entités d'un même type, quel qu'il soit, plongées au départ dans un multigraphe multivarié. Ainsi, afin de questionner les modes opératoires d'un réseau criminel, on pourrait calculer un réseau "social" rapprochant des substances illicites apparaissant au départ comme des entités d'un graphe multivarié qui rend compte d'observations récoltées au cours d'une enquête de cyber-criminalité.

Un développement futur de notre approche est la prise en compte de la dimension temporelle des liens (par ex. date/heure de présence en un lieu), ce à quoi ne se prêtaient pas les données auxquelles nous avions accès. Nous envisageons aussi d'appliquer l'algorithme à l'analyse de cyber-criminalité (Rossy et Décary-Hétu, 2017; Rhumorbarbe et al., 2018) et plus généralement dans les humanités numériques où la construction d'un réseau social à partir de données multivariées reste un problème complexe (Pister et al., 2022).

Références

Aho, A. V., M. R. Garey, et J. D. Ullman (1972). The transitive reduction of a directed graph. *SIAM Journal on Computing 1*(2), 131–137.

Auber, D., D. Archambault, R. Bourqui, M. Delest, J. Dubois, A. Lambert, P. Mary, M. Mathiaut, G. Mélançon, B. Pinaud, B. Renoust, et J. Vallet (2017). TULIP 5. In R. Alhajj et J. Rokne (Eds.), *Encyclopedia of Social Network Analysis and Mining*, pp. 1–28. Springer.

Bessouf, O., A. Khelladi, et T. Zaslavsky (2019). Transitive closure and transitive reduction in bidirected graphs. *Czechoslovak Mathematical Journal 69*(2), 295–315.

Bichler, G. (2019). *Understanding Criminal Networks : A Research Guide*. Univ. of California Press.

Borgatti, S. P. (2009). 2-mode concepts in social network analysis. *Encyclopedia of complexity and system science 6*, 8279–8291.

Borgatti, S. P., M. G. Everett, et J. C. Johnson (2018). *Analyzing Social Networks, 2nd edition*. Sage.

DoD, U. S. (2016). *Countering Threat Networks*. CreateSpace Independent Publishing Platform. `https://www.jcs.mil/Portals/36/Documents/Doctrine/pubs/jp3_25.pdf`.

Everton, S. F. (2012). *Disrupting dark networks*. Cambridge Univ. Press.

Freeman, L. C. (1977). A set of measures of centrality based on betweenness. *Sociometry 40*(1), 35–41.

Giatsidis, C., D. M. Thilikos, et M. Vazirgiannis (2011). Evaluating cooperation in communities with the k-Core structure. In *Int. Conf. on advances in social networks analysis and mining*, pp. 87–93. IEEE.

Granovetter, M. S. (1973). The strength of weak ties. *American Journal of Sociology 78*(6), 1360–1380.

Kudelka, M., Z. Horak, V. Snasel, et A. Abraham (2010). Social network reduction based on stability. In *Int. Conf. on Computational Aspects of Social Networks*, pp. 509–514. IEEE.

Lambert, A. et D. Auber (2012). Graph analysis and visualization with Tulip-Python. In *EuroSciPy 2012 - 5th European meeting on Python in Science*.

Lavaud-Legendre, B., C. Plessard, A. Laumond, G. Melançon, et B. Pinaud (2017). Analyse de réseaux criminels de traite des êtres humains : méthodologie, modélisation et visualisation. *J. of Interdisciplinary Methodologies and Issues in Science 2. Graphes et systèmes sociaux.*

Martello, S. (1979). An algorithm for finding a minimal equivalent graph of a strongly connected digraph. *Computing 21*(3), 183–194.

Morselli, C. (2009). *Inside criminal networks*, Volume 8 of *Studies of Organized Crime*. Springer New York.

Morselli, C. (2010). Assessing vulnerable and strategic positions in a criminal network. *Journal of Contemporary Criminal Justice 26*(4), 382–392.

Neal, Z. (2013). Identifying statistically significant edges in one-mode projections. *Social Network Analysis and Mining 3*, 915–924.

Nick, B., C. Lee, P. Cunningham, et U. Brandes (2013). Simmelian backbones : Amplifying hidden homophily in facebook networks. In *Advances in Social Networks Analysis and Mining (ASONAM), IEEE/ACM Int. Conf. on*, pp. 525–532.

Pinaud, B., M. Bénichou, et G. Melançon (2022). Multivariate criminal investigation network [data set]. https://doi.org/10.5281/zenodo.7044351.

Pister, A., N. Dufournaud, P. Cristofoli, C. Prieur, et J.-D. Fekete (2022). From Historical Documents To Social Network Visualization : Potential Pitfalls and Network Modeling. In *VIS4DH 2022 - 7th Workshop on Visualization for the Digital Humanities*, Oklahoma City, United States.

Rhumorbarbe, D., D. Werner, Q. Gilliéron, L. Staehli, J. Broséus, et Q. Rossy (2018). Characterising the online weapons trafficking on cryptomarkets. *Forensic science international 283*, 16–20.

Rossy, Q. et D. Décary-Hétu (2017). Internet traces and the analysis of online illicit markets. In *The Routledge international handbook of forensic intelligence and criminology*, pp. 249–263. Routledge.

Wasserman, S. et K. Faust (1994). *Social Network Analysis : Methods and Applications*. Structural Analysis in the Social Sciences. Cambridge Univ. Press.

Summary

Analysis of social networks constituted by criminal organizations can capitalize on knowledge about their structures to facilitate the detection of their key actors. However, investigative acts establish links of different natures (e.g., geolocation, ownership) between different types of entities (e.g., people, places, vehicles). Thus arises the challenge of extracting the social network from the multivariate investigation graph by considering all available information. It is then be possible to perform structural analyses based on centrality measures, supporting the identification of key actors in the network. This paper proposes a method for extracting a social network from such a multivariate graph, the variables attached to the nodes and edges of the multivariate graph being taken into account to quantify the likelihood of the links induced in the social network.

Vers un partitionnement des données à partir d'une forêt d'isolation

Véronne Yepmo*, Grégory Smits**, Marie-Jeanne Lesot***, Olivier Pivert*

* Université de Rennes 1 - IRISA - UMR 6074 - Lannion, France
{veronne.yepmo-tchaghe, olivier.pivert}@irisa.fr,
** IMT Atlantique - Lab STICC - UMR 6285 - Brest, France
gregory.smits@imt-atlantique.fr,
*** Sorbonne Université - LIP6 - Paris, France
marie-jeanne.lesot@lip6.fr

Résumé. Cet article effectue un pas vers une extraction d'explications contrastives entre anomalies et structure intrinsèque des points réguliers. Il propose une variante de l'algorithme des forêts d'isolation ayant pour objectif principal la préservation de la structure des données régulières en vue de sa reconstitution plus aisée. Les expérimentations menées sur des jeux de données synthétiques montrent que cette variante des forêts d'isolation détériore moins la structure des données régulières que la méthode classique. Par conséquent, la première citée peut servir de base pour une approche unifiée de détection et d'explication d'anomalies.

1 Introduction

Contrairement à la détection d'anomalies qui a été intensivement explorée dans la littérature, l'explication d'anomalies reste un sujet ouvert. Même si des travaux récents ont essayé de combler le vide (Kopp et al., 2020; Mokoena et al., 2022), il a été précisé dans Yepmo et al. (2022) que les explications d'anomalies les plus détaillées, c'est-à-dire celles prenant en compte la structure des données régulières, manquent de références. Celles-ci expliquent les anomalies détectées par rapport à un/des groupe(s) de données régulières, et non comme des points isolés du reste des données. Il est possible d'extraire ce type d'explications à l'aide d'un pipeline. Ce dernier consisterait alors premièrement en la détection d'anomalies à l'aide d'un algorithme dédié, suivie d'un partitionnement des données régulières à l'aide d'un algorithme de clustering, puis d'une identification des anomalies relativement à chaque cluster de données régulières et finalement en la génération d'explications contextuelles. Le travail proposé dans cet article suggère l'encapsulation des différentes étapes du pipeline sous une méthode unifiée ayant pour base la forêt d'isolation ou FI (Liu et al., 2012) qui est un algorithme de détection d'anomalies.

Une forêt d'isolation est un ensemble d'arbres binaires construits chacun en partitionnant récursivement et aléatoirement l'espace de données. Chaque arbre d'isolation est construit sur un échantillon différent du jeu de données, avec l'hypothèse qu'une anomalie, qui est par définition un point rare et distant des autres points dits réguliers, se trouvera isolée dans un sous-espace assez rapidement. Un point régulier quant à lui se retrouvera rarement isolé dans un sous-espace, ou au mieux sera isolé après de nombreuses coupes/séparations aléatoires. Avec ce partitionnement complètement aléatoire, l'information structurelle des données est perdue. En effet, deux points très proches dans leur espace de définition se retrouvent très fréquemment dans des feuilles différentes d'un arbre d'isolation. Récupérer cette information structurelle après la construction d'une forêt d'isolation serait alors une tâche ardue. L'objectif de la méthode proposée dans cet article, nommée RIFIFI (*Revised Isolation Forest to Identify Fraud and the data Inner structure*), est de préserver au mieux l'information structurelle lors de la construction de la forêt d'isolation, afin de reconstituer les clusters de points réguliers. Pour ce faire, le processus de sélection des séparations est revisité et n'est plus complètement aléatoire, mais plutôt guidé par la volonté de préserver au maximum la proximité entre les points appartenant au même groupe de données.

Après une revue de la littérature concernant la détection et l'explication d'anomalies dans la section 2, l'algorithme des forêts d'isolation sera rappelé dans la section 3. Notre méthode sera décrite dans la section 4. Puis, des premières expérimentations montreront la pertinence de l'approche pour construire une partition des données régulières (section 5). Les perspectives de ce travail seront finalement présentées dans la section 6.

2   Etat de l'art

2.1   Détection d'anomalies

La détection d'anomalies en apprentissage automatique peut être un problème supervisé, semi-supervisé ou non supervisé. Le cas non supervisé est le plus attrayant à cause du caractère imprévisible des anomalies et de la difficulté à étiqueter des jeux de données. Local Outlier Factor (LOF) (Breunig et al., 2000), les One-Class Support Vector Machines (Amer et al., 2013) et les forêts d'isolation (Liu et al., 2012) sont parmi les méthodes non supervisées les plus populaires. La dernière méthode citée est particulièrement attirante pour la détection d'anomalies, car elle est rapide, possède peu d'hyperparamètres, ne requiert pas de calcul de distance entre paires de points et est interprétable à l'échelle d'un arbre. Plusieurs variantes des forêts d'isolation ont été proposées dans la littérature. Certaines variantes se focalisent sur le calcul du score d'anomalie, mais maintiennent intact le processus de construction des arbres de la forêt. C'est le cas de Mensi et Bicego (2021) où cinq nouvelles fonctions pour le calcul des scores d'anomalie sont proposées. D'autres en revanche modifient la construction des arbres mais pas le calcul des scores. Dans Liu et al. (2010) et Hariri et al. (2019), des séparations obliques sont utilisées, mais avec des objectifs différents : la détection des clusters d'anomalies pour le premier et l'amélioration de la consistance des scores pour le second. Dans Cortes (2021), les séparations ne sont plus complètement aléatoires et ont pour objectif de minimiser l'écart-type pondéré induit par chaque séparation. La méthode proposée dans cet article produit également des séparations non complètement aléatoires, mais l'objectif recherché est la préservation de la structure des points réguliers.

2.2 Explication d'anomalies

L'explication d'anomalies a reçu moins d'attention dans la littérature que l'explication des classifieurs. Pourtant, à cause de la nature diverse des anomalies, l'explication d'anomalies mérite un traitement particulier. Dans Yepmo et al. (2022), quatre catégories d'explications ont été identifiées : l'explication par importance d'attributs, l'explication par valeurs d'attributs, l'explication par comparaison de points et l'explication par analyse de la structure intrinsèque des données. L'autre travail faisant un état de l'art de l'explication d'anomalies, Panjei et al. (2022), fait une distinction entre les catégories d'explications suivantes : les méthodes proposant un classement des anomalies, celles révélant les relations de cause à effet entre anomalies, et enfin celles identifiant les attributs responsables de l'anormalité des points ou des groupes de points. Dans les deux cas, il est précisé que les techniques trouvant les attributs marginaux sont les plus fréquentes dans la littérature (Gupta et al., 2018; Mokoena et al., 2022). Alors que les explications par comparaison de points se concentrent sur deux points du jeu de données, que les explications révélant des relations de cause à effet se concentrent sur les anomalies détectées, les explications par analyse de la structure intrinsèque offrent une vue globale sur l'anomalie à expliquer par rapport au jeu de données, et sont donc plus détaillées.

3 L'algorithme des forêts d'isolation

Dans cette section, l'algorithme des forêts d'isolation est rappelé.

Chaque arbre d'une forêt d'isolation est construit sur un échantillon tiré aléatoirement du jeu de données. À chaque étape de la construction d'un arbre d'isolation (voir algorithme 1), un attribut a puis une valeur v dans l'intervalle de valeurs de a sont sélectionnés aléatoirement. Les points ayant une valeur inférieure à v sur l'attribut a sont transférés vers le fils gauche du noeud courant, et les autres vers le fils droit. Le processus est répété récursivement à partir de la racine de l'arbre qui contient toutes les données de l'échantillon, jusqu'à ce que l'une des deux conditions suivantes soit remplie :
— le noeud n'est plus séparable (il contient un seul point) ;
— la profondeur limite d'un arbre, paramètre prédéfini de la méthode, est atteinte.
L'algorithme possède les hyperparamètres suivants : le nombre d'arbres dans la forêt T, la taille d'un échantillon Ψ et la profondeur limite d'un arbre h_{lim}. Les valeurs par défaut de ces hyperparamètres sont les suivantes : $T = 100$, $\Psi = 256$ et $h_{lim} = 8$. Les autres notations utilisées tout au long de l'article sont :
— $\mathcal{D}$ le jeu de données,
— $\mathcal{A}$ l'ensemble des attributs,
— x un point et $x.a$ sa valeur sur l'attribut $a \in \mathcal{A}$.
Dans l'algorithme 1, la méthode $noeud(fils\_gauche, fils\_droit, D, d, a, v)$ renvoie un nouveau noeud contenant les points appartenant à D, situé à la profondeur d, ayant pour séparation la droite d'équation $a = v$, pour fils gauche *fils_gauche* et pour fils droit *fils_droit*.

La figure 1a montre un exemple de jeu de données en dimension 2 ainsi que les séparations (en noir) d'un arbre. Chaque sous-espace encadré par des séparations est une feuille de l'arbre. Les anomalies se retrouvent assez rapidement isolées dans leurs feuilles respectives, et les clusters sont très souvent traversés par des coupes. Ce dernier constat implique que les points appartenant au même cluster se retrouvent fréquemment dans des feuilles différentes.

Algorithm 1 Forêt d'isolation classique : *construire_arbre*

Entrées : un échantillon $D \subset \mathcal{D}$, la profondeur d du noeud courant
Sortie : un noeud d'un arbre d'isolation
if $|D| = 1$ ou $d > h_{lim}$ **then**
    Renvoyer $noeud(null, null, D, d, null, null)$ ▷ Feuille (noeud externe)
else
    $a \leftarrow random(\mathcal{A})$ ▷ Sélection aléatoire d'un attribut
    $v \leftarrow random(range(a))$ ▷ Sélection aléatoire d'une valeur
    $D_l \leftarrow \{x \in D / x.a < v\}$
    $D_r \leftarrow \{x \in D / x.a \geq v\}$
    Renvoyer
$noeud(construire\_arbre(D_l, d+1), construire\_arbre(D_r, d+1), D, d, a, v)$ ▷ Noeud interne
end if

---

4 RIFIFI

4.1 Principe

RIFIFI diffère des forêts d'isolation classiques sur la génération des séparations. Tandis que les forêts d'isolation classiques utilisent des séparations complètement aléatoires (section 3), RIFIFI possède un critère de conservation des séparations basé sur la densité du sous-espace au voisinage de celles-ci. L'hypothèse est la suivante : si un nombre important de points se retrouve dans le voisinage de la coupe, elle est potentiellement en train de séparer un cluster. Une autre coupe doit donc être générée. Le but recherché est l'encadrement des clusters de points réguliers par les séparations, de manière à ce que certaines feuilles contiennent un cluster, ou une portion importante de cluster. Deux nouveaux hyperparamètres sont introduits en plus des hyperparamètres de la méthode classique : la taille de la marge α autour de la séparation qui représente son voisinage, et le seuil de densité η. Si η points tombent dans la marge autour de la séparatrice, elle est écartée.

L'impact de ce critère sur la procédure d'isolation est illustré sur la figure 1. Avec ce nouveau critère, les séparations traversent plus rarement les clusters de points, et les anomalies se retrouvent isolées. Toutefois, étant donné qu'un échantillonnage est effectué lors de la construction des arbres, des séparations peuvent tout de même traverser des clusters de points. Dans ce cas, les feuilles d'un arbre RIFIFI contiennent des portions de clusters qui sont des groupes de points inséparables. C'est pourquoi les informations de chaque arbre de la forêt doivent être combinées.

4.2 Algorithme

L'algorithme 2 présente les détails de RIFIFI. Pour éviter de générer des séparations dans des intervalles qui ont déjà été écartées parce que beaucoup de points s'y trouvaient, l'ensemble des intervalles testés est stocké. Si la méthode n'a pas pu trouver de séparation valide dans tout l'intervalle de valeurs d'un attribut, cet attribut est écarté. Les attributs écartés sont donc également stockés. Si la méthode ne parvient pas à trouver de séparation valide peu importe

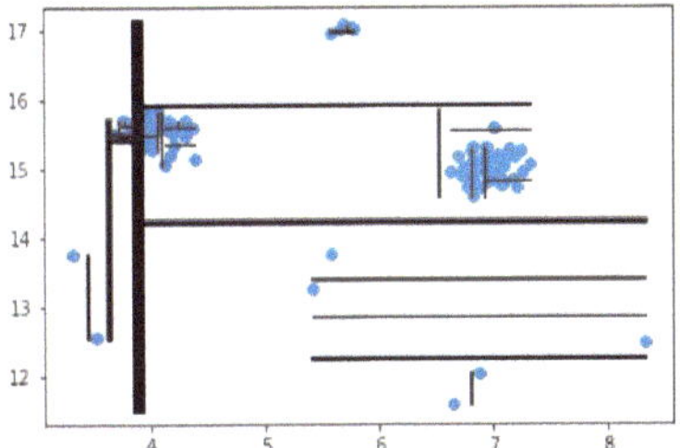

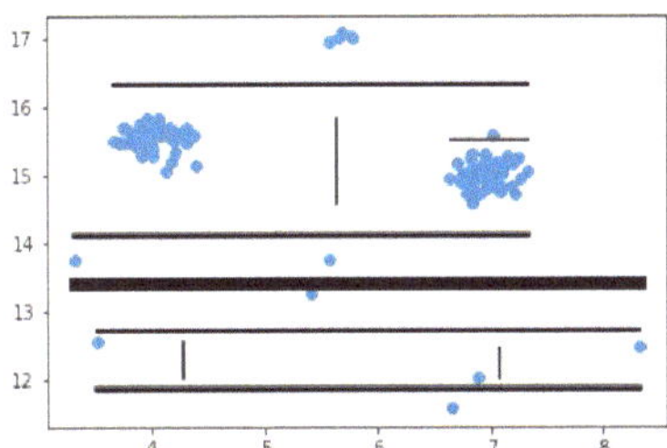

(a) Séparations d'un arbre d'une forêt d'isola- (b) Séparations d'un arbre d'une forêt RIFIFI
tion classique

FIG. 1 – Exemples de séparations (en noir) d'un arbre : FI VS RIFIFI. L'épaisseur du trait décroît avec la profondeur de la séparation.

l'attribut, alors une feuille est retournée, car le groupe de points en question est considéré comme inséparable. Ce groupe de points est un cluster ou une portion de cluster.

En comparaison avec une forêt d'isolation classique, une forêt RIFIFI induit un surcoût relatif au stockage des intervalles de valeurs exclues. Ce surcoût est dans le cas le plus défavorable une constante qui vaut $|\mathcal{A}| * (100/\alpha + 1)$. La complexité temporelle quant à elle diffère de celle d'une forêt d'isolation classique par la sélection des séparations. Cette différence est dans le cas le plus défavorable linéaire en fonction du nombre de dimensions/attributs : $\mathcal{O}(|\mathcal{A}|)$.

4.3 Indice d'inséparabilité

Les trois conditions d'arrêt du processus de construction d'un arbre sont les suivantes :
— le noeud contient un point isolé ;
— le noeud contient un ensemble de points qui n'ont pas pu être séparés peu importe l'attribut ;
— la profondeur limite est atteinte.

Ce deuxième type de feuilles est le plus intéressant car il contient idéalement une portion de cluster. Par conséquent, si des points se retrouvent fréquemment dans la même feuille, ils appartiennent vraisemblablement au même cluster. Nous définissons ainsi l'*indice d'inséparabilité* (équation 1) entre deux points comme étant le nombre moyen de fois où ils se retrouvent ensemble dans la même feuille. Les points peuvent donc être combinés progressivement sur la base de leur indice d'inséparabilité à l'aide d'un clustering ascendant hiérarchique pour reconstituer une partition du jeu de données.

$$sim(x_1, x_2) = \frac{1}{T} \sum_{f \in \mathcal{F}} \mathbb{1}_f(x_1, x_2) \tag{1}$$

avec $\mathcal{F}$ l'ensemble des feuilles de la forêt, et $\mathbb{1}_f(x_1, x_2) = 1$ si $x_1, x_2 \in f$ et 0 sinon.

Algorithm 2 RIFIFI : $construire\_arbre$

Entrées : un échantillon $D \subset \mathcal{D}$, la profondeur d du noeud courant, la largeur de la marge α, le seuil de densité η, l'ensemble des intervalles testés I_t, l'ensemble des attributs testés A_t

Sortie : un noeud d'un arbre d'isolation

if $A_t = \mathcal{A}$ ou $|D| = 1$ ou $d > h_{lim}$ **then**

    renvoyer $noeud(null, null, D, d, null, null)$ $\triangleright$ Feuille

else

    $a \leftarrow random(\mathcal{A} \setminus A_t)$ $\triangleright$ Sélection d'un attribut parmi les attributs non testés

    $v \leftarrow random(domain(a) \setminus \cup_J\{J \in I_t^a\})$ $\triangleright$ Sélection d'une valeur parmi les valeurs non testées pour cet attribut

    $marg \leftarrow \frac{\alpha * (\max_{x \in D} x.a - \min_{x \in D} x.a)}{2}$

    $I_t^a \leftarrow I_t^a \cup [v - marg, v + marg]$

    if $\cup_J\{J \in I_t^a\} \supseteq [\min_{x \in D} x.a, \max_{x \in D} x.a]$ **then** $\triangleright$ Tout l'intervalle de valeurs a été parcouru et exclu

        $A_t \leftarrow A_t \cup \{a\}$ $\triangleright$ L'attribut est rajouté à la liste des attributs exclus

    end if

    $D_m \leftarrow \{x \in D / x.a \in [v - marg, v + marg]\}$ $\triangleright$ Points contenus dans la marge

    if $|D_m| \leq \eta$ **then**

        $D_l \leftarrow \{x \in D / x.a < v\}$

        $D_r \leftarrow \{x \in D / x.a \geq v\}$

        Renvoyer $noeud(construire\_arbre(D_l, d + 1, \alpha, \eta, I_t, A_t),$

           $construire\_arbre(D_r, d + 1, \alpha, \eta, I_t, A_t), D, d, a, v)$ $\triangleright$ Noeud interne

    end if

    Renvoyer $construire\_arbre(D, d, \alpha, \eta, I_t, A_t)$ $\triangleright$ Sélection d'une autre séparation

end if

---

5 Expérimentations

L'objectif de cette section est de vérifier si RIFIFI préserve la structure des données régulières ; ou en d'autres termes, de vérifier si chaque feuille est une portion de cluster, et si les informations contenues dans les feuilles peuvent servir à reconstituer cette structure. À cet effet, il faut vérifier que :

— les feuilles de RIFIFI contiennent plus de points que celles des FI ;

— les points appartenant à la même feuille proviennent du même cluster ;

— l'indice d'inséparabilité peut servir à reconstituer une partition du jeu de données.

Dans cette section expérimentale, les paramètres de RIFIFI sont les suivants : $T = 100$, $\Psi = 256$, $h_{lim} = 8$, $\alpha = 5\%$ de l'intervalle initial de valeurs pour chaque attribut et $\eta = \alpha * n/2$ où n est le nombre de points dans le noeud courant. L'intuition derrière la valeur de α est la suivante : si deux points sont séparés par moins de $\alpha * range(a)$ sur un attribut a, alors ces deux points ne devraient pas être séparés par une coupe. En supposant une distribution uniforme des points du noeud, $\alpha * n$ points devraient se retrouver dans la marge. Par conséquent, si moins de $\alpha * n/2$ points s'y trouvent, elle peut être considérée comme contenant relativement peu de points.

5.1 Les jeux de données

Les jeux de données sont illustrés sur la figure 2. Chacun d'entre eux contient des clusters et des anomalies : 2 clusters de données régulières pour $\mathcal{D}_1$, $\mathcal{D}_2$ et $\mathcal{D}_4$, 3 clusters de données régulières pour $\mathcal{D}_3$ et 4 clusters de données régulières pour $\mathcal{D}_5$. $\mathcal{D}_5$ est un jeu de données en trois dimensions, et chaque cluster est situé dans un sous-espace de dimension 2. La génération de ce jeu de données est expliquée dans Parsons et al. (2004). $\mathcal{D}_4$ est le jeu de données *moons* composé de deux arcs de cercle entrelacés, dans lequel des anomalies ont été rajoutées manuellement.

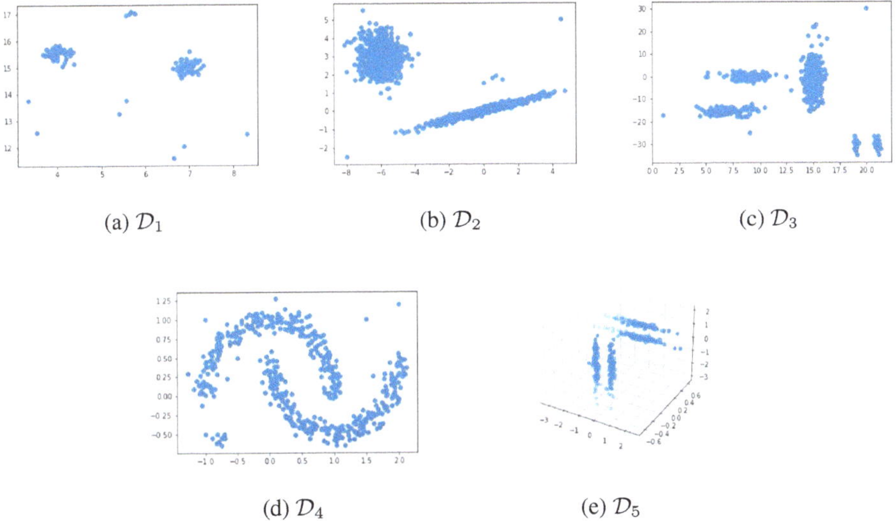

(a) $\mathcal{D}_1$ (b) $\mathcal{D}_2$ (c) $\mathcal{D}_3$

(d) $\mathcal{D}_4$ (e) $\mathcal{D}_5$

FIG. 2 – Les jeux de données

5.2 Cardinalité des feuilles et profondeur des arbres

Cette partie des expérimentations sert à évaluer l'impact du choix des séparations dans RIFIFI sur la taille des feuilles. Avec les forêts d'isolation classiques, les séparations sont complètement aléatoires jusqu'à l'isolation d'un point ou l'atteinte de la profondeur limite. On s'attend donc à avoir d'une part des feuilles contenant des points isolés, et d'autre part des feuilles contenant un certain nombre de points, mais plus profondes. Avec RIFIFI, on s'attend à avoir des feuilles contenant des points isolés, des feuilles contenant des points qui n'ont pas pu être séparés et des feuilles ayant atteint la profondeur limite. Idéalement, il devrait y avoir plus de feuilles du second type car l'objectif est de préserver les clusters. RIFIFI devrait donc avoir des arbres moins profonds (la profondeur limite étant plus difficilement atteinte que dans la version classique) et des feuilles contenant plus de points.

Une forêt d'isolation classique et une forêt RIFIFI sont construites sur chacun des jeux de données. Les feuilles contenant des points isolés sont écartées. Puis, la cardinalité moyenne des feuilles ainsi que les profondeurs moyennes des arbres de chaque type de forêt sont calculées. Les résultats obtenus sont reportés dans le tableau 1.

Jeu de données	Cardinalités moyennes des feuilles		Profondeurs moyennes des arbres	
	FI	RIFIFI	FI	RIFIFI
$\mathcal{D}_1$	3.33	9.59	5.99	4.17
$\mathcal{D}_2$	3.83	19.82	7.11	4.67
$\mathcal{D}_3$	3.87	13.57	7.06	5.49
$\mathcal{D}_4$	2.81	25.11	7.27	4.10
$\mathcal{D}_5$	3.53	7.02	7.14	6.47

TAB. 1 – Tailles des feuilles et profondeurs des arbres

Les feuilles de RIFIFI contiennent plus de points que les feuilles d'une forêt d'isolation classique, et ce sur tous les jeux de données. Les arbres RIFIFI quant à eux sont moins profonds que les arbres d'isolation classiques. Il faudrait maintenant vérifier si le critère de sélection des séparations de RIFIFI permet d'avoir suffisamment de feuilles contenant des points qui n'ont pas pu être séparés.

5.3   Types de feuilles

Les points regroupés dans une feuille correspondent-ils à des portions de clusters ? Le tableau 2 montre le pourcentage de feuilles ayant atteint la profondeur limite dans l'arbre (*feuilles de type 1*) et le pourcentage de feuilles dont les points regroupés ne sont plus séparables (*feuilles de type 2*).

Jeu de données	Feuilles de type 1	Feuilles de type 2
$\mathcal{D}_1$	26.9%	73.1%
$\mathcal{D}_2$	33.8%	66.2%
$\mathcal{D}_3$	34.7%	65.3%
$\mathcal{D}_4$	8.4%	91.6%
$\mathcal{D}_5$	72.5%	27.5%

TAB. 2 – Pourcentages des différents types de feuilles

Il apparaît qu'une proportion non négligeable de feuilles sont de type 2. Ce phénomène est vérifié sur les jeux de données $\mathcal{D}_1$ à $\mathcal{D}_4$, mais pas sur le jeu de données $\mathcal{D}_5$. Ce dernier contient aussi moins de points dans les feuilles, en comparaison avec les autres jeux de données et, les arbres de la forêt RIFIFI, bien que moins profonds que les arbres d'isolation classiques, restent tout de même plus profonds que ceux des forêts construites sur les autres jeux de données (tableau 1). Ceci s'explique par le fait que dans $\mathcal{D}_5$, chaque cluster "n'existe" que dans deux des trois dimensions. Or, le processus d'isolation se poursuit en séparant les points sur la troisième dimension, où ils sont distribués de manière quasi-uniforme.

5.4 Proximité entre les points

Cette partie sert à vérifier la pertinence des regroupements des points au sein des feuilles. Pour chaque paire de points dans le jeu de données, la distance euclidienne entre les points constituant la paire est calculée, de même que l'indice d'inséparabilité. Ces deux valeurs sont normalisées. Pour éliminer l'impact de l'échantillonnage, tous les points du jeu de données sont propagés dans chaque arbre d'isolation afin que les feuillent couvrent la totalité des points. Les résultats sont reportés pour chaque jeu de données sur la figure 3 : pour chaque paire de points, en abscisse l'indice d'inséparabilité RIFIFI et en ordonnée la distance euclidienne.

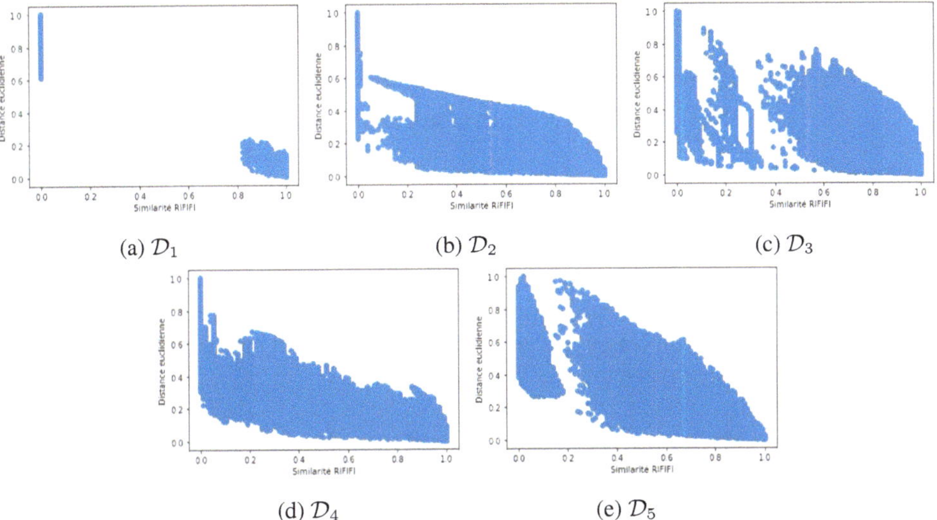

FIG. 3 – Distance euclidienne VS indice d'inséparabilité RIFIFI

Des phénomènes *a priori* contre-intuitifs sont observés en analysant des résultats :
— certains points proches dans l'espace euclidien (distance euclidienne faible), se retrouvent rarement dans la même feuille (indice d'inséparabilité proche de 0). C'est le cas lorsque les deux points, bien que proches dans l'espace euclidien, sont séparables et font donc partie de clusters différents, par exemple les points $(14.22; -0.70)$ et $(8.59; -0.89)$ dans $\mathcal{D}_3$, surtout lorsqu'une dimension est commune. Une séparation entre ces deux points pourrait tout à fait être conservée, car il suffit que son voisinage ne soit pas dense. C'est également le cas lorsqu'un des deux points est très proche du cluster contenant l'autre point, sans pour autant en faire partie, ou encore lorsqu'un des deux points est localisé en bordure du cluster et est donc souvent séparé des autres (les points $(-7.10; 4.57)$ et $(-6.03; 3.16)$ dans $\mathcal{D}_2$) ;
— certains points éloignés dans l'espace euclidien, se retrouvent parfois ensemble dans la même feuille. C'est le cas lorsque les deux points, bien qu'éloignés dans l'espace euclidien font partie du même cluster, par exemple lorsque le cluster est étiré.

Cette analyse laisse penser que RIFIFI apporte une information de proximité contextualisée, contexte défini par la séparabilité des sous-espaces. x_1 et x_2 puis x_1 et x_3 peuvent être situés à la même distance euclidienne, mais x_1 et x_2 font partie du même cluster, et pas x_3.

5.5 Distances moyennes intra et inter-feuilles

La distance euclidienne moyenne entre les points de chaque feuille et le centre de la feuille sont calculées pour les deux types de forêt. La distance euclidienne moyenne entre les centres des feuilles est également calculée. Les résultats obtenus sont reportés dans le tableau 3.

Jeu de données	Distances moyennes intra-feuilles		Distances moyennes inter-feuilles	
	FI	RIFIFI	FI	RIFIFI
$\mathcal{D}_1$	**0.12**	0.16	1.73	**2.54**
$\mathcal{D}_2$	**0.23**	0.48	4.13	**5.38**
$\mathcal{D}_3$	**1.14**	1.46	13.18	**19.57**
$\mathcal{D}_4$	0.81	**0.69**	1.26	**1.47**
$\mathcal{D}_5$	**0.11**	0.24	1.40	**1.65**

TAB. 3 – Distances moyennes intra-feuilles et inter-feuilles

La distance moyenne intra-feuilles est plus grande chez RIFIFI sur presque tous les jeux de données (excepté $\mathcal{D}_4$ à cause de sa forme), ce qui est compréhensible car les feuilles d'isolation classique contiennent beaucoup moins de points et ces derniers sont proches. Par contre, la distance inter-feuilles est systématiquement plus grande chez RIFIFI, ce qui traduit le fait qu'avec les forêts d'isolation classiques, les points appartenant au même cluster se retrouvent généralement séparés dans des feuilles différentes.

5.6 Indice d'inséparabilité et clustering

Cette partie a pour but de vérifier que l'indice d'inséparabilité défini peut permettre de reconstituer une partition du jeu de données. Pour chaque jeu de données, une forêt RIFIFI est construite. Les anomalies sont identifiées et écartées. Étant donné que la détection d'anomalies est hors de la portée de cet article qui est plutôt focalisé sur la capacité de RIFIFI à préserver les clusters, le processus d'identification des anomalies est volontairement omis. Ensuite, tous les points du jeu de données sont propagés dans chaque arbre d'isolation. Puis, l'indice d'inséparabilité entre chaque paire de points est calculé et un clustering ascendant hiérarchique est appliqué sur la matrice de similarité obtenue. Le nombre de clusters k du jeu de données étant supposé connu, le clustering ascendant hiérarchique est stoppé lorsque k groupes sont construits. L'*Adjusted Rand Index* (ARI) qui permet d'évaluer les résultats du clustering en présence des véritables étiquettes est utilisé comme mesure d'évaluation. Un ARI de 1 entre deux partitions signifie que les deux sont identiques. L'ARI du clustering de chaque jeu de données est reporté dans le tableau 4. Dans le calcul de l'ARI, les anomalies sont considérées comme faisant partie d'un cluster isolé.

L'ARI tend vers 1 pour la plupart des jeux de données. Il est inférieur à 0.95 pour le jeu de données $\mathcal{D}_5$. Cela est dû au fait que beaucoup d'anomalies sont identifiées par RIFIFI sur ce jeu de données. Le seuil d'anomalie aurait dû être plus élevé. L'ARI est assez faible pour $\mathcal{D}_4$, en comparaison avec les autres jeux de données. La cause en est que beaucoup de coupes regroupent une partie de la demi-lune inférieure et la portion de demi-lune supérieure située dans le creux de la première citée. Par conséquent, ces points de la demi-lune supérieure sont affectés au même cluster que les points de la demi-lune inférieure. Un agrégation à l'échelle

Jeu de données	ARI
$\mathcal{D}_1$	1.0
$\mathcal{D}_2$	0.95
$\mathcal{D}_3$	0.97
$\mathcal{D}_4$	0.64
$\mathcal{D}_5$	0.87

TAB. 4 – ARI du clustering de chaque jeu de données

des feuilles (c'est-à-dire un clustering ascendant hiérarchique avec comme point de départ les feuilles des arbres, et non plus les points, et une mesure de similarité du type *Jaccard*) résoudrait ce problème, car les feuilles ayant beaucoup de points en commun et une cardinalité similaire seraient combinées en premier. Les coupes parallèles aux axes ne permettent en outre d'identifier que les groupes elliptiques en utilisant d'indice d'inséparabilité sur les paires de points. C'est l'objet des travaux actuels.

6 Conclusion

Cet article propose une variante de l'algorithme des forêts d'isolation appelée RIFIFI ayant pour objectif de préserver les clusters présents dans le jeu de données. À cet effet, un nouveau critère de sélection des séparations a été introduit, critère basé sur l'analyse du voisinage des séparations. À travers les premières expérimentations menées, il a été constaté que RIFIFI permet de conserver la proximité entre les points appartenant au même groupe de données, et que la reconstitution d'une partition du jeu de données est donc possible en effectuant un clustering ascendant hiérarchique sur une matrice de similarité basée sur le nombre de fois où les paires de points se retrouvent dans la même feuille. Ce travail constitue un premier pas vers une approche unifiée pour l'extraction d'explications contextuelles d'anomalies. En effet, l'idéal serait d'utiliser directement les informations contenues dans les feuilles, et non de calculer les distances (euclidienne ou pas) entre des paires de points, étant donné que les forêts d'isolation ne requièrent pas ces calculs. Pour ce faire, une agrégation des feuilles similaire à des méthodes de clustering de type *grid-based* pourrait être explorée : chaque feuille de cardinalité importante délimite un sous-espace, et les différents sous-espaces peuvent être combinés pour reconstituer une partition du jeu de données. Ayant donc les anomalies d'un côté, et cette partition de l'autre, il deviendrait possible d'extraire des explications contrastives d'anomalies à l'aide d'une méthode unifiée, sans recourir à un pipeline.

Références

Amer, M., M. Goldstein, et S. Abdennadher (2013). Enhancing one-class support vector machines for unsupervised anomaly detection. In *Proceedings of the ACM SIGKDD workshop on outlier detection and description*, pp. 8–15.

Breunig, M. M., H.-P. Kriegel, R. T. Ng, et J. Sander (2000). Lof : identifying density-based local outliers. In *Proceedings of the 2000 ACM SIGMOD international conference on Management of data*, pp. 93–104.

Cortes, D. (2021). Revisiting randomized choices in isolation forests. *arXiv preprint arXiv :2110.13402*.

Gupta, N., D. Eswaran, N. Shah, L. Akoglu, et C. Faloutsos (2018). Beyond outlier detection : Lookout for pictorial explanation. In *Joint European Conference on Machine Learning and Knowledge Discovery in Databases*, pp. 122–138. Springer.

Hariri, S., M. C. Kind, et R. J. Brunner (2019). Extended isolation forest. *IEEE Transactions on Knowledge and Data Engineering 33*(4), 1479–1489.

Kopp, M., T. Pevnỳ, et M. Holeňa (2020). Anomaly explanation with random forests. *Expert Systems with Applications 149*, 113187.

Liu, F. T., K. M. Ting, et Z.-H. Zhou (2010). On detecting clustered anomalies using sciforest. In *Joint European Conference on Machine Learning and Knowledge Discovery in Databases*, pp. 274–290. Springer.

Liu, F. T., K. M. Ting, et Z.-H. Zhou (2012). Isolation-based anomaly detection. *ACM Transactions on Knowledge Discovery from Data (TKDD) 6*(1), 1–39.

Mensi, A. et M. Bicego (2021). Enhanced anomaly scores for isolation forests. *Pattern Recognition 120*, 108115.

Mokoena, T., T. Celik, et V. Marivate (2022). Why is this an anomaly ? explaining anomalies using sequential explanations. *Pattern Recognition 121*, 108227.

Panjei, E., L. Gruenwald, E. Leal, C. Nguyen, et S. Silvia (2022). A survey on outlier explanations. *The VLDB Journal*, 1–32.

Parsons, L., E. Haque, et H. Liu (2004). Subspace clustering for high dimensional data : a review. *Acm sigkdd explorations newsletter 6*(1), 90–105.

Yepmo, V., G. Smits, et O. Pivert (2022). Anomaly explanation : A review. *Data & Knowledge Engineering 137*.

Summary

This paper takes a step towards the extraction of contrastive explanations between anomalies and the intrinsic structure of regular points. It proposes a variant of the isolation forest algorithm whose main objective is to preserve the structure of regular data in order to facilitate its reconstruction. Experiments conducted on synthetic datasets show that this variant of isolation forest deteriorates less the structure of regular data than the classical method. Therefore, the former can serve as a basis for a unified approach to anomaly detection and explanation.

Analyse de shifts dans des données industrielles de capteurs par AutoEncodeur Variationnel parcimonieux

Brendan L'Ollivier*, Sonia Tabti*, Julien Budynek*

*Fieldbox, Quai Armand Lalande, 33300, Bordeaux, France
blollivier@fieldbox.ai, stabti@fieldbox.ai, jbudynek@fieldbox.ai

Résumé. Cet article explore l'utilisation d'AutoEncodeurs Variationnels (VAE) parcimonieux dans le cadre de l'analyse des perturbations affectant la distribution de données industrielles, aussi appelées shifts. À cette fin, plusieurs modèles sont comparés, en particulier, nous introduisons le LassoVAE, un VAE avec décodeur parcimonieux dont la procédure d'entraînement est efficace en termes de temps de calcul. La comparaison s'appuie sur un protocole expérimental que nous avons mis en place qui inclut un générateur de données synthétiques simulant à la fois l'interaction parcimonieuse entre les variables d'un processus industriel et des shifts subis par ces dernières. Deux nouvelles métriques sont introduites afin d'évaluer chaque modèle sur sa capacité à isoler la source des shifts. Les résultats des expériences montrent la supériorité des modèles parcimonieux pour cette tâche.

1   Introduction

Le domaine du monitoring statistique de processus industriels regroupe l'ensemble des modèles statistiques et d'apprentissage automatique visant à surveiller l'état de fonctionnement d'un processus industriel à partir des données de capteurs (Joe Qin, 2003). La prise en compte de la nature multivariée des données industrielles en est l'un des principaux enjeux, et constitue toujours un sujet de recherche ouvert. Dans ce contexte, les modèles non-supervisés à facteurs latents ont été largement utilisés pour dé-corréler les variables de processus industriels (Qin et al., 2020). Ces modèles ont pour but de représenter les données observables par des combinaisons d'un nombre réduit (relativement à la dimension de l'espace observable) de facteurs latents indépendants. Chaque variable latente encode l'information contenue dans un groupe de variables corrélées, potentiellement interprétable en termes de systèmes physiques.

En particulier, l'analyse en composantes principales (PCA), qui extrait séquentiellement les facteurs qui expliquent le plus de variabilité dans les données, a reçu beaucoup d'attention pour la détection d'anomalies dans les processus industriels (Teppola et al., 1998; Yin et al., 2012; Qin et Chiang, 2019). L'efficacité de cette approche pour l'isolation de la source du shift repose sur l'interprétabilité des facteurs latents. Dans le cas d'interactions linéaires, l'interprétabilité est généralement fournie par les poids de la matrice de projection (Cadima et Jolliffe, 1995). Cependant, comme le signale (Greco et Farcomeni, 2016), la non-parcimonie de la matrice de poids peut conduire à une interprétation erronée des interactions entre facteurs latents et variables observables. Ce phénomène est connu sous le nom de "smearing-out-effect" ou "effet d'étalement" (Van den Kerkhof et al., 2013). Pour contourner ce problème d'interprétabilité, plusieurs approches ont été développées. Par exemple, la SparsePCA permet de reconstruire les données à partir de combinaisons parcimonieuses de composantes principales pour une interprétabilité explicite des facteurs latents (Luo et al., 2017; Theisen et al., 2021). La principale limite de la SparsePCA est qu'elle nécessite une estimation du nombre de facteurs latents à utiliser. Des critères de sélection tels que AIC ou BIC peuvent être appliqués, mais requièrent plusieurs entraînements pour l'optimisation de ce paramètre. Plus récemment, les AutoEncodeurs Variationnels (Kingma et Welling, 2014) ont aussi été utilisés dans des applications industrielles pour pallier les limites de la PCA en fournissant une architecture qui gère les non-linéarités et capable de désactiver automatiquement les facteurs latents superflus lors de l'entraînement (Zhu et al., 2022).

Un sujet étroitement lié à celui de la détection d'anomalies, est celui de la mesure et l'analyse des perturbations de la distribution des données d'un processus industriel donné. Ces perturbations peuvent être observées entre les données ayant servi à l'entraînement d'un modèle de machine learning et les données de production, ou entre les données d'équipements identiques mais opérant dans des conditions différentes. Détecter et interpréter les sources de ces perturbations, que l'on appellera dans la suite de l'article "shift", est un enjeu majeur pour la prévention d'impacts néfastes sur la performance des modèles de traitement de données mis en production. En effet, si les données de production changent de nature par rapport à l'entraînement, ou si un modèle est entraîné sur les données d'un équipement en particulier puis déployé sur une autre, disposer d'outils d'analyse de shifts pour prévenir une baisse de performances de ces modèles est crucial. Ce problème est référencé dans la littérature comme le "domain shift" (Lemberger et Panico, 2020).

Dans cet article, une méthode d'analyse du shift basée sur des VAE parcimonieux est proposée. La parcimonie imposée au décodeur, combinée à l'estimation du nombre de facteurs latents offre une analyse fine des sources de shifts entre datasets. Pour cela, nous introduisons le LassoVAE comme une option efficace en termes de temps d'entraînement pour induire de la parcimonie dans les poids du décodeur. Nous montrons que les décodeurs parcimonieux conduisent à une meilleure isolation des sources de shift dans l'espace latent ainsi qu'à une meilleure estimation des interactions entre facteurs latents et variables observables. Afin de quantifier ces deux aspects, deux métriques sont définies : le Mapping Recovery Score (MRS) et le Shift Dispersion Score (SDS). Le LassoVAE est comparé à d'autres modèles de type VAE ainsi qu'à des modèles de type PCA, avec des données générées par un protocole que nous avons mis en place puis avec les données du dataset Tennessee Eastman Process (Chen, 2019).

2   Mesurer le shift avec un AutoEncodeur Variationnel

Pour la suite de l'article, nous introduisons les conventions de notation suivantes. Soit $x = (x_1, ..., x_D) \in \mathbb{R}^D$ un vecteur aléatoire de dimension D décrivant les données de capteurs d'un processus industriel, et $X = (X_1, ..., X_D) \in \mathbb{R}^{N \times D}$ un dataset composé de N échantillons tirés de $p(x)$, la distribution de probabilités de x.

2.1 Introduction aux VAE

L'AutoEncodeur Variationnel (VAE) (Kingma et Welling, 2014), est une classe de modèles génératifs très efficaces dans l'approximation de distributions de grande dimension. Il apprend à générer les D variables observables $\boldsymbol{x} \in \mathbb{R}^D$ à partir de $K < D$ facteurs latents gaussiens $\boldsymbol{z} \in \mathbb{R}^K$, avec une architecture de type auto-encodeur. D'un point de vue probabiliste, l'objectif est d'approcher la distribution a posteriori $p(\boldsymbol{z}|\boldsymbol{x}) = \frac{p(\boldsymbol{x}|\boldsymbol{z})p(\boldsymbol{z})}{p(\boldsymbol{x})}$. La spécificité du VAE est de contourner l'intractabilité du calcul de $p(\boldsymbol{x}) = \int p(\boldsymbol{x}|\boldsymbol{z})p(\boldsymbol{z})dz$ par de l'inférence variationnelle. En introduisant $q_\phi(\boldsymbol{z}|\boldsymbol{x})$, une distribution paramétrée par un réseau de neurones, le problème se ramène à la minimisation de la divergence Kullback–Leibler (KL) : $D_{KL}(p(\boldsymbol{z}|\boldsymbol{x})\|q_\phi(\boldsymbol{z}|\boldsymbol{x}))$, dont découle la fonction de perte du VAE :

$$\mathcal{L}_{\text{VAE}} = -\mathbb{E}_{q_\phi(\boldsymbol{z}|\boldsymbol{x})}[\log p_\theta(\boldsymbol{x}|\boldsymbol{z})] + \beta D_{KL}\big(q_\phi(\boldsymbol{z}|\boldsymbol{x})\|p_\theta(\boldsymbol{z})\big) \tag{1}$$

Le paramètre β permet de moduler la régularisation de l'espace latent.

2.2 Décomposition de la source de shift

Soit $\boldsymbol{X}^S \in \mathbb{R}^{N \times D}$, un dataset dit *source*, composé de D variables réelles et N échantillons, représentant les données d'un processus industriel collectées dans des conditions "normales". L'objectif est d'analyser les différents shifts potentiels entre le dataset source et un autre dataset $\boldsymbol{X}^T \in \mathbb{R}^{N \times D}$, dit *target* (cible en français), collecté dans des conditions inconnues.

Après entraînement d'un VAE sur les données sources, l'encodeur g_ϕ^S et le décodeur f_θ^S sont utilisés pour produire les espaces latents : $\boldsymbol{Z}^S = g_\phi(\boldsymbol{X}^S)$ et $\boldsymbol{Z}^T = g_\phi(\boldsymbol{X}^T) \in \mathbb{R}^{N \times K}$; ainsi que les espaces résiduels : $\boldsymbol{E}^S = f_\theta(\boldsymbol{Z}^S) - \boldsymbol{X}^S$ et $\boldsymbol{E}^T = f_\theta(\boldsymbol{Z}^T) - \boldsymbol{X}^T \in \mathbb{R}^{N \times D}$.

Soit $\Delta : \boldsymbol{X}, \boldsymbol{Y} \mapsto \Delta(\boldsymbol{X}, \boldsymbol{Y}) \in \mathbb{R}$, une distance entre deux datasets $\boldsymbol{X}$ and $\boldsymbol{Y}$, définie comme suit : $\Delta(\boldsymbol{X}, \boldsymbol{Y}) = \sum_{i=1}^{D} \delta(X_i, Y_i)$, avec, $\forall 1 \leq i \leq D$, $\delta(X_i, Y_i)$ représentant la contribution de la i-ème variable à la distance totale. La fonction δ est une distance entre distributions univariées arbitraire. On définit le profil de shift entre $\boldsymbol{X}$ et $\boldsymbol{Y}$ par le vecteur des contributions :

$$\delta(\boldsymbol{X}, \boldsymbol{Y}) = \big(\delta(X_i, Y_i)\big)_{1 \leq i \leq D} \tag{2}$$

Δ est utilisé dans la mesure du shift dans l'espace latent et dans l'espace résiduel, produisant deux mesures de shift supplémentaires en plus de celle dans l'espace des variables observables, comme introduit dans (Lemberger et Panico, 2020) :

— Covariate Shift : $\Delta(\boldsymbol{Z}^S, \boldsymbol{Z}^T) \gg 0 \wedge \Delta(\boldsymbol{E}^S, \boldsymbol{E}^T) \simeq 0$,
— Concept Shift : $\Delta(\boldsymbol{E}^S, \boldsymbol{E}^T) \gg 0$,

où $\wedge$ est l'opérateur logique "ET". Cette décomposition du shift, permet de discriminer deux comportements. En effet, le covariate shift correspond aux situations où des fluctuations du processus industriel n'affectent pas les interactions entre les variables. Le concept shift est, quant à lui, relatif à l'usure ou une erreur de capteur, qui au contraire affecte les interactions entre les variables et se manifeste par une erreur de reconstruction par le VAE plus importante des variables concernées.

2.3 Généralisation du décodeur : prérequis à la détection du covariate shift

Par définition, le covariate shift combine les conditions $\Delta(\boldsymbol{Z}^S, \boldsymbol{Z}^T) \gg 0$ et $\Delta(\boldsymbol{E}^S, \boldsymbol{E}^T) \simeq 0$, ce qui exige que le décodeur généralise à des régions non explorées de l'espace latent. Cette propriété n'est généralement pas garantie par un décodeur non-linéaire à couches profondes. En supposant que les interactions entre facteurs latents et variables observables sont linéaires, un décodeur affine permet de généraliser à toute nouvelle région de l'espace latent. Cette hypothèse est raisonnable dans un contexte industriel pour modéliser la plupart des interactions entre signaux de capteurs, tant que le point de fonctionnement du processus sous-jacent reste fixe, assurant la stationnarité de l'interaction entre variables. Dans le cas de points de fonctionnement multiples, chacun peut être considéré comme un nouveau domaine, et le problème est ramené à l'analyse du shift entre les différents points de fonctionnement.

3 Interprétabilité des facteurs latents

Mesurer le shift dans l'espace latent n'est utile qu'à condition de pouvoir l'expliquer avec les variables observables et lui donner une interprétation physique relative au processus industriel. Une façon d'y parvenir est de rendre explicite les interactions entre variables latentes $\boldsymbol{z} = (z_1, ..., z_K) \in \mathbb{R}^K$ et variables observables $\boldsymbol{x} = (x_1, ..., x_D) \in \mathbb{R}^D$. La notion d'interaction est ici à prendre au sens de : la variation d'un facteur latent est-t-elle liée à la variation d'une variable observable ?

3.1 Matrice d'interactions

Les interactions entre facteurs latents et variables observables sont modélisées par la matrice d'interactions $W \in \mathbb{R}^{K \times D}$, tel que $\forall\, 1 \leq k \leq K$ and $1 \leq d \leq D$:

$$w_{k,d} = \begin{cases} 1 \text{ si } z_k \text{ interagit avec } x_d \\ 0 \text{ sinon} \end{cases}$$

Dans un processus industriel composé de plusieurs sous-systèmes, représentés par différents groupes de capteurs, il est cohérent de supposer que la matrice d'interactions est parcimonieuse, limitant ainsi l'effet "smearing-out" évoqué en Section 1.

3.2 Apprendre la matrice d'interactions avec un décodeur parcimonieux

Dans cette section, deux méthodes d'estimation de la matrice d'interactions entre facteurs latents et variables observables sont présentées, dont une que nous proposons : le LassoVAE.

3.2.1 LassoVAE

Nous proposons une nouvelle architecture, le LassoVAE : un VAE avec une régularisation L1 sur les poids du décodeur affine, qui, combinée à la désactivation automatique des facteurs latents superflus, induite par la divergence KL, apprend des interactions parcimonieuses entre les facteurs latents et les variables observables tout en estimant la dimension de l'espace latent.

Sa fonction de perte en équation (3) est la somme de la fonction de perte du VAE (rappelée en équation (1)) et d'un terme de pénalité égal à la somme des valeurs absolues sur l'ensemble Θ des poids et des biais du décodeur linéaire :

$$\mathcal{L}_{\text{LassoVAE}} = \mathcal{L}_{\text{VAE}} + \alpha \sum_{\theta \in \Theta} |\theta| \tag{3}$$

Le paramètre α contrôle l'intensité de la parcimonie. La valeur optimale correspond à un compromis entre l'erreur de reconstruction et la régularisation L1. Avec le LassoVAE, l'estimation de la matrice d'interaction n'est pas explicite mais il a l'avantage d'avoir un entraînement économe en puissance de calcul, par opposition au SparseVAE présenté ci-dessous.

3.2.2 SparseVAE

Le LassoVAE est comparé à une seconde méthode d'induction de la parcimonie dans le décodeur : le SparseVAE (Moran et al., 2022). La matrice d'interactions W est estimée de manière explicite pendant la phase d'apprentissage en imposant un a priori dit de Spike and Slab Lasso (Ročková et George, 2016) sur les poids d'une matrice $W \in \mathbb{R}^{K \times D}$. Cette matrice W est utilisée comme masque de sélection des facteurs latents lors de la reconstruction de chaque variable. L'entraînement du SparseVAE est plus coûteux que celui du LassoVAE du fait de l'architecture du décodeur : il y a, en parallèle, autant de décodeurs que de variables observables. Les temps de calcul sont indiqués en section 6.1.3

4 Génération d'un dataset synthétique

Afin de comparer plusieurs méthodes de détection de shifts, nous définissons un protocole permettant de générer un jeu de données synthétiques en accord avec l'hypothèse d'interactions parcimonieuses dans des données industrielles mentionnée en section 3.1. Ce jeu de données est composé d'une matrice d'interactions parcimonieuses, de données source respectant ces interactions, et de données target obtenues par application de shifts dans l'espace latent des données sources. Ce procédé permet d'avoir le contrôle sur les interactions entre variables et sur les shifts, et ainsi d'évaluer les modèles selon le Mapping Recovery Score et le Shift Dispersion Score définis respectivement en sections 5.1 et 5.2.

4.1 Génération de la matrice d'interactions

Ce paragraphe décrit comment générer les coefficients $w_{k,d}$ d'une matrice d'interactions binaire parcimonieuse avec une distribution Beta-Bernouilli : $\forall k \in [\![1 : K]\!]$ and $d \in [\![1 : D]\!]$:

$$\eta_k \sim \text{Beta}(a, b), \quad w_{k,d} \sim \text{Bernoulli}(\eta_k) \tag{4}$$

où η_k contrôle la proportion de variables observables qui interagissent avec le $k^{\text{ième}}$ facteur. La distribution $w_{k,d}$ contrôle si la $d^{\text{ième}}$ variable x_d, interagit avec le $k^{\text{ième}}$ facteur z_k. Les paramètres de la distribution Beta sont $a, b > 0$. Quand a vaut 1, $b \in [1, N = dim(\boldsymbol{x})]$ contrôle l'intensité de la parcimonie. Une fois que la matrice W est générée, le modèle génératif global s'exprime par :

$$z_k \sim \mathcal{N}(0, 1), k = 1, ..., K \quad \text{et} \quad x_d \sim \mathcal{N}\big(f(w_d \odot z_k), \sigma_d^2\big), d = 1, ..., D \tag{5}$$

Avec σ_d^2 la variance du bruit appliqué à la d^{ieme} variable et $\odot$ la multiplication terme à terme. Les résultats d'échantillonnages sont alors notés $Z = (Z_1, ..., Z_K)$ et $X = (X_1, ..., X_D)$.

4.2 Génération des données sources

L'équation (5) permet de générer la matrice $W^{\text{true}} \in \mathbb{R}^{K^{\text{true}} \times D}$, et les datasets $X^{\text{true}} \in \mathbb{R}^{N \times D}$ et $Z^{\text{true}} \in \mathbb{R}^{N \times K^{\text{true}}}$. Sous l'hypothèse d'interactions linéaires, la fonction f du décodeur peut être simplifiée en un produit matriciel entre les variables latentes et une la matrice de poids $C^{\text{true}} \in \mathbb{R}^{K^{\text{true}} \times D}$ définie comme suit : $X^{\text{true}} = Z^{\text{true}} C^{\text{true}}$. La position des coefficients non nuls de C^{true} est indiquée par la présence de 1 dans la matrice d'interactions associée W^{true}. Pour rendre les données plus réalistes, un bruit gaussien de faible intensité (relativement aux variances des variables observables), d'écart type σ^{noise}, est ajouté à la vraie distribution :

$$X^{\text{obs}} = X^{\text{true}} + \mathcal{N}(0, \sigma^{\text{noise}} I_D) \tag{6}$$

Où 0 est le vecteur nul.

4.3 Génération des données cible

Le dataset target, ou cible en français, est généré de la même manière que le dataset source à la différence près que des shifts unidirectionnels sont appliqués dans l'espace latent, avant la génération des variables observables. Pour une direction donnée k, le shift unidirectionnel appliqué à un batch de N_{samples} échantillons est défini de la façon suivante :

$$Z_{\text{batch}}^{\text{true}} \sim \mathcal{N}(0, \sigma_{\text{batch}}^{\text{noise}} I_K), \quad Z_{\text{batch}}^{\text{cov}} = u_k^{\text{cov}}(Z_{\text{batch}}^{\text{true}})$$
$$\text{avec } u_k^{\text{cov}} : z = (z_1, ..., z_K) \mapsto (z_1, ..., z_k + \sigma_{z_k}, ..., z_K)$$

L'amplitude de chaque translation est fixée à l'écart-type σ_{z_k} de la variable z_k affectée par le shift. Faire varier le paramètre N_{samples} permet de tester la mesure du shift dans des contextes différents. On s'attend à observer une meilleure mesure du shift sur des batchs de plus grande taille. En pratique, en milieu industriel, la taille du batch a un impact sur le délai de collecte d'échantillons, rendant significative la mesure du shift.

5 Métriques d'évaluation de la mesure du shift

A notre connaissance, aucune métrique de la littérature ne permet de comparer des modèles à facteurs latents sur leurs capacités d'identification des interactions entre facteurs latents et variables observables et d'isolation de la direction du shift dans l'espace latent. Dans cette section, deux métriques sont proposées dans ce but.

5.1 Mapping Recovery Score

En supposant que la matrice d'interactions théorique $W^{\text{true}} \in \mathbb{R}^{K^{\text{true}} \times D}$ soit connue, nous proposons une métrique quantifiant son écart à la matrice d'interactions prédite $W^{\text{pred}} \in$

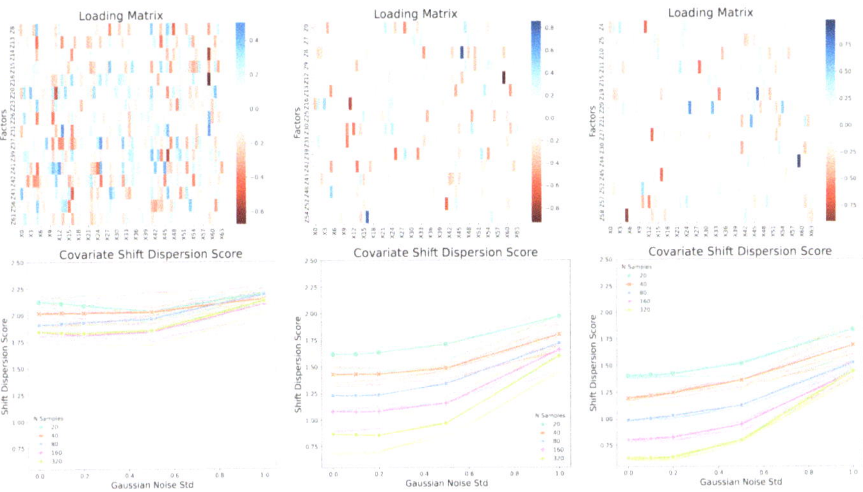

FIG. 1 – Résultats des expériences menées respectivement avec le LinearVAE (première colonne), le LassoVAE (deuxième colonne) et le SparseVAE (dernière colonne) sur le dataset synthétique. Pour chaque modèle : la première ligne montre la matrice de coefficients C calculée pendant l'entraînement. La deuxième ligne montre la relation entre le score de dispersion des profils de shift (SDS), la taille du batch et le niveau de bruit. Différentes courbes d'une même couleur correspondent aux différentes directions de shift. La courbe en gras montre la moyenne sur les 16 directions. De façon générale, les modèles parcimonieux permettent une meilleure isolation de la source du shift, avec un score de dispersion qui tend à augmenter lorsque le bruit augmente et lorsque la taille de l'échantillon diminue.

$\mathbb{R}^{K^{\mathrm{pred}} \times D}$: le Mapping Recovery Score (MRS) défini comme suit :

$$MRS(W^{\mathrm{true}}, W^{\mathrm{pred}}) = \frac{1}{K^{\mathrm{true}}} \sum_{k_t=1}^{K^{\mathrm{true}}} \max_{1 \leq k_p \leq K^{\mathrm{pred}}} J(w_{k_t}^{\mathrm{true}}, w_{k_p}^{\mathrm{pred}}) \tag{7}$$

Où $J(w_{k_t}^{\mathrm{true}}, w_{k_p}^{\mathrm{pred}})$ est l'indice de Jaccard entre la $k_t^{\mathrm{ème}}$ ligne de W^{true} et la $k_p^{\mathrm{ème}}$ ligne de W^{pred} :

$$J(w_{k_t}^{\mathrm{true}}, w_{k_p}^{\mathrm{pred}}) = \frac{w_{k_t}^{\mathrm{true}} \cap w_{k_p}^{\mathrm{pred}}}{w_{k_t}^{\mathrm{true}} \cup w_{k_p}^{\mathrm{pred}}}$$

Puisque l'indice de Jaccard varie entre 0 (aucune similarité) et 1 (récupération parfaite de la matrice d'interactions), le MRS varie également entre 0 et 1.

5.2 Score de Dispersion du Shift

Les modèles sont classés en fonction de leur capacité à isoler la direction du shift dans chaque batch du dataset target. Cette propriété est mesurée en comparant les profils de shift (définis dans la section 2.2) dans l'espace latent, après entraînement du modèle sur les données sources, aux profils de shift théoriques.

Le profil de shift estimé $\hat{\delta} = (\hat{\delta}_1, ..., \hat{\delta}_D)$, pouvant être vu comme une distribution de probabilités sur les directions possibles du shift, nous introduisons le Score de Dispersion de Shift ou Shift Dispersion Score (SDS), comme l'entropie croisée entre le profil de shift classé dans l'ordre décroissant des valeurs de shift : $(\max_{1 \leq d \leq D} \hat{\delta}_d, ..., \min_{1 \leq d \leq D} \hat{\delta}_d)$, et le profil de shift théorique associé, noté $\delta^{\text{true}} = (1, 0, ..., 0)$:

$$SDS(\hat{\delta}, \delta^{\text{true}}) = -\log \left(\max_{1 \leq d \leq D} \hat{\delta}_d \right) \tag{8}$$

Notez que l'équation (8) a été simplifiée en raison de la nature binaire de δ^{true}. Des valeurs faibles du SDS suggèrent une bonne isolation de la source du shift.

6 Expériences et Résultats

Cette section présente les résultats d'expériences sur deux jeux de données différents : un jeu de données synthétiques constitué grâce au protocole de la section 4 et un jeu de données industrielles.

6.1 Expériences sur données synthétiques

6.1.1 Préparation des datasets source et target

La distribution décrite dans l'équation (4) est utilisée pour générer une matrice d'interactions parcimonieuses entre 16 facteurs latents et 64 variables observables. Un dataset source de 5000 échantillons, bruités avec un bruit gaussien d'écart type 0.2 est généré en suivant le processus décrit par l'équation (6). Le dataset target est composé de différents batchs de données shiftées. Chaque batch est obtenu par application de l'équation (7) pour une direction de shift k donnée, une taille de batch N_{samples} donnée et un niveau de bruit $\sigma_{\text{batch}}^{\text{noise}}$ donné. L'opération est répétée pour les $1 \leq k \leq K$ dimensions de l'espace latent, ainsi que pour $N_{\text{samples}} \in \{20, 40, 80, 160, 320\}$ et $\sigma_{\text{batch}}^{\text{noise}} \in \{0, 0.1, 0.2, 0.5, 1\}$. Au total, les données target sont constituées de 400 batchs de données shiftées, avec 20 à 320 échantillons par batch.

6.1.2 Modèles comparés

Plusieurs modèles sont comparés dans cette étude, notamment des modèles basés sur des VAE : le LassoVAE et le SparseVAE, décrits en section 3.2, ainsi que le LinearVAE (un VAE constitué d'un décodeur affine mais non régularisé). Le nombre de facteurs latents est initialement défini comme égal à la dimension de l'espace observable. La propriété d'auto-désactivation des facteurs latents du VAE lors de l'entraînement (Dai et al., 2019), permet une estimation de la dimension intrinsèque du dataset.

Les algorithmes Probabilistic PCA (PPCA) et SparsePCA de la bibliothèque *scikit-learn* sont également entraînés et testés comme modèles de référence. Notons que ces deux modèles n'éliminent pas automatiquement les facteurs latents superflus. Le choix du nombre de facteurs est donc déterminant. Les deux modèles PPCA et SparsePCA sont entraînés une première fois avec le nombre optimal de facteurs : 16, et une seconde fois avec un nombre non optimal arbitraire : 32. Ces modèles ont respectivement un suffixe "16" ou "32" ajouté à leur nom de base (par exemple, "SparsePCA16").

6.1.3 Entraînement et mesure du covariate shift

Chacun des modèles est entraîné sur le dataset "source". Les trois modèles ont été entraînés avec le même taux d'apprentissage : $1e^{-3}$ et la même taille de batch : 50. Les temps de calcul moyens d'une epoch pour les modèles LinearVAE, LassoVAE et SparseVAE sont respectivement 0.25, 0.26 et 2.22 secondes (sur un processeur Intel® Core™ i7-8850H CPU @ 2.60GHz × 12). Plus d'informations sur les paramètres d'entraînement des modèles seront disponibles sur le site `www.fieldbox.ai`. Pour améliorer la robustesse statistique de nos résultats, l'entraînement est répété pour 5 états aléatoires initiaux distincts.

Après cette étape, les poids de la matrice du décodeur sont utilisés pour calculer le Mapping Recovery Score défini par l'équation (7). Chaque modèle est ensuite utilisé pour projeter le dataset target dans l'espace latent. Pour chaque batch du dataset target, on calcule le profil de shift dans l'espace latent, conformément à l'équation (2). La distance statistique δ utilisée pour le calcul des shifts univariés est la distance de Wasserstein 1D. Les profils de shift sont alors agrégés en un SDS (cf. éq.8), servant à classer les modèles selon leurs capacités à isoler la source du shift. Un SDS bas signifie que le profil de shift est très concentré sur une direction latente, correspondant à la direction du shift théorique. Au contraire, un SDS élevé reflète une difficulté à discerner une direction de shift privilégié dans le profil de shift mesuré.

6.1.4 Résultats

La figure 1 illustre le lien entre la parcimonie du décodeur et le score d'isolation du shift. On y voit que même dans les pires conditions de mesure de shift (petite taille de batch et haut niveau de bruit), les modèles avec parcimonie induite obtiennent un meilleur SDS que le LinearVAE pris dans les conditions les plus propices (grande taille de batch et faible niveau de bruit). Les figures 3b et 3a montrent que les modèles non régularisés (LinearVAE et PPCA) ne permettent pas d'estimer correctement les vraies interactions parcimonieuses entre facteurs latents et variables observables (au sens du Mapping Recovery Score), confirmant ainsi le lien entre mécanismes induisant la parcimonie, estimation des interactions théoriques et isolation de la source du shift dans l'espace latent. Il est aussi à noter que le SparseVAE et le SparsePCA ont des MRS et SDS comparables alors que le SparseVAE doit de lui-même estimer la dimension intrinsèque des données. La figure 2 montre l'évolution des métriques Mean Square Error (MSE) et la norme L1 des poids du décodeur (L1 Loss) au cours des phases d'apprentissage des différents modèles. Bien qu'étant le plus performant au sens de la norme L1, le SparseVAE est le plus lent à converger. Sans compter que chaque epoch est aussi plus coûteuse en temps de calcul que le LinearVAE et le LassoVAE car, par construction, le calcul de la sortie du décodeur nécessite un passage par feature.

Le LassoVAE possède la même dynamique de convergence que le LinearVAE, tout en assurant une faible norme L1.

6.2 Expériences sur dataset industriel : le Tennessee Eastman Process

Le jeu de données Tennessee Eastman Process (Chen, 2019) provient de la simulation numérique d'un processus industriel chimique. Ce jeu de données est régulièrement utilisé pour comparer les algorithmes de détection d'anomalies. Le jeu de données est divisé en deux parties, la première contient des runs de simulation "sans défaut", et la seconde contient 20 types

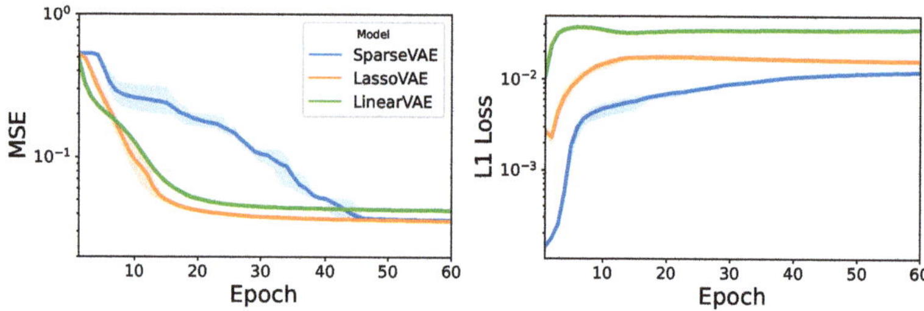

FIG. 2 – Historique d'apprentissage des trois modèles VAE. La principale observation est la différence de vitesse de convergence entre les deux modèles parcimonieux LassoVAE et SparseVAE. Le LassoVAE converge plus vite mais obtient une norme L1 finale plus élevée que celle du SparseVAE.

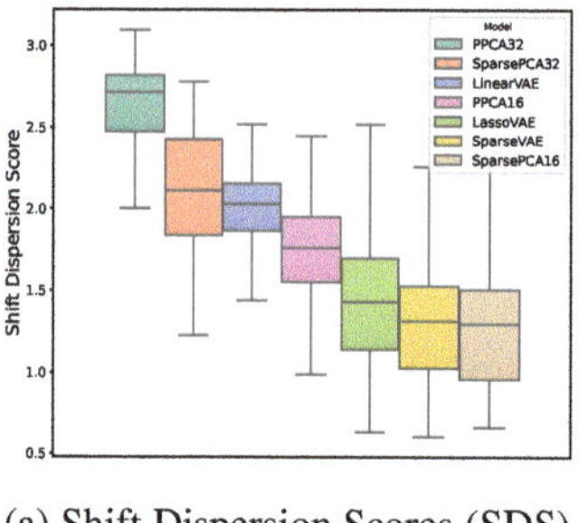

(a) Shift Dispersion Scores (SDS)

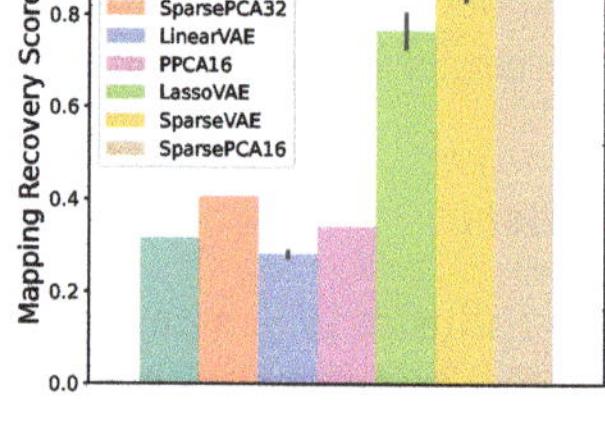

(b) Mapping Recovery Scores (MPS)

FIG. 3 – Figure 3a : Shift Dispersion Scores agrégés. Une valeur plus faible signifie une meilleure isolation de la véritable source de shift. Chaque boxplot montre la distribution du SDS pour différentes valeurs de N_{samples} et de $\sigma_{\text{batch}}^{\text{noise}}$ et pour différents . Figure 3b : Mapping Recovery Scores de tous les modèles testés dans cette étude. Nous constatons la supériorité des modèles parcimonieux LassoVAE, SparseVAE et SparcePCA16 pour cette tâche.

différents de runs "défectueux". Nous avons comparé les performances de chacun des trois modèles basés sur des VAE pour isoler les sources de shift dans les données "défectueuses", après un entraînement sur les données "sans défaut". Pour chaque type de défaut, un profil de shift est obtenu en calculant les distances de Wasserstein sur tous les facteurs latents entre les données "sans défaut" et "avec défaut". Les profils de shift résultants sont comparés en fonction de leur Shift Dispersion Score. La figure 4 montre les résultats de cette expérience. Les modèles parcimonieux améliorent l'isolation de la source du shift dans l'espace latent pour la plupart des types de défaut.

7   Conclusion et perspectives

Cet article aborde le problème de l'identification de la source du shift mesuré dans l'espace latent de modèles du type AutoEncodeur Variationnel dans le contexte du monitoring de pro-

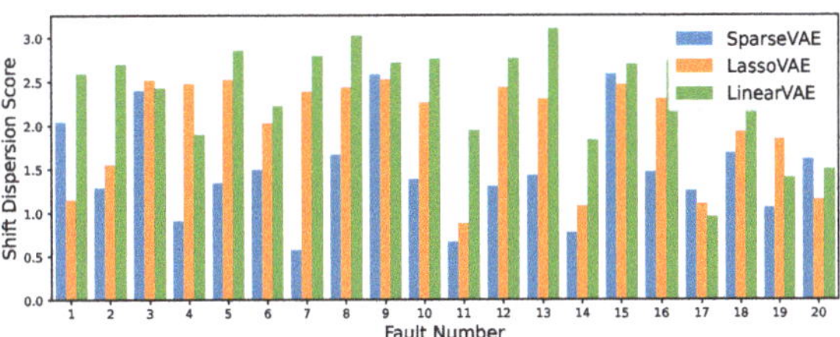

FIG. 4 – Shift Dispersion Scores (SDS) calculés à partir du profil de shift de chacune des vingt anomalies de fonctionnement du dataset Tennesse Eastman Process. Les valeurs de SDS les plus basses montrent la meilleur performance des modèles parcimonieux pour l'isolation de la source du shift dans l'espace latent.

cessus industriels. Nous montrons que la modélisation parcimonieuse de la corrélation entre les variables d'un processus industriel est une solution prometteuse. Nous avons introduit le LassoVAE, un VAE avec un décodeur linéaire parcimonieux capable d'apprendre des interactions parcimonieuses tout en estimant la dimension intrinsèque des données. Notre étude montre que la parcimonie améliore l'isolation des sources de shifts dans l'espace latent par rapport au VAE traditionnel et les méthodes de types PCA. Aussi, deux nouvelles mesures ont été définies : le Mapping Recovery Score et le Shift Dispersion Score, servant à mesurer respectivement la qualité de l'estimation de la matrice d'interaction et l'isolation de la source du shift. Une possible contribution future consisterait à généraliser le cadre d'analyse du shift présenté dans cet article aux interactions spatio-temporelles. De la même manière que ce qui a été fait avec la PCA dynamique, le LassoVAE peut être étendu à l'apprentissage des interactions temporelles parcimonieuses dans les données de capteurs.

Références

Cadima, J. et I. T. Jolliffe (1995). Loading and correlations in the interpretation of principle compenents. *Journal of Applied Statistics* 22(2), 203–214. Publisher : Taylor & Francis _eprint : https ://doi.org/10.1080/757584614.

Chen, X. (2019). Tennessee Eastman simulation dataset. Publisher : IEEE Type : dataset.

Dai, B., Y. Wang, J. Aston, G. Hua, et D. Wipf (2019). Hidden Talents of the Variational Autoencoder. *arXiv :1706.05148 [cs]*. arXiv : 1706.05148.

Greco, L. et A. Farcomeni (2016). A plug-in approach to sparse and robust principal component analysis. *TEST* 25(3), 449–481.

Joe Qin, S. (2003). Statistical process monitoring : basics and beyond. *Journal of Chemometrics : A Journal of the Chemometrics Society* 17(8-9), 480–502.

Kingma, D. P. et M. Welling (2014). Auto-Encoding Variational Bayes. *arXiv :1312.6114 [cs, stat]*. arXiv : 1312.6114.

Lemberger, P. et I. Panico (2020). A Primer on Domain Adaptation. *arXiv :2001.09994 [cs, stat]*. arXiv : 2001.09994.

Luo, L., S. Bao, J. Mao, et D. Tang (2017). Fault Detection and Diagnosis Based on Sparse PCA and Two-Level Contribution Plots. *Industrial & Engineering Chemistry Research 56*(1), 225–240. Publisher : American Chemical Society.

Moran, G. E., D. Sridhar, Y. Wang, et D. M. Blei (2022). Identifiable Deep Generative Models via Sparse Decoding. *arXiv :2110.10804 [cs, stat]*. arXiv : 2110.10804.

Qin, S. J. et L. H. Chiang (2019). Advances and opportunities in machine learning for process data analytics. *Computers & Chemical Engineering 126*, 465–473.

Qin, S. J., Y. Dong, Q. Zhu, J. Wang, et Q. Liu (2020). Bridging systems theory and data science : A unifying review of dynamic latent variable analytics and process monitoring. *Annual Reviews in Control 50*, 29–48.

Ročková, V. et E. George (2016). The Spike-and-Slab LASSO. *Journal of the American Statistical Association 113*(521), 431–444.

Teppola, P., S.-P. Mujunen, P. Minkkinen, T. Puijola, et P. Pursiheimo (1998). Principal component analysis, contribution plots and feature weights in the monitoring of sequential process data from a paper machine's wet end. *Chemometrics and Intelligent Laboratory Systems 44*(1), 307–317.

Theisen, M., G. Dörgő, J. Abonyi, et A. Palazoglu (2021). Sparse PCA Support Exploration of Process Structures for Decentralized Fault Detection. *Industrial & Engineering Chemistry Research*. Publisher : American Chemical Society.

Van den Kerkhof, P., J. Vanlaer, G. Gins, et J. F. M. Van Impe (2013). Analysis of smearing-out in contribution plot based fault isolation for Statistical Process Control. *Chemical Engineering Science 104*, 285–293.

Yin, S., S. X. Ding, A. Haghani, H. Hao, et P. Zhang (2012). A comparison study of basic data-driven fault diagnosis and process monitoring methods on the benchmark Tennessee Eastman process. *Journal of Process Control 22*(9), 1567–1581.

Zhu, J., M. Jiang, et Z. Liu (2022). Fault Detection and Diagnosis in Industrial Processes with Variational Autoencoder : A Comprehensive Study. *Sensors 22*(1), 227. Number : 1 Publisher : Multidisciplinary Digital Publishing Institute.

Summary

This paper explores the use of sparse Variational Autoencoders (VAE) for the analysis of distribution shifts in industrial datasets. To this end, several models are compared, in particular, we introduce the LassoVAE, a sparse model with a computationally efficient training. Comparisons are obtained thanks to an experimental protocol we designed that allows to generate synthetic data and different types of shifts with various parameters. New metrics are also introduced to evaluate the models' ability to retrieve the sources of shifts. Results show that sparse models are highly more efficient at recovering the true interactions between variables than a VAE with a dense decoder.

Classification de documents par un réseau de neurones opérant sur des graphes dans l'espace hyperbolique

Adrien Guille*, Hugo Attali*

*Université de Lyon, Lyon 2, ERIC UR 3083
adrien.guille@univ-lyon2.fr, hugo.attali@univ-lyon2.fr

Résumé. Diverses architectures de réseaux de neurones sont couramment employées pour la classification de documents, comme les réseaux convolutifs et récurrents, et plus récemment les modèles de langue pré-entraînés basés sur le Transformer. En parallèle, les réseaux de neurones opérant sur les données graphes ont largement progressé. Dans cet article, nous présentons une nouvelle approche où les textes sont encodés individuellement sous la forme de graphes orientés (des sommets mots connectés selon les co-occurrences dans le texte et connectés aux sommets représentant les phrases, eux-même connectés à un sommet document). Nous proposons un réseau de neurones qui apprend à partir de ces graphes et de façon hiérarchique, des représentations des mots, des phrases et du document dans l'espace hyperbolique, dont la courbure permet plus aisément la prise en compte de la hiérarchie que l'espace euclidien. Des expériences poussées montrent l'efficacité de cette approche pour la classification de documents. Notamment, elle s'avère plus performante que le modèle de langue distillé DistilBERT quand elle est entraînée par distillation à partir de BERT-large, bien qu'ayant 160 fois moins de paramètres.

1 Introduction

Diverses architectures neuronales peuvent être employées pour la classification de documents : *e.g.* les réseaux convolutifs (Kim, 2014; Liu et al., 2017), les réseaux récurrents (Yang et al., 2016; Adhikari et al., 2019) ou les réseaux basés sur le Transformer (Vaswani et al., 2017). En particulier, les modèles de langue pré-entraînés basés sur le Transformer, comme BERT (Devlin et al., 2019), peuvent être spécialisés sur un corpus supervisé et obtiennent généralement d'excellent résultats. Toutefois, ayant des centaines de millions de paramètres ces modèles sont coûteux à opérer. Bien que des modèles compressés réduisent le nombre de paramètres à quelques dizaines de millions de paramètres, comme DistilBERT (Victor et al., 2019), leur adoption reste limitée du fait des coûts économiques et environnementaux relativement importants (Bhattacharjee et al., 2020). En parallèle, les réseaux de neurones opérant sur les graphes ont largement progressé (Kipf et Welling, 2017; Veličković et al., 2018; Attali et al., 2023) et les adapter pour la classification de documents est devenu un nouvel axe de recherche (Nikolentzos et al., 2020; Guille et Attali, 2022a,b; Piao et al., 2022).

Proposition Nous encodons les documents individuellement sous la forme de graphes orientés. Chaque graphe est composé d'un sommet document, connecté à des sommets phrases, eux-mêmes connectés à des sommets mots interconnectés d'après les cooccurrences dans le document. Nous proposons une nouvelle architecture neuronale pour classifier les documents d'après ces graphes, qui apprend de manière hiérarchique des représentations des mots, des phrases et des documents. Les représentations sont apprises dans l'espace hyperbolique, dont la courbure permet plus aisément de capturer la structure hiérarchique des graphes traités par le réseau. Ce réseau se distingue par ailleurs des autres réseaux opérant sur des graphes pour la classification de documents, dans la mesure où il ne nécessite pas de fonction d'agrégation globale grâce à l'incorporation d'un sommet document, dont la représentation est directement utilisée pour la classification. Nous nommons cette approche HH-GNN, l'acronyme pour *Hyperbolic Hierarchical Graph Neural Network*[1].

Résultats Nous évaluons cette approche sur 5 jeux de données, de tailles variées et composés de documents de natures différentes (articles journalistiques, brèves, articles scientifiques, posts de forum). Elle se révèle plus efficace que des réseaux représentatifs, de type convolutifs, récurrents et adaptés aux graphes. Nous diagnostiquons également l'effet des différents composants de l'architecture HH-GNN et mettons en avant leur importance. En particulier nos expériences valident l'intérêt de modéliser les mots, les phrases et documents dans l'espace hyperbolique plutôt que l'espace euclidien. Bien que le modèle de langue BERT-large obtienne de meilleurs résultats, nous montrons que notre approche peut dépasser DistilBERT en distillant (Hinton et al., 2015) la connaissance de BERT-large tout en ayant environ 160 fois moins de paramètres.

2   État de l'art

Réseaux convolutifs et récurrents Kim (2014) propose de calculer des convolutions 1D sur des séquences de représentations de mots, suivies d'un sous-échantillonage par maximum global. XML-CNN rend ce réseau plus expressif en appliquant un sous-échantillonage par maximum local, ce qui nécessite une couche additionnelle de réduction de dimension (Liu et al., 2017). Bien qu'efficaces, ces réseaux sont limités car ils ne peuvent capturer que des relations à courte distance dans le texte. Les réseaux récurrent basés sur les cellules LSTM/GRU tentent de capturer des relations à plus longue distance en propageant des états cachés le long des séquences entières de représentations. Yang et al. (2016) utilisent la cellule GRU pour mettre au point un réseau hiérarchique pour la classification de documents. Adhikari et al. (2019) proposent avec le Reg-LSTM d'améliorer la performance de la cellule LSTM pour la classification de documents, en incorporant des mécanismes de "weight dropping" et "embedding dropout".

Transformers L'architecture proposée par Vaswani et al. (2017), un réseau de neurones profond à propagation avant basé sur le mécanisme d'attention a permis la mise au point de modèles de langue pré-entraînés tels que BERT (Devlin et al., 2019), comportant des centaines de millions de paramètres, puis de modèles compressés comportant des dizaines de millions de

---

1. Code pour HH-GNN : `https://github.com/AdrienGuille/HH-GNN`

paramètres, comme DistilBERT (Victor et al., 2019). Bien que BERT obtiennent généralement de très bon résultats en classification après spécialisation, ses coûts tant opérationnels qu'environnementaux sont prohibitifs (Strubell et al., 2019). Les modèles compressés quant à eux n'obtiennent pas nécessairement des résultats qui justifient leurs coûts, même moindres.

Réseaux de neurones sur graphes   En parallèle les réseaux de neurones opérant sur des données structurées en graphe ont largement progressé, les approches les plus connues étant GCN (Kipf et Welling, 2017) et GAT (Veličković et al., 2018). Yao et al. (2019) sont parmis les premiers à adapter le GCN pour la classification avec TextGCN. Leur approche est transductive et nécessite que tous les documents, y compris les documents non étiquetés, soient connus à l'entraînement. Elle consiste à décrire la composition des documents et les cooccurrences à l'échelle entre mots à l'échelle du corpus dans un seul grand graphe et à résoudre la tâche de classification de manière semi-supervisée. TextING (Zhang et al., 2020) et MPAD (Nikolentzos et al., 2020) sont des approches quant à elles inductives où chaque document est encodé individuellement sous la forme d'un graphe décrivant les cooccurrences entre mots à l'intérieur des documents. Ces deux méthodes traitent les graphes de façon similaire, les représentations des mots étant propagées à travers plusieurs sous-réseau impliquant des cellules GRU et des perceptron multi-couches. La propagation terminée, les représentations de tous les sommets du graphe sont agrégées par une fonction aditionnelle pour obtenir la représentation du document à classifier. Plus récemment, Piao et al. (2022) ont proposé TextSSL, qui opère sur des graphes qui incluent en plus des sommets pour modéliser les phrases et ainsi avoir un encodage plus fins des documents. Le réseau apprend ensuite à enrichir ces graphes par l'ajout des arêtes entre mots de phrases différentes. Bien que cela lui confère potentiellement une bonne capacité d'adaptation à des documents de natures diverses, cela à un coût car il est nécessaire de rechercher les valeurs de plusieurs hyper-paramètres, notamment une valeur de température et un seuil pour contrôler l'ajout d'arêtes.

Géométrie hyperbolique pour les réseaux de neurones   Représenter les graphes hiérarchiques ou sans échelle dans l'espace euclidien engendre une distorsion (Chen et al., 2013). En comparaison, l'espace hyperbolique – de par sa courbure – est plus adapté. Par conséquent, des adaptions hyperboliques de réseaux pour graphes ont été proposées. Ceci n'est pas trivial dans la mesure où les opérations basiques comme l'addition vectorielle ou le produit vecteur-matrice ne se généralisent pas simplement à cet espace (Ganea et al., 2018). Chami et al. (2019) proposent un réseau apprenant des représentations sur une surface hyperboloïde dont la courbure constante négative est un paramètre ; les opérations sur ces représentations sont réalisées localement via leur projection dans l'espace tangent.

Nos travaux se basent sur ces avancées récentes, avec pour objectif de mettre au point un réseau de neurones compact opérant sur des documents encodés comme des graphes.

3   Modèle proposé

3.1   Encodage des documents

Soit un document comportant n_p phrases et n_m mots. Nous l'encodons sous la forme d'un graphe orienté avec $N = 1 + n_p + n_m$ sommets, à savoir un sommet pour le document, un

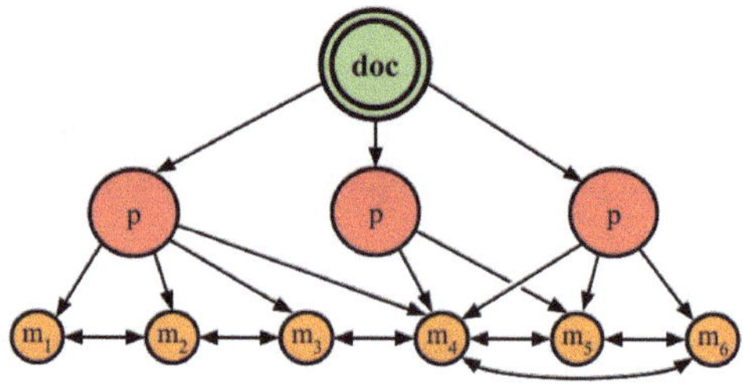

FIG. 1 – *Encodage d'un document (p : phrase, m_i : mot).*

sommet par phrase et un sommet pour chaque mot distinct. Le sommet document (numéroté 0) est connecté par des arcs sortants aux phrases (numérotées 1 à n_p), tandis que les phrases sont connectées aux mots qui les composent par des arcs sortants. Chaque mots est connectés au mot qui le précède et au mot qui le suit directement dans la même phrase. Ce graphe est caractérisé par sa matrice d'adjacence $\mathbf{A} \in \{0; 1\}^{N \times N}$. Les attributs des sommets, des identifiants les associant à leur représentation initiale dans le réseau de neurones, sont listés dans la matrice $\mathbf{F} \in \mathbb{N}^{N \times 1}$. Le sommet document est associé à un identifiant spécial, 0, et les phrases sont toutes associées à un autre identifiant spécial, 1. La Fig. 1 montre un exemple de graphe.

3.2 Architecture du modèle

Le réseau reçoit en entrée la matrice d'adjacence et les identifiants associés aux sommets. Les identifiants sont passés à une couche de représentation euclidienne, typiquement initialisée avec des représentations pré-entraînées, suivie d'une couche de projection dans l'espace hyperbolique. Ces représentations ainsi que la matrice d'adjacence sont ensuite passées à L couches d'attention successives, avec des connexions résiduelles sur les poids d'attention. Enfin, la seule représentation du sommet document est extraite et passée à une couche dense pour réaliser la classification. La Fig. 2 illustre l'architecture générale du réseau. Nous détaillons chaque couche ci-après.

3.2.1 Couche de représentation euclidienne

Cette couche est paramétrée par $\mathbf{X} \in \mathbb{R}^{|V| \times d}$ et associe chaque identifiant à un vecteur $\mathbf{x} \in \mathbb{R}^d$ (avec V le vocabulaire et d un hyperparamètre).

3.2.2 Couche de représentation hyperbolique

Cette couche est paramétrée par un scalaire $K > 0$. Elle associe chaque représentation euclidienne $\mathbf{x}_i \in \mathbb{R}^d$ reçue en entrée à un point $\mathbf{y}_i$ dans $\mathbb{H}^{d,K}$, la variété hyperboloïde avec une courbure négative constante de $-1/K$. On note $\mathcal{T}_{\mathbf{x}}\mathbb{H}^{d,K}$, l'approximation de premier ordre autour d'un point quelconque $\mathbf{x}$ de la variété, autrement dit l'espace tangent en $\mathbf{x}$. Considérant $[0, \mathbf{x}_i]$ comme un point dans l'espace tangent $\mathcal{T}_{\mathbf{0}}\mathbb{H}^{d,K}$, on projette $\mathbf{x}_i$ dans $\mathbb{H}^{d,K}$ via la carte exponentielle en utilisant $\mathbf{o} = \{\sqrt{K}, 0, 0, ..., 0\} \in \mathbb{H}^{d,K}$ (l'origine de la variété) comme point

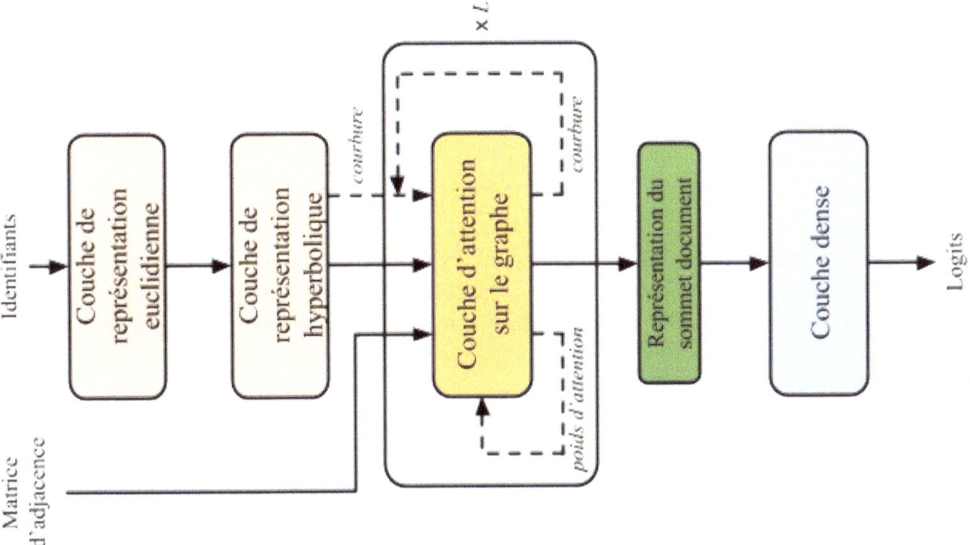

FIG. 2 – *Architecture du modèle (entrée du réseau à gauche, sortie à droite).*

de référence :

$$\mathbf{y}_i = \exp_{\mathbf{0}}^{K}(\mathbf{x}_i) = \left[\sqrt{K} \cosh\left(\frac{\|\mathbf{x}_i\|}{\sqrt{K}} \right), \sqrt{K} \sinh\left(\frac{\|\mathbf{x}_i\|}{\sqrt{K}} \right) \frac{\mathbf{x}_i}{\|\mathbf{x}_i\|} \right]. \tag{1}$$

L'article de Chami et al. (2019) donne plus de détails concernant la carte exponentielle.

3.2.3 Couche d'attention sur le graphe avec connexion résiduelle

Entrée La couche ℓ ($1 \geq \ell \geq L$) reçoit les représentations hyperboliques calculées à la couche précédentes $\{\mathbf{y}_i^{\ell-1} \in \mathbb{H}^{d,K^{\ell-1}}\}$. $K^{\ell-1}$ fait référence au paramètre de courbure de la couche précédente, avec K^0 et $\mathbf{y}_i^0$ la courbure et les représentations calculées dans la couche de représentation hyperbolique.

Transformation linéaire Pour transformer linéairement les représentations hyperboliques, nous les projetons sur le plan tangent à l'origine de la variété puis les multiplions par la matrice $\mathbf{W}^{\ell} \in \mathbb{R}^{d \times d}$. Pour une représentation donnée $\mathbf{y}_i^{\ell-1} \in \mathbb{H}^{d,K^{\ell-1}}$, nous calculons $\mathbf{x}_i^{\ell} \in \mathcal{T}_{\mathbf{0}}\mathbb{H}^{d,K^{\ell-1}}$ ainsi :

$$\mathbf{x}_i^{\ell} = \mathbf{W}^{\ell} \log_{\mathbf{0}}^{K^{\ell-1}}\left(\mathbf{y}_i^{\ell-1} \right). \tag{2}$$

La projection est faite via la carte logarithmique, définie ainsi pour un vecteur $\mathbf{y} \in \mathbb{H}^{K,d}$ (cf. Chami et al. (2019)) :

$$\log_{\mathbf{0}}^{K}(\mathbf{y}) = \sqrt{K} \cosh^{-1}\left(\frac{\mathbf{y}_{[1]}}{\sqrt{K}} \right) \times \frac{\mathbf{y}_{[2:d+1]}}{\|\mathbf{y}_{[2:d+1]}\|}, \tag{3}$$

où $\mathbf{y}_{[1]}$ désigne le premier coefficient de $\mathbf{y}$ et $\mathbf{y}_{[2:d+1]}$ le vecteur privé du premier coefficient.

Attention sur le graphe avec connexion résiduelle Nous calculons des poids d'attention entre paires de sommets connectés d'après les représentations transformées dans l'espace tangent. Si le sommet i est connecté par un arc au sommet j, nous calculons un poids $\alpha_{ij}^\ell \in \mathbb{R}$, paramétré par $\mathbf{w}^\ell \in \mathbb{R}^{2d}$:

$$\alpha_{ij}^\ell = \frac{\exp\left(\mathrm{ReLU}\left(\mathbf{w}^\ell \cdot \left[\mathbf{x}_i^\ell, \mathbf{x}_j^\ell\right]\right)\right)}{\sum_{k \in \mathcal{N}_i} \exp\left(\mathrm{ReLU}\left(\mathbf{w}^\ell \cdot \left[\mathbf{x}_i^\ell, \mathbf{x}_k^\ell\right]\right)\right)}, \tag{4}$$

où $\mathcal{N}_i$ est l'ensemble des sommets ciblés par des arcs provenant du sommet i, plus le sommet i lui-même. Cette manière de calculer les poids d'attention est semblable à ce que fait la couche GAT (Veličković et al., 2018), toutefois nous remplaçons l'activation LeakyReLU par une simple activation ReLU pour éviter des hyperparamètres additionels.

Dans la première couche d'attention ($\ell = 1$), les représentations des sommets voisins sont agrégées comme suit :

$$\mathbf{h}_i^1 = \sum_{j \in \mathcal{N}_i} \alpha_{ij}^1 \mathbf{x}_j^1. \tag{5}$$

Dans les couches suivantes ($\ell > 1$), nous lissons les poids d'attention en incorporant une connexion résiduelle :

$$\mathbf{h}_i^\ell = \sum_{j \in \mathcal{N}_i} \frac{1}{2} \left(\alpha_{ij}^\ell + \alpha_{ij}^{\ell-1}\right) \mathbf{x}_j^\ell. \tag{6}$$

Cette agrégation diffère de plusieurs manières de l'agrégation décrite par Chami et al. (2019). D'abord, les poids d'attention sont obtenus via une simple fonction linéaire, tandis que Chami et al. emploient un perceptron multi-couches. Ensuite, nous calculons l'agrégation dans le plan tangent à l'origine de la variété, ce qui permet une implémentation parallèle efficace ; Chami et al. calcule l'agrégation relative à chaque sommet dans le plan tangent en la représentation de ce sommet, ce qui est beaucoup plus coûteux. Enfin, nous incluons une connexion résiduelle sur les poids d'attention dans le but de les lisser de couche en couche.

Sortie Enfin, la couche renvoie pour chaque sommet une représentation $\mathbf{y}_i^\ell \in \mathbb{H}^{d, K^\ell}$ en reprojetant $\mathbf{h}_i^\ell$ dans l'espace hyperbolique de courbure $K^\ell > 0$, un paramètre de la couche, via la carte exponentielle (voir l'équation 1) :

$$\mathbf{y}_i^\ell = \exp_{\mathbf{0}}^{K^\ell}\left(\mathbf{h}_i^\ell\right). \tag{7}$$

3.2.4 Classifieur

Nous extrayons la représentation du sommet document calculé par la dernière couche d'attention, $\mathbf{y}_0^L$, et la passons à une couche dense avec activation softmax pour la classification multi-classes :

$$\hat{p} = \mathrm{softmax}(\mathbf{y}_0^L \mathbf{C} + \mathbf{b}), \tag{8}$$

où $\mathbf{C} \in \mathbb{R}^{d \times c}$ et $\mathbf{b} \in \mathbb{R}^c$ sont les paramètres du classifieur linéaire, avec c le nombre de classes. Toutes les paramètres du réseau sont estimés avec la variante Adam Kingma et Ba (2014) de la descente de gradient stochastique par mini-batchs, en minimisant l'entropie croisée catégorielle. Dans le cas de la classification multi-labels, nous substituons l'activation softmax par une activation sigmoïde et estimons les paramètres en minimisant l'entropie croisée binaire.

TAB. 1 – Description des jeux de données.

	Reuters-90	Reuters-8	Ohsumed	20-NG	AG-News
docs (train)	5827	5025	3022	10182	108000
docs (val)	1943	559	335	1132	12000
docs (test)	3019	2208	4043	7532	7600
phrases/doc	6,8	5,8	8,6	13,6	2,3
mots/docs	147,3	123,7	211,1	316,6	44,9
type	articles de presse	articles de presse	articles scientifiques	posts de forum	manchettes de presse
labels	90	8	23	20	4
classification	multilabels	multiclasses	multiclasses	multiclasses	multiclasses

4 Évaluation

4.1 Jeux de données

Nous conduisons des expériences basées sur 5 jeux de données bien connus, de tailles variée et composés et de documents de types différents, décrits dans la Tab. 1.

4.2 Méthodes comparées

HH-GNN Nous évaluons notre approche avec 3 couches d'attention en dimension 300, avec pour courbure initiale $k = 5$. Nous ajoutons des connexions résiduelles sur les représentations entre couches pour limiter le surapprentissage sur les plus petits jeux de données (Reuters-90, Reuters-8 et Ohsumed).

Méthode de références Nous considérons 6 méthodes représentatives, à savoir 2 réseaux convolutifs (Base-CNN, XML-CNN), 2 réseaux récurrents (HAN et Reg-LSTM) et 2 réseaux sur graphes (MPAD et TextSSL) :
— **Base-CNN**[2] (Kim, 2014) : filtres de largeur 3, 4 et 5, 100 filtres par largeur, comme dans l'article original.
— **XML-CNN**[2] (Liu et al., 2017) : filtres de largeur 2, 4 et 8, 100 filtres pour chaque largeur et fenêtre de largeur 8 pour le pooling dynamique comme Adhikari et al. (2019).
— **HAN**[2] (Yang et al., 2016) : 2 réseaux GRU bidirectionnels pour encoder respective-ment les phrases et les documents ; nous considérons 2 variantes : une avec des états cachés en dimension 100 (donc 200 en bidirectionnel) et une avec des états cachés en dimension 200 (donc 400 en bidirectionnel).
— **Reg-LSTM**[2] (Adhikari et al., 2019) : réseau LSTM suivants les bonnes pratiques mo-dernes pour la classification de document, régularisé par "embedding dropout" avec un taux de 0,1 et "weight dropping" avec un taux de 0,2 ; nous considérons 2 variantes,

---

2. Code pour Base-CNN, XML-CNN, HAN et Reg-LSTM : https://github.com/castorini/hedwig

l'une avec des états cachés en dimension 256, l'autre avec des états cachés en dimension 512 comme Adhikari et al. (2019).
— **MPAD**[3] (Nikolentzos et al., 2020) : 2 couches de propagation de messages, chacune suivie par un MLP à 2 couches qui réduit la dimension à 64 comme Nikolentzos et al. (2020) ; nous considérons également une variante en dimension 128.
— **TextSSL**[4] (Piao et al., 2022) : réseau 2 couches opérant sur le réseaux des cooccurrences dans une fenêtre de taille 3 comme dans le papier original ; nous considérons 2 variantes, l'une qui apprend des représentations de dimension 256, l'autre des représentations de dimension 512. La température et le seuil optimaux sont recherchés parmis $\{0,01 ; 0,1 ; 0,5\}$ et $\in \{0,5 ; 0,75\}$ respectivement.

Nous initialisons HH-GNN et tous ces modèles avec des représentations pré-entraînées sur le corpus Common Crawl via la méthode GloVe en dimension 300[5]. Tous les réseaux sont entraînés de bout-en-bout, avec un dropout de taux 0,5 avant la couche de classification, en utilisant la variante Adam de la descente de gradient stochastique par mini batchs avec un pas d'apprentissage initial de 0,001. La seule exception est TextSSL, méthode pour laquelle nous recherchons pour chaque jeu de données le meilleur pas d'apprentissage parmi $\{0,0001 ; 0,0005 ; 0,001\}$, son apprentissage étant très sensible à cette valeur. Nous considérons aussi 3 méthodes ne nécessitant pas d'être initialisées par représentations pré-entraînées des mots :
— **Régression logistique**[6] : pondération tf-idf et pénalité L2.
— **FastText**[7] (Joulin et al., 2017) : classifieur linéaire sur des moyennes de représentations d'unigrammes et bigrammes de mots en dimension 20.
— **HyperText**[8] (Zhu et al., 2020) : même configuration que FastText, sauf que les représentations sont calculées dans l'espace hyperbolique.

4.3   Résultats principaux

La Tab. 2 liste les scores moyens en 10 répétitions. Notre approche obtient les meilleurs scores sur 3 des 5 jeux de données et le deuxième meilleur score sur les 2 autres jeux de données. La Tab. 3 liste le rang moyen de chaque méthode d'après ces scores. Il apparaît que notre approche est la plus constante avec un rang moyen de 1,4, contre un rang moyen de 4 pour les deux méthodes suivantes, Base-CNN et TextSSL. Ceci montre que l'architecture de base de HH-GNN convient à la résolution de tâches de classification sur des corpus divers.

4.4   Nombre de paramètres

En plus du rang moyen, la Tab. 3 liste le nombre de paramètres de chacune des méthodes – sans compter la couche de représentation euclidienne (commune à tous les modèles) ni la couche de classification (propre à chaque corpus). HH-GNN est le deuxième modèle le plus compact. La seule méthode ayant moins de paramètres est MPAD (dimension 64), toutefois

---

3. Code pour MPAD : `https://github.com/giannisnik/mpad`
4. Code pour TextSSL : `https://github.com/qkrdmsghk/TextSSL`
5. Représentations GloVe : `https://nlp.stanford.edu/data/glove.42B.300d.zip`
6. Code pour la régression logistique : `https://www.csie.ntu.edu.tw/~cjlin/liblinear/`
7. Code pour FastText : `https://fasttext.cc`
8. Code pour HyperText : `https://github.com/huawei-noah/Pretrained-Language-Model/`

TAB. 2 – *Scores moyens en test (écart-type entre parenthèses). Les meilleurs scores sont en gras et les deuxième meilleurs scores sont soulignés.*

	Reuters-90	Reuters-8	Ohsumed	20-NG	AG-News
LR	84,0 (0,0)	96,8 (0,0)	65,5 (0,0)	84,1 (0,0)	91,9 (0,0)
FastText	80,0 (0,0)	96,6 (0,1)	50,9 (0,2)	73,6 (0,1)	91,6 (0,0)
HyperText	82,8 (0,1)	96,4 (0,1)	58,1 (0,1)	82,7 (0,1)	92,3 (0,0)
Base-CNN	85,6 (0,3)	97,0 (0,3)	70,3 (0,4)	**86,3** (0,3)	92,7 (0,2)
XML-CNN	85,4 (0,3)	97,2 (0,2)	67,5 (0,6)	85,1 (0,4)	92,5 (0,3)
HAN (100)	78,1 (1,2)	95,5 (0,5)	64,8 (1,9)	83,5 (0,4)	92,7 (0,1)
HAN (200)	79,7 (0,4)	97,0 (0,3)	69,4 (0,9)	*Erreur*	92,7 (0,2)
Reg-LSTM (256)	79,4 (0,4)	96,7 (0,6)	67,6 (0,7)	85,8 (0,4)	92,8 (0,2)
Reg-LSTM (512)	80,6 (0,4)	97,2 (0,3)	69,5 (0,6)	85,6 (0,4)	92,8 (0,1)
MPAD (64)	86,1 (0,3)	96,9 (0,3)	68,4 (1,0)	83,7 (0,5)	92,7 (0,0)
MPAD (128)	86,6 (0,6)	96,9 (0,2)	67,7 (1,3)	84,1 (0,5)	92,7 (0,1)
TextSSL (256)	**89,4** (0,3)	97,3 (0,3)	68,2 (1,3)	85,3 (0,6)	92,7 (0,2)
TextSSL (512)	89,2 (0,3)	97,1 (0,3)	66,8 (2,1)	85,9 (0,4)	92,9 (0,1)
HH-GNN	89,3 (0,2)	**97,5** (0,2)	**70,7** (0,5)	85,9 (0,3)	**93,7** (0,1)

TAB. 3 – *Nombre de paramètres et rang moyen.*

Modèle	Nombre de paramètres	Rang moyen
XML-CNN	2160k	7,4
Reg-LSTM (512)	1660k	4,4
HAN (200)	1646k	7
TextSSL (512)	1467k	4,4
Reg-LSTM (256)	571k	7
HAN (100)	503k	9,6
MPAD (128)	421k	6,4
TextSSL (256)	406k	4
Base-CNN	360k	4
HH-GNN	272k	**1,4**
MPAD (64)	**116k**	6,4

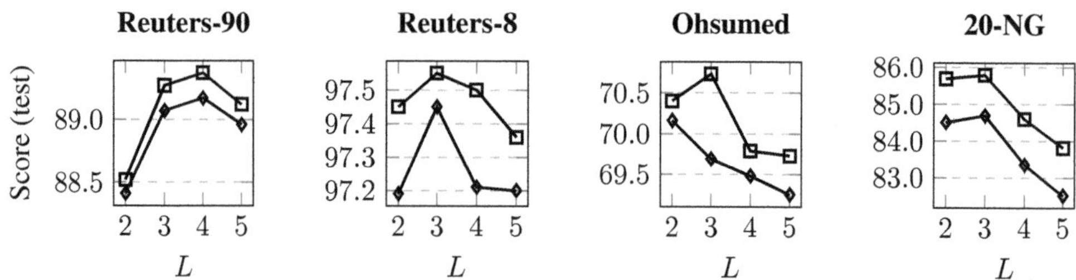

FIG. 3 – *Scores de HH-GNN (—□—) et EH-GNN (—◆—) selon le nombre de couches (L).*

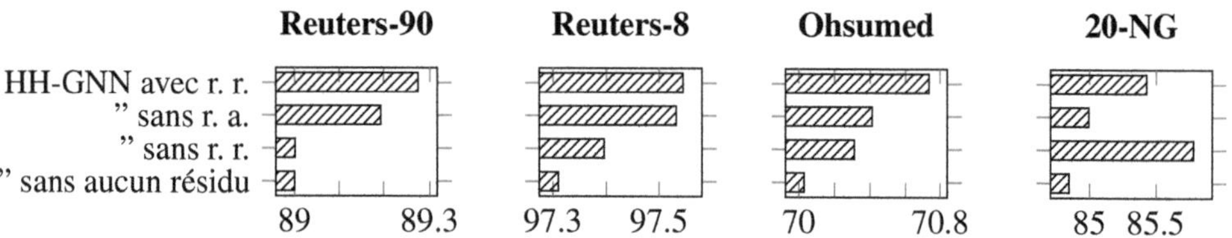

FIG. 4 – *Scores de HH-GNN avec résidus de représentations (" avec r. r.), sans résidus d'attention (" sans r. a.), sans résidus de représentations (" sans r. r.) et sans aucun résidu.*

son rang moyen est nettement moins bon (6,4) et est battue sur tous les jeux de données par HH-GNN (avec une différence de +0,6 à +3,2).

4.5 Variations du modèle

Pour mesurer l'importance des différentes composantes de HH-GNN, nous varions l'architecture de base de différentes manières. La Fig. 3 montre que HH-GNN obtient systématiquement de meilleurs scores que EH-GNN, la variante euclidienne (les représentations et le mécanisme d'attention étant calculés dans l'espace euclidien), ce qui valide empiriquement la pertinence de modéliser les mots, les phrases et les documents dans l'espace hyperbolique. Elle montre également que le meilleur score est atteint, ou presque atteint, avec 3 couches, et qu'augmenter le nombre de couches tend à baisser les scores. La Fig. 4 montre que retirer la connexion résiduelle sur les poids d'attention fait baisser le score. Par ailleurs, elle montre que la connexion résiduelle sur les représentations est bénéfique sur les petits corpus, mais inutile sur les plus grands corpus.

5 Distillation

La Tab. 4 donne les scores obtenus par BERT-large (292 millions de paramètres sans la couche de représentation et la couche de classification) et DistilBERT (42,5 millions de paramètres sans ces 2 couches), ainsi que les scores obtenus par HH-GNN entraîné par distillation (Hinton et al., 2015) de BERT-large, sur les jeux de données augmentés 10 fois selon la technique décrite par Tang et al. (2019). Nous observons que HH-GNN$_{KD}$ égale ou bat DistilBERT

TAB. 4 – *Modèles de langue et HH-GNN entraîné par distillation (score souligné si supérieur ou égal à DistilBERT).*

	Reuters-90	Reuters-8	Ohsumed	20-NG	AG-News
BERT-large	90,4	98,0	75,3	86,5	94,4
DistilBERT	88,8 (0.6)	97,7 (0.2)	69,1 (1.5)	85,6 (0.2)	94,1 (0.1)
HH-GNN$_{KD}$	89,3 (0.2)	97,7 (0.2)	72,9 (0.3)	86,1 (0.2)	93,8 (0.1)

sur 4 des 5 jeux de données bien qu'ayant 160× moins de paramètres, ce qui en fait une alternative intéressante de par un coût et des temps de latence en inférence nettement inférieurs.

6 Conclusion

Nous avons présenté HH-GNN, un réseau de neurones pour la classification de documents, qui apprend de manière hiérarchique des représentations des mots, des phrases et des documents dans l'espace hyperbolique. L'évaluation a montré l'efficacité de cette approche économe en paramètres. Dans nos futurs travaux, nous aimerions déterminer dans quelle mesure les poids d'attention estimés par le réseaux pourraient permettre d'interpréter ses prédictions.

Références

Adhikari, A., A. Ram, R. Tang, et J. Lin (2019). Rethinking complex neural network architectures for document classification. NAACL.

Attali, H., A. Guille, et S. Chrétien (2023). Amélioration de l'architecture GAT par la prise en compte de la courbure des arêtes du graphe. EGC.

Bhattacharjee, K., M. Ballesteros, R. Anubhai, S. Muresan, J. Ma, F. Ladhak, et Y. Al-Onaizan (2020). To BERT or not to BERT : Comparing task-specific and task-agnostic semi-supervised approaches for sequence tagging. EMNLP.

Chami, I., Z. Ying, C. Ré, et J. Leskovec (2019). Hyperbolic graph convolutional neural networks. NeurIPS.

Chen, W., W. Fang, G. Hu, et M. W. Mahoney (2013). On the hyperbolicity of small-world and treelike random graphs. *Internet Mathematics 9*(4).

Devlin, J., M.-W. Chang, K. Lee, et K. Toutanova (2019). BERT : pre-training of deep bidirectional transformers for language understanding. NAACL.

Ganea, O., G. Becigneul, et T. Hofmann (2018). Hyperbolic neural networks. NeurIPS.

Guille, A. et H. Attali (2022a). Classification interprétable de documents à l'aide d'un réseau de neurones opérant sur des graphes. TextMine @ EGC.

Guille, A. et H. Attali (2022b). Document classification with hierarchical graph neural networks. MLG @ ECML-PKDD.

Hinton, G., O. Vinyals, et J. Dean (2015). Distilling the knowledge in a neural network. DLRL @ NeurIPS.

Joulin, A., E. Grave, P. Bojanowski, et T. Mikolov (2017). Bag of tricks for efficient text classification. EACL.

Kim, Y. (2014). Convolutional neural networks for sentence classification. EMNLP.

Kingma, D. P. et J. Ba (2014). Adam : A method for stochastic optimization. ICLR.

Kipf, T. N. et M. Welling (2017). Semi-Supervised Classification with Graph Convolutional Networks. ICLR.

Liu, J., W.-C. Chang, Y. Wu, et Y. Yang (2017). Deep learning for extreme multi-label text classification. SIGIR.

Nikolentzos, G., A. Tixier, et M. Vazirgiannis (2020). Message passing attention networks for document understanding. AAAI.

Piao, Y., S. Lee, D. Lee, et S. Kim (2022). Sparse structure learning via graph neural networks for inductive document classification. AAAI.

Strubell, E., A. Ganesh, et A. McCallum (2019). Energy and policy considerations for deep learning in NLP. EMNLP.

Tang, R., Y. Lu, L. Liu, L. Mou, O. Vechtomova, et J. Lin (2019). Distilling task-specific knowledge from BERT into simple neural networks. *CoRR abs/1903.12136*.

Vaswani, A., N. Shazeer, N. Parmar, J. Uszkoreit, L. Jones, A. N. Gomez, Ł. Kaiser, et I. Polosukhin (2017). Attention is all you need. NeurIPS.

Veličković, P., G. Cucurull, A. Casanova, A. Romero, P. Liò, et Y. Bengio (2018). Graph Attention Networks. ICLR.

Victor, S., L. Debut, J. Chaumond, et T. Wolf (2019). Distilbert, a distilled version of BERT : smaller, faster, cheaper and lighter. EMC2 @ NeurIPS.

Yang, Z., D. Yang, C. Dyer, X. He, A. Smola, et E. Hovy (2016). Hierarchical attention networks for document classification. NAACL.

Yao, L., C. Mao, et Y. Luo (2019). Graph convolutional networks for text classification. AAAI.

Zhang, Y., X. Yu, Z. Cui, S. Wu, Z. Wen, et L. Wang (2020). Every document owns its structure : Inductive text classification via graph neural networks. ACL.

Zhu, Y., D. Zhou, J. Xiao, X. Jiang, X. Chen, et Q. Liu (2020). Hypertext : Endowing fasttext with hyperbolic geometry. EMNLP.

Summary

In this paper, we present HH-GNN, a parameter-efficient graph neural network that operates on documents encoded as tree-like graphs. HH-GNN learns word, sentence and document representations in a hierarchical manner, in the hyperbolic space, whose curvature better fits the structure of these graphs in comparison to the Euclidean space. The evaluation conducted on five well-known datasets against representative CNNs, RNNs and GNNs highlights the relevancy and consistency of HH-GNN. We also show that it can match or outperform DistilBERT when distillating knowledge from BERT-large despite having 160× fewer parameters.

Prédire et expliquer les retards au décollage : Une étude de cas à l'aéroport international de Paris - Charles de Gaulle

Thibault Falque[*,**], Bertrand Mazure[**], Karim Tabia[**]

[*]Exakis Nelite, Paris, France
[**]CRIL, Université d'Artois & CNRS
falque,mazure,tabia@cril.fr
http://www.cril.univ-artois.fr

Résumé. Dans le contexte très concurrentiel où évoluent les acteurs du transport aérien tels que les aéroports, l'optimisation des ressources est indispensable pour améliorer ses services et maîtriser ses coûts. Outre les problématiques générales telles que la maintenance prédictive et la prévision des flux de passagers, de nombreuses problématiques spécifiques peuvent bénéficier des avancées récentes de l'apprentissage automatique et d'une plus grande disponibilité des données. Cet article traite d'un problème réel et difficile: la prédiction des retards au décollage des vols. Nous étudions le cas de l'aéroport international Paris Charles de Gaulle (CDG) en partant des spécificités de ce problème à CDG jusqu'à la proposition d'une modélisation puis d'une solution et l'analyse des résultats sur des données réelles de l'aéroport. Ces travaux sont en cours d'intégration dans le système d'information d'Aéroports de Paris.

1   Introduction

Dans le contexte d'un aéroport, il existe plusieurs problèmes typiques de l'intelligence artificielle, comme la planification, l'optimisation, la simulation et la prédiction. En effet, il existe de nombreux problèmes de transport aérien où les systèmes d'aide à la décision sont utilisés tout en intégrant des composants d'intelligence artificielle.

Avant la crise sanitaire du COVID-19, les prévisions de l'Association du Transport Aérien International (IATA) montrent que le nombre de passagers va doubler d'ici 2036, pour atteindre les 7,8 milliards de passagers. Certes, la pandémie de COVID-19 a considérablement ralenti le trafic aérien, surtout en 2020 et début 2021, mais la pression concurrentielle est toujours d'actualité même en période d'activité réduite. Ces derniers mois, le trafic aérien a repris dans plusieurs régions du monde. En France, l'aéroport Paris-Charles de Gaule (Paris-CDG), principal hub d'Air France, verra son nombre de passagers augmenter de 35 à 40 millions pour atteindre 100 millions en 2036. Cela va nécessiter environ 400 mouvements supplémentaires d'appareils (décollages ou atterrissages) par jour. Face au contexte très concurrentiel du domaine aérien, le projet de développement de l'aéroport Paris-CDG ne prévoit pas d'extension ou de nouvelle piste. Il devient donc primordial d'améliorer :

— les flux des passagers en proposant un parcours simplifié, fluide et personnalisé ;

— la ponctualité des vols en anticipant dans la mesure du possible les retards ;
— les mouvements d'avions avec une planification optimisée et adaptative des ressources comme les parkings d'avions, les banques d'enregistrement, les jetées à bagages, etc.

Le problème des retards des vols par exemple (retards à l'atterrissage et au décollage) n'a pas seulement des conséquences financières immédiates. Ces retards peuvent aussi provoquer, par effet de chaîne, d'autres retards et problèmes qui influent sur les retards et les classements des compagnies aériennes et des aéroports.

Dans (Xu et al., 2008), les auteurs soulignent qu'environ 84% des retards sont générés par les aéroports. Le problème de la prédiction des retards est étudié dans quelques travaux, mais il concerne principalement les retards à l'atterrissage ou au roulage. Le retard au départ du parking (délai entre l'heure prévue et l'heure réelle à laquelle un avion quitte son poste de stationnement ou sa porte) dépend de plusieurs facteurs, dont beaucoup sont spécifiques à chaque aéroport (tels que l'importance du trafic et des ressources de l'aéroport, les processus passagers, les conditions météorologiques, le contrôle du trafic aérien, etc.) À Paris-CDG, il y a un décollage presque toutes les minutes, et le moindre retard peut avoir des conséquences en cascade sur le programme de décollage, qui peuvent prendre plusieurs heures pour être résorbées et revenir à une situation normale. Prévoir et prédire les retards en temps réel permettra d'anticiper leur gestion en prévoyant des plans de gestion des retards et des ajustements aux horaires établis tels que l'horaire des passerelles, des comptoirs d'enregistrement et des jetées à bagages.

L'une des spécificités de notre travail est que nous nous sommes concentrés sur des données très fluctuantes dues à la pandémie COVID-19. Les principales contributions de l'article sont l'étude de la situation existante à Paris-CDG, des besoins et l'identification ensuite de trois tâches principales : la prédiction en temps réel des retards parking, la prévision et l'explicabilité des prédictions. Concernant la modélisation, nous avons identifié cinq catégories de données pour notre problème : données de vol, données sur l'avancement des processus passagers (sécurité, embarquement, etc.), données météorologiques, données sur la situation des retards actuels, etc. Enfin, nous avons réalisé une étude empirique pour effectuer la sélection des données, des caractéristiques et des modèles et nous fournissons un aperçu des résultats obtenus.

2   Retard avions : état de l'art

Le problème des retards avions est un problème assez connu. Différents modèles parmi les forêts aléatoires, les machines à vecteurs de support et la régression logistique ont été étudiés (Natarajan et al., 2018) pour prédire si un vol sera retardé ou non. Un modèle de régression logistique pour prédire une classe de vols départ est proposé dans (Nigam et Govinda, 2017). Dans (Venkatesh et al., 2017), les auteurs étudient les retards à l'arrivée et proposent différentes approches pour prédire si un vol spécifique sera retardé ou non. Dans (Ibrahem et al., 2021), les auteurs ont comparé différentes approches d'apprentissage automatique (forêt aléatoire, régression logistique, classifieur naïf bayésien et arbres de décision) pour la prédiction des retards, à l'arrivée. Dans (Tang, 2021), une comparaison de sept modèles binaires est réalisée. Dans (Yi et al., 2021), les auteurs ont proposé plusieurs approches empilées pour l'ensemble de données concernant les vols de l'aéroport international Boston Logan de janvier à décembre 2019. Nous trouvons également différentes études sur l'impact de différents facteurs sur les retards des vols. Par exemple, les auteurs de (Wang et al., 2003) ont étudié l'impact des connexions de vol sur le retard. Dans (Markovic et al., 2008), une étude statistique sur l'impact de la météo à l'aéroport de Francfort est proposée. Dans (Yogita Borse et al., 2020), les auteurs se sont concentrés sur les données météorologiques comme caractéristique principale pour prédire la classe de retard. Dans (Esmaeilzadeh et Mokhtarimousavi, 2020), un modèle de machine à vecteur de support (SVM) est utilisé. Basée sur 20 jours, cette dernière étude examine certaines causes des retards du trafic aérien dans les trois principaux aéroports de la ville de New York. Dans l'étude (Cai et al., 2021), une approche d'apprentissage profond pour la prédiction des retards de vol en tenant compte d'un scénario multi-aéroports est proposée. En ce qui concerne les approches basées sur la régression, les auteurs (Rebollo et Balakrishnan, 2014) ont proposé des approches basées sur la classification et la régression avec des forêts aléatoires pour les aéroports américains. À notre connaissance, il n'existe qu'un seul travail visant à prédire le retard au décollage, mais il ne tente de prédire qu'une heure avant l'heure de décollage estimée, et il est destiné au Centre de contrôle de l'espace aérien supérieur de Maastricht(Dalmau-Codina et al., 2019).

3   Aéroport Paris-CDG

Nous donnons dans cette section des informations factuelles sur l'aéroport de Paris-CDG. L'aéroport de Paris-CDG est le plus important aéroport de France. Il a été ouvert en 1974 pour faire face à la saturation de l'aéroport de Paris Orly (le principal aéroport parisien avant l'ouverture de Paris-CDG). Il est situé au nord de Paris, et c'est le hub d'Air France. Cette compagnie représente 50% du trafic de Paris-CDG. Trois terminaux principaux numérotés de 1 à 3 composent Paris-CDG.

En ce qui concerne le trafic à l'aéroport de Paris-CDG, il y a plus d'un départ de vol par minute. Il y a environ 720000 vols par an, soit environ 2000 vols par jour. En moyenne, il y a 145 passagers par vol. À Paris-CDG, les ressources sont actuellement planifiées à l'aide de solutions alimentées par des solveurs de contraintes. Parmi les ressources critiques, on trouve les parkings (ou « stands ») affectés aux vols. Lorsqu'un « stand » n'est pas libéré à temps, cela peut entraîner des changements de planification complexes et provoquer des retards en cascade. Il est donc important d'anticiper et de prévoir ces retards le plus précisément possible, de les expliquer et de proposer des actions pour les limiter. Avant de présenter le problème, nous allons introduire d'abord quelques termes. Nous appelons *rotation* l'ensemble composé d'un vol arrivée et d'un vol départ. En général, cet ensemble est composé de deux vols, mais il peut n'y en avoir qu'un seul, auquel cas le vol commence une nouvelle rotation. Par conséquent, le temps de la rotation est le temps entre l'arrivée d'un avion (atterrissage) et son départ (décollage). Un vol a une heure de départ prévue, appelée SOBT (Scheduled Off-Block Time), à laquelle il est censé quitter son parking. Le moment où le vol quitte effectivement son poste de stationnement est appelé AOBT. Le retard est alors la durée entre l'AOBT et la SOBT.

3.1   Jalons avant le départ parking de l'avion

Nous présentons ici les principaux jalons précédant le « pushback » d'un avion. Ces jalons sont présentés dans la Fig. 1.

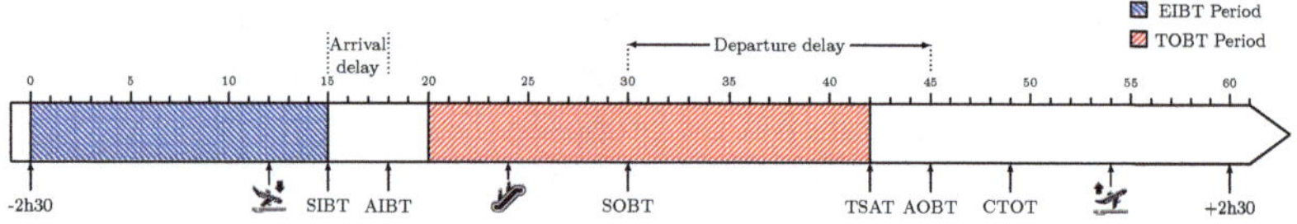

FIG. 1 – Jalons d'un vol à Paris-CDG

Avant l'arrivée du vol à l'aéroport, le vol estime son heure d'arrivée au parking en envoyant des EIBT (Estimated In-Block Time). L'AIBT (Acutal In-Block Time) correspond à l'heure réelle où le vol arrive à son stand. Nous appelons « retard à l'arrivée » la différence entre l'AIBT et la SIBT. L'embarquement commence entre 1 heure et 30 minutes avant la SOBT. Pendant la période de rotation, la compagnie aérienne envoie une estimation de l'heure à laquelle l'avion sera prêt au système de gestion : TOBT (Target Off-Block Time). En cas de trafic dense ou saturé dans le ciel ou d'encombrement sur la piste, le contrôle aérien peut « créneauter » un vol, c'est-à-dire forcer son décollage entre une heure calculée appelée CTOT (Calculated Take-Off Time) et CTOT plus 15 minutes. Si l'avion ne décolle pas pendant cette période, il peut être à nouveau « créneauté ». Le dernier jalon est la TSAT qui est l'heure fourni par le contrôle aérien qui tient compte de la TOBT, du CTOT et/ou de la situation du trafic et est l'heure à laquelle un avion peut espérer obtenir l'approbation de son démarrage ou de son « pushback ».

3.2   Les retards avion à Paris-CDG

Paris-CDG est classé[1] à la 10e place en 2018 en termes de ponctualité. Environ la moitié des vols arrivent à l'heure, mais seulement 20% décollent à l'heure. Une étude des retards à Paris-CDG a mis en évidence différentes causes (ex. congestion, pannes, incidents à l'aéroport, parcours passagers, etc.) de ces retards à différentes phases (stationnement/poussée, taxis, etc.). La Figure. 2 donne une vue d'ensemble des retards sur l'année considérée dans notre étude (août 2021 - septembre 2022). Il convient de noter qu'au cours de cette période, certains terminaux ont été fermés, tandis que d'autres ont réouvert. Sur cette période, la proportion de vols présentant des retards est de 82%. La Figure. 2a montre le nombre de vols retardés par terminal. On peut observer que les deux terminaux correspondant à Air France (2E et 2F) ont le plus de vols retardés. La Figure. 2b montre les retards cumulés (en minutes) pour chaque journée de la période considérée. On peut observer une augmentation durant l'été 2022, qui correspond à une reprise du trafic et à la réouverture de certains terminaux mais également aux jours de panne des trieurs bagages ayant provoqué de nombreux retards. La Figure. 2c représente la somme et la moyenne des retards pour chaque tranche horaire de la journée, allant de $p1$ (6h-8h) à $p6$ (20 h - 23 h). Les périodes du matin, en particulier $p2$ (9h - 11h) et $p3$ (12h - 14h), cumulent la plupart des retards. Comme la majorité des retards se produisent le matin et qu'il existe un effet de retards en cascade, il est crucial de prévoir et de gérer avec précision ces retards dans ces tranches horaires.

---

1. selon OAG Flightview

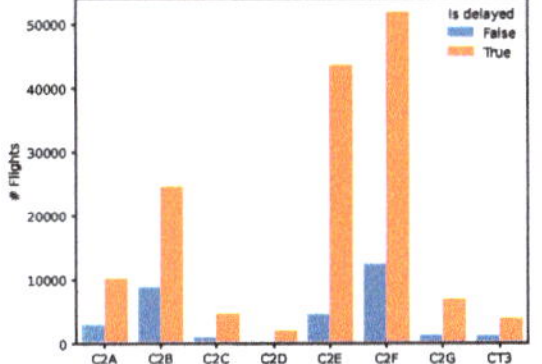

(a) Comparaison des vols à l'heure et des vols en retard par terminal.

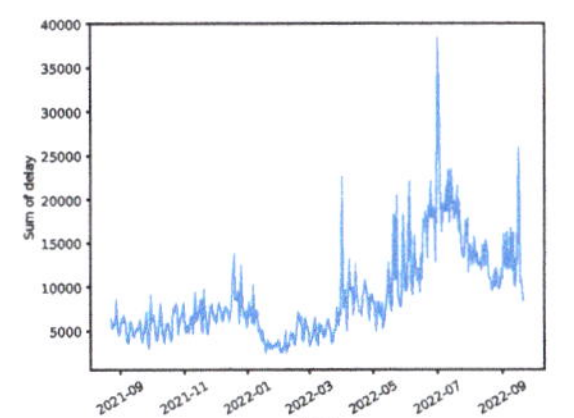

(b) Retard cumulé sur la période considérée.

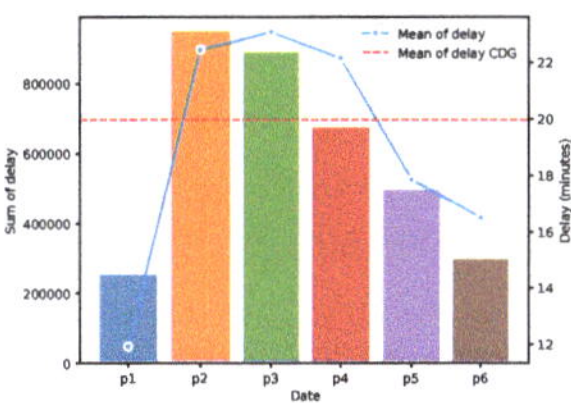

(c) Nombre de vols en retard pour chaque période p d'une journée.

FIG. 2 – Aperçu des retards « off-block » à Paris-CDG de Août 2021 à Septembre 2022

4   Définition du problème et des objectifs

Rappelons que nous appelons retard au décollage, la durée séparant l'heure où l'avion quitte son poste de stationnement de l'heure de départ parking programmé. Soit Y la variable cible à prédire pour un échantillon d'entrée décrivant le vol étudié. Nous distinguons deux tâches de régression : la prédiction en temps réel et la prévision.

4.1   Prédiction en temps réel du retard parking

Le problème considéré ici est celui de la prédiction, à tout moment t, du retard parking Y (exprimé en minutes) que le vol aura effectivement. Ces prédictions sont mises à jour toutes les 5 minutes jusqu'à ce que le vol quitte son parking. En effet, pour chaque slot (chaque slot dure 5 minutes), nous pouvons acquérir de nouvelles données pertinentes à partir du système d'information opérationnel de Paris-CDG qui peuvent être utilisées pour mettre à jour les prédictions (ceci est valable pour les variables dynamiques telles que les conditions météorologiques, l'avancement des processus passagers, etc.) Les prédictions de retard parking en temps réel sont destinées principalement à : attirer l'attention des managers en temps réel sur les vols susceptibles d'avoir des retards importants et pouvant avoir des conséquences en cascade ; expliquer et identifier les causes et mettre en place des actions si nécessaire pour résoudre la situation.

4.2   Prévision du retard

On appelle prévisions la prédiction des retards avant l'ouverture des vols. Cela peut être quelques heures ou plusieurs jours avant le vol. Évidemment, dans notre cas, la prévision ne peut pas s'appuyer sur des informations dynamiques sur l'évolution des processus des passagers, les conditions météorologiques, etc. De même, de telles prévisions n'ont pas besoin d'être mises à jour puisque les données sont disponibles à l'avance. De telles prévisions peuvent servir à : établir à l'avance plusieurs plans et mesures d'atténuation en fonction des retards prévus. identifier les causes et anticiper l'effet d'enchaînement et ses conséquences ; utiliser les prévisions pour faire des simulations plausibles sur la congestion, les files d'attente en fonction des prévisions de retard, puis envisager des solutions et des plans de gestion.

5 Définition du modèle

Dans cette section, nous présentons et motivons les informations essentielles actuellement disponibles dans le système d'information opérationnel de Paris-CDG et qui sont susceptibles d'être pertinentes pour la prédiction des retards parkings. Les variables proposées sont issues de l'analyse d'un rapport récent sur les retards au décollage à Paris-CDG et de l'analyse d'une année entière de données réelles. Nous avons finalement établi 5 catégories de variables, présentées dans les sections suvantes.

5.1 Caractéristiques de base d'un vol (Basic Flight Features)

Ce sont les caractéristiques de base d'un vol et elles ne changent pas dans le temps (ces caractéristiques sont énumérées dans le Tableau 1). Par exemple, le nom de la compagnie aérienne qui effectue le vol, le type d'avion, le code IATA de la destination du vol, le terminal, le type douanier (nationale, Schengen ou international) et la saison IATA (été ou hiver).

Variable	Description	Type	Exemple
Compagnie	Code unique de la compagnie	Catégorique	AF
Type avion	Code du type avion	Catégorique	77W
Destination	Code IATA de l'aéroport de destination	Catégorique	JFK
Terminal	Code du terminal de CDG	Catégorique	C2E
Douane	Critère douanier	Catégorique	Schengen
Saison	Le code de la saison IATA	Catégorique	W
Semaine	Un index de semaine depuis une date de référence	Numérique	1000
Jour	Jour de la semaine (1-7)	Numérique	1
Bus	Vrai si l'avion utilise un bus pour son accès.	Booléen	True
Parking	Vrai si le parking d'arrivée et le parking de départ sont les mêmes.	Booléen	False
SOBT	La SOBT exprimée en minutes depuis minuit.	Timestamp	360
Rotation	Durée de la rotation (différence entre SOBT et SIBT)	Numérique	300
Pax Count	Nombre de passagers (estimé)	Numérique	140
Total Pif Passenger	Nombre de passagers devant passer par le PIF	Numérique	75
Service Type	Catégorie du transport	Catégorique	J

TAB. 1 – Variables basiques du vol (BCF)

5.2 Caractéristiques sur les jalons du vol (Off-block Milestone Features)

Ces jalons sont établis par les différents acteurs tels que le contrôle aérien, la compagnie aérienne et l'aéroport. Pour cette étude, nous nous sommes concentrés sur les jalons autour de la SOBT (-2h30 à +2h30, voir Figure. 1). Cette période est divisée en 60 créneaux de 5 minutes. Chaque nouveau jalon (parmi TOBT, CTOT, TSAT) possède un horodatage. Ces caractéristiques sont listées dans le Tableau 2.

5.3 Variables concernant les retards précédents (PCFDF)

Pour chaque créneau de chaque vol, nous calculons la proportion de vols en retard et la durée moyenne de ces retards. À un instant t, ces caractéristiques sont calculées pendant une fenêtre temporelle w qui peut aller de quelques minutes à quelques heures. L'ensemble de ces nouvelles variables est présenté dans le Tableau 3. Cet ensemble est nommé dans la suite *PCFDF* (Previous and current flights delay features).

Variable	Description	Type
Retard à l'arrivée	Temps en minutes entre la dernière EIBT et la SIBT.	Numérique
$TOBT_{diff}$	Temps en minutes entre la dernière TOBT et la SOBT.	Numérique
$TOBT_{count}$	Le nombre de TOBT	Numérique
$CTOT_{diff}$	Temps en minutes entre la dernière CTOT et la SOBT.	Numérique
$TSAT_{diff}$	Temps en minutes entre la dernière TSAT et la SOBT.	Numérique

TAB. 2 – Jalons du vol (OMF)

Variable	Description	Type
Retard aéroport	Retard moyen à l'aéroport pendant les w dernières minutes (indépendamment du terminal)	Numérique
Retard terminal	Retard moyen dans le terminal du vol considéré pendant les w dernières minutes	Numérique
Retard compagnie	Retard moyen de la compagnie du vol considéré pendant les w dernières minutes	Numérique
Pourcentage des vols en retard sur l'aéroport	Pourcentage des vols en retard à l'aéroport pendant les w dernières minutes (indépendamment du terminal)	Numérique
Pourcentage des vols en retard sur le terminal	Pourcentage des vols en retard dans le terminal du vol considéré pendant les w dernières minutes	Numérique
Pourcentage des vols en retard de la même compagnie	Pourcentage des vols en retard de la même compagnie du vol considéré pendant les w dernières minutes	Numérique

TAB. 3 – Variables des retards des vols précédents (PCFDF)

5.4 Caractéristiques Météo (Weather Condition Features)

Certaines conditions météorologiques telles qu'une faible visibilité et des vents forts sont connues pour être des facteurs susceptibles de provoquer des retards au décollage, et donc de retarder le départ du vol de son parking. Les variables météo considérées dans cette étude sont résumées dans le Tableau 4.

Variable	Description	Type
Procédures de visibilité faible	Vrai si la procédure de visibilité faible est enclenchée, faux sinon	Booléen
Taux d'humidité (en pourcent)		Numérique
Vitesse du vent (en m/sec)		Numérique
Pression de l'air (en hectoPascal)		Numérique
Température (en degrés Celsius)		Numérique

TAB. 4 – Variables conditions météo (WCF)

5.5 Caractéristiques des flux passagers (Passenger Flow Features)

Ces variables permettent d'obtenir à tout moment des informations sur l'avancement de certains processus passagers, qui peuvent causer un retard au départ du parking. En particulier, l'information pertinente est le pourcentage au créneau t de passagers qui ont embarqué ou qui ont déjà passé les contrôles de sécurité. Ces caractéristiques sont utilisées uniquement pour prédire et mettre à jour en temps réel (pour chaque créneau d'un vol) la prédiction du retard au départ du parking.

6 Extraction, prétraitement et sélection de données

6.1 Extraction et prétraitement des données

Le système d'information opérationnel de Paris-CDG (appelé AOP pour Airport Operation Plan) collecte une grande quantité d'informations pour chaque vol et sa progression. Pour nos tâches de prédiction, à chaque créneau horaire, une nouvelle entrée de vol est créée avec un horodatage associé et des données mises à jour. Il est donc possible de retracer le statut d'un vol jusqu'à son départ. Par conséquent, pour les caractéristiques statiques, nous les extrayons une seule fois. Pour les caractéristiques dynamiques, telles que les retards des autres vols, il s'agit de variables calculées que nous effectuons avec des requêtes sur les vols passés. Par exemple, pour calculer la proportion de vols qui ont été retardés au cours des dernières w minutes, il faut passer en revue tous les vols impliqués dans la fenêtre de temps w. Les caractéristiques de retard des vols précédents et actuels (PCFDF) sont calculées après extraction avec différentes fenêtres w. Dans notre étude, nous avons considéré les données d'une année (août 2021-septembre 2022) et construit un ensemble de données comprenant 10633920 lignes et 31 colonnes (chaque vol est répété 60 fois avec des valeurs dynamiques pour chaque slot).

6.2 Sélection de variables

Une fois notre ensemble de données extrait et prétraité, nous avons procédé à la sélection des variables afin de confirmer nos intuitions et d'éliminer les attributs qui s'avéreraient non pertinents pour nos tâches de prédiction. Nous avons d'abord effectué une analyse de corrélation simple entre chaque caractéristique et la variable cible (le retard au départ du parking). La Figure. 3 présent les résultats du coefficient de corrélation de *Pearson*.

Nous pouvons voir sur la Figure. 3 que les variables les plus pertinentes au slot 0 spnt la différence entre la SOBT et la TSAT avec un score *Pearson* de 0.4, la différence entre la TOBT et la SOBT avec un score *Pearson* de $0,33$. En revanche, les variables représentant la durée de la rotation (*Rotation*) et le retard d'un vol à l'arrivée (*Arrival delay*) semblent peu pertinentes. Ces variables ont un score *Pearson* négatif de $-0,66$ et $-0,29$ respectivement. Pour le créneau 30, l'ordre des variables essentielles se confirme. Les durées entre la SOBT et la TSAT ou la TOBT sont les variables essentielles avec un score *Pearson* de $0,74$ et $0,68$.

L'importance de la variable TSAT s'explique par le fait qu'il s'agit de l'une des dernières informations obtenues pour un vol avant qu'il ne quitte son parking et que le départ a lieu le plus souvent à l'heure indiquée par la TSAT. La variable *Percent Flight Airport*, représentant la proportion de vols retardés sur l'ensemble de l'aéroport (pour le calcul des valeurs nous avons utilisé la fenêtre de temps de 10 minutes), devient plus importante avec une progression de

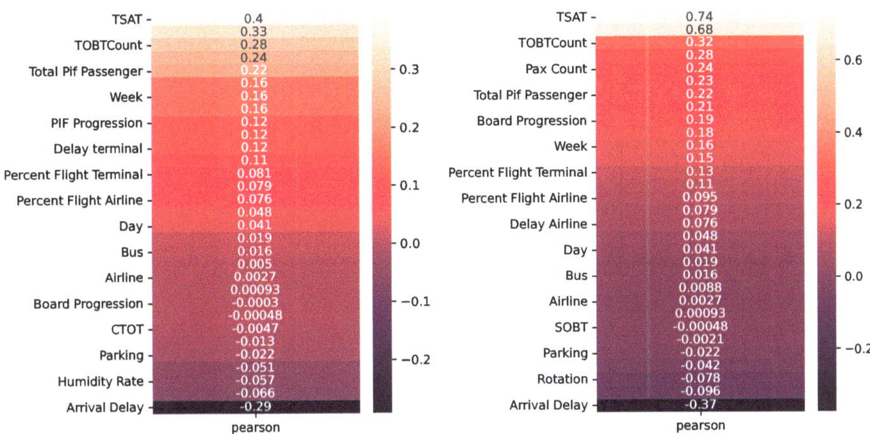

FIG. 3 – Résultats du coefficient de corrélation de *Pearson* aux slots 0 (figure de gauche) et aux slots 30 (figure de droite)

son score entre le slot 0 et le slot 30 passant de $0,16$ à 0.23. Enfin, nous pouvons noter que les variables dynamiques (en particulier, la variable concernant la progression de l'embarquement) ont un score en progression. Cette progression montre l'importance de l'utilisation des données de vols dynamiques pour les prédictions en temps réel.

Afin de valider les conclusions sur les scores de corrélation obtenus, nous avons effectué une autre analyse empirique en faisant varier l'ensemble des variables utilisées pour la prédiction des retards. Nous avons également fait varier la fenêtre w utilisée pour calculer les variables dynamiques à partir de l'historique proche et la quantité d'historique à utiliser (douze mois, neuf mois, six mois ou trois mois). Nous avons utilisé un modèle d'ensemble d'arbres de régression boosté appelé *LightGBM*[2] (Ke et al., 2017). Le principe de ce type de modèle est de construirer une séquence d'arbres où chaque arbre corrige le précédent. Le résultat final est la somme des résultats de chaque arbre de la séquence. Dans la suite, nous désignons par $\mathcal{D}_w^m$ le jeu de données avec m le nombre de mois utilisés ($m \in \{3, 6, 9, 12\}$) et w la durée de la fenêtre utilisée pour le calcul des variables dynamiques ($w \in \{10, 30, 60\}$). $\mathcal{V}$ désignent l'ensemble des variables utilisées pour le jeu de données ($\mathcal{V} \in \{\{BFF\}, \{BFF, WCF, OMF, PFF\}, \{BFF, PCFDF, WCF, OMF, PFF\}\}$).

Pour notre étude, nous avons testé notre configuration sur 40 jours (du 12 août au 21 septembre 2022). Pour chaque journée, nous avons entraîné le modèle jusqu'à la veille du jour du test et l'avons évalué sur le jour du test. Le Tableau 5 montre les configurations optimales. Les erreurs et le score R2 présentés dans ce tableau sont pour les 40 jours testés. Les hyperparamètres sont notés *#Tree/#Leaves/LearningRate*.

Le Tableau 5[3] présente les résultats pour les différentes configurations. L'utilisation des variables dynamiques apporte un véritable gain permettant de réduire de moitié l'erreur et d'améliorer sensiblement le score R2. Ainsi la meilleure configuration consiste à utiliser l'intégratlité de l'historique (12 mois), avec une fenêtre de temps de 60 minutes.

---

2. https ://lightgbm.readthedocs.io/

3. L'intégralité des résultats est disponible en annexe dans un fichier CSV.

Dataset	Variables ($\mathcal{V}$)	Hyperparamètres	MAE	RMSE	R2
$\mathcal{D}_{60}^{12}$	$BFF, PCFDF, WCF, OMF, PFF$	75/256/0.05	9.645	13.858	0.731
$\mathcal{D}_{10}^{12}$	BFF, WCF, OMF, PFF	75/256/0.05	9.709	14.009	0.725
$\mathcal{D}_{60}^{12}$	$BFF, PCFDF, WCF, OMF, PFF$	32/64/0.05	10.376	14.500	0.705
$\mathcal{D}_{60}^{12}$	$BFF, PCFDF, WCF, OMF, PFF$	32/128/0.05	10.473	14.584	0.702
$\mathcal{D}_{60}^{3}$	$BFF, PCFDF, WCF, OMF, PFF$	32/128/0.05	11.637	15.414	0.667
$\mathcal{D}_{10}^{12}$	BFF, WCF, OMF, PFF	32/64/0.05	13.922	20.812	0.393
$\mathcal{D}_{60}^{9}$	BFF	75/256/0.05	17.443	26.576	0.0108

TAB. 5 – Résultats de la sélection des caractéristiques et des données historiques.

7 Prédiction en temps réel

Date	MAE	Baseline model	Date	MAE	Baseline model
2022-08-13	8.196	18.814	2022-09-10	7.429709	16.339208
2022-08-14	8.490	18.176	2022-09-11	8.311289	19.677116
2022-08-15	8.026	16.877	2022-09-12	7.088036	16.854864
2022-08-16	9.911	20.869	2022-09-13	7.252672	15.125720
2022-08-17	8.288	18.728	2022-09-14	8.613775	17.317014
2022-09-05	9.340	19.727	2022-09-15	7.553985	17.969956
			2022-09-16	31.250517	65.622123

TAB. 6 – MAE pour la prédiction en temps réel.

Le Tableau 6 présente l'erreur moyenne absolue (MAE) pour un sous-ensemble des journées (pour des raisons d'espace) testées avec le meilleur modèle sélectionné dans la section précédente. Nous remarquons que le modèle proposé est plus précis et plus stable en terme d'erreur que le modèle de référence (e.g un modèle prédisant tout le temps la moyenne du retard à CDG). Cependant, nous pouvons également remarquer que le 16 septembre l'erreur est très importante.[4]. Les retards pouvaient aller jusqu'à 4h30 (la moyenne du retard sur la journée était de 1h20). De plus comme la période couverte pour chaque vol est comprise entre -2h30 et +2h30, nous ne collectons pas toutes les données sur ces « retards longs ».

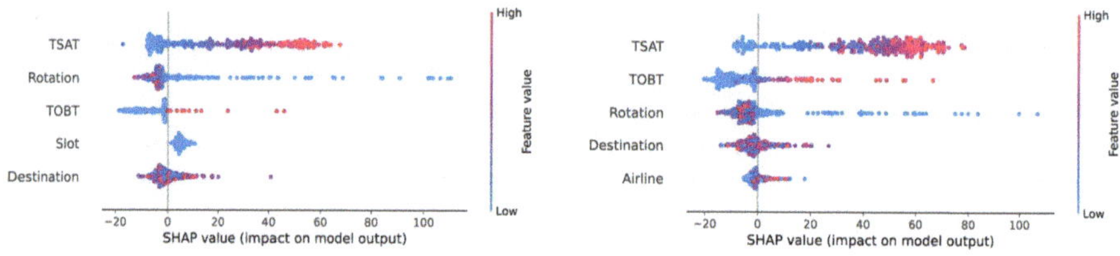

FIG. 4 – Valeurs de SHAP pour la journée du 16 septembre 2022 aux slots 0 (figure de gauche) et slots 30 (figure de droite)

La Figure. 4 donne un aperçu des caractéristiques les plus importantes pour notre modèle (pour des raisons d'espace, uniquement les 5 plus importantes[5]). Les caractéristiques sont

---

4. Le jeudi 16 septembre, les retards sont dûs à une grève des contrôleurs aériens.
5. L'intégralité des figures sont disponibles en annexes.

triées par la somme des valeurs SHAP sur tous les échantillons au slot 0 et au slot 30. La couleur représente la valeur de la caractéristique (*rouge* correspond à *high*, *bleu* à *low*). Cela révèle par exemple que lorsque le slot est à 30, une valeur élevée pour la TSAT augmente le retard prédit. Enfin, les valeurs de SHAP confirment largement les coefficients de *Pearson* de la section 6.2 et l'importance de l'impact des variables TSAT et TOBT.

8 Conclusions

La ponctualité est une question sensible dans les grands aéroports et les plates-formes de correspondance pour l'expérience passagers. Dans cet article, nous avons abordé le problème de la prédiction des retards au départ des parkings à l'aéroport de Paris-CDG, l'un des plus importants aéroports du monde et la plaque tournante de la compagnie aérienne Air France. Notre étude a commencé par l'analyse du problème (son ampleur, sa forme, ses causes, etc.) et des besoins (prévisions et prédiction en temps réel) à Paris-CDG. À partir de cette analyse, nous avons proposé deux types de catégories de caractéristiques susceptibles d'être utiles pour la prédiction des retards : les caractéristiques statiques utilisées pour la tâche de prévision et les caractéristiques dynamiques (qui peuvent être mises à jour en temps réel) utilisées pour la prédiction en temps réel des retards. L'étape suivante a consisté à construire un pipeline pour extraire les données brutes dont nous avons besoin du système d'information opérationnel de Paris-CDG. Ceci nous a permis de construire un jeu de données représentant une année d'activité réelle. Nous avons réalisé une étude empirique pour effectuer la sélection des caractéristiques et des données, puis la sélection des modèles. Une des spécificités de notre travail est que nous avons travaillé avec des données très fluctuantes en raison de la pandémie de COVID-19 et de ses conséquences en termes de restrictions des voyages aériens à plusieurs reprises, ainsi que d'autres aléas du trafic aérien. Les résultats obtenus montrent clairement qu'il est possible de prévoir certains retards bien mieux que le modèle de référence. Ce résultat peut être grandement amélioré en explorant systématiquement d'autres modèles et leurs meilleurs hyperparamètres. L'un des éléments cruciaux pour notre application, en plus de l'amélioration de la précision, sera l'explicabilité des prédictions, en particulier l'identification d'explications qui peuvent aider à la gestion des retards.

Références

Cai, K., Y. Li, Y.-P. Fang, et Y. Zhu (2021). A Deep Learning Approach for Flight Delay Prediction Through Time-Evolving Graphs. *IEEE Trans. Intell. Transport. Syst.*, 1–11.

Dalmau-Codina, R., F. Ballerini, H. Naessens, S. Belkoura, et S. Wangnick (2019). Improving the predictability of take-off times with machine learning a case study for the maastricht upper area control centre area of responsibility.

Esmaeilzadeh, E. et S. Mokhtarimousavi (2020). Machine Learning Approach for Flight Departure Delay Prediction and Analysis.

Ibrahem, A., H. Elbeh, et H. M. Mousa (2021). A Comparative Analysis of Models for Predicting Airline Arrival Delays. pp. 5.

Ke, G., Q. Meng, T. Finley, T. Wang, W. Chen, W. Ma, Q. Ye, et T.-Y. Liu (2017). LightGBM : a highly efficient gradient boosting decision tree. In *Proceedings of the 31st International Conference on Neural Information Processing Systems*, NIPS'17, Long Beach, California, USA, pp. 3149–3157. Curran Associates Inc.

Markovic, D., T. Hauf, P. Röhner, et U. Spehr (2008). A statistical study of the weather impact on punctuality at Frankfurt Airport. *Meteorological Applications 15*(2), 293–303.

Natarajan, V., S. Meenakshisundaram, G. Balasubramanian, et S. Sinha (2018). A Novel Approach : Airline Delay Prediction Using Machine Learning. In *2018 International Conference on Computational Science and Computational Intelligence (CSCI)*, pp. 1081–1086.

Nigam, R. et K. Govinda (2017). Cloud based flight delay prediction using logistic regression. In *2017 International Conference on Intelligent Sustainable Systems (ICISS)*, pp. 662–667.

Rebollo, J. J. et H. Balakrishnan (2014). Characterization and prediction of air traffic delays. *Transportation Research Part C : Emerging Technologies 44*, 231–241.

Tang, Y. (2021). Airline Flight Delay Prediction Using Machine Learning Models. In *2021 5th International Conference on E-Business and Internet*, Singapore Singapore, pp. 151–154. ACM.

Venkatesh, V., A. Arya, P. Agarwal, S. Lakshmi, et S. Balana (2017). Iterative machine and deep learning approach for aviation delay prediction. *2017 4th IEEE Uttar Pradesh Section International Conference on Electrical, Computer and Electronics (UPCON)*.

Wang, Schaefer, et Wojcik (2003). Flight connections and their impacts on delay propagation. In *22nd Digital Avionics Systems Conference Proceedings (Cat No 03CH37449) DASC-03*, Indianapolis, IN, USA, pp. 5.B.4–5.1. IEEE.

Xu, N., L. Sherry, et K. B. Laskey (2008). Multifactor Model for Predicting Delays at U.S. Airports. *Transportation Research Record 2052*(1), 62–71.

Yi, J., H. Zhang, H. Liu, G. Zhong, et G. Li (2021). Flight Delay Classification Prediction Based on Stacking Algorithm. *Journal of Advanced Transportation 2021*, 1–10.

Yogita Borse, Dhruvin Jain, Shreyash Sharma, Viral Vora, Aakash Zaveri, et K J Somaiya College of Engineering (2020). Flight Delay Prediction System. *IJERT V9*(03), IJERTV9IS030148.

Summary

Punctuality is a sensitive issue in large airports and hubs for passenger experience and for controlling operational costs. This paper presents a real and challenging problem of predicting and explaining flight off-block delays. We study the case of the international airport Paris Charles de Gaulle (Paris-CDG) starting from the specificities of this problem at Paris-CDG until the proposal of modelings then solutions and the analysis of the results on real data covering an entire year of activity. The proof of concept provided in this paper allows us to believe that the proposed approach could help improving the management of delays and reduce the impact of the resulting consequences.

BERTEPro : Une nouvelle approche de représentation sémantique dans le domaine de l'éducation et de la formation professionnelle

Guillaume Lefebvre*,**, Haytham Elghazel*, Théodore Guillet**, Alexandre Aussem*,
Matthieu Sonnati**

*Université Lyon 1, LIRIS, UMR CNRS 5205, F-69622
prenom.nom@liris.cnrs.fr
**Inokufu, France,
https://www.inokufu.com/
prenom.nom@inokufu.com

Résumé. FlauBERT et CamemBERT ont établi une nouvelle performance de
pointe pour la compréhension de la langue française. Récemment, SBERT a
transformé l'utilisation de BERT, afin de réduire l'effort de calcul des encas-
trements de phrases, tout en maintenant la précision de BERT. Cependant, ces
modèles ont été entraînés sur des textes non spécifiques de la langue française,
ce qui ne permet pas une représentation fine des textes de domaines spécifiques,
comme le domaine de l'éducation et de la formation professionnelle. Dans cet
article, nous présentons BERTEPro, un modèle basé sur FlauBERT, dont l'apprentissage a été étendu sur des textes du domaine de l'éducation et de la formation professionnelle, avant d'être affiné sur des tâches NLI et STS. L'évaluation
des performances de BERTEPro sur des tâches STS, ainsi que sur des tâches de
classification, ont confirmé que la méthodologie proposée bénéficie d'avantages
significatifs par rapport aux autres méthodes de l'état de l'art.

1   Introduction

Le traitement du langage naturel (NLP) (Ranjan et al., 2016) est un domaine de l'apprentissage automatique visant à permettre aux machines d'interpréter et de traiter le langage humain
tel qu'il est écrit ou parlé. Contrairement aux langages de programmation dont la syntaxe est
formelle et sans ambiguïté, le langage naturel a une structure très variée et la signification
d'un mot dépend fortement de son contexte. Pour la recherche de similarité dans un corpus,
le problème est donc de pouvoir comparer des textes en tenant compte des subtilités de la
langue telles que les *synonymes*, les *ambiguïtés* ou la *syntaxe*. Afin d'utiliser les données en
apprentissage automatique, il est nécessaire de les représenter par une abstraction mathématique (vectorisation).

Au milieu du $20^{\text{ème}}$ siècle, l'une des méthodes les plus utilisées, encore utilisée aujourd'hui
dans de nombreux moteurs de recherche, est née : TF-IDF (Jones, 1972). Il s'agit d'une méthode de pondération souvent utilisée en recherche d'information et surtout en fouille de textes.

Cette mesure statistique permet d'évaluer l'importance d'un terme contenu dans un document, par rapport à une collection ou un corpus.

Plus récemment, les transformers (Vaswani et al., 2017) ont été découverts, ouvrant un tout nouveau monde sur le traitement du langage naturel (NLP) et la compréhension du langage naturel (NLU). Comme les réseaux de neurones récurrents (RNNs (Yin et al., 2017)), les transformers sont conçus pour traiter des données séquentielles, comme le langage naturel, pour des tâches telles que la traduction (Liu et al., 2020) et le résumé de texte (Syed et al., 2021). Ils permettent de résoudre un problème assez important de TF-IDF : la polysémie (Ma et al., 2020). Cependant, ces modèles, pour être entraînés, nécessitent de grandes quantités de données, et il est difficile et coûteux d'entraîner un tel modèle à partir de zéro (Devlin et al., 2019). Heureusement, nous avons aujourd'hui accès à un catalogue de modèles pré-entraînés comme BERT (Devlin et al., 2019) ou RoBERTa (Liu et al., 2019), en plusieurs langues.

Ces modèles pré-entraînés ont été entraînés sur des données de langage naturel de la langue cible. Par conséquent, ils peuvent avoir des difficultés à représenter précisément certains mots spécifiques à un domaine, comme le domaine de l'éducation et de la formation professionnelle, que nous cherchons à représenter. En effet, ce domaine est plus complexe à représenter que la langue naturelle, notamment parce qu'il utilise les mots de la langue naturelle dans un sens différent. De plus, les modèles de base pré-entraînés de BERT ne sont pas conçus pour optimiser la transformation des phrases, ou de paires de phrases, en vecteurs (Reimers et Gurevych, 2019), ce qui rend leur performance dans ce domaine assez faible.

Sentence-BERT, ou SBERT (Reimers et Gurevych, 2019), est une approche qui répond au problème de performance de BERT, notamment sur la recherche sémantique, mais qui surpasse également les performances de BERT sur la classification textuelle. SBERT consiste en une modification du modèle pré-entraîné BERT, en utilisant des structures de réseaux siamois ou triplés. Les vectorisations ou représentations de phrases sémantiques peuvent ensuite être comparées à l'aide de la similarité cosinus. Cependant, cette approche étant basée sur un modèle BERT généraliste, elle conserve la connaissance généraliste de la langue, et éprouve les mêmes difficultés que BERT a représenter le domaine spécifique de l'éducation et de la formation professionnelle.

Pour résoudre ces problèmes, nous avons développé BERTEPro. BERTEPro est un Transformer, basé sur BERT, que nous avons continué à entraîner sur la tâche de modélisation du langage masqué (MLM (Devlin et al., 2019)), sur le domaine de l'éducation et de la formation professionnelle, puis affiné sur les tâches d'implication de paires de phrases (Conneau et al., 2018) et de similarité sémantique (Cer et al., 2017). De nombreuses raisons justifient l'utilisation du pré-entraînement en tandem avec l'affinage (*fine-tuning* en anglais) dans notre approche BERTEPro. La poursuite de l'entraînement de BERT sur des données spécifiques au domaine lui a permis de modifier le contexte de certains mots utilisés différemment dans le langage naturel et dans le langage spécifique au domaine. Selon SBERT (Reimers et Gurevych, 2019), l'affinage du modèle sur l'implication des paires de phrases, puis sur les tâches de similarité sémantique, améliore considérablement la représentation sémantique des phrases. Ce pré-entraînement et cet affinage combinés, nous permettent d'améliorer considérablement les performances sur le jeu de données de référence STS, mais aussi sur notre jeu de données de similarité de paires de phrases, généré à partir de textes de formation éducative et professionnelle. Le nouveau cadre proposé s'avère prometteur pour traiter le langage naturel courant ainsi que le domaine spécifique de l'éducation et de la formation professionnelle.

Le reste de l'article est organisé comme suit : La section 2 passe en revue les études récentes sur les méthodes de vectorisation de textes. La section 3 présente notre approche BERTEPro. Le protocole expérimental est présenté dans la section 4. Finalement, la section 5 évalue BERTEPro sur des tâches STS, communes et spécifiques à un domaine, et sur des tâches de classification spécifiques sur des corpus de l'éducation et de la formation professionnelle. Nous soulevons plusieurs questions pour les travaux futurs dans la section 6 et concluons par un résumé de nos contributions.

2 Vectorisation de textes : État de l'art

Dans cette section, nous passons en revue les principales méthodes utilisées pour la vectorisation de textes.

2.1 TF IDF

TF-IDF (Term Frequency, Inverse Document Frequency) (Jones, 1972) est une méthode statistique largement utilisée consistant à représenter un document en fonction de l'importance des termes qu'il contient par rapport à l'ensemble des documents du corpus. La valeur TF-IDF pour un document d et un terme t est calculée comme la fréquence d'occurrence de t dans d par rapport à l'information relative fournie par t dans l'ensemble du corpus.

Chaque document est ainsi représenté par un vecteur dont la dimension correspond à la taille du vocabulaire et nous pouvons calculer la similarité entre deux documents comme la distance entre ces vecteurs (normalisés). Cette méthode est simple à mettre en œuvre et a donné des résultats satisfaisants dans plusieurs cas d'application. Elle est utilisée par certains moteurs de recherche, notamment avec l'algorithme BM25 (Robertson et al., 2009). Cependant, cette méthode nécessite un vocabulaire fixe et la dimensionalité augmente avec sa taille. Comme les poids TF-IDF ne prennent pas en compte le contexte, l'ambiguïté de certains mots est également le principal problème de cette approche. En effet, ce type d'approche ne permet pas de traiter les problèmes de synonymie et de polysémie.

2.2 Transformers

Les Transformers sont un ensemble de modèles qui ont obtenu de très bons résultats ces dernières années, dépassant les LSTM (Hochreiter et Schmidhuber, 1997) et les GRU (Cho et al., 2014). Parmi les applications les plus importantes, on peut citer la traduction de textes ou les agents conversationnels (avec notamment GPT (Radford et al., 2018)).

Les Transformers sont des modèles de séquence à séquence (*seq2seq*). Un modèle *seq2seq* est un modèle qui prend en entrée une séquence (une suite d'éléments du même type) et renvoie une séquence en sortie. Contrairement aux premiers modèles *seq2seq* utilisant dans une architecture Encoder-Decoder les LSTM ou les GRU, l'architecture du Transfomer a hérité aussi du pattern Encoder-Decoder en n'utilisant pas de réseaux récurrents mais seulement le mécanisme d'attention qui est au centre de cette architecture (Vaswani et al., 2017; Niu et al., 2021). En effet, le problème majeur des réseaux récurrents est la limite de mémoire du contexte sur une certaine fenêtre en raison de la nature itérative du flux d'information, qui reste limité à la taille de l'état interne. Bien que LSTM et GRU l'aient grandement amélioré avec un mécanisme de régulation et d'oubli, la solution apportée pour les modèles transformers par l'attention consiste à retenir et utiliser tous les états cachés des entrées dans le décodeur. Pour chaque sortie générée, le décodeur sélectionne les états cachés associés à certaines entrées. Cela permet également de donner plus de poids aux parties importantes du contexte de manière indépendante.

2.3   Représentation de BERT

BERT (Bidirectional Encoder Representations from Transformers) (Devlin et al., 2019) est un modèle type Transformer développé par Google pour lequel il existe de nombreuses variantes en fonction du langage ou du type d'application. Nous nous intéressons ici à la représentation des mots appris par les modèles BERT. Les Transformers fournissent un mécanisme puissant d'attention sur le contexte pour construire l'état interne de l'encodeur. De cet état interne, nous pouvons extraire une représentation des mots dans le contexte de leur document. Contrairement à un plongement lexical où la représentation du mot est globale, cette représentation de BERT est locale, dépendant du contexte. Dans le cas de la recherche sémantique, cette représentation donne un sens aux mots dans le contexte de la requête ou d'une phrase en général. On pourra alors représenter la requête par un vecteur, et effectuer une recherche de similarité dans l'espace vectoriel du corpus. Différentes variantes linguistiques de BERT ont été proposées, comme CamemBERT (Martin et al., 2020) et FlauBERT (Le et al., 2020) pour la langue française, GottBERT(Scheible et al., 2020) pour l'allemand, etc.

2.4   Sentence-BERT

Sentence-BERT (Reimers et Gurevych, 2019), ou SBERT, consiste en une modification de l'architecture du modèle BERT pré-entraîné, en utilisant des structures de réseaux siamois et triplet, pour dériver des vectorisations de phrases sémantiquement significatives. Les vectorisations de phrases sémantiques peuvent ensuite être comparés à l'aide de la similarité cosinus. L'objectif de SBERT est de répondre à un des problèmes des modèles BERT, qui est la recherche de la paire de phrase la plus similaire, dans le but d'être principalement utilisé pour de la recherche sémantique. Cependant, il a également montré des gains de performance sur des tâches de classification. Il a d'ailleurs montré que l'utilisation de la stratégie de regroupement par moyenne des vecteurs de sortie de SBERT est meilleure que l'utilisation du CLS pour la classification de textes.

3   Approche proposée

L'approche BERTEPro proposée utilise le réseau pré-entraîné BERT et l'étend avec la combinaison de deux mécanismes. Le premier consiste à poursuivre le pré-entraînement de BERT sur le domaine de l'éducation et de la formation professionnelle. Dans le but d'améliorer la représentation de l'espace textuel, le second mécanisme consiste à affiner ce dernier modèle spécifique au domaine sur les tâches d'implication de paires de phrases et de similarité sémantique, conformément à l'approche SBERT.

3.1 Pré-entraînement

Comme expliqué dans (Gururangan et al., 2020), la poursuite du pré-entraînement des modèles linguistiques (LMs) permet d'améliorer drastiquement leurs performances. En effet, cela permet aux Transformers d'adapter la représentation générale du langage naturel apprise sur des corpus généraux, à un nouveau vocabulaire et à une autre utilisation du même vocabulaire. Le domaine de l'éducation et de la formation professionnelle étant particulier, et utilisant un vocabulaire assez proche du langage naturel, nous avons choisi de poursuivre le pré-entraînement de BERT sur des données de formation professionnelle.

Nous avons entraîné notre modèle sur la tâche de masquage de mots (MLM), la tâche principale sur laquelle le modèle de base a été entraîné. Il s'agit d'une tâche auto-supervisée, qui consiste à masquer un mot aléatoire dans une phrase d'entrée. Le modèle génère la phrase avec le mot manquant en sortie, puis l'erreur est mesurée et rétro-propagée. L'objectif est de donner au modèle une connaissance plus précise du domaine dans son état interne. Les connexions d'attention sont renforcées pour les mots qui sont rares ou utilisés dans un contexte différent auparavant.

3.2 Affinage

Lorsque nous utilisons BERT pour extraire une représentation de phrases, nous utilisons les poids des couches de sortie du modèle comme une représentation vectorielle des mots, ou de la phrase en faisant la moyenne des vecteurs de mots d'une phrase. Cependant, la tâche d'apprentissage du modèle de base (MLM) ne donne pas de contraintes particulières pour cette tâche cible au niveau des couches de sortie. Comme expliqué dans (Reimers et Gurevych, 2019) pour améliorer les performances des Transformers sur la représentation sémantique, il est nécessaire d'affiner l'entraînement sur des jeux de données spécifiques. Dans notre cas, les tâches et les jeux de données pertinents sont :

— NLI (Implication de phrases) : la tâche NLI ou *entailment textuel* consiste à prédire pour une paire de phrases en entrée, leur relation logique en sortie (implicative, neutre ou contradictoire).

— STS (Similarité sémantique de textes) : le jeu de données STSb-fr, traduction française du jeu de données de référence STSb (Wang et al., 2019), permet d'évaluer les performances du modèle pour la tâche *Semantic Textual Similarity* (STS). Un affinage rapide du modèle sur ce jeu de données ajuste les poids des couches de sortie pour obtenir une bonne représentation sémantique des phrases.

L'affinage (*fine-tuning*) du modèle sur ces deux tâches enchaînées permet au modèle d'affiner ses couches internes sur l'aspect sémantique de la représentation des phrases.

4 Analyse expérimentale

Cette section présente une analyse expérimentale approfondie des performances de l'approche proposée BERTEPro.

Nos expérimentations sont consacrées au domaine de l'éducation et de la formation professionnelle en langue française. Par conséquent, le transformer FlauBERT basé sur le français est adopté ici. Nous avons choisi ce modèle car il possède une version sans casse. Ceci est primordial dans notre cas d'application, car notre jeu de données n'est pas assez propre pour utiliser un modèle sensible à la casse. Ensuite, afin que notre modèle ne soit pas trop complexe à entraîner et à utiliser en production, nous avons choisi le modèle FlauBERT base uncased pour la langue française. FlauBERT base uncased accepte un maximum de 512 tokens en entrée, est composé de 12 couches d'encodage, et peut retourner jusqu'à 512 tokens.

Pour poursuivre le pré-entraînement du modèle de base, nous avons collecté des données et des méta-données sur environ $500,000$ formations éducatives ou professionnelles françaises à partir de différentes sources disponibles en ligne. La diversité des sources était primordiale pour réduire le biais induit par la syntaxe spécifique de chaque source. Pour automatiser la collecte de données, nous avons utilisé Selenium, avec ChromeDriver pour le navigateur web Chrome. Nous avons ensuite utilisé BeautifulSoup pour extraire les données des différents sites. Nous avons choisi d'extraire le titre et la description de ces formations, ou plus largement, des objets d'apprentissage (*Learning Objects*). Enfin, nous avons découpé notre corpus en séquences de 100 mots, avec un chevauchement de 16 mots entre les séquences S et $S+1$. Cette méthode nous permet de toujours garder un contexte autour des mots dont nous souhaitons apprendre ou améliorer la représentation. L'apprentissage a été effectué pendant 3 époques avec 80000 itérations par époque et une taille de lot de 16. 10% des données sont utilisées pour la validation du modèle. L'apprentissage a duré environ 12 heures sur un GPU Nvidia P100.

Ensuite, nous avons affiné notre modèle pré-entraîné sur les tâches NLI et STS comme dit précédemment, qui sont des jeux de données de référence libres de droits. Pour l'affinage sur ces deux tâches, nous avons choisi les mêmes paramètres d'affinage que dans SBERT (Reimers et Gurevych, 2019). L'affinage sur la tâche NLI a été effectué pendant une époque avec une taille de lot de 16. La durée de cet affinage a été d'environ 3.5 heures sur un GPU Nvidia P100. L'affinage sur la tâche STS a été effectué pendant 4 époques, également avec une taille de lot de 16. La durée de cet affinage n'a été que de 5 minutes sur un GPU Nvidia P100.

5   Évaluation des résultats

Cette section présente le protocole expérimental utilisé ainsi que les résultats obtenus pour tester l'efficacité de notre modèle de vectorisation de textes BERTEPro dans le domaine de l'éducation et de la formation professionnelle. Cette évaluation concerne deux tâches différentes : (1) la similarité sémantique et (2) la classification de données textuelles.

5.1   Évaluation pour une tâche de similarité sémantique

Pour la première tâche, nous avons d'abord évalué notre modèle sur le jeu de données STSb-fr, qui est l'un des jeux de données de référence les plus utilisés pour la tâche de similarité sémantique des textes en langue française. Nous avons également généré un jeu de données de référence dans le domaine de l'éducation et de la formation professionnelle en France. Ce jeu de données, appelé STS-Trainings dans la suite, est un jeu de données composé de paires de phrases issues de formations, et de leur score de similarité. Pour générer ce jeu de données de référence, nous divisons notre corpus de 500000 formations françaises en phrases. Nous sélectionnons aléatoirement la première phrase dans le corpus. L'approche BM25 (Robertson et al., 2009), un dérivé de TF-IDF, est ensuite utilisée pour calculer la distance entre la première phrase sélectionnée et le reste des phrases du corpus. Pour choisir la deuxième phrase de la paire, nous sélectionnons dans 10% des cas la phrase la plus proche, dans 10% des cas une phrase aléatoire, et dans 80% des cas, une phrase aléatoire parmi les 100 phrases les plus proches. Nous avons ensuite entraîné un encodeur croisé basé sur SFlauBERT sur le jeu de données STSb-fr, afin de créer un modèle capable d'évaluer la similarité entre les phrases. Cet encodeur croisé est ensuite utilisé sur nos paires de phrases extraites de notre corpus d'entraînement, afin d'obtenir un score de similarité sémantique en cosinus entre les phrases de chaque paire. Comme dans (Reimers et Gurevych, 2019; Reimers et al., 2016), les performances de notre modèle BERTEPro sont évaluées en utilisant la corrélation des rangs de Spearman sur les scores de similarité cosinus.

Pour mieux évaluer l'efficacité des deux mécanismes de pré-entraînement et d'affinage de notre modèle BERTEPro, la qualité de notre similarité sémantique obtenue sur les jeux de données STSb-fr et STS-Trainings a été comparée à celle obtenue par SFlauBERT, dans lequel seul le mécanisme d'affinage (sur les tâches NLI et STS) est effectué, et flaubert-base-uncased-xnli ajusté uniquement sur la tâche NLI. Ces deux approches comparées n'ont pas été pré-entraînées sur les données spécifiques du domaine de l'éducation et de la formation professionnelle. L'idée étant d'évaluer l'apport des différentes étapes de notre méthodologie sur à la fois un jeu de données général STSb-fr et spécifique STS-Trainings. D'autre part et par souci d'exhaustivité, BERTEPro est également comparé à la méthode classique de vectorisation TF-IDF.

	STSb-fr	STS-Trainings
TF-IDF	54.60	67.95
flaubert-base-uncased-xnli	80.68	72.23
SFlauBERT	83.06	73.78
BERTEPro	83.05	75.90

TAB. 1 – *Évaluation sur le jeu de données de test STSb-fr et STS-Trainings en termes de corrélation de rang de Spearman.*

Les performances détaillées en termes de corrélation des rangs de Spearman de chaque modèle de vectorisation pour les deux ensembles de données sont indiquées dans le tableau 1. Nous avons constaté que la représentation donnée par BERTEPro est plus efficace pour la représentation de textes dans des domaines spécifiques (*i.e.* STS-Trainings pour le domaine de l'éducation et de la formation professionnelle). BERTEPro présente les meilleures performances en termes de mesure de corrélation de rang de Spearman que les autres méthodes. Comme on peut l'observer dans le tableau 1, la combinaison des mécanismes de pré-entraînement et d'affinage a un effet remarquable sur l'amélioration significative de la vectorisation des phrases et améliore clairement les connaissances pour un ensemble de données du domaine spécifique en comparaison à des approches non pré-entraînées et affinées en partie ou totalement sur les tâches NLI et STS. Même si BERTEPro a été pré-entraîné sur un jeu de données spécifique, une inspection plus approfondie des résultats sur le jeu de données STSb-fr démontre la capacité de BERTEPro à conserver d'excellents résultats (comparables à ceux de SFlauBERT) sur la représentation du langage naturel.

Par souci d'exhaustivité et une évaluation qualitative des similarités sémantiques issues de BERTEPro, nous rapportons les résultats de la comparaison entre BERTEPro et SFlauBERT sur certaines phrases de requêtes du domaine de l'éducation et de la formation professionnelle. Les résultats de ces modèles dans la recherche de similarités entre un exemple de requête et plusieurs phrases sont donnés dans le tableau 2. Nous avons choisi les phrases de la manière suivante. La 1ère est la phrase qui est sémantiquement la plus proche de la requête, la 2ème est une phrase proche ou éloignée et la 3ème est une phrase éloignée ou sans rapport. Pour la première requête *Formation en bureautique* par exemple, et ses 3 phrases liées *Maîtriser microsoft excel*, *Passer votre certification tosa* et *Maitriser l'anglais à l'oral*, nous remarquons que BERTEPro est bien meilleur que SFlauBERT pour trouver les phrases les plus proches sémantiquement à la bureautique parmi les trois phrases fournies. En particulier, BERTEPro est capable de comprendre que TOSA (une certification en bureautique) fait référence à la bureautique ainsi qu'à Microsoft Excel.

Un autre exemple intéressant est donné par la troisième requête *Permis de conduire poids lourds*. En France, le permis de conduire nécessaire pour conduire des poids lourds est le permis C. Le permis B est le permis de conduire pour les voitures, et le permis D est le permis de conduire plus de 8 personnes. Nous remarquons que BERTEPro a mieux assimilé, comparé à SFlauBERT, que la catégorie de permis de conduire la plus proche nécessaire pour conduire un camion est le permis 'C'. Ces résultats montrent que BERTEPro est capable d'être plus précis sur des sujets très spécifiques tels que le permis de conduire nécessaire pour conduire un poids lourd, ou que manger du bœuf ne fait pas vraiment partie du métier de boucher.

Ces résultats confirment la capacité du mécanisme de pré-entraînement sur les domaines spécifiques de BERTEPro à générer une meilleure représentation du texte en améliorant la compréhension des corpus de domaines spécifiques.

Requêtes	Phrases	SFlaubert	BERTEPro
	Maîtriser Microsoft Excel	55.70	63.70
Formation en bureautique	Passer sa Certification tosa	37.70	60.70
	Maîtriser l'anglais à l'oral	27.00	15.80
	Développement informatique	72.40	79.80
Devenir ingénieur informatique	Programmation informatique	55.00	75.90
	Langues étrangères	4.40	3.70
	Découpage de viande	63.30	64.30
Les bases de la boucherie	Manger du boeuf	49.10	35.10
	Aller à l'école	25.30	3.30
	Permis c	45.20	58.90
Permis de conduire poids lourd	Permis d	43.60	51.40
	Permis b	47.50	49.90
	Faire la fête	40.03	35.17
Faire la java	Programmation informatique	27.90	31.31

TAB. 2 – *Score de Similarités des requêtes-phrases de SFlauBERT et BERTEPro.*

Cependant, nous notons que la similarité sémantique de phrases par BERTEPro, hors du domaine spécifique de l'éducation et de la formation professionnelle, peut obtenir des résultats moins intéressants que SFlauBERT. La cinquième requête nous montre que BERTEPro peut éprouver des difficultés à représenter des mots peu utilisés du langage naturel, qui ont un sens différent dans le domaine spécifique. Ceci s'explique notamment par le fait que 'Java' est présent uniquement comme un langage de programmation dans les données d'entraînement, et non comme un synonyme de fête.

5.2   Évaluation pour une tâche de classification

Dans un deuxième temps, la représentation vectorielle obtenue par BERTEPro a été évaluée sur des tâches de classification supervisée sur plusieurs jeux de données textuels issus du domaine de l'éducation et de la formation professionnelle. Pour ne pas induire de biais sur l'évaluation, nous avons choisi uniquement des jeux de données sur lesquels BERTEPro n'a pas été pré-entraîné.

Le premier jeu de données [1] est une liste de 725 intitulés de métier fournie par Onisep, qui est un opérateur de l'état Français. Ces métiers sont classés par code ROME, une arborescence de familles de métiers construite sur 3 niveaux. Ici, nous chercherons à évaluer BERTEPro sur la classification des libellés de métiers dans le premier niveau hiérarchique des codes ROME associés, composé de 13 classes.

Le deuxième [2] est une liste de formations de l'enseignement supérieur français, proposée aussi par Onisep. Nous chercherons ici à classifier les 4000 intitulés de formations dans leur niveau de sortie attendu (de Bac+1 à Bac+8).

Le troisième jeu de données [3] est issu de Mon Compte Formation (MCF). Celui-ci est composé de 11502 formations et 1104 certifications, chacun associé à un code ROME. Deux jeux de données découlent ainsi de celui-ci. Nous chercherons, pour le premier, à classifier les formations, et les certifications pour le deuxième, dans les 13 classes qui forment le premier niveau hiérarchique des codes ROME.

En ce qui concerne la classification, nous proposons d'utiliser l'algorithme des k-plus proches voisins (avec $k = 1$) comme un apprenant de base. Le k-NN est un algorithme simple et intuitif qui a été largement considéré pour évaluer l'efficacité des techniques de calcul de similarité. Dans notre cas, la distance cosinus sera utilisée comme mesure de distance dans k-NN. En effet, nous souhaitons comparer nos approches sur leur manière de représenter les textes dans l'espace, et la distance cosinus est adaptée pour résoudre ce genre de problèmes.

Nous avons comparé BERTEPro à quatre autres algorithmes de représentation vectorielle de données textuelles que sont (1) TF-IDF, (2) Flaubert-base-uncased qui est la version de base de Flaubert, (3) SFlauBERT, qui correspond à la version affinée de Flaubert-base-uncased sur les tâches de NLI et STS, (4) Flaubert-education, qui est la version de Flaubert dont nous avons continué le pré-entraînement sur les données éducatives.

L'entraînement de l'algorithme k-NN utilisant les représentations vectorielles obtenues par chacun des 4 algorithmes précédents ainsi que BERTEPro a été évalué par une validation croisée à 5-blocs répétée 10 fois. Nous observons dans le tableau 3 les résultats de cette évaluation

---

1. https://opendata.onisep.fr/data/5fa5949243f97/2-ideo-metiers-onisep.htm
2. https://opendata.onisep.fr/data/605344579a7d7/2-ideo-actions-de-formatio
n-initiale-univers-enseignement-superieur.htm
3. https://opendata.caissedesdepots.fr/explore/dataset/moncompteformation_c
atalogueformation/

en termes de moyenne et d'écart type de la mesure d'accuracy sur les 50 itérations. Pour examiner si les résultats sont statistiquement significatifs, des tests de student ont été effectués avec un seuil de signification de 5%.

	ONISEP		MCF	
	Métiers	Formations	Certifications	Formations
TF-IDF	37.28 ± 0.031 •	66.24 ± 0.016 •	70.11 ± 0.029 •	91.84 ± 0.005 •
Flaubert-base-uncased	21.30 ± 0.034 •	55.11 ± 0.015 •	28.30 ± 0.027 •	47.88 ± 0.009 •
Flaubert-education	50.17 ± 0.033 •	$\mathbf{68.87 \pm 0.015}$ ○	72.73 ± 0.023 •	89.49 ± 0.007 •
SFlauBERT	55.99 ± 0.037 •	66.07 ± 0.016 •	77.57 ± 0.024 •	92.17 ± 0.006 •
BERTEPro	$\mathbf{58.52 \pm 0.034}$	67.74 ± 0.015	$\mathbf{80.96 \pm 0.022}$	$\mathbf{93.56 \pm 0.004}$

TAB. 3 – *Évaluation de l'algorithme 1-NN, sur les jeux de données Onisep et MCF en termes de Moyenne et écart-type de l'accuracy, obtenu sur 50 exécutions. •/○ indique que BERTEPro est significativement meilleur/pire, avec un seuil de signification de 5%.*

Plusieurs constatations peuvent être tirées lors de l'examen des résultats obtenus dans le tableau 3. Nous notons dans un premier temps, que Flaubert-education est meilleur que Flaubert-base-uncased. Ceci montre bien l'importance du pré-entraînement sur les données éducatives. Nous remarquons que BERTEPro affiche des performances statistiquement plus élevées que SFlauBERT et TF-IDF. Rappelons que BERTEPro et SFlauBERT sont respectivement les versions de Flaubert-education et Flaubert-base-uncased, affinées sur les tâches de NLI et STS. Ceci montre encore une fois l'importance du pré-entraînement sur les données éducatives afin de fournir au modèle de vectorisation de textes une connaissance plus précise du domaine étudié. Dans trois expériences sur quatre, il apparaît que l'étape d'affinage par NLI et STS est remarquablement efficace pour améliorer significativement la qualité de la représentation vectorielle des phrases et donc la classification de textes de l'éducation et de la formation professionnelle pour BERTEPro en comparaison avec Flaubert-education.

Nos modèles BERTEPro en version française, et en version anglaise, ont été publiés sur une plateforme de modèles libres de droits, HuggingFace, sur le profil de l'entreprise Inokufu [4]. Ces modèles comptabilisent chaque mois environ 5000 téléchargements.

6 Conclusion

Nous avons montré que FlauBERT, adapté à la tâche de similarité de textes de phrases, ne convient pas aux similarités de phrases spécifiques à un domaine, comme le domaine de l'éducation et de la formation professionnelle. Pour surmonter ce problème, nous avons présenté BERTEPro. L'approche BERTEPro utilise un réseau FlauBERT pré-entraîné et l'étend avec la combinaison de deux mécanismes. Le premier consiste à poursuivre le pré-entraînement de FlauBERT sur le domaine de l'éducation et de la formation professionnelle, puis, dans un deuxième temps, à l'affiner sur deux tâches spécifiques, l'inférence en langage naturel (NLI) et la similitude de textes de phrases (STS). Nous avons évalué BERTEPro sur (1) une tâche commune et spécifique au domaine de la similarité de textes de phrases, où il surpasse notamment

---

4. https://huggingface.co/inokufu/

les modèles de vectorisation de phrases non spécifiques au domaine de l'éducation et de la formation professionnelle, tout en conservant d'excellents résultats sur le langage naturel et (2) une tâche de classification qui a confirmé l'efficacité de notre stratégie pour mieux catégoriser des données textuelles issues du domaine de l'éducation et de la formation professionnelle.

Il convient de mentionner que notre proposition est générique et peut servir d'approche d'apprentissage de représentation vectorielle de phrases efficace dans de nombreux autres domaines spécifiques, dans lesquels les modèles basés sur BERT manquent de précision. Des expériences supplémentaires sur d'autres modèles de base, tels que les modèles FlauBERT large ou CamemBERT, sont en cours de réalisation. L'approche décrite pourrait également être généralisée à d'autres langues avec BERT ou RoBERTa comme modèles de base, et même à des modèles multilingues, avec la distillation de la connaissance (Reimers et Gurevych, 2020).

Références

Cer, D. M., M. T. Diab, E. Agirre, I. Lopez-Gazpio, et L. Specia (2017). Semeval-2017 task 1 : Semantic textual similarity multilingual and crosslingual focused evaluation. In *SemEval@ACL 2017, Vancouver, Canada*, pp. 1–14.

Cho, K., B. van Merrienboer, D. Bahdanau, et Y. Bengio (2014). On the properties of neural machine translation : Encoder-decoder approaches. In *SSST@EMNLP, Doha*, pp. 103–111.

Conneau, A., R. Rinott, G. Lample, A. Williams, S. R. Bowman, H. Schwenk, et V. Stoyanov (2018). XNLI : evaluating cross-lingual sentence representations. In *EMNLP, Brussels, Belgium*, pp. 2475–2485.

Devlin, J., M. Chang, K. Lee, et K. Toutanova (2019). BERT : pre-training of deep bidirectional transformers for language understanding. In *NAACL-HLT 2019, Minneapolis, USA*, pp. 4171–4186.

Gururangan, S., A. Marasovic, S. Swayamdipta, K. Lo, I. Beltagy, D. Downey, et N. A. Smith (2020). Don't stop pretraining : Adapt language models to domains and tasks. In *ACL, Online*, pp. 8342–8360.

Hochreiter, S. et J. Schmidhuber (1997). Long short-term memory. *Neural computation 9*(8), 1735–1780.

Jones, K. S. (1972). A statistical interpretation of term specificity and its application in retrieval. *Journal of documentation*.

Le, H., L. Vial, J. Frej, V. Segonne, M. Coavoux, B. Lecouteux, A. Allauzen, B. Crabbé, L. Besacier, et D. Schwab (2020). Flaubert : Unsupervised language model pre-training for french. In *LREC, Marseille, France*, pp. 2479–2490.

Liu, X., K. Duh, L. Liu, et J. Gao (2020). Very deep transformers for neural machine translation. *arXiv preprint arXiv :2008.07772*.

Liu, Y., M. Ott, N. Goyal, J. Du, M. Joshi, D. Chen, O. Levy, M. Lewis, L. Zettlemoyer, et V. Stoyanov (2019). Roberta : A robustly optimized bert pretraining approach. *arXiv preprint arXiv :1907.11692*.

Ma, R., L. Jin, Q. Liu, L. Chen, et K. Yu (2020). Addressing the polysemy problem in language modeling with attentional multi-sense embeddings. In *ICASSP 2020*, pp. 8129–8133. IEEE.

Martin, L., B. Müller, P. J. O. Suárez, Y. Dupont, L. Romary, É. de la Clergerie, D. Seddah, et B. Sagot (2020). Camembert : a tasty french language model. In *ACL*, pp. 7203–7219.

Niu, Z., G. Zhong, et H. Yu (2021). A review on the attention mechanism of deep learning. *Neurocomputing 452*, 48–62.

Radford, A., K. Narasimhan, T. Salimans, I. Sutskever, et al. (2018). Improving language understanding by generative pre-training.

Ranjan, N., K. Mundada, K. Phaltane, et S. Ahmad (2016). A survey on techniques in nlp. *International Journal of Computer Applications 134*(8), 6–9.

Reimers, N., P. Beyer, et I. Gurevych (2016). Task-oriented intrinsic evaluation of semantic textual similarity. In *COLING*, pp. 87–96.

Reimers, N. et I. Gurevych (2019). Sentence-bert : Sentence embeddings using siamese bert-networks. In *EMNLP-IJCNLP, Hong Kong, China, November 3-7, 2019*, pp. 3980–3990.

Reimers, N. et I. Gurevych (2020). Making monolingual sentence embeddings multilingual using knowledge distillation. In *EMNLP, Online*, pp. 4512–4525.

Robertson, S., H. Zaragoza, et al. (2009). The probabilistic relevance framework : Bm25 and beyond. *Foundations and Trends® in Information Retrieval 3*(4), 333–389.

Scheible, R., F. Thomczyk, P. Tippmann, V. Jaravine, et M. Boeker (2020). Gottbert : a pure german language model. *arXiv preprint arXiv :2012.02110*.

Syed, A. A., F. L. Gaol, et T. Matsuo (2021). A survey of the state-of-the-art models in neural abstractive text summarization. *IEEE Access 9*, 13248–13265.

Vaswani, A., N. Shazeer, N. Parmar, J. Uszkoreit, L. Jones, A. N. Gomez, Ł. Kaiser, et I. Polosukhin (2017). Attention is all you need. *Advances in neural information processing systems 30*.

Wang, A., A. Singh, J. Michael, F. Hill, O. Levy, et S. R. Bowman (2019). GLUE : A multi-task benchmark and analysis platform for natural language understanding. In *ICLR 2019, New Orleans, LA, USA9*.

Yin, W., K. Kann, M. Yu, et H. Schütze (2017). Comparative study of cnn and rnn for natural language processing. *arXiv preprint arXiv :1702.01923*.

Summary

FlauBERT and CamemBERT have established a new state-of-the-art performance for the understanding. Recently, SBERT has transformed the use of the pre-trained BERT network, to reduce the computational effort of sentence embeddings, while maintaining BERT's accuracy. However, these models were trained on non-specific texts of the French language, which therefore do not allow a fine representation of texts from specific domains, such as education and professional training. In this paper, we present BERTEPro, a language model based on FlauBERT, whose training has been extended on texts of the specific domain of education and professional training, before being fine-tuned on NLI and STS tasks. The performance evaluation of BERTEPro on common and specific STS tasks, as well as on classification tasks on textual data from the domain of education and professional training, confirmed that the proposed methodology enjoys significant advantages over other state-of-the-art methods.

Prédiction des événements rares : application à la prédiction du clic.

Slimane Makhlouf*, Avner Bar-Hen**, François-Xavier Jollois***

*Velvet Consulting
slimane.makhlouf@hotmail.fr,
**CNAM
avner.bar-hen@lecnam.net
***LIPADE, Université Paris Cité
francois-xavier.jollois@u-paris.fr

Résumé. Lors de l'affichage de publicités en ligne, un système d'enchères en temps réel est mis en place pour choisir l'annonceur. Du côté de ce dernier, à partir d'informations sommaires (majoritairement catégorielles), le but est de prévoir si l'utilisateur va cliquer sur l'affichage ou non (et donc de choisir d'enchérir ou non). Les clics étant rares, de l'ordre de 1 pour 1000 en moyenne, il y a un fort déséquilibre entre les deux classes (clic ou non-clic). Dans ce cadre, les modèles de prédiction habituels sont biaisés, puisqu'ils ne prennent pas en compte ce déséquilibre. Les mesures d'évaluation, telles que AUC_{ROC}, sont également défectueuses lorsqu'elles sont appliquées à ces événements rares. Dans cet article, nous étudions ces biais dans le cadre des enchères temps réel et proposons une nouvelle mesure d'évaluation. Nous concentrons notre analyse sur la prédiction du clic ($pCTR$), en considérant des algorithmes de prédiction linéaires (régression logistique) et non linéaires (Deep Factorization Machine). Nous évaluons la performance des modèles à l'aide d'une fonction d'évaluation probabiliste spécifique incluant les coûts liés à l'enchère, et nous la comparons à plusieurs mesures d'évaluation classiques. Cette mesure met en évidence les limites des métriques classiques dans les problèmes de prédiction fortement déséquilibrés. Elle permet ainsi une meilleure évaluation des modèles spécifiques à la prédiction du clic et fournit également des indications quant à la rentabilité de la campagne d'affichage.

1 Introduction

Ces dernières années, le marché de la publicité en ligne a connu une croissance exponentielle. Dans le même temps, les méthodes d'attribution de ces publicités ont beaucoup évolué. Le real-time bidding (RTB) est le principal moyen pour les annonceurs d'acheter et d'afficher leurs publicités en ligne. Les algorithmes RTB sont conçus pour optimiser les transactions afin que les éditeurs reçoivent le meilleur prix par affichage remporté et que les annonceurs puissent diffuser leurs annonces auprès du public le plus pertinent au moindre coût. Chaque emplacement publicitaire disponible est mis aux enchères sur une plateforme AdExchange où chaque annonceur peut placer des offres par le biais d'un algorithme en temps réel et finalement affi-cher ses annonces.

Les enchères pour les affichages publicitaires sont calculées sur la base de critères tels que la taille et la position d'une publicité, des détails sur le site web. Pour maximiser le revenu (*i.e. le nombre de clics*) d'une campagne, un enchérisseur doit estimer pour chaque demande d'enchère, la probabilité de clic (pCTR), également appelée réponse de l'utilisateur. Cette estimation de l'utilité relève de la prédiction d'événements rares car l'affichage d'une annonce ne conduit que très rarement à un clic : moins de $0,1\%$ des annonces sont effectivement cli-quées. Les algorithmes d'apprentissage automatique nécessitent généralement une proportion raisonnable d'événements, c'est-à-dire de cas d'intérêt que l'on veut apprendre à prédire. Par conséquent, lorsque les événements sont rares, les modèles de classification classiques sont biaisés et de nombreux travaux ont été réalisés pour étudier et corriger ces biais (Tomz et al., 2003; Van Den Eeckhaut et al., 2006; Weiss et Hirsh, 1998; Ranjan, 2020). Le principal pro-blème dans le contexte des événements rares est le déséquilibre des classes : le très faible rapport entre les événements et les non-événements nécessite de rassembler de très grands en-sembles de données pour avoir un nombre suffisant d'événements. King et Zeng (2001) ont proposé une version débiaisée de la régression logistique en corrigeant ses prédicteurs $\hat{\beta}$ avec le biais b de l'estimation du maximum de vraisemblance (EMV) (McCullagh et Nelder, 1989; Yang et al., 2015). Cette correction est axée sur les ensembles de données de petite taille. Puisque les EMV pour la régression logistique sont asymptotiquement sans biais, moins nous avons d'événements, plus le biais est élevé (Leitgöb, 2013). Firth (1993) et Tomz et al. (2003) ont proposé l'estimation par maximum de vraisemblance pénalisée (EMVP). Leitgöb (2013) montre que cette méthode corrige le biais même pour les très petits ensembles de données alors que la méthode de King a tendance à sur-corriger les estimations lorsque l'ensemble de données devient plus petit.

En ce qui concerne l'évaluation de la classification, l'une des métriques les plus utilisées est la AUC_{ROC} (Area under the ROC curve). Elle mesure l'aire sous la courbe ROC, qui est la courbe représentant le taux de vrais positifs (TPR), également appelé rappel (ou sensibilité en classification binaire) par rapport au taux de faux positifs (FPR), définis comme suit :

$$TPR = \frac{TP}{TP + FN} \text{ , et } FPR = \frac{FP}{FP + TN}$$

pour tous les seuils de séparation. TP, FN, FP et TN sont définis comme :
— Faux positif (FP) : Prédire un clic quand il n'y en a pas.
— Faux négatif (FN) : Ne pas prédire un clic alors qu'il y en a un.
— Vrai positif (TP) : Prédire un clic alors qu'il y en a un.
— Vrai négatif (TN) : Ne pas prédire de clic et qu'il n'y en ait pas.

L'aire sous la courbe ROC mesure la qualité d'un modèle (Narkhede, 2018; Hilden, 1991). Cependant, l'AUC_{ROC} accorde une importance égale aux faux positifs (FP) et aux faux néga-tifs (FN) : en RTB, prédire un clic qui ne se produit pas réellement a un coût différent de celui de ne pas prédire un clic lorsqu'il y en a un. Un effet secondaire direct de cela concerne la com-paraison des modèles : deux modèles de prédiction du CTR peuvent avoir le même AUC_{ROC} mais conduire à des performances d'enchères différentes. Drummond et Holte (2004) montrent comment l'AUC_{ROC} échoue à prendre en compte les coûts. Dans des contextes d'événe-ments rares tels que les risques géologiques, les crises et le RTB, les événements et les non-événements ont des répercussions différentes. Il est donc souhaitable d'utiliser une fonction d'évaluation sensible aux coûts.

De plus, la courbe ROC étant calculée pour chaque seuil possible, ses régions extrêmes sont prises en compte dans le AUC_{ROC} alors qu'elles ne sont pas pertinentes dans le contexte de la classification. Le AUC_{ROC} ne peut également prendre en compte que les classements et non les probabilités absolues (Lobo et al., 2008) alors que la plupart des algorithmes d'optimisation des offres s'appuient sur le pCTR pour proposer des offres. Une autre métrique courante pour évaluer les modèles d'événements rares est l'aire sous la courbe de précision/rappel (AUC_{PR}). Elle mesure l'aire sous la courbe représentant la précision ($P = \frac{TP}{(TP+FP)}$) en fonction du rappel (TPR). Contrairement à l'AUC_{ROC}, elle ne tient pas compte du taux de faux positifs (FPR) qui tend à être très faible dans les applications d'événements rares en raison de la grande proportion d'exemples négatifs. Elle s'est avérée efficace dans le contexte des événements rares (Saito et Rehmsmeier, 2015; Davis et Goadrich, 2006; Sofaer et al., 2019). Sofaer et al. (2019) comparent AUC_{ROC} et AUC_{PR} montrant que pour les événements rares, AUC_{PR} est moins enclin à surestimer la performance de classification des modèles en négligeant le taux de vrais négatifs. Néanmoins, AUC_{PR} calcule toujours un score général en considérant tous les seuils, y compris les régions extrêmes, et est donc biaisé.

La prédiction du taux de clics a déjà été bien étudiée par la communauté de recherche sur les systèmes de recommandation, dans des tâches telles que les problèmes de recommandation top-k (Covington et al., 2016; Khabbaz et Lakshmanan, 2011; Wang et al., 2019; Xiao et al., 2020). Cependant, les paramètres de l'environnement d'enchères en temps réel impliquent que les demandes d'annonces soient traitées de manière séquentielle et non globale. Cette différence crée des problèmes de démarrage à froid en raison de la grande variété de visiteurs de sites Web, de positions d'annonces, de sites Web, etc. Il est également important de souligner les problèmes de confidentialité qui sont actuellement abordés par les acteurs de l'industrie tels que Google avec la politique cookieless et PrivacySandbox [1] mais aussi par les législateurs européens avec les lois européennes sur la confidentialité. Cela empêchera les algorithmes d'enchères en temps réel d'utiliser les modèles développés à des fins de recommandation. Une autre différence concerne les coûts, car dans la plupart des cas d'utilisation de la recommandation, on ne paie généralement pas pour faire une recommandation, donc le coût d'un clic mal prédit dans les enchères en temps réel est beaucoup plus élevé que dans les systèmes de recommandation (Shen et al., 2022).

Dans la suite de cet article nous présentons d'abord les modèles de prédiction d'événements rares. Nous utilisons la version pondérée de la régression logistique et l'appliquons à la prédiction du taux de clics, ce qui n'a pas encore été fait à notre connaissance, et démontrons la supériorité de cette approche. Nous présentons la tâche de prédiction de la réponse utilisateur et la manière dont elle s'inscrit dans le cadre des événements rares tout en présentant des défis spécifiques. Nous nous concentrons ensuite sur l'évaluation de la performance de la prédiction des événements rares, en discutant des angles morts des métriques habituelles telles que AUC_{ROC} et AUC Precision Recall (AUC_{PR}). Nous introduisons une fonction de valeur sensible aux coûts pour aider à surmonter ces biais et fournir des informations utiles à l'utilisateur final, en particulier en termes de bénéfices futurs d'une campagne.

---

1. https://privacysandbox.com/

2 Prédiction et évaluation du taux de clics

Cette section se concentre sur la prédiction du taux de clics (pCTR), en analysant les performances de prédiction pour les modèles d'événements rares. Les performances sont évaluées à l'aide de plusieurs métriques mettant en évidence les faiblesses des métriques habituelles dans des contextes de données fortement déséquilibrées. Les avantages et les inconvénients de chaque approche sont mis en évidence.

Dans la suite de cet article nous désignons les données d'entrées à n échantillons par $X = \{x_1, \ldots, x_n\}$.

2.1 Modélisation d'événements rares

Dans notre étude sur la prédiction d'événements rares, nous considérons trois modèles que nous présentons dans cette section : La régression logistique (LR) classique comme modèle de base, une version corrigée de LR ainsi que Deep Factorization Machine (DFM), un modèle d'apprentissage profond développé pour la prédiction du clic (Guo et al., 2017).

2.1.1 Régression logistique (LR)

Pour modéliser la probabilité d'un événement donné, la régression logistique (Hosmer Jr et al., 2013) est une méthode très connue, notamment dans la communauté de l'apprentissage automatique. Elle estime les paramètres θ d'un modèle logistique exprimé par :

$$h_\theta(x) = \frac{1}{1 + e^{-\theta^T x}}$$

où $x = \{x^1, x^2, \ldots, x^T\}$. x étant un échantillon de données de T variables, $h_\theta(x)$ exprime, étant donné θ, les paramètres du modèle, la probabilité que x appartienne à la classe positive. Pour estimer les paramètres θ, nous utilisons la descente de gradient stochastique avec la logistic loss (Logloss) définie comme l'inverse de la vraisemblance :

$$L(h_\theta(x), y) = -y \log(h_\theta(x)) - (1 - y) \log(1 - h_\theta(x)) \tag{1}$$

Bien que la régression logistique puisse être assez puissante et rapide pour modéliser des combinaisons linéaires, la prise en compte des interactions d'ordre supérieur $x^{(t)} x^{(t')}$ entre les caractéristiques t, t' de l'échantillon d'apprentissage $\{x\}$ n'est pas triviale. Une telle combinaison de caractéristiques peut être traitée manuellement avec l'ingénierie des caractéristiques au prix de lourds efforts puisque le nombre d'interactions par paire augmente quadratiquement avec le nombre de caractéristiques.

2.1.2 Régression logistique pondérée (wLR)

Le modèle de régression logistique pondérée utilisé dans cet article ajoute un poids à l'erreur de chaque échantillon par le poids de sa classe. Cela équivaut à une perte d'entropie croisée pondérée :

$$L(h_\theta(x), y) = -y c_0 \log(h_\theta(x)) - (1 - y) c_1 \log(1 - h_\theta(x))$$

où :

$$c_0 = \frac{n}{n_{classes} * n_{events}} \text{ et } c_1 = \frac{n}{n_{classes} * n_{non-events}}$$

avec n le nombre total d'échantillons, $n_{classes} = 2$ dans le cas de la classification binaire, n_{events} et $n_{non-events}$ respectivement le nombre d'événements, dans notre cas, les clics et de non-événements (absence de clic) dans l'ensemble de données. Le but de cette correction est d'égaliser l'importance de chaque classe en multipliant la perte de chaque échantillon par l'inverse de la prévalence de sa classe. Elle diminue donc fortement le poids des échantillons de la classe majoritaire et augmente celui des échantillons de la classe minoritaire. wLR fournit des estimations non biaisées de θ mais le problème d'estimation d'interactions entre variables est toujours présent.

2.1.3 Deep Factorization Machine (DFM)

Le modèle DFM a été initialement introduit par Guo et al. (2017) pour la prédiction du taux de clics. La DFM est basée sur deux composants : une machine à factoriser (FM) (Rendle, 2010) qui apprend les interactions de caractéristiques linéaires et par paire et une partie de réseau neuronal profond (DNN) qui cherche à modéliser les interactions d'ordre supérieur. Le modèle FM est défini par :

$$y_{FM}(x) = w_0 + \sum_{i=1}^{t} w_i x_i + \sum_{i=1}^{t-1} \sum_{j=i+1}^{t} \langle m_i, m_j \rangle x_i x_j$$

$$\text{avec } \langle m_i, m_j \rangle = \sum_{f=1}^{t} m_{i,f} \cdot m_{j,f}$$

Où la première partie est un modèle linéaire classique avec w_0 le biais et w_i les poids d'ordre premier. Le dernier terme peut être réécrit :

$$\sum_{i=1}^{t-1} \sum_{j=i+1}^{t} \langle m_i, m_j \rangle x_i x_j = \frac{1}{2} \sum_{f=1}^{k} \left[\left(\sum_{i=1}^{t} m_{i,f} x_i \right)^2 - \sum_{i=1}^{t} m_{i,f}^2 x_i^2 \right]$$

où $m_i, m_j \in M \in \mathbb{R}^{T \times k}$, T est le nombre de variables dans l'échantillon d'apprentissage et k est un hyperparamètre contrôlant la dimension de la représentation vectorielle qui doit être choisi par validation croisée. Cette représentation réduit considérablement la complexité des données catégorielles en codage disjonctif, car seules les entrées non nulles sont calculées (Rendle, 2010). Cette représentation vectorielle peut être vue comme une modélisation des interactions entre les caractéristiques sans avoir à modéliser explicitement les interactions par paire. Les paramètres sont initialisés de manière aléatoire et optimisés en minimisant la perte d'entropie croisée avec la descente de gradient stochastique. La sortie du DFM est donnée par $y_{DFM} = sigmoid(y_{FM} + y_{DNN})$ où y_{DNN} est la sigmoïde de la sortie du DNN. Comme indiqué dans l'article original (Guo et al., 2017), l'un des avantages du modèle DFM est que les deux composants sont alimentés par la même entrée, qui est la sortie d'une couche d'embedding : chaque caractéristique en codage disjonctif est transformée en une représentation de longueur fixe. L'inconvénient potentiel de cette approche est qu'elle ajoute une complexité d'apprentissage au modèle et rend donc la convergence plus difficile. Les modèles d'apprentissage profond sont également connus pour être très sensibles aux hyperparamètres et nécessitent généralement beaucoup d'ajustements.

2.2 Évaluation du modèle d'événements rares

Formellement, la prédiction du taux de clics (CTR) consiste à prédire la probabilité d'un clic $p(x)$ étant donné les données de demande d'affichage x. Ces données d'entrée contiennent des informations sur le visiteur de la page Web (navigateur, appareil, région de connexion, ...) et sur l'emplacement publicitaire lui-même (taille de l'emplacement, type de publicité : vidéo, pop-up, ...). L'utilisation de ces données pour prédire si un clic va se produire est cruciale pour l'enchérisseur car elle fournit l'utilité espérée $u(x) = p(x)v - c(x)$ avec v la valeur que l'annonceur attribue à un clic et $c(x)$ le prix à payer pour l'enchère gagnée. Cette valeur dépend fortement du coût par clic (CPC), également appelé paiement par clic souvent utilisée comme système de tarification. Pour qu'un modèle soit rentable, v doit être supérieur au CPC ($CPC_{moyen} \approx \$2 \approx 12.73CN$)[2]. Dans le présent document, les prix sont exprimés en yuans x 1000, conformément à la littérature et à la métrique du coût par mille (CPM), définissant le coût moyen de mille affichages remportés. C'est l'indicateur de performance couramment utilisé dans le secteur.

Dans un contexte de prédiction du CTR pour les enchères en temps réel, un faux positif signifie la prédiction d'un clic sur une demande d'enchère qui n'entraînera pas un clic. Un tel échantillon mal classé conduira l'algorithme d'optimisation des enchères à surenchérir et à dépenser inutilement du budget. Au contraire, un faux négatif signifie que l'on ne prédit aucun clic alors qu'il y en aura un, ce qui incitera le composant d'optimisation des enchères à ne pas enchérir et donc à manquer ce clic. En comparant ces deux cas, il est évident que les faux positifs doivent être fortement pénalisés dans l'évaluation d'un modèle de prédiction du CTR, ce que AUC_{ROC} ne permet pas. Pour refléter ces différents coûts, nous proposons une fonction de valeur qui prend en compte la valeur associée à un clic v par l'annonceur. Elle donne également des valeurs différentes pour les faux négatifs et les faux positifs. Les algorithmes d'optimisation des enchères se basant généralement sur les probabilités de clics prédites et non sur des prédictions binarisées (Zhang et al., 2014a; Lee et al., 2013), nous définissons la fonction de valeur de manière probabiliste comme suit :

$$V(x,v) = -\underbrace{\left(\sum_i^n c_i p(x_i)(1 - y_i) \right)}_{\text{coût FP}} + \underbrace{\left(\sum_i^n (v - c_i)p(x_i) \times y_i \right)}_{\text{coût TP}}$$

$$= \sum_i^n \left(-c_i p(x_i) + vp(x_i)y_i \right)$$

Où $y_i \in \{0, 1\}$ est une variable binaire correspondant à l'existence ou non d'un clic. La fonction présentée n'associe pas de coût aux faux négatifs car en application réelle, le fonctionnement des enchères en temps réel ne donne pas à accès à l'information du clic y_i si l'enchère n'est pas remportée. De la même manière, les vrais positifs sont considérés comme coûts nuls.

---

3 Application

3.1 Paramètres expérimentaux

Pour réaliser nos expériences, nous utilisons le jeu de données Ipinyou (Zhang et al., 2014b) qui est largement utilisé dans la littérature sur l'optimisation des enchères et la prédiction du CTR (Zhang et al., 2014b; Huang et al., 2020; Qu et al., 2016; Ren et al., 2018). Il a été initialement publié par Ipinyou, une société de publicité leader sur le marché chinois, pour son concours international d'enchères en temps réel en 2013 et reste un ensemble de données de référence dans la communauté de recherche sur la prédiction du CTR (Huang et al., 2020; Liu et al., 2020b) et l'optimisation des enchères (Huang et al., 2020; Liu et al., 2020a). Nous utilisons une version modifiée de l'ensemble de données original[3]. Ce jeu de données modifié est organisé en neuf campagnes, chacune correspondant à un annonceur différent. Nous construisons un ensemble de données avec environ 500 caractéristiques binaires (en fonction du nombre de modalités dans chaque campagne) obtenues par codage disjonctif des 12 variables sélectionnées : weekday, hour, region, city, adexchange, slotwidth, slotheight, slotvisibility, slotformat, creative, os, browser. Notons que toutes ces caractéristiques sont catégorielles, et que l'ensemble de données en codage disjonctif est très épars. Cette sélection de variables a été faite en écartant celles ayant un nombre élevé de modalités, parfois autant que d'exemples dans les données, ce qui les rend inutiles pour un modèle de prédiction et aurait créé un ensemble de données encore plus clairsemé. Nous avons également divisé les usertags qui étaient à l'origine une liste de tags caractérisant le visiteur selon la segmentation interne d'Ipinyou et les avons également encodés. Les résultats présentés sont obtenus par validation croisée 10 fois. Nous avons divisé le jeu de données en 10 folds avec un ratio entraînement/test fixé à 90%. Comme les données des campagnes concernent différents annonceurs, les probabilités de clics et les annonces sont très différentes suivant que les annonces concernent des voitures ou des vêtements par exemple. Nous entraînons donc un modèle différent par campagne. Suivant King et Zeng (2001), nous sous-échantillonnons les non-événements pour obtenir un ratio de 1 événement 10 pour non-événements. Pour chaque fold, nous sélectionnons tous les événements (c.-à-d. les clics) et échantillonnons aléatoirement 10 fois plus de non-événements. Cette procédure ne dégrade que très peu les performances du modèle en accord avec Wang (2020).

Pour les régressions logistiques, nous utilisons l'implémentation scikit-learn[4]. Pour la version pondérée de LR, nous utilisons le paramètre $class\_weight = "balanced"$ qui est déjà implémenté pour le déséquilibre de classes.

Notre DFM est écrit en Pytorch[5]. Nous avons empiriquement fixé la taille du DNN à (400, 400, 400), ce qui correspond également à l'implémentation par Guo et al. (2017). Nous fixons la dimension de la représentation latente à $k = 6$. Le modèle est entraîné pendant 500 itérations sur chaque fold et 20% des individus des folds sont utilisés pour la validation.

Pour les mesures d'évaluation, nous utilisons les implémentations de scikit-learn pour la perte d'entropie croisée, également appelée logistic loss, et AUC_{ROC}. Pour AUC_{PR}, nous

---

utilisons le *average_precision_score*[6] qui approxime l'aire sous la courbe de rappel de précision et est défini par : $AUC_{PR} = \sum_n (R_n - R_{n-1}) P_n$ où P_n et R_n sont la précision et le rappel au n-ième seuil.

3.2 Résultats

Campagne	$N_{sous-echatillone}$	$N_{origine}$	dimension	Clics	Algorithme	Logloss	AUC_{ROC}	AUC_{PR}
1458	26 994	3 083 056	525	2 454	wLR	0.22	**0.94**	**0.81**
					LR	**0.11**	0.94	0.81
					DFM	0.39	0.60	0.12
2259	3 080	835 556	191	280	wLR	0.62	0.62	**0.19**
					LR	**0.31**	**0.63**	0.18
					DFM	0.48	0.50	0.11
2261	2 277	687 617	577	207	wLR	0.56	**0.62**	0.15
					LR	**0.31**	**0.62**	**0.17**
					DFM	0.55	0.54	0.10
2821	9 273	1 322 561	550	843	wLR	0.63	0.58	0.15
					LR	**0.31**	**0.60**	**0.16**
					DFM	0.44	0.51	0.10
2997	15 246	312 437	511	1 386	wLR	0.64	0.60	0.13
					LR	**0.29**	**0.61**	**0.14**
					DFM	**0.29**	0.50	0.08
3358	14 938	1 742 104	541	1 358	wLR	0.27	0.92	0.76
					LR	**0.14**	**0.93**	**0.77**
					DFM	0.40	0.62	0.18
3386	22 836	2 847 802	533	2 076	wLR	0.58	0.68	0.29
					LR	**0.27**	**0.69**	**0.30**
					DFM	0.39	0.58	0.12
3427	21 186	2 593 765	550	1 926	wLR	0.32	**0.91**	0.70
					LR	**0.15**	0.90	**0.75**
					DFM	0.36	0.56	0.11
3476	11 297	1 970 360	533	1 027	wLR	0.44	**0.85**	0.38
					LR	**0.20**	**0.85**	**0.59**
					DFM	0.60	0.52	0.10

TAB. 1 – *Caractéristiques et performances pour chaque campagne. Les performances sont données dans différentes métriques pour chaque modèle. La perte logistique est définie dans l'équation 1*

D'après le tableau 1, la régression logistique classique donne les meilleurs résultats dans chaque campagne.

Nous présentons dans la figure 1 la fonction de valeur pénalisée V en fonction du v. En fixant la valeur que l'annonceur associe à un clic, on obtient une borne inférieure de cette valeur pour qu'une campagne soit rentable. Ces résultats montrent un résultat totalement différent concernant le classement des modèles : la version équilibrée de la régression logistique surpasse les deux autres modèles. Cela confirme les biais des mesures d'évaluation classiques qui ne reflètent pas les coûts associés aux enchères. La fonction de valeur proposée est linéaire et nous voyons que la régression logistique pondérée a la pente la plus élevée, ce qui signifie que c'est le modèle le plus rentable quelle que soit la valeur v. À des fins de comparaison, nous ajoutons l'Oracle qui est le meilleur prédicteur de CTR possible et qui n'a donc que des vrais positifs. La fonction de valeur de l'Oracle est toujours plus élevée que les algorithmes considérés. Cela confirme que la fonction d'évaluation proposée reflète bien les performances de prédiction du CTR et que nous pouvons nous y fier pour choisir le meilleur modèle, c'est-à-dire wLR dans nos expériences. En plus de permettre une meilleure évaluation des modèles,

---

6. `https://scikit-learn.org/stable/modules/generated/sklearn.metrics.average_precision_score.html`

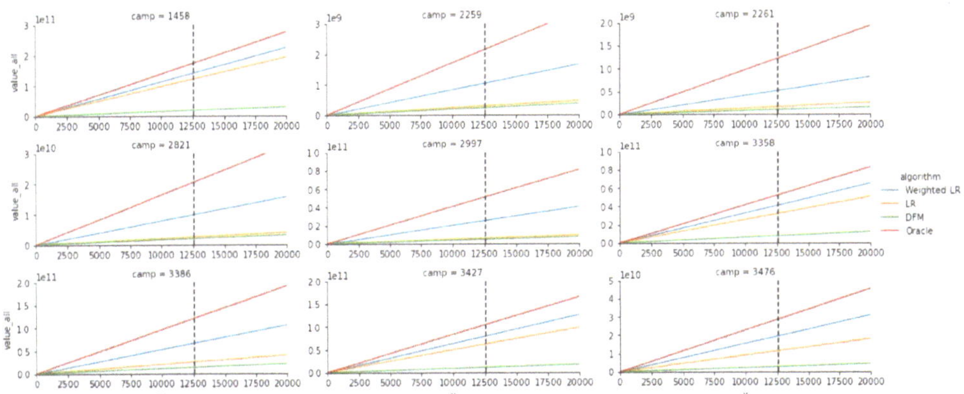

FIG. 1 – *Fonction de valeur pour chaque campagne avec en abscisse la valeur v associée à un clic et V, la valeur de la fonction d'évaluation proposée en ordonné. La ligne verticale en pointillé représente le CPC moyen du marché*

la fonction proposée fournit des indications utiles d'un point de vue appliqué : elle donne à l'annonceur le CPC le plus élevé qu'il pourrait accepter de l'éditeur pour que sa campagne soit rentable. Cette caractéristique confirme les avantages de l'utilisation de la fonction proposée pour évaluer et classer les modèles de prédiction du taux de clics. En examinant les différences de performance entre les campagnes, nous constatons une corrélation entre la performance de prédiction et le nombre d'événements dans la campagne, surtout en terme de V : les campagnes 2259 et 2261 ont beaucoup moins d'événements et aussi les valeurs les plus faibles en termes de fonction de valeur. Cette remarque vaut pour les autres métriques du tableau 1 mais seulement à un degré moindre.

Concernant le modèle d'apprentissage profond DFM, les résultats montrent des performances médiocres, quelle que soit la métrique d'évaluation. Bien qu'il ait été développé pour cette tâche spécifique, ce modèle semble être très spécifique aux données et n'est pas compétitif. Dans notre cas, il ne vaut pas le temps et la puissance de traitement supplémentaires qu'il requiert par rapport à la régression logistique pondérée.

4   Conclusions

Les enchères en temps réel sont un domaine actif et des améliorations sont nécessaires pour optimiser les stratégies d'enchères. La prédiction du taux de clics est un élément essentiel des algorithmes d'enchères.

Nous avons étudié les fonctions d'évaluation pour les événements rares et proposé une fonction d'évaluation spécifique à la prédiction du taux de clics, tenant compte des coûts. Nous montrons que la logloss, AUC_{ROC} mais aussi AUC_{PR} ne tiennent pas compte de la nature déséquilibrée des données, faisant de ces métriques, de mauvais critères de sélection de modèle de prédiction d'événements rares. Notre proposition corrige ce biais, et, en considérant les coûts et les valeurs des clics, permet également d'évaluer le rendement potentiel d'un modèle de prédiction du taux de clics.

Prédiction des événements rares : application à la prédiction du clic.

Nous avons proposé la régression logistique pondérée pour la prédiction d'événements rares appliquée à la prédiction du taux de clics et avons comparé ses performances avec une base de régression logistique classique et un modèle d'apprentissage profond. Cela conduit à une amélioration significative des prédictions du taux de clics. L'approche par régression logistique est d'autant plus intéressante dans le cas de la prédiction du clic qu'elle peut être appliqué à des données éparses de haute dimension (Genkin et al., 2007; Lin et al., 2007) ce qui est le cas des données de RTB. À cela s'ajoute l'avantage de rapidité de calcul de cette approche correspondant au besoin de temps réel des enchères en temps réel. D'un point de vue économique, l'approche proposée de régression logistique pondérée est la plus rentable, sur la base de la fonction de valeur tenant compte des coûts.

Dans cet article, cependant, nous avons couvert le problème de la prédiction de la réponse de l'utilisateur sans tenir compte de la partie d'optimisation des enchères en temps réel. Nous travaillons à l'unification de ces deux parties en intégrant la fonction de valeur présentée comme fonction objective dans un algorithme d'optimisation des offres et nous le présenterons dans un travail futur.

Références

Covington, P., J. Adams, et E. Sargin (2016). Deep neural networks for youtube recommendations. In *Proceedings of the 10th ACM Conference on Recommender Systems*, RecSys '16, New York, NY, USA, pp. 191–198. Association for Computing Machinery.

Davis, J. et M. Goadrich (2006). The relationship between precision-recall and roc curves. In *Proceedings of the 23rd International Conference on Machine Learning*, ICML '06, New York, NY, USA, pp. 233–240. Association for Computing Machinery.

Drummond, C. et R. C. Holte (2004). What roc curves can't do (and cost curves can). In *ROCAI*, pp. 19–26. Citeseer.

Firth, D. (1993). Bias reduction of maximum likelihood estimates. *Biometrika 80*(1), 27–38.

Genkin, A., D. D. Lewis, et D. Madigan (2007). Large-scale bayesian logistic regression for text categorization. *Technometrics 49*(3), 291–304.

Guo, H., R. Tang, Y. Ye, Z. Li, et X. He (2017). Deepfm : A factorization-machine based neural network for ctr prediction. In *Proceedings of the 26th International Joint Conference on Artificial Intelligence*, IJCAI'17, pp. 1725–1731. AAAI Press.

Hilden, J. (1991). The area under the roc curve and its competitors. *Medical Decision Making 11*(2), 95–101.

Hosmer Jr, D. W., S. Lemeshow, et R. X. Sturdivant (2013). *Applied logistic regression*, Volume 398. John Wiley & Sons.

Huang, G., Q. Chen, et C. Deng (2020). A new click-through rates prediction model based on deepcross network.

Khabbaz, M. et L. V. S. Lakshmanan (2011). Toprecs : Top-k algorithms for item-based collaborative filtering. In *EDBT/ICDT '11*.

King, G. et L. Zeng (2001). Logistic regression in rare events data. *Political Analysis 9*, 137–163.

Lee, K.-C., A. Jalali, et A. Dasdan (2013). Real time bid optimization with smooth budget delivery in online advertising. In *Proceedings of the Seventh International Workshop on Data Mining for Online Advertising*, ADKDD '13, New York, NY, USA. Association for Computing Machinery.

Leitgöb, H. (2013). The problem of modeling rare events in ml-based logistic regression.

Lin, C.-J., R. C. Weng, et S. S. Keerthi (2007). Trust region newton methods for large-scale logistic regression. In *Proceedings of the 24th International Conference on Machine Learning*, ICML '07, New York, NY, USA, pp. 561–568. Association for Computing Machinery.

Liu, B., N. Xue, H. Guo, R. Tang, S. Zafeiriou, X. He, et Z. Li (2020b). Autogroup : Automatic feature grouping for modelling explicit high-order feature interactions in ctr prediction. In *Proceedings of the 43rd International ACM SIGIR Conference on Research and Development in Information Retrieval*, SIGIR '20, New York, NY, USA, pp. 199–208. Association for Computing Machinery.

Liu, M., L. Jiaxing, Z. Hu, J. Liu, et X. Nie (2020a). A dynamic bidding strategy based on model-free reinforcement learning in display advertising. *IEEE Access 8*, 213587–213601.

Lobo, J., A. Jiménez-Valverde, et R. Real (2008). Auc : a misleading measure of the performance of predictive distribution models. *Global Ecology and Biogeography 17*, 145–151.

McCullagh, P. et J. Nelder (1989). *Generalized Linear Models, Second Edition*. Chapman and Hall/CRC Monographs on Statistics and Applied Probability Series. Chapman & Hall.

Narkhede, S. (2018). Understanding auc-roc curve. *Towards Data Science 26*(1), 220–227.

Qu, Y., H. Cai, K. Ren, W. Zhang, Y. Yu, Y. Wen, et J. Wang (2016). Product-based neural networks for user response prediction. In *2016 IEEE 16th International Conference on Data Mining (ICDM)*, pp. 1149–1154.

Ranjan, C. (2020). *Understanding Deep Learning : Application in Rare Event Prediction*. Connaissance Publishing.

Ren, K., W. Zhang, K. Chang, Y. Rong, Y. Yu, et J. Wang (2018). Bidding machine : Learning to bid for directly optimizing profits in display advertising. *IEEE Transactions on Knowledge and Data Engineering 30*(4), 645–659.

Rendle, S. (2010). Factorization machines. In *2010 IEEE International conference on data mining*, pp. 995–1000. IEEE.

Saito, T. et M. Rehmsmeier (2015). The precision-recall plot is more informative than the roc plot when evaluating binary classifiers on imbalanced datasets. *PLOS ONE 10*(3), 1–21.

Shen, Q., H. Wen, W. Tao, J. Zhang, F. Lv, Z. Chen, et Z. Li (2022). Deep interest highlight network for click-through rate prediction in trigger-induced recommendation. In *Proceedings of the ACM Web Conference 2022*, pp. 422–430.

Sofaer, H. R., J. A. Hoeting, et C. S. Jarnevich (2019). The area under the precision-recall curve as a performance metric for rare binary events. *Methods in Ecology and Evolution 10*(4), 565–577.

Tomz, M., G. King, et L. Zeng (2003). Relogit : Rare events logistic regression. *Journal of statistical software 8*(1), 1–27.

Van Den Eeckhaut, M., T. Vanwalleghem, J. Poesen, G. Govers, G. Verstraeten, et L. Vande-

Prédiction des événements rares : application à la prédiction du clic.

kerckhove (2006). Prediction of landslide susceptibility using rare events logistic regression : A case-study in the flemish ardennes (belgium). *Geomorphology 76*(3), 392–410.

Wang, H. (2020). Logistic regression for massive data with rare events. In H. D. III et A. Singh (Eds.), *Proceedings of the 37th International Conference on Machine Learning*, Volume 119 of *Proceedings of Machine Learning Research*, pp. 9829–9836. PMLR.

Wang, P., Y. Jiang, C. Xu, et X. Xie (2019). Overview of content-based click-through rate prediction challenge for video recommendation. In *Proceedings of the 27th ACM International Conference on Multimedia*, MM '19, New York, NY, USA, pp. 2593–2596. Association for Computing Machinery.

Weiss, G. M. et H. Hirsh (1998). Learning to predict rare events in event sequences. In *KDD*, Volume 98, pp. 359–363.

Xiao, Z., L. Yang, W. Jiang, Y. Wei, Y. Hu, et H. Wang (2020). Deep multi-interest network for click-through rate prediction. In *Proceedings of the 29th ACM International Conference on Information and Knowledge Management*, CIKM '20, New York, NY, USA, pp. 2265–2268. Association for Computing Machinery.

Yang, H., K. Ozbay, K. Xie, et B. Bartin (2015). Modeling crash risk of highway work zones with relatively short durations. In *In Transportation Research Board 94th Annual Meeting*.

Zhang, W., S. Yuan, et J. Wang (2014a). Optimal real-time bidding for display advertising. In *Proceedings of the 20th ACM SIGKDD International Conference on Knowledge Discovery and Data Mining*, KDD '14, New York, NY, USA, pp. 1077–1086. Association for Computing Machinery.

Zhang, W., S. Yuan, J. Wang, et X. Shen (2014b). Real-time bidding benchmarking with ipinyou dataset.

Summary

When online advertisements are displayed, a real-time bidding system is set up to choose the advertiser. On the advertiser's side, based on summary information (mostly categorical), the goal is to predict whether the user will click on the display or not (and thus choose whether to bid). Clicks being rare (1 per 1000 on average), there is a strong imbalance between the two classes (click and no-click). In this context, the usual prediction models are biased, since they do not take into account this imbalance. The usual evaluation measures, such as AUC_{ROC}, are also flawed when applied to these rare events. In this paper, we study these biases in the context of real-time auctions and propose a new evaluation measure. We focus our analysis on click prediction ($pCTR$), considering both linear (logistic regression) and non-linear (Deep Factorization Machine) prediction algorithms. We evaluate the performance of the models using a specific probabilistic evaluation function including the costs associated with the auction, and compare it to several classical evaluation measures. This measure highlights the limitations of classical metrics in highly unbalanced prediction problems. It thus allows for a better evaluation of specific click prediction models and also provides insights into the profitability of the display advertising campaign.

Le principe MDL au service de l'automatisation de tâches uniques d'abstraction et de raisonnement (ARC) à partir de peu d'exemples

Sébastien Ferré*

*Univ Rennes, CNRS, IRISA
Campus de Beaulieu, 35042 Rennes, France
ferre@irisa.fr

Résumé. Le challenge ARC (*Abstraction and Reasoning Corpus*) a été proposé pour pousser la recherche en IA vers plus de capacité de généralisation plutôt que vers toujours plus de performance. C'est une collection de tâches uniques où il s'agit d'apprendre à générer une grille colorée en fonction d'une autre, et ce à partir de quelques exemples seulement. En contraste avec les programmes transformatifs proposés par les approches existantes, nous proposons des modèles centrés-objets analogues aux programmes naturels produits par des humains. Le principe MDL (*Minimum Description Length*) est exploité pour une recherche efficace dans le vaste espace des modèles. Nous obtenons des résultats encourageants avec une classe de modèles simples: des tâches variées sont résolues et les modèles appris sont proches des programmes naturels.

1 Introduction

L'Intelligence artificielle (IA) a fait des progrès spectaculaires sur certaines tâches, parfois au-delà des performances humaines : ex., reconnaissance d'images, jeux de plateau, traitement automatique de la langue (Devlin et al., 2019). Cependant, l'IA manque encore de la flexibilité de l'intelligence humaine pour s'adapter à de nouvelles tâches à partir de peu d'exemples. Pour pousser la recherche en IA dans ce sens, Chollet (2019) a introduit une mesure de l'intelligence qui valorise l'*efficacité d'acquisition* d'aptitudes plutôt que la *performance* dans ces aptitudes. Autrement dit, la quantité de connaissances a priori et d'expérience qu'un agent nécessite pour atteindre un niveau correct dans toute une famille de tâches (ex., les jeux de plateaux) compte plus que la performance atteinte dans n'importe quelle tâche particulière (ex., les échecs).

Chollet a aussi introduit le *challenge* ARC (*Abstraction and Reasoning Corpus*), une forme de test psychométrique visant à mesurer et comparer l'intelligence des machines comme des humains. ARC est une collection de tâches qui consistent à apprendre à générer une grille colorée à partir d'une autre grille colorée, et ce à partir de quelques exemples seulement. C'est un *challenge* très difficile : le gagnant d'une compétition Kaggle [1] n'a pu résoudre que 20% des tâches (avec beaucoup de codage en dur et une recherche brute) alors que les humains peuvent résoudre plus de 80% des tâches (Johnson et al., 2021).

---

1. https://www.kaggle.com/c/abstraction-and-reasoning-challenge

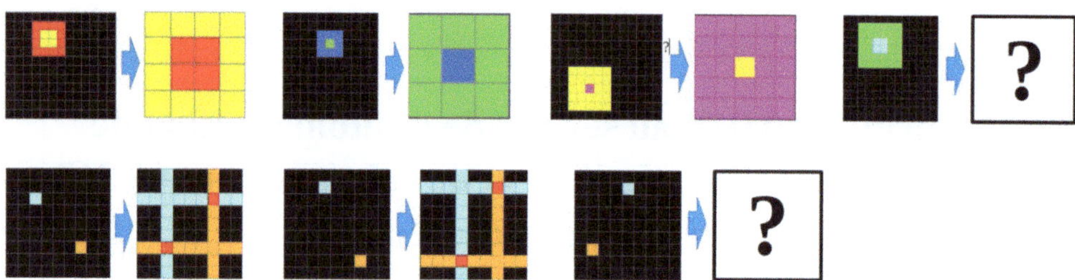

FIG. 1 – *Tâches d'entrainement* `b94a9452` *(en haut) et* `23581191` *(en bas).*

Les approches existantes (Fischer et al., 2020; Alford et al., 2021) font de la *synthèse de programme* où un programme est une composition de transformations primitives opérant sur des grilles, et où l'apprentissage se fait par recherche dans le vaste espace des programmes. En revanche, les études psychologiques ont montré que les *programmes naturels* produits par les humains sont centrés-objets et déclaratifs plutôt que procéduraux (Johnson et al., 2021; Acquaviva et al., 2021). Quand on demande aux humains de verbaliser des instructions permettant de résoudre une tâche, ils commencent par décrire la grille d'entrée en terme d'objets puis comment générer la grille de sortie à partir des ces objets.

Nous apportons deux contributions par rapport aux approches existantes :

1. des *modèles de grilles* qui permettent à la fois d'analyser et de générer des grilles en terme d'objets et de calculs sur ces objets ;

2. une recherche efficace parmi les modèles de grilles avec le *principe MDL (Minimum Description Length)* (Rissanen, 1978).

Le principe MDL vient de la théorie de l'information et dit que le modèle qui décrit le mieux des données est celui qui les compresse le plus (Rissanen, 1978; Grünwald et Roos, 2019), appliqué par exemple en fouille de données (Vreeken et al., 2011; Faas et Leeuwen, 2020).

Nous présentons des résultats encourageants avec des modèles de grilles simples et loin de couvrir toutes les connaissances a priori supposées connues dans ARC (Chollet, 2019). Des modèles corrects sont trouvés pour 61 tâches variées. La plupart de ces modèles sont similaires aux programmes naturels produits par les humains. Un dépôt GitHub[2] fournit le code source et un rapport technique contenant des détails techniques et un historique de versions montrant notre progression dans le challenge ARC.

Le papier est organisé comme suit. La section 2 présente le challenge ARC et la section 3 les approches existantes. La section 4 définit nos modèles centrés-objet et la section 5 explique comment les apprendre avec le principe MDL. La section 6 présente les résultats expérimentaux et les compare avec les approches existantes.

2 ARC – *Abstraction and Reasoning Corpus*

ARC est une collection de tâches[3], où chaque tâche est constituée d'exemples d'apprentissage (en moyenne 3.3) et d'exemples de test (1 parfois 2). Chaque exemple est composé d'une

---

2. `https://github.com/sebferre/ARC-MDL`
3. Données et interface de test à `https://github.com/fchollet/ARC`

grille d'entrée et d'une grille de sortie. Chaque grille est une matrice (de taille 1x1 à 30x30) remplie d'entiers codant des couleurs (10 couleurs distinctes). Pour une tâche donnée, la taille des grilles peut varier d'un exemple à l'autre et entre l'entrée et la sortie. Chaque tâche est un problème d'apprentissage dont le but est d'apprendre un programme ou modèle qui génère la grille de sortie à partir de la grille d'entrée, et ce à partir de seulement quelques paires de grilles comme exemples. Le critère de succès est que toutes les grilles de sorties test soient identiques aux grilles attendues (à la cellule près). Cependant, trois tentatives par grilles sont permises pour chaque grille test pour compenser les éventuelles ambiguités dans la définition d'une tâche. La figure 1 montre deux tâches ARC (sans les grilles de sortie test attendues). La première sert d'exemple courant dans la suite du papier. Le challenge ARC est composé de 1000 tâches : 400 "tâches d'entrainement" [4] pour le développement d'IA, 400 tâches d'évaluation et 200 tâches secrètes pour des évaluations indépendantes.

3   Approches existantes

ARC est un challenge récent et difficile et peu d'approches ont été publiées jusqu'à présent. Toutes celles dont nous avons connaissance définissent un DSL (*Domain-Specific Language*) de programmes qui transforment une grille en une autre grille, et cherchent un programme qui soit correct sur les exemples d'apprentissage (Fischer et al., 2020; Alford et al., 2021). Leurs différences se trouvent dans les transformations primitives considérées (connaissances a priori) et dans la stratégie de recherche. Il est tentant de définir toujours plus de primitives pour résoudre plus de tâches, comme le gagnant Kaggle l'a fait, mais cela implique une moindre intelligence d'après la mesure de Chollet. Pour guider la recherche dans le vaste espace des programmes, Fischer et al. (2020) utilisent un algorithme évolutionniste grammatical, et Alford et al. (2021) utilisent des réseaux de neurones. Une difficulté est que la grille de sortie est généralement utilisée seulement pour l'évaluation d'un programme candidat, ce qui rend la recherche comme aveugle. Alford et al. (2021) réduisent cette difficulté avec une recherche bidirectionnelle, partant des deux grilles à la fois. Ces approches ont un problème de passage à l'échelle car l'espace de recherche croit de façon exponentielle avec la taille du DSL. Nous comparons leur performance sur ARC dans la section 6.

Johnson et al. (2021) rapportent une étude psychologique sur ARC qui révèle que les humains utilise des représentations mentales à base d'objets. C'est en contraste avec les programmes à base de transformations des approches existantes. De façon intéressante, les tâches qui sont perçues comme les plus difficiles par les humains – celles basées sur l'algèbre de Boole (ex., un ou exclusif entre deux sous-grilles) et les symétries (ex., rotations, miroirs) – sont précisément celles qui sont les mieux traitées par les approches existantes. L'étude fait ressortir deux défis : (1) un large ensemble de primitives semble inévitable, surtout en géométrie ; et (2) une approche centrée-objet entraine le problème d'identifier les objets dans une grille, lesquels peuvent être partiellement visibles du fait d'occlusions entre objets. Une ressource précieuse est LARC (*Language-annotated ARC*) (Acquaviva et al., 2021), collectée par *crowd-sourcing*. Elle fournit pour la plupart des tâches d'entrainement un ou plusieurs *programmes naturels*. Ce sont de courtes descriptions textuelles produites par des participants et ayant permis à d'autres

---

4. Le terme "entrainement" est trompeur car ces tâches visent à l'entrainement des développeurs d'IA, pas à l'entrainement des systèmes d'IA. Les tâches ARC peuvent être résolues par les humains sans entrainement spécifique.

participants de générer les grilles de sortie attendues sans accès aux exemples d'apprentissage. Ces programmes naturels confirment l'aspect centré-objet des représentations humaines.

Au-delà du challenge ARC, le domaine de la *synthèse de programme* étudie l'apprentissage de programmes à partir de quelques exemples d'entrée-sortie (Lieberman, 2001), par exemple pour remplir automatiquement une colonne d'un tableau à partir des autres colonnes (Gulwani, 2011). Là encore, les programmes sont généralement des compositions de fonctions.

4   Modèles centrés-objet pour les grilles ARC

Nous introduisons des *modèles centrés-objet* pour décrire les grilles ARC en termes d'objets, ayant différentes formes, couleurs, tailles et positions. Ces modèles sont utilisés à la fois pour *analyser* une grille, c'est-à-dire comprendre son contenu selon le modèle et pour *générer* une grille en utilisant le modèle comme patron.

4.1   Des combinaisons de motifs et de fonctions comme modèles

Le principe d'un modèle de grille est de distinguer les éléments invariants des élements variants entre les différentes grilles d'une tâche. Dans la tâche `b94a9452`, toutes les grilles d'entrée contiennent un objet carré mais leurs tailles, couleurs et positions varient. Cela peut s'exprimer par un *motif* **Square**(size: ?, color: ?, pos: ?), où **Square** est appelé un *constructeur* et les points d'interrogation représentent des *inconnues* (similaires aux variables Prolog). Il y a aussi des constructeurs pour les positions en tant que vecteur 2D, **Vec**(i: ?, j: ?), et des valeurs primitives pour les tailles (ex., 3) et les couleurs (ex., blue). Les motifs peuvent être imbriqués, comme dans **Square**(3, ?, **Vec**(?,2)) qui signifie "un carré de taille 3 dont le coin en haut à gauche est sur la colonne d'indice 2", de façon à avoir des modèles aussi spécifiques que nécessaire. Les motifs sans inconnue sont appelés des *descriptions*, par exemple **Square**(3,blue,**Vec**(2,4)).

Les motifs seuls ne permettent pas de faire dépendre la grille de sortie de la grille d'entrée, ce qui est indispensable pour résoudre les tâches ARC. Nous ajoutons donc deux ingrédients aux modèles de grille (en pratique, aux modèles de sortie) : des *références* aux éléments d'une description (en pratique, la description de la grille d'entrée) et des applications de *fonctions* pour effectuer des calculs sur ces éléments. Dans l'exemple, le modèle pour le petit carré dans les grilles de sortie pourrait être **Square**(!*small.size*, !*large.color*, !*small.pos*−!*large.pos*), où par exemple le chemin !*small.size* est une référence à la taille du petit carré dans la grille d'entrée. Ce modèle dit que "le petit carré en sortie a la taille du petit carré en entrée, la couleur du grand carré et que sa position est la différence entre les positions des deux carrés."

Les figures 2, 3 listent respectivement les constructeurs et fonctions des modèles de grille que nous avons utilisé dans nos expériences. Chaque constructeur/fonction a un type résultat et des arguments typés. Les types des arguments contraignent les constructeurs/fonctions pouvant être utilisés, et les noms des arguments des constructeurs sont utilisés pour référencer les éléments d'un modèle ou d'une description.

Nos modèles de grille décrivent une grille comme ayant une certaine taille, une certaine couleur de fond et une pile de couches (*layers*), où chaque couche contient un objet. Un objet a une forme et une position. Une forme est un point coloré ou est défini par un masque coloré inscrit dans un rectangle. Un masque est soit un bitmap quelconque soit une forme commune

type	constructeurs
Grid	**Grid**(size: *Vector*, color: *Color*, layers: *Object*[])
Object	**PosShape**(pos: *Vector*, shape: *Shape*)
Shape	**Point**(color: *Color*)
	Rectangle(size: *Vector*, color: *Color*, mask: *Mask*)
Vector	**Vec**(i: *Int*, j: *Int*)
Mask	**Bitmap**(bitmap : *Bitmap*)
	Full, **Border**, ...

FIG. 2 – *Constructeurs par type*

Arithmétique : addition et soustraction ; multiplication et division par une petite constante (2..3) ; minimum, maximum et moyenne de deux entiers ; écart entre deux positions ($|x - y| + 1$) ; versions vectorisées des fonctions précédentes (e.g., $(i_1, j_1) + (i_2, j_2) = (i_1 + i_2, j_1 + j_2)$) ; projection d'un vecteur sur un axe.

Géométrie : aire d'une forme ; positions extrêmes et médianes d'un objet selon chaque axe (ex., haut et bas, milieu) ; vecteur de translation d'un objet contre un autre ; mise à l'échelle d'un masque ou d'une forme d'un facteur constant ou par rapport à un vecteur taille ; extension d'un masque, forme ou objet à une certaine taille en respectant un motif périodique (ex., en damier) ; tuilage d'un masque ou d'une forme un petit nombre de fois selon les deux axes ; application de symétries aux masques, formes et objets (combinaisons de rotations et de réflexions).

Autres fonctions : recoloration d'une forme ou d'un objet ; opérations logiques sur les masques bitmaps.

FIG. 3 – *Fonctions par catégorie*

telle qu'un rectangle plein ou un contour de rectangle (*border*). Les positions et tailles sont des vecteurs 2D d'entiers. Trois types primitifs sont employés : les entiers, les couleurs et les bitmaps. Les fonctions disponibles couvrent pour l'essentiel des opérations arithmétiques sur les entiers et les vecteurs représentant des positions, des tailles et des déplacements ; et des notions géométriques telles que mesures (ex., aire), translations, symétries, mises à l'échelle et motifs périodiques (ex., tuilage). Les inconnues sont ici limitées aux types primitifs et aux vecteurs et ne peuvent pas apparaitre comme argument de fonction. Les références et les fonctions ne sont utiles que dans les modèles de sortie.

La figure 4 montre un modèle correct pour la tâche `b94a9452`. Ce modèle peut se lire : *"Trouve deux rectangles pleins empilés sur un fond noir dans la grille d'entrée. Puis génère une grille de sortie dont la taille est celle de l'objet de dessous (lay[1]) et dont la couleur de fond est la couleur de l'objet de dessus (lay[0]). Enfin, ajoute un rectangle plein dont la taille est celle de l'objet de dessus, dont la couleur est celle de l'objet de dessous, et dont la position est la différence entre celles des deux objets."*

$M^i = $ **Grid**(?, black, [
        PosShape(?, **Rectangle**(?, ?, **Full**)),
        PosShape(?, **Rectangle**(?, ?, **Full**))])
$M^o = $ **Grid**(!lay[1].shape.size, !lay[0].shape.color, [
        PosShape(!lay[0].pos - !lay[1].pos, **Rectangle**(!lay[0].size, !lay[1].color, **Full**))])

FIG. 4 – *Un modèle correct pour la tâche* b94a9452.

4.2 Analyse et génération de grilles selon un modèle

Nous introduisons deux opérations qui doivent être définies pour tout modèle M de grille : l'*analyse* d'une grille g en une description π et la *génération* d'une description π et donc d'une grille g. Ces opérations sont analogues à l'analyse syntaxique et à la génération de phrases à partir d'une grammaire, où les arbres syntaxiques correspondent aux descriptions π.

Dans les deux opérations, les références présentes dans le modèle M sont d'abord résolues en utilisant une description π comme *environnement* ε, c-à-d. comme contexte d'évaluation. Concrètement, chaque référence est un chemin dans ε et est remplacée par la sous-description au bout de ce chemin. Les éventuelles fonctions s'appliquant à ces références sont alors évaluées. Il en résulte un modèle réduit M' seulement constitué de motifs.

Analyse. L'analyse d'une grille g consiste à remplacer les inconnues du modèle réduit M' par des descriptions correspondant au contenu de la grille. Il n'est pas nécessaire que tout le contenu de la grille soit décrit, ce qui autorise des modèles partiels. Une grille est analysée du dessus vers le dessous pour prendre en compte les superpositions d'objets. L'analyse d'un objet est contextuelle, elle dépend de ce qui reste à couvrir dans la grille après l'analyse des couches supérieures. Pour des raisons d'efficacité, chaque grille est pré-traitée pour en extraire une collection de parties unicolores et les objets sont analysés comme des unions de ces parties. Comme l'analyse des grilles peut devenir combinatoire, nous majorons le nombre de descriptions produites par l'analyse et nous les ordonnons d'après les mesures de longueurs de description définies en section 5. À titre d'exemple, l'analyse de la première grille d'entrée de la tâche b94a9452 avec le modèle M^i de la figure 4 trouve la meilleure description suivante : $\pi^i = $ **Grid**(**Vec**(12,13), black, [**PosShape**(**Vec**(2,4), **Rectangle**(**Vec**(2,2), yellow, **Full**)), **PosShape**(**Vec**(1,3), **Rectangle**(**Vec**(4,4), red, **Full**))]).

Génération. La génération d'une grille consiste à remplacer les éventuelles inconnues restantes dans le modèle réduit M' par des decriptions aléatoires du bon type, de façon à obtenir une description de grille, qui peut ensuite être convertie en grille concrète. Par exemple, le modèle de sortie M^o de la figure 4 appliqué avec la description π^i ci-dessus de la première grille d'entrée génère la description suivante : $\pi^o = $ **Grid**(**Vec**(4,4), yellow, [**PosShape**(**Vec**(1,1), **Rectangle**(**Vec**(2,2), red, **Full**))]). Cette description est bien conforme à la grille de sortie attendue.

Un point important est que ces deux opérations retournent des ensembles et non des descriptions uniques. En effet, il existe souvent plusieurs façons d'analyser une grille selon un modèle, par exemple si le modèle mentionne un seul objet alors que la grille en contient plusieurs. Il existe aussi plusieurs grilles pouvant être générées par un modèle dès lors qu'il contient des inconnues. De plus amples détails sur ces opérations sont disponibles dans le rapport technique (voir dépôt GitHub).

4.3 Prédire, décrire et créer des grilles avec des modèles de tâches

Un *modèle de tâche* $M = (M^i, M^o)$ est composé d'un modèle de grille d'entrée M^i et d'un modèle de grille de sortie M^o. Nous démontrons la versatilité de tels modèles en montrant qu'ils peuvent être employés selon trois modes : *prédire* la grille de sortie à partir de la grille d'entrée, *décrire* une paire de grilles de façon conjointe, ou *créer* une nouvelle paire de grilles pour la tâche. Nous utilisons ci-dessous la notation $\pi \in parse(M, \varepsilon, g)$ pour dire que π est une des analyses de la grille g d'après le modèle M et l'environnement ε ; et la notation $\pi, g \in generate(M, \varepsilon)$ pour dire que π est une des descriptions générées par le modèle M avec l'environnement ε, et que g est la grille décrite par π.

Le mode *prédire* est employé quand un modèle a déjà été appris, dans la phase d'évaluation sur les exemples test. Il consiste d'abord à analyser la grille d'entrée avec l'environnement vide *nil* pour en obtenir une description π^i, puis à générer la grille de sortie en utilisant cette description de la grille d'entrée comme environnement.

$$predict(M, g^i) = \{g^o \mid \pi^i \in parse(M^i, nil, g^i), \pi^o, g^o \in generate(M^o, \pi^i)\}$$

Le mode *décrire* est employé dans la phase d'apprentissage du modèle (voir la section 5). Il permet d'obtenir une description jointe d'une paire de grilles. Il consiste en l'analyse successive de la grille d'entrée et de la grille de sortie. Notons que l'analyse de la grille de sortie dépend du résultat de l'analyse de la grille d'entrée, d'où le terme de description *jointe*.

$$describe(M, g^i, g^o) = \{(\pi^i, \pi^o) \mid \pi^i \in parse(M^i, nil, g^i), \pi^o \in parse(M^o, \pi^i, g^o)\}$$

Le mode *créer* permet de créer un nouvel exemple de la tâche. Il consiste en la génération successive d'une grille d'entrée et d'une grille de sortie, cette dernière étant conditionnée par la première. Ce mode n'est pas employé dans le challenge ARC mais il pourrait contribuer à la mesure de l'intelligence d'un système. En effet, si un agent a vraiment compris une tâche, il devrait être capable de produire de nouveaux exemples.

$$create(M) = \{(g^i, g^o) \mid \pi^i, g^i \in generate(M^i, nil), \pi^o, g^o \in generate(M^o, \pi^i)\}$$

Ces trois modes font apparaitre une différence essentielle entre nos modèles centrés-objet et les programmes transformatifs des approches existantes. Ces derniers sont conçus pour la prédiction (calcul de la sortie en fonction de l'entrée), ils ne fournissent pas une description des grilles. Un nouvel exemple pourrait être créé en générant aléatoirement une grille d'entrée et en lui appliquant le programme mais en général, il ne respecterait pas la plupart des invariants de la tâche (ex., bitmap aléatoire plutôt qu'un carré plein).

5 Apprentissage d'un modèle avec le principe MDL

L'apprentissage avec le principe MDL consiste à chercher le modèle qui compresse le plus les données. Dans le cadre de ARC, les données à compresser sont les exemples d'apprentissage. Il y a donc deux choses à définir : (1) les longueurs de description (abbr. DL) des modèles et des exemples et (2) l'espace de recherche des modèles ainsi que la stratégie d'apprentissage.

5.1 Longueurs de description

Une approche courante de MDL consiste à définir la longueur de description globale comme la somme de deux parties (*two-parts MDL*) : le modèle M et les données D encodées selon le modèle (Grünwald et Roos, 2019).

$$L(M, D) = L(M) + L(D \mid M)$$

Dans notre cas, le modèle est un modèle de tâche composé de deux modèles de grilles ; et les données sont l'ensemble des exemples d'apprentissage. Pour compenser le faible nombre d'exemples et permettre des modèles suffisamment complexes, nous utilisons un *facteur de répétition* $\alpha \geq 1$, comme si chaque exemple était répété α fois.

$$L(M) = L(M^i) + L(M^o)$$
$$L(D \mid M) = \alpha \sum_{(g^i, g^o)} L(g^i, g^o \mid M)$$

La DL d'un exemple est la description jointe la plus compressive d'une paire de grilles.

$$L(g^i, g^o \mid M) = min\{L(\pi^i, g^i \mid M^i, nil) + L(\pi^o, g^o \mid M^o, \pi^i) \mid \pi^i, \pi^o \in describe(M, g^i, g^o)\}$$

Les termes de la forme $L(\pi, g \mid M, \varepsilon)$ dénotent la DL d'une grille g encodée selon un modèle de grille M et un environnement ε, via la description π résultant de l'analyse. On peut décomposer ces termes en se servant de π comme représentation intermédiare d'une grille.

$$L(\pi, g \mid M, \varepsilon) = L(\pi \mid M, \varepsilon) + L(g \mid \pi)$$

Le terme $L(\pi \mid M, \varepsilon)$ mesure la quantité d'information qui doit être ajoutée au modèle et à l'environnement pour coder la description, typiquement les valeurs des inconnues. Le terme $L(g \mid \pi)$ mesure les différences entre la grille originale et la grille produite par la description. Un modèle correct est obtenu quand $L(\pi^o, g^o \mid M^o, \pi^i) = 0$ pour tous les exemples, c'est-à-dire quand il ne reste plus rien à coder pour les grilles de sorties et donc que les grilles de sorties sont parfaitement prédites.

Trois DL élémentaires doivent donc être définies :
— $L(M)$: la DL d'un modèle de grille ;
— $L(\pi \mid M, \varepsilon)$: la DL d'une description de grille, selon le modèle de grille et l'environnement utilisés pour son analyse ;
— $L(g \mid \pi)$: la DL d'une grille, relativement à une description de grille, c'est-à-dire l'encodage des erreurs et omissions commises par la description.

Nous esquissons ces définitions pour nos modèles de grilles définis en section 4. Nous rappelons que les DL sont généralement dérivées de distributions de probabilités via l'équation $L(x) = -\log P(x)$, qui correspond à un codage optimal (Grünwald et Roos, 2019).

$L(M)$ correspond à l'encodage d'un arbre de syntaxe avec des constructeurs, valeurs, inconnues, références et fonctions comme nœuds. Leur typage pose des contraintes sur les imbrications possibles : ex., le type *Object* a un seul constructeur et pas de fonction. Nous appliquons une distribution uniforme entre constructeurs possibles (resp. entre valeurs ou entre fonctions). Nous appliquons un codage universel pour les entiers pour lesquels il n'y a pas de bornes connues. Une référence est encodée selon une distribution uniforme parmi tous les éléments de l'environnement qui ont un type compatible. Nous donnons aux inconnues une probabilité plus basse qu'aux constructeurs, et aux références/fonctions une plus haute, afin de favoriser les modèles qui sont plus spécifiques et font dépendre la sortie de l'entrée.

$L(\pi \mid M, \varepsilon)$ correspond à l'encodage des éléments de la description π qui sont inconnus dans le modèle, ou bien qui diverge du modèle. Comme les descriptions forment en fait un sous-ensembles des modèles, les définitions pour $L(M)$ peuvent être réutilisées.

$L(g \mid \pi)$ correspond à encoder quelles cellules de la grille g sont mal spécifiées par la description π. Chaque cellule est codée comme un objet point **PosShape(Vec**(i,j),**Point**(c)).

5.2 Espace de recherche et stratégie

L'espace de recherche des modèles est caractérisé par : (1) un modèle initial et (2) un opérateur de *raffinement* qui retourne une liste de raffinements de modèle $M_1 \ldots M_n$, à partir d'un modèle M. Un raffinement peut insérer un nouvel élément dans le modèle, remplacer une inconnue par un constructeur (introduisant de nouvelles inconnues pour les arguments du constructeur), ou remplacer un élément par une *expression* (une composition de références, valeurs et fonctions). L'opérateur de raffinement a accès aux données via les descriptions jointes, il peut donc être guidée par elles. Comme dans des approches MDL antérieures en fouille de données (Vreeken et al., 2011), nous adoptons une heuristique gloutonne guidée par la DL des modèles. À chaque étape, en partant du modèle initial, le raffinement réduisant le plus la DL globale $L(M, D)$ est sélectionné. La recherche s'arrête quand aucun raffinement ne permet de réduire la DL. Pour compenser le fait que dans certaines tâches les grilles d'entrée et de sortie ont des tailles très différentes, ce qui peut arrêter précocement la recherche de modèle, nous utilisons comme critère une *DL normalisée* $\hat{L}$ qui donne le même poids aux composantes entrée et sortie de la DL globale $L(M, D)$, avec par convention une valeur de 2 (1+1) pour le modèle initial : $\hat{L}(M, D) = \frac{L(M^i, D^i)}{L(M^i_{init}, D^i)} + \frac{L(M^o, D^o)}{L(M^o_{init}, D^o)}$.

Notre modèle initial utilise le modèle de grille vide **Grid**(?, ?,[]) pour l'entrée et la sortie. Les raffinements disponibles sont :

— l'insertion d'un nouvel objet, à n'importe quelle position dans la pile de couches – pris parmi **PosShape**(?,**Point**(?)), **PosShape**(?,**Rectangle**(?, ?, ?)), **PosShape**(?,!*shape*) ou !*object* – où *shape/object* est une référence à une forme/objet de l'entrée ;
— le remplacement d'une inconnue au chemin p par un constructeur (resp. une valeur) quand, pour chaque exemple, il existe une description π telle que $\pi.p$ matche ce constructeur (resp. égale cette valeur) ;
— le remplacement d'un élément du modèle au chemin p par une expression e du même type quand, pour chaque exemple, il existe une description π telle que $\pi.p = e$.

La figure 5 montre la trace d'apprentissage de la tâche `b94a9452`, montrant à chaque étape le raffinement le plus compressif. Cette trace révèle comment l'agent apprenant résoud la tâche : *"Il y a un rectangle lay*[1] *dans l'entrée (1) et un rectangle lay*[0] *dans la sortie (2). La grille de sortie est de la taille de lay*[1] *en entrée (3). Il y a un autre rectangle lay*[0] *dans l'entrée, au-dessus de lay*[1] *(4). On peut utiliser sa couleur pour le fond de la sortie (5), et sa taille pour lay*[0] *en sortie (6). La couleur de lay*[0] *en sortie est la couleur de lay*[1] *en entrée (7) et sa position est égale à la différence entre les positions des deux rectangles en entrée (9). Tous les rectangles sont pleins (8,10,11) et le fond de l'entrée est noir (12)."*

étape	grille	raffinement	$\hat{L}$
0		(modèle initial)	2.000
1	in	$lay[1] \leftarrow \mathbf{PosShape}(?, \mathbf{Rectangle}(?, ?, ?))$	1.212
2	out	$lay[0] \leftarrow \mathbf{PosShape}(?, \mathbf{Rectangle}(?, ?, ?))$	0.748
3	out	$size \leftarrow !lay[1].shape.size$	0.604
4	in	$lay[0] \leftarrow \mathbf{PosShape}(?, \mathbf{Rectangle}(?, ?, ?))$	0.531
5	out	$color \leftarrow !lay[0].shape.color$	0.445
6	out	$lay[0].shape.size \leftarrow !lay[0].shape.size$	0.367
7	out	$lay[0].shape.color \leftarrow !lay[1].shape.color$	0.310
8	out	$lay[0].shape.mask \leftarrow \mathbf{Full}$	0.277
9	out	$lay[0].shape.pos \leftarrow !lay[0].shape.pos - !lay[1].shape.pos$	0.201
10	in	$lay[0].shape.mask \leftarrow \mathbf{Full}$	0.196
11	in	$lay[1].shape.mask \leftarrow \mathbf{Full}$	0.191
12	in	$color \leftarrow black$	0.187

FIG. 5 – *Trace d'apprentissage de la tâche* `b94a9452`

6 Évaluation

Nous avons évalué notre approche sur les 800 tâches publiques ARC. Les quelques paramètres ont été réglés sur la base des tâches d'entrainement. Pour assurer un partage du temps de calcul entre l'analyse des grilles et la recherche dans l'espace des modèles, nous définissons quelques limites. Le nombre de descriptions produites par l'analyse d'une grille est limité à 64 et seules les 3 plus compressives sont retenues pour le calcul des raffinements. À chaque étape, au plus 10.000 expressions sont considérées et seuls les 20 raffinements qui sont estimés réduire le plus la DL globale sont évalués. Le taux de répétition α est fixé à 10. Les tâches sont traitées indépendamment les unes des autres, sans apprentissage de l'une à l'autre. Les résultats sont donnés pour un temps d'apprentissage par tâche limité à 30s, l'augmenter augmente le temps de calcul sans résoudre davantage de tâches.

Les logs d'apprentissage/prédiction et les images des tâches d'entrainement résolues sont disponibles sur le dépôt GitHub (voir la version 2.5 pour les résultats de ce papier).

Taux de succès. Notre approche résoud 52/400 (13%) tâches d'entrainement et 9/400 (2.25%) tâches d'évaluation. Cela suggère que les tâches d'évaluations sont significativement plus difficiles que les tâches d'entrainement, ce qui a également été observé par d'autres auteurs (Fischer et al., 2020). Bien que trois prédictions soit permises par exemple test, la première prédiction est correcte dans 41 des 52 tâches d'entrainement résolues. Cela montre que les modèles appris sont précis dans leur compréhension des tâches. Pour quelques autres tâches, le système trouve un modèle qui est correct sur les exemples d'apprentissage mais échoue sur au moins un exemple test : 7 tâches d'entrainement et 6 tâches d'évaluation.

Il n'est malheureusement pas aisé de comparer ces résultats à ceux des travaux antérieurs. Le gagnant Kaggle "icecuber" atteint le score impressionnant de 20.6% mais il est mesuré sur 100 tâches secrètes ne faisant pas partie des 800 tâches publiques. Fischer et al. (2020) atteignent un score de 7.68% sur les tâches d'entrainement et de 3% sur les 100 tâches secrètes. Alford et al. (2021) rapportent deux expériences sur de petits sous-ensembles de tâches d'entrainement, choisies pour correspondre à leur DSL. Les taux de succès sont respectivement de

22/36 et 14/18, soit 5.5% et 3.5% des 400 tâches. Sur les tâches d'entrainement, qui offrent à ce jour la meilleure base de comparaison, notre approche est donc celle qui résoud le plus grand nombre de tâches.

Efficacité et complexité des modèles. Le temps moyen d'apprentissage est de 15.1s sur les tâches d'entrainement (avec timeout=30s). Sur les 52 tâches résolues, ce temps moyen chute à 4.9s et le temps médian encore plus bas à 2.1s. Cela montre que quand une solution peut être trouvée, elle est généralement trouvée rapidement. Dans les tâches résolues, le nombre de raffinements va de 5 à 29 (médiane=13). Cela donne une mesure de la complexité des modèles appris. Une telle profondeur dans l'espace de recherche ne pourrait jamais être atteinte dans une recherche par force brute (le gagnant Kaggle se limite à une composition de 4 fonctions). Le principe MDL joue ici un rôle crucial dans le guidage de la recherche.

Modèles appris. Les modèles appris pour les tâches résolues sont très divers malgré la simplicité de leur classe. Ils expriment des transformations diverses : ex., déplacer un objet, échanger deux couleurs, prolonger des lignes, mettre un objet derrière un autre, ordonner des objets du plus grand au plus petit, enlever du bruit. Notons qu'aucune de ces transformations n'est une primitive dans notre classe de modèles, ils sont appris en terme d'objets, d'arithmé-tique de base, de géométrie simple et de principe MDL.

Nous avons comparé nos modèles appris aux programmes naturels de LARC (Acquaviva et al., 2021). De façon remarquable, pour une majorité de nos modèles, il existe un programme naturel qui peut être considéré comme une reformulation de notre modèle, c'est-à-dire mettant en jeu les mêmes objets et les mêmes opérations. Par exemple, le programme naturel pour la tâche courante `b94a9452` est : *"[L'entrée a] une forme carrée avec un petit carré centré à l'intérieur du grand carré sur un fond noir. Les deux carrés sont de différentes couleurs. Faire une grille de sortie qui est de la même taille que le grand carré. La taille et la position du petit carré intérieur devrait être les mêmes que dans la grille d'entrée. Les couleurs des deux carrés sont échangées."* Pour les autres modèles, certaines notions utilisées par les programmes naturels manquent à notre classe de modèles mais sont compensées par d'autres éléments de nos modèles : ex., des relations topologiques tels que "à côté de" ou "au dessus" (compensées par les trois tentatives), la couleur majoritaire (compensée par le principe MDL sélectionnant le plus gros objet). Cependant, dans la plupart des cas, les mêmes objets sont identifiés.

Ces observations démontrent que nos modèles centrés-objet s'alignent bien avec les pro-grammes naturels produits par des humains, contrairement aux approches basées sur la com-position de transformations. Un exemple de programme appris par Fischer et al. (2020) sur la tâche `23b5c85d` est `strip_black; split_colors; sort_Area; top; crop`, qui est une séquences de transformations grille-à-grille, sans mention explicite d'objets.

7 Conclusion et perspectives

Nous avons montré la capacité de notre approche à automatiser des tâches ARC variées et à produire des modèles similaires aux programmes naturels. Des résultats encourageants sont obtenus pour un challenge reconnu comme particulièrement difficile, et ce malgré des modèles simples, loin de couvrir les connaissances a priori supposées dans ARC. Nous croyons que l'extensibilité de notre approche permettra des progrès continus dans le futur. Au-delà de l'ajout de constructeurs et de fonctions, relativement aisé, des verrous scientifiques sont les traitements conditionnels et les itérations sur des collections d'objets. Nous souhaitons également transposer notre approche à d'autres contextes comme celui du traitement de chaines dans les feuilles de calcul (Gulwani, 2011).

Références

Acquaviva, S., Y. Pu, M. Nye, C. Wong, M. H. Tessler, et J. Tenenbaum (2021). LARC : Language annotated Abstraction and Reasoning Corpus. In *Annual Meeting of the Cognitive Science Society*, Volume 43.

Alford, S., A. Gandhi, A. Rangamani, A. Banburski, T. Wang, S. Dandekar, J. Chin, T. Poggio, et P. Chin (2021). Neural-guided, bidirectional program search for abstraction and reasoning. In *Int. Conf. Complex Networks and Their Applications*, pp. 657–668. Springer.

Chollet, F. (2019). On the measure of intelligence. *arXiv preprint arXiv :1911.01547*.

Devlin, J., M. Chang, K. Lee, et K. Toutanova (2019). BERT : pre-training of deep bidirectional transformers for language understanding. In J. Burstein, C. Doran, et T. Solorio (Eds.), *Conf. North American Chapter of the Association for Computational Linguistics : Human Language Technologies, NAACL-HLT*, pp. 4171–4186. Assoc. Computational Linguistics.

Faas, M. et M. v. Leeuwen (2020). Vouw : geometric pattern mining using the MDL principle. In *Int. Symp. Intelligent Data Analysis*, pp. 158–170. Springer.

Fischer, R., M. Jakobs, S. Mücke, et K. Morik (2020). Solving Abstract Reasoning Tasks with Grammatical Evolution. In *LWDA*, CEUR-WS 2738, pp. 6–10.

Grünwald, P. et T. Roos (2019). Minimum description length revisited. *arXiv preprint arXiv :1908.08484*.

Gulwani, S. (2011). Automating string processing in spreadsheets using input-output examples. In *Symp. Principles of Programming Languages*, pp. 317–330. ACM.

Johnson, A., W. K. Vong, B. M. Lake, et T. M. Gureckis (2021). Fast and flexible : Human program induction in abstract reasoning tasks. *arXiv preprint arXiv :2103.05823*.

Lieberman, H. (2001). *Your Wish is My Command*. The Morgan Kaufmann series in interactive technologies. Morgan Kaufmann / Elsevier.

Rissanen, J. (1978). Modeling by shortest data description. *Automatica 14*(5), 465–471.

Vreeken, J., M. Van Leeuwen, et A. Siebes (2011). Krimp : mining itemsets that compress. *Data Mining and Knowledge Discovery 23*(1), 169–214.

Summary

The ARC (Abstraction and Reasoning Corpus) challenge has been proposed to push AI research towards more generalization capability rather than ever more performance. It is a collection of unique tasks about generating colored grids, specified by a few examples only. We propose object-centered models analogous to the natural programs produced by humans. The MDL (Minimum Description Length) principle is exploited for an efficient search in the vast model space. We obtain encouraging results with a class of of simple models: various tasks are solved and the learned models are close to natural programs.

Optimisation de Fuzzy C-Means (FCM) clustering par la méthode des directions alternées (ADMM)

Benoit Albert*, Violaine Antoine*, Jonas Koko*

*LIMOS, Université Clermont Auvergne, France
{benoit.albert,violaine.antoine,jonas.koko}@uca.fr

Résumé. Parmi les méthodes de classification non supervisée, K-Means et ses variantes sont très populaires. Ces méthodes résolvent à chaque itération les conditions d'optimalité du premier ordre. Cependant dans certains cas, la fonction à minimiser n'est pas convexe, comme pour la version Fuzzy C-Mean avec la distance de Mahalanobis (FCM-GK). Dans cette étude, nous appliquons la méthode des directions alternées (ADMM) afin d'assurer une bonne convergence. ADMM est une méthode souvent appliquée à la résolution d'un problème de minimisation convexe séparable avec des contraintes linéaires. ADMM est une méthode de décomposition/coordination avec une étape de coordination assurée par des multiplicateurs de Lagrange. En introduisant avec justesse des variables auxiliaires, cette méthode permet de décomposer le problème en sous problèmes convexes faciles à résoudre tout en gardant la même structure itérative. Les résultats numériques ont démontré la performance significative de la méthode proposée par rapport à la méthode standard surtout pour des données de grandes dimensions.

1   Introduction

Le partitionnement de données est un processus d'analyse des données qui consiste à partager les n objets d'un jeu de données en c sous-ensembles, dans le but que chaque groupe (sous ensemble) possède des objets similaires et que les groupes soient bien distincts entre eux (Jain et Dubes, 1988). Il permet de détecter des structures cachées dans les jeux de données sans connaissance préalable. Plusieurs approches différentes existent, les méthodes se distinguent par la nature des partitions créées. Elles peuvent être certaines : chaque objet appartient à un unique groupe. *k-means* est la plus célèbre des méthodes formant ce genre de partition. Chaque groupe est représenté par un centroïde (objet moyen), la notion de similarité est définie par la distance entre les objets et les centroïdes. Grâce à sa faible complexité et sa simplicité, cette méthode est très utilisée (Jain, 2010). Les partitions peuvent être floues permettant de modéliser l'incertitude. La variante floue des k-means est Fuzzy C-Means (FCM) (Bezdek, 1973; Bezdek et Dunn, 1975), chaque object a un degré d'appartenance à chaque groupe. FCM est encore utilisée dans divers domaines (Anter et al., 2019; Yin et Li, 2020; Cai et al., 2021). La similarité entre les objets et les centroïdes dans l'algorithme FCM est calculée par la distance euclidienne formant des groupes sphériques. L'algorithme de Gustafson et Kessel FCM-GK (Gustafson et Kessel, 1979) est une extension de FCM qui ajuste une distance pour chaque cluster. Cela permet de prendre en compte la forme des clusters et de détecter des structures ellipsoïdales. En effet, basé sur la distance de Mahalanobis, l'algorithme adapte des matrices symétriques définies positives interprétées comme les inverses des matrices de covariance floue des clusters. FCM et FCM-GK sont deux problèmes d'optimisation non convexe sous contraintes pour lesquelles la méthode d'optimisation standard est la méthode d'optimisation alternée (AO), une méthode itérative de type Gauss-Seidel.

La méthode des directions alternées, *Alternating Direction Method of Multiplier* (ADMM), est une méthode de décomposition-coordination simple mais puissante. Elle décompose le problème en sous-problèmes, les solutions obtenues localement sont coordonnées (par des multiplicateurs de Lagrange) pour trouver une solution au problème global. Cette méthode a été introduite au milieu des années 1970 par (Gabay et Mercier, 1976), (Glowinski R. et Marocco A., 1975) pour l'approximation numérique de problèmes convexes non lisses issus de la mécanique. Basée sur la formulation Lagrangienne augmentée, cette méthode a été utilisée dans de nombreux domaines en mécanique non linéaire (Glowinski R. et Le Tallec P., 1989; Fortin et Glowinski, 1983; Koko J., 2013, 2011; Glowinski R. et Marocco A., 1975), en restauration d'images (Koko J. et Jehan-Besson S., 2010), en réseaux neuronaux (F. Yu et Zhao, 2019), en optimisation à grande échelle (Eckstein, 1994; Koko J., 2013), etc. Un résumé des applications d'ADMM en apprentissage automatique est disponible dans (Boyd S., Parikh N., Chu E., Peleato B. et Eckstein J., 2011). ADMM standard se concentre sur la minimisation de fonctions séparables (convexes) avec des contraintes de couplages linéaires.

Dans cette étude, nous étendons l'application d'ADMM à la fonction coût non convexe de FCM-GK. ADMM divise le problème FCM-GK en une séquence de sous-problèmes plus simples et non couplés, grâce à l'introduction appropriée des variables auxiliaires inconnues. Ces sous-problèmes sont, non couplés, plus simples, donc plus faciles à résoudre. La formulation de la solution est proche de celle obtenue par l'optimisation alternée pour les variables originales (centroïdes, matrices d'appartenance reliées à la distance). Le sous-problème des variables auxiliaires conduit à la résolution de petits systèmes linéaires non couplés. Des expériences numériques sur des données de l'UCI machine learning montrent que l'algorithme FCM-ADMM proposé est robuste, insensible à l'initialisation aléatoire et crée généralement un meilleur partitionnement.

Le papier est organisé en 4 parties. La Section 2 présente le modèle GK et l'optimisation par la méthode standard (AO). Puis, nous décrivons dans la Section 3 l'application de la méthode ADMM dans ce contexte. Dans la Section 4, les expériences numériques sont exposées. Enfin la conclusion et les perspectives sont données dans la Section 5.

2   Le modèle FCM-GK

2.1   Problème d'optimisation

Soit le jeu de données représenté par $\boldsymbol{X} = (\boldsymbol{x}_1 \ldots \boldsymbol{x}_n)$ contenant n objets $\boldsymbol{x}_i \in \mathbb{R}^p$, p est le nombre d'attributs et c le nombre de classes souhaité, $2 \leq c < n$. Le modèle

FCM-GK appliqué à $\boldsymbol{X}$ consiste à calculer
— la matrice des degrés d'appartenance $n \times c$, $\boldsymbol{U} = (u_{ij})$ telle que,

$$u_{ij} \in [0,\ 1], \quad \sum_{j=1}^{c} u_{ij} = 1, \quad \sum_{i=1}^{n} u_{ij} > 0. \tag{2.1}$$

— les centres de gravité, centroïdes, de chaque groupe $\boldsymbol{\mathcal{V}} = \{\boldsymbol{v}_1, \ldots, \boldsymbol{v}_c\}$, $\boldsymbol{v}_j \in \mathbb{R}^p$;
— les matrices définies positives, $\boldsymbol{\mathcal{S}} = \{\boldsymbol{S}_1, \ldots, \boldsymbol{S}_c\}$, induisant la norme de chaque groupe, $\boldsymbol{S}_j \in \mathbb{R}^{p \times p}$.

Les variables inconnues $(\boldsymbol{U}, \boldsymbol{\mathcal{V}}, \boldsymbol{\mathcal{S}})$ sont déterminées en optimisant le problème suivant

$$\min_{(\boldsymbol{U}, \boldsymbol{\mathcal{V}}, \boldsymbol{\mathcal{S}})} J(\boldsymbol{U}, \boldsymbol{\mathcal{V}}, \boldsymbol{\mathcal{S}}) = \sum_{i=1}^{n} \sum_{j=1}^{c} u_{ij}^m \boldsymbol{d}_{ij}^\top \boldsymbol{S}_j \boldsymbol{d}_{ij}, \tag{2.2}$$

avec les contraintes,

$$u_{ij} \geq 0, \quad \forall i, j \in [1, n] \times [1, c] \tag{2.3}$$

$$\sum_{j=1}^{c} u_{ij} = 1, \quad \forall i \in [1, n] \tag{2.4}$$

$$\sum_{i=1}^{n} u_{ij} > 0, \quad \forall j \in [1, c] \tag{2.5}$$

$$\det(\boldsymbol{S}_j) = \rho_j, \quad \forall j \in [1, c] \tag{2.6}$$

tel que la différence entre l'objet i et le centroïde j est notée :

$$\boldsymbol{d}_{ij} = \boldsymbol{x}_i - \boldsymbol{v}_j. \tag{2.7}$$

Toutes les différences $\boldsymbol{d}_{ij}$ sont représentées par la variable $\boldsymbol{\mathcal{D}}$.

En plus d'un nombre de classe c, ce modèle possède un autre hyperparamètre, m qui contrôle la dureté de la partition. Sans information supplémentaire, m est habituellement fixé à 2 (Pal et Bezdek, 1995). FCM est un cas particulier de FCM-GK où $\boldsymbol{S}_j = \mathbb{I}$ in (2.2). Une solution triviale pour la minimisation est la solution avec toutes les matrices $\boldsymbol{S}_j$ nulles. Pour éviter cela, la contrainte Eq. (2.6) est introduite fixant les volumes des ellipsoides.

2.2   Méthode d'optimisation alternée (AO)

La méthode utilisée par (Gustafson et Kessel, 1979) pour résoudre ce problème sous contrainte est la méthode d'optimisation alternée, *the alternating optimization method* (AO). Elle est également utilisée pour les autres variantes de *k-means*. Partant de $(\boldsymbol{U}^0, \boldsymbol{\mathcal{V}}^0, \boldsymbol{\mathcal{S}}^0)$ la méthode minimise successivement $\boldsymbol{U}$, $\boldsymbol{\mathcal{V}}$ et $\boldsymbol{\mathcal{S}}$:

$$\boldsymbol{U}^{k+1} = \arg\min_{\boldsymbol{U} \in \mathcal{U}} J(\boldsymbol{U}, \boldsymbol{\mathcal{V}}^k, \boldsymbol{\mathcal{S}}^k), \tag{2.8}$$

$$\boldsymbol{\mathcal{V}}^{k+1} = \arg\min_{\boldsymbol{\mathcal{V}}} J(\boldsymbol{U}^{k+1}, \boldsymbol{\mathcal{V}}, \boldsymbol{\mathcal{S}}^k), \tag{2.9}$$

$$\boldsymbol{\mathcal{S}}^{k+1} = \arg\min_{\boldsymbol{\mathcal{S}} \in \mathcal{S}_1} J(\boldsymbol{U}^{k+1}, \boldsymbol{\mathcal{V}}^{k+1}, \boldsymbol{\mathcal{S}}). \tag{2.10}$$

Avec les deux ensembles correspondant aux contraintes (2.3)-(2.5) et (2.6) :

$$\mathcal{U} = \left\{ u_{ij} \geq 0, \quad \sum_{j=1}^{c} u_{ij} = 1, \quad \sum_{i=1}^{n} u_{ij} > 0 \right\},$$

$$\mathcal{S}_1 = \{\boldsymbol{S}, \quad p \times p \text{matrice symétrique définie positive}, \det(\boldsymbol{S}) = 1\}.$$

En utilisant les conditions d'optimalité du premier ordre, les solutions de (2.8)-(2.10) sont calculées, $\forall i, j \in [1, n] \times [1, c]$:

$$u_{ij}^{k+1} = \left[\sum_{\ell=1}^{c} \frac{(\boldsymbol{d}_{ij}^k)^\top \boldsymbol{S}_j^k \boldsymbol{d}_{ij}^k}{(\boldsymbol{d}_{i\ell}^k)^\top \boldsymbol{S}_\ell^k \boldsymbol{d}_{i\ell}^k} \right]^{-1}, \tag{2.11}$$

$$\boldsymbol{v}_j^{k+1} = \frac{\sum_{i=1}^{n} u_{ij}^{k+1} \boldsymbol{x}_i}{\sum_{i=1}^{n} u_{ij}^{k+1}}, \tag{2.12}$$

$$\boldsymbol{\Sigma}_j^{k+1} = \sum_{i=1}^{n} u_{ij}^{k+1} \boldsymbol{d}_{ij}^{k+1} (\boldsymbol{d}_{ij}^{k+1})^\top, \tag{2.13}$$

$$\boldsymbol{S}_j^{k+1} = \det(\boldsymbol{\Sigma}_j)^{\frac{1}{p}} (\boldsymbol{\Sigma}_j^{k+1})^{-1}. \tag{2.14}$$

L'algorithme FCM-GK est présenté (algorithme 1). Il s'arrête lorsque la partition est stabilisée autrement dit que l'erreur absolue entre deux matrices $\boldsymbol{U}$ (degrés d'appartenance) successives plus petite que 10^{-3}. Remarquons que pour t itérations, sa complexité est en $O(tnc^2p)$

Algorithme 1 FCM-GK

1: **Entrée :** c
2: $err = 0, k = 0,$
3: $\boldsymbol{U}^0$ initialisation aléatoire ou via FCM.
4: **tant que** $err > 10^{-3}$ **faire**
5:     $k \leftarrow k + 1$
6:     $\boldsymbol{\mathcal{V}}^k$ selon (2.12)
7:     $\boldsymbol{S}^k$ selon (2.14)
8:     $\boldsymbol{U}^k$ selon (2.11)
9:     $err \leftarrow \| \boldsymbol{U}^k - \boldsymbol{U}^{k-1} \|$
10: **fin tant que**
11: **Sortie :** $\boldsymbol{U}^k, \boldsymbol{\mathcal{V}}^k, \boldsymbol{S}^k$

---

3   Méthode ADMM

La principale idée de la méthode ADMM, *Alternating Direction Methods of Multipliers*, (Glowinski R. et Marocco A., 1975; Gabay et Mercier, 1976; Fortin et Glowinski, 1983), est d'utiliser un processus deAg décomposition/coordination dont la coordination est réalisée par les multiplicateurs de Lagrange.

3.1 Formulation du Lagrangien augmenté

ADMM ne minimise pas seulement la fonction objectif mais le Lagrangien augmenté associé au problème. Avant de formuler ce dernier, il est nécessaire d'introduire des variables auxiliaires dans le problème original afin d'obtenir un problème d'optimisation par bloc sous contraintes. Tout d'abord, nous écrivons les fonctions caractéristiques des contraintes originales pour les introduire dans la fonction à minimiser.

$$I_{\mathcal{U}}(\boldsymbol{U}) \;=\; \begin{cases} 0 & \text{si } \boldsymbol{U} \in \mathcal{U} \\ +\infty & \text{sinon,} \end{cases} \tag{3.1}$$

$$I_{\mathcal{S}_1}(\boldsymbol{S}_j) \;=\; \begin{cases} 0 & \text{si } \boldsymbol{S}_j \in \mathcal{S}_1 \\ +\infty & \text{sinon.} \end{cases} \tag{3.2}$$

et $I_{\mathcal{S}_1}(\boldsymbol{S}) = \sum_j I_{\mathcal{S}_1}(\boldsymbol{S}_j)$. En plus des variables auxiliaires $\boldsymbol{\mathcal{D}}$ (2.7), nous introduisons les variables $\boldsymbol{\mathcal{P}}$

$$\boldsymbol{p}_{ij} = u_{ij}\boldsymbol{d}_{ij} = u_{ij}(\boldsymbol{x}_i - \boldsymbol{v}_j).$$

Ainsi, nous reformulons la fonction coût en (2.2) qui devient :

$$J(\boldsymbol{U}, \boldsymbol{\mathcal{V}}, \boldsymbol{\mathcal{S}}, \boldsymbol{\mathcal{D}}, \boldsymbol{\mathcal{P}}) = \sum_{i=1}^{n} \sum_{j=1}^{c} \boldsymbol{p}_{ij}^{\top} \boldsymbol{S}_j \boldsymbol{p}_{ij}. \tag{3.3}$$

Pour alléger les écritures nous notons : $\mathbb{U} = (\boldsymbol{U}, \boldsymbol{\mathcal{V}}, \boldsymbol{\mathcal{S}})$ l'ensemble des variables du problème et $\mathbb{D} = (\boldsymbol{\mathcal{D}}, \boldsymbol{\mathcal{P}})$ l'ensemble des variables auxiliaires. Le problème de minimisation sous contrainte devient (2.2)-(2.10)

$$\min J(\mathbb{U}, \mathbb{D}) + I_{\mathcal{U}}(\boldsymbol{U}) + I_{\mathcal{S}}(\boldsymbol{\mathcal{S}}), \tag{3.4}$$

$$\text{sous contraintes} \tag{3.5}$$

$$\boldsymbol{d}_{ij} = \boldsymbol{x}_i - \boldsymbol{v}_j, \tag{3.6}$$

$$\boldsymbol{p}_{ij} = u_{ij}\boldsymbol{d}_{ij}. \tag{3.7}$$

Les contraintes de couplages sont définies de manières à garantir l'équivalence (en terme de solution) avec le problème d'origine (2.2)-(2.10), tout en permettant une optimisation indépendante selon les variables.

Avec (3.4)-(3.7), la fonction du Lagrangien augmenté est :

$$\begin{aligned} \mathscr{L}_r(\mathbb{U}, \mathbb{D}, \mathbb{Y}) \;=\;\; & J(\mathbb{U}, \mathbb{D}) + I_{\mathcal{U}}(\boldsymbol{U}) + I_{\mathcal{S}_1}(\boldsymbol{\mathcal{S}}) \\ & + \sum_{i,j} \left[\boldsymbol{y}_{ij}^{\top}(\boldsymbol{d}_{ij} - \boldsymbol{x}_i + \boldsymbol{v}_j) + \boldsymbol{z}_{ij}^{\top}(\boldsymbol{p}_{ij} - u_{ij}\boldsymbol{d}_{ij}) \right] \\ & + \frac{r}{2} \sum_{i,j} \left[\| \boldsymbol{d}_{ij} - \boldsymbol{x}_i + \boldsymbol{v}_j \|^2 + \| \boldsymbol{p}_{ij} - u_{ij}\boldsymbol{d}_{ij} \|^2 \right] \end{aligned} \tag{3.8}$$

où $r > 0$ est le terme de pénalité, $\| \cdot \|$ est la norme euclidienne, $\boldsymbol{y}_{ij}$ et $\boldsymbol{z}_{ij}$ sont les multiplicateurs de Lagrange associés aux contraintes sur les variables auxiliaires (3.6) et (3.7), représentés par $\mathbb{Y} = (\boldsymbol{\mathcal{Y}}, \boldsymbol{\mathcal{Z}})$.

3.2   Application d'ADMM

Nous appliquons la méthode ADMM au Lagrangien augmenté (3.8) par l'algorithme itératif suivant. Commençons avec $\mathbb{D}^0 : (\boldsymbol{\mathcal{D}}^0, \boldsymbol{\mathcal{P}}^0)$ et $\mathbb{Y}^0 : (\boldsymbol{\mathcal{Y}}^0, \boldsymbol{\mathcal{Z}}^0)$, on calcule successivement $\mathbb{U}^k : (\boldsymbol{U}^k, \boldsymbol{\mathcal{V}}^k, \boldsymbol{\mathcal{S}}^k)$, $\mathbb{D}^k : (\boldsymbol{\mathcal{D}}^k, \boldsymbol{\mathcal{P}}^k)$ et $\mathbb{Y}^k : (\boldsymbol{\mathcal{Y}}^k, \boldsymbol{\mathcal{Z}}^k)$ comme suite.

$$\mathbb{U}^{k+1} = \arg\min_{\mathbb{U}} \mathscr{L}_r(\mathbb{U}, \mathbb{D}^k, \mathbb{Y}^k), \tag{3.9}$$

$$\mathbb{D}^{k+1} = \arg\min_{\mathbb{D}} \mathscr{L}_r(\mathbb{U}^{k+1}, \mathbb{D}, \mathbb{Y}^k), \tag{3.10}$$

$$\boldsymbol{y}_{ij}^{k+1} = \boldsymbol{y}_{ij}^k + r(\boldsymbol{d}_{ij}^{k+1} - \boldsymbol{x}_i + \boldsymbol{v}_j^{k+1}), \tag{3.11}$$

$$\boldsymbol{z}_{ij}^{k+1} = \boldsymbol{z}_{ij}^k + r(\boldsymbol{p}_{ij}^{k+1} - u_{ij}^{k+1}\boldsymbol{d}_{ij}^{k+1}). \tag{3.12}$$

Il faut remarquer que les itérations de la méthode ADMM (3.9)-(3.12) admettent des mises à jour exactes si la fonction est bi-convexe, c'est-à-dire convexe selon $\mathbb{U}$ pour $\mathbb{D}$ fixé et réciproquement et si les contraintes sont bi-affines, c'est-à-dire affines en $\mathbb{U}$ pour $\mathbb{D}$ fixé et réciproquement (Boyd S., Parikh N., Chu E., Peleato B. et Eckstein J., 2011). Dans (3.4), $I_{\mathcal{S}_1}(\boldsymbol{\mathcal{S}})$ est non convexe à cause de la contrainte $\det(\boldsymbol{S}_j) = 1$. Pour assurer la convergence de la méthode, il suffit de fixer un nombre it_a de répétitions des blocs de relaxation (3.9)-(3.10) avant la mise à jour des multiplicateurs (Glowinski R. et Le Tallec P., 1989; Koko J., 2013). Il est conseillé $it_a = 5$.

3.2.1   Solution du sous problème (3.9) en $\mathbb{U}$

Supposons les variables auxiliaires $\mathbb{D}$ et les multiplicateurs $\mathbb{Y}^k$ fixés, le problème (3.9) du Lagrangien augmenté (3.8) est découplé selon chaque variable de $\mathbb{U}$, à optimiser séparément

$$\boldsymbol{\mathcal{V}}^{k+1} = \arg\min_{\boldsymbol{\mathcal{V}}} \sum_{i=1}^n \sum_{j=1}^c (\boldsymbol{y}_{ij}^k)^\top (\boldsymbol{d}_{ij}^k - \boldsymbol{x}_i + \boldsymbol{v}_j) \\ + \frac{r}{2} \parallel \boldsymbol{d}_{ij}^k - \boldsymbol{x}_i + \boldsymbol{v}_j \parallel^2, \tag{3.13}$$

$$\boldsymbol{U}^{k+1} = \arg\min_{\boldsymbol{U}} I_{\mathcal{U}}(\boldsymbol{U}) + \sum_{i=1}^n \sum_{j=1}^c (\boldsymbol{y}_{ij}^k)^\top (\boldsymbol{p}_{ij}^k - u_{ij}\boldsymbol{d}_{ij}^k) \\ + \frac{r}{2} \parallel \boldsymbol{p}_{ij}^k - u_{ij}\boldsymbol{d}_{ij}^k \parallel^2, \tag{3.14}$$

$$\boldsymbol{\mathcal{S}}^{k+1} = \arg\min_{\boldsymbol{\mathcal{S}}} \sum_{i=1}^n \sum_{j=1}^c (\boldsymbol{p}_{ij}^k)^\top \boldsymbol{S}_j \boldsymbol{p}_{ij}^k + I_{\mathcal{S}_1}(\boldsymbol{\mathcal{S}}). \tag{3.15}$$

Les sous problèmes (3.13)-(3.15) sont résolus en prenant les conditions d'optimalité du premier ordre, comme pour la méthode AO. De ce fait, les formulations obtenues sont assez proches

$$\boldsymbol{v}_j^{k+1} = \frac{1}{n} \sum_{i=1}^{n} \left(\boldsymbol{x}_i - \boldsymbol{d}_{ij}^k - \frac{1}{r} \boldsymbol{y}_{ij}^k \right), \tag{3.16}$$

$$u_{ij}^{k+1} = \frac{1}{r^2 \alpha_i^k \parallel \boldsymbol{d}_{ij}^k \parallel^2} C_{ij}^k, \tag{3.17}$$

$$\boldsymbol{S}_j^{k+1} = \det(\boldsymbol{\Sigma}_j^k)^{1/p} (\boldsymbol{\Sigma}_j^k)^{-1}, \tag{3.18}$$

avec,

$$C_{ij}^k = \left[r\alpha_i^k (\boldsymbol{d}_{ij}^k)^\top \tilde{\boldsymbol{z}}_{ij}^k + 1 - \sum_{\ell=1}^{c} \frac{(\boldsymbol{d}_{i\ell}^k)^\top \tilde{\boldsymbol{z}}_{i\ell}^k}{\parallel \boldsymbol{d}_{i\ell}^k \parallel^2} \right],$$

$$\tilde{\boldsymbol{z}}_{ij}^k = \boldsymbol{z}_{ij}^k + r\boldsymbol{p}_{ij}^k,$$

$$\alpha_i^k = \frac{1}{r} \sum_{j=1}^{c} \frac{1}{\parallel \boldsymbol{d}_{ij}^k \parallel^2},$$

$$\boldsymbol{\Sigma}_j^k = \sum_{i=1}^{n} \boldsymbol{p}_{ij}^k (\boldsymbol{p}_{ij}^k)^\top.$$

3.2.2 Solution du sous problème (3.10) en $\mathbb{D}$

Le sous problème en $\mathbb{D}$: $(\mathcal{D}, \mathcal{P})$ est un problème d'optimisation sans contrainte. Comme $\mathbb{D} \mapsto F(\mathbb{D}) = \mathscr{L}_r(\mathbb{U}^{k+1}, \mathbb{D}, \mathbb{Y}^k)$ est quadratique, l'unique solution est obtenue en résolvant l'équation du gradient $\nabla F(\mathbb{D}) = 0$. Un calcul simple permet d'obtenir le système linéaire suivant en $(\boldsymbol{d}_{ij}, \boldsymbol{p}_{ij})$

$$r(1 + (u_{ij}^{k+1})^2)\boldsymbol{d}_{ij} - ru_{ij}^{k+1}\boldsymbol{p}_{ij} = u_{ij}^{k+1}\boldsymbol{z}_{ij}^k - \boldsymbol{y}_{ij}^k + r(\boldsymbol{x}_i - \boldsymbol{v}_j^{k+1}) \tag{3.19}$$

$$-ru_{ij}^{k+1}\boldsymbol{d}_{ij} + (2\boldsymbol{S}_j^{k+1} + r\mathbb{I})\boldsymbol{p}_{ij} = -\boldsymbol{z}_{ij}^k \tag{3.20}$$

Il s'ensuit qu'à chaque itération, on résout nc systèmes linéaires de taille $2p$

$$\boldsymbol{A}_{ij}^k \begin{bmatrix} \boldsymbol{d}_{ij}, \\ \boldsymbol{p}_{ij} \end{bmatrix} = \boldsymbol{b}_{ij}^k \tag{3.21}$$

$$\boldsymbol{A}_{ij}^k = \begin{bmatrix} r(1 + (u_{ij}^{k+1})^2)\mathbb{I} & -ru_{ij}^{k+1}\mathbb{I} \\ -ru_{ij}^{k+1}\mathbb{I} & 2\boldsymbol{S}_j^{k+1} + r\mathbb{I} \end{bmatrix},$$

$$\boldsymbol{b}_{ij}^k = \begin{bmatrix} u_{ij}^{k+1}\boldsymbol{z}_{ij}^k - \boldsymbol{y}_{ij}^k + r(\boldsymbol{x}_i - \boldsymbol{v}_j^{k+1}) \\ -\boldsymbol{z}_{ij}^k \end{bmatrix}.$$

3.2.3 Algorithme

Pour résumer la méthode ADMM, nous présentons l'algorithme 2. La condition d'arrêt est désormais l'erreur relative sur toutes les variables primales et duales inférieure à 10^{-3}. Pour t itérations, la complexité de notre méthode est la même en $O(tnc^2p)$. Nous devrions initialiser ADMM par $\mathbb{D}$ aléatoire, mais il est plus simple de commencer avec U aléatoire et de construire toutes les autres variables, via les formules (2.12)-(2.14) et (3.6)-(3.7). Les multiplicateurs de Lagrange sont initialisés en résolvant la condition d'optimalité du première ordre (3.4)-(3.7) (dériver le lagrangien selon les variables $\boldsymbol{D}, \boldsymbol{P}$) : $z_{ij}^0 = 2S_j^0 p_{ij}^0$, $y_{ij}^0 = u_{ij}^0 z_{ij}^0$, $\forall i, j$.

Algorithme 2 ADMM

1: **Entrée :** c,r
2: $err = 1, k = 0,$
3: Initialisation aléatoire ou via ADMM(euclidien).
4: **tant que** $err > 10^{-3}$ **faire**
5:     $k \leftarrow k + 1$
6:     **pour** $k_2 = 1$ jusqu'à $it_a = 5$ **faire**
7:         $\mathcal{V}^k, \mathcal{S}^k$ et U^k respectivement selon (3.16), (3.18) et (3.17)
8:         D^k, P^k selon la résolution du système (3.21)
9:     **fin pour**
10:     $\mathcal{Y}^k, \mathcal{Z}^k$ respectivement selon (3.11) et (3.12)
11:     $err \leftarrow \| (\mathbf{U},\mathbf{D})^k - (\mathbf{U},\mathbf{D})^{k-1} \| / \| (\mathbf{U},\mathbf{D})^k \|$
12: **fin tant que**
13: **Sortie :** $U^k, \mathcal{V}^k, \mathcal{S}^k$

---

4   Expériences numériques

Dans cette section, nous avons étudié les performances de notre méthode ADMM pour le problème FCM avec la distance de Mahalanobis. Nous avons utilisé Matlab (R2021). Le terme de pénalité r influence la performance d'ADMM. Afin d'affiner au mieux ce paramétrage, nous avons normalisé toutes les données entre $[-1, 1]$, i.e., $-1 \leq x_{i\ell} \leq 1$, $\forall i, l \in [1, n] \times [1, p]$. Le choix de la valeur est très important, si r est trop petit, la convergence n'est pas assurée. Le problème doit être au moins fermé, il faut que la pénalité assure la coordination des variables. Pour ce faire, nous choisissons de donner par défaut une importance égale entre la partie augmentée du Lagrangien et la fonction objectif. Les données étant entre -1 et 1, la distance maximale est de $2\sqrt{2}(< 4)$ sur les p attributs, n objets et c classes, d'où $r_d = 4cnp$. Pour trouver la valeur optimale r^*, nous testons plusieurs valeurs et conservons celle qui converge le plus rapidement (itérations).

Dans notre étude, nous avons fixé $m = 2$ et $\rho_j = 1, \forall j \in [1, c]$. Nous comparons les 3 algorithmes suivants :

— **FCM-GK**, la méthode originale avec l'optimisation alternée sur le modèle GK.

— **ADMM**$_{r^*}$, ADMM appliquée au Lagrangien augmenté (3.8), avec la valeur de pénalité optimale r^*.
— **ADMM**$_{r_d}$, le même algorithme avec la valeur par défaut r_d.

Afin d'évaluer ces différentes méthodes, nous allons utiliser un critère d'évaluation externe qui mesure la ressemblance entre deux partitions. Ici, les données sont étiquetées, nous pouvons les comparer avec celles obtenues par les méthodes. Il est cependant nécessaire de transformer les partitions floues en partitions dures en affectant à chaque objet la classe ayant la plus forte appartenance.

Nous avons utilisé l'Ajusted Rand Index (ARI) introduit par (Hubert et Arabie, 1985). Soieut deux partitions π_1 et π_2, on note a le nombre de paires d'objets qui sont dans le même groupe dans π_1 et π_2, b le nombre de paires d'objets qui sont dans des groupes différents dans π_1 et π_2, c le nombre de paires qui sont dans le même groupe dans π_1 mais pas dans π_2 et d le nombre de paires qui sont dans le même groupe dans π_2 mais pas dans π_1.

$$ARI(\pi_1, \pi_2) = \frac{2(ab - cd)}{(a + d)(d + b) + (a + c)(c + b)}$$

Nous avons utilisé 11 jeux de données. Les 5 premiers sélectionnés sont des données réelles issues de la librairie UCI[1] : IRIS, WINE, SEEDS, WDBC et DRYBEAN. Nous avons référencé dans le tableau 1 leurs caractéristiques, c'est-à-dire le nombre de classes c, d'objets n et d'attributs p, ainsi que le paramètre de pénalité optimale r^* et par défaut r_d. Nous avons aussi utilisé 6 jeux de données synthétiques[2]. Deux jeux issus

	IRIS	WINE	SEEDS	WDBC	DRYBEAN
c	3	3	3	2	7
n	150	178	210	569	13611
p	4	13	7	30	16
r^*	30	40	1500	1700	1.710^5
r_d	7200	27768	17640	136560	6.097.728

TAB. 1 – *Caractéristiques des jeux de données UCI.*

de 3 familles A sets, DIM sets et S sets. Leurs caractéristiques sont présentées dans le tableau 2.

Pour une insensibilité des résultats à l'initialisation, nous avons d'abord exécuté ADMM avec la distance euclidien avec $r = 2, 5$ et fixant un nombre d'itérations maximal à 50 en partant avec U^0 aléatoire.

Le tableau 3 permet de constater que les méthodes ADMM sont globalement plus performantes que la méthode FCM-GK. Sauf pour DRYBEAN, où FCM-GK est meilleur. Il semble que le nombre bien plus important d'individus par classe et le ratio nombre de classes et nombre d'individus expliquent ce comportement.

Le tableau 4, correspondant aux résultats pour les données synthétiques, confirme cette

---

1. https ://archive.ics.uci.edu/ml/datasets.php
2. https ://cs.joensuu.fi/sipu/datasets/

	A1	A3	DIM32	DIM64	S1	S3
c	20	50	16	16	15	15
n	3000	7500	1024	1024	5000	5000
p	2	2	32	64	2	2
r^*	10	10	500	500	20	20
r_d	$4,8.10^4$	3.10^6	2^{21}	2^{22}	6.10^5	6.10^5

TAB. 2 – *Caractéristiques des jeux synthétiques.*

	IRIS	WINE	SEEDS	WDBC	DRYBEAN
FCM-GK	0.74	0.34	0.72	0.41	**0.70**
ADMM$_{r^*}$	**0.78**	0.81	0.71	**0.74**	0.32
ADMM$_{r_d}$	0.72	**0.90**	0.71	**0.74**	0.32

TAB. 3 – *Score ARI (UCI).*

caractéristique : plus le nombre de classes est important (A1, A3) moins le score ARI sera élevé. En revanche, plus le nombre de dimensions (DIM32, DIM64) est importante, meilleur est le score.

	A1	A3	DIM32	DIM64	S1	S3
FCM-GK	**0.90**	**0.93**	0.44	0.18	**0.97**	**0.66**
ADMM$_{r^*}$	0.23	0.16	**0.57**	**0.68**	0.33	0.24
ADMM$_{r_d}$	0.20	0.16	**0.57**	**0.68**	0.33	0.26

TAB. 4 – *Score ARI (Données synthétiques).*

Le tableau 5 recense le temps d'exécution des algorithmes lorsqu'il est significatif (supérieur à une seconde). Nous observons que les méthodes ADMM sont souvent plus rapides. Le temps d'exécution est intrinsèquement lié au nombre d'itérations (k) qui varie selon les jeux de données généralement entre 2 et 4 pour ADMM$_{r_d}$, 4 et 10 ADMM$_{r^*}$ et 50 et 200 pour FCM-GK.

5 Conclusion

Nous avons proposé une application de la méthode ADMM pour le modèle de clustering FCM avec la distance de Mahalanobis. L'intérêt de cette méthode est de diviser le problème en une séquence de sous-problèmes plus simples, faciles à résoudre. La convergence vers le même minimum, supposé global, est assurée.
Les résultats obtenus sur plusieurs jeux de données (réels ou synthétiques) montrent de bonnes performances, en termes de ratios d'échantillons bien classés, lorsque le nombre de classes n'est pas trop grand ou lorsque le nombre de dimensions est significativement

	A3	DIM32	DIM64	DRYBEAN	S3
FCM-GK	129±40	14±4	30±7	69±3	14±12
ADMM_{r*}	**8.3**±0.1	13.2±0.1	49±0.2	72±3	2.5±0.1
ADMM_{r_d}	8.5±0.1	**8.1**±0.1	**33**±0.1	**63**±2	**1.6**±0.1

TAB. 5 – *Temps CPU en seconde (moyenne $\pm$ écart type).*

plus élevé. Dans le cas contraire, le score ARI est moins bon que la méthode FCM-GK, notamment en deux dimensions. Pour simplifier l'utilisation de notre méthode, nous avons proposé une valeur par défaut pour le terme de pénalité (hyper paramètre), dont la convergence est assurée et proche de celle de la valeur optimale.

Les résultats sont très encourageants. Pour les confirmer, nous désirons appliquer notre méthode à un jeu de données provenant de la biologie, où de nombreux objets à classifier possèdent un grand nombre d'attributs. Pour faciliter l'utilisation de notre méthode, une formulation avec une pénalité adaptative est envisagée pour remplacer l'étude du r optimal. Enfin notre étude ouvre la possibilité d'appliquer la méthode ADMM à d'autres méthodes de clustering, ayant une fonction objective non convexe et en particulier celles utilisant actuellement l'optimisation alternée.

Références

Anter, A. M., A. E. Hassenian, et D. Oliva (2019). An improved fast fuzzy c-means using crow search optimization algorithm for crop identification in agricultural. *Expert Systems with Applications 118*, 340–354.

Bezdek, J. et J. Dunn (1975). Optimal fuzzy partitions : A heuristic for estimating the parameters in a mixture of normal distributions. *IEEE Transactions on Computers 100*(8), 835–838.

Bezdek, J. C. (1973). *Fuzzy Mathematics in pattern classification.* Cornell University.

Boyd S., Parikh N., Chu E., Peleato B. et Eckstein J. (2011). Distributed optimization and statistical learning via alternating direction method of multipliers. *Foundation and Trends in Machine Learning 3*, 1–122.

Cai, W., B. Zhai, Y. Liu, R. Liu, et X. Ning (2021). Quadratic polynomial guided fuzzy c-means and dual attention mechanism for medical image segmentation. *Displays 70*, 102106.

Eckstein, J. (1994). Parallel alternating direction multiplier decomposition of convex-programs. *Journal of Optimization Theory and Applications* (1), 39–62.

F. Yu, X. C. et L. Zhao (2019). ADMM for efficient deep learning with global convergence. In *KDD 19 : Proceedings of the 25th ACM SIGKDD International Conference on Knowledge Discovery Data Mining*, pp. 111–119.

Fortin, M. et R. Glowinski (1983). *Augmented Lagrangian Methods : Applications to the Numerical Solution of Boundary-Value Problems.* Amsterdam : North-Holland.

Gabay, D. et B. Mercier (1976). A dual algorithm for the solution of nonlinear variational problems via finite element approximations. *Computers and Mathematics with Applications 2*, 17–40.

Glowinski R. et Le Tallec P. (1989). *Augmented Lagrangian and Operator-splitting Methods in Nonlinear Mechanics.* Philadelphia : SIAM.

Glowinski R. et Marocco A. (1975). Sur l'approximation par éléments finis d'ordre un, et la résolution par pénalisation–dualité, d'une classe de problèmes de Dirichlet non linéaires. *RAIRO-AN 9*(2), 41–76.

Gustafson, D. et W. Kessel (1979). Fuzzy clustering with a fuzzy covariance matrix. In *1978 IEEE conference on decision and control including the 17th symposium on adaptive processes*, pp. 761–766. IEEE.

Hubert, L. et P. Arabie (1985). Comparing partitions. *Journal of classification 2*(1), 193–218.

Jain, A. K. (2010). Data clustering : 50 years beyond k-means. *Pattern recognition letters 31*(8), 651–666.

Jain, A. K. et R. C. Dubes (1988). *Algorithms for clustering data.* Prentice-Hall, Inc.

Koko J. (2011). Uzawa block relaxation for the unilateral contact problem. *Jounal Computional Applied Mathematics 235*, 2343–2356.

Koko J. (2013). Parallel Uzawa method for large-scale minimization of partially separable functions. *Journal Optimization Theory Applications 158*, 172–187.

Koko J. et Jehan-Besson S. (2010). An augmented lagrangian method for TV_g+L^1-norm minimization. *Journal Mathematica Imaging Vision 38*, 182–196.

Pal, N. R. et J. C. Bezdek (1995). On cluster validity for the fuzzy c-means model. *IEEE Transactions on Fuzzy systems 3*(3), 370–379.

Yin, S. et H. Li (2020). Hot region selection based on selective search and modified fuzzy c-means in remote sensing images. *IEEE Journal of Selected Topics in Applied Earth Observations and Remote Sensing 13*, 5862–5871.

Summary

Among the clustering methods, K-Means and variants are very popular. These methods solve at each iteration the first order optimality conditions. However, in some cases, the function to be minimized is not convex, as for the Fuzzy C-Means version with Mahalanobis distance (FCM-GK). In this study, we apply the Alternating Directions Method of Multiplier (ADMM) to ensure a good convergence. ADMM is often applied to solve a separable convex minimization problem with linear constraints. ADMM is a decomposition/coordination method with a coordination step provided by Lagrange multipliers. By appropriately introducing auxiliary variables, this method allows the problem to be decomposed into easily solvable convex subproblems while keeping the same iterative structure. Numerical results have demonstrated the significant performance of the proposed method compared to the standard method especially for high dimensional data.

KGIC : Intégration de graphe de connaissances pour la classification d'images

Franck Anaël Mbiaya[*,**], Christel Vrain[*], Frédéric Ros[**], Thi-Bich-Hanh Dao[*]
Yves Lucas[**]

* Univ. Orléans, INSA Centre Val de Loire, LIFO EA 4022, 45067, Orléans, France
** Univ. Orléans, PRISME EA 4229, 45067, Orléans, France
prenom.nom@univ-orleans.fr

Résumé. Nous présentons une méthode d'apprentissage profond pour la classification supervisée d'images, intégrant des connaissances sous forme de graphe. A ces fins, nous introduisons une fonction de coût combinant à la fois une mesure traditionnellement utilisée en apprentissage profond (entropie croisée) et une mesure originale qui prend en compte la représentation des nœuds après plongement du graphe de connaissances. Les connaissances ne sont utilisées que pendant la phase d'apprentissage et ne sont pas nécessaires pour l'évaluation d'un exemple en mode test. Les expérimentations sur plusieurs bases d'images démontrent l'amélioration en performances de notre méthode par rapport à l'état de l'art : d'une part en comparaison avec des algorithmes classiques d'apprentissage profond et d'autre part avec un algorithme très récent basé aussi sur la connaissance issue d'un graphe.

1 Introduction

Ces dernières années, la classification d'images par apprentissage profond a connu un immense succès. Pour améliorer les performances, de nombreux travaux (Khan et al., 2020) ont porté sur le développement de nouvelles architectures. Cependant, ces architectures ont montré leurs limites sur des problèmes plus complexes, parmi lesquels la classification à grains fins (Wei et al., 2021) qui requiert une analyse plus fine des images. Un exemple des jeux de données les plus utilisés pour la classification à grains fins est Caltech-UCSD-2011 (Wah et al., 2011), base de données d'images d'oiseaux regroupés en 200 catégories.

Pour faire face à ces difficultés, de nombreuses solutions ont été proposées, dont l'utilisation de la connaissance a priori pour améliorer le pouvoir de généralisation des architectures profondes (von R. et al., 2021). L'intégration de cette connaissance dans des architectures profondes dépend de la façon dont celle-ci est formalisée (graphe de connaissances, équations, règles logiques …). Une manière classique consiste à la considérer comme une nouvelle modalité de données (Yang et al., 2019). Dans les architectures profondes, l'intégration se fait généralement à travers la définition de l'architecture neuronale (Lu et al., 2017). Elle peut aussi être utilisée dans la fonction de perte (Xu et al., 2018) ou pendant la phase de test (Glavaš et Vulić, 2018).

Nous proposons une nouvelle méthode KGIC (Knowledge Graph for Image Classification) pour la classification d'images qui se fonde non seulement sur les images mais aussi sur des connaissances complémentaires formalisées sous forme de graphe pondéré. Ce graphe contient un nœud pour chaque image et chaque classe du jeu de données, mais aussi des nœuds représentant des propriétés ; les arêtes relient les images et les classes à leurs propriétés. Un plongement de ce graphe de connaissance permet d'apprendre une nouvelle représentation des images, et nous définissons une fonction de coût sur cette nouvelle représentation. La connaissance est utilisée uniquement pendant la phase d'apprentissage : la fonction de coût permet de guider l'apprentissage des poids du réseau profond. Ainsi que nous le verrons dans les expérimentations, notons que cette fonction de coût peut être intégrée dans diverses architectures.

Nos contributions sont les suivantes :
— intégration de connaissances sous forme de graphe en phase d'apprentissage
— définition d'une nouvelle fonction de perte se fondant sur un plongement du graphe de connaissance
— expérimentations sur 2 jeux de données (Caltech et SUN Attributes)

Cet article est organisé comme suit. La section 2 présente diverses approches d'intégration de la connaissance dans des architectures profondes. La section 3 est dédiée à la présentation de notre méthode tandis que la section 4 présente nos résultats expérimentaux.

2   État de l'art

L'apprentissage profond (Alzubaidi et al., 2021) domine les méthodes d'apprentissage en raison de leur très haute performance dans les tâches de prédiction et de classification. Cependant les modèles actuels restent encore des "boîtes noires", nécessitent beaucoup de données étiquetées, et leur efficience est réduite sur des problèmes plus fins de classification. L'intégration de la connaissance dans les architectures profondes est une voie émergente et prometteuse (von R. et al., 2021). Elle peut se faire à travers des données d'entraînement, au niveau de l'ensemble d'hypothèses, durant l'apprentissage ou encore pendant la phase d'inférence. Son intégration dépend de la façon dont celle-ci est représentée.

Concernant l'intégration de la connaissance dans les données d'entraînement, la connaissance est vue ici comme une source d'informations complémentaire et distincte des données d'apprentissage. La représentation peut se faire à l'aide d'équations algébriques (Yang et al., 2019), en créant des nouvelles données à partir de simulations (Pfrommer et al., 2018). L'utilisation de la connaissance en mode test cependant constitue une limite pour cette stratégie.

La connaissance peut être utilisée pour construire l'ensemble d'hypothèses : à travers la définition de l'architecture neuronale, via les hyperparamètres du modèle (Lu et al., 2017) ou encore en utilisant des neurones symboliques (Bach et al., 2017), qui utilisent des règles comme base de la structure du modèle.

La connaissance est classiquement intégrée par des techniques de régularisation, comme par exemple l'intégration de règles logiques dans une fonction de perte sémantique (Xu et al., 2018; Diligenti et al., 2017) ou un terme de régularisation basé sur la matrice laplacienne d'un graphe (Ma et Zhang, 2018). Enfin, d'autres travaux visent à vérifier la cohérence de la prédiction du modèle avec des contraintes issues de la connaissance, comme par exemple Fang et al. (2017) ou Glavaš et Vulić (2018).

Si les travaux de l'état de l'art sont prometteurs, ils restent encore souvent ad'hoc. Notre proposition basée sur les graphes de connaissances et des techniques de régularisation vise à être plus générique et ne requiert pas la connaissance en mode test.

Nous appliquons notre méthode à la classification d'images à grains fins (Wei et al., 2021). Il s'agit d'un problème complexe dont l'objectif est de discriminer les classes d'images ayant de grandes variations intra-classes et de petites variations inter-classes. Les méthodes développées peuvent être regroupées en trois familles : l'extraction de caractéristiques fines pendant l'apprentissage (Sun et al., 2020), la localisation de l'objet dans l'image (Liu et al., 2020), et l'utilisation de la connaissance. Le seul travail utilisant un graphe de connaissances est Chen et al. (2018) et notre proposition diffère dans la construction du graphe de connaissances, dans son utilisation dans la fonction de perte, et dans son utilisation seulement dans la phase d'apprentissage.

3 Méthode proposée

Pendant la phase d'apprentissage d'un réseau neuronal convolutif, les couches convolutives sont censées capter les informations visuelles dans les images pour discriminer les différentes classes. Cependant, la similarité entre certaines classes est souvent très élevée, et il est alors difficile pour le modèle de les différencier. Cette difficulté est d'autant plus importante dans les problèmes de classification à grains fins. La méthode KGIC (Figure 1) que nous proposons utilise un graphe de connaissances pour améliorer les performances d'un réseau neuronal convolutif pour la classification d'images. Tel que décrit dans l'algorithme 1, notre méthode nécessite (1) de calculer un plongement des différents nœuds du graphe de connaissances associé au jeu de données d'entraînement, (2) de calculer une fonction de perte, prenant en compte la similarité entre la représentation (par plongement) d'une image et des classes. Notre méthode a deux avantages principaux : d'une part, elle peut être utilisée dans toute architecture profonde, et d'autre part, elle ne nécessite pas de disposer de connaissances sur les images test, puisque le plongement n'est utilisé que pendant la phase d'apprentissage.

3.1 Graphe de connaissances

Pour être applicable, notre méthode nécessite de disposer d'un graphe contenant un nœud par instance d'image, un nœud par classe et des nœuds représentant des propriétés binaires. Les arcs peuvent être pondérés par un facteur de certitude.

Pour les jeux de données utilisées dans les expérimentations, de tels graphes n'étaient pas disponibles et ils ont été engendrés à partir de descriptions attribut-valeur des images (décrivant des concepts visuels, représentation sémantique du contenu des images) : un nœud par instance d'image, un nœud par classe et un nœud par couple attribut-valeur.

Formellement, dans la suite $G = (V, E)$ où $v_i \in V$ est un nœud (représentant une image, une classe ou une propriété) et $e_{i,j} \in E$ est une arête reliant v_i et v_j. Chaque arête $e_{i,j}$ est associée à un poids $s_{i,j}$ qui correspond à la certitude avec laquelle l'image (ou les images de la classe) i possède l'attribut correspondant à j. Pour une classe, la pondération est calculée en moyennant la pondération de cette classe. Si $s_{i,j} = 0$, les nœuds i et j ne sont pas connectés par une arête. Le graphe peut être enrichi avec des connaissances, comme une hiérarchie sur les classes.

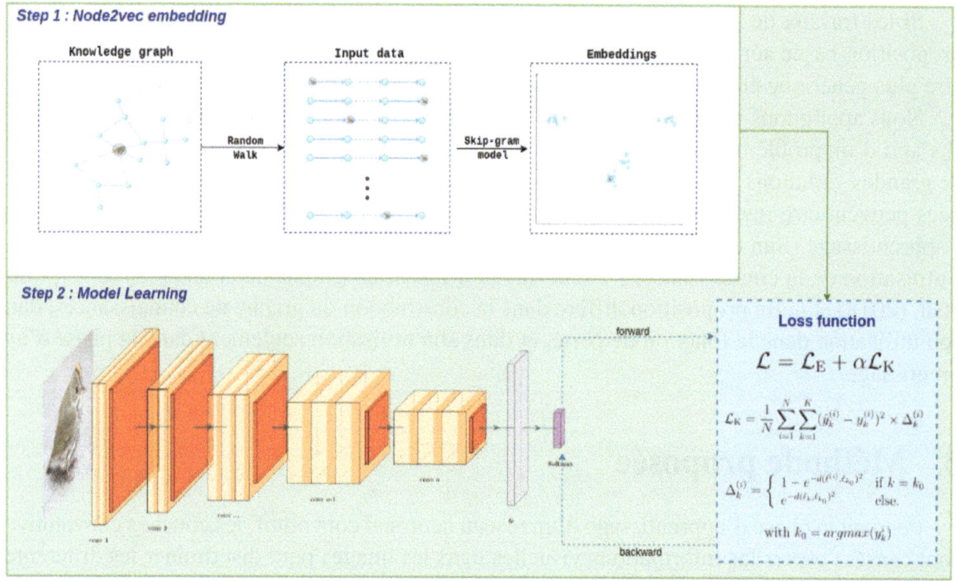

FIG. 1 – Vue générale de KGIC : un plongement (Node2Vec) prend en entrée le graphe de connaissances et calcule une nouvelle représentation des nœuds en fonction de leurs voisinages. Cette représentation est utilisée dans la fonction de perte lors de l'apprentissage.

La figure 2 donne un exemple de graphe de connaissances pour Caltech (Wah et al., 2011). Le graphe a été enrichi en regroupant les différentes classes (oiseaux) en genre, famille et ordre.

3.2 Plongement du graphe de connaissances

Le plongement du graphe de connaissances consiste à calculer une représentation de ses nœuds dans un espace de dimension $d \ll |V|$. Nous utilisons Node2vec (Grover et Leskovec, 2016) qui se décompose en deux étapes : une marche aléatoire pour générer le voisinage de chaque nœud et un algorithme de type Skip-gram pour apprendre les nouvelles représentations.

La marche aléatoire intègre un facteur de biais α pour réévaluer les poids en fonction de l'état du nœud précédent. Formellement, étant donné un nœud source u, et en considérant c_i comme le $i^{\text{ième}}$ nœud lors d'une marche composée de l étapes ($i \leq l$), la probabilité d'aller à un nœud est :

$$\mathcal{P}(c_i = v | c_{i-1} = t) = \begin{cases} \alpha_{pq} \times w_{tv} & \text{si } (t, v) \in E \\ 0 & \text{sinon} \end{cases} \tag{1}$$

Ici w_{tv} est le poids de l'arête $\{t, v\}$, et α_{pq} est le biais de recherche, dépendant de 2 paramètres p et q, qui permet de restreindre la transition entre les nœuds selon que l'on privilégie une proximité de premier ou de second ordre.

Algorithm 1 : KGIC

Input : X : images, Y : labels, G : Graphe de connaissances, $d\ p\ q$: paramètres pour le plongement, $f(\bullet)$: Réseau neuronal profond, λ : taux d'apprentissage, α : Paramètre du modèle

Output : Θ

    # Plongement du graphe de connaissances
1: $D \leftarrow Marche\ aleatoire(G, p, q)$ # Eq. 1
2: $L \leftarrow Skip - gram(D, d)$

    # Apprentissage du réseau neuronal
3: $\Theta \leftarrow$ Itialisation des poids de $f(\bullet)$
4: **for** $epoque \in [1, num\_epoques]$ **do**
5:     **for** $batch \in [1, num\_batches]$ **do**
6:        $\hat{Y} = f(X, \Theta)$
7:        $\mathcal{L}_{CE} = Entropie\ croisee(Y, \hat{Y})$ # Eq. 5
8:        $\mathcal{L}_K = Perte\ connaissance(Y, \hat{Y}, L)$ # Eq. 2
9:        $\mathcal{L}_{batch} = \mathcal{L}_{CE} + \alpha\mathcal{L}_K$ # Eq. 4
10:       $\Theta = \Theta - \lambda\partial\mathcal{L}_{batch}$ # Apprentissage des paramètres
11:     **end for**
12: **end for**

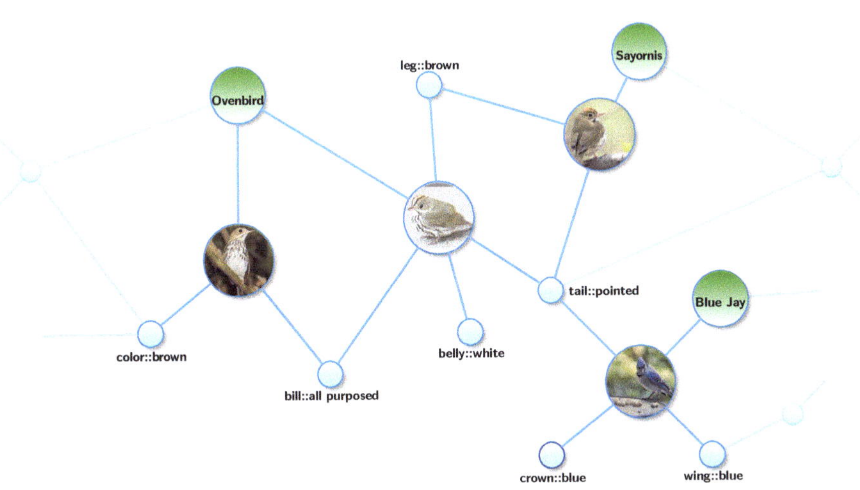

FIG. 2 – Exemple de graphe de connaissances créé à partir du jeu de données Caltech.

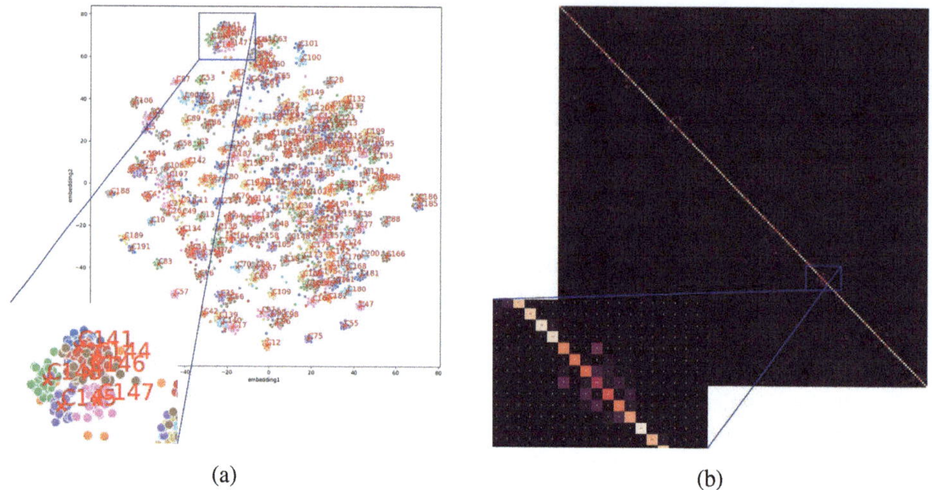

(a)   (b)

FIG. 3 – (a) Projection avec t-sne des images d'entraînement et des classes obtenues après plongement du jeu de données Caltech. (b) Matrice de confusion de Caltech après un apprentissage sur ResNet-50. Comme on peut le voir, les classes avec des concepts proches dans le graphe de connaissances sont généralement confondues par le modèle.

Une fois la marche aléatoire terminée, l'algorithme Skip-gram formule le plongement comme un problème d'optimisation du maximum de vraisemblance (voir (Grover et Leskovec, 2016)).

Dans notre méthode, l'idée est de conserver les informations sur la structure locale de chaque nœud (en choisissant $p = 0.1$ et $q = 1$) de manière à ce que les nœuds d'image et de classe qui ont des propriétés similaires aient des représentations très proches dans le nouvel espace. La figure 3a montre la projection des images d'entraînement et des classes après plongement de l'ensemble de données Caltech-UCSD-2011. Comme on peut le voir, les images appartenant à une même classe ont généralement des représentations similaires. Il en est de même de la représentation du nœud de leur classe. La figure 3b montre la matrice de confusion obtenue sur ce jeu de données après apprentissage avec un réseau ResNet-50 (sans utilisation de la connaissance). La partie zoomée représente la matrice pour les classes de 141 à 147. Nous pouvons remarquer que les classes qui sont confondues par le modèle appris ont aussi des représentations proches dans l'espace de plongement.

3.3 Apprentissage du réseau

Après avoir obtenu les nouvelles représentations des images et des classes par plongement, notre jeu de données devient alors $\mathcal{D} = \{(x^{(1)}, \ell^{(1)}, y^{(1)}), ..., (x^{(N)}, \ell^{(N)}, y^{(N)})\}$ où $x^{(i)}, \ell^{(i)}, y^{(i)}$ représentent respectivement la $i^{\text{ième}}$ image, son plongement dans l'espace des connaissances et son label, représenté par un vecteur ("one-hot representation") : nous utilisons la notation $y_k^{(i)}$ avec $y_k^{(i)} = 1$ si $x^{(i)}$ est de classe k, 0 sinon.

Dans une architecture neuronale convolutive, les couches de convolution capturent les informations spatiales pour discriminer les différentes classes. Cependant, le modèle peine à trouver la frontière entre des classes visuellement similaires. Un exemple est présenté dans la figure 3 où les classes 141 à 147 sont visuellement similaires (Fig 3a).

Perte liée à la connaissance.   Les connaissances complémentaires permettent d'apporter des informations au modèle pendant le processus d'apprentissage sur la proximité entre une image et les classes d'une part et la proximité entre les classes d'autre part. Le modèle va alors modifier ses poids, en tenant compte de la complexité à distinguer certaines classes des autres. Plus précisément, nous introduisons une nouvelle fonction de perte, formulée par :

$$\mathcal{L}_K = \frac{1}{N} \sum_{i=1}^{N} \sum_{k=1}^{K} (\hat{y}_k^{(i)} - y_k^{(i)})^2 \times \Delta_k^{(i)} \tag{2}$$

où $\hat{y}_k^{(i)} \in [0, 1]$ est la prédiction du modèle et $\Delta_k^{(i)}$ est une pondération d'autant plus grande que la discrimination est difficile dans l'espace de plongement. Nous utilisons l'erreur quadratique moyenne $(\hat{y}_k^{(i)} - y_k^{(i)})^2$ pour assurer la dérivabilité de $\mathcal{L}_K$. Si k est une classe, $\Delta_k^{(i)}$ est formulée par :

$$\Delta_k^{(i)} = \begin{cases} 1 - e^{-d(\ell^{(i)}, \ell_{y^{(i)}})^2} & \text{si } k \text{ classe attendue de } x^{(i)} \\ e^{-d(\ell_k, \ell_{y^{(i)}})^2} & \text{sinon.} \end{cases} \tag{3}$$

où $\ell_{y^{(i)}}$, $\ell^{(i)}$ et ℓ_k sont respectivement les représentations en dimension d de la classe attendue, de la $i^{\text{ème}}$ image, et de la classe k dans le plongement du graphe de connaissances. $d(\bullet)$ représente la distance euclidienne. L'utilisation de l'exponentiel permet de normaliser la distance dans l'intervalle $[0, 1]$. Lorsque la $k^{\text{ème}}$ classe correspond à la classe attendue par le modèle ($k = \arg\max(y^{(i)})$), on mesure la dissimilarité entre l'image et la classe attendue : $\Delta_k^{(i)}$ est d'autant plus grand que le point est éloigné du représentant du nœud de sa classe $(1 - e^{-d(\ell^{(i)}, \ell_{y^{(i)}})^2}$ croît lorsque $d(\ell^{(i)}, \ell_{y^{(i)}})$ croît). Ceci permet de mettre plus de poids dans les cas où l'image est éloignée de sa classe dans l'espace de plongement. Par contre, lorsque la $k^{\text{ème}}$ classe ne correspond pas à la classe attendue ($k \neq \arg\max(y^{(i)})$), on mesure la similarité entre la classe k et la classe attendue : $\Delta_k^{(i)}$ est d'autant plus petit que la représentation de la classe k est éloignée de la représentation de la classe attendue ($e^{-d(\ell_k, \ell_{y^{(i)}})^2}$ décroît lorsque $d(\ell_k, \ell_{y^{(i)}})$ croît). Ceci permet de mettre plus de poids lorsque les classes k et $y^{(i)}$ sont difficiles à discriminer dans l'espace de plongement.

Perte finale.   En résumé, notre modèle est entraîné avec la somme pondérée de deux pertes : l'entropie croisée $\mathcal{L}_{CE}(y, \hat{y})$ entre la classe prédite $\hat{y}$ et la classe attendue y et la perte liée à la connaissance définie plus haut :

$$\mathcal{L} = \mathcal{L}_{CE}(y, \hat{y}) + \alpha \, \mathcal{L}_K(y, \hat{y}, \ell) \tag{4}$$

où α est un paramètre du modèle. L'entropie croisée est définie par :

$$\mathcal{L}_{CE} = -\frac{1}{N} \sum_{i=1}^{N} \sum_{k=1}^{K} (y_k^{(i)} \, log(\hat{y}_k^{(i)}) + (1 - y_k^{(i)}) \, log(1 - \hat{y}_k^{(i)})) \tag{5}$$

4   Expérimentations

Notre objectif est de montrer expérimentalement que l'intégration de connaissances pour la classification d'images permet d'améliorer les résultats, indépendamment des architectures profondes choisies. Nous montrons aussi que notre méthode est comparable ou supérieure à celles de l'état de l'art, notamment à Chen et al. (2018) qui intègre aussi des connaissances.

4.1   Cadre expérimental

Jeux de données.   Notre méthode est évaluée sur deux jeux de données de classification à grains fins Caltech-UCSD-2011 (Wah et al., 2011) et SUN Attribute (P. et H., 2012).

Caltech-UCSD-2011 (Caltech) se compose de 200 catégories d'oiseaux, avec 5994 images pour l'entraînement et 5794 images pour les tests. Chaque image est également annotée avec 312 attributs visuels, associés à une valeur de certitude entre 1 et 4, représentant un niveau de confiance des annotateurs.

SUN Attribute dataset est un jeu de données de scène contenant 707 classes et 14340 images. Chaque classe contient environ 20 images. Chaque image est décrite par 102 attributs décrivant le contenu de la scène. Un attribut représente la présence ou non d'un objet dans la scène et est associé à une valeur de certitude comprise entre 0 et 1, donnée par l'annotateur. Nous avons créé trois sous-ensembles de données : *SUN-In* (scènes d'intérieur, 78 classes), *SUN-Out* (scènes extérieures, 93 classes) et *SUN-InOut* (scènes mélangées, 171 classes).

Cadres expérimentaux   Pour la comparaison avec l'état de l'art, nous avons redimensionné les images d'entrées à 448×448. Pour l'évaluation de la contribution de la connaissance, les images d'entrée ont été redimensionnées à 299×299. Toutes les architectures utilisées ont été pré-entraînées sur ImagetNet (Deng et al., 2009) avec 1000 classes. Pour chaque modèle pré-entraîné, la dernière couche du réseau a été modifiée pour qu'elle corresponde au nombre de classes apprises. Pour les images, des retournements horizontaux aléatoires ont été appliqués pour augmenter le nombre d'images. Concernant le plongement de graphe de connaissance (Node2vec) les paramètres ont été fixés à $p = 0,1$ et $q = 1$ pour la marche aléatoire et les nœuds ont été projetés dans un espace de dimension $d = 128$.

Nous avons utilisé l'optimiseur SGD avec un taux d'apprentissage initialisé à 10^{-4} pour les poids pré-entraînés et à 10^{-3} pour les poids initialisés de manière aléatoire (dernière couche du réseau). Le taux d'apprentissage est diminué d'un facteur de 10 toutes les 20 époques. Nous avons utilisé 80 époques pour tous les modèles et une taille de lots de 16. Le paramètre α dans Eq 4 est fixé à 5. Concernant TransFG (He et al., 2022), le modèle a été paramétré tel que décrit par les auteurs.

Pour Caltech, nous avons utilisé les images d'entraînement et de test d'origine. Pour les autres ensembles de données, nous avons réalisé une validation croisée à 5 plis. Le graphe de connaissances est créé uniquement à partir des données d'apprentissage.

Toutes les expériences ont été effectuées sur un GPU NVIDIA Quadro RTX 6000 avec 20 Go de mémoire en utilisant pycharm.

Méthode	Backbone	Taux succès(%)
KERL* (Chen et al., 2018)	VGG-16	86.3
NTS-Net (Yang et al., 2018)	ResNet-50	86.8
DCL (Chen et al., 2019)	ResNet-50	86.8
PMG (Du et al., 2020)	ResNet-50	89.6
ViT-B_16		89.8
TransFG (He et al., 2022)	ViT-B_16	91.3
KGIC-ViT-B	ViT-B_16	90.6
KGIC-TransFG	TransFG	**91.7**

TAB. 1 – Evaluation de KGIC sur le jeu de données Caltech (* résultats publiés).

4.2 Résultats et analyses

Comparaison avec l'état de l'art. Le Tableau 1 présente les performances de notre méthode sur Caltech. Nous n'avons pu exécuter l'algorithme KERL (Chen et al., 2018) (code source non disponible) alors qu'il est le seul à utiliser la connaissance de Caltech, et nous reportons les résultats publiés (Chen et al., 2018). Notre méthode avec une architecture ViT-B16 améliore de manière significative les résultats obtenus avec des architectures de l'état de l'art, hors TransFG (He et al., 2022). Couplée avec TransFG les résultats sont légèrement améliorés (+0.4%).

Méthode	taux de succès (%)		
	SUN-In	SUN-Out	SUN-InOut
TransFG (He et al., 2022)	77.8	73.7	72.3
KGIC-TransFG	**79.2**	**74.7**	**73.2**

TAB. 2 – Evaluation de KGIC sur les jeux de données SUN.

Le Tableau 2 présente les performances de notre méthode et de TransFG (He et al., 2022) sur les jeux de données SUN. Notre méthode permet d'améliorer légèrement les performances. Ce faible gain peut peut-être s'expliquer par le fait que les connaissances seules (sans les images) sont peu discriminantes, comme montré dans le Tableau 3 (taux de succès inférieur à 40% avec un SVM uniquement sur les attributs).

Données	Caltech	SUN-In	SUN-Out	SUN-InOut
taux succès - SVM (%)	46.9	38.3	29.4	32.2
taux succès - AD (%)	23.6	21.7	15.7	14.8

TAB. 3 – Taux de succès avec un modèle SVM et un arbre de décision (AD) sur la description attribut-valeur sans utiliser les images

Contribution de la connaissance. Comme on peut le voir dans le Tableau 4, l'intégration de connaissances dans des architectures classiques permet d'améliorer les performances des modèles de 1% à 4%. Les meilleurs gains sont obtenus sur le jeu Caltech, car la connaissance associée est plus discriminante (voir Tableau 3). Le meilleur gain de performance obtenu est de 4.61% sur Resnet-50. Le gain de performance est plus faible sur SUN-InOut, soit 1.37% avec le modèle Alexnet. On peut également remarquer que les gains de performance sont influencés par le choix de l'architecture.

Données	Modèle	Taux succès (%)	
		$\mathcal{L}_E$	$\mathcal{L}_E + \alpha\mathcal{L}_K$
Caltech	Alexnet	69.0	**72.4**
	Resnet-50	74.4	**79.0**
	Densenet	74.7	**78.7**
	VGG19	69.1	**72.1**
SUN-In	Alexnet	53.3	**57.2**
	Resnet-50	61.0	**64.7**
	Densenet	60.5	**64.2**
	VGG19	53.1	**56.4**
SUN-Out	Alexnet	46.9	**48.9**
	Resnet-50	56.7	**59.3**
	Densenet	53.7	**55.5**
	VGG19	46.6	**48.9**
SUN-InOut	Alexnet	48.5	**49.9**
	Resnet-50	57.1	**59.6**
	Densenet	54.0	**56.6**
	VGG19	46.6	**49.1**

TAB. 4 – Apport de la connaissance sur des modèles classiques (images de taille 229×229).

Influence de α. Le taux de succès sans connaissance sur le jeu de données SUN-In avec l'architecture ResNet-50 est 74.7%. Comme le montre le Tableau 5, quelque soit α, nous obtenons sur ce jeu de données au moins le taux de réussite obtnue sans connaissance (meilleur taux $\alpha = 5$). Le fait que la valeur optimale de α soit supérieure à 1 peut s'expliquer par la valeur très faible de la perte liée à la connaissance.

α	0.2	0.5	0.8	1.0	3.0	5.0	7.0	10.0
taux succès (%)	74.7	75.3	77.2	77.4	78.5	**79.0**	78.8	76.7

TAB. 5 – Taux de succès avec différentes valeurs de α sur SUN-In (ResNet-50)

5   Conclusion

Dans ce travail, nous proposons une méthode d'intégration de la connaissance pour la classification d'images (KGIC). La connaissance est formalisée sous forme d'un graphe qui contient des nœuds représentant les images et les classes. Utilisant un plongement de ce graphe, nous définissons une nouvelle fonction de perte pour aider une architecture profonde à trouver une frontière entre les classes les plus difficiles à discriminer. Notre méthode est générique et ne nécessite pas la connaissance en mode test. Les comparaisons expérimentales avec l'état de l'art montrent une amélioration de performance sur les jeux de données Caltech et SUN Attributes. Pour les travaux futurs, nous envisageons d'élargir le type de connaissances, notamment sous forme de règles.

Remerciement. Ces travaux ont été partiellement financés par le projet ANR-20-THIA-0017-01 : AI.iO Artificial Intelligence in Orléans : Apprentissage à partir de données hétérogènes et de connaissances expert. Application aux sciences géologiques et environnementales.

Références

Alzubaidi, L., J. Zhang, A. J. Humaidi, A. Al-Dujaili, Y. Duan, O. Al-Shamma, J. Santamaría, M. A. Fadhel, M. Al-Amidie, et L. Farhan (2021). Review of deep learning : concepts, cnn architectures, challenges, applications, future directions. *Journal of Big Data 8*(1), 53.

Bach, S. H., M. Broecheler, B. Huang, et L. Getoor (2017). Hinge-loss markov random fields and probabilistic soft logic. *J. Mach. Learn. Res. 18*(1), 3846–3912.

Chen, T., L. Lin, R. Chen, Y. Wu, et X. Luo (2018). Knowledge-embedded representation learning for fine-grained image recognition. In *27th IJCAI*, IJCAI'18, pp. 627–634. AAAI.

Chen, Y., Y. Bai, W. Zhang, et T. Mei (2019). Destruction and construction learning for fine-grained image recognition. In *CVPR*.

Deng, J., W. Dong, R. Socher, L. Li, K. Li, et L. Fei-Fei (2009). Imagenet : A large-scale hierarchical image database. In *CVPR*, pp. 248–255. Ieee.

Diligenti, M., S. Roychowdhury, et M. Gori (2017). Integrating prior knowledge into deep learning. In *ICMLA*, pp. 920–923.

Du, R., D. Chang, A. K. Bhunia, J. Xie, Y. Song, Z. Ma, et J. Guo (2020). Fine-grained visual classification via progressive multi-granularity training of jigsaw patches. In *ECCV*.

Fang, Y., K. Kuan, J. Lin, C. Tan, et V. Chandrasekhar (2017). Object detection meets knowledge graphs. In *IJCAI-17*, pp. 1661–1667.

Glavaš, G. et I. Vulić (2018). Explicit retrofitting of distributional word vectors. In *56th Annual ACL*, Melbourne, Australia, pp. 34–45. Association for Computational Linguistics.

Grover, A. et J. Leskovec (2016). node2vec : Scalable feature learning for networks. In *ACM SIGKDD*, pp. 855–864.

He, J., J. C., S. L., A. K., C. Y., Y. B., C. W., et A. L. Y. (2022). Transfg : A transformer architecture for fine-grained recognition. In *AAAI*.

Khan, A., A. Sohail, U. Zahoora, et A. S. Qureshi (2020). A survey of the recent architectures of deep convolutional neural networks. *Artificial Intelligence Review*, 5455–5516.

Liu, C., H. Xie, Z. Zha, L. Ma, L. Yu, et Y. Zhang (2020). Filtration and distillation : Enhancing region attention for fine-grained visual categorization. *AAAI Conference*, 11555–11562.

Lu, Y., M. Rajora, P. Zou, et S. Y. Liang (2017). Physics-embedded machine learning : Case study with electrochemical micro-machining. *Machines 5*(1).

Ma, T. et A. Zhang (2018). Multi-view factorization autoencoder with network constraints for multi-omic integrative analysis. In *BIBM*, pp. 702–707.

P., G. et J. H. (2012). Sun attribute database : Discovering, annotating, and recognizing scene attributes. In *CVPR*.

Pfrommer, J., C. Zimmerling, J. Liu, L. Kärger, F. Henning, et J. Beyerer (2018). Optimisation of manufacturing process parameters using deep neural networks as surrogate models. *Procedia CIRP 72*, 426–431. 51st CIRP Conference on Manufacturing Systems.

Sun, G., H. Cholakkal, S. Khan, F. Khan, et L. Shao (2020). Fine-grained recognition : Accounting for subtle differences between similar classes. *AAAI Conference on Artificial Intelligence 34*(07), 12047–12054.

von R., L., S. Mayer, K. Beckh, B. Georgiev, S. Giesselbach, R. Heese, B. Kirsch, M. Walczak, J. Pfrommer, A. Pick, R. Ramamurthy, J. Garcke, C. Bauckhage, et J. Schuecker (2021). Informed machine learning - a taxonomy and survey of integrating prior knowledge into learning systems. *IEEE Transactions on Knowledge and Data Engineering*, 1–1.

Wah, C., S. Branson, P. Welinder, P. Perona, et S. Belongie (2011). The caltech-ucsd birds-200-2011 dataset.

Wei, X., Y. Song, O. Mac Aodha, J. Wu, Y. Peng, J. Tang, J. Yang, et S. Belongie (2021). Fine-grained image analysis with deep learning : A survey. *IEEE Transactions on Pattern Analysis and Machine Intelligence*, 1–1.

Xu, J., Z. Z., T. F., Y. L., et G. V. den Broeck (2018). A semantic loss function for deep learning with symbolic knowledge.

Yang, Z., R. Al-Bahrani, A. C. E. Reid, S. Papanikolaou, S. R. Kalidindi, W. Liao, A. Choudhary, et A. Agrawal (2019). Deep learning based domain knowledge integration for small datasets : Illustrative applications in materials informatics. In *2019 IJCNN*, pp. 1–8.

Yang, Z., T. Luo, D. Wang, Z. Hu, J. Gao, et L. Wang (2018). Learning to navigate for fine-grained classification. In *ECCV*.

Summary

We present a deep learning method for supervised image classification, integrating knowledge formalized as a graph. We introduce a cost function combining the classical cross-entropy used in deep learning and an original function based on the representation of nodes after an embedding of the knowledge graph. The knowledge is only used during the learning phase and is not necessary to evaluate an example. Experiments on several image databases show an improvement of the performance compared to state-of-the-art: in comparison with classical deep learning algorithms, and with recent algorithms also integrating knowledge represented by a graph.

ARTICLES COURTS

Prédiction de temps de parcours de bus par chaînage des données d'entraînement

Gabriel Ferrettini*, François Queyroi*, Mounira Harzallah*

* Nantes Université, Ecole Centrale Nantes, CNRS, LS2N, UMR 6004
F-44000 Nantes, France
prenom.nom@univ-nantes.fr

Résumé. Dans le cadre de la planification de lignes de bus, il est intéressant de prédire à la fois la durée d'une course (du départ au terminus) et le temps de parcours de chaque inter-arrêt. Une solution est de chaîner les prédictions de modèles construits pour chaque inter-arrêt et de les sommer pour obtenir le temps total de la course. Cependant, ce modèle dit "chaîné" ne prend pas en compte la dégradation des données prédites d'une étape pour l'étape suivante. Nous proposons d'améliorer ce modèle en intégrant le chaînage des prédictions dans l'entraînement des modèles de chaque étape. L'évaluation de notre proposition montre que notre méthode améliore la prédiction de la durée totale d'une course. Cependant, l'analyse comparative des performances des modèles inter-arrêts et du modèle chaîné montre qu'une amélioration des premiers n'améliore pas forcément le second.

1 Introduction

Dans le contexte actuel, il est d'une importance croissante de développer les transports en commun et d'en promouvoir l'utilisation. À cet effet, de nombreuses compagnies visent à prédire de manière efficace le temps de trajet de leurs véhicules, afin de mieux en planifier les trajets et identifier les sources d'éventuels retards. Cet article se place dans le contexte d'un réseau de lignes de bus, dans le but de simuler le comportement d'un bus au cours de son trajet. Dans cette optique, de nombreuses informations sont intéressantes. En effet, le temps de trajet total du bus de son départ à son terminus est important, mais le détail des évènements survenant au cours de ce trajet l'est également, afin d'identifier les éventuelles causes de ralentissements et donc de retards du service et de modifier l'aménagement des lignes de bus en conséquence.

Nous étudions donc des modèles de régression visant non seulement à prédire la durée totale du trajet d'un bus, mais également la durée de ses différentes étapes. Pour cela, nous proposons d'utiliser un modèle prédictif distinct pour prédire le trajet du bus pour chaque inter-arrêt (i.e. entre deux arrêts successifs) d'une ligne, et chaîner les prédictions de ces modèles afin de prédire la durée de son trajet total. Enfin, nous proposons une nouvelle méthode d'entraînement visant à améliorer la performance de modèles chaînés en modifiant les données d'entraînement afin d'y inclure le fait que le modèle recevra des données en partie prédites par le modèle précédent. Cette méthode, à notre connaissance, n'a pas encore été proposée dans l'état de l'art.

2   État de l'art

La prédiction de temps de parcours de bus a été explorée de diverses manières, y compris dans des travaux récents. Certains travaux utilisent des méthodes et modèles classiques d'apprentissage automatique tels que les machines à support vectoriel (SVM) (Bin et al., 2006; Yang et al., 2016), les K plus proches voisins (KNN) (Kumar et al., 2019; Liu et al., 2012) ou encore les arbres de décision de régression (RDT) (Cheng et al., 2018). D'autres travaux utilisent des méthodes plus poussées telles que les réseaux de neurones, pour des applications plus complexes, comme la prédiction de temps de parcours avec un modèle unique pour la totalité d'un réseau de bus (Shoman et al., 2020). Ces différents travaux s'accordent à dire qu'une des informations clés de la prédiction de temps de parcours est l'état de la circulation au moment du trajet. Or, Bin et al. (2006) soulignent qu'en l'absence de données en temps réel concernant la circulation routière, des informations sur le passé récent des trajets de bus sur la même ligne sont un bon indicateur de l'état de la circulation. C'est pourquoi certains chercheurs proposent de tenir compte des bus ayant récemment effectué le même trajet que le bus étudié. Par exemple, Petersen et al. (2019b) proposent d'utiliser des réseaux récurrents à mémoire court et long terme (LSTM) afin d'inclure des données sur les bus précédents ayant effectué le même trajet que le bus étudié. Petersen et al. (2019a) proposent également une méthode visant à décomposer le trajet en une séquence d'inter-arrêts afin de mieux prédire la durée de chacune d'entre elles et la durée totale de la course.

Pourtant, peu de travaux se sont intéressés aux relations entre les différentes étapes d'un même trajet d'un bus, préférant traiter un trajet comme un élément unique, prédit en une seule fois, ou en prédisant chacune de ses étapes indépendamment les unes des autres (Petersen et al., 2019a). Le fait de tenir compte des étapes précédentes lors d'une prédiction a pourtant été exploré dans plusieurs autres domaines. Par exemple, Sutskever et al. (2014) propose une formalisation de la prédiction d'un mot dans une phrase en tenant compte des mots qui le précèdent et qui ont été préalablement prédits. Plus proche de notre domaine d'application, Chen et Li (2019) propose de prédire l'éventuel retard d'un avion lors d'un trajet, puis d'utiliser cette prédiction pour prédire son éventuel retard sur les trajets suivants via une chaîne de modèles de régression. Cette même approche se retrouve dans la prédiction de gestes et de postures humaines proposée par Gkioxari et al. (2016). Chaque prédiction de posture est ici utilisée pour prédire les postures suivantes plus loin dans le temps.

3   Définitions et formulation du problème

Une ligne de bus est constituée de n arrêts notés par les entiers $(1, 2, \ldots, n)$. Un bus voyageant le long de cette ligne passera par chacun des arrêts. Le trajet d'un bus partant de l'arrêt de départ jusqu'au terminus d'une ligne est une course, notée x, avec

$x \in \mathcal{X}$. $\mathcal{X}$ est l'ensemble des courses effectuées sur la ligne. La durée d'une course x est notée Δ. Le trajet d'un bus entre deux arrêts consécutifs i et $i+1$ (aussi appelé l'inter-arrêt i) lors de la course x est noté x_i et sa durée Δ_i, où $x_i \in \mathcal{X}_i$ avec $\mathcal{X}_i$ l'ensemble des trajets entre les arrêts i et $i+1$. Une course x peut ainsi être décomposée en une séquence de trajets entre chaque inter-arrêt : $x = [x_1, \ldots, x_{n-1}]$. La durée d'une course correspond donc à la somme des durées des inter-arrêts $\Delta = \Delta_1 + \ldots + \Delta_n$.

Nous disposons d'un ensemble de variables décrivant les conditions au départ d'une course x ou d'un inter-arrêt x_i. Ce dernier inclut le retard au départ de x_i, cette donnée dépend donc de Δ_{i-1}. Nous voulons obtenir un modèle capable de prédire à la fois la durée totale de la course Δ ainsi que le temps de trajet de chaque inter-arrêt Δ_i. Un modèle m est appelée modèle "de ligne" s'il produit une estimation $m(x) = \bar{\Delta}$ de la durée d'une course x. De même, on appelle m_i un modèle "d'inter-arrêt" produisant l'estimation $m_i(x_i) = \bar{\Delta}_i$. Nous nous intéressons ici à des modèles dits chaînés permettant de produire une estimation de Δ en combinant les résultats des modèles d'inter-arrêt $(m_1, m_2, \ldots, m_{n-1})$. On cherche en particulier à déterminer si des modèles chaînés permettent d'égaler des modèles de ligne en termes de qualité de prédiction.

4 Modèles chaînés de temps de parcours

Nous décrivons dans cette section deux modèles chaînés permettant de fournir à la fois des estimations des durées des trajets inter-arrêt et de la durée d'une course. Le modèle à prédiction chaînée correspond à une approche directe du problème, tandis que le modèle avec chaînage des données d'entraînement est l'alternative que nous proposons.

On peut prédire la durée d'une course en sommant des prédictions de durées de trajets sur des inter-arrêts consécutifs qui la composent. Il est donc possible de construire un modèle m_+ de ligne à partir d'un ensemble de modèles d'inter-arrêts $(m_1, \ldots, m_{n-1})$. Ce modèle chaîné de prédiction est noté m_+.

Le retard au départ de x_i étant une variable explicative de ce dernier et dépendant de Δ_{i-1}, chaque m_i (excepté m_1) reçoit des données construites à partir des prédictions du modèle précédent. Nous obtenons donc des trajets d'inter-arrêts modifiés $\bar{x}_i$ où le retard au départ de l'arrêt i est le retard prédit par m_{i-1} sur $\bar{x}_{i-1}$. Grâce à ce procédé, nous effectuons une prédiction sur une course x comme suit : $m_+(x) = m_1(x_1) + m_2(\bar{x}_2) + \ldots + m_{n-1}(\bar{x}_{n-1})$. Chaque étape de la prédiction tient compte des prédictions précédentes de proche en proche. Chen et Li (2019) utilisent, dans le cadre de trajets d'avions, un modèle unique pour prédire tous les trajets, tandis que nous utilisons un modèle pour chaque segment de course.

Lorsque le modèle m_i effectue une prédiction sur des données modifiées $\bar{x}_i$, il dispose d'un retard au départ de la course x_i qui a été prédit par m_{i-1} sur $\bar{x}_{i-1}$ plutôt que le retard au départ observé dans nos données. Ce retard prédit comportera donc une erreur par rapport à l'observation qui va influencer la prédiction de m_i. Or, lorsque m_i est entraîné sur l'ensemble de données $\mathcal{X}_i$, les données qu'il reçoit en entrée sont bien celles observées. Afin de prendre en compte la dégradation de la qualité de ses données en entrée, nous proposons d'entraîner m_i sur des données déjà prédites, et donc plus proches de ce qu'il recevra lors de son exploitation. Pour ce faire, pour chaque ensemble de données d'entraînement $\mathcal{X}_i$ nous créons l'ensemble de données modifié $\bar{\mathcal{X}}_i$. Dans cet ensemble, les variables chaînées (*i.e.* retard du bus au départ de l'arrêt i) sont remplacées en utilisant des prédictions précédentes $\mathcal{X}_{i-1}$. L'ensemble de données $\mathcal{X}_1$ n'ayant pas de prédécesseur, m_1 n'utilisera pas de données prédites. Toutefois, l'approche directe consistant à construire itérativement $\bar{\mathcal{X}}_i$ en utilisant les prédictions d'un modèle m_{i-1} construit sur l'ensemble $\bar{\mathcal{X}}_{i-1}$ n'est pas robuste. En effet, prédire directement les valeurs d'un ensemble de courses sur lequel m_{i-1} a été entraîné amène un risque de sur-entraînement.

La méthode que nous proposons est donc la suivante. L'ensemble $\bar{\mathcal{X}}_i$ est construit en différentes étapes par une méthode de type "K-*fold*" : pour chaque fold, un modèle m_{i-1} est entraîné sur $K-1$ parties de l'ensemble de données, puis effectue les prédictions de $\bar{\Delta}_{i-1}$ pour la partie restante. Nous construisons itérativement chaque $\bar{\mathcal{X}}_i$ en utilisant cette méthode. Une fois ces jeux de données créés, nous entraînons chaque m_i à nouveau sur les $\bar{\mathcal{X}}_i$ finaux, donc sur l'ensemble des individus d'entraînement. Nous prenons ensuite la somme de chaque prédiction individuelle Δ_i comme prédiction de Δ à l'instar du modèle m_+. Nous appelons "modèle à entraînement chaîné" un modèle chaîné entraîné de cette manière et le notons m_+^K.

5   Description des expériences

Pour les expériences réalisées, nous considérons les données de 3 lignes de bus du réseau de transports publics de Marseille. Ces données sont constituées tout d'abord des données GTFS décrivant les horaires du réseau. À ces horaires théoriques s'ajoutent les données GPS recueillies par les compagnies de transport, indiquant l'heure de passage à chaque arrêt. Le système GPS étant sujet à des erreurs au départ et à l'arrivée des courses, nous omettons le départ et le terminus dans les trajets des bus.

L'ensemble de données $\mathcal{X}_i$, décrivant le parcours des bus sur une ligne entre les arrêts i et $i+1$ contient la date de la course, les informations météorologiques lorsque la course a été effectuée [1]., les heures de départ théorique du bus respectivement aux arrêts i et $i+1$, ainsi son retard au départ de l'arrêt i. Pour finir, notre variable cible est le temps de trajet Δ_i entre les arrêts i et $i+1$. Notons que celui-ci inclut le temps d'attente à l'arrêt d'arrivée.

Afin d'assurer une bonne continuité entre les courses décrites dans $\mathcal{X}$ et les différents $\mathcal{X}_i$, toute course comportant une erreur d'enregistrement pour un inter arrêt est enlevée dans son entièreté afin de ne conserver que les courses "complètes". Enfin, chaque valeur aberrante de temps de trajet est remplacée par sa moyenne pour l'heure de départ concernée. Le tableau 1 donne les caractéristiques des lignes ainsi que le nombre de courses observées par ligne après nos pré-traitements.

Sur ces données, nous entraînons tout d'abord le modèle ligne appelé m_L sur chaque ligne. Ce modèle prédit directement la durée totale d'une course x en utilisant les informations au début de la course (le deuxième arrêt dans notre cas). Il nous servira

---

1. Canal officiel des stations météo française : donneespubliques.meteofrance.fr

Ligne	nb arrêts	nb course	temps moyen trajet (s)	Distance (m)
L18 Aller	28	16598	1695	7400
L18 Retour	27	24773	1782	7901
L4 Aller	26	3030	1449	7612
L4 Retour	24	2549	1360	7675
L89 Aller	26	2476	1781	5980
L89 Retour	22	2283	1703	5955

TAB. 1 – *Caractéristiques des lignes étudiées dans les expériences*

de base de comparaison. Nous entraînons ensuite deux modèles chaînés : le modèle chaîné classique m_+ entraîné sur les ensembles de données $\mathcal{X}_i$, et le modèle chaîné m_+^K entraîné sur les ensembles de données $\bar{\mathcal{X}}_i$ pré-chaînés via la méthode k-fold.

Pour entraîner les modèles m_L ainsi que chacun des m_{i-1}, nous comparons trois algorithmes d'apprentissage automatique souvent utilisés dans l'état de l'art (Yang et al., 2016; Cheng et al., 2018; Kumar et al., 2019) : SVM, arbre de décision et KNN. Les hyper-paramètres de ces algorithmes ont été sélectionnés via une optimisation "gridsearch" pour chaque ligne et chaque inter-arrêt. [2]

6   Résultats

La figure 1 résume les résultats obtenus pour chaque modèle pour les lignes étudiées. En considérant les scores MAPE (*mean absolute percentage error*), on constate d'abord que les modèles chaînés ne sont pas systématiquement pires que le modèle m_L. On pourrait en conclure que la variable chaînée (*i.e.* le retard au départ de l'arrêt) n'a pas d'influence sur les prédictions des modèles. Or, une analyse des variables utilisées par les modèles (non rapportée ici) montre que c'est bien le cas : inclure le retard du bus au départ du trajet considéré augmente bien la précision des modèles m_i et m_L.

Notre proposition m_+^K présente des performances équivalentes ou supérieures à celles de m_+ dans la grande majorité des cas : hormis pour la Ligne 89 Retour, les MAPE de m_+^K sont inférieures à celles de m_+. Il en est de même si on regarde les variations du co-efficient de détermination $R2$. Cela montre que l'entraînement chaîné utilisé pour créer m_+^K permet aux m_i de mieux prendre en compte la qualité dégradée de l'information apportée par le chaînage des prédictions, tout en continuant à l'utiliser. On peut tou-tefois noter que les résultats sont différents selon l'algorithme d'apprentissage utilisé. Ainsi, l'entraînement chaîné semble avoir un effet très limité pour RDT et beaucoup plus important pour les modèles construits avec SVR.

Afin d'améliorer la prédiction de la durée d'une course par un modèle chaîné, notre construction des $\bar{\mathcal{X}}_i$ pour m_+^K dégrade volontairement les données d'entraînement des modèles d'inter-arrêt m_i. On peut toutefois noter qu'une dégradation ou amélioration moyenne des prédictions individuelles des $\bar{\Delta}_i$ par les m_i ne correspond pas nécessai-

---

2. Code et données des expériences : `https://gitlab.univ-nantes.fr/ferrettini-g/egc_experiment`

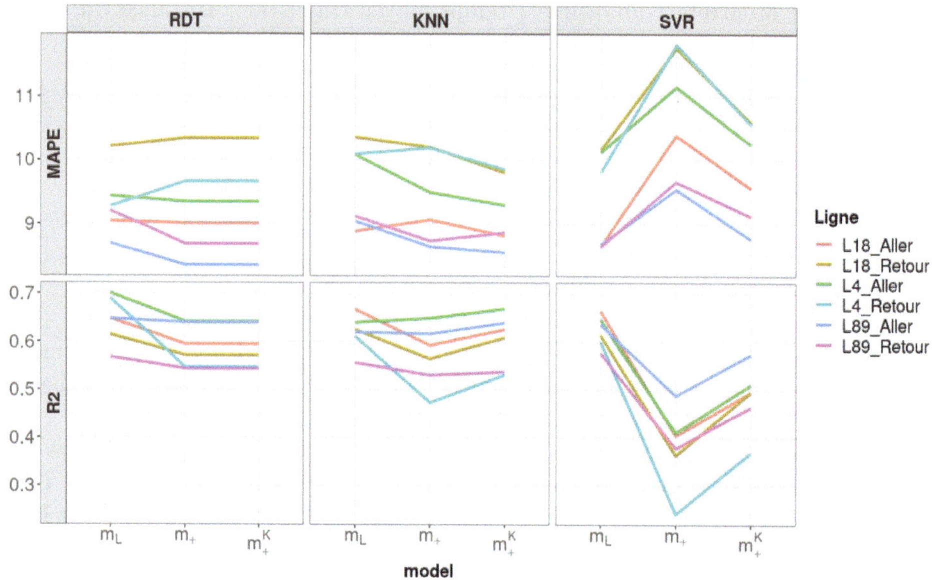

FIG. 1 – *Comparaison des MAPE et des R2 pour les modèles m_l, m_+ et m_+^K pour la prédiction de la durée totale des courses.*

rement à une variation réciproque de la qualité des modèles chaînés. En effet, il est possible que les erreurs individuelles des m_i se compensent pour aboutir à une prédiction plus précise des durées des courses.

Cet effet de compensation se retrouve expérimentalement si on compare à la fois la moyenne des erreurs des m_i et les erreurs des modèles chaînées selon l'algorithme d'apprentissage utilisé (voir la figure 2). On constate que les modèles SVR produisent des m_i avec une erreur moyenne dans tous les cas inférieure à celles obtenues avec les deux autres méthodes d'apprentissage. Or, comme noté dans la section précédente, les modèles chaînés construits avec SVR ont des erreurs supérieures lorsqu'ils prédisent une course entière. Cet effet est présent selon que l'on utilise notre construction par entraînement chaîné ou non.

Notons, par ailleurs, que notre méthode peut avoir un effet négatif notable sur l'erreur moyenne des modèles m_i. Cet effet est attendu par la façon dont les modèles sont entraînés dans notre construction. Cet accroissement de l'erreur moyenne des m_i est souvent moindre que la réduction de l'erreur des modèles chaînés. C'est particulièrement le cas pour les modèles utilisant SVR. Il existe toutefois des cas où on perd sur les deux tableaux (*e.g.* L89 Retour avec algorithme KNN).

La figure 2 indique qu'une amélioration ou dégradation des m_i ne correspond pas forcément à des meilleurs modèles chaînés. Dans notre cas, il faut choisir un compromis entre SVR et RDT selon que l'on souhaite avoir un modèle de ligne ou des modèles d'inter-arrêt plus précis (KNN est souvent inférieur à RDT sur les deux dimensions). Nous reviendrons dans la section 7 sur les possibilités d'optimisation multi-objectifs

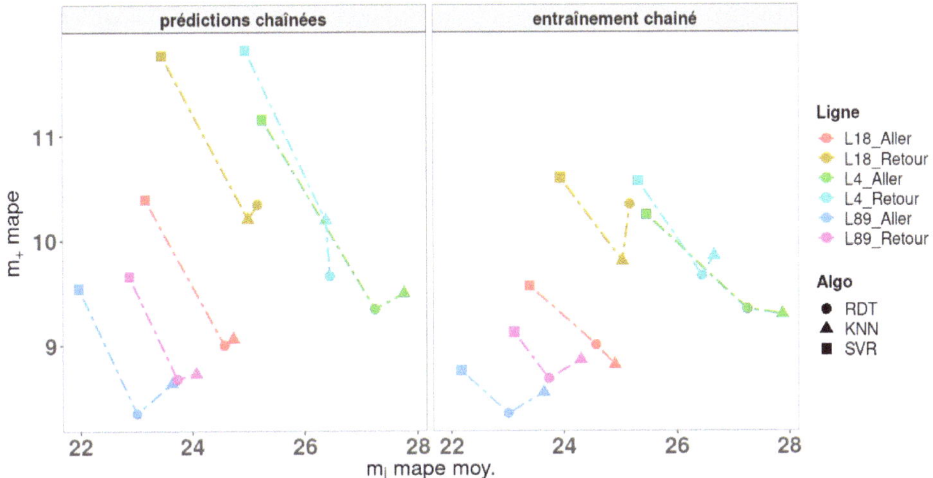

FIG. 2 – *Comparaison des MAPE des modèles inter-arrêts m_i et des modèles chainés m_+ selon l'algorithme et l'entraînement utilisés.*

que ces observations appellent.

7   Conclusion et Perspectives

Dans le cadre de la prédiction de la durée d'une course de bus, nous avons pu voir que l'utilisation de modèles de prédictions chaînées produit des prédictions avec une précision inférieure. Ces derniers ont toutefois l'avantage de pouvoir également donner une prédiction des durées inter-arrêts. La transformation dans l'apprentissage des modèles chaînés que nous proposons permet d'améliorer la prédiction des durées des courses complètes. L'analyse de nos résultats suggère par ailleurs que l'amélioration individuelle des prédictions des temps inter-arrêts ne permet d'aboutir mécaniquement à une meilleure prédiction des temps de course complète.

Il serait pertinent d'explorer des compromis entre bonnes prédictions des inter-arrêts et des courses complètes. On aboutit alors à un problème d'optimisation multi-objectif *i.e.* les modèles chaînés acceptables formeraient un front de Pareto dans la figure 2. L'utilisateur pourrait en effet rejeter des modèles chaînés ayant une bonne qualité de prédiction des courses complètes, mais une mauvaise qualité de prédiction des durées inter-arrêts.

Références

Bin, Y., Y. Zhongzhen, et Y. Baozhen (2006). Bus arrival time prediction using support vector machines. *Journal of Intelligent Transportation Systems 10*(4), 151–158.

Chen, J. et M. Li (2019). Chained predictions of flight delay using machine learning. In *AIAA Scitech 2019 forum*, pp. 1661.

Cheng, J., G. Li, et X. Chen (2018). Research on travel time prediction model of freeway based on gradient boosting decision tree. *IEEE access 7*, 7466–7480.

Gkioxari, G., A. Toshev, et N. Jaitly (2016). Chained predictions using convolutional neural networks. In *European Conference on Computer Vision*, pp. 728–743. Springer.

Kumar, B. A., R. Jairam, S. S. Arkatkar, et L. Vanajakshi (2019). Real time bus travel time prediction using k-nn classifier. *Transportation Letters 11*(7), 362–372.

Liu, T., J. Ma, W. Guan, Y. Song, et H. Niu (2012). Bus arrival time prediction based on the k-nearest neighbor method. In *2012 Fifth International Joint Conference on Computational Sciences and Optimization*, pp. 480–483. IEEE.

Petersen, N. C., F. Rodrigues, et F. C. Pereira (2019a). Multi-output bus travel time prediction with convolutional lstm neural network. *Expert Systems with Applications 120*, 426–435.

Petersen, N. C., F. Rodrigues, et F. C. Pereira (2019b). Multi-output deep learning for bus arrival time predictions. *Transportation Research Procedia 41*, 138–145.

Shoman, M., A. Aboah, et Y. Adu-Gyamfi (2020). Deep learning framework for predicting bus delays on multiple routes using heterogenous datasets. *Journal of Big Data Analytics in Transportation 2*(3), 275–290.

Sutskever, I., O. Vinyals, et Q. V. Le (2014). Sequence to sequence learning with neural networks. *Advances in neural information processing systems 27*.

Yang, M., C. Chen, L. Wang, X. Yan, et L. Zhou (2016). Bus arrival time prediction using support vector machine with genetic algorithm. *Neural Network World 26*(3), 205.

Summary

The time required for a bus to finish its route and the inter-stops time are two relevant dimensions to predict in the context of bus route planning. If the full route is just the aggregation of the inter-stops, a solution is to train a chained model for each inter-stop and sum the individuals predictions to get the full route time. An efficient time prediction will use sequential information as input (*i.e.* the bus previous delay). However, model chaining fails to take into account the fact that each individual model use corrupted data (as prediction themselves) for its predictions while it was trained using observed data.

We introduced a new chained model that correct this issue by chaining not only the prediction but also the training step. Experiments show that our method improve full route prediction in most cases. Moreover, the comparative study of full route and inter-stops time predictions shows that improving the latter does not necessarily improve the former. These observations opens interesting perspectives involving multi-objective optimization procedures.

Peuplement de base de connaissances, évaluation et système end-to-end

Maxime Prieur*,**, Cédric du Mouza*, Guillaume Gadek**, Bruno Grilheres**

* Laboratoire Cédric, Conservatoire National des Arts et Métiers
maxime.prieur.auditeur@lecnam.net, dumouza@cnam.fr
** Airbus Defence and Space, Élancourt France
guillaume.gadek, bruno.grilheres@airbus.com

Résumé. Les bases de connaissances (KB) sont utilisées dans de nombreux domaines, comme l'intelligence économique ou l'assistance aux utilisateurs. Elles regroupent des connaissances pouvant être exploitées par l'ordinateur. Cependant, leur création reste complexe pour un expert devant extraire et lier chaque nouvelle information. Dans cet article, nous décrivons une méthode d'évaluation de système d'enrichissement de base de connaissances. Cette évaluation est mise à l'épreuve par ELROND un système complet conçu autour d'une chaîne de traitement composée de 4 modules.

1   Introduction

Les bases de connaissances sont des structures de données régies par des ontologies prédéfinies et sont très utiles pour agréger l'information dans le but de simplifier sa visualisation et son analyse. Ces bases sont utilisées dans de multiples domaines tels que les métiers de l'intelligence économique (Shue et al., 2009) afin de faciliter la prise de décision ou bien pour extraire les éléments liant des publications scientifiques (Luan et al., 2018) par exemple.

Cependant, la construction et la mise à jour manuelles de ces bases sont coûteuses puisque souvent les domaines d'utilisation exploitent des informations en constante évolution. L'alternative, un enrichissement automatique, permettrait d'extraire et d'ajouter les éléments souhaités depuis des sources d'intérêts vers la structure de données. Néanmoins, les solutions existantes sont encore limitées et il n'existe à notre connaissance aucun protocole d'évaluation couvrant l'entièreté de la tâche de peuplement (Min et al., 2018; Mesquita et al., 2019).

Dans cet article, nous tentons de combler ce manque en proposant les contributions suivantes :
— Nous formalisons une méthode d'évaluation des systèmes complets d'enrichissement de base de connaissances depuis des textes.
— Nous introduisons ELROND, un système de peuplement end-to-end en 4 étapes sur lequel nous testons notre méthode d'évaluation.
— Nous évaluons et comparons le modèle proposé en appliquant le mode d'évaluation présenté au dataset DWIE (Zaporojets et al., 2021).

La suite de cet article est structurée comme suit : après avoir présenté les travaux récents sur les systèmes d'enrichissement de base de connaissances (Knowledge Base Population, KBP) et leur évaluation (section 2), nous formaliserons et détaillerons notre protocole d'évaluation (section 3). Nous décrirons ELROND (section 4) puis présenterons l'expérience menée et les résultats obtenus (section 5) avant de discuter des pistes à explorer dans des travaux futurs.

2 État de l'art

Enrichissement de base de connaissances. Le peuplement d'une base de connaissances depuis des textes consiste à extraire les éléments et leurs relations afin de compléter des informations déjà connues et structurées. Cette tâche englobe en général plusieurs étapes : reconnaissance d'entités nommées (REN), résolution de coréférence, extraction de relations et liage des entités à la base. TinkerBell (Al-Badrashiny et al., 2017), l'un des premiers systèmes complets, combine deux Bi-LSTM (Graves et al., 2013) utilisant le texte et les caractéristiques linguistiques pour assigner des tags aux mots du document. Le liage d'entité somme des scores de popularité, de similarité et de cohérence. KnowledgeNet (Mesquita et al., 2019) résout l'extraction de relations par un modèle Bi-LSTM utilisant des caractéristiques linguistiques et les représentations obtenues par un modèle BERT (Devlin et al., 2019), mais ne détecte pas de relations au niveau supra-phrastiques (Yao et al., 2019). Ces approches reposent sur Wikipédia et ne sont pas adaptées lorsque les sources présentent une grande proportion d'entités non répertoriées dans l'encyclopédie. KBPearl (Lin et al.) propose d'utiliser des frameworks d'extraction d'information ouverte (OIE). Le système extrait et lie les connaissances du texte par une méthode de densification de graphe appliquée au graphe sémantique des connaissances du texte. En plus d'une profusion d'informations potentiellement inintéressantes pour l'utilisateur produite par les frameworks OIE, la sélection des candidats est réalisée par correspondance d'alias, peu adaptée lors de l'apparition de nouvelles mentions.

Évaluation d'un système de KBP. S'il existe des benchmarks et des métriques pour l'évaluation des sous-tâches (F1-score pour le REN et l'extraction de relations, Hit@k pour le liage, etc), peu de propositions existent pour les systèmes complets, construisant des bases de connaissances depuis des textes. Les workshops TAC KBP évaluent un système en calculant la précision sur des requêtes 1-hop, « Que porte Frodon au Mordor ? », et 2-hop, « Qui a créé ce que porte Frodon au Mordor ? ». Le numéro étant le nombre de relations séparant les deux entités. Le coût d'une évaluation manuelle de systèmes retournant un grand nombre de réponses (Ellis et al., 2015) oblige les évaluateurs à se concentrer sur un nombre restreint de requêtes et n'évaluent donc pas la base dans son entièreté. Min et al. (2018) rendent possible l'évaluation automatique en mesurant l'alignement de triplets *(sujet, relation, objet)* entre la référence et ce qui est prédit. Le liage d'une entité créée avec une entité de référence est fait si l'entité produite partage plus de 50% des mentions avec l'entité de référence. Cet alignement pose les questions du cas où le système n'extrairait qu'un nombre faible de mentions et du choix arbitraire du seuil à 50%. KnowledgeNet (Mesquita et al., 2019) mesure le $F1$ score sur l'extraction de triplets annotés dans des phrases et le liage du couple d'entités sujet et objet à leur page Wikidata. Les phrases du jeu de données n'étant annotées que pour un couple et une relation à chaque phrase, il est impossible d'évaluer correctement la précision puisque des résultats pourraient être considérés à tort comme de faux positifs. Comme Min et al. (2018), l'évaluation se fait au niveau textuel et écarte la construction d'une base. Ces méthodes d'évaluation incomplètes soulignent la nécessité d'un protocole évaluant les performances d'un système KBP.

3   Modèle de données et définitions

3.1   L'enrichissement de bases de connaissances

Une KB se compose d'éléments (des entités, des attributs et de relations entre ces derniers) suivant une ontologie définie. Elle peut ainsi être modélisée par un graphe dans lequel les nœuds sont les différents éléments et les arêtes traduisent l'existence d'une relation entre ces éléments. On définit ainsi une KB comme suit :

Définition 3.1 (Base de Connaissances) *Une base de connaissance est une structure de données modélisable par un graphe $G = (V, E, \Phi, \Psi)$ où V est l'ensemble des nœuds du graphe, E celui des arcs entre deux nœuds de V, $\Phi : V \to \mathcal{A}$ est une fonction qui pour tout nœud v_i de V associe un ensemble d'attributs $A_i \in \mathcal{A}$ représentés par des tuples (clé, valeur) et $\Psi : E \to \mathcal{E}$ une seconde fonction qui associe à chaque arc $e_i \in E$ un type d'arc $E_i \in \mathcal{E}$, avec $\mathcal{A}$ et $\mathcal{E}$ désignant respectivement l'ensemble des attributs et l'ensemble des types de relation.*

Enrichir une KB avec du contenu textuel consiste donc à y ajouter les éléments extraits de textes en respectant une ontologie. Pour lier les informations d'une même entité rencontrées dans plusieurs textes, les entités doivent posséder un identifiant unique (URI). Ceci permet d'obtenir pour un ensemble de k textes, une base de référence, $G_k = (V_k, E_k, \Phi_k, \Psi_k)$ et de mesurer la proportion d'information correctement extraite par un système ayant construit une base $G'_k = (V'_k, E'_k, \Phi'_k, \Psi'_k)$.

Exemple de workflow pour la tâche de KBP.   Un système d'enrichissement de base de connaissances s'articule autour de composants ou de modules constituant la chaîne de traitement pour résoudre la tâche de KBP. Le premier est chargé de reconnaître les entités nommées (REN) et les autres éléments d'intérêt dans le texte (attributs, entités non nommées) tout en leur attribuant un type en s'aidant du document. Par exemple, pour le passage « *Joe Biden, le président américain, s'est montré virulent envers Trump* », l'étape permet d'obtenir les mentions [*(Joe Biden, Per), (le président américain, Per), (président, Rôle), (américain, Nationalité), (Trump, Per)*]. La deuxième brique de traitement, regroupe les éléments textuels qui coréférent. Les mentions du REN appartenant à un cluster composé de mentions de même type sont gardées en coréférence et les mentions restantes sont considérées comme des singletons. En reprenant l'exemple précèdent, on obtient deux clusters [*(1, PER, Joe Biden, le président américain), (2, PER, Trump)*]. On détermine ensuite, par une troisième brique, les relations liant les éléments [*(1, VS, 2), (1, Rôle, Président), (1, Nationalité, Américain)*]. Ces relations en plus d'être une partie de l'information à extraire constituent un support pour la dernière étape, le liage d'entité. Chaque entité du texte, lorsque c'est possible, est associée à une entité de la base. « *Trump* » doit être rattachée à l'entité « *Donald Trump* » et non « *Fred Trump* ». Au final, l'ensemble des informations extraites du texte viennent enrichir les informations de la base en complétant celles des entités déjà connues ou en ajoutant de nouvelles entités.

3.2   Mesurer la qualité de l'enrichissement

Les entités se caractérisent donc par des attributs et des relations les liant à d'autres entités de la base. Lors de la comparaison d'une entité de référence et d'une entité construite, il faut vérifier qu'à la fois les attributs et les relations correspondent.

Définition 3.2 (Similarité d'attributs et de relations) *Nous adoptons pour les attributs et les relations les définitions de similarité suivantes :*
> — ***similarité d'attributs*** *: les attributs correspondent s'ils possèdent le même type, valeur et texte d'inférence (dans lequel l'attribut apparaît). Bien qu'inclure le texte d'inférence crée une multiplication de l'information, cela permet de vérifier que le système extrait correctement l'information à chaque fois qu'elle est mentionnée.*
> — ***similarité de relations*** *: les relations sont semblables si elles impliquent le même type de relation, texte d'inférence et que l'ensemble des mentions de l'entité objet de la relation construite sont inclues dans les mentions de l'entité objet de la base de référence.*

Pour vérifier si une entité a été correctement extraite, nous comparons les caractéristiques extraites avec celles associée à l'entité de référence. Afin de mesurer la qualité de l'extraction, nous proposons d'adapter la précision, le rappel et la mesure F1 comme suit :

$$
\begin{aligned}
P_{v_i,v_j,k} &= \frac{\alpha|TP_{rel}| + \beta|TP_{attr}|}{\alpha(|TP_{rel}| + |FP_{rel}|) + \beta(|TP_{attr}| + |FP_{attr}|)} \\
R_{v_i,v_j,k} &= \frac{\alpha|TP_{rel}| + \beta|TP_{attr}|}{\alpha(|TP_{rel}| + |FN_{rel}|) + \beta(|TP_{attr}| + |FN_{attr}|)} \\
F1_{v_i,v_j,k} &= 2\frac{P_{v_i,v_j,k} \times R_{v_i,v_j,k}}{P_{v_i,v_j,k} + R_{v_i,v_j,k}}
\end{aligned}
\tag{1}
$$

Avec TP, FP et FN pour respectivement vrais positifs, faux positifs et faux négatifs, v_i et v_j des nœuds appartenant respectivement à G_k et G'_k, et $0 \leq \alpha, \beta \leq 1$ des poids tels que $\alpha + \beta = 1$ permettant de donner une importance différente aux attributs et aux relations.

Alignement des entités. Nous alignons chaque entité de la base de référence avec une entité de la base construite en utilisant le score $F1$ proposé ci-dessus et l'algorithme Hongrois (Kuhn, 1955). L'alignement est possible pour des paires avec un score strictement positif. Les entités sans correspondance de G_k et G'_k sont respectivement considérées comme des faux négatifs et des faux positifs. En warm-start, les entités initialement présentes reste alignées et leur F1-score ne prend en compte que les nouvelles informations. Cette phase d'appariement permet de construire Ω_k un ensemble de paires (v_{i,G_k}, v_{j,G'_k}).

Scores finaux pour la qualité de l'extraction. La comparaison entre les bases après k textes s'effectue en agrégeant les scores de similarités de paires d'entités formées. Pour mesurer la proportion d'information correctement extraite, deux scores $F1$, un $F1_{micro}$ et un $F1_{macro}$, peuvent être obtenus :

$$
\begin{aligned}
P_{micro,k} &= \frac{\alpha \sum_{(v_i,v_j)\in\Omega_k} |e_{v_j} = e_{v_i}| + \beta \sum_{(v_i,v_j)\in\Omega_k} |a_{v_j} = a_{v_i}|}{\alpha|E_{G'_k}| + \beta|A_{G'_k}|} \\
R_{micro,k} &= \frac{\alpha \sum_{(v_i,v_j)\in\Omega_k} |e_{v_j} = e_{v_i}| + \beta \sum_{(v_i,v_j)\in\Omega_k} |a_{v_j} = a_{v_i}|}{\alpha|E_{G_k}| + \beta|A_{G_k}|}
\end{aligned}
\tag{2}
$$

$$
F1_{micro,k} = 2\frac{P_{micro,k} \times R_{micro,k}}{P_{micro,k} + R_{micro,k}} \qquad F1_{macro,k} = \frac{\sum_{(v_i,v_j)\in\Omega_k} F1_{v_i,v_j,k}}{|\Omega_k| + |FN| + |FP|}
$$

Le $F1_{macro}$ est une moyenne des scores de similarité des entités alignées, à l'inverse du $F1_{micro}$, il ne prends pas en compte la différence de distribution (nombre et type de relations ou d'attributs) entre les entités. Le $F1_{micro}$ est pondéré et calculé en fonction des éléments identiques entre les entités alignées.

Avantages du mode d'évaluation. Le protocole proposé mesure à différents intervalles la distance entre les bases, ce qui permet de montrer la résilience d'un système aux erreurs pouvant être commises et risquant de polluer la base construite. L'impact d'un module sur la chaîne complète est mesurable en utilisant les vrais résultats sur le reste de cette chaîne. De plus, remplacer la correspondance exacte d'entités par la proportion d'informations identiques dans une paire pour calculer les scores de similarité, apporte plus de souplesse et une meilleure représentativité des performances des systèmes.

4 ELROND : un système de KBP complet

Cette section présente, ELROND (Entity Linking and Relation extraction On News Documents). Un système implémentant les étapes explicitées en partie 3. Ce système fait office de baseline pour la tâche de KBP et permet de montrer l'intérêt de la méthode d'évaluation détaillée en partie 3. Les composants principaux et leurs interactions, sont illustrés en figure 1.

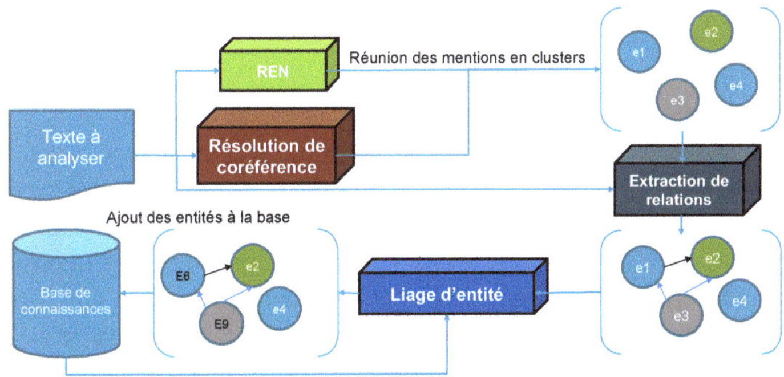

FIG. 1 – Schéma du workflow des composants dans ELROND.

Reconnaissance d'entités nommées. La brique de REN utilise un modèle RoBERTa (Liu et al., 2019), pré-entraîné et fine-tuné. Le choix de RoBERTa a été motivé par ses performances actuelles sur les différents benchmarks pour la reconnaissance d'entités nommées

Résolution de coréférence. Pour cette étape, nous utilisons le modèle pré-entraîné, *Word-level Coreference Resolution* (Dobrovolskii, 2021). Celui-ci forme des groupes de mots en coréférence (entités nommées, non nommées, pronoms, etc). La représentation d'un token est obtenue en pondérant les vecteurs de ses sous-tokens produits par RoBERTa. Les poids résultent d'une fonction softmax appliquée à la projection des vecteurs par une matrice d'attention. Le modèle prédit une coréférence lorsque la somme d'une projection bilinéaire entre deux tokens et la sortie d'un réseau de neurones est positive. Nous avons choisi d'intégrer *Word-level Coreference Resolution* à ELROND en raison de ses performances pour cette tâche.

Extraction de relations. Les relations sont obtenues à l'aide du modèle ATLOP (Zhou et al., 2021) qui représente chacune des entités en appliquant une fonction de pooling sur les vecteurs des mentions obtenus par un PLM. Pour chaque couple d'entités, on obtient un coefficient d'attention utilisé dans une fonction bi-linéaire calculant la plausibilité d'un type de relation. Si le score est supérieur au type « Null », on prédit cette relation comme existante.

Liage des entités. Le dernier composant applique une recherche par mention. Pour chaque entité du texte, on retourne celles de la base, de même type et partageant au moins une mention avec l'entité du texte. Si aucune entité n'est retournée, une nouvelle est créée. Si plusieurs correspondances sont trouvées, une sélection par popularité, similaire à Al-Badrashiny et al. (2017) est appliquée. L'entité avec le plus de mentions en commun est sélectionnée.

5   Expériences

Détails d'implémentation. L'ensemble des approches proposées sont implémentées en Python et utilisent la librairie *Pytorch* [1]. Le modèle REN est entraîné à l'aide du framework Flair (Akbik et al., 2019). Le code est disponible via un répertoire git [2].

Jeu de données Pour une mesure complète des systèmes, l'exhaustivité de l'annotation du jeu de données sur toutes les dimensions de l'information à extraire est nécessaire. Nous avons donc utilisé DWIE (Zaporojets et al., 2021), le seul dataset gratuit à notre connaissance respectant cette contrainte. Dans les 800 articles de presse en anglais (700 textes d'entraînement et 100 textes de test) de DWIE, les entités y sont annotées suivant une quinzaine de classes et de relations. Pour la tâche de KBP, les types et les alias font office d'attributs. Étant donné que la présence de certains éléments dans une base, et donc l'ordre dans lequel ces éléments apparaissent, peut favoriser ou non le fonctionnement des systèmes, les performances sont mesurées et moyennées sur 10 ordonnancements différents du jeu de test.

Résultats et discussion La figure 2 montrent les score moyens obtenus par ELROND pour la tâche de KBP au fil des 100 textes de test pour 10 ordonnancements différents. Dans le cas du warm-start, la base initiale est constituée des informations contenues dans les 700 textes d'entraînement. On observe que la distance entre les bases est plus grande en warm-start en raison de la difficulté à lier les nouvelles informations avec celles possédées initialement. Dans les deux cas, les scores diminuent au fil des textes, attestant d'une accumulation d'erreurs au cours de l'enrichissement. Le score $F1_{micro}$ est plus élevé que le $F1_{macro}$ dans les deux cas et semble plus stable à la fin de l'évaluation. Ceci s'explique par le fait que les entités populaires telles que les pays et les villes, ont plus de poids dans la base finale et sont plus faciles à reconnaître. Ceci induit que le $F1_{macro}$, qui lisse la différence de distribution, sera plus faible.

---

1. https://pytorch.org/
2. https://github.com/Todaime/KBP.git

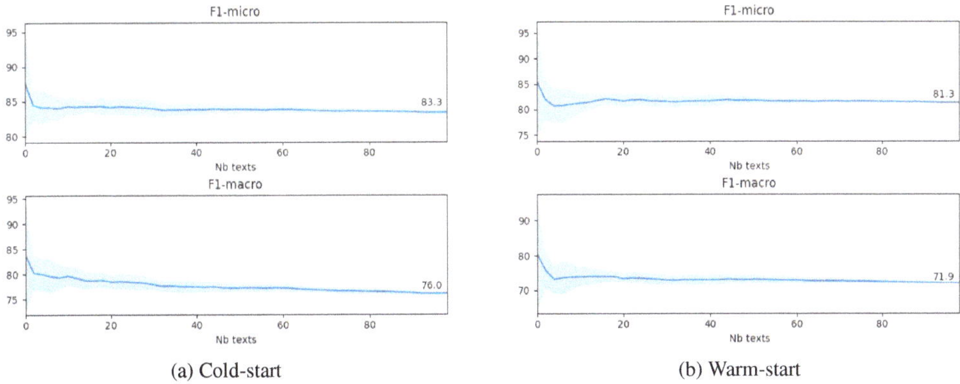

(a) Cold-start (b) Warm-start

FIG. 2 – Performances d'ELROND pour l'enrichissement de base avec les textes de DWIE.

Nous avons également évalué les performances d'ELROND et du modèle introduit dans DWIE à l'aide du protocole décrit en section 3. Le modèle de DWIE ne possédant pas de solution pour le liage d'entité, nous avons utilisé celle adoptée dans ELROND. En s'intéressant aux résultats finaux des modèles (tableau 1), on observe qu'ELROND apporte une amélioration allant jusqu'à 2.1% pour le $F1_{macro}$ du scénario warm-start.

	Cold-start		Warm-start	
Model	F1-Micro	F1-Macro	F1-Micro	F1-Macro
ELROND	**83.3**	**76.0**	**81.3**	**72.0**
DWIE	82.8	75.6	80.3	69.9

TAB. 1 – Scores finaux de ELROND et DWIE pour la tâche de KBP en Cold et Warm start.

6 Conclusion

Nous avons formalisé un mode d'évaluation automatique, complet et modulable pour la tâche de KBP depuis des textes. Celui-ci permet de comparer des méthodes dans des scenarios warm-start et cold-start. Ce protocole a été utilisé pour mesurer les performances d'ELROND, un premier système servant de baseline pour de futures améliorations. De futurs travaux visent à étudier l'apport des NER multi-classes pour favoriser l'apprentissage et déterminer la place de l'ontologie dans la tâche de KBP. Nous travaillons également sur la production d'un dataset français pour entraîner et évaluer les systèmes de KBP.

Références

Akbik, A., T. Bergmann, D. Blythe, K. Rasul, S. Schweter, et R. Vollgraf (2019). FLAIR : An easy-to-use framework for state-of-the-art NLP. In *NAACL*, pp. 54–59.

Al-Badrashiny, M., J. Bolton, A. T. Chaganty, K. Clark, C. Harman, L. Huang, M. Lamm, J. Lei, D. Lu, X. Pan, et al. (2017). Tinkerbell : Cross-lingual cold-start knowledge base construction. In *TAC*.

Devlin, J., M.-W. Chang, K. Lee, et K. Toutanova (2019). BERT : Pre-training of deep bidirectional transformers for language understanding. In *NAACL*, pp. 4171–4186.

Dobrovolskii, V. (2021). Word-level coreference resolution. In *EMNLP*, pp. 7670–7675.

Ellis, J., J. Getman, D. Fore, N. Kuster, Z. Song, A. Bies, et S. M. Strassel (2015). Overview of linguistic resources for the tac kbp 2015 evaluations : Methodologies and results. In *TAC*.

Graves, A., N. Jaitly, et A.-r. Mohamed (2013). Hybrid speech recognition with deep bidirectional lstm. In *IEEE Work. ASRU*, pp. 273–278.

Kuhn, H. W. (1955). The hungarian method for the assignment problem. *Naval research logistics quarterly 2*(1-2), 83–97.

Lin, X., H. Li, H. Xin, Z. Li, et L. Chen. Kbpearl : A knowledge base population system supported by joint entity and relation linking. *VLDB Endowment 13*(7).

Liu, Y., M. Ott, N. Goyal, J. Du, M. Joshi, D. Chen, O. Levy, M. Lewis, L. Zettlemoyer, et V. Stoyanov (2019). Roberta : A robustly optimized bert pretraining approach. *arXiv preprint arXiv :1907.11692*.

Luan, Y., L. He, M. Ostendorf, et H. Hajishirzi (2018). Multi-task identification of entities, relations, and coreference for scientific knowledge graph construction. In *EMNLP*.

Mesquita, F., M. Cannaviccio, J. Schmidek, P. Mirza, et D. Barbosa (2019). Knowledgenet : A benchmark dataset for knowledge base population. In *EMNLP-IJCNLP*, pp. 749–758.

Min, B., M. Freedman, R. Bock, et R. M. Weischedel (2018). When ace met kbp : End-to-end evaluation of knowledge base population with component-level annotation. In *LREC*.

Shue, L.-Y., C.-W. Chen, et W. Shiue (2009). The development of an ontology-based expert system for corporate financial rating. *Expert Systems with Applications 36*(2), 2130–2142.

Yao, Y., D. Ye, P. Li, X. Han, Y. Lin, Z. Liu, Z. Liu, L. Huang, J. Zhou, et M. Sun (2019). Docred : A large-scale document-level relation extraction dataset. In *CoRR*.

Zaporojets, K., J. Deleu, C. Develder, et T. Demeester (2021). Dwie : An entity-centric dataset for multi-task document-level information extraction. *Information Processing & Management 58*(4), 102563.

Zhou, W., K. Huang, T. Ma, et J. Huang (2021). Document-level relation extraction with adaptive thresholding and localized context pooling. In *AAAI*, pp. 14612–14620.

Summary

Knowledge Bases (KB) are used in many fields and gather knowledge that can be exploited by the computer. However, their creation remains complex for an expert who has to extract and link each new information. In this paper, we describe a method for evaluating a Knowledge Base Population system. This evaluation is put to the test with ELROND, a complete system designed around a processing chain composed of 4 modules.

Extraction de motifs pour la détection d'anomalies dans des graphes : application à la fraude dans les marchés publics

Lucas Potin*, Rosa Figueiredo*, Vincent Labatut*, Christine Largeron**

* Laboratoire Informatique d'Avignon, F-84911, Avignon, France
{prénom.nom}@univ-avignon.fr,
** Laboratoire Hubert Curien UMR 5516, F-42023, Saint-Etienne, France
christine.largeron@univ-st-etienne.fr,

Résumé. Dans le cadre des marchés publics, il existe plusieurs indicateurs, appelés red flags, permettant d'estimer le risque de fraude. Ces red flags sont calculés en fonction des attributs spécifiques de chaque contrat et sont ainsi dépendants du bon remplissage des notices d'attributions. Nous proposons une méthode basée sur l'extraction de motifs pour la détection d'anomalies dans des graphes. Cette approche générique vise à identifier les sous-graphes associés à la présence de red flags, afin de construire un ensemble de nouveaux indicateurs. Ces motifs peuvent ensuite être utilisés dans les cas où les red flags sont manquants.

1 Introduction

Les marchés publics désignent l'achat de biens et de services par une autorité publique (le client), auprès d'une personne morale de droit public ou privé (le fournisseur). Lorsqu'un marché dépasse les seuils européens, l'appel d'offres ainsi que l'avis d'attribution de ce marché doivent être publiés au *Journal Officiel de l'Union Européenne* (JOUE). La version en ligne de ce journal, appelée *Tenders Electronic Daily*[1] (TED), publie plus de 650 000 avis de marché par an[2]. Par conséquent, le secteur des marchés publics fournit une énorme quantité de données accessibles au public.

Historiquement, les anomalies dans les marchés publics, qui font référence à des comportements suspicieux, sont liées à des caractéristiques spécifiques des contrats, appelées *red flags*, et utilisées comme indicateurs de fraude potentielle (Fazekas et Tóth, 2014; Ferwerda et al., 2017), par exemple, la modification du prix du contrat en cours de procédure, ou la réception d'une seule offre pour un appel d'offre donné (National Fraud Authority, 2016). Mais les informations nécessaires au calcul de ces red flags ne sont pas toujours disponibles. Dans les données françaises du TED, certains attributs sont largement absents (Potin et al., 2022), tel le nombre de réponses à un appel d'offres (vide pour 30% des lots), permettant uniquement le calcul de red flags *partiels*.

---

1. https://ted.europa.eu/
2. https://ted.europa.eu/TED/main/HomePage.do

Les graphes sont couramment utilisés pour des tâches de détection d'anomalies (Ma et al., 2021; Pourhabibi et al., 2020). Toutefois, dans le domaine de la détection de fraude dans les marchés publics, la plupart des études sont basées sur des données *tabulaires* (Carvalho et al., 2013; Carneiro et al., 2020), c'est-à-dire que chaque contrat est considéré séparément. Seuls quelques rares auteurs tentent de tirer parti des *relations* entre les contrats en adoptant une approche basée sur les graphes. Fazekas et Tóth (2016) proposent le CRI, un score composite de plusieurs red flags, mais n'utilisent les graphes que pour visualiser la distribution de ce score. Wachs et Kertész (2019) considèrent des graphes afin d'estimer la proportion de red flags chez les agents avec les relations les plus fréquentes. Cependant, à notre connaissance, il n'existe pas de méthode dans la littérature, basée sur les graphes pour créer des modèles prédictifs.

Ceci nous amène à proposer une méthode basée sur les graphes pour détecter les anomalies dans les marchés publics. Notre contribution est triple. Premièrement, nous formulons le problème de détection de graphes anormaux comme un problème de classification. Deuxièmement, nous proposons la méthode *PANG* (Pattern-Based Anomaly Detection in Graphs), qui tire parti de l'exploration de motifs pour résoudre ce problème. Troisièmement, nous appliquons cette méthode au domaine de la fraude dans les marchés publics.

2   Formulation du problème

Nous adoptons une approche inspirée de la recherche d'information. De la même manière qu'un document peut être modélisé comme un sac-de-mots, nous proposons de représenter un graphe comme un sac de sous-graphes, appelés *motifs*. Les motifs ont déjà été employés pour représenter un graphe (Acosta-Mendoza et al., 2016). Étant donné un ensemble de graphes, nous construisons un dictionnaire, composé des motifs apparaissant dans ces graphes. Sur la base de ce dictionnaire, chaque graphe peut être représenté comme un vecteur de longueur fixe, utilisable ensuite en entrée de n'importe quel algorithme classique d'apprentissage automatique.

Nous utilisons dans notre travail des graphes attribués, avec la définition suivante :

Définition 1 (Graphe attribué) *Un graphe attribué est défini comme un tuple $G = (V, E, \mathbf{X}, \mathbf{Y})$ dans lequel V est l'ensemble des n sommets, E l'ensemble des m arêtes de G, $\mathbf{X}$ une matrice de taille $n \times d_v$ dont la ligne $\mathbf{x}_i$ est le vecteur de taille d_v associé aux attributs du sommet $v_i \in V$, et $\mathbf{Y}$ une matrice de taille $m \times d_e$ dont la ligne $\mathbf{y}_i$ est le vecteur de taille d_e associé aux attributs de l'arête $e_i \in E$.*

Nous disposons d'une collection de tels graphes, comme illustré dans la Figure 1. Chaque sommet possède un attribut (bordeaux ou violet) de même que chaque arête (vert ou rouge). Chaque graphe G possède un label l_G choisi dans $\mathcal{L} = \{A, N\}$, indiquant respectivement un graphe anormal ou normal. Ce label n'est pas connu pour tous les graphes à notre disposition. Soit $\mathcal{G}$ l'ensemble des graphes dont le label est connu. Cet ensemble peut être divisé en deux sous-ensembles disjoints : $\mathcal{G} = \mathcal{G}_A \cup \mathcal{G}_N$ ($\mathcal{G}_A \cap \mathcal{G}_N = \emptyset$). Le sous-ensemble $\mathcal{G}_A$ contient les graphes anormaux tandis que $\mathcal{G}_N$ contient les graphes normaux. Notre objectif est d'entraîner un classifieur en utilisant les labels connus, afin de prédire les labels inconnus pour les graphes sans label.

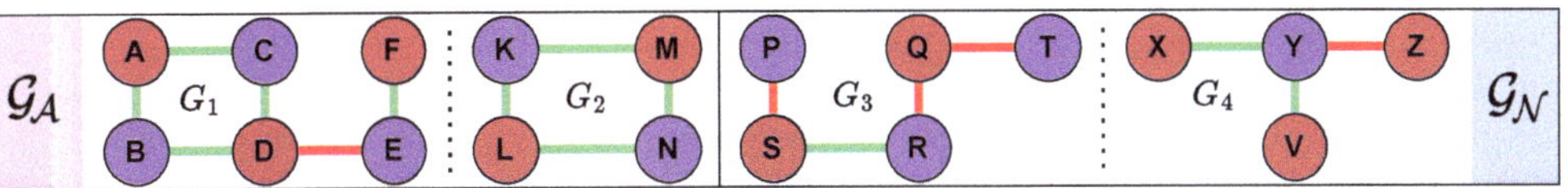

FIG. 1 – Exemple d'une collection de graphes $\mathcal{G}$, incluant les ensembles des graphes anormaux ($\mathcal{G}_A$) et normaux ($\mathcal{G}_N$).

Définition 2 (Motif d'un graphe) *Soit G un graphe attribué. Un graphe P est un motif de G s'il est isomorphe à un sous-graphe P' de G, i.e. $\exists P' \subset G : P \cong P'$*

Comme nous ne considérons que des graphes attribués, nous utilisons la définition de l'isomorphisme de graphe proposée par Hsieh et al. (2006), c'est-à-dire qu'un isomorphisme doit préserver non seulement les arêtes, mais aussi les attributs des sommets et des arêtes. Nous considérons que P est un motif d'un ensemble de graphes $\mathcal{G}$ lorsque P est un motif d'au moins un de ses graphes. La Figure 2 représente trois exemples de motifs de l'ensemble de graphes de la Figure 1.

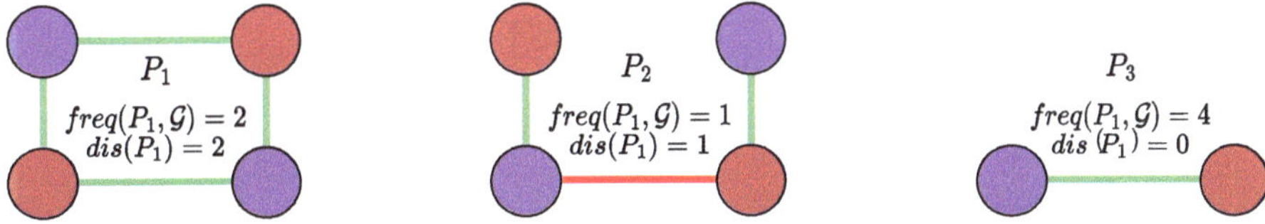

FIG. 2 – Exemple de motifs présents dans le graphe G_1 de la Figure 1.

Nous définissons $\mathcal{P}_A$ et $\mathcal{P}_N$ comme les ensembles de motifs de $\mathcal{G}_A$ et $\mathcal{G}_N$. De plus, nous notons $\mathcal{P} = \mathcal{P}_A \cup \mathcal{P}_N$ l'ensemble de tous les motifs de $\mathcal{G}$. Tous les motifs ne sont pas équivalents. Ainsi, parmi ceux de la Figure 2, P_3 est beaucoup plus présent que P_1 et P_2, dans l'ensemble des graphes de la Figure 1. La principale approche utilisée dans la littérature dans ce cas de figure est d'identifier les motifs *émergents* (Poezevara et al., 2011), c'est-à-dire caractéristiques d'une classe par rapport au reste des données. Nous adoptons une approche similaire, également basée sur un score mesurant le pouvoir discriminant des motifs, mais exploitant les motifs propres à chacune des deux classes. Nous définissons alors la fréquence et le score discriminant d'un motif.

Définition 3 (Fréquence d'un motif) *Soit $\mathcal{G}$ un ensemble arbitraire de graphes attribués. La fréquence $freq(P, \mathcal{G})$ d'un motif P dans $\mathcal{G}$ est le nombre de graphes dans $\mathcal{G}$ ayant P comme motif : $freq(P, \mathcal{G}) = |\{G \in \mathcal{G} : \exists P' \subset G \ t.q. \ P \cong P'\}|$.*

Définition 4 (Score discriminant) *Étant donné un motif P de $\mathcal{G}$, le score discriminant de P est défini par $dis(P) = |freq(P, \mathcal{G}_A) - freq(P, \mathcal{G}_N)|$.*

Un score proche de 0 indique un motif aussi fréquent dans $\mathcal{G}_A$ que dans $\mathcal{G}_N$, alors qu'un score élevé signifie que le motif est plus fréquent dans l'un des deux sous-ensembles.

Nous utilisons ce score pour classer les motifs de $\mathcal{P}$, et sélectionner les s ($1 \leq s \leq |\mathcal{P}|$) plus discriminants afin de construire l'ensemble des motifs discriminants, noté $\mathcal{P}_s$. Le paramètre s permet de contrôler la taille de la représentation vectorielle des graphes. Sur la base de $\mathcal{P}_s$, nous construisons une représentation vectorielle $\mathbf{h}_i \in \mathbb{R}^s$ de chaque graphe $G_i \in \mathcal{G}$. Chaque valeur de $\mathbf{h}_i$ mesure l'importance du motif correspondant dans ce graphe spécifique. Nous discutons du calcul de ces valeurs dans la Section 3. Nous obtenons ainsi une matrice $\mathbf{H} \in \mathbb{R}^{|\mathcal{G}| \times s}$ dont la ligne i représente $\mathbf{h}_i^T$. Par conséquent, H_{ij} correspond à la valeur associée au motif P_j dans le graphe G_i.

Sur la base de cette représentation de nos données, notre problème de détection d'anomalies revient à classer des graphes avec des labels inconnus comme anormaux ou normaux. Plus formellement, étant donné, pour chaque graphe $G \in \mathcal{G}$, le label l_G et la représentation vectorielle $\mathbf{h}$, il s'agit d'apprendre une fonction $f : \mathbb{R}^s \rightarrow \{A, N\}$, qui associe un label anormal ou normal à la représentation vectorielle du graphe.

3 Algorithme PANG

Pour résoudre ce problème de classification, nous proposons la méthode PANG[3] (<u>P</u>attern-Based <u>An</u>omaly Detection in <u>G</u>raphs), décrite dans la Figure 4.

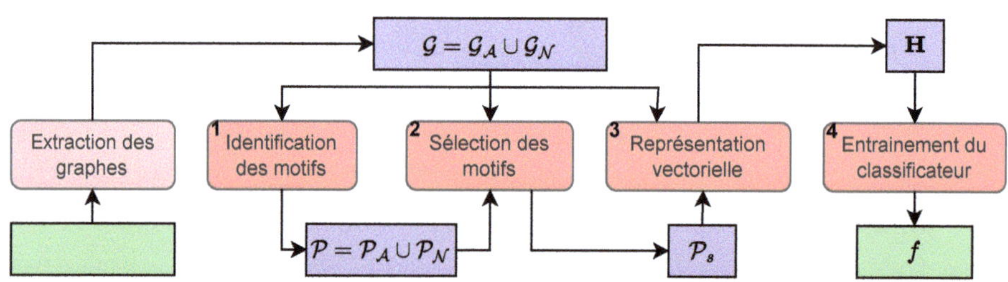

FIG. 3 – Étapes de l'algorithme PANG proposé.

Identification des motifs : Afin de créer $\mathcal{P}$, nous utilisons un outil existant d'extraction de motifs de graphes. Plusieurs outils de ce type sont disponibles (Yan et Han, 2002; Fournier-Viger et al., 2019). Nous choisissons TKG (Fournier-Viger et al., 2019), disponible dans la librairie SPMF[4] (Fournier-Viger et Lin, 2016).

TKG permet de trouver les K motifs les plus *fréquents* dans un ensemble de graphes. Cependant, nous voulons *tous* les motifs, donc nous fixons K de manière à exploiter chaque motif dans notre ensemble de données. TKG s'appuie sur un algorithme itératif, qui part d'un motif fréquent et cherche exhaustivement à l'étendre en ajoutant une arête. Les nouveaux motifs ne sont alors stockés que s'ils sont fréquents.

Sélections des motifs : Après avoir obtenu tous les motifs de $\mathcal{G}$ à l'étape précédente, nous calculons leurs scores discriminants comme expliqué dans la Section 2. Nous conservons les s motifs les plus discriminants afin de construire $\mathcal{P}_s$. Ce paramètre a pour but de limiter la taille de l'espace de représentation.

Représentation vectorielle : Après la création de $\mathcal{P}_s$, nous construisons la représentation vectorielle de chaque graphe dans $\mathcal{G}$. Ici, plusieurs approches sont possibles.

---

3. https://github.com/CompNet/Pang
4. https://www.philippe-fournier-viger.com/spmf/

Dans ce travail, nous choisissons de construire un vecteur binaire indiquant la présence ou l'absence de chaque motif dans le graphe considéré. Nous définissons la matrice $\mathbf{H}$ comme suit : pour chaque graphe $G_i \in \mathcal{G}$ et chaque motif $P_j \in \mathcal{P}$, nous attribuons 1 à H_{ij} si ce motif P_j est présent dans G et 0 s'il est absent. Par conséquent, notre représentation actuelle ne permet pas de distinguer les cas où un motif apparaît une ou plusieurs fois dans un graphe. Cependant, elle peut être étendue pour intégrer d'autres pondérations telles que TF-IDF ou BM25 (Amini et Gaussier, 2013). En reprenant les graphes contenus dans la Figure 1 et en utilisant les motifs de la Figure 2 comme $\mathcal{P}_s$, nous obtenons alors $h_1 = (1, 1, 1)$ pour G_1, $h_2 = (1, 0, 1)$ pour G_2, $h_3 = (0, 0, 1)$ pour G_3 et $h_4 = (0, 0, 1)$ pour G_4. Notons qu'avec notre méthode, deux graphes différents, G_3 et G_4, peuvent avoir la même représentation vectorielle.

Apprentissage du classifieur : Après l'étape précédente, chaque graphe est représenté par un vecteur de taille fixe, quel que soit son nombre de sommets ou d'arêtes. Nous utilisons cette représentation pour entraîner un classifieur qui prédit les labels des graphes. Notre méthode supporte tout classifieur, mais nous nous concentrons sur Random Forest (Ho, 1995), qui a donné les meilleurs résultats expérimentaux.

4 Application aux marchés publics

Nous utilisons des données de la base FOPPA (Potin et al., 2022), extraite du site *Tenders Electronic Daily*[5]. Nous nous intéressons au sous-ensemble des contrats publiés en France au cours de la période 2015–2019, contenant 417 809 lots.

Pour chaque municipalité présente dans l'ensemble de données, nous extrayons un sous-ensemble de contrats et construisons un graphe G. Les sommets représentent les agents, avec un attribut pour distinguer un client d'un fournisseur, et les arêtes représentent les contrats entre agents, avec un attribut lié au nombre de lots associés. Cet attribut peut prendre 3 valeurs : exactement un lot, entre 2 et 5 lots, et 6 lots ou plus.

Nous attribuons un red flag à un contrat si son nombre d'offres reçues est strictement égal à 1, ce qui révèle un manque de concurrence. Nous considérons qu'une arête est anormale si elle contient *au moins* un tel contrat. Le label d'un graphe dépend de son nombre d'arêtes anormales : normal (label N) si inférieur à 2, anormal (label A) sinon.

Notre méthode d'extraction produit 389 graphes normaux et 330 anormaux. Afin d'obtenir des classes équilibrées pour calculer la fréquence des motifs sans biais, nous sous-échantillonnons pour garder un nombre égal de graphes normaux et anormaux. Les statistiques des graphes obtenus sont représentées dans la Table 1.

Label du graphe	Nombre de graphes	Nombre moyen de sommets (e-t)	Nombre moyen d'arêtes (e-t)
Anormal	330	15.76 (5.56)	17.09 (7.86)
Normal	330	12.54 (5.41)	12.59 (6.90)

TAB. 1 – Caractéristiques du dataset.

---

5. https://ted.europa.eu/

5   Résultats

Motifs discriminants : Lorsqu'il est appliqué à notre jeu de données, TKG renvoie un nombre total de 15 793 motifs distincts. La Figure 4.a représente la distribution des scores discriminants. Nous observons que la plupart des motifs (85%) ont un score compris dans $[0; 20]$, et peuvent donc être considérés comme non discriminants. La Figure 4.b présente deux exemples de motifs discriminants P_4 et P_5, de scores respectifs 91 et 64. présents dans les graphes de grande taille, plus souvent associés au label A.

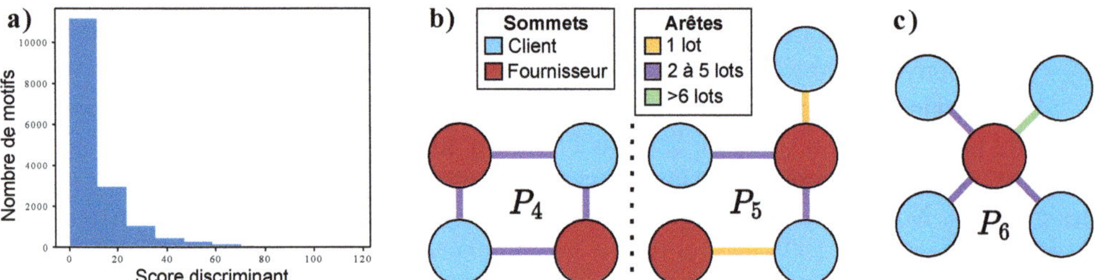

FIG. 4 – (a) Distribution des scores discriminants. (b) Deux exemples de motifs discriminants d'après notre score. (c) Motif lié à du favoritisme.

Nombre de motifs : Nous nous intéressons à la performance de Random Forest en fonction de s, i.e. la taille de la représentation vectorielle. Pour comparaison, nous appliquons également ce classifieur à une représentation à base de plongement de graphes entiers, apprise automatiquement avec Graph2Vec (Annamalai et al., 2017).

La Table 2 indique les résultats pour chaque métrique selon différentes valeurs de s. La ligne *Tous* signifie que tous les motifs disponibles sont considérés comme discriminants ($s = |\mathcal{P}|$). Nous observons que la construction d'une représentation vectorielle avec seulement 100 motifs, c'est-à-dire moins de 1% du nombre total de motifs, qui est égal à 15 793, est suffisante pour obtenir un résultat supérieur à 80% pour chaque métrique et classe. Cela représente plus de 90% du F-Score maximum obtenu avec tous les motifs. L'augmentation de s à 150 nous amène à 95% de cette performance. Nous obtenons alors des performances comparables à Graph2Vec, mais notre méthode a l'avantage d'être plus explicable et interprétable, en permettant l'analyse des motifs.

Nombre	Graphes anormaux				Graphes normaux			
de motifs	Pre	Rec	FS	%Max	Pre	Rec	FS	%Max
10	0.69	0.77	0.72	79	0.68	0.59	0.63	69
100	0.84	0.84	0.84	91	0.81	0.81	0.81	88
150	0.89	0.85	0.87	**95**	0.88	0.87	0.87	**95**
Tous	**0.94**	**0.90**	**0.92**	100	**0.89**	**0.93**	**0.91**	100
Graph2Vec	0,88	0.89	0.88	96	0.88	0.86	0.87	95

TAB. 2 – Résultats du classifieur selon la taille de $\mathcal{P}_s$.

Analyses des motifs : Notre méthode permet d'identifier directement les motifs les plus discriminants, et donc de tirer parti de l'expertise humaine pour comprendre la signification de ces motifs, du point de vue économique. Dans la Figure 4, P_4 et P_6 sont deux exemples de motifs discriminants d'après Random Forest. P_4 est également discriminant selon notre propre score. Ce motif représente une relation entre deux clients et deux fournisseurs, avec quelques contrats (pas seulement un) entre chacun d'eux. Nous supposons que ces motifs se produisent plus fréquemment dans les graphes avec plus de contrats, ce qui est le cas en moyenne pour nos graphes anormaux. Dans le motif P_6, nous observons la présence d'une seule arête verte pour un fournisseur parmi plusieurs clients. Nous pouvons alors interpréter ce phénomène comme du favoritisme : un fournisseur travaille beaucoup plus avec une mairie qu'avec les autres : la mairie est alors plus susceptible de réaliser des appels d'offres sur mesure pour ce fournisseur.

6   Conclusion

Dans cet article, nous proposons PANG, une méthode générique utilisant l'extraction de motifs pour représenter des graphes sous forme de vecteurs, et pour les classifier. Nous l'utilisons ensuite pour détecter des fraudes dans les marchés publics. Nos expériences montrent que PANG est capable d'identifier un ensemble de motifs qui peuvent être utilisés pour représenter chaque graphe sous forme de vecteur pour ensuite classer les graphes sans les red flags. Elle permet également d'associer des motifs à des comportements économiques connus des marchés.

Nous prévoyons d'étendre cette approche de plusieurs manières. Tout d'abord, nous voulons améliorer la représentation vectorielle en exploitant le nombre d'occurrences des différents motifs dans le graphe considéré, au lieu de simplement représenter leur présence/absence, similairement à $TF\text{-}IDF$ ou BM25. Nous prévoyons également de prendre en compte d'autres red flags identifiés dans la littérature.

Références

Acosta-Mendoza, N., A. Gago-Alonso, J. A. Carrasco-Ochoa, J. Francisco Martínez-Trinidad, et J. Eladio Medina-Pagola (2016). Improving graph-based image classification by using emerging patterns as attributes. *Eng Appl Artif Intell 50*, 215–225.

Amini, M. R. et E. Gaussier (2013). *Recherche d'Information - applications, modèles et algorithmes*. Algorithmes. Eyrolles.

Annamalai, N., C. Mahinthan, V. Rajasekar, C. Lihui, L. Yang, et J. Shantanu (2017). graph2vec : Learning distributed representations of graphs.

Carneiro, D., P. Veloso, et A. Ventura (2020). Network analysis for fraud detection in portuguese public procurement. In *IDEAL*, pp. 390–401. Springer.

Carvalho, R. N., S. Matsumoto, K. B. Laskey, P. C. G. Costa, M. Ladeira, et L. L. Santos (2013). Probabilistic ontology and knowledge fusion for procurement fraud detection in brazil. In *URSW II*, pp. 19–40. Springer.

Fazekas, M. et I. J. Tóth (2014). New ways to measure institutionalised grand corruption in public procurement. Technical report, U4 Anti-Corruption Resource Centre.

Fazekas, M. et I. J. Tóth (2016). From corruption to state capture : A new analytical framework with empirical applications from hungary. *PRQ 69*(2), 320–334.

Ferwerda, J., I. Deleanu, et B. Unger (2017). Corruption in public procurement : finding the right indicators. *Eur. J. Crim. Policy Res. 23*(2), 245–267.

Fournier-Viger, P., C. Cheng, L. Chun-Wei J., U. Yun, et R. U. Kiran (2019). TKG : Efficient mining of top-k frequent subgraphs. In *Big Data Analytics*, pp. 209–226.

Fournier-Viger, P. et J. C.-W. Lin (2016). The SPMF open-source data mining library version 2. In *Machine Learning and Knowledge Discovery in Databases*, pp. 36–40.

Ho, T. K. (1995). Random decision forests. In *3rd International Conference on Document Analysis and Recognition*, pp. 278–282.

Hsieh, S.-M., C.-C. Hsu, et L.-F. Hsu (2006). Efficient method to perform isomorphism testing of labeled graphs. In *ICCSA*, pp. 422–431. Springer.

Ma, X., J. Wu, S. Xue, J. Yang, C. Zhou, Q. Z. Sheng, H. Xiong, et L. Akoglu (2021). A comprehensive survey on graph anomaly detection with deep learning. *IEEE Transactions on Knowledge and Data Engineering in press*.

National Fraud Authority (2016). Red flags for integrity : Giving the green light to open data solutions. Technical report, Open Contracting Partnership.

Poezevara, G., B. Cuissart, et B. Crémilleux (2011). Extracting and summarizing the frequent emerging graph patterns from a dataset of graphs. *JIIS 37*, 333–353.

Potin, L., V. Labatut, R. Figueiredo, C. Largeron, et P.-H. Morand (2022). FOPPA : a database of french open public procurement award notices.

Pourhabibi, T., K.-L. Ong, B. H. Kam, et Y. L. Boo (2020). Fraud detection : A systematic literature review of graph-based anomaly detection approaches. *Decision Support Systems 133*, 113303.

Wachs, J. et J. Kertész (2019). A network approach to cartel detection in public auction markets. *Scientific Reports 9*, 10818.

Yan, X. et J. Han (2002). gspan : graph-based substructure pattern mining. In *2002 IEEE International Conference on Data Mining*, pp. 721–724.

Summary

In the context of public procurement, several indicators, called red flags, are used to estimate fraud risk. These red flags are calculated according to certain contract attributes and are therefore dependant on the proper filling of the award notices. In this paper, we propose a general framework based on pattern extraction to detect anomalous graphs. It aims to identify subgraph patterns associated with the presence of red flags, in order to construct a set of new red flag indicators. These patterns can then be used in cases where red flags information is missing.

Vers une méthode de caractérisation et de quantification des incertitudes dans le cadre d'une fusion de données hétérogènes multicapteurs dans le domaine de la pollution atmosphérique

Aymeric Ambert*, Mickael Germain*, Yacine Bouroubi*

* Département de géomatique appliquée, Faculté des lettres et sciences humaines
2500, boulevard de l'Université, Sherbrooke (Québec) J1K 2R1
aymeric.ambert@usherbrooke.ca

Résumé. La lutte contre la pollution atmosphérique est un enjeu majeur du 21e siècle. La gestion des données massives liées à la diversification des supports de mesure est un défi et engendre des problématiques inédites en termes de volume de qualification et de traitement de l'information. Les méthodes de fusion de données sont autant de solutions au problème posé par l'utilisation de données massives. La prise en compte de chaque capteur en tant qu'élément d'information dans le cadre de la fusion entraîne néanmoins un risque quant à l'incertitude globale des données à prendre en considération. Le présent article vise à établir une approche pour réduire l'incertitude relative pour chaque source de données en utilisant la fusion évidentielle. Se basant sur un modèle attributaire de données existantes, l'article propose de définir des indicateurs de performances permettant de valider ou non un tel modèle.

1 Introduction et état de l'art

Le 22 septembre 2021, l'OMS (Organisation Mondiale de la Santé) a rendu public son nouveau guide concernant la pollution atmosphérique considérant en préambule que "la pollution atmosphérique est l'une des principales menaces environnementales pour la santé" (OMS, 2021). Lutter contre la pollution atmosphérique est donc devenu un enjeu majeur de santé publique. L'utilisation d'un capteur de pollution correspond à un besoin spécifique et doit prendre en compte la précision, l'incertitude et la capacité d'adaptation à de potentiels nouveaux besoins de celui-ci (ex : Piedrahita et al. (2014)). Pour y parer, la recherche et l'industrie, via l'essor de nouvelles technologies comme l'intelligence artificielle, s'oriente de plus en plus vers l'utilisation big data, c'est-à-dire la massification des données, notamment pour pallier l'incomplétude et l'incertitude de données mesurées (Hariri et al., 2019). Dans le contexte de la pollution atmosphérique et du présent article, il s'agit justement de fusionner des données issues de capteurs de différents types. Il existe déjà de nombreux travaux de recherche liés à la fusion de données (Khaleghi et al., 2013). Néanmoins la notion d'incertitude revêt un caractère tout à fait singulier, car sa prise en compte pour chaque capteur impacte l'information globale délivrée par la fusion elle-même et notamment les fonctions de croyance qui y sont associées Si cette incertitude est souvent prise en compte dans des travaux (Yang et Han (2016), Deng et al. (2017)), la propagation de celle-ci au sein d'une fusion de données reste un enjeu. Cet article vise donc à développer une approche méthodologique de classification du niveau de pollution aux particules se basant sur l'utilisation de capteurs de pollution en utilisant d'une part la fusion de données via la théorie de l'évidence (ex : Tong et al. (2021)) et d'autre part sur une méthode de propagation de l'incertitude visant à délivrer la meilleure information possible.

2 Concepts théoriques

2.1 Fusion de données

La fusion de données représente l'action de combiner différentes données issues de sources diverses. Elle peut être de plusieurs types (Bloch, 2003) : fusion bayésienne (qui se base sur la théorie des probabilités), fusion évidentielle (qui se base sur les travaux de Dempster Shaffer - Dempster (1967)) et la fusion floue qui se base sur la logique floue. Le présent article se concentre sur la fusion évidentielle. L'utilisation de la théorie de l'évidence dans la fusion de données est assez commune et touche de nombreux domaines (imagerie médicale, reconnaissance aérienne, robotique, etc.). Certains articles récents l'appliquent même dans le domaine de la pollution (Rahmati et Melesse, 2016). Le principe de la fusion de données évidentielle consiste en l'utilisation de fonction de croyance (belief functions) et utilise la notion de masse (ex : Tong et al. (2021)). La fusion évidentielle comporte trois étapes principales , la première consiste dans la modélisation des fonctions de masses. Quelque soit un univers des possibles Ω, la fonction de masse m se définit comme la croyance dans la survenance d'un évènement ω_0 dans un sous ensemble $A \subseteq \Omega$ ou Ω représente l'univers des possibles et vérifie la condition suivante :

$$\sum_{A \subseteq \Omega} m(A) = 1 \quad avec \quad m(A) \in [0, 1] \tag{1}$$

La deuxième étape consiste dans la combinaison des différentes sources via la règle de Dempster. Il existe de nombreux types de combinaisons qui dépendent du niveau de confiance (reliability) accordable aux différentes sources (Osswald et Martin, 2006). Ici, en cas de données trés fiables, on utilisera la combinaison conjonctive (2), Sinon il convient d'utiliser la combinaison disjonctive (3).

$$\forall A \subseteq \Omega, (m_1 \oplus m_2)(A) = \sum_{B \cap C = A} m_1(B).m_2(C) \tag{2}$$

$$\forall A \subseteq \Omega, (m_1 \oplus m_2)(A) = \sum_{B \cup C = A} m_1(B).m_2(C) \tag{3}$$

Enfin, la dernière étape consiste en la prise de décision, celle-ci peut se faire de différentes manière en fonction de la valeur de fonctions : la credibilité (BEL) et la plausibilité (PLS).

$$\forall A \subseteq \Omega, \quad BEL(A) = \sum_{\emptyset \neq B \subseteq A} m(B) \quad et \quad PLS(A) = \sum_{B \cap A \neq \emptyset} m(B) \tag{4}$$

2.2 Incertitude

Toute information issue d'une source et quel que soit son format possède une imprécision et une incertitude : *L'imprécision* peut concerner l'ensemble des attributs d'une donnée, par exemple, dans le cas de capteurs, la position, l'horodatage ou encore la mesure en elle-même. Elle peut se définir comme l'écart entre la valeur réelle et la valeur mesurée d'un attribut. *L'incertitude* quant à elle peut se définir comme la véracité d'une mesure ou comme son degré de confiance. Dans le cas des capteurs, l'incertitude est liée à la position du capteur, à son environnement, à l'utilisation qui en est faite.

Du point de vue de la fusion évidentielle, l'incertitude de la mesure revêt un caractère primordial quant au choix de la combinaison (conjonctive ou disjonctive), mais également dans le calcul des masses. En effet, l'ignorance, i.e. la masse appliquée à l'univers des possibles Ω dépend directement de l'incertitude (ici on pourrait presque parler de confiance) liée à la source. Le problème du calcul d'incertitude réside d'une part dans la localisation de ses sources mais également dans la conjonction de plusieurs de ces sources comme génératrices d'incertitude.

3 Méthodologie

La présente section vise à construire une méthode permettant de fusionner efficacement trois sources de données de format, et de résolutions différentes, tout en minimisant l'incertitude.

3.1 Données

Le but de ce travail réside dans la quantification des particules fines de diamètre inférieur à 2.5 μm ($PM_{2.5}$) sur la ville de Sherbrooke au Quebec (Canada) à l'aide de capteurs de pollution de différents types : capteurs fixes (que l'on notera S_1 pour la suite) ; capteurs mobiles (S_2) placés sur les bus de la ville (ex : **figure 1**) ; capteurs "Citoyens" (S_3). Ces capteurs fonctionnent de manière optique, ils analysent un flux d'air puis par algorithme en déduisent la concentration en $PM_{2.5}$ au sein de ce volume. Les données possèdent toutes, quelque soit la source, les mêmes attributs : la position (X,Y) ; l'horodatage (t) ; la vitesse instantanée (nulle dans le cas de S_1) ; l'identifiant unique du capteur (qui correspond également a l'identifiant de l'utilisateur pour S_3) ; la mesure de $PM_{2.5}$ (notée Val_{PM}).

3.2 Imprécision de mesure et impact sur le choix de classe

Dans un premier temps, il convient de déterminer les classes permettant d'adjoindre un niveau de pollution à partir des recommandations annuelles de l'OMS (Tab1). Chaque capteur

	I	II	III	IV	V	VI
Classe de $PM_{2.5}$ ($\mu g/m^3$)	[≤5]	[5,10]	[10,15]	[15,25]	[25,35]	[≥35]

TAB. 1 – *Classes de pollutions dérivées des recommandations de l'OMS.*

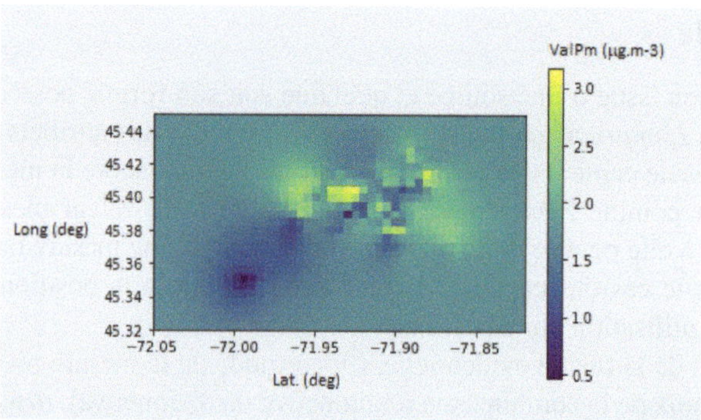

FIG. 1 – *Représentation de l'information issue du krigeage des données mobiles S2 sur une journée.*

possède sa propre imprécision de mesure donnée par le constructeur. Cette imprécision notée ΔMes impacte donc potentiellement chaque mesure, i.e.son appartenance a l'une des classes. Pour résoudre le problème, on peut donc jouer sur le concept de masse. Ainsi pour un capteur parfait on peut écrire :

$$\forall C \subset \Omega, \quad m(C) = 1 - m(\Omega) \tag{5}$$

Avec $\Omega = \{[0,5],[5,10]...[35,\infty]\}$ l'ensemble des classes et $m(\Omega)$ l'ignorance liée à la source (voir **3.3**).

Dans le cas d'un capteur possédant une imprécision même minime, il est possible que $Mes + \Delta Mes$ et $Mes - \Delta Mes$ ne soient pas strictement inclus dans les mêmes classes, auquel cas la probabilité que la mesure affichée soit dans une des 2 classes qui la jouxte est considérée comme identique et l'on implémente alors de la manière suivante :

$$\forall (C,D) \subset \Omega, \qquad Mes + \Delta Mes \in C \quad ET \quad Mes - \Delta Mes \in D,$$

$$\begin{cases} m(C) = \frac{1-m(\Omega)}{2} \\[2mm] m(D) = \frac{1-m(\Omega)}{2} \end{cases} \tag{6}$$

3.3 Incertitude, et combinaison

La fusion évidentielle se base prioritairement sur le concept de fonction de masse. La masse d'une classe C correspond à la confiance et donc dépend de l'imprécision de la mesure. Néanmoins, une source peut être précise dans ses attributs et pour autant ne pas être fiable, on parle alors d'incertitude. Ici l'incertitude sera déterminée par la masse de l'ensemble des possibles Ω. En effet la masse accordée à Ω correspond à la confiance qu'on donne au fait que la valeur de la mesure soit en fait non contenue dans une classe, mais contenue potentiellement dans toutes les classes. Dans notre cas, l'ensemble des classes correspondant à un espace infini, $m(\emptyset) = 0$, l'incertitude correspond à $m(\Omega)$, en effet les fonctions de masse m sont définies sur 2^Ω et $\emptyset$ correspond à l'ouverture au monde.

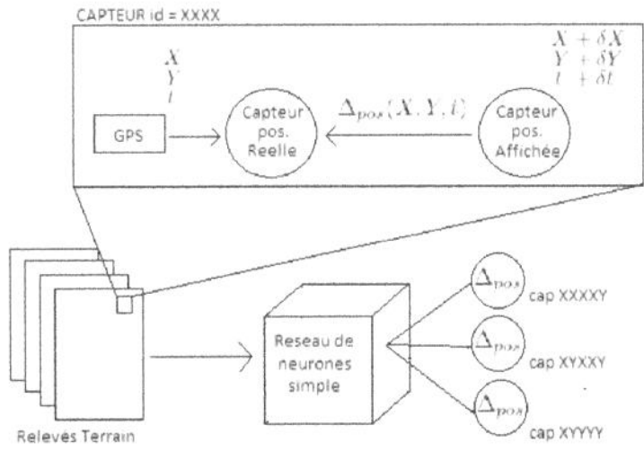

FIG. 2 – *Calcul de $\Delta_{pos}(X, Y, t)$ par apprentissage profond.*

Sources d'incertitude et prise en compte Parmi les attributs de la donnée, la position et l'horodatage sont nativement incertains pour S_2 et S_3, de plus S_3 est utilisé par des citoyens ce qui engendre également une incertitude difficilement quantifiable. Il est impossible de connaître à priori, le niveau d'incertitude issu de ces éléments, sa quantification doit donc se faire soit à priori empiriquement (i.e. lui appliquer une valeur arbitraire) soit, et c'est l'option choisie ici, par apprentissage.

Ainsi pour chaque type de source, l'ignorance s'implementera de la manière suivante :

$$
\begin{aligned}
m_{S_1}(\Omega) &= 0 \\
m_{S_2}(\Omega) &= Inc_{Pos}(v, \delta X, \delta Y, \delta t) \\
m_{S_3}(\Omega) &= Inc_{Pos}(v, \delta X, \delta Y, \delta t) + Inc_{User}(Id)
\end{aligned}
\tag{7}
$$

Avec $\{\delta X, \delta Y, \delta t\}$, l'écart entre la position réelle et la position mesurée (voir paragraphe suivant), v la vitesse instantanée du capteur, Id l'identifiant du capteur, Inc la fonction d'incertitude calculée. Pour les capteur fixes, l'ignorance est nulle pour les sources d'incertitude mentionnées ci-dessus, néanmoins, il peut exister d'autres sources d'incertitudes non étudiées ici, relatives au capteurs fixes telles que l'humidité ou le vent, qui peuvent affecter ses mesures.

Incertitude positionnelle L'incertitude relative à la position du capteur est complexe à implémenter car elle dépend avant tout de la "dérive" du capteur, c'est à dire de l'écart entre la valeur mesurée et la position spatio-temporelle réelle du capteur. Il faut donc connaître pour chaque capteur la valeur de $\Delta_{pos}(X, Y, t) = \{\delta X, \delta Y, \delta t\}$, où X, Y représentent la position spatiale et t l'horodatage. Pour ce faire, la méthode choisie va utiliser l'apprentissage profond par réseau de neurones convolutifs (*CNN*). Le jeu de données d'entrée comporte simplement de 2 tableaux à 3 colonnes (voir **figure 2**) ayant chacun les coordonnées (X,Y,t) de contrôle : GPS des stations fixes (pour les capteurs citoyens) et GPS du bus (pour les stations mobiles). Une fois les valeurs $\{\delta X, \delta Y, \delta t\}$ déterminées il convient de mesurer les impacts sur l'incertitude de la mesure de $PM_{2.5}$ engendrée par les écarts de position. Il s'agit ici de déterminer pour un écart positionnel donné l'écart induit sur la valeur de $PM_{2.5}$ mesurée. La **figure 3** montre le principe général. Il s'agit ici donc de créer un nouveau réseau de neurones dont les données d'entrées prendraient en compte les valeurs de $PM_{2.5}$ des stations fixes et des stations mobiles, leur positionnement absolu (comprenant les valeurs de $\Delta_{pos}(X, Y, t)$), et, la vitesse instantanée du capteur. En sortie il y aurait donc une fonction qui donnerait l'écart maximal

Incertitudes au sein de la fusion de données multicapteurs

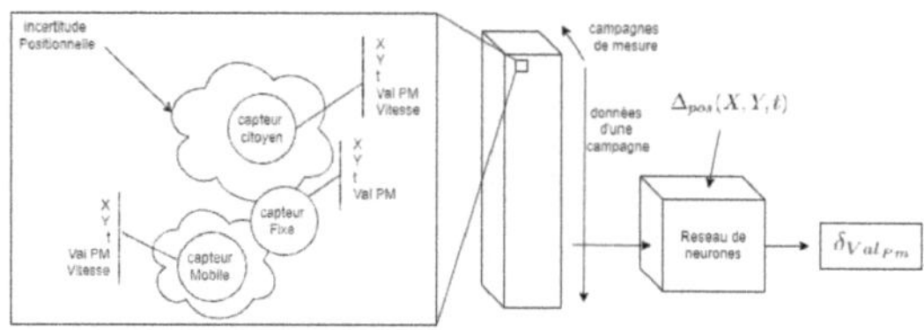

FIG. 3 – *Calcul de l'incertitude positionnelle.*

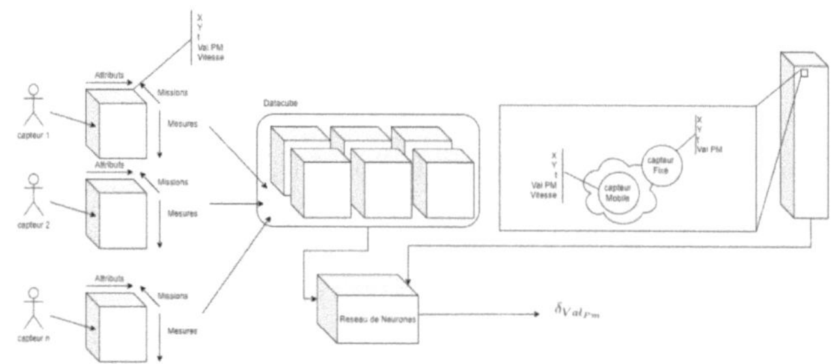

FIG. 4 – *Calcul de l'incertitude d'utilisation.*

de valeur de $PM_{2.5}$ (noté $\delta^{Pos}_{Val_{Pm}}$) en fonction de la vitesse du capteur et de son incertitude positionnelle. En normalisant cette valeur on obtient alors l'incertitude relative à la position et la vitesse par capteur (en pourcentage).

$$Inc_{Pos}(v, \delta X, \delta Y, \delta t) = \delta^{Pos}_{Val_{Pm}} \tag{8}$$

Incertitude d'utilisation Pour ce qui est de l'incertitude liée à l'utilisation, de la même manière, il est possible de combiner les information de valeurs de $PM_{2.5}$ par utilisateur (par id de capteur) en les comparant avec d'autres utilisateurs , et les valeurs voisines de capteurs fixes et de capteurs mobiles. Ici aussi l'apprentissage profond servira de base au calcul (**figure 4**) car il permettra d'apprendre des campagnes de mesures de chaque utilisateur une incertitude moyenne sur la décision. On obtient alors $\delta^{Use}_{Val_{Pm}}$ qui n'est plus fonction de la vitesse ou de la position mais seulement reliée à l'utilisateur.

$$Inc_{User}(Id) = \delta^{Use}_{Val_{Pm}} \tag{9}$$

Combinaison, décision, indicateurs Pour réaliser la combinaison, si l'ignorance est nulle ou très faible, alors on utilisera la fonction conjonctive , à l'inverse si l'ignorance est forte on utilisera la fonction disjonctive. Soit $m_i(A)$ la masse de la classe A issue du capteur S_i on a :

$$\forall A \subseteq \Omega, (m_1 \oplus m_2 \oplus m_3)(A) = \sum_{B \cup C \cup D = A} m_1(B).m_2(C).m_3(D) = m_c(A) \tag{10}$$

Pour choisir entre deux classes issues des masses, compte tenu des hauts niveaux d'incertitudes prévus (notamment via les sources de capteurs citoyens), on devra choisir un mode un mode de décision par faible dominance (Denœux, 2019) : Ainsi, soit 2 classes C_1 et C_2 , C_1 dominera faiblement C_2 si $BEL(C_1) \geq BEL(C_2)$ et si dans le même temps $PLS(C_1) \geq PLS(C_2)$, auquel cas la classe choisie sera C_1. Il convient dès lors également de déterminer des indicateurs de performances d'une telle méthode afin de pouvoir la valider. Il existe de nombreux capteurs fixes sur le territoire (AERONET, LIDAR, etc.) qui permettraient de comparer les résultats de la fusion sur des points spécifiques. Néanmoins, la difficulté réside dans l'extension de ces contrôles sur l'ensemble du territoire. Dès lors l'étude va utiliser deux campagnes de mesures : la première menée en 2022 sera progressive (période capteur fixe, période capteurs fixe + mobiles, période capteurs fixes + mobiles + citoyens) permettra de calculer les incertitudes liées à chaque source et l'indicateur de performance liée au temps de calcul, la deuxième en 2023 permettra de vérifier les indicateurs de performance finaux que sont l'écart entre les valeurs de $PM_{2.5}$ mesurées par les autres capteurs et le modèle aux points fixes.

4   Discussion et perspectives

Au sein de la méthode présentée ici, que ce soit pour l'incertitude positionnelle ou l'incertitude liée à l'utilisation des capteurs, la détermination des incertitudes suit un modèle semblable (données, réseau de neurone, calcul d'incertitude). Néanmoins, il n'est traité ici que deux grands types d'incertitude liées aux capteurs. Or dans le cadre de la pollution atmosphérique se limiter à ces simples domaines n'est pas suffisant car il existe de nombreux facteurs pouvant impacter directement ou indirectement la mesure et l'incertitude de la source. Dans ce contexte la méthode utilisée dans cet article pourrait être dérivée (après test sur des données) de la manière suivante : Soit une source de donnée quelconque S, p les paramètres de la source S $(pos, hor., valPM, \Delta_{Mes})$, Ω_p : l'ensemble des facteurs impactant le paramètre p.
— **Etape 1** : Déterminer par réseau de neurones Ω_p du parametre p de la source S et joindre un facteur d'importance a chaque élément d'Ω_p ;
— **Etape 2** : Déterminer l'incertitude globale (l'ignorance) de la source en fusionnant les incertitudes d'Ω_p ;
— **Etape 3** : Utiliser cette ignorance dans la fusion multi-sources.
Malgré tout, l'incertitude ainsi calculée si elle cherche à se rapprocher le plus possible d'une réalité terrain se heurte à la gestion dite des artefacts, i.e.des éléments extérieurs temporaires ayant un impact direct mais très peu prévisible sur les données. L'une des perspectives à explorer après la mise en place et la validation de la méthode ci-dessus consisterait donc en l'ajout de données supplémentaires (hétérogènes).

Références

Bloch, I. (2003). *Fusion d'informations en traitement du signal et des images*. Hermes Science Publications.

Dempster, A. (1967). Upper and lower probabilities induced by a multivalued mapping. *Ann. Math. Stat. 38*, 325–339.

Deng, X., F. Xiao, et Y. Deng (2017). An improved distance-based total uncertainty measure in belief function theory. *Applied Intelligence 46*(4), 898 – 915.

Denœux, T. (2019). Decision-making with belief functions : A review. *International Journal of Approximate Reasoning 109*, 87 – 110.

Hariri, R. H., E. M. Fredericks, et K. M. Bowers (2019). Uncertainty in big data analytics : survey, opportunities, and challenges. *Journal of Big Data 6*(1). All Open Access, Gold Open Access.

Khaleghi, B., A. Khamis, F. O. Karray, et S. N. Razavi (2013). Multisensor data fusion : A review of the state-of-the-art. *Information Fusion 14*(1), 28–44.

OMS (2021). *WHO global air quality guidelines : particulate matter (PM2.5 and PM10), ozone, nitrogen dioxide, sulfur dioxide and carbon monoxide : executive summary*. World Health Organization.

Osswald, C. et A. Martin (2006). Understanding the large family of dempster-shafer theory's fusion operators - a decision-based measure. In *2006 9th International Conference on Information Fusion*, pp. 1–7.

Piedrahita, R., Y. Xiang, N. Masson, J. Ortega, A. Collier, Y. Jiang, K. Li, R. Dick, Q. Lv, M. Hannigan, et L. Shang (2014). The next generation of low-cost personal air quality sensors for quantitative exposure monitoring. *Atmospheric Measurement Techniques 7*(10), 3325 – 3336.

Rahmati, O. et A. M. Melesse (2016). Application of dempster–shafer theory, spatial analysis and remote sensing for groundwater potentiality and nitrate pollution analysis in the semi-arid region of khuzestan, iran. *Science of the Total Environment 568*, 1110 – 1123.

Tong, Z., P. Xu, et T. D. ux (2021). An evidential classifier based on dempster-shafer theory and deep learning. *Neurocomputing 450*, 275–293.

Yang, Y. et D. Han (2016). A new distance-based total uncertainty measure in the theory of belief functions. *Knowledge-Based Systems 94*, 114 – 123.

Summary

Atmospheric pollution control is becoming a key public health issue for our 21st century. The growing diversification of sensors and the growing variety and number of data they produce, lean some important issues for qualifying and processing information. Belief functions theory and data fusion could be a part of the solution of these issues. By the way the fact that fusion take each sensor in consideration for global information is a threat to the global uncertainty of merged information. This paper aims at building a method using belief theory and deep learning to get a merged information from a known attribute data model, while reducing uncertainty. Beyond the method, this paper aims at creating performance indicators to post validate the model.

Fouille de séries temporelles pour l'explicabilité de la dégradation de l'état de charge des batteries Lithium-ions

Massimo Venuti* Ahmed Samet* Franco Giustozzi* Théo Heitzmann* Tedjani Mesbahi*

*ICUBE (UMR CNRS 7357) INSA Strasbourg, France
firstname.lastname@insa-trasbourg.fr,

Résumé. Dans ce papier, nous abordons le problème d'explicabilité dans la compréhension du vieillissement des batteries Lithium-ions pour la mobilité électrique. Pour cela, nous développons un modèle prédicatif reposant sur un réseau de neurones convolutionnels sur des données de l'état de charge de batteries générées dans notre laboratoire. Cette prédiction est expliquée par les valeurs de Shapley. Une fouille de motifs dans des séries temporelles issues de l'explicabilité, par l'approche matrix profile, permet d'identifier les motifs responsables du de la dégradation accélèrée.

1 Introduction

L'apprentissage profond a contribué à l'essor du domaine de l'intelligence artificielle. Cependant, les réseaux neuronaux profonds (DNN) sont faibles dans l'explication et l'interprétation de leurs processus d'inférence et des résultats finaux. Un exemple réel illustrant le besoin d'IA explicable est l'exemple des applications du transport électrique utilisant les batteries Lithium-ions (Li-ion). Tout au long de leur vie, les batteries Li-ion se dégradent avec l'utilisation (périodes de conduite) et le temps (vieillissement calendaire)(Lee et al., 2022). Plusieurs modèles se fondent sur les DNN avec des précisions suffisantes(Collath et al., 2022). Récemment, (Lee et al., 2022) ont proposé une approche explicable utilisant les valeurs de Shapley(Lundberg et Lee, 2017). L'explicabilité est appliquée à une approche endogène de régression (prédire une variable à partir des constatations passées). Malheureusement, ces approches demeurent néanmoins peu explicables et n'identifient pas les raisons des dégradations accélérées du SoC (Rudin, 2019). En effet, pour comprendre le vieillissement des batteries Li-ion, il faudrait expliquer "pourquoi" notre modèle arrive à la décision plutôt que de répondre au "comment" il trouve ce résultat. Dans les applications automobiles, Le SoC (State of Charge en anglais) ou état de charge est considérée comme l'un des paramètres le plus important pour sa maintenance. En effet, prédire une valeur très précise du SoC permettra d'éviter des incidents tels que la surcharge et la décharge profonde de la batterie. Il s'agit d'un taux ou d'une valeur comprise entre 0 et 1 qui indique directement la quantité d'énergie restant dans une batterie pour alimenter un appareil électrique (Hannan et al., 2021). Le SoC est défini par la relation suivante : $SoC = \frac{Q_{rest}}{Q_{nom}}$, où Q_{rest} est la capacité libérable restante de la batterie à un certain niveau de charge et Q_{nom} est la capacité nominale de la batterie.

Plusieurs modèles se fondant sur les DNN avec des précisions suffisantes(Collath et al., 2022). Récemment, (Lee et al., 2022) ont proposé une approche explicable utilisant les valeurs de Shapley(Lundberg et Lee, 2017). L'explicabilité est appliquée à une approche endogène de régression (prédire une variable à partir des constatations passées). Malheureusement, ces approches demeurent néanmoins peu explicables et n'identifient pas les raisons des dégradations accélérées du SoC (Rudin, 2019). En effet, pour comprendre le vieillissement des batteries Li-ion, il faudrait expliquer "pourquoi" notre modèle arrive à la décision plutôt que de répondre au "comment" il trouve ce résultat.

Dans ce papier, nous proposons de développer une approche explicable. Pour cela, nous visons à analyser la sortie d'une approche explicable de prédiction de durée de vie d'une batterie. En effet, nous proposons d'appliquer une approche de fouille de données pour trouver des motifs de dégradation fréquents sur une série temporelle multivariée d'explication.

2   Fouille de séries temporelles

Dans cette section, nous introduisons les définitions et notations nécessaires de la fouille de séries temporelles.

Définition 1 (série temporelle, série temporelle multidimensionnelle). Une *série temporelle* $T \in \mathbb{R}^n$ est une séquence de valeurs réelles $t_i \in \mathbb{R} : [t_1, t_2, ..., t_n]$ où n est la longueur de T. Une *série temporelle multidimensionnelle* $T \in \mathbb{R}^{d \times n}$ est un ensemble de séries temporelles en co-évolution $T^{(i)} \in \mathbb{R}^n : T = [T^{(1)}, T^{(2)}, \ldots, T^{(d)}]^T$ où d est la dimensionnalité de T et n est la longueur de T.

Définition 2 (sous-séquence). Une *sous-séquence* $T_{i,m} \in \mathbb{R}$ d'une série temporelle T est un sous-ensemble continu des valeurs de T de longueur m commençant à la position i. Formellement, $T_{i,m} = [t_i, t_{i+1}, \ldots, t_{i+m-1}]$. On note $\overline{T_{i,m}}$ la moyenne des valeurs de $T_{i,m}$ définie par $\overline{T_{i,m}} = \frac{1}{m} \sum_{k=i}^{i+m-1} t_k$.

Une *sous-séquence multidimensionnelle* $T_{i,m} \in \mathbb{R}^{d \times m}$ d'une série temporelle multidimensionnelle T est un ensemble de sous-séquences de T de longueur m commençant à la position i. Formellement, $T_{i,m} = [T^{(1)}_{i_m}, T^{(2)}_{i_m}, \ldots, T^{(d)}_{i_m}]$.

Définition 3 (sous-séquence sous-dimensionnelle). Une *sous-séquence sous-dimensionnelle* $T_{i,m}(X) \in \mathbb{R}^{k \times m}$ est une sous-séquence multidimensionnelle pour laquelle seulement un sous-ensemble de dimensions est sélectionné, où X est un vecteur indiquant quelles dimensions sont incluses, et k est le nombre de dimensions correspondant ($\|X\|_0 = k$).

Définition 4 (distance k-dimensionnelle). La *distance k-dimensionnelle $dist^{(k)}$* est une fonction qui calcule la distance entre deux sous-séquences multidimensionnelles en utilisant seulement les k « meilleures » des d dimensions. Formellement, $dist^{(k)}(T_{i,m}, T_{j,m}) = \min_X dist(T_{i,m}(X), T_{j,m}(X))$ où $\|X\|_0 = k$ et $dist$ est une fonction qui calcule la distance euclidienne z-normalisée entre les sous-séquences d'entrée.

Définition 5 (motif k-dimensionnel). Un *motif k-dimensionnel* est la paire de sous-séquences sous-dimensionnelles la plus similaire d'une série temporelle multidimensionnelle quand la distance est calculée en utilisant la distance k-dimensionnelle. Formellement, $T_{a,m}$ et $T_{b,m}$ est la paire du motif k-dimensionnel ssi $dist^{(k)}(T_{a,m}, T_{b,m}) \leq dist^{(k)}(T_{i,m}, T_{j,m}) \; \forall i, j \in [1, 2, \ldots, n-m+1]$, où $a \neq b$ et $i \neq j$.

Pour localiser efficacement les motifs k-dimensionnel, plusieurs algorithmes ont été introduits(Yeh et al., 2017) parmi lesquels nous trouvons *matrix profile*.

Définition 6 (matrix profile k-dimensionnelle). Une *matrix profile k-dimensionnelle* $P \in \mathbb{R}^{n-m+1}$ d'une série temporelle multidimensionnelle T est une méta-série qui contient la distance euclidienne z-normalisée, calculée avec la distance k-dimensionnelle, entre chaque sous-séquence et sa plus proche voisine, où n est la longueur de T, d est la dimensionnalité de T, k est le nombre donné de dimensions, et m est la longueur de sous-séquence donnée. Formellement, la i^{eme} position dans P contient $dist^{(k)}(T_{i,m}, T_{j,m})\, \forall j \in [1, 2, \ldots, n-m+1]$, où $i \neq j$. Le motif k-dimensionnel peut être trouvé en localisant les deux valeurs les plus basses dans P (ces deux valeurs minimales doivent être égales).

3 Détermination des profils dégradants de l'état de charge

La Figure 1 décrit le procédé de l'approche choisie. L'entrée du modèle est composée des trois séries temporelles correspondant aux valeurs du courant V, de la tension I, et de la température T. À partir de cette entrée, un réseau entièrement convolutionnel réalise la prédiction de l'état de charge de la batterie et un modèle post hoc SHAP (Shapley Additive exPlanations)(Lundberg et Lee, 2017) en génère une explication. Un prétraitement sur les valeurs de SHAP résultantes est ensuite réalisé pour obtenir trois nouvelles séries temporelles, chacune correspondant aux valeurs de SHAP pour les valeurs de courant, de tension et de température correspondantes. Le prétraitement réalisé vise également à réduire la taille de ces séries en ne gardant que les parties potentiellement intéressantes pour la découverte de profils anormaux de conduite. Matrix profile est finalement appliquée sur ces nouvelles séries pour trouver des motifs et ainsi déterminer des profils anormaux de conduite.

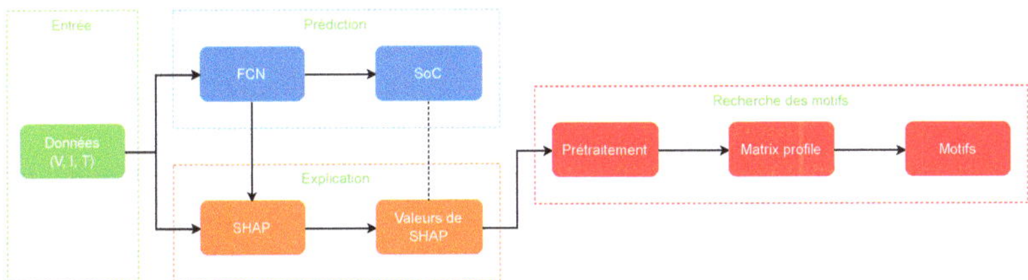

FIGURE 1 – *Modèle pour la détermination des profils de conduite qui dégrade le SoC de la batterie.*

3.1 Modèle d'explication

Le modèle utilisé pour prédire l'état de charge des batteries est un réseau entièrement convolutionnel introduit par (Hannan et al., 2021). Notre réseau convolutionel prend en entrée les valeurs de courant $V_{k,W}$, de tension $I_{k,W}$ et de température $T_{k,W}$. Quatre couches de convolution suivent ensuite avec comme nombre et comme taille de noyaux respectifs $n = [16, 32, 16, 1]$ et $w = [7, 5, 3, 1]$. Chaque couche de convolution est suivie d'une couche de batch normalization pour accélérer la convergence lors de l'entraînement puis d'une couche d'activation. (Hannan et al., 2021) ont proposé d'utiliser la fonction d'activation *Mish* ((Misra, 2019)), appréciée pour son amélioration des résultats des réseaux convolutifs et pour son action de régularisation qui réduit l'overfitting. Une couche de global average pooling (GAP) est placée à la suite des couches de convolution en remplacement d'une couche entièrement connectée. Enfin, l'état de charge de sortie est obtenu en passant le résultat de cette dernière couche dans une unité linéaire rectifiée plafonnée à un seuil de 100.

Tous les modèles de cette recherche sont optimisés en utilisant l'Erreur Quadratique Moyenne (EQM) comme fonction de perte : $EQM = \frac{1}{N}\sum_{i=1}^{N}(y_i - \hat{y}_i)^2$. N est le nombre d'exemples, $\hat{y}_i$ est la valeur de l'état de charge prédite par le modèle pour l'exemple i, et y_i est la valeur de l'état de charge réelle pour l'exemple i. Les modèles sont entraînés en utilisant l'algorithme de descente du gradient Rectified Adam (RAdam) ((Liu et al., 2020)), qui s'est montré moins sensible à la sélection du learning rate initial et qui a démontré une amélioration de la puissance de généralisation.

Afin d'interpréter les sorties du modèle, nous utilisons SHAP, présentée en 2017 par (Lundberg et Lee, 2017). Une prédiction est expliquée comme une combinaison linéaire des contributions individuelles des variables. Formellement, une fonction linéaire g est définie de la manière suivante : $g(z') = \phi_0 + \sum_{i=1}^{M} \phi_i z_i'$. $z' \in \{0,1\}^M$ vaut 1 lorsqu'une variable est observée ou 0 sinon, ϕ_i est la contribution de la variable i, et M est le nombre de variables. Les valeurs de Shapley sont utilisées comme mesure de la contribution des variables ϕ_i. Elle s'écrit $\phi_i = \sum_{S \subseteq F\setminus\{i\}} \frac{|S|!(|F|-|S|-1)!}{|F|!}[f(S\cup i) - f(S)]$. f est le modèle et F est l'ensemble de toutes les variables.

3.2 Extraction de profils anormaux

La méthode pour extraire les profils anormaux que nous proposons se base sur la découverte de motifs dans les valeurs de SHAP. L'idée est de chercher des motifs où les contributions des variables aux estimations de l'état de charge de la batterie sont relativement négatives. Les contributions des variables sont donc considérées comme un indicateur de leur impact négatif sur l'état de charge de la batterie.

Pour ce faire, nous devons générer une nouvelle série temporelle correspondant aux valeurs de SHAP calculées pour les valeurs de tension, d'intensité de courant et de la température associées. Or, en considérant une fenêtre glissante de taille W avec un pas de 1, un même exemple du jeu de données intervient dans au plus W prédictions. Donc au plus W valeurs de SHAP sont calculées pour cet exemple. Nous moyennons donc toutes les valeurs de SHAP calculées pour un même exemple pour obtenir la nouvelle série temporelle des valeurs de SHAP.

Comme énoncé précédemment, nous nous intéressons aux impacts négatifs des différentes variables sur l'état de charge de la batterie. Il convient donc de fixer un indicateur permettant d'identifier ces derniers. Une approche naïve consisterait à identifier les valeurs de SHAP négatives, c'est-à-dire là où les contributions des variables sur l'état de charge sont négatives. Cependant, puisque l'état de charge évolue de 100% à 0%, les valeurs de SHAP ont naturellement tendance à diminuer lorsque ce dernier diminue. Considérer uniquement les valeurs de SHAP absolues ne semble donc pas être un bon indicateur pour détecter des comportements néfastes. À la place, nous proposons d'étudier les valeurs de SHAP relatives en calculant la différence entre les valeurs de SHAP d'une sous-séquence et de sa sous-séquence précédente.

Notons S la série multidimensionnelle des valeurs de SHAP obtenue avec la méthode décrite précédemment. En considérant la fonction de précédence p_m définie par :

$$p_m(i) = \begin{cases} i - m & \text{si } i \geq m \\ 0 & \text{sinon} \end{cases} \quad \forall i, m \in \mathbb{N} \tag{1}$$

la différence des valeurs de SHAP moyennes de la variable j entre une sous-séquence $S_{i,m}$ et sa sous-séquence précédente $S_{p_m(i),m}$.Afin de favoriser les grandes amplitudes des valeurs de SHAP, nous définissons la différence pondérée $\Delta S_{i,m}^{(j)}$ entre une sous-séquence $S_{i,m}$ et sa sous-séquence précédente $S_{p_m(i),m}$ de la manière suivante :$\Delta S_{i,m}^{(j)} = \left(\overline{S_{p_m(i),m}^{(j)}} - \overline{S_{i,m}^{(j)}} \right) \times \left| \overline{S_{i,m}^{(j)}} \right|$. Cet indicateur nous permet d'évaluer une sous-séquence $S_{i,m}^{(j)}$: plus il est élevé, plus $S_{i,m}^{(j)}$ représente potentiellement un comportement de conduite anormal néfaste. En fixant un seuil sur cette dernière, nous pouvons générer une nouvelle série temporelle S' constituée de toutes les sous-séquences $S_{i,m}$ candidates ainsi que de leur sous-séquence précédente $S_{p_m(i),m}$. Cela peut être particulièrement intéressant pour améliorer le temps de calcul.En procédant séquentiellement selon l'axe du temps, une zone d'exclusion de taille $E > 2 \times m$ est considérée à la suite d'une sous-séquence $S_{i,m}$ conservée pour éviter un chevauchement faisant apparaître un faux motif, m étant la taille des motifs candidats. Enfin, on associe à chaque indice de la nouvelle série, son indice correspondant dans la série initiale.

À partir de la série temporelle S' générée grâce à ce prétraitement, nous pouvons calculer les matrix profiles k-dimensionnelles pour $k \in [1, 2, 3]$ avec la taille de fenêtre m. Puisque S' est constituée de paires de sous-séquences initialement distinctes, des motifs qui chevauchent deux paires de sous-séquences peuvent être trouvés. Pour éviter cela, les valeurs des matrix profiles correspondant à de tels motifs sont mises à l'infini.

Une fois ces dernières prétraitées, on peut en extraire les top-K motifs grâce à l'algorithme présenté par (Yeh et al., 2017), basé sur le principe MDL (Minimum Description Length). Ce dernier répète K fois les deux étapes suivantes : 1) appliquer la méthode MDL pour trouver le motif k-dimensionnel avec le nombre de bits minimal et 2) supprimer le motif k-dimensionnel trouvé en remplaçant les valeurs de la matrix profile k-dimensionnelle du motif (et de sa plus proche sous-séquence voisine) par l'infini.

Afin de comparer l'impact néfaste des K motifs trouvés, nous proposons d'évaluer un motif en retenant la valeur maximale $\Delta S_{i,m}^{(D)}$ parmi les valeurs $\Delta S_{i,m}^{(j)}$ pour toutes les variables $j \in D$, où D correspond aux dimensions contenant le motif :$\Delta S_{i,m}^{(D)} = \max_{j \in D} \Delta S_{i,m}^{(j)}$. Les valeurs $\Delta S_{a,m}^{(D)}$ et $\Delta S_{b,m}^{(D)}$ sont alors assignées à un motif $S_{a,m}$ et à sa plus proche sous-séquence voisine $S_{b,m}$ respectivement. Pour évaluer le motif complet, composé de la paire de sous-séquences, on retient la moyenne $\Delta S_{a,m}$ des deux :

$$\Delta S_{a,m} = \frac{\Delta S_{a,m}^{(D)} + \Delta S_{b,m}^{(D)}}{2}. \tag{2}$$

4 Expériences

Cette partie présente les expériences et résultats obtenus pour évaluer la méthode présentée dans la section 3. Toutes les expériences ont été réalisées sur la plateforme *Google Colab* avec une machine composée d'un GPU Tesla T4 16 Go, d'un CPU Intel Xeon 2.20 GHz et de 13 Go de RAM, et tournant sur Ubuntu 18.04. Les bibliothèques tensorflow 2.8.2, stumpy 1.11.1 et shap 0.41.0 ont été utilisées pour implémenter respectivement les modèles d'apprentissage profond, matrix profile et SHAP. Le jeu de données se compose de 4 cycles de décharge successifs avec environ 24 000 pas de temps chacun. Une batterie lithium-ion Panasonic NCR18650BD1 d'une capacité de 2980 mAh est utilisée dans cette recherche.Trois cycles de conduite distincts y sont répétés jusqu'à décharge de la batterie. Le jeu de données décrit les valeurs de tension, de courant, de température et d'état de charge à chaque pas de temps, et un pas de temps représente un tiers de seconde. L'état de charge de la batterie est déterminé en utilisant l'intégrale du courant.

	FCN	GRU	LSTM	CNN
REQM (%)	**0.96**	1.44	2.37	3.11
EAM (%)	**0.74**	1.21	1.86	2.35
Paramètres	4773	4465	4769	6073

TABLE 1 – Performances des modèles prédictifs

4.1 Évaluation du modèle de régression

Pour évaluer les modèles d'apprentissage profond, les trois premiers cycles du jeu de données ont été utilisés pour l'entraînement et le dernier cycle a servi de jeu de test. Le jeu d'entraînement a été séparé en jeux d'entraînement et de validation avec un ratio de 80/20. Nous avons utilisé une taille de batch de 512 et une taille de fenêtre $W = 512$ pour entraîner tous les modèles. La fonction de perte est optimisée grâce à la descente de gradient. Les poids et biais du modèle sont mis à jour en utilisant l'optimisation Rectified Adam avec un learning rate initial de 0.01. Pour limiter les risques d'overfitting, nous avons adopté la stratégie de l'early stopping en arrêtant l'entraînement si la perte sur le jeu de validation ne s'améliore pas au bout de 100 epochs consécutives. Nous avons fixé le nombre maximal d'epochs à 1000. Enfin, le modèle avec la perte la plus basse sur le jeu de validation a été sélectionné. Tous les modèles ont été évalués en se basant sur les critères de la racine de l'erreur quadratique moyenne (REQM) et de l'erreur absolue moyenne (EAM) donnés par les équations suivantes :

$$REQM = \sqrt{\frac{1}{N}\sum_{i=1}^{N}(y_i - \hat{y}_i)^2} \quad (3) \qquad EAM = \frac{1}{N}\sum_{i=1}^{N}|y_i - \hat{y}_i| \quad (4)$$

où N est le nombre d'exemples, $\hat{y}_i$ est la valeur de l'état de charge prédite par le modèle pour l'exemple i, et y_i est la valeur de l'état de charge réelle pour l'exemple i.

De la même manière que (Hannan et al., 2021), nous avons comparé les résultats du modèle sélectionné aux modèles d'apprentissage profond traditionnels LSTM, GRU et CNN. Les modèles LSTM et GRU sont composés d'une seule couche cachée de 32 et 36 unités respectivement. Le modèle CNN est composé d'une seule couche de convolution avec 22 filtres de taille 5 suivie d'une couche max pooling avec une taille de 2. (Hannan et al., 2021) ont dimensionné ces modèles de sorte qu'ils aient un nombre de paramètres similaire à celui du modèle sélectionné pour une comparaison équitable. Le Tableau 1 indique les résultats obtenus pour chacun des modèles. Il est évident que l'architecture du FCN contribue à une faible erreur de test. Dans notre modèle proposé, nous avons effectué une optimisation des poids par l'algorithme RAdam sur le modèle FCN qui a contribué à une réduction significative des erreurs.

4.2   Évaluation des motifs extraits

Pour évaluer la méthode d'extraction des profils anormaux de conduite présentée dans ce papier, nous avons utilisé la distance euclidienne z-normalisée, indiquant la similitude d'un motif, la métrique de l'Equation 2, indiquant l'impact négatif anormal associé à un motif, le temps de calcul, ainsi que la variation maximale de l'état de charge réel définie pour une sous-séquence $S_{i,m}$ par : $\delta SoC_{i,m} = \max_{i \leq k < i+m} SoC_k - \min_{i \leq k < i+m} SoC_k$.

Le SoC_k est la valeur de l'état de charge réel au pas de temps k. Un motif étant constitué d'une sous-séquence $S_{a,m}$ et de sa plus proche sous-séquence voisine $S_{b,m}$, nous définissons la métrique indiquant la variation de l'état de charge réel associée au motif comme la moyenne de leurs variations respectives : $\Delta SoC_{a,m} = \frac{\Delta SoC_{a,m} + \Delta SoC_{b,m}}{2}$. Les résultats obtenus avec l'approche proposée sont comparés avec l'extraction traditionnelle des motifs avec matrix profile sur les données de tension, d'intensité et de température directement. Aussi, nous avons mesuré le gain sur le temps de calcul du prétraitement introduit dans la Section 3.2, consistant à construire une nouvelle série en concaténant les sous-séquences des valeurs de SHAP candidates. Enfin, les évaluations de tous les modèles sont faites sur le dernier cycle du jeu de données uniquement. Les valeurs de SHAP ont été calculées en utilisant 1000 exemples aléatoires comme exemples de base. En fixant le seuil $\Delta S_{i,m}^{(j)} > 0.00079$ sur les sous-séquences $S_{i,m}$ et la zone d'exclusion $E = 2 \times m + 1$ pour $m = 40$, on obtient la nouvelle série temporelle S'. La Figure 2 présente les « meilleurs » motifs obtenus avec l'approche proposée, c'est-à-dire qui minimisent le critère (2), pour un nombre maximum de motifs extraits de 40, 180, 360 et 420.

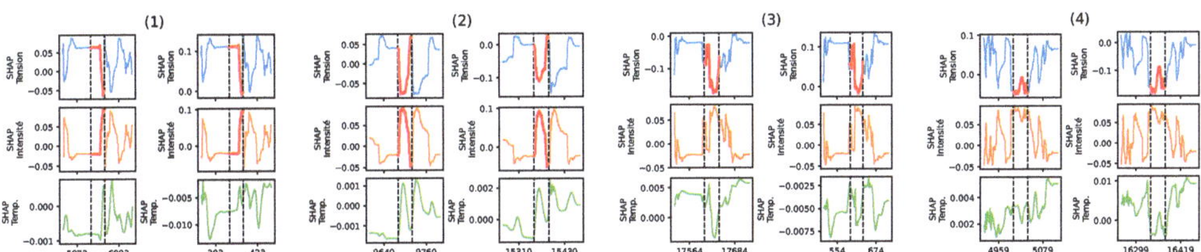

FIGURE 2 – *« Meilleurs » motifs obtenus, pour un nombre maximum de motifs extraits de 40 (1), 180 (2), 360 (3) et 420 (4).*

5   Discussion et conclusion

Nous constatons dans ces motifs, un pic de tension et de courant en parallèle à une évolution de la température. En effet, la température affecte directement les propriétés de transport et les propriétés cinétiques des différentes espèces présentes au sein de la batterie. En général, lorsque la température diminue, la tension de décharge moyenne et la capacité de décharge des batteries lithium-ion diminuent, en particulier lorsque la température est négative, la capacité de décharge et la tension de décharge moyenne de la batterie diminuent plus rapidement. Dans ce papier, nous avons introduit une approche pour comprendre le vieillissement des batteries Li-ion pour la mobilité électrique. Nous avons introduit une approche de fouille de motifs dans une série temporelle multi-variée issue des valeurs de Shapley appliquées à un réseau convolutionnel prédictif. Une application à des données réelles démontre un sens aux motifs extraits responsables de la dégradation de l'état de charge.

Références

Collath, N., B. Tepe, S. Englberger, A. Jossen, et H. Hesse (2022). Aging aware operation of lithium-ion battery energy storage systems : A review. *Journal of Energy Storage 55*, 105634.

Hannan, M. A., D. N. T. How, M. S. H. Lipu, P. J. Ker, Z. Y. Dong, M. Mansur, et F. Blaabjerg (2021). Soc estimation of li-ion batteries with learning rate-optimized deep fully convolutional network. *IEEE Transactions on Power Electronics 36*, 7349–7353.

Lee, G., J. Kim, et C. Lee (2022). State-of-health estimation of li-ion batteries in the early phases of qualification tests : An interpretable machine learning approach. *Expert Systems with Applications 197*, 116817.

Liu, L., H. Jiang, P. He, W. Chen, X. Liu, J. Gao, et J. Han (2020). On the variance of the adaptive learning rate and beyond. *ArXiv abs/1908.03265*.

Lundberg, S. M. et S.-I. Lee (2017). A unified approach to interpreting model predictions. *ArXiv abs/1705.07874*.

Misra, D. (2019). Mish : A self regularized non-monotonic neural activation function. *ArXiv abs/1908.08681*.

Rudin, C. (2019). Stop explaining black box machine learning models for high stakes decisions and use interpretable models instead. *Nature Machine Intelligence 1*(5), 206–215.

Yeh, C.-C. M., N. Kavantzas, et E. J. Keogh (2017). Matrix profile vi : Meaningful multidimensional motif discovery. *2017 IEEE International Conference on Data Mining (ICDM)*, 565–574.

Summary

In this paper, we address the problem of explainability in the understanding of Lithium-ion battery aging for electric mobility. For this purpose, we develop a predictive model based on a convolutional neural network on battery aging data generated in our laboratory. This prediction is explained using Shaley values. A pattern mining in a temporal series of explicability, using the matrix profile approach, allows to identify the patterns responsible for the accelerated aging.

Extraction d'informations sur les workflows scientifiques à partir de la littérature

Clémence Sebe*, Aurélie Névéol*, Sarah Cohen-Boulakia*, Alban Gaignard**

*Université Paris-Saclay, CNRS, LISN
prenom.nom@lisn.fr
**Université de Nantes, CNRS, INSERM Institut du Thorax
alban.gaignard@univ-nantes.fr

Résumé. Les workflows scientifiques offrent aux bioinformaticiens un cadre pour représenter, échanger et assurer la reproductibilité de leurs pipelines d'analyses. Ils sont décrits dans la littérature (texte) et/ou stockés dans des dépôts de workflows (code). Un enjeu majeur pour tendre vers une meilleure réutilisation des workflows par des tiers est de reconstruire le lien entre la documentation (texte) et l'implémentation (code) du workflow. A partir du texte intégral d'articles décrivant des workflows en anglais, nous proposons une méthode de modélisation et d'extraction d'informations des composants des workflows. Nous présentons un corpus de 24 articles annotés à l'aide d'un schéma comportant 16 entités et 10 relations. Nous utilisons ce corpus pour entraîner et évaluer des modèles statistiques d'extraction d'information sur les workflows. Nous montrons la faisabilité de la tâche comme première étape vers l'intégration d'information concernant les workflows issus de la littérature et des dépôts de workflows.

1   Introduction

Dans les sciences fortement génératrices de données, telles que la *bioinformatique*, les résultats scientifiques sont produits à l'aide de chaînes de traitement complexes pouvant prendre en entrée de très grandes quantités de données expérimentales. Ces chaînes peuvent être constituées de nombreuses étapes, faire appel à des outils bioinformatiques, et demander des temps de calcul considérables. Elles peuvent être implémentées à l'aide de scripts (Bash, Python...) qui pilotent l'execution des outils, et constituent le liant entre les données, les traitements, les outils et l'environnement d'exécution. Cependant, le développement et l'utilisation de tels scripts engendrent de multiples difficultés d'implémentation dans la conception et l'éxécution de la chaîne de traitement ainsi que des difficultés de maintenance et réutilisation par des tiers.

En réponse à ces problèmes, des efforts considérables ont été déployés ces vingt dernières années pour proposer aux bioinformaticiens des approches pour les guider vers une meilleure automatisation de leurs chaînes de traitement : les *systèmes de workflows scientifiques* (Cohen-Boulakia et al. (2017)). Deux systèmes sont aujourd'hui particulièrement utilisés en bioinformatique : Nextflow (Di Tommaso et al. (2017)) et Snakemake (Köster et Rahmann (2012)).

On assiste actuellement à deux phénomènes : (1) augmentation des articles scientifiques décrivant des workflows bioinformatiques qui sont sous une forme "descriptive", (étapes décrites sans que l'on puisse les executer) et (2) augmentation des workflows bioinformatiques disponibles sous des dépots comme Github (3 000+ workflows Nextflow et Snakemake au 01/01/2022) qui sont sous une forme "programmatique" (implémentation disponible mais le manque de documentation les rendent difficilement réutilisables).

Un enjeu est donc le developpement d'un outil simple d'accès et automatique, permettant d'extraire des informations sur des workflows décrits dans la littérature pour non seulement documenter systématiquement les workflows présentés dans la littérature mais aussi accompagner leur recensement dans les dépôts de workflows.

C'est dans ce cadre que s'inscrit la présente publication qui introduit une méthodologie d'extraction d'informations concernant des workflows issus de la littérature. Les contributions de ce premier travail sont les suivantes : (1) nous proposons une représentation des composants d'un workflow à l'aide d'un schéma comportant 16 entités et 10 relations ; (2) nous proposons un corpus d'articles en anglais décrivant des workflows annotés à l'aide de cette représentation ; (3) nous montrons l'utilité de ce corpus pour l'extraction automatique d'informations concernant les workflows à l'aide de méthodes statistiques. Le code de ce projet est disponible sur Github (`https://github.com/ClemenceS/WorkflowExtractionNLP`).

2   Identification d'un corpus décrivant des workflows

Nous avons tout d'abord travaillé à l'élaboration d'un corpus décrivant des workflows bio-informatiques. Pour ce faire, nous avons interrogé deux bases de données : PubMed et PubMed-Central (NLM (2021)). Nous y avons effectué des requêtes strictes pour comprendre les articles présents. La requete suivante nous a permis de collecter un premier corpus : Recherche des articles dans PubMed Central comprenant le terme "nextflow" ou "snakemake" dans le résumé et pour lesquels il existe un lien vers Github dans le corps de l'article : *(nextflow[Abstract] OR snakemake[Abstract]) AND github[All Fields]*.

Elle a permis d'extraire quarante-huit articles décrivant des workflows sous le système de gestion Nextflow et quarante-neuf articles sous SnakeMake, soit un ensemble de quatre-vingt-dix-sept articles comprenant, chacun, en moyenne 2 200 mots (2 000 mots pour Nextflow et 2 400 mots pour Snakemake) (08/10/2022). Le nombre d'articles de ce type est en constante augmentation car ces deux systèmes de workflows sont très utilisés. Ces articles ont été extraits à l'aide de la librairie Python entrezpy (Buchmann et Holmes (2019), v2.1.3) et sont stockés dans un fichier XML. En analysant les articles, nous avons remarqué que les workflows bio-informatiques sont en général décrits dans une sous-partie des articles intitulée "Méthode" ou "Implémentation". Nous avons développé un script Python permettant de parser le fichier XML obtenu et d'extraire, pour chaque article, seulement son titre et la partie correspondante à la description du workflow et avons sauvegardé ces informations dans des fichiers texte.

3   Modélisation de la composition d'un workflow

Afin de proposer une description systématique de la composition d'un workflow bioinfor-matique, nous nous sommes appuyés sur des échanges avec des experts utilisateurs de work-flows ainsi que sur la lecture de quelques articles du corpus. Globalement, les workflows sont formés d'étapes d'analyse de données et chaque étape contient un script qui peut faire appel ou non à un outil bioinformatique. Pour qu'un workflow puisse s'exécuter il est important de bien garder la trace de l'environment d'exécution d'un workflow. Nous avons distingué deux grandes catégories de données : informations générales sur les workflows tel son environnement d'éxecution (système, langages de programmation utilisés dans les scripts, etc.) et informations sur le contenu du workflow lui-même, comme les outils bioinformatiques utilisés et les librairies. Nous trouvons également dans les articles des informations plus spécifiques sur la version et/ou la référence bibliographique décrivant le fonctionnement d'un outil ou d'une librairie utilisée, des descriptions et paramètres spécifiés pour certains éléments.

Nous avons également modélisé les relations entre ces types de données. La figure 1 présente la modélisation proposée, qui distingue des entités dites *globales* (les élements composant un workflow) et des entités dites *spécifiques* (les caractéristiques associées aux entités globales). Les flèches bleues représentent les relations possibles entre ces entités : toute entité *globale* peut être reliée à une entité *spécifique* de type "version" afin de caractériser la version du workflow ou de l'outil (Tool) décrit.

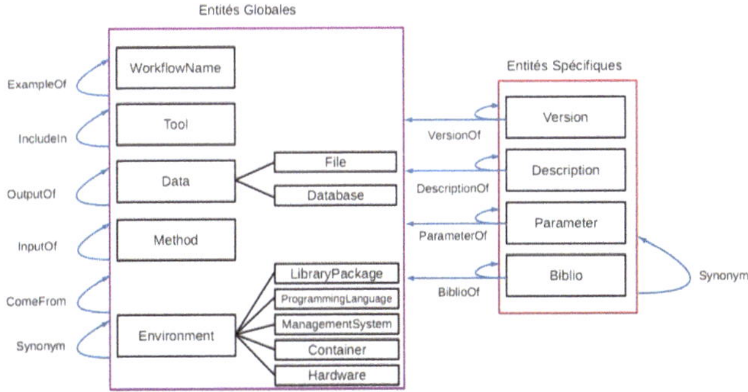

FIG. 1 – *Modélisation de la composition d'un workflow bioinformatique (entités et relations).*

4   Création d'un corpus annoté

Afin de valider ce système de représentation des informations et de créer une ressource permettant d'évaluer l'extraction de ce type d'information à partir d'articles de la littérature, nous avons élaboré un corpus annoté selon la méthode collaborative décrite par Fort (2016). D'abord, les entités et relations représentées sur la figure 1 ont été formalisées dans un schéma d'annotation. Nous avons ensuite conçu un guide d'annotation contenant une définition des entités et relations ainsi que des exemples d'occurrences en corpus illustrant les annotations cibles souhaitées. Nous introduisons les outils utilisés pour créer le corpus annoté (Matériel et méthodes) puis nous décrivons le corpus obtenu (Résultats).

4.1   Matériel et méthodes

Les annotations ont été réalisées avec le logiciel BRAT (Brat Rapid Annotation Tool, Stenetorp et al. (2012), v1.3 p1), dont les qualités sont attestées dans l'étude comparative réalisée par Neves et Ševa (2019). En particulier, BRAT est un outil ergonomique qui permet l'utilisation de pré-annotations. La figure 2 présente l'annotation en entités et relations réalisée à l'aide de notre schéma sur un extrait d'article décrivant un workflow (PMID 35171290).

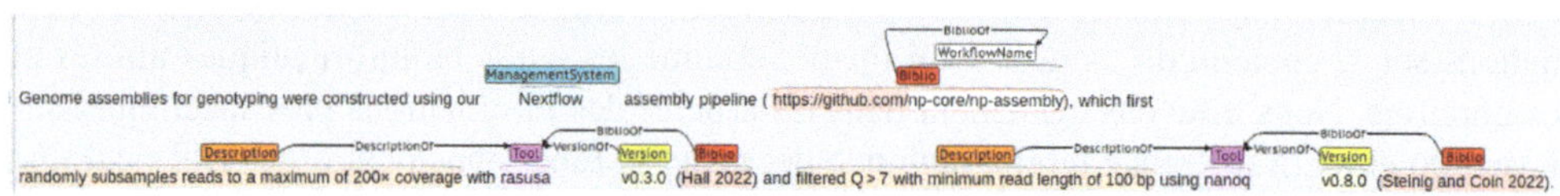

FIG. 2 – *Extrait du corpus annoté à l'aide du logiciel BRAT.*

Trois annotateurs ont participé à la campagne d'annotation : deux avaient une expertise en bioinformatique et une en traitement automatique de la langue biomédicale et développement de corpus annotés. Les annotations ont été réalisées en plusieurs étapes. Les annotateurs ont d'abord annoté des textes communs, puis des textes différents. L'accord inter-annotateur (IAA) a été calculé avec la F-mesure [1] à l'aide de BRAT-Eval (Verspoor et al. (2013), v0.0.2), un outil qui permet de comparer deux jeux d'annotations et d'analyser les divergences. L'évaluation de l'accord peut être strict (accord entre deux annotations si et seulement si deux portions de texte identiques sont annotées avec la même étiquette) ou relaché (accord entre deux annotations si deux portions de texte identiques ou avec un recouvrement sont annotées avec la même étiquette). Le score est compris entre 0 (aucun accord) et 1 (accord parfait).

4.2   Résultats

Étapes d'annotation.   Lors de la première phase d'annotation, trois articles ont été annotés indépendamment. Le temps d'annotation était compris entre 1h30 et 3h. L'IAA mesuré variait entre 0.42 (modéré) et 0.88 (élevé) pour les entités et 0.16 (faible) et 0.79 (élevé) pour les relations selon les paires d'annotateurs. L'accord observé entre les relations dépend de l'accord observé entre les entités ; il est donc normal qu'il soit moins élevé sur les relations. Après une première discussion entre annotateurs en vue de créer un consensus, trois nouveaux articles ont été annotés. Les IAA ont été recalculés et les divergences discutées. Le temps d'annotation fut inchangé néanmoins les IAA étaient plus homogènes : de 0.44 à 0.63 pour les entités, de 0.35 à 0.47 pour les relations. Ces accords ne montrent pas l'augmentation globale espérée ce qui s'explique par le faible nombre d'articles annotés et le fait que deux des nouveaux articles comportaient des spécificités non vues et interprétées différemment par les annotateurs.

Nous avons calculé l'accord moyen des trois annotateurs avec le consensus ; il est de 0.70 ce qui est assez élevé et presage de bons résultats lors de l'utilisation d'un modèle d'extraction d'entités. Les scores par type d'entité montrent que, comme décrit dans Fort et al. (2012), certaines entités sont plus faciles à annoter (Biblio, 0.89) que d'autres (Description 0.57).

Lors des réunions de consensus, il a été estimé que le guide était bien compris par chacun. Nous avons décidé que la suite des annotations pourrait être réalisée sur des articles différents à l'aide de méthodes de pré-annotation permettant d'améliorer la consistance et la qualité des annotations (Névéol et al., 2011).

---

1. Nous renvoyons le lecteur à Artstein et Poesio (2008) pour une revue détaillée des mesures d'accord inter-annotateur et de leur contexte d'utilisation. Dans le cas de l'annotation en entités nommées, Grouin et al. (2011) montrent que la F-mesure et le κ peuvent être considérées comme équivalentes.

Outil de pré-annotation. Afin d'accélérer l'annotation, nous avons entrainé un modèle de reconnaissance d'entités à l'aide de l'outil NLStruct (Wajsbürt (2021)) sur les articles déjà annotés entièrement manuellement. Le modèle a ensuite été appliqué sur de nouveaux articles. Pour chacun, l'annotation automatique en entités obtenue a été corrigée par l'un des annotateurs et complétée par une annotation manuelle des relations. Le temps d'annotation manuelle a ainsi été divisé par deux.

4.3 Statistiques descriptives du corpus annoté

Nous obtenons un corpus de 24 articles annotés avec un total de 3993 entités et 1507 relations. Les tableaux 1 et 2 présentent la distribution de chaque type d'entité et de relation (respectivement) sur l'ensemble du corpus.

Entités	Occurences	Entités	Occurences
Tool	497	Environment	41
Version	135	Container	71
Description	521	ManagementSystem	96
Parameter	116	LibraryPackage	75
Biblio	572	ProgrammingLanguage	57
Data	616	Hardware	144
File	269	Method	262
Database	133	WorkflowName	388

TAB. 1 – *Nombre d'entités de chaque type annotées dans le corpus.*

Relations	Occurences	Relations	Occurences
VersionOf	130	InputOf	174
ParameterOf	38	OutputOf	94
DescriptionOf	480	ComeFrom	9
BiblioOf	428	ExampleOf	7
Synonym	55	IncludeIn	92

TAB. 2 – *Nombre de relations de chaque type annotées dans le corpus.*

5 Extraction d'entités nommées dans les workflows

5.1 Matériel et Méthodes

Les entités nommées ont été extraites à l'aide de la librairie Python NLStruct (Wajsbürt (2021), v0.0.5), qui implémente un modèle neuronal de reconnaissance d'entités nommées biLSTM-CRF à l'aide de trois composants : un encodeur au niveau du texte, des mots et un module de détection des frontières d'entités. Cette librairie présente également le double avantage de prendre en charge la détection d'entités imbriquées et d'accepter en entrée des fichiers au format Brat. Nous avons réalisé nos expériences avec quatre modèles de langue issus de la librairie Huggingface (Wolf et al. (2019)) sensibles ou non à la casse et entraînés sur des corpus de langue générique en anglais (BertUncased, BerCased) ou de la littérature scientifique en anglais (SciBertUncased et SciBertCased).

Nous avons aussi testé la librairie Python OpenNre (Han et al. (2019)) pour l'extraction des relations. Le tableau 2 montre qu'il existe une grande disproportion entre les occurences des différentes relations qui a conduit dans ces expériences préliminaires à de mauvaises perfomances en prédisant la quasi-totalité des relations en *DescriptionOf*.

5.2   Résultats

Pour entrainer nos différents modèles d'extraction d'entités nommées, nous avons choisi dix-neuf articles. Nous les avons répartis en deux jeux de données : 70% dans le jeu d'entraînement (soit treize articles) et 30% des articles dans le jeu validation (six articles). Nous avons relancé les différents modèles cités ci-dessus cinq fois. A chaque fois, nous avons pioché aléatoirement treize articles pour former le jeu d'entraînement et les six articles restants formaient le jeu de validation. Pour calculer les différents scores des modèles ci-dessus, nous avons utilisé les cinq articles restants (différent des dix-neuf articles utilisés pour les jeux d'entraînement et de validation). Le tableau 3 indique la moyenne des scores obtenus sur ces cinq itérations. Les scores ont été obtenus à l'aide de l'outil BRAT-Eval en comparant les nouveaux cinq articles annotés manuellement avec les annotations de l'outil NLStruct.

	Precision	Recall	F1
BertUncased	*0.66406*	*0.60264*	*0.63184*
	0.7434	**0.67394**	**0.70698**
BertCased	*0.66182*	*0.59822*	*0.62822*
	0.73728	**0.66704**	**0.7002**
SciBertUncased	*0.6685*	*0.62366*	*0.64518*
	0.75106	**0.6995**	**0.72422**
SciBertCased	*0.64816*	*0.5915*	*0.61834*
	0.7356	**0.67044**	**0.70132**

TAB. 3 – *Moyenne des scores obtenus.*

Le meilleur modèle est SciBertUncased, qui offre une F-mesure globale de 0,72 pour l'extraction d'entités (tableau 3). Cette performance est tout à fait encourageante, au regard de la taille restreinte du corpus d'entrainement utilisé (13 articles - environs 14 000 mots). Les expériences confirment également l'intuition qu'un modèle entrainé sur un corpus d'articles scientifique issus des domaines biomédical et informatique (SciBERT) est plus adapté pour notre tâche qu'un modèle entrainé sur un corpus web (BERT).

6   Discussion

Nous introduisons dans cet article la première version d'une méthode d'extraction d'informations relatives aux workflows bioinformatiques décrits dans la littérature en anglais. La solution est complète au sens où elle comprend un ensemble d'étapes depuis la sélection du corpus d'intérêt, la modélisation des entités et associations d'intérêt, la constitution d'un guide d'annotation, la production d'un corpus annoté, l'évaluation de l'accord inter annotateurs et va jusqu'à la proposition d'une solution automatique d'extraction d'information dont les premiers résultats sont très encourageants.

L'extraction de workflows depuis les publications est un problème recurrent et un besoin identifié depuis de nombreuses années en bioinformatique. Certaines approches ont été proposées (Allard et al. (2019)) sur les *business process* qui peuvent être vus comme des workflows mais dont l'identification dans les textes demeure très éloignée de celle des workflows bioinformatiques. L'extraction d'informations sur les workflows depuis les publications comporte celle des outils (logiciels) utilisés pour implanter les étapes du workflow. Wei et al. (2020) réalise cette étape et extrait de noms de logiciels dans les résumés et titres de 1 120 articles indéxés dans PubMed. Bien que notre corpus de travail comporte moins d'articles, notre étude reste d'intérêt au sens où nous travaillons sur le texte complet d'articles et que nous proposons de considérer d'avantage de composants de workflows.

Ce travail préliminaire ouvre plusieurs axes. D'abord, le nombre d'articles annotés doit être augmenté pour avoir une base d'apprentissage plus conséquente. La phase de pré-annotation doit permettre un passage à l'echelle pour tendre vers plusieurs centaines d'articles annotés.

L'extraction des relations constitue un autre enjeu notamment pour pouvoir faire face à la grande disproportion entre les occurences des différentes relations. A plus long terme un enjeu important consiste en l'extraction de l'ordre attendu entre les différentes étapes du workflows.

Références

Allard, T., P. Alvino, L. Shing, A. Wollaber, et J. Yuen (2019). A dataset to facilitate automated workflow analysis. *PloS one 14*(2), e0211486.

Artstein, R. et M. Poesio (2008). Inter-coder agreement for computational linguistics. *Computational linguistics 34*(4), 555–596.

Buchmann, J. et E. Holmes (2019). Entrezpy : A python library to dynamically interact with the ncbi entrez databases. *Bioinformatics (Oxford, England) 35*, 4511 – 4514.

Cohen-Boulakia, S., K. Belhajjame, O. Collin, J. Chopard, C. Froidevaux, A. Gaignard, K. Hinsen, P. Larmande, Y. Le Bras, F. Lemoine, F. Mareuil, H. Ménager, C. Pradal, et C. Blanchet (2017). Scientific workflows for computational reproducibility in the life sciences : Status, challenges and opportunities. *Fut Gen Comput Systems 75*, 284–298.

Di Tommaso, P., M. Chatzou, E. W. Floden, P. Barja, E. Palumbo, et C. Notredame (2017). Nextflow enables reproducible computational workflows. *Nature Biotech 35*, 316–319.

Fort, K. (2016). *Collaborative Annotation for Reliable Natural Language Processing : Technical and Sociological Aspects*. Wiley-ISTE.

Fort, K., A. Nazarenko, et S. Rosset (2012). Modeling the complexity of manual annotation tasks : a grid of analysis. In *Proceedings of COLING 2012*, Mumbai, India, pp. 895–910. The COLING 2012 Organizing Committee.

Grouin, C., S. Rosset, P. Zweigenbaum, K. Fort, O. Galibert, et L. Quintard (2011). Proposal for an extension of traditional named entities : From guidelines to evaluation, an overview.

In *Proc of Linguistic Annotation Workshop (LAW-V)*, Portland, OR, pp. 92–100.

Han, X., T. Gao, Y. Yao, D. Ye, Z. Liu, et M. Sun (2019). OpenNRE : An open and extensible toolkit for neural relation extraction. In *Proc. EMNLP-IJCNLP*, pp. 169–174.

Köster, J. et S. Rahmann (2012). Snakemake - a scalable bioinformatics workflow engine. *Bioinformatics (Oxford, England) 28*, 2520–2.

Neves, M. et J. Ševa (2019). An extensive review of tools for manual annotation of documents. *Briefings in bioinformatics 22*, 146–163.

NLM (2021). Medline, pubmed, and pmc (pubmed central) : How are they different ? Last Reviewed : October 13, 2021.

Névéol, A., R. Islamaj Doğan, et Z. Lu (2011). Semi-automatic semantic annotation of pubmed queries : A study on quality, efficiency, satisfaction. *Journal of Biomedical Informatics 44*(2), 310–318.

Stenetorp, P., S. Pyysalo, G. Topic, T. Ohta, S. Ananiadou, et J. Tsujii (2012). brat : a web-based tool for nlp-assisted text annotation. In *Proceedings of the Demonstrations at the 13th Conference of the European Chapter of the Association for Computational Linguistics*, pp. 102–107.

Verspoor, K., A. Jimeno-Yepes, L. Cavedon, T. McIntosh, A. Herten-Crabb, Z. Thomas, et J.-P. Plazzer (2013). Annotating the biomedical literature for the human variome. *Database : the journal of biological databases and curation 2013*, bat019.

Wajsbürt, P. (2021). *Extraction and normalization of simple and structured entities in medical documents*. Theses, Sorbonne Université.

Wei, Q., Y. Zhang, M. Amith, R. Lin, J. Lapeyrolerie, C. Tao, et H. Xu (2020). Recognizing software names in biomedical literature using machine learning. *Health informatics journal 26*(1), 21–33.

Wolf, T., L. Debut, V. Sanh, J. Chaumond, C. Delangue, A. Moi, P. Cistac, T. Rault, R. Louf, M. Funtowicz, et J. Brew (2019). Huggingface's transformers : State-of-the-art natural language processing. *CoRR abs/1910.03771*, 38–45.

Summary

Scientific workflows provide bioinformaticians a mean to represent, exchange and ensure the reproducibility of their analysis pipelines. Workflows are described in literature (text) and/or stored in workflow repositories (code). A major challenge to ensure better workflow reuse is to rebuild the link between the documentation (text) and the workflow code.

Based on workflow descriptions found in the full text of articles in English, we propose a method for representing and extracting information about the components of workflows. We present a corpus of 24 articles annotated with a schema made of 16 entities and 10 relations. We use this corpus to train and evaluate statistical models for extracting information about workflows. The results obtained show the feasibility of the task and are a first step towards the integration of workflow information from the literature and workflow repositories.

Modélisation de parcours patients :
graphes temporels pour la supervision médicale

Hugo Le Baher*,**,***, Jérôme Azé*, Sandra Bringay*,****, Pascal Poncelet*, Nancy
Rodriguez*, Caroline Dunoyer**,♯

* LIRMM, UMR 5506, Université de Montpellier, CNRS, Montpellier, France
prenom.nom@lirmm.fr
** Département d'Information Médicale, CHU Montpellier, Montpellier, France
*** 5 DEGRÉS, Paris, France
https://www.5degres.com
**** AMIS, Université Paul-Valéry, Montpellier, France
prenom.nom@univ-montp3.fr
♯ IDESP, UMR UA11, INSERM - Université de Montpellier, Montpellier, France
prenom.nom@umontpellier.fr

Résumé. L'usage de méthodes d'apprentissage automatique se démocratise pour
anticiper les risques critiques chez les patients sous surveillance et diminuer la
charge des soignants. Dans cet article, nous proposons une modélisation originale qui bénéficie des développements récents en convolution de graphes : un
parcours patient est vu comme un graphe, où chaque nœud est un évènement et
où les proximités temporelles sont représentées par des arcs pondérés. Cette modélisation a été évaluée pour prédire le décès à 24 heures sur un jeu de données
réelles puis comparée avec succès avec les résultats de l'état de l'art.

1   Introduction

La supervision de l'évolution de la santé des patients dans les services d'urgence médicale
est un problème difficile. Jung et al. (2016) montrent que la mise en place d'outils d'aide à la
décision, qui sont en mesure d'anticiper les risques critiques chez les patients sous surveillance,
améliorerait la capacité des services à réagir le plus vite possible aux épisodes inattendus et
ainsi prévenir les décès de leurs patients.

Différentes approches ont été proposées pour prédire l'état d'un patient à partir de son
historique. Généralement, toutes les données sont transformées sous la forme d'un vecteur
dans le but d'utiliser des techniques traditionnelles d'apprentissage comme le partitionnement
(Poongodi et al., 2021), la méthode des k plus proches voisins, la régression logistique, ou des
modèles d'apprentissage profonds (El-Rashidy et al., 2020). Sous l'hypothèse que les variations dans le temps des descripteurs du patient sont essentielles pour prédire son état futur,
d'autres techniques considèrent un parcours patient comme une séquence, constituée d'une
succession de vecteurs. Cette nouvelle représentation peut être utilisée dans des modèles ré-
cursifs comme LSTM (Ashfaq et al., 2019; Li et al., 2020). La mise en place de ces techniques

nécessite de découper l'historique du patient selon la temporalité. La recherche du découpage qui représente le mieux toutes les données capturées dans le temps est un processus coûteux, qui influence directement la capacité de prédiction du modèle. Par exemple, si on considère la granularité de l'heure, nous perdons l'évolution du rythme cardiaque seconde par seconde. Au contraire, si nous considérons un découpage avec une granularité à la seconde, la représentation produite est trop volumineuse pour être prise en compte par la plupart des modèles et très peu d'évolutions seront observables d'un vecteur à l'autre. Un autre problème sous-jacent de cette représentation est que les différentes séquences des patients ont des longueurs variables ce qui peut nécessiter des adaptations dans le modèle d'apprentissage.

Récemment, les réseaux neuronaux de graphes (GNN - *Graph Neural Network*) ont montré qu'ils étaient très adaptés pour faire de la prédiction (Zhou et al., 2020). En vue des objectifs mentionnés précédemment et des limites identifiées des approches de la littérature, nous proposons dans cet article une nouvelle modélisation des dossiers patients sous la forme de graphes.

Les contributions de l'article sont les suivantes :

— Nous proposons une nouvelle modélisation originale des données temporelles et hétérogènes sous la forme d'un graphe où chaque nœud correspond à une mesure et où les proximités temporelles sont représentées via des arcs pondérés.

— Nous utilisons cette représentation en entrée d'un réseau à convolutions de graphes (GCN - *Graph Convolutional Network*) que nous évaluons sur le jeu de données réelles MIMIC-III décrit par Harutyunyan et al. (2019), pour prédire, à partir des données recueillies durant leur parcours, le décès des patients à 24h. Nous montrons que notre approche offre des résultats comparables à ceux de l'état de l'art.

Le reste de l'article est organisé de la manière suivante. La section 2 décrit la modélisation proposée pour intégrer directement la dimension temporelle. La section 3 décrit les expérimentations menées. Enfin, nous concluons en présentant nos travaux futurs.

2   Modélisation

Dans cet article, nous proposons une modélisation des données issues des dossiers patients sous forme de graphes qui a pour objectif de ne pas matérialiser de découpage temporel.

Formellement, le parcours d'un patient est représenté par un graphe $G = (E, P, X)$ où $E = \{e_1, e_2, \ldots, e_n\}$ représente les évènements, $P = \{(e_i, e_j, p)\}, 1 \leq i \leq n, 1 \leq j \leq n, p \in \mathbb{R}^+$ représente l'ensemble des arcs pondérés avec la proximité temporelle p entre deux évènements e_i et e_j et $X \in \mathbb{R}^{n \times m}$ représente les caractéristiques des évènements avec m le nombre de modalités distinctes mesurées.

Notre objectif est de prédire le résultat médical d'intérêt, ici le décès à 24h. Il s'agit d'un problème de classification binaire consistant donc à trouver un modèle f tel que $f : G \rightarrow Y, Y \in \{0, 1\}$, Y correspond à l'étiquette binaire.

La particularité de la modélisation réside dans la constitution des arcs. Les informations se propagent alors via le processus de convolution au sein du modèle final. L'hypothèse proposée est que des évènements proches dans le temps ont des propriétés comparables. Cela se traduit dans le graphe par le calcul d'une proximité temporelle p, qui sert de poids aux arcs, pour chaque couple (e_i, e_j) à partir de leurs coordonnées temporelles $T = \{t_1, t_2, \ldots, t_n\}$. Ainsi, plus deux évènements sont proches dans le temps, plus le poids de l'arc qui les relie est important. La décroissance progressive du poids au fur et à mesure de l'éloignement temporel ressemble à la notion d'oubli étudiée en sciences cognitives. Nous avons comparé plusieurs fonctions d'oubli par expérimentation et retenu la fonction développée dans White (2001) Π, qui est définie par :

$$\Pi(b, \delta_{i,j}) = \exp\left(-b * \delta_{i,j}\right) * \left(\delta_{i,j} \geq 0\right), b > 0, \delta_{i,j} = t_i - t_j \tag{1}$$

δ correspond à la distance temporelle calculée sur chaque couple d'évènements. b est un paramètre de la modélisation, qui influe sur l'intensité de la décroissance de la fonction. La valeur de ce paramètre a un effet direct sur la structure des graphes générés.

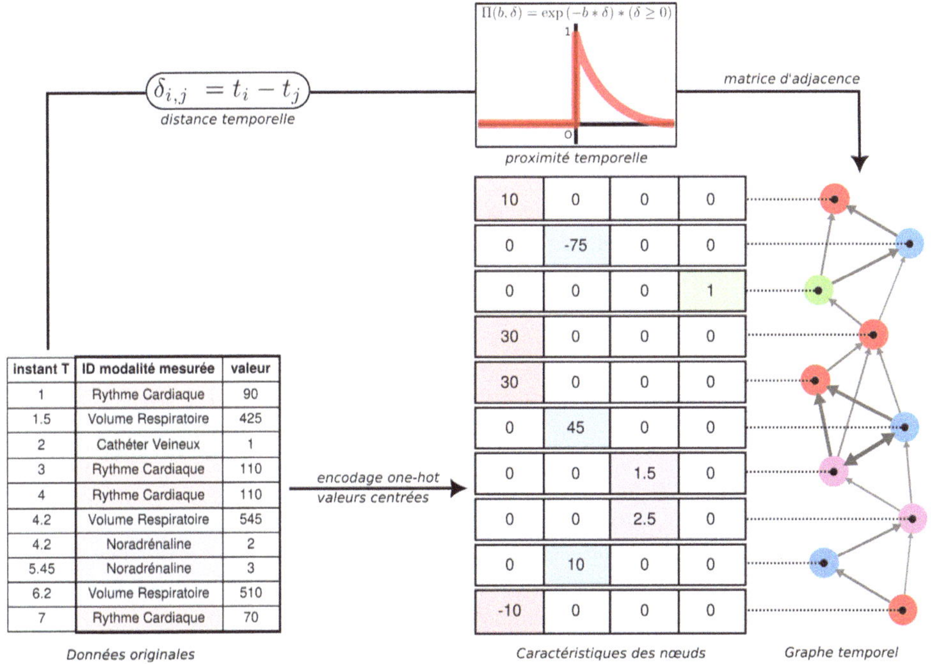

instant T	ID modalité mesurée	valeur
1	Rythme Cardiaque	90
1.5	Volume Respiratoire	425
2	Cathéter Veineux	1
3	Rythme Cardiaque	110
4	Rythme Cardiaque	110
4.2	Volume Respiratoire	545
4.2	Noradrénaline	2
5.45	Noradrénaline	3
6.2	Volume Respiratoire	510
7	Rythme Cardiaque	70

FIG. 1 – *Processus de transformation des données originales vers un graphe d'évènements. Illustration issue de données fictives.*

La Figure 1 récapitule les différentes étapes de la modélisation proposée, qui part des données pour produire un graphe de proximité temporel : d'un côté, la valeur centrée et la modalité de chaque mesure sont transformées dans une matrice où chaque colonne correspond à une modalité mesurée. Chaque ligne correspond à la représentation vectorielle d'un nœud donné. De l'autre côté, les coordonnées temporelles sont transformées en distance par paire d'évènements pour être transformées en proximité par l'application de la fonction Π (voir l'équation 1). Le résultat est une matrice d'adjacence qui décrit le poids des arcs du graphe final.

3 Expérimentations

Pour évaluer notre approche, nous nous sommes intéressés à la tâche de prédiction du décès à 24h décrite dans Harutyunyan et al. (2019)[1]. Seuls les parcours patients qui durent au moins 4h sont sélectionnés. Pour chacun d'entre eux, nous cherchons à prédire toutes les heures si un patient décède dans les 24h suivantes, à partir des données antérieures à l'observation. Cette tâche a donc l'avantage de s'appuyer sur des séquences de tailles variées.

Les données originales sont enregistrées sur Physionet (Goldberger et al., 2000) dans la base publique MIMIC-III Clinical Database (Johnson et al., 2016b,a). Cette base est souvent utilisée dans la littérature pour comparer les approches pour de nombreuses tâches de supervision médicale car elle est volumineuse, hétérogène et déjà anonymisée. Les données mises à disposition décrivent des parcours de patients réels provenant de l'activité du Beth Israel Deaconess Medical Center de 2001 à 2021. Pour leurs expérimentations, Harutyunyan et al. (2019) sélectionnent 17 descripteurs selon des critères médicaux. Les valeurs sont filtrées, prétraitées et associées à des graduations numériques dans le cas de données catégorielles ordonnées. Les volumes de données sont décrits dans la Table 1. Afin d'obtenir une comparaison équitable avec nos propres expérimentations, nous nous appuierons exactement sur ces données transformées, dont toutes les étapes d'obtention sont disponibles publiquement.

Nombre de patients du jeu d'entraînement	28 620
Nombre de patients du jeu de test	5 058
Pourcentage de patients de la classe minoritaire	11,0%
Durée moyenne des séjours	86.6h
Durée maximale des séjours	2 103h

TAB. 1 – *Caractéristiques des données extraites de MIMIC-III.*

Notre implémentation utilise les couches de convolution de graphes issues de la bibliothèque DGL (DeepGraph Library). Le modèle présenté est choisi après la recherche des hyperparamètres et de la structure optimales grâce à la bibliothèque Optuna (Akiba et al., 2019). Les résultats présentés pour l'application de notre méthode sont issus d'une validation croisée à 5 blocs, découpés dans le jeu d'entraînement puis évalués sur le jeu de test.

Le modèle désigné par "Convolution de Graphes" dans la Table 2 consiste en une succession des couches suivantes : trois couches de GraphSAGE (Hamilton et al., 2017) avec la moyenne pour fonction d'agrégation, puis la concaténation de trois fonctions d'agrégation *min*, *max* et *moyenne* sur la représentation de tous les nœuds (*readout_nodes*), deux couches linéaires et un softmax en sortie. Une fonction d'activation *tanh* est placée après chaque couche d'apprentissage. L'optimiseur choisi est Adam avec le taux d'apprentissage fixé à 0,003 et la décroissance des poids à 0,05. Le paramètre de proximité temporelle b est fixé à 4,5, la largeur des couches successives est fixée à 15. L'implémentation du calcul des proximités temporelles définie dans la Section 2 sous forme parallélisée est limitée par la mé-

---

1. Plus précisément, Harutyunyan et al. (2019) présente 4 tâches dont la prédiction de la décompensation. Il s'agit d'une dégradation, souvent brutale, d'un organe ou d'un organisme qui était jusqu'alors maintenu en équilibre par des mécanismes de compensation qui empêchaient la survenue de ce dérèglement. Les auteurs utilisent alors le critère de décès pour sélectionner les patients à qui ils associent l'étiquette de décompensation.

moire vive disponible. Pour cette raison, seuls les 5 000 derniers évènements d'un parcours sont retenus. L'apprentissage est réalisé sur une machine dotée de 40 cœurs de calculs, 126Go de RAM et 4 cartes graphiques NVIDIA GeForce GTX 1080, comportant 11Go de VRAM chacune.

Modèle	AUC
Harutyunyan et al. (2019) :	
Régression Logistique	0.870
LSTM - S	0.892
LSTM - C	0.906
LSTM - C + DS	0.911
Notre méthode :	
Convolution de Graphes	0.897

TAB. 2 – *Comparaison des résultats sur la prédiction de décès dans les 24h. Les différentes versions du LSTM sont extraites du papier original avec pour significations respectives "S" : Standard, "C" : Channel-wise et "DS" : Deep Supervision.*

Pour comparer les approches, nous mesurons l'aire sous la courbe sensibilité/spécificité, aussi désignée comme AUC, sur le jeu de test. C'est un score calculé à partir de la courbe qui donne le taux de vrais positifs en fonction du taux de faux positifs, en faisant varier le seuil de décision de la classification binaire. Ce score est adapté aux jeux de données dont les proportions d'étiquettes sont déséquilibrées. Cette approche est comparée aux résultats des méthodes utilisées dans Harutyunyan et al. (2019), à savoir la régression logistique et les différentes variantes de LSTM.

Comme nous pouvons le constater dans la Table 2, notre modélisation offre des résultats similaires à ceux de l'état de l'art, observés dans Harutyunyan et al. (2019). Notre objectif, dans cet article, est de valider la représentation des données patients sous la forme d'un graphe. Le résultat obtenu par notre méthode dépasse certaines versions de LSTM.

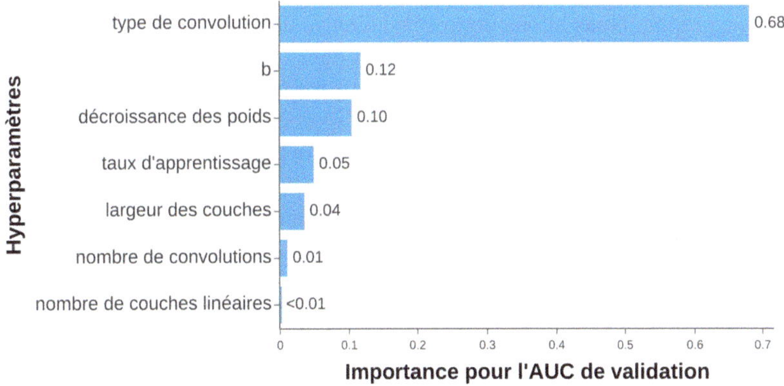

FIG. 2 – *Impact des hyperparamètres sur les performances à l'issue de l'optimisation par Optuna.*

On peut se demander à quel point les prédictions du modèle présenté sont influencées par la transmission d'informations des GNN à travers les arcs issus de la modélisation comme attendu plutôt que par d'autres effets. La Table 2 montre la valeur contributive des différents hyperparamètres durant l'optimisation des hyperparamètres par Optuna. Les résultats sont issus d'une analyse fonctionelle de la variance, i.e. fANOVA (Hutter et al., 2014). On observe que les hyperparamètres les plus importants sont le type de convolution utilisée et le paramètre b de la modélisation. On peut en déduire que la constitution des arcs et la manière dont les informations se propagent au sein du graphe dans le modèle ont un fort impact sur les performances mesurées.

4   Conclusions et perspectives

Dans cet article, nous avons proposé une nouvelle modélisation des données patients sous la forme de graphe. Nous utilisons les arcs pondérés pour représenter la proximité temporelle entre deux évènements. Nous avons expérimenté cette modélisation en tirant parti des convolutions de graphes et montré que nos résultats approchent ceux de l'état de l'art. Nous proposons donc une représentation alternative des données pour la prise en compte du temps. Du fait de la modularité offerte par les structures de graphes et des nombreux apports récents dans le domaine des GNN, il est possible d'imaginer divers axes d'améliorations.

La distance δ en entrée de la fonction de proximité ne prend en compte que l'horodatage de début de l'évènement. De nombreuses mesures stockées dans la base ont une durée donnée. Il faudrait donc adapter la distance temporelle à des intervalles plutôt qu'à des coordonnées ponctuelles. Par exemple, les données démographiques seraient ainsi considérées comme des éléments de contexte visibles pendant toute la durée du parcours. En général, cela permettrait une meilleure description des mesures continues et de leurs superpositions dans le temps.

Nous allons expérimenter d'autres protocoles d'apprentissage. Actuellement, la tâche de prédiction consiste à prédire la valeur de l'étiquette par rapport au graphe entier. Or, d'après Dwivedi et al. (2020), les réseaux de neurones appliqués aux graphes, obtiennent des résultats significativement meilleurs que des réseaux classiques pour des tâches comme la prédiction de liens ou la classification de nœuds alors que les gains de performance restent limités pour la classification de graphe. Nous allons donc considérer le décès non plus comme une étiquette exogène au graphe mais comme un nœud à inclure dans le graphe. Nous allons alors prédire soit l'existence du nouveau nœud étiquette, soit celle d'un arc entre un tel nœud et les autres mesures du patient. Le principal avantage de cette approche est que si le modèle n'a besoin que d'informations intrinsèques pour la supervision, alors tous les nœuds du graphe peuvent être considérées comme étiquettes d'intérêt. Il s'agirait d'apprendre les relations entre évènements en auto-supervision, sans avoir recours à une étiquette extérieure et indépendamment des tâches à résoudre. Avec cette stratégie, on peut bénéficier de l'intégralité des données sans recourir à un étiquetage manuel, qui s'avère souvent très coûteux. Cela aurait pour effet de mutualiser le coût de l'apprentissage à travers des utilisations finales variées.

Outre la recherche de l'amélioration des performances de prédiction, la valeur explicative d'un modèle est un aspect important pour son adoption par les professionnels de santé. Nous visons à développer des extensions qui peuvent apporter des aspects complémentaires en plus des performances pures comme l'explicablité, l'interprétablité ou la découverte de connaissances. Le choix du graphe permet la projection visuelle de la structure de données dans un espace visuel en deux dimensions (Herman et al., 2000). De plus, on observe l'apparition de méthodes complémentaires qui permettent d'extraire des informations des GNN dans le but d'étayer les prédictions. Par exemple, Ying et al. (2019) simplifient le graphe d'entrée, en sélectionnant les nœuds et arcs qui contribuent le plus à la prédiction. On peut imaginer intégrer ce type de méthodes pour mettre en valeur les éléments contributifs du graphe dans un système visuel destiné aux soignants.

Références

Akiba, T., S. Sano, T. Yanase, T. Ohta, et M. Koyama (2019). Optuna : A next-generation hyperparameter optimization framework. In *Proceedings of the 25rd ACM SIGKDD International Conference on Knowledge Discovery and Data Mining*.

Ashfaq, A., A. Sant'Anna, M. Lingman, et S. Nowaczyk (2019). Readmission prediction using deep learning on electronic health records. *Journal of Biomedical Informatics 97*, 103256.

Dwivedi, V. P., C. K. Joshi, A. T. Luu, T. Laurent, Y. Bengio, et X. Bresson (2020). Benchmarking graph neural networks. *arXiv*.

El-Rashidy, N., S. El-Sappagh, T. Abuhmed, S. Abdelrazek, et H. M. El-Bakry (2020). Intensive care unit mortality prediction: An improved patient-specific stacking ensemble model. *IEEE Access 8*, 133541–133564.

Goldberger, A. L., L. A. Amaral, L. Glass, J. M. Hausdorff, P. C. Ivanov, R. G. Mark, J. E. Mietus, G. B. Moody, C. K. Peng, et H. E. Stanley (2000). PhysioBank, PhysioToolkit, and PhysioNet: components of a new research resource for complex physiologic signals. *Circulation 101*(23), E215–220. Place: United States.

Hamilton, W., Z. Ying, et J. Leskovec (2017). Inductive representation learning on large graphs. In I. Guyon, U. V. Luxburg, S. Bengio, H. Wallach, R. Fergus, S. Vishwanathan, et R. Garnett (Eds.), *Advances in Neural Information Processing Systems*, Volume 30. Curran Associates, Inc.

Harutyunyan, H., H. Khachatrian, D. C. Kale, G. Ver Steeg, et A. Galstyan (2019). Multitask learning and benchmarking with clinical time series data. *Scientific Data 6*(1), 96.

Herman, I., G. Melancon, et M. Marshall (2000). Graph visualization and navigation in information visualization: A survey. *IEEE Transactions on Visualization and Computer Graphics 6*(1), 24–43.

Hutter, F., H. Hoos, et K. Leyton-Brown (2014). An efficient approach for assessing hyperparameter importance. In *Proceedings of International Conference on Machine Learning 2014 (ICML 2014)*, pp. 754–762.

Johnson, A., T. Pollard, et R. Mark (2016a). MIMIC-III Clinical Database. Version Number: 1.4 Type: dataset.

Johnson, A. E. W., T. J. Pollard, L. Shen, L.-W. H. Lehman, M. Feng, M. Ghassemi, B. Moody, P. Szolovits, L. A. Celi, et R. G. Mark (2016b). MIMIC-III, a freely accessible critical care database. *Scientific Data 3*, 160035.

Jung, B., A. Daurat, A. De Jong, G. Chanques, M. Mahul, M. Monnin, N. Molinari, et S. Jaber (2016). Rapid response team and hospital mortality in hospitalized patients. *Intensive Care*

Med. 42(4), 494–504.

Li, Y., S. Rao, J. R. A. Solares, A. Hassaine, R. Ramakrishnan, D. Canoy, Y. Zhu, K. Rahimi, et G. Salimi-Khorshidi (2020). Behrt: Transformer for electronic health records. *Scientific Reports 10*(1), 7155.

Poongodi, T., D. Sumathi, P. Suresh, et B. Balusamy (2021). Deep learning techniques for electronic health record (EHR) analysis. In A. K. Bhoi, P. K. Mallick, C.-M. Liu, et V. E. Balas (Eds.), *Bio-inspired Neurocomputing*, Studies in Computational Intelligence, pp. 73–103. Springer.

White, K. G. (2001). Forgetting functions. *Animal Learning & Behavior 29*(3), 193–207.

Ying, R., D. Bourgeois, J. You, M. Zitnik, et J. Leskovec (2019). GNN explainer: A tool for post-hoc explanation of graph neural networks. *CoRR abs/1903.03894*.

Zhou, J., G. Cui, S. Hu, Z. Zhang, C. Yang, Z. Liu, L. Wang, C. Li, et M. Sun (2020). Graph neural networks: A review of methods and applications. *AI Open 1*, 57–81.

Remerciements

Ce projet est financé par une bourse CIFRE, financée par 5 DEGRÉS, établie en collaboration avec le LIRMM et le CHU de Montpellier.

Summary

Machine learning methods are becoming increasingly popular to anticipate critical risks in patients under surveillance thus reducing the burden on caregivers. In this paper, we propose an original modelling that benefits of recent developments in Graph Convolutional Networks: a patient's journey is seen as a graph, where each node is an event and temporal proximities are represented by weighted directed edges. We evaluated this model to predict death at 24 hours on a real dataset and successfully compared our results with the state of the art.

Reconnaissance des entités nommées pour l'analyse des pharmacopées médiévales

Karim El Haff*,*** Wissam Antoun**, Florence Le Ber* Véronique Pitchon***

* Université de Strasbourg, ENGEES, CNRS, UMR 7357 ICube, F 67000 Strasbourg
kelhaff@unistra.fr, florence.le-ber@unistra.fr
** Inria-Paris, 75012 Paris, France
wissam.antoun@inria.fr
*** Université de Strasbourg, CNRS, UMR 7044 Archimède, F 67000 Strasbourg
pitchon@unistra.fr

Résumé. Aujourd'hui, de nombreux projets se focalisent sur l'application des technologies linguistiques sur des corpus de médecine moderne surtout en matière de reconnaissance des entités nommées. Par ailleurs, les pharmacopées anciennes sont explorées avec une saisie manuelle des données par des spécialistes d'histoire et de biologie pour en retirer des connaissances. Ces analyses sont réalisées sans nécessairement passer par la reconnaissance des entités nommées, ce qui pourrait pourtant accélérer l'exploration des manuscrits. Par conséquent, nous proposons ici un mariage entre les deux pratiques par : (1) la création d'un ensemble de données de reconnaissance d'entités nommées pour les traductions anglaises de pharmacopées arabes médiévales et (2) l'entraînement et l'évaluation de modèles de langue pré-entraînés sur plusieurs domaines.

1 Introduction

Les progrès réalisés dans le traitement automatique du langage naturel (TAL) ou *Natural Language Processing* (NLP), une branche de l'intelligence artificielle qui permet aux ordinateurs d'analyser des textes écrits, parlés ou imagés, permettent d'extraire et de traiter les informations d'un corpus dans une langue humaine. Ce type de technologie peut être utilisé pour effectuer diverses tâches telles que la traduction automatique, l'exploration de textes, la reconnaissance d'entités nommées, la synthèse automatique de textes, la simplification automatique de textes, l'analyse de sentiments, les chatbots intelligents et d'autres applications qui pourront répondre aux besoins d'exploration de corpus. Les technologies du TAL s'appliquent dans de nombreux domaines d'intérêt majeur, tel que la médecine, où de nouveaux médicaments sont sans cesse recherchés.

Dans ce projet, nous nous focalisons sur une application du TAL dans le monde médical et historique, et plus précisément, la reconnaissance des entités nommées dans les pharmacopées de la civilisation arabe médiévale.

La période médiévale, surtout en Europe, est considérée comme une période sombre de l'histoire. De ce fait, la médecine médiévale est souvent négligée, étant perçue comme pleine de superstitions et sans rigueur académique. En contraste avec ceci, d'autres cultures médicales comme celle du monde arabe ont connu leur âge d'or pendant cette même époque médiévale. Cela conduit à poser l'hypothèse que l'exploration de ces ouvrages anciens pourrait mener à des découvertes intéressantes. Un exemple qui illustre ce potentiel est le résultat obtenu par Tu Youyou, lauréate du prix Nobel de physiologie/médecine en 2015, qui a découvert en 1972 l'artemisinine, utilisée pour combattre le paludisme, en explorant manuellement un texte chinois taoïste de l'année 340 écrit par Ge Hong et intitulé « Un manuel de prescriptions d'urgence à garder dans sa manche ».

En utilisant les outils et méthodes de traitement automatique de langues à notre disposition, nous pourrons potentiellement gagner en temps et en ressources pour explorer les connaissances du passé et obtenir de nouvelles connaissances. Pour cela, ce projet se focalise sur la création de données pour la reconnaissance des entités nommées avec des étiquettes adaptées à l'exploration des traductions anglaises de pharmacopées arabes médiévales. Nos contributions sont les suivantes :

— la création et la diffusion d'un ensemble de données de reconnaissance des entités nommées (Named Entity Recognition ou NER) pour les traductions anglaises de pharmacopées arabes médiévales ;
— l'entraînement et l'évaluation de modèles linguistiques pré-entraînés qui couvrent une grande variété de domaines.

L'article est organisé comme suit. Après un bref état de l'art (section 2), la section 3 présente les données et l'architecture du modèle, tandis que la section 4 décrit les expérimentations et les résultats.

2 État de l'art

L'un des principaux modèles utilisés pour l'application de la reconnaissance des entités nommées sur des corpus de médecine moderne est le modèle BioBERT (Lee et al., 2019). C'est un modèle de langage spécifique au domaine biomédical, pré-entraîné sur des corpus biomédicaux à grande échelle. BioBERT surpasse BERT et d'autres modèles de pointe précédents dans une variété de tâches de fouille de textes biomédicaux du fait de son pré-entraînement sur des corpus adaptés au domaine. Cependant, BioBERT ne serait pas efficace dans la reconnaissance d'entités nommées lorsqu'il est utilisé directement pour reconnaître les entités des corpus de pharmacopées médiévales du fait de leur carence en termes scientifiques du monde biomédical moderne : les remèdes sont décrits principalement par des noms de plantes et d'ingrédients à base animale ou minérale ; les symptômes sont dénommés par des appellations issues de la culture orale et souvent par des termes archaïques. D'autre part, bien que des travaux sur la médecine moderne soient représentés dans les projets NER (Wang et al., 2021), nous constatons un manque de jeux de données provenant de pharmacopées anciennes. Donc, il serait intéressant d'explorer cette voie technologique pour ce qui relève de ces connaissances anciennes.

Par ailleurs, un des travaux importants d'exploration manuelle de pharmacopées anciennes est celui de l'équipe interdisciplinaire de Harrison et al. (2015) qui a estimé que les sociétés médiévales utilisaient une série de substances naturelles pour traiter des symptômes identifiables aujourd'hui comme des infections microbiennes ; ceci serait donc reflété dans leurs pharmacopées. En effet, ils ont identifié et reconstitué un remède potentiel pour l'infection du

Staphylococcus aureus à partir d'un livre médical anglo-saxon du Xe siècle. Le remède a tué à plusieurs reprises les biofilms établis de *Staphylococcus aureus* dans un modèle *in vitro* d'infection des tissus mous. Il a également tué le *Staphylococcus aureus* résistant à la méticilline dans un modèle de plaie chronique chez une souris. L'efficacité du remède est liée à l'action combinée de plusieurs de ses ingrédients, ce qui démontre le potentiel des anciennes pharmacopées comme source de connaissances médicales. Plus récemment, le travail d'analyse des données d'une pharmacopée médiévale britannique par Connelly et al. (2020), avec une saisie manuelle des données, a permis de découvrir des motifs intéressants dans les corpus explorés.

Finalement, ces travaux montrent l'intérêt des pharmacopées anciennes pour la découverte de médicaments utiles. Dans la continuité de ce processus de réflexion, nous estimons que l'utilisation de la reconnaissance des entités nommées serait une étape nécessaire à l'exploration en masse de nos connaissances anciennes qui pourraient encore cacher des perspectives médicales valables de nos jours.

3   Méthodologie

3.1   Création des données

La méthode de reconnaissance des entités nommées (NER) consiste à transformer les *tokens* du corpus en des vecteurs qu'un modèle de langage va parcourir afin de détecter automatiquement les entités du même type dans un texte inconnu. Pour entraîner un modèle, il est nécessaire de fournir des données d'entraînement convenables pour ce domaine. Pour cela, nous avons fait le choix d'annoter l'intégralité des remèdes d'une pharmacopée : il s'agit de la traduction anglaise par Oliver Kahl de l'ouvrage « Dispensatory in the Recension of the 'Aḍudī Hospital » écrit par Sābūr ibn Sahl au IXe siècle (Kahl, 2009). Le corpus est un manuscrit médical qui décrit 292 remèdes ou préparations. Le corpus est issu du PDF de l'ouvrage traduit et a été converti en format texte à l'aide de l'outil PdfToText [1]. Ensuite, la tokenisation a été effectuée à l'aide de NLTK (Bird et al., 2009) pour préparer le corpus à l'annotation. Ce corpus a été nettoyé et annoté manuellement par le premier auteur pendant un mois et revu en profondeur par une experte historienne en médecine arabe médiévale. L'ensemble du corpus est constitué de 36 961 tokens qui sont ensuite annotés avec leurs étiquettes respectives (voir tableau 1 pour la répartition des entités trouvées dans le corpus).

Pour effectuer l'annotation, 4 types d'étiquettes ont été utilisés :
— Type : B-Type I-Type, la forme du remède (pastille, pilule, etc.) ;
— Sym : B-Sym I-Sym, un symptôme de maladie ;
— Ing : B-Ing I-Ing, un ingrédient utilisé ;
— Org : B-org I-org, un organe mentionné ;
— O : le token n'est pas du domaine.

Les données sont annotées dans le format IOB2 (abréviation de « inside, outside, beginning ») qui est un format commun pour le marquage de tokens dans une tâche de *chunking* en traitement automatique des langues. Le préfixe B- devant une étiquette indique que c'est le début d'une entité. Le préfixe I- devant une étiquette indique que le token annoté se trouve à l'intérieur d'une entité. Une étiquette O indique que le token n'appartient à aucune entité.

---

1. https://github.com/jalan/pdftotext

	Entités uniques	Quantité Total
Ingrédients	1252	3089
Organes	61	172
Symptômes	420	782
Types	55	396

TAB. 1 – *Quantité d'entités selon leur type*

3.2 Architecture du modèle

Nous exploitons les avancées récentes dans les architectures d'apprentissage profond pour le TAL en utilisant des modèles de l'état de l'art fondés sur des *transformers* (Vaswani et al., 2017) pré-entraînés sur des corpus massifs de textes. Nous suivons l'approche standard selon laquelle une tâche de NER est considérée comme une tâche de classification de tokens, où les tokens sont introduits dans un modèle qui produit un espace vectoriel où chaque token en entrée est représenté par un vecteur. Ces représentations sont ensuite passées par un classificateur linéaire pour prédire l'étiquette IOB2. Ensuite, nous effectuons un *fine-tuning* pour l'ensemble du modèle en intégrant la couche ajoutée à l'aide de l'ensemble de données NER que nous avons créé.

4 Expérimentations et résultats

4.1 Choix de modèle

Nous avons mené des expérimentations avec une grande variété de modèles de *transformers* pré-entraînés. Notre objectif est de tester l'influence de la nature des données et de la méthode de pré-entraînement sur les résultats du *fine-tuning*. Nous avons donc testé les modèles suivants :
— Le modèle original BERT [2] (Devlin et al., 2019) développé par Google, entraîné sur des corpus anglais provenant de Wikipedia et BookCorpus (Zhu et al., 2015)
— RoBERTa [3] (Liu et al., 2019), une version optimisée de BERT ayant plus de données d'entraînement et un nombre plus grand d'étapes d'entraînement.
— XLM-R [4] (Conneau et al., 2019), une version multilingue de RoBERTa.
— DeBERTaV3 [5] (He et al., 2021b,a), un modèle BERT à l'architecture modifiée qui a récemment atteint l'état de l'art sur la tâche SuperGlue (Wang et al., 2019)
— BioBERT [6] (Lee et al., 2019), un modèle BERT pour le domaine biomédical qui ajoute, au corpus de pré-entraînement, des résumés PubMed et des articles en texte intégral de PubMed Central (PMC).

---

2. https ://huggingface.co/bert-base-cased
3. https ://huggingface.co/roberta-base
4. https ://huggingface.co/xlm-roberta-base
5. https ://huggingface.co/microsoft/deberta-v3-base
6. https ://huggingface.co/dmis-lab/biobert-base-cased-v1.2

Hyper-Paramètres	Valeurs
Longueur de Séquence Max.	256
Taille de Lot (Batch Size)	32
Taux d'Apprentissage	{4,5,6,7}e-5
Ratio d'Échauffement	{0,0.1}
Planificateur (Scheduler)	{linéaire, cosinus}
Précision	FP16

TAB. 2 – *Hyper-paramètres utilisés pendant le fine-tuning*

4.2 Configuration de l'entraînement

Pour déterminer le meilleur modèle et le meilleur ensemble d'hyper-paramètres, nous avons effectué toutes nos expériences avec un ensemble de validation croisée à 5 *splits* sans aucun remaniement, car le remaniement au niveau des phrases entraîne une fuite de données entre les données d'entraînement et les données de validation. Le tableau 2 montre les différentes valeurs de l'ensemble des hyper-paramètres que nous avons utilisés ; chaque modèle est entraîné sur la combinaison des hyper-paramètres pour un maximum de 10 *epochs*, soit un total de 480 exécutions sur une durée de 33 heures, et seuls les résultats de la meilleure *epoch* sont pris en compte. Les expérimentations ont été exécutées en utilisant une RTX 3080Ti avec 12GB de RAM avec la bibliothèque HuggingFace Transformers (Wolf et al., 2020).

4.3 Résultats

Le tableau 3 rapporte le score F1 moyen, la précision et le rappel sur les 5 splits à partir du meilleur ensemble d'hyper-paramètres. DeBERTaV3 obtient la meilleure performance de tous les modèles mais aussi la moins variable, surpassant BioBERT qui a été entraîné sur un corpus du domaine médical. Nous remarquons également que le modèle multilingue XLM-R a obtenu de moins bonnes performances que son homologue anglais RoBERTa. Enfin, le modèle BERT original a donné les pires résultats. Lors de l'ajustement des hyper-paramètres, DeBERTa a constamment surpassé tous les autres modèles, quel que soit le jeu de valeurs des hyper-paramètres, ce qui montre l'avantage du *disentangled attention* amélioré et de la méthode de pré-entraînement de DeBERTaV3. Le tableau 4 rapporte le score F1 détaillé de DeBERTaV3 pour chaque étiquette.

Modèle	Précision	Rappel	F1
XLM-R	83.36 ± 2.53	84.97 ± 4.35	84.12 ± 2.92
BERT	83.09 ± 1.92	86.19 ± 5.40	84.26 ± 3.33
BioBERTv1.2	83.47 ± 1.52	85.93 ± 4.15	84.66 ± 2.46
RoBERTa	84.78 ± 2.34	86.39 ± 3.63	85.56 ± 2.14
DeBERTaV3	**85.78 ± 1.15**	**87.09 ± 2.46**	**86.03 ± 1.55**

TAB. 3 – *Valeur moyenne et écart-type des 5 répétitions pour le meilleur jeu d'hyper-paramètres*

Type	Précision	Rappel	F1	Support
Ingrédient	89.95	91.49	90.41	600
Organe	80.04	72.97	75.04	43
Symptôme	84.47	84.01	85.58	153
Type	89.66	89.51	89.75	82

TAB. 4 – *Les scores détaillés pour chaque étiquette du meilleur modèle (DeBERTaV3).*

4.4 Analyse des erreurs

Une analyse des résultats de DeBERTa montre que notre meilleur modèle a encore de mauvaises performances sur les classes Organe et Type. Ceci est dû à la nature déséquilibrée de notre jeu de données, où les classe Ingrédient et Symptôme sont beaucoup plus représentées (voir tableau 1). En effet, en explorant les résultats sur des données test pour faire cette analyse qualitative d'erreurs, nous remarquons qu'une des erreurs les plus fréquentes est la non-détection des entités de la classe Organe pour certaines occurrences, ou bien le remplacement de l'étiquette Organe par une autre étiquette.

FIG. 1 – *Exemple d'erreur au niveau de la classe Organe*

Dans l'exemple de la figure 1, nous remarquons la division en deux parties de l'entité *optic nerves* qui devrait être de la classe Organe et la précision que le mot *nerves* est de la classe Symptôme. Ceci est probablement lié au fait que les entités de classe Symptôme sont plus représentées que les entités Organe formées de plusieurs mots. Dans d'autres cas, pour certaines occurrences, les entités de classe Type sont parfois non détectées. Ceci pourrait être dû au même problème que pour la classe Organe.

Pour diminuer ce type de problème dans cette tâche de reconnaissance d'entités nommées, nous pensons annoter plus de données et étendre ainsi le jeu de données d'entraînement.

5 Conclusion

Dans ce travail, nous avons procédé à la création d'un ensemble de données de reconnaissance d'entités nommées pour les traductions anglaises de pharmacopées arabes médiévales et nous avons entraîné et évalué des modèles de langue pré-entraînés pour explorer la possibilité d'obtenir des résultats satisfaisants sur les étiquettes customisées du domaine (Ing, Org, Sym et Type). Les expériences conduites démontrent que cette tâche a atteint le niveau de l'état de l'art selon les mesures usuelles avec tous les modèles testés, surtout avec DeBERTaV3 qui surpasse les autres modèles. Enfin, le modèle et le corpus seront mis à la disposition du public sur demande.

Cette conclusion nous incite à réfléchir aux nombreuses portes qui restent à ouvrir dans le domaine de l'exploration des pharmacopées médiévales, en particulier les manuscrits arabes traduits en langue anglaise. Nos objectifs futurs sont nombreux. En premier nous étendrons le jeux de données anglaises en exploitant d'autres manuscrits afin d'obtenir des résultats d'entraînement plus satisfaisants. Ensuite, nous pourrons étudier la faisabilité de travailler directement sur des manuscrits arabes, ce qui nécessiterait la mobilisation de modèles de la langue arabe tel que ARABERT (Antoun et al., 2020) et la comparaison des performances de ces modèles à ceux obtenus par les modèles anglais, pour un jeu de données de taille similaire.

Références

Antoun, W., F. Baly, et H. Hajj (2020). Arabert : Transformer-based model for arabic language understanding. In *LREC 2020 Workshop Language Resources and Evaluation Conference 11–16 May 2020*, pp. 9.

Bird, S., E. Klein, et E. Loper (2009). *Natural language processing with Python : analyzing text with the natural language toolkit.* " O'Reilly Media, Inc.".

Conneau, A., K. Khandelwal, N. Goyal, V. Chaudhary, G. Wenzek, F. Guzmán, E. Grave, M. Ott, L. Zettlemoyer, et V. Stoyanov (2019). Unsupervised cross-lingual representation learning at scale. *CoRR abs/1911.02116.*
en

Connelly, E., C. I. del Genio, et F. Harrison (2020). Data Mining a Medieval Medical Text Reveals Patterns in Ingredient Choice That Reflect Biological Activity against Infectious Agents. *mBio 11*(1), e03136–19.

Devlin, J., M.-W. Chang, K. Lee, et K. Toutanova (2019). Bert : Pre-training of deep bidirectional transformers for language understanding. In *Proceedings of the 2019 Conference of the North American Chapter of the Association for Computational Linguistics : Human Language Technologies, Volume 1 (Long and Short Papers)*, pp. 4171–4186.

Harrison, F., A. E. L. Roberts, R. Gabrilska, K. P. Rumbaugh, C. Lee, et S. P. Diggle (2015). A 1,000-Year-Old Antimicrobial Remedy with Antistaphylococcal Activity. *mBio 6*(4), e01129–15.

He, P., J. Gao, et W. Chen (2021a). DeBERTaV3 : Improving DeBERTa using ELECTRA-Style Pre-Training with Gradient-Disentangled Embedding Sharing.

He, P., X. Liu, J. Gao, et W. Chen (2021b). DEBERTA : Decoding-Enhanced BERT with Disentangled Attention. In *International Conference on Learning Representations.*
ar

Kahl, O. (2009). *Sabur Ibn Sahl's Dispensatory in the Recension of the Adudi Hospital.* BRILL. Google-Books-ID : RyhPkshiaLQC.

Lee, J., W. Yoon, S. Kim, D. Kim, S. Kim, C. H. So, et J. Kang (2019). BioBERT : a pretrained biomedical language representation model for biomedical text mining. *Bioinformatics*, btz682. arXiv :1901.08746 [cs].

Liu, Y., M. Ott, N. Goyal, J. Du, M. Joshi, D. Chen, O. Levy, M. Lewis, L. Zettlemoyer, et V. Stoyanov (2019). Roberta : A robustly optimized bert pretraining approach. *arXiv preprint arXiv :1907.11692*.

Vaswani, A., N. Shazeer, N. Parmar, J. Uszkoreit, L. Jones, A. N. Gomez, Ł. Kaiser, et I. Polosukhin (2017). Attention is all you need. *Advances in neural information processing systems 30*, 5998–6008.

Wang, A., Y. Pruksachatkun, N. Nangia, A. Singh, J. Michael, F. Hill, O. Levy, et S. R. Bowman (2019). Superglue : A stickier benchmark for general-purpose language understanding systems. *arXiv preprint arXiv :1905.00537*.

Wang, B., Q. Xie, J. Pei, P. Tiwari, Z. Li, et J. Fu (2021). Pre-trained Language Models in Biomedical Domain : A Systematic Survey. *CoRR abs/2110.05006*.

Wolf, T., L. Debut, V. Sanh, J. Chaumond, C. Delangue, A. Moi, P. Cistac, T. Rault, R. Louf, M. Funtowicz, J. Davison, S. Shleifer, P. von Platen, C. Ma, Y. Jernite, J. Plu, C. Xu, T. L. Scao, S. Gugger, M. Drame, Q. Lhoest, et A. M. Rush (2020). Transformers : State-of-the-art natural language processing. In *Proceedings of the 2020 Conference on Empirical Methods in Natural Language Processing : System Demonstrations*, Online, pp. 38–45. Association for Computational Linguistics.

Zhu, Y., R. Kiros, R. Zemel, R. Salakhutdinov, R. Urtasun, A. Torralba, et S. Fidler (2015). Aligning books and movies : Towards story-like visual explanations by watching movies and reading books. In *The IEEE International Conference on Computer Vision (ICCV)*.

Summary

Today, many projects focus on the application of linguistic technologies on modern medical corpora, especially in the field of Named Entity Recognition. Besides, ancient pharmacopoeias are being explored with manual data entry by specialists in history and biology in order to extract knowledge. These analyses are carried out without necessarily going through the automatic recognition of named entities which could accelerate the exploration of the manuscripts. Therefore, we propose here a link between the two practices by: (1) creating a named entity recognition dataset for English translations of medieval Arabic pharmacopoeias and (2) training and evaluating language models that are pre-trained on multiple domains.

Apprendre à classer des textes hospitaliers rédigés en anglais selon la classification CIM-9 avec une approche par budget

Leonardo Moros*,***, Jérôme Azé*, Sandra Bringay*,**, Pascal Poncelet*
Maximilien Servajean*,**, Caroline Dunoyer***,****

* LIRMM UMR 5506, Université de Montpellier, CNRS, Montpellier, France
prenom.nom@lirmm.fr
** Groupe AMIS, Université Paul-Valéry, Montpellier, France
prenom.nom@univ-montp3.fr
*** Département d'Information Médicale, CHU Montpellier, Montpellier, France
prenom.nom@chu-montpellier.fr
**** IDESP, UMR UA11, INSERM - Université de Montpellier, Montpellier, France
prenom.nom@umontpellier.fr

Résumé. Le codage médical vise à annoter les comptes rendus médicaux selon les diagnostics et les traitements. Cette tâche est liée à la facturation clinique. Dernièrement, le codage automatique est devenu un domaine de recherche actif pour lequel de nombreux modèles, utilisant des architectures basées sur des réseaux neuronaux, ont été proposés. La plupart de ces approches sont validées sur le jeu de données MIMIC-III. Dans cet article, nous revenons sur la qualité de ce jeu et proposons un nouveau découpage. Puis, nous expérimentons un classificateur basé sur une approche par budget dont l'objectif est de faciliter ce codage en adaptant le nombre de codes à plusieurs combinaisons de contraintes.

1 Introduction

Les professionnels de santé documentent minutieusement chaque rencontre avec les patients dans des dossiers via des documents structurés et semi-structurés, contenant des informations sur les traitements, les procédures et les diagnostics. Afin d'obtenir des financements, les établissements de santé doivent associer aux séjours des patients des codes de facturation, issus de la Classification Internationale des Maladies (CIM). De nombreux travaux ont proposé des systèmes (semi-)automatiques pour ce codage. Des chercheurs ont notamment exploré les méthodes d'apprentissage profond. Les réseaux neuronaux convolutifs (CNN) et récurrents (RNN) avec des mécanismes d'attention (Xie et Xing, 2018; Mullenbach et al., 2018; Vu et al., 2020) correspondent à l'état de l'art actuel. Dans ce travail, nous proposons un classifieur intégrant une approche par budget inspirée par les travaux de Lorieul et al. (2021) pour palier aux limites de ces derniers. Par ailleurs, la majorité des articles évaluent les approches sur la base MIMIC-III. Or, les découpages créés par Mullenbach et al. (2018) posent des problèmes de stratification, ce qui rend difficile l'évaluation des approches. Nous évaluons notre nouvelle architecture en la comparant à LAAT (Vu et al., 2020) sur un nouveau découpage du jeu de données MIMIC-III, garantissant la stratification des labels dans les échantillons.

Notation	Description
$\mathcal{X}$	l'ensemble des comptes rendus médicaux
$\mathcal{Y}$	l'ensemble des nœuds de la hiérarchie
L	le nombre de nœuds $|\mathcal{Y}|$
$[L]$	l'ensemble $\{1, \dots, L\}$
$\eta_j(x)$	la probabilité conditionnelle $\mathbb{P}\big(Y_j = 1 | X = x\big)$
$\hat{\eta}$	un estimateur de η ($\hat{\eta}(x) \approx \eta(x)$)
$\mathcal{P}(\mathcal{Y})$	l'ensemble des parties de $\mathcal{Y}$
$\mathcal{S}$	un prédicteur d'ensembles (Set-valued) $\mathcal{X} \to \mathcal{P}(\mathcal{Y})$
$\mathcal{R}$	le risque que l'on cherche à optimiser

TAB. 1 – Notations utilisées.

2 Méthode par budget

Problème, objectif et contraintes : Le tableau 1 présente les notations utilisées. Soit $\mathcal{X}$ l'espace d'entrée (les comptes rendus médicaux) et $\mathcal{Y}$ les nœuds de la hiérarchie CIM-9. L'espace produit $\mathcal{X} \times \mathcal{P}(\mathcal{Y})$ [1] est un espace de probabilités avec une mesure de probabilité jointe $\mathbb{P}_{X,Y}$ où $Y \in \{0,1\}^L \sim \mathcal{P}(\mathcal{Y})$ est un vecteur binaire (la hiérarchie CIM-9 aplatie) qui indique, pour chaque label, s'il est présent. La probabilité conditionnelle associée est :

$$\eta_k(x) = \mathbb{P}\big(Y_k = 1 | X = x\big)$$

Notre objectif est de construire une fonction $\mathcal{S} : \mathcal{X} \to \mathcal{P}(\mathcal{Y})$, minimisant le risque suivant qui est l'inverse du rappel :

$$\mathcal{R}(\mathcal{S}) = \mathbb{E}_{X,Y} \left[\sum_{j=1}^{|\mathcal{Y}|} \mathbb{1}\big[Y_j = 1, Y_j \notin \mathcal{S}(X)\big] \right]$$

Cette fonction $\mathcal{S}$ doit également satisfaire des **contraintes de budget 1a et/ou 1b** :

1a) Entre K' et K codes sont retournés par document : $\forall x \in \mathcal{X}, \ K' \leq |\mathcal{S}(x)| \leq K$

1b) K'' codes sont retournés au plus en moyenne : $\mathbb{E}_X\big[|\mathcal{S}(X)|\big] \leq K''$

Ainsi qu'une **contrainte de hiérarchie (2)**. Si une feuille est associée au document, alors tous les nœuds parents le sont.

$$\forall x \in \mathcal{X}, \forall y \in \mathcal{Y}, \forall \tilde{y} \in \mathrm{ancestors}(y), y \in \mathcal{S}(x) \Rightarrow \tilde{y} \in \mathcal{S}(x)$$

Dans la suite, nous présentons les problèmes d'optimisation obtenus à partir des différentes combinaisons de contraintes, ainsi que leurs classifieurs de Bayes, qui est celui qui choisit les classes avec la probabilité d'occurrence la plus grande.

---

1. $\mathcal{P}(\mathcal{Y})$ est l'ensemble des parties de $\mathcal{Y}$.

Budget par document (Top-K) : Avec les contraintes 1a et 2, nous obtenons le problème d'optimisation suivant :

$$\begin{aligned}
\min_{\mathcal{S}} \quad & \mathcal{R}(\mathcal{S}) \\
\text{s.t.} \quad & \forall x \in \mathcal{X},\ K' \leq |\mathcal{S}(x)| \leq K \\
& \forall x \in \mathcal{X}, \forall y \in \mathcal{Y}, \forall \tilde{y} \in \text{ancestors}(y), y \in \mathcal{S}(x) \Rightarrow \tilde{y} \in \mathcal{S}(x)
\end{aligned} \tag{1}$$

Pour minimiser ce risque, il suffit de prédire les K classes les plus probables pour n'importe quel document x. Soit σ une permutation de $[L] = \{1, \ldots, L\}$ telle que : $\eta_{\sigma_1(x)}(x) \geq \cdots \geq \eta_{\sigma_L(x)}(x)$. Un classifieur de Bayes pour le problème 1 est :

$$\mathcal{S}^\star(x) = \{\sigma_1(x), \ldots, \sigma_K(x)\}$$

En cas d'égalité sur les labels, on sélectionne les nœuds parents et, à un niveau donné de la hiérarchie, le choix est arbitraire. La probabilité d'un nœud parent est toujours supérieure ou égale à celle des descendants. La contrainte de hiérarchie est toujours satisfaite par ce classifieur.

Budget en moyenne (Average-K) : Avec les contraintes 1b et 2, nous avons le problème d'optimisation suivant :

$$\begin{aligned}
\min_{\mathcal{S}} \quad & \mathcal{R}(\mathcal{S}) \\
\text{s.t.} \quad & \mathbb{E}_X\big[|\mathcal{S}(X)|\big] \leq K'' \\
& \forall x \in \mathcal{X}, \forall y \in \mathcal{Y}, \forall \tilde{y} \in \text{ancestors}(y), y \in \mathcal{S}(x) \Rightarrow \tilde{y} \in \mathcal{S}(x)
\end{aligned} \tag{2}$$

Reformulons le problème avec le multiplicateur de Lagrange λ et minimisons $\mathcal{R}_\lambda(\mathcal{S})$:

$$\mathcal{R}_\lambda(\mathcal{S}) = \mathbb{E}_{X,Y}\left[\sum_{j=1}^{|\mathcal{Y}|} \mathbb{1}\big[Y_j = 1, Y_j \notin \mathcal{S}(X)\big]\right] + \lambda\mathbb{E}\big[|\mathcal{S}(X)|\big]$$

$$\begin{aligned}
\mathcal{R}_\lambda(\mathcal{S}) &= \mathbb{E}_{X,Y}\left[\sum_{j=1}^{|\mathcal{Y}|} \mathbb{1}\big[Y_j = 1\big]\mathbb{1}\big[Y_j \notin \mathcal{S}(X)\big]\right] + \lambda\mathbb{E}\left[\sum_{j=1}^{|\mathcal{Y}|} \mathbb{1}\big[Y_j \in \mathcal{S}(X)\big]\right] \\
&= \mathbb{E}_{X,Y}\left[\sum_{j=1}^{|\mathcal{Y}|} \mathbb{1}\big[Y_j = 1\big]\mathbb{1}\big[Y_j \notin \mathcal{S}(X)\big]\right] + \lambda\mathbb{E}\left[|\mathcal{Y}| - \sum_{j=1}^{|\mathcal{Y}|} \mathbb{1}\big[Y_j \notin \mathcal{S}(X)\big]\right] \\
&= \lambda|\mathcal{Y}| + \mathbb{E}_X\left[\sum_{j=1}^{|\mathcal{Y}|} \mathbb{1}\big[Y_j \notin \mathcal{S}(X)\big]\big(\eta_j(X) - \lambda\big)\right]
\end{aligned} \tag{3}$$

Le risque est minimisé lorsqu'un code est retourné uniquement si sa probabilité conditionnelle est supérieure au multiplicateur de Lagrange λ. On obtient le classifieur de Bayes :

$$\mathcal{S}^\star_\lambda(x) = \{j \in \mathcal{Y} : \eta_j(x) > \lambda\}$$

Pour un λ fixé, le nombre moyen de codes retournés est :

$$G(\lambda) = \sum_k \mathbb{E}_X\left[\mathbb{1}\left[\eta_k(X) > \lambda\right]\right] = \sum_k \mathbb{P}(\eta_k(X) > \lambda)$$

Son inverse généralisée est donnée par :

$$G^{-1}(K'') = \inf\left\{\lambda \in [0;1] \, : G(\lambda) \leq K''\right\}$$

avec un budget pour que le nombre moyen de labels par document soit K''. Le modèle doit retourner tous les codes avec une probabilité conditionnelle supérieure à $G^{-1}(K'')$.

Dans certains cas, il peut arriver que ce ne soit pas possible de fixer un λ qui garantisse $\mathbb{E}_X\left[|\mathcal{S}^\star(X)|\right] = K''$. Cela arrive quand l'ensemble $\{j : \eta_j(x) = G^{-1}(K'')\}$ n'est pas vide. Le classifieur de Bayes prenant en compte ce cas est donné par :

$$\mathcal{S}^\star(x) = \mathcal{S}^\star_{G^{-1}(K'')}(x) \cup \mathcal{E}(x)$$

où $\mathcal{E}(x) \subseteq \{j : \eta_j(x) = G^{-1}(K'')\}$ est un sous-ensemble arbitrairement choisi pour garantir $\mathbb{E}_X\left[|\mathcal{S}^\star(X)|\right] = K^2$. La contrainte hiérarchique est aussi automatiquement vérifiée ici.

Budget hybride : Dans certains cas, il se peut que le budget en moyenne renvoie trop de labels pour certains documents. Nous étudions maintenant une combinaison des contraintes par document 1a, en moyenne 1b et la contrainte hiérarchique 2 pour borner la quantité des prédictions par document. Nous rajoutons aussi une borne inférieure pour garantir qu'il n'y ait pas de documents sans prédictions. Nous obtenons le problème d'optimisation suivant :

$$
\begin{aligned}
\min_{\mathcal{S}} \quad & \mathcal{R}(\mathcal{S}) \\
\text{s.t.} \quad & \mathbb{E}_X\left[|\mathcal{S}(X)|\right] \leq K'' \\
& \forall x \in \mathcal{X}, \; K' \leq |\mathcal{S}(x)| \leq K \\
& \forall x \in \mathcal{X}, \forall y \in \mathcal{Y}, \forall \tilde{y} \in \text{ancestors}(y), y \in \mathcal{S}(x) \Rightarrow \tilde{y} \in \mathcal{S}(x)
\end{aligned}
\tag{4}
$$

Minimisons $\mathcal{R}_\lambda(\mathcal{S})$ en satisfaisant average-K'' et en retournant entre K' et K éléments :

$$\mathcal{R}_\lambda(\mathcal{S}) = \mathbb{E}_{X,Y}\left[\sum_{j=1}^{|\mathcal{Y}|} \mathbb{1}\left[Y_j = 1, Y_j \notin \mathcal{S}(X)\right]\right] + \lambda\mathbb{E}\left[|\mathcal{S}(X)|\right]$$

Le classifieur de Bayes obtenu via l'équation 3 s'étend au cas présent :

$$\tilde{\mathcal{S}}_\lambda(x) = \{j \in \mathcal{Y} : \eta_j(x) > \lambda, \sigma_j(x) \leq K | \sigma_j(x) < K'\}$$

La taille moyenne des prédictions pour cette règle de décision est donnée par :

$$\tilde{G}(\lambda) = \mathbb{E}\left[\sum_j \mathbb{1}\{\sigma_j(X) \leq K, \eta_j(X) > \lambda | \sigma_j(X) \leq K'\}\right]$$

---

2. Une preuve de l'existence de cette solution est donnée par Lorieul et al. (2021).

Le seuil est donné par $\lambda = \tilde{G}^{-1}(K'')$. Dans certaines configurations, les contraintes sont incompatibles. Si $K' > K''$, il n'y a pas de solution. Par ailleurs, nous considérons le score :

$$s_j(x) = \begin{cases} 1 & \text{si } \sigma_j(x) < K' \\ \eta_j(x) & \text{si } K' < \sigma_j(x) \leq K \\ 0 & \text{sinon.} \end{cases}$$

Avec l'égalité suivante si $\lambda < 1^3$, la règle de décision devient :

$$\mathbb{1}\{\sigma_j(X) \leq K, \eta_j(X) > \lambda | \sigma_j(X) \leq K'\} = \mathbb{1}\{s_j(X) > \lambda\}$$

$$\tilde{\mathcal{S}}_\lambda(x) = \{j \in \mathcal{Y} : s_j(x) > \lambda\}$$

La contrainte hiérarchique : Considérons la proposition suivante :

Proposition 1 *Soit une hiérarchie telle que $\forall k, j \in \mathcal{Y}$ où $k \in ancestors(j)$, nous avons $Y_j = 1 \Rightarrow Y_k = 1$. Alors, la contrainte suivante est toujours satisfaite pour les règles Top-K et Average-K :*

$$\forall x \in \mathcal{X}, \forall y \in \mathcal{Y}, \forall \tilde{y} \in ancestors(y), y \in \mathcal{S}(x) \Rightarrow \tilde{y} \in \mathcal{S}(x)$$

En supposant que les labels sont indépendants conditionnellement à x (i.e. la présence d'un label n'apporte pas plus d'informations que le document sur les autres labels), nous avons :

$$\eta_k(x) = \mathbb{P}(Y_k = 1 | X = x) = 1 - \prod_{j \in \text{descendant}(k)} \left(1 - \eta_j(x)\right)$$

Nous estimons avec un réseau de neurones la probabilité des feuilles de la hiérarchie et calculons la probabilité des nœuds parents en supposant l'indépendance conditionnelle garantissant ainsi la contrainte hiérarchique.

3   Expérimentations

Jeu de données : MIMIC-III (Johnson et al., 2016) est une base de données cliniques accessible librement. La plupart des études utilisent deux découpages créés par Mullenbach et al. (2018). Le premier contient les 50 codes CIM-9 les plus fréquents (11 368 documents) et le deuxième les 8 929 codes CIM-9 (52 722 documents) (voir le tableau 2). La distribution des étiquettes est très déséquilibrée. Par exemple, le label *567.2* est présent 211 fois et le label *276.5* est 6 fois plus présent avec 1 294 exemples. Par ailleurs, il n'y a aucune garantie de trouver tous les codes dans les échantillons d'apprentissage, de validation et de test. Par exemple, le code *276.5* apparaît dans 1 293 exemples en apprentissage, 1 fois en test et n'apparaît pas en validation. Avec cette répartition, il est difficile d'évaluer des modèles. Nous avons donc construit un découpage sur les 1 000 codes les plus fréquents. Nous avons appliqué une stratification (Sechidis et al., 2011) pour garantir que chaque label soit représenté dans les mêmes

Découpage	App	Val	Test	Total
MIMIC-III-50	8 066	1 573	1 729	11 368
MIMIC-III-1000 [4]	44 592	2 716	5 327	52 635
MIMIC-III-Full	47 719	1 631	3 372	52 722

TAB. 2 – *Quelques statistiques sur les découpages de MIMIC-III.*

proportions dans les trois jeux. De plus, les patients apparaissant dans l'apprentissage n'apparaissent pas en test/validation (voir tableau 2 (MIMIC-III-1000)).

Implémentation : Nous construisons un estimateur $\hat{\eta}$ via le réseau de neurones LAAT (Vu et al., 2020) avec les paramètres optimaux de leur article. Nous entraînons le modèle avec un taux d'apprentissage de 0.001 et une taille de lot de 8 pendant 50 époques. Nous utilisons l'arrêt anticipé en surveillant la micro F1, sans amélioration après 5 époques consécutives, nous arrêtons l'apprentissage. Nous utilisons les plongements word2vec [5] entraînés sur tous les comptes rendus et un abandon de neurones de 0.3 entre les couches de plongement et le LSTM. Finalement, pour les pré-traitements des textes, nous avons supprimé tous les tokens ne contenant pas des caractères alphabétiques et mis tout le texte en minuscule. Une fois l'estimateur construit, nous l'utilisons avec les contraintes Top-K, Average-K et Hybride. Nous estimons le seuil $G^{-1}(K)$ pour Average-K sur l'ensemble de test mais nous aurions pu calculer $G^{-1}(K)$ sur n'importe quel ensemble de documents sans avoir les labels à partir des scores de prédiction du modèle pour calculer le seuil.

Évaluation : Nous utilisons notre découpage MIMIC-III-1000. Comme métrique, nous utilisons le rappel hiérarchique. Nous dessinons des courbes qui montrent le compromis entre la taille du budget et le rappel micro agrégé. Nous avons testé les 3 méthodes de budget sur deux configurations : 1) les labels sont les feuilles de la hiérarchie et 2) les labels sont les feuilles et leurs parents $Y_{aug} = Y \cup ancestors(Y)$.

Résultats : La figure 1 présente les résultats des approches par budget. En ordonnée, nous avons le rappel et en abscisse la taille du budget. La ligne rouge représente le rappel atteint pour la baseline et la ligne verte le nombre de labels en moyenne dans le jeu des données. **Dans le graphe de gauche**, nous montrons les résultats sur les feuilles. Les deux méthodes obtiennent de meilleurs résultats que la baseline. Pour Top-K, à partir d'un budget de 14, la méthode améliore la baseline et pour Average-K, à partir d'un budget de 12. En moyenne, Average-K obtient un rappel supérieur de 5.6% à celui de la méthode Top-K. **Le graphe de droite** correspond à un test avec la hiérarchie. Nous avons supprimé les feuilles sans frères ni parents. Pour se comparer à une méthode qui ne prend pas en compte la hiérarchie, nous représentons les courbes où le budget est complètement utilisé sur les feuilles et ajoutons les parents associés aux feuilles choisies. À partir d'un budget de 24, Average-K améliore la

---

3. Si $\lambda = 1$, aucun label n'est retourné et il faut faire un choix arbitraire en respectant les contraintes.
4. Découpage crée dans le cadre de cet article. `https://github.com/leo90v/MIMIC-1000`
5. `https://github.com/aehrc/LAAT/tree/master/data/embeddings`

baseline et pour Top-K, il faut un budget de 27. En moyenne, Average-K obtient un rappel 5.6% supérieur à Top-K.

Les résultats de la méthode hybride sont présentés dans la figure 2. La hiérarchie n'ayant pas amélioré les résultats, nous avons testé cette méthode uniquement sur les feuilles. Nous dessinons les courbes Top-K et Average-K qui représentent la borne inférieure et supérieure des performances pour la méthode hybride. Nous fixons K en fonction de K''. **Dans le graphe de gauche**, nous utilisons le micro rappel. Par exemple, avec $1.2K$, les performances sont supérieures en moyenne de 3.2% par rapport à Top-K et 2.25% inférieures à Average-K. Avec $1.8K$, les courbes hybride et Average-K se superposent. Ces résultats montrent qu'avec une borne relativement petite, les performances sont similaires à Average-K, sans avoir de documents avec un nombre des prédictions trop élevé pour être utilisables. **Dans le graphe de droite**, nous utilisons le macro rappel. Le comportement est similaire mais avec les performances inférieures. Avec 1.5K le micro rappel est 22% supérieure en moyenne au macro rappel. Ceci est dû au déséquilibre du jeu des données. Même avec des données stratifiées, le modèle à des difficultés avec certains labels.

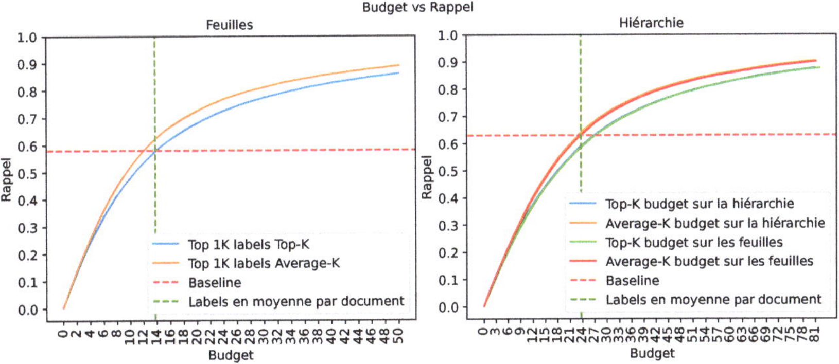

FIG. 1 – *Top-K vs Average-K*.

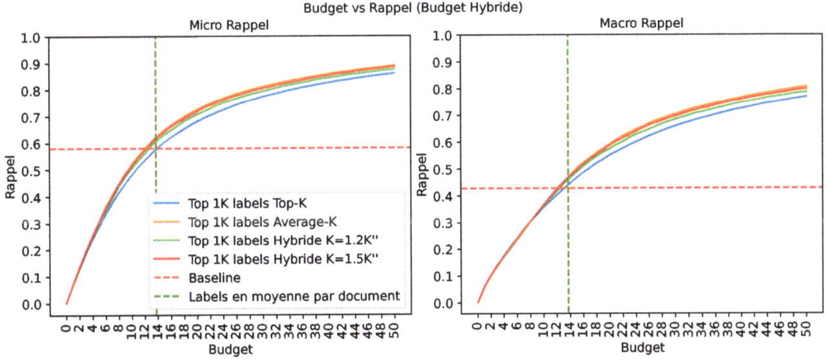

FIG. 2 – *Méthode hybride (évaluée avec le micro rappel à gauche et le macro rappel à droite).*

4   Conclusion

Nous avons présenté une nouvelle approche pour l'aide au codage médical. Via un prédicteur adaptatif, nous prédisons plus ou moins de labels par document et à différents niveaux de la hiérarchie. Notre solution est applicable à n'importe quel classifieur. Nous prévoyons donc d'utiliser d'autres modèles, tel LAAT entraîné avec la fonction de perte LDAM (Cao et al., 2019) conçue pour des jeux de données déséquilibrées. Nous pensons aussi aux approches avec un budget pondéré pour donner plus d'importance à certains labels. Nous pourrions aussi utiliser des *transformers* bien qu'ils n'aient pas encore dépassé l'état de l'art pour cette tâche.

Références

Cao, K., C. Wei, A. Gaidon, N. Arechiga, et T. Ma (2019). Learning imbalanced datasets with label-distribution-aware margin loss. In *Proceedings of the 33rd International Conference on Neural Information Processing Systems*, pp. 1567–1578.

Johnson, A., T. Pollard, L. Shen, L.-w. Lehman, M. Feng, M. Ghassemi, B. Moody, P. Szolovits, L. Celi, et R. Mark (2016). MIMIC-III, a freely accessible critical care database. *Scientific Data 3*, 160035.

Lorieul, T., A. Joly, et D. Shasha (2021). Classification under ambiguity : When is average-k better than top-k ? *arXiv preprint arXiv :2112.08851.*

Mullenbach, J., S. Wiegreffe, J. Duke, J. Sun, et J. Eisenstein (2018). Explainable prediction of medical codes from clinical text. In *2018 Chapter of the ACL : Human Language Technologies, Volume 1*, pp. 1101–1111.

Sechidis, K., G. Tsoumakas, et I. Vlahavas (2011). On the stratification of multi-label data. In *Machine Learning and Knowledge Discovery in Databases*, pp. 145–158.

Vu, T., D. Q. Nguyen, et A. Nguyen (2020). A label attention model for icd coding from clinical text. In *Proceedings of the Twenty-Ninth International Joint Conference on Artificial Intelligence, IJCAI-20*, pp. 3335–3341. Main track.

Xie, P. et E. Xing (2018). A neural architecture for automated ICD coding. In *Proceedings of the 56th Annual Meeting of the Association for Computational Linguistics (Volume 1)*.

Remerciements   Ce projet a été soutenu par le LabEx NUMEV (ANR-10-LABX-0020) intégré à l'I-Site MUSE (ANR-16-IDEX-0006) et le CHU de Montpellier.

Summary

Clinical coding is a task related to clinical billing, aiming at annotating medical reports with codes describing diagnoses and treatments. Recently, automatic coding has become a very active research area for which many models, using neural network-based architectures, have been proposed. Most of these approaches are validated on the MIMIC-III dataset. In this paper, we review the quality of this dataset and propose a new one, and then we experiment with a new classifier based on a budget approach, which aims to facilitate this coding.

Analyse comparative de méthodes d'apprentissage pour la catégorisation de textes selon leur langue de rédaction

Baptiste Bohet*, Nicole Vincent**

* Université Sorbonne Nouvelle
baptiste.bohet@sorbonne-nouvelle.fr,
** Université Paris Cité, LIPADE, F-75006 Paris, France
nicole.vincent@u-paris.fr

Résumé. L'objectif de cette étude est double. Il s'agit, d'une part, de catégoriser des textes romanesques en français pour permettre à un utilisateur de déterminer s'ils sont originaux ou traduits, c'est-à-dire nativement rédigés en français ou non. D'autre part, de procéder à une analyse comparative et d'optimiser les méthodes choisies pour obtenir ce résultat. Les données textuelles considérées ici sont volumineuses, variées thématiquement et stylistiquement. Les quatre méthodes mises en œuvre – qui prennent en compte aussi bien les caractéristiques fréquentielles, que lexicales, syntaxiques ou sémantiques – reposent sur un apprentissage automatique. L'analyse comparative des approches porte sur l'espace de représentation des données, le paramétrage, les taux de classifications (par classes et global) et l'explicabilité.

1   Introduction

L'objectif de cette étude est d'être capable d'identifier si un texte fictionnel, présenté en français est original, c'est-à-dire s'il a été nativement écrit en français (nous le désignerons par *TO* pour Texte Original), ou s'il est le fruit d'une traduction (*TT* pour Texte Traduit). Le système réalisé, à terme implémenté sur un site web, doit permettre à un utilisateur d'entrer un texte, ou une portion de texte, et d'obtenir la nature de celui-ci (*TT* ou *TO*). Précisons qu'il ne sera pas question ici de traduction automatique, car aucun éditeur n'en publie pour la littérature romanesque qui correspond à notre corpus. Tous les romans publiés actuellement en français sont traduits par des humains.

L'idée qui préside à ce projet, est que certains lecteurs experts, sans informations liées au paratexte éditorial (ici le nom de l'auteur et la langue originale), sont parfois capables d'identifier si le texte qu'ils lisent est originairement écrit en français ou s'il s'agit d'une traduction. S'ils sont capables de cette identification, ils ne sont pas pour autant en mesure d'expliquer les éléments qui motivent leur intuition. Il nous a donc semblé intéressant de voir si, et comment, différentes techniques d'apprentissage machine pouvaient réaliser une telle discrimination.

Cela est d'autant plus intéressant, que le résultat de cette étude devrait notamment permettre, en l'associant à d'autres, de faire des recherches en paternité, d'identifier des textes apocryphes, ou encore de lutter contre le plagiat.

Pour mener à bien cette étude, nous avons comparé quatre méthodes dans la double perspective de retenir la plus efficiente et d'identifier les éléments permettant la classification :

— *FFA* (*Few Feature Approach*), exploite des caractéristiques lexicales ;
— *FA* (*Frequency Approach*), considère les fréquences lexicales ;
— *RFA* (*Relative Frequency Approach*) basée sur *TF-IDF* (*Term Frequency-Inverse Document Frequency*), s'appuie sur les fréquences relatives ;
— *SA* (*Semantic Approach*) basée sur le modèle *BERT* (*Bidirectional Encoder Representations from Transformers*) prend en compte la proximité lexicale.

Après un panorama des études portant sur des thématiques proches, nous présenterons les choix qui ont présidé à la constitution de notre corpus. Nous exposerons ensuite les spécificités des quatre approches, puis nous comparerons les résultats obtenus en fonction de la méthode utilisée. Enfin, la conclusion nous permettra d'envisager les perspectives offertes par l'étude.

Études connexes.   L'informatique, dès ses débuts, a contribué à l'analyse et à la classification de textes écrits en langage naturel. On trouve dans (Gasparetto et al., 2022) un état des lieux très complet sur ce sujet. Certaines classifications s'intéressent au contenu (Shen et al., 2018), d'autres, à des aspects plus stylistiques et sociolinguistiques (Marteau et Vincent, 2006), ou plus formels, par exemple, la langue utilisée (Sundermeyer et al., 2012).

On trouve aussi des études qui analysent les particularités entre les traductions humaines et celles automatiques (rappelons que, dans notre cas, les textes traduits le sont par des humains). Dans (Popovic, 2020) les caractéristiques utilisées portent sur la longueur des phrases et des mots, la richesse du vocabulaire, les statistiques liées à un étiquetage morphosyntaxique du texte. D'autres études se fondent encore sur des n-grams, ou prennent en compte la présence/absence de termes d'une liste prédéfinie comme dans (Aharoni et al., 2014). Dans (Rabinovich et al., 2016), sont utilisés des tri-words, des fréquences de mots en fonction de leur position dans la phrase et celles des mots fonctionnels. Notons que la plupart de ces études ont été menées sur des documents administratifs et non des textes fictionnels.

Plus récemment, l'analyse des textes a eu largement recours aux modèles *BERT*. On notera, par exemple, l'étude sur les émotions exprimées dans des tweets (Chiorrini et al., 2021).

2   Description du corpus

La première étape pour mener à bien notre étude a consisté à constituer un corpus d'apprentissage. Nous avons sélectionné 2 000 textes : 1 000 *TO* / 1 000 *TT*. Cela représente environ 1,2 Go de textes bruts (txt), soit 184 422 466 mots, soit 1 067 646 686 caractères.

Le corpus est strictement constitué de romans, pour ceux traduits, ils proviennent exclusivement de la langue anglaise pour éviter une multitude de particularités idiomatiques. Par ailleurs, pour éviter les biais chronologiques liés à l'évolution de la langue, les textes sont tous contemporains (postérieurs à 1980). Précisons enfin que les textes choisis proviennent de tous les genres littéraires, qu'ils n'ont pas de thématiques communes. Le corpus test répond aux mêmes exigences que celui pour l'apprentissage, il est composé de 200 textes : 100 *TO* / 100 *TT*. Pour éviter les biais cognitifs, le corpus test est strictement composé d'auteurs distincts.

3 Méthodologie

Ici, chacune des méthodes transpose le problème de classification de textes en un problème de classification de vecteurs.

Méthode *FFA* : Cette première méthode est basée sur trois caractéristiques lexicales : La *Richesse Lexicale (RL)* ; La *BiVersité (BV)* ; La *Proportion des Hapax (PH)*.

La *Richesse Lexicale (RL)* est le rapport entre le nombre de mots différents (ce que les spécialistes de lexicométrie appellent une "forme") donc nbf et le nombre de mots total du texte (les "occurrences") donc nbo (Bernard et Bohet, 2017) : $RL = nbf/nbo$.

Le néologisme *BiVersité (BV)*, est un concept innovant que nous avons créé, il représente la proportion des formes dont la fréquence absolue est supérieure ou égale à deux. C'est-à-dire, le rapport entre le nombre de formes qui ne sont pas des hapax (des formes n'ayant qu'une occurrence dans le texte) et le nombre total de formes : $BV = (nbf - nbh)/nbf$.

Enfin, nous entendons par *Proportion des Hapax (PH)*, le rapport entre le nombre d'hapax nbh et le nombre d'occurrences dans le texte nbo : $PH = nbh/nbo$

Utilisées individuellement pour construire un classifieur SVM à noyau RBF, chaque caractéristique *RL*, *BV* et *PH* conduit à un taux de reconnaissance respectivement de 71,2%, 74,1% et 72,3%. La variable *BV* est la plus discriminante, mais l'exploitation de l'association des trois caractéristiques améliore les résultats pour atteindre un taux de 75,3%.

Méthode *FA* : Cette méthode, est basée sur l'étude statistique des fréquences. Dans l'approche précédente, nous avons calculé des caractéristiques intrinsèques à chaque échantillon, alors qu'ici chaque échantillon est représenté dans un espace vectoriel à n dimensions où n est le nombre de formes du lexique de l'ensemble du corpus d'apprentissage.

La méthode est organisée comme suit. À partir de l'index de l'ensemble du corpus d'apprentissage, à chacune des formes est associée une dimension de l'espace de représentation. Chaque échantillon est donc représenté dans cet espace par un vecteur V qui prend en compte chacune des formes de l'échantillon. Chaque composante V_i, où i varie de 1 à n, du vecteur V est associée à une forme du corpus et contient la fréquence de celle-ci dans l'échantillon étudié. Ainsi, si la forme f d'indice f_i est présente dans le corpus, mais ne l'est pas dans l'échantillon, on aura $V_{f_i} = 0$. Pour un échantillon de nbo occurrences et nbf formes, le vecteur V comporte nbf composantes non nulles. Pour une forme f présente x fois dans l'échantillon, on a : $V_{f_i} = x/nbo$. Notons que le classifieur utilisé ici est un classifieur bayésien multinomial.

Méthode *RFA* : Cette méthode basée sur la méthode de pondération *TF-IDF* prend en compte les fréquences relatives par rapport à l'ensemble du corpus. La fréquence d'apparition d'une forme n'indique pas sa spécificité par rapport à un document donné ou à un ensemble de documents. Or, une forme commune à de nombreux documents devrait être moins significative qu'une forme commune à peu d'entre eux. La méthode pondérée *TF-IDF* permet de corriger ce biais. *Term Frequency (TF)* correspond au nombre d'occurrences d'une forme dans un texte, sa pondération locale, alors que le *Inverted Document Frequency (IDF)* désigne la valeur inverse du nombre de documents dans lesquels la forme est présente, autrement dit sa pondération globale. Ainsi, la combinaison *TF-IDF* met en exergue le nombre d'occurrences de la forme dans le document par rapport à sa distribution dans l'ensemble du corpus. Ceci dans la perspective d'évaluer sa pertinence (sa surreprésentation ou, au contraire, sa rareté relative). Un classifieur multinomial bayésien est utilisé, la pondération de la forme f dans un document d est calculée par [$TF - IDF_{f,d} = TF_{f,d}.(log(\frac{|D|}{DF_f}) + 1)$] avec $|D|$ le nombre de documents, $TF_{f,d}$ la fréquence de la forme f dans le document d et DF_f le nombre de documents comprenant la forme f.

Méthode *SA* : Les méthodes précédentes reposent sur du *shallow learning*, il nous a semblé pertinent de pouvoir les comparer à une méthode relevant du *deep learning*. Dans la mesure où nous travaillons sur des données textuelles, l'architecture *BERT* (Devlin et al., 2019) paraît être le choix le plus judicieux. Notre corpus est en français, nous utilisons donc CamemBERT.

Pour mémoire, *BERT* est un modèle pré-entraîné capable de résoudre plusieurs problématiques de Traitement de Langage Naturel, basé sur le concept de *mécanisme d'attention*. Le réseau agit de façon sélective, pour ne se concentrer que sur quelques éléments pertinents, tout en ignorant les autres. Il comprend deux mécanismes distincts : un encodeur qui lit l'entrée de texte et le transforme en vecteur et un décodeur qui produit une prédiction pour la tâche.

Dans notre projet, seul le premier mécanisme, l'encodeur, est nécessaire, il est suivi d'une étape de classification. À une séquence de mots en entrée, ou pour être plus précis, de tokens (*BERT* tokenise les textes au préalable) de longueur l, est attribuée une séquence de vecteurs de longueur l, dans laquelle chaque vecteur correspond à un élément d'entrée. Ce passage à une représentation vectorielle est réalisé grâce à un apprentissage sur un vaste ensemble de textes de sorte que les vecteurs traduisent une proximité sémantique entre éléments. Le classificateur utilisé est un *fully connected*, ici *CamembertForSequenceClassification*.

Principe de décision : Une fois les apprentissages réalisés, le texte à tester est découpé en échantillons. C'est un vote majoritaire qui intervient alors pour la prise de décision.

4   Résultats expérimentaux

Les apprentissages sont réalisés par une validation croisée à 5 folds (5-fold CV), aléatoires et les résultats présentés ici correspondent à la valeur moyenne à l'issue de 10 apprentissages.

Comparaison des résultats des quatre méthodes : Les résultats obtenus sont les suivants :

	FFA	FA	RFA	SA
TR de l'apprentissage	74,6%	98,1%	98,9%	**99,5%**
TR du test utilisateur	75,5%	94,0%	95,0%	97,5%

TAB. 1 – Taux de reconnaissance (*TR*) des quatre méthodes.

Les résultats obtenus sont remarquablement élevés, alors que le problème semblait extrêmement difficile. Il apparaît ainsi que les traductions, même si elles sont réalisées par des traducteurs humains chevronnés, ont des caractéristiques spécifiques qui permettent, avec les outils que nous avons mis en œuvre, de discriminer efficacement des textes nativement écrits en français. En effet, si *FFA* a des résultats mitigés (environ 75%), les trois autres méthodes ont, elles, des résultats supérieurs à 90%. Notons la performance admirable de *SA* qui avec le système d'apprentissage a un taux de reconnaissance de 99,5%, et avec notre échantillon de test utilisateur a un taux de reconnaissance de 97,5%. L'objectif de notre étude est atteint bien au-delà de nos attentes : il est possible de classifier des textes selon qu'ils sont nativement écrits en français ou le fruit d'une traduction effectuée par un traducteur humain.

La question demeure pourtant de savoir quelles caractéristiques permettent une catégorisation si efficace, autrement dit, d'interroger l'explicabilité des résultats obtenus. Dans cette perspective, il est intéressant de constater que l'explicabilité est inversement proportionnelle à la qualité des résultats. De fait, *FFA* qui offre des pistes de réflexion relativement facilement interprétables ne propose qu'un taux de reconnaissance modeste.

Ajoutons que, puisque les méthodes choisies reposent sur des apprentissages établis à partir de caractéristiques différentes, force est de constater que les éléments permettant la classification sont multiples. Il n'y a pas un sésame donnant la clé de l'énigme, mais une série d'éléments discriminants : les différences sont multifactorielles. Non seulement les textes sont aisément catégorisables, mais qui plus est, ils le sont en utilisant plusieurs critères. La fréquence des formes, la sous ou surreprésentation de certaines d'entre elles, la proximité cooccurrencielle sont autant d'indices efficaces pour cette catégorisation.

Influence de la taille et nombre des échantillons d'apprentissage : Pour montrer que la taille des échantillons d'apprentissage a une influence sur la qualité des résultats, nous avons expérimenté différents scénarios, dans la perspective d'optimiser les résultats des classifieurs. La Figure 1 montre que *FFA* gagne en efficacité quand la taille des échantillons augmente. Ceci est aussi vrai pour les trois autres méthodes, mais dans des proportions moindres. Ceci s'explique probablement en partie, car même avec des échantillons de taille réduite, les résultats sont déjà très élevés et qu'ils ne peuvent donc qu'augmenter faiblement.

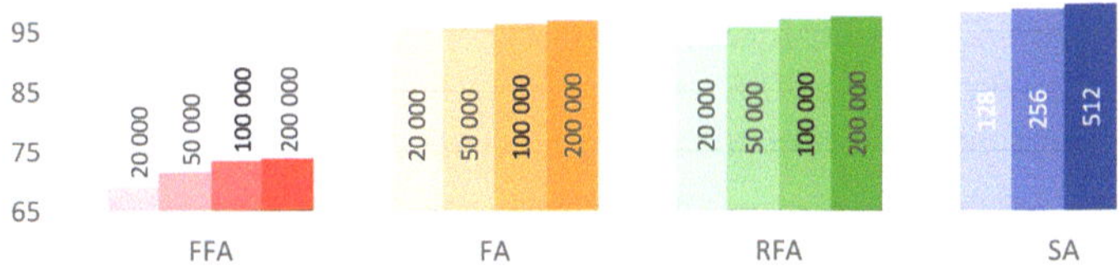

FIG. 1 – Taux de reconnaissance en fonction de la taille des échantillons d'apprentissage (en signes pour *FFA, FA* et *RFA*, en tokens pour *SA*).

Influence de l'augmentation des données d'apprentissage : Les études menées ici utilisent intégralement les textes, la quantité de données est donc fixe. Pour améliorer nos résultats, nous avons réalisé une augmentation des données en considérant des portions chevauchantes de textes (non synthétiques), multipliant ainsi par deux ou quatre le nombre d'échantillons à taille constante. Nous assurons ainsi, non seulement une augmentation du nombre d'échantillons, mais aussi une amélioration de la diversité des représentations des échantillons.

Le Tableau 2, relatif à *FFA, FA* et *RFA* montre que les résultats s'améliorent lorsque les échantillons de 200 000 signes sont plus nombreux. L'augmentation conduit aussi à une plus

		FFA	FA	RFA
Échantillon 200 000 signes	*TR*	73,7%	96,8%	97,5%
Sans augmentation	écart-type	1,25	0,39	0,81
Échantillon 200 000 signes	*TR*	74,2%	98,0%	98,1%
Augmentation ×2	écart-type	0,90	0,20	0,43
Échantillon 200 000 signes	*TR*	74,6%	98,1%	98,9%
Augmentation ×4	écart-type	0,39	0,19	0,11

TAB. 2 – Taux de reconnaissance (*TR*) et écart-type en fonction de l'augmentation des données.

grande fiabilité des résultats, comme en attestent les écarts-types qui diminuent de manière significative. Malgré l'augmentation, le taux de reconnaissance de *FFA* reste lui relativement faible, ce qui laisse à penser que les caractéristiques choisies ne sont pas suffisantes pour la tâche à accomplir. Si *FA* paraît avoir atteint un nombre d'échantillons suffisant pour l'apprentissage, *RFA*, semble, elle, pouvoir encore être améliorée en augmentant la taille de l'ensemble d'apprentissage. Soulignons enfin que pour les trois méthodes, il est plus significatif de regarder l'évolution des taux d'erreur. De fait, si l'on prend l'exemple de *RFA*, son taux d'erreur sans augmentation de 2,5% passe à 1,1% avec une augmentation de ×4, soit une amélioration de 60%.

Influence de la taille des échantillons pour l'analyse lors du test utilisateur : La taille des échantillons, s'agissant du test utilisateur, influe elle aussi sur les résultats. Comme on peut l'observer sur la Figure 2, l'influence est bien différente selon les méthodes. De fait, *FFA* ne donne de résultats probants qu'avec des échantillons supérieurs à 50 000 signes. A contrario, *FA*, *RFA* et *SA* ne s'améliorent que relativement peu en fonction de la taille des échantillons. Il est par ailleurs remarquable de constater que *FA*, *RFA* et *SA* sont capables de taux de reconnaissance supérieurs à 90% avec des échantillons de test très réduits : 1 000 signes ou 128 tokens ne représentent en effet qu'à peine une page imprimée.

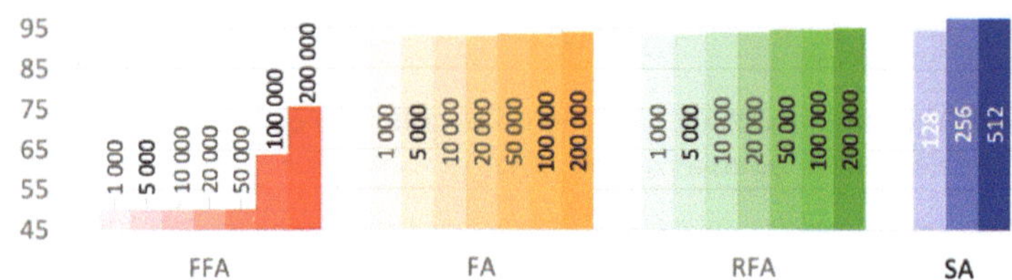

FIG. 2 – Taux de reconnaissance en fonction de la taille de l'échantillon lors du test utilisateur (en signes pour *FFA, FA et RFA*, en tokens pour *SA*).

Comparaison entre résultats traduits et originaux : L'un des éléments novateurs et riches en enseignements de cette étude est d'observer sur les matrices de confusion, Figure 3, que le taux de reconnaissance varie selon la méthode, mais aussi en fonction des classes.

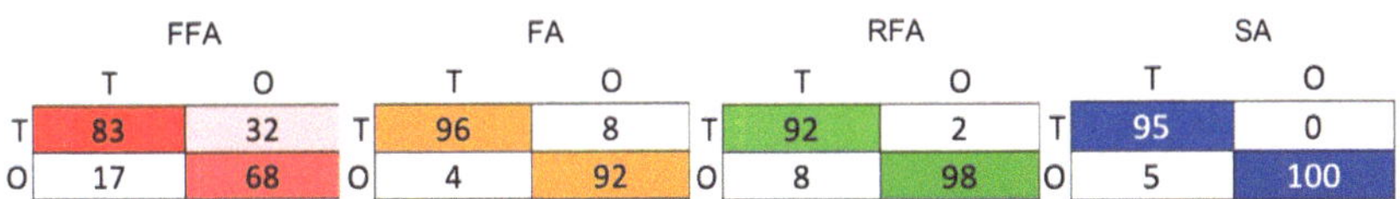

FIG. 3 – Matrices de confusion relatives aux 200 échantillons du test utilisateur.

En effet, si *FFA* et *FA* reconnaissent mieux les *TT*, *RFA* et *SA* sont, elles, meilleures pour la reconnaissance des *TO*. Nous ne pouvons ici que proposer des hypothèses, car il faudrait poursuivre davantage les analyses pour être catégoriques, mais il semble donc que les systèmes purement formels soient plus efficaces avec les *TT* alors que ceux ayant une approche plus sémantique identifient mieux les *TO*. *RFA* (basée sur *TF-IDF*), reconnaît 98% des originaux comme tels ; *SA* (basée sur *BERT*) catégorise 100% des originaux comme tels. L'une et l'autre sont moins performantes avec les *TT* puisque respectivement, elles considèrent 8 (*RFA*) et 5 (*SA*) *TT* comme des *TO*. Une hypothèse serait donc que l'identification des *TT* est plus liée au comptage des formes, alors que celle des *TO* serait plus attachée à la proximité des formes entre elles.

5   Conclusion

Toutes les méthodes proposées sont riches en enseignements. S'il n'est, pour l'instant, pas possible d'être définitif sur les conclusions à en tirer, notre analyse fait néanmoins apparaître plusieurs pistes.

Première découverte, la catégorisation est multifactorielle. La syntaxe, les caractéristiques lexicométriques, les fréquences, les proximités sémantiques sont autant d'indices pour la discrimination. Ceci explique sûrement en partie pourquoi le lecteur, fut-il expert, n'est pas en mesure d'expliquer son intuition.

Ce qui précède ne doit cependant pas oblitérer notre démarche, dans la mesure où les résultats sont extrêmement satisfaisants. Si le *deep learning* avec la méthode *SA* offre la meilleure catégorisation avec près de 97,5% d'élucidation, *FA* et *RFA* ne sont pas en reste avec environ 95%. Ces résultats sont d'autant plus impressionnants que, rappelons-le, les données textuelles traitées sont extrêmement variées (nous avons choisi de travailler sur tous types de romans sans choisir aucun genre qui aurait, à n'en pas douter, facilité l'analyse).

Autre apport de notre travail, l'efficacité des méthodes employées avec de petits échantillons. Il est en effet impressionnant de constater que si l'apprentissage nécessite des corpus conséquents, la classification requiert peu de texte. Notre chapitre sur l'influence du paramétrage montre que la taille des morceaux peut être extrêmement réduite (moins d'une page) sans entamer la qualité des résultats. En l'occurrence, cela fonctionne donc identiquement de la lecture humaine qui ne nécessite pas beaucoup de pages pour identifier la nature linguistique du texte.

Enfin, cette étude ouvre la voie à de nombreuses pistes de recherche que nous avons d'ores et déjà commencé à explorer. Sur le même modèle, en modifiant éventuellement les paramètres, il semble en effet possible d'étudier d'autres questions portant par exemple sur le genre du texte, sa datation, ou plus particulièrement sur l'auteur, son sexe, son âge, ses origines, etc. Cette étude ne représente donc qu'une première étape d'un plus vaste projet.

Remerciements   Qu'il nous soit permis de remercier ici Neguin Navidi et Luca Bresolin pour leur travail préparatoire.

Références

Aharoni, R., M. Koppel, et Y. Goldberg (2014). Automatic detection of machine translated text and translation quality estimation. In *Proceedings of the 52nd Annual Meeting of the Association for Computational Linguistics*, Baltimore, Maryland, pp. 289–295.

Bernard, M. et B. Bohet (2017). *Littérométrie : outils numériques pour l'analyse des textes littéraires*. Presses Sorbonne nouvelle.

Chiorrini, A., C. Diamantini, A. Mircoli, et D. Potena (2021). Emotion and sentiment analysis of tweets using bert. In *EDBT/ICDT Workshops*.

Devlin, J., M.-W. Chang, K. Lee, et K. Toutanova (2019). BERT : Pre-training of deep bidirectional transformers for language understanding. In *Proceedings of the 2019 Conference on Human Language Technologies*, Minneapolis, Minnesota, pp. 4171–4186.

Gasparetto, A., M. Marcuzzo, A. Zangari, et A. Albarelli (2022). A survey on text classification algorithms : From text to predictions. *Information 13*(2).

Marteau, H. et N. Vincent (2006). Un automate pour évaluer la nature des textes. *Revue des Nouvelles Technologies de l'Information EGC 2006, RNTI-E-6*, 259–270.

Popovic, M. (2020). On the differences between human translations. In *Proceedings of the 22nd Annual Conference of the European Association for Machine Translation*, Lisboa, Portugal, pp. 365–374. European Association for Machine Translation.

Rabinovich, E., S. Nisioi, N. Ordan, et S. Wintner (2016). On the similarities between native, non-native and translated texts. In *Proceedings of the 54th Annual Meeting of the Association for Computational Linguistics*, Berlin, Germany, pp. 1870–1881.

Shen, C., C. Sun, J. Wang, Y. Kang, S. Li, X. Liu, L. Si, M. Zhang, et G. Zhou (2018). Sentiment classification towards question-answering with hierarchical matching network. In *Proceedings of the Conference on Empirical Methods in NLP*, Brussels, pp. 3654–3663.

Sundermeyer, M., R. Schlüter, et H. Ney (2012). LSTM neural networks for language modeling. In *INTERSPEECH 2012, 13th Annual Conference of the International Speech Communication Association, Portland, Oregon, USA, September 9-13, 2012*, pp. 194–197. ISCA.

Summary

The objective of the work is twofold. On the one hand, the aim is to categorize french novels to make it possible for a user to determine whether they are original or translated, that is to say in the original language of the author or not. On the other hand, to compare and optimize the elaborated methods to achieve this goal. Here, the textual data we consider are voluminous and present variety in the themes and styles. The four implemented approaches – taking into account frequency, lexical, syntactic or semantic characteristics – rely on machine learning. The approach comparison considers the representation space as well as the parametrisation of the methods, the recognition rates (by classes or global) or the explainability.

Construction d'un corpus annoté en genre par apprentissage Zero-Shot.

Nicolas Béchet*, Rémy Kessler**, Gwen Icart***, Gudrun Ledegen***

* UNIV. BRETAGNE-SUD, UMR CNRS 6074 IRISA,
nicolas.bechet@irisa.fr
** UNIV. BRETAGNE -SUD ,
remy.kessler@univ-ubs.fr,,
*** UNIV. RENNES II, PREFICS
gwenicart@outlook.com
gudrun.ledegen@univ-rennes2.fr

Résumé. Afin de s'adapter au mieux au jeune public plus à l'aise avec les nouvelles technologies, une association a développé une application de webchat permettant à toute personne de partager ses angoisses. Plusieurs milliers de conversations anonymes ont ainsi été réunies et forment un corpus inédit de récits sur la détresse humaine, les violences sociales. Nous présentons dans cet article une méthodologie de production d'un modèle d'apprentissage permettant un étiquetage automatique en genre d'un corpus de texte en français. La méthode repose sur l'utilisation d'une combinaison d'un algorithme de classification Zero-Shot, d'une validation humaine et d'un apprentissage supervisé. Nous montrons que cette méthode permet de préannoter efficacement un corpus volumineux en présentant quelques résultats expérimentaux, validé par des experts.

1 Introduction

Depuis les années quatre-vingt-dix, la souffrance sociale est une thématique qui fait l'objet d'une grande attention de la part des pouvoirs publics ainsi que du milieu associatif. Parmi les conséquences, figure l'explosion des lieux d'écoute ou des dispositifs sociotechniques de communication dont les finalités consistent notamment à modérer les diverses formes de souffrance par la libération de la parole dans un but thérapeutique Fassin (2004, 2005). Une association de prévention du suicide a développé une application de webchat afin de répondre à ce besoin. Le webchat est un espace qui permet à toute personne d'exprimer et de partager avec un écoutant bénévole ses préoccupations, sa souffrance et ses angoisses. La principale spécificité de ce dispositif est son caractère non public et anonyme. Protégés par un pseudonyme, les appelants sont invités à confier auprès d'un bénévole les aspects problématiques de leur existence. Plusieurs milliers de conversations anonymes ont ainsi été réunies et forment un corpus inédit de récits sur la détresse humaine. Les travaux présentés dans ce papier s'inscrivent dans le cadre d'un projet de recherche lié à la prévention du suicide. Notre objectif dans ce projet est d'identifier différentes causes de souffrances parfois difficilement décelables, de caractériser ses modalités d'énonciation. Les premiers travaux réalisés ont notamment permis d'identifier automatiquement la cause de la souffrance des personnes (Kessler et al., 2019). Les travaux présentés dans ce papier visent à proposer une méthodologie permettant la production d'un corpus annoté en genre. L'annotation en genre de notre corpus s'inscrit dans un processus global d'analyse de discours en vue d'une meilleure compréhension des interactions et de leur déroulement. Après une présentation des travaux connexes du domaine, nous présentons plus en détail le corpus au travers de quelques statistiques et d'un exemple. Puis, nous détaillerons dans la section suivante l'approche proposée ainsi que les différents résultats obtenus.

2   Travaux connexes

Dans cette section, nous présenterons brièvement les travaux connexes sur l'apprentissage Zero-Shot. La classification par apprentissage en l'absence de données étiquetées est un problème difficile, et la réalisation des performances meilleures que le hasard nécessite généralement l'introduction de connaissances préalables. Depuis les plongements de mots pré-entraînés (Mikolov et al., 2013; Pennington et al., 2014) jusqu'aux représentations textualisées ((Matthew et al., 2018; Schuster et al., 2019), l'apprentissage par représentation non supervisée a cependant considérablement amélioré l'état de l'art en compréhension de la langue écrite.

En exploitant différents types de représentation, les méthodes d'apprentissage Zero-Shot actuelles peuvent être réparties en deux groupes principaux (Li et al., 2015). Le premier, basé sur les caractéristiques, exploite les attributs partagés entre les catégories de classe (Madapana et Wachs, 2017; Wu et al., 2014), afin de fournir une représentation intermédiaire des étiquettes. Par exemple, des caractéristiques telles que "blanc", "quatre jambes" et "a une queue" peuvent être partagées entre des catégories d'animaux et peuvent fournir une caractéristique significative pour chaque étiquette de classe. Le principal inconvénient de cette approche est qu'elle nécessite une tâche fastidieuse d'annotation manuelle pour les associations classe-caractéristiques. Le second groupe, les méthodes textuelles (Elhoseiny et al., 2013; Rohrbach et al., 2011), extrait une représentation vectorielle intermédiaire à partir de grands corpus textuels tels que WordNet et Wikipédia. L'application de techniques de traitement de la langue afin d'extraire des attributs de manière automatique permet ainsi de considérablement réduire les besoins en annotations manuels. Par exemple, (Elhoseiny et al., 2013; Frome et al., 2013) s'appuient sur des données textuelles issues de l'encyclopédie Wikipédia pour apprendre les relations sémantiques entre étiquettes. (Elhoseiny et al., 2013) utilise la hiérarchie sémantique interne de WordNet pour extraire les caractéristiques de chaque catégorie. Cependant, ces représentations d'étiquettes textuelles sont construites indépendamment de l'entraînement des classificateurs et ne sont pas donc pas optimisées pour une tâche précise.

L'approche par "prompt based learning" issue des agents conversationnels (Madotto et al., 2021) permet d'effectuer un apprentissage avec peu d'exemples, mais nécessiterait de prendre en compte les conversations des écoutants, ce qui n'a pas été le cas dans notre analyse. Proche de notre tâche, la classification en âge et en genre est une tâche récurrente de PAN depuis 2013 afin d'améliorer la détection de style d'auteurs. (Modaresi et al., 2016) propose ainsi l'extraction de certaines caractéristiques stylistiques et lexicales pour la formation d'un modèle de régression logistique.

Nos travaux sont proches des approches classiques à base d'apprentissage Zero-Shot puisque nous utilisons des données d'entraînements issues de larges corpus pour prédire une étiquette et, de manière similaire à (Elhoseiny et al., 2013), nous utilisons uniquement l'information textuelle comme représentation intermédiaire. L'originalité de ces travaux réside dans le domaine d'application de ces méthodes sur des textes courts, issus de webchat ainsi que dans l'utilisation de l'apprentissage Zero-Shot pour pré-étiqueter un corpus, qui sera ensuite vérifié manuellement. Sans cette étape, l'étiquetage manuel aurait été bien plus chronophage. L'objectif final restant la production d'un modèle d'apprentissage supervisé.

3   Données et statistiques

L'association a fourni à l'équipe de recherche un corpus de conversations entretenues entre les bénévoles et des appelants entre 2005 et 2015. La figure 1 présente un extrait anonymisé de conversation issue de ce corpus. Une des caractéristiques de ce corpus est la présence de phénomènes linguistiques bien particuliers comme des émoticônes, des apocopes (par exemple « ado », « télé », « bi ») des acronymes, des variations (orthographiques, typographiques, mots collés, d'une très grande morphovariabilité). Ces phénomènes doivent leur origine au mode de communication, à la rapidité de composition du message ou aux contraintes technologiques de saisie imposées par le matériel (terminal mobile, tablette, etc.). Le corpus contient 28 422 conversations avec une moyenne de 698 mots par conversation, pour un total de 2 276 973 mots dont 158 361 mots différents.

...

Appelant(12 :06 :36) : J'espère arrivé à m'en sortir un jour . .
Chat-Accueil(12 :06 :59) : je n'arrive pas à savoir si vous êtes un garçon ou une fille
Appelant(12 :06 :59) : Une fille
Appelant(12 :07 :11) : avec un caractére de garçon
Chat-Accueil(12 :07 :37) : oui c'est ce que je pensais.. avec de l'humour en tous cas !

...

FIG. 1 – *Extrait d'une discussion issue du corpus SADSui.*

4   Méthodologie

Principe général de l'approche   Le principe général de l'approche est présenté dans la figure 2. La première étape consiste à extraire une graine de 300 conversations qui seront annotées manuellement. Ces dernières vont alors permettre de sélectionner un modèle de classification Zero-Shot. Avec ce modèle, un corpus de 2 396 conversations vont être annotées et vérifiées par des annotateurs humains. Finalement, une étape de classification supervisée est réalisée dans le but d'étiqueter un corpus de 28 422 conversations en genre.

Étiquetage de la graine   La première étape est la production d'une graine d'apprentissage de 300 conversations qui ont été étiquetées manuellement en genre. Cet étiquetage a permis d'identifier une liste de structures réunissant les contextes d'identification de genre dans la prise de parole des appelants. Les contextes qui nous apparaissent comme indiquant clairement le genre de la personne qui appelle sont des qualificatifs (adjectifs, noms) dont la forme

Construction d'un corpus annoté en genre par apprentissage Zero-Shot.

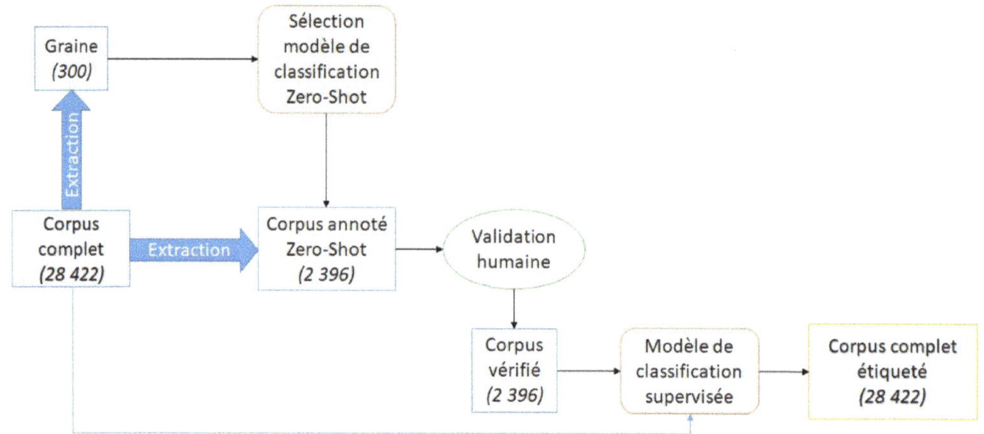

FIG. 2 – *Visualisation de l'approche*

féminine est audible. Blanche-Benveniste (2010) rappelle en effet qu'environ 65% des adjectifs en français ne présentent pas de variation audible et que la morphologie soustractive ('il consiste à former le masculin en soustrayant la consonne finale de la forme longue qui se trouve dans le féminin et dans la base dérivationnelle : blonde / blond') est le "procédé morphologique actuellement le plus important" pour les adjectifs et participes passés en français. Les mêmes observations sont valables pour les formes masculines. Les formes d'adjectifs au féminin qui ne s'entendent pas (énervée, tendue ...) varient souvent fortement en orthographe dans le corpus chat (Lucci et Millet, 1994) et nous les considérons comme des indices fiables uniquement en cas de répétition (a minima 3 / conversation) et en l'absence de variation (masculin et féminin). Une étiquette 'inconnue' est choisie lorsqu'il n'y a pas assez d'éléments pour déterminer le genre ou à l'inverse qu'il existe plusieurs marqueurs contradictoires.

Algorithme de classification Zero-Shot   Une fois la graine constituée, nous avons testé différentes méthodes afin de permettre une annotation complète du corpus. La taille de la graine n'étant que de 300 documents, nous n'avons pas été en mesure de produire des résultats intéressants avec une approche classique d'apprentissage supervisé. Ainsi, nous avons exploré les algorithmes de *Zero-Shot Learning*. Ces méthodes ont la particularité de ne nécessiter aucune donnée d'apprentissage et fournissent des résultats de relativement bonne qualité sur des tâches de classification de données textuelles. Le modèle retenu pour la production du corpus annoté en genre est *xlm-roberta-large-xnli* qui a été affiné (fine-tuned) à partir du modèle de connaissance *xlm-roberta-large* (Conneau et al., 2020) sur une tâche d'inférence de langage naturel (NLI) à partir de deux jeux de données XNLI (Conneau et al., 2018) qui comporte 15 langues dont le français. XLNI est un sous-ensemble du jeu de données en anglais MultiNLI[1] (Williams et al., 2018) que les auteurs ont traduit en 14 autres langues, produisant ainsi une ressource permettant l'entraînement multilingue de modèle d'inférence de langage naturel. La particularité de ces jeux de données est de reposer sur la notion de prémisse et d'hypothèse.

---

1. Multi-Genre Natural Language Inference

Dès lors, l'utilisation de ce modèle pour une tâche de classification repose sur le même principe avec un modèle d'hypothèse à fournir en entrée ainsi qu'une liste d'étiquettes candidates. L'hypothèse contient un masque que le modèle remplacera par les différentes étiquettes fournies. Le tableau 1 présente une partie des hypothèses utilisées dans le cadre de ces travaux. Finalement, le modèle fournira en sortie une probabilité d'appartenance pour chaque étiquette.

Id	Hypothèse	Etiquettes
1	Je suis plutôt { }.	une femme, un homme
2	Cet article est écrit par une personne de sexe { }.	masculin, féminin, inconnu
3	Je suis { }.	une femme, un homme, un inconnu
4	Je suis { }.	une femme, un homme, une fille, un garçon, un inconnu

TAB. 1 – *Extraits des hypothèses utilisées par le modèle de classification*

Généralisation par apprentissage   La dernière étape de notre méthodologie est, une fois les données annotées en genre par l'algorithme de Zero-Shot et validées par un annotateur humain, de construire un modèle d'apprentissage supervisé permettant la prédiction du genre de la personne ayant rédigé le texte de la conversation. Ce modèle sera finalement évalué et utilisé pour produire un corpus de 28 422 conversations annotées en genre.

5   Expériences

Résultats de l'apprentissage Zero-Shot sur la graine   Nous présentons dans cette section les résultats obtenus sur la graine annotée manuellement qui nous ont permis de sélectionner le meilleur modèle pour la première étape d'annotation. Différents couples (hypothèse, étiquettes) pour l'algorithme de classification Zero-Shot *xlm-roberta-large-xnli* ont été testés comme précisé en section 4. Seuls les meilleurs sont présentés, à savoir ceux obtenus avec le couple numéro 4 du tableau 1. Cette combinaison (hypothèse, étiquettes) comporte cinq étiquettes qui ont été ramenées à 3, une fois l'étiquette prédite, selon les règles suivantes : "*une fille*" devient "*une femme*" ; "*un garçon*" devient "*un homme*". Ces résultats sont de relative-

(genre)	Précision	Rappel	F-score	Support
un inconnu	0.783	0.938	0.854	146
un homme	0.857	0.566	0.682	53
une femme	0.867	0.772	0.817	101
Macro moyenne	0.836	0.759	0.784	300

TAB. 2 – *Résultats obtenus sur la détection de genre avec le couple numéro 4*

ment bonne qualité, en sachant que le modèle n'a jamais été entraîné spécifiquement sur la tâche de prédiction de genre.

Résultats de l'apprentissage supervisé   Une fois la combinaison (hypothèse, étiquettes) du modèle de Zero-Shot sélectionnée, nous l'avons utilisé pour étiqueter une partie plus conséquente du jeu de données ce qui a permis d'obtenir un corpus de 2 396 conversations étiqueté automatiquement. Ces annotations ont alors été vérifiées manuellement ce qui a permis la production d'un corpus de qualité étiqueté en genre de 2 396 conversations. Dès lors, la seconde étape de notre méthodologie consiste à entraîner des modèles d'apprentissage supervisé à partir de ce corpus et d'en vérifier la qualité. Deux modèles d'apprentissage ont été utilisés : un SVM linéaire avec apprentissage par descente de gradient stochastique - SGD (Zhang, 2004) et l'algorithme CamemBERT (Martin et al., 2020), un modèle RoBERTa affiné sur la langue française. Pour vérifier la qualité des modèles produits, nous avons pour SGD divisé aléatoirement [2] le corpus en données d'apprentissage [3] et test avec une répartition de 80-20 et pour CamemBERT en données d'apprentissage, de validation et de test avec une répartition de 60-20-20. Ainsi, le jeu de test comporte 480 conversations. Nous utiliserons comme *baseline* les résultats qui ont été obtenus avec le modèle Zero-Shot *xlm-roberta-large-xnli*. Les macro-moyennes et le taux d'erreur sont présentés dans le tableau 3.

(macro-moyenne)	Précision	Rappel	F-score	Tx Erreur
Baseline	0,806	0,758	0,773	0,194
SGD	0,799	0,759	0,774	0,181
CamemBERT	**0,882**	**0,885**	**0,883**	**0,104**

TAB. 3 – *Macro-moyennes des précisions, rappels et f-scores et taux d'erreur obtenus à partir de l'apprentissage du nouveau corpus*

Ces résultats montrent que l'apprentissage avec CamemBERT produit des résultats de bien meilleure qualité que ceux obtenus avec la baseline (xlm-roberta-large-xnli). Cependant, comme le montre le tableau 4, les résultats obtenus sur le genre "homme" sont encore perfectibles et ne semblent pas encore utilisables sans validation humaine. Nous émettons l'hypothèse que la faible représentativité de la classe dans le corpus d'apprentissage peut en partie expliquer les difficultés rencontrées sur le genre "homme" [4].

(genre "homme")	Précision	Rappel	F-score
Baseline	0,768	0,606	0,677
SGD	0,736	0,549	0,629
CamemBERT	**0,833**	**0,845**	**0,839**

TAB. 4 – *Précisions, rappels et f-scores obtenus pour le genre "Homme"*

6 Conclusion

Nous avons présenté dans cet article une méthodologie permettant la production d'un corpus en français annoté en genre. Notre démarche a l'originalité d'utiliser dans une première étape un algorithme de classification Zero-Shot permettant, avec l'appui d'une validation humaine, la construction d'un corpus d'apprentissage. Dès lors, un modèle d'apprentissage su-

---

2. nous avons effectué un découpage stratifié
3. dont 10% sont utilisés pour la validation dans l'implémetation de l'algorithme
4. L'association qui nous a fourni le corpus nous a indiqué que près de trois quarts de leur public est féminin, ce qui explique cette faible représentativité

pervisé est utilisé afin d'étiqueter en genre l'ensemble des 28 422 conversations. Nos expérimentations ont montré que le modèle était d'une qualité acceptable avec un taux d'erreur d'un peu plus de 10%. Ainsi, nous envisageons comme futurs travaux de l'étudier plus en profondeur afin d'identifier les causes des erreurs. Par ailleurs, une méthode à base d'apprentissage actif sera aussi étudiée afin de produire un oracle efficace permettant un choix optimum de nouveaux exemples à étiqueter.

Références

Blanche-Benveniste, C. (2010). Le français. Usages de la langue parlée. *Leuven-Paris. Peeters 1*(1), pp. 104–106.

Conneau, A., K. Khandelwal, N. Goyal, V. Chaudhary, G. Wenzek, F. Guzmán, E. Grave, M. Ott, L. Zettlemoyer, et V. Stoyanov (2020). Unsupervised cross-lingual representation learning at scale.

Conneau, A., R. Rinott, G. Lample, A. Williams, S. R. Bowman, H. Schwenk, et V. Stoyanov (2018). Xnli : Evaluating cross-lingual sentence representations. In *Proceedings of the 2018 Conference on Empirical Methods in Natural Language Processing*. Association for Computational Linguistics.

Elhoseiny, M., B. Saleh, et A. M. Elgammal (2013). Write a classifier : Zero-shot learning using purely textual descriptions. In *ICCV 2013, Sydney, Australia, December 1-8, 2013*, pp. 2584–2591.

Fassin, D. (2004). Et la souffrance devint sociale. In *Critique, 680(1)*, pp. 16–29. Critique.

Fassin, D. (2005). Souffrir par le social, gouverner par l'écoute. In *Politix,73(1)*, pp. 137–157.

Frome, A., G. S. Corrado, J. Shlens, S. Bengio, J. Dean, M. A. Ranzato, et T. Mikolov (2013). Devise : A deep visual-semantic embedding model. In *Advances in Neural Information Processing Systems*, Volume 26. Curran Associates, Inc.

Kessler, R., N. Béchet, G. Ledegen, et F. Pugnière-Saavedra (2019). Word embedding approach to explore a collection of discussions of people in psychological distress. *Proceedings of DDP 2019, London, United Kingdom 1*(1), pp 18–21.

Li, X., Y. Guo, et D. Schuurmans (2015). Semi-supervised zero-shot classification with label representation learning. In *2015 IEEE International Conference on Computer Vision (ICCV)*, pp. 4211–4219.

Lucci, V. et A. Millet (1994). L'orthographe de tous les jours. Enquête sur les pratiques orthographiques des Français. *Paris, Champion. 1*(1), pp. 126–129.

Madapana, N. et J. Wachs (2017). Zsgl : Zero shot gestural learning. In *ICMI*, New York, NY, USA, pp. 331–335. Association for Computing Machinery.

Madotto, A., Z. Lin, G. I. Winata, et P. Fung (2021). Few-shot bot : Prompt-based learning for dialogue systems.

Martin, L., B. Muller, P. J. Ortiz Suárez, Y. Dupont, L. Romary, É. V. de la Clergerie, D. Seddah, et B. Sagot (2020). Camembert : a tasty french language model. In *ACL*.

Matthew, P., N. Mark, I. Mohit, G. Matt, C. Christopher, L. Kenton, et Z. Luke (2018). Deep contextualized word representations. In *Proceedings of NAACL2018*, USA, pp. 2227–2237.

Mikolov, T., I. Sutskever, K. Chen, G. Corrado, et J. Dean (2013). Distributed representations of words and phrases and their compositionality. In *Proceedings of NIPS'13*, USA, pp. 3111–3119. Curran Associates Inc.

Modaresi, P., M. Liebeck, et S. Conrad (2016). Exploring the Effects of Cross-Genre Machine Learning for Author Profiling in PAN 2016. In *CLEF 2016*, Workshop Proceedings.

Pennington, J., R. Socher, et C. Manning (2014). Glove : Global vectors for word representation. In *Proceedings of EMNLP2014*, Qatar, pp. 1532–1543.

Rohrbach, M., M. Stark, et B. Schiele (2011). Evaluating knowledge transfer and zero-shot learning in a large-scale setting. In *Proceedings of the 2011 IEEE Conference on Computer Vision and Pattern Recognition*, CVPR '11, USA, pp. 1641–1648. IEEE Computer Society.

Schuster, T., O. Ram, R. Barzilay, et A. Globerson (2019). Cross-lingual alignment of contextual word embeddings, with applications to zero-shot dependency parsing. In *Proceedings of the 2019 Conference of the North American Chapter of the ACL : Human Language Technologies, Volume 1 (Long and Short Papers)*, Minneapolis, Minnesota, pp. 1599–1613.

Williams, A., N. Nangia, et S. Bowman (2018). A broad-coverage challenge corpus for sentence understanding through inference. In *Proceedings of the 2018 Conference of the North American Chapter of the ACL : Human Language Technologies, Volume 1 (Long Papers)*, pp. 1112–1122.

Wu, S., S. Bondugula, F. Luisier, X. Zhuang, et P. Natarajan (2014). Zero-shot event detection using multi-modal fusion of weakly supervised concepts. In *CVPR'14*, Columbus, OH, pp. 2665–2672.

Zhang, T. (2004). Solving large scale linear prediction problems using stochastic gradient descent algorithms. In *Proceedings of ICML*, New York, NY, USA, pp. 116. Association for Computing Machinery.

Summary

In order to best adapt to new technologies, an association has developed a webchat application allowing anyone to express and share their anxieties. Several thousand anonymous conversations have then been brought together and form an unprecedented corpus of stories about human distress and social violence. We present in this paper a methodology to produce a learning model that allows an automatic gender labeling of a corpus of texts in French. The method is based on a combination of a Zero-Shot classification algorithm, human validation, and supervised learning. This method allows us to effectively pre-annotate a large corpus by presenting some experimental results so that an expert can finally more easily validate the annotation produced.

Etude approfondie des représentations de données textuelles dans l'apprentissage non supervisé

Mira Ait-Saada[*,**], Mohamed Nadif[*]

[*]Centre Borelli UMR9010, Université Paris Cité, 75006 Paris
[**]Caisse des Dépôts et Consignations, Datalab, 75013, Paris

Résumé. Les plongements de textes ont récemment suscité un grand intérêt dans plusieurs tâches telles que la classification de textes/documents et la réponse aux questions. Cependant, bien que de nombreux défis soient rencontrés dans le domaine de l'apprentissage non supervisé, on en sait beaucoup moins sur la pertinence de ces différents plongements lorsqu'on dispose d'un ensemble de documents non labellisés. Dans cet article, nous étudions l'utilisation de telles représentations sur des tâches non supervisées : le *clustering* de documents et la visualisation. Ainsi, pour répondre à l'objectif de *clustering*, nous proposons d'utiliser une *approche tandem* combinant des techniques de réduction de dimension et de *clustering*. Nous montrons d'abord l'avantage de s'appuyer sur le sous-espace obtenu par *Uniform Manifold Approximation and Projection* (UMAP) pour le *clustering* plutôt que d'utiliser la réduction de dimension basée sur l'Analyse en composantes principales (ACP), plus souvent utilisée. Ensuite, à travers des expériences réalisées sur des jeux de données réels, nous montrons l'efficacité de l'approche tandem proposée sur des modèles pré-entraînés par rapport aux stratégies de ré-entraînement proposées dans la littérature.

1   Introduction

Pour des besoins de labellisations de données de plus en plus massives, l'apprentissage non supervisé redevient un des principaux challenges de la science des données. De ce fait le *clustering* et la visualisation, par exemple, peuvent être très utiles pour créer de la valeur à partir des données non labellisées et ce notamment dans le contexte de données textuelles. Actuellement, un large éventail de représentations de données textuelles est proposé aux praticiens parmi lesquelles les sacs de mots sparses ou *Bag-Of-Words* (BOW) ainsi que les sacs de mots denses tels que Word2vec (Mikolov et al., 2013) et GloVe (Pennington et al., 2014) également appelés plongements de mots statiques. Plus récemment, Les représentations de textes/documents fournies par les Modèles de Langue Pré-entraînés basés sur les Transformeurs (MLPT) comme BERT (Devlin et al., 2019) et RoBERTa (Liu et al., 2019) qui produisent de différentes manières des représentations mot par mot pour représenter un document.

Malgré la multiplication des méthodes de plongement, il n'y a pas de réponse claire quant aux performances attendues dans un contexte non supervisé, où aucun label n'est disponible. En particulier, les plongements basés sur les Transformeurs suscitent de plus en plus d'intérêt,

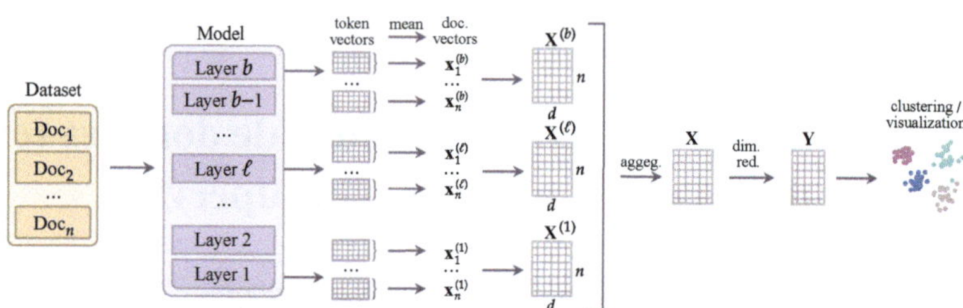

F**IG**. 1 – Approche Tandem avec un modèle Transformeur pour le *clustering* et la visualisation.

obtenant de très bon résultats dans de nombreuses tâches de traitement automatique des langues (TAL) telles que la réponse aux questions et la Similarité Textuelle Sémantique (STS), mais sont beaucoup moins présents dans le domaine non supervisé.

Par ailleurs, il a été montré dans (Reimers et Gurevych, 2019) que les performances obtenues par BERT sur la version non supervisée de la STS (N-STS) sont moins bonnes que celles obtenues par GloVe, mais l'étude s'est concentrée uniquement sur la dernière couche de BERT et sans aucun post-traitement alors qu'il a été démontré que c'est loin d'être la meilleure stratégie pour tirer pleinement profit des MLPT (Li et al., 2020 ; Ait-Saada et al., 2021). Dans nos expérimentations, nous étendons l'analyse à l'ensemble des représentations fournies par un modèle Transformeur multi-couches et pas seulement celle fournie par la dernière couche.

Pour améliorer la qualité des MLPT, plusieurs stratégies de réentraînement sont proposées dans la littérature comme celle proposée par Reimers et Gurevych (2019), qui réentraînent un MLPT siamois sur les tâches NLI et STS, améliorant ainsi les performances obtenues par la dernière couche de BERT et de RoBERTa sur la tâche de N-STS. Cette approche est censée être bien adaptée à des tâches non supervisées, y compris le *clustering*, mais n'a pas été évaluée sur ce dernier. DvBERT (Cheng, 2021) est également réentraîné sur une tâche supervisée basée sur les intéractions entre les mots. D'autre part, plusieurs approches non supervisées sont proposées (Carlsson et al., 2021 ; Gao et al., 2021 ; Zhang et al., 2020 ; Liu et al., 2021 ; Yan et al., 2021), toutes basées sur des objectifs auto-supervisés et ne nécessitant aucune donnée labellisée. Toutes les approches susmentionnées ont été exclusivement évaluées sur la tâche N-STS et on ne sait pas, à ce jour, si elles sont bien adaptées pour le *clustering*.

Une autre façon d'améliorer les résultats obtenus par ces représentations est de s'appuyer sur des techniques de post-traitement appliquées aux vecteurs en sortie. Ces approches utilisent principalement la réduction de la dimensionnalité (RD) basée sur l'ACP, qui s'est avérée suffisamment efficace pour capturer les informations sémantiques tout en réduisant les dimensions. Dans le cas des plongements statiques, une approche basée sur l'ACP proposée dans (Raunak et al., 2019) est utilisée pour réduire de moitié les dimensions sans altérer les performances. En ce qui concerne les MLPT, la RD basée sur l'ACP avec une étape de *whitening* (cf. Section 2) a été évaluée dans (Su et al., 2021) pour la N-STS et dans (Ait-Saada et al., 2021) pour le *clustering* où elle a montré une amélioration significative des performances.

Dans cet article, nous menons une étude entièrement non supervisée pour déterminer laquelle de ces représentations est la plus appropriée pour effectuer le *clustering* de documents. Chacune d'elles est évaluée après avoir effectué un post-traitement à l'aide de techniques de *réduction de dimension* (RD) telles que l'ACP et UMAP (McInnes et al., 2018). Cette approche *tandem* permet de distiller l'information fournie par des représentations issues de modèles pré-entraînés, obtenant ainsi une amélioration surprenante des résultats ainsi qu'une réduction drastique des dimensions. Notons qu'à ce jour, ce sujet n'a pas encore été abordé en profondeur dans le contexte des représentations textuelles.

Les principales contributions de cet article sont les suivantes :

— Nous abordons la question du choix de la bonne représentation pour effectuer un *clustering* et une visualisation efficaces. Une étude comparative est réalisée pour évaluer les performances des modèles pré-entraînés et ré-entraînés ainsi que des représentations statiques.

— Nous évaluons différentes techniques de post-traitement basées sur la RD, dans le cadre d'une approche de *clustering* tandem, montrant qu'on peut faire mieux que les approches précédemment proposées, à la fois en termes de *clustering* et de visualisation 2D.

2 Approche Tandem

Étant donné un corpus $\mathcal{D}$ de n documents, plusieurs façons de le représenter sont possibles. Dans le cas d'un modèle Transformeur à b couches, on se retrouve avec b matrices de données $\mathbf{X}_\ell$, $\ell \in 1, \ldots, b$ (cf. Figure 1), à partir desquelles nous dérivons une matrice unique $\mathbf{X}$ en combinant un certain nombre de couches. Dans notre étude, nous évaluons les vecteurs en sortie de la dernière couche (« last ») comme dans (Reimers et Gurevych, 2019; Cheng, 2021; Carlsson et al., 2021), la combinaison (moyenne) des deux dernières couches (« last-2 ») comme dans (Li et al., 2020; Yan et al., 2021) ainsi que la combinaison de toutes les couches (« all ») comme suggéré dans (Ait-Saada et al., 2021). Dans cette étude, nous écartons l'utilisation du *token* [CLS] qui est encore utilisé dans certaines approches de plongement de phrases (Gao et al., 2021; Liu et al., 2021) que nous n'utilisons pas dans cette étude.

L'approche tandem consiste à combiner la RD et le *clustering* comme le montre la Figure 1. Dans ce cas, la RD est considérée comme une étape de post-traitement et vise à compresser $\mathbf{X}$ et à améliorer la qualité du *clustering*. Étant donné une matrice $\mathbf{X}_{(n \times d)}$, nous appelons sa version réduite $\mathbf{Y}_{(n \times d')}$, $d' \ll d$. Pour respecter le contexte non supervisé de l'étude et faire une comparaison équitable entre les techniques de RD, nous prenons $d' = 10$. En outre, les techniques de RD sont également couramment utilisées pour la visualisation avec $d' = 2$ où $\mathbf{Y}$ peut être visualisé sur un plan 2D.

Dans les travaux précédents, le post-traitement des plongements a généralement été effectué en se basant sur l'ACP (Raunak et al., 2019; Ait-Saada et al., 2021; Su et al., 2021). On définit la représentation réduite de $\mathbf{X}$ classiquement dérivée par l'ACP comme les projections $\mathbf{Y} = \mathbf{XQ}$, où $\mathbf{Q}$ est composé des d' premiers vecteurs propres de $\mathbf{X}^T\mathbf{X}$. Dans cet article, nous évaluons l'impact de l'opération de *whitening* qui a prouvé son efficacité sur les plongements Transformeur (Su et al., 2021; Ait-Saada et al., 2021) mais n'a pas été comparée à d'autres approches de RD. L'opération de *whitening* consiste à utiliser $\mathbf{Y} = \mathbf{XQ}/\sqrt{\Delta}$ au lieu de $\mathbf{XQ}$, Δ contenant les d' premières valeurs propres de $\mathbf{X}^T\mathbf{X}$. Nous notons l'ACP classique par « PCA » et la version avec *whitening* par « PCA$_w$ ».

Une autre façon de réduire la dimension utilisée dans cet article est UMAP, qui est une technique de RD non-linéaire visant à construire un graphe qui se rapproche de la structure des données dans l'espace d'origine, suivi d'une projection dans un espace de dimension réduite. Dans le cas du post-processing des vecteurs avec $d' > 2$, avons préféré utiliser UMAP au lieu de t-SNE en raison des restrictions de calcul de t-SNE qui la rendent inadaptée lorsque $d' > 3$, ce qui en fait une méthode principalement utilisée pour la visualisation. Une autre différence notable est que UMAP permet un meilleur équilibre entre les structures locales et globales. En particulier, UMAP préserve efficacement la structure globale grâce à son approximation topologique basée sur des hypothèses inspirées de la géométrie Reimannienne.

3 Etude expérimentale

Dans cette étude, 6 modèles sont utilisés : BERT et RoBERTa, SBERT et SRoBERTa (Reimers et Gurevych, 2019), ainsi que SBERT-CT et SRoBERTa-CT (Carlsson et al., 2021), réentraînés sur une fonction objectif non supervisée appelée *Contrastive Tension*. On utilise les versions larges avec $b = 24$ et $d = 1024$. Ces modèles sont comparés à plusieurs références : BOW pondéré avec TFIDF ainsi que Word2vec et GloVe avec $d = 300$. Les expériences de *clustering* sont réalisées en utilisant l'algorithme k-means, à l'exception du BOW pour lequel Spherical k-means (Dhillon et Modha, 2001) est préféré, conduisant à des résultats significativement meilleurs. Nous effectuons un *clustering* sur 30 initialisations et gardons celle qui fournit la valeur la plus élevée d'inertie intra-classes. Afin d'évaluer la qualité des résultats de *clustering*, nous nous appuyons sur l'information mutuelle normalisée (NMI) (Strehl et Ghosh, 2002) qui est une mesure externe souvent utilisée pour évaluer des résultats de *clustering*.

Jeux de données Les données utilisées sont décrites dans la Table 1. Nous utilisons classic3 et classic4 de l'Université de Cornell, BBC news de Greene et Cunningham (2006) et des extraits aléatoires de DBPedia (Lehmann et al., 2015) et AG-news (Zhang et al., 2015) de taille 12,000 et 8,000 respectivement.

	classic3	classic4	BBC	DBPedia	AG-news
Taille	3,891	7,095	2,225	12,000	8,000
Classes / Équilibre	3 / 0.71	4 / 0.32	5 / 0.76	14 / 0.92	4 / 0.97

TAB. 1 – Description des *datasets*. Équilibre = ratio entre la plus petite et la plus grande classe.

3.1 Clustering de documents

La Table 2 montre les performances obtenues en utilisant l'approche tandem avec différentes représentations. On peut observer ce qui suit :

— Le modèle BOW montre ses limites face à Word2vec et GloVe quand UMAP est utilisé. Word2vec et GloVe affichent même des résultats compétitifs par rapport aux Transformeurs sauf dans le cas de DBpedia et AG-news pour lesquels les classes sont mal séparées.

— L'approche basée sur UMAP avec le modèle RoBERTa semble être le choix le plus judicieux pour le clustering avec toutes les stratégies (last, last2, all). Il affiche de meilleures performances par rapport à BERT, avec et sans réentraînement.

— L'utilisation de seulement quelques composants de l'ACP ne modifie pas considérablement les résultats et améliore même la qualité du regroupement lorsque le *whitening* est utilisé (PCA_w), bien que cela reste en dessous de l'utilisation d'UMAP.

— Ni les approches supervisées (Reimers et Gurevych, 2019) ni les approches non supervisées (Carlsson et al., 2021) n'apportent d'amélioration au *clustering* et sont même surpassées par les modèles pré-entraînés. Par exemple, si on examine la dernière couche, comme le

Représentation		classic3				classic4				BBC				DBPedia				AG-news			
		orig.	pca	pca_w	umap	orig.	pca	pca_w	umap	orig.	pca	pca_w	umap	orig.	pca	pca_w	umap	orig.	pca	pca_w	umap
Bag-Of-Words		95.2				68.9				81.0				71.4				48.7			
Word2vec		86.7	86.5	91.1	96.2	22.8	22.8	45.9	75.0	79.6	79.1	81.8	88.4	66.8	61.4	60.6	71.7	55.7	54.6	46.9	59.5
GloVe		88.7	88.3	89.6	96.2	54.7	54.2	65.1	73.2	73.8	72.7	79.4	87.8	72.5	63.7	63.0	74.9	52.9	52.4	50.5	55.9
BERT	last	93.3	93.1	94.8	97.1	20.3	20.1	55.1	72.8	76.7	75.6	66.9	77.9	53.3	45.1	43.7	55.8	0.2	0.2	0.2	19.6
	last2	93.3	92.8	95.0	95.7	55.2	55.0	57.3	73.2	77.0	76.2	64.1	77.3	47.4	44.3	44.6	55.6	18.1	17.7	21.0	19.1
	all	90.0	89.9	94.8	96.4	68.0	67.7	71.2	74.4	78.5	76.3	79.7	86.7	67.7	62.0	61.3	71.8	48.5	43.6	47.4	55.6
SBERT	last	87.3	86.9	88.8	93.5	60.7	59.9	62.6	67.7	79.7	72.4	79.7	81.0	37.5	27.2	26.9	39.7	19.8	18.6	24.9	38.8
	last2	88.7	87.7	89.7	94.1	60.4	59.7	62.8	67.6	78.8	75.6	81.4	81.6	43.5	30.1	30.2	40.2	26.9	24.9	27.0	38.7
	all	89.5	89.0	90.8	95.1	46.2	45.8	66.3	61.8	69.4	68.2	67.3	82.7	50.5	49.2	54.9	54.4	35.5	34.1	33.6	41.8
SBERT-CT	last	91.2	90.4	93.2	96.1	66.1	65.0	67.0	68.3	80.7	76.9	80.7	81.4	51.7	37.8	40.0	56.6	41.5	39.8	42.3	53.3
	last2	90.7	90.4	93.0	95.9	66.4	65.9	67.9	69.9	82.1	79.3	84.5	82.3	62.9	41.6	43.3	60.2	43.9	43.4	44.9	53.3
	all	88.7	88.3	90.8	94.9	64.3	63.9	67.5	71.7	74.8	74.2	74.9	83.6	62.9	54.5	57.3	71.4	51.2	49.8	50.6	57.3
RoBERTa	last	91.5	90.8	95.9	98.3	71.9	71.1	72.2	75.1	87.5	86.3	78.0	90.7	68.3	57.3	59.9	68.5	50.0	46.6	51.8	50.9
	last2	89.0	89.1	95.8	98.0	55.7	55.3	71.9	74.9	87.0	85.0	89.1	89.7	71.7	63.0	64.0	68.0	53.7	50.8	56.3	55.2
	all	86.4	86.1	92.8	95.6	51.0	50.5	69.5	73.7	74.1	73.5	83.8	89.2	69.6	60.5	64.3	71.4	51.3	49.8	56.6	53.3
SRoBERTa	last	84.8	83.6	86.7	91.0	63.3	60.7	62.1	65.7	57.1	55.7	63.4	72.1	62.2	40.7	37.6	66.0	33.6	30.6	36.9	51.4
	last2	84.6	84.2	87.9	91.7	63.8	62.1	64.5	65.5	56.3	56.6	63.6	72.2	65.5	49.0	46.6	69.2	34.3	33.0	42.1	52.0
	all	86.1	85.9	90.1	95.1	64.5	64.2	66.9	71.7	70.0	68.9	75.3	83.3	67.0	61.5	60.8	68.9	55.2	53.8	57.9	52.5
SRoBERTa-CT	last	90.4	90.3	94.4	97.1	67.3	66.9	69.1	70.6	83.7	81.9	84.1	83.8	68.7	57.3	55.1	63.8	40.3	37.5	48.6	55.4
	last2	90.9	90.9	93.7	97.3	67.7	67.5	69.4	70.1	84.3	82.4	84.8	85.3	70.0	64.0	62.5	64.6	44.6	41.7	53.5	56.0
	all	89.6	89.0	93.4	96.6	68.6	68.2	69.7	72.2	84.8	81.8	86.3	89.5	71.1	63.1	64.4	69.3	57.5	56.0	60.3	58.7

TAB. 2 – Scores de *clustering* (NMI en %) obtenus en utilisant l'approche tandem sur différentes représentations textuelles. Trois techniques de RD sont utilisées : PCA, PCA$_w$ et UMAP (toutes avec $d' = 10$) et sont comparées aux représentations "originales" (sans post-traitement).

font Reimers et Gurevych (2019), SRoBERTa fonctionne nettement moins bien que RoBERTa presque dans tous les cas. Cela peut être dû au fait que nous traitons de longs documents alors que SBERT et SRoBERTa sont entraînés sur des phrases courtes.

La Figure 2 montre la distribution de la NMI obtenue avec différentes approches. On observe tout d'abord l'avantage d'utiliser toutes les couches en termes de qualité de clustering et aussi en termes de robustesse. On remarque en effet que le score de NMI est beaucoup moins dépendant de l'initialisation lorsqu'on utilise toutes les couches. La Table 2 montre des résultats similaires entre l'utilisation de la dernière couche et la combinaison des deux dernières, avec un léger avantage pour celle-ci. Cela suggère que chaque couche apporte des informations précieuses pour le *clustering*. De plus, nous pouvons voir sur la Figure 2 à quel point les représentations fournies par UMAP sont robustes, en particulier par rapport à PCA$_w$ qui présente une variance beaucoup plus élevée avec une médiane nettement plus faible. Cela montre la fiabilité et la robustesse de l'utilisation d'UMAP dans le cadre de l'approche tandem.

3.2 Visualisation des données

La Figure 3 montre des projections 2D obtenues en utilisant différentes techniques de RD avec $d' = 2$. Le score NMI donné est calculé à l'aide des étiquettes réelles et le score « Agr » est une mesure non supervisée proposée dans (France et Akkucuk, 2021) qui quantifie la concordance entre l'espace original et l'espace latent. Il est calculé comme suit :

$$Agr_k = \frac{1}{kn} \sum_{i=1}^{n} \left[a_{ik} - \frac{k}{n-1} \right]$$

où k est la taille du voisinage que l'on fait varier entre 1 et 100 tandis que a_{ik} représente les éléments en commun entre les k premières colonnes des matrices de rang $\mathbf{N_X}_{(n \times n)}$ et $\mathbf{N_Y}_{(n \times n)}$

contenant dans chaque ligne i les indices des individus du plus proche au plus éloigné selon la métrique, en utilisant respectivement $\mathbf{X}$ et $\mathbf{Y}$.

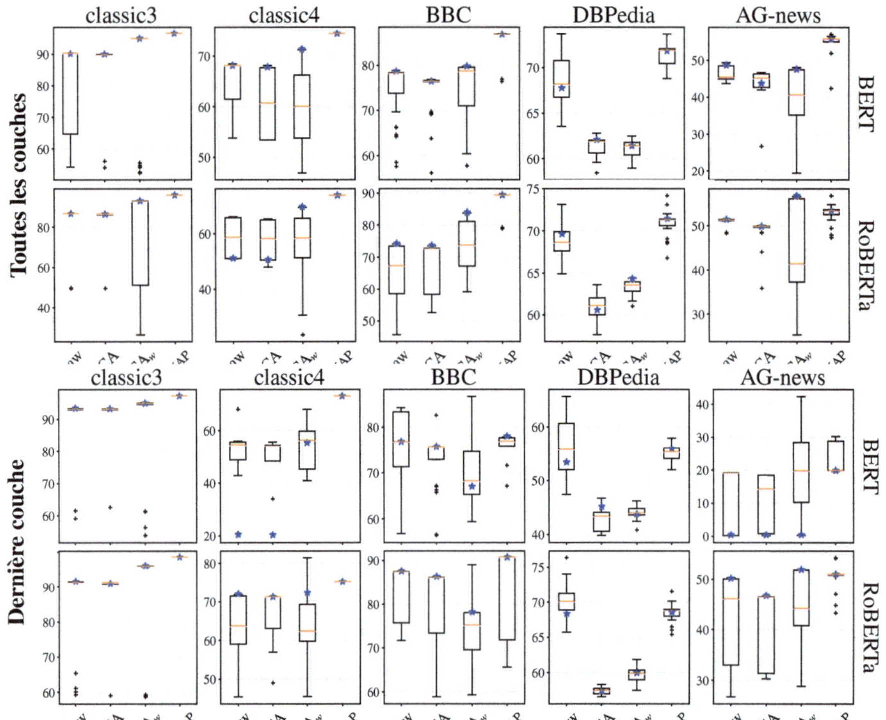

FIG. 2 – Répartition de la NMI sur 30 initialisations. L'étoile correspond au score de la solution sélectionnée avec le critère de k-means (valeurs du Tableau 2) et la ligne orange à la médiane.

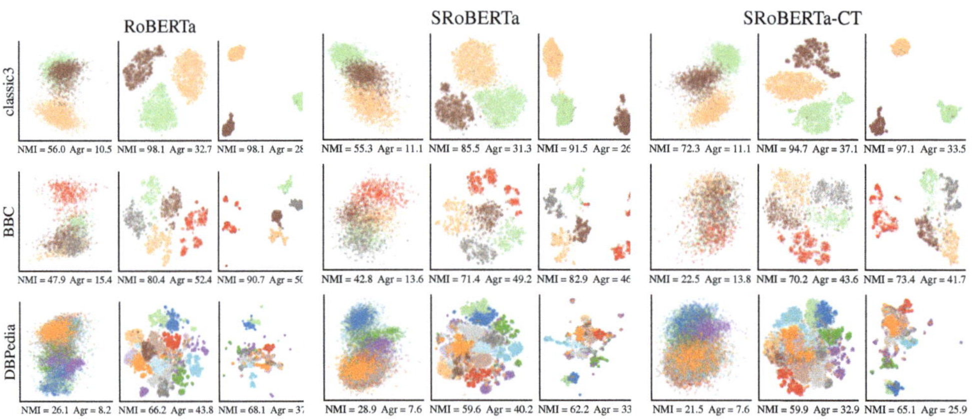

FIG. 3 – Projections 2D obtenues respectivement par PCA_w, t-SNE et UMAP. Le score NMI (%) correspond aux performances de clustering appliquées à la version réduite $\mathbf{Y}_{(n \times d')}$ avec $d' = 2$. Les points de données sont colorés en fonction des classes réelles.

Comme il est impossible de régler les paramètres de t-SNE et d'UMAP, nous fixons la perplexité et le nombre de voisins à 15 et conservons la distance euclidienne. Dans l'ensemble, on observe la différence en termes de séparabilité. Ainsi, UMAP est capable de mieux séparer les classes, suivi de t-SNE puis de l'ACP qui, sans surprise, montre une très mauvaise séparabilité. Ceci est corroboré par le score NMI, qui est toujours plus élevé pour UMAP. De plus, le score « Agr » est beaucoup plus faible pour l'ACP. Par contre, il est plus élevé pour t-SNE que pour UMAP. Cela signifie que t-SNE conserve davantage la structure originale des données. Cependant, t-SNE ne permet pas une meilleure séparabilité des classes, ce qui fait d'UMAP un bon compromis entre l'*embedding* des données et la séparabilité. Cela suggère également que la distorsion supplémentaire apportée par UMAP est bénéfique pour le *clustering*.

4 Conclusion

Comme les plongements MLPT ont montré des performances médiocres lorsqu'ils sont utilisés en entrée de tâches d'apprentissage, plusieurs approches ont été proposées afin de les améliorer, le plus souvent celles-ci sont basées sur le ré-entrainement des modèles. Dans cet article, nous évaluons l'impact de telles approches sur deux tâches : le *clustering* de texte et la visualisation. Ainsi, nous montrons que le ré-entraînement, bien que bénéfique pour la tâche de similarité sémantique, n'apporte aucune amélioration significative dans l'une ou l'autre de nos deux tâches. Le post-traitement, cependant, en plus d'être plus simple, montre des améliorations bien plus impressionnantes. Plus spécifiquement, nous soulignons le potentiel d'UMAP qui, même avec un sous-espace de faible dimension, montre une amélioration significative des performances de *clustering* dans le cadre d'une approche tandem.

Remerciements. Ce travail a été financé par la Caisse des Dépôts et Consignations (CDC), l'ANRT et l'Idex-Spectrans d'Université Paris Cité.

Références

Ait-Saada, M., F. Role, et M. Nadif (2021). How to leverage a multi-layered transformer language model for text clustering : an ensemble approach. In *CIKM*, pp. 2837–2841.

Carlsson, F., A. C. Gyllensten, E. Gogoulou, E. Y. Hellqvist, et M. Sahlgren (2021). Semantic re-tuning with contrastive tension. In *ICLR 2021*.

Cheng, X. (2021). *Dual-View Distilled BERT for Sentence Embedding*, pp. 2151–2155. New York, NY, USA : Association for Computing Machinery.

Devlin, J., M.-W. Chang, K. Lee, et K. Toutanova (2019). BERT : Pre-training of deep bidirectional transformers for language understanding. In *NAACL*, pp. 4171–4186. ACL.

Dhillon, I. S. et D. S. Modha (2001). Concept decompositions for large sparse text data using clustering. *Machine learning 42*(1), 143–175.

France, S. L. et U. Akkucuk (2021). A review, framework, and R toolkit for exploring, evaluating, and comparing visualization methods. *The Visual Computer 37*(3), 457–475.

Gao, T., X. Yao, et D. Chen (2021). Simcse : Simple contrastive learning of sentence embeddings. In *EMNLP (1)*, pp. 6894–6910.

Greene, D. et P. Cunningham (2006). Practical solutions to the problem of diagonal dominance in kernel document clustering. In *ICML*, pp. 377–384.

Lehmann, J., R. Isele, M. Jakob, A. Jentzsch, D. Kontokostas, P. N. Mendes, S. Hellmann, M. Morsey, P. Van Kleef, S. Auer, et al. (2015). Dbpedia–a large-scale, multilingual knowledge base extracted from wikipedia. *Semantic web* 6(2), 167–195.

Li, B., H. Zhou, J. He, M. Wang, Y. Yang, et L. Li (2020). On the sentence embeddings from pre-trained language models. In *EMNLP*, pp. 9119–9130.

Liu, F., I. Vulić, A. Korhonen, et N. Collier (2021). Fast, effective, and self-supervised : Transforming masked language models into universal lexical and sentence encoders. In *EMNLP*, pp. 1442–1459.

Liu, Y., M. Ott, N. Goyal, J. Du, M. Joshi, D. Chen, O. Levy, M. Lewis, L. Zettlemoyer, et V. Stoyanov (2019). Roberta : A robustly optimized bert pretraining approach. *arXiv preprint arXiv :1907.11692*.

McInnes, L., J. Healy, et J. Melville (2018). UMAP : Uniform Manifold Approximation and Projection for Dimension Reduction. *ArXiv e-prints*.

Mikolov, T., I. Sutskever, K. Chen, G. S. Corrado, et J. Dean (2013). Distributed representations of words and phrases and their compositionality. In *NeurIPS*, pp. 3111–3119.

Pennington, J., R. Socher, et C. Manning (2014). GloVe : Global vectors for word representation. In *EMNLP*, Doha, Qatar, pp. 1532–1543.

Raunak, V., V. Gupta, et F. Metze (2019). Effective dimensionality reduction for word embeddings. In *Proceedings of RepL4NLP-2019*, pp. 235–243.

Reimers, N. et I. Gurevych (2019). Sentence-BERT : Sentence Embeddings using Siamese BERT-Networks. In *EMNLP-IJCNLP*, pp. 3980–3990.

Strehl, A. et J. Ghosh (2002). Cluster ensembles—a knowledge reuse framework for combining multiple partitions. *Journal of machine learning research* 3(Dec), 583–617.

Su, J., J. Cao, W. Liu, et Y. Ou (2021). Whitening sentence representations for better semantics and faster retrieval. *arXiv preprint arXiv :2103.15316*.

Yan, Y., R. Li, S. Wang, F. Zhang, W. Wu, et W. Xu (2021). ConSERT : A contrastive framework for self-supervised sentence representation transfer. In *ACL-IJCNLP*, pp. 5065–5075.

Zhang, X., J. Zhao, et Y. LeCun (2015). Character-level convolutional networks for text classification. In *Advances in neural information processing systems*, pp. 649–657.

Zhang, Y., R. He, Z. Liu, K. H. Lim, et L. Bing (2020). An unsupervised sentence embedding method by mutual information maximization. In *Proceedings of EMNLP*, pp. 1601–1610.

Summary

Dense text representations are gaining great interest in several supervised tasks but much less is known about how suitable they are when dealing with an unlabeled dataset. In this paper, we investigate the use of such representations in unsupervised tasks: document clustering and visualization. For that, we propose the use of a *tandem approach* based un UMAP, showing that we can do better than the fine-tuning approaches usually proposed in the literature.

Classification multi-label de données médicales par LSTM temporel et clustering flou

Abdelhamid Gaddari*,**, Haytham Elghazel*, Rakia Jaziri***, Mohand Hacid-Saïd*
Pierre-Henri Comble**

* Université Lyon 1, LIRIS, UMR CNRS 5205, F-69622
prenom.nom@liris.cnrs.fr
** CEGEDIM Insurance Solutions, France
prenom.nom@cegedim.com
*** Université Paris 8, Laboratoire Paragraphe, EA 349
rjaziri@univ-paris8.fr

Résumé. La prévention de la santé est un aspect très important de la recherche en informatique médicale grâce à la prédiction d'événements médicaux. Dans ce travail, nous proposons une approche d'apprentissage profond pour effectuer des prédictions multi-label sur les actes de soins médicaux. L'approche proposée utilise un réseau LSTM temporel (*time-aware long short-term memory*) et l'étend avec des informations supplémentaires à partir d'un clustering flou du même portefeuille. Le premier mécanisme (time-aware) est utilisé pour gérer l'irrégularité temporelle entre les éléments d'une trajectoire médicale, tandis que le second mécanisme (fuzzy clustering) aide à modéliser l'hétérogénéité entre les patients et les traitements. En utilisant un large portefeuille d'actes médicaux remboursés (plus de 16 millions d'actes médicaux consommés) par une assurance médicale en France, nous montrons que notre approche surpasse les méthodes traditionnelles et d'apprentissage profond dans la classification médicale multi-label. Notre travail a pour objectif de soutenir la prévention médicale et plus largement améliorer la qualité des services de santé et des assurances.

1 Introduction

La recherche en informatique médicale a connu un développement rapide au cours de ces dernières années, et plus particulièrement l'utilisation de modèles d'apprentissage automatique pour différentes tâches médicales (Hong et al., 2018), telles que l'évolution de maladies ou la prédiction de diagnostics. Dans ce papier, nous sommes confrontés à un sujet commun de la recherche biomédicale : la prédiction multi-label des actes de soins médicaux. Nous utilisons les données d'une assurance médicale privée en France, représentant tous les actes de soins médicaux consommés par les assurés. Cependant, nous devons faire face au défi de l'irrégularité temporelle qui réside dans les données de santé, puisque les intervalles entre les différents actes de soins varient de quelques jours à plusieurs mois et dépendent de la pathologie médicale concernée. Un autre défi motivant notre travail est l'hétérogénéité que présentent nos données, puisque le portefeuille est composé d'assurés de tous les âges et avec des situations médicales et socio-démographiques différentes ((*inter-hétérogénéité*)). Cela engendre de multiples profils de soins, en termes de longueur des dossiers médicaux, de fréquence et d'intervalles de temps entre les différents actes de soins. En outre, les dossiers d'un même assuré sont eux aussi hétérogènes (*intra-hétérogénéité*), puisqu'un patient peut avoir des situations de soins différentes avec des durées, des gravités, des traitements, et des besoins différents.

Les réseaux de neurones récurrents (RNN), et plus particulièrement leur variante Long Short-Term Memory (LSTM), sont les méthodes d'apprentissage profond les plus prometteuses lorsqu'il s'agit de gérer des données séquentielles de longueur variable. Ils sont également adaptés à la classification multi-label dans l'informatique de santé. Cependant, les réseaux LSTM de base souffrent du problème d'irrégularité temporelle, puisqu'ils supposent que les enregistrements séquentiels ont un intervalle de temps constant entre ses éléments. Il convient également de traiter l'hétérogénéité du portefeuille et du dossier médical (hétérogénéité intra et inter patient), afin d'aider les réseaux LSTM à capter l'interdépendance entre les différents actes de soins.

Pour résoudre ces problèmes, nous proposons une approche qui utilise un réseau LSTM et nous l'étendons avec deux mécanismes (i.e., temporel et clustering flou). Nous procédons d'abord à un clustering flou du portefeuille, définissant des clusters de pathologies homogènes, pour lesquels chaque assuré a des différentes probabilités d'appartenance. Nous utiliserons ensuite ces probabilités comme métadonnées pour renforcer un modèle d'apprentissage profond basé sur le LSTM temporel (Men et al., 2021) qui prend en compte les intervalles de temps entre les éléments du dossier d'un patient. L'objectif est de capturer efficacement les corrélations dans l'espace des variables en entrée afin de faciliter le processus de prédiction multi-label.

2 État de l'art : Modèles séquentiels pour l'apprentissage des données médicales

Les avancées technologiques autour du stockage massif de données et des techniques informatiques ont beaucoup stimulé l'utilisation de techniques séquentielles basées sur les données, pour la prédiction des risques médicaux, le diagnostic ou l'évolution des maladies. Les soins médicaux étant par nature temporels et épisodiques, la modélisation de l'ensemble de la trajectoire médicale est indispensable pour comprendre les relations sous-jacentes entre les différents épisodes, voire au sein d'un même épisode. Des connaissances spécifiques à un domaine ou des méthodes statistiques telles que des modèles de séries chronologiques ou des approches bayésiennes (Orphanou et al., 2014) ont été utilisées afin d'étudier la progression ou le diagnostic de la maladie grâce à la modélisation des parcours de soins.

Ces dernières années, les techniques d'apprentissage profond sont devenues plus populaires dans de nombreux domaines tel que le traitement du langage naturel (Wen et al., 2015). Le succès de l'apprentissage profond a attiré les chercheurs en santé en raison de sa capacité à modéliser des relations non linéaires de longue dépendance entre les éléments des données séquentielles. Par exemple, (Choi et al., 2016) a utilisé un réseau de neurones récurrent (RNN) pour prédire les événements cliniques à partir de données séquentielles horodatées et (Díez-Sanmartín et Cabezuelo, 2020) pour prédire les taux de survie après une greffe de rein. Cependant, dans le cas de séquences plus longues, les RNN souffrent de disparition ou explosion du gradient. Le réseau LSTM (Long Short-Term Memory), introduit pour la première fois par (Hochreiter et Schmidhuber, 1997), est l'une des variantes les plus populaires des RNN abordant ce problème via une architecture multicouche (Cortez et al., 2018). Par ailleurs, il a été prouvé que les RNN et leurs variantes (LSTM, GRU) sont facilement adaptables à la classification multi-label dans le domaine médical (Nam et al., 2017). Néanmoins, ces approches devraient faire face au défi de l'irrégularité temporelle entre les éléments du dossier médical. Motivé par ce constat, (Zhu et al., 2017) ont introoduit un modèle LSTM temporel (Time-Aware LSTM). Ce type d'approche a été ensuite utilisé dans (Baytas et al., 2017) pour traiter l'irrégularité temporelle des données médicales en introduisant une porte temporelle supplémentaire sur le réseau LSTM afin que le processus de mise à jour soit au courant de ces intervalles. Il a ensuite été adapté par (Men et al., 2021) afin d'effectuer une prédiction multi-maladies avec un LSTM temporel bidirectionnel.

3 Modèle proposé

Afin d'effectuer des prédictions multi-label sur les actes de soins médicaux, tout en tenant compte de l'hétérogénéité présente dans nos données, nous proposons dans la suite un modèle combinant à la fois l'utilisation d'un LSTM temporel ainsi qu'un clustering flou, comme illustré dans la "Fig. 1". La première étape consiste à adopter un clustering flou du portefeuille des assurés afin de récupérer des probabilités d'appartenance aux différents clusters par assuré. Ces probabilités serviront de métadonnées pour notre modèle séquentiel basé sur un 3-stacked Bi-LSTM temporel. Ce dernier prend en entrée les séquences temporelles d'actes de soins consommés. Nous détaillerons dans la suite chaque étape de notre modèle.

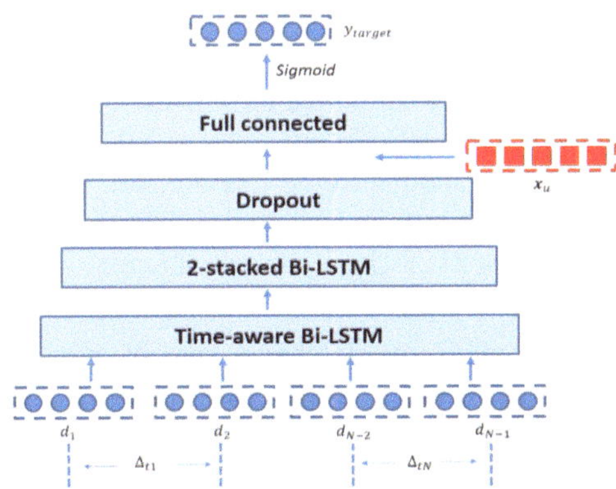

FIG. 1 – Modèle LSTM proposé.

3.1 Clustering flou

Nos données présentent deux niveaux d'hétérogénéité : l'inter-hétérogénéité des différents profils et situations médicales des assurés, et l'intra-hétérogénéité puisqu'un même assuré peut avoir des épisodes médicaux variables dans le temps. Au vu de notre contexte médical, et du fait que les actes de soins dépendent de la pathologie traitée, nous avons envisagé un clustering qui générerait des clusters pathologiques homogènes regroupant des patients consommant des actes médicaux similaires. Puisqu'un patient peut avoir différents problèmes médicaux qui se chevauchent, une affectation floue aux clusters semble plus précise, de sorte que chaque patient a des probabilités d'appartenance à tous les clusters définis.

Pour ce faire, nous avons utilisé les cartes auto-adaptatives (*Self Organizing Maps - SOM*). Cette technique, proposée par (Kohonen, 2013), est un outil puissant de visualisation et d'analyse de données de grande dimension, qui a été largement utilisé dans divers domaines d'application. La carte auto-adaptative est considérée comme un ensemble de neurones disposés dans une structure de faible dimension de façon qu'il existe des relations de voisinage entre les neurones (Kohonen, 2013). Une SOM fait généralement l'objet d'une étape de clustering dans une approche à deux niveaux, qui vise à regrouper les données en un nombre optimal de classes. Nous commençons donc par réduire la dimension de nos données et les normaliser avant de les projeter sur une SOM, que nous clusterisons à l'aide d'un algorithme Clustering Agglomératif Hiérarchique. Le silhouette score (Rousseeuw, 1987) a été utilisé pour choisir le nombre optimal de clusters. Il en résulte k clusters qui regroupent des patients ayant les mêmes patterns de soins médicaux, ce qui signifie qu'ils sont traités pour des problèmes de santé similaires. Une fois les clusters validés, la dernière étape consiste à appliquer des classifieurs Random Forest sur les k clusters obtenus pour avoir leurs probabilités d'appartenance. Ces probabilités, ajoutées à l'âge et au sexe des patients, serviront de métadonnées à notre modèle LSTM temporel pour capturer les aspects intra et inter de l'hétérogénéité des données et renforcer les prédictions de notre modèle.

3.2 Données et couche d'entrée

Nous implémentons notre modèle sur un jeu de données de 16 Millions d'actes médicaux remboursés, consommés par 150000 assurés entre janvier 2017 et juin 2019. Chaque remboursement est décrit par l'identifiant anonymisé de l'assuré, son âge et sexe, et tous les détails concernant le traitement remboursé comme les dates de début et de fin, la quantité, le prix etc. Les actes de soins sont définis par D labels, représentant la majorité des spécialités médicales telles que la Radiographie, Gynécologie, Chirurgie, Kinésithérapie etc.

Nous regroupons les actes médicaux de chaque patient en veillant à conserver l'aspect temporel, car plusieurs actes médicaux peuvent être consommés dans la même journée, ou s'écarter de plusieurs jours ou mois. Cette préparation est également valable pour la forme tri-dimensionnelle requise pour la couche d'entrée de notre modèle LSTM : Nombre d'échantillons * Taille de séquences * Nombre de variables. Pour la taille des séquences, nous analysons les longueurs des dossiers médicaux des différents patients et expérimentons avec différentes valeurs pour étudier la robustesse des résultats. Une fois la longueur optimale trouvée, nous tronquons les longues séquences et ajoutons du padding au reste. Ensuite, puisque notre ensemble de targets a une taille D d'actes médicaux, un vecteur avec one-hot encoding indiquant laquelle des D spécialités médicales a été consommée représentera chaque séquence. Enfin, nous disposons des trajectoires médicales des 150000 patients de notre portefeuille, dont nous extrayons le dernier mois comme période à prédire et le reste servira d'échantillon d'apprentissage.

3.3 Prédiction multi-label avec 3-stacked Bi-LSTM temporel

Les réseaux de neurones LSTM sont les plus appropriées pour capter l'interdépendance entre les différents actes médicaux composant un dossier médical. De plus, le LSTM bidirectionnel (Bi-LSTM) est une extension des LSTM traditionnels qui entraine deux LSTM distincts, le premier sur la séquence d'entrée telle quelle et le second sur une copie inversée chronologiquement. Cela fournit un contexte supplémentaire au réseau, ce qui se traduit par un apprentissage plus rapide et plus complet du problème et améliore les performances du modèle sur les problèmes de classification séquence à séquence. Enfin, la recherche (Cui et al., 2020) a prouvé qu'un réseau prédictif plus profond permet une complexité hiérarchique plus importante et serait mieux adapté pour modéliser des données plus complexes. Étant donné que les dossiers médicaux peuvent contenir plusieurs patterns différents, même concernant la même pathologie, cela nous amène à adopter une architecture stacked LSTM.

Dans le domaine de la santé, les antécédents médicaux d'un patient sont une série chronologique séquentielle temporelle avec des corrélations sous-jacentes entre les différents éléments de la trajectoire médicale. Comme mentionné dans l'état d'art, nous avons choisi la variante temporelle du modèle LSTM (Men et al., 2021) comme base pour notre modèle prédictif, car il dispose d'une porte temporelle supplémentaire qui capture l'influence des différents intervalles de temps et contrôle en conséquence le processus de mise à jour.

Notre modèle proposé consiste en un 3-stacked Bi-LSTM temporel : cela signifie une première couche d'un Bi-LSTM temporel dont les états cachés servent d'entrée pour deux couches Bi-LSTM classiques. Enfin, la troisième et dernière sortie de Bi-LSTM constituera la représentation médicale finale, sur laquelle nous appliquons une couche Dropout avant de la concaténer avec les métadonnées préparées (âge, sexe et probabilités de regroupement) x_u. Ces métadonnées nous permettent de capturer à la fois l'hétérogénéité intra et inter des données, représentée par les probabilités de clustering. Nous introduisons ensuite une couche entièrement connectée avec une fonction d'activation sigmoïde pour projeter la représentation combinée sur une distribution de probabilité sur un ensemble d'actes candidats de soins médicaux.

4 Analyse et résultats

4.1 Protocole experimental

Nous disposons des trajectoires médicales de 150000 de patients, soit 16 millions d'actes médicaux entre janvier 2017 et juin 2019. Lors du déploiement, notre modèle vise à prédire les traitements médicaux dont un patient aura besoin au cours du mois suivant. En conséquence, nous utilisons le mois de juin 2019 pour déterminer les cibles de nos prédictions, et tous les traitements avant cela pour extraire les trajectoires médicales d'entrée. Ensuite, nous divisons nos données en trois ensembles : 70% pour l'ensemble d'apprentissage du modèle, 10% pour l'ensemble de validation et les 20% restants pour l'ensemble de test. L'ensemble de validation est utilisé pour déterminer les hyper-paramètres du modèle à l'aide d'un processus grid search, pour lequel nous essayons différentes combinaisons des valeurs de paramètres suivantes : longueur de la séquence : [25, 50, 100, 150], taille de l'état caché : [32, 64, 128, 256], taux dropout : [0, 1, 0, 2, 0, 3] et taux d'apprentissage : [$2e^{-4}$, $1e^{-3}$, $5e^{-3}$].

La mise en oeuvre de l'expérience a été réalisée sur une carte GPU NVIDIA P100 avec une taille de batch de 128 pour 50 epochs. La taille finale de l'état caché après validation des hyperparamètres est de 128 pour les deux premières couches Bi-LSTM et de 64 pour la dernière couche afin de réduire la dimension de l'état caché final, car il sera ensuite concaténé avec les métadonnées. Pour l'évaluation du modèle, les performances de l'algorithme ont été analysées selon trois mesures standard d'apprentissage automatique à partir des données de test : rappel, F1-score et One-error. One-error évalue combien de fois le label le mieux classé n'était pas dans l'ensemble de labels possibles ; sa performance est meilleure plus sa valeur est petite. Le F1-score est une moyenne harmonique entre la précision (pourcentage de labels prédits pertinents) et le rappel (pourcentage de labels pertinents prédits), ayant 1 pour meilleure valeur, et 0 comme pire score. Afin d'obtenir des statistiques fiables sur les mesures de performance, les résultats sont obtenus en moyennant sur 10 itérations des expériences. Pour déterminer si les résultats sont statistiquement significatifs, des t-tests appariés ont été effectués à un niveau de signification de 5%.

4.2 Principaux résultats

Dans cette section, nous rapportons les résultats des performances de prédiction des modèles sur les données de test. Pour établir l'efficacité de notre approche, nous la comparons d'abord à une approche traditionnelle de Binary Relevance (BR) qui transforme le problème de classification multi-label en plusieurs problèmes de classification binaire. Le modèle de base utilisé dans BR était un Random Forest de 100 arbres de décision pour chaque target. Ensuite, puisque la plupart des recherches récentes montrent que les modèles basés sur LSTM surpassent la majorité des méthodes profondes d'apprentissage dans la modélisation de séquences médicales temporelles, nous comparons notre modèle proposé au Bi-LSTM temporel récemment proposé (Men et al., 2021), au 3-stacked Bi-LSTM de base, puis à un 3-stacked Bi-LSTM temporel sans ajouter les métadonnées de clustering flou. Le tableau 1 présente les résultats finaux des performances de prédiction pour chaque modèle.

TAB. 1 – Résultats de performance prédictive. ●/○/= indique que notre approche est significativement meilleure/pire/égale, à un niveau de signification de 5%.

Modèle	*F1-score*	*Rappel*	*One-error*
Binary Relevance – Random Forest	0.582 ●	0.505 ●	0.281 ●
Time-aware Bi-LSTM (Men et al., 2021)	0.618 ●	0.544 ●	0.258 ●
3-Stacked Bi-LSTM	0.615 ●	0.530 ●	0.259 ●
Time-aware 3-Stacked Bi-LSTM sans metadonnées	0.629 ●	0.578 ●	0.252 =
Time-aware 3-Stacked Bi-LSTM avec metadonnées	0.640	0.595	0.247

Trois constats principaux se dégagent de ces résultats. Tout d'abord, nous confirmons que les modèles LSTM surpassent largement l'approche traditionnelle de Binary Relevance, ce qui démontre l'efficacité des techniques d'apprentissage profond dans la modélisation de données médicales temporelles et séquencielles. Deuxièmement, en combinant à la fois les mécanismes du LSTM temporel et des métadonnées de clustering flou, nous voyons clairement l'amélioration significative que notre approche a sur le 3-stacked Bi-LSTM qui surpasse déjà les modèles d'apprentissage profonds existants. En terme de rappel, cette amélioration est aussi importante que 9% et 6, 5% points par rapport aux modèles BR traditionnels et 3-stacked Bi-LSTM, respectivement. Enfin, la comparaison entre notre modèle et les modèles Time-aware Bi-LSTM (Men et al., 2021) et 3-Stacked Time-aware Bi-LSTM sans métadonnées prouve l'avantage d'incorporer les probabilités de clustering flou comme métadonnées. Ce résultat est cohérent avec différentes combinaisons d'ensembles de variables. En bref, nous concluons qu'en capturant l'hétérogénéité intra et inter dans les dossiers médicaux et en l'utilisant pour renforcer un modèle basé sur Bi-LSTM temporel, nous sommes en mesure d'améliorer la prédiction médicale multi-label.

5   Conclusion

Dans cette étude, nous proposons une approche pour effectuer une prédiction multi-label en utilisant des trajectoires d'actes de soins médicaux. Cependant, des défis tels que l'irrégularité temporelle et l'hétérogénéité intra et inter entre les différentes trajectoires médicales des patients compliquent l'utilisation efficace des modèles traditionnels d'apprentissage automatique. Nous résolvons ce problème en développant un modèle d'apprentissage profond 3-stacked Bi-LSTM qui utilise un mécanisme time-aware et le renforce avec des métadonnées de clustering flou. Même si le mécanisme time-aware a été utilisé dans les approches d'apprentissage profond antérieures, le nôtre est parmi les premiers à intégrer l'hétérogénéité des données, par le biais de probabilités d'appartenance à des clusters flous, dans un modèle time-aware pour la classification multi-label dans le domaine de la santé.

Le modèle proposé dans cet article peut être utilisé pour une aide à la décision intelligente dans le monde réel, en particulier en matière d'assurance. Pour démontrer sa faisabilité, nous le validons sur un large portefeuille d'actes médicaux remboursés par une assurance maladie. Les résultats indiquent que notre modèle proposé obtient en effet des performances de prédiction supérieures par rapport aux modèles traditionnels et d'apprentissage profond. Ces prédictions pourraient aider l'assurance maladie à prévenir certains besoins ou traitements médicaux de leurs assurés, voire proposer des garanties plus adaptées à la situation médicale des patients. Une extension significative de ce travail est d'élargir l'entrée de notre modèle par un embedding médical des actes de soins détaillés au lieu des spécialités générales, qui captera plus d'informations sur l'état médical du patient et renforcera les performances prédictives. Une fois l'espace de variables d'entrée étendu, nous aimerions également tester l'efficacité d'une couche d'attention supplémentaire qui permettra d'améliorer les performances prédictives du modèle en capturant l'interdépendance entre les différents éléments d'une séquence médicale, et ainsi pouvoir sélectionner les variables plus pertinentes pour chaque prédiction.

Références

Baytas, I. M., C. Xiao, X. Zhang, F. Wang, A. K. Jain, et J. Zhou (2017). Patient subtyping via time-aware LSTM networks. In *KDD*, pp. 65–74.

Choi, E., M. T. Bahadori, A. Schuetz, W. F. Stewart, et J. Sun (2016). Doctor AI : predicting clinical events via recurrent neural networks. In *MLHC*, Volume 56 of *JMLR Workshop and Conference Proceedings*, pp. 301–318.

Cortez, B., B. Carrera, Y. Kim, et J. Jung (2018). An architecture for emergency event prediction using LSTM recurrent neural networks. *Expert Syst. Appl. 97*, 315–324.

Cui, Z., R. Ke, Z. Pu, et Y. Wang (2020). Stacked bidirectional and unidirectional LSTM recurrent neural network for forecasting network-wide traffic state with missing values. *CoRR abs/2005.11627*.

Díez-Sanmartín, C. et A. S. Cabezuelo (2020). Application of artificial intelligence techniques to predict survival in kidney transplantation : A review. *Journal of Clinical Medicine 9*.

Hochreiter, S. et J. Schmidhuber (1997). Long short-term memory. *Neural Comput. 9*(8), 1735–1780.

Hong, L., M. Luo, R. Wang, P. Lu, W. Lu, et L. Lu (2018). Big data in health care : Applications and challenges. *Data Inf. Manag. 2*(3), 175–197.

Kohonen, T. (2013). Essentials of the self-organizing map. *Neural Networks 37*, 52–65.

Men, L., N. Ilk, X. Tang, et Y. Liu (2021). Multi-disease prediction using LSTM recurrent neural networks. *Expert Syst. Appl. 177*, 114905.

Nam, J., E. L. Mencía, H. J. Kim, et J. Fürnkranz (2017). Maximizing subset accuracy with recurrent neural networks in multi-label classification. In *NIPS*, pp. 5413–5423.

Orphanou, K., A. Stassopoulou, et E. Keravnou (2014). Temporal abstraction and temporal bayesian networks in clinical domains : A survey. *Artif. Intell. Medicine 60*(3), 133–149.

Rousseeuw, P. J. (1987). Silhouettes : a graphical aid to the interpretation and validation of cluster analysis. *Journal of Computational and Applied Mathematics 20*, 53–65.

Wen, T., M. Gasic, N. Mrksic, P. Su, D. Vandyke, et S. J. Young (2015). Semantically conditioned lstm-based natural language generation for spoken dialogue systems. In *EMNLP*, pp. 1711–1721. The Association for Computational Linguistics.

Zhu, Y., H. Li, Y. Liao, B. Wang, Z. Guan, H. Liu, et D. Cai (2017). What to do next : Modeling user behaviors by time-lstm. In *IJCAI*, pp. 3602–3608.

Summary

Medical prevention is a very important aspect of healthcare informatics research through the prediction of medical events. In this work, we propose a deep learning approach to perform multi-label prediction on acts of medical care. The proposed approach utilizes a time-aware long short-term memory network and extends it with additional information from a fuzzy clustering of the same portfolio. The former mechanism (time-aware) is used to handle the temporal irregularity between the elements of a medical trajectory whereas the latter mechanism (fuzzy clustering) assists in modeling the heterogeneity among patients and treatments. Using a large portfolio of reimbursed medical records (over 16 million consumed acts of medical care) by a healthcare insurance in France, we show that our approach outperforms traditional and deep learning methods in medical multi-label prediction. Our work has implications for supporting medical prevention and more broadly improving the quality of healthcare service and insurance.

Une méthode à base de réseaux de neurones pour la simplification des graphes multicouches dans un contexte de classification des noeuds

Cheick Tidiane Ba*, Roberto Interdonato **
Dino Ienco ***, Sabrina Gaito*

* University of Milan, Italy, {cheick.ba,sabrina.gaito}@unimi.it
** CIRAD, UMR TETIS, France, roberto.interdonato@cirad.fr
***INRAE, UMR TETIS, France, dino.ienco@inrae.fr

Résumé. Les réseaux multicouches sont un modèle largement utilisé, conçu pour fournir une représentation plus réaliste des relations hétérogènes qui peuvent caractériser un système complexe. Néanmoins, la prise en compte de ces informations complexes est un défi majeur du fait du bruit contenu dans les données et du choix des entités et des relations à tenir en compte dans l'analyse. Pour cette raison, des techniques de simplification multicouches ont été proposées afin des sélectionner les informations importantes, améliorer les temps de calculs et la qualité de l'analyse ainsi que la visualisation des informations contenues dans ces réseaux multicouches. Néanmoins, ces techniques sont agnostiques et reposent sur des heuristiques non supervisées. Dans ce travail, nous proposons un cadre pour simplifier des réseaux multicouches en fonction de la tâche d'analyse finale. Nous nous appuyons sur deux composants principaux : i) un module de simplification des relations entre noeuds et ii) un réseau neuronal à graphe (multicouche) pour générer des plongements de nœuds dans le but de résoudre une tâche spécifique. Ici, nous nous attaquons à la tâche de classification des nœuds mais la méthode est directement transposable à d'autres tâches (supervisées) d'analyse de réseaux multicouches. Les résultats expérimentaux sur différents réseaux multicouches réel prouvent l'importance de notre approche qui fournit une simplification adaptée à la tâche de classification des nœuds.

1 Introduction

Le domaine de recherche de l'analyse et de l'exploitation des réseaux complexes a gagné en popularité au cours des deux dernières décennies grâce à la capacité des réseaux à modéliser un large éventail de phénomènes de la vie réelle, des systèmes physiques aux systèmes biologiques et sociaux, des données scientifiques aux données financières, des voies de transport, et bien d'autres encore. À cet égard, le modèle de réseau multicouche est largement utilisé comme un outil puissant pour représenter l'organisation et les relations de systèmes complexes couvrant de nombreux domaines différents. Les réseaux multicouches sont conçus pour fournir une représentation plus réaliste des relations différentes et hétérogènes qui peuvent caractériser une entité dans le système, en utilisant les données disponibles décrivent les systèmes complexes (Interdonato et al., 2020b). Néanmoins, la collecte d'un large ensemble de relations hétérogènes entre des nombreuses entités peut facilement entraîner une quantité importante de *bruit* ou d'informations redondantes causées par le choix des entités et des relations à inclure dans les données (le problème de la spécification des limites (Dickison et al., 2016)). Des cadres comme (Zangari et al., 2021), suggèrent l'importance d'introduire des approches de simplification pour le réseau multicouche. L'application directe d'approches monocouche aux réseaux multicouches n'est pas triviale : si une approche monocouche peut être appliquée à chaque couche indépendamment, l'interaction entre les différentes couches serait perdue. Un cadre de simplification spécifiquement adapté à cette famille de modèles de réseaux est d'une importance capitale pour tirer pleinement parti de la structure multicouche.

C'est pourquoi plusieurs techniques de prétraitement ont été proposées afin de simplifier un réseau multicouche avec l'objectif d'améliorer la qualité des données, les performances de calcul et la visualisation des informations. Malheureusement, les quelques méthodes de simplification proposées jusqu'à maintenant (Interdonato et al., 2020b) sont entièrement non supervisées et agnostique d'une tâche particulière. Ceci peut limiter l'utilisation des réseaux multicouche simplifiés pour des applications de classification de noeuds ou de prédiction de liens, par exemple. Pour palier à la problématique de simplification d'un réseau multicouche pour la tâche de classification des noeuds, dans ce travail, nous proposons un nouveau cadre méthodologique. Par rapport à d'autres approches de simplification pour les réseaux multicouches, cette approche a l'avantage d'être adaptée aux spécificités du réseaux multicouches. L'évaluation sur différents jeux de données montre que la solution proposée conduit à une augmentation des performances, tandis que l'utilisation d'un graphe réduit peut conduire à une réduction des coûts de calcul, promouvoir l'explicabilité des modèles d'apprentissage automatique ainsi qu'une meilleure visualisation des informations pour l'exploration des réseaux. En raison du large éventail de données qui peuvent être modélisées sous la forme d'un réseau multicouche, le cadre proposé a, potentiellement, un large champ d'application couvrant différents domaines comme la biologie, la physique et l'analyse médicale/santé, où une robustesse accrue est nécessaire pour faire face au bruit provenant de l'acquisition de données.

2   État de l'art

Réseaux de neurones à graphe. Dans le domaine de l'apprentissage profond pour les données structurées en graphes, les réseaux neuronaux à graphe (GNN) se sont imposés comme l'approche de pointe dans de nombreuses tâches, telles que la classification des nœuds, la prédiction des liens, la détection des communautés et la classification des graphes. Les GNN redéfinissent les opérations de base de l'apprentissage profond, comme la convolution, pour les données structurées en graphe. Dans le modèle de réseau convolutif de graphes (GCN) proposé par (Kipf et Welling, 2016) , l'opération de convolution sur les graphes est effectuée par une agrégation des valeurs des caractéristiques de chaque nœud avec celles de ses voisins. Le modèle de réseau d'attention aux graphes (GAT) (Veličković et al., 2017) apprend les poids entre chaque paire de nœuds connectés ; un mécanisme d'auto-attention est utilisé pour découvrir les parties les plus représentatives de l'entrée.

Réseaux de neurones pour graphe multicouche. Les réseaux multicouches sont conçus pour fournir une représentation plus réaliste des relations différentes et hétérogènes qui peuvent caractériser une entité dans le système de réseau, en utilisant les riches données disponibles des systèmes complexes (Interdonato et al., 2020b). Les tâches d'apprentissage profond sont plus difficiles sur ces réseaux en raison de la présence de relations intra-couche et inter-couche, des différentes caractéristiques des couches, ainsi que des caractéristiques des nœuds. Des tentatives ont été faites pour concevoir des méthodes et des cadres d'apprentissage profond pour les réseaux multicouches. Des résultats de pointe ont été obtenus par le cadre présenté dans (Zangari et al., 2021). Ce cadre reformule la règle de propagation du composant GNN (c'est-à-dire GCN ou GAT) pour agréger les informations de voisinage topologique provenant de différentes couches. Alors que dans le GCN, l'agrégation fait intervenir les caractéristiques d'un nœud et celles de ses voisins, dans le ML-GCN, l'agrégation est effectuée à la fois sur ses voisins dans cette couche (appelée voisinage interne à la couche) et sur ses voisins situés dans d'autres couches où l'entité est présente (appelée voisinage externe à la couche).

Simplification du réseau. La simplification des graphes consiste à supprimer les arêtes redondantes tout en conservant presque toutes les informations du graphe d'entrée (Rong et al., 2020). Parmi les méthodes récentes, DropEdge (Rong et al., 2020) simplifie le réseau pour un modèle GNN (par exemple GCN, GAT) en supprimant de manière aléatoire une fraction des arêtes du graphe d'entrée pendant la phase de formation. NeuralSparse (Zheng et al., 2020) propose un processus de simplification effectué par le biais d'un réseau neuronal profond : pendant la phase d'entraînement, le réseau neuronal profond apprend une stratégie de simplification qui favorise les tâches en aval. Dans la phase de test, ce réseau est utilisé pour sélectionner les arêtes à supprimer du graphe d'entrée, sur la base de la stratégie apprise. Dans AdaptiveGCN (Li et al., 2021), le processus de simplification est mené par un DNN comme dans NeuralSparse, mais une étape de simplification est effectuée avant chaque étape de convolution du graphe. D'autres travaux (Wickman et al., 2021; Wang et al., 2019) ont conçu des cadres pour la simplification avec l'apprentissage par renforcement profond. Mais tous ces travaux sont conçus pour des réseaux à une seule couche.

Simplification des réseaux multicouche. Bien que les réseaux multicouches offrent une représentation plus réaliste et plus riche des systèmes complexes (Interdonato et al., 2020b), ils présentent certains inconvénients : la collecte d'un large ensemble de relations différentes entre un grand nombre d'entités peut facilement entraîner une quantité importante de *bruit* ou d'informations redondantes causées par le choix des entités et des relations à inclure dans les données (le problème de la spécification des limites (Dickison et al., 2016)). Pour cette raison, plusieurs techniques de prétraitement ont été proposées afin de *simplifier* un réseau multicouche : ces méthodes permettent d'améliorer la qualité des données, les performances de calcul et la visualisation des informations (Interdonato et al., 2020b). Cependant, il y a un manque de travaux adaptés pour les graphes multicouche.

3 Méthodologie proposée

Dans ce travail, nous proposons un framework pour attaquer la simplification d'un réseaux multicouches finalisée à l'amelioration des performances d'une tâche de classification. Plus précisément, nous nous concentrons sur la tâche de classification des nœuds dans un réseaux multicouche.

Définition du problème. Étant donné un ensemble $\mathcal{V}$ d'entités, et un ensemble de couches $\mathcal{L} = L_1, ... L_l$ avec $|\mathcal{L}| = L >= 2$, un réseau multicouche est défini comme $\mathcal{G}_{\mathcal{L}} = (\mathcal{V}_{\mathcal{L}}, \mathcal{E}_{\mathcal{L}}, V, \mathcal{L})$, où $\mathcal{V}_{\mathcal{L}} \subseteq \mathcal{V} \times \mathcal{L}$ est l'ensemble des paires entité-couche ou nœuds (c'est-à-dire, pour indiquer quels utilisateurs sont présents dans quelles couches), et $\mathcal{E}_\mathcal{L} = \mathcal{V}_\mathcal{L} \times \mathcal{V}_\mathcal{L}$ est l'ensemble des arêtes dirigées entre les nœuds, au sein des couches (*within layer* ou *intralayer*) et entre les couches (*across layers* ou *interlayer*). Nous voulons évaluer l'impact des approches de simplification de réseau dans les tâches de classification de nœuds. Le problème de simplification de réseau sur les graphes à couche unique peut être défini comme suit : étant donné un graphe $G(V, E, X_E, X_V)$, où V est un ensemble de n nœuds, $E \subset VxV$ est l'ensemble des arêtes ; X_V est un ensemble d'attributs de nœuds, X_E est un ensemble d'attributs d'arêtes. La simplification vise à obtenir un sous-graphe de G, qui serait $G' = G(V', E', X_E, X_V)$, où $V' \subset V \vee E' \subset E$. Alors que sur les réseaux multicouches, on peut définir la simplification comme suit : le problème d'obtention d'un réseau $f_{\theta_s}(\mathcal{G}_\mathcal{L}) = \mathcal{G}_\mathcal{L}' = (\mathcal{V}_\mathcal{L}', \mathcal{E}_\mathcal{L}', \mathcal{V}, \mathcal{L})'$ tel que la disjonction de conditions suivante soit vérifiée : $||\mathcal{V}| < |\mathcal{V}'| \vee |\mathcal{L}| < |\mathcal{L}'| \vee |\mathcal{V}_\mathcal{L}| < |\mathcal{V}_\mathcal{L}'| \vee |\mathcal{E}_\mathcal{L}| < |\mathcal{E}_\mathcal{L}'|$.

Simplification Layer-by layer (*couche par couche*). Afin d'effectuer une simplification multicouche avec des méthodes conçus pour les réseaux à une seule couche, nous pouvons utiliser une approche couche par couche (cf. Fig. 1a). Nous définissons un graphe de couches $G[\ell]$ où chaque arête relie les nœuds de la même couche ℓ. Par conséquent, à chaque couche ℓ, un réseau de simplification $f_{\theta_S^\ell}$ détecte les liens bruyants sur $G[\ell]$, générant une nouvelle version du graphe $G[\ell]'$. Par conséquent, pour chaque couche, nous pouvons entraîner un réseau neuronal à graphe (GNN) f_{W^ℓ}, afin de générer des plongements de nœuds pour la tâche en aval. Dans le cas spécifique de la classification des nœuds, nous pouvons obtenir une prédiction en utilisant un système de vote majoritaire (i.e., sur les prédictions produits par chaque couche).

Multilayer network simplification. Afin de définir une méthodologie de simplification expressément conçue pour une réseau multicouche, en prenant en compte toute la complexité structurelle de ce modèle, on propose d'utiliser un réseau neuronal de simplification f_θ qui détecte les liens bruyants et un réseau neuronal à graphe multicouche f_W qui est utilisé pour générer des plongements de nœuds pour une tâche de classification en aval (cf. Fig. 1b). Plus précisément, dans ce travail on va utiliser ML-GCN (Zangari et al., 2021) pour generer les plongements multicouche, et DropEdge (Rong et al., 2020) pour détecter les liens bruyants.

4   Évaluation expérimentale

Données. Les jeux de données sélectionnés pour notre évaluation expérimentale, provenant de différents domaines et caractérisés par différentes caractéristiques structurelles, ont déjà été utilisés pour l'évaluation du modèle ML-GCN dans (Zangari et al., 2021). Nous disposons d'un premier ensemble de réseaux multiplexés, c'est-à-dire de réseaux dans lesquels les connexions inter-couches sont uniquement des arêtes de couplage, reliant un nœud et ses homologues dans d'autres couches. Ces réseaux ne fournissent pas non plus d'attributs associés aux entités - nous les initialisons avec du bruit. Font partie de cette catégorie les réseaux : CKM-Social (informations sociales provenant d'une réseau des physiciens), Congress (16 votes effectués par le congrès américain en 1984), DKPol (un réseau avec trois types de relations entre les membres du Parlement Danois sur Twitter), Starwars (interactions entre les personnages de Star Wars dans les 6 premiers épisodes de la saga), Terrorist (interactions entre les terroristes provenant du réseau Nordin), Vickers (relations sociales entre 29 étudiants). Un deuxième sous-ensemble est composé de réseaux avec des caractéristiques de nœuds réelles, le jeu de données du réseau Koumbia (Interdonato et al., 2020a) : les réseaux sont générés avec le framework geo2net (In-

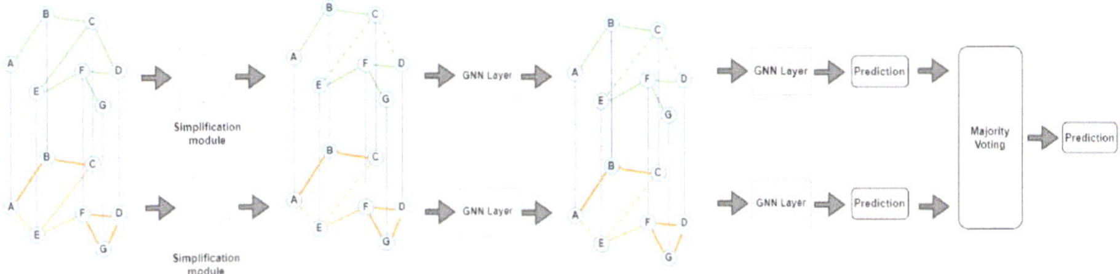

(a) Simplification du réseau couche par couche : à chaque couche ℓ, un réseau de simplification $f_{\theta_S^\ell}$ détecte les liens bruyants et tandis qu'un GNN f_{W^ℓ} génère des plongements de nœuds pour une tâche en aval.

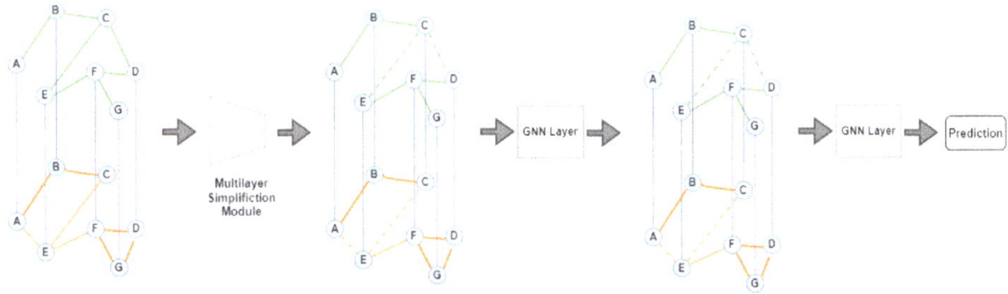

(b) Simplification d'un réseau multicouche : un réseau de simplification f_θ détecte les liens bruyants et un réseau neuronal à graphe multicouche f_W est utilisé pour générer des plongements de nœuds pour une tâche de classification en aval.

FIG. 1 – Aperçu des approches proposées pour la simplification des réseaux multicouches.

terdonato et al., 2020a), qui est conçu pour construire un réseau multicouche (avec un nombre arbitraire de couches) à partir d'une série temporelle d'images satellites. Par conséquent, nous pouvons tester différentes versions du réseau avec un nombre variable de couches (c'est-à-dire 2, 5, 10). Nous considérons une version multiplex de ce jeu de données, obtenue en éliminant les connexions intercouches autres que celles de couplage), appelée "Koumbia MPX l" avec l=2,5,10. Tab. 1 résume les propriétés structurelles des réseaux utilisés.

Cadre expérimental. Dans ce travail, nous testons un total de 4 méthodes : pour évaluer l'impact de la simplification couche par couche, nous entraînons la version de base **MAJ-GCN** et une version avec simplification DropEdge **MAJ-GCN-DE** ; tandis que pour vérifier les effets de la simplification multicouche, nous exécutons le modèle **ML-GCN** et une version avec Drop-pEdge **ML-GCN-DE**. Le taux de suppression de DropEdge pour MLGCN est fixé à 20% alors que pour MAJ-GCN il est fixé à 10%. Nous effectuons toutes les expériences avec un cadre d'apprentissage transductif comme dans (Zangari et al., 2021). Dans un cadre transductif, tous les attributs des nœuds et les informations topologiques peuvent être utilisés pour l'apprentissage, alors que seulement 25% de l'ensemble des étiquettes sont visibles pour le modèle GNN. Tous les modèles ont été entraînés à l'aide de l'algorithme d'optimisation d'Adam avec une taille de batch complète, pour 1 000 epochs, avec un taux d'apprentissage fixé à 0.005,

TAB. 1 – Résumé des caractéristiques structurelles des jeux de données : type de réseau, nombre de couches (l), nombre d'entités ou d'acteurs (a), nombre de nœuds (n), nombre d'arêtes (e), densité moyenne/DS sur les couches et nombre de classes (c).

dataset	couche	nœuds	arêtes	intra arêtes	densité	n. de classes
CKM SOCIAL	3	723	4909	3463	0.0200 ± 0.0011	4
CONGRESS	16	6960	1527104	1422704	0.4710 ± 0.0242	2
DKPOL	3	1470	42175	41235	0.0574 ± 0.0765	10
STARWARS	6	552	1397	1147	0.0228 ± 0.0087	3
TERRORIST	4	316	2529	2049	0.0831 ± 0.0520	2
VICKERS	3	87	1001	827	0.3395 ± 0.0999	2
KOUMBIA MPX 2	2	4492	8257	8257	0.0008 ± 0.0001	2
KOUMBIA MPX 5	5	11230	20022	16646	0.0007 ± 0.0002	2
KOUMBIA MPX 10	10	22460	52888	34624	0.0007 ± 0.0002	2

TAB. 2 – Accuracy (moyenne et écart-type sur 10 exécutions) obtenus par les méthodes proposées et les concurrents pour chaque modèle, configuration fixe.

	Baseline		DE Sparsification	
	MLGCN	MAJ-GCN	MLGCN-DE	MAJ-GCN-DE
CKM SOCIAL	82.91 ± 2.42	91.87 ± 1.71	84.67 ± 4.05	$\mathbf{93.08 \pm 1.51}$
CONGRESS	93.67 ± 1.14	87.74 ± 0.62	$\mathbf{94.10 \pm 1.18}$	88.10 ± 1.15
DKPOL	79.92 ± 1.89	48.16 ± 10.50	$\mathbf{81.78 \pm 2.04}$	57.08 ± 15.66
STARWARS	72.46 ± 3.55	82.32 ± 0.61	68.99 ± 6.23	$\mathbf{82.46 \pm 0.82}$
TERRORIST NORDIN	72.17 ± 9.62	75.00 ± 3.33	74.33 ± 8.25	$\mathbf{77.33 \pm 4.46}$
VICKERS	$\mathbf{98.64 \pm 3.07}$	97.73 ± 3.21	96.36 ± 3.59	$\mathbf{98.64 \pm 2.20}$
KOUMBIA MPX 2	75.12 ± 1.13	80.81 ± 0.93	79.37 ± 1.21	$\mathbf{81.40 \pm 0.43}$
KOUMBIA MPX 5	82.34 ± 1.21	$\mathbf{83.74 \pm 0.77}$	83.01 ± 1.25	82.85 ± 1.99
KOUMBIA MPX 10	81.63 ± 0.97	79.58 ± 3.72	$\mathbf{83.07 \pm 1.16}$	78.33 ± 4.48

une régularisation de poids L2 fixée à 0.0005 et une technique de régularisation dropout avec $p = 0.6$ appliquée aux couches cachées. Pour chaque réseau et méthode, l'accuracy moyenne a été calculée sur 10 exécutions indépendantes, où chaque exécution correspondait à une répartition différente entre le train et le test set, avec 25% d'entités d'entraînement. Pour les réseaux sans information externe, les attributs des nœuds ont été initialisés de manière aléatoire en échantillonnant chaque attribut à partir d'une distribution gaussienne.

5 Résultats

Dans cette section, nous présentons les résultats de l'évaluation expérimentale pour chaque réseau et méthode. Nous séparons les résultats sur les réseaux sans caractéristiques réelles et les réseaux et avec caractéristiques réelles (i.e., les trois variants de *Koumbia*). Le tableau 2 présente les scores d'accuracy moyens obtenus par les méthodes proposées et les méthodes de référence. Nous pouvons observer que : ML-GCN-DE obtient de meilleures performances que ML-GCN sur tous les jeux de données. Pour la version couche par couche, l'effet n'est pas aussi évident. De plus, MAJ-GCN est plus performant que l'approche MLGCN sur certains jeux de données (e.g., ckm, koumbia mpx2, vickers). Le tableau 3 rapporte les scores

TAB. 3 – Accuracy (moyenne et écart-type sur 10 exécutions) obtenue par les méthodes proposées et les concurrents pour chaque modèle, configuration fixe.

	Baseline		DE Sparsification	
	MLGCN	MAJ-GCN	MLGCN-DE	MAJ-GCN-DE
KOUMBIA 2	88.68 ± 0.92	89.11 ± 0.61	$\mathbf{89.60 \pm 0.62}$	89.03 ± 1.08
KOUMBIA 5	$\mathbf{93.94 \pm 0.37}$	93.79 ± 0.73	93.75 ± 0.41	93.72 ± 0.53
KOUMBIA 10	94.04 ± 0.43	94.43 ± 0.67	94.22 ± 0.61	$\mathbf{94.49 \pm 0.52}$

d'accuracy moyens avec les réseaux avec caractéristiques réelles. On peut noter comment les méthodes de simplification entraînent des améliorations sur KOUMBIA 2 (MLGCN-DE) et KOUMBIA 10 (MAJ-GCN-DE). Nous pouvons noter que MAJ-GCN et MAJ-GCN-DE montrent souvent les meilleures performances sur les 3 jeux de données. Le fait que l'approche couche par couche soit meilleure ne dépend pas de la simplification DE, mais il est en accord avec les observations des auteurs dans le travail (Zangari et al., 2021), c'est-à-dire que le GCN simple pour les réseaux à couche unique peut être plus performante que sa version multicouche sur certains jeux de données. Dans MAJ-GCN, les modèles GCN semblent être déjà efficaces sur les couches séparées, tandis que le vote d'ensemble majoritaire conduit à une prédiction encore plus robuste - soulignant la valeur ajoutée d'une structure de réseau multicouche. Cependant, avec d'autres ensembles de données, les modèles à couche unique sont peu performants sur les couches, alors que les modèles MLGCN sont capables de surmonter ce problème. Une raison de ce phénomène peut résider dans le fait que dans certains cas, les couches sont complémentaires les unes des autres (c'est-à-dire que l'approche couche par couche ne sera pas efficace), alors que dans d'autres cas, chaque couche peut apporter suffisamment d'informations pour aboutir à un résultat fiable. Dans l'ensemble, le résultat clé est que la simplification du réseau conduit à une amélioration généralisée de la performance, tant avec les modèles à couche unique qu'avec les modèles multicouches.

6   Conclusions

Dans ce travail de recherche nous avons proposé un cadre pour simplifier des réseaux multicouches en fonction de la tâche d'analyse finale, dans notre cas la classification de noeuds. Nous nous sommes appuyés sur deux composants principaux : i) un module de simplification des relations entre noeuds et ii) un réseau neuronal à graphe (multicouche) pour générer des plongements de nœuds dans le but de résoudre une tâche spécifique. Les résultats expérimentaux sur différents réseaux multicouches réel ont prouvé l'importance de notre approche qui fournit une simplification adaptée à la tâche de classification des nœuds. Dans des travaux futurs, nous prévoyons d'étendre notre étude à d'autre tâches en aval (i.e. la détection d'arêtes) ainsi que étendre d'autres méthodes de simplification au cas de réseaux multicouches.

Références

Dickison, M. E., M. Magnani, et L. Rossi (2016). *Multilayer social networks*. Cambridge University Press.

Interdonato, R., R. Gaetano, D. L. Seen, M. Roche, et G. Scarpa (2020a). Extracting multilayer networks from sentinel-2 satellite image time series. *Network Science 8*(S1), S26–S42.

Interdonato, R., M. Magnani, D. Perna, A. Tagarelli, et D. Vega (2020b). Multilayer network simplification : approaches, models and methods. *Comput. Sci. Rev. 36*, 100246.

Kipf, T. N. et M. Welling (2016). Semi-supervised classification with graph convolutional networks. *arXiv preprint arXiv :1609.02907*.

Li, D., T. Yang, L. Du, Z. He, et L. Jiang (2021). Adaptivegcn : Efficient gcn through adaptively sparsifying graphs. *Proceedings of the 30th ACM International Conference on Information & Knowledge Management*.

Rong, Y., W. Huang, T. Xu, et J. Huang (2020). Dropedge : Towards deep graph convolutional networks on node classification. In *ICLR*.

Veličković, P., G. Cucurull, A. Casanova, A. Romero, P. Lio, et Y. Bengio (2017). Graph attention networks. *arXiv preprint arXiv :1710.10903*.

Wang, L., W. Yu, W. Wang, W. Cheng, W. Zhang, H. Zha, X. feng He, et H. Chen (2019). Learning robust representations with graph denoising policy network. *2019 IEEE International Conference on Data Mining (ICDM)*, 1378–1383.

Wickman, R., X. Zhang, et W. Li (2021). Sparrl : Graph sparsification via deep reinforcement learning. *ArXiv abs/2112.01565*.

Zangari, L., R. Interdonato, A. Calió, et A. Tagarelli (2021). Graph convolutional and attention models for entity classification in multilayer networks. *Applied Network Science 6*(1), 1–36.

Zheng, C., B. Zong, W. Cheng, D. Song, J. Ni, W. Yu, H. Chen, et W. Wang (2020). Robust graph representation learning via neural sparsification. In *ICML*.

Summary

Multilayer networks are a widely used model that provide a more realistic representation of the heterogeneous relationships that can characterise a complex system. Nevertheless, taking into account this complex information is a major challenge due to the noise contained in the data and the choice of entities and relationships to be taken into account in the analysis. For this reason, multi-layer simplification techniques have been proposed in order to select important information, reduce the computational burden and ameliorate the quality of the analysis as well as the visualisation of the information contained in these multilayer networks. Unfortunately, all the techniques proposed so far are task-agnostic and rely on unsupervised heuristics. In this work, we propose a framework to simplify multi-layer networks according to the final downstream task. We rely on two main components: i) a node relationship simplification module and ii) a (multi-layer) graph neural network to generate node embeddings for the purpose of solving a specific task. Here, we tackle the node classification task as goal but the method is directly transposable to other (supervised) multilayer network analysis tasks. Experimental results on different real multilayer networks prove the quality of our approach which provides a suitable simplification for the node classification task.

Comparaison des valeurs de Shapley et des valeurs du poids de l'évidence dans le cas du classifieur naïf de Bayes

Vincent Lemaire*, Fabrice Clérot*, Marc Boullé*

* Orange, Lannion, France

Résumé. La sélection de variables et/ou la mesure d'importance des variables en entrée d'un modèle de machine learning est (re)devenue le centre de nombreuses recherches du fait de la réglementation européenne sur la protection de la vie privée. Avoir un bon modèle ne suffit plus il faut aussi expliquer ses décisions. Il existe de ce fait aujourd'hui de nombreux algorithmes d'intelligibilité. Parmi ces derniers on trouve beaucoup , ces derniers temps, d'algorithmes d'estimation des valeurs de Shapley, une méthode d'intelligibilité reposant sur la théorie des jeux coopératifs. Cet article propose une comparaison des valeurs de Shapley dans le cas particulier du classifieur naïf de Bayes avec un autre indicateur fréquemment utilisé "le poids de l'évidence".

1   Introduction

Il existe de nombreux algorithmes d'intelligibilité, souvent empiriques et parfois sans justifications théoriques. C'est là l'une des raisons principales pour lesquelles la bibliothèque Python SHAP a été créée en 2017 par Scott Lundberg à la suite de sa publication (Lundberg et Lee, 2017), pour proposer des algorithmes d'estimation des valeurs de Shapley, une méthode d'intelligibilité reposant sur la théorie des jeux coopératifs. Depuis son lancement, cette bibliothèque connaît un succès grandissant, notamment grâce à de meilleures justifications théoriques et à des visualisations qualitatives.

On propose dans ce document une expression analytique des valeurs de Shapley dans le cas particulier du classifieur naïf de Bayes et une comparaison avec "le poids de l'évidence". Expliquer la prédiction à l'aide des valeurs de l'un de ces indicateurs consiste à attribuer à chaque variable d'entrée, plus précisément à chaque valeur décrivant l'individu considéré un coefficient réel. Chacun de ces coefficients indique comment cette valorisation a contribué à impacter la prévision.

2   Shapley pour le classifieur naïf de Bayes

A notre connaissance il n'existe pas dans la littérature de calcul "analytique" des valeurs de Shapley pour le classifieur naïf de Bayes. Cette première section est donc dédiée à une proposition de calcul de ces valeurs, en exploitant l'hypothèse d'indépendance conditionnelle des variables qui caractérise ce classifieur.

2.1 Rappels sur le classifieur naïf de Bayes

Le classifieur naïf de Bayes (NB) est un outil largement utilisé dans les problèmes de classification supervisée. Il a pour avantage de se montrer efficace pour de nombreux jeux de données réels (Hand et Yu, 2001). Cependant, l'hypothèse naïve d'indépendance des variables peut, dans certains cas, dégrader les performances du classifieur. Aussi, des méthodes proposant de réaliser de la sélection de variables ont vu le jour (Langley et Sage, 1994). Elles consistent en la mise en place d'heuristiques d'ajout et de suppression de variables afin de sélectionner le meilleur sous-ensemble de variables maximisant un critère de performance du classifieur, selon une approche wrapper (Guyon et Elisseeff, 2003). Il a été montré par Boullé (Boullé, 2007) que moyenner un grand nombre de classifieurs Bayésiens naïfs sélectifs, réalisés avec différents sous-ensembles de variables, revenait à ne considérer qu'un seul modèle avec une pondération sur les variables. La formule de Bayes sous l'hypothèse d'indépendance des variables conditionnellement aux classes devient :

$$P(C_k|X) = \frac{P(C_k)\prod_i P(X_i|C_k)^{W_i}}{\sum_{j=1}^{K}(P(C_j)\prod_i P(X_i|C_j)^{W_i})} \tag{1}$$

où W_i représente le poids de la variable i. La classe prédite est celle qui maximise la probabilité conditionnelle $P(C_k|X)$. Les probabilités $P(X_i|C_i)$ peuvent être estimées par intervalle à l'aide d'une discrétisation pour les variables numériques. Pour les variables catégorielles, cette estimation peut se faire directement si la variable prend peu de modalités différentes ou après un groupage dans le cas contraire.

2.2 Définition et notations

On pose les notations suivantes :
  * le classifieur utilise d variables : $[d] = \{1, 2, ..., d\}$
  * pour un sous ensemble, u, de $[d]$ on note $|u|$ la cardinalité de u
  * pour deux ensembles u et r disjoints de $[d]$ on pose $u + r$ comme étant $u \cup r$
  * pour un sous-ensemble u de $[d]$, on désigne par $-u = [d]\backslash u$, le complément de u dans d

On définit une 'value function' $v(.)$ indiquant pour chaque sous ensemble de variables, u, la "contribution" maximale qu'elles peuvent obtenir ensemble, c.à.d $v(u)$, à la sortie du classifieur. La valeur maximale (ou gain total) de la 'value function' est quand a elle atteinte lorsqu'on considère toutes les variables, $v([d])$. La valeur de Shapley pour la variable j est notée ϕ_j. Le théorème de Shapley nous dit qu'il existe une unique répartition des valeurs de Shapley satisfaisant les quatre propriétés suivantes :
  — Efficacité
    — $v([d]) = \sum_j \phi_j$
    — le gain total est distribué sur l'ensemble des variables
  — Symétrie
    — si $\forall u \subset [d] - \{i, j\}, v(u + j) = v(u + i)$, alors $\phi_j = \phi_i$
    — si les variables i et j apportent le même gain à tout sous-ensemble de variables, alors elles ont la même valeur de Shapley
  — Joueur nul
    — si $\forall u \subset [d] - \{i\}, v(u + j) = v(u)$, alors $\phi_j = 0$

— si la variable i n'apporte rien à n'importe quel sous-ensemble de variables, alors sa valeur de Shapley est nulle
— Additivité
  — si les d variables sont utilisées pour deux problèmes de classification indépendants A et B associés à v_A, v_B, alors les valeurs de Shapley pour l'ensemble des deux problèmes sont la somme des valeurs de Shapley pour chaque problème

2.3 Valeurs de Shapley pour le classifieur naïf de Bayes

2.3.1 'Value Function'

Dans le cas du NB on propose de prendre comme 'Value Function' (cas d'un problème de classification à deux classes) le log ratio des probabilités :

$$LR = log\left(\frac{P(C_1|X)}{P(C_0|X)}\right) \tag{2}$$

$$= log\left(\frac{P(C_1)\prod_{i=1}^{d}P(X_i|C_1)^{W_i}}{\sum_{j=1}^{K}(P(C_j)\prod_{i=1}^{d}P(X_i|C_j)^{W_i})} \frac{\sum_{j=1}^{K}(P(C_j)\prod_{i=1}^{d}P(X_i|C_j)^{W_i})}{P(C_0)\prod_{i=1}^{d}P(X_i|C_1)^{W_i}}\right) \tag{3}$$

$$= log\left(\frac{P(C_1)\prod_{i=1}^{d}P(X_i|C_1)^{W_i}}{P(C_0)\prod_{i=1}^{d}P(X_i|C_1)^{W_i}}\right) \tag{4}$$

$$= log\left(\frac{P(C_1)}{P(C_0)}\right) + \sum_{i=1}^{d}W_i log\left(\frac{P(X_i|C_1)}{P(X_i|C_0)}\right) \tag{5}$$

Ce choix du log odd ratio comme 'value function' est motivé par deux raisons (i) le log odd ratio est en bijection avec le score produit par le classifieur selon une transformation monotone (ii) le log odd ratio a une forme linéaire qui simplifie les calculs.

Pour un sous ensemble, u, de variables [1] :

$$v(u) = \mathbb{E}_{X_{-u}|X_u=x_u}\left[LR(X_u = x_u^*, X_{-u})\right] \tag{6}$$

qu'on écrira de manière "simplifiée" par la suite

$$v(u) = \mathbb{E}\left[(LR(X)|X_u = x_u^*)\right] \tag{7}$$

Il s'agit d'un proxy de l'information sur la cible apportée par u au point $X = x^*$. Il va de soi que cette formulation ne vaut que dans le cas de variables indépendantes conditionnellement à la cible ce qui, heureusement, est le cas supposé dans la formule du classifieur naïf de Bayes.

On a donc pour un point (exemple) d'intérêt $x*$
— $v([d]) = LR(X = x^*)$, tout est conditionné à x^* donc on a le log odd ratio pour $X = x^*$
— $v(\emptyset) = \mathbb{E}_X[LR(X)] = \mathbb{E}_X\left[log(\frac{P(C_1|X)}{P(C_0|X)})\right]$, rien n'est conditionné donc a l'espérance du log odd ratio

---

1. sur les covariables en u, nous faisons une moyenne sur la distribution conditionnelle de X_{-u} étant donné $X_u = x_u$

2.3.2 Valeurs de Shapley

Par définition des valeurs de Shapley (Shapley et Shubik, 1954) on a pour une variable m :

$$\phi_m = \frac{1}{d} \sum_{u \in -m} \frac{v(u+m) - v(u)}{\binom{d-1}{|u|}}, \tag{8}$$

Pour obtenir ϕ_m il faut donc calculer, pour un sous ensemble de variables dans lequel la variable m n'apparaît pas, la différence de gain $v(u+m) - v(u)$. Cela permet de comparer le gain obtenu par le sous ensemble de variables avec et sans la variable m, afin de mesurer son impact lorsqu'elle "collabore" avec les autres. On doit donc calculer $v(u+m) - v(u)$ dans le cas du classifieur naïf de Bayes. Si cette différence est positive, cela signifie que la variable contribue positivement. A l'inverse, si la différence est négative, cela signifie que la variable pénalise le gain. Enfin, si la différence est nulle, cela indique que la variable n'apporte rien.

En suivant l'exemple de Lundberg et Lee (2017) et le Corollary1 avec un modèle linéaire dont les covariables sont le log odd ratio comme 'value function' on peut décomposer les sous ensembles de variables en 3 groupes $\{u\}, \{m\}, -\{u+m\}$.

Calcul de $v(u)$: Sur $\{u\}$, nous conditionnons sur $X_u = x_u$ tandis que sur $\{m\}, \{u+m\}$, on fait un moyennage Par conséquent on a

$$v(u) = \mathbb{E}\left[LR(X)|X_u = x_u^*\right] \tag{9}$$
$$= log(P(Y_1)/P(Y_0))$$
$$+ \sum_{k(k \in u)} w_k log\left(\frac{P(X_k = x_k{}^*|Y_1)}{P(X_k = x_k{}^*|Y_0)}\right)$$
$$+ w_m \mathbb{E}_{X_m}\left[P(X_m = x_m)log\left(\frac{P(X_m = x_m|Y_1)}{P(X_m = x_m|Y_0)}\right)\right]$$
$$+ \sum_{k(k \in -\{u+m\})} w_k \mathbb{E}_{X_k}\left[P(X_k = x_k)log\left(\frac{P(X_k = x_k|Y_1)}{P(X_k = x_k|Y_0)}\right)\right] \tag{10}$$

Calcul de $v(u+m)$: La seule différence c'est que l'on conditionne aussi sur X_m

$$v(u+m) = \mathbb{E}\left[LR(X)|X_{u+m} = x_{u+m}^*\right] \tag{11}$$
$$= log(P(Y_1)/P(Y_0))$$
$$+ \sum_{k(k \in u)} w_k log\left(\frac{P(X_k = x_k{}^*|Y_1)}{P(X_k = x_k{}^*|Y_0)}\right)$$
$$+ w_m \left[log\left(\frac{P(X_m = x_m^*|Y_1)}{P(X_m = x_m^*|Y_0)}\right)\right]$$
$$+ \sum_{k(k \in -\{u+m\})} w_k \mathbb{E}_{X_k}\left[P(X_k = x_k)log\left(\frac{P(X_k = x_k{}^*|Y_1)}{P(X_k = x_k{}^*|Y_0)}\right)\right] \tag{12}$$

On a donc $v(u+m) - v(u)$:

$$v(u+m) - v(u) = w_m \left(log \left(\frac{P(X_m = x_m^*|Y_1)}{P(X_m = x_m^*|Y_0)} \right) - \mathbb{E}_{X_m} \left[P(X_m = x_m)log \left(\frac{P(X_m = x_m|Y_1)}{P(X_m = x_m|Y_0)} \right) \right] \right)$$
(13)

ce qui correspond à la différence entre le contenu de l'information de X_m conditionnée à $X_m = x_m^*$ et l'entropie conditionnelle de la variable X_m. Autrement dit, comme l'entropie est une espérance, il s'agit de l'apport en information de la variable X_m pour la valeur $X_m = x_m^*$ de l'instance considérée, contrasté par l'apport moyen sur l'ensemble de la base. On voit aussi que $v(u+m) - (u)$ (dans le cas du NB) ne dépend que de m ; la sommation (voir Equation 8) est donc égale à l'équation 13. Equation qui peut être réécrit (on omet juste le produit par w_m) sous la forme [2] :

$$- \left[log \left(\frac{1}{P(X_m = x_m^*|Y_1)} \right) - \mathbb{E}_{X_m} \left[P(X_m = x_m)log \left(\frac{1}{P(X_m = x_m|Y_1)} \right) \right] \right]$$
$$+ \left[log \left(\frac{1}{P(X_m = x_m^*|Y_0)} \right) - \mathbb{E}_{X_m} \left[P(X_m = x_m)log \left(\frac{1}{P(X_m = x_m|Y_0)} \right) \right] \right]$$
(14)

Résultat : L'équation 13 fournit donc l'expression analytique de la valeur de Shapley. On s'aperçoit que dans le cas du classifieur naïf de Bayes on obtient une formulation exacte (non approchée) qui est, de plus, peu coûteuse en temps de calcul dans le cas où les variables numériques (réciproquement catégorielles) ont été préalablement discrétisées (groupage de modalités).

3 Comparaison avec le "poids de l'évidence"

Dans le cas du classifieur naïf de Bayes ainsi que celui de la régression logistique (Hosmer et Lemeshow, 2000) il existe un certain nombre de méthodes "usuelles" de calcul d'importance des variables. Le lecteur pourra trouver dans (Robnik-Sikonja et Kononenko, 2008) un large panel de ces indicateurs. Cette section présente le "weight of evidence" et une comparaison avec les valeurs de Shapley proposées dans la section précédente.

Le "Weight of evidence" (WoE) (Good, 1950) est parmi les indicateurs les plus utilisés. On utilisera cet indicateur aussi à titre de comparaison car comme nous le verrons plus tard, cet indicateur est proche de l'équation présentée ci-dessus (équation 13). La différence principale

---

2. En effet : L'équation 13 est de la forme

$$log \left(\frac{A}{B} \right) - \mathbb{E} \left[P(X)log \left(\frac{A}{B} \right) \right] =$$
$$log(A) + log \left(\frac{1}{B} \right) - \mathbb{E} \left[P(X) \left(log(A) + log \left(\frac{1}{B} \right) \right) \right] =$$
$$log(A) + log \left(\frac{1}{B} \right) - \mathbb{E} \left[P(X)log(A) \right] - \mathbb{E} \left[P(X)log \left(\frac{1}{B} \right) \right] =$$
$$-log \left(\frac{1}{A} \right) + log \left(\frac{1}{B} \right) + \mathbb{E} \left[P(X)log \left(\frac{1}{A} \right) \right] - \mathbb{E} \left[P(X)log \left(\frac{1}{B} \right) \right] =$$
$$- \left[log \left(\frac{1}{A} \right) - \mathbb{E} \left[P(X)log \left(\frac{1}{A} \right) \right] \right] + \left[log \left(\frac{1}{B} \right) - \mathbb{E} \left[P(X)log \left(\frac{1}{B} \right) \right] \right]$$

réside dans la valeur de référence. Dans l'équation 13 on peut s'apercevoir que le deuxième terme utilise une référence vis-à-vis de l'ensemble de la population alors que dans le WoE utilise une référence en zéro. On donne ci-dessous la définition du WoE (dans le cas à deux classes) qui est un log odds ratio calculé entre la probabilité de la sortie du modèle et cette dernière privée de la variable X_m :

$$(WoE)_m = log\left(\frac{\frac{p}{1-p}}{\frac{q}{1-q}}\right) = log\left(\frac{\frac{P(Y_1|X)}{P(Y_0|X)}}{\frac{P(Y_1|X\backslash X_m)}{P(Y_O|X\backslash X_m)}}\right) = log\left(\frac{P(Y_1|X)}{P(Y_0|X)}\right) - log\left(\frac{P(Y_1|X\backslash X_m)}{P(Y_0|X\backslash X_m)}\right) \quad (15)$$

$$(WoE)_m = w_m\left(log\left(\frac{\frac{P(Y_1|X)}{P(Y_0|X)}}{\frac{P(Y_1|X\backslash X_m)}{P(Y_0|X\backslash X_m)}}\right)\right) = w_m\left(log\left(\frac{P(Y_1|X)P(Y_0|X\backslash X_m)}{P(Y_0|X)(Y_1|X\backslash X_m)}\right)\right) \quad (16)$$

$$(WoE)_m = w_m\left(log\left(\frac{P(Y_1)\left[\prod_{i=1}^{d} P(X_i|Y_1)\right]P(Y_0)\left[\prod_{i=1,i\neq m}^{d} P(X_i|Y_0)\right]}{P(Y_0)\left[\prod_{i=1}^{d} P(X_i|Y_0)\right]P(Y_1)\left[\prod_{i=1,i\neq m}^{d} P(X_i|Y_1)\right]}\right)\right) \quad (17)$$

par simplification du numérateur et du dénominateur :

$$(WoE)_m = w_m\left(log\left(\frac{P(X_m = x_m^*|Y_1)}{P(X_m = x_m^*|Y_0)}\right)\right) \quad (18)$$

On notera que "priver" le classifieur naïf de Bayes d'une variable est équivalent à mener un calcul de "saliency" tel que proposé dans (Lemaire et Clérot, 2006) et qui prend en compte la distribution de probabilité de la variable X_m. En effet il suffit pour priver le classifieur (dans le cas du naïf de Bayes) de la variable X_m de recalculer la moyenne des prédictions du classifieur pour toutes les valeurs possible de la variables X_m tel que démontré dans (Robnik-Sikonja et Kononenko, 2008).

Lien en $(WoE)_m$ et ϕ_m : on peut donc voir que c'est la référence qui change. Dans l'équation 13 on peut s'apercevoir que le deuxième terme pose une référence vis-à-vis de l'ensemble de la population alors que le WoE pose une référence en zéro.

En effet si on pose que la variable X_m possède k valeurs distinctes Robnik et al. (Robnik-Sikonja et Kononenko, 2008) on montré que le calcul de saliency de (Lemaire et Clérot, 2006) est exact dans le cas du naïf Bayes et revient bien à "effacer" la variable X_m :

$$P(Y.|X\backslash X_m) = \sum_{q=1}^{k} P(X_m = X_q)\frac{P(Y.|X, X_m = X_q)}{P(X, X_m = X_q)} \quad (19)$$

$$P(Y.|X\backslash X_m) = \sum_{q=1}^{k} P(X_m = X_q)\left(P(Y.)\left(\prod_{i=1,i\neq m}^{d}\frac{P(X_i|Y.)}{P(X_i)}\right)\frac{P(X_m = X_q|Y.)}{P(X_m = X_q)}\right)$$

$$P(Y.|X\backslash X_m) = P(Y.)\prod_{i=1,i\neq m}^{d} P(X_i|Y.)\left(\sum_{q=1}^{k}\frac{P(X_m = X_q)P(X_m = X_q|Y.)}{P(X_m = X_q)}\right) \quad (20)$$

$$P(Y.|X\backslash X_m) = P(Y.)\prod_{i=1,i\neq m}^{d} P(X_i|Y.) \quad (21)$$

avec $P(Y|X, X_m = X_q)$ étant $P(Y|X)$ mais où la valeur de la variable X_m a été remplacée par une autre valeur de sa distribution X_q.

Ce dernier résultat est intéressant car à l'aide de l'équation 25 on peut réécrire l'équation 21 en :

$$(WoE)_m = w_m \left(log \left(\frac{P(Y_1|X)P(Y_0|X \backslash X_m)}{P(Y_0|X)(Y_1|X \backslash X_m)} \right) \right)$$

$$(WoE)_m = w_m log \frac{\left(P(Y_1) \prod_{i=1}^{d} P(X_i|Y_1) \right) \left(P(Y_0) \prod_{i=1, i \neq m}^{d} P(X_i|Y_0) \sum_{q=1}^{k} P(X_m = X_q|Y_0) \right)}{\left(P(Y_0) \prod_{i=1}^{d} P(X_i|Y_0) \right) \left(P(Y_1) \prod_{i=1, i \neq m}^{d} P(X_i|Y_1) \sum_{q=1}^{k} P(X_m = X_q|Y_1) \right)}$$

$$(WoE)_m = w_m \left(log \left(\frac{P(X_m = x_m^*|Y_1)}{P(X_m = x_m^*|Y_0)} \frac{\sum_{q=1}^{k} P(X_m = X_q|Y_0)}{\sum_{q=1}^{k} P(X_m = X_q|Y_1)} \right) \right)$$

$$(WoE)_m = w_m \left(log \left(\frac{P(X_m = x_m^*|Y_1)}{P(X_m = x_m^*|Y_0)} \right) + log \left(\frac{\sum_{q=1}^{k} P(X_m = X_q|Y_0)}{\sum_{q=1}^{k} P(X_m = X_q|Y_1)} \right) \right) \quad (22)$$

$$(WoE)_m = w_m \left(log \left(\frac{P(X_m = x_m^*|Y_1)}{P(X_m = x_m^*|Y_0)} \right) + log \left(\frac{1}{1} \right) \right) \quad (23)$$

Ce résultat permet peut être de mieux comprendre pourquoi le WoE est référencé en zéro. De plus en comparant l'équation 28 et l'équation 13 on voit bien l'effet de prendre comme 'value function' comme étant la sortie du classifieur dans le premier cas (WoE) alors que c'est l'odds dans le deuxième cas (Shapley).

On voit ci-dessus que la différence entre ϕ_m (equation 13) et WoE provient du fait que dans le premier cas on calcule une espérance sur la variation du log ratio $(P(Y_1|X)/P(Y_0|X))$ alors que dans le deuxième cas cette espérance n'est calculée que sur les variations de $f(X) = P(Y_1|X)$ (ou réciproquement $P(Y_0|X)$).

4 Conclusion

Nous avons proposé dans cet article une méthode de calcul analytique des valeurs de Shapley dans le cas du classifier naïf de Bayes. Cette méthode exploite l'hypothèse d'indépendance des variables conditionnellement à la cible pour obtenir la valeur exacte des valeurs de Shapley avec une complexité algorithmique linéaire avec le nombre des variables. Contrairement aux méthodes d'évaluation/approximation alternatives, on exploite des hypothèses parfaitement conformes au classifieur sous-jacent et on évite les méthodes d'approximation particulièrement coûteuses en temps de calcul.

Références

Boullé, M. (2007). Compression-based averaging of selective naive Bayes classifiers. *Journal of Machine Learning Research 8*, 1659–1685.

Good, I. J. (1950). *Probability and the weighing of evidence*. C. Griffin & Company Limited.

Guyon, I. et A. Elisseeff (2003). An introduction to variable and feature selection. *J. Mach. Learn. Res. 3*, 1157–1182.

Hand, D. J. et K. Yu (2001). Idiot's bayes-not so stupid after all? *International Statistical Review 69*(3), 385–398.

Hosmer, D. W. et S. Lemeshow (2000). *Applied logistic regression.* John Wiley and Sons.

Langley, P. et S. Sage (1994). Induction of selective bayesian classifiers. In *Proceedings of the Tenth International Conference on Uncertainty in Artificial Intelligence*, San Francisco, CA, USA, pp. 399–406. Morgan Kaufmann Publishers Inc.

Lemaire, V. et F. Clérot (2006). An input variable importance definition based on empirical data probability distribution. In *Feature extraction, foundations and applications*, pp. 509–516. Springer Berlin Heidelberg.

Lundberg, S. M. et S.-I. Lee (2017). A unified approach to interpreting model predictions. In I. Guyon, U. V. Luxburg, S. Bengio, H. Wallach, R. Fergus, S. Vishwanathan, et R. Garnett (Eds.), *Advances in Neural Information Processing Systems*, Volume 30. Curran Associates, Inc.

Robnik-Sikonja, M. et I. Kononenko (2008). Explaining classifications for individual instances. *Knowledge and Data Engineering, IEEE Transactions on Knowledge and Data Engineering 20*, 589 – 600.

Shapley, L. S. et M. Shubik (1954). A method for evaluating the distribution of power in a committee system. *American Political Science Review 48*(3), 787–792.

Summary

Variable selection and/or importance measurement of input variables to a machine learning model has become the focus of much research due to the European regulation on privacy protection. Having a good model is no longer enough, one must also explain its decisions. Therefore, there are many intelligibility algorithms available today. Among these, there are many algorithms for estimating Shapley values, a method of intelligibility based on the theory of cooperative games. This article proposes a comparison of Shapley values (in the particular case of the Naive Bayes Classifier) with a frequently used indicator: the weight of evidence.

Amélioration de l'architecture GAT par la prise en compte de la courbure du graphe

Hugo Attali *, Adrien Guille *, Stephane Chretien *

* Université de Lyon, Lyon 2, ERIC UR 3083
prénom.nom@univ-lyon2.fr

Résumé. Bien que les réseaux de neurones opérant sur des graphes comme le GCN ou le GAT, soient très utilisés, il est établi qu'ils souffrent d'un de goulot d'étranglement qui limite leur efficacité. Récemment, il a été montré que le phénomène de goulot d'étranglement provient de certaines zones des graphes, que l'on peut identifier par une mesure de courbure des arêtes. Tandis qu'une solution consiste à modifier le graphe dans ces zones en ajoutant et en supprimant des arêtes nous proposons de modifier le mécanisme d'attention du GAT pour moduler les poids d'attention selon la courbure des arêtes. Les expériences menées sur différents jeux de données montrent que notre méthode s'avère plus efficace, moins couteuse et améliore la méthode originale GAT dans la classification des nœuds.

1 Introduction

La recherche d'information nécessite une bonne représentation des documents. En plus des informations textuelles, représenter un corpus par un graphe permet de prendre en compte les liens entre documents et ainsi d'améliorer la qualité des représentations. Récemment, l'architecture en graphe est ancrée dans le domaine de l'apprentissage profond et résout efficacement de nombreuses tâches du Traitement Automatique de la Langue comme la classification de document (Guille et Attali, 2022a,b, 2023) et de classification de nœuds (Brochier et al., 2019, 2020). La majorité des réseaux de neurones opérant sur des graphes (GNNs) est basée sur le passage de messages, où l'information entre les nœuds voisins est propagée à travers le graphe comme GCN (Kipf et Welling, 2017) ou GAT (Veličković et al., 2018). Les GNNs peuvent être confrontés à un certain nombre de problèmes en particulier de moins bonnes performances en environnement hétérophile (Zhu et al., 2020), lorsque les nœuds voisins ne sont pas similaires ou du moins donnent des informations très différentes. Le phénomène de surlissage arrive lorsque le passage de message est effectué de manière excessive, dans ce cas toutes les représentations des sommets du graphe ont tendance à être similaires (Oono et Suzuki, 2020)(Cai et Wang, 2020). Ce phénomène provoque une dégradation conséquente des résultats(Kipf et Welling, 2017)(Qimai Li, 2018) . Un autre problème est le phénomène de goulot d'étranglement dans un graphe qui se produit lorsque deux parties d'un graphe sont connectées par très peu d'arêtes. Ainsi, lors du passage d'un message, l'information devra être condensée, entraînant une perte d'information. Ce dernier problème est dû à la topologie du graphe et plus précisément à la courbure négative (cf figure 1) de certaines arêtes du graphe (Topping et al., 2022) .

Dans cet article, nous proposons de modifier le mécanisme d'attention du GAT afin de prendre en compte la courbure des arêtes pour atténuer le problème de goulot d'étranglement.

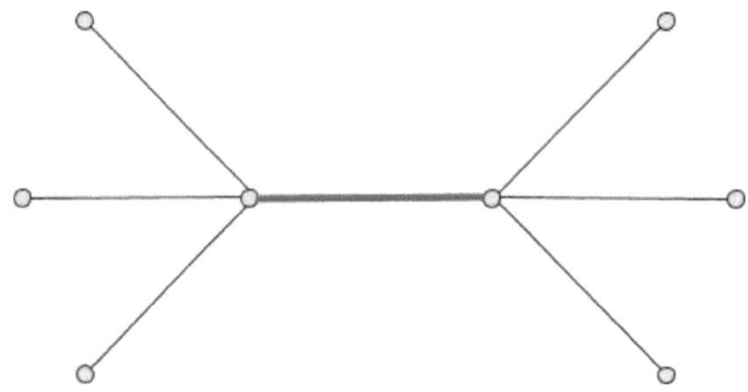

FIG. 1 – *En bleu un exemple d'arête à courbure négative.*

Reproductibilité. Le code permettant de reproduire les résultats de l'article est disponible. [1]

2 Travaux connexes

Réseau de neurones opérant sur des graphes Le succès de l'apprentissage profond dans le domaine euclidien a suscité un grand intérêt pour la généralisation des réseaux de neurones aux domaines non euclidiens, comme les graphes. L'idée principale des GNNs est d'agréger les attributs des nœuds voisins pour enrichir les représentations des nœuds. Les GNNs mettent à jour leurs représentations de différentes manières. Le GCN (Kipf et Welling, 2017) met à jour la représentation des nœuds en utilisant les degrés des nœuds voisins.

$$\mathbf{H}^{(l+1)} = \sigma \left(\tilde{\mathbf{D}}^{-\frac{1}{2}} \tilde{\mathbf{A}} \tilde{\mathbf{D}}^{-\frac{1}{2}} \mathbf{H}^{(l)} \mathbf{W}^{(l+1)} \right), \tag{1}$$

où $\mathbf{D}$ est la matrice de degrés, $\tilde{\mathbf{D}} = \mathbf{D} + \mathbf{I}$, $\mathbf{A}$ la matrice d'adjacence, $\tilde{\mathbf{A}} = \mathbf{A} + \mathbf{I}$, $\mathbf{W}^{(l+1)}$ représente une matrice de poids à la l+1-éme couche, σ est une fonction d'activation non linéaire.

L'architecture GAT (Veličković et al., 2018) pondère l'importance des attributs des sommets voisins avec un mécanisme d'attention α où α_{ij} est l'importance attribuée au nœud j par le nœud i. Si le nœud j n'est pas un voisin du nœud i $\alpha_{ij} = 0$, sinon il est calculé comme suit :

$$\alpha_{ij}^{(l+1)} = \frac{\exp\left(\text{LeakyReLU}(z^{(l+1)} \cdot [h_i^{(l)} \mathbf{W}^{(l+1)} || h_j^{(l)} \mathbf{W}^{(l+1)}]) \right)}{\sum_{k \in \mathcal{N}_i} \exp\left(\text{LeakyReLU}(z^{(l+1)} \cdot [h_i^{(l)} \mathbf{W}^{(l+1)} || h_k^{(l)} \mathbf{W}^{(l+1)}]) \right)}, \tag{2}$$

où $||$ représente la concaténation et $\mathcal{N}_i$ est l'ensemble des voisins du sommet i. Ce score est paramétré par $z^{(l+1)}$ et $\mathbf{W}^{(l+1)}$, respectivement un vecteur de poids et une transformation

---

1. Code disponible sur : `https://github.com/Hugo-Attali/Curvature-GAT`

linéaire. L'activation LeakyReLU est calculée avec une pente négative de 0,2. Enfin, les mises à jour de la représentation sont calculées en fonction des scores d'attention.

$$\mathbf{H}^{(l+1)} = \sigma\left(\boldsymbol{\alpha}\mathbf{H}^{(l)}\mathbf{W}^{(l+1)}\right). \tag{3}$$

Ces différentes méthodes n'exploitent pas de manière optimale la structure du graphe. (Wang et al., 2021) montre que la prise en compte des degrés du graphe dans le mécanisme d'attention améliore les résultats dans la tâche de classification de nœuds. Les auteurs modifient la matrice des poids d'attention telle que la mise à jour de la représentation est :

$$\mathbf{H}^{(l+1)} = \sigma(\tilde{\mathbf{D}}^{-\frac{1}{2}}\tilde{\alpha_D}\tilde{\mathbf{D}}^{-\frac{1}{2}}\mathbf{H}^{(l)}\mathbf{W}^{(l+1)}), \tag{4}$$

où $\boldsymbol{\alpha}_D = \boldsymbol{\alpha} * D$, avec $\boldsymbol{\alpha}$ la matrice de poids d'attention originale (Veličković et al., 2018).

Courbure dans un graphe   Les principales publications sur la courbure des arêtes dans un graphe sont les travaux de (Forman, 2003) et (Ollivier, 2007). Dans cet article, nous nous concentrons sur la courbure d'Ollivier, plus précise, basée sur la théorie du transport optimal. Nous définissons une distribution de probabilité μ_i sur le graphe de maniere à appliquer à chaque nœud i une mesure de probabilité π_i :

$$\mu_i = \begin{cases} \pi_i & \text{si } j = i \\ (1 - \pi_i)/k & \text{si } j \in \mathcal{N}(i) \\ 0 & \text{sinon} \end{cases} , \tag{5}$$

Où k représente le degré du nœud i. En suivant les travaux précédents (Ni et al., 2015) (Ni et al., 2018) (Ye et al., 2019) nous choisissons $\pi_i = 0,5$. Nous introduisons alors la distance de Wasssertain de l'ordre 1, $W_1(i, j)$, correspondant au transport optimal des masses de probabilités des voisins de i vers les voisins de j :

$$W_1(\mu_i, \mu_j) = \min_{\pi \in \Pi(\mu_i, \mu_j)} \int_{(u,v)} d(u, v)d\pi(u, v). \tag{6}$$

La courbure d'Ollivier c_{ij} d'une arête e_{ij} peut être définie comme :

$$C_{ij} = 1 - \frac{W_1(\mu_i, \mu_j)}{\text{dist}(i, j)}, \tag{7}$$

où $\text{dist}(i, j)$ est la longueur du plus court chemin entre le nœud i et le nœud j.

(Topping et al., 2022) montre que la courbure du graphe, notamment les arêtes à courbure négative, joue un rôle important dans le phénomène de goulot d'étranglement et perturbe la bonne transmission du passage de message. Il propose donc de modifier la topologie du graphe pour atténuer ce problème (cf figure 2).

3   Proposition

Nous proposons de modifier le mécanisme d'attention du GAT (Veličković et al., 2018) en intégrant la courbure du graphe pour atténuer le phénomène de goulot d'étranglement. Dans

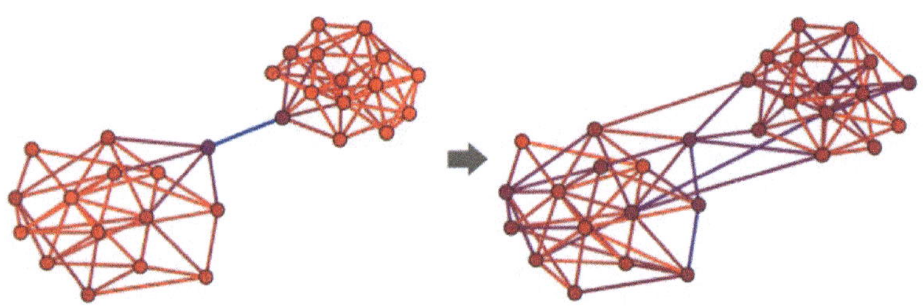

FIG. 2 – *Changement de la topologie du graphe pour éviter le phénomène de goulot d'étranglement. Figure tirée de (Topping et al., 2022)*

cet objectif, nous travaillons avec la courbure d'Ollivier. L'interet de travailler avec la courbure d'Ollivier est que nous sommes capables de la calculer en amont, et donc de l'introduire comme une entrée de notre réseau, cela ne rajoute donc aucun paramètre à notre modèle. Nous introduisons une matrice $C \in \mathbb{R}^{N \times N}$ où N représente le nombre de nœuds du graphe. Ainsi, C_{ij} est la courbure de l'arête entre les nœuds i et j. Inspirés par (Topping et al., 2022), nous appliquons une fonction softmax de manière à accorder plus d'importance aux arêtes à courbure négative responsables du phénomène de goulot d'étranglement. Par conséquent, nous définissons un nouveau mécanisme d'attention α' tel que :

$$\alpha'_{ij} = \frac{(\alpha_{ij} + \text{softmax}(C_{ij}) \times Q)}{Q + 1} \tag{8}$$

où α_{ij} est le mécanisme d'attention original défini dans l'équation 2 et $Q \in \mathbb{R}^+$, initialisé à $\frac{1}{4}$, est appris par notre réseau qui attribue l'importance de la courbure dans le mécanisme d'attention. Enfin, nous mettons à jour la représentation $H'^{(l)}$ en remplaçant l'équation 3 par :

$$\mathbf{H}^{(l+1)} = \sigma\left(\boldsymbol{\alpha}'\mathbf{H}^{(l)}\mathbf{W}^{(l+1)}\right), \tag{9}$$

4 Expériences

Nous réalisons des expériences sur 5 jeux de données divers sur une tâche de classification de nœuds.
— **Réseaux de publication scientifique** [2] : Les jeux de données Cora, Citeseer et Pubmed (Sen et al., 2008) décrivent les citations de publications scientifiques. Chaque publication est décrite par un sac de mots du résumé de la publication. Les classes sont les catégories de publications.
— **Amazon** [3] : Amazon computers et Amazon photos sont un extrait du graphe d'achat Amazon (McAuley et al., 2015), où les nœuds représentent les biens, les arêtes indiquent si deux biens sont fréquemment achetés ensemble. Les attributs sont les sacs de mots des descriptions des produits. Les classes sont les catégories de produits.

---

2. https://github.com/calciver/Graph-Attention-Networks/tree/master/data
3. https://github.com/EdisonLeeeee/GraphData/tree/master/datasets

Pour les expériences, nous appliquons la même stratégie d'apprentissage que celle présentée dans (Shchur et al., 2018)

TAB. 1 – *Description des jeux de données.*

	Cora	**Citeseer**	**Pubmed**	**Amazon photo**	**Amazon computers**
# Nodes	2 708	3 312	19 717	7 650	13,752
# Edges	5 429	4 715	44 324	143 663	287 209
# Classes	7	6	3	8	10
# Train Nodes	140	120	60	160	200

Nous comparons notre méthode avec 4 méthodes basées sur les GNNs.
— **GCN** : Deux couches avec une taille cachée de 64, un pas d'apprentissage de 0,01 comme présenté dans (Shchur et al., 2018).
— **GAT**[4] (Veličković et al., 2018) : Deux couches GAT. Pour les jeux de données Cora et Citeseer, la première couche comporte 8 têtes d'attention et une tête pour la seconde couche. Pendant l'apprentissage, nous utilisons un taux d'apprentissage de 0.005 et nous appliquons une couche de régularisation L_2 avec $\lambda = 0.0005$ avec un dropout de 0.6 comme dans l'article original. Pour les jeux de données Pubmed, Amazon photos et Amazon computers, la première couche a 8 têtes d'attention et la seconde cinq. Pendant l'apprentissage, nous utilisons un taux d'apprentissage de 0,01 et nous appliquons une couche de régularisation L_2 avec $\lambda = 0,0005$ et un dropout de 0,5.
— **APPN**[5] (Klicpera et al., 2018) : Deux couches de GCN avec une taille cachée de 64, un pas d'apprentissage de 0,01. Pour la propagation du Pagerank (Page et al., 1999), nous utilisons une probabilité de téléportation de $\gamma = 0,1$ comme dans l'article original.
— **Gat + norm.adj**[6] (Wang et al., 2021) : Même configuration que GAT pour une comparaison juste, avec la matrice d'attention normalisée comme dans l'article original.
— **SRDF**[7] (Topping et al., 2022) : Résultats issus du papier original. Les résultats sur les jeux de données Amazon sont issus de (Sun et al., 2022).
— **Gat + Curvature (notre méthode)** Pour une comparaison juste, nous utilisons notre méthode avec la même configuration que GAT.
Comme (Shchur et al., 2018) nous expérimentons toutes les méthodes avec une patience de 100. Nous exécutons chaque méthode 10 fois sur chaque jeu de données et nous rapportons le taux de réussite moyen.

---

4. Code : https://github.com/PetarV-/GAT
5. Code : https://github.com/gasteigerjo/ppnp
6. Code : https://github.com/espylapiza/BoT
7. Code : https://github.com/jctops/understanding-oversquashing

TAB. 2 – *Moyenne des scores en test. Meilleur score en gras et deuxième meilleur score en italique.*

	Cora	Citeseer	Pubmed	Photos	Computers
GCN(Kipf et Welling, 2017)	81.5(1.3)	70.9 (1.9)	77.8 (2.9)	91.2 (1.2)	82.6 (2.4)
GAT(Veličković et al., 2018)	*82.9* (0.7)	72.2 (0.7)	78.0 (0.5)	84.6 (17.8)	80.7 (1.2)
APPN(Klicpera et al., 2018)	82.7 (0.7)	**72.9** (1.5)	*78.8* (1.1)	*91.6* (0.7)	80.8 (0.7)
Gat + norm.adj(Wang et al., 2021)	**83.2** (0.8)	72.2 (0.6)	77.8 (1.7)	90.9 (0.6)	*84.2* (1.7)
SRDF(Topping et al., 2022)	82.8 (0.2)	*72.6* (0.2)	**79.1** (0.1)	> 5 jours	> 5 jours
GAT + Curvature	*82.9* (0.8)	*72.6* (0.8)	78.3 (0.4)	**91.7** (1.1)	**86.2** (1.6)
Δ_{GAT}	**+0.0**	**+0.4**	**+0.3**	**+5.1**	**+5.5**

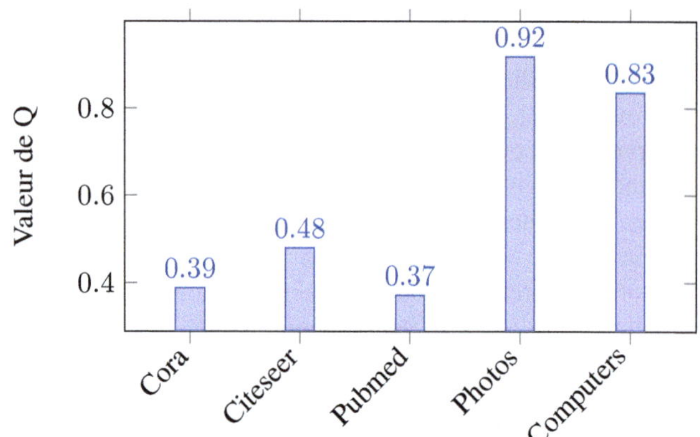

FIG. 3 – *Sur la gauche, la comparaison des résultats entre notre méthode et le GAT original. Sur la droite, la valeur de Q dans l'équation 8 en fonction des jeux de données.*

Nous constatons que notre méthode est meilleure que GAT sur tous les jeux de données et obtient des résultats significativement meilleurs sur les graphes larges et complexes. Pour ces jeux de données le réseau donne beaucoup d'importance à la courbure (cf figure ⎪⎪) dans le mécanisme d'attention et les améliorations de nos résultats sont plus importants.

5   Conclusion

Les structures en graphe sont omniprésentes pour représenter différents réseaux de documents. Dans cet article, nous montrons que la prise en compte de la structure locale et plus précisément de la courbure d'un graphe dans le mécanisme d'attention apporte des améliorations dans la tâche de classification des nœuds. Apporter une plus grande importance aux arêtes négatives atténue le problème de goulot d'étranglement et évite la perte d'information, d'autant plus que les graphes sont grands et complexes. Dans des travaux futurs, nous aimerions explorer l'utilité de ce type d'architecture pour résoudre des tâches de prédictions de liens et de classifications de documents.

Références

Brochier, R., A. Guille, et J. Velcin (2019). Global vectors for node representations. In *Proceedings of the ACM WWW World Wide Web Conference*.

Brochier, R., A. Guille, et J. Velcin (2020). Inductive document network embedding with topic-word attention. In *Proceddings of the European Conference on Information Retrieval*.

Cai, C. et Y. Wang (2020). A note on over-smoothing for graph neural networks. *Graph Representation Learning*.

Forman, R. (2003). Bochner's method for cell complexes and combinatorial ricci curvature.

Guille, A. et H. Attali (2022a). Classification interprétable de documents à l'aide d'un réseau de neurones opérant sur des graphes. TextMine @ EGC.

Guille, A. et H. Attali (2022b). Document classification with hierarchical graph neural networks. MLG @ ECML-PKDD.

Guille, A. et H. Attali (2023). Classification de documents par un réseau de neurones opérant sur des graphes dans l'espace hyperbolique. In *Actes de la conférence sur l'Extraction et la Gestion de Connaissance à partir des Données*.

Kipf, T. N. et M. Welling (2017). Semi-Supervised Classification with Graph Convolutional Networks. In *Proceedings of the International Conference on Learning Representations, ICLR*.

Klicpera, J., A. Bojchevski, et S. Günnemann (2018). Predict then propagate : Graph neural networks meet personalized pagerank. *arXiv preprint arXiv :1810.05997*.

McAuley, J., C. Targett, Q. Shi, et A. Van Den Hengel (2015). Image-based recommendations on styles and substitutes. In *Proceedings of the 38th international ACM SIGIR conference on research and development in information retrieval*, pp. 43–52.

Ni, C.-C., Y.-Y. Lin, J. Gao, X. David Gu, et E. Saucan (2015). Ricci curvature of the internet topology. In *2015 IEEE Conference on Computer Communications (INFOCOM)*, pp. 2758–2766.

Ni, C.-C., Y.-Y. Lin, J. Gao, et X. Gu (2018). Network alignment by discrete ollivier-ricci flow. In *International Symposium on Graph Drawing and Network Visualization*, pp. 447–462. Springer.

Ollivier, Y. (2007). Ricci curvature of metric spaces. *Comptes Rendus Mathematique 345*(11), 643–646.

Oono, K. et T. Suzuki (2020). Graph neural networks exponentially lose expressive power for node classification. *Proceedings of the International Conference on Learning Representations*.

Page, L., S. Brin, R. Motwani, et T. Winograd (1999). The pagerank citation ranking : Bringing order to the web. Technical report, Stanford InfoLab.

Qimai Li, Zhichao Han, X.-M. W. (2018). Deeper insights into graph convolutional networks for semi-supervised learning.

Sen, P., G. Namata, M. Bilgic, L. Getoor, B. Galligher, et T. Eliassi-Rad (2008). Collective classification in network data. *AI magazine 29*(3), 93–93.

Shchur, O., M. Mumme, A. Bojchevski, et S. Günnemann (2018). Pitfalls of graph neural network evaluation. *arXiv preprint arXiv :1811.05868.*

Sun, Q., J. Li, H. Yuan, X. Fu, H. Peng, C. Ji, Q. Li, et P. S. Yu (2022). Position-aware structure learning for graph topology-imbalance by relieving under-reaching and over-squashing. *CIKM '22 : Proceedings of the 31st ACM International Conference on Information & Knowledge Management.*

Topping, J., F. Di Giovanni, B. P. Chamberlain, X. Dong, et M. M. Bronstein (2022). Understanding over-squashing and bottlenecks on graphs via curvature. *Proceedings of the International Conference on Learning Representations.*

Veličković, P., G. Cucurull, A. Casanova, A. Romero, P. Liò, et Y. Bengio (2018). Graph Attention Networks. ICLR.

Wang, Y., J. Jin, W. Zhang, Y. Yu, Z. Zhang, et D. Wipf (2021). Bag of tricks for node classification with graph neural networks. *arXiv preprint arXiv :2103.13355.*

Ye, Z., K. S. Liu, T. Ma, J. Gao, et C. Chen (2019). Curvature graph network. In *International Conference on Learning Representations.*

Zhu, J., Y. Yan, L. Zhao, M. Heimann, L. Akoglu, et D. Koutra (2020). Beyond homophily in graph neural networks : Current limitations and effective designs. *Advances in Neural Information Processing Systems 33*, 7793–7804.

Summary

Over the past few years, graph structures have proven their effectiveness to represent interaction between textual information on many natural language tasks. The new GAT architecture has significantly improved the results in node classification tasks thanks to their attention mechanism based on the features of the vertices. In parallel, recent publications have shown that taking into account the topological aspect of the graph can attenuate some problems such as over-smoothing and the bottleneck phenomenon. In this paper we propose a way to improve GAT by considering the graph curvature in the attention mechanism. Experiments conducted on various datasets show that our method improves the original method GAT and outperforms recent GNNs specialized in node classification.

Résolution d'entités pour améliorer la qualité des données transactionnelles dans un système de santé

Tarek Benkhelif*, Wissam Siblini*

*komodo health france 115 Rue de l'Abbé Groult 75015 Paris
prénom.nom@komodohealth.com

Résumé. Les données de santé impliquent un réseau complexe d'entités telles que les patients, les prestataires de soin et les payeurs. Suivre chaque entité du système avec un haut degré de confiance est l'un des principaux défis en matière de qualité de données dans le domaine de la santé. Souvent désigné par "résolution d'entités", l'association précise des épisodes de soins de chaque patient est essentielle pour récupérer des historiques complets. Dans cet article applicatif sur les données transactionnelles du système de santé, nous dressons d'abord un inventaire des problèmes liés a la désambiguïsation des patients comme les dissociations d'identifiants et les collisions. Ensuite, sur un jeu de données réel enregistrant plus de 150 milliards d'interactions patient-professionnel de santé, nous proposons une approche pour reconnaître les identifiants de patients issus d'erreurs ou de dédoublements. Leur filtrage nous permet d'observer une réduction de 93% de l'écart entre le nombre de patients dans nos données et le nombre de patients attendus d'après le recensement Census.

1 Introduction

Chaque jour, un volume considérable de données de santé est généré aux États-Unis. Par exemple, l'année 2016 représente a elle seule plus de 3 000 milliards [1] de dollars de frais médicaux soumis par les hôpitaux. Les données se présentent sous de nombreuses formes : essais cliniques, publications scientifiques, dossier de santé électronique, facturation, demandes de remboursement, etc. Certaines de ces données sont accessibles au public, tandis que la plupart restent restreintes, isolées, par exemple, dans les systèmes hospitaliers ou d'assureurs. Avec pour mission de réduire le fardeau global de la maladie, notre initiative s'inscrit dans l'acquisition, le traitement, le raffinage et l'analyse d'un volume important de données transactionnelles de santé. L'objectif est d'avoir un processus de collecte donnant l'aperçu le plus complet et fiable des patients du système et de leur historique d'évènements. La capacité à relier ces entités à travers de multiples sources est alors une pierre angulaire de notre activité.

Dans cet article nous commençons par présenter le cadre général du système de santé en insistant sur les éléments qui font entrave à l'agrégation des sources de données comme

---

1. www.healthcarefinancenews.com/news/change-healthcare-analysis-shows-262-million-medical-claims-initially-denied-meaning-billions

la forte volumétrie, la pseudonymisation et les erreurs lors de saisies manuelles. Nous définissons ensuite la problématique, visant à détecter et à résoudre les faux identifiants. Nous dressons ensuite un panorama des approches de la littérature connexes à notre objectif. Enfin, nous décrivons en détail les modèles et heuristiques proposés pour la détection qui permettent d'améliorer significativement la qualité des les données.

2   Définition du problème

Un système de santé est constitué au minimum de l'interaction entre deux entités : un patient nécessitant des soins et un praticien de santé les fournissant (Wikipedia, 2022). Cette interaction est conclue par une rétribution financière. Dans une logique de gestion du risque pour les individus, la santé implique généralement des institutions intermédiaires (e.g. assurance maladie, mutuelles) qui contribuent au financement. Enfin, de nombreuses entités structurantes (hôpitaux, pharmacies, organisations gouvernementales, producteurs de médicaments/dispositifs, etc...) sont également acteurs dans ce système (Lameire et al., 1999).

L'accomplissement de soins génère de nombreuses données médicales (imageries, rapports, bilans biologiques) et un nombre important d'applications de l'apprentissage automatique (Miotto et al., 2018). En parallèle, lorsque le système de santé est mature et structuré, l'administratif constitue une source de données tout aussi exploitable (Milea, 2010; Sikka et al., 2005). Par exemple dans le système américain, chaque interaction donne lieu à une facture normalisée (*administrative claim*) identifiant le patient, le professionnel, et encodant les procédures effectuées, les médicaments prescrits, et les diagnostics selon des classes normalisées (ICD, NDC, PCS, etc... - Hirsch et al. (2016)). Ces données, combinées avec la littérature et l'open data, facilitent des applications autour de la prise en charge des patients, des maladies, et permettent d'améliorer le système de soin dans sa globalité. Par exemple certains s'intéressent à détecter des maladies rares, étudient l'utilisation de traitements, mesurent des statistiques, font des projections, etc. (Sikka et al., 2005) Cependant, le succès de ces différentes applications est conditionné par la qualité, l'exhaustivité et le bon traitement des données récoltées au travers de différentes sources (Milea, 2010).

2.1   Source de données et anonymisation

Tout acteur qui a un rôle dans le paiement des soins observe des données administratives : professionnel de santé, hôpital (*Provider*), mutuelle (*Payer*) et patient (Sanglier, 2011). Dans une situation idéale les données seraient homogènes et regroupées mais, en pratique, chaque acteur a une vue partielle et dans un format personnalisé. Des groupements de *Payers/Providers* ou intermédiaires supplémentaires effectuent déjà une première agrégation de vues. Dans ce papier, on se place dans un cadre où l'on a accès aux données de plusieurs de ces aggregateurs, que l'on appellera *sources*, et l'objectif est de les rassembler en résolvant les entités impliquées.

Au delà des hétérogénéités sur le format et la disponibilité des données (Morris et al., 2014) : (1) Les sources ont des intersections non nulles de patients et d'évènements (car, par exemple, un patient peut avoir plusieurs mutuelles, ou une visite peut être vue à la fois du côté *Provider* et *Payer*). (2) Des données sont masquées. Pour chaque patient, un identifiant primaire est généré par le hachage d'informations personnelles (e.g. date de naissance, nom, initiales). Ces dernières (i) ne sont parfois pas exclusives, ainsi un même identifiant peut être attribué à plusieurs patients (*collisions*), ou (ii) sont parfois amenées à changer (e.g. mariage), ainsi un patient peut avoir plusieurs identifiants (*dissociations*). (3) Parfois des données temporaires (e.g. devis) générées entraînent l'apparition de nouveaux identifiants (*faux identifiants*) dans les données de certaines sources. Il est important de pouvoir résoudre les patients du système pour éviter d'avoir des vues partielles et ne pas limiter la performance des algorithmes d'apprentissage. Le problème de désambiguïsation de l'identité apparaît alors comme un des plus grands défis en matière de qualité des données de santé (Sukumar et al., 2015).

2.2 Problème : résolutions d'entités

On considère qu'on dispose, comme point de départ, de la concaténation brute $\mathcal{D}$ des données fournies par un ensemble de sources $\mathcal{S} = \{S_1, S_2, ..., S_s\}$. Chaque évènement $e \in \mathcal{D}$ (interaction patient - professionnel de santé) est associé à un identifiant patient $i = \mathrm{id}(e)$.

On note $\mathcal{I}(\mathcal{D}) = \{i_1, i_2, ..., i_{n_I}\}$ l'ensemble des n_I identifiants patients présents dans $\mathcal{D}$ et $\mathcal{P}(\mathcal{D}) = \{p_1, p_2, ..., p_{n_P}\}$ l'ensemble des n_P véritables patients représentés par $\mathcal{D}$. On note $f : p \mapsto \mathcal{I}_p$ la fonction de correspondance entre un véritable patient et un sous ensemble d'identifiants de $\mathcal{I}(\mathcal{D})$, et $\overline{f} : i \mapsto \mathcal{P}_i$ la fonction de correspondance entre un identifiant et un sous ensemble de patients de $\mathcal{P}(\mathcal{D})$. On définit également les fonctions de cardinal associées $g : p \mapsto |f(p)|$ et $\overline{g} : i \mapsto |\overline{f}(i)|$. Dans ce cadre, on a alors :
  — $\mathcal{F}(\mathcal{I}) = \{i \mid i \in \mathcal{I}(\mathcal{D}), \overline{g}(i) = 0\}$ l'ensemble des *faux identifiants*, i.e. n'ayant pas de correspondance avec de véritables patients.
  — $\mathcal{C}(\mathcal{I}) = \{i \mid i \in \mathcal{I}(\mathcal{D}), \overline{g}(i) > 1\}$ l'ensemble des *collisions*.
  — $\mathcal{H}(\mathcal{P}) = \{p \mid p \in \mathcal{P}(\mathcal{D}), g(p) > 1\}$ l'ensemble des *dissociations*. On notera $\mathcal{H}(\mathcal{I})$ l'union des identifiants associés aux patients de $\mathcal{H}(\mathcal{P})$.

Le véritable ensemble de patients $\mathcal{P}(\mathcal{D})$ ainsi que les fonctions de correspondance sont des inconnus. Cependant, pour certaines sous-parties de la population $\mathcal{I}_1 \subset \mathcal{I}(\mathcal{D})$, on dispose d'un registre de vérification d'existence (*ID verifier*) que l'on notera h_1. Pour chaque identifiant i de $\mathcal{I}_1$, $h_1(i)$ nous indique si i est l'identifiant d'un véritable patient ($h_1(i) = 1$ pour $i \in \mathcal{I}_1 \setminus (\mathcal{F}(\mathcal{I}) \cup \mathcal{H}(\mathcal{I}))$) ou non ($h_1(i) = 0$ pour $i \in \mathcal{I}_1 \cap \mathcal{F}(\mathcal{I})$). Pour les patients dissociés de $\mathcal{H}(\mathcal{P})$, l'*ID verifier* ne reconnaît qu'un seul identifiant ($h_1(i) = 1$) et pas les autres ($h_1(i) = 0$). Dans ce papier, on notre objectif sera de prédire automatiquement le label h_1 à partir des données associées à l'identifiant. Plus précisément, chaque identifiant i de $\mathcal{I}(\mathcal{D})$ a un ensemble de variables descriptives a_i (e.g. âge, genre) et un sous ensemble d'évènements $\mathcal{E}_i = \{e \mid e \in \mathcal{D}, \mathrm{id}(e) = i\}$ de $\mathcal{D}$. Chaque évènement est lui-même décrit par plusieurs variables (e.g. date, zone géographique, code de diagnostic, montant payé, etc.). En appliquant des fonctions d'agrégation sur les éléments de $\mathcal{E}_i$, on peut construire un second ensemble de variables b_i pour l'identifiant i et obtenir un ensemble global x_i par concaténation avec a_i. Formellement, on souhaite construire un modèle l tel que, pour tout i dans $\mathcal{I}_1$, $l(x_i) = 1 - h_1(i)$ i.e. qui détecte les identifiants non connus par l'*ID verifier*.

3 État de l'art

La résolution d'entités vise à rassembler toutes les informations pertinentes sur une personne, une entreprise ou une entité et est souvent constituée de quatre étapes (Binette et Steorts, 2020). Dans la première, "l'alignement des attributs et des schémas", les enregistrements sont analysés pour identifier les ensembles d'attributs communs entre les différentes sources. Dans la deuxième, "le blocage", les enregistrements similaires sont regroupés en blocs. Les éléments apparaissant dans le même bloc seront comparés ; les autres sont automatiquement considérés comme des non-concordances. À l'étape suivante, "la résolution des entités", les enregistrements co-référents sont identifiés. Enfin, à la quatrième étape, de "fusion, ou canonisation", les entités jugées correspondantes à l'étape 3 sont fusionnées pour produire un seul enregistrement représentatif. Plus spécifique à notre problème, la résolution d'entités pseudonymisées, ou dé-anonymisation, consiste, elle, à réconcilier des enregistrements avec la particularité que les attributs identifiants (e.g. le nom) et quasi-identifiants (e.g. le genre) sont obfusqués. Wang et al. (2018) classent les approches en trois catégories, en fonction des données utilisateur exploitées : (i) contenu (e.g. activités de l'utilisateur), (ii) profil (e.g. nom, genre et 'âge), et (ii) réseau (relations entre les utilisateurs). Nous pouvons difficilement appliquer : (1) Les approches de blocage naïves, car nous n'avons pas à disposition les clés de blocage généralement utilisées (date de naissance, adresse, etc.). (2) Les approches de dé-anonymisation qui sont principalement orientées vers des données de mobilité. (3) Les approches pour les données de santé car elles visent surtout à quantifier le problème et préconiser des améliorations à l'étape de génération des identifiants (inaccessible à notre niveau). Dans la suite, nous proposons donc une approche spécifique à notre application.

4 Travaux réalisés

4.1 Description et préparation des données

Medical et pharmacy claims L'ensemble de données $\mathcal{D}$ est composé principalement de deux types d'évènements (ou *claims*) : *medical* et *pharmacy*. Les *medical claims* décrivent le passage d'un patient auprès d'un médecin et contiennent des informations sur le "patient" (identifiant, informations démographiques, mutuelle, etc.), le professionnel de santé (numéro d'identification national, organisation parente, zone géographique, etc.) et leur interaction (date, procédures réalisées, diagnostics, facturation, etc.). Les *pharmacy claims* décrivent le passage d'un patient auprès d'un fournisseur d'équipement médical et de médicaments (e.g. une pharmacie) et contiennent des informations sur le patient, sur le fournisseur et sur leur interaction (date, numéro NDC de médicament/équipement, facturation, etc.). La liste des variables contenues dans une *claim* est publiquement disponible. On s'appuiera sur ces variables pour construire les vecteurs x_i descriptifs des identifiants. Notons que chaque *claim* est associée à une source $S \in \mathcal{S}$.

Construction du jeu de données On s'attend à ce qu'un faux identifiant soit peu représenté dans les données. Ainsi, trois variables semblent intéressantes à calculer : le nombre de pharmacy claims, de medical claims et de sources. On peut aller plus loin et même fournir au modèle la liste des sources de l'identifiant (sous forme d'un encodage disjonctif), car on remarque sur la Figure 5 que la proportion de mauvais identifiants varie d'une source à l'autre. Cela est dû au fait qu'elles ont elles-mêmes accès à une vue plus ou moins fine des données, et utilisent des mécanismes internes de nettoyage. Les trois premières variables seront utilisées dans la suite pour définir des heuristiques simples servant de baselines. On les complétera, pour notre modèle, de variables basées sur des informations temporelles (date du premier et dernier évènement, entendue temporelle), des informations médicales (nombre et entropies des codes diagnostics, procédures et médicaments), des informations sur les professionnels de santé (localisations, spécialités), sur le coût financier (statut des transactions, dépenses moyennes/totales) et sur le patient (code zip tronqué, genre). Au total, on crée un premier ensemble de $\dim(x_i) \approx 10^3$ variables. Concernant la variable à prédire, on dispose de la vérité terrain h_1 et on notera la proportion de mauvais identifiants $\delta = \frac{\sum_{i \in \mathcal{I}_1}(1-h_1(i))}{|\mathcal{I}_1|}$. Pour des raisons de confidentialité, les données et leurs dimensions précises ne peuvent être partagées. Cependant, le tableau 1 fournit des ordres de grandeur, qui permettent notamment d'expliquer de rendre compte de la magnitude du problème à résoudre ($\delta = 0.535$).

Sélection de variables Les données ont une forte volumétrie ($\sim$ une centaine de milliards d'évènements) représentant des dizaines de téraoctets de mémoire. Construire les x_i avec des agrégations coûteuses et des jointures entre bases de données de millions/milliards d'enregistrements, représente un défi technique. Nous souhaitons donc réduire l'ensemble de variables. Plus précisément, sur un échantillon réduit $\mathcal{I}'_1 \subset \mathcal{I}_1$ du jeu de données, nous entraînons des modèles à base d'arbres de décision (Random Forest, XGBoost) et utilisons l'importance des variables (réduction moyenne de l'impureté des noeuds où elles sont impliquées) pour effectuer une sélection. Les variables importantes sont par exemple liées à l'étendue temporelle où l'identifiant est observé, à son nombre de sources, au nombre distinct de praticiens ou d'hôpitaux dans ses claims. Ces comptages d'informations brutes sont souvent rapides à calculer. Ainsi, en sélectionnant itérativement les variables les plus importantes, nous parvenous sur $\mathcal{I}'_1$ à réduire le temps de calcul de 96% tout en conservant 98% de la performance prédictive en validation croisée. L'ensemble x_i obtenu finalement compte seulement ≈ 20 variables.

	Notation	Ordre de grandeur
Nombre d'évènements	$|\mathcal{D}|$	10^{11}
Plus petite source	$\min_{S \in \mathcal{S}} |\mathcal{D}_S|$	10^8
Plus grande source	$\max_{S \in \mathcal{S}} |\mathcal{D}_S|$	10^{10}
Nombre d'identifiants	$n_I = |\mathcal{I}(\mathcal{D})|$	10^8
Nombre d'identifiants dans $\mathcal{I}_1$	$|\mathcal{I}_1|$	10^7
Proportion de mauvais identifiants ou dissocations	δ	0.535
Nombre de variables descriptives d'un évènement	$\dim(e)$	30

TAB. 1 – Dimensions principales du jeu de données utilisé.

4.2 Identification des faux identifiants et des patients dissociés

Baseline 1 En analysant les données, on note un nombre important d'identifiants $i \in \mathcal{I}(\mathcal{D})$ tels que $|\mathcal{E}_i| = 1$, i.e. n'apparaissant qu'une fois. Ce comportement est très rare pour un véritable patient, mais représente plutôt la signature d'un identifiant généré par une transaction temporaire ou une erreur ponctuelle. En effet, la Figure 1 montre la proportion d'identifiants de $\{i \mid i \in \mathcal{I}_1, |\mathcal{E}_i| = 1\}$, appelés singletons, pour lesquels $h_1(i) = 1$ et $h_1(i) = 0$. Au total, 94.6% (précision) des singletons sont des faux identifiants ou des dissociations. Par ailleurs, ces identifiants représentent une proportion $R = \frac{\sum_{i \in \mathcal{I}_1, |\mathcal{E}_i|=1}(1-h_1(i))}{\sum_{i \in \mathcal{I}_1}(1-h_1(i))} = 0.327$ (rappel) de la

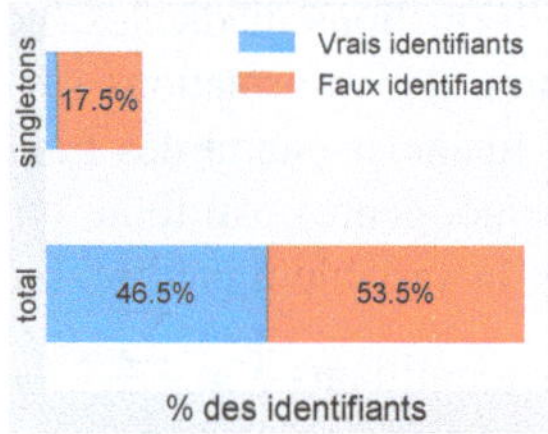

FIG. 1 – Taux de faux identifiants parmi les singletons.

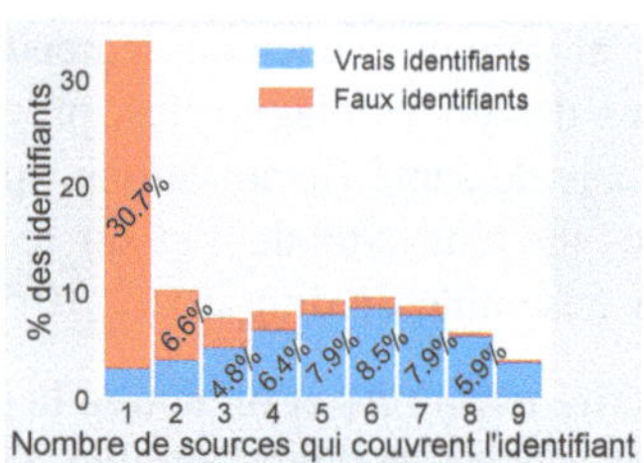

FIG. 2 – Taux de faux identifiants en fonction de la couverture (nombre de sources).

cible du problème.

Baseline 2 En complément nous proposons une seconde heuristique. On observe que les identifiants i cibles, ayant un ou plusieurs évènements, n'apparaissent très souvent que dans une seule source (Figure 2). Ainsi, une baseline qui considère un tel identifiant comme cible, permet d'atteindre un niveau de rappel de 57.4% avec une précision de 85.3%.

Modèle proposé Le jeu de données est découpé en deux parties apprentissage (80%) et test (20%). On considère uniquement les modèles Random Forest (RF) et XGBoost, qui se sont montrés plus performants que des alternatives (régression logistique, SVM, NN) dans des essais préliminaires. On réalise une sélection d'hyperparamètres avec validation croisée (5-fold) sur la partie apprentissage. Le modèle XGBoost est finalement retenu et atteint sur le jeu de test, le meilleur rappel de 87% (pour une précision de 95%), le meilleur temps d'apprentissage (5m contre 2h pour RF), la meilleure utilisation mémoire (environ 1Mb seulement contre 20Gb pour RF), et se compare favorablement aux baselines (Tableau 2). La Figure 3 détaille les taux de vrai et faux négatifs/positifs. On peut enrichir ces résultats en les analysant par source de données (Figure 5). On note d'abord que, bien que le taux global d'identifiants cibles δ soit de 53.5%, le taux pour chaque source est moindre (de quelques pourcents à environ 34% pour la moins 'propre'). Cela est dû au fait que, comme mentionné précédemment, les mauvais identifiants tendent à être présents que dans une seule source. Ainsi, lors de l'union de sources, le nombre de mauvais identifiants augmente plus vite que le nombre d'identifiants légitimes. La précision étant dépendante du taux d'exemples positifs Siblini et al. (2020), la performance du modèle est la meilleure pour la source la moins propre mais reste en dessous de la performance observée globalement.

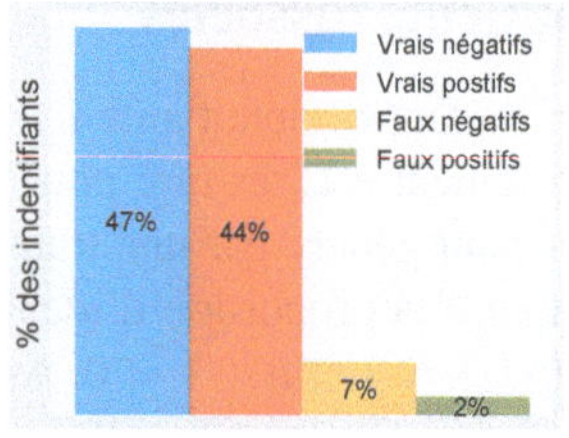

FIG. 3 – Performance de XG-Boost

	Precision	Rappel
Baseline 1	0.946	0.327
Baseline 2	0.853	0.574
Modèle	**0.950**	**0.870**

TAB. 2 – Comparaison entre le modèle proposé et les deux baselines.

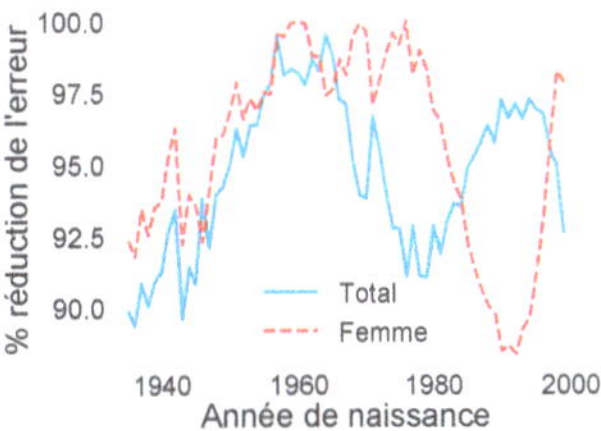

FIG. 4 – Réduction du taux d'erreur entre le compte d'identifiants et Census grâce au modèle.

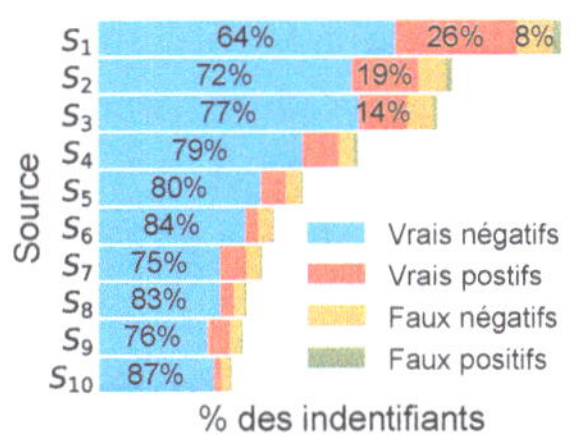

FIG. 5 – Performance du modèle pour les 10 plus grandes sources. La largeur de la barre représente la taille de la source.

Outre la performance mesurable sur le sous ensemble $\mathcal{I}_1$, on peut analyser les prédictions du modèle sur la population globale. On ne pourra pas vérifier leur pertinence vis-à-vis d'une vérité terrain exacte mais constater si le compte d'identifiants prédits comme non-cible se rapproche de la population attendue pour les États-Unis (en utilisant les données du recensement *Census*). Après mesure de l'erreur initiale entre le nombre d'identifiants et la population attendue, on montre, pour chaque année de naissance, la réduction relative de cette erreur grâce à la suppression des identifiants prédits comme cible (Figure 4). Cette réduction est drastique (de presque 100% parfois) et permet d'atteindre un taux d'erreur inférieur à δ rendant les données exploitables. De façon intéressante, on observe que l'erreur reste plus importante pour les identifiants de sexe féminin nés entre 1975 et 2000 [2]. De plus, en inspectant le profil des vrais positifs et des faux négatifs, on remarque que les premiers ont souvent peu d'évènements et ressemblent plus à des erreurs ponctuelles ou des faux identifiants alors que les seconds ont beaucoup d'évènements décrits par plusieurs sources et ressemblent à de véritables patients. On pourra alors (1) considérer en première approximation que les profils identifiés par le modèle peuvent être "supprimés" car ils ajoutent peu de valeur et sont plus probablement des faux identifiants, et (2) s'intéresser aux faux négatifs comme source de vérité pour résoudre le problème plus "difficile" des dissociations.

5   Conclusion

Dans cet article, nous avons identifié et formalisé les problèmes de qualité de données qui surviennent dans l'agrégation de données médicales transactionnelles. Nous avons traité la tâche primordiale de détection de mauvais identifiants en proposant un processus de construction de variables et un modèle d'extreme gradient boosting, économes en ressources. Nous nous intéresserons dans de prochains travaux à la résolution des collisions et des dissociations.

Références

Binette, O. et R. C. Steorts (2020). (almost) all of entity resolution. *arXiv e-prints*, arXiv–2008.

---

2. Cette sous population est plus susceptible d'avoir changé de nom (e.g. mariage/divorce) que la reste de la population sur la fenêtre temporelle dans laquelle nos données ont été générées (dernière décennie).

Hirsch, J., G. Nicola, G. McGinty, R. Liu, R. Barr, M. Chittle, et L. Manchikanti (2016). Icd-10 : history and context. *American Journal of Neuroradiology 37*(4), 596–599.

Lameire, N., P. Joffe, et M. Wiedemann (1999). Healthcare systems—an international review : an overview. *Nephrology Dialysis Transplantation 14*(suppl_6), 3–9.

Milea, D. D. (2010). *Usage et mésusage dans la prescription des antidépresseurs : l'apport des bases de données.* Ph. D. thesis, Université Claude Bernard-Lyon I.

Miotto, R., F. Wang, S. Wang, X. Jiang, et J. T. Dudley (2018). Deep learning for healthcare : review, opportunities and challenges. *Briefings in bioinformatics 19*(6), 1236–1246.

Morris, G., G. Farnum, S. Afzal, C. Robinson, J. Greene, et C. Coughlin (2014). Patient identification and matching final report. *Office of the National Coordinator for Health Information Technology*, 1–93.

Sanglier, T. (2011). *Comparaison de la prise en charge de la dépression chez le sujet âgé et l'adulte non âgé par l'utilisation de systèmes administratifs automatisés.* Ph. D. thesis, Université Claude Bernard-Lyon I.

Siblini, W., J. Fréry, L. He-Guelton, F. Oblé, et Y.-Q. Wang (2020). Master your metrics with calibration. In *International Symposium on Intelligent Data Analysis*, pp. 457–469. Springer.

Sikka, R., F. Xia, et R. E. Aubert (2005). Estimating medication persistency using administrative claims data. *Am J Manag Care 11*(7), 449–457.

Sukumar, S. R., R. Natarajan, et R. K. Ferrell (2015). Quality of big data in health care. *International journal of health care quality assurance.*

Wang, H., C. Gao, Y. Li, G. Wang, D. Jin, et J. Sun (2018). De-anonymization of mobility trajectories : Dissecting the gaps between theory and practice. In *The 25th Annual Network & Distributed System Security Symposium (NDSS'18)*.

Wikipedia (2022). Health system — Wikipedia, the free encyclopedia. `http://en.wikipedia.org/w/index.php?title=Health\%20system&oldid=1112316532`. [Online ; accessed 03-October-2022].

Summary

Healthcare data involves a complex network of entities such as patients, providers and payers. Tracking every entity in the system with a high degree of confidence is one of the biggest data quality challenges in healthcare. Often referred to as "entity resolution", the precise association of each patient's care episodes is essential to retrieving complete histories. In this applicative paper on transactional data of the healthcare system, we first draw up an inventory of problems related to patient disambiguation, such as identifier dissociations and collisions. Then, on a real dataset with more than 150 billion patient-healthcare professional interactions, we propose approaches to correctly re-associate the interactions to a unique patient identifier. The results obtained show a reduction of 93% in the gap between the number of patients observed and the number of patients expected according to Census.

BioSTransformers : nouveaux modèles neuronaux siamois pour l'apprentissage sans exemple de textes biomédicaux

Safaa Menad *, Saïd Abdeddaim*, Lina F. Soualmia*

* TIBS-LITIS UR4108, Université de Rouen Normandie, 76000 Rouen, France
{safaa.menad1, said.abdeddaim, soualfat}@univ-rouen.fr

Résumé. L'entraînement de modèles transformeurs de langages sur des données biomédicales a permis d'obtenir des résultats prometteurs. Cependant, ces modèles de langage nécessitent pour chaque tâche un affinement (fine-tuning) sur des données supervisées très spécifiques qui sont peu disponibles dans le domaine biomédical. Nous proposons d'utiliser des modèles neuronaux siamois (sentence transformers) qui plongent des textes à comparer dans un espace vectoriel pour deux tâches: la classification d'articles scientifiques et les réponses aux questions biomédicales. Nos modèles optimisent une fonction objectif d'apprentissage contrastif auto-supervisé sur des articles issus de la base de données bibliographique MEDLINE associés à leurs mots-clés MeSH (Medical Subject Headings). Les résultats obtenus sur plusieurs benchmarks montrent que les modèles proposés permettent de résoudre ces tâches sans exemples (zero-shot) et sont comparables à des modèles transformeurs biomédicaux affinés sur des données supervisés spécifiques aux problèmes traités [1].

1 Introduction

Le développement de modèles transformeurs pré-entraînés, tels que BERT (Bidirectional Encoder Representations from Transformers) (Devlin et al., 2019), a permis d'améliorer les performances du traitement automatique du langage (TAL). L'abondance de données biomédicales disponibles, comme les articles scientifiques, a aussi rendu possible l'entraînement de ces modèles sur des corpus pour des applications biomédicales (Alsentzer et al., 2019; Lee et al., 2020; Liu et al., 2021). Ces modèles de langage nécessitent cependant un affinement (fine-tuning) pour chaque tâche sur des données supervisées très spécifiques et rarement disponibles, ce qui limite fortement leur usage en pratique. Comme la plupart des tâches de TAL biomédical (e.g., extraction de relations, classification de documents, questions-réponses) peuvent se réduire au calcul d'une mesure de similarité sémantique entre deux textes (p. ex. catégorie/résumé d'un article, requête/résultats, question/réponse), nous proposons dans cet article de construire un nouveau modèle transformeur siamois BioSTransformers (sentence transformer) pré-entraîné qui plonge des paires de textes sémantiquement liés (longs et courts) dans un même espace de représentation vectoriel. En plus d'être applicable à plusieurs types de tâches de TAL, un modèle siamois a aussi l'avantage de permettre de gagner du temps lors

---

1. Modèles et données disponibles : `https://github.com/arieme/BioSTransformers.git`

de son utilisation en précalculant les représentations vectorielles des textes. Par exemple en recherche documentaire, un modèle siamois peut permettre de précalculer et d'indexer les représentations vectorielles des textes du corpus ciblé pour n'en calculer que la représentation des requêtes lorsqu'elles sont soumises au moteur, contrairement aux modèles transformeurs affinés qui prennent en entrée la combinaison de toutes les paires de textes à comparer. Grâce à ce modèle, nous souhaitons : i) éviter les coûts engendrés par l'étiquetage des données, les calculs d'entraînement et d'affinement ; et ii) réduire considérablement ceux de la prédiction en proposant un modèle auto-supervisé de référence directement applicable à un large éventail de tâches biomédicales.

Dans ce cadre, nous comparons plusieurs modèles transformeurs siamois que nous avons entraînés sur des paires de textes formées, d'une part, de résumés du corpus d'articles biomédicaux PubMed[2], et d'autre part, des mots-clés MeSH (Medical Subject Headings)[3] qui leur sont associés. Nous utilisons une fonction objectif d'apprentissage contrastif auto-supervisé. Étant donné une paire de textes (résumé, mots-clés), le modèle doit prédire laquelle, parmi un ensemble d'autres paires de textes échantillonnées au hasard, lui est réellement associée dans PubMed. Nous montrons ensuite expérimentalement sur plusieurs benchmarks biomédicaux que sans affinement pour une tâche spécifique, notre meilleur modèle siamois pré-entraîné permet de résoudre sans exemples d'apprentissage (zero shot) deux tâches de TAL avec des résultats comparables aux modèles transformeurs biomédicaux ou encore généralistes affinés sur des données supervisées spécifiques aux problèmes traités. Deux tâches sont ciblées : la classification de documents et les réponses aux questions.

La section 2 présente les modèles transformeurs pré-entraînés ainsi que leur utilisation dans des modèles siamois. La section 3 décrit les modèles siamois que nous proposons dans ce travail. Enfin, la section 4 présente les résultats obtenus sur des benchmarks de référence.

2   Les transformeurs

Les transformeurs sont des réseaux neuronaux basés sur le mécanisme d'auto-attention multi-têtes qui améliore considérablement l'efficacité de l'apprentissage des modèles de grande taille. Il est composé d'un encodeur qui transforme le texte d'entrée en vecteur, et d'un décodeur qui transforme ce vecteur en texte en sortie. Le mécanisme d'attention fournit de meilleures performances dans ces modèles grâce à la modélisation des liens entre les éléments d'entrée et de sortie. Un modèle de langage pré-entraîné (MLP) est un réseau neuronal entraîné sur une grande quantité de données non annotées de manière non supervisée. Le modèle est ensuite transféré pour une tâche de TAL cible (downstream task), où un ensemble de données annotées plus petit et spécifique à la tâche est utilisé pour affiner le MLP permettant ainsi de construire le modèle final capable d'exécuter la tâche cible. C'est ce qu'on appelle l'ajustement d'un MLP.

---

2. https://ftp.ncbi.nlm.nih.gov/pubmed/baseline/

3. Le MeSH (https://www.nlm.nih.gov/mesh/) est un thésaurus spécialisé du domaine biomédical composé de 30000 termes utilisés pour l'indexation d'articles PubMed.

2.1 Modèles pré-entraînés

Les modèles de langage pré-entraînés, tels que BERT, ont conduit à des gains impressionnants dans de nombreuses tâches de TAL. Les travaux existants se concentrent généralement sur les données généralistes. Dans le domaine biomédical, le pré-entraînement sur les textes de PubMed permet d'obtenir de meilleures performances dans les tâches du TAL biomédicales (Beltagy et al., 2019; Lee et al., 2020; Peng et al., 2019a). L'approche standard de pré-entraînement d'un modèle biomédical commence avec un modèle généraliste et poursuit le pré-entraînement en utilisant un corpus biomédical. BioBERT (Lee et al., 2020) utilise pour cela les résumés extraits de PubMed et les articles en texte intégral de PubMed Central (PMC). BlueBERT (Peng et al., 2019b) utilise à la fois le texte de PubMed et les notes cliniques MIMIC-III (Medical Information Mart for Intensive Care) (Johnson et al., 2016). SciBERT (Beltagy et al., 2019) constitue une exception, le pré-entraînement est fait à partir de zéro, en utilisant la littérature scientifique.

2.2 Modèles siamois

Les transformeurs de paires de phrases (sentence-transformers) ont été développés pour la tâche de calcul d'un score de similarité entre deux phrases. C'est des modèles qui utilisent des transformeurs pour des tâches liées aux paires de phrases : calcul de similarité sémantique entre phrases, recherche d'informations, reformulation de phrases etc. Ces transformeurs sont basés sur deux architectures : les cross-encodeurs qui traitent la concaténation de la paire et les modèles siamois bi-encodeurs qui encodent en vecteur chacun des éléments de la paire. Sentence-BERT (Reimers et Gurevych, 2019) est un bi-encodeur basé sur BERT permettant de générer des plongements de phrases sémantiquement significatifs à utiliser dans des comparaisons de similarité textuelle. Pour chaque entrée, le modèle produit un vecteur de taille fixe (u et v). La fonction objectif est choisie de façon à ce que l'angle entre les deux vecteurs u et v est d'autant plus faible que les entrées sont similaires. Plus précisément la fonction objectif utilise le cosinus de l'angle : $cos(u,v) = \frac{u.v}{||u||||v||}$, si $cos(u,v) = 1$, les phrases sont similaires et si $cos(u,v) = 0$, les phrases n'ont aucune relation sémantique.

D'autres modèles de plongements de phrases ont été développés (Gao et al., 2021; Wang et al., 2021; Cohan et al., 2020), parmi eux MiniLM-L6-v25[4] est un bi-encodeur basé sur une version simplifiée de MiniLM (Wang et al., 2020). Ce modèle rapide et de petite taille a donné de bonnes performances sur différentes tâches pour 56 corpus (Muennighoff et al., 2022).

3 Modèles de langage proposés

Les transformeurs siamois donnent de bons résultats dans des domaines généralistes, mais pas dans les domaines de spécialité, comme le domaine biomédical (Muennighoff et al., 2022). Nous proposons ici de nouveaux modèles siamois pré-entraînés sur le corpus PubMed. Les transformeurs siamois ont été initialement conçus pour transformer des phrases (de taille similaire) en vecteurs. Nous proposons dans notre approche de transformer dans le même espace vectoriel les termes MeSH, les titres et les résumés des articles PubMed en entraînant un modèle de transformeur siamois sur ces données. Nous voulons nous assurer qu'il y a une

---

4. `https://huggingface.co/sentence-transformers/all-MiniLM-L6-v2`

correspondance dans cet espace vectoriel entre le texte court et le texte long. Nous avons donc entraîné nos modèles avec des paires d'entrées (titre, terme MeSH) et (résumé, terme MeSH).

Sur ces données nous avons construit deux types de modèles : le premier type est notre propre transformeur siamois (BioSTransformer) construit à partir d'un transformeur pré-entraîné sur des données biomédicales et le second est un transformeur siamois déjà pré-entraîné sur des données généralistes (BioS-MiniLM).

BioSTransformers. Pour construire les BioSTransformers, nous nous sommes inspiré du modèle Sentence-BERT (Reimers et Gurevych, 2019) en remplaçant BERT par d'autres transformeurs. Nous avons utilisé des transformeurs qui ont été entraînés sur des données biomédicales (bio-transformeurs) pour créer des transformeurs siamois en ajoutant une couche de pooling et en changeant la fonction objectif. La couche de pooling calcule le vecteur moyen des vecteurs de sortie du transformeur (token embeddings). Les deux textes en entrée passent successivement dans le transformeur produisant deux vecteurs u et v en sortie du pooling qui sont par la suite utilisés par la fonction objectif. Nous avons sélectionné trois bio-transformeurs BlueBERT (Peng et al., 2019b), PubMed BERT (Gu et al., 2022) et BioELECTRA (Kanakarajan et al., 2021). Ces modèles ont été entraînés sur PubMed à part BlueBERT qui a également été entraîné sur les notes cliniques.

BioS-MiniLM. Pour ce modèle nous avons utilisé un transformeur siamois pré-entraîné sur des données généralistes puis nous l'avons entraîné sur nos données. Plusieurs modèles généraux de sentence-transformer déjà pré-entraînés sont disponibles[5]. Ils diffèrent en taille, vitesse et performance. Dans ceux qui obtiennent les meilleures performances, nous avons utilisé MiniLM-L6-v2 (voir section 2) qui a été pré-entraîné sur 32 corpus généralistes (Reddit comments, S2ORC, WikiAnswers etc.).

Fonction objectif. Pour un transformeur de paires de phrases classique on dispose de données supervisées sous forme de triplets (phrase 1, phrase 2, score de similarité entre les deux phrases). Cependant, dans notre cas, nous ne disposons d'aucun score pour les résumés ou les titres et leurs termes MeSH correspondants. Nous considérons donc que :

— un résumé, un titre et les termes MeSH associés à un même article (identifié par un PMID) sont similaires et que le score est égal à 1 ;
— un résumé ou un titre avec des termes MeSH qui ne sont pas associés au même article ne sont pas similaires et que le score est donc égal à 0.

Nous utilisons une fonction objectif d'apprentissage contrastif auto-supervisé basée sur la fonction de perte de classement négatif multiple (Henderson et al., 2017) dite MNRL (Multiple Negative Ranking Loss) dans le package Sentence-Transformers[6]. La MNRL n'a besoin que des paires positives en entrée (le titre ou le résumé et un terme MeSH associé à l'article dans notre cas). Pour une paire positive (titre_i ou résumé_i, MeSH_i), la MNRL considère que chaque paire (titre_i ou résumé_i, MeSH_j) avec $i \neq j$ dans le même batch est négative. Comme un article peut être associé à plusieurs termes MeSH, nous avons fait en sorte dans la génération des batchs qu'un résumé (ou un titre) associé à un terme MeSH dans PubMed ne soient jamais pris comme une paire négative.

---

5. https://huggingface.co/sentence-transformers
6. https://www.sbert.net/docs/package_reference/losses.html\
#multiplenegativesrankingloss

4 Expérimentations et résultats

4.1 Expérimentations

Dans un premier temps pour tester rapidement les différents transformeurs et la fonction objectif à choisir nous n'avons utilisé que les titres et nous avons réduit le nombre de termes MeSH. Nous avons sélectionné au total 1 402 termes MeSH et 3,79 millions de paires (titre, MeSH) et nous avons utilisé 18 940 articles avec leurs titres et termes MeSH pour la validation.

Dans un second temps, une fois sélectionnés les modèles transformeurs et la fonction objectif MNRL, nous avons évalué nos modèles BioSTransformers et BioS-MiniLM sur les paires (titre, MeSH) et (résumé, MeSH) générés à partir de tous les termes MeSH utilisés dans Pub-Med. Ayant constaté qu'il n'est pas nécessaire d'utiliser toutes les paires des 35 millions d'articles de PubMed, nous avons sélectionné 6,75 millions de paires pour le fine-tuning. 18 557 articles ont été utilisés pour la validation.

4.2 Résultats

Les deux tâches de TAL ainsi que les données utilisées sont décrites ci-après :

1. La classification de documents : le corpus Hallmarks of Cancer (HOC) est constitué de 1852 résumés de publications PubMed annotés manuellement par des experts selon une taxonomie qui est composée de 37 classes. Chaque phrase du corpus se voit attribuer zéro à plusieurs classes (Hanahan et Weinberg, 2000).

2. Les réponses aux questions (QA) :

   (a) PubMedQA : un corpus pour les réponses aux questions spécifiques à la recherche biomédicale. Il contient un ensemble de questions, ainsi qu'un champ annoté indiquant si le texte contient la réponse à la question de recherche (Jin et al., 2019).

   (b) BioASQ : un corpus qui contient plusieurs tâches de QA avec des données annotées par des experts, y compris des questions oui/non, de liste et de résumés. Nous nous concentrons sur le type de questions oui/non (tâche 7b) (Nentidis et al., 2019).

Nous considérons les deux tâches (classification de documents et réponse aux questions) comme un problème de similarité de textes et nous cherchons à retrouver pour chaque requête les résultats les plus proches. Nous considérons les k résultats les plus proches de chaque requête, k étant le nombre de résultats attribués à la requête par l'expert. La similarité entre la requête et les résultats est mesurée par la similarité cosinus entre le vecteur de la requête et les vecteurs des résultats. Dans une tâche de classification, la requête est la catégorie et les résultats sont les documents classés dans cette catégorie. Dans une tâche de réponse aux questions, la requête est la question et les résultats sont une réponse. Nous avons évalué nos modèles selon le score F1 utilisé dans les benchmarks : Hallmarks of Cancer (HoC) (Hanahan et Weinberg, 2000), PubmedQA (Jin et al., 2019) et BioASQ (Nentidis et al., 2019) dans (Gu et al., 2022). Les résultats obtenus par nos modèles transformeurs siamois sans exemple (sans fine-tuning) sont donnés dans le Tableau 1.

Le Tableau 2 montre les résultats obtenus sur les mêmes tâches par des modèles affinés spécifiquement à ces tâches (Gu et al., 2022). Pour chaque benchmark, ces modèles sont affinés avec les données supervisées disponibles dans chaque cas. Ces résultats montrent que les modèles que nous proposons permettent de résoudre ces tâches de façon comparable à des

Corpus / Modèle	BioS-MiniLM	S-BioELECTRA	S-PubMedBERT	S-BlueBERT
HoC	0,492	**0,499**	0,489	0,468
PubMedQA	0,649	0,675	**0,729**	0,652
BioASQ	0,747	0,694	**0,751**	0,713

TAB. 1 – *Résultats d'évaluation de nos modèles sur différents benchmarks selon le F1 score.*

modèles biomédicaux affinés sur des données supervisés spécifiques aux problèmes traités que nous n'avons pas utilisées dans notre approche sans exemple.

Corpus / Modèle	BERT +affinement	RoBERTa +affinement	BioBERT +affinement	SciBERT +affinement	ClinicalBERT +affinement	BlueBERT +affinement	PubMedBERT +affinement
HoC	0.802	0.797	0.815	0.812	0.807	0.805	**0.823**
PubmedQA	0.516	0.528	**0.602**	0.574	0.491	0.484	0.558
BioASQ	0.744	0.752	0.841	0.789	0.685	0.687	**0.876**

TAB. 2 – *Résultats d'évaluation des modèles affinés spécifiquement à ces tâches sur différents benchmarks selon le F1 score (Gu et al., 2022).*

Pour le benchmark HoC, les résultats obtenus par notre meilleur modèle S-BioELECTRA sont très en dessous des résultats obtenus par PubMedBERT+affinement (0,499 vs. 0,823). En effet, les modèles de (Gu et al., 2022) ont été affinés spécifiquement pour chaque tâche, notamment la classification des documents, en modifiant l'architecture du modèle et en ajoutant des couches spécifiques pour chaque cas.

En revanche pour le benchmark PubMedQA, les résultats obtenus par notre meilleur modèle S-PubMedBERT sont meilleurs que les résultats obtenus par BioBERT+affinement (0,729 vs. 0,602). Enfin, pour le benchmark BioASQ, les résultats obtenus par notre meilleur modèle S-PubMedBERT sont comparables aux résultats obtenus par les modèles affinés même si PubMedBERT+affinement donne de meilleurs résultats (0,751 vs. 0,876). Et tout cela, sans réadapter l'architecture de nos modèles pour chaque tâche et sans les affiner sur les données spécifiques aux benchmarks cités.

5   Conclusion

Dans cet article, nous avons proposé de nouveaux modèles siamois BioSTransformers et BioS-MiniLM qui permettent de résoudre des tâches sans exemple dans des textes biomédicaux. Ces modèles siamois plongent les paires de textes dans un même espace de représentation et permettent de calculer la proximité sémantique entre textes de différentes longueurs. Nos résultats montrent sur plusieurs corpus qu'avec un apprentissage sans exemple, nos BioS-Transformers et particulièrement S-PubMedBERT arrivent à surpasser des modèles de l'état de l'art qui sont déjà entraînés sur ces données et pour ces tâches spécifiques. Nous envisageons d'améliorer nos modèles pour qu'ils puissent mieux répondre à la tâche de classification. Nos modèles auto-supervisés sont des modèles de référence qui pourraient être directement appliqués à d'autres tâches de TAL.

Références

Alsentzer, E., J. Murphy, W. Boag, W.-H. Weng, D. Jindi, T. Naumann, et M. McDermott (2019). Publicly available clinical BERT embeddings. In *Proceedings of the 2nd Clinical Natural Language Processing Workshop*, Minneapolis, Minnesota, USA, pp. 72–78. Association for Computational Linguistics.

Beltagy, I., K. Lo, et A. Cohan (2019). SciBERT : A pretrained language model for scientific text. In *Proceedings of the 2019 Conference on Empirical Methods in Natural Language Processing and the 9th International Joint Conference on Natural Language Processing (EMNLP-IJCNLP)*, pp. 3615–3620.

Cohan, A., S. Feldman, I. Beltagy, D. Downey, et D. S. Weld (2020). Specter : Document-level representation learning using citation-informed transformers. In *Proceedings of the 58th Annual Meeting of the Association for Computational Linguistics*, pp. 2270–2282.

Devlin, J., M.-W. Chang, K. Lee, et K. Toutanova (2019). BERT : Pre-training of deep bidirectional transformers for language understanding. In *Proceedings of NAACL-HLT*, pp. 4171–4186.

Gao, T., X. Yao, et D. Chen (2021). Simcse : Simple contrastive learning of sentence embeddings. In *Proceedings of the 2021 Conference on Empirical Methods in Natural Language Processing*, pp. 6894–6910.

Gu, Y., R. Tinn, H. Cheng, M. Lucas, N. Usuyama, X. Liu, T. Naumann, J. Gao, et H. Poon (2022). Domain-specific language model pretraining for biomedical natural language processing. *ACM Transactions on Computing for Healthcare 3*(1), 1–23.

Hanahan, D. et R. A. Weinberg (2000). The hallmarks of cancer. *Cell 100*(1), 57–70.

Henderson, M., R. Al-Rfou, B. Strope, Y.-H. Sung, L. Lukács, R. Guo, S. Kumar, B. Miklos, et R. Kurzweil (2017). Efficient natural language response suggestion for smart reply. *arXiv preprint arXiv :1705.00652*.

Jin, Q., B. Dhingra, Z. Liu, W. Cohen, et X. Lu (2019). PubMedQA : A dataset for biomedical research question answering. In *Proceedings of the 2019 Conference on Empirical Methods in Natural Language Processing and the 9th International Joint Conference on Natural Language Processing (EMNLP-IJCNLP)*, pp. 2567–2577.

Johnson, A. E., T. J. Pollard, L. Shen, L.-w. H. Lehman, M. Feng, M. Ghassemi, B. Moody, P. Szolovits, L. Anthony Celi, et R. G. Mark (2016). MIMIC-III, a freely accessible critical care database. *Scientific data 3*(1), 1–9.

Kanakarajan, K. r., B. Kundumani, et M. Sankarasubbu (2021). BioELECTRA : Pretrained biomedical text encoder using discriminators. In *Proceedings of the 20th Workshop on Biomedical Language Processing*, Online, pp. 143–154. Association for Computational Linguistics.

Lee, J., W. Yoon, S. Kim, D. Kim, S. Kim, C. H. So, et J. Kang (2020). BioBERT : a pre-trained biomedical language representation model for biomedical text mining. *Bioinformatics 36*(4), 1234–1240.

Liu, F., E. Shareghi, Z. Meng, M. Basaldella, et N. Collier (2021). Self-alignment pretraining for biomedical entity representations. In *Proceedings of the 2021 Conference of the North American Chapter of the Association for Computational Linguistics : Human Language*

Technologies, pp. 4228–4238.

Muennighoff, N., N. Tazi, L. Magne, et N. Reimers (2022). Mteb : Massive text embedding benchmark. *arXiv preprint arXiv :2210.07316*.

Nentidis, A., K. Bougiatiotis, A. Krithara, et G. Paliouras (2019). Results of the seventh edition of the BioASQ challenge. In *Joint European Conference on Machine Learning and Knowledge Discovery in Databases*, pp. 553–568. Springer.

Peng, Y., S. Yan, et Z. Lu (2019a). Transfer learning in biomedical natural language processing : An evaluation of BERT and ELMo on ten benchmarking datasets. In *Proceedings of the 18th BioNLP Workshop and Shared Task*, pp. 58–65.

Peng, Y., S. Yan, et Z. Lu (2019b). Transfer learning in biomedical natural language processing : An evaluation of BERT and ELMo on ten benchmarking datasets. In *Proceedings of the 18th BioNLP Workshop and Shared Task*, Florence, Italy, pp. 58–65. Association for Computational Linguistics.

Reimers, N. et I. Gurevych (2019). Sentence-BERT : Sentence embeddings using Siamese BERT-networks. In *Proceedings of the 2019 Conference on Empirical Methods in Natural Language Processing and the 9th International Joint Conference on Natural Language Processing (EMNLP-IJCNLP)*, Hong Kong, China, pp. 3982–3992. Association for Computational Linguistics.

Wang, K., N. Reimers, et I. Gurevych (2021). Tsdae : Using transformer-based sequential denoising auto-encoderfor unsupervised sentence embedding learning. In *Findings of the Association for Computational Linguistics : EMNLP 2021*, pp. 671–688.

Wang, W., F. Wei, L. Dong, H. Bao, N. Yang, et M. Zhou (2020). Minilm : Deep self-attention distillation for task-agnostic compression of pre-trained transformers. *Advances in Neural Information Processing Systems 33*, 5776–5788.

Summary

Training language transformers on biomedical data has shown promising results. However, these language models require fine-tuning on very specific supervised data for each task, which are rarely available in the biomedical domain. We propose to use siamese neural models (sentence transformers) that embed texts to be compared in a vector space, and apply them on two main tasks: biomedical classification of articles and question answering. Our models optimize an objective self-supervised contrastive learning function on articles from the MEDLINE bibliographic database associated with their MeSH (Medical Subject Headings) keywords. The obtained results on several benchmarks show that the proposed models can solve these tasks without examples (zero-shot) and are comparable to biomedical transformers fine-tuned on supervised data specific to the problems treated.

Extraction dans des textes anciens d'entités nommées de type binômes de la classification linnéenne du vivant : une étude de cas

Clément Morand*, Olivier Ridoux**

* École Normale Supérieure de Rennes
clement.morand@ens-rennes.fr,
** Université de Rennes - IRISA
olivier.ridoux@irisa.fr

Résumé. Les binômes linnéens, ou taxons, sont un type d'entités nommées rarement étudié, et pas du tout dans le cadre de l'enrichissement d'archives anciennes. Nous introduisons *l'hypothèse du lecteur compétent* qui sait reconnaître un taxon, même obsolète ou mal composé. Cette hypothèse est la base des évaluations présentées. Nous comparons plusieurs approches pour la reconnaissance des taxons : dictionnaires, règles, et une forme d'apprentissage par généralisation. Nous montrons que ressembler à du latin est un critère trop peu précis. Enfin, nous montrons que combiné à un critère de rareté, le critère du latin permet une reconnaissance de bonne qualité : une f-mesure d'environ 70 %.

1 Introduction

La revue La Nature (Tissandier, 1873 ; Vautrin, 2018) est une revue de vulgarisation scientifique et technique qui a été publiée de 1873 à 1960 (on abrégera son nom en *LN*). Son contenu *prima facie* est obsolète, mais l'étude de ce que cette archive révèle de presque un siècle d'évolution de la société relève de ce qu'on appelle les humanités numériques (Burdick et al., 2012) et intéresse les historiens, sociologues, etc., mais aussi le citoyen curieux.

La revue LN avait une publication hebdomadaire. Tous les semestres, les numéros étaient rassemblés dans des volumes qui étaient publiés séparément. Il y a 155 volumes disponibles, d'environ 500 pages chacun, pour un total de plus de 80 000 pages. Chaque volume contient une centaine d'articles avec une très grande variabilité de contenus et de styles, plus des notes, comptes-rendus, etc. Ces volumes sont composés selon des règles typographiques qui varient avec le temps. Ce sont ces volumes qui ont été numérisés par le Conservatoire numérique du CNAM (`http://cnum.cnam.fr/CGI/redira.cgi?4KY28`) et qui sont disponibles sous forme de scans de très faible résolution.

Mettre à la disposition du public ces archives demande d'en baliser la structure et les contenus. La reconnaissance d'entités nommées (NER, pour *Named Entities Recognition* (Jurafsky et Martin, 2009 ; Ehrmann et al., 2021 ; Nadeau et Sekine, 2007 ; Nasar et al., 2021)) peut être utilisée pour cela car les entités reconnues donnent une idée des sujets traités, et leur répartition dans le temps donne une idée de l'évolution des sujets. Les principaux types d'entités étudiés dans la littérature sont les entités géographiques, de personnes et d'institutions, mais par son thème général de vulgarisation scientifique et technique, d'autres types sont intéressants pour instrumenter les archives de LN : ex. les noms d'espèces chimiques et les noms d'espèces biologiques (appelés aussi *taxons*). C'est à ces dernières que nous nous intéressons ici.

Les entités nommées de type taxon ont été étudiées pour des recherches en biodiversité (Koning et al., 2005; Sautter et al., 2006; Little, 2020), en biomédecine (Akella et al., 2012; Pafilis et al., 2013), ou en microbiologie (Nédellec et al., 2006), mais pas pour des corpus historiques aussi multi-thématiques que celui de LN. Au contraire, beaucoup des travaux de ce domaine ont une finalité extrêmement précise, comme celle d'étudier la biodiversité des Philippines (Nguyen et al., 2019) ou les plantes médicinales du Maghreb (Seideh et al., 2016), et définissent un réseau de tâches très spécifique, comme reconnaître un taxon et la localisation géographique ou temporelle de la découverte d'un spécimen, ou reconnaître un taxon et son rôle thérapeutique.

Notre objectif est de reconnaître dans un corpus qui n'est que marginalement à contenu biologique des dénominations d'espèces biologiques, même si celles-ci sont obsolètes ou mal composées. Nous formulons à ce sujet *l'hypothèse du lecteur compétent* qui sait reconnaître cette intention dans un texte. La connexion avec d'autres analyses sera faite ailleurs, un peu dans le style de Voyant Tools (Rockwell et Sinclair, 2016).

Les méthodes d'apprentissage neuronal sont de plus en plus utilisées pour les tâches NER, mais ne nous semblent pas adaptées à notre objectif. Au delà de LN, nous souhaitons proposer à un public qui n'est ni informaticien ni très équipé, des outils sobres et faciles à expliquer qui lui permettraient d'incorporer ses propres corpus. De plus, les taxons linéens obéissent à des règles précises et explicites données par les codes de nomenclature. Enfin, de par sa grande variété de sujets, les taxons sont rares dans LN, mais significatifs là où ils sont présents. Par conséquent un grand nombre de pages annotées ne correspond qu'à un faible nombre d'occurences positives. Pour toutes ces raisons, il nous semble plus intéressant d'explorer d'autres méthodes étudiées pour réaliser des tâches NER, comme utiliser un dictionnaire, des règles, apprises ou données a priori ; et montrer que certaines répondent à nos objectifs.

La suite de l'article compare ces différentes méthodes : utiliser un dictionnaire (Section 3), apprendre le langage des entités recherchées en généralisant une base d'exemples (Section 4), et apprendre le langage des entités recherchées en codant les règles de formation de leurs noms (Section 5). Dans tous les cas, les résultats obtenus sont médiocres. La Section 6 introduit un nouveau critère, la rareté des noms recherchés relativement au vocabulaire courant. Mais avant cela, la Section 2 présente la stratégie d'évaluation utilisée dans les Sections 3 à 6.

2   Stratégie d'évaluation

Afin d'évaluer les différentes approches étudiées nous avons annoté à la main quatre volumes, suffisamment écartés dans le temps pour représenter des situations variées. Ces volumes sont le 12 (1er semestre de 1879), le 83 (2nd semestre de 1912), le 126 (1er semestre de 1934), et le 155 (année 1960, dernière année de publication). L'annotation consiste à identifier les articles, et pour chacun d'eux à identifier les occurrences de taxons linnéens. Chaque occurrence est représentée par sa chaîne source et sa position dans l'article.

C'est dans l'annotation que réside l'hypothèse du lecteur compétent. Celle-ci conduit à accepter comme positives des chaînes de caractères fautives : ex. *Wus* pour *Mus*, le genre des souris - une erreur d'océrisation typique ; *Chamaerops fortunei* pour *Trachycarpus fortunei*, un palmier - un changement de classification, très fréquent en biologie ; *Chamærops Fortunei* pour *Chamaerops fortunei* - une infraction au code de nomenclature qui stipule que les épithètes (le second terme d'un taxon) commencent par une minuscule, même quand ils dérivent d'un nom propre (ici, celui de Robert Fortune, un botaniste), et qui stipule aussi de n'employer ni lettre accentuée ni ligature. Le lecteur compétent reconnaîtra aussi les formes abrégées, comme *C. fortunei*, ainsi que leurs variantes fautives, comme *C. Fortunei*.

Concernant les infractions à la règle qui veut qu'un nom de genre commence par une majuscule, et un épithète par une minuscule, on observe toutes les combinaisons possible : *genre espèce*, *genre Espèce* et *Genre Espèce*, que l'on notera par la suite par *mm*, *mM* et *MM*, à côté de *Mm* qui est le seul autorisé aujourd'hui. Le *lecteur compétent* reconnaît l'intention de la désignation formelle d'une espèce à d'autres traits, comme l'usage de l'italique et le ton général de l'article, dont ne rend pas compte l'océrisation. L'entreprise de reconnaître ces entités nommées est donc vouée à l'erreur.

Les erreurs d'une heuristique de reconnaissance des taxons consistent en des faux positifs et des faux négatifs. Les vrais positifs et vrais négatifs constituent les cas où l'heuristique a réussi. Les erreurs seront mesurées en *précision* et *rappel*, et synthétisées dans un indicateur unique, la *f-mesure*. Certains travaux utilisent l'exactitude (*accuracy*), mais c'est inadapté pour mesurer une tâche NER (Jurafsky et Martin, 2009). Dans la suite, les annotations manuelles seront utilisées des deux façons suivantes. Quand il s'agira d'évaluer une heuristique nécessitant une calibration (Section 6), les volumes 12 et 126 serviront de données de calibration, et les volumes 83 et 155 de données de test de la calibration. Quand il s'agira d'évaluer une heuristique sans calibration (Sections 3, 4 et 5) les quatre volumes serviront de données de test.

3   Utiliser littéralement un référentiel contemporain

Une des méthodes classiques de reconnaissance d'entités nommées consiste à utiliser un dictionnaire de noms d'entités (Ehrmann et al., 2021; Nadeau et Sekine, 2007; Nasar et al., 2021). L'intuition biologique prévoit que cette heuristique provoquera de nombreux faux négatifs puisque la nomenclature du vivant évolue constamment, que ce soit dans la structure même de la classification (ex. des genres qui sont scindés ou d'autres qui sont fusionnés) ou dans les conventions typographiques (ex. l'usage des ligatures). Nous avons conduit deux expériences appliquant cette méthode : l'une qui utilise un outil existant qui suit cette approche, l'autre où nous avons codé un reconnaisseur qui exploite un référentiel taxonomique.

LINNAEUS : utiliser un reconnaisseur basé sur un dictionnaire   L'outil LINNAEUS (Gerner et al., 2010) réalise en fait deux tâches : reconnaître les taxons linéens et reconnaître les noms vernaculaires anglais correspondant (ex. *apple-tree* pour le genre *Malus*). Nous faisons donc un sous-emploi de cet outil car sa reconnaissance des noms vernaculaires ne marche pas du tout pour le français. LINNAEUS utilise le référentiel du NCBI (*National Center for Bio-technology Information*). Sur nos données, cet outil a une précision à peine supérieure à 16 %, un rappel de presque 20 %, et une f-mesure de presque 18 %. Mais l'objectif de LINNAEUS est d'explorer la littérature médicale contemporaine, pas d'explorer des archives d'une revue de vulgarisation. Nous allons donc préférer développer un reconnaisseur original.

Classifieur	Précision (%)	Rappel (%)	F-mesure (%)
TAXREF strict sans abréviation	100.00	33.8	50.6
TAXREF strict avec abréviation	100.00	37.1	54.1
TAXREF abstrait rang 7	100.00	33.6	50.3
TAXREF abstrait rang 5	99.8	40.6	57.7
TAXREF abstrait rang 4	96.3	50.3	66.1
TAXREF abstrait rang 3	31.7	61.6	41.9
TAXREF abstrait rang 2	4.5	67.0	8.45
TAXREF abstrait *Mm A* (rang 3)	90.32	65.20	75.73
LATIN *Mm A*	70.10	69.76	69.93
TAXREF abstrait *Mm MM A* (rang 3) + seuil	42.81	70.73	53.34
LATIN *Mm MM A* + seuil	63.49	75.77	69.09
TAXREF abstrait *Mm MM mm A* (rang 3) + seuil	38.12	74.63	50.47
LATIN *Mm MM mm A* + seuil	60.97	79.51	69.02

TAB. 1 – Évaluation des différents classifiers

TAXREF strict : calquer un reconnaisseur sur un référentiel La seconde expérience utilise le référentiel taxonomique du Muséum d'histoire naturelle, TAXREF (Gargominy et al., 2021). Ce référentiel prend la forme d'un tableau de plus de 700 000 lignes avec environ une ligne par taxon. Le reconnaisseur cherche dans le texte des occurrences de taxons du référentiel en forme longue ou abrégée. Les deux premières lignes de la Table 1 présentent les résultats obtenus avec cette méthode. Le rappel quantifie ce que prévoyait l'intuition biologique ; presque $\frac{2}{3}$ des dénominations taxonomiques utilisées dans LN ne sont plus en usage ou ne respectent pas les conventions modernes. Si on omet la reconnaissance des formes abrégées, le rappel diminue un peu et donc la f-mesure aussi.

4   Abstraire un référentiel contemporain

TAXREF contient un ensemble de taxons qui sont des chaînes de caractères ; il détermine donc un langage. Avec une précision de 100 %, un rappel de 33-37 %, et une f-mesure de 50-54 %, on peut espérer relaxer ce langage sans trop perdre en précision. L'utilisation d'une distance d'édition s'est révélée décevante, et nous proposons une autre forme de relaxation.

TAXREF abstrait : abstraction par relaxation ciblée du référentiel Un point important des dénominations binômiales est leur air latin. C'est ça qu'il faut préserver dans une relaxation du langage de TAXREF. Nous proposons donc un schéma de relaxation qui ne conserve que les terminaisons. Ex. en posant le niveau d'abstraction à trois lettres terminales, le binôme *Trachycarpus fortunei* devient le modèle de tous les binômes en *pus* et *nei*. Ce faisant, chaque taxon du référentiel devient le modèle d'une famille infinie de binômes qui ont les mêmes terminaisons. Les contraintes sur le début des noms de genre et des épithètes sont complètement relaxées, mais celles qui portent sur les terminaisons sont conservées. De plus, non seulement la terminaison de chaque terme est correcte, mais les terminaisons des deux termes d'un même binôme sont en accord ; le système « apprend » un latin empirique en lisant le référentiel.

On appellera *rang* la longueur des terminaisons retenues pour l'abstraction. La Table 1 présente les résultats de cette expérience pour les rangs de 7 à 2. De 7 à 4, on n'observe pas de gain de rappel vraiment spectaculaire. Les choses évoluent brutalement au rang 3. Le rappel grimpe alors à 62 %, mais la précision chute à 32 %, et avec elle la f-mesure à 42 %. On voit que ce qui est gagné du côté rappel est perdu du côté précision. Le résultat n'est donc pas globalement meilleur que celui de TAXREF strict.

Il reste à examiner une autre façon d'apprendre le latin, non pas en généralisant un langage donné, mais en consultant la partie de la grammaire latine que le code de nomenclature utilise.

5   LATIN : encoder le code de nomenclature taxinomique

Nous rappelons les grandes lignes des codes de nomenclature puis leur implémentation.

Principaux traits des codes de nomenclature   Les taxons sont écrits en italique. Malheureusement, l'océrisation ne préserve pas ce trait. Les taxons sont des binômes : c-à-d. qu'ils consistent en deux parties. La première désigne le genre et s'écrit avec une majuscule initiale. La seconde partie, l'épithète, désigne l'espèce au sein du genre et s'écrit avec une minuscule initiale. Le genre taxinomique et son épithète doivent être écrits en « latin », avec accord en genre grammatical (masculin, féminin et neutre) entre les deux. Les taxons sont soit des paires nominatif-adjectif (ex. *Helleborus niger* ou hellébore noire), nominatif-nominatif (ex. *Panthera leo*, le lion) ou nominatif-génitif (ex. *Trachycarpus fortunei*, le trachycarpus de Robert Fortune). En réalité, les choses sont beaucoup plus complexes. Ex. des genres et espèces sont divisés en sous-genres ou sous-espèces, des codes de nomenclature différents sont utilisés en botanique, zoologie, virologie, et agriculture, et ils sont régulièrement mis à jour.

Mise en œuvre des contraintes   Il est facile de trouver les tables des déclinaisons et accords du latin. Les appliquer à des phrases de deux mots selon trois structures grammaticales est aussi facile en calculant une expression régulière à partir de ces tables. Le calcul ne peut guère être fait à la main, mais il peut facilement être automatisé. Cela revient essentiellement à faire une jointure relationnelle selon le nom de genre entre la table du nominatif et elle-même, la table du nominatif et celle du génitif, et la table du nominatif et celle des adjectifs.

Le critère *Mm* (défini en Section 2) est satisfait par beaucoup de débuts de phrase alors que le critère *MM* l'est aussi par beaucoup de noms propres de personne (Prénom Nom). Beaucoup des digrammes du français satisfont le critère *mm*. On voit alors que les règles de base sont très imprécises par nature, alors qu'il va falloir les relaxer encore plus pour s'adapter aux usages observés dans les dénominations binômiales. Afin de pouvoir observer ces phénomènes, nous avons rendu les classifieurs paramètrables par les critères *Mm*, *MM* et *mm*.

La situation ne semble donc pas meilleure qu'avec l'apprentissage empirique du latin, sauf pour le rappel qui devient excellent, 79,1 % (mais, précision 2,4 % et f-mesure 4,7 %). C'est donc une situation duale de celle de TAXREF strict, mais cela rejoint les résultats de TAXREF abstrait pour le rang 2. Utilisé naïvement, le critère de ressembler à du latin n'est donc pas assez précis. Toutefois, on peut ajouter un nouveau critère en observant que les mots des taxons apparaissent assez rarement par rapport à la distribution de tous les mots dans le corpus.

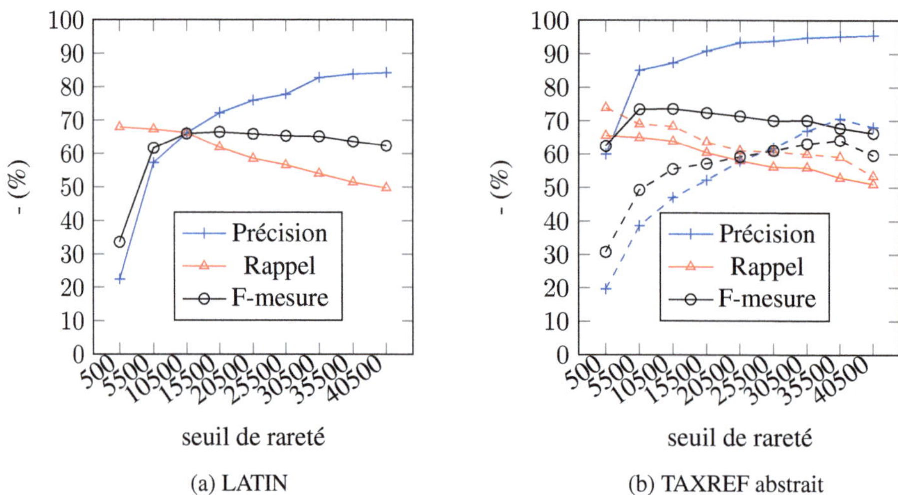

(a) LATIN   (b) TAXREF abstrait

FIG. 1 – Évolution des indicateurs de performance en fonction du seuil de rareté

6   Prendre en compte la rareté des entités recherchées

Le critère de rareté des taxons linnéens est réalisé par un filtre qui exclut les R mots les plus fréquents. On appelle R le *seuil de rareté*. Il est défini comme suit. Considérant l'ensemble des mots de la collection (environ 100 000 mots uniques) triés par ordre décroissant de fréquence, le seuil de rareté est le rang R qui sépare les mots qui sont exclus, c-à-d. tout mot w de rang $r_w < R$, des mots qui restent candidats pour former des taxons, $R \leqslant r_w$.

Afin de calibrer le seuil de rareté, nous avons utilisé les classifieurs LATIN $Mm + A$ et TAXREF abstrait $Mm + A$ (rang 2 en trait plein et 3 en pointillés) itérativement dans une séquence d'expériences avec des seuils de rareté croissants. Les Figures 1a et 1b présentent les évolutions des indicateurs de performance dans ces expériences. Un choix optimal du seuil de rareté peut être lu au maximum de la courbe de f-mesure. On peut voir qu'il semble raisonnable de choisir un seuil à 15 000 mots pour LATIN et TAXREF abstrait de rang 3.

Les six dernières lignes de la Table 1 présentent les indicateurs de performance pour les différentes méthodes explorées avec un seuil de rareté fixé à 15 000 mots. On peut comparer les performances des différentes approches avec des niveaux de relaxation des contraintes syntactiques équivalentes. Les lignes « TAXREF abstrait $Mm\ A$ (rang 3) » et « LATIN $Mm\ A$ » comparent l'apprentissage par abstraction d'un dictionnaire et le codage d'une grammaire latine en respectant strictement le code actuel. Ici, TAXREF domine LATIN en précision et f-mesure. Les deux lignes suivantes (avec MM) étendent la comparaison au cas où les épithètes peuvent être capitalisés. Les deux reconnaisseurs gagnent 5 points de rappel, TAXREF abstrait perd en qualité globale, mais pas LATIN. Enfin, les deux dernières lignes étendent la comparaison au cas mm. Les deux reconnaisseurs gagnent encore 4 points de rappels, TAXREF abstrait perd encore plus de qualité globale, alors que LATIN n'en perd presque pas.

En conclusion, LATIN semble une méthode robuste au sens où sa qualité globale résiste à de nombreuses variantes de paramètrage. Au contraire, TAXREF abstrait résiste moins bien aux relâchements des règles taxonomiques, même si c'est cette méthode qui donne les meilleurs résultats dans le cas des taxons qui respectent les règles contemporaines.

7   Conclusion

L'étude de cas de la reconnaissance des entités nommées de type taxons permet d'aboutir aux conclusions suivantes. L'utilisation d'un référentiel contemporain (TAXREF) ne permet pas de reconnaître efficacement des taxons dans une archive historique. Par construction, la précision est alors de 100 %, mais le rappel n'est que d'environ 30 %. La relaxation ciblée du langage de TAXREF, en préservant les terminaisons, ou le codage des quelques règles de grammaire du latin qui est utilisé dans les nomenclatures du vivant, donnent des résultats inverses de l'exploitation stricte de TAXREF : un bon rappel, mais une précision très faible. Les taxons sont le plus souvent des mots rares dans la distribution des mots du français. En tenir compte en combinaison avec une méthode d'abstraction du latin permet d'augmenter considérablement la précision, sans trop faire baisser le rappel. C'est confirmé par la f-mesure qui croît aussi. On arrive ainsi à des précisions, rappels et f-mesures de l'ordre de 70 %.

Les évaluations présentées ici sont du genre *intrinsèque* (Clark et al., 2012). Elles fournissent des indicateurs formels, mais ne disent rien des inconvénients empiriques à avoir 30 % d'imprécision ou d'oubli dans le cadre de l'application envisagée, c-à-d. l'exploration d'archives par des historiens, philosophes ou journalistes. Il nous semble donc plus important de donner suite à ce travail en se donnant les moyens de faire une évaluation *extrinsèque*. Ce travail est en cours sous la forme d'un navigateur spécialisé.

Nous pensons que les stratégies employées ici pourraient être employées pour la reconnaissance d'entités nommées du domaine de la chimie, où des codes de nomenclature existent aussi, et dans une moindre mesure, du domaine technologique, qui ne possède pas de tels codes, mais procède souvent à des assemblages de mots d'un vocabulaire assez spécifique.

Les scripts des expériences ainsi que les anotations décrites ici sont disponibles dans le dépôt `https://github.com/oridoux/TAXONER`.

Références

Akella, L. M., C. Norton, et H. Miller (2012). Netineti : Discovery of scientific names from text using machine learning methods. *BMC Bioinformatics 13*, 211.

Burdick, A., J. Drucker, P. Lunenfeld, T. Presner, et J. Schnapp (2012). *Digital Humanities*. The MIT Press.

Clark, A., C. Fox, et S. Lappin (2012). *The handbook of computational linguistics and natural language processing*, Volume 118. John Wiley & Sons.

Ehrmann, M., A. Hamdi, E. L. Pontes, M. Romanello, et A. Doucet (2021). Named entity recognition and classification on historical documents : A survey. *CoRR abs/2109.11406*.

Gargominy, O., S. Tercerie, C. Régnier, T. Ramage, Dupont, P. P., Daszkiewicz, et L. Poncet (2021). TAXREF v15, référentiel taxonomique pour la France : méthodologie, mise en œuvre et diffusion.

Gerner, M., G. Nenadic, et C. M. Bergman (2010). Linnaeus : a species name identification system for biomedical literature. *BMC Bioinformatics 11*(1), 1–17.

Jurafsky, D. et J. H. Martin (2009). *Speech and language processing : an introduction to natural language processing, computational linguistics, and speech recognition.* Pearson Prentice Hall.

Koning, D., I. N. Sarkar, et T. Moritz (2005). Taxongrab : Extracting taxonomic names from text. *Biodiversity Informatics 2*, 79–82.

Little, D. (2020). Recognition of Latin scientific names using artificial neural networks. *Applications in Plant Sciences 8*.

Nadeau, D. et S. Sekine (2007). A survey of named entity recognition and classification. *Lingvisticae Investigationes 30*, 3–26.

Nasar, Z., S. W. Jaffry, et M. Malik (2021). Named entity recognition and relation extraction : State of the art. *ACM Computing Surveys 54*.

Nédellec, C., P. Bessières, R. R. Bossy, A. Kotoujansky, et A.-P. Manine (2006). Annotation guidelines for machine learning-based named entity recognition in microbiology. In *Workshop of Data and Text Mining for Integrative Biology.* Springer - Verlag.

Nguyen, N. T. H., R. Gabud, et S. Ananiadou (2019). Copious : A gold standard corpus of named entities towards extracting species occurrence from biodiversity literature. *Biodiversity Data Journal*.

Pafilis, E., S. P. Frankild, L. Fanini, S. Faulwetter, C. Pavloudi, A. Vasileiadou, C. Arvanitidis, et L. J. Jensen (2013). The species and organisms resources for fast and accurate identification of taxonomic names in text. *PloS one 8*(6), e65390.

Rockwell, G. et S. Sinclair (2016). *Hermeneutica : Computer-Assisted Interpretation in the Humanities.* The MIT Press.

Sautter, G., K. Böhm, et D. Agosti (2006). A combining approach to find all taxon names (FAT). *Biodiversity Informatics 3*.

Seideh, M., H. Fehri, et K. Haddar (2016). Named entity recognition from arabic-french herbalism parallel corpora. Volume 607, pp. 191–201.

Tissandier, G. (1873). *LA NATURE : Revue des Sciences et de leurs applications aux arts et à l'industrie.* Masson.

Vautrin, G. (2018). *Histoire de la vulgarisation scientifique avant 1900.* EDP sciences.

Summary

Linnean binoms (aka. taxons) are rarely studied as a type of named entities, and so is their extraction from archival texts. We introduce the *competent reader hypothesis*, i.e., the ability to recognize a taxon, even if it is deprecated or ill-composed. This hypothesis is the key to our evaluation process. We compare several approaches for recognizing taxons: dictionary-based, rule-based, and a form of generalization learning. We show that the criteria of looking Latin used alone lacks precision. Finally, we show that a rarity criteria, when combined with the Latin criteria, yields a high quality recognizer with an f-measure of about 70 %.

Enrichissement de règles de Horn par des predicats numériques

Armita Khajeh Nassiri*, Nathalie Pernelle**, Fatiha Saïs*

* LISN, CNRS (UMR 9015), Université Paris Saclay , France
** LIPN, CNRS (UMR 7030), Université Sorbonne Paris Nord, France
firstname.lastname@lri.fr

Résumé. Dans cet article nous présentons REGNUM, un système qui enrichit le corps de règles déjà découvertes dans un graphe de connaissances avec des atomes impliquant des prédicats numériques dont les valeurs sont contraintes par des intervalles spécifiés. Les intervalles sont obtenus à l'aide de techniques de discrétisation supervisées, avec l'objectif d'augmenter la confiance des règles fournies par la méthode de découverte de règles. Nos résultats expérimentaux démontrent que les règles enrichies avec des prédicats numériques sont de meilleure qualité globale et sont mieux adaptées pour la tâche d'enrichissement de graphes de connaissances comparativement aux règles initiales.

1   Introduction

Les graphes de connaissances (GC) représentent des faits sur de nombreuses entités du monde exprimés dans un format interprétable par les machines. Ces graphes intègrent différentes formes de connaissances, et de nombreux travaux ont été consacrés à l'acquisition de ces connaissances. Un type d'approches sont celles permettant la fouille de règles logiques dans les GCs. Ces règles peuvent servir à compléter le GC, à détecter des données erronées et à aligner des ontologies.

AMIE(Lajus et al., 2020) est un système de fouille de règles pour les GCs très connu dans l'état de l'art. Il est efficace et exhaustif, c'est-à-dire qu'il extrait toutes les règles connectées et fermées en fonction de seuils définis sur des mesures de qualité (par exemple, la confiance et la couverture des têtes des règles) et d'un nombre maximal d'atomes spécifié. AMIE peut découvrir des règles qui impliquent des constantes (par exemple, `age(x,53)`). Cependant, ces règles peuvent être trop spécifiques et peu intéressantes lorsqu'il s'agit de ces prédicats. RuDiK (Ortona et al., 2018) propose une approche non exhaustive pour découvrir des règles logiques plus expressives. RuDiK peut prédire l'absence d'un fait et permet d'effectuer des comparaisons au-delà des égalités en utilisant les relations appartenant à l'ensemble $rel \in \{<, \leq, \neq, \geq, >\}$. Les valeurs impliquées ne sont pas des seuils mais proviennent du graphe de connaissances lui-même.

Il existe également des systèmes de fouille de règles tels que AnyBURL (Meilicke et al., 2019) se focalise uniquement sur les règles fondées sur des chemins dans le graphe. AnyBURL est une approche ascendante qui commence par l'échantillonnage de chemins spécifiques dans

"

le graphe et utilise des techniques de généralisation pour l'étendre de manière à ce que la règle obtenue soit la meilleure possible (i.e., une confiance élevée). AnyBURL, comme AMIE, peut seulement considérer les prédicats numériques comme des constantes. Une autre famille de systèmes de fouille de règles est constituée de méthodes d'inférence fondées sur des règles différentiables, telles que NeuralLP (Yang et al., 2017). Ces approches font correspondre chaque entité à un vecteur et chaque relation à une matrice d'adjacence. Une extension de NeuralLP a été proposé dans le modèle NeuralLP-num (Wang et al., 2020) qui peut apprendre des règles impliquant des prédicats numériques. Ces règles peuvent, comme RuDiK, impliquer des règles négatives ou effectuer des comparaisons par paire entre les valeurs numériques de différents atomes dans les règles. Les règles produites par NeuralLP-num peuvent également contenir des opérateurs de classification. Il s'agit de fonctions sigmoïdes sur les valeurs numériques des atomes avec prédicats numériques dans la règle.

À notre connaissance, RuDiK et NeuralLP-num sont les seuls travaux capables d'extraire des règles intéressantes avec des prédicats numériques. Cependant, ces deux approches ne peuvent pas considérer des intervalles numériques (ou des seuils).La difficulté de trouver de telles règles réside dans la taille exponentielle de l'espace de recherche, qui varie en fonction du biais de langage considéré. Des approches récentes se sont appuyées sur l'échantillonnage de chemins, un calcul de la confiance par approximation ou l'extraction de règles qui ne couvrent que des exemples positifs, entre autres, pour traiter ce problème. Nous pensons que les contraintes sur les valeurs de prédicats numériques peuvent être très pertinentes dans des domaines tels que la finance, la santé publique ou la science de la vie. Dans cet article, nous faisons un pas en avant vers l'introduction de prédicats numériques dans les règles logiques découvertes dans les graphes de connaissances.

Les principales contributions de ce travail sont les suivantes : (i) une approche qui enrichit les règles fermées générées par un système de fouille de règles en utilisant des contraintes numériques exprimées par des intervalles de valeurs. Comme d'autres systèmes de fouille de règles, ces règles ont l'avantage d'être explicables, interprétables et transférables à des entités inconnues ; (ii) un algorithme exploitant des techniques de discrétisation supervisée pour obtenir des intervalles qui distinguent les prédictions correctes et fausses produites par une règle. Il prend en compte les contraintes qui peuvent exprimer à la fois l'appartenance et la non-appartenance d'une valeur à un intervalle pour offrir plus de possibilités de générer une règle de bonne qualité ; et (iii) évaluation expérimentale sur trois graphes de connaissances de référence où nous démontrons les bénéfices de notre approche pour la qualité globale des règles, ainsi que les améliorations sur la tâche d'enrichissement de graphes de connaissances.

2   Preliminaries

Graphe de connaissances RDF. Un graphe de connaissances RDF $\mathcal{G}$ est un ensemble de faits (triplets) représentés par {(subject, property, object) | subject $\in \mathcal{I}$, property $\in \mathcal{P}$, object $\in \mathcal{I} \cup \mathcal{L}$}, où $\mathcal{I}$ est un ensemble d'entités, $\mathcal{P}$ un ensemble de propriétés, et $\mathcal{L}$ est un ensemble de littéraux.

Règle de Horn. Une règle $r : \mathcal{B} \Rightarrow H$ est une formule en logique du premier ordre qui a un corps $\mathcal{B}$ composé de conjonctions d'atomes $B_1, ..., B_n$ et une tête H composée d'un un seul atome.

Une règle est dite *fermée* si chaque variable apparaît au moins deux fois dans la règle.

Degré de fonctionnalité. Les propriétés prennant pour chaque sujet au plus un objet sont dites *fonctionnelles*. Le degré de fonctionnalité $fd(p) := \frac{\#x:\exists y:p(x,y)}{\#(x,y):p(x,y)}$ d'une propriété est une valeur comprise entre 0 et 1 et est défini par le rapport entre le nombre de sujets avec lesquels cette propriété est en relation, dans $\mathcal{G}$, et le nombre de triplets de cette relation dans $\mathcal{G}$. Le degré de fonctionnalité inverse $ifd(p)$ est le degré de fonctionnalité pour l'inverse de p.

Les graphes de connaissances ne contiennent que des exemples positifs et mettent en oeuvre l'hypothèse du monde ouvert. Dans cet article, pour considérer les contre-exemples, nous nous inspirons de l'approche l'AMIE (Lajus et al., 2020) et mettons en œuvre l'hypothèse de complétude partielle (PCA) stipulant que si un ensemble de faits tels que $p(x, y)$ est déclaré pour l'entité x, alors aucun autre fait concernant l'entité x avec la relation p ne peut être déclaré et peut être considéré comme un contre-exemple. Ceci est particulièrement vrai si p a un degré de fonctionnalité élevé et peut être étendu au cas où le $fd(p) > ifd(p)$.

Pour une règle $r : \mathcal{B} \Rightarrow H$ nous définissons les mesures de qualité suivantes telles qu'elles sont introduites dans (Lajus et al., 2020).

Support. Le support mesure le nombre de prédictions correctes faites par la règle.

Couverture de la tête de règle. Une version proportionnelle du support est la couverture de la tête de la règle (nommée *head coverage* pour l'anglais), qui représente la proportion de paires instanciées de H qui sont prédites correctement par la règle.

$$hc(r) = \frac{supp(r) := \#(x,y) \in \mathcal{G} : \mathcal{B} \wedge H(x,y)}{\#(x',y') : H(x',y')}$$

Confiance PCA. La *confidence PCA* mesure la précision de la règle sous l'hypothèse de complétude partielle (PCA). Si $fd(H) > ifd(H)$, elle est calculée comme suit.

$$pca\_conf(r) = \frac{supp(r)}{\#(x,y) \in \mathcal{G} : \exists y' : \mathcal{B} \wedge H(x,y')}$$

Si $ifd(H) > fd(H)$ le dénominateur devient $\#(x, y) \in \mathcal{G} : \exists x' : \mathcal{B} \wedge H(x', y)$ dans l'équation ci-dessus.

3 Enrichissement des règles avec des prédicats numériques

Dans cette section, nous présentons REGNUM, un système qui enrichit automatiquement les règles (fermées), découvertes dans un graphe de connaissances, avec des prédicats numériques en limitant les valeurs numériques introduites à des intervalles spécifiés. Nous considérons les règles qui peuvent être fournies par tout système de fouille de règles existant sur les KG (par exemple, AMIE, AnyBURL). REGNUM vise à améliorer la confiance PCA des règles considérées tout en garantissant que les règles ne deviennent pas trop spécifiques.

3.1 Problème

Nous considérons un graphe de connaissance $\mathcal{G}$ et un ensemble de règles fermées $\mathcal{R}$ déjà découvertes de $\mathcal{G}$, appelées *règles-parentes* comme défini dans 2, et les seuils $marginPCA$ et $marginHC$ qui contrôlent la mesure de qualité des règles enrichies par rapport à la règle parente. Nous voulons que la confiance PCA des règles enrichies augmente au moins de $marginPCA$ sans que la couverture de la tête ne diminue de plus de $marginHC$. REGNUM a pour objectif d'étendre les règles de $\mathcal{R}$ avec des prédicats numériques et produit un ensemble de règles enrichies $\mathcal{E}$ de confiance PCA augmentée.

Les règles enrichies $\mathcal{B} \Rightarrow H$ où les prédicats du coprs de la règles sont dans $\mathcal{P} \cup \{belongs\} \cup \{notbelongs\}$. Pour un atome avec un prédicat numérique $p_{num}(x, y)$, la conjonction avec l'atome $belongs(y, [inf, sup])$ exprime que y est instancié par des valeurs numériques qui appartiennent à l'intervalle $[inf, sup]$. Et $notbelongs(y, [inf, sup])$ exprime que y est instancié par des valeurs qui n'appartiennent pas à l'intervalle $[inf, sup]$.

3.2 Processus d'enrichissement

Nous expliquons ci-dessous le processus d'enrichissement pour chaque règle parente $r \in \mathcal{R}$.

(1) Identifier les prédicats numériques Dans un premier temps, l'ensemble des prédicats numériques $\mathcal{P}_{num}$ de $\mathcal{G}$ est identifié. Nous utilisons les axiomes de définition de domaine et de co-domaine s'ils sont disponibles dans l'ontologie. Sinon, une simple étape de pré-traitement pour trouver de tels prédicats en considérant le leurs valeurs.

(2) Sélectionner les prédicats numériques candidats. Pour chaque règle $r \in \mathcal{R}$, cette étape vise à trouver les prédicats dans $\mathcal{P}_{num}$ qui peuvent être utilisés pour enrichir la règle parente r. Plus précisément, nous considérons que l'ensemble de toutes les variables d'une règle r est $vars = \{x_1, .., x_n\}$. Cette étape sélectionne pour une règle r et une variable $x_i \in vars$, tous les prédicats p_{num} tels que l'ajout de l'atome $p_{num}(x_i, x_{n+1})$ à r résulte en la règle spécialisée

$$r_s : p_{num}(x_i, x_{n+1}) \wedge \mathcal{B} \Rightarrow H,$$

dont le support est supérieur à $minhc * size(H)$ avec $minhc = (1 - marginHC) * hc(r)$.

Exemple. Soit $r_1 : workPlace(x_1, x_2) \Rightarrow birthPlace(x_1, x_2)$, une règle parente. Le prédicat numérique $hasPopulation$ avec les variables x_1 sera retiré de l'espace de recherche comme $hasPopulation(x_1, x_3) \wedge workPlace(x_1, x_2) \Rightarrow birthPlace(x_1, x_2)$, ne satisfait pas le seuil $minhc$.

(3) Classification des entités fondées sur les prédictions des règles. Notre objectif est de construire des intervalles qui permettent de classer au mieux les instances selon qu'elles conduisent à des prédictions correctes ou incorrectes. Cette étape permet de définir l'ensemble des entités de $\mathcal{G}$ de chaque classe. Nous nous appuierons sur des techniques de discrétisation supervisées pour obtenir les intervalles et alimenter ces techniques avec des exemples positifs et négatifs en adhérant à l'hypothèse de complétude partielle (PCA). À cette fin, nous considérons le score de fonctionnalité fd et le score de fonctionnalité inverse ifd du prédicat de la tête de la règle H.

Considérer le prédicat de la tête H comme plus fonctionnel qu'inverse-fonctionnel $(fd(H) > ifd(H))$. Une prédiction produite par une règle est incorrecte si un objet prédit contredit un fait dans le graphe de connaissances (par exemple, un lieu de naissance différent pour quelqu'un qui a déjà un lieu de naissance dans le graphe de connaissances). En d'autres termes, nous classons les entités apparaissant comme sujets dans $H(x, y)$, et x est appelé la variable cible. Dans le cas où H est plus inverse fonctionnel que fonctionnel, nous classons les entités apparaissant comme des objets de $H(x, y)$, et y est la variable cible. Si nous devons classer l'entité qui apparaît comme une valeur constante dans H, alors il ne sera pas utile de procéder à la classification ; par conséquent, nous ne procédons pas à l'enrichissement d'une telle règle.

Dans cette étape de classification, nous définissons la classe A pour représenter l'ensemble des entités qui conduisent à une prédiction correcte pour r_s.

$\mathcal{B}(x_1, ..., x_n) \wedge p_{num}(x_z, x_{n+1}) \wedge H(x_i, x_j) \Rightarrow A(x_t), \{x_z, x_i, x_j\}\} \in vars$ et x_t est la variable cible (c'est-à-dire x_i ou x_j).

Nous construisons également la classe B pour représenter l'ensemble des entités qui conduisent à une prédiction incorrecte pour r_s. Plus précisément, une entité appartient à la classe B s'il existe au moins un fait dans le graphe de connaissance qui décrit H pour l'entité et si tous ces faits contredisent la prédiction de la règle. x_t est la variable cible et une variable de H, tandis que x_j est l'autre variable de H.

$\mathcal{B}(x_1, ..., x_n) \wedge p_{num}(x_z, x_{n+1}) \wedge (\forall x_k H(x_t, x_k)) \Rightarrow (x_k <> x_j) \wedge (\exists x_k H(x_t, x_k)) \Rightarrow B(x_t)$

Un individu peut appartenir à la fois à A et à B puisque les prédicats peuvent être multivalués.

(4) Règle avec variable existentielle. En vérifiant simplement si $pca\_conf(r_s) > (1 + marginPCA) * pca\_conf(r)$, nous pouvons ajouter r_s qui a une variable existentielle à $\mathcal{E}$ (c'est-à-dire assez pour vérifier qu'un fait avec le prédicat numérique existe).

(5) Discrétisation supervisée et spécification de règles. Étant donné les classes binaires (A et B) définies pour la variable cible x_t générée à l'étape 3, et les valeurs du prédicat p_{num} comme caractéristique d'une technique de discrétisation supervisée, différents intervalles $b_1, ..., b_k$ discrétisant les valeurs de p_{num} peuvent être obtenus. Chaque intervalle b_i contient un nombre de prédictions correctes e_i (c'est-à-dire appartenant à la classe A) et un nombre de prédictions incorrectes ne_i (c'est-à-dire appartenant à la classe B). Ces valeurs sont normalisées par le nombre total d'entités dans les deux classes (E_i et NE_i).

Comme nous ne voulons pas sur-spécialiser les règles tout en augmentant la confiance, nous ajouterons la contrainte $belongs$ (classe A) ou $notbelongs$ (classe B) seulement si le hc ne diminue pas de plus de $marginHC$ et si la confiance PCA est augmentée d'au moins $marginPCA$.

Si le i-ème intervalle $[inf, sup]$ identifie la classe A, nous vérifions $E_i > (1 + marginPCA) * pca\_conf(r)$ car E_i servira de confiance PCA de la règle enrichie, et nous vérifions également que $\frac{e_i}{size(H)} > (1 - marginHC) * hc(r)$. Si les équations ci-dessus sont vérifiées, nous ajoutons $p_{num}(x_i, x_{n+1}) \wedge belongs(x_{n+1}, [inf, sup])$ à la règle parentale r.

Par contre, si le i-ème intervalle identifie la classe B, on vérifie $NE_i > (1 + marginPCA) * pca\_conf(r)$ et $\frac{supp(r_s) - e_i}{size(H)} > (1 - marginHC) * hc(r)$. Si les équations sont satisfaites, nous ajoutons l'atome $p_{num}(x_i, x_{n+1}) \wedge notbelongs(x_{n+1}, [inf, sup])$. Un intervalle sera élagué chaque fois qu'il ne satisfait pas l'une des conditions ci-dessus.

Exemple. Considérons la règle parente r_1 de l'exemple 3.2 avec $pca\_conf(r_2) = 0.7$ et $hc(r_2) = 0.4$. Nous avons envisagé d'ajouter l'atome $dateOfBirth(x_1, x_2)$ au corps de cette règle et avons défini les classes A et B comme indiqué aux étapes (2) et (3). Le tableau ci-dessous montre un ensemble d'intervalles proposés par une technique de discrétisation pour le prédicat numérique $dateOfBirth$, E_i et NE_i. Les valeurs finales de pca_conf et hc obtenues en considérant chaque intervalle sont également indiquées. Dans cet exemple, les premiers et

Intervalle	E	NE	Contrainte sur le prédicat	$hc(r_{enr})$	$pca\_conf(r_{enr})$
(-∞, **1834**]	0.1	0.9	*notbelongs*	0.19	0.84
[1834,1905]	0.6	0.4	*belongs*	0.09	0.60
[1905, +∞)	0.8	0.2	*belongs*	0.10	0.80

troisièmes intervalles sont sélectionnés pour générer deux règles car ils satisfont aux conditions définies à l'étape (5).

4 Évaluation expérimentale

Nous avons mené deux séries d'expériences. Premièrement, nous évaluons la qualité des règles enrichies par rapport à leurs règles parentes respectives. Deuxièmement, nous comparons les résultats de la tâche d'enrichissement de graphes de connaissances sur ces ensembles de règles. Nous considérons trois jeux de données de référence différents qui impliquent des valeurs numériques. Les statistiques de ces ensembles de données sont données dans le Tableau 1. Le code source de notre approche est accessible au public [1].

Dataset	$|\mathcal{I}|$	$|\mathcal{P}|$	$|\mathcal{P}_{num}|$	$|\mathcal{G}|$	$|\mathcal{G}_t|$
DB15K-num(García-Durán and Niepert, 2018)	12,867	278	251	79,345	9,789
FB15K-237-Num(García-Durán and Niepert, 2018)	14,541	237	116	272,115	1,215
LitWD19K(Gesese et al., 2021)	18,986	182	151	260,039	14,447

TAB. 1 – *Statistiques des jeux de données de référence. $|\mathcal{G}_t|$ est la taille de l'ensemble de test.*

Évaluation de la qualité des règles. Dans cette première série d'expériences, nous comparons la qualité globale des règles extraites par AMIE(Lajus et al., 2020) avec les règles enrichies de REGNUM sur les trois ensembles de données de référence. Pour mesurer la qualité globale des règles, nous utilisons $F(r) = 2 * \frac{pca\_conf(r)*hc(r)}{pca\_conf(r)+hc(r)}$, qui est une moyenne harmonique entre pca_conf et hc. En effet, un pca_conf ou un hc élevé n'est pas un bon indicateur de la qualité globale d'une règle (la règle peut être trop spécifique ou ne pas donner de bonnes prédictions).

Nous avons exécuté AMIE avec $minhc = 0.01$ et $min\_pca\_conf = 0.1$ sur les jeux de données *LitWD19K* et *DBPedia15K*, et avec $minhc = 0,1$ sur *FB15K-237-num*, et permettent d'obtenir l'ensemble des règles parentes $\mathcal{R}$. REGNUM enrichit ces règles parentes avec $marginPCA = 20\%$, $marginHC = 10\%$. Nous avons utilisé différentes techniques de discrétisation supervisée telles que la discrétisation optimale (Navas-Palencia, 2020) et MDLP (Fayyad and Irani, 1993). Dans le tableau 2, nous avons reporté les résultats avec MDLP.

On obtient la moyenne de pca_conf, hc, et F des règles parentes qui pourraient être enrichies $\mathcal{R}_{enr}$ et des règles enrichies $\mathcal{E}$. Dans le tableau 4, g_{conf}, g_{hc} et g_F représentent le pourcentage d'amélioration de chacune de ces mesures de qualité en comparant $\mathcal{E}$ à $\mathcal{R}_{enr}$. Par exemple, pour le jeu de données LitWD19K, la moyenne de pca_conf est de 0,40 pour les règles de l'AMIE et de 0,72 pour nos règles enrichies. Nous observons donc un gain significatif en termes de confiance. Globalement, sur ces trois jeux de données, nous observons que les règles enrichies ont un F-score plus élevé avec une augmentation significative de la confiance sans perdre trop de couverture de tête de règle.

---

1. https://github.com/armitakhn/REGNUM

Dataset	$|\mathcal{R}|$	$|\mathcal{R}_{enr}|$	$|\mathcal{E}|$	g_{conf}	g_{hc}	g_F
DB15K-num	2,689	352	2081	+19.2%	-4.0%	+4.1%
FB15K-237-num	9,590	2,394	17,639	+14.6%	-3.7%	+1.5%
LitWD19K	2,481	690	10772	+43.8%	-2.8%	+2.4%

TAB. 2 – *$|\mathcal{R}|$ est le nombre de règles parentes découvertes par AMIE, $\mathcal{R}_{enr}$ nombre de règles qui pourraient être enrichies, et $|\mathcal{E}|$ est le nombre de règles enrichies produites par REGNUM.*

Enrichissement de graphes de connaissances. Dans cette deuxième série d'expériences, nous avons dirigé notre attention vers la tâche d'enrichissement de graphes de connaissances, qui vise à prédire un objet manquant o dans un fait $(s, p, o) \notin \mathcal{G}$. La plupart des travaux pour l'enrichissement de graphes de connaissances reposent sur des techniques de plongement dans graphes de connaissances. Néanmoins, les règles peuvent également être utilisées pour faire ces prédictions, et elles ont l'avantage d'être explicables et interprétables. En utilisant les règles obtenues dans 4, nous montrons que l'ajout de $\mathcal{E}$ à $\mathcal{R}_{enr}$, augmente la précision de la complétion du KG. Pour faire l'évaluation, nous rapportons les résultats de Hits@k.

Pour chaque règle, nous exécutons une requête SPARQL et considérons les prédictions faites par les règles comme un ensemble de faits candidats. Chaque fait candidat peut être donné par un ensemble de règles $C = \{R_1, ..., R_n\}$. Nous avons utilisé une fonction d'agrégation F-pondérée qui pénalise les règles qui donnent lieu à de nombreuses prédictions $\mathcal{S}_c = \Sigma_{i=1}^n \frac{1}{\#Prediction(R_i)} * f(R_i)$. Le tableau 3 montre les résultats de l'enrichissement du graphe de connaissances en utilisant uniquement les règles générées par l'outil AMIE qui pourraient être enrichies $\mathcal{R}_{enr}$ vs. en utilisant ces règles ainsi que les règles enrichies $\mathcal{E}$. Ce choix nous permet d'observer de près l'impact que les règles enrichies apportent à la complétion du graphe de connaissances. Néanmoins, il ne nous permettra pas de comparer avec (Wang et al., 2020) et (Gesese et al., 2021) car nous ne considérons pas toutes les règles. Nous pouvons observer que la prise en compte des règles enrichies avec leurs règles parentes respectives augmente la précision de la complétion graphe de connaissances.

Dataset	AMIE ($\mathcal{R}_{enr}$)		AMIE+REGNUM ($\{\mathcal{R}_{enr} \cup \mathcal{E}\}$)	
	Hits@1	Hits@10	Hits@1	Hits@10
DBPedia15K	7.1	11.1	8.9	14.4
FB15K-237-num	9.2	24.0	12.5	30.1
LitWD19K	11.4	20.5	12.6	24.9

TAB. 3 – *Les résultats de Hits@1 et de Hits@10 de l'enrichissement de graphes de connaissances sur les jeux de données benchmark.*

5 Conclusion and travaux futurs

Dans cet article, nous avons présenté une nouvelle approche d'extension de règles découvertes de règles afin d'obtenir des règles de Horn incluant des prédicats numériques dont les valeurs sont contraintes par des intervalles spécifiques. Pour obtenir les intervalles, nous nous appuyons sur des techniques de discrétisation. Nous avons montré que les règles enrichies sont de meilleure qualité en moyenne et améliorent la précision des systèmes de découverte de règles pour la tâche de complétion graphes de connaissances. Dans les travaux futurs, nous envisageons d'ajouter plus d'un prédicat numérique à une règle parente, d'appliquer de nouvelles stratégies d'optimisation et de considérer d'autres jeux de données plus adaptés.

Acknowledgements : Ce travail a été soutenu par le projet PSPC AIDA : 2019-PSPC-09 financé par BPI-France.

Références

Fayyad, U. M. et K. B. Irani (1993). Multi-interval discretization of continuous-valued attributes for classification learning. In *IJCAI*.

García-Durán, A. et M. Niepert (2018). Kblrn : End-to-end learning of knowledge base representations with latent, relational, and numerical features. In *Proc. of the 34th Conference on Uncertainty in Artificial Intelligence (UAI)*.

Gesese, G. A., M. Alam, et H. Sack (2021). Literallywikidata - a benchmark for knowledge graph completion using literals. In *The Semantic Web – ISWC 2021*, Cham, pp. 511–527. Springer International Publishing.

Lajus, J., L. Galárraga, et F. Suchanek (2020). Fast and exact rule mining with amie 3. In *The Semantic Web*, Cham, pp. 36–52. Springer International Publishing.

Meilicke, C., M. W. Chekol, D. Ruffinelli, et H. Stuckenschmidt (2019). Anytime bottom-up rule learning for knowledge graph completion. In *Proceedings of the Twenty-Eighth International Joint Conference on Artificial Intelligence, IJCAI-19*, pp. 3137–3143.

Navas-Palencia, G. (2020). Optimal binning : mathematical programming formulation. *CoRR abs/2001.08025*.

Ortona, S., V. V. Meduri, et P. Papotti (2018). Rudik : Rule discovery in knowledge bases. *Proc. VLDB Endow. 11*(12), 1946–1949.

Wang, P.-W., D. Stepanova, C. Domokos, et J. Z. Kolter (2020). Differentiable learning of numerical rules in knowledge graphs. In *International Conference on Learning Representations*.

Yang, F., Z. Yang, et W. W. Cohen (2017). Differentiable learning of logical rules for knowledge base reasoning. In *Advances in Neural Information Processing Systems*, Volume 30. Curran Associates, Inc.

Summary

In this work, we present REGNUM, a system that enriches the body of the rules mined on a knowledge graph with atoms involving numerical predicates whose values are constrained by specified intervals. The intervals are obtained using supervised binning techniques with the objective of increasing the confidence of the rules provided by the rule mining technique. Our experimental results demonstrate that the rules enriched with numerical predicates have a higher overall quality and are better suited for the knowledge graph completion task.

JCPC : Approche de Calibration des Probabilités des Classifieurs basée sur la règle de Jeffrey

Sara Kebir*, Karim Tabia*

* Univ. Artois, CNRS, CRIL, F-62300 Lens, France
{kebir,tabia}@cril.fr

Résumé. Dans de nombreuses applications critiques, les modèles d'apprentissage automatique doivent non seulement prédire l'étiquette de classe avec précision, mais aussi fournir la probabilité que la prédiction soit correcte. Cette probabilité détermine si l'on peut faire confiance ou non à la prédiction. Dans cet article, nous présentons une nouvelle approche pour calibrer les probabilités des modèles d'apprentissage automatique via une étape de post-traitement. Le point de départ de ce travail est l'observation que la calibration est plutôt meilleure sur un petit nombre de catégories ou de sous-ensembles de classes que sur un grand nombre de classes. L'approche de calibration que nous proposons, appelée *JCPC*, est basée sur la révision probabiliste des croyances et calibre les probabilités prédites sur les classes en utilisant les probabilités prédites sur les catégories. Notre étude expérimentale sur plusieurs jeux de données et modèles d'apprentissage automatique montre des résultats très prometteurs.

1 Introduction

La décennie actuelle est fortement marquée par l'omniprésence des systèmes intelligents basés sur l'IA dans un grand nombre de domaines. Cela a soulevé des questions sensibles et des défis pour la communauté de l'IA, en particulier lorsqu'il s'agit d'IA explicable et digne de confiance. Pour ce deuxième aspect, la calibration de la confiance est un facteur important pour une IA plus fiable. En effet, de nombreux systèmes et applications intelligents et innovants reposent en grande partie sur l'apprentissage machine (ML), ce qui donne lieu à de nouveaux problèmes et risques induits, pour la plupart, par la complexité des systèmes, leur opacité et la sensibilité de certaines applications critiques.

Une IA digne de confiance nécessite l'utilisation de modèles dont la confiance est bien calibrée. En effet, il faut non seulement faire des prédictions précises, mais aussi fournir des probabilités (interprétées comme la confiance du modèle) que les prédictions sont correctes. De telles probabilités permettent de savoir quand faire confiance au modèle, ce qui peut avoir des conséquences sur la manière dont les prédictions sont gérées dans le cas d'une prise de décision automatisée. Par exemple, des probabilités de confiance bien calibrées indiquent quand les prédictions sont susceptibles d'être incorrectes. Cela permet de gérer ces prédictions en conséquence. Certaines techniques d'apprentissage automatique, telles que les classifieurs de réseaux bayésiens, peuvent fournir directement des probabilités postérieures, tandis que de nombreux autres classifieurs s'appuient sur certaines techniques pour fournir des probabilités de confiance. En pratique, de nombreux modèles donnent de mauvaises estimations des probabilités prédictives ; ils les surestiment souvent, comme dans le cas des forêts aléatoires et même des modèles modernes basés sur les réseaux profonds. Ensuite, des techniques de calibration sont souvent utilisées pour mieux calibrer les probabilités prédictives (Filho et al., 2021).

Nous proposons dans cet article une nouvelle approche pour calibrer les probabilités de prédiction d'un classifieur. Le point de départ est l'observation que la calibration est plutôt meilleure sur un petit nombre de catégories ou de sous-ensembles de classes que sur un grand nombre de classes. L'approche de calibration proposée, appelée *JCPC*, est basée sur la révision de croyances probabilistes avec des entrées incertaines et calibre les probabilités prédites sur les classes en utilisant les probabilités prédites sur des sous-ensembles de classes fournies par un modèle de calibration spécialement formé pour prédire les catégories. Ainsi, nous considérons la calibration comme une tâche de révision d'informations incertaines à la lumière de nouvelles entrées incertaines et plus fiables dans l'esprit de la règle de conditionnement de Jeffrey.

2   Préliminaires et notations

2.1   Calibration des probabilités prédictives

La classification est une tâche prédictive définie par deux ensembles de variables : Un ensemble de caractéristiques $X=\{X_1,...,X_n\}$ où $|X|=n$, et une variable cible discrète notée C prenant des valeurs dans son domaine D_C.

Un classifieur f est une fonction faisant correspondre chaque instance de données d'entrée x (vecteur instanciant chaque variable dans X) à une valeur du domaine D_C.

Intuitivement, un classifieur f est dit calibré (ou fournit des probabilités de prédiction calibrées) si, lorsqu'il prédit une étiquette $c_i \in D_C$ avec la probabilité $\hat{p}_i$, cette prédiction sera correcte avec la probabilité $\hat{p}_i$ (la probabilité $p_f(C=c_i|p=\hat{p}_i)$ est calibrée si en moyenne la prédiction est correcte avec la probabilité $\hat{p}_i$). Cela signifie que le classifieur quantifie avec précision son incertitude ou sa confiance lorsqu'il fait des prédictions.

2.2   Révision d'informations incertaines avec de nouvelles entrées incertaines : règle de Jeffrey

En se plaçant dans le cadre de la révision d'une information probabiliste codée par une distribution de probabilités antérieure p (sur un domaine discret) lorsqu'une nouvelle preuve ϕ devient disponible. Le conditionnement classique permet de mettre à jour l'information préalable p vers la distribution postérieure $p(.|\phi)$. Lorsque la nouvelle information n'est plus une évidence ou une observation, mais une évidence incertaine, alors nous avons affaire à une révision d'information incertaine avec des entrées incertaines. La règle de Jeffrey (Jeffrey, 1965) étend le conditionnement probabiliste classique au cas où la nouvelle information est incertaine. Elle permet de mettre à jour une distribution de probabilités initiale p en une distribution postérieure p' étant donné l'incertitude portant sur un ensemble d'événements mutuellement exclusifs et exhaustifs $\lambda=\{\lambda_1,...,\lambda_n\}$ (à savoir, λ est une partition de l'ensemble des états possibles Ω). Dans ce contexte, la nouvelle entrée est de la forme (λ_i, α_i), $i=1..n$ où α_i désigne la nouvelle probabilité de λ_i.

Étant donné une distribution de probabilités p codant les croyances initiales et les nouvelles entrées sous la forme (λ_i, α_i) pour $i=1..n$, le degré de probabilité actualisé de tout événement $\phi \subseteq \Omega$ est obtenu comme suit :

$$p'(\phi) = \sum_{\lambda_i} \alpha_i \times \frac{p(\phi \cap \lambda_i)}{p(\lambda_i)} \tag{1}$$

La distribution postérieure p' obtenue à l'aide de la règle de Jeffrey existe toujours et elle est unique (Chan et Darwiche, 2005). Il est à noter que dans la règle de Jeffrey, les événements λ_i doivent être possibles dans la distribution antérieure (à savoir, $\forall \lambda_i \in \lambda, p(\lambda_i) > 0$).

3 Calibration des probabilités d'un classifieur basée sur la règle de Jeffrey

Le point de départ de ce travail est l'observation que sur les problèmes de classification impliquant un grand nombre de classes, il est souvent difficile de prédire correctement certaines classes, en particulier dans le cas de jeux de données non équilibrés. Ce qui est vrai pour la précision des prédictions l'est aussi pour les probabilités de confiance. Cette difficulté peut être essentiellement liée à la nature des données et aux spécificités des classifieurs utilisés.

Deux questions simples se posent alors : i) Si l'on regroupe les classes en catégories (sortes de super classes, afin d'être mieux représentées et de réduire le nombre de classes), peut-on améliorer la qualité des prédictions (en termes de précision et de calibration) ? ii) Si oui, serait-il possible d'exploiter les meilleures performances des prédictions sur les catégories (sous-ensembles des classes initiales) pour *rectifier* ou *calibrer* les prédictions d'un classifieur f ?

Pour la première question, la réponse est positive pour la plupart des jeux de données et des classifieurs testés, bien qu'avec des résultats différents selon la façon dont les classes $\{c_1, .., c_k\}$ sont regroupées en catégories $\{cat_1, .., cat_j\}$ (avec $j<k$). Dans la FIG. 1, on peut voir les diagrammes de fiabilité d'un classifieur SVM appris sur le jeu de données DBPedia.

Il est clair que le classifieur SVM construit sur 70 classes est mal calibré (voir l'écart avec la ligne de calibration parfaite) par rapport au SVM construit sur 9 catégories.

Pour la deuxième question, le fait d'avoir un classifieur plus calibré sur les catégories fournit des informations pertinentes sur les classes incluses dans chaque catégorie. Comment et dans quel cas utiliser ces probabilités sur les catégories afin de garantir une amélioration des probabilités de confiance du classifieur initial sera présenté dans ce qui suit.

Nous avons, d'un côté, des classes et une distribution de probabilités p fournie par le classifieur à calibrer f, et de l'autre côté, des catégories (une partition des classes) et une autre distribution de probabilités sur les catégories p' fournie par le classifieur f'. De plus, dans la plupart des cas, les probabilités des classifieurs f' sont plus calibrées comme illustré dans l'exemple de la FIG. 1 ce qui signifie que le classifieur f' est plus fiable en termes de calibration. Ceci place en quelque sorte notre problème dans le cadre de la révision d'informations incertaines par de nouvelles informations incertaines.

Il est tout à fait logique de mettre à jour la distribution p avec p' puisque cette dernière fournit des probabilités plus calibrées. Cela revient à donner la priorité à la nouvelle informa-

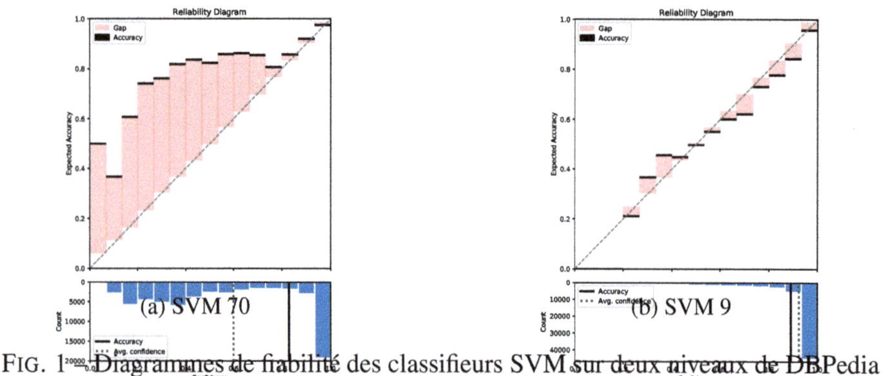

FIG. 1 – Diagrammes de fiabilité des classifieurs SVM sur deux niveaux de DBPedia

tion p' exactement en accord avec la règle de Jeffrey. Ainsi, les probabilités révisées p_c sont obtenues en suivant la règle de Jeffrey comme suit : $\forall c_i \in D_C$,

$$p_c(c_i) = p'(cat(c_i)) \times \frac{p(c_i)}{p(cat(c_i))}, \tag{2}$$

où $cat(c_i)$ désigne la catégorie de la classe c_i et $p(cat(c_i))$ la probabilité de toutes les classes de la catégorie $cat(c_i)$ calculée à partir de la distribution p, ($p(cat(c_i)) = \sum_{c_j \in cat(c_i)} (p(c_j))$). Il est à noter que la distribution postérieure p_c existe toujours et qu'elle est unique sauf si le classifieur f associe une probabilité nulle à $cat(c_i)$ [1].

Une autre idée pour améliorer les résultats de la calibration est de partir avec des probabilités pré-calibrées à la fois pour le classifieur à calibrer f et pour le classifieur de calibration f'. En effet, rien n'empêche dans ce cas d'utiliser les techniques de calibration existantes dans l'état-de-l'art pour pré-calibrer p et p' pour finalement réviser selon notre méthode *JCPC*.

Jusqu'à présent, nous avons brièvement présenté l'idée principale de notre approche de calibration *JCPC*. Afin de l'appliquer en pratique, il faut bien répondre à la question liée au regroupement des classes en catégories dans le cas où, pour le problème considéré, il n'existe pas de taxonomie ou de hiérarchie de classes qui puisse être utilisée directement. Cette question sera abordée dans la section suivante.

4   *JCPC* pour les problèmes sans hiérarchies de classes

Dans certains domaines, il existe des taxonomies et des hiérarchies de classes permettant de regrouper sémantiquement les classes en catégories mais cette option ne garantit pas nécessairement les meilleurs résultats. Le nombre et la composition des catégories est un des points clés pour avoir des probabilités bien calibrées. Pour les jeux de données sans taxonomie de classes, une solution serait de regrouper les classes en catégories en utilisant les techniques de l'état-de-l'art, mais cela donne souvent des clusters où les éléments de la même classe sont distribués dans différents clusters.

---

1. Si $p(cat(c_i))=0$, on peut soit appliquer *JCPC* en donnant plus de priorité au modèle des catégories $p_c(c_i) = \frac{p'(cat(c_i))}{|cat(c_i)|}$ où $|cat(c_i)|$ est le nombre de classes dans la catégorie $cat(c_i)$, soit conserver la probabilité initiale de la classe $p_c(c_i)=p(c_i)$.

Pour surmonter ce problème, nous suggérons de procéder différemment et proposons une procédure simple de *construction de la hiérarchie des classes*. Ainsi, au lieu d'appliquer des méthodes de clustering sur toutes les instances du jeu de données, nous calculons d'abord le centroïde (ou prototype) de chaque classe, puis nous utilisons des algorithmes de clustering agglomératifs (ascendants) (Müllner, 2011) pour les regrouper hiérarchiquement sous la forme d'un dendrogramme, le nombre optimal de catégories (ou clusters) est ensuite obtenu en utilisant une heuristique de l'état-de-l'art comme Elbow (Madhulatha, 2012).

5   Étude expérimentale

Les expériences évaluant notre approche peuvent être reproduites [2] et sont menées sur des jeux de données de classification de documents et d'images bien connus, à savoir : *DBPedia* [3], *Amazon products reviews (Amazon PR)* [4], *CIFAR-10* et *CIFAR-100* (Krizhevsky et Hinton, 2009).

Les expériences sont menées sur les jeux de données de classification de documents à l'aide de quatre classifieurs (ML), à savoir, classifieur Naïf Bayésien (NB), Forêts Aléatoires (RF), Regression Logistique (LR) et Machine à Vecteurs de Support (SVM). Pour les jeux de données de classification d'images, des réseaux neuronaux convolutifs (CNNs) très robustes ont été utilisés, à savoir ResNet-50 (He et al., 2016), DenseNet-121 (Huang et al., 2016), Inception-v3 (Szegedy et al., 2015), VGG-19 (Simonyan et Zisserman, 2014) et EfficientNet-B7 (Tan et Le, 2019). Ces derniers ont été pré-entraînés sur ImageNet (Deng et al., 2009).

Les mesures d'évaluation utilisées pour évaluer la précision et la calibration de la confiance prédite sont : La précision (ACC), la vraisemblance logarithmique négative (NLL), l'erreur de calibration attendue (ECE), et l'erreur de calibration maximale (MCE).

5.1   Résultats principaux

5.1.1   Impact de la hiérarchie des classes/catégorisation

Les résultats obtenus avec la méthode de construction de la hiérarchie que nous proposons sont compétitifs avec ceux obtenus en utilisant les catégories originales. Nous pouvons voir dans le tableau 1 que contrairement au clustering avec K-means, qui détériore la précision et l'ECE du modèle de classes, la construction de la hiérarchie en utilisant notre procédure améliore l'ECE. Bien qu'elle ne soit pas aussi bonne que la hiérarchie originale de CIFAR-100, l'amélioration est tout de même significative, surtout si l'on tient compte du fait que le modèle est très calibré au départ (avec une ECE de 1,75%). Ces résultats soulignent l'impact de la catégorisation des classes sur la qualité de la méthode de calibration proposée.

5.1.2   Résultats de l'application de *JCPC*

Le tableau 2 montre les résultats obtenus avec notre approche de calibration *JCPC* sur Amazon PR et DBPedia. Nous pouvons voir qu'à l'exception des RF sur Amazon PR, tous les

---

2. https://colab.research.google.com/drive/1nCn8WbtcWrYPmMXDF9zBZSSdU1XguO3V? usp=sharing

3. DBPedia dataset, https://www.kaggle.com/danofer/dbpedia-classes

4. Amazon PR, https://www.kaggle.com/kashnitsky/hierarchical-textclassification

	Modèle	CIFAR-100			
		Acc%	NLL	ECE%	MCE%
ResNet50	Non cal	**74.83**	**0.85**	1.75	5.07
	K-means	68.07	1.09	2.45	8.81
	Construction de la hiérarchie	69.98	1.03	1.53	5.29
	Hiérarchie CIFAR-100	72.15	0.96	**1.28**	**4.21**

TAB. 1 – Comparaison des performances du ResNet50 avant et après la calibration *JCPC* sur CIFAR-100 en utilisant *K*-means, la construction de la hiérarchie et la hiérarchie CIFAR-100.

modèles testés montrent une amélioration de la qualité de la confiance, en maintenant ou en améliorant dans certains cas la précision initiale. Les résultats obtenus avec *JCPC* ont été améliorés davantage en utilisant *JCPC*-oracle avec des probabilités d'entrée p et p' pré-calibrées moyennant les techniques de l'état-de-l'art, à savoir la régression isotonique et la régression sigmoïde (Guo et al., 2017). Ce qui nous permet de surpasser leurs résultats.

Les résultats obtenus avec les CNNs sur CIFAR-10 et CIFAR-100 constituent un défi pour l'approche de calibration que nous proposons comme ils sont initialement assez bien calibrés. Les résultats présentés dans le tableau 3 montrent que la calibration en utilisant *JCPC* est un peu limitée avec les trois premiers CNNs appliqués à CIFAR-10. Les résultats obtenus avec les autres expériences sont très positifs sur les deux jeux de données, en particulier avec DenseNet-121 sur CIFAR-10. L'utilisation de l'oracle sur ces jeux de données a clairement surpassé la technique de l'état-de-l'art, température scaling (Guo et al., 2017), qui n'affecte toutefois pas la précision du modèle. Le VGG-19 sur CIFAR-10 est le seul modèle qui n'a été calibré ni par notre méthode ni par celle de l'état-de-l'art car il n'y a pratiquement aucune marge d'amélioration.

	Modèle	Amazon PR				DBPedia			
		Acc%	NLL	ECE%	MCE%	Acc%	NLL	ECE%	MCE%
NB	Non cal	42.93	2.67	27.63	67.17	71.42	1.22	22.41	34.08
	JCPC	**53.01**	**2.05**	**26.49**	**53.33**	**71.71**	**1.14**	**20.51**	**32.09**
	Iso	68.19	1.50	13.03	24.46	**88.88**	**0.45**	12.13	**24.8**
	Sig	62.32	1.71	22.49	28.37	83.03	0.76	16.62	25.66
	JCPC-oracle	**70.12**	**1.38**	**9.40**	**20.67**	82.00	0.69	**8.53**	26.41
LR	Non cal	64.00	1.77	23.73	44.90	**92.30**	**0.36**	10.31	36.25
	JCPC	**67.44**	**1.42**	**18.25**	**32.79**	91.76	**0.35**	**09.23**	**29.74**
	Iso	67.32	1.47	11.51	19.33	91.76	0.41	15.99	33.26
	Sig	68.05	1.31	13.45	20.50	92.12	0.40	16.35	32.35
	JCPC-oracle	**70.27**	**1.13**	**9.10**	**18.76**	91.50	**0.36**	**8.38**	**24.76**
RF	Non cal	**67.19**	2.50	**05.16**	10.59	90.57	0.62	26.39	47.24
	JCPC	**67.39**	**2.40**	14.76	25.32	90.36	**0.60**	**25.66**	**43.03**
	Iso	64.39	5.16	21.14	46.88	**91.99**	0.39	2.71	13.30
	Sig	67.02	**1.73**	20.79	41.86	91.47	**0.32**	1.94	11.72
	JCPC-oracle	66.24	2.63	5.65	**9.12**	90.10	0.49	**1.41**	**8.46**
SVM	Non cal	62.40	1.65	16.85	40.86	83.77	0.87	21.16	54.12
	JCPC	**63.35**	**1.59**	**06.78**	**14.98**	81.01	0.90	**11.05**	**30.08**
	Iso	**65.89**	**1.52**	11.03	22.16	**85.49**	**0.64**	18.35	30.88
	Sig	24.59	2.65	**6.12**	33.11	33.67	2.55	**8.76**	40.95
	JCPC-oracle	63.35	1.59	6.78	**14.98**	81.01	0.90	11.05	**30.08**

TAB. 2 – Comparaison des performances des classifieurs avant et après calibration en utilisation *JCPC*, les méthodes de l'état-de-l'art et *JCPC*-oracle sur Amazon PR et DBPedia.

Modèle		CIFAR-10				CIFAR-100			
		Acc%	NLL	ECE%	MCE%	Acc%	NLL	ECE%	MCE%
ResNet-50	Non cal	92.07	0.24	1.50	8.64	**74.83**	**0.85**	1.75	5.07
	JCPC	**92.36**	0.24	1.94	12.78	72.15	0.96	**1.28**	**4.21**
	T-Scaling	92.07	0.23	1.21	10.23	74.83	0.85	2.21	5.91
	JCPC-oracle	**92.40**	**0.23**	**0.66**	**5.75**	72.15	0.96	**1.28**	**4.21**
Inception-v3	Non cal	**90.30**	0.32	2.78	9.21	**64.99**	1.3	6.75	13.10
	JCPC	90.09	0.33	2.79	10.12	63.21	**1.3**	**1.61**	**4.26**
	T-Scaling	90.30	0.32	0.74	9.19	64.99	1.3	2.07	7.40
	JCPC-oracle	90.02	**0.31**	**0.67**	**5.42**	63.21	1.3	**1.61**	**4.26**
VGG-19	Non cal	**88.86**	**0.32**	**0.56**	**4.11**	**67.66**	**1.14**	3.36	10.17
	JCPC	88.52	0.33	0.99	6.74	64.96	1.2	**2.59**	**7.79**
	T-Scaling	88.86	0.32	0.8	4.92	67.66	1.14	2.70	8.64
	JCPC-oracle	88.50	0.33	0.64	4.16	64.82	1.2	**2.00**	**7.28**
DenseNet-121	Non cal	93.37	0.2	1.61	11.22	**73.90**	**0.89**	3.10	8.68
	JCPC	**93.55**	**0.2**	0.99	**5.22**	69.21	1.0	**1.35**	**4.02**
	T-Scaling	93.37	0.2	0.51	**5.01**	73.90	0.89	1.55	5.26
	JCPC-oracle	**93.66**	**0.19**	**0.51**	9.77	71.52	0.98	**1.10**	**4.30**
EfficientNet-B7	Non cal	**95.86**	0.16	2.27	19.02	**77.15**	0.81	5.29	13.37
	JCPC	95.60	0.17	**2.09**	**14.09**	73.52	0.95	**4.34**	**7.41**
	T-Scaling	95.86	0.13	0.41	**8.67**	77.15	**0.79**	2.49	7.81
	JCPC-oracle	95.74	**0.13**	**0.33**	10.39	74.99	0.88	**1.36**	**7.05**

TAB. 3 – Comparaison des performances des classifieurs avant et après calibration en utilisation *JCPC*, les méthodes de l'état-de-l'art et *JCPC*-oracle sur CIFAR-10 et CIFAR-100.

6 Conclusions et discussions

Dans cet article, nous avons proposé une nouvelle approche pour calibrer les probabilités prédictives d'un classifieur par la révision d'informations incertaines et plus fiables, basée sur la règle de conditionnement de Jeffrey. En plus d'être simple, notre approche garantit le plus souvent une meilleure calibration que les méthodes de l'état-de-l'art.

L'un des problèmes les plus importants de l'approche proposée est la qualité du modèle de catégories qui dépend fortement de la qualité de la hiérarchie construite à partir du jeu de données et de l'utilisation de la pré-calibration. Pour les travaux futurs, l'une des pistes et questions ouvertes est de travailler sur la meilleure façon de construire la hiérarchie des classes spécifiquement pour améliorer la qualité de la calibration et d'effectuer une analyse approfondie des cas où nous sommes sûrs d'avoir une amélioration grâce à notre approche.

Remerciements. Ce travail a été soutenu par le projet Vivah 'Vers une Intelligence artificielle à VisAge Humain' soutenu par l'ANR, et par le projet ANR CROQUIS (Collecting, Representing, cOmpleting, merging, and Querying heterogeneous and UncertaIn waStewater and stormwater network data), subvention ANR-21-CE23-0004 de l'Agence Nationale de la Recherche (ANR).

Références

Chan, H. et A. Darwiche (2005). On the revision of probabilistic beliefs using uncertain evidence. *Artif. Intell. 163*(1), 67–90.

Deng, J., W. Dong, R. Socher, L.-J. Li, K. Li, et L. Fei-Fei (2009). ImageNet : A Large-Scale Hierarchical Image Database. In *CVPR09*.

Filho, T. S., H. Song, M. Perello-Nieto, R. Santos-Rodriguez, M. Kull, et P. Flach (2021). Classifier calibration : How to assess and improve predicted class probabilities : a survey. *CoRR abs/2112.10327*.

Guo, C., G. Pleiss, Y. Sun, et K. Q. Weinberger (2017). On calibration of modern neural networks. In D. Precup et Y. W. Teh (Eds.), *Proceedings of the 34th International Conference on Machine Learning*, Volume 70 of *Proceedings of Machine Learning Research*, pp. 1321–1330. PMLR.

He, K., X. Zhang, S. Ren, et J. Sun (2016). Deep residual learning for image recognition. In *2016 IEEE Conference on Computer Vision and Pattern Recognition (CVPR)*, pp. 770–778.

Huang, G., Z. Liu, L. van der Maaten, et K. Q. Weinberger (2016). Densely connected convolutional networks.

Jeffrey, R. C. (1965). *The Logic of Decision*. New York, NY, USA : University of Chicago Press.

Krizhevsky, A. et G. Hinton (2009). Learning multiple layers of features from tiny images. Technical Report 0, University of Toronto, Toronto, Ontario.

Madhulatha, T. S. (2012). An overview on clustering methods.

Müllner, D. (2011). Modern hierarchical, agglomerative clustering algorithms.

Simonyan, K. et A. Zisserman (2014). Very deep convolutional networks for large-scale image recognition.

Szegedy, C., V. Vanhoucke, S. Ioffe, J. Shlens, et Z. Wojna (2015). Rethinking the inception architecture for computer vision.

Tan, M. et Q. V. Le (2019). Efficientnet : Rethinking model scaling for convolutional neural networks.

Summary

In many critical applications, machine learning models must not only predict the class label accurately, but also provide the probability that the prediction is correct. This probability determines whether or not to trust the prediction. In this paper, we present a novel approach for calibrating the probabilities of machine learning models via a post-processing step. The starting point of this work is the observation that calibration is rather better on a small number of categories or subsets of classes than on a large number of classes. Our proposed calibration approach, named *JCPC*, is based on probabilistic belief update and calibrates the predicted probabilities on classes using the predicted probabilities on categories. Our experimental study on many datasets and machine learning models show very promising results.

GeoNLPlify : Une augmentation spatiale de corpus liés aux crises pour des tâches de classification

Rémy Decoupes*,***, Mathieu Roche**,***, Maguelonne Teisseire*,***

* INRAE, F-34398 Montpellier, France
prenom.nom@inrae.fr,
** CIRAD, F-34398 Montpellier, France
prenom.nom@cirad.fr
*** TETIS, Univ. Montpellier, AgroParisTech, CIRAD,
CNRS, INRAE, Montpellier 34090, France

Résumé. L'article *"Deux cygnes retrouvés mort au **Parc de la Tête d'Or** à **Lyon**"* parle-t-il de l'épidémie de grippe aviaire ? Nos travaux proposent d'utiliser l'information spatiale pour générer des données artificielles étiquetées afin d'améliorer les classifications de textes basées sur BERT. Ainsi, après avoir mis en évidence, par des méthodes d'explicabilité, l'importance de l'information spatiale dans les corpus liés à des crises, nous proposons différentes stratégies d'augmentation de données qui tirent profit de ce constat. Notre méthode, GeoNLPlify, est évaluée sur des jeux de données publics (PADI-web et CrisisNLP) et comparée aux augmentations de données classiques.

1   Introduction

La dégradation de l'environnement et les effets croissants du changement climatique provoquent une augmentation du nombre de catastrophes et de leurs impacts. Pour permettre une meilleure gestion de ces situations, il devient nécessaire de faire appel à des méthodes d'analyse de données performantes. Le problème auquel nous sommes alors confrontés est le peu de données disponibles. En effet, comme la rareté et la non-similitude des événements sont importants (Buntain et al., 2020), il devient peu pertinent d'appliquer des méthodes d'adaptation de domaine.

En parallèle, le développement des modèles de langue (Large Language Models (LLM)), basés sur les mécanismes d'attention (Vaswani et al., 2017), s'est accru ces dernières années avec des performances exceptionnelles. Même si les LLM sont destinés à être utilisés par transfert d'apprentissage sur des corpus plus petits, ils ont toujours besoin d'un ensemble de données assez important. Différentes techniques d'augmentation de données ont été développées en Traitement Automatique du Langage Naturel (TALN) (Bayer et al., 2022). Leurs objectifs sont d'améliorer les performances d'un modèle de classification de texte en générant artificiellement de nouvelles données étiquetées pour augmenter la taille du corpus d'apprentissage. Cependant, plusieurs approches sont inefficaces quand des LLM sont utilisés car ces derniers sont invariants à certaines transformations (Longpre et al., 2020) telles que le remplacement de lettres ou de mots. L'annotation de données par des experts étant très coûteux, un défi est de trouver de nouvelles méthodes d'augmentation de données ayant un impact positif sur les classificateurs LLM.

Pour une tâche de classification de texte dans le domaine des gestions de crises, nous faisons l'hypothèse que les données associées possèdent une très forte composante spatiale qu'il faut utiliser. C'est pourquoi, nous proposons GeoNLPlify[1], une librarie python comportant trois méthodes d'augmentation de données fondées sur les informations spatiales contenues dans les textes. Nous montrons que GeoNLPlify a un impact significativement positif sur les performances des classificateurs LLM qui ont été entraînés sur des corpus pour lesquels la spatialité est importante. Pour souligner le rôle de l'information spatiale dans les corpus liés à des crises, nous proposons une analyse des techniques d'explication pour les modèles d'apprentissage profond appliqués aux modèles LLM. L'objectif est de détecter les catégories de mots qui ont le plus grand impact sur les prédictions du classifieur. L'importance de l'information spatiale, pour les corpus traitant de situations de crise, est démontrée et discutée dans cet article. Notre approche GeoNPlify est évaluée sur 2 corpus : PADI-Web[2] (Arsevska et al., 2018) et crisisNLP[3] (Imran et al., 2016) et comparée aux méthodes d'augmentation de données récentes en TALN (Ma, 2019). Les modèles entraînés à partir de tels corpus, pour lesquels la spatialité compte, voient leurs performances considérablement augmentées par GeoNLPlify.

Dans la suite de cet article, après un état de l'art présenté en section 2, nous détaillons notre méthode en section 3 pour ensuite décrire et discuter les différentes évaluations réalisées en section 4. Enfin, nous dressons le bilan et les perspectives en conclusion.

2 État de l'art

Le traitement automatique du langage naturel (TALN) a bénéficié de l'émergence des modèles de langues (LLM). Plusieurs d'entre eux ont été mis à disposition de la communauté tels que BERT (Devlin et al., 2019) ou RoBERTa (Liu et al., 2019). Ces modèles sont non spécifiques et peuvent, par un ré-entraînement, être spécialisés, ou affinés, à un domaine particulier comme la gestion de crises qui nous intéresse dans cette étude. Malheureusement, ce domaine souffre d'un manque de données (Buntain et al., 2020).

Pour surmonter ce problème, les jeux de données annotées doivent être *augmentés*. Une première solution consiste à demander à un expert d'étiqueter de nouvelles données mais ceci n'est pas toujours envisageable. Une solution alternative est de créer artificiellement de nouvelles données étiquetées. Il existent, notamment, des méthodes basées sur des heuristiques (par exemple étiqueter négativement un texte s'il comporte le mot «pleurs»). Cependant ce type de règles n'est pas toujours évident à définir. Une autre piste consiste à entraîner un deuxième modèle qui générera des données pseudo-étiquetées de confiance (Li et al., 2020). Cependant, deux limites peuvent être opposées à ce type d'approche : (i) la sur-représentation des données pour lesquelles la classification est simple et (ii) accroître le risque d'apporter des pseudo-étiquettes erronées.

Contrairement aux méthodes précédentes, l'augmentation de données (Data Augmentation DA) n'opère pas sur des données non étiquetées pour générer artificiellement des pseudo-

---

1. https ://github.com/remydecoupes/GeoNLPlify
2. https ://padi-web.cirad.fr/
3. https ://crisisnlp.qcri.org/lrec2016/ lrec2016.html

étiquettes. L'objectif est de faire quelques variations de données étiquetées afin d'en générer de nouvelles en garantissant leur qualité. Plusieurs stratégies de DA en TALN ont été fournies par la communauté. Ainsi, Easy Data Augmentation (Wei et Zou, 2019) vise à créer une variation du contenu des données étiquetées en remplaçant ou en subsistant ou en ajoutant des caractères ou des mots par synonymie ou par des mécanismes aléatoires. Un LLM pourra également être utilisé pour remplacer un mot par un autre (Kobayashi, 2018). Malheureusement, les classificateurs LLM, de par leur nature, peuvent être insensibles à ce genre de variations (Longpre et al., 2020). D'autres tâches du TALN, telles que la traduction ou la synthèse peuvent bénéficier d'une rétro-traduction (traduire une phrase dans une autre langue et revenir à l'originale) (Sennrich et al., 2016). La DA est également appliquée pour évaluer les modèles, appelé entraînement contradictoire, en introduisant certaines variations dans les données jusqu'à ce que les modèles infèrent une mauvaise étiquette (Morris et al., 2020).

Dans cet article, nous proposons une stratégie originale d'augmentation des données fondée sur l'information spatiale. Pour valider notre hypothèse, nous montrons que le classificateur ré-entraîné s'appuie sur des types de mot en lien avec la spatialité. Pour cela, nous utilisons des cartes de saillance «LIME» (Ribeiro et al., 2016).

3   L'approche GeoNLPlify

Pour améliorer les re-entraînements de LLM, nous proposons GeoNLPlify, un ensemble de nouvelles approches d'augmentation de données basé sur l'information spatiale contenue dans les textes. Comme indiqué par Longpre et al. (2020), les LLM peuvent être invariants à certaines augmentations de données. Ainsi, avant d'introduire GeoNLPlify, nous mettons en évidence, via une methode d'explicabilité, l'importance de l'information spatiale pour la classification de textes sur des corpus liés aux crises et pour lesquels la spatialité compte.

3.1   Carte des mots saillants

Après avoir ré-entraîné un modèle pré-entraîné, nous dressons, pour chaque document, des cartes de mots saillants. Les données utilisées pour l'entraînement sont issues de PADI-Web (Arsevska et al., 2018), un corpus annoté traitant de santé animale. Le modèle pré-entraîné RoBERTA (Liu et al., 2019) est utilisé car il obtient les meilleurs performances sur le corpus de base non augmenté.

Afin de comprendre sur quels types de mot le modèle RoBERTa ré-entraîné fonde ses prédictions, nous utilisons LIME (Ribeiro et al., 2016) comme méthode d'interprétation. Cette méthode fait des variations sur les mots d'un document ce qui permet d'entraîner un modèle explicatif permettant de reproduire le comportement de notre classificateur "boîte noire" LLM. Comme les méthodes d'explicabilité ou d'interprétabilité appliquées à des LLM peuvent être contradictoires, nous ne l'utilisons pas ici comme une explication complète de notre classificateur mais nous considérons le résultat LIME comme un moyen pour formuler une hypothèse que nous nous efforcerons de valider par la suite.

Aussi, pour exploiter les résultats LIME, nous extrayons les trois mots les plus saillants pour chaque document du corpus annoté. Pour chaque jeton saillant, nous appliquons la reconnaissance d'entité nommée (NER) qui classe le jeton dans des catégories prédéfinies telles que

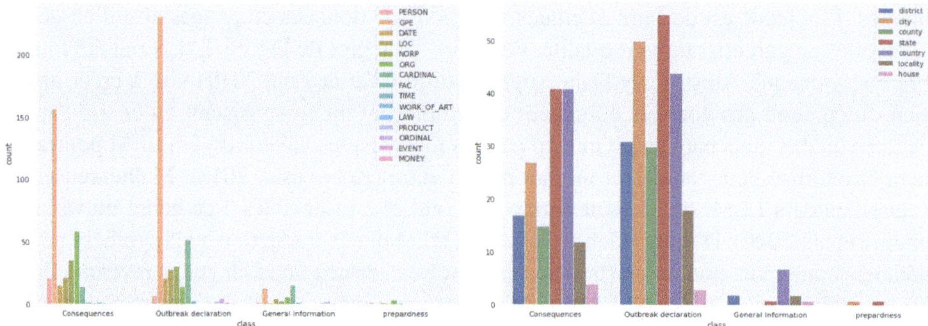

(a) Distribution des mots les plus saillants selon les catégories NER

(b) Les différentes granularités spatiales des entités GPE

FIG. 1 – Analyse des types de mots saillant par phase de crise

les noms de personnes, les organisations, les lieux ou les entités géopolitiques (GPE) qui sont des villes/états/pays.

Le jeton GPE (localisation) contribue le plus, en nombre (illustré sur la figure 1a), aux prédictions locales fines des classificateurs RoBERTa et ceci pour toutes les classes. C'est pourquoi, nous nous appuyons sur la saillance de l'information spatiale pour proposer plusieurs stratégies d'augmentation des données, stratégies décrites dans la section suivante.

3.2 L'augmentation de données avec GeoNLPlify

GeoNLPlify est un ensemble de trois stratégies d'augmentation de données qui permet de réaliser des variations de données annotées en se concentrant sur l'information spatiale pour augmenter la taille du corpus d'apprentissage. En effet, comme souligné dans la section précédente, les jetons porteurs d'informations géographiques aident les classificateurs à faire leurs prédictions lorsqu'ils travaillent avec un ensemble de données lié à des crises. Notre intuition est que le niveau hiérarchique des informations spatiales a une influence sur le classement : être au bon niveau spatial permet de mieux rendre compte de la situation locale en temps de crise. Par exemple, une déclaration d'épidémie se concentrera au niveau de la ville ou de la région où les cas sont apparus, alors que les conséquences seront signalées au niveau du pays. Ceci est illustré, pour l'ensemble de notre corpus, par la figure 1b. Afin d'évaluer l'hypothèse posée, nous définissons trois stratégies.

Augmentation par généralisation spatiale :

Il s'agit de dupliquer les documents annotés qui contiennent des jetons GPE au niveau de la ville en les remplaçant par leurs pays. Par exemple, le titre de ce nouvel article : *"2 cas de virus Powassan confirmés dans le **New Jersey**"* sera dupliqué par *"2 cas de virus Powassan confirmés dans le **États-Unis**"*.

Augmentation par spécialisation spatiale :

Contrairement au principe d'augmentation précédent, l'objectif est ici de dupliquer les documents contenant le GPE au niveau d'un pays par une ville choisie au hasard (nous descendons dans la hiérarchie spatiale). Pour cela, nous utilisons la base de données "world cities" de simplemaps[4]. Par exemple, nous dupliquons le document *"**Kenya** émet une alerte sur l'épidémie de fièvre aphteuse"* en créant *"**Jakarta** émet une alerte sur l'épidémie de fièvre aphteuse"*. Nairobi est choisie au hasard dans la liste des villes du Kenya.

Augmentation par synonymie ou équivalence spatiale :

Pour cette dernière proposition d'augmentation, nous faisons des variations de même niveau pour les jetons GPE. La variante est, encore une fois, choisie au hasard parmi les "villes du monde" de simplemaps. Par exemple, le document *"2 cas de virus Powassan confirmés à **Vancouver**"* sera dupliqué par *"2 cas de virus Powassan confirmés à **Glasgow**"*

4 Expérimentation

4.1 Protocole expérimental

4.1.1 Description des données

L'analyse comparative est effectuée sur deux ensembles de données liés aux crises (PADI-Web (Arsevska et al., 2018) et CrisisNLP (Imran et al., 2016)). Parmi l'ensemble des articles de presse traitant de santé animale récoltés par **PADI-Web**, 300 ont été manuellement annotés par un expert. Au nombre de 5, ces labels correspondent à une des phases d'une crise. **CrisisNLP**, quant à lui, est ensemble de tweets collectés lors de 19 crises (entre 2013 et 2015). 11570 tweets ont été ensuite manuellement annotés parmi 14 types d'information utilisés en tant de crise. Ces deux corpus ont des répartitions très déséquilibrées entre leurs classes.

4.1.2 Augmentation des données

GeoNLPlify : Augmentation spatiale des données   L'augmentation des données spatiales repose sur un processus en trois étapes : NER, géocodage et variation spatiale. Pour la tâche de NER, notre pipeline utilise un algorithme spaCy[5]. La deuxième étape se concentre sur les jetons identifiés comme des entités géographiques (GPE). À l'aide des données OpenStreetMap (OSM)[6] via le geocoder "photon"[7], le pipeline récupère les informations spatiales du jeton, telles que sa granularité spatiale (c.-à-d. ville/comté/état/pays).
Selon les méthodes d'augmentation des données spatiales, la troisième étape utilise les informations du niveau spatial pour créer une variation (généralisation, spécialisation ou synonymie spatiale).

Augmentation des données par des approches TALN   Pour les approches classiques d'augmentation de données TALN, nous utilisons la bibliothèque python nlp_aug (Ma, 2019). Cette bibliothèque fournit plusieurs augmentations à différents niveaux (caractère, mot et phrase) à travers de multiples approches (incorporation contextuelle, synonyme, rétrotraduction, variation aléatoire, ...). Deux augmentations ont été utilisées pour la comparaison avec GeoNLPlify. Elles font, comme GeoNLPlify, des variations au niveau mot : synonyme (basé sur WordNet (Miller, 1995)) et incorporation contextuelle de mots (utilisant le modèle BERT). Les deux

---

4. https://simplemaps.com/data/world-cities
5. https://spacy.io/models/en#en_core_web_trf
6. https://www.openstreetmap.org
7. https://photon.komoot.io

	prepardness	Consequences	General information	Other	Outbreak declaration
none	0.4	0.54	0.6	0.55	0.83
geo_generalization	0.62	0.7	0.63	0.64	0.87
geo_specialization	0.85	0.88	0.83	0.79	0.96
geo_spatial_synonym	0.8	0.88	0.81	0.69	0.97
nlp_substitute	0.61	0.65	0.68	0.56	0.82
nlp_synonym	0.75	0.76	0.79	0.84	0.88

TAB. 1 – Comparaison des moyennes F1-score sur PADI-Web

	affected_people	caution_and_advice	deaths_reports	disease_signs	disease_transmission	evacuations	donation	damage	injured_dead	missing	irrelevant	other_information	prevention	emotional_support	treatment
none	0.82	0.58	0.63	0.66	0.72	0.75	0.82	0.75	0.9	0.66	0.75	0.69	0.69	0.84	0.81
geo_generalization	0.88	0.65	0.64	0.61	0.73	0.79	0.84	0.79	0.9	0.72	0.76	0.74	0.6	0.86	0.69
geo_specialization	0.91	0.81	0.8	0.65	0.78	0.92	0.93	0.89	0.96	0.86	0.83	0.87	0.62	0.92	0.77
geo_spatial_synonym	0.92	0.82	0.87	0.72	0.81	0.92	0.93	0.9	0.97	0.88	0.84	0.87	0.7	0.93	0.8
nlp_substitute	0.64	0.43	0.43	0.48	0.56	0.55	0.63	0.56	0.66	0.47	0.57	0.62	0.47	0.64	0.54
nlp_synonym	0.76	0.65	0.6	0.6	0.66	0.76	0.86	0.76	0.89	0.65	0.82	0.75	0.56	0.88	0.68

TAB. 2 – Comparaison des moyennes F1-score sur CrisisNLP

approches utilisent la même stratégie pour créer des variations. Elles sélectionnent au hasard des jetons dans le document, puis remplacent ces jetons par l'une de ses variantes (en moyenne 30% des jetons sont modifiés).

Les cinq méthodes d'augmentation de données sont appliquées aux deux corpus. Comme GeoNLPlify ne peut générer des variations de documents qu'à condition qu'ils possèdent une information spatiale, son augmentation n'est pas uniforme. Certaines classes peuvent sembler être désavantagées par la méthode GeoNLPlify alors que les méthodes NLP_aug augmentent, quant à elles, uniformément toutes les classes.

4.1.3   Entraînement et évaluation

Pour comparer les augmentations de données, un processus de validation croisée est utilisé en dix tours (plis). Les plis préservent le déséquilibre des classes. RoBERTa est ensuite spécialisé en 3 époques sur un serveur possédant une carte graphique NVIDIA V100 et 315 Go de RAM. L'entraînement est assuré par la bibliothèque python huggingFace [8]. Les métriques d'évaluation sont calculées sur le jeu de données initial sans augmentation. La moyenne de ces métriques (score F1, rappel et précision) des 10 plis est calculée pour chaque méthode d'augmentation de données.

4.2   Résultats

Après avoir ré-entraîné RoBERTa sur 10 tours, les moyennes des F1-score sont calculées pour chaque classe afin d'évaluer l'apport des différentes méthodes d'augmentation de données. Les tableaux 1 & 2 proposent ces résultats.

---

8. https ://huggingface.co/

Pour **PADI-Web**, la première constatation est que toutes les méthodes d'augmentation obtiennent de meilleurs résultats que le corpus non augmenté (portant le label "none" dans les tableaux). Deuxièmement, deux méthodes de GeoNLPlify, *Spatial Synonym* et *Specialization* obtiennent les meilleurs résultats hormis pour la classe "Ohter" pour laquelle *nlp_synonym* est meilleur. Le fait que cette classe ne possède que très peu d'informations géographiques n'explique pas, à lui tout seul, les moins bons résultats de GeoNLPlify puisque nous ne constatons pas cette baisse de performance pour la classe "General information", pauvre également en informations spatiales. La classe "other" est aussi trop bruitée (c'est à dire hors sujet)

En ce qui concerne **CrisisNLP**, *Spatial Synonym* et *Specialization* de GeoNLPlify obtiennent de nouveau les meilleures résultats, à part pour la classe "treatment" pour laquelle aucune DA n'améliore la classification.

5 Conclusion

Après avoir souligné l'importance des mots porteurs d'informations spatiales des jeux de données liés aux gestions de crises pour les modèles de classification de texte, nous avons proposé de nouvelles méthodes d'augmentation de données basées sur la spatialité. Cet ensemble de techniques, regroupées au sein du paquet python GeoNLPlify [9], est comparé aux méthodes traditionnelles d'augmentation de jeux de données. Ces comparaisons ont été menées sur deux corpus différents (PADI-Web et CrisisNLP). GeoNLPlify obtient les meilleurs performances pour la quasi totalité des classes. L'apport de GeoNLPLify pour spécialiser des modèles de type BERT pour des tâches de classification de texte traitant de crises est donc démontré.

Les travaux futurs se focaliseront sur les méthodes de combinaison de techniques d'augmentation de données afin d'améliorer, encore, la qualité des prédictions. Par ailleurs, GeoNLPlify pourra également être évalué sur d'autres tâches de TALN (comme l'extraction d'information). Enfin, et afin de mieux comprendre l'apport de l'information spatiale, GeoNLPlify pourra être utilisé sur des corpus dont la dimension spatiale ne semble pas être fondamentale.

Remerciements : Cette étude a été partiellement financée par la subvention européenne 874850 MOOD. Le contenu de cette publication relève de la seule responsabilité des auteurs et ne reflète pas nécessairement les vues de la Commission européenne.

Références

Arsevska, E., S. Valentin, et J. Rabatel (2018). Web monitoring of emerging animal infectious diseases integrated in the French Animal Health Epidemic Intelligence System. *PLOS ONE 13*(8), 25.

Bayer, M., M.-A. Kaufhold, et C. Reuter (2022). A Survey on Data Augmentation for Text Classification. *ACM Computing Surveys 1*, 3544558.

Buntain, C., R. McCreadie, et I. Soboroff (2020). Incident Streams 2020 : TRECIS in the Time of COVID-19. In *18th International Conference on Information Systems for Crisis Response and Management*, Volume 18, pp. 621–639. ISCRAM.

---

9. https ://github.com/remydecoupes/GeoNLPlify

Devlin, J., M.-W. Chang, K. Lee, et K. Toutanova (2019). BERT : Pre-training of Deep Bidirectional Transformers for Language Understanding. In *Proceedings of the 2019 Conference of the NACL*, Volume 1, pp. 4171–4186. Association for Computational Linguistics.

Imran, M., P. Mitra, et C. Castillo (2016). Twitter as a Lifeline : Human-annotated Twitter Corpora for NLP of Crisis-related Messages. In *Proceedings of the Tenth International Conference on Language Resources and Evaluation (LREC)*, Volume 1, pp. 1638–1643. European Language Resources Association (ELRA). arXiv :1605.05894 [cs].

Kobayashi, S. (2018). Contextual Augmentation : Data Augmentation by Words with Paradigmatic Relations. arXiv :1805.06201 [cs].

Li, Z.-z., D.-w. Feng, D.-s. Li, et X.-c. Lu (2020). Learning to select pseudo labels : a semi-supervised method for named entity recognition. *Frontiers of Information Technology & Electronic Engineering 21*(6), 903–916.

Liu, Y., M. Ott, N. Goyal, J. Du, M. Joshi, D. Chen, O. Levy, M. Lewis, L. Zettlemoyer, et V. Stoyanov (2019). RoBERTa : A Robustly Optimized BERT Pretraining Approach. Number : arXiv :1907.11692 arXiv :1907.11692 [cs].

Longpre, S., Y. Wang, et C. DuBois (2020). How Effective is Task-Agnostic Data Augmentation for Pretrained Transformers ? arXiv :2010.01764 [cs, stat].

Ma, E. (2019). nlpaug. original-date : 2019-03-21T03 :00 :17Z.

Miller, G. A. (1995). WordNet : a lexical database for English. *Communications of the ACM 38*(11), 39–41.

Morris, J. X., E. Lifland, J. Y. Yoo, J. Grigsby, D. Jin, et Y. Qi (2020). TextAttack : A Framework for Adversarial Attacks, Data Augmentation, and Adversarial Training in NLP. arXiv :2005.05909 [cs].

Ribeiro, M. T., S. Singh, et C. Guestrin (2016). "Why Should I Trust You ?" : Explaining the Predictions of Any Classifier. Number : arXiv :1602.04938 arXiv :1602.04938 [cs, stat].

Sennrich, R., B. Haddow, et A. Birch (2016). Improving Neural Machine Translation Models with Monolingual Data. In *Proceedings of the 54th Annual Meeting of the Association for Computational Linguistics (Volume 1 : Long Papers)*, Berlin, Germany, pp. 86–96. Association for Computational Linguistics.

Vaswani, A., N. Shazeer, N. Parmar, J. Uszkoreit, L. Jones, A. N. Gomez, L. Kaiser, et I. Polosukhin (2017). Attention Is All You Need. Number : arXiv :1706.03762 arXiv :1706.03762 [cs].

Wei, J. et K. Zou (2019). EDA : Easy Data Augmentation Techniques for Boosting Performance on Text Classification Tasks. arXiv :1901.11196 [cs].

Summary

This paper proposes to use the spatial information to augment the training corpus of BERT-based text classification models on crisis related corpora. After having shown the importance of this kind of information thanks to a neural network explicability method, we propose GeoNLPlify, a set of three data augmentation techniques based on spatial information.

Apports des alternatives à la rétropropagation dans l'apprentissage des réseaux de neurones binaires

Ben Crulis*, Barthelemy Serres*, Cyril de Runz*, Gilles Venturini*

*LIFAT, Université de Tours, Tours
https://lifat.univ-tours.fr/, nom.prenom@univ-tours.fr
**CETU ILIAD3, Université de Tours, Tours,
https://iliad3.univ-tours.fr

Résumé. Les modèles de réseaux de neurones profonds utilisent actuellement des paramètres encodés avec des nombres flottants utilisant beaucoup d'espace mémoire au moment de l'inférence. Ces modèles devenant de plus en plus volumineux, il devient difficile d'envisager entraîner directement ces modèles sur des appareils portables tels que les smartphones. Les réseaux de neurones binaires promettent de réduire la taille des réseaux de neurones artificiels tout en diminuant le temps d'inférence et l'énergie consommée, permettant le déploiement de modèles plus puissants sur les appareils portables. Cependant, les réseaux de neurones binaires sont encore actuellement difficiles à entraîner en utilisant la rétropropagation classique. Nous fournissons des tests comparatifs pour 3 algorithmes dont la rétropropagation permettant d'entraîner des réseaux de neurones binaires sur MNIST ainsi que CIFAR-10. Les résultats montrent que les réseaux de neurones binaires peuvent être entraînés en utilisant des alternatives à la rétropropagation, et donner lieu à de meilleures performances.

1 Introduction

Les réseaux de neurones artificiels sont connus pour leur bonnes performances sur de nombreux types de tâches, mais au prix de coûteuses phases d'apprentissage préalables. De nos jours, la recherche se concentre sur le passage à l'échelle pour de plus gros modèles et jeux de données puisque l'ajout de paramètres supplémentaires a tendance à améliorer les performances. Cette tendance rend les modèles plus encombrant et lent à l'utilisation. Leur utilisation est, de ce fait, plus difficile sur des appareils contraints en mémoire et en capacité de calcul tels que les smartphones. Pourtant, déployer les modèles directement sur les smartphones promet plusieurs avantages tel que réduire les communications réseaux et tout en réduisant la dépendance à d'éventuels serveurs de calcul distant. La perspective d'avoir des algorithmes d'apprentissage moins coûteux et des modèles moins volumineux ouvre la possibilité d'effectuer l'entraînement ou le ré-entraînement des modèles directement sur les appareils des utilisateurs, ce qui amène de nouvelles possibilités de personnalisation et d'adaptation à l'utilisateur.

Les réseaux de neurones binaires ont été proposés pour rendre les modèles de réseaux de neurones plus économes en mémoire tout en améliorant leur vitesse d'inférence et leur coût énergétique grâce à l'utilisation d'opérations binaires de bas niveau. Ils sont donc le choix naturel pour le déploiement de modèles sur des appareils contraints (embarqués) tels que les smartphones. Les réseaux de neurones binaires ont été utilisés par exemple pour la détection de piétons (Ojeda et al., 2020), et la reconnaissance d'activités humaines (Daghero et al., 2021).

Malheureusement, les réseaux de neurones binaires sont plus difficiles à entraîner et souffrent de performances inférieures comparés à leur équivalent continus. La méthode moderne pour entraîner les réseaux de neurones binaires a été introduite par (Hubara et al., 2016). De part les différentes hypothèses et estimations utilisées pour rendre cela possible, l'entraînement reste malgré tout toujours plus difficile et donne lieu à des performances légèrement dégradées comparés aux modèles classiques utilisant une plus grande précision numérique.

Cependant, de nouveaux algorithmes d'apprentissage aux performances proches de la rétropropagation ont récemment été mis au point (Nøkland, 2016; Frenkel et al., 2021), permettant d'en envisager l'utilisation pour entraîner des réseaux de neurones binaires. À notre connaissance, ceci est le premier travail de recherche à proposer utiliser ces algorithmes alternatifs pour entraîner des modèles binaires.

Cet article propose une adaptation des algorithmes alternatifs à la rétropropagation pour l'entraînement des réseaux de neurones binaires et des tests sur les jeux de données MNIST et CIFAR-10 pour en évaluer la viabilité en terme de performance de classification. Le code des expériences est disponible sur `https://github.com/BenCrulis/binary_nn`.

2   Réseaux de neurones binaires

Dans cette section nous présentons les caractéristiques principales de réseaux de neurones binaires (Simons et Lee, 2019; Qin et al., 2020; Zhao et al., 2020).

Contrairement aux réseaux de neurones classiques avec des paramètres codés en valeurs réelles, chaque paramètre d'un réseau de neurones binaire est codé avec un seul bit. Un bit peut encoder pour une paire de valeurs, habituellement -1 et 1 pour les réseaux de neurones binaires puisque cela permet de remplacer les multiplications de nombres flottants par des opérations logiques XNOR plus efficientes. La conséquence immédiate est que les réseaux de neurones binaires sont beaucoup plus petits que leur équivalents continus, on peut s'attendre à une réduction en taille d'un facteur 32 par rapport à un modèle encodé avec des paramètres sur 32 bits.

Entraînement des réseaux de neurones binaires par descente de gradient   Choisir les paramètres d'un modèle directement en binaire est un problème combinatoire NP-Complet. Pour cette raison, la méthode retenue consiste à entraîner un modèle avec des paramètres continu comme support pour un modèle binarisé. L'algorithme de rétropropagation est modifié de manière à calculer un gradient des paramètres qui ne soit pas nul partout au moment de traverser des étapes de binarisation. C'est ici qu'intervient le *Straight-Through-Estimator* (STE) (Hinton, 2012) qui permet de calculer une approximation non nulle du gradient pour la fonction *signe*.

Le modèle est ensuite entraîné de manière classique, avec les modifications proposées dans (Hubara et al., 2016). Dans la passe avant, le modèle est binarisé en utilisant la fonction *signe* qui permet de passer des paramètres continus aux binaires puis utilisé pour calculer la sortie. Dans la passe arrière de la rétropropagation, le STE choisi est utilisé pour calculer un gradient non nul au niveau de chaque étape de binarisation, au niveau des activations des neurones ainsi qu'a l'étape de binarisation des poids, permettant de calculer un gradient des poids du modèle continu. Au déploiement du modèle, le modèle continu sert à calculer les poids binaires finaux et abandonné, permettant de profiter de la réduction de la taille pour le stockage et l'utilisation.

La difficulté à entraîner les réseaux de neurones binaires vient des approximations qui sont faites pour permettre l'entraînement par calcul du gradient. Avec la méthode de rétropropagation habituelle, les gradients traversent donc plusieurs approximations de manière successive proportionnellement au nombre de couches. Nous conjecturons que cette accumulation d'approximations pourrait être à l'origine d'une baisse de performance pour les modèles plus profonds.

3   La rétropropagation et ses alternatives

Rétropropagation   L'algorithme de rétropropagation (*backpropagation* en Anglais, abrégé en BP) est la méthode d'apprentissage la plus commune pour l'entraînement des modèles de réseaux de neurones profonds. L'algorithme BP permet de calculer la modification des poids permettant de réduire la valeur de la fonction de coût par descente de gradient. La règle de dérivation en chaîne permet de calculer de manière récursive le gradient des poids pour chaque couche dans ce constitue la passe arrière. Cette méthode est illustrée dans la Figure 1a.

Alignement de rétroaction directe   Nøkland (2016) propose une amélioration de l'alignement de rétroaction (FA) introduite par Lillicrap et al. (2016) appelée Alignement de rétroaction directe (*Direct Feedback Alignment* en Anglais, abrégée en DFA). DFA consiste à propager le signal d'erreur au niveau de la sortie du modèle à chaque couche du modèle directement grâce à des matrices de poids aléatoires. Contrairement à FA où le signal d'erreur traverse jusqu'à $K - 1$ couches, K étant le nombre de couches, dans DFA le signal d'erreur traverse 0 couche en passe arrière. Comme le signal d'erreur évite chaque couche en aval, cette méthode permet l'entraînement de modèles très profonds (avec plus de 100 couches) la où BP échoue à converger. Cet algorithme est illustré dans la Figure 1b.

Propagation directe de labels aléatoires   Les méthodes précédentes nécessitent de calculer la fonction de coût afin d'ensuite obtenir un signal d'erreur pour entraîner les couches. Ceci empêche en pratique de mettre à jour les paramètres du modèle tant que la passe avant n'est pas complétée, ce fait est appelé *verrouillage de la mise à jour* (*update locking* en anglais). Cependant, l'algorithme, appelé Propagation directe de labels aléatoires (*Direct Random Target Propagation* en anglais, abrégé en DRTP), a été récemment proposé pour traiter ce problème (Frenkel et al., 2021) pour les modèles de classification. Pour chaque exemple d'apprentissage, la classe correcte sert à sélectionner pour chaque couche un vecteur aléatoire unique à cette classe tout au long de l'entraînement grâce à une projection par une matrice aléatoire de manière similaire à DFA. Ce vecteur est réinterprété comme signal d'erreur pour la couche considérée, le reste du processus est ensuite identique à BP et DFA. Par conception, DRTP permet de mettre à jour les paramètres d'une couche sans attendre que les couches suivantes aient même calculé leur propre résultats intermédiaires. DRTP est donc en principe beaucoup plus économe en mémoire puisque les variables intermédiaires peuvent être libérées après utilisation. Cet algorithme est illustré dans la Figure 1c.

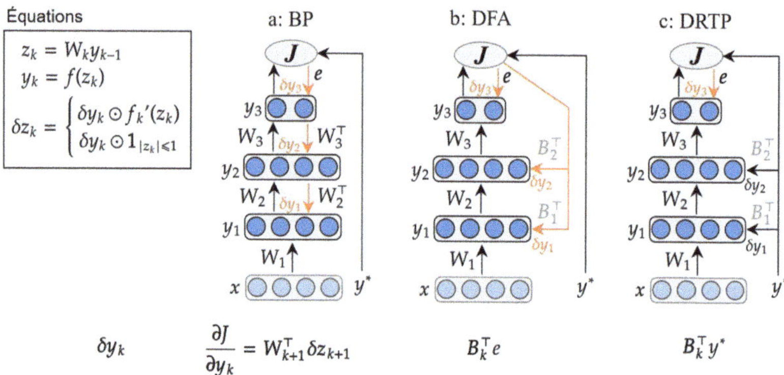

FIG. 1 – Schéma des algorithmes comparés dans les expériences. Les variables notées B_k sont des matrices aléatoires initialisée une seule fois avant le début de l'entraînement. Adapté de (Frenkel et al., 2021).

4   Algorithmes

Dans cette section nous présentons la méthode de binarisation utilisée.

La Figure 1 montre les différences entres les algorithmes. BP est le seul algorithme où le gradient traverse plusieurs couches en sens inverse, les deux autres envoient leur signal d'erreur en parallèle à chaque couche directement.

Afin de rendre les algorithmes d'entraînement compatibles avec la binarisation, nous modifions légèrement la façon dont les passes avant et arrière sont effectuées. D'abord, si la fonction d'activation est la fonction *signe*, un STE saturant est utilisé pour la passe arrière. Autrement dit, sa fonction dérivée est remplacée par le STE garantissant ainsi la propagation d'un gradient non nul en moyenne. Nous utiliserons dans la suite deux variants du STE. Soit δy_k le gradient à la couche k et δz_k le gradient estimé de la fonction *signe*. Une des variantes consiste à ignorer la dérivée de la fonction *signe*, dans ce cas $\delta z_k = \delta y_k$. Ce STE est non-saturant. Une autre variante introduite dans (Hubara et al., 2016) est équivalente à propager le gradient à travers une fonction $tanh$ dure ($Htanh(x) = clip(x, -1, 1)$), dans ce cas $\delta z_k = \delta y_k \odot 1_{|z_k| \leq 1}$. Ce STE prend la valeur 0 quand le neurone est saturé. Dans les expérimentations, nous utilisons le STE non-saturant pour la binarisation des poids et la version saturante pour la fonction *signe* quand elle est utilisée en tant que fonction d'activation.

Dans la passe arrière, le signal d'erreur δy_k passe dans le STE de la fonction d'activation si elle est binaire, où bien dans la dérivée de la fonction d'activation $tanh$. Ceci nous donne le signal d'erreur δz_k qui est utilisé conjointement avec la variable sauvegardée y_{k-1} pour obtenir le gradient des paramètres δW_k après un passage dans le STE de la binarisation des poids. Dans le cas particulier de BP, le signal d'erreur δz_k est aussi propagé à la couche précédente d'index $k-1$ avec la formule suivante : $\delta y_{k-1} = (W_k^b)^\top \delta z_k$. Ce signal d'erreur traversera donc potentiellement plusieurs STE à la suite. Plus précisément, la couche k reçoit donc un signal ayant traversé $K - k$ STE, K étant le nombre de couches total. Les autres algorithmes quant à eux calculent l'erreur δy_k à partir de la fonction de coût à la dernière couche ou bien directement à partir des labels y^*. Dans ce cas un nombre constant de STE est traversé.

5 Expérimentations

Dans cette section nous présentons le protocole expérimental pour comparer les algorithmes sur trois jeux de données de classification d'images et présentons les résultats. Le but de ces expériences n'est pas d'obtenir un résultat supérieur à l'état de l'art mais de comparer les différences qualitatives et quantitatives des différents algorithmes quand nous passons d'un cadre continu à un cadre binaire.

Nous cherchons à répondre aux questions suivantes :

1. Quel est l'impact de la binarisation des activations pour chaque algorithme ?

2. Quel est l'impact de la binarisation des paramètres pour chaque algorithme ?

3. Quelle devrait être la méthode d'entraînement privilégiée pour un modèle entièrement binarisé, paramètres et activations ?

5.1 Protocole

Nous proposons de mesurer les performance des modèles sur les données MNIST (Deng, 2012) et CIFAR-10 (Krizhevsky, 2009).

Toutes les couches et algorithmes sont entièrement ré-implémentés avec Numpy afin de s'assurer de fournir des conditions expérimentales identiques. Les termes de biais des couches denses sont retirés afin d'avoir la même architecture entre modèles continus et binaires. Le modèle est construit de manière à avoir 4 couches cachées ayant respectivement 700, 500, 300 et 200 neurones. La fonction de coût utilisée dans toutes les expériences est l'erreur quadratique moyenne. La taille de lot retenue est 128. Tous les algorithmes sont exécutés sur 100 epochs.

Nous entraînons les modèles avec chaque algorithme dans leurs versions continue et binaire. Nous séparons aussi les résultats par fonction d'activation ($tanh$ ou $signe$) afin d'évaluer l'impact de la binarisation des activations dans les couches cachées.

Nous effectuons d'abord une recherche exhaustive sur le taux d'apprentissage et l'échelle de l'initialisation des poids pour trouver la combinaison ayant le plus grand taux de classification correcte (*Accuracy*) en 100 epoch pour chaque triplet algorithme-binarisation-activation. Les valeurs considérées sont 10^{-4}, 10^{-5} et 10^{-6} pour le taux d'apprentissage et 10^{-3} ou 0.1 pour l'échelle d'initialisation des paramètres. Les paramètres sont initialisés avec une distribution uniforme avec l'échelle considérée.

L'architecture retenue a été choisie empiriquement de manière à avoir un nombre de couches suffisamment grand pour que les différences fondamentales entre algorithmes puissent affecter l'entraînement. Le modèle retenu a un total de 1110800 paramètres pour le modèle utilisé sur MNIST, sans compter les couches de normalisation par lot. Pour chaque tâche de classification, le modèle doit classifier les images parmi 10 classes équilibrées. Les tenseurs des images sont d'abord aplatis dans une représentation sous forme de vecteur. La dernière couche des modèles est toujours continue et possède toujours une fonction d'activation $tanh$. Cette dernière couche est toujours entraînée de la même manière pour tous les algorithmes à partir du gradient de la fonction de coût directement. Enfin, pour chaque algorithme nous répétons les expériences 10 fois avec le meilleur jeu d'hyperparamètres trouvé pour chaque combinaison de triplet algorithme-binarisation-activation.

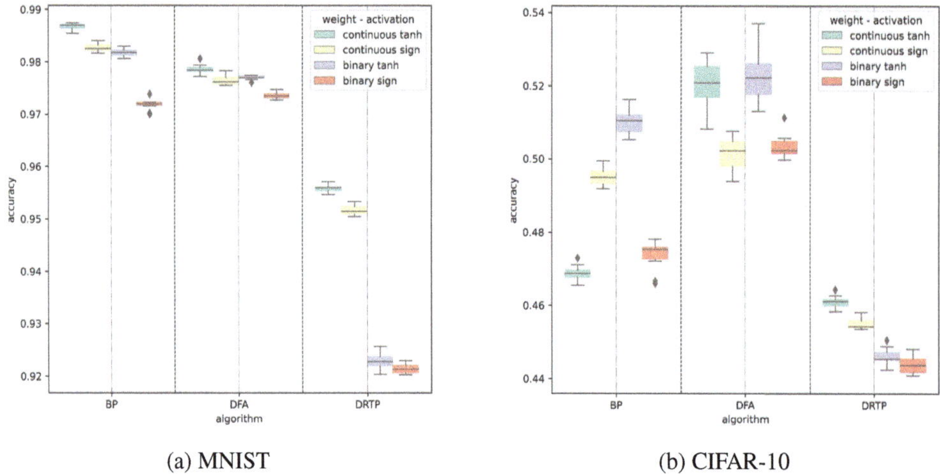

(a) MNIST   (b) CIFAR-10

FIG. 2 – Meilleur taux de classification sur les sous-ensembles de test.

5.2 Résultats

Dans cette section, nous présentons les résultats des expériences en terme de taux de classification correcte sur les différents jeux de données.

La Figure 2a montre les meilleurs taux de classification sur le jeu de test de MNIST. On observe que la transition des poids continus aux poids binaires ainsi que la transition des activations continues aux activations binaires tend à causer une augmentation du taux d'erreur dont l'ampleur dépend de l'algorithme considéré. DRTP est fortement impacté par le passage de poids continus aux poids binaires mais ne semble pas souffrir autant du passage des activations continues aux activations binaires. DFA est légèrement surpassé par BP sur le jeu de test, tout en étant supérieur dans le cas entièrement binarisé avec poids et activations binaires. Ce résultat est confirmé par un test ANOVA rapportant une valeur p de moins de 0.03% sur l'égalité des moyennes de ces deux groupes.

Les résultats sur CIFAR-10 sont rapportés dans la Figure 2b. Cette fois les résultats sont légèrement différents : BP est surclassé par DFA pour toutes les combinaisons de type de poids et de fonction d'activation mais reste plus performant que DRTP. Ici encore, dans le cas entièrement binaire, le modèle entraîné par DFA montre de bien meilleures performances que le modèle entraîné avec BP avec une valeur p de 7.9×10^{-13}.

6 Discussion

Quel est l'impact de la binarisation des activations pour les différents algorithmes ? Le passage de la fonction d'activation $tanh$ à la fonction signe semble responsable d'une légère baisse de performance pour tous les algorithmes et type de poids, binaires ou non. Cela s'explique certainement par l'utilisation du STE qui s'est malgré tout révélé très utile pour l'entraînement des réseaux de neurones binaires.

Quel est l'impact de la binarisation des poids pour les différents algorithmes ? La binarisation des poids semble pénaliser plus fortement les performances par rapport à la binarisation des activations. Cela est certainement dû à la saturation d'une partie des neurones puisque la binarisation des poids empêche effectivement les paramètres d'une couche de prendre de petites valeurs. Cette saturation implique que le gradient tende vers 0 ou même prenne la valeur 0 au passage de la dérivée de la fonction $tanh$ ou du STE respectivement. BP semble particulièrement affecté, plus probablement du fait que le gradient doive traverser plusieurs de ces neurones saturés de manière successive, empêchant le modèle d'apprendre des motifs utiles dans les premières couches.

Quelles méthode(s) devraient être retenue(s) pour entraîner des modèles ayant des poids et des activations binaires ? Ces expériences montrent que BP est très sensible à la binarisation aussi bien en poids qu'en activations. En revanche, DFA est bien moins perturbé y compris dans les versions entièrement binarisées du modèle.

Au final, parmi les trois algorithmes DFA semble être l'algorithme le plus prometteur pour entraîner des réseaux entièrement binarisés. Contrairement aux autres algorithmes, DFA est le seul algorithme à faire traverser à la fois un nombre constant de couches au signal d'apprentissage et à utiliser l'information apprise par les couches en aval indirectement par le calcul de l'erreur à la couche de sortie. Cette combinaison de qualités semble expliquer les performances de DFA dans le contexte de la binarisation.

7 Conclusion

Les réseaux de neurones binaires sont plus adaptés pour être utilisés sur les appareils embarqués par rapport à des modèles continus de par leur moindre coût mémoire et énergétique. L'entraînement actuel des réseaux de neurones binaires se base sur la rétropropagation et sur l'utilisation de STE. Néanmoins, plusieurs alternatives moins coûteuses que BP tels que DFA et DRTP ont été récemment proposés pour remplacer la rétropropagation mais n'avaient pas été exploitées pour entraîner les modèles binaires.

Nous avons proposé d'adapter DFA et DRTP pour les réseaux binaires et montré expérimentalement qu'il est possible d'égaler voire de surpasser les performances de la rétropropagation en utilisant DFA dans le cas de modèles ayant des poids et des activations binaires. Ces résultats permettent d'envisager que la rétropropagation pourrait ne pas être le meilleur choix quand il s'agit d'entraîner des réseaux de neurones binaires. Ces algorithmes alternatifs sont aussi par construction moins coûteux comparés à la rétropropagation et permettent donc d'imaginer de les utiliser directement pour entraîner des modèles sur appareils embarqués tels que les smartphones.

Références

Daghero, F., C. Xie, D. J. Pagliari, A. Burrello, M. Castellano, L. Gandolfi, A. Calimera, E. MacIi, et M. Poncino (2021). Ultra-compact binary neural networks for human activity recognition on risc-v processors. In *Proceedings of the 18th ACM International Conference on Computing Frontiers 2021, CF 2021*, pp. 3–11.

Deng, L. (2012). The MNIST database of handwritten digit images for machine learning research. *IEEE Signal Processing Magazine 29*, 141–142.

Frenkel, C., M. Lefebvre, et D. Bol (2021). Learning without feedback : Fixed random learning signals allow for feedforward training of deep neural networks. *Frontiers in Neuroscience 15*, 1–13.

Hinton, G. (2012). Neural networks for machine learning coursera video lectures.

Hubara, I., M. Courbariaux, D. Soudry, R. El-Yaniv, et Y. Bengio (2016). Binarized Neural Networks. In D. D. Lee, M. Sugiyama, U. von Luxburg, I. Guyon, et R. Garnett (Eds.), *Advances in Neural Information Processing Systems 29 : NeurIPS*, Barcelona, Spain, pp. 4107–4115.

Krizhevsky, A. (2009). Learning Multiple Layers of Features from Tiny Images. Technical report, University of Toronto, Canada.

Lillicrap, T. P., D. Cownden, D. B. Tweed, et C. J. Akerman (2016). Random synaptic feedback weights support error backpropagation for deep learning. *Nature Communications 7*, 1–10.

Nøkland, A. (2016). Direct feedback alignment provides learning in deep neural networks. In *Advances in Neural Information Processing Systems, NeurIPS*, pp. 1045–1053.

Ojeda, F. C., A. Bisulco, D. Kepple, V. Isler, et D. D. Lee (2020). On-Device Event Filtering with Binary Neural Networks for Pedestrian Detection Using Neuromorphic Vision Sensors. In *2020 IEEE International Conference on Image Processing (ICIP)*, pp. 3084–3088.

Qin, H., R. Gong, X. Liu, X. Bai, J. Song, et N. Sebe (2020). Binary neural networks : A survey. *Pattern Recognition 105*, 107281.

Simons, T. et D. J. Lee (2019). A review of binarized neural networks. *Electronics 8*, 661.

Zhao, W., T. Ma, X. Gong, B. Zhang, et D. Doermann (2020). A review of recent advances of binary neural networks for edge computing. *IEEE Journal on Miniaturization for Air and Space Systems 2*, 25–35.

Summary

Current artificial neural networks are trained with parameters encoded as floating point numbers that occupy lots of memory space. Due to these models becoming more voluminous, it is becoming very difficult to consider training and using artificial neural networks on edge devices such as smartphones. Binary neural networks promise to reduce the size of deep neural network models as well as increasing inference speed while decreasing energy consumption and so allow the deployment of more powerful models on edge devices. However, binary neural networks are still difficult to train using the usual backpropagation algorithm. We provide experimental comparative results for three algorithms including the backpropagation baseline on the MNIST and CIFAR-10 datasets. The results demonstrate that binary neural networks can be trained using alternative algorithms to backpropagation and lead to better performance.

BRec the Bank : encodeur auto-attentif sensible au contexte pour la recommandation de produits bancaires

Davide Liu*,**, George Philippe Farajalla*, Alexandre Boulenger*,**

* Genify.ai
{davide, george.farajalla, alex}@genify.ai
** Tsinghua University

Résumé. Cartes de crédit, dépôts, prêts, fonds de pension, fonds communs de placement – lesquels de ces produits sont pertinents pour les clients d'une banque et à quel moment dans leur parcours bancaire ? Nous proposons un cadre de modélisation pour la recommandation de produits à l'aide d'un encodeur auto-attentif multi-têtes et d'une représentation novatrice des données d'entrée, sensible au contexte temporel de l'acquisition des produits et aux métadonnées de l'utilisateur. Évalué sur un vaste jeu de données public de la banque Santander, notre modèle atteint une précision top-1 et top-5 de 98.9% et 40.2%, respectivement, surpassant ainsi un nombre de modèles de recommandation de pointe. Nous évaluons aussi les métriques de sérendipité, de nouveauté et de couverture. Le plongement des utilisateurs appris par le modèle a le potentiel d'informer des décisions d'ampleur plus importante que ladite recommandation de produits.

1 Introduction

L'objectif d'un système de recommandation de produits est de fournir aux utilisateurs des recommandations de produits sensées et basées sur leur comportement passé, leur similitude avec d'autres utilisateurs et la compréhension d'un certain contexte. Les moteurs de recommandation peuvent identifier les informations pertinentes à partir des préférences et des intérêts des utilisateurs, ce qui est essentiel pour recommander des produits. Les systèmes de recommandation se sont considérablement développés à la fin du XXe siècle et ont été principalement appliqués dans la vente en ligne : Amazon, eBay, CDNOW (Schafer et al., 1999). Aujourd'hui, les moteurs de recommandation sont omniprésents dans la vente en ligne ; Amazon et Alibaba utilisent des systèmes pour recommander de nouveaux articles à leurs clients, réduisant ainsi le champ de recherche de l'utilisateur et le surprenant en lui proposant de nouveaux produits qu'il pourrait désirer en fonction de ses données actuelles et passées. Des moteurs de recommandation ont également été employés dans la gestion de patrimoine et ont récemment gagné du terrain dans la banque de détail. Plusieurs compétitions Kaggle organisées par Santander soulignent le besoin croissant de recommander des produits bancaires pertinents aux clients.

Les avancées récentes dans le traitement du langage naturel, alimentées par l'architecture Transformer (Vaswani et al., 2017), ont conduit au développement de systèmes de recommandation basés sur l'auto-attention. Les avantages de ce type de modèles sont les représentations d'entrée et de sortie apprises lors de l'apprentissage. Celles-ci constituent un plongement continu des utilisateurs, qui peut s'avérer utile pour des applications en aval, souvent sans rapport direct avec la tâche de recommandation de produits, mais à forte valeur ajoutée.

Le présent article est un résumé de l'article publié dans la conférence IJCNN 2022 (Liu et al., 2022). Ses principaux apports sont les suivants :
— un cadre de modélisation basé sur l'auto-attention et une représentation novatrice des données d'entrée, temporelle et flexible (non spécifique au secteur bancaire) ;
— une illustration de l'efficacité de ce modèle, qui surpasse quatre modèles de pointe sur un jeu de données de recommandation de produits de banque de détail ;
— une analyse poussée de la performance via des métriques outre la pertinence ;
— le code source en libre accès afin de faciliter la reproduction des résultats. [1]

2   Travaux reliés

L'apprentissage profond a récemment influencé le développement des systèmes de recommandation, en particulier ceux basés sur le filtrage collaboratif. Cependant, ces méthodes ne tiennent pas compte du comportement séquentiel des utilisateurs ; par exemple, un utilisateur est plus susceptible d'acheter une souris s'il possède déjà un ordinateur. Les réseaux de type RNN, GRU et LSTM ont pallié ce manque, et les résultats expérimentaux suggèrent que les dépendances implicites entre événements successifs peuvent être exploitées.

Compte tenu de l'historique des interactions entre un utilisateur et les articles, et du contexte spécifique à l'utilisateur, un moteur de recommandation moderne se doit d'apprendre les schémas temporels, séquentiels et contextuels. Parmi les approches possibles, le Transformer (Vaswani et al., 2017) a donné lieu à des gains de performance à la tâche de recommandation.

SASRec (Kang et McAuley, 2018), un modèle de recommandation séquentiel récent basé sur l'auto-attention, a également été conçu pour tenir compte de manière adaptative des articles déjà acquis. TiSASRec (Li et al., 2020) a encore amélioré les performances, proposant un modèle auto-attentif, sensible à l'intervalle de temps, tenant compte à la fois des intervalles relatifs et de la position absolue dans la séquence d'articles afin de prédire les interactions futures. De même, BERT4Rec (Sun et al., 2019) emploie un mécanisme d'attention bidirectionnelle et une fonction objectif Cloze pour modéliser les séquences de comportement des utilisateurs. MEANTIME (Cho et al., 2020) propose une amélioration à TiSASRec (Li et al., 2020) en introduisant plusieurs plongements temporels.

A l'inverse de l'approche que nous proposons, ces modèles, à l'exception de MEANTIME, représentent les séquences d'articles sans notion forte de temps (*e.g.*, BERT4Rec considère uniquement la position relative des éléments), et ils n'encodent pas les articles non acquis.

3   Formulation du problème

Nous appelons *données* l'union des *produits* et des *métadonnées*. Considérons un ensemble d'utilisateurs C, leurs métadonnées M et un ensemble de produits B. $B_c \subset B$ dénote les produits déjà acquis par $c \in C$, M_c ses métadonnées, et $H_c = B_c \cup M_c$ ses données.

Nous modélisons la tâche de recommandation comme un problème de classification multiclasses où le but est d'apprendre une fonction $f : (c, H_c) \rightarrow B \times [0, 1]$ qui associe un utilisateur

---

1. `https://github.com/genifyai/brec_ijcnn2022`

$c \in C$ et ses données H_c à une distribution de probabilité P_c^B sur l'ensemble des articles B, probabilité que c les acquière lors de la prochaine période. Il est naturel de considérer les variables M_c et B_c comme des séquences, variant à travers le temps. Étant donné une séquence d'articles B_c^t et une séquence de métadonnées M_c^t où $t = [0, ..., T]$, T est la longueur de la séquence, le but du modèle est d'apprendre une fonction $f : (c, H_c^0, ..., H_c^T)$ qui capture les schémas séquentiels et temporels et retourne la probabilité d'acquisition des articles de B en période $T + 1$ (figure 1).

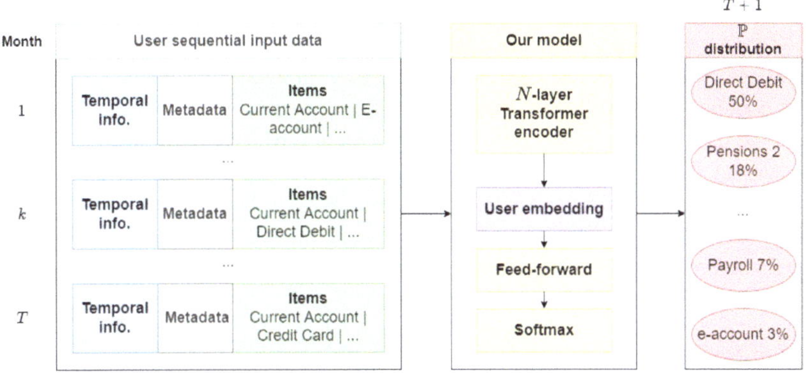

FIG. 1 – *Entrée et sortie du modèle, ainsi que ses différentes composantes.*

4   Méthodes

4.1   Représentation séquentielle des données d'entrée

Étant donné les similitudes avec la tâche de modélisation du langage, nous représentons les périodes de temps sous forme de mots et les données d'une période sous forme de lettres. L'entrée du modèle peut être vue comme une phrase de T mots composés chacun d'un nombre fixe de lettres, correspondant à l'historique de longueur T. La figure 2 montre comment un mot d'une phrase est représenté, dans le cas présent.

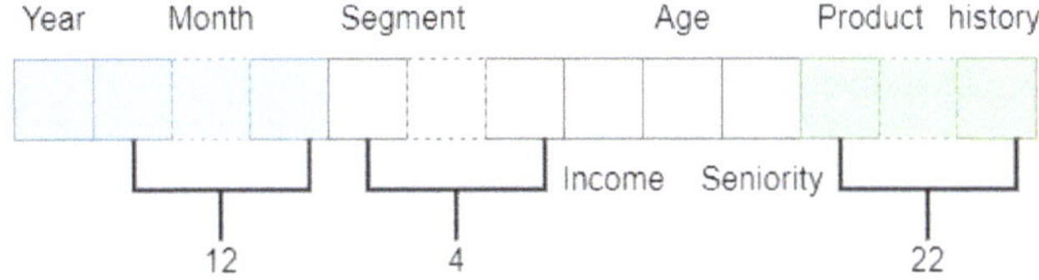

FIG. 2 – *Représentation d'un mois de la séquence d'entrée sous forme de mot d'une phrase.*

Cette représentation temporelle et flexible des données d'entrée peut être employée avec des problèmes et des jeux de données ayant des données temporelles, métadonnées ou historiques d'articles. Elle n'est pas spécifique à, mais est particulièrement utile pour le problème de recommandation en présence d'univers de quelques centaines de produits mais un historique de plusieurs décennies (matrices creuses), que l'on trouve dans des secteurs tels que la banque, l'assurance, la téléphonie, l'immobilier ou encore le commerce spécialisé en ligne.

4.2 Modèle

D'après l'idée de BERT, nous enlevons le décodeur du Transformer et ne conservons que son encodeur. L'encodeur apprend un plongement des données d'entrée, qu'un réseau de neurones à propagation avant emploie ensuite pour produire la distribution de probabilité sur l'ensemble des articles. Le modèle génère une probabilité $P_b >= 0$ pour chaque article $b \in B$.

L'encodeur est composé de six couches d'attention multi-têtes, avec sept têtes d'attention. Chacune de ces couches est suivie d'une couche de propagation avant de taille 2048. Avant et après la couche de propagation avant demeure une couche *batch-normalization*, et après chaque couche d'encodeur demeure une couche *dropout* avec probabilité 0.5, afin de réduire le sur-ajustement. Les couches d'encodeur sont suivies d'une couche de propagation avant, elle-même suivie d'une couche *softmax*. Cette dernière est utilisée pour produire la probabilité d'acquisition de chaque article à la période suivante, $T + 1$. Puisque notre objectif est de prédire quels nouveaux articles un utilisateur acquerra en plus des articles qu'il possède déjà, nous masquons de P_c^B les articles déjà acquis avant $T + 1$.

5 Jeu de données

5.1 Aperçu du jeu de données

Nous utilisons l'ensemble de données de la compétition Kaggle Santander Product Recommendation [2]–le plus vaste jeu de données accessible au public pour la recommandation de produits de banque de détail. Il comporte 17 mois de données sur un ensemble de clients bancaires (utilisateurs). Les séquences débutent le 2015–01–28 et s'étendent jusqu'au 2016–05–28. Chaque utilisateur dispose d'un relevé mensuel des produits bancaires qu'il détient parmi les 22 de l'univers de produits, produits tels que la carte de crédit ou le compte d'épargne, ainsi que de ses informations personnelles telles que son niveau de salaire, son âge et son sexe.

Les relevés comportent 48 variables pour chaque utilisateur. Parmi celles-ci, 22 correspondent aux produits possédés au cours d'un mois donné (articles), tandis que toutes les autres variables sont des caractéristiques de l'utilisateur (métadonnées). Pour simplifier l'étude et les analyses à suivre, nous conservons seulement quatre variables des métadonnées : Âge, Revenu, Ancienneté (avec la banque) et Segment.

5.2 Préparation des données

Le jeu de données couvre 17 mois. Les 16 premiers mois sont utilisés pour l'apprentissage, et le modèle prédit quels nouveaux articles un utilisateur acquerra lors du dix-septième mois. Segment est la seule variable des métadonnées qui est encodée en multiples variables binaires. Les trois autres sont des variables continues et sont normalisées entre $[0, 1]$. L'encodage positionnel de la séquence est effectué en attachant la représentation binaire de l'année à un vecteur de longueur 12 représentant en binaire le mois d'un échantillon. Comme le montre

---

2. https://www.kaggle.com/c/santander-product-recommendation/

la figure 2, nous construisons pour chaque utilisateur 16 séquences de longueur 42 correspondant aux mois du 2015–01–28 au 2016–04–28. Il est souhaitable d'inclure les métadonnées à chaque période puisqu'un changement dans les métadonnées peut refléter un changement d'intention de l'utilisateur.

6 Expériences

Nous comparons la performance de notre modèle à celle de systèmes de recommandation de pointe basés sur l'auto-attention, les modèles SASRec, TiSASRec, BERT4Rec et MEAN-TIME, entraînés grâce aux implémentations mises à disposition avec ce dernier[3].

6.1 Entraînement

Le modèle apprend en utilisant une fonction objectif d'entropie croisée binaire, et l'optimisateur Adam. Pour le taux d'apprentissage, nous adoptons le programme d'échauffement RAdam (Liu et al., 2020) avec un pic après 5 epochs et une baisse jusqu'à la vingtième epoch, quand l'entraînement se conclue. Ce programme d'échauffement assure un taux d'apprentissage initial élevé, lorsque les paramètres sont encore loin de l'optimum, suivi d'une diminution progressive du taux pour un apprentissage stable.

Lors de l'apprentissage, les utilisateurs sont groupés par lots de $k = 32$ utilisateurs. L'entrée de l'encodeur est de taille $k \times dim(T) \times dim(H)$, la sortie (espace vectoriel) $k \times dim(D)$ et la distribution de probabilité finale $k \times dim(B)$.

Nous optimisons le nombre de têtes d'attention, le nombre de couches d'encodeurs, la taille de la couche cachée, le nombre d'epochs d'échauffement et la taille des lots. Nous n'ajustons pas le taux d'apprentissage initial (fixé à 10^{-4}), mais ajustons plutôt le nombre d'epochs d'échauffement. Pour notre modèle, la taille de fenêtre (longueur des séquences qu'un modèle reçoit en entrée) et la longueur maximale de la séquence ont toutes deux été fixées 70. Le temps d'apprentissage de notre modèle s'élève à 3-4 minutes et la complexité est comparable à celle de BERT, ayant tous deux la même architecture d'encodeur attentif.

Les modèles de pointe sont entraînés sur le même jeu de données pendant 10 à 20 epochs, tant que la performance ne cesse d'augmenter. La longueur maximale de la séquence est fixée à 70 afin d'inclure l'historique complet des interactions d'un utilisateur avec les articles. Pour ces modèles, les hyperparamètres influençant directement l'apprentissage sont ajustés, mais les valeurs par défaut demeurent inchangées pour ceux liés par exemple à la structure des modèles.

Toutes les expériences sont réalisées en Python avec NumPy version 1.18.5, PyTorch version 1.8.1 et un GPU GeForce GTX TITAN X avec 12212 Mo de mémoire.

6.2 Comparaison de la performance

Pour mesurer la performance de notre modèle, nous considérons Pre@k, la précision top-k, Rec@k, le *recall* (ou rappel) top-k, avec $k = 1, 5, 10$ ainsi que le rang réciproque moyen (MRR) et le gain cumulé actualisé normalisé (NDCG). Les métriques sont rapportées dans le tableau 1. De manière intuitive, Pre@1 doit être inférieure à Pre@5, mais si par exemple nous n'avons que trois articles *ground truth*, Pre@5 est au plus 3/5 mais Pre@1 peut être 1.

---

3. https://github.com/SungMinCho/MEANTIME

Modèle	Pre@1	Pre@5	Pre@10	Rec@1	Rec@5	Rec@10	MRR	NDCG
Nôtre	**0.9891**	**0.4022**	**0.2157**	**0.6975**	**0.9764**	0.9979	**0.9937**	**0.9941**
No M.	0.9813	0.3995	0.2157	0.6911	0.9726	0.9979	0.9891	0.9895
BERT4.	0.9693	0.3881	0.2125	0.6823	0.9581	0.9912	0.9830	0.9796
SASR.	0.9600	0.3936	0.2154	0.6736	0.9665	0.9981	0.9781	0.9782
TiSAS.	0.9599	0.3937	0.2155	0.6735	0.9671	**0.9985**	0.9781	0.9784
MEAN.	0.9631	0.3811	0.2125	0.6792	0.9485	0.9912	0.9791	0.9724

TAB. 1 – *Performance des modèles. No M. : Nôtre, en excluant les méta-données de l'entrée.*

Métrique	Toutes entrées	Pas de méta.	Métadonnées seules	Historique court
Pre@1	**0.9891**	0.9813	0.5826	0.7931
Pre@5	**0.4022**	0.3995	0.2451	0.2463
Pre@10	**0.2157**	**0.2157**	0.1653	0.1514
Rec@1	**0.6975**	0.6911	0.4216	0.6326
Rec@5	**0.9764**	0.9726	0.7451	0.7428
Rec@10	**0.9979**	**0.9979**	0.9137	0.8330
MRR	**0.9937**	0.9891	0.7452	0.8492
NDCG	**0.9941**	0.9895	0.7711	0.8510

TAB. 2 – *Sensibilité de la performance du modèle à différentes combinaisons d'entrées.*

Notre modèle surpasse les modèles de pointe basés sur l'auto-attention d'après toutes les métriques sauf Rec@10, d'une marge modeste ($< 2\%$). La représentation des données d'entrée est plus adaptée à un nombre relativement faible de périodes, chacune associée à plusieurs articles, et accepte des métadonnées temporelles (ou statiques) en entrée, ce qui améliore la performance, notamment les métriques Pre@1 et Rec@1. Les modèles concurrents, cependant, ne peuvent structurellement pas utiliser les métadonnées. Dans le tableau 1, TISAS est le seul modèle surpassant le nôtre, mais d'après une seule métrique, Rec@10. Son plongement temporel semble également être efficace en présence de nombreux articles à chaque période.

Lorsque notre modèle ne reçoit que l'historique des produits en entrée, excluant ainsi les métadonnées, il surpasse toujours les modèles de pointe de la même manière (d'après toutes les métriques sauf une, Rec@10). Fait intéressant, nous observons dans le tableau 2 que la seule présence de métadonnées en entrée, sans l'historique des articles, suffit à produire des recommandations, mais non sans perte de précision.

7   Outre les métriques de pertinence

Le tableau 3 présente une évaluation, outre les métriques de pertinence courantes, se concentrant sur l'utilisateur : la sérendipité, la nouveauté et la couverture (Kotkov et al., 2016).

Bien que notre modèle soit supérieur en termes de pertinence des recommandations, il n'en va pas de même pour ces métriques alternatives : les autres modèles surpassent le nôtre d'après certaines métriques, mais aucun modèle ne figure clairement en tête. TiSASRec est le seul modèle à surpasser le nôtre d'après une métrique de pertinence, mais il produit la pire nouveauté de tous, dénotant un dilemme entre nouveauté et précision.

...@k, $k = 1$	Sérendipité	Nouveauté	Couverture
Notre modèle	0.198	0.731	0.818
BERT4Rec	0.184	0.814	**0.909**
SASRec	0.199	0.794	0.681
TiSASRec	**0.224**	0.775	0.727
MEANTIME	0.171	**0.847**	**0.909**
$k = 5$			
Notre modèle	0.075	0.558	1.000
BERT4Rec	0.072	**0.638**	1.000
SASRec	0.078	0.593	0.954
TiSASRec	**0.080**	0.557	1.000
MEANTIME	0.075	0.609	1.000

TAB. 3 – *Performance de notre modèle et des modèles de pointe, au-delà de la pertinence.*

8 Conclusion

Dans cette étude, nous modélisons le problème de recommandation comme une tâche de séquence-à-article et proposons un modèle auto-attentif associé à une représentation novatrice des données d'entrée séquentielles et du contexte de l'utilisateur. Par analogie à la modélisation du langage, pour chaque utilisateur, nous représentons les articles qu'il détient et ses métadonnées sous forme de « lettres » et les périodes sous forme de « mots » pour former des « phrases » tenant compte du contexte temporel de l'historique des articles et des métadonnées.

Notre modèle surpasse les modèles de pointe basés sur l'auto-attention tels que BERT4Rec, à la tâche de recommandation de produits de banque de détail (jeu de données Santander), pour toutes les métriques sauf une. Bien que la capacité à prendre en entrée des métadonnées temporelles distingue notre modèle, il surpasse toujours les autres lorsque privé de ces dernières. Cependant, la prise en compte de métriques outre la pertinence, telles que la sérendipité, brosse un tableau plus nuancé : aucun modèle ne domine d'après toutes les métriques.

Un tel système de recommandation de produits bancaires soulève un certain nombre de considérations éthiques. L'opacité des recommandations peut entraîner une perte de confiance envers le moteur de recommandation ou l'établissement bancaire, ou pire, un usage inapproprié des produits bancaires peut mener à des pertes financières. L'équité des recommandations envers tous les groupes doit être assurée, et les potentiels effets néfastes sur la société, tels que l'homogénéisation des comportements, doivent être surveillés et mitigés.

Les pistes d'amélioration de notre modèle incluent l'ajout d'un terme « au-delà de la pertinence » à la fonction objectif lors de l'apprentissage, ou la modification de l'architecture pour tenir compte du retour des utilisateurs ou de contraintes supplémentaires telles que la valeur monétaire ou l'impact social des produits recommandés.

Le modèle proposé produit un plongement riche et continu des utilisateurs grâce à son encodeur. Cette représentation peut faciliter la segmentation et le profilage de la clientèle, ou être utilisée en amont d'autres applications à forte valeur ajoutée.

Références

Cho, S. M., E. Park, et S. Yoo (2020). MEANTIME : Mixture of attention mechanisms with multi-temporal embeddings for sequential recommendation. In *Fourteenth ACM Conference on Recommender Systems*. ACM.

Kang, W.-C. et J. McAuley (2018). Self-attentive sequential recommendation. In *2018 IEEE International Conference on Data Mining (ICDM)*, pp. 197–206.

Kotkov, D., S. Wang, et J. Veijalainen (2016). A survey of serendipity in recommender systems. *Knowledge-Based Systems 111*, 180–192.

Li, J., Y. Wang, et J. McAuley (2020). Time interval aware self-attention for sequential recommendation. In *Proceedings of the 13th International Conference on Web Search and Data Mining*, WSDM '20, New York, NY, USA, pp. 322–330. Association for Computing Machinery.

Liu, D., G. P. Farajalla, et A. Boulenger (2022). Brec the bank : Context-aware self-attentive encoder for banking products recommendation. In *2022 International Joint Conference on Neural Networks (IJCNN)*, pp. 1–8.

Liu, L., H. Jiang, P. He, W. Chen, X. Liu, J. Gao, et J. Han (2020). On the variance of the adaptive learning rate and beyond. In *International Conference on Learning Representations*.

Schafer, J. B., J. Konstan, et J. Riedl (1999). Recommender systems in e-commerce. In *Proceedings of the 1st ACM Conference on Electronic Commerce*, pp. 158–166.

Sun, F., J. Liu, J. Wu, C. Pei, X. Lin, W. Ou, et P. Jiang (2019). Bert4rec : Sequential recommendation with bidirectional encoder representations from transformer. In *Proceedings of the 28th ACM International Conference on Information and Knowledge Management*, pp. 1441–1450.

Vaswani, A., N. Shazeer, N. Parmar, J. Uszkoreit, L. Jones, A. N. Gomez, L. Kaiser, et I. Polosukhin (2017). Attention is all you need. In I. Guyon, U. V. Luxburg, S. Bengio, H. Wallach, R. Fergus, S. Vishwanathan, et R. Garnett (Eds.), *Advances in Neural Information Processing Systems*, Volume 30. Curran Associates, Inc.

Summary

Credit cards, deposits, loans, pension funds, mutual funds–which of these products are relevant to a bank's clients, and at what time in their banking journey? We propose a modeling framework for item recommendation using a multi-head self-attentive encoder and a novel sequential input data representation accounting for the temporal context of both item ownership and user metadata. We evaluate our model on a large public dataset from Santander, and achieve a top-1 and top-5 precision of 98.9% and 40.2%, respectively, thereby improving upon a number of state-of-the-art models. Further, we consider serendipity, novelty and coverage to exhibit a trade-off with recommendation relevance. The continuous user representation learned by our model may inform decisions far more impactful than the recommendations themselves.

Découvrir de nouvelles classes dans des données tabulaires

Colin Troisemaine*,**, Joachim Flocon-Cholet*, Stéphane Gosselin*, Sandrine Vaton**
Alexandre Reiffers-Masson**, Vincent Lemaire*

* Orange Labs, Lannion, France
** Département Informatique, IMT Atlantique, Brest, France

Résumé. Dans le domaine du Novel Class Discovery (NCD), le but est de trouver de nouvelles classes dans un ensemble non étiqueté lorsqu'un ensemble étiqueté de classes connues mais différentes est disponible. Bien que le NCD ait récemment attiré l'attention de la communauté scientifique, aucune solution n'a encore été proposée pour les données tabulaires, alors qu'il s'agit d'une représentation très courante des données. Dans cet article, nous proposons une nouvelle méthode pour résoudre ce problème, dans le contexte de données tabulaires contenant des variables hétérogènes. Ce processus est en partie réalisé par une nouvelle méthode de définition de pseudo-étiquettes ainsi que par une mise en œuvre des découvertes récentes de l'apprentissage multi-tâches pour optimiser une fonction objectif conjointe. Notre méthode démontre que le NCD n'est pas seulement applicable aux images mais aussi aux données tabulaires hétérogènes.

1 Introduction

Le récent succès des modèles d'apprentissage automatique a été rendu possible en partie par l'utilisation de grandes quantités de données étiquetées. De nombreuses méthodes supposent actuellement qu'une grande partie des données disponibles est étiquetée et que toutes les classes sont connues. Cependant, ces hypothèses ne sont pas toujours vraies en pratique et les chercheurs commencent à envisager des scénarios dans lesquels des données non étiquetées sont disponibles (Nodet et al., 2021). On peut distinguer dans cet apprentissage dit faiblement supervisé les méthodes qui nécessitent de connaître toutes les classes à l'avance de celles qui sont capables de gérer des classes qui ne sont jamais apparues pendant l'entraînement.

Récemment, le Novel Class Discovery (NCD) (Hsu et al., 2018) a été proposé pour combler ces lacunes et tente d'identifier de nouvelles classes dans un ensemble de données non étiquetées en exploitant un autre ensemble étiqueté de classes différentes. Plusieurs solutions ont été proposées dans le contexte de la vision par ordinateur (Han et al., 2021, 2019; Zhong et al., 2021) avec des résultats prometteurs.

Cependant, la recherche dans ce domaine est encore récente et, à notre connaissance, le NCD n'a pas été directement abordé pour les données tabulaires. Bien que les données audio et image suscitent un grand intérêt dans les publications scientifiques récentes, les données tabulaires restent une structure d'information très courante que l'on retrouve dans de nombreux problèmes du monde réel, tels que les systèmes d'information des entreprises. Dans cet article, nous nous concentrerons donc sur le NCD pour les données tabulaires. À la différence des données audio ou image, les données tabulaires sont "hétérogènes" et posent certains défis aux modèles d'apprentissage automatique. On peut citer les valeurs manquantes, extrêmes (outliers), erronées ou incohérentes. De plus, le manque de corrélation spatiale entre les attributs rend difficile l'utilisation de techniques basées sur des biais inductifs, telles que les convolutions ou l'augmentation de données. Pour toutes ces raisons, il n'est pas possible de directement transférer les méthodes de NCD conçues pour l'image aux données tabulaires.

Notre proposition : Pour résoudre le problème du NCD dans l'environnement difficile des données tabulaires, nous proposons TabularNCD (pour Tabular Novel Class Discovery). Une représentation latente est d'abord initialisée en tirant parti des avancées du Self-Supervised Learning (SSL) pour les données tabulaires (Yoon et al., 2020). Puis, en considérant que le voisinage proche d'une donnée dans l'espace latent est susceptible d'appartenir à la même classe, un partitionnement des données non étiquetées est appris grâce à des mesures de similarité. Le processus de cette deuxième étape est optimisé conjointement avec un classifieur sur les classes connues pour inclure les attributs pertinents des classes déjà découvertes.

Travaux connexes. Les méthodes de NCD se situent à l'intersection de plusieurs domaines dont nous passons certains en revue ici. Le *Transfer Learning* (TL) permet de résoudre un problème plus rapidement ou avec une meilleure généralisation en tirant parti de la connaissance issue d'un problème différent (mais lié). Le NCD peut être considéré comme un problème de TL, cependant comme la majorité des articles de TL nécessitent que toutes les données soient étiquetées, ces méthodes ne peuvent être transférées à notre problème. Un autre domaine proche est le *Semi-Supervised Learning*, où l'on exploite l'ensemble des points d'un jeu de données partiellement étiqueté. Les méthodes de ce domaine supposent que toutes les classes sont connues, ou bien qu'un sous ensemble de chaque classe est représenté dans les données étiquetées, ce qui n'est pas le cas en NCD. Enfin, en *Novelty Detection* (ND), on cherche à prédire si les données font partie des classes connues ou non. En ND, on ne cherche qu'à distinguer le connu de l'inconnu, tandis qu'en NCD on souhaite explorer l'inconnu.

Le présent article est un résumé de l'article publié dans la conférence ICKG 2022 (Troisemaine et al., 2022).

2   Découvrir de nouvelles classes dans des données tabulaires

Étant donné un ensemble étiqueté $D^l = \{X^l, Y^l\}$ où chaque donnée x^l a une étiquette $y^l \in \{0, 1\}^{C^l}$ (représentant l'encodage one-hot des classes C^l) et un ensemble sans étiquette $D^u = \{X^u\}$, l'objectif est d'identifier et de prédire les classes de D^u. Dans cet article, on suppose que le nombre C^u de classes de D^u est connu et que les classes de D^l et D^u sont disjointes, mais partagent des caractéristiques sémantiques de haut niveau, de sorte que nous pouvons extraire une connaissance de D^l de ce qui constitue une classe pertinente.

La méthode proposée comprend deux étapes principales : une projection des données est d'abord initialisée en pré-entraînant un encodeur ϕ sur $D^l \cup D^u$ sans utiliser d'étiquette. Ensuite, une tâche de classification supervisée et une tâche de partitionnement non supervisée sont résolues conjointement sur la représentation précédemment apprise. Chacune de ces deux étapes a sa propre architecture et procédure d'entraînement qui sont décrites ci-dessous.

• **Initialisation de la représentation.** Cette première étape vise à créer une représentation commune et informative de D^l et de D^u, qui n'est pas biaisée envers les données étiquetées. Ceci est important car la représentation est utilisée à l'étape suivante pour calculer la similarité

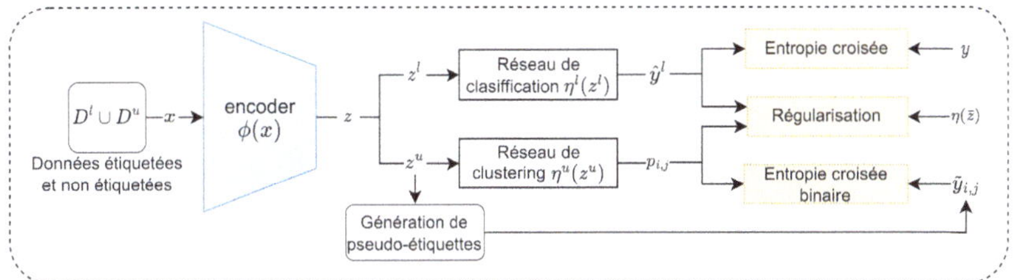

FIG. 1 : Architecture de l'apprentissage conjoint.

des paires de données et ainsi déterminer si les exemples doivent appartenir au même cluster ou non. Une approche plus simple serait d'entraîner un classifieur en utilisant les classes connues. Mais la représentation résultante serait rapidement suradaptée à ces classes et les caractéristiques uniques de D^u seraient perdues. Pour pré-entraîner l'espace latent à l'aide de toutes les données, étiquetées ou non, nous tirons donc parti du *Self-Supervised Learning* (SSL) et appliquons la méthode *Value Imputation and Mask Estimation* (VIME) (Yoon et al., 2020). VIME définit deux tâches pour entraîner l'encodeur ϕ. À partir d'un vecteur d'entrée $x \in \mathbb{R}^d$ qui a été corrompu, l'objectif est de 1) récupérer les valeurs d'origine et 2) retrouver le masque utilisé pour corrompre x. Le vecteur corrompu $\tilde{x}$ est généré en remplaçant certaines dimensions par la valeur d'une autre donnée de l'ensemble d'apprentissage choisie aléatoirement.

Suivant l'architecture utilisée dans (Yoon et al., 2020), notre encodeur ϕ est une combinaison de couches denses avec des fonctions d'activation non linéaires. Pour estimer les valeurs originales et les masques de corruption, deux simples couches denses sont ajoutées après la sortie de l'encodeur. Les autres détails techniques peuvent être trouvés dans l'article de VIME.

• **Apprentissage conjoint sur les données étiquetées et non étiquetées** Dans cette étape, deux nouveaux réseaux sont ajoutés à la sortie de l'encodeur précédemment initialisé, chacun résolvant des tâches différentes sur des données différentes (voir Fig. 1). Le premier est un réseau de classification $\eta^l(z) \in \mathbb{R}^{C^l+1}$ entraîné à prédire 1) les C^l classes connues de D^l et 2) une classe unique formée de l'agrégation des données non étiquetées. Le second est un autre réseau de classification entraîné à prédire les C^u nouvelles classes de D^u. On l'appellera le réseau de *clustering* $\eta^u(z) \in \mathbb{R}^{C^u}$. Ces deux réseaux partagent le même espace latent et le mettent à jour par rétropropagation, partageant ainsi leurs informations l'un avec l'autre.

Le réseau de classification est optimisé avec l'*entropie croisée* en utilisant les étiquettes y de la vérité terrain : $l_{class.} = -\sum_{c=1}^{C^l+1} y_c \log(\eta_c^l(z))$, avec $z = \phi(x)$. Son rôle est de guider la représentation pour inclure les caractéristiques des classes connues qui sont pertinentes pour la tâche de classification supervisée.

Pour entraîner le réseau de clustering η^u avec des données non étiquetées de manière supervisée, des pseudo-étiquettes $\tilde{y}_{i,j} \in \{0,1\}$ sont générées pour chaque paire (x_i, x_j) de données non étiquetées dans un mini-batch. Elles sont définies comme suit : $\tilde{y}_{i,j} = 1$ si z_i et z_j sont similaires, et $\tilde{y}_{i,j} = 0$ sinon. Pour pouvoir comparer les classes prédites par le réseau de clustering aux $\tilde{y}_{i,j}$, on définit $p_{i,j} = \eta^u(z_i) \cdot \eta^u(z_j)$. Ce score est proche de 1 si le réseau de clustering a prédit la même classe pour z_i et z_j, et proche de 0 sinon. Le réseau de clustering est optimisé avec l'*entropie croisée binaire* : $l_{clust.} = \dfrac{1}{|Z|-1} \sum_{\substack{j=1 \\ j \neq i}}^{|Z|} [-\tilde{y}_{i,j} \log(p_{i,j}) - (1 - \tilde{y}_{i,j}) \log(1 - p_{i,j})]$

L'intuition est que des données similaires entre elles dans l'espace latent sont susceptibles d'appartenir à la même classe. Par conséquent, η^u créera des clusters de données similaires, guidé par η^l avec la connaissance des classes connues.

• **Définition des pseudo-étiquettes.** Les pseudo-étiquettes $\tilde{y}_{i,j}$ sont définies en fonction de la similarité. Cette idée a été employée dans de nombreux travaux de NCD (Han et al., 2021; Zhong et al., 2021), où l'approche la plus courante consiste à définir un seuil λ pour la similarité minimale des paires de données à attribuer à la même classe. Cependant, nous avons trouvé[1] que définir pour chaque point les k données les plus similaires comme positives était une méthode plus fiable. Ainsi, pour chaque paire (x_i, x_j) dans le batch projeté de données non étiquetées Z, les pseudo-étiquettes sont attribuées comme suit :

$$\tilde{y}_{i,j} = \mathbb{1}[j \in \underset{\substack{r \in \{1,\ldots,|Z|\} \\ r \neq i}}{\mathrm{argtop}_k} \ \delta(z_i, z_r)] \tag{1}$$

où $\delta(z_i, z_r) = \frac{z_i \cdot z_r}{\|z_i\|\|z_r\|}$ est la similarité cosinus et argtop_k est le sous-ensemble d'indices des k plus grands éléments.

• **Régularisation** Au cours de l'entraînement conjoint des deux réseaux, l'espace latent évolue. Et comme les pseudo-étiquettes sont définies en fonction de la similarité des données dans l'espace latent, cela peut les amener à changer d'une itération à l'autre. Pour limiter ce phénomène, un terme de régularisation est introduit. L'idée est d'inciter le modèle à prédire la même classe pour une donnée x et sa contrepartie perturbée $\bar{x}$. Ici, nous utilisons SMOTE-NC (Chawla et al., 2002) pour créer les nouvelles données perturbés. L'*erreur quadratique moyenne* (MSE) est utilisée comme terme de régularisation pour les réseaux de classification et de clustering. Pour le réseau de clustering, il s'écrit : $l_{reg.} = \frac{1}{C^u} \sum_{c=1}^{C^u} (\eta_c(z) - \eta_c(\bar{z}))^2$, où $\bar{z} = \phi(\bar{x})$ est la projection de x perturbé avec SMOTE-NC. Pour le réseau de classification, la moyenne est réalisée sur $C^l + 1$.

• **Fonction de perte complète** Plutôt que de définir la fonction de perte comme une somme pondérée de tous les objectifs, il a été choisi de définir une fonction de perte et un optimiseur pour chacun des réseaux. Ainsi, la perte du réseau de classification est : $\mathcal{L}_{classification} = w_1 l_{classif.} + (1-w_1) l_{reg.}$ Et la perte du réseau de clustering est : $\mathcal{L}_{clustering} = w_2 l_{clust.} + (1-w_2) l_{reg.}$, où w_1 et w_2 sont des hyper-paramètres permettant d'équilibrer le poids des termes de régularisation. Les deux réseaux sont entraînés de manière alternée : Pour chaque mini-batch, le réseau de classification et l'encodeur sont d'abord mis à jour par rétropropagation avec $\mathcal{L}_{classification}$. Ensuite, les données non étiquetées du même mini-batch sont utilisées pour calculer $\mathcal{L}_{clustering}$, qui est rétropropagé pour mettre à jour le réseau de classification et l'encodeur une fois de plus.

3 Expériences

3.1 Jeux de données et détails expérimentaux

• **Jeux de données.** Pour évaluer les performances de la méthode proposée ici, six jeux de données tabulaires de classification ont été choisis (voir Table 1), ainsi que MNIST, dont les images ont été aplaties pour former des vecteurs de $28 \times 28 = 784$ attributs. Si les données d'entraînement et de test ne sont pas déjà séparées, 70 % sont conservés pour l'entraînement,

---

[1] Voir code et matériel supplémentaire dans `https://github.com/ColinTr/TabularNCD`

Nom	Attri-buts	# classes C^l / C^u	# train étiqueté	# train non étiqueté	# test étiqueté	# test non étiqueté
MNIST	784	5 / 5	30,596	29,404	5,139	4,861
Forest Cover type	54	4 / 3	6,480	4,860	36,568	13,432
Letter recognition	16	19 / 7	10,229	3,770	4,296	1,704
Human activity	562	3 / 3	3,733	3,619	1,494	1,453
Satimage	36	3 / 3	2,525	1,976	1,042	887
Pendigits	16	5 / 5	3,777	3,717	1,764	1,734
1990 US Census	67	12 / 6	50,000	50,000	31,343	18,657

TAB. 1 : Informations statistiques des jeux de données sélectionnés.

tandis que les 30 % restants sont utilisés en test. Suivant la même procédure que dans les articles de Novel Class Discovery (Han et al., 2021; Zhong et al., 2021), nous cachons les étiquettes d'environ 50% des classes pour créer les classes *inconnues*. Nous évaluons ensuite la capacité des méthodes comparées à retrouver ces classes. Les partitions des 7 jeux de données sont présentées dans la table 1.

- **Métriques d'évaluation.** Pour évaluer la performance des méthodes comparées, nous utilisons la *clustering accuracy* (ACC) et la *balanced accuracy* (BACC), que l'on calcule après affectation optimale des étiquettes (via l'algorithme hongrois (Kuhn et Yaw, 1955)). L'information mutuelle normalisée (NMI) et l'indice Rand ajusté (ARI) sont aussi calculés afin de mesurer la correspondance et la similarité entre deux partitionnements. Les métriques rapportées dans la section suivante sont toutes calculées sur les jeux de test non étiquetés.

- **Méthodes concurrentes.** À notre connaissance, il n'existe aucune autre méthode qui résout le problème particulier de Novel Class Discovery pour les jeux de données tabulaires. Néanmoins, nous pouvons nous comparer aux méthodes de clustering non supervisées. Cela nous permettra également de montrer que notre méthode fournit un moyen efficace d'incorporer des connaissances issues de classes connues. Nous choisissons l'algorithme k-means pour sa simplicité et sa popularité, ainsi que la méthode de Clustering Spectral (von Luxburg, 2007) pour ses bons résultats connus. Nous définissons $k = C^u$ (vérité terrain) pour les deux méthodes de clustering, car il était déjà supposé que C^u soit connu dans la méthode proposée.

Nous définissons également une méthode de base simple qui utilise les classes connues pour partitionner les données non étiquetées : (i) un réseau de neurones de classification est d'abord entraîné sur les classes connues de D^l ; (ii) puis l'avant-dernière couche du classifieur est utilisée comme projection pour les données de D^u. Dans cette projection, un k-means est appliqué pour attribuer des étiquettes aux données de test. Par rapport aux approches non supervisées, cette technique a l'avantage d'intégrer les caractéristiques des classes connues dans un espace latent de dimensionnalité réduite. Cependant, on s'attend à ce que cette méthode fonctionne de manière sous-optimale car les caractéristiques spécifiques aux données non étiquetées pourraient être perdues dans la dernière couche cachée après l'entraînement.

- **Détails d'implémentation.** Les hyper-paramètres sont optimisés sur un ensemble de validation représentant 20% de l'ensemble d'entraînement. Lors de l'étape de *Self Supervised Learning*, nous utilisons les valeurs de l'article original de VIME (Yoon et al., 2020). Dans l'étape d'apprentissage conjoint, nous utilisons une taille de batch de 512. Les hyper-paramètres sont ici le taux d'apprentissage des deux optimiseurs, ainsi que leurs paramètres

Jeu de données	Méthode	BACC (%)	ACC (%)	NMI	ARI
MNIST	Baseline	57.7±4.7	57.6±4.5	0.37±0.2	0.31±0.3
	Spect. clust	-	-	-	-
	k-means	60.1±0.0	61.1±0.0	0.48±0.0	0.38±0.0
	TabularNCD	**91.5±4.1**	**91.4±4.2**	**0.82±0.06**	**0.81±0.04**
Forest	Baseline	55.6±2.0	68.5±1.4	0.27±0.02	0.15±0.01
	Spect. clust	32.1±1.4	85.8±4.0	0.01±0.01	0.09±0.01
	k-means	32.9±0.0	62.0±0.0	0.04±0.00	0.05±0.00
	TabularNCD	**66.8±0.6**	**92.2±0.2**	**0.37±0.09**	**0.56±0.09**
Letter	Baseline	55.7±3.6	55.9±3.6	0.49±0.04	0.33±0.04
	Spect. clust	45.3±4.0	45.3±4.0	0.48±0.03	0.18±0.03
	k-means	50.2±0.6	49.9±0.6	0.40±0.01	0.28±0.01
	TabularNCD	**71.8±4.5**	**71.8±4.5**	**0.60±0.04**	**0.54±0.04**
Human	Baseline	80.0±0.5	78.0±0.6	0.64±0.01	0.62±0.01
	Spect. clust	70.2±0.0	69.4±0.0	0.72±0.00	0.60±0.00
	k-means	75.3±0.0	77.0±0.0	0.62±0.00	0.59±0.00
	TabularNCD	**98.9±0.2**	**99.0±0.2**	**0.95±0.01**	**0.97±0.01**
Satimage	Baseline	53.8±3.4	53.9±4.2	0.25±0.03	0.22±0.03
	Spect. clust	82.2±0.1	77.8±0.1	0.51±0.00	0.46±0.00
	k-means	73.7±0.3	69.2±0.2	0.30±0.00	0.28±0.00
	TabularNCD	**90.8±4.0**	**91.4±5.0**	**0.71±0.11**	**0.79±0.07**
Pendigits	Baseline	72.8±5.5	72.8±5.4	0.62±0.06	0.54±0.07
	Spect. clust	84.0±0.0	84.0±0.0	**0.78±0.00**	0.67±0.00
	k-means	82.5±0.0	82.5±0.0	0.72±0.00	0.63±0.00
	TabularNCD	**85.5±0.7**	**85.6±0.8**	0.76±0.02	**0.71±0.02**
Census	Baseline	53.0±3.5	**55.0±6.5**	0.49±0.02	0.30±0.03
	Spect. clust	23.6±3.3	51.3±5.5	0.24±0.11	0.18±0.09
	k-means	38.5±2.6	49.8±3.6	0.41±0.05	0.28±0.03
	TabularNCD	**61.9±0.6**	50.1±0.9	0.48±0.01	0.30±0.00

TAB. 2 : Performances de TabularNCD sur les classes inconnues. L'écart type est calculé sur 10 exécutions. Les deux méthodes de clustering non supervisées (Spect. clust et k-means) ne sont entraînées que sur données de test appartenant aux classes inconnues. Les valeurs pour le partitionnement spectral de MNIST sont manquantes car l'exécution ne s'est pas terminée en moins d'une heure.

w_1 et w_2 d'équilibre. Le nombre *top k* de paires positives par instance et les *k voisins* considérés dans la méthode d'augmentation de données sont également optimisés. Nous avons implémenté notre méthode sous Python avec la librairie PyTorch.

3.2 Résultats

Comparaison avec les méthodes concurrentes. Dans le tableau 2, nous rapportons les performances des 4 méthodes concurrentes sur les 7 jeux de données pour la tâche de clustering. Les résultats montrent que TabularNCD atteint des performances supérieures à la méthode de base et aux deux méthodes de clustering non supervisées, sur tous les jeux de données considérés et pour toutes les métriques. Les améliorations de la précision par rapport aux méthodes concurrentes varient entre 1,6% et 21,0%. Cela prouve que même pour les données tabulaires, des connaissances utiles peuvent être extraites de classes déjà découvertes. Alors que la méthode de base (k-means sur une projection apprise sur les données étiquetées, voir Sec. 3.1) améliore les performances de k-means pour certains jeux de données (notamment *Census* et *Forest*), elle est encore inférieure à notre méthode en général. Elle obtient un score inférieur au simple k-means sur 3 jeux de données, ce qui signifie que dans certains cas, les

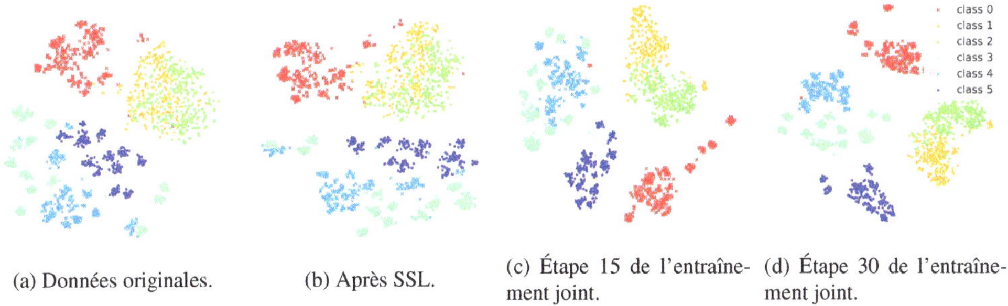

(a) Données originales.   (b) Après SSL.   (c) Étape 15 de l'entraîne-ment joint.   (d) Étape 30 de l'entraîne-ment joint.

FIG. 2 : Évolution du t-SNE lors de l'entraînement conjoint du modèle sur le jeu de données *Human Activity Recognition*.

caractéristiques extraites des classes connues sont insuffisantes pour discriminer de nouvelles données. C'est le cas pour le jeu de données *Satimage*, où les performances de la méthode de base sont bien inférieures à celles du simple k-means sur les données d'origine. Pour s'assurer que les classes connues et inconnues partagent des caractéristiques communes, nous référons le lecteur à l'article (Li et al., 2022) qui tente de mesurer la similarité sémantique des classes de D^l et D^u.

Visualisation. En plus des résultats quantitatifs, nous réalisons une analyse qualitative montrant l'espace des caractéristiques qui est appris. Dans la Fig. 2, nous visualisons l'évolu-tion de la représentation de toutes les classes au cours de l'entraînement de la méthode propo-sée. Fig 2a correspond aux données d'origine, tandis que les figures suivantes sont les données dans l'espace latent. Après l'étape de SSL (Fig 2b), les classes se chevauchent toujours, mais cette étape présente tout de même l'avantage d'avoir initialisé l'encodeur à une meilleure re-présentation que l'aléatoire. Cela signifie qu'au début de l'entraînement conjoint, les pseudo étiquettes définies à l'aide de l'équation (1) seront plus exactes. Au cours de l'entraînement conjoint dans les figures 2c et 2d, les classes sont de plus en plus séparées, ce qui indique que la méthode proposée est capable de découvrir avec succès de nouvelles classes en exploi-tant les connaissances des classes connues. Cette figure montre que notre modèle produit des représentations où les échantillons de la même classe sont étroitement regroupés.

4   Conclusions et travaux futurs

Dans cet article, nous avons proposé une première solution au problème de la découverte de nouvelles classes dans l'environnement difficile des données tabulaires. Nous avons démontré l'efficacité de l'approche que nous proposons, TabularNCD, par le biais d'une analyse pous-sée sur 7 jeux de données contre des méthodes de clustering non supervisées. Les meilleures performances de notre méthode ont montré qu'il est possible d'extraire des connaissances de classes déjà découvertes pour guider le processus de découverte de nouvelles classes, ce qui dé-montre que NCD n'est pas seulement applicable aux images mais aussi aux données tabulaires. Enfin, la méthode originale de définition de pseudo-étiquettes proposée ici s'est avérée fiable même en présence de classes déséquilibrées. Les avancées récentes de l'apprentissage profond sur les données tabulaires méritent d'être étudiées dans des travaux futurs. En particulier, nous explorerons les réseaux adversariaux génératifs et les encodeurs automatiques variationnels comme substituts à l'encodeur simple du modèle actuel, qui est un élément central de notre méthode. En outre, l'hypothèse selon laquelle le nombre de nouvelles classes est connu est une limitation de notre méthode, et sera certainement une voie future de notre travail.

Références

Chawla, N., K. Bowyer, L. O. Hall, et W. P. Kegelmeyer (2002). Smote : Synthetic minority over-sampling technique. *J. Artif. Intell. Res. 16*, 321–357.

Han, K., S.-A. Rebuffi, S. Ehrhardt, A. Vedaldi, et A. Zisserman (2021). Autonovel : Automatically discovering and learning novel visual categories. *IEEE TPAMI*.

Han, K., A. Vedaldi, et A. Zisserman (2019). Learning to discover novel visual categories via deep transfer clustering. In *International Conference on Computer Vision*, pp. 8401–8409.

Hsu, Y.-C., Z. Lv, et Z. Kira (2018). Learning to cluster in order to transfer across domains and tasks. In *International Conference on Learning Representations (ICLR)*.

Kuhn, H. W. et B. Yaw (1955). The hungarian method for the assignment problem. *Naval Res. Logist. Quart 2*, 83–97.

Li, Z., J. Otholt, B. Dai, D. Hu, C. Meinel, et H. Yang (2022). A closer look at novel class discovery from the labeled set. In *NeurIPS Workshop on Distribution Shifts*.

Nodet, P., V. Lemaire, A. Bondu, A. Cornuéjols, et A. Ouorou (2021). From weakly supervised learning to biquality learning : an introduction. In *IJCNN*, pp. 1–10. IEEE.

Troisemaine, C., J. Flocon-Cholet, S. Gosselin, S. Vaton, A. Reiffers-Masson, et V. Lemaire (2022). A method for discovering novel classes in tabular data. In *IEEE ICKG*.

von Luxburg, U. (2007). A tutorial on spectral clustering. *Stat. Comput. 17*(4), 395–416.

Yoon, J., Y. Zhang, J. Jordon, et M. van der Schaar (2020). Vime : Extending the success of self- and semi-supervised learning to tabular domain. In *NeuRIPS*, Volume 33.

Zhong, Z., E. Fini, S. Roy, Z. Luo, E. Ricci, et N. Sebe (2021). Neighborhood contrastive learning for novel class discovery. In *Computer Vision and Pattern Recognition (CVPR)*.

Summary

In Novel Class Discovery (NCD), the goal is to find new classes in an unlabeled set given a labeled set of known but different classes. While NCD has recently gained attention from the community, no framework has yet been proposed for heterogeneous tabular data, despite being a very common representation of data. In this paper, we propose TabularNCD, a new method for discovering novel classes in tabular data. We show a way to extract knowledge from already known classes to guide the discovery process of novel classes in the context of tabular data which contains heterogeneous variables. A part of this process is done by a new method for defining pseudo labels, and we follow recent findings in Multi-Task Learning to optimize a joint objective function. Our method demonstrates that NCD is not only applicable to images but also to heterogeneous tabular data.

Subspace Co-clustering avec Convolution Bilatérale sur Graphe

Chakib Fettal*,**, Lazhar Labiod*, Mohamed Nadif*

* Centre Borelli, UMR 9010
Université Paris Cité
{prenom.nom}@u-paris.fr
**Informatique Caisse des Dépôts et Consignations

Résumé. Le *subspace clustering* vise à partitionner un ensemble d'observations de haute dimension. Si cette approche a donné de bons résultats dans le domaine du partitionnement d'images, elle s'est avérée inefficace pour le partionnement de données sparses comme c'est le cas des données matrices termes-documents. Une extension appropriée de cette approche au co-clustering, particulièrement efficace sur des données sparses, s'avère utile pour traiter de données attribuées. Ainsi, nous traitons le problème de la sparsité par le biais d'une convolution bilatérale sur graphe qui favorise l'effet de regroupement. Nous montrons la compétitivité de notre modèle par rapport à l'état de l'art sur des ensembles de données de graphes attribués en termes de performance et d'efficacité computationelle.

1 Introduction et Contexte

Le présent article est un résumé de l'article publié dans la conférence CIKM (Fettal et al., 2022b). Le subspace clustering (Parsons et al., 2004) consiste à regrouper des observations (ou éléments) en fonction des sous-espaces qui les contiennent. Il existe une variété d'approches pour résoudre ce problème, dont beaucoup d'entre elles considèrent la formulation auto-expressive où l'on suppose que chaque élément peut être écrit comme une combinaison linéaire des éléments dans le même sous-espace. Typiquement, la formulation générique est donnée par

$$\min_{\mathbf{R}} \quad \| \mathbf{X} - \mathbf{R}\mathbf{X} \|^2 + \Omega(\mathbf{R}) \quad \text{s.t.} \quad \mathbf{R} \in \mathcal{R} \tag{1}$$

où $\mathbf{X} \in \mathbb{R}^{n \times d}$, $\mathbf{R} \in \mathbb{R}^{n \times n}$ est appelée la matrice d'auto-représentation, $\Omega(\mathbf{R})$ sert de terme de régularisation pour induire des propriétés souhaitables sur $\mathbf{R}$ et éviter les solutions triviales (telle que $\mathbf{R} = \mathbf{I}$), et $\mathcal{R}$ est la région réalisable.

Etant donné une solution optimale $\mathbf{R}^*$, une matrice d'affinité est générée sur la base des amplitudes des entrées de $\mathbf{R}^*$, en utilisant généralement $|\mathbf{R}^* + \mathbf{R}^{*\top}|/2$, et une partition des observations est ensuite générée en utilisant une méthode de partitionnement de graphes, par exemple l'algorithme de partitionnement spectral (Shi et Malik, 2000).

Les méthodes de type subspace clustering basées sur la propriété d'auto-expression (Zhang et al., 2021) ont été largement utilisées pour regrouper des ensembles de données de type image en raison de l'hypothèse selon laquelle de telles données sont souvent tirées de multiples sous-espaces de faible dimension. L'une des premières approches était le subspace clustering par régression des moindres carrés (LSR) (Lu et al., 2012) qui tire parti d'un effet de regroupement basé sur la corrélation des données pour effectuer la segmentation. Des approches plus sophistiquées, qui constituent l'état de l'art en la matière, ont ensuite été proposées, telles que l'*Elastic-net Subspace Clustering* (EnSC) (You et al., 2016a) et le subspace clustering through *orthogonal matching pursuit* (SSC-OMP) (You et al., 2016b). Cependant, bien que les données textuelles répondent également à cette hypothèse, aucune approche de subspace clustering auto-expressive spécifiquement adaptée au texte n'a été proposée à notre connaissance. Cela peut peut-être s'expliquer par le fait que les ensembles de données de type termes-documents sont généralement beaucoup plus grands et plus creux que les ensembles de données d'images et que, par conséquent, peu de sous-espaces communs peuvent êtres identifiés.

Dans cet article, nous proposons un modèle de subspace clustering adapté aux matrices termes-documents par le biais du concept de co-clustering, c'est-à-dire en exploitant l'interaction entre les ensembles documents et termes pour générer une segmentation simultanée des deux. Nous proposons également un moyen de surmonter le problème éventuel de l'existence de peu de sous-espaces communs pour les documents/termes en utilisant une convolution de graphe à deux sens qui consiste en une étape de prétraitement de lissage laplacien pondéré inspirée par le réseau convolutif de graphe simple (Wu et al., 2019).

2 Méthode Proposée

Notation   Les matrices sont désignées par des lettres majuscules en gras et les vecteurs par des lettres minuscules en gras. Étant donné une matrice $\mathbf{X}$, sa i-ième ligne est désignée par $\mathbf{x}_i$ et sa j-ième colonne par $\mathbf{x}'_j$. $\mathbf{I}_n$ est la matrice identité de taille $n \times n$. La norme de Frobenius est désignée par $\|.\|$, k et g désignent respectivement le nombre de classes des documents et des termes. La fonction $[\mathbf{U}, \mathbf{\Sigma}, \mathbf{V}] = \mathrm{SVD}(\mathbf{X})$ donne la décomposition en valeurs singulières de la matrice $\mathbf{X}$ où $\mathbf{U}$ et $\mathbf{V}$ sont les vecteurs singuliers gauche et droit, et $\mathbf{\Sigma}$ est la matrice diagonale contenant les valeurs singulières triées par ordre décroissant.

2.1 Subspace Co-clustering Auto-expressif

L'avantage du co-clustering (Govaert et Nadif, 2013; Salah et Nadif, 2017, 2019; Affeldt et al., 2020, 2021; Riverain et al., 2022) est qu'il utilise la dualité inhérente entre les lignes et les colonnes des tableaux de données, ce qui peut conduire à une amélioration du partitionnement selon les deux dimensions. Par exemple, dans le cas des matrices de termes-documents, le co-clustering s'appuie sur l'ensemble des termes pour effectuer le partitionnement des documents et vice-versa. Motivés par cette observation, nous formulons le problème du subspace co-clustering comme suit. Etant donné une matrice de termes-documents $\mathbf{X} \in \mathbb{R}_+^{n \times d}$, nous proposons d'optimiser

$$\min_{\mathbf{R},\mathbf{C}} \quad \|\mathbf{X} - \mathbf{R}\mathbf{X}\mathbf{C}\|^2 + \Omega(\mathbf{R}, \mathbf{C}) \quad \text{s.t.} \quad \mathbf{R} \in \mathcal{R},\ \mathbf{C} \in \mathcal{C} \tag{2}$$

où $\mathbf{R} \in \mathbb{R}^{n \times n}$ et $\mathbf{C} \in \mathbb{R}^{d \times d}$ sont respectivement les matrices d'auto-représentation des documents et des termes, $\mathcal{R}$ et $\mathcal{C}$ sont les régions réalisables, $\Omega(\mathbf{R}, \mathbf{C})$ est le terme de régularisation où la régularisation de $\mathbf{R}$ et de $\mathbf{C}$ peut être indépendante, c'est-à-dire que $\Omega(\mathbf{R}, \mathbf{C}) = \Omega_{\mathbf{R}}(\mathbf{R}) + \Omega_{\mathbf{C}}(\mathbf{C})$, ou dépendante.

2.2 Promouvoir l'effet de regroupement par une convolution bilatérale

Certaines méthodes de subspace clustering (Lu et al., 2012; Hu et al., 2014; Lu et al., 2013; Diallo et al., 2021) attribuent la performance de leur clustering à l'effet de regroupement.

Definition (effet de regroupement) : Étant donné une matrice de données $\mathbf{X}$, une matrice d'auto-représentation $\mathbf{R}$ a un effet de regroupement si

$$\forall i \neq j, \ \|\mathbf{x}_i - \mathbf{x}_j\|^2 \to 0 \implies \|\mathbf{r}_i - \mathbf{r}_j\|^2 \to 0.$$

Cela peut poser un problème dans le cas d'un texte en raison de sa haute dimensionnalité et de sa sparsité, car les observations (documents ou termes) peuvent ne pas être suffisamment "proches" au sens de la propriété d'auto-expression pour être regroupées de manière significative. Cela signifie que les observations ont besoin d'une sorte de lissage pour aider les algorithmes de subspace clustering à trouver des sous-espaces communs. Nous proposons de résoudre ce problème par une convolution de graphe à deux voies. Cela nécessite deux matrices de similarités qui agiront comme des graphes sur les lignes $\mathbf{S}_{\mathbf{R}}$ et les colonnes $\mathbf{S}_{\mathbf{C}}$. Ces matrices peuvent être construites par une mesure de similarité sur les données ou être fournies a priori, par exemple dans le cas de graphes attribués.

Une intuition peut être tirée du fait que les lignes et les colonnes de $\mathbf{S}_{\mathbf{R}}^p \mathbf{X} \mathbf{S}_{\mathbf{C}}^q$, à mesure que les ordres de propagation p, q augmentent, deviennent plus lisses en étant moyennées jusqu'à leurs p-ième et q-ième voisins respectivement, à la manière d'un lissage laplacien. Cette opération rend donc les documents et les termes de plus en plus similaires. Grâce à la propriété de partitionnement, cela implique que les vecteurs d'auto-représentation devraient également devenir plus similaires, ce qui conduit à un partitionnement plus significatif.

Le défi consiste à choisir des ordres de propagation appropriés, car des valeurs élevées peuvent entraîner un lissage excessif et faire en sorte que toutes les observations se ressemblent. Notre problème devient

$$\min_{\mathbf{R}, \mathbf{C}} \ \left\| \mathbf{S}_{\mathbf{R}}^p \mathbf{X} \mathbf{S}_{\mathbf{C}}^q - \mathbf{R} \left(\mathbf{S}_{\mathbf{R}}^p \mathbf{X} \mathbf{S}_{\mathbf{C}}^q \right) \mathbf{C} \right\|^2 + \Omega(\mathbf{R}, \mathbf{C}) \ \text{s.t.} \ \mathbf{R} \in \mathcal{R}, \ \mathbf{C} \in \mathcal{C}. \tag{3}$$

Dans ce qui suit, nous ferons référence à la matrice lissée $\mathbf{S}_{\mathbf{R}}^p \mathbf{X} \mathbf{S}_{\mathbf{C}}^q$ en utilisant $\mathbf{H}$ puisque cette opération peut être considérée comme une sorte d'étape de prétraitement des données, indépendante du modèle de clustering. Notez que la complexité de cette opération est en $\mathcal{O}(p\|\mathbf{S}_{\mathbf{R}}\|_0 + q\|\mathbf{S}_{\mathbf{C}}\|_0)$ où $\|.\|_0$ est la norme zéro qui donne le nombre d'entrées non nulles de son argument.

2.3 Contraintes d'orthogonalité

Pour résoudre le problème de la complexité, nous proposons d'introduire les contraintes suivantes : $\mathbf{R} = \mathbf{Z}\mathbf{Z}^\top$ et $\mathbf{C} = \mathbf{W}\mathbf{W}^\top$ où $\mathbf{Z} \in \mathbb{R}^{n \times k}$ et $\mathbf{W} \in \mathbb{R}^{d \times g}$ sont semi-orthogonales, c'est-à-dire que $\mathbf{Z}^\top \mathbf{Z} = \mathbf{I}_k$ et $\mathbf{W}^\top \mathbf{W} = \mathbf{I}_g$. La nouvelle formulation du problème est

$$\min_{\mathbf{Z}, \mathbf{W}} \ \|\mathbf{H} - \mathbf{Z}\mathbf{Z}^\top \mathbf{H} \mathbf{W}\mathbf{W}^\top\|^2 \ \text{s.t.} \ \mathbf{Z}^\top \mathbf{Z} = \mathbf{I}_k, \ \mathbf{W}^\top \mathbf{W} = \mathbf{I}_g \tag{4}$$

À première vue, ce problème nécessite également un schéma de résolution alternatif utilisant deux règles de mise à jour que nous obtenons en fixant $\mathbf{W}$ et en résolvant pour $\mathbf{Z}$ et vice versa

$$\mathbf{Z} = [\mathbf{u}'_1, \ldots, \mathbf{u}'_k] \quad \text{s.t.} \quad [\mathbf{U}, \mathbf{\Sigma}, \mathbf{V}] = \text{SVD}(\mathbf{HW})$$
$$\mathbf{W} = [\mathbf{u}'_1, \ldots, \mathbf{u}'_k] \quad \text{s.t.} \quad [\mathbf{U}, \mathbf{\Sigma}, \mathbf{V}] = \text{SVD}(\mathbf{H}^\top \mathbf{Z}). \tag{5}$$

Calcul Rapide de $\mathbf{Z}^*$ et $\mathbf{W}^*$. Le problème précédent peut être résolu efficacement en utilisant une seule SVD tronquée. Ceci est une conséquence de la proposition suivante.

Proposition 1. Le processus alternatif défini dans le système de (5) converge vers $\mathbf{Z}$ et $\mathbf{W}$ étant les vecteurs singuliers tronqués gauche et droite de $\mathbf{H}$ respectivement.

L'algorithme est donc plus efficace puisque nous contournons l'étape itérative. Cependant, l'interaction entre les lignes et les colonnes reste implicite puisque la solution résultante est également une solution au problème d'optimisation alternée susmentionné où l'interaction est explicite.

Démonstration. Supposons, sans perte de généralité, que $k \leq \text{rank}(\mathbf{H})$. Nous avons $k = \text{rank}(\mathbf{Z}) = \text{rank}(\mathbf{W})$ impliquant $\text{rank}(\mathbf{ZZ}^\top\mathbf{HWW}^\top) \leq k$. Cela signifie que nous recherchons la meilleure approximation de rang k. Étant donné $[\mathbf{U}, \mathbf{\Sigma}, \mathbf{V}] = \text{SVD}(\mathbf{H})$, en fixant $\mathbf{Z} = \mathbf{U}_k = [\mathbf{u}'_1, \ldots, \mathbf{u}'_k]$ et $\mathbf{W} = \mathbf{V}_k = [\mathbf{v}'_1, \ldots, \mathbf{v}'_k]$. Nous avons

$$\|\mathbf{H} - \mathbf{ZZ}^\top\mathbf{HWW}^\top\|^2 = \|\mathbf{H} - \mathbf{U}_k\mathbf{U}_k^\top\mathbf{U}\mathbf{\Sigma}\mathbf{V}^\top\mathbf{V}_k\mathbf{V}_k^\top\|^2 = \|\mathbf{H} - \mathbf{U}_k\mathbf{\Sigma}_k\mathbf{V}_k^\top\|^2 \tag{6}$$

qui, selon le théorème d'Eckart-Young-Mirsky, est la valeur optimale du problème d'approximation du rang k de $\mathbf{H}$. $\qquad\square$

A partir du résultat précédent, nous pouvons montrer que notre approche a un effet de regroupement approximatif.

Proposition 2. Étant donné la matrice $\mathbf{H}$, les solutions $\mathbf{R}$ et $\mathbf{C}$ présentent un effet de regroupement sur la matrice $\tilde{\mathbf{H}}$, la meilleure approximation rang-k de la somme puisque $\mathbf{z}_i = \mathbf{\Sigma}_k^{-1}\mathbf{W}^\top\tilde{\mathbf{h}}_i$ et $\mathbf{w}_i = \mathbf{\Sigma}_k^{-1}\mathbf{Z}^\top\tilde{\mathbf{h}}_i'^\top$.

Partitionnement Spectrale Rapide de $\mathbf{R}^*$ and $\mathbf{C}^*$. La matrice de coefficients optimale $\mathbf{R}^* = \mathbf{Z}^*\mathbf{Z}^{*\top}$ est symétrique par construction, cependant ses entrées ne sont pas nécessairement négatives ce qui implique de devoir utiliser la valeur absolue par élément pour obtenir une matrice d'affinité valide. Cela détruirait toutes les informations que nous avons déjà sur la décomposition de $\mathbf{R}^*$ en $\mathbf{Z}^*\mathbf{Z}^{*\top}$ puisque généralement il n'y a aucune relation entre le spectre d'une matrice et son spectre après application d'une fonction par entrée. Nous contournons ce problème en considérant plutôt la matrice d'affinité $\mathbf{K_R} = (r_{ij} + 1)_{ij}^2$. Nous avons alors $\mathbf{K_R} = \langle \varphi(\mathbf{Z}^*), \varphi(\mathbf{Z}^*)\rangle$ où φ est une feature map pour le noyau polynomial du second degré $\mathbf{K_R}$ appliqué sur les vecteurs de lignes de $\mathbf{Z}$, c'est-à-dire

$$\varphi(\mathbf{z}) = \langle z_k^2, \ldots, z_1^2, \sqrt{2}z_k z_{k-1}, \ldots, \sqrt{2}z_k z_1, \sqrt{2}z_{k-1}z_{k-2},$$
$$\ldots, \sqrt{2}z_{k-1}z_1, \ldots, \sqrt{2}z_2 z_1, \sqrt{2}z_k, \ldots, \sqrt{2}z_1, 1\rangle \tag{7}$$

avec $\varphi : \mathbb{R}^k \to \mathbb{R}^{\binom{k+2}{2}}$. Toute carte de caractéristiques pour un noyau non négatif à l'entrée est une alternative possible. Nous avons choisi ici la carte de caractéristiques exacte la plus simple possible puisque la transformation n'entraîne pas une augmentation trop importante de la dimensionnalité des entrées lorsque $k \ll n, d$. Des approximations peuvent être utilisées afin de travailler avec des noyaux de carte de caractéristiques de dimension infinie, par exemple le noyau RBF. Nous proposons ensuite d'effectuer le clustering spectral directement sur la matrice d'affinité au lieu du Laplacien graphique comme dans (Sarkar et Boyer, 1998). Comme les vecteurs propres de $\mathbf{K_R}$ sont les mêmes que les vecteurs singuliers gauches de $\varphi(\mathbf{Z}^*)$, le processus est beaucoup plus rapide puisque $k \ll d$. Pour obtenir un clustering à partir de $\mathbf{C}^*$, les opérations sont les mêmes. La complexité globale du calcul est alors de $\mathcal{O}\left((nd + nk^2 + dk^2)\log(k)\right)$ alors que la complexité spatiale est de $\mathcal{O}\left(nk^2 + dk^2\right)$.

3 Expériences

3.1 Configuration Expérimentale

Données. Nous utilisons quatre réseaux de citation de graphes attribués. Les statistiques sommaires sont disponibles dans le tableau 1.

Modèles Comparatifs. Nous comparons notre modèle à des modèles de clustering et de co-clustering qui utilisent uniquement la matrice de caractéristiques des nœuds d'entrée $\mathbf{X}$ ou qui utilisent à la fois $\mathbf{A}$ et $\mathbf{X}$, c'est-à-dire des modèles de clustering/co-clustering de graphes attribués. L'algorithme k-means est notre référence. Nous utilisons également les modèles de subspace clustering LSR, EnSC et SSC-OMP susmentionnés. Pour les modèles de clustering de graphes attribués, nous utilisons GIC (Mavromatis et Karypis, 2021), S²GC (Zhu et Koniusz, 2021), et GCC (Fettal et al., 2022a) qui propose un schéma simultané d'apprentissage de représentation et de partitionnement des nœuds. Nous comparons aussi le modèle à l'algorithme de co-clustering spectral (Dhillon, 2001). Pour les Modèles de co-clustering à graphes attribués, le seul modèle de ce type est le CFOND (Guo et al., 2018).

TAB. 1 – Description des données.

Nom	#Nœuds	#Arêtes	#Features	#Classes
ACM	3025	9150593	1870	3
CiteSeer	3327	4732	3703	6
PubMed	19717	44338	500	3
Wiki	2405	17981	4973	17

Paramètres Expérimentaux. Pour notre méthode, nous utilisons comme graphe de lignes, la matrice d'adjacence fournie dans les jeux de données : $\mathbf{S_R} = \mathbf{A}$. Pour les colonnes, nous utilisons $\mathbf{S_C} = \left(\max\left\{\log\left(\frac{\mathbf{C}}{\mathbf{C}_{i.}\mathbf{C}_{.j}}c_{ij}\right), 0\right\}\right)_{ij}$ où $\mathbf{C} = \mathbf{X}^\top\mathbf{X}$, qui est la matrice d'information mutuelle ponctuelle non négative (Church et Hanks, 1990) des termes ; Intuitivement $s_{\mathbf{C}ij}$ donne la parenté sémantique du terme i et j, plus la valeur est grande, plus ces termes sont liés. Les deux matrices sont ensuite ajoutées aux auto-boucles et normalisées comme dans (Fettal et al., 2022a). L'ordre de propagation en ligne p est sélectionné en utilisant la règle de sélection proposée dans (Fettal et al., 2022a), tandis que pour celui en colonne nous fixons $q = 1$. Nous effectuons dix exécutions pour chaque modèle. Nous utilisons l'implémentation

TAB. 2 – Performance de clustering sur les ensembles de données, moyenne sur dix exécutions. Les meilleurs résultats sont mis en évidence en gras. Notre modèle est compétitif par rapport à l'état de l'art car il obtient les meilleurs résultats sur la plupart des jeux de données tout en ayant de faibles écarts types.

Method	Input	ACM			CiteSeer			PubMed			Wiki		
		Acc	NMI	ARI	Acc	NMI	ARI	Acc	NMI	ARI	Acc	NMI	ARI
k-means	X	62.8±4.8	37.2±9.2	34.5±10.4	62.5±1.6	36.7±1.9	35.5±2.5	60.1±0.0	31.4±0.0	28.1±0.0	47.3±6.0	46.3±6.9	26.4±8.1
LSR	X	80.3±0.0	47.0±0.0	51.9±0.0	21.1±0.0	0.2±0.1	0.0±0.0		OOM		21.1±3.3	9.0±5.9	2.6±2.0
EnSC	X	79.5±0.0	46.8±0.0	50.3±0.0	55.6±0.0	14.8±0.0	14.6±0.0	55.6±0.0	14.8±0.0	14.7±0.0	45.5±2.0	45.7±1.7	28.8±1.3
SSC-OMP	X	78.8±0.1	43.4±0.1	48.3±0.1	24.0±1.1	3.5±0.4	1.8±0.1	60.4±0.0	22.3±0.0	19.4±0.0	52.7±4.4	48.1±2.3	**33.3±1.5**
Spectral	X	80.6±0.1	48.4±0.1	52.3±0.1	30.3±1.7	10.0±1.3	5.5±1.6	61.2±0.0	24.7±0.0	21.8±0.0	37.8±1.2	38.2±0.3	20.8±0.4
GIC	A, X	34.3±0.4	0.1±0.1	0.0±0.0	68.8±0.8	43.8±1.0	44.6±1.0	64.3±0.4	26.0± 0.5	23.6±0.5	46.5±1.4	48.2±0.5	30.2±1.4
S²GC	A, X	40.5±3.4	1.7±1.2	1.8±1.3	68.1±0.3	42.3±0.2	43.5±0.3	70.8±0.0	**32.5±0.0**	**33.2±0.0**	52.7±1.0	49.0±0.3	29.6±0.9
GCC	A, X	35.4±0.0	0.3±0.0	0.0±0.0	69.4±0.1	**45.0±0.2**	**45.4±0.1**	70.8±0.0	32.3±0.0	**33.2±0.0**	54.1±0.8	**55.0±0.2**	33.3±0.5
CFOND	A, X	71.8±0.6	37.2±0.5	38.2±0.7	63.0±1.1	36.6±1.3	36.2±1.2	60.1±0.0	31.4±0.0	28.1±0.0	47.8±3.0	49.5±2.1	30.3±2.5
SCC	A, X	**81.4±0.0**	**50.0±0.0**	**53.9±0.0**	**69.5±0.0**	43.5±0.0	43.7±0.0	**70.9±0.0**	31.7±0.0	**33.2±0.0**	**59.3±0.6**	53.9±0.9	32.7±1.4

et les paramètres fournis par les auteurs lorsqu'ils sont disponibles. Pour les modèles qui utilisent un paramètre p comme le nôtre, nous exécutons la règle de sélection proposée jusqu'à convergence sans spécifier de maximum p, par souci d'équité. Toutes les expériences ont été réalisées sur la même machine.

3.2 Partitionnement des documents

Nous comparons les méthodes de partitionnement de documents en utilisant les métriques Clustering Accuracy (Acc), Normalized Mututal Information (NMI) et Adjusted Rand Score (ARI). Le tableau 2 montre les performances des différents modèles. Les méthodes qui utilisent à la fois la structure et les caractéristiques du graphe sont plus performantes que celles qui n'utilisent que les caractéristiques des nœuds, à l'exception de l'ACM où le graphe n'est pas informatif (la plupart des entrées sont égales à un).

TAB. 3 – Temps d'apprentissage en secondes des différents modèles de subspace clustering, avec une moyenne de dix essais.

Method	ACM	CiteSeer	PubMed	Wiki
ENSC	1395.9	405.2	1416	1447.2
SSC-OMP	168.0	263.4	1447	237.5
LSR	21.5	157.7	OOM	21.1
SCC	**9.7**	**7.4**	**28.9**	**8.8**

Nous avons utilisé ce jeu de données pour montrer la robustesse de notre modèle face à une structure de graphe non informative, par rapport aux modèles de partitionnement de graphes attribués à l'état de l'art. Nous constatons que notre approche est compétitive et surpasse les autres modèles sur tous les jeux de données en termes de précision. Elle présente également un écart-type proche de zéro pour la plupart des mesures, ce qui est un signe de robustesse. Nous reportons dans le tableau 3 les temps d'exécution de notre algorithme par rapport aux autres modèles de subspace clustering. Nous pouvons voir que notre approche de subspace clustering est plus rapide dans les différents jeux de données par des marges significatives, même si elle génère un clustering des documents et des termes.

4   Conclusion

Nous avons proposé SCC, une nouvelle approche pour tirer parti du subspace clustering pour les données textuelles par le biais du co-clustering et de la convolution de graphe à deux voies. Celle-ci contourne les problèmes de complexité spatiale et de calcul du subspace clustering en utilisant des matrices de facteurs et des cartes de caractéristiques à noyau non négatif. Les expériences ont montré que notre modèle est compétitif par rapport à l'état de l'art pour le partitionnement de nœuds de graphes attribués en termes de performance et de robustesse. Une version de ce travail dédiée au clustering a été recemment proposée dans (Fettal et al., 2023).

Remerciements.   Ce travail a été financé par la Caisse des Dépôts et Consignations (CDC), l'ANRT et l'Idex-Spectrans d'Université Paris Cité.

Références

Affeldt, S., L. Labiod, et M. Nadif (2020). Ensemble block co-clustering : a unified framework for text data. In *CIKM*, pp. 5–14.

Affeldt, S., L. Labiod, et M. Nadif (2021). Regularized dual-PPMI co-clustering for text data. In *SIGIR*, pp. 2263–2267.

Church, K. et P. Hanks (1990). Word association norms, mutual information, and lexicography. *Computational linguistics 16*(1), 22–29.

Dhillon, I. S. (2001). Co-clustering documents and words using bipartite spectral graph partitioning. In *SIGKDD*, pp. 269–274.

Diallo, A. W., N. Niang, et M. Ouattara (2021). Sparse subspace k-means. In *2021 International Conference on Data Mining Workshops (ICDMW)*, pp. 678–685.

Fettal, C., L. Labiod, et M. Nadif (2022a). Efficient graph convolution for joint node representation learning and clustering. In *WSDM*, pp. 289–297.

Fettal, C., L. Labiod, et M. Nadif (2022b). Subspace co-clustering with two-way graph convolution. In *CIKM*, pp. 3938–3942.

Fettal, C., L. Labiod, et M. Nadif (2023). Scalable attributed-graph clustering. In *AAAI 2023*.

Govaert, G. et M. Nadif (2013). *Co-clustering : models, algorithms and applications.* John Wiley & Sons.

Guo, T., S. Pan, X. Zhu, et C. Zhang (2018). Cfond : consensus factorization for co-clustering networked data. *IEEE Transactions on Knowledge and Data Engineering 31*(4), 706–719.

Hu, H., Z. Lin, J. Feng, et J. Zhou (2014). Smooth representation clustering. In *Proceedings of the IEEE conference on computer vision and pattern recognition*, pp. 3834–3841.

Lu, C., J. Feng, Z. Lin, et S. Yan (2013). Correlation adaptive subspace segmentation by trace lasso. In *ICV*, pp. 1345–1352.

Lu, C.-Y., H. Min, Z.-Q. Zhao, L. Zhu, D.-S. Huang, et S. Yan (2012). Robust and efficient subspace segmentation via least squares regression. In *ECCV*, pp. 347–360. Springer.

Mavromatis, C. et G. Karypis (2021). Graph infoclust : Maximizing coarse-grain mutual information in graphs. In *PAKDD (1)*, pp. 541–553.

Parsons, L., E. Haque, et H. Liu (2004). Subspace clustering for high dimensional data : a review. *Acm sigkdd explorations newsletter 6*(1), 90–105.

Riverain, P., S. Fossier, et M. Nadif (2022). Semi-supervised latent block model with pairwise constraints. *Machine Learning 111*(5), 1739–1764.

Salah, A. et M. Nadif (2017). Model-based von mises-fisher co-clustering with a conscience. In *SDM*, pp. 246–254. SIAM.

Salah, A. et M. Nadif (2019). Directional co-clustering. *Advances in Data Analysis and Classification 13*(3), 591–620.

Sarkar, S. et K. L. Boyer (1998). Quantitative measures of change based on feature organization : Eigenvalues and eigenvectors. *Computer vision and image understanding 71*(1), 110–136.

Shi, J. et J. Malik (2000). Normalized cuts and image segmentation. *IEEE Transactions on pattern analysis and machine intelligence 22*(8), 888–905.

Wu, F., A. Souza, T. Zhang, C. Fifty, T. Yu, et K. Weinberger (2019). Simplifying graph convolutional networks. In *ICML*, pp. 6861–6871. PMLR.

You, C., C.-G. Li, D. P. Robinson, et R. Vidal (2016a). Oracle based active set algorithm for scalable elastic net subspace clustering. In *ICVP*, pp. 3928–3937.

You, C., D. Robinson, et R. Vidal (2016b). Scalable sparse subspace clustering by orthogonal matching pursuit. In *ICVP*, pp. 3918–3927.

Zhang, S., C. You, R. Vidal, et C.-G. Li (2021). Learning a self-expressive network for subspace clustering. In *IEEE/CVF*, pp. 12393–12403.

Zhu, H. et P. Koniusz (2021). Simple spectral graph convolution. In *9th International Conference on Learning Representations, ICLR, Virtual Event, Austria, May 3-7, 2021.*

Summary

Subspace clustering aims to cluster high dimensional data lying in a union of low-dimensional subspaces. It has shown good results on the task of image clustering but text clustering, using document-term matrices, proved more impervious to advances based on this approach. We hypothesize that this is because, compared to image data, text data is generally higher dimensional and sparser. This renders subspace clustering impractical in such a context. Here, we leverage subspace clustering for text by addressing these issues. We first extend the concept of subspace clustering to co-clustering, which has been extensively used on document-term matrices due to the resulting interplay between the document and term representations. We then address the sparsity problem through a two-way graph convolution, which promotes the grouping effect that has been credited for the effectiveness of some subspace clustering models. The proposed formulation results in an algorithm that is efficient both in terms of computational and spatial complexity. We show the competitiveness of our model *w.r.t* the state-of-the-art on document-term attributed graph datasets in terms of performance and efficiency.

Fouille de motifs sans seuil par optimisation multi-objectifs : Application aux règles d'association

Charles Vernerey*, Samir Loudni*, Noureddine Aribi** Yahia Lebbah**

* MT Atlantique, 44307 Nantes, France
{samir.loudni, charles.vernerey}@imt-atlantique.fr
** Université Oran1, Lab. LITIO, 31000 Oran, Algeria
{lebbah.yahia, aribi.noureddine}@univ-oran1.dz

Résumé. Cet article propose un nouveau modèle pour extraire les motifs Pareto dominants à l'aide de la programmation par contraintes. Notre modèle exploite le principe de la représentation condensée pour réduire l'espace de recherche. Nous démontrons que notre approche peut être utilisée pour découvrir des règles d'association intéressantes pour l'utilisateur sans avoir à fixer de seuil. Des expérimentations menées sur un jeu de données génomique ont démontré l'intérêt de cette approche pour l'extraction de règles d'association.

1 Introduction

L'extraction de motifs est une tâche importante en fouille de données, l'objectif étant d'extraire des motifs qui peuvent être interprétés par des experts du domaine ou utilisés comme descripteurs dans d'autres tâches comme par exemple la classification. Depuis la publication de l'article précurseur Agrawal and Srikant [1994], deux problèmes ont limité l'usage de cette approche : 1) comment fixer des seuils qui sont nécessaires dans plusieurs contraintes et 2) comment traiter des résultats qui contiennent parfois des millions de motifs. Utiliser l'approche *top-k* présente un inconvénient majeur du fait qu'il est difficile de choisir la valeur de k. Faire un post traitement des résultats à l'aide des représentations condensées [Pasquier *et al.*, 1999] ou la fouille d'ensemble de motifs [De Raedt and Zimmermann, 2007] ne fait que repousser le problème.

Depuis une dizaine d'années plusieurs approches ont été proposées pour découvrir des interactions plus complexes entre les motifs. Un exemple d'interaction est l'optimisation multi-objectifs (MO) où plusieurs objectifs (souvent antagonistes) doivent être optimisés simultanément . Peu d'approches ont été proposées concernant la découverte de motifs et la MO. Ghosh and Nath [2004] ont proposé une approche MO où des algorithmes génétiques ont été utilisés. van Leeuwen and Ukkonen [2013] ont proposé un algorithme pour la fouille de sous-groupes skylines. La notion de motif skyline a été exploitée dans [Ugarte *et al.*, 2017] pour extraire des motifs de haut niveau par rapport à plusieurs mesures.

Cet article s'inscrit dans la voie qui vise à connecter la programmation par contraintes (PPC) à la fouille de motifs [Guns *et al.*, 2011]. Nous proposons un nouveau modèle PPC compact et flexible pour découvrir des motifs Pareto optimaux (a.k.a. skypatterns) par rapport à un ensemble de mesures. Notre modèle utilise le principe de représentations condensées pour réduire l'effort de fouille. Nous proposons une nouvelle contrainte globale, ADEQUATECLOSURE, pour assurer la contrainte de fermeture par rapport à plusieurs mesures. Nous montrons comment les skypatterns peuvent être utilisés pour dériver des règles d'association non redondantes de haute qualité sans avoir à fixer des seuils. Enfin, nous montrons l'intérêt de notre approche dans un cas pratique où nous cherchons des associations intéressantes sur des données génomiques. Le présent article est un résumé de l'article publié dans la conférence IJCAI 22 [Vernerey *et al.*, 2022a].

2 Préliminaires

2.1 Fouille de motifs et de règles

Soit $\mathcal{I} = \{1, ..., n\}$ un ensemble de n *items*, un motif P est un sous-ensemble non vide de $\mathcal{I}$. Le langage des motifs correpond à $\mathcal{L}_\mathcal{I} = 2^\mathcal{I} \backslash \emptyset$. Un jeu de données transactionnel $\mathcal{D}$ est un ensemble de transactions, où chaque *transaction* $t \subseteq \mathcal{I}$; $\mathcal{T} = \{1, ..., m\}$ est un ensemble de m indices de *transaction*. Un motif P *apparaît* dans une transaction t, ssi $P \subseteq t$. La *couverture* de P dans $\mathcal{D}$ est l'ensemble des transactions dans lesquelles il apparaît : $\boldsymbol{t}(P) = \{t \in \mathcal{D} \mid P \subseteq t\}$. Le *support* de P dans $\mathcal{D}$ est la taille de sa couverture : $sup(P) = |\boldsymbol{t}(P)|$. Un motif P est dit *fréquent* dans $\mathcal{D}$ si $sup(P) \geq \theta$, où θ est un seuil minimal fixé par l'utilisateur. Etant donné $T \subseteq \mathcal{D}$, $\boldsymbol{i}(T)$ est l'ensemble d'items qui sont communs à toutes les transactions de T : $\boldsymbol{i}(T) = \{i \in \mathcal{I} \mid \forall t \in T, i \in t\}$. La fermeture d'un motif P par rapport à un ensemble de mesures M [Soulet and Crémilleux, 2008] , noté $clos_M(P)$, est l'ensemble d'items tel que $clos_M(P) = \{i \in \mathcal{I} \mid \forall m \in M, m(P \cup \{i\}) = m(P)\}$. P est clos par rapport à M ssi $clos_M(P) = P$.

Fouille de règles. Une règle d'association est une implication $r : X \Rightarrow Y$ où X et Y sont des motifs tel que $X \cap Y = \emptyset$ et $Y \neq \emptyset$. X est appelé antécédent de la règle et Y conséquence. Le support de la règle est donné par $sup(r) = sup(X \cup Y)$. La confiance de la règle indique la probabilité qu'elle soit vraie dans la base, i.e. $conf(r) = \frac{sup(r)}{sup(X)}$. Etant donné une confiance minimale c et un support minimum θ, l'objectif est de découvrir toutes les règles r tel que $conf(r) \geq c$ et $sup(r) \geq \theta$. Le lift d'une règle r est défini par $lift(r) = \frac{conf(r) \times |\mathcal{D}|}{sup(Y)}$. Pour réduire le nombre de règles, Bastide *et al.* [2000] ont proposé la notion de *minimal nonredundant rules* (MNR). Une règle d'association $r : X \Rightarrow Y$ est une MNR ssi : (1) $sup(r) \geq \theta$ et $conf(r) \geq c$; (2) $X \cup Y$ est clos par rapport au support ; et (3) X est un générateur. Un motif X est un générateur s'il n'a pas de sous-ensemble avec la même fréquence.

2.2 Optimisation Multi-Objectifs (MO)

Un problème MO $\mathcal{P}$ consiste en un ensemble de m fonctions objectifs $f_i : \mathbb{R}^n \to \mathbb{R}$ pour $i = 1..m$ et un ensemble discret $\mathcal{X}$ de solutions réalisables. Pour simplifier, nous supposons que les fonctions doivent être maximisées simultanément. On note $F : \mathbb{R}^n \to \mathbb{R}^m$, la fonction qui associe chaque solution réalisable $x \in \mathcal{X}$ au vecteur objectif correspondant $F(x) = (f_1(x), ..., f_m(x))$. Nous notons $\mathcal{Y}$ l'image de $\mathcal{X}$ dans l'espace objectif, s.t. $\mathcal{Y} = \{y \mid y = F(x), x \in \mathcal{X}\}$. Comparer les solutions dans $\mathcal{X}$ revient à les comparer dans l'espace

$\mathcal{Y}$. Si le décideur ne spécifie pas de préférence, on compare généralement l'ensemble des solutions à l'aide de la dominance Pareto. Soit $y, y' \in \mathcal{Y}$ deux solutions de $\mathcal{P}$. On dit que y domine y', noté $y \succ y'$, ssi : $\forall i \in [1..m] : y_i \geq y_i'$ et $\exists j \in [1..m] : y_j > y_j'$. Une solution $y^* \in \mathcal{Y}$ est Pareto optimale ssi il n'existe aucune solution $y \in \mathcal{Y}$ qui domine y^*, i.e. $\nexists y \in \mathcal{Y} : y \succ y^*$. L'ensemble des solutions Pareto optimales est appelé le front de Pareto. Une archive $\mathcal{A} \subseteq \mathcal{Y}$ est un ensemble de solutions tel qu'il n'existe aucune solution dans $\mathcal{A}$ qui domine une autre solution dans $\mathcal{A} : \nexists y, y' \in \mathcal{A} : y \succ y'$.

Notre tâche de fouille est la découverte de toutes les solutions Pareto optimales par rapport à un ensemble de mesures M. Pour un motif P donné, chaque variable du vecteur objectif $(obj_1, ..., obj_{|M|})$ représente la valeur $m(P)$ d'une mesure $m \in M$. Un motif associé au front de Pareto est appelé *skypattern*. Le problème de la fouille de skypatterns consiste à trouver l'ensemble de skypatterns $\mathcal{S}ky$ par rapport à un ensemble de mesures M. L'inconvénient majeur est que le nombre de skypatterns est exponentiel dans le pire des cas (i.e. égal au nombre total de motifs $|\mathcal{S}ky| = 2^{|\mathcal{I}|} - 1$). Pour réduire l'espace de recherche, Soulet *et al.* [2011] ont proposé la notion de *maximal skylineability*. Ce dernier consiste à trouver un ensemble de mesures M' tel que chaque skypattern par rapport à M est soit clos par rapport à M' ou est un sous-ensemble d'un pattern clos par rapport à M'. En d'autres termes, l'ensemble des skypatterns par rapport à M et clos par rapport à M' forme une représentation condensée de l'ensemble de tous les skypatterns. Par conséquent, l'espace de recherche se réduit aux motifs clos par rapport à M'. Dans cet article, nous n'expliquons pas comment obtenir M' à partir de M. Pour plus de détails, nous invitons le lecteur à consulter [Soulet *et al.*, 2011].

3   Un modèle PPC pour la fouille de skypatterns

La PPC est au coeur des approches génériques pour la fouille de motifs. Avec le développement récent des contraintes globales avec des algorithmes de filtrage efficaces, la PPC est devenue compétitive pour résoudre des problèmes de fouille de données [Belaid *et al.*, 2019; Schaus *et al.*, 2017]. Nous présentons un nouveau modèle PPC, appelé CLOSEDSKY, qui tire parti de contraintes globales afin d'obtenir un modèle efficace et compact pour la fouille de skypatterns. Pour construire ce modèle, nous avons besoin d'un jeu de données $\mathcal{D}$, un ensemble de mesures M et une archive $\mathcal{A}$, qui est dynamiquement mise à jour chaque fois que nous trouvons une nouvelle solution, étant donné que $\mathcal{A}$ ne doit pas contenir de solution dominée. Le modèle CLOSEDSKY$_{\mathcal{D},M,\mathcal{A}}(x, obj)$ est donné de la façon suivante :

$$\begin{cases} \text{PARETO}_{\mathcal{A}}(obj) & (1) \\ \text{ADEQUATECLOSURE}_{\mathcal{D},M'}(x) & (2) \\ \text{MEASURES}_{\mathcal{D},M}(x, obj) & (3) \end{cases}$$

(a) Variables. Notre modèle a : (i) n *variables Booléennes* x, où x_i représente la présence de l'item $i \in \mathcal{I}$ dans le motif. (ii) *variables objectifs* : obj est un vecteur de variables entières, s.t. obj_i représente la valeur d'une mesure $m \in M$.

(b) Contraintes. Notre modèle exploite un ensemble de contraintes qui ont des algorithmes de filtrage efficaces.

- **Pareto.** La contrainte (1) est une contrainte d'optimisation globale qui permet d'extraire les skypatterns sans avoir à ajouter des contraintes dynamiques comme dans Ugarte *et al.* [2017]. Formellement, $\text{PARETO}_{\mathcal{A}}(obj) \equiv \bigwedge_{y \in \mathcal{A}} \bigvee_{i=1..|M|} obj_i > y_i$. Elle impose que le prochain vecteur objectif $obj = (obj_1, ..., obj_{|M|})$ n'est pas dominé par une solution de l'archive $\mathcal{A}$, i.e. $\nexists y \in \mathcal{A} : y \succ obj$. La contrainte est détaillée dans Schaus and Hartert [2013].

- **AdequateClosure.** Nous introduisons la contrainte (2) comme une nouvelle contrainte globale pour assurer que x est clos par rapport à un ensemble de mesures M'. Cela permet de découvrir des représentations condensées sans avoir à utiliser des contraintes réifiées. M' est calculé automatiquement tel que M est maximalement M'-skylineable. Les règles de filtrage de cette contrainte sont données dans la section 3.1.

- **Measures.** La contrainte (3) est utilisée afin de lier chaque variable objectif obj_i à une mesure $m \in M$ tel que $obj_i = m(x)$.

3.1   La contrainte globale ADEQUATECLOSURE

Dans cette section, nous introduisons une nouvelle contrainte globale ADEQUATECLOSURE pour la fouille de représentations condensées de motifs par rapport à un ensemble de mesures M'. Cela est possible grâce à l'opérateur de fermeture $clos_{M'}$ qui est adéquat pour un ensemble de mesures. Contrairement à Ugarte *et al.* [2017], notre contrainte globale ne nécessite pas de contraintes réifiées ou de variables additionnelles. Toutes les preuves sont données dans l'annexe supplémentaire du papier [Vernerey *et al.*, 2022b]. Nous utilisons les notations : $x^+ = \{i \in \mathcal{I} | dom(x_i) = \{1\}\}$, $x^- = \{i \in \mathcal{I} | dom(x_i) = \{0\}\}$, $x^* = \mathcal{I} \setminus \{x^+ \cup x^-\}$, où $dom(x_i)$ représente l'ensemble des valeurs autorisées pour la variable x_i.

Définition 1 (ADEQUATECLOSURE) *Soit x un vecteur de variables Booléennes, $\mathcal{D}$ un jeu de données transactionnel et M' un ensemble de mesures. La contrainte ADEQUATECLOSURE $_{\mathcal{D},M'}(x)$ est respectée ssi $clos_{M'}(x^+) = x^+$.*

Nous définissons à présent l'opérateur d'inclusion de fermeture $\mathtt{cl}_{inc}$ exploité par les règles de filtrage de notre contrainte globale, pour la fouille de représentations condensées par rapport à un ensemble de mesures M'.

Définition 2 (Inclusion de fermeture) *Soit x une affectation partielle de variables $\{x_1, ..., x_{|\mathcal{I}|}\}$, M' un ensemble de mesures et i un item. $\mathtt{cl}_{inc}(x^+, i, M')$ ssi $i \in clos_{M'}(x^+)$.*

La définition 2 fournit une condition nécessaire et suffisante pour la propriété de représentation condensée par rapport à un ensemble de mesures M', lorsqu'on étend le motif x^+ avec un item libre (appartenant à x^*). En d'autres termes, $\mathtt{cl}_{inc}(x^+, i, M') \Leftrightarrow i \in clos_{M'}(x^+)$.

Le lemme 1 caractérise une affectation partielle cohérente par rapport à la contrainte ADEQUATECLOSURE, c'est à dire une affectation partielle qui peut être étendue à une solution qui respecte cette contrainte.

Lemme 1 (Affectation partielle cohérente) *Soit x^+ une affectation partielle des variables dans $\{x_1, ..., x_{|\mathcal{I}|}\}$ et M' un ensemble de mesures. x^+ est une affectation partielle cohérente ssi $\nexists j \in x^-$ s.t. $\mathtt{cl}_{inc}(x^+, j, M')$ est vérifiée.*

Le propagateur que nous proposons pour ADEQUATECLOSURE est basé sur deux règles de filtrage données dans la proposition 1.

Proposition 1 (Règles de filtrage) *Etant donné une affectation partielle cohérente x, un ensemble M' de mesures, pour tout $i \in x^*$: ($\mathbf{R_1}$) Si $\mathtt{cl}_{inc}(x^+, i, M') \Rightarrow 0 \notin dom(x_i)$. ($\mathbf{R_2}$) Si $\exists j \in x^-$ s.t. $\mathtt{cl}_{inc}(x^+ \cup \{i\}, j, M') \Rightarrow 1 \notin dom(x_i)$.*

La première règle filtre la valeur 0 de $dom(x_i)$ si $\{i\}$ est une inclusion de fermeture x^+ (Def. 2). Cela permet d'ajouter tous les items $i \in x^*$ qui sont nécessaires pour étendre x^+ à un motif clos par rapport à M'. La seconde règle filtre la valeur 1 de $dom(x_i)$ si $\mathtt{cl}_{inc}(x^+ \cup \{i\}, j, M')$ est respectée où $j \in x^-$. Cette règle vérifie si $x^+ \cup \{i\}$ ne peut pas être étendu à un motif clos par rapport à M' sans ajouter j (lemme 1).

4 Extraction de MNRs à l'aide des skypatterns

Dans la fouille de règles d'association, fixer à priori les valeurs de seuils appropriées pour c et θ (qui sont nécessaires dans les contraintes de support et de confiance) est généralement difficile. Dans cette section, nous montrons comment les skypatterns peuvent être utilisés afin d'extraire des MNRs de bonne qualité **sans avoir à spécifier de seuil**. Le processus complet est divisé en deux étapes : (i) *Générer les skypatterns* : les skypatterns sont générés à l'aide du modèle CLOSEDSKY détaillé dans la section 3, avec l'ensemble de mesures $M_r = \{sup, area, aconf\}$; (ii) *Générer les MNRs* : générer toutes les règles MNRs à partir de la collection de skypatterns représentatifs obtenus à la première étape à l'aide d'un nouveau modèle PPC.

Soit $P = X \cup Y$ un skypattern et $r : X \Rightarrow Y$ une règle. Nous avons $conf(r) \geq aconf(P)$ et $sup(r) = sup(P)$. Comme nous maximisons à la fois les mesures $aconf$ et sup lors de la génération des skypatterns, toutes les règles produites à partir de P satisfont la première condition des MNRs (i.e. $sup(r) \geq \theta$ et $conf(r) \geq c$) avec les seuils implicites $c = aconf(P)$ et $\theta = sup(P)$. Par conséquent, la génération de MNRs est **threshold-free**. De plus, notre approche permet de découvrir des règles avec un support bas mais une confiance élevée (i.e. règles *rares*).

Soit $clos_{sup}(P)$ la fermeture de P par rapport à $\{sup\}$ et $clos^-_{sup}(P) = clos_{sup}(P) \setminus P$. Pour respecter la seconde condition des MNRs, nous imposons que $X \cup Y = clos_{sup}(P)$. Cependant, comme $aconf(clos_{sup}(P)) \leq aconf(P)$, nous ajoutons la contrainte $clos^-_{sup}(P) \subseteq Y$ pour garantir que $conf(r) \geq aconf(P)$. Enfin (3eme condition), nous imposons que X est un générateur à l'aide de la contrainte globale GENERATOR introduite par Belaid *et al.* [2019]. La proposition 2 résume ce résultat important. Le détail de notre modèle PPC se trouve dans [Vernerey *et al.*, 2022a].

Proposition 2 *Soit P un skypattern, $r : X \Rightarrow Y$ une règle tel que $X \cup Y = P$, et X un générateur. Soit $r' : X \Rightarrow Y'$ une règle s.t. $X \cup Y' = clos_{sup}(P) \wedge Y' = Y \cup clos^-(P)$. r' est une MNR avec $sup(r) = sup(r') \wedge conf(r') = conf(r) \geq aconf(P)$.*

5 Expérimentation

Nous rapportons un cas pratique avec une base de données génomique. Les autres expériences sur les jeux de données UCI se trouvent dans notre article [Vernerey *et al.*, 2022a]. Notre approche est implémentée à l'aide du solveur `Choco` [Prud'homme *et al.*, 2016] version 4.10.8, une librairie Java pour la PPC, le code étant disponible en ligne [Vernerey *et al.*, 2022b]. Nous avons implémenté une variante relâchée de CLOSEDSKY (notée CLOSEDSKY-WC) en désactivant la règle ($\mathbf{R_2}$), ce qui permet de réduire sa complexité théorique. Toutefois, la qualité de filtrage diminue par rapport à CLOSEDSKY. Tout d'abord, nous avons comparé les différentes approches pour extraire les skypatterns. Comme baseline, nous avons retenu le modèle PPC CP+SKY [Ugarte *et al.*, 2017] implémenté en Choco et l'implémentation en C++ de la méthode spécialisée AETHERIS [Soulet *et al.*, 2011]. Ensuite, nous avons effectué une évaluation pour l'extraction de MNRs, où nous nous sommes comparés avec le modèle PPC CP4MNR [Belaid *et al.*, 2019] et la méthode spécialisée ECLAT-Z [Szathmary *et al.*, 2008]. Pour toutes les expériences, nous avons spécifié une limite de temps d'une heure.

L'objectif est d'étudier l'apport des skypatterns afin de découvrir des relations entre des expressions de gènes et des informations biologiques dans une base de données biologique. Les expériences ont été menées sur le jeu de données Eisen [1] qui contient des expressions de 2465 Yeast genes pour 79 conditions biologiques. Chaque gène a été annoté avec des IDs GO qui associent des termes dans la Yeast Gene Ontology, les PubMed IDs représentent les associations avec des papiers de recherche, les IDs des KEGG pathways dans lesquels il est impliqué, les annotations phénotypes et les noms des gènes de transcriptions régulatrices. Toutes les annotations ont été transformées en données Booléennes, qui indiquent si une annotation donnée est reliée ou non à un gène donné. Le jeu de données obtenu comporte 2465 transactions représentant des gènes et 9634 items représentant des expressions et des annotations.

Fouille de skypatterns. CLOSEDSKY-WC obtient la meilleure performance : il prend 372 secondes pour terminer l'extraction, ce qui produit 13 skypatterns, alors que les deux autres approches CP+SKY et AETHERIS dépassent la limite de temps. Notons aussi que CLOSEDSKY dépasse la limite de temps d'une heure.

Fouille de MNRs. Nous rapportons les résultats comparatifs de SKY4MNR vs CP4MNR et ECLAT-Z. Nous avons aussi comparé ces approches à GENMINER [Martinez *et al.*, 2008], un outil spécialisé pour la fouille de MNRs dans des jeux de données génomique. Il utilise l'algorithme NORDI pour discrétiser les valeurs continues et l'algorithme CLOSE [Pasquier *et al.*, 1999] pour l'extraction de MNRs. SKY4MNR est threshold-free ; pour les autres approches, nous considérons les mêmes seuils θ et c utilisés dans GENMINER, i.e. $\theta = 0.3\%$ (au moins 7 gènes) et $c = 50\%$. GENMINER arrive à trouver plus de 1.33×10^6 MNRs dans la limite de temps de 2 heures, tandis que CP4MNR extrait 364119 MNRs en 364 secondes. SKY4MNR extrait 63 MNRs en 375 seconds. Enfin, ECLAT-Z dépasse la limite de temps autorisée.

Analyse des règles. La table 1 montre trois formes de règles extraites par SKY4MNR. Les règles de la forme *annotations* $\Rightarrow$ *expressions* (règles 5-7) signifie qu'un groupe de gènes associé avec un ensemble spécifique d'annotations a une probabilité importante d'être sur ou sous-exprimé. Les règles de la forme *expressions* $\Rightarrow$ *annotations* signifient que quand un groupe de gènes est sur ou sous-exprimé, ces gènes ont les annotations associées correspondantes (règles 8-10). Par exemple, la règle 8 met en valeur un groupe de gènes associé à une structure ribosomique de type (path :03010) qui sont sous-exprimées après un choc thermique et une expérience de sporulation [Carmona-Saez *et al.*, 2006]. Enfin, les règles 1-4 révèlent des liens possibles entre des annotations de différentes sources comme le lien entre les termes KEGG pathways et Gene Ontology.

---

1. i3s.unice.fr/~pasquier/web/

Rule	Antecedent	Consequent	Supp.(#)	Conf. (%)
1	pmid :14576278	go :0005737, go :0005739	430	100
2	pr :FHL1	go :0005737, go :0005840, go :0006412	105	79
3	path :00970	go :0005737, go :0016874, go :0006412, pmid :1108023	32	100
4	go :0005739	go :0005737	532	100
5	go :0005737, go :0006412	heat3↓	109	38
6	path :03010	heat3↓	97	74
7	path :03010	heat3↓, ndt80-1↓	66	50
8	heat3↓, ndt80-1↓	path :03010	66	90
9	heat3↓	go :0005737, go :0006412	109	83
10	heat3↓	go :0005737, go :0005840, go :0006412, pr :FHL1	85	64

TAB. 1 – Exemples de MNRs générés par SKY4MNR. heat3 et ndt80 font référence aux points temporels de l'activation thermique et des expériences de sporulation, respectivement. ↓ désigne une sous-expression. Les préfixes `go`, `path`, `pmid`, `pr` identifient les termes GO, les KEGG pathways, les identifiants PubMed et les noms des transcriptions régulatrices, respectivement.

6   Conclusions

Nous avons proposé un nouveau modèle PPC compact et flexible pour extraire efficacement des skypatterns par rapport à un ensemble de mesures. Notre modèle exploite le principe de représentation condensée afin de réduire l'espace de recherche. Nous avons introduit une nouvelle contrainte globale pour garantir la fermeture d'un motif sur plusieurs mesures données. Nous avons montré comment les skypatterns pouvaient être utilisés afin d'extraire un ensemble réduit mais intéressant de MNRs sans avoir à spécifier de seuil. Une étude empirique menée sur des jeux de données UCI et de gènes ont démontré l'efficacité de notre approche pour extraire efficacement des skypatterns et des règles d'association comparée à des approches spécialisées et basées sur la PPC.

Références

R. Agrawal and R. Srikant. Fast algorithms for mining association rules in large databases. In *Proceedings of the 20th VLDB*, pages 487–499, San Francisco, CA, USA, 1994.

Yves Bastide, Nicolas Pasquier, Rafik Taouil, Gerd Stumme, and Lofti Lakhal. Mining Minimal Non-redundant Association Rules Using Frequent Closed Itemsets. In *Computational Logic — CL 2000*, pages 972–986. Springer, 2000.

Mohamed-Bachir Belaid, Christian Bessiere, and Nadjib Lazaar. Constraint Programming for Association Rules. In *Proceedings of the 2019 SIAM International Conference on Data Mining (SDM)*, pages 127–135, 2019.

Pedro Carmona-Saez, Monica Chagoyen, Andres Rodríguez, Oswaldo Trelles, Jose María Carazo, and Alberto Pascual-Montano. Integrated analysis of gene expression by association rules discovery. *BMC Bioinform.*, 7 :54, 2006.

Luc De Raedt and Albrecht Zimmermann. Constraint-based pattern set mining. In *7th SIAM SDM*, pages 237–248. SIAM, 2007.

Ashish Ghosh and Bhabesh Nath. Multi-objective rule mining using genetic algorithms. *Inf. Sci.*, 36(1-3) :123–133, 2004.

Tias Guns, Siegfried Nijssen, and Luc De Raedt. Itemset mining : A constraint programming perspective. *Artificial Intelligence*, 175(12) :1951–1983, 2011.

Ricardo Martinez, Nicolas Pasquier, and Claude Pasquier. GenMiner : mining non-redundant association rules from integrated gene expression data and annotations. *Bioinformatics*, 24(22) :2643–2644, 2008.

Nicolas Pasquier, Yves Bastide, Rafik Taouil, and Lofti Lakhal. Discovering frequent closed itemsets for association rules. In *Proceedings of the 7th ICDT*, pages 398–416, 1999.

C. Prud'homme, J-G. Fages, and X. Lorca. Choco Solver Documentation, 2016.

Pierre Schaus and Renaud Hartert. Multi-Objective Large Neighborhood Search. In *Proceedings of CP 2013*, 2013.

P. Schaus, J. Raoul Aoga, and T. Guns. Coversize : A global constraint for frequency-based itemset mining. In *Proceedings of the 23rd CP 2017*, pages 529–546, 2017.

Arnaud Soulet and Bruno Crémilleux. Adequate condensed representations of patterns. *Data Min. Knowl. Discov.*, 17(1) :94–110, 2008.

A. Soulet, C. Raïssi, M. Plantevit, and B. Crémilleux. Mining dominant patterns in the sky. In *Proceedings of the ICDM 2011*, pages 655–664. IEEE Computer Society, 2011.

L. Szathmary, P. Valtchev, A. Napoli, and R. Godin. An Efficient Hybrid Algorithm for Mining Frequent Closures and Generators. pages 47–58, 2008.

Willy Ugarte, Patrice Boizumault, Bruno Crémilleux, Alban Lepailleur, Samir Loudni, Marc Plantevit, Chedy Raïssi, and Arnaud Soulet. Skypattern mining : From pattern condensed representations to dynamic constraint satisfaction problems. *Artif. Intell.*, 244 :48–69, 2017.

Matthijs van Leeuwen and Antti Ukkonen. Discovering skylines of subgroup sets. In *ECML PKDD 2013*, pages 272–287, 2013.

C. Vernerey, S. Loudni, N. Aribi, and Y. Lebbah. Threshold-free pattern mining meets multi-objective optimization. In *Proceedings of IJCAI 2022*, pages 1880–1886, 2022.

C. Vernerey, S. Loudni, Y. Lebbah, and N. Aribi. Code et matériel supplémentaire. `https://gitlab.com/chaver/data-mining`, 2022. Accessed : 2022-05-16.

Summary

This paper investigates a Multi-objective Optimization approach where several functions need to be optimized at the same time. We introduce a new model for efficiently mining Pareto optimal patterns with constraint programming. Our model exploits condensed pattern representations to reduce the mining effort. We design a new global constraint for ensuring the closedness over a set of measures. We show how our approach can derive high-quality non redundant association rules without the use of thresholds whose added-value is studied on a case study related to the analysis of genes expression data.

AutoXAI: Un cadre pour sélectionner automatiquement la solution d'XAI la plus adaptée

Robin Cugny*,**, Julien Aligon**, Max Chevalier**, Geoffrey Roman Jimenez*
Olivier Teste**

*SolutionData Group
{rcugny, groman-jimenez}@solutiondatagroup.fr,
**Université Toulouse 1, Université Toulouse 2, Université Toulouse 3, IRIT
Toulouse, France
{robin.cugny, julien.aligon, max.chevalier, olivier.teste}@irit.fr

Résumé. Ce papier est un résumé des travaux publiés à la conférence CIKM 2022, Cugny et al. (2022). Un grand nombre de solutions d'XAI (eXplainable Artificial Intelligence) ont été proposées ces dernières années. Récemment, grâce à de nouvelles mesures d'évaluation des explications, il est devenu possible de les comparer. Cependant, la sélection de la solution d'XAI la plus pertinente reste une tâche fastidieuse, surtout si l'utilisateur a des besoins et des contraintes spécifiques. Dans cet article, nous proposons d'introduire AutoXAI, un cadre qui recommande la meilleure solution d'XAI et ses hyperparamètres au regard du contexte de l'utilisateur (ensemble de données, modèle d'apprentissage, besoins et contraintes liées à l'XAI). Notre approche s'inspire des travaux liés au domaine des systèmes de recommandation adaptés au contexte ainsi que de l'AutoML (Automated Machine Learning) pour nos stratégies d'optimisation et d'évaluation. Dans ce papier résumé, nous illustrons notre approche au travers d'un cas d'usage montrant qu'AutoXAI recommande bien une solution adaptée (avec les meilleurs hyperparamètres) aux besoins et contraintes de l'utilisateur.

1 Introduction

Le présent article est un résumé de l'article publié dans la conférence CIKM 2022, Cugny et al. (2022). Les modèles d'apprentissage machine (ML) sont désormais largement utilisés dans l'industrie. Il y a, cependant, un vrai besoin de mieux comprendre le problème de boite noire lié à l'utilisation de modèles prédictifs. Au cours de la dernière décennie, le domaine de l'intelligence artificielle explicable (XAI) a proposé une grande variété de solutions pour faciliter la compréhension des modèles de ML (Carvalho et al., 2019).

Cependant, les data scientists souhaitant appliquer une solution d'XAI adaptée se trouvent confrontés aux problèmes suivants :

— Ils doivent vérifier que les solutions d'XAI sont compatibles avec le type de données et le modèle prédictif ;
— Les solutions d'XAI doivent expliquer, dans un format approprié, ce qu'ils veulent comprendre ;

— Ils doivent manuellement évaluer l'efficacité des explications produites ;
— Le contexte de l'utilisateur (données, modèle, besoins et contraintes liés à l'XAI) exige que les explications répondent à des critères de qualité spécifiques (appelés propriétés des explications), ce qui implique l'utilisation de mesures d'évaluation appropriées ;
— Ils doivent trouver les meilleurs hyperparamètres pour chacune des solutions d'XAI sélectionnées afin de conserver la meilleure d'entre elles.

Ainsi, nous proposons dans cet article un cadre, appelé AutoXAI, recommandant des solutions d'XAI avec des hyperparamètres optimisés en adéquation avec le contexte du data scientist. Nous nous inspirons principalement des travaux issus des systèmes de recommandation adaptés au contexte et des approches liées à l'AutoML et adaptables au domaine de l'XAI.

Le reste de cet article est organisé comme suit. La section 2 propose un état de l'art, présentant en particulier les approches existantes sur la sélection de méthodes d'XAI. Les définitions formalisant le contexte du data scientist sont proposées dans la section 3.1. Le cadre d'AutoXAI est introduit dans la section 3.2. Le cas d'usage illustrant l'intérêt de notre approche est décrit dans la section 4. Une conclusion et les possibles perspectives de travail sont finalement présentées dans la section 5.

2   État de l'art

De nombreuses solutions d'XAI existent désormais. Par exemple, Carvalho et al. (2019) proposent de regrouper les solutions d'XAI en fonction du type d'explication produite : résumé d'attributs, mécanismes internes du modèle, exemple de données, modèle de substitution intrinsèquement interprétable, ensembles de règles, explications en langage naturel et réponses à des questions. Plus tard, Liao et al. (2020) suggèrent que les explications répondent à des questions spécifiques sur les données, leur traitement et les résultats de ML. Ils assimilent ainsi les solutions d'XAI à des questions et créent une banque de questions d'XAI ouvrant la voie à la conception d'applications d'XAI centrées sur l'utilisateur. Overton (2011) définit une explication comme un *explanan* : la réponse à la question et un *explanandum* : ce qui doit être expliqué. Ces deux éléments fournissent une caractérisation des explications et permettent ainsi à l'utilisateur de préciser quelle explication est la plus adaptée.

Il existe également de nombreux critères de qualité permettant d'évaluer la pertinence des explications. Ces mesures sont associées à des propriétés d'explication que Nauta et al. (2022) proposent d'unifier. Voici les propriétés qui seront étudiées dans cet article : la *Continuité* décrit à quel point la fonction d'explication est continue et généralisable, l'*Exactitude* décrit à quel point l'explication est fidèle à la boîte noire et la *Compacité* décrit la taille de l'explication.

En considérant la variété des méthodes d'explication existantes et les critères de qualité associés, l'établissement d'un système de recommandation apparaît judicieuse. Pour recommander des solutions d'XAI adaptées, il faut, cependant, prendre en compte l'ensemble du contexte d'un data scientist. Selon Adomavicius et al. (2011), les systèmes de recommandation adaptés au contexte offrent des recommandations plus pertinentes que les systèmes plus classiques (comme ceux basés sur un filtrage collaboratif simple). Le contexte utilisateur est alors intégré au cours de trois phases : le préfiltrage contextuel qui sélectionne un sous-ensemble de candidats possibles avant la recommandation, la modélisation contextuelle qui utilise le contexte dans le processus de recommandation et le postfiltrage contextuel qui ajuste la recommandation.

Un système de recommandation n'est cependant pas suffisant pour adapter des méthodes d'XAI liées le plus souvent à des modèles de ML. La conception d'algorithmes de ML est une tâche itérative consistant à tester et à modifier à la fois l'architecture et les hyperparamètres de l'algorithme. C'est une tâche répétitive et chronophage. C'est pour cette raison qu'une partie des travaux s'est concentrée sur l'automatisation de la conception d'algorithmes de ML, à savoir l'AutoML (He et al., 2021). La principale stratégie qui nous intéresse ici est l'optimisation des hyperparamètres (HPO) qui consiste à trouver les meilleurs hyperparamètres d'un algorithme de ML au regard d'une fonction de coût.

Concernant les approches pour le choix d'une solution d'XAI, un data scientist a actuellement la possibilité de choisir une solution d'XAI parmi des bibliothèques d'XAI, des comparatifs/benchmarks et des frameworks d'AutoML. Les bibliothèques d'XAI disponibles rassemblent des solutions récentes mais n'intègrent pas l'évaluation automatique de l'explication et ne recommandent pas de solutions d'XAI en fonction des besoins et des contraintes des data scientists. Les comparatifs et benchmarks Yeh et al. (2019); Alvarez-Melis et Jaakkola (2018) comparent l'efficacité des solutions d'XAI à l'aide de mesures d'évaluation d'XAI. Cependant, les résultats obtenus dépendent d'ensembles de données et modèles de ML spécifiques, qui ne sont pas forcément ceux que le data scientist compte utiliser. Enfin, Vermeire et al. (2021) soulignent que les utilisateurs devraient être guidés dans le choix des solutions d'XAI et proposent une première méthodologie pour cette problématique, tandis que Palacio et al. (2021) proposent un cadre théorique pour faciliter la comparaison entre les solutions d'XAI.

3   Notre approche

3.1   Définitions

Soit X, Y un **ensemble de données** avec les observations $X = \{x_i\}_{i=1}^{n} | x_i \in \mathbb{R}^d$ et les labels correspondants $Y = \{y_i\}_{i=1}^{n} | y_i \in \mathbb{R}$, n est le nombre d'observations et d de dimensions (aussi appelés attributs).

Un **modèle de ML** est entraîné avec un ensemble de données X, Y en inférant des relations statistiques entre X et Y. Ce modèle peut alors être utilisé comme une fonction prédictive qu'on note $f : X \rightarrow \hat{Y}$ avec $\hat{Y} = \{\hat{y}_i\}_{i=1}^{n} | \hat{y}_i \in \mathbb{R}$, les prédictions produites.

On note $\mathcal{E} = \{\mathcal{E}_i\}_{i=1}^{k}$ l'ensemble de tous les **explanandum**, où l'explanandum $\mathcal{E}_i$ est un descripteur pour les fonctions d'explication spécifiant *ce qui est expliqué*. On note aussi $\mathcal{E}' = \{\mathcal{E}'_j\}_{j=1}^{k'}$ l'ensemble de tous les **explanan**, où l'explanan $\mathcal{E}'_j$ est un descripteur pour les fonctions d'explication spécifiant *comment c'est expliqué*.

Les **propriétés** des explications sont des critères descriptifs de qualité pour les explications. On note P_r, l'ensemble des propriétés que les explications vérifient ou non. Le data scientist peut ainsi spécifier ses besoins avec $(\mathcal{E}, \mathcal{E}')$ et ses contraintes avec P_r.

Une **solution d'XAI** agit comme une fonction qui produit une ou plusieurs explications. On note $E = \{e_t\}_{t=1}^{l}$, l'ensemble des explications avec $l \in \mathbb{N}$ le nombre d'explications. On note $f_e^{(h)} : P(X, Y, F, \hat{Y}) \rightarrow E$ la fonction d'explication avec $P(X, Y, F, \hat{Y})$ une partition de $\{X, Y, F, \hat{Y}\}$ et h les hyperparamètres de la solution d'XAI. $f_e^{(h)} \in F_e$ avec F_e l'ensemble des fonctions d'explication. Les hyperparamètres sont des paramètres statiques qui déterminent le comportement de la solution d'XAI. Pour les modèles transparents $f = f_e^{(h)}$.

Une **mesure d'évaluation d'XAI** évalue une propriété et est souvent adaptée à un type spécifique d'explication. On note l'ensemble des mesures d'évaluation d'XAI $M = \{m_q\}_{q=1}^c$, où $m_q : P(X, F, F_e, Y) \rightarrow \mathbb{R}$, avec $P(X, F, F_e, Y)$ une partition de $\{X, F, F_e, Y\}$, telle que m_q évalue $p_q \in P_r$.

Par exemple, on apprend f un modèle de ML (un Perceptron multicouche), sur X, Y l'ensemble de données Diabetes [1], et on utilise $f_e^{(h)}$, une solution d'XAI (LIME [2]) pour obtenir des explications. On peut alors mesurer p_q la propriété de *Continuité* avec m_q, la **Robutesse** (Alvarez-Melis et Jaakkola, 2018), une mesure d'évaluation d'XAI.

3.2 AutoXAI

La Figure 1a décrit l'architecture globale d'AutoXAI :

1. L'**utilisateur** donne les éléments de son contexte, les paramètres pour AutoXAI et ses préférences concernant les propriétés des explications ;

2. Le **composant d'adaptation** au contexte sélectionne un sous-ensemble de solutions d'XAI correspondant aux besoins et un sous-ensemble de mesures d'évaluation pour s'assurer que les contraintes de l'utilisateur soient respectées ;

3. Pour chaque solution d'XAI, l'**optimiseur d'hyperparamètres** recherche les hyperparamètres qui réduiront la fonction de perte basée sur les scores agrégés des mesures d'évaluation. Pour ce faire, il effectue les opérations suivantes en boucle (voir Figure 1b).

   (a) L'**estimateur d'hyperparamètres** propose de nouveaux hyperparamètres en fonction de l'algorithme d'optimisation choisi ;

   (b) Le **composant d'explications** utilise la solution d'XAI et les hyperparamètres nouvellement proposés pour produire des explications ;

   (c) L'**évaluateur** applique les mesures d'évaluation d'XAI aux explications et agrège les scores ainsi obtenus.

Certaines solutions d'XAI et certaines mesures d'évaluation d'XAI n'ont pas été conçues pour être utilisées plusieurs fois de suite et présentent une complexité algorithmique importante. Pour réduire le coût en temps de ces algorithmes, sans modifier leur architecture, nous avons adapté les stratégies heuristiques qui existent dans le domaine de l'AutoML : l'early stopping, qui consiste à arrêter l'optimisation des hyperparamètres et/ou l'évaluation d'XAI lorsqu'un seuil de stabilisation est atteint, et le partage d'informations qui consiste à réutiliser les résultats intermédiaires et à partager les informations entre les évaluations.

4 Cas d'usage

Pour le cas d'usage, nous avons Alice, une data scientist dans un laboratoire médical, et Bob, un médecin. Bob utilise un modèle de ML boîte noire comme outil d'aide à la décision et demande une explication pour les prédictions du modèle afin de vérifier certains cas rares. Ici

---

1. https://www4.stat.ncsu.edu/~boos/var.select/diabetes.html
2. https://github.com/marcotcr/lime

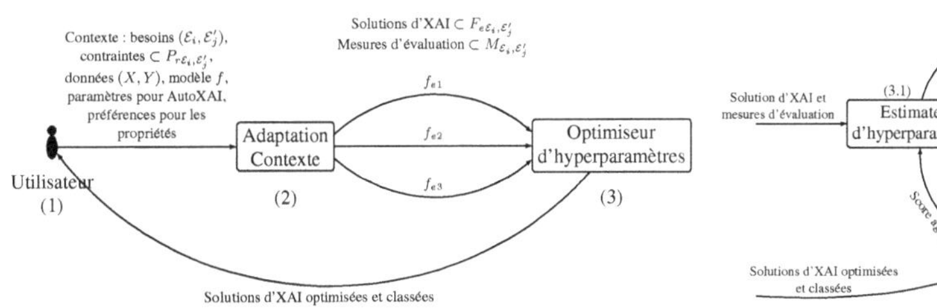

(a) Architecture globale d'AutoXAI

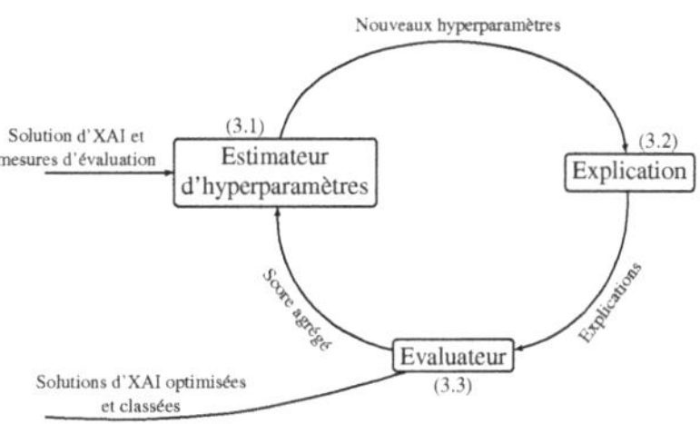

(b) Détails sur l'optimiseur d'hyperparamètres

FIG. 1 – Architecture d'AutoXAI.
Les figures se lisent en suivant le numéro des étapes. Dans la Figure 1a, pour chaque solution d'XAI, l'étape (3) optimise les hyperparamètres par rapport aux scores agrégés des mesures d'évaluation en entrant dans une boucle décrite en Figure 1b.

les besoins de Bob sont les suivants : il veut savoir "Pourquoi on obtient telle prédiction ?" et il souhaite connaître les contributions des attributs pour la prédiction. Concernant les contraintes, Bob veut des explications stables à cause du bruit dans les mesures, précises à causes des enjeux et concises pour ne pas perdre de temps. Ces contraintes correspondent respectivement aux propriétés de *Continuité*, d'*Exactitude* et de *Compacité*.

Les ensembles de données utilisés sont *Diabetes dataset* et *Pima Indians dataset*[3]. *Diabetes dataset* a 10 attributs et est conçu pour une tâche de régression visant à prédire la progression de la maladie. *Pima Indians dataset* a 8 attributs et est fait pour une classification binaire afin de prédire si les patients sont diabétiques. Le modèle de boîte noire utilisé est l'implémentation scikit-learn d'un perceptron multicouche[4]. Pour la régression nous utilisons le MLPRegressor et pour la classification nous utilisons le MLPClassifier.

Les solutions d'XAI implémentées sont LIME et Kernel SHAP[5].

Les mesures d'évaluation d'XAI et leurs propriétés correspondantes sont les suivantes :
— **Robustesse**, Alvarez-Melis et Jaakkola (2018), *Continuité*
— **Infidélité**, Yeh et al. (2019), *Exactitude*
— **Nombre d'attributs**, Rosenfeld (2021), *Compacité*

Pour l'agrégation dans ce scénario, Alice et Bob ont fixé les poids à 1, 2 et 0,5 pour respectivement la robustesse, l'infidélité et le nombre d'attributs. Alice, fixe le nombre d'itérations à 25. La stratégie d'HPO est une optimisation bayésienne. Enfin, les stratégies d'évaluation utilisées sont l'early stopping pour le calcul des mesures d'évaluation d'XAI et le HPO, et le partage d'informations pour la robustesse et l'infidélité. Le code permettant de reproduire les résultats de ce cas d'usage est disponible à l'adresse suivante : `https://github.com/RobinCugny/AutoXAI`.

Un extrait du classement produit par AutoXAI pour *Diabetes dataset* est dans le Tableau 1 et celui pour le *Pima Indians dataset* est dans le Tableau 2. Les solutions d'XAI sont triées par ordre décroissant en fonction du score agrégé. Pour montrer diverses solutions d'XAI,

---

3. `https://www.kaggle.com/uciml/pima-indians-diabetes-database`
4. `https://scikit-learn.org/stable/modules/neural_networks_supervised.html`
5. `https://github.com/slundberg/shap`

TAB. 1 – Extrait du classement produit par AutoXAI sur *Diabetes dataset*.

Score agrégé	Robustesse standardisée	Fidélité standardisée	Nb attributs standardisé	Solution d'XAI	Hyperparamètres
1.023	0.727	0.833	1.351	LIME	1 ;3656
1.019	0.703	0.991	0.745	LIME	3 ;8782
0.963	0.682	1.068	0.139	LIME	5 ;5392
-0.287	0.310	-0.924	1.351	SHAP	1 ;1304 ;auto
-0.633	-0.319	-0.975	0.745	SHAP	3 ;1571 ;aic
-0.639	0.014	-1.000	0.139	SHAP	5 ;1148 ;aic

TAB. 2 – Extrait du classement produit par AutoXAI sur *Pima Indians dataset*.

Score agrégé	Robustesse standardisée	Fidélité standardisée	Nb attributs standardisé	Solution d'XAI	Hyperparamètres
1.412	0.744	1.435	1.243	LIME	1 ;5347
1.282	0.575	1.325	1.243	SHAP	1 ;509 ;bic
0.361	0.633	0.117	0.430	LIME	3 ;8329
0.176	0.339	-0.014	0.430	SHAP	3 ;713 ;auto
0.070	0.262	0.070	-0.383	SHAP	5 ;537 ;bic
-0.185	0.599	-0.481	-0.383	LIME	5 ;7023

nous présentons trois combinaisons d'hyperparamètres avec LIME et trois avec SHAP. Pour visualiser les explications, nous avons opté pour un nombre d'attributs de 1, 3 et 5. Ainsi, l'utilisateur peut vérifier si des explications courtes sont suffisantes pour comprendre la prédiction ou si plus de caractéristiques seraient utiles. Dans les colonnes Hyperparamètres, les deux premiers hyperparamètres pour LIME comme pour SHAP sont : premièrement, le nombre de caractéristiques dans l'explication, et deuxièmement, le nombre de perturbations utilisées pour construire le modèle linéaire. Le dernier hyperparamètre pour SHAP est la régularisation l1 à utiliser pour la sélection des attributs.

LIME est systématiquement supérieur à SHAP dans les classements avec ces mesures d'évaluation d'XAI bien qu'il semble que SHAP soit légèrement plus performant sur *Pima Indians dataset* que sur *Diabetes dataset*. Dans *Pima Indians dataset*, SHAP est plus fidèle et réussit à capturer les changements de la fonction de prédiction. Ainsi, il semble trouver les mêmes relations entre attributs que celles utilisées par le modèle.

La compacité a un impact sur les autres propriétés d'après Nauta et al. (2022). En outre, Bob, le médecin, doit observer les explications pour confirmer le nombre d'attributs nécessaires à la compréhension de la prédiction. Pour cela, prenons une observation de *Diabetes dataset*. Le modèle fait une prédiction et Bob demande *Pourquoi cette prédiction ?* et veut connaître les attributs qui contribuent à celle-ci. Les explications produites par les solutions d'XAI recommandées par AutoXAI sont en Figure 2. En bas à droite se trouve LIME avec les hyperparamètres par défaut. Certaines caractéristiques ont peu d'influence sur la prédiction et sont inutiles pour répondre à la question de Bob. Avec ces explications de tailles différentes, Bob peut voir ce qui est important et ce qui est négligeable pour lui. Il peut donc choisir la taille de l'explication qu'il souhaite, en gardant à l'esprit les scores des propriétés et le score agrégé.

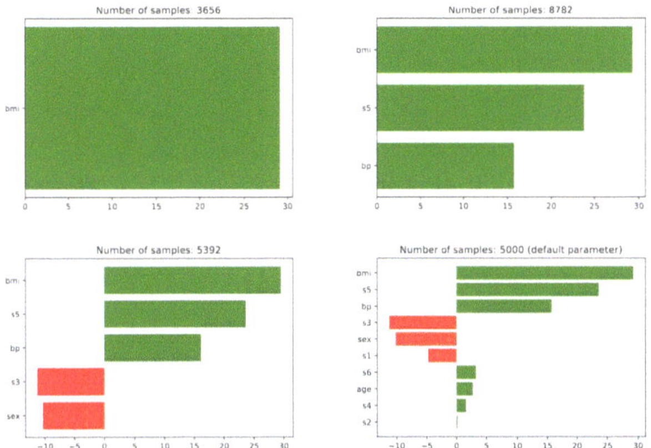

FIG. 2 – Explications produites par LIME avec différents hyperparamètres pour une même observation de *Diabetes dataset*. Les explications sont de différentes tailles et présentent ainsi différents attributs.

5   Conclusion et perspectives

Dans cet article, nous proposons AutoXAI, un cadre qui recommande les meilleures solutions d'XAI en fonction du contexte de son utilisateur. AutoXAI automatise la tâche fastidieuse de sélection d'une solution d'XAI et de ses hyperparamètres. Il produit un classement des solutions en tenant compte des préférences de l'utilisateur. Bien qu'AutoXAI soit centré sur le système comme l'AutoML, ici l'utilisateur spécifie les besoins, les contraintes et choisit la solution d'XAI dans le classement. Nous montrons également qu'il peut y avoir un compromis entre les propriétés. La compacité, en particulier, devrait être surveillée et l'utilisateur devrait décider en vérifiant les explications. Par ailleurs, le choix d'une explication plutôt qu'une autre peut soulever des questions éthiques.

Un travail à court terme serait de compléter AutoXAI avec de nouvelles adaptations des méthodes d'AutoML. Des perspectives à plus long terme consistent à appliquer AutoXAI dans un cadre réel et à analyser les retours des utilisateurs pour évaluer son efficacité et l'améliorer. Enfin, l'étude de l'influence des propriétés d'XAI les unes aux autres sera un sujet d'étude important dans le domaine de l'évaluation des solutions d'XAI.

Références

Adomavicius, G., B. Mobasher, F. Ricci, et A. Tuzhilin (2011). Context-aware recommender systems. *AI Magazine 32*(3), 67–80.

Alvarez-Melis, D. et T. S. Jaakkola (2018). On the robustness of interpretability methods. *arXiv preprint arXiv :1806.08049*.

Carvalho, D. V., E. M. Pereira, et J. S. Cardoso (2019). Machine learning interpretability : A survey on methods and metrics. *Electronics 8*(8).

Cugny, R., J. Aligon, M. Chevalier, G. R. Jimenez, et O. Teste (Eds.) (2022). *AutoXAI : A Framework to Automatically Select the Most Adapted XAI Solution*. ACM.

He, X., K. Zhao, et X. Chu (2021). Automl : A survey of the state-of-the-art. *Knowledge-Based Systems 212*, 106622.

Liao, Q. V., D. Gruen, et S. Miller (2020). *Questioning the AI : Informing Design Practices for Explainable AI User Experiences*, pp. 1–15. New York, NY, USA : Association for Computing Machinery.

Nauta, M., J. Trienes, S. Pathak, E. Nguyen, M. Peters, Y. Schmitt, J. Schlötterer, M. van Keulen, et C. Seifert (2022). From anecdotal evidence to quantitative evaluation methods : A systematic review on evaluating explainable ai. *arXiv preprint arXiv :2201.08164*.

Overton, J. (2011). Scientific explanation and computation. In T. Roth-Berghofer, N. Tintarev, et D. B. Leake (Eds.), *Explanation-aware Computing, Papers from the 2011 IJCAI Workshop, Barcelona, Spain, July 16-17, 2011*, pp. 41–50.

Palacio, S., A. Lucieri, M. Munir, S. Ahmed, J. Hees, et A. Dengel (2021). Xai handbook : Towards a unified framework for explainable ai. In *Proceedings of the IEEE/CVF International Conference on Computer Vision (ICCV) Workshops*, pp. 3766–3775.

Rosenfeld, A. (2021). Better metrics for evaluating explainable artificial intelligence. In *Proceedings of the 20th International Conference on Autonomous Agents and MultiAgent Systems*, AAMAS '21, Richland, SC, pp. 45–50. International Foundation for Autonomous Agents and Multiagent Systems.

Vermeire, T., T. Laugel, X. Renard, D. Martens, et M. Detyniecki (2021). How to choose an explainability method ? towards a methodical implementation of xai in practice. In *Machine Learning and Principles and Practice of Knowledge Discovery in Databases*, Cham, pp. 521–533. Springer International Publishing.

Yeh, C.-K., C.-Y. Hsieh, A. Suggala, D. I. Inouye, et P. K. Ravikumar (2019). On the (in)fidelity and sensitivity of explanations. In H. Wallach, H. Larochelle, A. Beygelzimer, F. d'Alché-Buc, E. Fox, et R. Garnett (Eds.), *Advances in Neural Information Processing Systems*, Volume 32. Curran Associates, Inc.

Summary

This paper is a summary of the work published at the CIKM 2022 conference, Cugny et al. (2022). A large number of XAI (eXplainable Artificial Intelligence) solutions have been proposed in recent years. Recently, thanks to new XAI evaluation methods, it has become possible to compare them. However, selecting the most relevant XAI solution remains a tedious task, especially if the user has specific needs and constraints. In this paper, we propose to introduce AutoXAI, a framework that recommends the best XAI solution and its hyperparameters while taking into account the user's context (dataset, learning model, XAI needs and constraints). Our approach draws on work related to the field of context-based recommender systems as well as AutoML (Automated Machine Learning) for our optimization and evaluation strategies. In this summary paper, we illustrate our approach through a use case showing that AutoXAI recommends the most suitable solution (with the best hyperparameters) to the user's needs and constraints.

Miguel Palencia-Olivar*,**, Stéphane Bonnevay*,**, Alexandre Aussem***, Bruno Canitia*

* Lizeo IT, 42 quai Rambaud, 69002 Lyon, France
miguel.palencia-olivar, stephane.bonnevay, bruno.canitia@lizeo-group.com
** Lab. ERIC, Université de Lyon, 5 Av. Pierre Mendès France, 69500 Bron, France
*** LIRIS, Université de Lyon, 25 Av. Pierre de Coubertin, 69100 Villeurbanne, France
alexandre.aussem@univ-lyon1.fr

Résumé. À l'ère des médias sociaux, les clients sont devenus des faiseurs d'opinion : toute personne intéressée par un produit peut rechercher des avis sur les plateformes d'internet. Le web-scraping reste souvent la seule voie d'accès, et malgré le recours à l'ETL, l'hétérogénéité des données rend la tâche d'extraction d'insight ardue et induit le besoin d'outils ad-hoc. Pour contourner ce problème, nous appliquons l'Embedded Dirichlet Process et l'Embedded Hierarchical Dirichlet Process dans un cadre industriel autour du cas du pneumatique. Ces topic models non-paramétriques apprennent les thèmes et leur nombre, des plongements de thèmes et des plongements de mots, de telle sorte à désambiguïser les mots et à offrir davantage de niveaux analytiques. Ils peuvent également servir à affiner des processus ETL. L'EDP et l'EHDP atteignent des niveaux de vraisemblance similaires voire plus élevés que ceux des techniques de l'état de l'art testées, sans ré-exécutions pour trouver le nombre de thèmes.

1   Introduction

Les topic models constituent un ensemble de techniques de référence en matière de text mining non supervisé. Leurs applications sont nombreuses, allant du résumé de rapports cliniques à l'extraction de tendances dans la littérature scientifique (Boyd-Graber et al. (2017)). Depuis l'introduction de l'Allocation de Dirichlet Latente (Blei et al. (2003)), le domaine a connu des développements dans de nombreuses directions. Les dernières en date consistent à mêler réseaux de neurones profonds et programmation probabiliste afin de tirer parti des propriétés et avancées des deux domaines (Miao et al. (2016); Srivastava et Sutton (2017)), en particulier en termes de plongements (Dieng et al. (2020)). L'inclusion de plongements semble prometteuse, puisqu'elle revient à ajouter des éléments contextuels. Ceux-ci semblent rendre plus aisée la capture de thèmes tout en permettant de visualiser les liens entre mots et entre thématiques. Ces capacités sont particulièrement intéressantes dans le cadre de l'analyse de réseaux sociaux. Toutefois, les applications de topic models neuronaux sur de tels jeux de données portent souvent sur des corpus provenant de sources uniques accessibles par API ; ce faisant, il est aisé de réaliser des prétraitements permettant de standardiser un jeu de données *ante*-analyse. Ces situations ne sont pas représentatives des analyses portant sur des données issues d'activités de web scraping, qui portent sur plusieurs sources et nécessitent souvent plusieurs passes de nettoyage afin que les analyses en aval ne soient pas bruitées par des langages de balisage, par exemple. Il s'agit ici de notre cas d'espèce. Nous proposons ici d'appliquer l'Embedded Dirichet Process (EDP) et l'Embedded Hierarchical Dirichlet Process (EHDP) (Palencia-Olivar et al. (2021)) à un corpus issu d'une activité industrielle en rapport avec des avis clients portant sur le pneumatique. Le présent article est un résumé de l'article publié dans la conférence IJCNN 2022 (Palencia-Olivar et al. (2022)). Ces modèles initalement testés sur des jeux de données benchmark ont eu des performances satisfaisantes dans notre cadre et surpassent d'autres modèles de l'état de l'art. De plus, et parce qu'ils sont non-paramétriques, ceux-ci permettent de déterminer automatiquement le nombre de thèmes au sein d'un corpus sans coûteuse ré-exécution. Cet article est organisé comme suit : nous présentons l'EDP et l'EHDP en Section 2, puis présentons jeu de données, expérimentations et discussions en Section 3. Enfin, nous présentons nos conclusions et de possibles axes de travail en Section 4.

2 Les modèles

L'EDP et l'EHDP sont deux topic models neuronaux non-paramétriques par rapport au nombre de thèmes. Ils sont basés sur des autoencodeurs variationnels (VAE) et font usage de Processus de Dirichlet (DP) avec une construction en bris de bâton (stick-breaking). Les modèles présentent la particularité d'extraire les thèmes, leur nombre, ainsi que des plongements de thèmes et des plongements de mots sans supervision aucune. Nous en présentons le fonctionnement ci-après.

2.1 L'Embedded Dirichlet Process

Soit $\{\mathbf{w}_1, \ldots, \mathbf{w}_d\}$ un corpus de D documents, où $\mathbf{w}_d$ est un ensemble de N_d mots. Chaque document admet une représentation sac de mots $\mathbf{w}_d$. Le processus génératif de l'EDP pour un document est le suivant :

1. Échantillonner $G^{(d)}\left(\theta; \pi^{(d)}, \Theta\right) = \sum_{k=1}^{\infty} \pi_k^{(d)} \delta_{\theta_k}(\boldsymbol{\theta})$, avec $\pi^{(d)} \sim Beta\left(1, \beta\right)$

2. Pour chaque mot w_n de $\mathbf{w}_d$:

   (a) Échantillonner un thème $\hat{\theta}_n \sim G^{(d)}\left(\theta; \pi^{(d)}, \Theta\right)$

   (b) Échantillonner un mot $w_n \sim Multinomiale\left(\rho^T \phi\right)$

L'EDP décompose le paramètre de la multinomiale afférente aux mots en un produit entre une matrice (transposée) de plongements de mots ρ et une autre de plongements de thèmes ϕ. Cette décomposition forme un modèle log-linéaire ; ce faisant, nous pouvons visualiser les plongements dans le même espace - dans un esprit similaire à celui de l'ACP - et donc comparer les positions relatives des thèmes et des mots. La distribution jointe du modèle est la suivante :

$$Pr\left(\mathbf{w}_{1:N}, \pi, \hat{\theta}_{1:N} \mid \beta, \Theta, \xi\right) = Pr\left(\pi \mid \beta\right) \times \Pi_{i=1}^{N} Pr\left(w_i \mid \hat{\theta}_{\mathbf{i}}, \xi\right) Pr\left(\hat{\theta}_{\mathbf{i}} \mid \pi, \Theta\right) \tag{1}$$

avec $Pr\left(\pi \mid \beta\right) = Beta\left(1, \beta\right)$, $Pr\left(\theta \mid \pi, \Theta\right) = G\left(\theta; \pi, \Theta\right)$, $Pr\left(w \mid \theta, \xi\right) = \sigma\left(\theta\xi\right)$, avec $\xi = \sigma\left(\rho^T \phi\right)$, $\sigma\left(\cdot\right)$ étant la fonction softmax, G étant l'*a priori* sur les thèmes (ou processus de Dirichlet), π étant les bris de bâton (stick-breaks), θ étant les proportions de thèmes. Enfin, nous cherchons à optimiser l'objectif suivant :

$$\mathcal{L}\left(\mathbf{w}_{1:N} \mid \Theta, \psi, \xi\right) = \mathbb{E}_{q_\psi\left(\nu \mid \mathbf{w}_{1:N}\right)}\left[\log Pr\left(\mathbf{w}_{1:N} \mid \pi, \Theta, \xi\right)\right]$$
$$- KL\left(q_\psi\left(\nu \mid \mathbf{w}_{1:N}\right) \parallel Pr\left(\nu \mid \beta\right)\right) \tag{2}$$

où $q_\psi\left(\cdot\right)$ est une famille de distributions variationnelles, ψ l'ensemble des paramètres d'un réseau de neurones génératif, v représente les poids de la construction stick-breaking du DP, et a et b sont les paramètres variationnels de la distribution Beta appris par encodage. Nous entraînons ce modèle par *inférence variationnelle amortie* et utilisons l'optimiseur Adam pour l'ensemble des paramètres.

2.2 L'Embedded Hierarchical Dirichlet Process

L'*a priori* de l'EDP implique la distribution Beta, dont le paramètre β est de poids : plus il est important, plus nous obtiendrons de thèmes et inversement. Afin de contrôler la croissance de leur nombre, il est possible de l'apprendre à partir des données. Pour ce faire, nous utilisons la distribution Gamma en tant qu'*hyper-a priori*. Le processus génératif pour un document devient le suivant :

1. Échantillonner $\beta \sim Gamma\left(\delta_1, \delta_2\right)$
2. Échantillonner $G^{(d)}\left(\theta; \pi^{(d)}, \Theta\right) = \sum_{k=1}^{\infty} \pi_k^{(d)} \delta_{\theta_k}\left(\boldsymbol{\theta}\right)$, avec $\pi^{(d)} \sim Beta\left(1, \beta\right)$
3. Pour chaque mot w_n de $\mathbf{w}_d$:
   (a) Échantillonner un thème $\hat{\theta}_n \sim G^{(d)}\left(\theta; \pi^{(d)}, \Theta\right)$
   (b) Échantillonner un mot $w_n \sim Multinomiale\left(\rho^T \phi\right)$

L'objectif d'optimisation devient alors :

$$\mathcal{L}\left(\mathbf{w}_{1:N} \mid \Theta, \psi, \xi\right) = \mathbb{E}_{q_\psi\left(\nu \mid \mathbf{w}_{1:N}\right)}\left[\log Pr\left(\mathbf{w}_{1:N} \mid \pi, \Theta, \xi\right)\right]$$
$$+ \mathbb{E}_{q_\psi\left(\nu \mid \mathbf{w}_{1:N}\right) q\left(\beta \mid \gamma_1, \gamma_2\right)}\left[\log Pr\left(\nu \mid \beta\right)\right]$$
$$- \mathbb{E}_{q_\psi\left(\nu \mid \mathbf{w}_{1:N}\right)}\left[\log q_\psi\left(\nu \mid \mathbf{w}_{1:N}\right)\right]$$
$$- KL\left(q\left(\beta \mid \gamma_1, \gamma_2\right) \parallel Pr\left(\beta \mid \delta_1, \delta_2\right)\right) \tag{3}$$

où γ_1 et γ_2 sont des paramètres variationnels, tandis que δ_1 et δ_2 sont des paramètres *a priori*. À l'instar de l'EDP, ce modèle est entraîné par inférence variationnelle amortie et l'optimiseur Adam est utilisé pour l'ensemble des paramètres.

3 Étude empirique

Notre jeu de données est issu d'une activité industrielle consistant à collecter des avis clients sur des pneumatiques. Nous en proposons une description avant de présenter nos expérimentations et les conclusions en découlant.

3.1   Jeu de données et pré-traitement

Nous travaillons avec un sous-ensemble d'une base de données contenant des documents recueillis sur 1073 sites, dont 442 sont en anglais. Nos modèles n'étant pas prévus pour traiter les corpus multilingues, nous écartons les documents qui ne sont pas en anglais. Ce filtrage est principalement basé sur la langue du site de provenance du document ; il n'y a donc aucune garantie qu'il n'existe pas de document dans une langue autre que l'anglais. Puisque nous ne nous intéressons qu'à l'anglais, toute autre langue est ici considérée comme élément de bruitage. De même, notre base de données est partiellement annotée selon des éclairages d'experts, sous forme de chaînes de caractères spéciales. Ces annotations ne sont pas notre centre d'intérêt [1], mais n'ont pas pu être retirées car ce retrait aurait impliqué de modifier et de rejouer tout le processus d'ETL [2] interne. Nous considérons donc ces chaînes comme étant des éléments de bruitage. Malgré l'existence d'ETL en amont, il n'existe aucune garantie à propos de l'absence d'autres types de bruit dans les données. Enfin, il n'était possible ni de retirer la ponctuation et les chiffres, ni de passer le texte en minuscule. Concernant la ponctuation, les références produit (ex : 205/50ZR15) et dimensions de pneu (ex : 7.2/32") en incluent. En revanche, celles-ci sont présentes sans notation standard, de telle sorte qu'il n'est pas possible de créer d'expression régulière permettant de toutes les préserver. Concernant cette fois le passage en minuscule, il s'agissait de pouvoir distinguer les éléments. Ainsi, de la même manière que le latex se distingue de LaTeX, un climat continental se distingue de la marque Continental. Nos sources de données sont diverses ; cela vaut également pour nos documents. Ces derniers comprennent des avis client provenant de sites de e-commerce, de revues d'articles, de posts de blog, de fils de discussion ainsi que de tweets. Pour notre pré-traitement, les éléments issus du comptage des mots sont les seuls objectivement observables sans faire appel à un modèle. Nous nous sommes focalisés sur la longueur des documents pour trois raisons : 1/ il y a un lien direct entre longueur d'un document et sparsité d'un document ; 2/ un long document devrait être moins sparse [3] qu'un court, mais avoir peu de mots qui reviennent souvent du fait de la loi de Zipf [4] ; 3/ nous voulons représenter tous les documents à travers tous les thèmes et non seulement les courts ou les longs. Afin d'éliminer les documents de longueur marginale, nous avons mené une étude sur un échantillon de 96910 documents de notre base. Notre unité statistique est le mot, au sens d'une chaîne de caractères entourée d'espaces. Les collocations sont ainsi considérées de manière identique à tous les autres mots. Il a résulté de notre étude sur la longueur des documents que celle-ci suit une loi de Poisson de paramètre $\lambda = 107.9$ ($p < 0.05$ selon une adaptation aux données discrètes du test de Kolmogorov-Smirnov, cf Conover (1972)), ce qui représente 98.75% des données que nous traitons. Sur la base de notre inférence, nous avons retiré tous les documents de longueur supérieure à 450 mots. De même, nous ne pouvions pas retenir la totalité de l'échantillon d'étude pour les expérimentations du fait de capacités de calcul limitées. Toujours grâce à notre étude préalable, nous avons segmenté notre base en 22 classes d'amplitude 20. Pour réaliser cette segmentation, nous avons fait un histogramme dont le nombre de classes (binning) a été calculé grâce à la formule de Doane du fait du caractère non-Gaussien des données de comptage. La finalité de la manoeuvre

---

1. Les experts se focalisent sur des caractéristiques techniques, tandis que les consommateurs se focalisent sur leur expérience du produit.

2. Ce dernier inclut des phases de parsing et remplace des chaînes de caractères selon une ontologie interne, entre autres. Il n'y a en revanche aucune notion de détection d'entité nommée.

3. La gestion de la sparsité est un point faible notoire des VAE.

4. Cette hypothèse a été testée statistiquement dans l'article originel.

était de pouvoir créer un sous-échantillon de 40000 documents par échantillonnage stratifié ; pour cela, il nous fallait respecter la densité originelle tout en maintenant un nombre raisonnable de classes. Ce sous-échantillon de 40000 documents a par la suite servi à former un vocabulaire de 26731 mots et à former nos jeux d'entraînement (80%), de validation et de test (10% chacun).

3.2 Expérimentations et discussion

Nous avons testé plusieurs modèles selon deux grilles comparatives : modèle neuronal contre modèle non-neuronal et modèle paramétrique contre modèle non-paramétrique. Nous utilisons l'inférence variationnelle et des tailles de batch de 1000 documents pour l'ensemble des modèles testés. Les modèles concurrents sont l'iTM-VAE-Prod et l'iTM-VAE-G tels que décrits dans Ning et al. (2020), une version utilisant une distribution variationnelle Beta de l'iTM-VAE-Prod que l'on nommera SB-VAE implicit, l'ETM (Dieng et al. (2020)), la ProdLDA (Srivastava et Sutton (2017)), le HDP (Wang et al. (2011)) et la LDA (Blei et al. (2003)). Pour les modèles neuronaux, les encodeurs sont des perceptrons multicouche comprenant 2 couches de 100 neurones chacun, tandis qu'Adam admet un pas d'aprentissage de 0.002. Les modèles admettant des plongements (l'ETM, l'EDP et l'EHDP) utilisent des plongements de dimension 300. Nous avons réalisé des tests en initialisant les plongements de mots au hasard et avec des Skip-grams (Mikolov et al. (2013)) ; nous suffixons les noms des modèles avec -R dans le premier cas et -T dans le second. Tous les paramètres ont été fixés par validation croisée, jusqu'à convergence et dans une limite de 150 itérations dans le cas des modèles neuronaux. Suivant l'état de l'art du thème modeling, notre critère de référence pour l'ajustement statistique est la log-vraisemblance (LL). Concernant l'ajustement qualitatif, nous définissons la qualité (TQ) comme le produit de deux autres indicateurs : la diversité des thèmes (TD) et leur cohérence (TC), c'est-à-dire $TQ = TC \times TQ$. La TD est la proportion de mots uniques parmi les 10 premiers mots de chaque thème, tandis que la TC se définit comme suit :

$$TC = \frac{1}{K} \sum_{k=1}^{K} \frac{1}{45} \sum_{i=1}^{10} \sum_{j=i+1}^{10} f\left(w_i^{(k)}, w_j^{(k)}\right) \text{ avec} f\left(w_i^{(k)}, w_j^{(k)}\right) = \frac{\log \frac{Pr(w_i, w_j)}{Pr(w_i)Pr(w_j)}}{-\log Pr(w_i, w_j)}. \quad (4)$$

Cette formule correspond à l'information mutuelle normalisée (NPMI) et rend compte de la co-occurrence des termes. La TC prend ses valeurs entre -1 et 1 ; pour deux termes, -1 est l'absence systématique de co-occurrence, 0 une indépendance et 1 une co-occurrence systématique.

Interprétation des indicateurs Dans l'ensemble, les résultats obtenus en phase de test (Tab. 1) montrent que les modèles neuronaux non-paramétriques obtiennent les meilleurs résultats, tant en termes de vraisemblance que de qualité. L'iTM-VAE-Prod est une exception. Ce modèle utilise une distribution-substitut de la distribution Beta dite de Kumaraswamy. Dans le même contexte, son équivalent SB-VAE implicit qui utilise pour sa part la distribution Beta a obtenu parmi les meilleurs résultats, tandis que l'ETM et la ProdLDA ont certes pu être entraînés, mais n'arrivaient pas à généraliser. Les modèles ayant bénéficié de pré-entraînement (transfer learning) ne semblent pas avoir fait mieux que s'ils n'avaient pas été initialisés au hasard. L'iTM-VAE-G généralise aussi bien que ses concurrents neuronaux non-paramétriques,

Type	Modèle	# thèmes	LL	TC	TD	TQ
Neuronal non paramétrique	*EHDP-R*	9	-664	-0.05	0.97	-0.05
	EHDP-T	10	-655	-0.05	**1.0**	-0.05
	EDP-R	9	-625	0.05	**1.0**	0.05
	EDP-T	9	**-622**	-0.02	**1.0**	-0.02
	iTM-VAE	NaN	NaN	NaN	NaN	NaN
	SB-VAE implicit	12	-631	0.23	0.73	**0.17**
	iTM-VAE-G	10	-680	0.17	0.11	0.02
Non neuronal non paramétrique	*HDP*	50	-2.7×10^6	0.21	0.02	0
Neuronal paramétrique	*ProdLDA*	10	NaN	-0.65	0.8	-0.52
	ETM-R	10	NaN	-0.63	1.0	-0.63
	ETM-T	10	NaN	-0.65	0.93	-0.60
Non neuronal paramétrique	*LDA*	10	-2.06×10^5	0.06	0.48	0.03

TAB. 1 – Résultats quantitatifs

mais est de moindre qualité, tant en termes d'indicateurs que d'interprétabilité (cf les résultats qualitatifs). Enfin, les modèles ne faisant pas appel à des réseaux de neurones sont bien moins efficaces en généralisation que leurs pendants neuronaux et ont des indicateurs de qualité similaires. Pour autant, ils ne sont pas aussi interprétables.

Interprétation des thèmes et plongements Dans l'ensemble, nous sommes mitigés quant à la qualité des résultats obtenus par les différents modèles, en particulier lorsque nous confrontons les thèmes obtenus aux indicateurs. En effet, hormis les deux initialisations de l'EHDP, seules l'EDP-R, l'EDP-T et le SB-VAE implicit ont obtenu des résultats satisfaisants. Le SB-VAE implicit a extrait 2 à 3 thèmes de plus que les autres modèles, ces thèmes additionnels étant peu interprétables car contenant la même suite de mots sans cohérence apparente. Ceci explique une TD plus faible. De plus, le SB-VAE implicit n'inclut pas de plongements et ne permet donc pas d'aller plus loin. Les autres thèmes sont qualitativement proches de ceux de l'EHDP-R, qui sont eux-mêmes proches de ceux de l'EHDP-T dont nous produisons ici un extrait, les mots étant ordonnés par ordre d'importance pour chaque thème (Tab. 2). Notons que les thèmes ont été nommés sur la base de leur contenu sans aucune automatisation à cet égard mais sous contrôle d'un expert métier. Concernant l'évaluation qualitative des performances gagnées par pré-entraînement, nous avons extrait les plongements de mots produits par les modèles -R et les modèles -T puis examiné le voisinage des principaux mots des thèmes interprétables. Ces voisinages étant très proches, nous déduisons que nos modèles sont capables d'obtenir des plongements de mots à la qualité au moins équivalente à celle des Skip-grams dans notre cas d'espèce. Concernant cette fois-ci l'apport de la contextualisation, celle-ci nous a permis d'en savoir plus sur certains regroupements *a priori* ambigüs. Considérons le thème "Stopwords & online provider". En récupérant les documents présentant une forte caractéri-

Performance & maneuverability	"performance", "conditions,", ..., "cornering", "dedicated", ..., "braking"
Evaluation criteria	"5", "4", ..., "winter_traction_note :", "handling_note :", "off_road_note :"
Tire references	"zz5's", FK45x", "assy", "ZZ5's", "Falkan"
Tire adhesiveness	"incline", "encountered", "icy", "snowy", "hills"
Durability	"lasted", "far.", "had.", "haven't", "replaced"
Tire adaptability	"fitment :", "road_types :", "road_conditions :", "Mixed", "4x2"
Confidence in the brand	"Continental", "spirited", "review", "Mazda", "snows"
Climatic conditions	"winter", "summer", "winter.", "season", "weather"
Stopwords & online provider	"expand...", "member :", ..., "ZE914", "Blackcircles,", "£100"
Driving experience	"wore", ..., "Civic, "Ecsta", ..., "terrible", "noisy."

TAB. 2 – *Extrait des thèmes de l'EHDP-T*

sation par ce thème, nous nous sommes aperçus que Blackcircles est un e-commerçant britannique de pneumatiques. Ce faisant, il nous semble cohérent que ce terme soit entouré d'un modèle de pneu ("ZE914") et d'un prix ("£100"). Nous nous sommes également aperçus que les termes "expand..." et "member :" sont en fait des éléments résiduels post-ETL correspondant au modèle HTML du site. Il s'agit donc de bruitage. Grâce à la récupération de documents ainsi opérée, nous pouvons raffiner l'ETL afférent à cette source particulière.

Synthèse Il semble qu'il y ait hiatus entre ce que montrent les indicateurs et ce que l'on peut déduire de l'examen des thèmes et des plongements de mots. En effet, ce n'est pas parce qu'un modèle est efficace en généralisation qu'il s'interprète bien. De plus, la NPMI est proche de 0 dans plusieurs cas. Ceci indique plutôt une indépendance de co-occurrence des termes. Des éléments d'explication ont été avancés dans Palencia-Olivar et al. (2021) concernant les modèles à plongements. Ceux-ci permettent de tenir compte de relations transitives non-mesurées par la NPMI : si un mot A est proche d'un mot B lui-même proche d'un mot C, alors les mots A et C devraient également être proches. Cela laisse penser que la NPMI est insuffisante à mesurer la proximité entre les mots dans ces cas et que nous manquons d'indicateurs pour mesurer la proximité sémantique.

4   Conclusions et perspectives

Nous avons appliqué l'EDP et l'EHDP à une tâche d'extraction d'insights client relatifs au pneumatique. Ces avis proviennent d'un jeu de données bruité issu d'un cadre industriel. L'EDP et l'EHDP ont obtenu de meilleures performances que d'autres méthodes de l'état de l'art et permettent de raffiner des processus d'ETL. Nous avons également montré que l'utilisation d'une distribution-substitut donne de moins bons résultats que son équivalent. Enfin, nous avons constaté la contradiction entre métriques et qualité perçue des modèles. Le développement de métriques efficaces reste un sujet ouvert dont le cadre dépasse largement celui du thème modeling.

Références

Blei, D. et al. (2003). Latent Dirichlet Allocation. *Journal of Machine Learning Research.*

Boyd-Graber, J. et al. (2017). Applications of Topic Models. *Foundations and Trends in Information Retrieval.*

Conover, W. J. (1972). A kolmogorov goodness-of-fit test for discontinuous distributions. *Journal of the American Statistical Association.*

Dieng, A. et al. (2020). Topic modeling in embedding spaces. *Transactions of the Association for Computational Linguistics.*

Miao, Y. et al. (2016). Neural variational inference for text processing. In *Proceedings of the 33rd International Conference on International Conference on Machine Learning.*

Mikolov, T., K. Chen, G. Corrado, et J. Dean (2013). Efficient estimation of word representations in vector space. In *1st International Conference on Learning Representations.*

Ning, X., Y. Zheng, Z. Jiang, Y. Wang, H. Yang, J. Huang, et P. Zhao (2020). Nonparametric topic modeling with neural inference. *Neurocomputing.*

Palencia-Olivar, M. et al. (2021). Neural Embedded Dirichlet Processes for Topic Modeling. In *Modeling Decisions for Artificial Intelligence.*

Palencia-Olivar, M. et al. (2022). Nonparametric neural topic modeling for customer insight extraction about the tire industry. In *Proceedings of the International Joint Conference on Neural Networks.*

Srivastava, A. et C. Sutton (2017). Autoencoding variational inference for topic models. In *International Conference on Learning Representations.*

Wang, C. et al. (2011). Online Variational Inference for the Hierarchical Dirichlet Process. In *Proceedings of the Fourteenth International Conference on Artificial Intelligence and Statistics.*

Summary

In the age of social media, customers have become opinion makers: anyone interested in a product can search for opinions on internet platforms. Web-scraping is often the only way to access them, and despite the use of ETL, the heterogeneity of the data makes the task of extracting insights arduous and leads to the need for ad-hoc tools. To circumvent this problem, we apply the Embedded Dirichlet Process and the Embedded Hierarchical Dirichlet Process in an industrial setting around the case of tires. These non-parametric topic models learn topics and their number, topic embeddings and word embeddings, in order to disambiguate words and to offer more analytical levels. They can also be used to refine ETL processes. EDP and EHDP achieve similar or even higher levels of likelihood than the state-of-the-art techniques tested, without re-runs to find the number of topics.

Sur les explications abductives préférées pour les arbres de décision et les forêts aléatoires

Gilles Audemard*, Steve Bellart*, Louenas Bounia*, Frédéric Koriche*
Jean-Marie Lagniez*, Pierre Marquis* ** [1]

Univ. Artois, CNRS, CRIL, F-62300 Lens*
Institut universitaire de France**
nom@cril.fr,
http://www.cril.univ-artois.fr/

Résumé. Dans cet article, nous nous intéressons au calcul d'*explications abductives préférées* pour des arbres de décision et des forêts aléatoires. Nous présentons deux modèles de préférence et pour chacun d'eux, nous décrivons et évaluons un algorithme de calcul de **raisons majoritaires préférées**, où les raisons majoritaires sont des explications abductives spécifiques, adaptées aux forêts aléatoires, et qui coïncident avec les raisons suffisantes dans le cas des arbres de décision. Nous montrons expérimentalement la faisabilité de l'approche. Nous montrons aussi qu'en pratique les raisons majoritaires préférées pour une instance peuvent être beaucoup moins nombreuses que ses raisons majoritaires.

1 Introduction

Expliquer les modèles de *Machine Learning (ML)* est un enjeu important qui stimule de nombreuses recherches en IA depuis plusieurs années, dans le domaine appelé aujourd'hui « IA explicable » (XAI) (voir e.g., (Ribeiro et al., 2016, 2018; Molnar, 2020)). Dans ce papier, nous nous concentrons sur le calcul d'*explications abductives* d'instances pour les arbres de décision et les forêts aléatoires. Les explications abductives visent à préciser *pourquoi* un classeur classe une instance comme positive ou négative. Pour les modèles à base d'arbres de décision comme les forêts aléatoires ou encore les arbres améliorés (*boosted trees*), les requêtes XAI, en particulier celles qui consistent à calculer une explication abductive irredondante du classement d'une instance, sont calculatoirement difficiles (Audemard et al., 2021) : il n'existe aujourd'hui aucun algorithme polynomial pour cela et l'existence de tels algorithmes est peu vraisemblable (elle aurait pour conséquence $P = NP$).

Plusieurs types d'explications abductives existent selon le classeur considéré. Parmi elles, on trouve les *explications de type « impliquant premier »* (Shih et al., 2018), aussi appelées *raisons suffisantes* (Darwiche et Hirth, 2020), mais également *les raisons majoritaires* (Audemard et al., 2022b). Les raisons suffisantes sont des explications irredondantes ce qui n'est pas le cas (en général) des raisons majoritaires, qui sont des explications abductives spécifiques,

---

1. Ce travail a été réalisé dans le cadre de la chaire ANR d'enseignement et de recherche EXPEKCTATION (ANR-19-CHIA-0005-01).

adaptées aux forêts aléatoires. Calculer une raison suffisante pour une instance donnée et une forêt aléatoire est intraitable, alors qu'il existe un algorithme en temps polynomial pour générer une raison majoritaire étant donnée une instance et une forêt aléatoire. Enfin, une instance peut posséder un nombre exponentiel de raisons suffisantes de taille minimale. Et cela vaut même si l'on ne considère que des familles de classeurs « intelligibles », comme les arbres de décision. Les dériver toutes est en général infaisable et dans tous les cas, il n'y aurait pas beaucoup de sens de présenter une multitude d'explications abductives d'une instance donnée à un utilisateur (il ne pourrait pas les appréhender toutes). Enfin, comme les explications abductives d'une instance peuvent totalement différer l'une de l'autre, fournir à l'utilisateur la première explication calculée (ou les k premières) n'est pas très satisfaisant non plus.

Le travail présenté dans ce papier repose sur deux hypothèses de recherche. Premièrement, toutes les explications d'une instance ne sont pas égales, certaines sont meilleures que d'autres. Deuxièmement, la qualité d'une explication n'est en général pas intrinsèque à l'explication, mais elle dépend de l'utilisateur à qui on la fournit. Sous ces hypothèses, notre approche consiste à exploiter *des préférences utilisateur*, pour dériver seulement des *explications préférées* des instances. Se focaliser sur des explications préférées présente deux avantages : d'une part, les explications indiquées sont meilleures (elles collent le plus possible aux préférences de l'utilisateur) et d'autre part, leur nombre peut être drastiquement plus petit que le nombre total d'explications (on peut donc parfois les donner toutes).

Dans notre étude, plusieurs modèles de préférence sont proposés. Nous partons d'un modèle simple conduisant à des préférences dichotomiques sur les explications où les explications acceptables sont seulement celles qui sont construites sur un ensemble particulier d'attributs. L'étape suivante consiste à considérer des préférences plus élaborées, qui ne sont pas dichotomiques par essence mais sont plus graduelles. Un modèle de relation de préférence cardinale est présenté. Il s'appuie sur une fonction d'utilité/coût linéaire sur les attributs, où chaque attribut a un poids et les poids sont agrégés de manière additive.

Le présent article est un résumé de l'article (en anglais) (Audemard et al., 2022a), publié dans la conférence IJCAI'22. L'article original contient des résultats additionnels, non repris ici pour des raisons d'espace.

2   Préliminaires

Arbres de décision et forêts aléatoires.   Pour tout entier n, nous notons $[n] = \{1, ..., n\}$. Soit F_n l'ensemble des fonctions booléennes de $\{0, 1\}^n$ à $\{0, 1\}$, et soit $X_n = \{x_1, \ldots, x_n\}$ un ensemble d'*attributs* booléens. Nous nommons *instance* tout $\mathbf{x} \in \{0, 1\}^n$. Chaque instance $\mathbf{x}$ est décrite par ses *caractéristiques*, i.e., les valeurs booléennes données aux attributs de X_n dans $\mathbf{x}$. Pour chaque fonction $f \in F_n$, une instance $\mathbf{x}$ est un exemple *positif* si $f(\mathbf{x}) = 1$, sinon nous disons que $\mathbf{x}$ est un exemple *négatif*.

f est vue comme une formule propositionnelle quand nous l'écrivons avec les connecteurs booléens $\wedge$ (conjonction), $\vee$ (disjonction) ou $\neg$ (négation) et en utilisant les constantes 1 (vrai) et 0 (faux). f est *satisfaisable* quand f n'est pas équivalente à 0. Un *littéral* ℓ_i sur X_n décrit une variable booléenne x_i ou sa négation $\neg x_i$, également notée $\overline{x_i}$. Un *terme* t sur X_n est une conjonction de littéraux sur X_n et une *clause* c sur X_n est une disjonction de littéraux sur X_n. Souvent, t et c sont aussi vus comme des ensembles de littéraux. En particulier, si t est un terme et $S \subseteq X_n$, $t[S]$ désigne le terme dont les littéraux sont ceux de t qui sont

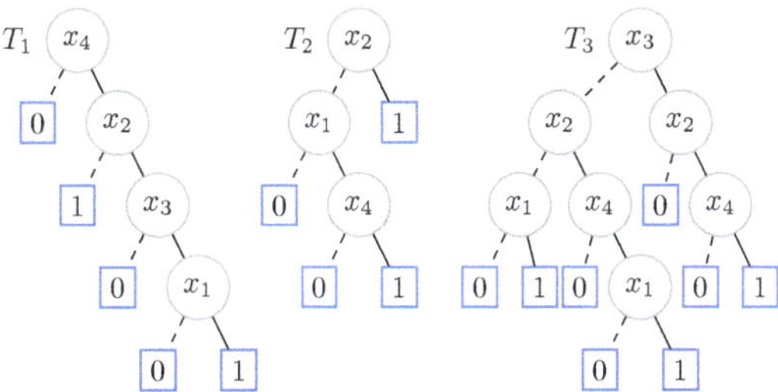

FIG. 1 – *Une forêt aléatoire pour reconnaître les orchidées Cattleya. Le fils gauche (resp. droit) d'un nœud de décision étiquetté par x_i correspond à l'affectation de x_i à 0 (resp. 1).*

sur S. Une formule DNF (forme normale disjonctive) est une disjonction de *termes* et une formule CNF (forme normale conjonctive) est une conjonction de *clauses*. Un terme t *couvre* une instance $\mathbf{z}$ si l'ensemble des littéraux composant t est inclus dans l'ensemble des littéraux composant le terme représentant z, noté $t_{\mathbf{z}}$. Un *impliquant* d'une formule f est un terme t tel que toute instance couverte par t est un exemple positif de f. Un *impliquant premier* t d'une formule f est un impliquant de f tel que tout terme formé comme la conjonction d'un sous-ensemble propre des littéraux de t n'est pas un impliquant de f.

Parmi les représentations de fonctions booléennes, on trouve les arbres de décision et les forêts aléatoires. Un *arbre de décision* (booléen) sur X_n est un arbre binaire T dont chaque nœud interne correspond à une des variables d'entrée et dont chaque feuille est étiquetée soit par 0, soit par 1. Chaque variable est supposée n'apparaître qu'une fois dans chaque chemin racine/feuille de l'arbre. La valeur de $T(\mathbf{x}) \in \{0, 1\}$ de T pour une instance $\mathbf{x}$ est donnée par la valeur de la feuille atteinte en partant de la racine : à chaque nœud, si la variable $\mathbf{x}_i$ associée au nœud considéré vaut 1 alors nous continuons sur le fils droit, sinon sur le fils gauche. Une *forêt aléatoire* (booléenne) sur X_n est un ensemble $F = \{T_1, \ldots, T_m\}$, où chaque $T_i (i \in [m])$ est un arbre de décision sur X_n et tel que la valeur de $F(\mathbf{x}) \in \{0, 1\}$ d'une instance $\mathbf{x}$ est donnée par :

$$F(\mathbf{x}) = \begin{cases} 1 & \text{si } \frac{1}{m} \sum_{i=1}^{m} T_i(\mathbf{x}) > \frac{1}{2} \\ 0 & \text{sinon} \end{cases}$$

La taille de F est donnée par $|F| = \Sigma_{i=1}^{m} |T_i|$, où $|T_i|$ est le nombre de nœuds apparaissant dans T_i. L'ensemble des arbres de décision définis sur X_n est noté DT_n et l'ensemble des forêts aléatoires définies sur X_n et possédant au moins m arbres est noté $RF_{n,m}$. De plus, on note RF_n l'union des $RF_{n,m}$ pour tout $m \in \mathbb{N}$.

Exemple 1. *La forêt aléatoire $F = \{T_1, T_2, T_3\}$ donnée à la figure 1 et reprise de (Audemard et al., 2022b) est formée de trois arbres de décision. Cette forêt sépare les orchidées Cattleya des autres orchidées en s'appuyant sur quatre attributs : x_1 : "a des fleurs parfumées", x_2 : "a une ou deux feuilles", x_3 : "a des fleurs de grande taille" et x_4 : "est sympodiale".*

Explications abductives. Formellement, pour $f \in F_n$ et $\mathbf{x} \in \{0, 1\}^n$, une *explication abductive* (Ignatiev et al., 2019) (ou *raison*) pour $\mathbf{x}$ étant donnée f est un impliquant t de f (ou de $\neg f$ dans le cas où $f(\mathbf{x}) = 0$) qui couvre $\mathbf{x}$. Il existe toujours une explication abductive t de x étant donnée f car $t = t_{\mathbf{x}}$ est trivialement une telle explication. Ce faisant, nous allons dans le reste de cette section, nous concentrer sur des formes plus concises d'explication abductive.

Définition 1. *Soient $F \in RF_n$ une forêt aléatoire et $\mathbf{x} \in \{0,1\}^n$ une instance telle que $F(\mathbf{x}) = 1$ (resp. $F(\mathbf{x}) = 0$). Une* raison suffisante *pour $\mathbf{x}$ étant donnée F est un impliquant premier t de F (resp. de $\neg F$) tel que t couvre $\mathbf{x}$.*

Déterminer si un terme donné est une raison suffisante pour une instance $\mathbf{x}$ étant donnée une forêt aléatoire F a été montré DP-complet (Izza et Marques-Silva, 2021).

Introduites dans (Audemard et al., 2022b), les *raisons majoritaires* sont des explications abductives spécifiques aux forêts aléatoires.

Définition 2. *Soient $F = \{T_1, \ldots, T_m\}$ une forêt aléatoire de $RF_{n,m}$ et $\mathbf{x} \in \{0,1\}^n$ une instance telle que $F(\mathbf{x}) = 1$ (resp. $F(\mathbf{x}) = 0$). Une* raison majoritaire *pour $\mathbf{x}$ étant donnée F est un terme t couvrant $\mathbf{x}$ qui est un impliquant d'au moins $\lfloor \frac{m}{2} \rfloor + 1$ arbres de décision T_i (resp. $\neg T_i$) et $\forall l \in t, t \backslash \{l\}$ ne satisfait plus la condition précédente.*

En général, les raisons majoritaires peuvent contenir des caractéristiques redondantes. Toutefois, pour les forêts ne comportant qu'un seul arbre, les raisons majoritaires pour une instance coïncident avec ses raisons suffisantes.

Reprenons l'exemple 1 et considérons l'instance $x = (1,1,1,1)$. Puisque $F(x) = 1$, x est reconnue comme une orchidée *Cattleya*. Ce classement de x par F peut être expliqué de plusieurs manières. Ainsi, $x_2 \wedge x_3 \wedge x_4$ et $x_1 \wedge x_4$ sont les raisons suffisantes pour x étant donnée F. Les raisons majoritaires pour x étant donnée F sont $x_1 \wedge x_2 \wedge x_4$, $x_1 \wedge x_3 \wedge x_4$ et $x_2 \wedge x_3 \wedge x_4$. Les raisons majoritaires $x_1 \wedge x_2 \wedge x_4$ et $x_1 \wedge x_3 \wedge x_4$ contiennent des caractéristiques redondantes (x_2 pour la première et x_3 pour la seconde).

3 Explications abductives préférées

Définir *in abstracto* ce qu'est une explication « préférée » ou, au minimum, « suffisamment bonne » est difficile en général. Il n'y a pas de consensus à ce sujet et une dépendance claire à l'utilisateur, voir par exemple (Doshi-Velez et Kim, 2017; Lipton, 2018).

3.1 Préférences dichotomiques sur les explications

Nous présentons d'abord un modèle où les préférences de l'utilisateur sont *dichotomiques*, c'est-à-dire que les explications peuvent être partitionées en deux ensembles : l'une contenant des raisons **« suffisamment bonnes »** et l'autre contenant des raisons jugées **« pas assez bonnes »**.

Définition 3. *Soient $f \in \mathcal{F}_n$, $S \subseteq X_n$ et $x \in \{0,1\}^n$. Une* explication abductive basée sur S *pour x étant donnée f est une explication abductive t pour x étant donnée f telle que $Var(t) \subseteq S$.*

Ce modèle s'appuie sur un sous-ensemble $S \subseteq X_n$ et permet de gérer quelques situations d'intérêt où l'utilisateur veut écarter les explications qui font référence à des *concepts non compréhensibles* (modélisés comme des attributs en dehors de S). De telles explications à rejeter peuvent faire référence à des attributs correspondant à des notions trop techniques, qui ne sont pas comprises par l'utilisateur (par exemple, un terme médical pour un patient qui n'est pas médecin), ou encore parce qu'il est ne sont pas documentés ou sont assez vagues par essence. Ainsi, sur l'exemple 1, l'utilisateur voudrait pouvoir calculer une explication abductive pour $x = (1, 1, 1, 1)$ qui ne fait pas intervenir l'attribut x_4 ("est sympodiale") car il ne connaît pas le sens de cet adjectif (mais c'est impossible ici : x_4 est un attribut nécessaire à l'explication).

S'assurer que seules les explications basées sur les attributs de S sont générées est également utile pour atteindre d'autres objectifs. Ainsi, la présence de certains *éléments protégés* doit être évitée dans les explications chaque fois que cela est possible, car l'impossibilité de laisser ces attributs de côté reflète précisément le fait que la décision prise était biaisée (Darwiche et Hirth, 2020). Par exemple, considérons dans une procédure d'admission à l'université, un candidat pour lequel la décision prise par le classeur est positive : si toute explication abductive de cette décision mentionne le fait que le candidat vient d'une **ville natale riche** (**élément protégé**), la décision est biaisée. Par conséquent, « venant d'une ville natale riche » ne devrait pas appartenir à S. Au-delà des problèmes de compréhensibilité ou de biais, la présence d'attributs *non actionnables* doit être évitée dans les explications. Ne pas être actionnable signifie simplement que l'utilisateur ne peut pas (ou peut difficilement) changer la valeur de cet attribut dans l'instance pour laquelle une explication est recherchée.

Pour calculer une raison majoritaire pour une instance $\mathbf{x}$ étant donnée une forêt aléatoire F, on peut utiliser *un algorithme glouton* (voir (Audemard et al., 2022b) pour plus de détails) : partant d'un terme t qui couvre l'instance x à traiter (typiquement $t = t_x$), on parcourt les caractéristiques ℓ de t et on supprime ℓ de t chaque fois que le terme obtenu reste un impliquant d'au moins $\lfloor \frac{m}{2} \rfloor + 1$ arbres de décision T_i (resp. $\neg T_i$) lorsque $F(\mathbf{x}) = 1$ (resp. $F(\mathbf{x}) = 0$). Il est facile d'étendre un tel algorithme pour décider s'il existe une raison majoritaire basée sur un ensemble prédéfini S d'attributs.

Proposition 1. *Soient $F \in RF_n$ et $x \in \{0,1\}^n$. Pour un ensemble $S \subseteq X_n$, décider si une raison majoritaire basée sur S pour x étant donnée F existe, et dériver une telle raison lorsque c'est le cas, peut être réalisé en temps $\mathcal{O}(n|F|)$ en utilisant un algorithme glouton.*

3.2 Préférences graduelles sur les explications

Le modèle précédent induit des préférences dichotomiques sur les explications. Si une telle séparation en deux classes est commode dans certains cas, on s'attend à *plus de gradualité* dans d'autres cas, afin (par exemple) d'éviter la présence de certains attributs dans les explications sans l'interdire pour autant.

Pour cela, une approche consiste à tirer parti d'une *fonction d'utilité* (ou d'une fonction de coût). Dans notre cadre, on associe une valeur de disutilité (un poids représentant un coût) à chaque attribut : plus le poids est élevé, moins l'attribut est intéressant. Cette fois, la relation de préférence résultante est un pré-ordre total sur les explications, les meilleures explications étant celles de coût minimal.

Définition 4. *Soit $f \in \mathcal{F}_n$. Soit $w : X_n \to \mathbb{N}^*$ un vecteur de poids, où un poids est associé à chaque attribut. Une* explication abductive de poids minimal *pour x étant donné f et w est une explication abductive t pour x et f minimisant $\Sigma_{x \in Var(t)} w(x)$.*

Afin de calculer une raison majoritaire de poids minimal, contrairement à ce qui était possible pour les autres modèles de préférence, on ne peut tirer parti d'aucune variante en temps polynomial de l'algorithme glouton pour calculer une raison majoritaire. En effet, dans le cas général, le calcul d'une raison majoritaire de poids minimal est NP-difficile. Cela vient du fait que dériver une raison majoritaire de taille minimale pour une instance x étant donnée une forêt aléatoire F est NP-difficile (Audemard et al., 2022b) puisqu'une raison majoritaire de taille minimale pour x étant donnée F est une raison majoritaire de poids minimal pour pour x étant donnée F et l'application w_1 uniformément égale à 1 (i.e., $\forall i \in [n]$, $w_1(x_i) = 1$).

Néanmoins, on peut généraliser l'approche présentée dans (Audemard et al., 2022b) pour calculer des raisons majoritaires de taille minimale au cas des raisons majoritaires de poids minimal. Formellement, on réduit le problème du calcul d'une explication de poids minimal au problème WEIGHTED PARTIAL MAXSAT (voir par exemple Li et Manyà (2009)). Une instance de WEIGHTED PARTIAL MAXSAT est la donnée d'un ensemble C_{hard} de clauses « dures« (à satisfaire) et d'un ensemble C_{soft} de clauses « souples » pondérées par des entiers positifs. Une solution d'une telle instance est une interprétation qui satisfait toutes les clauses de C_{hard} et maximise la somme des poids des clauses de C_{soft} qui sont satisfaites.

Proposition 2. *Soient $F = \{T_1, \ldots, T_m\}$ une forêt aléatoire dans $RF_{n,m}$ et une instance $x \in \{0,1\}^n$ telle que $F(x) = 1$.[2] Soit $w : X_n \to \mathbb{N}^*$ une application. Une raison majoritaire de poids minimal pour x étant donné F et w est donnée par $t_x \cap t_{v^*}$, où v^* est une solution de l'instance $(C_{\text{soft}}, C_{\text{hard}})$ du problème WEIGHTED PARTIAL MAXSAT telle que $C_{\text{soft}} = \{(\overline{x_i}, w(x_i)) : x_i \in t_x\} \cup \{(x_i, w(x_i)) : \overline{x_i} \in t_x\}$, $C_{\text{hard}} = \{(\overline{y_j} \vee c[x], \infty) : i \in [m], c \in \text{CNF}(T_i)\} \cup \text{CNF}(\sum_{i=1}^m y_i > \frac{m}{2})$ où $y_1, \ldots, y_m$ sont des variables auxiliaires, et $\text{CNF}(\sum_{i=1}^m y_i > \frac{m}{2})$ est un encodage CNF de la contrainte de cardinalité $\sum_{i=1}^m y_i > \frac{m}{2}$.*

Sur l'exemple 1, si l'utilisateur souhaite obtenir une raison majoritaire pour $x = (1,1,1,1)$ étant donnée F qui fait intervenir autant que possible les propriétés des fleurs (x_1 et x_3) plus que des feuilles (x_2) et pas celle portant sur la tige (x_4), il peut considérer (par exemple) w telle que $w(x_1) = w(x_3) = 1$, $w(x_2) = 3$ et $w(x_4) = 6$. La raison majoritaire (unique) de poids minimal pour $x = (1,1,1,1)$ étant donnée F et w, qui vaut $x_1 \wedge x_3 \wedge x_4$ et qui a pour poids 8, pourra alors être calculée.

4 Expérimentations

Protocole expérimental. Nous avons sélectionné 22 datasets disponibles sur Kaggle (`www.kaggle.com`), OpenML (`www.openml.org`) ou UCI (`archive.ics.uci.edu/ml`). Pour chaque dataset, nous avons appris des forêts aléatoires et effectué une validation croisée à 10 blocs et pour un sous-ensemble d'au plus 250 instances. Ces datasets n'étant pas nativement associés à des préférences d'utilisateurs, nous avons opté pour des fonctions de poids reflétant des préférences possibles de différents types : la fonction w_1 uniformément égale à 1, les valeurs de **SHAP** et **f-importance** des attributs (qui se veulent des mesures globales de l'importance des différents attributs dans les classements effectués) et enfin **wordfreq** qui est la fréquence du substantif dénotant l'attribut en langue anglaise (et peut être vu comme un indicateur de son intelligibilité).

Nous avons calculé et énuméré les raisons majoritaires de poids minimal des instances en utilisant ces différentes fonctions de poids. Pour l'autre modèle de préférence présenté dans le

---

2. Si $F(x) = 1$, on considérera la forêt aléatoire $\neg F$ au lieu de F ; elle se calcule en temps linéaire à partir de F, voir (Audemard et al., 2022b).

dataset / random forest				minimum-size			SHAP			f-importance			wordfreq		
name	%A	#B	#I	1	A	nb	1	A	nb	1	A	nb	1	A	nb
divorce	97.65	50	170	170	161	41.6 ($\pm$77.4)	169	169	1.2 ($\pm$0.4)	170	170	1.1 ($\pm$0.3)	170	170	1.0 ($\pm$0.1)
compas	66.51	65	250	250	250	6.0 ($\pm$9.9)	249	249	1.9 ($\pm$1.8)	247	243	2.7 ($\pm$3.9)	250	250	2.4 ($\pm$2.7)
employee	83.17	72	250	243	174	8.9 ($\pm$12.6)	243	235	2.0 ($\pm$2.1)	249	245	2.1 ($\pm$3.5)	239	204	4.4 ($\pm$7.6)
student mat	90.63	144	250	250	217	44.7 ($\pm$60.4)	250	250	1.1 ($\pm$0.2)	250	250	1.1 ($\pm$0.3)	250	250	1.2 ($\pm$0.4)
student por	91.99	171	250	19	10	43.0 ($\pm$38.4)	16	16	1.1 ($\pm$0.3)	14	14	1.4 ($\pm$0.8)	25	24	1.4 ($\pm$0.7)
anneal 2	99.11	203	250	250	200	26.8 ($\pm$39.0)	240	240	1.1 ($\pm$0.3)	241	240	1.1 ($\pm$0.3)	248	248	1.1 ($\pm$0.4)
placement	93.55	262	215	215	145	50.7 ($\pm$61.0)	215	215	1.4 ($\pm$1.3)	215	213	1.3 ($\pm$0.7)	215	212	1.2 ($\pm$0.6)
heart	78.3	263	250	250	236	41.7 ($\pm$59.5)	250	250	1.3 ($\pm$0.6)	250	250	1.3 ($\pm$0.6)	250	250	1.4 ($\pm$0.9)
diabetes	72.28	433	250	250	248	18.2 ($\pm$37.7)	250	250	1.3 ($\pm$1.1)	250	250	1.3 ($\pm$0.7)	250	250	1.1 ($\pm$0.4)
horse	87.31	540	250	62	6	72.7 ($\pm$46.0)	50	50	1.4 ($\pm$0.8)	55	55	1.4 ($\pm$0.8)	42	41	1.4 ($\pm$0.6)
ind. l. pat.	69.61	613	250	250	187	54.1 ($\pm$54.3)	250	250	1.6 ($\pm$1.7)	250	250	1.5 ($\pm$0.9)	250	250	2.3 ($\pm$2.8)
banknote	99.42	652	250	190	37	11.1 ($\pm$7.1)	215	207	2.0 ($\pm$2.7)	237	231	1.8 ($\pm$1.8)	160	150	1.2 ($\pm$0.5)
startup	80.18	3517	250	57	0	- (-)	40	38	1.4 ($\pm$0.7)	43	42	1.5 ($\pm$0.9)	43	38	1.8 ($\pm$1.1)
farm-ads	87.3	5389	250	25	0	- (-)	250	250	1.0 ($\pm$0.0)	11	11	1.0 ($\pm$0.0)	25	25	1.2 ($\pm$0.4)

papier (et les deux autres modèles décrits dans (Audemard et al., 2022a)), nous n'avons pas réalisé d'expérimentations car la question de la faisabilité pratique ne se posait pas : les algorithmes de génération d'une explication proposés sont tous en temps polynomial. La plupart du temps, les poids des attributs n'étant pas des entiers positifs, une transformation affine de la fonction de poids a été réalisée (l'ordre induit sur les explications est préservé de sorte que les raisons majoritaires de poids minimal ne changent pas).

Nous avons considéré un temps limite de génération de 60 secondes par instance. Étant donné que les fonctions de poids font partie de l'entrée, nous n'avons pas compté le temps de calcul nécessaire pour les générer dans les 60 secondes. Nous avons utilisé le solveur WEIGHTED PARTIAL MAXSAT openwbo (Martins et al., 2014) pour calculer les raisons majoritaires de poids minimal. Tous les calculs ont été réalisés sur un ordinateur équipé de processeur Intel(R) Core(TM) i9-9900 à 3,10 GHz - 16 cœurs et 64 Go de mémoire

Résultats expérimentaux. Le tableau ci-avant présente un extrait des résultats obtenus, basé sur 14 datasets. (%A) est la précision moyenne des forêts, (#B) le nombre moyen d'attributs booléens dans celles-ci et (#I) le nombre d'instances. Pour chaque fonction de poids, (1) (resp. (A)) donne le nombre d'instances du dataset pour lesquelles au moins une (resp. toutes les) raison(s) majoritaire(s) préférée(s) ont été calculées en 60 secondes ; la colonne (nb) donne la moyenne (et l'écart-type) du nombre de raisons majoritaires obtenues lorsqu'elles ont toutes été calculées. Les résultats empiriques obtenus montrent clairement que le calcul de raisons majoritaires préférées est très souvent faisable en pratique.

5 Conclusion

Dans cet article, nous avons considéré le problème de la génération d'explications abductives du classement d'instances, et en particulier du calcul de raisons majoritaires, quand les classeurs utilisés sont des arbres de décision ou des forêts aléatoires. Comme les raisons majoritaires peuvent être en nombre exponentiel, il est en général hors de portée de les calculer toutes. Une approche pour pallier ce problème consiste à définir des modèles de préférence et à les exploiter pour dériver seulement des explications préférées. Dans les sections précédentes, nous avons présenté deux modèles de ce type et décrit des algorithmes de génération d'explications préférées. Nos expérimentations ont montré la faisabilité de cette génération. Elles ont aussi mis en évidence que l'exploitation des préférences de l'utilisateur peut réduire considérablement le nombre de raisons, rendant leur énumération possible dans des situations où le calcul de toutes les raisons majoritaires ne le serait pas.

Références

Audemard, G., S. Bellart, L. Bounia, F. Koriche, J. Lagniez, et P. Marquis (2021). On the computational intelligibility of boolean classifiers. In *Proc. of KR'21*, pp. 74–86.

Audemard, G., S. Bellart, L. Bounia, F. Koriche, J. Lagniez, et P. Marquis (2022a). On preferred abductive explanations for decision trees and random forests. In *Proc. of IJCAI'22*, pp. 634–650.

Audemard, G., S. Bellart, L. Bounia, F. Koriche, J.-M. Lagniez, et P. Marquis (2022b). Trading complexity for sparsity in random forest explanations. In *Proc. of AAAI'22*, pp. 5461–5469.

Darwiche, A. et A. Hirth (2020). On the reasons behind decisions. In *Proc. of ECAI'20*, pp. 712–720.

Doshi-Velez, F. et B. Kim (2017). A roadmap for a rigorous science of interpretability. *CoRR abs/1702.08608*.

Ignatiev, A., N. Narodytska, et J. Marques-Silva (2019). Abduction-based explanations for machine learning models. In *Proc. of AAAI'19*, pp. 1511–1519.

Izza, Y. et J. Marques-Silva (2021). On explaining random forests with SAT. In *Proc. of IJCAI'21*, pp. 2584–2591.

Li, C. M. et F. Manyà (2009). Maxsat, hard and soft constraints. In *Handbook of Satisfiability*, pp. 613–631. IOS Press.

Lipton, Z. C. (2018). The mythos of model interpretability. *CACM 61*(10), 36–43.

Martins, R., V. M. Manquinho, et I. Lynce (2014). Open-WBO : A modular MaxSAT solver. In *Proc. of SAT'14*, pp. 438–445.

Molnar, C. (2020). *Interpretable Machine Learning*. Leanpub.

Ribeiro, M. T., S. Singh, et C. Guestrin (2016). "why should I trust you?" : Explaining the predictions of any classifier. In *Proc. of SIGKDD'16*, pp. 1135–1144.

Ribeiro, M. T., S. Singh, et C. Guestrin (2018). Anchors : High-precision model-agnostic explanations. In *Proc. of AAAI'18*, pp. 1527–1535.

Shih, A., A. Choi, et A. Darwiche (2018). A symbolic approach to explaining bayesian network classifiers. In *Proc. of IJCAI'18*, pp. 5103–5111.

Summary

In this paper, we are interested in computing *preferred abductive explanations* for decision trees and random forests. We present two preference models and for each of them, we describe and evaluate an algorithm for computing **preferred majoritary reasons**, where majoritary reasons are specific abductive explanations, suited to random forests, and which coincide with sufficient reasons in the case of decision trees. We experimentally show the feasibility of the approach. We also show that in practice the preferred majoritary reasons for an instance can be much less numerous than its majoritary reasons.

ISSA : un graphe de connaissances au service de la recherche bibliographique

Anne Toulet*, Franck Michel**, Anna Bobasheva**, Aline Menin **, Sébastien Dupré *,
Marie-Claude Deboin *, Marco Winckler **, Andon Tchechmedjiev***

* Cirad Avenue Agropolis 34398 Montpellier Cedex – France
anne.toulet@cirad.fr,
** I3S (Univ. Côte d'Azur, CNRS, Inria) 06900 Sophia Antipolis - France
franck.michel@inria.fr
*** EuroMov Digital Health in Motion (IMT Mines Alès) 30100 Alès - France
andon.tchechmedjiev@mines-ales.fr

Résumé. Face à la multiplication des publications scientifiques, les archives scientifiques ouvertes jouent un rôle central pour aider les utilisateurs à effectuer des recherches bibliographiques. Cependant, les services de recherche classiques basés sur des mots-clés ne parviennent pas toujours à apporter des réponses satisfaisantes à certaines recherches complexes. Dans cet article, nous présentons les méthodes, outils et services mis en œuvre dans le cadre du projet ISSA pour répondre à cette problématique. Le projet vise à (1) fournir un pipeline générique, réutilisable et extensible pour l'analyse des documents d'une archive scientifique ouverte, (2) traduire le résultat en un index sémantique représenté sous la forme d'un graphe de connaissances RDF ; (3) développer des services de recherche et de visualisation qui exploitent cet index sémantique. Le projet ISSA s'inscrit dans la dynamique de la science ouverte et s'appuie sur un cas d'usage, Agritrop, l'archive ouverte du Cirad.

1   Explorer la littérature scientifique

Ces dernières années, l'accélération du rythme des publications et le "tout numérique" ont radicalement transformé la façon d'interagir avec la littérature scientifique, et les utilisateurs ont dû adapter leurs pratiques. Dans ce contexte, les bases de données bibliographiques, les moteurs de recherche et les archives ouvertes occupent une place de premier plan. Cependant, les services de recherche classiques, reposant généralement sur des correspondances de mots clés ou de noms d'auteurs, ne parviennent souvent pas à saisir la richesse des associations sémantiques entre les articles. Certaines recherches complexes trouvent difficilement des réponses et les résultats parfois peu pertinents obligent l'utilisateur à un filtrage manuel fastidieux. Devant ces difficultés, il est important de proposer aux chercheurs et aux professionnels de l'information des outils permettant de s'y retrouver.

Le présent article est un résumé de l'article publié dans la conférence ISWC 2022 « ISSA : Generic Pipeline, Knowledge Model and Visualization Tools to Help Scientists Search and

Make Sense of a Scientific Archive» (Toulet et al. (2022)). Nous y présentons les méthodes, outils et services mis en œuvre dans le cadre du projet ISSA [1] pour répondre à ces besoins. ISSA vise à (1) fournir un **pipeline générique, réutilisable et extensible pour l'analyse des documents d'une archive scientifique ouverte,** (2) traduire les résultats en un **index sémantique sous la forme d'un graphe de connaissances RDF** ; (3) **développer des services innovants de recherche et de visualisation exploitant cet index**. Orientée vers la généricité et la réutilisabilité, la solution proposée adhère aux principes FAIR (Wilkinson et al. (2016)) et aux recommandations de la science ouverte. Les traitements font appel à diverses techniques d'intelligence artificielle : TALN, ingénierie des connaissances, web sémantique. Les métadonnées et le texte intégral des publications sont traités afin d'en extraire des descripteurs thématiques [2] et des entités nommées. Pour exploiter au mieux la puissance du web sémantique, les descripteurs thématiques et les entités nommées sont liés à des référentiels sémantiques (bases de connaissance, ontologies, thésaurus) tels que Wikidata, DBpedia et GeoNames. Le graphe de connaissances résultant sert de clé de voûte au développement de services de recherche et de visualisation. Afin de démontrer l'efficacité de la solution proposée, le pipeline a été testé et déployé sur une archive ouverte en production : Agritrop [3], l'archive ouverte du Cirad [4].

Le reste de ce document est organisé comme suit : la section 2 propose un état de l'art sur les initiatives connexes au projet ISSA. La section 3 décrit le pipeline mis en place pour traiter les documents d'une archive ouverte. La section 4 présente les services de recherche et de visualisation qui exploitent ce graphe. Enfin, la section 5 tire des conclusions et propose des perspectives.

2   État de l'art

Il existe une variété de méthodes et d'outils conçus pour traiter le contenu des documents textuels, extraire des connaissances et proposer des services avancés. Des initiatives telles que **Research Data Alliance** (RDA [5]), **Go Fair** [6] ou **European Open Science Cloud** (Budroni et al. (2019)), ont jeté les bases de la mise en œuvre des principes FAIR pour la science ouverte. Le projet **OpenMinted** [7] visait à créer une infrastructure européenne générique de type "Software as a Service" pour l'exploration de textes, basée sur une architecture modulaire. Après 5 ans de développement, le projet n'a pas réussi à fournir un prototype entièrement fonctionnel, se contentant de poser les composants fondamentaux de l'infrastructure. Le projet connexe **Visa TM** [8] devait être le composant central d'extraction de connaissances, intégrant des thésaurus et des ontologies de nombreux domaines, mais il n'est parvenu qu'à une intégration très préliminaire. À l'inverse, le projet ISSA adopte une approche plus modeste mais ciblée et décentralisée, en proposant un pipeline générique adaptable à de multiples domaines,

---

1. `https://issa.cirad.fr/`
2. Les descripteurs thématiques sont des mots-clés liés à des vocabulaires de référence, des thésaurus ou des ontologies, qui caractérisent un article dans son ensemble.
3. https ://agritrop.cirad.fr/
4. Centre de coopération internationale en recherche agronomique pour le développement `https://www.cirad.fr/`
5. RD Alliance project website. `https://www.rd-alliance.org/`
6. `https://www.go-fair.org/`
7. `http://openminted.eu/`
8. `https://www.ouvrirlascience.fr/projet-visa-tm/`

basé sur l'intégration d'outils existants robustes, et déployable par chaque communauté. ISSA met également l'accent sur l'utilisation de données ouvertes liées, du Web sémantique et des principes FAIR, qui sont absents d'OpenMinted. L'infrastructure **ISTEX**, qui devait être le fournisseur de corpus pour OpenMinted (Kettani et al. (2018)), a des objectifs liés à ISSA dans la mesure où elle vise à constituer des corpus de publications scientifiques et à fournir aux communautés de recherche des outils pour explorer des sous-ensembles pertinents de ces corpus. Cependant, l'objectif principal est de permettre la création et le téléchargement de sous-ensembles de corpus selon des critères très précis, d'extraire la terminologie et de fournir une visualisation descriptive des résultats grâce à l'outil LODEX (Benedetti et al. (2015)). Les aspects indexation et graphe de connaissance consolidé du projet ISSA sont absents. Le projet **Covid-On-The-Web** (Michel et al. (2020)) est le plus récent et est celui qui a le plus de points communs avec ISSA. Il fournit aux chercheurs des moyens d'accéder, extraire et interroger des connaissances à partir de la littérature relative à la famille des coronavirus, en construisant et en exploitant un graphe de connaissances décrivant les concepts et les arguments extraits de plus de 100 000 articles scientifiques. Mais il ne s'agit pas d'un pipeline réutilisable. En résumé, le **projet ISSA possède un atout majeur** absent de toutes ces initiatives : proposer un pipeline intégré et générique, facile à déployer et à personnaliser.

3 De l'archive ouverte au graphe de connaissances

Le pipeline ISSA exploite des outils existants pour analyser et indexer les documents d'une archive scientifique ouverte, en établissant des liens entre les articles et des ressources du web de données, et en respectant les standards du web sémantique. La Fig. 1 décrit ce pipeline : (1) Les métadonnées sont extraites de l'archive ouverte, (2) traduites en RDF et stockées dans une base de données RDF Virtuoso. (3) Le texte intégral est extrait des PDFs et, pour chaque article, (4) les descripteurs thématiques et les entités nommées sont extraits du texte et liés à Wikidata, DBpedia, GeoNames et éventuellement à des thésaurus spécifiques du domaine. (5) Les descripteurs et les entités sont traduits en un ensemble unifié de données RDF stockées dans le serveur Virtuoso avec les enregistrements de métadonnées et (6) le graphe de connaissances est exploité pour proposer des services de visualisation et d'exploration.

La transformation en RDF est faite à l'aide du logiciel Morph-xR2RML [9] qui décrit le mapping des données sources vers un modèle RDF qui s'appuie sur des vocabulaires couramment utilisés : Dublin Core Metadata, the FRBR-aligned Bibliographic Ontology (FaBiO), the Bibliographic Ontology (BibO), FOAF, Schema.org, the Web Annotation Vocabulary et PROV-O. Une description complète de la représentation RDF ainsi que des exemples sont fournis dans le dépôt Github du pipeline [10].

Traitement des métadonnées. De nombreuses archives ouvertes implémentent nativement le protocole OAI-PMH qui permet de moissonner les métadonnées des documents qu'elles contiennent. Le pipeline ISSA est livré avec un connecteur compatible avec le protocole OAI-PMH. À défaut, les métadonnées peuvent être obtenues à l'aide de diverses interfaces, généralement une API REST et cette étape nécessitera des adaptations mineures du pipeline ISSA : (1) l'écriture d'un connecteur pour s'adapter aux spécificités de l'API de l'archive, et (2) un

---

9. `https://github.com/frmichel/morph-xr2rml/`
10. `https://github.com/issa-project/issa-pipeline/blob/main/doc/`

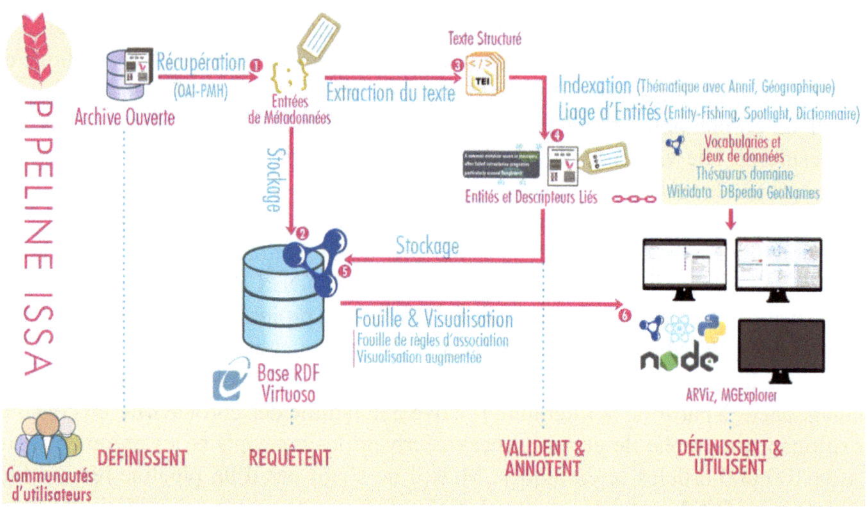

FIG. 1 – *Pipeline ISSA : ressources, services et applications.*

ajustement des mappings permettant de passer du schéma de métadonnées source vers le modèle RDF cible.

Classification textuelle des articles. Les descripteurs thématiques sont des mots-clés (généralement moins de dix) qui caractérisent un article dans son ensemble et qui sont liés à un vocabulaire normalisé. Dans certaines institutions, les documentalistes indexent manuellement les documents à l'aide de descripteurs, ce qui permet d'obtenir des annotations précises mais prend beaucoup de temps. S'il existe un corpus suffisamment important indexé avec un vocabulaire de domaine, il est possible d'entraîner un modèle de classification supervisée pour attribuer automatiquement des descripteurs thématiques aux publications. Le pipeline ISSA comprend un tel système de classification grâce à l'intégration de l'outil Annif (Suominen (2019)) développé par la Bibliothèque nationale de Finlande. Annif ne propose pas de nouvelle méthode en soi mais fournit un cadre et une API pour intégrer les modèles et outils d'apprentissage automatique existants.

Extraction et liaison d'entités nommées. Le pipeline ISSA s'appuie sur trois outils pour identifier, désambiguïser et lier les entités nommées (EN) à partir des articles (titre, résumé et corps) : DBpedia Spotlight (Daiber et al. (2013)) annote les textes en huit langues différentes avec des entités DBpedia ; Entity-fishing [11] identifie et désambiguïse les EN avec Wikidata ; et l'outil pyclinrec [12] qui permet d'obtenir une annotation par projection sur dictionnaire. Pour chaque article, le pipeline fait appel à chacun des trois outils et traduit leurs sorties respectives en une représentation RDF. Une étape supplémentaire de post-traitement identifie spécifiquement les entités géographiques en recherchant les correspondances entre GeoNames et les concepts Wikidata correspondants.

Code source, jeu de données, documentation. L'ensemble du pipeline ISSA a été déployé sur l'archive institutionnelle du Cirad Agritrop, spécialisée dans les domaines de l'agro-

---

11. `https://github.com/kermitt2/entity-fishing`
12. `https://github.com/twktheainur/pyclinrec`

nomie, la biodiversité et le développement durable, qui contient plus de 110 000 références dont 12 000 articles en accès ouvert. Dans ce contexte, le thésaurus multilingue Agrovoc a été utilisé comme vocabulaire de référence spécifique au domaine. Les différentes étapes sont intégrées dans un pipeline complet entièrement décrit dans Toulet et al. (2022). La documentation et les différents composants sont disponibles sur le site GitHub du projet [13] sous licence Apache 2.0 (open-source et libre), et sont identifiés par un DOI qui garantit leur disponibilité à long terme. Le jeu de données associé, ISSA Agritrop, est disponible sous la forme d'un dump RDF téléchargeable, identifié par un DOI et accessible via un point d'accès SPARQL public.

4 Services de visualisation et d'exploration

Notices bibliographiques enrichies. Le rôle premier d'une archive ouverte est de fournir un accès aux métadonnées des documents. Le prototype ISSA propose une vue enrichie de ces notices pour chaque document. Au-delà du simple affichage des métadonnées, ce service permet de visualiser le résumé de l'article dont les EN sont surlignées et liées aux bases de connaissances Wikidata, DBpedia, GeoNames et Agrovoc dans notre cas d'usage. Les descripteurs thématiques extraits automatiquement sont également affichés, ainsi qu'une visualisation cartographique des lieux mentionnés dans l'article.

Outils de visualisation avancée. Des outils de visualisation spécifiques permettent d'exploiter l'index sémantique. Le premier est ARViz, un outil générique conçu pour l'exploration de règles d'association ; le second, MGExplorer, permet de répondre à d'autres besoins d'exploration et de résoudre des questions de compétences complexes (voir Menin et al. (2021a,b)). Nous proposons ci-dessous deux exemples dans le cadre du cas d'utilisation Agritrop.

Extraction et visualisation de règles d'association avec ARViz. La Fig. 2 illustre comment les concepts mentionnés dans les articles de l'archive peuvent être utilisés pour découvrir et visualiser des règles d'association. Dans cet exemple, l'outil fournit une représentation intuitive des éléments impliqués dans les règles (Fig. 2a) : les concepts antécédents et conséquents sont représentés à gauche et à droite de la figure respectivement, tandis que des losanges représentent les règles d'association. Leur couleur indique l'intérêt et la confiance des règles mentionnées. Dans notre cas, COVID-19 est l'antécédent, il est associé à trois concepts conséquents : la famille des Coronavirinae, type de virus à l'origine de la maladie, et pandémies ; plus surprenant, les crises économiques. Pour ce dernier, les publications correspondant à cette règle concernent la résilience du secteur alimentaire et la réponse agricole à la crise du COVID-19.

Aide à la résolution de requêtes complexes avec LDViz. Dans l'exemple qui suit, nous nous intéressons à l'initiative One Health Mackenzie et Jeggo (2019); Lerner et Berg (2015) qui vise à unifier les thèmes de santé publique, animale et environnementale pour mieux comprendre le développement des pandémies et la propagation des maladies émergentes. La Fig. 3 montre comment aider les utilisateurs à rechercher des articles mentionnant le concept de santé ou l'un de ses sous-concepts (a et b), à découvrir qu'il est souvent co-mentionné avec le changement climatique (c), et à obtenir la liste des publications connexes (d) et leur répartition dans le temps (e).

---

13. https://github.com/issa-project/

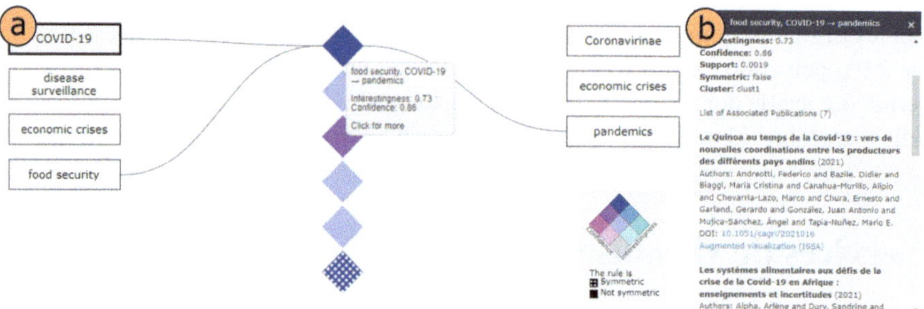

FIG. 2 – *Exploration visuelle (a) des règles d'association impliquant le concept COVID-19 à l'aide d'ARViz et (b) des publications mentionnant les concepts COVID-19, crises économiques et pandémies.*

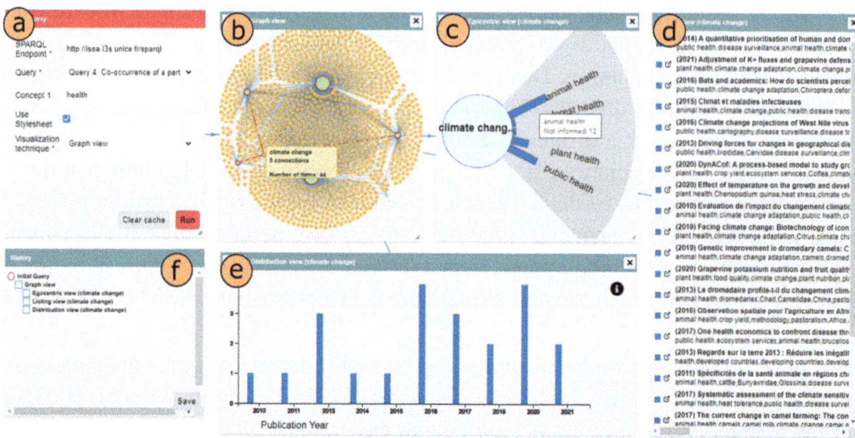

FIG. 3 – *Exploration visuelle de la relation entre les concepts de santé et de changement climatique à l'aide de LDViz.*

5 Conclusion et perspectives

Dans cet article, nous avons présenté les méthodes et outils mis en œuvre dans le projet ISSA pour optimiser les recherches bibliographiques. En nous appuyant sur des outils existants et robustes, nous avons conçu un pipeline générique, réutilisable et extensible pour l'analyse et le traitement d'articles provenant d'une archive scientifique ouverte, afin de produire un index sémantique sous la forme d'un graphe de connaissances RDF public. Nous avons développé des services innovants de recherche et de visualisation qui exploitent cet index sémantique pour permettre aux chercheurs, aux décideurs ou aux professionnels de l'information scientifique d'explorer des règles d'association thématiques, des réseaux de co-publications, des réseaux d'articles avec des sujets co-occurrents, etc. Nos expérimentations avec des documentalistes du Cirad ont montré la capacité de ces services à fournir des réponses aux questions de compétences soumises par les chercheurs. À court et moyen termes, nous prévoyons de poursuivre ce travail de plusieurs façons. Tout d'abord, en menant des activités de diffusion afin que d'autres communautés puissent s'emparer du pipeline ISSA en l'adaptant à leurs propres besoins. D'autre part, en enrichissant notre offre de services, notamment en matière de bibliométrie et de recherche d'information.

Remerciements. Les travaux présentés dans cet article ont été réalisés dans le cadre du projet ISSA, lauréat 2020 de l'appel à projet financé par le GIS CollEx-Persée [14].

Références

Benedetti, F., S. Bergamaschi, et L. Po (2015). Lodex : A tool for visual querying linked open data.

Budroni, P., J. Claude-Burgelman, et M. Schouppe (2019). Architectures of knowledge : The european open science cloud. *ABI Technik 39*(2), 130–141.

Daiber, J., M. Jakob, C. Hokamp, et P. N. Mendes (2013). Improving efficiency and accuracy in multilingual entity extraction. In *Proceedings of the 9th International Conference on Semantic Systems*, pp. 121–124.

Kettani, F., S. Schneider, S. Aubin, R. Bossy, C. François, C. Jonquet, A. Tchechmedjiev, A. Toulet, et C. Nédellec (2018). Projet VisaTM : l'interconnexion OpenMinTeD – Agro-Portal – ISTEX, un exemple de service de Text et Data Mining pour les scientifiques français. In S. Ranwez (Ed.), *IC : Ingénierie des Connaissances*, Nancy, France, pp. 247–249.

Lerner, H. et C. Berg (2015). The concept of health in one health and some practical implications for research and education : what is one health ? *Infection ecology & epidemiology 5*, 25300.

Mackenzie et Jeggo (2019). The one health approach—why is it so important ? *Tropical Medicine and Infectious Disease 4*, 88.

Menin, A., L. Cadorel, A. G. B. Tettamanzi, A. Giboin, F. Gandon, et M. Winckler (2021a). ARViz : Interactive Visualization of Association Rules for RDF Data Exploration. In *IV*

---

14. https://www.collexpersee.eu/projet/issa/

2021 - 25th International Conference Information Visualisation, Volume 25, Melbourne / Virtual, Australia, pp. 13–20.

Menin, A., R. Cava, C. M. Dal Sasso Freitas, O. Corby, et M. Winckler (2021b). Towards a Visual Approach for Representing Analytical Provenance in Exploration Processes. In *IV 2021 - 25th International Conference Information Visualisation*, Volume 25, Melbourne / Virtual, Australia, pp. 21–28.

Michel, F., F. Gandon, V. Ah-Kane, A. Bobasheva, E. Cabrio, O. Corby, R. Gazzotti, A. Giboin, S. Marro, T. Mayer, M. Simon, S. Villata, et M. Winckler (2020). Covid-on-the-Web : Knowledge Graph and Services to Advance COVID-19 Research. In *ISWC 2020 - 19th International Semantic Web Conference*, Athens / Virtual, Greece.

Suominen, O. (2019). Annif : DIY automated subject indexing using multiple algorithms. *LIBER Quarterly 29*(1), 1–25.

Toulet, A., F. Michel, A. Bobasheva, A. Menin, S. Dupré, M.-C. Deboin, M. Winckler, et A. Tchechmedjiev (2022). Issa : Generic pipeline, knowledge model and visualization tools to help scientists search and make sense of a scientific archive. In *The Semantic Web – ISWC 2022*, Cham, pp. 660–677. Springer International Publishing.

Wilkinson, M., M. Dumontier, I. J. Aalbersberg, G. Appleton, M. Axton, A. Baak, N. Blomberg, J.-W. Boiten, L. O. Bonino da Silva Santos, P. Bourne, J. Bouwman, A. Brookes, T. Clark, M. Crosas, I. Dillo, O. Dumon, S. Edmunds, C. Evelo, R. Finkers, et B. Mons (2016). The FAIR Guiding Principles for scientific data management and stewardship. *Scientific Data 3*.

Summary

Faced with the proliferation of scientific publications, scientific archives play a central role in helping users carry out bibliographic research. However, traditional keyword-based search services often fail to grasp the richness of the semantic associations between articles. In this paper, we present the methods, tools and services implemented in the ISSA project to tackle these issues. The project aims to (1) provide a generic, reusable pipeline for the analysis and processing of articles of an open scientific archive, (2) translate the result into a semantic index stored and represented as an RDF knowledge graph; (3) develop innovative search and visualization services that exploit this semantic index. The ISSA project is based on a use case that serves as proof of concept: Agritrop, CIRAD's open archive. Fully in line with the open science and FAIR dynamics, this work is available under an open license.

Une approche bayésienne non paramétrique de sélection de variables pour la modélisation de l'uplift

Mina Rafla*,**, Nicolas Voisine*, Bruno Cremilleux**, Marc Boullé*

* Orange Innovation, 22300 Lannion, France
{mina.rafla, nicolas.voisine, marc.boulle}@orange.com
** UNICAEN, ENSICAEN, CNRS - UMR GREYC, Normandie Univ
14000 Caen, France
bruno.cremilleux@unicaen.fr

Résumé. Le présent article est un résumé de l'article Rafla et al. (2022) publié à la conférence ECML/PKDD 2022. La modélisation de l'uplift vise à estimer l'impact d'un traitement sur un individu, tel qu'une campagne de marketing ou d'un médicament. Les données d'uplift des banques ou des télécoms comportent souvent des centaines voire des milliers de variables. Dans de telles situations, la détection des variables non pertinentes est une étape essentielle pour réduire le temps de calcul et augmenter la performance du modèle. Nous présentons une méthode bayésienne de sélection de variable sans paramètres pour la modélisation de l'uplift. Cette méthode repose sur une méthode de discrétisation automatique des variables selon une approche bayésienne. Les expériences montrent que la nouvelle méthode permet à la fois d'éliminer les variables non pertinentes et d'obtenir de meilleures performances que les méthodes de l'état de l'art.

1 Introduction

La modélisation de l'uplift vise à estimer l'impact d'un traitement sur un individu, tel qu'une campagne de marketing ou un médicament. Les modèles d'uplift permettent d'identifier les groupes de personnes susceptibles de répondre positivement à un traitement *uniquement parce* qu'ils en ont reçu un. Ce domaine de recherche a de multiples applications comme la gestion de la relation client, la médecine personnalisée, la publicité. L'estimation de l'uplift est fondée sur des groupes de personnes qui ont reçu différents traitements. Une difficulté majeure est que les données ne sont que partiellement connues : il est impossible de savoir pour un individu si le traitement choisi est optimal car ses réponses aux traitements alternatifs ne peuvent pas être observées. Plusieurs travaux abordent les défis liés à la modélisation de l'uplift (Jaskowski et Jaroszewicz, 2012; Zhao et al., 2017).

De nombreuses bases de données sont volumineuses et contiennent des centaines de variables (Hu, 2022). Conserver toutes les variables est coûteux et inefficace pour construire des modèles d'uplift. Un processus de sélection des variables est alors une étape essentielle pour éliminer les variables non pertinentes, améliorer la précision de l'estimation et accélérer la construction du modèle. Alors qu'il existe de nombreuses méthodes de sélection de variables pour la classification, il y a très peu de propositions pour la modélisation de l'uplift (Zhao et al., 2020). Cette observation peut s'expliquer par le fait que l'uplift crée de nouveaux défis tels que l'impossibilité d'observer deux résultats de traitement pour un même individu. La conception de méthodes pour l'uplift nécessite de surmonter cette difficulté. Cet article vise à répondre au besoin de méthodes de sélection de variables pour l'uplift.

Nous présentons une méthode de sélection de variables sans paramètres pour la modélisation de l'uplift, fondée sur une approche bayésienne. En s'inspirant des idées de la littérature sur la sélection des variables, nous décrivons tout d'abord une méthode de discrétisation automatique des variables pour la modélisation de l'uplift que nous appelons UMODL (pour Uplift MODL). UMODL s'appuie sur le critère bayésien MODL (Minimum Optimized Description Length) (Boullé, 2006) que nous avons étendu au problème de l'uplift. Ensuite, sur la base d'UMODL, nous présentons UMODL feature selection (UMODL-FS en abrégé) une méthode de sélection de variables pour l'uplift. Cette approche est présentée de façon plus approfondie dans Rafla et al. (2022).

La section 2 présente le contexte et l'état de l'art. Nous décrivons UMODL en section 3 et UMODL-FS et les expérimentations en section 4. Nous concluons dans la section 5.

2 Contexte et état de l'art

2.1 Modélisation de l'uplift

Définition de l'uplift. L'uplift est une notion introduite par Radcliffe et Surry (1999) et définie dans les modèles d'inférence causale de Rubin (1974) comme le *Individual Treatment Effect*. La littérature sur la modélisation de l'uplift et une branche de la littérature sur l'inférence causale se sont récemment rapprochées (Gutierrez et Gérardy, 2016). Nous présentons maintenant la notion d'uplift.

Soit D un groupe de N individus indexés par $n : 1 \ldots N$ où chaque individu est décrit par un ensemble de variables $\mathbb{X}$. X_n désigne l'ensemble des valeurs de $\mathbb{X}$ pour l'individu n. Soit T une variable indiquant si un individu a reçu ou non un traitement.

La modélisation de l'uplift repose sur deux groupes : les individus ayant reçu un traitement (noté $T = 1$) et ceux sans traitement (noté $T = 0$). Soit Y la variable cible (par exemple, l'achat ou non d'un produit). On note $Y_n(T = 1)$ le résultat d'un individu n lorsqu'il a reçu un traitement et $Y_n(T = 0)$ son résultat sans traitement. L'uplift d'un individu n, notée τ_n, est définie comme : $\tau_n = Y_n(T = 1) - Y_n(T = 0)$. La principale difficulté réside dans le fait que la valeur d'uplift n'est pas directement mesurable, c'est-à-dire que pour chaque individu, nous pouvons soit observer $Y_n(T = 1)$, soit $Y_n(T = 0)$ mais nous ne pouvons pas observer simultanément les deux résultats. Cependant, le gain τ_n peut être estimé empiriquement en considérant deux groupes : un groupe de traitement (individus ayant reçu un traitement) et un groupe de contrôle (individus n'en ayant pas reçu). L'uplift estimé d'un individu n, désignée par $\hat{\tau}_n$, est alors la différence entre les taux de réponse des deux groupes et est calculée en utilisant la méthode CATE[1] (Conditional Average Treatment Effect) (Rubin, 1974) : CATE : $\hat{\tau}_n = \mathbb{E}[Y_n(T = 1)|X_n] - \mathbb{E}[Y_n(T = 0)|X_n]$.

---

1. Les termes *effet du traitement* et *uplift* traitent la même notion. CATE est une estimation de l'uplift et nous utilisons "CATE" pour parler des valeurs estimées d'uplift.

Comme la valeur réelle de τ_n ne peut être observée, il est impossible d'utiliser directement des algorithmes d'apprentissage automatique tels que la régression pour déduire un modèle permettant de prédire τ_n.

2.2 Sélection de variables pour les modèles d'uplift

L'accessibilité des ensembles de données de haute dimension avec des centaines de variables rend l'utilisation de techniques de sélection de variables cruciale pour les tâches d'apprentissage automatique et l'uplift. L'objectif des techniques de sélection de variables est de sélectionner un sous-ensemble de variables qui pourraient décrire efficacement les données tout en éliminant les variables non pertinentes (Guyon et Elisseeff, 2003). Cela peut améliorer de manière significative les performances des modèles et le temps de calcul. En ce qui concerne la modélisation de l'uplift, les études portant sur la sélection des variables sont très limitées. À notre connaissance, seuls deux articles de recherche traitent de ce défi.

Zhao et al. (2020) proposent des méthodes de sélection de variables pour l'uplift de type filtres et intégrées. Le principe est de supprimer les variables qui ne sont pas corrélées à la variable cible ou à l'uplift. Les méthodes de type filtres sont utilisées dans une étape de prétraitement indépendamment d'un modèle d'uplift, tandis que les méthodes intégrées effectuent la sélection des variables pendant l'apprentissage d'un modèle et sont spécifiques à un algorithme d'uplift. Dans Zhao et al. (2020), les méthodes de filtrage présentées sont les *méthodes à bins* (inspirées de (Rzepakowski et Jaroszewicz, 2012)), *F-filtre* et *LR-filtre*. Les expériences menées dans Zhao et al. (2020) montrent que les méthodes de filtrage basées sur les bins ont les meilleures performances, tandis que les méthodes *F-filter*, *LR-filter* et intégrées ont des performances médiocres. Un autre article très récent (Hu, 2022) utilise certaines des méthodes de filtrage données dans Zhao et al. (2020) ainsi qu'un coefficient de corrélation pour éliminer les variables redondantes.

2.3 L'approche MODL

L'approche MODL (Minimum Optimized Description Length) est une approche bayésienne non paramétrique pour la discrétisation et l'estimation des probabilités conditionnelles (Boullé, 2006). Elle est basée sur le principe de la longueur de description minimale (LDM) (Grünwald, 2007). L'approche MODL consiste à définir un critère pour un modèle de discrétisation et, à l'aide d'un algorithme de recherche, l'approche MODL peut noter tous les modèles de discrétisation possibles et sélectionner celui qui a le meilleur score.

3 UMODL

Cette section présente UMODL, un nouveau critère pour la modélisation de la discrétisation de l'uplift.

3.1 Critère UMODL

Bien que MODL exploite correctement la discrétisation pour l'estimation de la densité, il n'est pas adapté à la modélisation de l'uplift. En effet, l'uplift porte sur deux groupes de

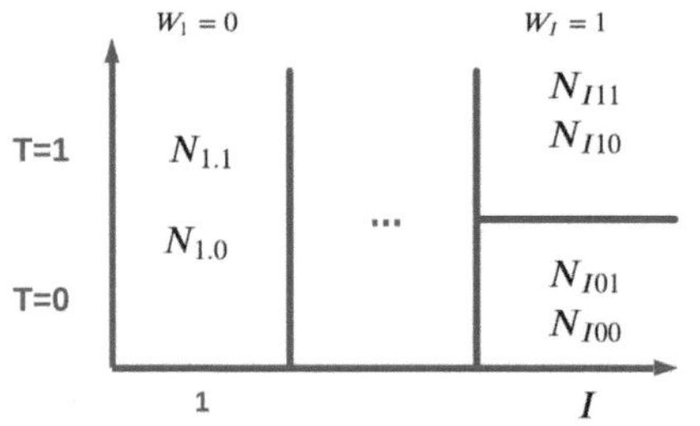

FIG. 1 – Le modèle de discrétisation est décrit par un ensemble de paramètres : le nombre d'intervalles I, La présence d'un effet de traitement ($W_i = 1$) ou l'absence d'un effet de traitement ($W_i = 0$) les fréquences des intervalles N_i et les fréquences des classes dans les intervalles ($N_{i.j}$ ou N_{itj}).

traitement et l'estimation des probabilités conditionnelles de la variable cible Y étant donné un attribut X dépend également de la variable de traitement T.

Nous présentons maintenant le nouveau critère que nous proposons pour définir le meilleur modèle de discrétisation pour l'uplift. Soit M un modèle de discrétisation de l'uplift et D les données. D'un point de vue bayésien, le meilleur modèle de discrétisation de l'uplift est trouvé en maximisant la probabilité postérieure du modèle étant donné les données $P(M|D)$. Considérons la règle de Bayes :

$$P(M \mid D) = \frac{P(M)P(D \mid M)}{P(D)} \tag{1}$$

$P(D)$ étant constant, maximiser $P(M|D)$ est équivalent à maximiser $P(M)P(D|M)$.

Nous définissons un modèle de discrétisation de l'uplift M pour une variable X par le nombre d'intervalles I, les bornes des intervalles, la présence ou l'absence d'un effet du traitement, les fréquences des classes par intervalle ou pour chaque traitement par intervalle. En d'autres termes, un modèle M est défini par la hiérarchie des paramètres (cf. Fig. 1) :

$$\{I, \{N_i\}, \{W_i\}, \{N_{i.j}\}_{W_i=0}, \{N_{itj}\}_{W_i=1}\}$$

On définit $C(M)$ le coût d'un modèle M de discrétisation de l'uplift par : $C(M) = -\log\big(P(M) \times P(D|M)\big)$. En prenant le log négatif, on transforme le problème de maximisation en un problème de minimisation. M est optimal si $C(M)$ est minimal.

$$
\begin{aligned}
C(M) = {} & \log N + \log \binom{N+I-1}{I-1} + I \times \log 2 \\
& + \sum_{i=1}^{I}(1-W_i)\log\binom{N_i+J-1}{J-1} + \underbrace{\sum_{i=1}^{I}(1-W_i)\log\frac{N_i!}{N_{i.1}!..N_{i.J}!}}_{Likelihood} \\
& + \sum_{i=1}^{I}W_i\sum_{t}\log\binom{N_{it.}+J-1}{J-1} + \underbrace{\sum_{i=1}^{I}W_i\sum_{t}\log\frac{N_{it.}!}{N_{it1}!..N_{itJ}!}}_{Likelihood}
\end{aligned}
\tag{2}
$$

Estimation de l'uplift L'estimation du CATE pour chaque intervalle est simple. Comme le montre la Fig. 1, en supposant une variable cible binaire Y et étant donné $W_i = 1$, nous avons

$P_i(Y = 1|T = 1) = N_{i11}/(N_{i11} + N_{i01})$ et $P_i(Y = 1|T = 0) = N_{i10}/(N_{i10} + N_{i00})$, donc $CATE_i = P_i(Y = 1|T = 1) - P_i(Y = 1|T = 0)$. Pour les intervalles avec $W_i = 0$, $CATE_i$ est considéré comme non significatif.

L'algorithme de recherche de l'optimum est de type glouton [2] il est décrit dans l'article Rafla et al. (2022). Dans cet article, nous avons aussi montré de façon expérimentale que UMODL est un estimateur efficace et précis de l'uplift et qui ne sur-apprend pas.

4 Sélection des variables avec UMODL

Description de la sélection des variables UMODL. Nous définissons la mesure de divergence de l'effet du traitement sur les intervalles trouvés par UMODL $imp.s(X)$ comme suit. En supposant que $p_i = P_i(Y = 1|T = 1)$ et $q_i = P_i(Y = 1|T = 0)$, nous définissons :

$$imp.s(X) = \begin{cases} \sum_{i=1}^{I} \frac{N_i}{N} D(p_i : q_i), & \text{if } I > 1 \\ 0, & \text{sinon.} \end{cases} \tag{3}$$

où la mesure de divergence de distribution D est la distance euclidienne.

La méthode UMODL-FS consiste à :

1. Étant donné une variable X, nous appliquons la méthode de discrétisation UMODL présentée dans l'article Rafla et al. (2022)

2. Calcul pour X d'un score d'importance (cf. équation 3) désigné par $imp.s(X)$: qui est la mesure de divergence de l'effet du traitement sur les intervalles trouvés.

3. Nous répétons ces étapes pour chaque variable de l'ensemble de données. La découverte d'un seul intervalle par UMODL fait référence à des variables non pertinentes.

4. Toutes les variables avec $imp.s(X) > 0$ sont considérées comme pertinentes pour l'estimation de l'uplift, tandis que toute variable avec $imp.s(X) = 0$ est éliminée.

Lorsque UMODL ne trouve qu'un seul intervalle pour une variable, cela signifie qu'il n'y a qu'une seule distribution pour toutes les instances et donc une variable non informative (i.e . $imp.s(X) = 0$). Contrairement aux méthodes de sélection de variables de la littérature, notre approche ne nécessite pas de paramètres à définir, et il n'est pas nécessaire de donner le nombre de variables à conserver ou à supprimer.

Protocole expérimental. Pour comparer UMODL-FS aux méthodes de sélection de variables de l'uplift de l'état de l'art (cf. section 2.2), nous avons conçu le protocole expérimental suivant :

1. Pour chaque ensemble de données, nous générons onze variantes de celui-ci, chacune avec un nombre total allant de 0 à 100 de variables de bruit. Les variables de bruit sont échantillonnées dans $\mathcal{N}(0, 1)$ pour chacun des groupes de traitement et de contrôle.

2. Pour chaque variante, nous appliquons les méthodes de sélection des variables suivantes : (a) KL-filter (b) Chi-filter (c) ED-filter (d) LR-filter (e) F-filter (f) UMODL-FS.

   Pour les méthodes KL-filter, Chi-filter et ED-filter, nous fixons le nombre d'intervalles à 10.

---

2. Notre implémentation est fournie sur `https://github.com/MinaWagdi/UMODL`

3. Pour avoir le même nombre de variables pour chaque méthode de sélection des variables et effectuer une comparaison équitable, nous choisissons les M variables les plus importantes, où M est le nombre de toutes les variables jugées informatives par UMODL-FS.

4. Avec ces ensembles de variables, nous construisons des modèles d'uplift : une approche à deux modèles avec régression logistique (Hitsch et Misra, 2018) et X-Learner avec régression linéaire (Jacob, 2021).

5. Le processus d'apprentissage se fait par validation croisée stratifiée à 10 volets. Les échantillons de test sont utilisés pour évaluer les performances des modèles d'uplift construits à partir des variables sélectionnées.

6. La métrique du coefficient de qini (Devriendt et al., 2020) est utilisée pour évaluer la performance du modèle d'uplift. Celle ci est une extension du coefficient de Gini pour le cas de l'uplift. Le qini prend sa valeur dans l'intervalle [-1,1], plus la valeur du qini est grande plus l'impact du traitement estimé est grand.

Jeux de données. Les expériences sont menées sur deux ensembles de données continues disponibles publiquement et habituelles dans la communauté uplift : Criteo dataset (Diemert et al., 2018) un véritable jeu de données à grande échelle construit en assemblant les données résultant de plusieurs tests dans la publicité et Zenodo synthetic dataset [3] un jeu de données créé pour évaluer les méthodes de sélection de variables pour la modélisation de l'uplift.

Résultats. La Fig. 2 présente les résultats de l'utilisation d'UMODL-FS pour la modélisation de l'uplift. Dans toutes les expériences, UMODL-FS sélectionne l'ensemble des variables conduisant au modèle d'uplift avec le meilleur qini (donc le meilleur modèle d'uplift) quelle que soit l'approche d'uplift utilisée. Il est remarquable de constater que plus on ajoute de variables de bruit, plus la différence de qini entre UMODL-FS et les autres méthodes de sélection de variables augmente.

UMDOL-FS ne sélectionne jamais une variable de bruit. Cela illustre la capacité évidente d'UMODL-FS à supprimer les variables de bruit. A contrario, toutes les autres méthodes sélectionnent des variables de bruit et le pourcentage de variables de bruit sélectionnées augmente avec le nombre de variables de bruit ajoutées.

5   Conclusion et travaux futurs

Dans cet article, nous avons proposé une nouvelle approche bayésienne non paramétrique pour la sélection des variables. Nous avons défini UMODL-FS, une méthode de sélection de variables pour l'uplift. Les expériences démontrent que UMODL-FS élimine correctement les variables non pertinentes et surpasse clairement les méthodes de pointe en fournissant des modèles de d'uplift avec le qini le plus élevé et le plus stable. La méthode est sans paramètre, ce qui la rend facile à utiliser. Ce travail ouvre plusieurs perspectives. Il est prometteur d'étudier cette approche dans le cas de traitements multiples et de résultats multiples. D'autre part, comme les arbres de décision sont construits sur des variables discrétisées, cette approche peut être étudiée pour développer des algorithmes de modélisation de l'uplift fondés sur des arbres.

---

3. https ://doi.org/10.5281/zenodo.3653141

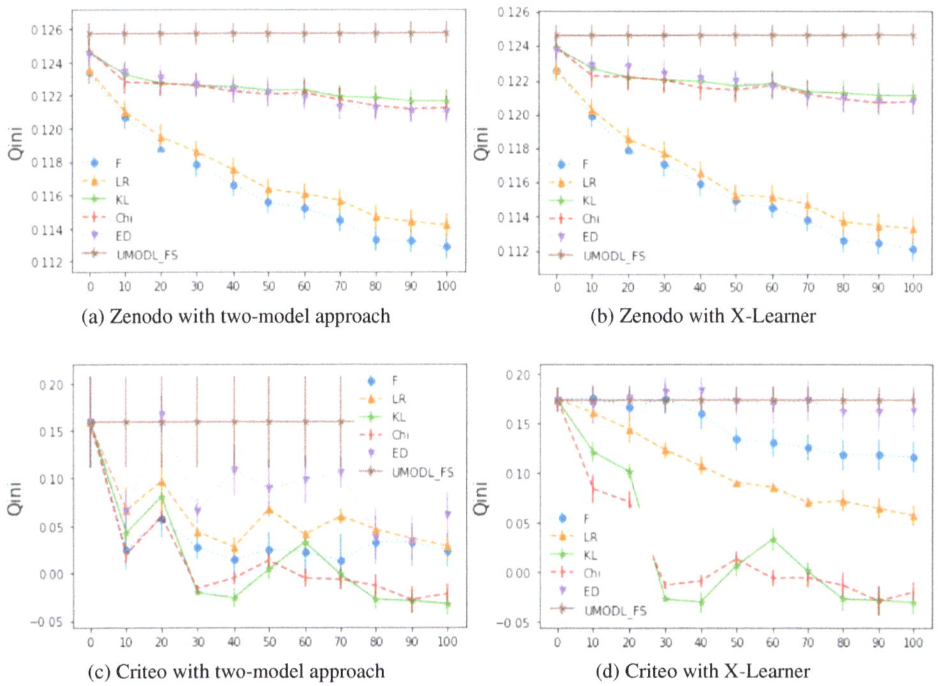

(a) Zenodo with two-model approach   (b) Zenodo with X-Learner

(c) Criteo with two-model approach   (d) Criteo with X-Learner

FIG. 2 – Moyenne de qini et sa variance en fonction du nombre de variables de bruit ajoutées. L'axe des X indique le nombre total de variables bruit ajoutées. L'axe Y représente les valeurs de qini obtenues par les modèles d'uplift.

Références

Boullé, M. (2006). MODL : A bayes optimal discretization method for continuous attributes. *Mach. Learn. 65*(1), 131–165.

Devriendt, F., J. Van Belle, T. Guns, et W. Verbeke (2020). Learning to rank for uplift modeling. *IEEE Transactions on Knowledge and Data Engineering*, 1–1.

Diemert, E., A. Betlei, C. Renaudin, et M.-R. Amini (2018). A Large Scale Benchmark for Uplift Modeling. In *KDD*, London, United Kingdom.

Grünwald, P. (2007). *The minimum description length principle*. Adaptive computation and machine learning. MIT Press.

Gutierrez, P. et J.-Y. Gérardy (2016). Causal inference and uplift modelling : A review of the literature. In *PAPIs*.

Guyon, I. et A. Elisseeff (2003). An introduction to variable and feature selection. *J. Mach. Learn. Res. 3*, 1157–1182.

Hitsch, G. J. et S. Misra (2018). Heterogeneous treatment effects and optimal targeting policy evaluation. *Randomized Social Experiments eJournal*.

Hu, J. (2022). Customer feature selection from high-dimensional bank direct marketing data for uplift modeling. *Journal of Marketing Analytics*, 1–12.

Jacob, D. (2021). Cate meets ml. *Digital Finance 3*(2), 99–148.

Jaskowski, M. et S. Jaroszewicz (2012). Uplift modeling for clinical trial data. In *ICML Workshop On Clinical Data Analysis*.

Radcliffe, N. et P. Surry (1999). Differential response analysis : Modeling true responses by isolating the effect of a single action. *Credit Scoring and Credit Control IV*.

Rafla, M., N. Voisine, B. Crémilleux, et M. Boullé (2022). A non-parametric bayesian approach for uplift discretization and feature selection. In *Machine Learning and Knowledge Discovery in Databases - European Conference, ECML PKDD 2022*.

Rubin, D. B. (1974). Estimating causal effects of treatments in randomized and nonrandomized studies. *Journal of Educational Psychology 66*, 688–701.

Rzepakowski, P. et S. Jaroszewicz (2012). Decision trees for uplift modeling with single and multiple treatments. *Knowl. Inf. Syst. 32*(2), 303–327.

Zhao, Y., X. Fang, et D. Simchi-Levi (2017). Uplift modeling with multiple treatments and general response types. In N. V. Chawla et W. Wang (Eds.), *SIAM Int. Conf. on Data Mining, Houston, Texas, USA, April 27-29, 2017*, pp. 588–596. SIAM.

Zhao, Z., Y. Zhang, T. Harinen, et M. Yung (2020). Feature selection methods for uplift modeling. *CoRR abs/2005.03447*.

Summary

Uplift modeling aims to estimate the incremental impact of a treatment, such as a marketing campaign or a drug, on an individual's outcome. Bank or Telecom uplift data often have hundreds to thousands of features. In such situations, detection of irrelevant features is an essential step to reduce computational time and increase model performance. We present a parameter-free feature selection method for uplift modeling founded on a Bayesian approach. we describe a parameter-free feature selection method for uplift. Experiments show that the new method both removes irrelevant features and achieves better performances than state of the art methods.

Extension et adaptation des modèles de langues pour la classification de corpus en santé animale

Edmond Menya*, Mathieu Roche **,***, Roberto Interdonato **,***, Dickson Owuor *

* CES Strathmore University, Nairobi, Kenya
{emenya, dowuor}@strathmore.edu
** CIRAD, F-34398 Montpellier, France
{mathieu.roche,roberto.interdonato}@cirad.fr
*** TETIS - Univ Montpellier - AgroParisTech - CIRAD - CNRS - INRAE,
Montpellier, France

Résumé. Nous présentons EpidBioBERT, un classifieur de documents de bio-surveillance épidémiologique. Notre modèle, entraîné sur un corpus qui contient des articles de presse sur les épidémies de maladies animales, a pour objectif de distinguer les documents pertinents et non pertinents pour une tâche d'extraction d'informations. Nous adoptons un modèle de langue biomédical pré-entraîné avec une approche de réglage fin, en nous concentrant sur les descripteurs thématiques épidémiologiques, à savoir la maladie, l'hôte, le lieu et la date. Nous expérimentons l'impact de chaque descripteur sur le classifieur dans le cadre d'études d'ablation. Nous comparons également notre approche biomédicale pré-entraînée avec un modèle de langue général.

1 Introduction

Ces dernières années, avec l'augmentation des épidémies de maladies infectieuses, l'accent a été mis sur l'intelligence épidémiologique et les systèmes intelligents de biosurveillance. Ces systèmes de surveillance épidémiologique ont gagné du terrain au sein de la communauté du traitement automatique du langage naturel (TALN). Ces systèmes sont capables de surveiller les sources numériques intergouvernementales officielles ainsi que les sources non officielles, par exemple les articles d'actualité publiés sur le Web, pour la détection précoce et le signalement des épidémies existantes, réémergentes et nouvelles (Woodall, 2001; Arsevska et al., 2018; Valentin et al., 2021). Les premiers systèmes de surveillance des maladies utilisaient généralement une approche fondée sur des indicateurs, c'est-à-dire des systèmes de règles formelles pour surveiller les sources officielles pertinentes (Paquet et al., 2006). Les systèmes de surveillance actuels, tels que ProMED, HealthMap et la plateforme d'extraction automatique d'informations sur les maladies animales à partir du Web PADI-web, utilisent une approche fondée sur les événements avec de multiples corpus et sources linguistiques différents (Woodall, 2001; Brownstein et Freifeld, 2007; Arsevska et al., 2018). PADI-web est un système de biosurveillance basé sur les événements et axé sur la surveillance des sources de dépêches en ligne pour la détection et l'alerte des maladies animales infectieuses existantes et émergentes (Valentin et al., 2020, 2021). PADI-web 3.0 (Valentin et al., 2021) a récemment proposé une classification fine des phrases afin d'identifier des classes spécifiques (par exemple, épidémiologie descriptive, mesures de prévention et de contrôle, conséquences économiques et politiques).

Bien que l'intelligence épidémiologique se soit renforcée avec l'introduction de systèmes de surveillance épidémiologique fondés sur des événements, les principaux défis sont liés à la nécessité d'avoir à disposition des données étiquetées pour l'apprentissage supervisé. L'étiquetage de ces données est relativement coûteux et prend du temps. Afin d'entraîner un classifieur de documents épidémiologiques, les experts humains doivent étiqueter manuellement les articles d'actualité non structurés comme étant pertinents pour le traitement de la surveillance des maladies. Les corpus pertinents sont les articles d'actualité qui décrivent un événement lié à l'apparition d'une maladie animale infectieuse, les corpus non pertinents sont ceux qui ne sont pas liés à l'apparition de la maladie (Arsevska et al., 2018).

Ces dernières années, les techniques d'apprentissage profond fondées sur les plongements de mots (Mikolov et al., 2013) et les modèles de langues (Devlin et al., 2019) ont considérablement progressé. Cette étude vise à développer une nouvelle approche fondée sur le plongement thématique pour la classification de corpus épidémiologiques à partir d'articles d'actualité étiquetés. Le classifieur améliore les approches actuelles basées sur les mots-clés et l'apprentissage automatique. Notre classifieur de documents épidémiologiques apprend des plongements thématiques riches pour distinguer les dépêches d'actualité pertinentes et non pertinentes pour la surveillance des maladies du système PADI-web. Les contributions de cette étude sont les suivantes :

— Nous proposons EpidBioBERT, un modèle pré-entraîné sur le modèle de langue Bio-BERT (Lee et al., 2019) et affiné pour apprendre un classifieur qui discrimine les dépêches pertinentes et non pertinentes pour les tâches d'intelligence épidémiologique.

— Nous montrons que le réglage fin d'un modèle de langue biomédical améliore le classifieur de corpus épidémiologiques de manière plus significative que le réglage fin d'un modèle de langue pré-entraîné à usage général tel que BERT.

— Nous expérimentons l'impact de chaque descripteur thématique dans le classifieur épidémiologique global, montrant que les descripteurs thématiques de l'hôte et de la maladie contiennent des informations cruciales sur la pertinence du corpus pour l'intelligence épidémiologique.

— Nous améliorons la surveillance épidémiologique en évitant les fausses alertes positives dues à une mauvaise classification des dépêches d'actualité qui mentionnent des pays exempts de maladies et ceux qui décrivent les conséquences d'une épidémie.

Le présent article est un résumé de l'article publié dans la conférence "Proceedings of the Thirteenth Language Resources and Evaluation Conference (LREC 2022)" (Menya et al., 2022).

2 EpidBioBERT

Le modèle proposé, EpidBioBERT, adopte une approche d'apprentissage par transfert en deux étapes, utilisant un modèle de langue biomédical pré-entraîné suivi d'un réglage fin. Ce dernier processus consiste à améliorer la classification des documents épidémiologiques

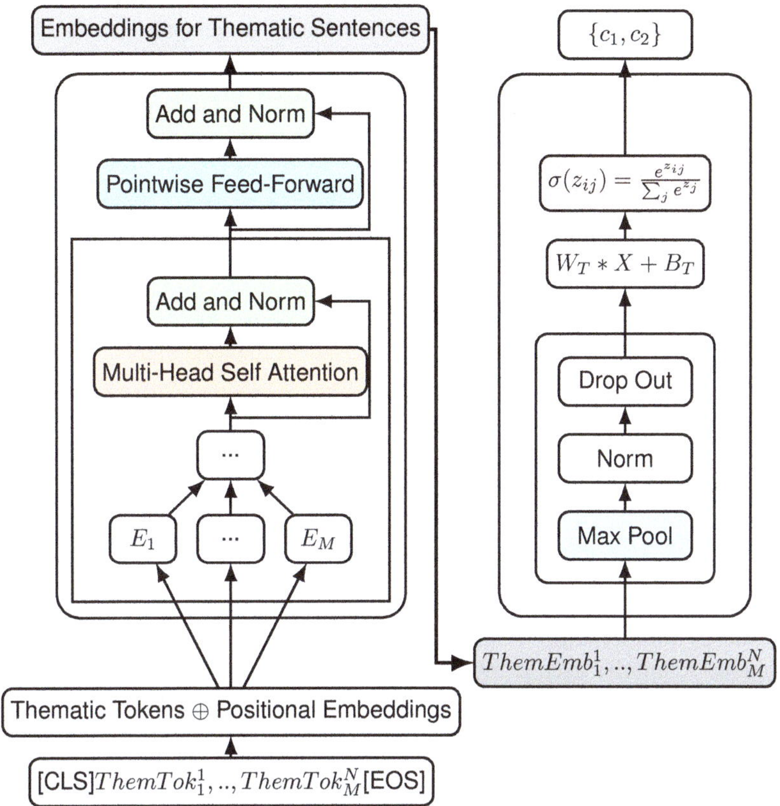

FIG. 1 – Architecture du transformeur EpidBioBERT avec des couches profondes finement ajustées sur un BioBERT pré-entraîné. [CLS]$ThemTok_1^1, .., ThemTok_M^N$[EOS] sont les N tokens de descripteurs thématiques provenant de M phrases du corpus d'entraînement annoté qui sont les entrées du modèle. [CLS] et [EOS] sont les étiquettes des tokenizers pour le début et la fin de la phrase respectivement. Une distribution de probabilité sur les classes de documents *pertinent* et *non pertinent* représentées par $\{c_1, c_2\}$ sont les étiquettes de sortie.

dans le système de surveillance des maladies PADI-web. L'architecture du modèle EpidBio-BERT est fondé sur le modèle de langue biomédical BioBERT, affiné avec des données de surveillance des maladies (Fig. 1). BioBERT est une architecture qui s'appuie sur l'auto-attention (*self-attention*), pré-entraînée sur des corpus biomédicaux, atteignant des niveaux de pointe en fouille de textes biomédicaux. Trois versions pré-entraînées de BioBERT sont présentées dans (Lee et al., 2019), à savoir BioBERT(+PubMed), BioBERT(+PMC) et Bio-BERT(+PubMed+PMC). Ces versions diffèrent par la taille de leur architecture puisqu'elles sont pré-entraînées sur des jeux de données différents. Notre architecture est basée sur le mo-dèle BioBERT(+PubMed) (Devlin et al., 2019; Lee et al., 2019). Dans notre approche, nous affinons d'abord l'ensemble du modèle BioBERT en dégelant (i.e., *unfreezing*) tous les poids et en utilisant le dernier état de l'optimiseur pré-entraîné pour effectuer un entraînement de bout en bout sur le corpus PADI-web. La deuxième étape de réglage fin permet d'obtenir une classification similaire à celle des modèles de base. Nous adoptons une "loss fonction" d'entropie croisée sur les deux classes cibles. Notre modèle apprend à maximiser la probabilité des classes correctes (*pertinent/non pertinent*).

La tâche de classification de la pertinence des documents épidémiologiques prend en considération un ensemble de N dépêches notées $D = \{d_1, ..., d_N\}$. La tâche peut être définie de la manière suivante : étant données les dépêches $d_j \in D$ contenant n descripteurs thématiques épidémiologiques notés $F = \{f_1, ..., f_n\}$, notre approche produit une distribution de probabilité classant les articles selon une classe donnée, i.e. $C = \{c_1, c_2\}$ où c_1=*pertinent*, c_2=*non pertinent* pour la surveillance épidémiologique. Notre modèle apprend à maximiser la probabilité $p(c_i|d_j)$ où $c_i \in C$ et $d_j \in D$ en minimisant la fonction objective suivante :

$$ L = \frac{1}{N_b} \, sum_i^{|C|} \sum_j^{|N_b|} -\{y_{ij} * \ln \sigma(z_{ij})\} $$

Dans ce contexte, b est la taille du batch défini comme hyperparamètre et y_{ij} est le vecteur d'étiquettes pour le corpus d'entraînement d_j avec les étiquettes affectées c_i. z_{ij} est la sortie de notre dernière couche linéaire telle que $z_j = W_T * X + B_T$ où W_T est la matrice de pondération des couches qui est multipliée par la matrice d'intégration des descripteurs thématiques épidémiologique X apprise avec le modèle pré-entraîné et avec l'ajout de la matrice de biais B_T. Sur la base de cette configuration, nous avons mis en œuvre EpidBioBERT avec un modèle pré-entrainé et des couches de réseau affiné, comme résumé en Figure 1. Notre proposition est évaluée dans la section suivante.

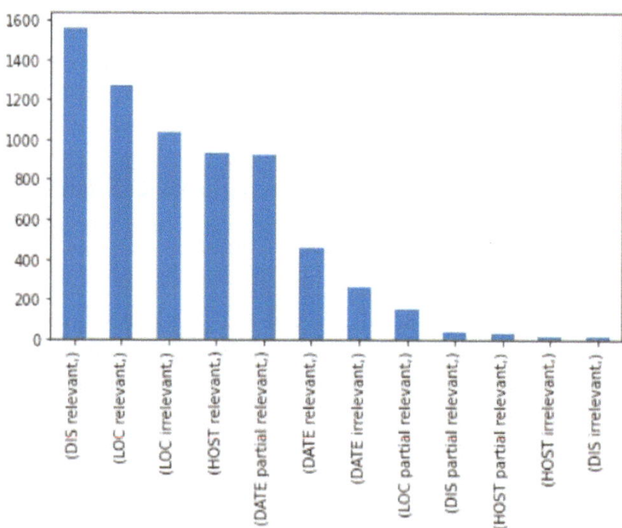

FIG. 2 – Distribution des descripteurs thématiques épidémiologiques dans PADI-web.

3 Expérimentations

3.1 Corpus

Notre corpus d'entraînement est dérivé du jeu de données PADI-web en exécutant une cascade de règles pour extraire les descripteurs épidémiologiques, leurs étiquettes annotées et les étiquettes des documents. Nous nous appuyons sur 180 dépêches (~35%) étiquetées comme pertinentes et 350 (~65%) comme non pertinentes. Les articles contiennent des entités épidémiologiques étiquetées manuellement par des experts humains. Chaque token considéré comme un candidat à une entité épidémiologique est initialement étiqueté comme suit : *location* pour le lieu du foyer, *date* pour la date de l'épidémie, *number* pour le nombre de cas signalés, *disease* pour le type de maladie rencontrée lors de l'épidémie et *host* pour l'espèce porteuse de la maladie. Nous constituons nos descripteurs thématiques épidémiologiques en sélectionnant tous ces descripteurs, à l'exception de *number*. En outre, ces entités épidémiologiques candidates sont étiquetées comme étant "correctes", "partielles" ou "incorrectes". Il existe $6K$ descripteurs thématiques avec 66% pertinentes, 20% non pertinentes et 14% partiellement pertinentes comme le montre la Fig. 2. L'ensemble des données résultant contient à la fois des documents pertinents et non pertinents composés de descripteurs épidémiologiques. Nous utilisons 60% des documents pour l'apprentissage, 20% comme corpus pour le réglage des hyperparamètres et les 20% qui restent pour l'évaluation des performances du modèle.

3.2 Méthodes concurrentes et cadre expérimental

Nous comparons EpidBioBERT avec des classifieurs d'apprentissage automatique récemment utilisés par PADI-web (Valentin et al., 2021) :

— approche par sac de mots avec des plongements de descripteurs épidémiologiques One Hot encoded (OHE) ;

— SVM boosté par un Kernel Gaussien (SVM+OHE) ;

— approche par sac de mots utilisant à la fois TF-IDF (SVM+TF-IDF) et les plongements thématiques GloVe pré-entraînés (SVM+GloVe) sur le même modèle SVM ;

— classifieur LSTM avec les plongements thématiques GloVe d'abord en gelant la couche de plongement (LSTM+GloVe$_{frozen}$), en entraînant un classifieur de bout en bout (LSTM+GloVe$_{unfrozen}$) et LSTM bidirectionnel (Bi-LSTM+GloVe$_{unfrozen}$).

En ce qui concerne le cadre expérimental, nous affinons le modèle BioBERT(+PubMed) avec une taille de plongement caché de 768, 12 Attention Heads et 12 Transformer blocks. Nous fixons un Batch de 16 et une longueur de séquence de 128 et expérimentons avec 50 époques. Pour nos couches plus fines, nous expérimentons des taux de Dropout de 0.2, 0.3 et 0.4 pour contrôler le surajustement du modèle. Nous adoptons l'optimiseur Adam avec décroissance de poids découplée (AdamW) (Loshchilov et Hutter, 2019) avec $\beta_1 = 0.9$ et $\beta_2 = 0.999$, nous définissons $\epsilon =$ 1e-8 et décroissance de poids = 0.01. Nous fixons également de petits taux d'apprentissage initiaux de 1e-5 et 2e-5 avec un nombre d'époques plus élevé pour favoriser notre approche de réglage fin (Ruder, 2021). Nous évaluons et sauvegardons ensuite le meilleur modèle sur le corpus retenu.

Model	$F_1 Score$	$Precision$	$Recall$	$Accuracy$
Baselines				
SVM+OHE	0.29	1	0.17	70.00
SVM+TF-IDF	0.35	0.83	0.22	77.12
SVM+GloVe	0.51	0.65	0.55	65.34
LSTM+GloVe$_{frozen}$	0.84	0.84	0.85	86.13
LSTM+GloVe$_{unfrozen}$	0.85	0.85	0.85	87.12
Bi-LSTM+GloVe$_{unfrozen}$	0.86	0.89	0.85	88.11
Ours				
EpidBioBERT	**0.95**	0.97	**0.94**	**95.8**

TAB. 1 – Performance d'EpidBioBERT. Notons que le modèle fondé sur "One Hot Encoding" est nommé OHE. Les meilleurs scores sont en **gras**.

Thematic Feature	F_1 Score Drop	Precision Drop	Recall Drop	Accuracy Drop
Date	-4	-3	$\mathbf{-5}$	-4.8
Location	-1	-6	$+2$	-2
Host	$\mathbf{-8}$	$\mathbf{-18}$	$+2$	$\mathbf{-9.4}$
Disease	-5	-12	$+2$	-5.8

TAB. 2 – Impact de chaque descripteur sur la performance de EpidBioBERT. Les baisses de performance les plus importantes sont indiquées en **gras**.

3.3 Résultats

Les résultats de cette analyse expérimentale sont présentés dans Tab. 1. Les résultats encourageants obtenus peuvent être attribués aux architectures d'EpidBioBERT particulièrement performantes par rapport à tous les modèles de base. Tout d'abord, le modèle sous-jacent pré-entraîné BioBERT utilise l'architecture Transformer (Vaswani et al., 2017) qui dispose d'une meilleure gestion du contexte des descripteurs, la technique d'Attention surpasse les architectures LSTM. Deuxièmement, BioBERT est basé sur BERT (Devlin et al., 2019) qui est une architecture bidirectionnelle, ce qui permet de conserver les avantages de la bidirectionnalité. Troisièmement, nous affinons BioBERT(+PubMed) qui est pré-entraîné sur des données biomédicales, ce qui enrichit nos descripteurs thématiques épidémiologiques au-delà des capacités d'un modèle de langue général. Enfin, la nouvelle technique de réglage fin d'EpidBioBERT utilise des couches de réseau et des hyperparamètres qui favorisent l'apprentissage en peu de coups (*few shot learning*), ce qui compense nos données d'entraînement faibles en quantité et déséquilibrées en termes des classes.

Pour comprendre l'impact de chaque descripteur thématique dans notre modèle, nous exécutons le modèle EpidBioBERT sur différents ensembles de données, chacun ayant un descripteur thématique épidémiologique supprimé (Tab. 2). Nous nous concentrons sur quatre descripteurs thématiques, à savoir la maladie, l'hôte, le lieu et la date, et préparons quatre ensembles d'entraînement, de validation et de test. Nous présentons les résultats de la diminution de performance en termes de F_1, précision, rappel et accuracy, par rapport aux résultats du modèle EpidBioBERT dans Tab. 1. Le descripteur thématique *Host* entraîne la plus forte baisse d'exactitude (accuracy) et F_1, respectivement de 9.4 et 8. L'entraînement du classifieur sans *Date* réduit la valeur de rappel des modèles, ce qui augmente l'erreur de classification des faux négatifs. *Location*, *Disease* et *Host* contiennent à peu près les mêmes informations pour influencer de manière égale la mesure de rappel, ce qui signifie moins de faux négatifs. Les résultats indiquent que l'hôte et la maladie sont les principaux descripteurs qui influencent notre classifieur, suivies de la date et du lieu. Ainsi l'ordre d'importance est différent (c'est-à-dire, maladie, lieu, hôte et date) de la représentation donnée en Fig. 2 fondée sur la fréquence des distributions des entités.

4   Conclusion et travaux futurs

Cet article présente un classifieur de documents épidémiologiques EpidBioBERT du système de biosurveillance des maladies animales infectieuses PADI-web. Notre contribution fondée sur BioBERT se concentre sur les descripteurs thématiques épidémiologiques des dépêches. Nos travaux ont également mis en avant que les modèles de langues biomédicaux contiennent des connaissances intrinsèques qui enrichissent et améliorent les systèmes de surveillance des maladies.

Cependant, nous avons également constaté qu'il existe peu de corpus de dépêches annotés pour cette tâche. Dans le cadre de travaux futurs, nous proposons un pipeline non supervisé qui peut prendre en compte des dépêches non étiquetées qui sont disponibles via d'autres plateformes du domaine, par exemple ProMED et HealthMap. Pour améliorer encore la classification des corpus, nous proposons d'intégrer des connaissances sémantiques, par exemple Medical Subject Headings (Mesh), pour enrichir davantage les descripteurs thématiques. Nous proposons également d'approfondir la recherche sur l'impact individuel des descripteurs thématiques dans les systèmes de surveillance des maladies.

Remerciements :   Cette étude a été partiellement financée par la subvention européenne 874850 MOOD. Le contenu de cette publication relève de la seule responsabilité des auteurs et ne reflète pas nécessairement les vues de la Commission européenne.

Références

Arsevska, E., S. Valentin, J. Rabatel, J. de Goër de Hervé, S. Falala, R. Lancelot, et M. Roche (2018).   Web monitoring of emerging animal infectious diseases integrated in the french animal health epidemic intelligence system. *PLOS ONE 13*, 1–25.

Brownstein, J. S. et C. Freifeld (2007).   Healthmap : the development of automated real-time internet surveillance for epidemic intelligence. *Weekly releases (1997–2007) 12*(48), 3322.

Devlin, J., M. Chang, K. Lee, et K. Toutanova (2019).   BERT : pre-training of deep bidirectional transformers for language understanding.   In *Proceedings of the 2019 Conference of the North American Chapter of the Association for Computational Linguistics : Human Language Technologies, NAACL-HLT)*, pp. 4171–4186.

Lee, J., W. Yoon, S. Kim, D. Kim, S. Kim, C. H. So, et J. Kang (2019). BioBERT : a pre-trained biomedical language representation model for biomedical text mining. *Bioinformatics 36*(4), 1234–1240.

Loshchilov, I. et F. Hutter (2019). Decoupled weight decay regularization. In *7th International Conference on Learning Representations, ICLR 2019, New Orleans, LA, USA, May 6-9, 2019*.

Menya, E., M. Roche, R. Interdonato, et D. Owuor (2022). Enriching epidemiological thematic features for disease surveillance corpora classification. In *Proceedings of the Thirteenth Language Resources and Evaluation Conference (LREC 2022)*, pp. 3741–3750.

Mikolov, T., K. Chen, G. Corrado, et J. Dean (2013). Efficient estimation of word representations in vector space. In *1st International Conference on Learning Representations, ICLR 2013, Scottsdale, Arizona, USA, May 2-4, 2013, Workshop Track Proceedings*.

Paquet, C., D. Coulombier, R. Kaiser, et M. Ciotti (2006). Epidemic intelligence : a new framework for strengthening disease surveillance in europe. *Eurosurveillance 11*(12), 5–6.

Ruder, S. (2021). Recent Advances in Language Model Fine-tuning. `http://ruder.io/recent-advances-lm-fine-tuning`.

Valentin, S., E. Arsevska, S. Falala, J. de Goër, R. Lancelot, A. Mercier, J. Rabatel, et M. Roche (2020). Padi-web : A multilingual event-based surveillance system for monitoring animal infectious diseases. *Computers and Electronics in Agriculture 169*, 105163.

Valentin, S., E. Arsevska, J. Rabatel, S. Falala, A. Mercier, R. Lancelot, et M. Roche (2021). Padi-web 3.0 : A new framework for extracting and disseminating fine-grained information from the news for animal disease surveillance. *One Health 13*, 100357.

Vaswani, A., N. Shazeer, N. Parmar, J. Uszkoreit, L. Jones, A. N. Gomez, Ł. Kaiser, et I. Polosukhin (2017). Attention is all you need. In *Advances in neural information processing systems*, pp. 5998–6008.

Woodall, J. P. (2001). Global surveillance of emerging diseases : the promed-mail perspective. *Cadernos de saude publica 17*, S147–S154.

Summary

We present EpidBioBERT, an epidemiological biomonitoring document classifier. Our model, trained on a corpus containing news articles on animal disease outbreaks, aims to distinguish relevant and irrelevant documents for an information extraction task. We adopt a pre-trained biomedical language model with a fine-tuning approach, focusing on the epidemiological thematic features, namely disease, host, location and date. We experiment with the impact of each feature on the classifier in ablation studies. We also compare our pre-trained biomedical approach with a general language model.

Biclustering Basé sur le Transport Optimal

Chakib Fettal*,**, Lazhar Labiod*, Mohamed Nadif*

* Centre Borelli UMR 9010, Université Paris Cité, 75006 Paris
{prenom.nom}@u-paris.fr
** Informatique Caisse des Dépôts et Consignations

Résumé. Les graphes bipartis peuvent être utilisés pour modéliser une grande variété d'informations dyadiques telles que les paires utilisateur-score, document-terme et gène-conditions expérimentales. Le biclustering est une extension du clustering au graphe biparti sous-jacent induit par ce type de données. Dans cet article, nous tirons parti du transport optimal (OT), qui s'est popularisé dans la communauté de l'apprentissage automatique, pour proposer un nouveau modèle de biclustering efficace qui généralise plusieurs approches classiques de biclustering. Nous réalisons des expériences approfondies pour montrer l'intérêt de notre approche par rapport à d'autres algorithmes de biclustering de type OT.

1   Introduction

Le présent article est un résumé de l'article publié dans la conférence NeurIPS (Fettal et al., 2022a). Soit $G = (U, V, E)$ un *graphe biparti*, c'est-à-dire un graphe dont les sommets peuvent être divisés en deux ensembles disjoints $U = \{1, 2, \ldots, |U|\}$ avec $|U| = n$, $V = \{1, 2, \ldots, |V|\}$ avec $|V| = d$ et l'ensemble des arêtes E où chaque arête relie un sommet de U à un sommet de V. La matrice d'adjacence pour ce type de graphe a la structure suivante

$$\mathbf{A} = \begin{pmatrix} \mathbf{0}_{n \times n} & \mathbf{B} \\ \mathbf{B}^\top & \mathbf{0}_{d \times d} \end{pmatrix} \tag{1}$$

où $\mathbf{B}$ de taille $n \times d$ est appelée la *matrice de biadjacence* de G, ses lignes et ses colonnes correspondant aux deux ensembles de sommets ; chaque entrée représente une arête entre une ligne et une colonne. Le *Biclustering* (ou *Co-clustering*) est l'extension du clustering à ce type de graphe. À la suite des travaux de Hartigan (1972), plusieurs modèles de biclustering ont tenté de résoudre le problème en considérant $\mathbf{B}$ comme une matrice à deux modes et en recherchant une partition simultanée de ses lignes et colonnes (Dhillon, 2001 ; Govaert et Nadif, 2003, 2013). De cette façon, le biclustering cherche à révéler les sous-ensembles de U qui présentent un comportement similaire à travers un sous-ensemble de V dans la matrice $\mathbf{B}$.

Le biclustering ou co-clustering a été utilisé dans différents contextes. Eisen et al. (1998) ont utilisé des données de biopuces pour identifier des relations entre les gènes et les conditions, en constatant que les gènes ayant des fonctions similaires se regroupent souvent. Harpaz et al. (2011) ont appliqué ce paradigme aux données du système de notification de "Administration des aliments et des médicaments" américaine afin d'identifier les groupes de médicaments ayant des effets indésirables. Dolnicar et al. (2012) l'ont utilisé pour trouver des segments de marché parmi les touristes afin de permettre un marketing ciblé plus efficace. Il y a eu diverses autres applications et approches, voir par exemple (Gu et Liu, 2008; Salah et Nadif, 2019).

Récemment, le *Transport Optimal* (OT) a suscité beaucoup d'intérêt au sein de la communauté *apprentissage machine*. L'OT a aidé à résoudre une variété de problèmes d'exploration de données, et le biclustering ne fait pas exception. Laclau et al. (2017) ont proposé deux modèles de biclustering : un premier modèle, CCOT, qui effectue le co-clustering sur la base des vecteurs d'échelle obtenus en appliquant l'algorithme de Sinkhorn-Knopp sur une version sous-échantillonnée carrée de la matrice $\mathbf{B}$, et un second modèle, CCOT-GW, qui utilise les vecteurs d'échelle obtenus en calculant les barycentres entropiques de Gromov-Wasserstein, et qui ne nécessite pas de sous-échantillonnage. Puis vint (Titouan et al., 2020), où les auteurs ont fait du biclustering en minimisant une nouvelle métrique, COOT, qui généralise la distance de Gromov-Wasserstein entre $\mathbf{B}$ et une matrice de résumé, de façon similaire à ce qui a été fait dans (Dhillon et al., 2003). Plus précisément, ils ont proposé deux nouvelles métriques : COOT, ainsi qu'une métrique régularisée entropiquement COOT_λ. Cependant, dans ces travaux les propositions dans (Laclau et al., 2017) et (Titouan et al., 2020) présentent tous deux certains inconvénients. Tout d'abord, les deux algorithmes ne s'attaquent pas au biclustering dès le début ; les co-clusters sont déduits à la convergence. Ainsi, le biclustering est une conséquence et non un objectif principal. Deuxièmement, ils souffrent d'une complexité de calcul élevée ; CCOT et CCOT-GW consomment également de grandes quantités de mémoire. Enfin, nous verrons que ces algorithmes ne sont pas adaptés aux données sparses dyadiques.

Dans cet article, tout en intégrant l'objectif de biclustering dès le début, nous proposons un cadre générique pour le biclustering par transport optimal, qui généralise d'ailleurs certaines approches de biclustering existantes. Ainsi, nous proposons deux méthodes efficaces pour résoudre ce problème : une qui donne un biclustering presque dur, et une seconde qui donne un biclustering *flou* par régularisation entropique. Ces méthodes s'avèrent plus performantes que d'autres modèles de biclustering de transport optimal, en termes de clustering de documents et de termes, sur plusieurs ensembles de données réguliers et à grande échelle, tout en étant plus efficaces en termes de calcul et de mémoire. Nous soulignons une fois de plus que l'approche que nous proposons est particulièrement adaptée aux ensembles de données dyadiques.

2 Méthodologie

Notations. Dans ce qui suit, $\Delta^n = \{\mathbf{p} \in \mathbb{R}^n_+ \,|\, \sum_{i=1}^n p_i = 1\}$ désigne le simplexe standard à n dimensions. $\Pi(\mathbf{w}, \mathbf{v}) = \{\mathbf{Z} \in \mathbb{R}^{n \times k}_+ \,|\, \mathbf{Z}\mathbf{1}_k = \mathbf{w}, \mathbf{Z}^\top \mathbf{1}_n = \mathbf{v}\}$ désigne le polytope de transport, où $\mathbf{w} \in \Delta^n$ et $\mathbf{v} \in \Delta^k$ sont les marginales de la distribution conjointe $\mathbf{Z}$ et $\mathbf{1}_n$ est un vecteur de de taille n remplie de 1. Les matrices sont désignées par des lettres majuscules en caractères gras et les vecteurs par des lettres minuscules en caractères gras. Pour une matrice $\mathbf{M}$, sa i-ième ligne est $\mathbf{m}_i$ et sa j-ième colonne est $\mathbf{m}'_j$.

2.1 Préliminaires

Nous allons d'abord introduire l'OT discret et sa version régularisée, et montrer comment le biclustering peut être posé comme un programme en nombres entiers.

OT discret comme programme linéaire. Le but du transport optimal discret est de trouver une carte de transport de coût minimal entre une distribution de probabilités source $\mathbf{w}$ et une distribution de probabilités cible $\mathbf{v}$. Nous nous intéressons ici au cas discret de la formulation de Kantorovich de l'OT, à savoir

$$\mathrm{OT}(\mathbf{M}, \mathbf{w}, \mathbf{v}) \triangleq \min_{\mathbf{Z} \in \Pi(\mathbf{w}, \mathbf{v})} \langle \mathbf{M}, \mathbf{Z} \rangle \tag{2}$$

où $\mathbf{M} \in \mathbb{R}^{n \times k}$ est la matrice de coût, et m_{ij} quantifie l'effort nécessaire pour transporter une masse de probabilité de $\mathbf{w}_i$ à $\mathbf{v}_j$.

OT discret avec régularisation entropique. Il a été suggéré dans la littérature (Cuturi, 2013; Chizat et al., 2020) que l'utilisation d'une régularisation telle que la régularisation entropique peut conduire à une meilleure efficacité computationnelle et statistique.

$$\mathrm{OT}_\lambda(\mathbf{M}, \mathbf{w}, \mathbf{v}) \triangleq \min_{\mathbf{Z} \in \Pi(\mathbf{w}, \mathbf{v})} \langle \mathbf{M}, \mathbf{Z} \rangle - \lambda H(\mathbf{Z}) \tag{3}$$

où H est l'entropie définie par $H(\mathbf{Z}) \triangleq -\sum_{i,j} z_{ij} \log z_{ij}$ et où λ contrôle la régularisation.

Biclustering comme programme en nombres entiers. Le problème *Sériation en blocs* (Marcotorchino, 1987) consiste à trouver deux matrices de permutation, une pour les lignes et une pour les colonnes, de sorte que les blocs denses apparaissent le long de la diagonale de la matrice après des permutations appropriées ; il s'agit d'un problème de biclustering comme le montre les auteurs dans (Laclau et Nadif, 2016). Plus précisément, une définition possible du problème de la sériation en blocs serait la suivante : étant donnée une matrice $\mathbf{B} \in \mathbb{R}^{n \times d}$ où b_{ij} décrit en quelque sorte la force de l'association entre la ligne i et la colonne j, le but est d'apprendre $\mathbf{C}$, une matrice diagonale en blocs jusqu'à une permutation de ses lignes et colonnes près qui represente la bipartition. Une formulation possible utilise une contrainte de rang sur $\mathbf{C}$. Nous pouvons ainsi définir un nouveau problème par factorisation de rang inférieur de $\mathbf{C}$, soit $\mathbf{C} = \mathbf{Z}\mathbf{W}^\top$, que nous formulons par

$$\max_{\mathbf{Z} \in \Gamma(n,k), \mathbf{W} \in \Gamma(d,k)} \sum_{i,j,h} b_{ij} z_{ih} w_{jh} \tag{4}$$

où $\Gamma(n, k) = \{\mathbf{Z} \in \{0, 1\}^{n \times k} \,|\, \mathbf{Z}\mathbf{1} = \mathbf{1}\}$ est l'ensemble des partitions dures de taille $n \times k$.

2.2 Biclustering via Transport Optimal

Nous proposons ici un nouveau problème de biclustering basé sur la sériation en blocs et le transport optimal. À cette fin, nous définissons d'abord ce que nous appelons une *matrice d'anti-adjacence*. Notez qu'un concept similaire a été discuté dans (Wang et al., 2018).

Definition 1 (Matrice d'anti-adjacence) *Étant donné un graphe caractérisé par une matrice d'adjacence* $\mathbf{A}$*, nous avons une matrice d'anti-adjacence correspondante* $\overline{\mathbf{A}}$ *s.t.* $\overline{a}_{ij}$ *quantifie la divergence entre le nœud i et j.*

Nous considérons un graphe biparti caractérisé par sa matrice de biadjacence $\mathbf{B} = (b_{ij}) \in \mathbb{R}^{n \times d}$. Les lignes de $\mathbf{B}$ sont dotées de poids $\mathbf{w} \in \Delta^n$ et ses colonnes de poids $\mathbf{v} \in \Delta^d$. Nous considérons également une distribution de lignes $\mathbf{r} \in \Delta^r$ et une distribution de colonnes $\mathbf{c} \in \Delta^c$. Selon la disponibilité d'informations *a priori* sur les données, ces vecteurs de poids peuvent être fixés à des distributions uniformes.

Maintenant, soit $\overline{\mathbf{B}} = L(\mathbf{B})$, où $L : \mathbb{R}^{n \times d} \to \mathbb{R}^{n \times d}$. Cela signifie que b_{ij}, l'association entre le nœud i et le nœud j, est transformée en une mesure de divergence $L(\mathbf{B})_{ij}$. De cette façon, nous définissons le problème de la sériation en blocs via transport optimal comme le programme bilinéaire suivant :

$$\mathrm{BCOT}(\mathbf{w}, \mathbf{v}, \mathbf{r}, \mathbf{c}) \triangleq \min_{\mathbf{Z} \in \Pi(\mathbf{w}, \mathbf{r}), \mathbf{W} \in \Pi(\mathbf{v}, \mathbf{c})} \langle L(\mathbf{B}), \mathbf{Z}\mathbf{W}^\top \rangle \tag{5}$$

où $\mathbf{Z}$ est une carte de transport entre la distribution des lignes $\mathbf{w}$ et la distribution *représentante* des lignes $\mathbf{r}$, et de même pour $\mathbf{W}$ par rapport à la distribution des colonnes $\mathbf{v}$ et la distribution *représentante* des colonnes $\mathbf{c}$.

Biclustering via BCOT. Nous allons maintenant montrer comment obtenir une partition des lignes et des colonnes à partir d'une paire de solutions $(\mathbf{Z}, \mathbf{W})$. Dans ce qui suit, notre objectif est d'identifier un couple *clustering h-almost hard* pour les lignes et les colonnes à partir des solutions $\mathbf{Z}$ et $\mathbf{W}$.

Définition 2 (clustering h-almost hard) *Nous définissons un clustering h-almost hard comme un clustering dont la matrice d'affectation est* $\mathbf{C} \in \mathbb{R}^{n \times k}$ *avec* $\|\mathbf{C}\|_0 = n + h$ *et pour chaque ligne c de $\mathbf{C}$ nous avons que* $\|c\|_0 > 0$; $\|.\|_0$ *retourne le nombre d'éléments non nuls. Lorsque $h = 0$, on obtient un clustering dur standard avec un élément non nul par ligne.*

Proposition 1 *Pour $\mathbf{w}$, $\mathbf{v}$, $\mathbf{r}$ et $\mathbf{c}$ ne contenant pas de zéros, il existe une paire optimale de matrices de transport $\mathbf{Z}$ et $\mathbf{W}$ qui sont des clusterings h-almost hard avec $h \in \{0, \dots, k-1\}$. De plus, lorsque $n = k$ (resp. $d = k$) et $\mathbf{w} = \mathbf{r}$ (resp. $\mathbf{v} = \mathbf{c}$), ce $\mathbf{Z}$ (resp. $\mathbf{W}$) devient un clustering dur, c'est-à-dire, $\mathbf{Z} \in \Gamma(n, n)$ (resp. $\mathbf{W} \in \Gamma(d, d)$).*

Cela signifie que les solutions sont déjà presque une partition dure des données, puisque $k << n, d$. Pour obtenir un clustering dur final au sens strict, nous assignons chaque ligne (resp. colonne) à celle correspondant à la ligne de $\mathbf{Z}$ (resp. $\mathbf{W}$) avec la plus grande valeur. Cela ne devrait pas modifier de manière significative la structure de la solution. La figure 1b en fournit une illustration : nous voyons ici la structure de la diagonale de bloc générée par le produit des deux matrices de transport $\mathbf{C} = \mathbf{Z}\mathbf{W}^\top$, dont l'apparence est similaire à celle du biclustering produit par la sériation en blocs dure (Figure 1a), à l'exception de quelques entrées non nulles hors de la diagonale de blocs qui sont difficiles à identifier immédiatement.

Intuition de BCOT. Pour expliquer l'intuition derrière l'approche proposée, nous devons examiner la manière dont le problème est résolu. La procédure d'optimisation telle que décrite dans l'algorithme 1 consiste à alterner entre le calcul d'une carte de transport optimal $\mathbf{Z}$ étant donné $\mathbf{W}$ et vice versa. En ce qui concerne la résolution de $\mathbf{Z}$ étant donné $\mathbf{W}$, le problème peut être réécrit comme suit

$$\mathrm{BCOT}(\mathbf{w}, \mathbf{v}, \mathbf{r}, \mathbf{c}) \equiv \min_{\mathbf{Z} \in \Pi(\mathbf{w}, \mathbf{r})} \langle L(\mathbf{B})\mathbf{W}, \mathbf{Z} \rangle . \tag{6}$$

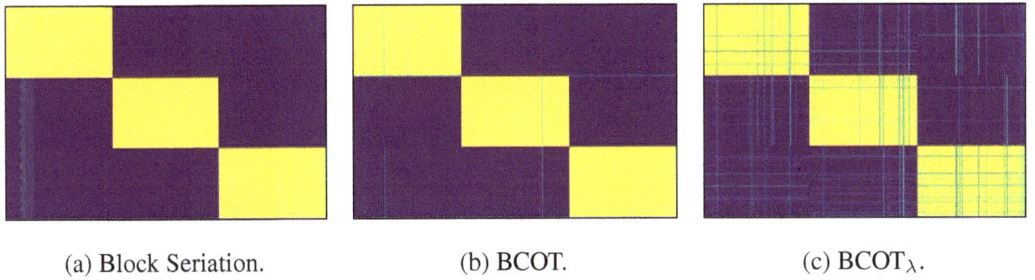

(a) Block Seriation.	(b) BCOT.	(c) BCOT$_\lambda$.

FIG. 1 – Biclusters formés à l'aide de trois méthodes différentes sur l'ensemble de données Pubmed. La sériation en blocs classique donne un biclustering dur. La méthode BCOT donne un biclustering *presque dur* avec peu d'entrées non nulles en dehors de la diagonale du bloc principal. BCOT$_\lambda$ aboutit à un biclustering *flou* avec de nombreux éléments non nuls en dehors de la diagonale en blocs.

Il s'agit d'un problème de transport optimal avec $L(\mathbf{B})\mathbf{W}$ comme matrice de coût. La carte de transport résultante $\mathbf{Z}$ peut être vue comme une sorte de matrice d'affectation des lignes vers des clusters : si $z_{ih} > 0$, alors la rangée i est affectée au cluster h. Il en va de même pour $\mathbf{W}$, qui peut être considérée comme une matrice d'affectation des colonnes. Cela signifie également que, puisque $L(\mathbf{B})$ est la dissimilarité entre les lignes et les colonnes, alors la matrice des coûts $L(\mathbf{B})\mathbf{W}$ représente la dissimilarité entre les lignes et les representants des lignes (par exemple, centroides). Ainsi, $L(\mathbf{B})_i \mathbf{w}_h$ est la dissimilarité ou le coût du transport de masse de probabilité entre la ligne i et le représentant de la classe des lignes h. Le raisonnement est le même pour les colonnes et le couplage optimal $\mathbf{W}$.

2.3   Biclustering Flou via le Transport Optimal Régularisé

Comme mentionné précédemment, l'utilisation de la régularisation entropique peut être intéressante en raison de ses diverses caractéristiques utiles, notamment l'efficacité statistique et informatique. Cependant, une autre caractéristique de la régularisation entropique est que les couplages optimaux $\mathbf{Z}$ et $\mathbf{W}$ sont des matrices denses, conséquence de la structure de la solution optimale des problèmes d'OT régularisés entropiquement. Nous formulons le problème comme suit

$$\mathrm{BCOT}_\lambda(\mathbf{w}, \mathbf{v}, \mathbf{r}, \mathbf{c}) \triangleq \min_{\mathbf{Z}\in\Pi(\mathbf{w},\mathbf{r}),\mathbf{W}\in\Pi(\mathbf{v},\mathbf{c})} \left\langle L(\mathbf{B}), \mathbf{Z}\mathbf{W}^\top \right\rangle - \lambda_\mathbf{Z} H(\mathbf{Z}) - \lambda_\mathbf{W} H(\mathbf{W}) \quad (7)$$

où $\lambda_\mathbf{Z}$ et $\lambda_\mathbf{W}$ sont les paramètres de régularisation. La figure 1c montre les biclusters produits par les solutions de BCOT$_\lambda$. Comme pour BCOT, une structure diagonale en blocs est formée. Cependant, il existe également plusieurs entrées non nulles hors de la diagonale des blocs qui représentent les probabilités d'appartenance des paires ligne-colonne aux mêmes biclusters.

3   Optimisation et Complexité

Le problème de la sériation en blocs étant NP-difficile, le calcul d'une solution exacte est prohibitif. Une heuristique efficace et largement utilisée pour résoudre ce type de problèmes implique l'utilisation de la descente de coordonnées par bloc ; alternativement les affectations des lignes sont calculées sachant des affectations de colonnes fixées et vice versa. Nous exprimons l'algorithme proposé en pseudo-code dans Algorithme 1.

Algorithme 1 : BCOT

> **Input** : $\mathbf{B}$ matrice de biadjacence,
> $\qquad$ $\mathbf{w}$ et $\mathbf{v}$ les poids de lignes et colonnes,
> $\qquad$ $\mathbf{r}$ and $\mathbf{c}$ les poids des clusters ligne et colonne.
> **Output** : π^r, π^c row and column partitions
> $\mathbf{W} \leftarrow \mathbf{W}_{init}$;
> **while** *not converged* **do**
> $\quad\mid\quad \mathbf{Z} \leftarrow \arg \mathrm{OT}\left(L(\mathbf{B})\mathbf{W}, \mathbf{w}, \mathbf{r}\right)$;
> $\quad\mid\quad \mathbf{W} \leftarrow \arg \mathrm{OT}\left(L(\mathbf{B})^\top \mathbf{Z}, \mathbf{v}, \mathbf{c}\right)$;
> **end**
> Generate π^r, π^c from $\mathbf{Z}$ and $\mathbf{W}$;

---

4 Expériences

Dans cette section nous présentons les données sur lesquelles seront évaluées les méthodes proposées et d'autres méthodes s'appuyant sur OT. D'autres expériences et compraisons sont également disponibles dans le papier original (Fettal et al., 2022a). Nous évaluons BCOT par rapport à six matrices termes-documents ; voir table 1 pour leurs descriptions. Les résultats du

TAB. 1 – Caractéristiques des ensembles de données.

Dataset	#Documents	#Termes	#Clusters	Sparsité (%)
ACM (Fan et al., 2020)	3025	1870	3	95.52
DBLP (Fan et al., 2020)	4057	334	4	96.4
PubMed (Sen et al., 2008)	19717	500	3	89.98
Wiki (Yang et al., 2015)	2405	4973	17	86,99
Ohscal (Hersh et al., 1994)	11162	11465	10	99.47
20 Newsgroups (Lang, 1995)	18846	14390	20	99.41

TAB. 2 – Performance du clustering de documents sur les jeux de données.

Method	ACM			DBLP			PubMed			Wiki		
	CA	NMI	ARI	CA	NMI	ARI	CA	NMI	ARI	CA	NMI	ARI
k-Means	51.1±11.3	13.7±11.2	14.0±10.6	36.9±2.4	10.4±2.0	4.3±2.0	52.3±4.7	18.2±10.5	15.3±10.1	26.0±6.1	18.6±9.3	3.3±2.9
CCOT	12.4±2.0	1.0±0.2	0.4±0.2	28.6±0.5	0.6±0.0	0.4±0.0	32.7±0.2	3.0±0.0	3.1±0.1	10.6±0.5	4.9±0.1	0.6±0.15
CCOT-GW	8.1±0.0	1.5±0.0	0.3±0.0	9.4±0.0	1.7±0.0	0.3±0.0		OOM		10.9±0.0	4.3±0.0	0.48±0.0
COOT*	39.0±0.0	1.9±0.0	2.0±0.0	30.5±1.4	1.4±0.3	1.2±0.3	43.2±1.5	1.7±0.6	1.3±1.5	25.9±1.8	28.7±2.2	12.3±1.7
COOT$_\lambda$	41.5±0.2	1.9±0.1	2.2±0.0	30.6±0.0	0.7±0.0	0.6±0.0	42.4±1.5	1.7±0.5	1.0±1.3	17.2±0.0	1.7±0.0	0.31±0.0
BCOT	**76.6±1.5**	**38.3±2.2**	**43.3±2.6**	**61.5±6.2**	**27.4±4.3**	**28.3±5.5**	53.6±4.5	15.9±1.9	12.9±2.4	49.8±1.5	47.9±1.0	30.6±1.0
BCOT$_\lambda$	76.2±0.6	37.6±0.8	42.4±1.0	59.4±9.9	26.6±7.6	27.2±9.5	**56.5±3.1**	**18.4±1.3**	**15.4±1.8**	**50.8±1.5**	**49.4±0.9**	**31.9±0.8**

clustering de documents sur ACM, DBLP, PubMed et Wiki sont donnés dans le tableau 2 pour les trois métriques. Dans tous les cas, le meilleur résultat est obtenu soit par BCOT, soit par BCOT$_\lambda$. De plus, sur Wiki, BCOT$_\lambda$ donne des résultats compétitifs par rapport aux méthodes de pointe de clustering de graphes attribués présentées dans (Fettal et al., 2022b), bien qu'il n'ait pas accès aux informations sur la structure des graphes dans le réseau de citations Wiki.

5 Conclusion

Le clustering et le biclustering par transport optimal n'en sont encore qu'à leurs débuts, et de nombreux défis restent à relever. Cet article présente un nouveau problème de biclustering par transport optimal qui tient compte de la nature sparse de certains types de données dyadiques. Le problème est posé comme un programme bilinéaire que nous résolvons en utilisant un algorithme efficace de descente de coordonnées par bloc. Les expériences menées sur un certain nombre d'ensembles de données sur des documents suggèrent que l'approche proposée permet de trouver des groupes qui correspondent aux classes réelles. Dans ce contexte, notre modèle surpasse les méthodes récentes de biclustering OT par une marge significative. D'autres details sur des connexions avec d'autres approches, des preuves, ainsi que des expériences et évaluations de notre approche sont disponibles dans (Fettal et al., 2022a).

Remerciements.   Ce travail a été financé par la Caisse des Dépôts et Consignations (CDC), l'ANRT et l'Idex-Spectrans d'Université Paris Cité.

Références

Chizat, L., P. Roussillon, F. Léger, F.-X. Vialard, et G. Peyré (2020).   Faster wasserstein distance estimation with the sinkhorn divergence. *Advances in Neural Information Processing Systems 33*, 2257–2269.

Cuturi, M. (2013). Sinkhorn distances : Lightspeed computation of optimal transport. *Advances in neural information processing systems 26*.

Dhillon, I. S. (2001).   Co-clustering documents and words using bipartite spectral graph partitioning. In *SIGKDD*, pp. 269–274.

Dhillon, I. S., S. Mallela, et D. S. Modha (2003).   Information-theoretic co-clustering.   In *SIGKDD*, pp. 89–98.

Dolnicar, S., S. Kaiser, K. Lazarevski, et F. Leisch (2012).   Biclustering : Overcoming data dimensionality problems in market segmentation. *Journal of Travel Research 51*(1), 41–49.

Eisen, M. B., P. T. Spellman, P. O. Brown, et D. Botstein (1998). Cluster analysis and display of genome-wide expression patterns. *Proceedings of the National Academy of Sciences 95*(25), 14863–14868.

Fan, S., X. Wang, C. Shi, E. Lu, K. Lin, et B. Wang (2020). One2multi graph autoencoder for multi-view graph clustering. In *Proceedings of The Web Conference 2020*, pp. 3070–3076.

Fettal, C., L. Labiod, et M. Nadif (2022a).   Efficient and effective optimal transport-based biclustering. *Advances in Neural Information Processing Systems 35*.

Fettal, C., L. Labiod, et M. Nadif (2022b). Efficient graph convolution for joint node representation learning and clustering. In *WSDM*, pp. 289–297.

Govaert, G. et M. Nadif (2003). Clustering with block mixture models. *Pattern Recognition 36*(2), 463–473.

Govaert, G. et M. Nadif (2013). *Co-clustering : models, algorithms and applications*. John Wiley & Sons.

Gu, J. et J. S. Liu (2008). Bayesian biclustering of gene expression data. *BMC genomics 9*(1), 1–10.

Harpaz, R., H. Perez, H. S. Chase, R. Rabadan, G. Hripcsak, et C. Friedman (2011). Biclustering of adverse drug events in the fda's spontaneous reporting system. *Clinical Pharmacology & Therapeutics 89*(2), 243–250.

Hartigan, J. A. (1972). Direct clustering of a data matrix. *Journal of the american statistical association 67*(337), 123–129.

Hersh, W., C. Buckley, T. Leone, et D. Hickam (1994). Ohsumed : An interactive retrieval evaluation and new large test collection for research. In *SIGIR'94*, pp. 192–201. Springer.

Laclau, C. et M. Nadif (2016). Hard and fuzzy diagonal co-clustering for document-term partitioning. *Neurocomputing 193*, 133–147.

Laclau, C., I. Redko, B. Matei, Y. Bennani, et V. Brault (2017). Co-clustering through optimal transport. In *International Conference on Machine Learning*, pp. 1955–1964. PMLR.

Lang, K. (1995). Newsweeder : Learning to filter netnews. In *Proceedings of the Twelfth International Conference on Machine Learning*, pp. 331–339.

Marcotorchino, J. F. (1987). Block seriation problems : A unified approach. *Applied Stochastic Models and Data Analysis 3*(2), 73–91.

Salah, A. et M. Nadif (2019). Directional co-clustering. *Advances in Data Analysis and Classification 13*(3), 591–620.

Sen, P., G. Namata, M. Bilgic, L. Getoor, B. Galligher, et T. Eliassi-Rad (2008). Collective classification in network data. *AI magazine 29*(3), 93–93.

Titouan, V., I. Redko, R. Flamary, et N. Courty (2020). Co-optimal transport. *Advances in Neural Information Processing Systems 33*, 17559–17570.

Wang, J., M. Lu, F. Belardo, et M. Randić (2018). The anti-adjacency matrix of a graph : Eccentricity matrix. *Discrete Applied Mathematics 251*, 299–309.

Yang, C., Z. Liu, D. Zhao, M. Sun, et E. Y. Chang (2015). Network representation learning with rich text information. In *IJCAI*.

Summary

Bipartite graphs can be used to model a wide variety of dyadic information such as user-rating, document-term, and gene-disorder pairs. Biclustering is an extension of clustering to the underlying bipartite graph induced from this kind of data. In this paper, we leverage optimal transport (OT) which has gained momentum in the machine learning community to propose a novel and scalable biclustering model that generalizes several classical biclustering approaches. We perform extensive experimentation to show the validity of our approach compared to other OT biclustering algorithms along both dimensions of the dyadic datasets.

Déduplication sur des types d'attributs hétérogènes

Loujain Liekah*, Yacine Gaci*, George Papadakis**

* LIRIS - University of Claude Bernard Lyon 1, Villeurbanne, France
loujain.liekah5@gmail.com, ey_gaci@esi.dz
** National and Kapodistrian University of Athens, Athenes, Greece
gpapadis@di.uoa.gr

Résumé. La déduplication est une tâche qui consiste à reconnaître plusieurs représentations d'un même objet du monde réel. La majorité des solutions existantes se concentrent sur les données textuelles et souvent négligent les attributs booléens et numériques, tandis que le problème des valeurs manquantes n'est pas suffisamment couvert. Les solutions supervisées ne peuvent être appliquées sans un nombre adéquat d'exemples étiquetés, ce qui implique des processus d'étiquetage coûteux en temps. Nous proposons dans ce papier D-HAT, un pipeline non supervisé qui est intrinsèquement capable de traiter des types d'attributs de haute dimension, épars et hétérogènes. Au cœur de ce pipeline se trouvent : (i) une nouvelle fonction de matching qui résume efficacement les signaux de correspondance multiples, et (ii) *MutMax*, un algorithme de regroupement glouton qui désigne comme doublons les paires ayant un score de matching mutuellement maximal. Nous évaluons D-HAT sur cinq datasets réels, et démontrons que notre approche surpasse significativement l'état de l'art.

1 Introduction

Le présent article est un résumé de l'article publié dans la conférence *Advanced Data Mining and Applications* (Liekah and Papadakis, 2022). L'intégration d'ensembles de données qui se chevauchent et se complètent est un processus courant qui crée des connaissances nouvelles et précieuses (Chen et al., 2014). Une tâche importante de l'intégration consiste à identifier les données qui représentent la même entité du monde réel, comme les produits, les instituts ou les patients. Cette tâche est appelée *déduplication* (Dong and Srivastava, 2015), matching d'entités (Konda et al., 2016), résolution d'entités (Papadakis et al., 2020b) ou couplage d'enregistrements. La déduplication améliore la qualité des données en réparant et en conservant les sources de données (Fan et al., 2014), en réduisant la taille du stockage et en préparant les données pour les applications en aval (Dong and Srivastava, 2015).

La majorité des solutions pour la déduplication sont basées sur le calcul de scores de similarité par paire à partir d'un ou plusieurs attributs (Christophides et al., 2021). Les méthodes *non supervisées* créent un graphe de similarité, où les nœuds correspondent aux enregistrements et où les arêtes sont pondérés par les scores de matching des nœuds adjacents (Hassanzadeh et al., 2009). Le graphe est ensuite divisé en groupes de telle sorte que tous les nœuds de chaque groupe correspondent à des doublons. Ces approches calculent généralement les scores de matching en traitant tous les attributs comme des données textuelles (Christophides et al., 2021). Cependant, les données du monde réel comportent des types d'attributs hétérogènes, numériques, catégoriques et booléens. Le fait de considérer ces types comme des chaînes de caractères peut conduire à des scores de similarité inexacts. Par exemple, les prix "14" et "14,00" sont identiques en tant que nombres, mais partiellement similaires lorsqu'ils sont comparés en tant que séquences de caractères et totalement différents lorsqu'ils sont traités comme des tokens. Par conséquent, les techniques non supervisées doivent modéliser et prendre en charge correctement des types d'attributs hétérogènes.

D'autre part, les méthodes *supervisées* modélisent généralement la déduplication comme une tâche de classification binaire (Konda et al., 2016) où les paires d'enregistrements se voient attribuer des étiquettes de similarité. Un classifieur est ensuite entrainé sur des vecteurs de fetures correspondant aux paires pour prédire le statut des paires non étiquetées. Cependant, ces approches sont confrontées à de nombreux défis : (i) La classification devient plus difficile avec une haute dimensionnalité. (ii) Les données étiquetées sont rares et leur obtention par le biais du crowd-sourcing est coûteuse et lente(Wang et al., 2012). De plus, la taille et la qualité des données affectent le résultat final dans une large mesure (Mudgal et al., 2018). (iii) Les méthodes supervisées nécessitent de longs temps d'apprentissage (Mudgal et al., 2018).

Pour remédier à ces problèmes, nous présentons D-HAT (Deduplication over Heterogeneous Attribute Types), un nouveau pipeline basé sur le clustering pour la déduplication de bout en bout. D-HAT se distingue de la littérature de trois façons : (i) Il prend en charge des données comportant des types d'attributs hétérogènes et une grande partie de valeurs manquantes. (ii) Il supporte et exploite les données à haute dimensionnalité. (iii) Il obtient des résultats de pointe sans nécessiter de données étiquetées. Nous menons des expériences sur des ensembles de données réels, montrant que : D-HAT surpasse les méthodes supervisées et non supervisées de l'état de l'art, en performance et en temps d'exécution. Nous rendons publiques toutes les données et le code utilisés dans nos expériences par le biais de
`https://github.com/Loujainl/D-HAT`.

2 Etat de l'Art

La recherche croissante sur la déduplication reflète son importance grandissante (Christen, 2012a; Christophides et al., 2021; Dong and Srivastava, 2015). L'un des principaux défis de la déduplication est sa complexité quadratique : dans le pire des cas, elle examine toutes les paires d'enregistrements possibles. Le *Blocking* est généralement utilisé pour atténuer cette complexité, surtout avec des données volumineuses (Christen, 2012b; Papadakis et al., 2020b). Le blocking rassemble les enregistrements similaires en groupes appelés blocs en appliquant des schémas ou des fonctions de blocage. Une fonction de blocage extrait les signatures de chaque enregistrement, divisant l'ensemble des données d'entrée en un ensemble de blocs qui se chevauchent – Les comparaisons sont réduites à des *candidats*, c'est-à-dire à des paires d'enregistrements partageant au moins un bloc, ce qui réduit considérablement le coût de calcul. Cependant, cette efficacité en termes de temps d'exécution s'accompagne du risque de diminution dans la précision(Papadakis et al., 2016).

Après le blocking, le *matching* est effectuée pour déterminer le degré de similitude entre les paires. Essentiellement, le matching applique des fonctions de similarité aux valeurs des

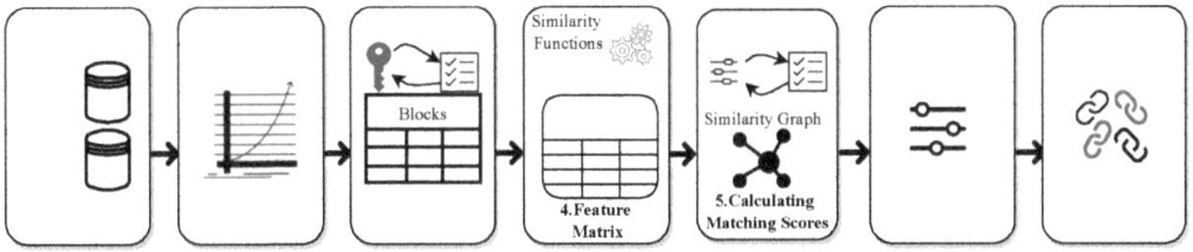

FIG. 1 – *Le pipeline de bout en bout de D-HAT.*

attributs sélectionnés. Ensuite, il détermine si la similarité est suffisante pour désigner deux enregistrements comme doublons. Nous distinguons deux types d'algorithmes de matching : algorithmes supervisés et non supervisés.

La première catégorie comprend un ensemble de méthodes fournies par JedAI (Papadakis et al., 2020a, 2018) et Stringer (Hassanzadeh et al., 2009), tandis que *ZeroER* (Wu et al., 2020) constitue l'approche non supervisée de pointe qui représente chaque paire de candidats comme un vecteur de caractéristiques. Contrairement aux méthodes supervisées, elle ne nécessite pas d'ensemble d'apprentissage, mais repose sur l'observation que la distribution des caractéristiques pour les enregistrements doublons diffère de celle des enregistrements non doublons.

Parmi les méthodes supervisées, la plus populaire est *Magellan* (Konda et al., 2016), qui est un système combinant une variété de caractéristiques en utilisant les principaux classifieurs d'apprentissage automatique, tels que les arbres de décision, la régression logistique et les machines à vecteurs de support. Partant d'un échantillon annoté de paires T, le matching est effectué en entraînant un classificateur sur T. Magellan propose également un ensemble de méthodes de blocking.

3   Approche

Le pipeline de notre approche est illustré dans la Figure 1.

Étape 1 : Nettoyage des données. La première étape prépare les données en déterminant les caractéristiques essentielles de leurs attributs [1], c'est-à-dire qu'elle calcule le nombre de valeurs uniques et le type de données par attribut. Les attributs qui ont deux valeurs uniques sont convertis en booléens pour obtenir un degré de similarité plus précis. Les attributs ayant très peu de valeurs uniques (<10) sont traités comme des variables catégorielles. Les attributs numériques sont identifiés par des expressions régulières qui détectent des quantités, éventuellement accompagnées d'une unité de mesure. Par exemple, une valeur d'attribut `largeur = "42.8 in"` est transformée en `largeur = 42.8` et est marquée comme un type de données numériques. Une normalisation min-max est ensuite effectuée sur les valeurs des attributs numériques.

Étape 2 : Sélection des attributs. La *couverture d'un attribut* a exprime la proportion de valeurs non vides dans a sur l'ensemble des enregistrements d'entrée ; moins il y a de valeurs manquantes, plus la couverture est élevée. Nous définissons formellement la couverture c de chaque attribut comme suit : $c(a) = 1 - \frac{|r_i.a = N/A : r_i \in T|}{|T|}$. Cette étape élimine les attributs dont

---

1. Dans le cas de Record Linkage, nous supposons que les schémas sont alignés.

la couverture est inférieure à un seuil spécifique. Des expériences préliminaires ont démontré que 0.1 constitue une valeur efficace.

Étape 3 : Blocking. Cette étape est cruciale car elle détermine deux choses : (i) Efficience temporelle, car le temps de traitement des étapes suivantes est déterminé par le nombre de candidats dans les blocs résultants. (ii) Efficacité, parce que les paires d'enregistrements faussement négatifs, qui n'ont aucun bloc en commun, ne peuvent pas être détectées par les étapes suivantes, et sont exclues du résultat final.

Il est donc crucial que le blocage trouve un équilibre entre ces deux objectifs concurrents : la réduction de l'espace de recherche et une plus grande efficacité. D-HAT est suffisamment générique pour s'adapter à toute méthode de blocage répondant à cette exigence. Des expériences préliminaires ont indiqué que le *overlap blocker* de Magellan (Konda et al., 2016) est une approche robuste pour créer des blocs de haute performance (voir la Section 4 pour plus de détails). Elle définit comme paires candidates celles qui partagent au moins un jeton dans les valeurs d'un attribut spécifique. D-HAT applique l'overlap blocker à tous les attributs textuels dans les ensemble de données(s) donnés et opte pour celui qui minimise le nombre de candidats, tout en maximisant la couverture – une couverture élevée indique implicitement un rappel élevé.

Étape 4 : Matrice de caractéristique. Comme pour les approches supervisées, D-HAT représente chaque paire d'enregistrements sous la forme d'un vecteur de caractéristique en appliquant des fonctions de similarité normalisées spécifiques au type des attributs sélectionnés. Contrairement aux approches supervisées, ces vecteurs ne sont pas étiquetés. Plus précisément, D-HAT crée un vecteur de caractéristique $V_{i,j}$ pour chaque paire d'enregistrements candidates $(r_i, r_j) \in B$, où B est l'ensemble des blocs produits par l'étape précédente et la k^{ime} caractéristique/dimension dans $V_{i,j}$, $V_{i,j}^k$, provient d'une fonction de similarité compatible avec le type de l'attribut k^{ime}, a_k. Si la valeur d'un enregistrement pour a_k est vide ou incorrecte (c'est-à-dire incompatible avec le type de a_k), $V_{i,j}^k =$'N/A', ce qui signifie qu'une caractéristique est manquante. Cette étape ne requiert aucune connaissance du domaine de la part de l'utilisateur. D-HAT détecte automatiquement le type d'attribut et applique les fonctions de similarité appropriées afin de créer les caractéristiques.

Nous référons les lecteurs intéressés à l'article original (Liekah and Papadakis, 2022) pour plus de détails sur les fonctions de similarité.

Étape 5 : Scores de matching. L'objectif de cette étape est d'estimer la probabilité de matching pour chaque paire de candidats sur la base de la matrice des caractéristiques de l'étape précédente. Cette opération s'effectue en deux étapes : (i) *Binarisation des vecteurs de caractéristiques*. D-HAT traite chaque caractéristique comme un vote pour une décision de "match" (1) ou de "no-match" (0). En dehors des attributs booléens et catégoriels qui sont déjà binaires, D-HAT binarise les attributs numériques et textuels en considérant comme "match" les attributs ou la valeur de la caractéristique dépasse un seuil de similarité θ. Toutes les dimensions ayant une valeur "N/A" sont ignorées. (ii) *Score d'estimation*. Le score de matching de deux enregistrements est la moyenne de leurs caractéristiques binarisées à l'issue de l'étape précédente.

À la fin de ces deux étapes, les scores de matching de toutes les paires sont stockés dans une matrice M. Les enregistrements et la matrice définissent un graphe pondéré $G(V, M)$, où l'ensemble des nœuds V représente les enregistrements d'entrée, et M est la matrice d'adjacence des poids. On appelle $G(V, M)$ le *graphe de similarité*.

TAB. 1 – *Caractéristiques techniques des ensembles de données de test. $|S|$, $|T|$ et $|D|$ représentent respectivement le nombre d'enregistrements sources, d'enregistrements cibles et de paires de doublons.*

Dataset	$|S|$	$|T|$	$|D|$	#Attributs	#Numérique	#Bool. & Cat.	#Textuel	#Sélectionnés
Amazon-Google	1 363	3 226	1 298	4	1	0	2	3
Abt-Buy	1 081	1 092	1 095	3	1	0	2	3
DBLP-ACM	2 614	2 294	2 223	4	1	+	2	3
Fodors-Zagats	533	331	112	5	0	0	5	5
Immucare	305	310	305	213	32	6	37	75

Étape 6 : MutMax Clustering. L'étape finale reçoit en entrée le graphe de similarité $G(V, M)$ et le partitionne en un ensemble de clusters disjoints, tels que chaque cluster correspond à une entité unique, contenant tous les enregistrements dupliqués la décrivant. Le partitionnement est effectué par **MutMax**, une approche gloutonne qui définit comme doublons les paires d'enregistrements ayant des scores mutuellement maximaux. Plus précisément, Mut-Max fonctionne comme suit : Pour chaque enregistrement r_i, tous les candidats sont triés par scores de matching décroissants et le plus élevé $r^i_{max} = r_j$ est sélectionné comme un match potentiel, si r_i a été défini comme la correspondance potentielle pour r_j, les enregistrements r_i et r_j sont désignés comme des correspondances. Le reste des paires candidates est ignoré.

En termes de complexité temporelle, le coût des étapes 1, 2 et 3 est linéaire avec le nombre d'attributs dans l'ensemble de données donné T, $O(|T.A|)$. Pour les étapes 4 et 5, le coût est de $O(|B|)$. Pour l'étape 6, aucun tri n'est nécessaire. D-HAT itère une fois sur toutes les cellules du tableau bidimensionnel M. En pratique, une table de hachage peut être utilisée pour stocker les similarités estimées. Par conséquent, la complexité temporelle et spatiale de l'étape 6 (et de l'ensemble de l'algorithme) est linéaire par rapport au nombre de paires candidates après blocage $O(|B|)$.

4 Evaluation

Benchmarks. Nous utilisons cinq ensembles de données connus, de plusieurs domaines : produits, bibliographie, restaurants et soins de santé. Immucare est un ensemble de données sur les soins de santé correspondant à deux visites différéntes à l'hôpital d'un même patient. Tous les détails techniques de ces ensembles de données (Konda et al., 2016; Wu et al., 2020) sont résumés dans le tableau 1.

Bases de référence. Nous comparons les performances de D-HAT avec Magellan (Konda et al., 2016) et ZeroER (Wu et al., 2020). Pour le premier, nous utilisons l'arbre de décision comme algorithme de classification, tandis qu'aucune configuration n'est nécessaire pour le second.

Mesures d'évaluation. Nous utilisons les mesures standard de rappel, de précision et de score F1. Nous indiquons également le temps d'exécution global.

Résultats.
Pour des fins d'équité, nous appliquons la même méthode de blocking au même attribut clé pour les deux systèmes de base. Notez que pour Amazon-Google, ZeroER n'a pas pu créer sa matrice de caractéristiques dans un délai de 6 heures. Pour compléter l'évaluation, nous l'avons combiné avec les vecteurs de caractéristiques créés par Magellan. Par conséquent, les

TAB. 2 – *Efficacité du matching dans D-HAT, Magellan et ZeroER sur tous les ensembles de données. Le meilleur F1 est en gras.*

| Dataset | D-HAT | | | | | | | | | Magellan | | | ZeroER | | |
| | Features Syntaxiques | | | Features Sémantiques | | | Features Hybrides | | | | | | | | |
	Pr	Re	F1	Pr	Re	F1	Pr	Re	F1	Pr	Re	F1	Pr	Re	F1
A-G	0,904	0,479	0,626	0,828	0,349	0,534	0,925	0,532	**0,675**	0,513	0,573	0,542	0,663	0,385	0,487
A-B	0,818	0,402	**0,539**	0,635	0,174	0,274	0,824	0,346	0,487	0,440	0,443	0,442	0,220	0,601	0,322
D-A	0,992	0,956	0,974	0,995	0,980	**0,987**	0,997	0,974	0,985	0,980	0,983	0,981	0,936	0,945	0,940
F-Z	0,981	0,929	**0,954**	0,971	0,911	0,940	0,981	0,929	**0,954**	0,939	0,969	**0,954**	1,000	0,312	0,476
CA	0,993	0,987	**0,990**	0,990	0,987	0,988	0,993	0,987	**0,990**	0,968	1,000	0,984	1,000	0,487	0,655

performances de ZeroER pourraient être légèrement différentes de celles rapportées dans (Wu et al., 2020).

Les performances de tous les algorithmes en matière de précision (Pr), de rappel (Re) et de f-mesure (F1) figurent dans le Tableau 2, tandis que les temps d'exécution correspondants sont indiqués dans la Figure 2. Notez qu'après des expériences préliminaires, nous avons fixé $c_{min} = 0,1$ et $\theta = 0,7$ pour D-HAT dans tous les cas.

En comparant les différents groupes de caractéristiques entre eux, nous observons que les caractéristiques syntaxiques sont systématiquement plus performantes que les caractéristiques sémantiques. La raison est que les ensembles de données contiennent une terminologie spécifique au domaine. Par conséquent, word2vec et GloVe souffrent des termes hors vocabulaire.

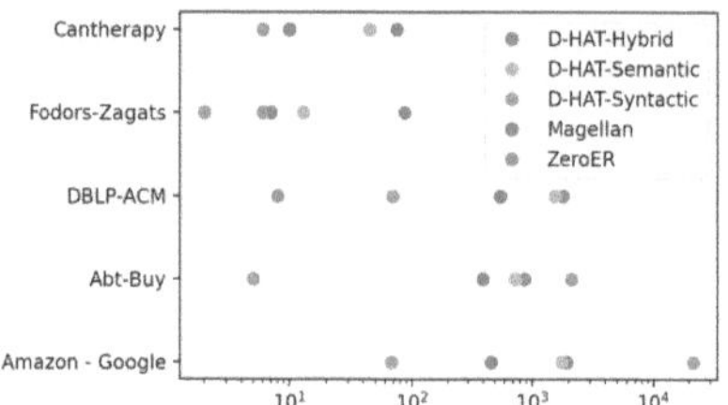

FIG. 2 – *Temps d'exécution (sec.)*

En termes d'efficacité temporelle, l'avantage des fonctions de similarité syntaxique est clair, comme le montre la Figure 2. Le temps d'exécution de D-HAT augmente d'un ordre de grandeur dans presque tous les cas lorsqu'on remplace les fonctions de similarité syntaxique par les fonctions sémantiques. Cela est dû au grand nombre de recherches et de calculs nécessaires pour convertir chaque valeur d'attribut en un vecteur à haute dimension et aussi pour calculer les scores de similarité.

Il est intéressant d'examiner si la combinaison des similarités syntaxiques et sémantiques (lourdes en calcul) est justifiée par une augmentation de l'efficacité. Cela n'est vrai que dans le cas d'Amazon-Google, où le F1 des caractéristiques hybrides est supérieur à celui des syntaxiques de ~10%. Dans tous les autres cas, les caractéristiques hybrides se situent entre les deux autres groupes de caractéristiques, généralement plus proches du groupe le plus performant. Par conséquent, *D-HAT devrait être exclusivement combiné avec le groupe de caractéristiques syntaxiques.*

Comparé à ZeroER, le Tableau 2 montre que D-HAT utilisé avec des caractéristiques syntaxiques est nettement supérieur. Sa F1 est supérieure de 50%, en moyenne, sur les cinq tâches. En même temps, la Figure 2 montre que D-HAT est systématiquement plus rapide que ZeroER par des ordres de grandeur entiers (par exemple, 1 minute contre 6 heures sur Amazon-Google).

Par rapport à Magellan, dans les deux premiers ensembles de données, D-HAT obtient une f-mesure supérieure de plus de 13%, tandis que dans les trois ensembles de données suivants, les deux méthodes affichent des performances pratiquement identiques. La performance compétitive de Magellan provient de sa fonctionnalité supervisée, tandis que D-HAT est non supervisé. En termes d'efficacité temporelle, nous observons sur la Figure 2 que D-HAT prend une nette avance, autour d'un ordre de grandeur entier (par exemple, 35 contre 400 secondes pour Abt-Buy).

5 Conclusions

Nous avons présenté D-HAT, un système de déduplication de bout en bout efficace et entièrement automatisé basé sur le clustering. D-HAT traite des ensembles de données de grande dimension avec des types d'attributs hétérogènes et des valeurs manquantes sans nécessiter l'intervention de l'utilisateur ni de données étiquetées. L'étude expérimentale sur des ensembles de données connus démontre que notre système surpasse les méthodes de l'état de l'art. Le principal avantage de D-HAT par rapport aux méthodes non supervisées est sa grande précision sur toutes les tâches standards, tandis que par rapport aux méthodes supervisées, D-HAT élimine le temps et les efforts supplémentaires nécessaires aux experts du domaine pour l'annotation des données [2].

Références

Chen, M., Mao, S., and Liu, Y. (2014). Big data : A survey. *MONET*, 19(2) :171–209.

Christen, P. (2012a). *Data Matching*. Springer.

Christen, P. (2012b). A survey of indexing techniques for scalable record linkage and deduplication. *IEEE Trans. Knowl. Data Eng.*, 24(9) :1537–1555.

Christophides, V., et al. and Stefanidis, . K. (2021). An overview of end-to-end entity resolution for big data. *ACM Comput. Surv.*, 53(6) :127 :1–127 :42.

Dong, X. L. and Srivastava, D. (2015). Big data integration. *Synthesis Lectures on Data Management*, 7(1) :1–198.

Fan, W., Ma, S., Tang, N., and Yu, W. (2014). Interaction between record matching and data repairing. *Journal of Data and Information Quality (JDIQ)*, 4(4) :1–38.

Hassanzadeh, O., et al. Framework for evaluating clustering algorithms in duplicate detection. *Proc. VLDB Endow.*, 2(1) :1282–1293.

Konda, P., Das, S., et al. (2016). Magellan : Toward building entity matching management systems. *Proc. VLDB Endow.*, 9(12) :1197–1208.

Liekah, L. and Papadakis, G. (2022). Deduplication over heterogeneous attribute types (d-hat). In *International Conference on Advanced Data Mining and Applications*, pages 379–391. Springer.

Mudgal, S., Li, H., Rekatsinas, T., Doan, A., Park, Y., et al. (2018). Deep learning for entity matching : A design space exploration. In *SIGMOD*, pages 19–34.

Papadakis, G., et al. Thanos, E., et al. (2020a). Three-dimensional entity resolution with jedai. *Information Systems*, 93 :101565.

---

2. Ce projet a été financé par le programme de recherche et d'innovation Horizon 2020 de l'Union européenne dans le cadre de la convention de subvention n° 875171.

Papadakis, G., et al. Blocking and filtering techniques for entity resolution : A survey. *ACM Computing Surveys (CSUR)*, 53(2) :1–42.

Papadakis, G., et al. Comparative analysis of approximate blocking techniques for entity resolution. *Proc. VLDB Endow.*, 9(9) :684–695.

Papadakis, G., et al. The return of jedai : End-to-end entity resolution for structured and semi-structured data. *Proc. VLDB Endow.*, 11(12) :1950–1953.

Wang, J., Kraska, T., Franklin, M. J., and Feng, J. (2012). Crowder : Crowdsourcing entity resolution. *arXiv preprint arXiv :1208.1927*.

Wu, R., Chaba, S., Sawlani, S., Chu, X., and Thirumuruganathan, S. (2020). Zeroer : Entity resolution using zero labeled examples. In *SIGMOD*, pages 1149–1164.

Summary

Deduplication is the task of recognizing multiple representations of the same real-world object. The majority of existing solutions focuses on textual data, this means that data sets containing boolean and numerical attribute types are rarely considered in the literature, while the problem of missing values is inadequately covered. Supervised solutions cannot be applied without an adequate number of labelled examples, but training data for deduplication can only be obtained through time-costly processes. To address these challenges, we go beyond existing works through D-HAT, a clustering-based pipeline that is inherently capable of handling high dimensional, sparse and heterogeneous attribute types. At its core lies: (i) a novel matching function that effectively summarizes multiple matching signals, and (ii) *MutMax*, a greedy clustering algorithm that designates as duplicates the pairs with a mutually maximum matching score. We evaluate D-HAT on five established, real-world benchmark data sets, demonstrating that our approach outperforms the state-of-the-art supervised and unsupervised deduplication algorithms to a significant extent.

DÉMONSTRATIONS

Visualiser des explications contrefactuelles pour des données tabulaires

Victor Guyomard*,**, François Wallyn****, Françoise Fessant*, Thomas Guyet ***
Tassadit Bouadi**, Alexandre Termier**

* Orange, Lannion, France
** Univ Rennes, Inria, CNRS, IRISA, Rennes, France
*** Inria – Lyon, Villeurbanne, France
**** ENSAI – Rennes, France

Résumé. Dans cet article, nous présentons un outil de visualisation interactif destiné à la visualisation d'explications contrefactuelles. Une explication contrefactuelle se présente sous la forme d'une version modifiée de l'exemple à expliquer qui répond à la question : que faudrait-il changer pour obtenir une prédiction différente ? Ces explications visent à fournir aux utilisateurs des informations personnalisées et exploitables qui leur permettent de comprendre, et éventuellement contester ou améliorer les décisions automatisées. Les résultats sont affichés dans une interface où les explications contrefactuelles sont mises en évidence. Des méthodes interactives sont également fournies pour que les utilisateurs puissent explorer différentes solutions. Le fonctionnement de l'outil est illustré sur un cas d'usage de rétention client. L'outil est compatible avec n'importe quel générateur d'explications contrefactuelles et modèle de décision.

1 Introduction

L'apprentissage automatique est désormais massivement utilisé pour automatiser la prise de décision dans de nombreux domaines, et en particulier dans des domaines qui impactent notre vie quotidienne tels que la santé, le crédit ou encore la justice. Les modèles utilisés sont généralement complexes et opaques. C'est le phénomène de la « boite noire ». L'IA explicable (ou XAI) vise à limiter ce problème en fournissant un ensemble de méthodes pour qu'un utilisateur humain comprenne les facteurs qui ont motivé la décision d'un modèle. L'enjeu de l'explicabilité devient crucial que ce soit pour l'acceptation de l'IA ou le respect des réglementations existantes [1] et à venir [2]. Par exemple, si une personne se voit refuser son crédit, à la suite d'une décision algorithmique, la banque doit être en mesure de lui expliquer les raisons de cette décision. Dans un tel contexte, il pourrait être intéressant de fournir une explication sur ce que cette personne devrait changer pour influencer la décision du modèle.

Les explications contrefactuelles sont un type d'explication permettant d'expliquer la décision du modèle de prédiction à l'aide d'un exemple, proche de l'exemple à expliquer, qui

---

1. https://gdpr-info.eu/art-22-gdpr/
2. https://artificialintelligenceact.eu/

montre comment celui-ci devrait changer pour que sa prédiction change. L'explication fournit ainsi un retour utile à l'utilisateur qui va pouvoir identifier les différences entre son dossier et un autre, et donc également les actions à mener pour espérer faire changer la décision à l'avenir.

Un enjeu important réside dans la présentation d'un exemple contrefactuel à un utilisateur. Au delà de la génération de cet exemple contrefactuel, il est nécessaire que sa présentation soit effectivement comprise pour que l'utilisateur sache exploiter cette information.

Nous proposons dans cette démonstration un outil de visualisation d'explications contrefactuelles pour faciliter le dialogue avec un utilisateur. L'outil est destiné à des utilisateurs non spécialistes des algorithmes d'apprentissage machine. Ce peut être un expert métier ou un utilisateur final impacté par les décisions du modèle de prédiction. Par le biais de l'outil, l'utilisateur accède aux explications et peut interagir avec le système de décision. L'outil est également indépendant de l'algorithme utilisé pour générer les explications contrefactuelles. Cependant, pour illustrer ses différentes fonctionnalités, nous nous sommes appuyés sur VC-Net (Guyomard et al., 2022) un modèle adapté au traitement de données tabulaires mixtes, capable de fournir simultanément prédiction et explication contrefactuelle.

2   Contexte et travaux connexes

De nombreux travaux récents traitent de l'explicabilité des modèles de décision basés sur l'apprentissage automatique. On renvoie à Molnar (2022) pour une revue des méthodes, des enjeux et des défis du domaine. On peut chercher à expliquer globalement le modèle de décision ou s'intéresser plus spécifiquement à expliquer une décision prise pour un individu en particulier.

La plupart des travaux existants sur les outils de visualisation pour l'explicabilité s'intéressent à la première catégorie, c'est-à-dire l'explication globale de modèles. Ainsi, What-If (Wexler et al., 2020) est une interface interactive permettant de visualiser les données, les décisions du modèle et d'explorer différents scénarios en modifiant les caractéristiques des variables. RuleMatrix (Ming et al., 2019) propose la visualisation interactive d'explications à base de règles. ExplainExplore (Collaris et van Wijk, 2020) quant à lui combine exploration globale et locale avec des approches basées sur l'importance des variables.

Notre focus est sur l'explication de décisions individuelles (locales) à l'aide d'exemples contrefactuels pour des données tabulaires. Miller (2019) pense qu'un tel mode d'explication est facilement appréhendé par des utilisateurs non-experts. L'explication contrefactuelle consiste à proposer un changement minimal des valeurs des caractéristiques qui permet à la prédiction de l'instance de changer pour un résultat différent. Cela peut se formaliser comme trouver une perturbation de l'exemple de sorte à changer la décision. Par exemple, trouver la plus petite perturbation des caractéristiques qui changerait la prédiction d'une demande de prêt de *rejetée* à *approuvée*. Ce nouvel exemple est appelé exemple contrefactuel ou bien contrefactuel, et le changement associé explication contrefactuelle.

Il y a encore peu de travaux dédiés à la visualisation des explications individuelles de type contrefactuelles. Gomez et al. (2020) ont proposé ViCE, un outil qui permet de générer les explications contrefactuelles et de les visualiser dans le cadre de la classification d'octroi de crédit. ViCE ne traite que les variables numériques. Une extension dédiée à l'explication globale a été proposée récemment Gomez et al. (2021). Avec DECE, Cheng et al. (2021) autorisent l'analyse exploratoire des décisions du modèle au niveau des instances mais également au niveau d'un groupe d'instances. Enfin, récemment, Garcia-Zanabria et al. (2022) ont proposé SDA-Vis un outil de visualisation d'explications contrefactuelles dans un contexte d'aide à l'analyse du décrochage scolaire.

Bove et al. (2022) ont réalisé une étude utilisateur pour identifier les informations visuelles que ceux-ci estimaient être les plus intéressantes à recevoir dans un contexte d'explications de décisions automatisées. Leur étude portait sur les explications individuelles par importance de variables (obtenues à l'aide de SHAP (Lundberg et Lee, 2017)). Le cas d'usage évalué concernait la prédiction du prix d'une prime d'assurance par apprentissage supervisé. Les auteurs ont montré que les utilisateurs de l'étude accordaient une forte importance à la mise en contexte et à l'interactivité de l'outil de visualisation. La mise en contexte correspond principalement à une description des variables qui sont utilisées pour la prédiction tandis que l'interaction laisse de la liberté à l'utilisateur pour explorer plus en détail chaque explication.

Nous nous sommes appuyés sur ces différents travaux pour spécifier les différentes fonctionnalités de notre outil interactif de visualisation d'explications contrefactuelles.

3 Description de l'outil

L'objectif principal de l'outil proposé est de fournir une représentation visuelle intuitive des explications contrefactuelles fournies par un algorithme d'explicabilité (ici l'algorithme VCNet). Plus précisément notre objectif est de montrer, pour une instance donnée, 1) quelles caractéristiques doivent être modifiées pour que la décision du modèle change, 2) quelle doit être l'amplitude du changement et 3) de permettre l'exploration de solutions alternatives.

3.1 Génération des explications contrefactuelles

La plupart des méthodes d'explications contrefactuelles sont basées sur la perturbation de l'instance originale grâce à l'optimisation d'une fonction de coût Wachter et al. (2018). Selon les propriétés souhaitées pour l'explication on rajoute des contraintes dans le processus d'optimisation sous la forme de termes supplémentaires dans la fonction de coût. Par exemple, on peut souhaiter un contrefactuel le plus proche possible de l'exemple à expliquer, avec le moins de variables perturbées possible, actionnable (où seules certaines variables peuvent être perturbées) ou encore réaliste. Pour une revue récente de ces approches, on peut se reporter à Guidotti (2022).

L'algorithme de génération d'explications contrefactuelles que nous avons utilisé dans le cadre de cet article est décrit dans Guyomard et al. (2022). L'originalité du modèle (VCNet) est qu'il apprend simultanément à prédire et à générer une explication associée à la prédiction. Un des intérêts de l'approche est qu'elle assure un meilleur alignement entre la prédiction et l'explication, et ainsi la génération de contrefactuels valides (au sens qu'ils ont bien une classe différente de la classe de l'exemple). Un autre intérêt réside dans le temps de génération des contrefactuels. Contrairement aux approches post-hoc l'explication est ici générée de façon immédiate une fois le modèle entraîné. De plus, VCNet est un modèle à base de réseaux de neurones de type autoencodeur conditionnel variationnel permettant la génération de contre-factuels réalistes.

3.2   Description de l'interface

La figure 1 illustre la présentation d'une explication, pour une instance donnée, pour un cas d'usage de désabonnement client (appelé *chrun*). Le problème de décision auquel on s'intéresse est un problème de classification à deux classes (*churn/non churn*). Une instance est décrite par 20 variables. On trouve différentes informations sur la partie haute de l'interface concernant l'exemple et sa prédiction. La partie centrale de l'interface est dédiée aux informations relatives aux valeurs des variables : la valeur actuelle pour l'exemple et la valeur proposée pour le contrefactuel. La partie basse de l'interface est dédiée à la traduction sous forme textuelle de l'explication. Un code couleur permet l'identification de chacune des classes (ici orange pour un *churner*, et vert pour un *non churner*). Plus précisément :

— En ① on trouve les informations concernant la classe prédite par le modèle de décision pour l'individu à expliquer (ici le client est étiqueté comme *churner*) ainsi que la probabilité avec laquelle le client a été prédit dans la classe (69%).

— En ② on trouve les informations concernant la classe prédite pour le contrefactuel correspondant et la probabilité associée (prédiction de *churn* à 21% i.e. *non churn* à 79%). On observe que la classe du contrefactuel est, comme attendu, bien différente de celle de l'individu à expliquer.

— Le camembert en ③ présente un résumé des changements entre l'exemple et son contrefactuel. Il indique la proportion de variables modifiées. Le camembert est interactif. En cliquant sur celui ci on peut naviguer entre les variables modifiées par le contrefactuel et celles qui sont restées inchangées.

— Les exemples à analyser sont sélectionnés individuellement grâce au menu déroulant ④ à l'aide de leur identifiant.

— La partie centrale du graphique s'intéresse aux variables de l'exemple qui ont fait l'objet d'une modification afin d'obtenir le contrefactuel. Dans l'exemple présenté, 7 variables ont été modifiées, chacune étant identifiée par son label ⑤, ⑥. Une flèche associée à chaque variable indique le sens et l'amplitude du changement dans le cas d'une variable numérique ⑤ ou la nouvelle modalité dans le cas d'une variable catégorielle ⑥. Le code couleur associé aux variables correspond à celui de la classe du contrefactuel (vert pour un *non churner* ici).

— Les différents changements de variables sont résumés sous forme textuelle ⑧.

— Une information supplémentaire concernant l'erreur de classification de l'exemple par le modèle de décision est fournie (si elle est disponible) sous la forme d'un code graphique particulier ⑨. On raye le rond ① correspondant à l'exemple quand il a été mal classé par le modèle de décision.

L'outil dispose de plusieurs autre fonctionnalités accessibles par navigation à partir de la page principale de l'interface :

— L'utilisateur peut interagir avec l'interface et demander à sélectionner un autre contrefactuel ⑦. Il est alors redirigé vers une page illustrée dans la figure 2. Plusieurs contrefactuels lui sont proposés et il peut choisir un contrefactuel selon les critères qu'il souhaite privilégier : parcimonie (le moins de changement de variables possibles) ou performance de prédiction (le score le plus faible prédit pour la classe de l'exemple). Le contrefactuel proposé par défaut est le contrefactuel qui nécessite le moins de changements. On rappelle en partie haute de l'interface, les informations liées à l'exemple en cours d'analyse.

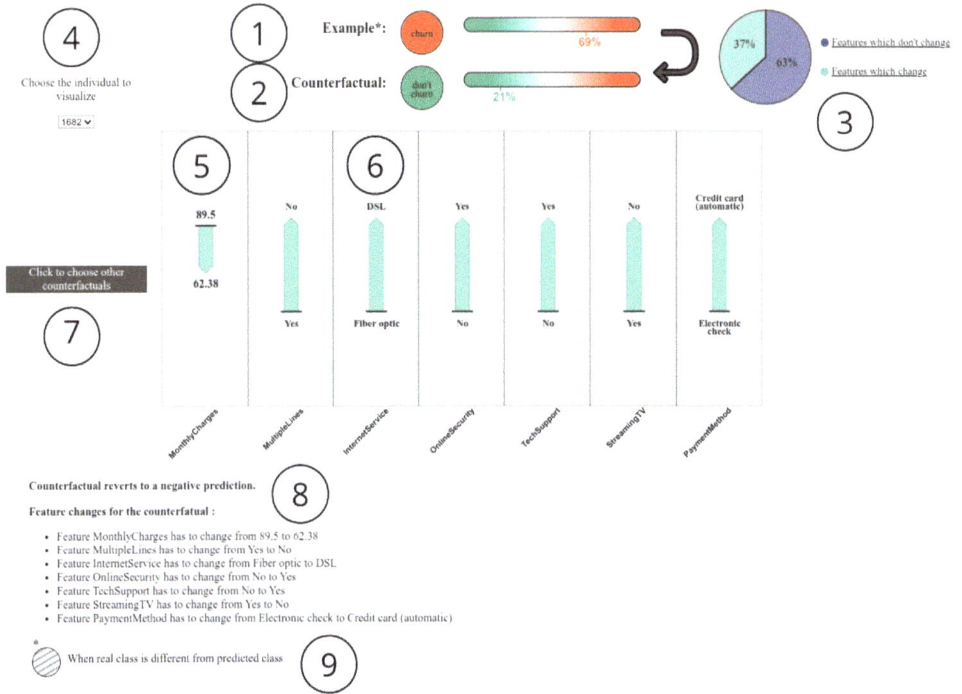

FIG. 1 – *Interface de présentation d'un exemple à expliquer et d'un contrefactuel associé.*

— Une page d'accueil qui rappelle les caractéristiques principales de l'algorithme de génération de contrefactuels, et donne une description des données analysées (caractéristiques et sémantique des variables).

3.3 Implémentation

Pour la réalisation de notre outil de visualisation, nous avons utilisé une application Flask, qui est un micro-framework de développement web en Python permettant de présenter les données et d'afficher les pages web. Les visualisations et interactions sont créées grâce à JavaScript et d3js. Nous utilisons également HTML et CSS pour créer les pages web. L'interface est compatible avec n'importe quel modèle de prédiction, ainsi qu'avec n'importe quel générateur d'explication contrefactuelle. Les données nécessaires à la visualisation sont fournies via un fichier JSON. Ce fichier doit contenir :

— les noms des variables,
— une matrice variables/instances, contenant les instances à expliquer et une autre contenant les contrefactuels,
— les probabilités de prédiction du modèle ainsi que les classes prédites, pour les instances à expliquer ainsi que pour les contrefactuels.

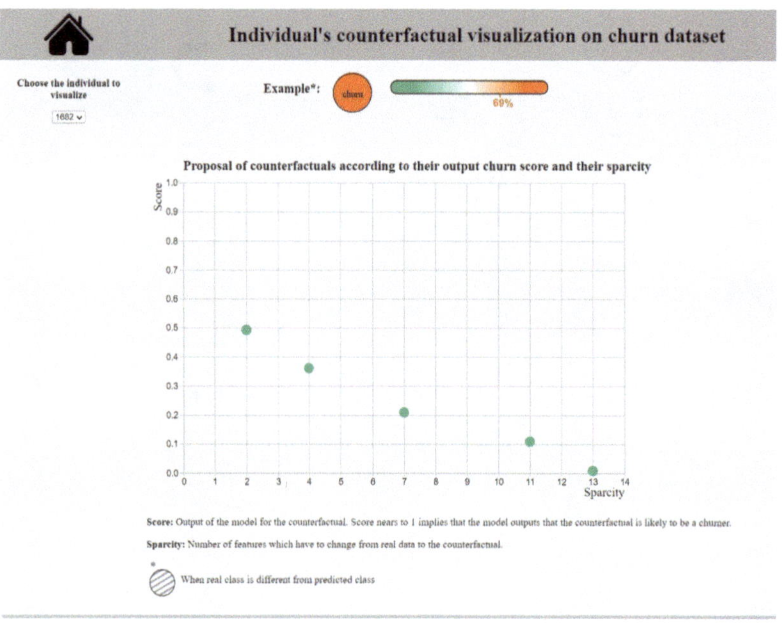

FIG. 2 – *Interface de sélection d'un contrefactuel alternatif selon les axes à privilégier (parcimonie/score de classification).*

4   Étude d'un cas d'usage

Nous illustrons l'outil sur un exemple de prédiction de la résiliation de clients d'un opérateur télécom. Le jeu de données utilisé, Telco Customer Churn[3], comprend 7 043 clients décrits par vingt variables (informations personnelles, services souscrits, type de contrat), dont la résiliation (*oui/non*). Il s'agit donc d'un problème de classification binaire sur des données tabulaires. Les données ont été découpé en 60% des exemples pour l'apprentissage du modèle, 20% pour la validation, et 20% pour le test.

On discute ici l'analyse de l'exemple présenté Figure 1. L'exemple correspond à un individu (*Id 1682*) qui a été étiqueté par le modèle de décision comme *churner* avec une probabilité de 69%. Le contrefactuel proposé pour l'exemple fait changer la classe de l'exemple de *churner* à *non churner* avec une probabilité de *non churn* de 79% (probabilité de *churn* à 21%). 7 variables de l'exemple initial ont été modifiées pour obtenir le contrefactuel (37% des variables). En termes d'analyse métier, les modification consistent en un changement de mode d'accès internet (passer de la fibre à l'ADSL), la suppression de certains services (streamingTV), la diminution de la facture mensuelle de 89.5\$ à 62.4\$, la souscription à un service de protection et de support technique. La figure 2 indique que 4 contrefactuels alternatifs sont disponibles. Un premier contrefactuel, qui propose la modification de 2 variables (diminution de la facture mensuelle de 89.5\$ à 77.25\$ et modification de la méthode de paiement), ramène la probabi-

---

3. https://www.kaggle.com/datasets/blastchar/telco-customer-churn

lité de *churn* de 69% à 49%, un second qui propose la modification de 4 variables ramène la probabilité de *churn* à 36% (suppression de plusieurs services et modification de la méthode de paiement), etc. L'expert métier a ainsi la possibilité de choisir le critère qui lui parait le meilleur entre parcimonie et score de classification.

Une autre utilisation possible de notre outil, dans un contexte métier, consisterait à observer de manière préventive les clients *non churners* et leurs contrefactuels. L'objectif étant de détecter une évolution dans les variables qui indiqueraient que le client est sur le point de *churner*.

5 Conclusion et évolutions futures

Cet article a présenté un outil de visualisation d'explications contrefactuelles. Pour chaque instance à analyser, on présente, via une interface graphique les variables descriptives qui ont été modifiées (ainsi que comment elles on été modifiées) pour obtenir le contrefactuel et faire changer la décision du modèle. L'utilisateur a la possibilité d'interagir avec l'interface pour explorer des contrefactuels alternatifs. Cet outil est dédié pour l'instant à des utilisateurs de type expert métier ou utilisateur destinataire de la décision. Il est compatible avec tout type de modèle de décision et générateur d'explications contrefactuelles. L'outil a été illustré sur un cas d'usage de rétention client.

Le travail présenté ici est une première étape dans l'objectif de doter les utilisateurs d'outils de visualisations simples et intuitifs pour l'explicabilité des modèles d'intelligence artificielle. L'outil pourrait à terme s'enrichir de différentes fonctionnalités. Par exemple, pour l'instant les interactions avec l'utilisateur sont limitées au choix d'un contrefactuel dans un ensemble possible selon des critères de parcimonie ou de performance de classification. L'utilisateur pourrait également être intéressé par une sélection des variables qui composent le contrefactuel. Un autre axe d'amélioration concerne la formalisation textuelle de l'explication qui est pour l'instant très limitée. Un travail sur l'ergonomie de l'interface serait également d'intérêt, ainsi qu'une étude utilisateur.

Références

Bove, C., J. Aigrain, M.-J. Lesot, C. Tijus, et M. Detyniecki (2022). Contextualization and exploration of local feature importance explanations to improve understanding and satisfaction of non-expert users. In *Proceedings of the 27th International Conference on Intelligent User Interfaces (IUI)*, pp. 807–819. Association for Computing Machinery.

Cheng, F., Y. Ming, et H. Qu (2021). DECE : Decision explorer with counterfactual explanations for machine learning models. *Transactions on Visualization and Computer Graphics 27*(2), 1438–1447.

Collaris, D. et J. J. van Wijk (2020). ExplainExplore : Visual exploration of machine learning explanations. In *Proceedings of the Pacific Visualization Symposium (PacificVis)*, pp. 26–35. IEEE.

Garcia-Zanabria, G., D. A. Gutierrez-Pachas, G. Camara-Chavez, J. Poco, et E. Gomez-Nieto (2022). SDA-Vis : A visualization system for student dropout analysis based on counterfactual exploration. *Applied Sciences 12*(12), 5785.

Gomez, O., S. Holter, J. Yuan, et E. Bertini (2020). ViCE : Visual counterfactual explanations for machine learning models. In *Proceedings of the 25th International Conference on Intelligent User Interfaces (IUI)*, pp. 531—535. Association for Computing Machinery.

Gomez, O., S. Holter, J. Yuan, et E. Bertini (2021). AdViCE : Aggregated visual counterfactual explanations for machine learning model validation. In *Proceedings of the Visualization Conference (VIS)*, pp. 31–35. IEEE Computer Society.

Guidotti, R. (2022). Counterfactual explanations and how to find them : literature review and benchmarking. *Data Mining and Knowledge Discovery*, 1–55.

Guyomard, V., F. Fessant, et T. Guyet (2022). VCNet : A self-explaining model for realistic counterfactual generation. In *Proceedings of the European Conference on Machine Learning and Principles and Practice of Knowledge Discovery in Databases (ECML/PKDD)*, pp. 10.

Lundberg, S. M. et S.-I. Lee (2017). A unified approach to interpreting model predictions. In I. Guyon, U. V. Luxburg, S. Bengio, H. Wallach, R. Fergus, S. Vishwanathan, et R. Garnett (Eds.), *Advances in Neural Information Processing Systems*, Volume 30. Curran Associates, Inc.

Miller, T. (2019). Explanation in artificial intelligence : Insights from the social sciences. *Artificial Intelligence 267*, 1–38.

Ming, Y., H. Qu, et E. Bertini (2019). RuleMatrix : Visualizing and understanding classifiers with rules. *Transactions on Visualization and Computer Graphics 25*(1), 342–352.

Molnar, C. (2022). *Interpretable Machine Learning* (2 ed.).

Wachter, S., B. Mittelstadt, et C. Russell (2018). Counterfactual explanations without opening the black box : Automated decisions and the GDPR. *Harvard journal of law & technology 31*, 841–887.

Wexler, J., M. Pushkarna, T. Bolukbasi, M. Wattenberg, F. Viégas, et J. Wilson (2020). The What-If Tool : Interactive probing of machine learning models. *Transactions on Visualization and Computer Graphics 26*(1), 56–65.

Summary

In this paper we present an interactive visual analytics tool that exibits counterfactual explanations to evaluate model decisions. Each sample is assessed to identify the set of changes needed to flip the model's output. These explanations aim to provide end-users with personalized actionable insights with which to understand automated decisions. The functionality of the tool is demonstrated by its application to a customer retention dataset.

Interface d'interrogation graphique de parcours de soins à base de chroniques

Pegdwendé N. Sawadogo*, Thomas Guyet**, Etienne Audureau***

* Fondation de l'AP-HP, Paris, France
nicolas.sawadogo-ext@aphp.fr
** INRIA, AIStroSight, Lyon, France
thomas.guyet@inria.fr
*** AP-HP, Hôpital Henri Mondor, Université Paris Est Créteil, France
etienne.audureau@aphp.fr

Résumé. Pour mener des études épidémiologiques, les épidémiologistes sont amenés à cibler des patients d'intérêt sur la base de leurs parcours de soins. Cette tâche est particulièrement complexe car elle nécessite de pouvoir exprimer des contraintes et relations temporelles entre les évènements d'une trajectoire de soins. Les approches existantes pour y parvenir se montrent limitées soit en terme d'expressivité, ou à cause d'une grande technicité d'utilisation inadaptée au profil des épidémiologistes. Pour y remédier, nous proposons un outil permettant de définir graphiquement une trajectoire de soins et de retrouver les patients correspondants.

1   Introduction

Au cours des dernières décennies, la prise en charge des patients dans les hôpitaux a été révolutionnée par l'intégration progressive d'outils numériques. Des bases de données médico-administratives ont alors été mises en place pour supporter la digitalisation des services médicaux à travers le stockage des données relatives à la prise en charge des patients. Sont ainsi stockées des informations biologiques sur les patients (sexe, date de naissance, groupe sanguin, etc.), des comptes rendus de consultations, des résultats d'examens médicaux, des diagnostics, des prescriptions de médicaments, ou encore un historique de mesures réalisées sur les patients (poids, taille, tension artérielle, etc.) (Sharma et al., 2019).

Ces bases de données supportent non seulement la prise en charge des patients, mais également, de façon indirecte, la recherche en épidémiologie (De Moor et al., 2014). En effet, l'exploitation à grande échelle des données de patients offre de nouvelles opportunités de recherche à travers, par exemple, de l'analyse de l'efficacité des traitements, de la surveillance d'effets secondaires et même de l'anticipation d'évènements probables pour un patient (De Moor et al., 2014; Bakalara et al., 2021). Cependant, la réalisation de ces études nécessite une étape primordiale d'identification des patients d'intérêt (par exemple, des patients atteints d'une maladie). Il s'agit alors de retrouver des patients correspondant à un ensemble de critères portant sur les données disponibles : des critères biologiques (poids, taille, etc.) mais aussi des critères sur leur parcours de soin, c'est-à-dire, un ensemble d'évènements médicaux survenus dans la vie du patient (prescriptions de médicaments, consultations, diagnostics, etc.). L'ensemble de ces critères forme une *trajectoire de soin.*

L'identification de patients sur la base de leur parcours de soins est particulièrement complexe (Bakalara et al., 2021). En effet, cela nécessite de pouvoir exprimer des contraintes temporelles et des relations de délais, d'antériorité ou de postériorité entre plusieurs évènements apparaissant dans un parcours de soins. Dans ce contexte, les outils classiques d'interrogation de bases de données comme le langage SQL se sont montrés limités. En effet, ce type d'outils devient très technique lorsqu'il s'agit de rechercher des trajectoires de soins complexes (Bache et al., 2015). Pourtant, les études épidémiologiques sont généralement conduites par des médecins ayant des compétences techniques limitées. Certes, des approches alternatives ont été proposées dans la littérature pour y remédier, mais celles-ci restent limitées soit, en terme d'expressivité (Chapman et al., 2021; Uciteli et al., 2020), ou à cause de leur complexité d'utilisation (Bacry et al., 2020; Bakalara et al., 2021).

C'est pourquoi nous proposons dans cet article un outil graphique d'interrogation des parcours de soins dans une base de données médico-administratives. Nous exploitons ainsi la richesse expressive du concept de chronique sémantique (Bakalara et al., 2021) pour assister les épidémiologistes dans l'interrogation des bases de données médico-administratives. À travers de cette interface graphique, les épidémiologistes peuvent représenter une trajectoire de soins composée de plusieurs évènements médicaux (visites, délivrance de médicaments, diagnostics et décès), en définissant des contraintes temporelles sur lesdits évènements. Cette trajectoire de soin est alors exécutée comme une requête pour identifier les patients correspondants.

La suite de cet article est constituée comme suit : la Section 2 présente un bref état de l'art des outils d'interrogation des parcours patients. Dans la Section 3, nous détaillons notre approche d'interrogation des parcours de soins. Dans la Section , nous présentons des scénarios d'utilisation de l'outil que nous proposons. Enfin, nous concluons l'article dans la Section 5.

2   État de l'art

Dans cette section, nous présentons quelques outils proposés dans la littérature pour l'interrogation des parcours de soins. Nous distinguons d'une part, les systèmes basés sur des langages informatiques et, d'autre part, les systèmes intégrant une interface graphique.

2.1   Systèmes basés sur des langages informatiques

Pour aider à la constitution de cohortes à partir de données patient, Bache et al. (2015) ont proposé le langage de requêtage *ECLECTIC* (*Eligibility Criteria Language for Clinical Trial Investigation and Construction*). *ECLECTIC* possède une grande richesse expressive, supportant à la fois des combinaisons logiques et des contraintes temporelles lui permettant d'interroger le parcours de soins.

Le système *SCALPEL3* (*SCAlable Pipeline for hEaLth data*) propose des fonctionnalités analogues à *ECLECTIC* en se basant sur un système d'API [1] en langage Python (Bacry et al., 2020). Cependant, la présentation sous la forme d'une API python rend ce système difficilement exploitable par les épidémiologistes.

---

1. Application Programming Interface (Interface de programmation d'application)

Bakalara et al. (2021) adoptent quant-à-eux une présentation plus intuitive pour supporter l'interrogation de parcours de soins. Chaque trajectoire y est conçue à travers une chronique, c'est-à-dire un modèle graphique constitué d'un ensemble d'évènements et de contraintes temporelles. Cependant, la représentation par chroniques se limite au niveau conceptuel dans le système de Bakalara et al. (2021). En pratique, la chronique est concrétisée sous la forme de requêtes SPARQL.

2.2 Systèmes d'interrogation graphiques

Le système *Informatics for integrating biology and the bedside (i2b2)* est un des pionniers en matière d'interrogation graphique des parcours de soins ou des données démographiques des patients (Murphy et al., 2010). Il intègre une interface graphique à travers laquelle les utilisateurs peuvent définir une trajectoire constituée d'une succession d'évènements et de contraintes temporelles.

En guise d'alternative à *i2b2*, l'outil *Cohort360*[2] est en cours de conception par l'Assistance Publique - Hôpitaux de Paris (AP-HP) pour remédier à certaines limites d'i2b2. Ainsi, l'interface de Cohort360 est axée sur le support des combinaisons logiques (conjonction, disjonction, négation) entre les évènements de la trajectoire. Cohort360 permet également de visualiser les données patients, une fois la cohorte constituée.

Finalement, l'outil *Phenoflow* (Chapman et al., 2021) propose un système de *workflow* pour interroger les données de patients. Les critères de définition de la cohorte ciblée sont ainsi agencés et présentés visuellement sous la forme d'un ensemble d'étapes successives. Toutefois, *Phenoflow* est, à l'image de *Cohort360*, centré sur le support de combinaisons de critères et supporte peu la définition de contraintes temporelles.

2.3 Discussion

Les systèmes de constitution de cohortes basés sur des langages informatiques partagent l'inconvénient d'être inadaptés pour les épidémiologistes. Ils exigent des compétences techniques avancées, et sont *de facto* difficilement utilisables par ces utilisateurs (Sawadogo et al., 2022). Sur cet aspect, les systèmes d'interrogation graphiques sont donc préférables.

Cependant, les systèmes d'interrogation graphiques existant dans la littérature possèdent également des limites. Ainsi, *i2b2* qui est basé sur des requêtes SQL supporte difficilement les requêtes temporelles complexes (Sholle et al., 2020). De plus, l'interface graphique proposée dans *i2b2* paraît peu intuitive et limitée pour exprimer des relations d'antériorité complexes entre des évènements. D'ailleurs, *Cohort360* qui est encore en cours de développement, semble partager cette insuffisance. Enfin, le système de workflow de *Phenoflow* est inadapté à l'expression de contraintes temporelles complexes.

Pour dépasser les limites identifiées dans la littérature, nous proposons dans cet article un nouvel outil offrant aux épidémiologistes une interface à la fois intuitive et expressive pour l'interrogation des parcours de soins au travers d'une trajectoire exprimée sous la forme d'une chronique. Ainsi, l'outil que nous proposons intègre à la fois l'expressivité des chroniques et la facilité d'utilisation d'une interface graphique.

---

2. https://docs.cohort360.org/

3 Approche d'interrogation d'un parcours de soins

Dans cette partie, nous détaillons l'approche de modélisation sous-jacente au système d'interrogation que nous proposons. Pour ce faire, nous montrons comment un parcours de soins peut être représenté sous la forme d'un graphe, et interrogé grâce au concept de chroniques.

3.1 Représentation du parcours de soins par un graphe

Un parcours de soins représente un ensemble d'évènements médicaux prescrits à un patient. Ces évènements sont associés soit à un horodatage (naissance, examen médical, décès, etc.) ou à un intervalle de temps (exposition à des médicaments, maladie, etc.) (Sawadogo et al., 2022). Dans notre cas, nous concevons les parcours de soins comme des graphes. Ce choix est particulièrement motivé par la flexibilité et l'intuitivité offertes par cette représentation.

Pour constituer ce graphe, chaque évènement d'un parcours de soins est formellement représenté par un couple (p, v), avec p le patient, v l'évènement. Cet évènement est constitué de trois composantes : le temps (l'horodatage ou l'intervalle de temps), le type d'évènement (p. ex. *diagnostic*) et, dans certains cas, une description détaillée (p. ex. le code CIM[3] pour les diagnostics).

3.2 Interrogation des parcours de soins par des chroniques

Pour retrouver les patients à inclure dans une étude, les épidémiologistes définissent une trajectoire qui, en plus des évènements, intègre des contraintes temporelles de délai et d'ordre. Par exemple, les patients souffrant d'une thrombose veineuse profonde (TVP) peuvent être caractérisés par la trajectoire suivante (Bakalara et al., 2021) : « *Patients ayant fait l'objet d'un diagnostic de TVP ou d'embolie pulmonaire (EP) suivi, un à deux jours plus tard, de plusieurs prescriptions de médicaments anti-coagulants (AC) ; les prescriptions étant séparées entre elles de deux mois au plus* ».

Ce type de requêtes peut être représenté et exécuté efficacement à l'aide du concept de *chronique*. Les chroniques permettent en effet de définir ce type de trajectoire, et de vérifier son occurrence dans un ensemble de séquences (Dousson et Le Maigat, 2007). Les chroniques offrent le double avantage d'une grande expressivité en termes de contraintes temporelles, et d'une représentation intuitive sous la forme d'un graphe. Ainsi, la trajectoire de soins définie dans l'exemple précédent peut être représentée par la chronique de la Figure 1. Les nœuds y représentent des évènements (un diagnostic et deux délivrances de médicaments) tandis que les arcs traduisent des intervalles de délais acceptables.

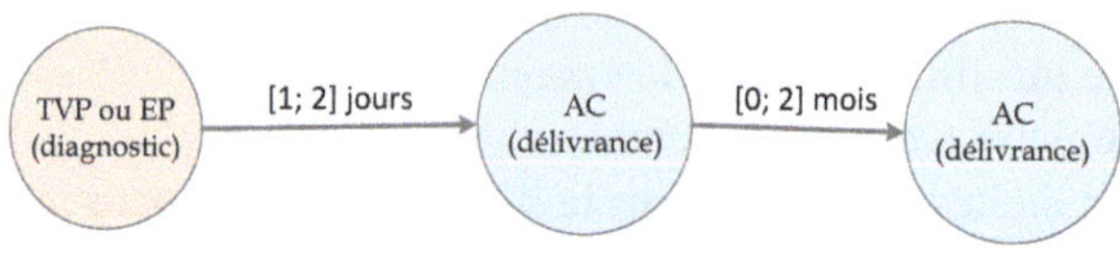

FIG. 1 – *Chronique correspondant à la trajectoire d'un patient atteint d'une thrombose veineuse profonde (Bakalara et al., 2021).*

---

3. `https://icd.who.int/en`. Nous utilisons la version 9 de la CIM.

4   Présentation de l'outil

Dans cette partie, nous présentons plus en détails le fonctionnement de l'outil que nous proposons pour l'interrogation graphique de parcours de soins. Nous nous focalisons plus précisément sur les fonctionnalités offertes et l'architecture qui permet de les supporter.

4.1   Architecture du système

L'outil d'interrogation que nous proposons est structuré en trois composants principaux (cf. Figure 2) :

Le *graphe de propriétés* permet de stocker l'ensemble des parcours de soins. L'approche par graphe offre en effet une flexibilité permettant de supporter aisément de nouveaux types d'évènements, sans remettre en cause le modèle de données. Dans notre cas, le graphe de propriétés est supporté par la base de données Neo4J [4].

L'*API REST* sert d'intermédiaire entre le graphe de connaissance représentant l'ensemble des parcours de soins, et l'interface graphique à partir d'où les parcours de soins sont interrogés. Elle permet ainsi de convertir les chroniques définies graphiquement par l'utilisateur en requêtes CYPHER (le langage de requêtage dédié à Neo4J) et de les exécuter. L'API REST est développée dans notre cas en exploitant la bibliothèque Python Flask [5].

L'*interface graphique* permet aux utilisateurs de définir visuellement une trajectoire, et de recueillir la liste des patients correspondants. En guise de trajectoire, les utilisateurs dessinent une chronique composée d'évènements médicaux. L'interface graphique a été conçue à l'aide de la bibliothèque Javascript D3JS [6].

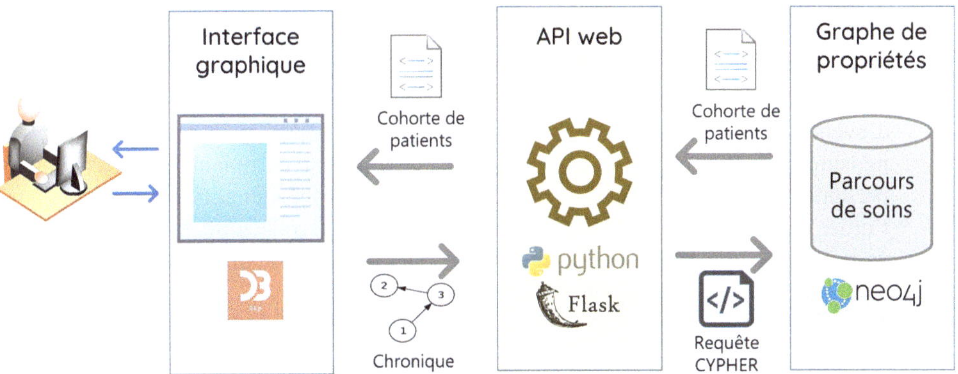

FIG. 2 – *Architecture de l'outil d'interrogation.*

---

4. https://neo4j.com/
5. https://flask.palletsprojects.com/
6. https://d3js.org/

FIG. 3 – *Exemples de représentations d'évènements uniques.*

4.2 Fonctionnalités et exemples d'utilisation

Le système que nous proposons permet aux utilisateurs de définir une trajectoire en combinant quatre types d'évènements que sont la *visite*, la *délivrance* de médicaments, le *diagnostic* de maladie et le *décès*. Chacun des quatre types d'évènements est associé à une couleur et à un ensemble de valeurs possibles issues des valeurs observées (visites), ou de codages standards (ATC[7] pour les délivrances et CIM pour les diagnostics). L'utilisateur peut alors interroger les parcours de soins à travers des requêtes visuelles plus ou moins sophistiquées :

Évènements uniques : Il s'agit du cas où la trajectoire est définie par l'occurrence d'un seul évènement. Ce type de trajectoire est traduit sur l'interface graphique par un nœud unique. Ce nœud peut être associé à un intervalle de temps précisant une durée minimale et une durée maximale attendue pour l'apparition des évènements.

Par exemple, la Figure 3-a présente le cas où l'on recherche les patients ayant été exposés à des médicaments de type « relaxants musculaires », tandis que la Figure 3-b représente les patients à qui on a diagnostiqué une « appendicite ».

Évènements multiples : Il s'agit ici du cas d'une conjonction de plusieurs évènements. Cela se traduit sur l'interface graphique par la création de n nœuds (pour n évènements). Dans certains cas, un même nœud peut être dupliqué pour exprimer le fait que l'évènement apparaisse plusieurs fois dans le parcours de soins.

En guise d'illustration, la trajectoire définie dans la Figure 4 permet de retrouver les patients à qui on a diagnostiqué une blessure ou un empoisonnement, à qui on a délivré au moins une fois des médicaments antalgiques et qui sont décédés.

Évènements multiples avec des délais : La trajectoire est ici définie via une conjonction d'évènements multiples avec en plus des contraintes d'ordre et de délais entre les évènements. Ces contraintes sont ajoutées par l'utilisateur en reliant les nœds (qui représentent des occurrences d'évènements) par des arcs. La direction des arcs précise l'ordre dans lequel les évènements apparaissent dans la trajectoire, tandis qu'un intervalle de temps associé à l'arc permet de spécifier un délai minimal et un délai maximal attendu entre deux évènements.

La Figure 5 illustre la trajectoire associée aux patients qui ont eu une blessure ou un empoisonnement, et qui ont eu une prescription d'antalgique moins d'un mois après, puis une deuxième prescription d'antalgique moins d'un mois après la première.

En plus de la trajectoire définie, des critères démographiques peuvent servir à affiner le résultat en filtrant suivant la date de naissance ou le sexe biologique des patients. On obtient alors une cohorte de patients, c'est-à-dire une liste de patients correspondants. Cette liste est observable sur l'interface graphique sous la forme d'un tableau, ou de graphiques permettant

---

7. https://www.whocc.no/atc_ddd_index/

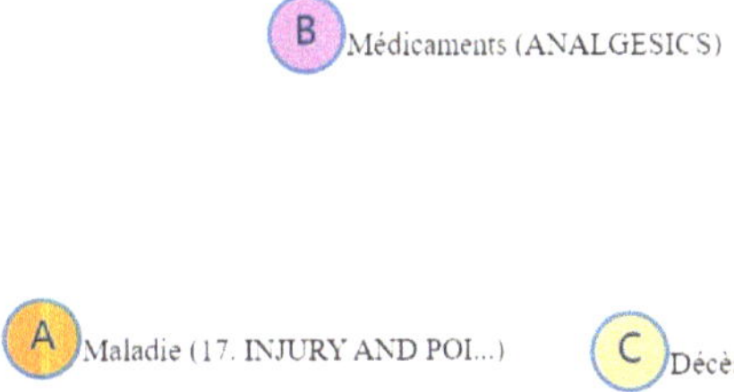

FIG. 4 – *Chronique avec des évènements multiples.*

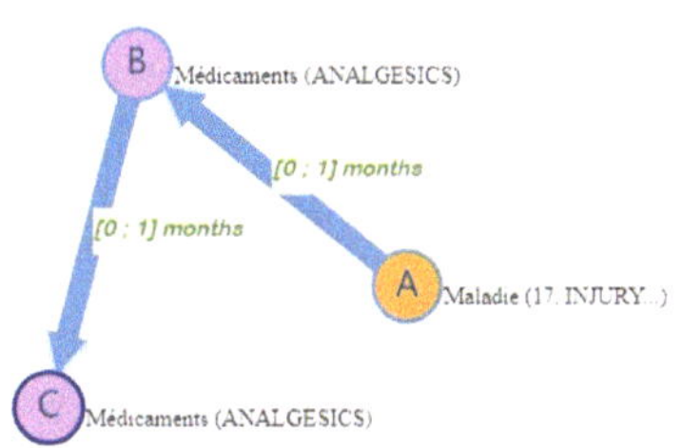

FIG. 5 – *Chronique avec des évènements multiples et des délais.*

de visualiser, par exemple, la répartition des âges ou des sexes biologiques. Cette liste peut ensuite être exportée pour poursuivre les analyses.

5 Conclusion

Dans cet article, nous avons proposé un outil destiné à l'interrogation graphique des parcours de soins dans les bases de données médico-administratives. Pour ce faire, nous avons combiné la richesse expressive du concept de chroniques et l'intuitivité offerte par la représentation graphique. Nous avons ainsi conçu un outil plus complet que les systèmes existants dans la littérature pour l'interrogation de parcours de soins.

Dans cette première implémentation, nous nous sommes servis des données MIMIC, une base de données médico-administrative libre d'usage (Johnson et al., 2016). L'outil reste toutefois suffisamment flexible pour supporter de nouveaux types d'évènements, ou même d'autres bases de données. D'ailleurs, cet outil peut servir au-delà du domaine médical à interroger toute base de données d'évènements. Il pourrait par exemple servir à retrouver des combinaisons d'évènements à partir de fichiers *logs*.

Dans nos travaux futurs, nous souhaitons mener à terme une campagne d'évaluation de l'utilisabilité de l'outil, basée sur le protocole *System Usability Scale* (Brooke, 1996). Cette étude a actuellement été menée sur 5 utilisateurs et donne des premiers résultats prometteurs.

Remerciements Une partie des recherches présentées dans cette démo est subventionnée par la Fondation de l'AP-HP, dans le cadre de la Chaire AI-RACLES et a reçu l'accord du Comité scientifique et éthique du CDW de l'AP-HP (CSE-20-11-COVIPREDS).

References

Bache, R., A. Taweel, S. Miles, et B. C. Delaney (2015). An eligibility criteria query language for heterogeneous data warehouses. *Methods of information in medicine 54*(01), 41–44.

Bacry, E., S. Gaiffas, F. Leroy, M. Morel, D.-P. Nguyen, Y. Sebiat, et D. Sun (2020). SCALPEL3: a scalable open-source library for healthcare claims databases. *International Journal of Medical Informatics 141*, 104203.

Bakalara, J., T. Guyet, O. Dameron, A. Happe, et E. Oger (2021). An extension of chronicles temporal model with taxonomies-application to epidemiological studies. In *Proceedings of the International Conference on Health Informatics (HEALTHINF)*, pp. 133–142.

Brooke, J. (1996). Sus: a quick and dirty usability scale. *Usability evaluation in industry 189*, 4–7.

Chapman, M., L. V. Rasmussen, J. A. Pacheco, et V. Curcin (2021). Phenoflow: A microservice architecture for portable workflow-based phenotype definitions. In *Proceedings of the AMIA Summits on Translational Science*, pp. 142.

De Moor, G., M. Sundgren, D. Kalra, A. Schmidt, M. Dugas, B. Claerhout, T. Karakoyun, C. Ohmann, P.-Y. Lastic, N. Ammour, R. Kush, D. Dupont, M. Cuggia, C. Daniel, G. Thienpont, et P. Coorevits (2014). Using electronic health records for clinical research: The case of the EHR4CR project. *Journal of Biomedical Informatics 53*, 162–173.

Dousson, C. et P. Le Maigat (2007). Chronicle recognition improvement using temporal focusing and hierarchization. In *Proceedings of the International Join Conference on Artificial Intelligence (IJCAI)*, Volume 7, pp. 324–329.

Johnson, A. E., T. J. Pollard, L. Shen, L.-w. H. Lehman, M. Feng, M. Ghassemi, B. Moody, P. Szolovits, L. Anthony Celi, et R. G. Mark (2016). MIMIC-III, a freely accessible critical care database. *Scientific data 3*(1), 1–9.

Murphy, S. N., G. Weber, M. Mendis, V. Gainer, H. C. Chueh, S. Churchill, et I. Kohane (2010). Serving the enterprise and beyond with informatics for integrating biology and the bedside (i2b2). *Journal of the American Medical Informatics Association 17*(2), 124–130.

Sawadogo, P., T. Guyet, et E. Audureau (2022). Conceptions de phénotypes computationnels pour la recherche en santé publique. In *Actes de la journée Santé et IA*.

Sharma, H., C. Mao, Y. Zhang, H. Vatani, L. Yao, Y. Zhong, L. Rasmussen, G. Jiang, J. Pathak, et Y. Luo (2019). Developing a portable natural language processing based phenotyping system. *BMC Medical Informatics and Decision Making 19*(3), 79–87.

Sholle, E. T., M. Cusick, M. A. Davila, J. Kabariti, S. Flores, et T. R. Campion (2020). Characterizing basic and complex usage of i2b2 at an academic medical center. *Proceedings of the AMIA Summits on Translational Science 2020*, 589.

Uciteli, A., C. Beger, T. Kirsten, F. A. Meineke, et H. Herre (2020). Ontological representation, classification and data-driven computing of phenotypes. *Journal of Biomedical Semantics 11*(15), 1–17.

Summary

For the purpose of epidemiological studies, epidemiologists have first to retrieve using health data patients corresponding to a defined care trajectory. This task is particularly complex because it requires the expression of temporal constraints and relationships between events. Existing approaches to achieve this are limited either in terms of expressiveness, or because of a high level of technicality unsuitable to epidemiologists. To remedy this, we propose an intuitive tool to define a care trajectory graphically and find the corresponding patients.

Perdido : librairie Python pour le geoparsing et le geocoding de textes en français

Ludovic Moncla*, Mauro Gaio**

* Univ Lyon, INSA Lyon, CNRS, UCBL, LIRIS, UMR 5205, F-69621
ludovic.moncla@insa-lyon.fr
https://ludovicmoncla.github.io
** Université de Pau et des Pays de l'Adour, LMAP, UMR 5142, Pau, France
mauro.gaio@univ-pau.fr

Résumé. Cet article présente la librairie Python Perdido pour le geoparsing et le geocoding de textes en français. Nous présentons l'architecture générale de l'outil Perdido composée de trois couches : back-office, API et librairie Python. Nous détaillons les méthodes utilisées pour le développement de la chaîne de traitement et des différentes tâches (reconnaissance et classification des entités nommées et résolution des toponymes). Enfin, nous présentons les différentes fonctionnalités de la librairie Python et la façon de l'utiliser. La librairie est développée comme une surcouche faisant appel aux services de l'API et permet de manipuler, visualiser et exporter les résultats du geoparsing et du geocoding. Un notebook [1] Jupyter décrit, sous la forme d'un tutoriel, l'ensemble des fonctionnalités implémentées dans la librairie.

1 Introduction

Cet article présente la librairie Python Perdido [2] pour le geoparsing et le geocoding de textes en français. Le geoparsing est une tâche très importante en recherche d'information géographique (Jones et Purves, 2008) et plus largement en Traitement Automatique des Langues (TAL). Elle se décompose en deux sous-tâches : (1) la reconnaissance et la classification d'entités nommées et d'informations spatiales (ou *geotagging*) et (2) la résolution de toponymes (ou *geocoding*). De nombreuses définitions de la notion d'entités nommées existent, mais de manière assez générale nous pouvons définir la tâche de reconnaissance d'entités nommées comme l'action de repérer et de catégoriser dans un texte les mots ou groupes de mots (le plus souvent des noms propres ou descriptions définies), permettant d'identifier un objet de manière stable et non ambiguë (Nouvel et al., 2015). Dans le cas du geoparsing, nous nous intéressons plus spécifiquement au repérage d'informations spatiales (ou géographiques) c'est-à-dire d'éléments du texte faisant référence à un lieu, une localisation (absolue ou relative) ou encore un déplacement. On parle alors de geotagging. En complément, le geoparsing comprend également l'étape de résolution des entités nommées (ou *entity linking*), qui dans ce cas peut

---

se résumer à la résolution des entités de lieux (ou toponymes). On parle alors de geocoding. L'objectif de cette tâche est d'associer aux toponymes repérés dans le texte leurs coordonnées géographiques (ex : latitude / longitude).

De nombreuses méthodes de geocoding ont été proposées dans la littérature (Hu et al., 2022). De manière simplifiée, elles peuvent être classées en deux catégories : les méthodes qui s'appuient sur des ressources externes (bases de connaissances, gazetiers, ...) et les méthodes qui s'appuient sur l'entraînement de modèles pour la prédiction de coordonnées (Fize et al., 2021). La première catégorie permet en général d'obtenir des résultats plus précis (en effet, lorsqu'elles existent, les coordonnées retrouvées dans une base de connaissances font référence à une localisation réelle) mais nécessite une étape importante de désambiguïsation. La seconde catégorie nécessite une très grande quantité de données mais permet de ne pas avoir à interroger de gazetiers ou à traiter les ambiguïtés. De nombreuses formes d'ambiguïtés existent (Gritta et al., 2018), telles que la métonymie, l'homonymie ou les changements de noms au cours du temps. Le paramétrage du geocoding au sein de la librairie permet de filtrer un certain nombre d'ambiguïtés.

L'architecture présentée dans cet article a été développée et enrichie lors de différents projets tels que la reconstruction d'itinéraire à partir de descriptions de randonnées (Moncla et al., 2016; Gaio et Moncla, 2019), la cartographie des noms de rues Parisiennes citées dans un corpus de romans du XIXème siècle (Moncla et al., 2019) et le repérage et la classification des entités nommées dans les articles encyclopédiques (Vigier et al., 2020).

2   L'architecture

L'outil Perdido est implémenté en trois couches : la partie back-office hébergée sur un serveur, une API REST qui permet d'exposer les fonctionnalités du back-office sous forme de services web et la librairie Python qui offre une sur-couche pour interroger les services et manipuler, visualiser et exporter les résultats.

2.1   Back-office

Le back-office implémente une chaîne de traitement pour le geoparsing (Gaio et Moncla, 2019), qui reprend les différentes étapes classiques en TAL : pré-traitement (tokenisation, lemmatisation, annotation morpho-syntaxique), reconnaissance et classification des entités nommées et résolution des toponymes.

Les étapes de pré-traitement sont réalisées par l'outil Treetagger[3]. La reconnaissance des entités nommées et l'annotation des informations spatiales reposent sur une double cascade de transducteurs (Gaio et Moncla, 2019) qui utilisent des ressources lexicales et des descriptions locales de motifs (patrons morpho-syntaxiques, expressions régulières, ...). Les transducteurs sont implémentés au sein de la plateforme Unitex[4] et agissent par insertion afin de baliser les entités nommées et informations spatiales du texte. Ils permettent de produire une sortie au format XML-TEI[5] (Moncla et Gaio, 2015). La résolution des toponymes s'appuie sur l'interrogation de plusieurs bases de données géographiques (gazetiers). Les gazetiers suivants peuvent

---

3. https://www.cis.uni-muenchen.de/~schmid/tools/TreeTagger/
4. https://unitexgramlab.org
5. https://tei-c.org

```
<rs type="place" subtype="ene">
    <term type="place">
        <w pos="DET" lemma="le">la</w>
        <w pos="N" lemma="rivière">rivière</w>
    </term>
    <w pos="PREP" lemma="de">d'</w>
    <rs type="place">
        <name type="place">
            <w pos="NPr" lemma="">Arques</w>
            <location>
                <geo source="nominatim" rend="Arques-la-Bataille, [***]">1.126523 49.8806133</geo>
            </location>
        </name>
    </rs>
    <location>
        <geo source="nominatim" rend="L'Arques, Martin-Église, [***]">1.1127559 49.9062435</geo>
    </location>
</rs>
```

FIG. 1 – Extrait de la sortie XML-TEI de Perdido pour l'annotation de l'entité nommée « *la petite rivière d'Arques* ».

être requêtés : l'API Nominatim [6] (OpenStreetMap), l'API du Géoportail [7] (IGN), Geonames [8] ainsi que le World Historical Gazetteer [9] et Pleiades [10] pour les données historiques et les données de l'antiquité.

La chaîne de traitement produit deux formats en sortie, un fichier XML-TEI et un fichier GeoJSON. Le fichier XML-TEI contient une version annotée et enrichie du document donné en entrée. La figure 1 montre un extrait du balisage utilisé pour annoter l'entité nommée « la rivière d'Arques ». Le fichier GeoJSON contient uniquement les informations géospatiales associées aux entités de lieux repérées dans le texte telles que la géométrie de l'objet, son nom ou sa nature.

2.2   API REST

Un service Web a été développé pour chaque sous-tâche de la chaîne de traitement afin qu'elles puissent être exécutées de manière autonome mais également combinées entre elles par composition de services (Halilali et al., 2022). L'objectif est de fournir différents services mais de laisser la possibilité à l'utilisateur d'utiliser des services tiers pour composer lui-même sa chaîne de traitement. Les services sont documentés et fonctionnent avec un système d'entrée / sortie afin que différents services offrant la même fonctionnalité puissent être interopérables. En complément de ces services « atomiques », nous avons également développé un service proposant l'ensemble de la chaîne de geoparsing et un service de geocoding (Moncla et Gaio, 2018).

Pour le déploiement de notre API nous avons utilisé le framework FastAPI [11] et le ser-

---

6. https://nominatim.org/release-docs/latest/

7. https://geoservices.ign.fr

8. http://www.geonames.org

9. https://whgazetteer.org

10. https://pleiades.stoa.org

11. https://fastapi.tiangolo.com

veur ASGI Python Uvicorn [12]. Une page de documentation est automatiquement créée et il est possible de tester directement l'API depuis un navigateur [13].

2.3   Librairie Python

La librairie Python Perdido est disponible en open source sur GitHub [2] mais également au sein du système de gestion de paquets PIP [14]. De cette manière, il est très simple de l'installer (ainsi que toutes ses dépendances) dans un environnement Python et de l'utiliser en seulement quelques lignes de code (voir Listing 1).

```
1   from perdido.geoparser import Geoparser
2   geoparser = Geoparser()
3   doc = geoparser('Je visite la ville de Lyon, Annecy et Chamonix.')
4   for entity in doc.named_entities:
5       print(f'entity: {entity.text}\ttag: {entity.tag}')
```

Listing 1 – Import et exemple d'utilisation de la classe `Geoparser`.

La librairie fournit trois principales classes : `Geoparser` et `Geocoder` qui permettent de faire appel aux services web correspondant de l'API et `Perdido` qui permet de manipuler, visualiser et exporter les résultats. D'autres classes sont également disponibles, comme par exemple la classe `PerdidoCollection`, qui étend le rôle de la classe `Perdido` pour un ensemble de documents traités par Perdido, ou les classes `Token`, `Entity`, et `Toponym`, qui offrent divers attributs et méthodes pour la récupération et la visualisation des objets manipulés par la classe `Perdido`.

Le constructeur de la classe `Geoparser` prend plusieurs arguments optionnels en paramètre : ceux qui servent à paramétrer l'étape de geotagging et ceux utilisés par l'étape de geocoding (ces derniers correspondent à ceux du constructeur de la classe `Geocoder`). Concernant le geotagging, il y a en particulier un paramètre (`version`) qui permet de sélectionner quelle version des cascades d'annotation sera exécutée parmi les deux versions existantes actuellement : *Standard* et *Encyclopédie*. Si le paramètre n'est pas présent, la version *Standard* est exécutée par défaut. Cette version a été développée pour le geotagging de textes ayant une dimension spatiale très importante, comme par exemple des descriptions d'itinéraires ou de randonnées (Moncla et al., 2014, 2016; Gaio et Moncla, 2019). La version *Encyclopédie*, comme son nom l'indique, a été adaptée spécifiquement pour le traitement d'articles encyclopédiques et permet d'annoter certaines constructions linguistiques spécifiques au discours encyclopédique et améliore ainsi les étapes de reconnaissance et de classification des entités nommées par rapport à la version *Standard* (Vigier et al., 2020; Moncla et al., 2021). Concernant le geocoding, plusieurs paramètres peuvent être renseignés afin de filtrer les résultats et limiter les ambiguïtés lors de l'interrogation des gazetiers. Il est par exemple possible de spécifier le nombre maximum de localisations retournées pour chaque toponyme (`max_rows`), un code pays (`country_code`), ou encore une bounding box (`bbox`).

Les méthodes `parse()` de la classe `Geoparser` et `geocode()` de la classe `Geocoder` font appel aux services web de geoparsing et de geocoding de l'API et retournent un objet de type `Perdido`. Ce sont ces méthodes qui sont exécutées lorsqu'une instance des classes

---

12. https://www.uvicorn.org
13. http://choucas.univ-pau.fr/docs
14. https://pypi.org/project/perdido/

`Geoparser` ou `Geocoder` est utilisée comme une fonction (c'est par exemple le cas à la ligne 3 du Listing 1). La méthode `parse()` prend en paramètre le texte que l'on souhaite geoparser et la méthode `geocode` prend en paramètre un nom de lieu (ou une liste de noms de lieux) à géocoder. Pour la désambiguïsation, la méthode `cluster_disambiguation()` de la classe `Perdido` implémente un clustering par densité spatiale (DBSCAN) et permet de lever un grand nombre d'ambiguïtés lorsque les lieux du texte sont proches (un paramètre epsilon permet de fixer la distance maximale pour que deux points soit regroupés au sein d'un même cluster) (Moncla et al., 2014).

2.3.1 Formats de sortie, visualisation et export des résultats

La classe `Perdido` fournit différents attributs et méthodes pour accéder aux formats de sortie et proposer différents modes de visualisation des résultats du geoparsing. Par exemple, l'attribut `tei` permet de récupérer directement le format XML-TEI retourné par le service Web de geoparsing (voir Figure 1).

La méthode `tsv_format` de la classe `Token` permet de récupérer les tokens au format TSV selon le schéma d'annotation BIO (Beginning, Inside, Outside). Un token est annoté B-<tag> s'il est le premier token d'une entité de type *tag*, I-<tag> s'il appartient à une entité de type *tag* sans être son premier élément et O s'il ne fait partie d'aucune entité. Le format TSV permet de stocker un token par ligne et pour chaque token : son indice, sa forme, son lemme, sa partie du discours et sa ou ses catégories sémantiques (voir Figure 2).

```
1     ARQUES   arquer   V       B-LOC
2     ,                 PUN     O
3     (        (        PUN     O
4     Géog     géog     NPr     O
5     .                 PUN     O
6     )        )        PUN     O
7     petite   petit    A       B-LOC-NNE
8     ville    ville    N       I-LOC-NNE
9     de       de       PREP    I-LOC-NNE
10    France   france   NPr     I-LOC-NNE      B-LOC
```

FIG. 2 – Exemple d'annotation BIO au format TSV.

Afin de pouvoir afficher les résultats de manière plus graphique, la classe `Perdido` propose la méthode `to_spacy_doc()`, qui transforme un objet de type `Perdido` en objet `Doc`[15] de la librairie spaCy. Cette transformation permet d'utiliser la librairie displaCy[16] qui peut par exemple s'utiliser au sein d'un notebook Jupyter. Deux modes de visualisation sont possibles, le premier n'affiche que les entités nommées au sens classique du terme (i.e., noms propres ou expressions figées) (Fig. 3a), le deuxième permet d'afficher les entités nommées imbriquées ou étendues (Fig. 3b).

Perdido permet également de visualiser les résultats sous la forme d'une carte géographique (Fig 4). Pour cela elle propose la méthode `get_folium_map()`, qui s'appuie sur la librairie Python Folium[17], afin d'afficher les marqueurs correspondants aux toponymes contenus dans l'attribut `geojson`. La librairie Folium permet ensuite de manière très simple d'exporter le résultat au format image.

Perdido : librairie Python pour le geoparsing et le geocoding de textes en français

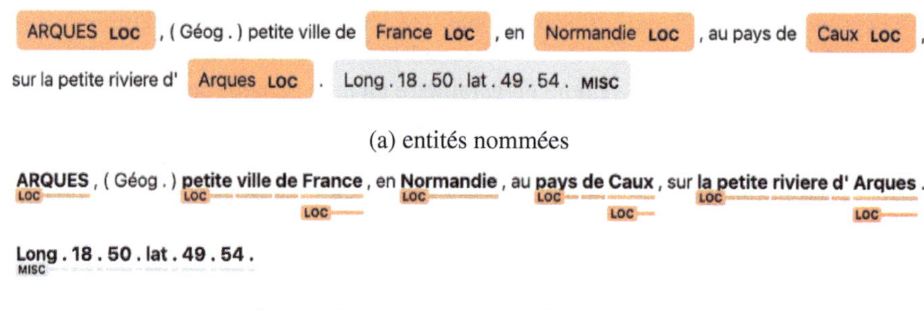

(a) entités nommées

(b) entités nommées imbriquée ou étendues

FIG. 3 – Affichage avec displaCy des annotations produites par Perdido

Enfin, Perdido propose plusieurs méthodes pour exporter les résultats du geoparsing, comme par exemple la méthode `to_xml()`, qui enregistre le contenu de l'attribut `tei` dans un fichier XML, la méthode `to_geojson()`, qui enregistre le contenu de l'attribut `geojson` dans un fichier json ou encore la méthode `to_iob()`, qui enregistre les résultats de l'annotation des entités nommées au format TSV selon le schéma d'annotation IOB (Fig 2). Ces méthodes prennent en paramètre le chemin vers lequel l'utilisateur souhaite enregistrer les fichiers.

2.3.2 Les jeux de données

Deux jeux de données sont actuellement disponibles dans la librairie. Le premier contient 3 385 articles encyclopédiques (correspondant au volume 7 de l'Encyclopédie de Diderot et d'Alembert (1751-1772)), fournis par l'ARTFL [18] dans le cadre du projet GEODE [19]. Le deuxième contient 30 descriptions de randonnées collectées dans le cadre du projet ANR CHOUCAS [20], où chaque description est associée à sa trace GPS.

Le jeu de données *encyclopédie* est présent dans la librairie en deux versions, une version « brute » (`Dataframe`) et une version déjà annotée par Perdido (`PerdidoCollection`). Ces deux versions peuvent être récupérées grâce aux fonctions `load_edda_artfl()` et `load_edda_perdido()`. Le jeu de descriptions de randonnées est également déjà annoté (`PerdidoCollection`) et est accessible via la fonction `load_choucas_perdido()`.

3   Perspectives

Cet article présente l'architecture générale de l'outil de geoparsing Perdido ainsi que le récent développement de la librairie Python associée. Cette librairie propose deux principales fonctionnalités : le geoparsing et le geocoding à partir de textes en français. Il s'agit d'un travail toujours en cours de développement et de nombreuses améliorations sont envisagées. Une première piste concerne l'ajout d'un modèle entraîné pour l'annotation automatique des entités nominales (ou entités non nommées). Ce modèle sera intégrée en amont de la cascade d'annotation existante. Une deuxième piste s'intéresse à l'entraînement de modèles par apprentissage

---

18. `https://artfl-project.uchicago.edu`
19. `https://geode-project.github.io`
20. `http://choucas.ign.fr`

```python
1  geoparser = Geoparser(version="Encyclopedie", bbox=[0.766296,49.680070,1.507874,49.988318])
2  doc = geoparser("Arques, petite ville de France, en Normandie, au pays de Caux, sur la petite rivière d'Arques.
3  doc.get_folium_map()
```

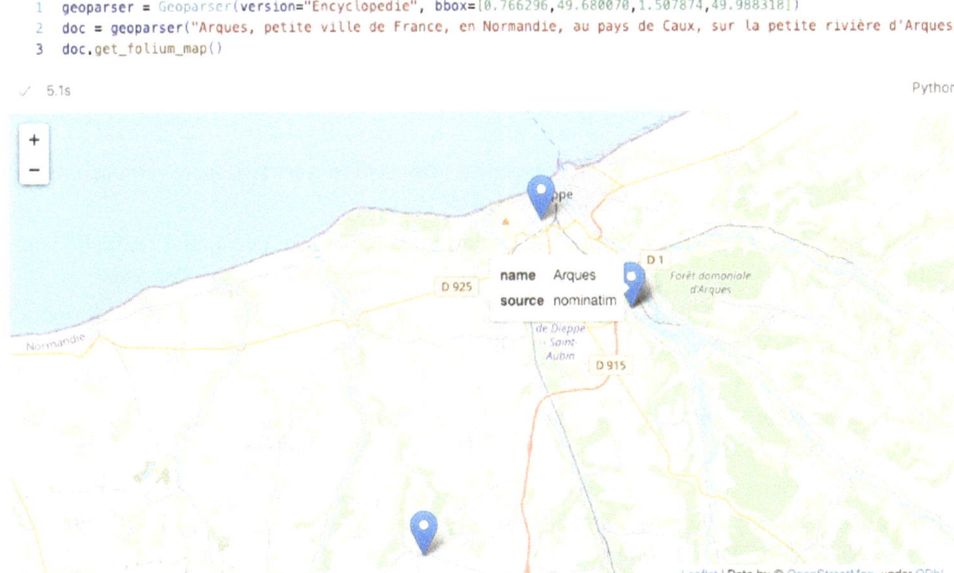

FIG. 4 – Exemple d'utilisation du geoparser et d'affichage des résultats.

automatique avec comme objectif d'être combinés à l'approche existante afin de généraliser le traitement pour des types de textes hétérogènes. Nous envisageons aussi d'adapter notre format d'annotation et les formats de sortie pour se rapprocher des standards existant comme par exemple le jeu d'étiquettes CONLL-U [21].

Plusieurs autres pistes sont également envisagées concernant l'étape de geocoding. En particulier pour la désambiguïsationn des toponymes avec l'implémentation de différentes solutions telles que le calcul de centroïdes, de distances ou encore l'interprétation du contexte spatiale extrait du texte.

Références

Fize, J., L. Moncla, et B. Martins (2021). Deep learning for toponym resolution : Geocoding based on pairs of toponyms. *ISPRS International Journal of Geo-Information 10*(12), 818.

Gaio, M. et L. Moncla (2019). Geoparsing and geocoding places in a dynamic space context. *The Semantics of Dynamic Space in French : Descriptive, experimental and formal studies on motion expression 66*, 354–386.

Gritta, M., M. T. Pilehvar, N. Limsopatham, et N. Collier (2018). What's missing in geographical parsing ? *Language Resources and Evaluation 52*(2), 603–623.

---

21. https://universaldependencies.org

Halilali, M. S., E. Gouardères, M. Gaio, et F. Devin (2022). Geospatial web services discovery through semantic annotation of wps. *ISPRS International Journal of Geo-Information 11*(4), 254.

Hu, X., Z. Zhou, H. Li, Y. Hu, F. Gu, J. Kersten, H. Fan, et F. Klan (2022). Location reference recognition from texts : A survey and comparison. *arXiv preprint arXiv :2207.01683*.

Jones, C. B. et R. S. Purves (2008). Geographical information retrieval. *International Journal of Geographical Information Science 22*(3), 219–228.

Moncla, L. et M. Gaio (2015). A multi-layer markup language for geospatial semantic annotations. In *Proceedings of the 9th Workshop on Geographic Information Retrieval*.

Moncla, L. et M. Gaio (2018). Services web pour l'annotation sémantique d'information spatiale à partir de corpus textuels. *Revue Internationale de Géomatique 28*(4), 439–459.

Moncla, L., M. Gaio, T. Joliveau, Y.-F. Le Lay, N. Boeglin, et P.-O. Mazagol (2019). Mapping urban fingerprints of odonyms automatically extracted from french novels. *International Journal of Geographical Information Science 33*(12), 2477–2497.

Moncla, L., M. Gaio, J. Nogueras-Iso, et S. Mustière (2016). Reconstruction of itineraries from annotated text with an informed spanning tree algorithm. *International Journal of Geographical Information Science 30*(6), 1137–1160.

Moncla, L., W. Renteria-Agualimpia, J. Nogueras-Iso, et M. Gaio (2014). Geocoding for texts with fine-grain toponyms : an experiment on a geoparsed hiking descriptions corpus. In *Proceedings of the 22nd ACM SIGSPATIAL International Conference on Advances in Geographic Information Systems*, Dallas, TX, pp. 183–192.

Moncla, L., D. Vigier, K. Mcdonough, A. Brenon, et T. Joliveau (2021). Combinaison d'approches qualitative et quantitative pour le repérage et la classification des entités nommées dans l'encyclopédie de diderot et d'alembert (1751-1772). In *Theoretical linguistics in the light of the interaction of qualitative and quantitative approaches*.

Nouvel, D., M. Ehrmann, et S. Rosset (2015). *Les entités nommées pour le traitement automatique des langues*. ISTE Group.

Vigier, D., L. Moncla, A. Brenon, K. Mcdonough, et T. Joliveau (2020). Classification des entités nommées dans l'encyclopédie ou dictionnaire raisonné des sciences des arts et des métiers par une société de gens de lettres (1751-1772). In *7ème Congrès Mondial de Linguistique Française*.

Summary

This article presents the Perdido Python library for geoparsing and geocoding of French texts. We present the general architecture of the Perdido tool composed of three layers: back-office, API and Python library. We detail the methods used for the development of the processing chain and the different tasks (named entity recognition and classification and toponym resolution). Finally, we present the different functionalities of the Python library and how to use it. The library is developed as an overlay using the API services and allows to manipulate, visualize and export geoparsing and geocoding results. A Jupyter notebook describes, in the form of a tutorial, all the features implemented in the library.

PyXAI : calculer en Python des explications pour des modèles d'apprentissage supervisé

Gilles Audemard *, Steve Bellart *, Louenas Bounia *
Jean-Marie Lagniez *, Pierre Marquis *,**, Nicolas Szczepanski [1] *

*Univ. Artois, CNRS, CRIL, F-62300 Lens
**Institut universitaire de France
nom@cril.fr

Résumé. L'intelligence artificielle explicable est un sous-domaine de l'IA, qui connait un essor important depuis quelques années. Le but poursuivi est de développer des méthodes et outils pour expliquer les résultats produits par des algorithmes d'IA. Consacrée à cette tâche, PyXAI est une librairie Python permettant de calculer des explications pour des prédictions réalisées à partir de plusieurs modèles d'apprentissage supervisé bien connus à base d'arbres : les arbres de décision (*decision trees*), les forêts aléatoires (*random forests*) et les arbres optimisés (*boosted trees*). PyXAI prend en charge deux bibliothèques d'apprentissage automatique : Scikit-Learn et XGBoost. Plusieurs types d'explication peuvent être calculés : *abductive* (pourquoi cette prédiction ?) et *contrastive* (pourquoi pas une autre prédiction ?). Divers types d'explications abductives sont proposés permettant de réaliser différents compromis taille / temps de calcul.

1 Introduction

L'essor de l'intelligence artificielle et de l'apprentissage automatique (ML pour *machine learning*) à travers ses nombreuses applications (diagnostic médical, reconnaissance vocale, conduite autonome, ...) a conduit au développement rapide de l'intelligence artificielle explicable (XAI pour *eXplainable Artificial Intelligence*). En effet, l'apprentissage automatique produit souvent des modèles de type « boîtes noires » et se pose ainsi un problème de confiance envers les décisions prises. Pour pallier ce problème, il importe de développer de nouvelles approches pour garantir confiance et transparence envers les systèmes d'IA exploitant de tels modèles. Cela passe, en particulier, par la possibilité de produire des explications (aussi appelées raisons) pour les décisions obtenues. Dans cette mouvance, l'Union Européenne a introduit un droit à l'explication dans le droit général de la protection des données (RGPD).

Diverses approches de calcul d'explications, indépendantes du modèle d'apprentissage considéré, ont été proposées. Cependant, il a été montré dans Ignatiev (2020) que les approches les plus populaires basées sur les *explications agnostiques* au modèle, telles que LIME (Ribeiro et al., 2016), Anchors (Ribeiro et al., 2018) et SHAP (Lundberg et Lee, 2017), fournissent un

---

1. Ce travail a été réalisé dans le cadre de la chaire ANR d'enseignement et de recherche EXPEKCTATION (ANR-19-CHIA-0005-01).

très grand nombre d'explications incorrectes (plus de 99% d'explications invalides sur certains jeux de données). Dans un tel cadre, une explication du classement d'une instance est considérée comme incorrecte quand il existe au moins une autre instance pour laquelle l'explication s'applique également, mais pour laquelle le classeur utilisé prédit une classe différente.

Contrairement aux explications agnostiques au modèle, les *explications abductives* sont *spécifiques au modèle*. Une explication abductive pour une instance donnée par un classeur est un sous-ensemble des caractéristiques de l'instance (i.e., des couples attributs / valeurs permettant de décrire l'instance) qui est suffisant pour justifier la façon dont l'instance a été classée. De telles explications correspondent à des impliquants de la fonction associée à la prédiction de la classe de l'instance cible et sont par construction correctes en tout point de l'espace des caractéristiques pris en compte par le modèle. Une *explication contrastive* indique les ajustements des caractéristiques qu'il faut réaliser dans l'instance considérée pour changer la prédiction réalisée à son sujet. Ces explications sont, elles aussi, toujours correctes, elles sont dignes de confiance. Plusieurs travaux récents ont montré que des modèles d'apprentissage automatique de formes variées (incluant des modèles « boîtes noires ») peuvent être associés à des circuits booléens ayant les mêmes comportements en terme d'entrée-sortie. L'intérêt d'utiliser de tels circuits est que les mécanismes mis en oeuvre pour classer sont visibles et permettent donc de comprendre le fonctionnement (de tels circuits peuvent être vus comme des « boîtes blanches (ou transparentes) ») (Marques-Silva et Ignatiev, 2022; Darwiche et Hirth, 2020; Barceló et al., 2020).

L'objectif principal de PyXAI est de donner à la communauté IA un accès simple à diverses méthodes de calcul d'explications.

Ainsi, PyXAI (pour *Python eXplainable AI*) est une librairie en Python (version 3.6 ou plus) permettant de produire des explications de formes variées à partir des modèles produits par les approches de *machines learning*, souvent utilisées pour construire des classeurs à partir de données tabulaires. Plus précisément, PyXAI est le fruit de recherches engagées sur le calcul d'explications lorsque le prédicteur utilisé est un arbre de décision (DT pour *Decision Tree*), une forêt aléatoire (RF pour *Random Forest*) ou encore un arbre optimisé (BT pour *Boosted Tree*) (Audemard et al., 2022b,c,d). Il est important de garder en tête que les requêtes XAI sont, en général, calculatoirement difficiles pour ces modèles (Audemard et al., 2021).

Comme l'illustre la figure 1, l'utilisateur doit être familier avec la notion de modèle : les modèles sont les objets résultant d'un protocole expérimental de ML par le biais d'une méthode de validation simple ou croisée choisie (par exemple, le résultat d'une phase d'entraînement puis de test ayant conduit à produire un arbre de décision). Il est important de noter que dans PyXAI, il y a une séparation complète entre les phases d'apprentissage et celles d'explication via deux modules distincts. Vous produisez/chargez/sauvegardez des modèles avec le module `Learning`, et vous récupérez des explications à partir de ces modèles en utilisant le module `Explainer`. Plusieurs types d'explications pour le classement d'une instance x donnée peuvent être calculés :

- les explications abductives de x sont destinées à expliquer pourquoi x a été classé de la manière dont il a été classé par le modèle ML (répondant à la question « Pourquoi ? »).

- les explications contrastives de x consistent à expliquer pourquoi x n'a pas été classé par le modèle ML comme espéré (répondant à la question « Pourquoi pas ? »).

Travaux connexes. Plusieurs méthodes de calcul d'explications ont été envisagées dans la perspective d'extraire les explications les plus compactes possibles, mais aussi de les calcu-

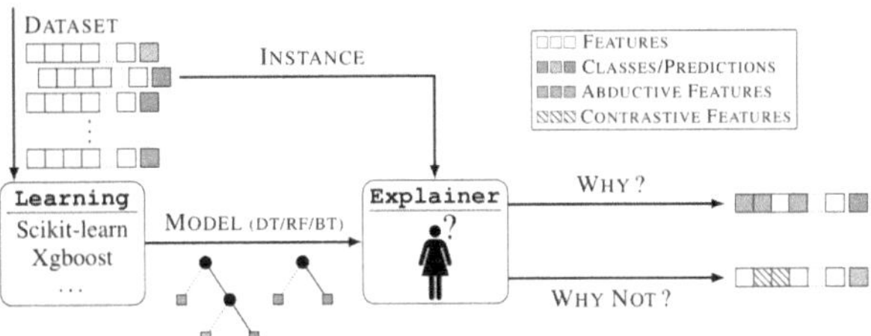

FIG. 1 – *Explication des prédictions individuelles à un utilisateur humain avec PyXAI.*

ler le plus rapidement possible (car le passage à l'échelle des algorithmes reste encore un enjeu, vu la complexité algorithmique des tâches correspondantes). Ainsi, (Choi et al., 2020; Izza et Marques-Silva, 2021; Audemard et al., 2022c) montrent comment dériver des explications abductives pour les forêts aléatoires. Afin d'éviter la présence de caractéristiques inutiles dans les explications, les explications abductives minimales pour l'inclusion (i.e., non redondantes) (alias les raisons suffisantes (Darwiche et Hirth, 2020)) sont souvent ciblées. En ce qui concerne les arbres optimisés, Ignatiev et al. (2019) fournit un schéma d'encodage SMT (*satisfiability modulo theory*) pour calculer des raisons suffisantes. L'outil XAI correspondant est appelé XPlainer (`https://github.com/alexeyignatiev/xplainer`). Ignatiev et al. (2022) présente un autre schéma, basé cette fois sur MaxSAT (*maximum satisfiability*) pour calculer des raisons suffisantes. L'outil associé est appelé XReason (`https://github.com/alexeyignatiev/xreason`).

Comme XPlainer et XReason sont des scripts réalisant chacun une tâche précise, PyXAI est, à notre connaissance, la première librairie calculant des explications abductives et contrastives pour les arbres de décision, les forêts aléatoires et les arbres optimisés. PyXAI possède les caractéristiques suivantes :

- une documentation complète avec plus de 20 exemples Jupyter à télécharger [2] ;

- un Github public [3] et une installation rapide via le gestionnaire de paquets PyPi [4] ;

- la génération (protocole de validation simples ou croisée), construction (via des nœuds et feuilles), sauvegarde/chargement et importation des modèles des librairies XGBoost et Scikit-learn ;

- le calcul d'explications abductives et contrastives ;

- la visualisation des explications pour certains jeux de données graphiques.

2   Préliminaires

On considère un ensemble fini $\{A_1, \ldots, A_n\}$ d'attributs. Un arbre de décision sur $\{A_1, \ldots, A_n\}$ est un arbre binaire T, chacun de ses nœuds internes est étiqueté avec une condition booléenne sur un attribut de $\{A_1, \ldots, A_n\}$, et les feuilles sont étiquetées par des nombres représentant des classes. Les conditions sont généralement de la forme "<id_feature> <operator>

---

2. `http://www.cril.univ-artois.fr/pyxai/`
3. `https://github.com/crillab/pyxai`
4. `https://pypi.org/project/pyxai/`

<threshold>?" (comme "$x_4 \geq 0.5$?"). La prédiction $T(x)$ de T pour une instance d'entrée x est donnée par la feuille atteinte à partir de la racine comme suit : à chaque nœud, on va vers l'enfant de gauche ou de droite selon que la condition étiquetée par x est satisfaite ou non.

Soit une fonction booléenne représentée par une forêt aléatoire RF et soit x une instance. RF est un ensemble d'arbres $T_1, \cdots, T_m$, où chaque T_i est un arbre de décision, et tel que la prédiction $RF(x)$ est donnée par : $RF(x) = 1$ si $\frac{1}{m}\sum_{i=1}^{m} T_i(x) > \frac{1}{2}$, 0 sinon.

Contrairement à un arbre de décision ou à une forêt aléatoire (où les feuilles représentent des classes), un arbre de régression est un arbre binaire T où les feuilles représentent des valeurs réelles $w_i \in \mathbb{R}$. Une forêt F associée à une classe j est un ensemble d'arbres $T_1^j, \ldots T_m^j$ où chaque T_i^j ($i \in [m]$) est un arbre de régression tel que le poids $W(F, x) \in \mathbb{R}$ pour une instance d'entrée x est donné par $W(F, x) = \sum_{i=1}^{m} w(T_i^j, x)$ et où le poids $w(T_i^j, x) \in \mathbb{R}$ d'un arbre T_i^j pour une instance x est donné par la feuille atteinte à partir de la racine comme pour les arbres de décision. Le calcul de prédiction d'un arbre optimisé BT est réalisé différemment selon le nombre de classes du jeu de données (*dataset*) :

- dans le cas d'une classification binaire, un arbre optimisé BT est constitué d'une seule forêt $F = \{T_1, \cdots, T_m\}$ et une instance x est considérée comme une instance positive lorsque $W(F, x) > 0$ et une instance négative sinon. Nous notons $BT(x) = 1$ dans le premier cas et $BT(x) = 0$ dans le second ;

- dans un contexte multi-classes à p classes ($p > 2$), un arbre optimisé BT est un ensemble de p forêts $F^1, \ldots, F^p$ où la forêt F^j ($j \in [p]$) est associée à la classe j et une instance x est classée comme un élément de la classe j, noté $BT(x) = j$, si et seulement si $W(F^j, x) > W(F^i, x)$ pour chaque classe i telle $i \neq j$.

En interne, le module `Explainer` fonctionne avec les conditions des nœuds des arbres, qui sont traitées comme des variables booléennes. La représentation binaire d'une instance est un ensemble de variables booléennes correspondant à ces conditions. Chaque variable booléenne représente une condition "<id_feature> <operator> <threshold>?" du modèle. La représentation binaire se trouve dans la variable `binary_representation` de l'objet `Explainer`. La méthode `to_features` convertit une représentation binaire (ou une raison) en un tuple de conditions "<id_feature> <operator> <threshold>?".

3   Le module Learning

L'exemple suivant montre l'utilisation de PyXAI pour générer des modèles :

```
from PyXAI import Learning

learner = Learning.Xgboost("../dataset/iris.csv")
models = learner.evaluate(method=Learning.K_FOLDS, output=Learning.BT)
for model in models:
    instances_with_predictions =
        learner.get_instances(model, n=10, indexes=Learning.TEST)
    for instance, prediction in instances_with_prediction:
        print("instance:", instance)
        print("prediction", prediction)
```

Le constructeur de classe `Learning.Xgboost` retourne un objet d'apprentissage `Learner` construit à partir du jeu de données passé en paramètre. Ensuite, la méthode `learner.evaluate` applique un protocole expérimental d'apprentissage automatique (en utilisant Scikit-learn) afin de générer des modèles. Cette méthode (utilisée avec le paramètre nommé `method=Learning.K_FOLDS`) réalise une validation croisée à k blocs ($k = 10$ par défaut) et convertit ensuite les 10 modèles générés dans des formats de données adaptés aux calculs des explications. La méthode `learner.get_instances` permet de sélectionner des instances vérifiant certaines propriétés. Dans l'exemple, 10 instances de l'ensemble test de chaque modèle ont été récupérées. Bien sûr, ces méthodes possèdent de nombreuses autres fonctionnalités à travers l'utilisation de paramètres, comme la possibilité de choisir le nombre de blocs pour la validation croisée ou encore le fait de sélectionner uniquement des instances qui sont correctement classées par les modèles. Nous vous invitons à explorer la documentation pour prendre connaissance des nombreuses autres possibilités du module `Learning` qui sont la construction, la sauvegarde, le chargement et l'importation des modèles.

4 Le module `Explainer`

Le module `Explainer` de PyXAI fournit différentes méthodes pour expliquer les décisions prises par les modèles. Actuellement, il prend en charge les modèles d'arbres de décision (DT), de forêts aléatoires (RF) et d'arbres optimisés (BT).

Raison directe. Soit $F = T_1, \ldots, T_m$ une forêt et x une instance, la raison directe pour x est le terme de la représentation binaire correspondant à l'union des termes correspondant aux chemins de racine à feuille de tous les arbres T_i qui sont compatibles avec x. En raison de sa simplicité, c'est l'une des plus faciles à calculer, mais elle est souvent largement redondante.

```
from PyXAI import Explainer

explainer = Explainer.initialize(model, instance)
direct_reason = explainer.direct_reason()
print("is_reason:", explainer.is_reason(direct_reason))
print("to_features:", explainer.to_features(direct_reason))
```

```
direct: (1, 2, 3, 4)
to_features: ('Petal.Width < 0.75', 'Petal.Length < 4.950000047683716')
```

Le module `Explainer` permet de construire un objet `explainer` capable de calculer des explications pour un modèle et une instance donnée. Ensuite, il suffit d'appeler la méthode `direct_reason` afin de calculer la raison directe pour cette instance. Les raisons calculées par le module `Explainer` sont toujours sous la forme de variables binaires représentant les conditions du modèle. Pour les traduire dans l'espace des attributs considérés initialement, on peut utiliser la méthode `to_features`. Notons que cette méthode élimine les conditions redondantes.

Raison suffisante. Formellement, une explication abductive t pour une instance x donnée par un classeur f (qui est binaire ou non) est un sous-ensemble t des caractéristiques de x tel que t couvre x (noté $t \subseteq t_x$) et toute instance x' partageant cet ensemble t de caractéristiques est classée par f comme l'est x. Une raison suffisante t pour x étant donné f est une explication abductive t pour x étant donné f tel qu'aucun sous-ensemble propre t' de t n'est une explication abductive pour x étant donné f (t est donc minimal pour l'inclusion ensembliste). Enfin, une raison suffisante minimale pour x est une raison suffisante pour x qui contient un nombre minimal de caractéristiques.

```
sufficient_reason = explainer.sufficient_reason(n=1)
print("to_features:", explainer.to_features(sufficient_reason))
```

```
to_features: ('Petal.Width < 0.75',)
```

PyXAI est capable de calculer des raisons suffisantes pour les arbres de décisions (DT) et les forêts aléatoires (RF) en utilisant des solveurs SAT, MaxSAT et d'extraction de MUS (des travaux sont en cours pour pouvoir les calculer pour les arbres optimisés). Il faut noter que sur certains jeux de données et pour certains modèles ML (en particulier, les forêts aléatoires et les arbres optimisés), calculer une raison suffisante peut se révéler trop difficile en termes de calcul (Audemard et al., 2022b,c,d). Pour pallier ce problème, nous avons introduit les notions d'explication majoritaire et d'explication locale. Ces explications sont, elles aussi, abductives et donc logiquement correctes. Contrairement aux raisons suffisantes, elles peuvent contenir des informations redondantes.

Raison majoritaire. Étant donné une forêt aléatoire, une raison majoritaire pour x est un terme t couvrant x, tel que t est un implicant d'au moins une majorité stricte d'arbres de décision de la forêt et qui est minimal par rapport à l'inclusion ensembliste.

```
majoritary = explainer.majoritary_reason()
minimal_majoritaries = explainer.minimal_majoritary_reason(n=100,
    time_limit=200)
```

PyXAI utilise un algorithme glouton pour calculer une raison majoritaire et un solveur de type MaxXSAT quand il s'agit d'en calculer plusieurs. Comme le montre ce code, vous pouvez demander plusieurs explications avec un temps limite donné en paramètre.

Raison locale. On considère $BT = \{F\}$ un arbre (optimisé) défini sur un ensemble d'attributs $\{A_1, \ldots, A_n\}$ et x une instance. Soit $t \subseteq t_x$.

— Une *pire instance* étendant t étant donné F est une instance x' telle que $t \subseteq t_{x'}$ et $x' = argmin_{x'':t \subseteq t_{x''}}(\{w(F, x'')\})$.

— Une *meilleure instance* étendant t étant donné F est une instance x' telle que $t \subseteq t_{x'}$ et $x' = argmax_{x'':t \subseteq t_{x''}}(\{w(F, x'')\})$.

$W(t, F)$ (resp. $B(t, F)$) désigne l'ensemble des pires (resp. meilleures) instances couvertes par t étant donné F, et $w_\downarrow(t, F)$ (resp. $w_\uparrow(t, F)$) désigne le poids de la pire (resp. meilleure) instance couverte par t étant donné F. Dans le cas multi-classe, soit $BT = \{F^1, \cdots, F^p\}$ où chaque F^i ($i \in [p]$) contient p_i arbres et soit x une instance telle que $BT(x) = j$. On dit que t est une explication locale pour x étant donné BT si et seulement si t couvre x, pour chaque $i \in [p] \setminus \{j\}$, on a $\sum_{k=1}^{p_j} w_\downarrow(t, T_k^j) > \sum_{k=1}^{p_i} w_\uparrow(t, T_k^i)$, et enfin aucun sous-ensemble propre de t ne satisfait cette dernière condition.

Comme il existe un algorithme simple, en temps linéaire, pour calculer chaque $w_\downarrow(t, T_k^j)$ et chaque $w_\uparrow(t, T_k^i)$, les raisons locales pour x sont beaucoup plus faciles à engendrer que les raisons suffisantes et restent abductives.

```
tree_specific = explainer.tree_specific_reason()
```

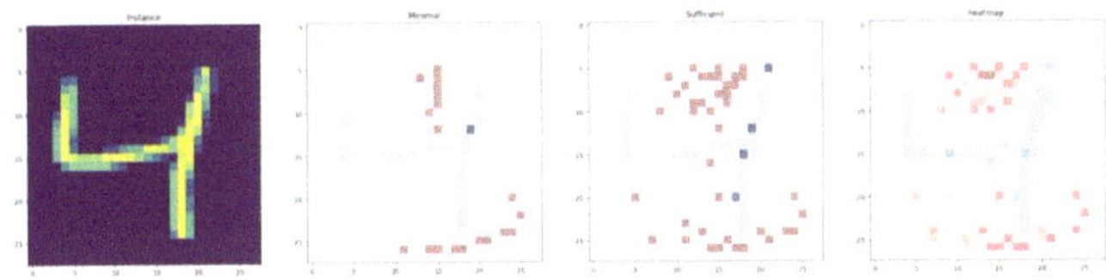

FIG. 2 – *Visualisation d'explications avec PyXAI.*

Raison contrastive. Formellement, une raison contrastive pour x est un sous-ensemble t des caractéristiques de x qui est minimal pour l'inclusion ensembliste parmi ceux qui sont tels qu'au moins une instance x' qui coïncide avec x, sauf sur les caractéristiques de t, n'est pas classée par le modèle dans la même classe que x. Plus simplement, une raison contrastive représente les ajustements des caractéristiques qu'il faut réaliser pour changer la prédiction d'une instance. Une raison contrastive minimale pour x est une raison contrastive pour x qui contient un nombre minimal de littéraux. En d'autres termes, une raison contrastive minimale a une taille minimale.

```
contrastive_reason = explainer.contrastive_reason()
print("contrastive reason:", contrastive_reason)
print("to_features:", explainer.to_features(contrastive_reason))
```

```
contrastive reason: (1,)
to_features: ('Petal.Width >= 0.75',)
```

Nous invitons les lecteurs intéressés à se diriger vers la documentation afin d'obtenir plus d'informations sur PyXAI. La figure 2 fournit un exemple obtenu via l'outil de visualisation de PyXAI.

Pour finir, PyXAI offre aussi la possibilité de prendre en compte des préférences utilisateurs pour pouvoir calculer des explications préférées. Différents types de préférences sont gérés ; par exemple, l'utilisateur peut choisir d'exclure certaines caractéristiques (Audemard et al., 2022a).

5   Perspectives

Des nouvelles fonctionnalités vont voir le jour dans PyXAI. Nous travaillons sur le calcul de raisons suffisantes pour les arbres optimisés. Nous souhaitons inclure de nouvelles bibliothèques générant des modèles comme CatBoost. Nous travaillons également sur d'autres types de modèles d'apprentissage.

Références

Audemard, G., S. Bellart, L. Bounia, F. Koriche, J. Lagniez, et P. Marquis (2021). On the computational intelligibility of Boolean classifiers. In *Proc. of KR'21*, pp. 74–86.

Audemard, G., S. Bellart, L. Bounia, F. Koriche, J.-M. Lagniez, et P. Marquis (2022a). On preferred abductive explanations for decision trees and random forests. In *IJCAI'22*, pp. 643–650.

Audemard, G., S. Bellart, L. Bounia, F. Koriche, J.-M. Lagniez, et P. Marquis (2022b). On the explanatory power of Boolean decision trees. *Data & Knowledge Engineering*.

Audemard, G., S. Bellart, L. Bounia, F. Koriche, J.-M. Lagniez, et P. Marquis (2022c). Trading complexity for sparsity in random forest explanations. In *Proc. of AAAI'22*, pp. 5461–5469.

Audemard, G., J.-M. Lagniez, P. Marquis, et N. Szczepanski (2022d). Computing abductive explanations for boosted trees. *CoRR abs/2209.07740*.

Barceló, P., M. Monet, J. Pérez, et B. Subercaseaux (2020). Model interpretability through the lens of computational complexity. In *Proc. of NeurIPS'20*.

Choi, A., A. Shih, A. Goyanka, et A. Darwiche (2020). On symbolically encoding the behavior of random forests. In *Proc. of FoMLAS'20, Workshop at CAV'20*.

Darwiche, A. et A. Hirth (2020). On the reasons behind decisions. In *Proc. of ECAI'20*, pp. 712–720.

Ignatiev, A. (2020). Towards trustable explainable AI. In *Proc. of IJCAI'20*, pp. 5154–5158.

Ignatiev, A., Y. Izza, P. Stuckey, et J. Marques-Silva (2022). Using MaxSAT for efficient explanations of tree ensembles. In *Proc. of AAAI'22*, pp. 3776–3785.

Ignatiev, A., N. Narodytska, et J. Marques-Silva (2019). On validating, repairing and refining heuristic ML explanations. *CoRR abs/1907.02509*.

Izza, Y. et J. Marques-Silva (2021). On explaining random forests with SAT. In *Proc. of IJCAI'21*, pp. 2584–2591.

Lundberg, S. et S.-I. Lee (2017). A unified approach to interpreting model predictions. In *Proc. of NIPS'17*, pp. 4765–4774.

Marques-Silva, J. et A. Ignatiev (2022). Delivering trustworthy AI through formal XAI. In *Proc. of AAAI'22*, pp. 12342–12350.

Ribeiro, M. T., S. Singh, et C. Guestrin (2016). "Why should I trust you?" : Explaining the predictions of any classifier. In *Proc. of KDD'16*, pp. 1135–1144.

Ribeiro, M. T., S. Singh, et C. Guestrin (2018). Anchors : High-precision model-agnostic explanations. In *Proc. of AAAI'18*, pp. 1527–1535.

Summary

EXplainable Artificial Intelligence is a subfield of AI, which has experienced significant growth in recent years. The aim is to develop methods and tools to explain the results produced by AI algorithms, in particular predictors built from data using machine learning approaches. Dedicated to this task, PyXAI is a Python library allowing to compute explanations for predictions made from several well-known tree-based supervised learning models: decision trees, random forests, and boosted trees). PyXAI supports wo popular machine learning libraries: Scikit-Learn and XGBoost. Several types of explanation can be calculated: *abductive* (why this prediction?) and *contrastive* (why not another prediction?). Various classes of abductive explanations are proposed to the user allowing to achieve different compromises in terms of size / computation time.

Construction d'ontologies à partir de textes : démonstration d'une approche basée sur l'analyse de graphes AMR

Aurélien Lamercerie*, David Rouquet*

* Tétras-Libre, 8 Rue Mayencin, 38410 St Martin d'Hères
aurelien.lamercerie@tetras-libre.fr, david.rouquet@tetras-libre.fr,
`https://www.tetras-libre.fr`

Résumé. Cet article présente le prolongement de travaux autour d'un outil permettant la construction automatique d'ontologies OWL à partir de textes exprimés en langue naturelle. La chaîne de traitement mise en oeuvre part d'énoncés non contraints pour aboutir à une structure logique encodant la connaissance extraite. Elle passe par deux phases majeures : (1) une sérialisation RDF de graphes AMR exploités comme représentation pivot des énoncés, et (2) l'extraction du contenu logique par l'analyse des représentations intermédiaires. L'implémentation est basée sur les standards du Web sémantique.

1   Introduction

Nos travaux portent sur la construction automatique d'ontologies à partir de textes en langue naturelle. Ils s'inscrivent dans la continuité du projet UNseL[1] dont l'objectif était la vérification automatisée d'exigences système, à partir d'inférences sur une ontologie extraite automatiquement. Les premiers résultats ont été présentés lors de la conférence EGC 2022 (Rouquet et al. (2022)). Cet article montre le prolongement de ces travaux avec une nouvelle démonstration traitant d'articles encyclopédiques. Initialement basé sur une sérialisation RDF de structures UNL[2], notre prototype exploite dorénavant et également des graphes AMR[3].

Les ontologies sont des modèles de données décrivant un domaine, sous la forme d'ensembles structurés de concepts et de relations. Elles sont utiles pour de nombreuses applications, comme par exemple les systèmes de questions/réponses ou d'aide à la décision. Leur construction est un enjeu important. Ainsi, l'état de l'art[4] présente plusieurs travaux intéressants s'appuyant sur des techniques variées. Quelques méthodes de pointe semblent déjà suffisantes pour certaines applications pratiques, telles que la classification de documents ou la recherche d'informations. Néanmoins, celles-ci visent à générer des ontologies faiblement contraintes au niveau logique, alors que de nombreuses applications basées sur du raisonnement reposent sur des axiomatisations plus complexes. Il n'existe pas de méthode éprouvée pouvant servir de référence dans ce domaine.

---

1. *Universal Networking system engineering Language*
2. *Universal Networking Language*, Uchida et al. (1996)
3. *Abstract Meaning Representation*, Banarescu et al. (2013)
4. Voir, par exemple, Khadir et al. (2021).

Il y a donc un intérêt à étudier de nouvelles approches pour la construction automatique d'ontologies à partir de textes. Dans cette optique, nous proposons une chaîne de traitement globale partant d'énoncés exprimés en langue naturelle. Dans un premier temps, les énoncés sont convertis dans une représentation sémantique (AMR ou UNL), puis sérialisés au format RDF. Ces représentations sont ensuite analysées pour en extraire le contenu logique et, finalement, construire une ontologie OWL représentative du document traité. Ce processus ne se limite pas au peuplement d'une ontologie préexistante. Il permet, en premier lieu, de formaliser ce qui est décrit dans un texte, en construisant une hiérarchie des concepts mobilisés, des relations qu'ils entretiennent et des axiomes qui les gouvernent.

La suite détaille notre proposition. La section 2 décrit les structures pivot utilisées, l'accent étant mis sur les graphes AMR. Le processus d'extraction est ensuite présentée dans la section 3, et quelques perspectives sont avancées dans la dernière section. En complément, les outils et ressources peuvent être consultés sur notre dépôt Git[5], accessible en Open Source.

2   Structure pivot AMR-RDF

Les représentations sémantiques définissent des structures semi-formelles qui reflètent le sens d'un énoncé tel qu'il est compris par un locuteur d'une langue. Ces formalismes, dont le développement répond à des objectifs pratiques variés, mettent l'accent sur la représentation des informations sémantiques, telles que le sens des mots, les rôles sémantiques ou la relations entre les entités. L'état de l'art comprend de nombreuses propositions qui divergent sur plusieurs aspects[6]. Notre outil permet d'exploiter deux types de représentations sémantiques : UNL et AMR. Les graphes UNL définissent le sens d'un énoncé, initialement exprimé en langue naturelle (par exemple, le français), sous la forme d'une structure sémantique abstraite d'un énoncé anglais équivalent. Cet article met l'accent sur le second formalisme.

Les représentations AMR définissent des structures sémantiques simples qui permettent de traduire la signification de toute phrase anglaise sous la forme d'un graphe orienté et étiqueté. Un exemple est donné par la figure 1. L'un des nœuds est désigné comme racine du graphe (*s/system*). Chaque nœud est associé à un concept porté par un mot anglais, par une proposition issue de la PropBank[7] ou par un mot-clé spécifique. Les mots-clés permettent d'expliciter certains phénomènes linguistiques, comme la conjonction (*a/and*) ou le nommage d'une entité (*n/name*). Les relations sémantiques sont spécifiées par les arcs, en suivant les conventions de la PropBank (notamment pour relier les arguments aux propositions). Des mots-clés spécifiques sont également utilisés pour certaines relations en complément (*:mod, :consist-of*).

Le développement de ce formalisme est inspiré des banques d'arbres syntaxiques[8]. Une ressource d'annotations sémantiques associant des structures AMR à des phrases anglaises a été constituée. Elle atteint aujourd'hui une taille suffisante pour permettre l'entraînement d'analyseurs sémantiques. Les techniques reposent, par exemple, sur le calcul d'alignements entre mots et concepts (Flanigan et al. (2014) ; Liu et al. (2018)), sur un processus transformant des structures de dépendance (Wang et al. (2015)) ou sur un algorithme de prédiction reliant des séquences à des graphes (Zhang et al. (2019)).

---

5. `https://gitlab.tetras-libre.fr/tetras-mars`
6. Voir, par exemple, Abend et Rappoport (2017).
7. *The Proposition Bank*, Palmer et al. (2005)
8. Par exemple, la Penn TreeBank (Marcus et al. (1993))

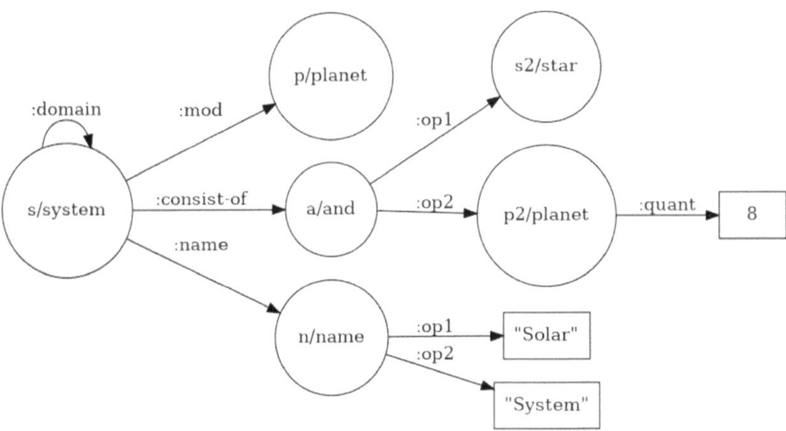

FIG. 1 – *Graphe AMR de la phrase "The Solar System is a planetary system consisting of a star and eight planets."*

Pour la mise au point de notre prototype, nous nous sommes appuyé sur la librairie Python AMRLib[9] pour créer des graphes AMR à partir de phrases anglaises. En complément, les structures obtenues ont été sérialisées en RDF à l'aide de l'outil AMR-LD[10].

3   Analyse de graphes AMR par transduction sémantique

La phase d'extraction permet le passage d'un ensemble de représentations sémantiques (graphes AMR) à une représentation logique formelle (ontologie OWL du document). Notre prototype, *TENET*, implémente un procédé basé sur une méthode de transduction sémantique compositionnelle (Lamercerie (2021)). Son développement s'appuie sur les standards du Web Sémantique du W3C (RDF, OWL, SPARQL). Il requiert, en entrée, un ensemble de structures pivot représentant le document à traiter, et donne en sortie un ensemble de triplets RDF-OWL formant une ontologie, composée de classes, de propriétés, d'instances et de relations logiques entre ces éléments.

La figure 2 montre un extrait d'une ontologie construite automatiquement à partir d'une dizaine de phrases issues de l'article anglais de Wikipedia sur le système solaire[11]. Les phrases ont été traitées telles qu'elles se présentaient, sans simplification *ad-hoc*. L'énoncé "the two largest planets, Jupiter and Saturn, are gas giants, being composed mainly of hydrogen and helium"[12] est un exemple tiré du corpus, qui est consultable sur un dépôt Git dédié[13].

---

9. `https://github.com/bjascob/amrlib`
10. *AMRs as Linked Data*, Burns et al. (2016)
11. `https://en.wikipedia.org/wiki/Solar_System`
12. "les deux plus grandes planètes, Jupiter et Saturne, sont des géantes gazeuses, principalement composées d'hydrogène et d'hélium"
13. `https://gitlab.tetras-libre.fr/tetras-mars/corpus/solar-system-corpus`

L'ontologie produite exhibe plusieurs concepts mentionnés dans le corpus, structurés sous la forme d'une taxonomie et caractérisés avec des propriétés logiques. Ainsi, nous observons sur cet exemple (figure 2) que la classe des *géantes gazeuses* est définie comme une sous-classe de *planètes*. Elle est associée à une restriction spécifiant que toutes les instances de *géantes gazeuses* ont comme caractéristique un élément de type *gaz* (propriété *hasFeature value gas*). Notons que l'énoncé ne nous donnait pas d'information supplémentaire : on ne sait pas ce qu'est le gaz, ni de quelle nature est le lien entre les *géantes gazeuses* et le *gaz*. Deux instances ont également été extraites et classées comme *géantes gazeuses* : Jupiter et Saturne. De plus, nous observons que les *géantes gazeuses* peuvent être composées d'hélium et d'hydrogène. Dans ce cas on peut être plus spécifique que *hasFeature* et générer une propriété *composedOf*. Ces résultats sont obtenus par la seule analyse automatique du corpus, sans connaissance préalable des classes et propriétés à extraire.

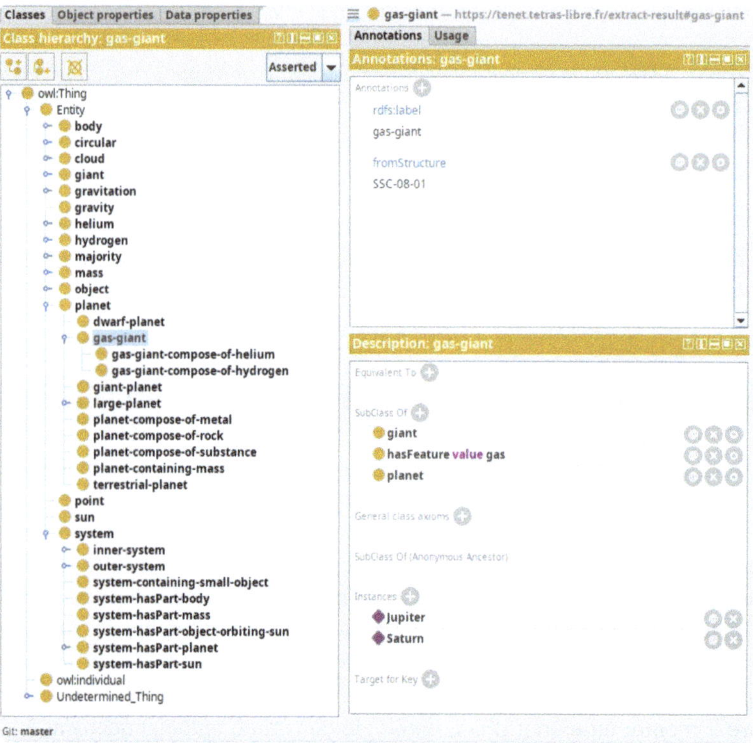

FIG. 2 – *Extrait d'une ontologie construite à partir d'un corpus décrivant le système solaire.*

L'analyse des structures AMR est réalisée avec des règles d'extraction implémentées sous la forme de requêtes SPARQL-construct. Le processus consiste en une suite d'opérations sur une structure AMR-RDF qui l'enrichissent de nouvelles données dérivées de l'interprétation du graphe. La notion de filet sémantique a été introduite pour caractériser ces enrichissements : un *filet sémantique* est un objet construit sur un graphe sémantique de façon inductive, à partir d'une base formée de filets *atomiques* correspondant aux nœuds du graphe. De plus, les filets sont associés à plusieurs données exploitables durant le traitement. La figure 3 donne l'intuition du traitement en montrant l'émergence d'un filet construit autour de plusieurs noeuds. Ces enrichissements successifs permettent l'*activation* de nouvelles règles et la génération de nouveaux filets, avec un processus de nature dynamique (l'objet traité évolue pendant le traitement) et compositionnel (les filets sont obtenus par composition de plusieurs filets, avec un calcul itératif).

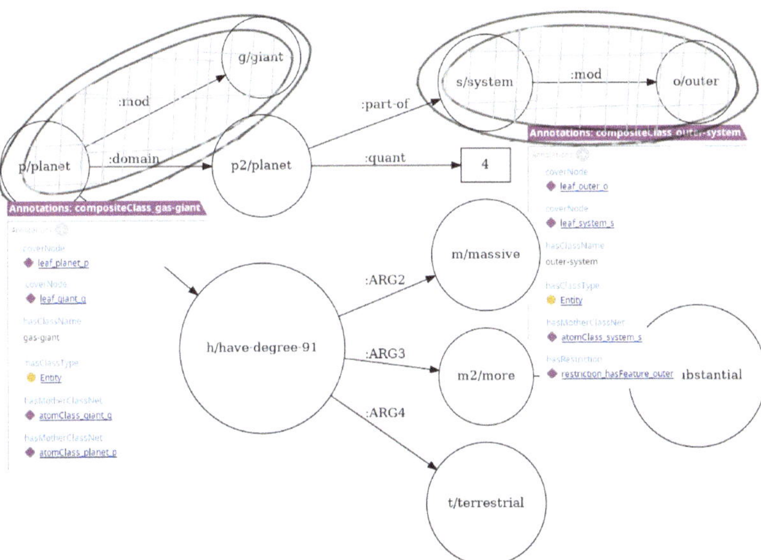

FIG. 3 – *Illustration du processus d'extraction par calcul de filets sémantiques : cet exemple montre deux filets de type "compositeClass". Ces deux filets mettent en évidence l'existence d'entités abstraites avec quelques caractéristiques. La suite du traitement permettra la génération effective des classes correspondantes, mais aussi le calcul de relations entre ces classes et d'autres éléments extraits. Par exemple, l'analyse de la relation " :part-of" entre le filet de droite et un filet construit autour du noeud "p2/planet" permet de déduire l'appartenance d'instances de "planètes" au "système externe".*

D'un point de vue technique, plusieurs schémas RDF ont été définis pour structurer les objets traités (*amr-rdf*, *base-ontology*, *semantic-net*). Les règles à appliquer sont organisées dans un schéma d'extraction. Une *règle d'extraction* est une requête SPARQL-construct, constituée d'un ensemble de contraintes, permettant de sélectionner des ressources (filets et données) vérifiant certaines conditions, et d'un constructeur, permettant de produire de nouvelles ressources (données, filets et éléments de l'ontologie). La figure 4 montre une règle permettant de générer les filets de la figure 3.

Ces règles dépendent fortement de la structure des graphes sémantiques en entrée, c'est à dire du formalisme AMR et des phénomènes linguistiques. Les propriétés sont déduites des rôles fondamentaux définis dans la *PropBank*. Nos développements couvrent plusieurs phénomènes linguistiques, comme les conjonctions (mis en évidence, au niveau du graphe

AMR, par les mots-clés *and, or*), la dénomination d'entités (mot-clé *name*), la comparaison (mot-clé *have-degree*) ou certains prédicats (mots-clés *mod, domain*). Toutes les requêtes utilisées sont accessibles dans le dépôt Git ((`https://gitlab.tetras-libre.fr/tetras-mars/tenet`). L'efficacité et la terminaison du traitement, dont la complexité est linéaire par rapport au nombre de phrases, sont assurées et ajustées en s'appuyant sur le typage des filets et l'optimisation des requêtes.

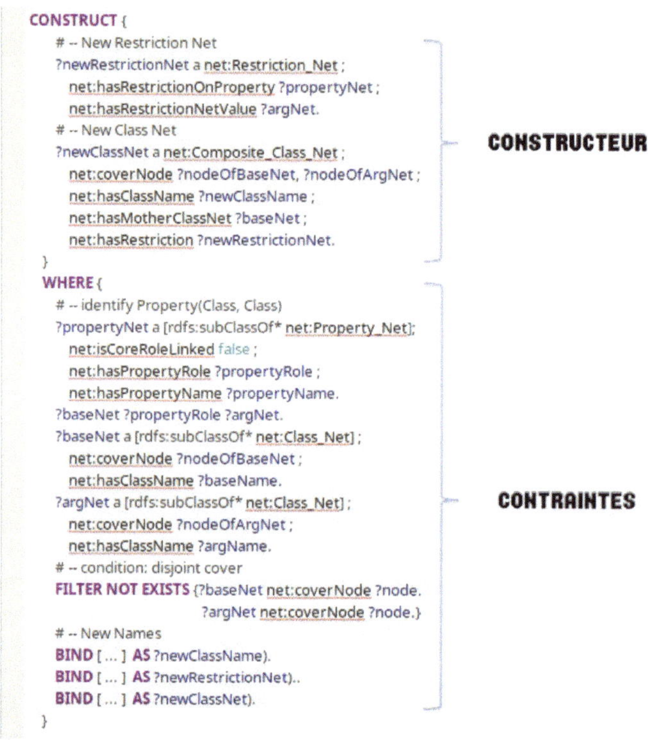


```
CONSTRUCT {
    # -- New Restriction Net
    ?newRestrictionNet a net:Restriction_Net ;
        net:hasRestrictionOnProperty ?propertyNet ;
        net:hasRestrictionNetValue ?argNet.
    # -- New Class Net
    ?newClassNet a net:Composite_Class_Net ;
        net:coverNode ?nodeOfBaseNet, ?nodeOfArgNet ;
        net:hasClassName ?newClassName ;
        net:hasMotherClassNet ?baseNet ;
        net:hasRestriction ?newRestrictionNet.
}
WHERE {
    # -- identify Property(Class, Class)
    ?propertyNet a [rdfs:subClassOf* net:Property_Net];
        net:isCoreRoleLinked false ;
        net:hasPropertyRole ?propertyRole ;
        net:hasPropertyName ?propertyName.
    ?baseNet ?propertyRole ?argNet.
    ?baseNet a [rdfs:subClassOf* net:Class_Net] ;
        net:coverNode ?nodeOfBaseNet ;
        net:hasClassName ?baseName.
    ?argNet a [rdfs:subClassOf* net:Class_Net] ;
        net:coverNode ?nodeOfArgNet ;
        net:hasClassName ?argName.
    # -- condition: disjoint cover
    FILTER NOT EXISTS {?baseNet net:coverNode ?node.
                       ?argNet net:coverNode ?node.}
    # -- New Names
    BIND [ ... ] AS ?newClassName).
    BIND [ ... ] AS ?newRestrictionNet)..
    BIND [ ... ] AS ?newClassNet).
}
```

FIG. 4 – *Règle de transduction permettant la création d'un filet de type "compositeClass" à partir de deux filets de types "class" respectant des contraintes précises (relation identifiée entre les deux filets et couverture disjointe).*

Le schéma qui organise les règles est structuré sur plusieurs niveaux. Les principales étapes sont : (1) l'extraction des éléments atomiques (classes, propriétés, instances), (2) la mise en évidence de phénomènes sémantiques, (3) la formation d'éléments composites par un procédé récursif, (4) l'extraction des propriétés et relations pour les éléments atomiques et composites, (5) la classification des ressources extraites et (6) la construction de l'ontologie cible.

4 Perspectives

L'objectif de nos travaux est de maîtriser la construction automatique d'ontologies OWL à partir de textes non contraints. Notre prototype permet de passer d'un ensembles de représentations sémantiques "linguistiques", rattachées à des énoncés, à une structure logique formelle décrivant les connaissances portées par ces structures. Par sa nature, il a vocation à s'intégrer dans une chaine de traitement plus large conçu pour répondre à un problème ou un besoin précis. Nous avons identifié plusieurs cas d'usage, tels que le traitement de documents juridiques, la formalisation de documents de maintenance ou l'ingénierie des exigences.

La construction d'ontologie implique différentes tâches complémentaires, de l'extraction de la terminologie jusqu'à la mise en évidence de propriétés complexes entre des concepts hiérarchisés. Elle se distingue du peuplement d'ontologies, qui vise à extraire des informations linguistiques permettant d'identifier des instances de concepts pour enrichir une ontologie déjà définie. S'il existe beaucoup de travaux sur le peuplement d'ontologies, auquel se rattache des problèmes de reconnaissances d'entités nommés ou de classification, la construction automatique d'ontologies *à partir de zéro* présente également un intérêt certain, tant ces ressources peuvent s'avérer critiques et leurs conceptions laborieuses. Cette démarche nécessite plusieurs opérations réalisées par le prototype actuel, dont les performances précises restent à évaluer.

Cette question de l'évaluation des ontologies produites représente un enjeu important. En pratique, elle est très inégale dans les travaux publiés. L'une des principales difficultés pour évaluer la construction ou l'enrichissement d'ontologies est qu'il n'existe pas de métrique standard pour vérifier automatiquement l'exactitude des représentations logiques obtenues. Il est en effet possible, dans la plupart des cas, de produire de nombreuses ontologies différentes pour un même domaine. En partant des propriétés classiques de cohérence, complétude et concision (Gómez-Pérez (1996)), plusieurs critères d'évaluation peuvent être considérés en prenant en compte les différents aspects d'une ontologie, tels que sa structure, son lexique, la syntaxe de ses définitions, ou bien sa sémantique. Ceux-ci permettent d'évaluer directement et intrinsèquement une ontologie. D'autres approches sont également envisageables selon le domaine, le type d'ontologie ou l'existence d'un corpus de référence (Brank et al. (2007)). Une démarche alternative consisterait à évaluer l'usage de l'ontologie dans un cadre applicatif, par exemple pour une tâche de recherche d'informations.

En gardant l'ossature de notre approche, il est possible d'exploiter et comparer différentes représentations sémantiques des énoncés. Cela nécessite la définition de nouveaux schémas RDF et l'adaptation des règles d'extraction. C'est ce que nous avons fait avec la prise en charge des graphes AMR en complément des graphes UNL. Pour la suite, nous envisageons plusieurs axes de développements pour étendre la couvertures des phénomènes linguistiques et dépasser les limites des représentations sémantiques "linguistiques". Notre ambition est de produire des ontologies suffisamment riche pour une mise en oeuvre sur des applications réelles, avec un système paramétrable en terme de domaine métier et de point de vue sur les textes.

Références

Abend, O. et A. Rappoport (2017). The state of the art in semantic representation. In *Proceedings of the 55th Annual Meeting of the Association for Computational Linguistics*, Volume 1, Vancouver, Canada, pp. 77–89. Association for Computational Linguistics.

Banarescu, L., C. Bonial, S. Cai, M. Georgescu, K. Griffitt, U. Hermjakob, K. Knight, P. Koehn, M. Palmer, et N. Schneider (2013). Abstract meaning representation for sembanking. In *Proceedings of the 7th Linguistic Annotation Workshop and Interoperability with Discourse*, Sofia, Bulgaria, pp. 178–186. Association for Computational Linguistics.

Brank, J., M. Grobelnik, et D. Mladenić (2007). Automatic Evaluation of Ontologies. In *Natural Language Processing and Text Mining*, London, pp. 193–219. Springer.

Burns, G. A., U. Hermjakob, et J. L. Ambite (2016). Abstract meaning representations as linked data. In *The Semantic Web – ISWC 2016*, Cham, pp. 12–20. Springer.

Flanigan, J., S. Thomson, J. Carbonell, C. Dyer, et N. A. Smith (2014). A discriminative graph-based parser for the abstract meaning representation. In *Proceedings of the 52nd ACL Annual Meeting*, Baltimore, pp. 1426–1436. Association for Computational Linguistics.

Gómez-Pérez, A. (1996). Towards a framework to verify knowledge sharing technology. *Expert Systems with Applications 11*(4), 519–529.

Khadir, A. C., H. Aliane, et A. Guessoum (2021). Ontology learning : Grand tour and challenges. *Computer Science Review 39*, 100339.

Lamercerie, A. (2021). *Principe de transduction sémantique pour l'application de théories d'interfaces sur des documents de spécification*. Thèse, Université Rennes 1 ; Rennes 1.

Liu, Y., W. Che, B. Zheng, B. Qin, et T. Liu (2018). An AMR Aligner Tuned by Transition-based Parser. In *Proceedings of the 2018 Conference on Empirical Methods in Natural Language Processing*, Brussels, pp. 2422–2430. Association for Computational Linguistics.

Marcus, M. P., B. Santorini, et M. A. Marcinkiewicz (1993). Building a large annotated corpus of English : The Penn Treebank. *Computational Linguistics 19*(2), 313–330.

Palmer, M., D. Gildea, et P. Kingsbury (2005). The proposition bank : An annotated corpus of semantic roles. *Computational Linguistics 31*(1), 71–106.

Rouquet, D., A. Lamercerie, V. Bellynck, C. Boitet, V. Berment, et G. d. Malézieux (2022). TENET, un outil pour construire des ontologies OWL à partir de textes en langue naturelle. *Revue des Nouvelles Technologies de l'Information RNTI-E-38*, 429–436.

Uchida, H., M. Zhu, et T. Della Senta (1996). Unl : Universal networking language–an electronic language for communication, understanding, and collaboration. *Tokyo : UNL Center*.

Wang, C., N. Xue, et S. Pradhan (2015). A transition-based algorithm for AMR parsing. In *Proceedings of the 2015 North American Chapter ACL Conference*, Denver, pp. 366–375.

Zhang, S., X. Ma, K. Duh, et B. Van Durme (2019). AMR Parsing as Sequence-to-Graph Transduction. In *Proceedings of the 57th ACL Annual Meeting*, Florence, pp. 80–94.

Summary

This paper presents the extension of a tool to automatically build OWL ontologies from texts expressed in natural language. The implemented processing chain takes unconstrained statements as a starting point and results in a logical structure encoding the extracted knowledge. There are two main phases: (1) RDF serialisation of AMR graphs exploited as pivotal representations, and (2) extraction of logical content through the analysis of the intermediate structures. The implementation is based on Semantic Web standards.

CORPEX : Analyse exploratoire d'un corpus biomédical à l'aide de la classification croisée

Amine Ferdjaoui*,**, Amira Tlati*, Séverine Affeldt*, Mohamed Nadif*

* Centre Borelli UMR 9010, Université Paris Cité, 75006, France.
** SogetiLabs, 147 Quai du Président Roosevelt, 92130, Issy-les-Moulineaux.
<prénom.nom>@u-paris.fr

Résumé. Nous proposons une interface d'aide à l'analyse de corpus via la visualisation interactive de *coclusters* afin d'accompagner l'exploration des thématiques pour un ensemble de textes. Les saisies de l'utilisateur permettent la création ou le chargement d'un corpus de documents, son nettoyage et l'étude interactive et simultanée des termes et des documents. Cet article détaille les fonctionnalités en lien avec la génération dynamique de corpus, notamment dans un cadre biomédical, et également le chargement de matrices documents-termes pour des corpus déjà pré-traités. L'analyse du corpus par la classification croisée (*co-clustering*) et la visualisation conjointe des termes et des documents, suivant le co-partitionnement obtenu sur les deux ensembles, sont des outils efficaces pour une compréhension rapide des sujets abordés dans un corpus. La sauvegarde automatique des résultats permet de relancer facilement différentes analyses par un *co-clustering* approprié et d'obtenir des vues croisées des thématiques à différents niveaux de granularité.

1 Introduction

L'information est aujourd'hui disponible en abondance sous forme textuelle, dans de nombreux domaines. Le Traitement Automatique des Langues (TAL) permet l'automatisation à grande échelle de tâches telles que l'annotation ou la classification. Les méthodes existantes, aisément accessibles via de nombreuses librairies de programmation en R ou Python, permettent d'analyser et de valoriser de larges corpus comportant par exemple des articles de presse, des compte-rendus d'entretiens ou des commentaires de consommateurs.

Dans le domaine biomédical, de très nombreux articles sont aujourd'hui disponibles en ligne et leur exploitation peut permettre d'identifier des relations d'intérêt pour une éventuelle meilleure prise en charge des patients. Toutefois, on produit de nos jours bien plus d'articles biomédicaux qu'on ne peut en lire. A titre d'exemple, la plateforme PubMed comprend plus de 34 millions de citations pour la littérature biomédicale provenant de MEDLINE, de revues de sciences de la vie et de livres en ligne. Recouper l'ensemble des documents mis à disposition nécessite l'emploi d'approches de TAL avancées. Avec CORPEX (*CORPus EXploration*), nous mettons à la disposition de la communauté des chercheurs, mais également des praticiens, une interface ergonomique et légère pour l'exploration de corpus, notamment dans un contexte biomédical.

L'utilisateur peut soit générer un corpus sur la base de mots-clefs directement à partir de PubMed, soit charger dans l'interface un corpus pré-existant. CORPEX permet également de nettoyer les textes d'un corpus et de les analyser via une approche de classification croisée (*co-clustering*) performante. L'interface proposée permet donc, de façon interactive, d'identifier les sous-thématiques d'un corpus, de relancer des analyses en adaptant la granularité à partir du co-partitionnement, et de consulter en ligne les articles pertinents du corpus en fonction des termes les plus représentatifs pour les sous-thématiques découvertes.

Dans les sections suivantes, nous présentons dans un premier temps les motivations et l'état de l'art pour le *co-clustering* dans un contexte de données textuelles. Puis, nous détaillons les éléments de l'approche de co-partitionnement sur laquelle se base CORPEX. Nous présentons ensuite les différentes fonctionnalités de notre interface en lien avec l'analyse et la visualisation, avant de décrire un cas d'application dans le domaine biomédical.

2 Le *co-clustering* pour les données textuelles

2.1 Motivations et travaux connexes

La classification croisée ou simultanée sur un ensemble de caractéristiques et un ensemble d'objets conduit à une réorganisation de la matrice de données en une structure de blocs homogènes, appelé *coclusters*[1]. Il s'agit en fait d'une extension du *clustering unilatéral* qui prend cependant en compte simultanément les deux ensembles (Govaert et Nadif, 2008, 2013).

Diverses méthodes de *co-clustering* ont été appliquées dans différents domaines, notamment en bioinformatique (Cho et Dhillon, 2008; Hanczar et Nadif, 2012) pour regrouper les gènes et les conditions expérimentales, dans le filtrage collaboratif (Hofmann et Puzicha, 1999; Deodhar et Ghosh, 2010) pour regrouper les utilisateurs et les éléments, et dans l'exploration de texte (Govaert et Nadif, 2018; Salah et Nadif, 2019) pour regrouper des termes et des documents. Grâce à sa capacité à mettre en relation les lignes et les colonnes d'une matrice donnée, le *co-clustering* donne généralement de meilleurs résultats que le clustering unilatéral. Il s'avère même particulièrement efficace pour les données massives de grande dimension et éparses. En outre, le *co-clustering* effectue une réduction de dimensionnalité adaptative implicite qui permet l'utilisation d'algorithmes efficaces et évolutifs pour les données textuelles éparses à haute dimension. Cet aspect est crucial dans le domaine de l'exploration de textes, car la croissance exponentielle des documents en ligne a créé un besoin urgent de méthodes efficaces de traitement et d'interprétation des matrices de documents-termes éparses à haute dimension, c'est-à-dire des matrices où les documents sont représentés dans l'espace des termes, et vice versa. Plus important encore, le *co-clustering* de textes peut identifier les termes les plus discriminants qui caractérisent les sujets abordés dans les classes de documents.

Les approches classiques de *co-clustering* n'intègrent généralement pas d'informations supplémentaires comme un score complémentaire externe qui quantifie les relations sémantiques entre les termes, ou les similarités dans le contenu des documents. Les informations secondaires sur l'espace latent des documents *et* sur l'espace latent des termes peuvent cependant améliorer le *co-clustering* des données document-mot. Inspiré par le succès récent des modèles neuronaux d'intégration des termes, dans (Ailem et al., 2017; Febrissy et al., 2022) les auteurs ont proposé

---

1. Soit une matrice $\mathbf{X} = (x_{ij})$, $i \in I$, $j \in J$, un co-cluster est une sous-matrice $I_k \times J_\ell (I_k \subseteq I, J_\ell \subseteq J)$.

un modèle basé sur la NMF (Non-negative Matrix Factorisation) exploitant conjointement les matrices documents-termes et termes-contextes. Récemment, une extension du *co-clustering* basé sur la NMTF (Non-negative Matrix Tri-Factorization), à savoir le WC-NMTF (Word Co-Occurence regularized NMTF) (Salah et al., 2018), une technique qui tient compte des relations sémantiques entre les termes, a été appliquée avec succès sur divers ensembles de données textuelles. En plus d'être de grande dimension et éparses, les classes recherchées de documents ou de termes peuvent également être fortement déséquilibrées, et les méthodes de *co-clustering* qui se concentrent sur ce type de données doivent en tenir compte. L'algorithme DCC (Directional Coclustering with a Conscience) (Salah et Nadif, 2019), s'est avéré particulièrement adapté à la résolution de ce problème. Il exploite le fait que les données textuelles sont de nature *directionnelle*, ce qui signifie que seules les directions des vecteurs de documents/termes sont pertinentes, et non leur magnitude (Mardia et Jupp, 2009). Il s'appuie ainsi sur le modèle de mélange de von Mises-Fisher (vMF) et introduit un mécanisme de conscience pour éviter les classes vides ou fortement déséquilibrées (Salah et Nadif, 2017a). Cependant, et contrairement à WC-NMTF, DCC n'utilise aucune régularisation.

2.2 Le *co-clustering* avec conscience régularisé

Dans ce travail, nous exploitons la nature directionnelle des données textuelles via l'algorithme de RBDCo (Regularized Bi-Directional Co-clustering)(Affeldt et al., 2021). L'aspect bidirectionnel de cette approche réside dans l'utilisation d'informations issues des représentations des documents et des termes. L'intérêt du modèle RBDCo est qu'il propose un cadre général basé sur une formulation matricielle du *co-clustering* s'appuyant initialement sur les modèles de mélange de von Mises-Fisher (vMF) (Banerjee et al., 2005; Salah et Nadif, 2017b). Un résultat significatif de la formulation de RBDCo est un cadre très riche et flexible pour le *co-clustering* de textes qui permet une régularisation multiplicative simple, à la fois sur les relations sémantiques *mot-mot* et les similarités de contenu *document-document*. Contrairement aux méthodes existantes, qui reposent généralement sur une incorporation *additive* des similarités, nous proposons une régularisation *multiplicative* et *bidirectionnelle* qui encapsule mieux la structure sous-jacente des données textuelles.

Plus précisément, RBDCo propose une formulation matricielle de DCC (Salah et Nadif, 2017a) qui pénalise chaque classe ligne/colonne en rendant les paramètres de concentration inversement proportionnels à la cardinalité. DCC entrelace les regroupements en g classes de n documents/lignes et de d termes/colonnes à chaque itération. Considérons les matrices de classification binaire $\mathbf{Z} \in \{0,1\}^{n \times g}$ and $\mathbf{W} \in \{0,1\}^{d \times g}$ (Fig. 1), où les tailles des classes de $\mathbf{Z}$ et $\mathbf{W}$ sont sur la diagonale de $\mathbf{D_z} = \mathbf{Z}^\top \mathbf{Z}$ et $\mathbf{D_w} = \mathbf{W}^\top \mathbf{W}$. Etant donnée une matrice documents-termes $\mathbf{X}$, les formules de mise à jour de l'algorithme DCC peuvent être réécrites sous forme de matrice : $\mathbf{Z} = \mathbf{Binarize}(\mathbf{X}\widetilde{\mathbf{W}}\mathbf{D_z}^{-0.5})$ et $\mathbf{W} = \mathbf{Binarize}(\mathbf{X}^\top\widetilde{\mathbf{Z}}\mathbf{D_w}^{-0.5})$, où $\widetilde{\mathbf{Z}} = \mathbf{Z}\mathbf{D_z}^{-0.5}$, $\widetilde{\mathbf{W}} = \mathbf{W}\mathbf{D_w}^{-0.5}$ et $\mathbf{Binarize}(\mathbf{B})$, signifie $\forall i, \mathbf{b}_{ik} = \mathrm{argmax}_{k'} \mathbf{b}_{ik'}$. Nous obtenons les partitions $\mathbf{Z}$ et $\mathbf{W}$ en alternant ces deux règles jusqu'à ce qu'un point fixe soit atteint. Ainsi, le clustering de documents $\mathbf{Z}$ est dérivé comme une projection pondérée de la matrice de données $\mathbf{X}$ sur le sous-espace couvert par la partition des termes $\mathbf{W}$. De même, la partition de termes est dérivée comme une projection pondérée de la matrice de données $\mathbf{X}$ sur le sous-espace couvert par la partition des documents $\mathbf{Z}$.

RBDCo intègre deux matrices de données régularisées, $\mathbf{M_z}$ et $\mathbf{M_w}$ avec des valeurs prises dans $\{\mathbf{X}, \mathbf{S}_r\mathbf{X}, \mathbf{X}\mathbf{S}_c, \mathbf{S}_r\mathbf{X}\mathbf{S}_c\}$ aux formules précédentes. Pour la matrice documents-termes, $\mathbf{S}_r$ contient les similarités entre les documents et $\mathbf{S}_c$, les corrélations sémantiques entre les termes. La tâche de regroupement des données pour RBDCo est effectuée en calculant itérativement $\mathbf{Z}$ et $\mathbf{W}$ sur la base de l'interaction entre les deux règles de mise à jour dérivées de la maximisation du critère objectif J. L'Equation.(1) et l'Algorithme (1) rendent compte de cette alternance. En particulier, RBDCo exploite la dualité des documents et des termes, et renforce leur regroupement conjoint avec des régularisations multiplicatives doubles utilisant à la fois $\mathbf{S}_c$ et $\mathbf{S}_r$.

$$\begin{bmatrix} \mathbf{Z} \\ \mathbf{W} \end{bmatrix} \leftarrow \begin{bmatrix} 0 & \mathbf{M_z} \\ \mathbf{M_w^\top} & 0 \end{bmatrix} \begin{bmatrix} \widetilde{\mathbf{Z}}\mathbf{D_w}^{-0.5} \\ \widetilde{\mathbf{W}}\mathbf{D_z}^{-0.5} \end{bmatrix} = \begin{bmatrix} \mathbf{M_z}\widetilde{\mathbf{W}}\mathbf{D_z}^{-0.5} \\ \mathbf{M_w^\top}\widetilde{\mathbf{Z}}\mathbf{D_w}^{-0.5} \end{bmatrix}. \tag{1}$$

Algorithm 1 RBDCo. Regularized Bi-Directional Co-Clustering

1: **Input :** $\mathbf{X}$ ($\mathbf{x}_i \in \mathbb{S}^{d-1}$), g, $\mathbf{S}_r$, $\mathbf{S}_c$
2: **Output :** partitions $\mathbf{Z}$ and $\mathbf{W}$
3: **Initialization :** random initialization of $\mathbf{Z}$ and $\mathbf{W}$
4: **repeat**
5:     1. Assignment of documents   (1)
6:         • $\mathbf{Z} \leftarrow \mathbf{M_z}\widetilde{\mathbf{W}}\mathbf{D_z}^{-0.5}$
7:         • **Binarize $\mathbf{Z}$** : $\forall i \quad z_i = \arg\max_{k'} z_{ik'}$
8:     2. Assignment of words   (1)
9:         • $\mathbf{W} \leftarrow \mathbf{M_w^\top}\widetilde{\mathbf{Z}}\mathbf{D_w}^{-0.5}$
10:         • **Binarize $\mathbf{W}$** : $\forall j \quad w_j = \arg\max_{k'} w_{jk'}$
11: **until** convergence of $J \equiv \frac{1}{2}Tr\big(\widetilde{\mathbf{Z}}^\top(\mathbf{M_z}+\mathbf{M_w})\widetilde{\mathbf{W}}\big)$

$\mathbf{S}_c$ and $\mathbf{S}_r$ sont construites à partir de la matrice documents-termes originale $\mathbf{X} \in \mathbb{R}^{n \times d}$. Pour $\mathbf{S}_c$, nous utilisons une transformation non-lineaire de la co-occurrence des termes, la Pointwise Mutual Information (PMI), qui est définie comme $\log\left(p(w_i, w_j)/p(w_i)p(w_j)\right)$ pour deux termes w_i and w_j. Avec $\mathbf{C} = \mathbf{X}^\top\mathbf{X}$, la PMI est

$$\mathrm{PMI}_{\mathbf{C}}(w_i, w_j) = \log\frac{c_{ij} \times c_{..}}{c_{j.}c_{.j}}, \tag{2}$$

où $c_{..} = \sum_{ij} c_{ij}$, $c_{i.} = \sum_j c_{ij}$ et $c_{.j} = \sum_i c_{ij}$. Une approximation généralement admise consiste à remplacer toutes les valeurs négatives de PMI par 0, donnant une PMI positive (PPMI). PPMI_c est notre matrice de régularisation de termes $\mathbf{S}_c$. Nous pouvons aussi définir une $\mathrm{PMI}_r(d_i, d_j)$ entre les documents d_i et d_j et considérer la PPMI_R comme étant $\mathbf{S}_r$.

3   Interface d'analyse et de visualisation

Le système d'exploration CORPEX est instrumenté par un *panneau latéral* qui centralise la définition du corpus et le lancement de l'analyse par le *co-clustering*. L'outil propose ensuite, via le *panneau central*, différentes visualisations des termes et articles pertinents permettant de faciliter l'exploration du corpus, les thématiques découvertes et les termes les plus discriminants. Pour cette partie, nous prendrons l'exemple de la thématique du COVID.

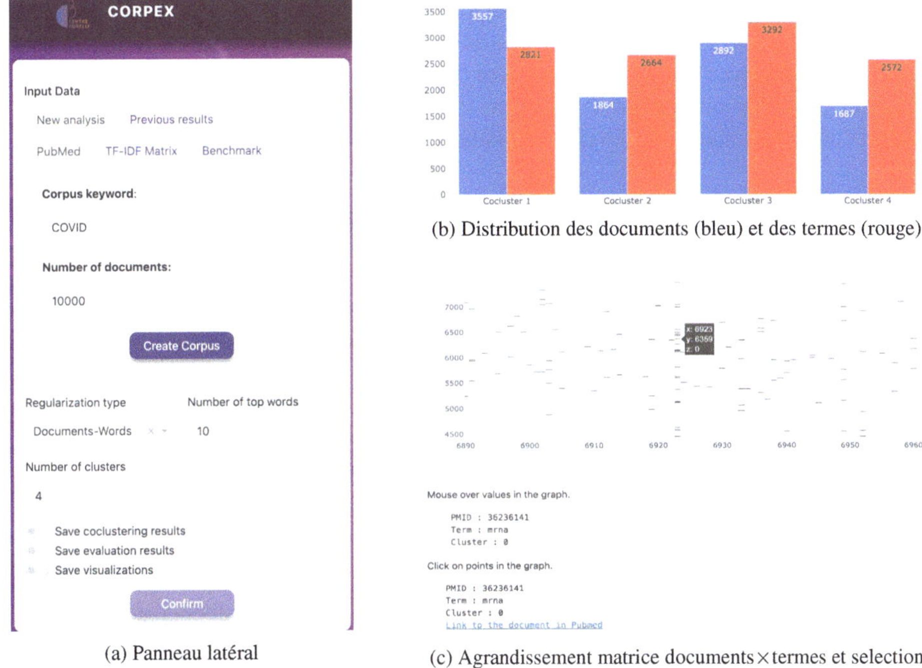

(a) Panneau latéral

(b) Distribution des documents (bleu) et des termes (rouge)

(c) Agrandissement matrice documents×termes et selection

FIG. 1 – Vue globale de l'interface.

3.1   Panneau latéral : Définition et analyse du corpus

L'interface CORPEX permet la création d'un corpus de documents directement via PubMed (Fig. 1 (a) ; onglet [**New Analysis > PubMed**]). L'utilisateur saisit un mot-clef pour télécharger un ensemble de documents (eg. COVID). Le corpus est *nettoyé* (eg. suppression des ponctuations, des *stopwords*) et converti en matrice documents-termes pondérée (TF-IDF ; *Term Frequency-Inverse Document Frequency*). Le corpus peut être sauvegardé au format texte ou matriciel (objet Python). L'analyse de *co-clustering* peut ainsi être relancée ultérieurement sur un même corpus (via l'onglet [**New Analysis > TF-IDF Matrix**]).

L'interface permet également le chargement de corpus *benchmarks* typiquement utilisés dans le domaine du clustering de textes (eg. CLASSIC3&4, PUBMED5&10 ; onglet [**New Analysis > Benchmark**]). Elle permet alors le calcul de métriques d'évaluation sur la base des labels des classes de documents. Les métriques sont l'ARI (Adjusted Rand Index) et la NMI (Normalized Mutual Information). Cette étape pourrait également servir à comparer deux co-partitionnements. Il est possible de recharger des analyses et visualisations obtenues avec CORPEX sans avoir à relancer un co-clustering(onglet [**Previous results**]).

⤳ **Application au COVID-19** Après avoir saisi le mot-clef COVID (*Corpus keyword*) ainsi que le nombre de documents (*Number of documents*), nous pouvons télécharger un corpus de $10\,000$ documents *nettoyés* par un simple clic sur le bouton *Create Corpus* (Fig. 1 (a)). Nous définissons ensuite le type de régularisation pour l'algorithme RBDCo (*Regularization type*) et le nombre de co-clusters (*Number of clusters*). Les boutons basculant situés en bas du panneau latéral permettent d'activer la sauvegarde en local du co-partitionnement (*coclustering results*), des métriques d'évaluation (*evaluation results*) et des visualisations de co-clusters et mots représentatifs des thématiques découvertes (*visualizations*). Le bouton *Confirm* lance l'analyse par RBDCo.

3.2   Panneau central : Exploration de résultats

L'onglet **Coclustering overview** permet d'accéder à la répartition des termes et documents par cocluster, et à la matrice *interactive* documents-termes réorganisée selon les co-clusters. Le co-partitionnement obtenu répartit les termes et les documents en coclusters cohérents, autour de certaines thématiques. Un histogramme (Fig. 1 (b)) rend compte des nombres de termes (en rouge) et de documents (en bleu) par cocluster. La matrice interactive documents-termes réorganisée permet de se déplacer dans les différents co-clusters et d'agrandir certaines sous-matrices. L'utilisateur peut ainsi accéder, par un simple clic, à un terme et un document d'intérêt qu'il souhaite étudier (Fig. 1 (c)). En effet, un lien *url* est fourni afin d'accéder à l'article en ligne via la plateforme PubMed (*Link to the document in PubMed*).

⤳ **Application au COVID-19** L'histogramme de distributions des mots et documents montre le co-partitionnement des données dans le cadre de notre corpus *COVID* de $10\,000$ documents. Après un agrandissement sur une partie du 3e cocluster dans la matrice interactive (Fig. 1 (c)), nous accédons par exemple au terme mrna (*Messenger RNA*), connu pour son rôle dans les vaccins COVID-19. Une url redirige vers un article accessible via PubMed (PMID: 36236141).

L'onglet **Topics overview** donne les termes les plus représentatifs par cocluster sous forme d'histogrammes (Fig. 2) et de nuages de mots (Fig. 3). Les histogrammes indiquent précisément la fréquence de ces termes pour chaque cocluster, par un simple glissement de la souris. Le champs *Number of top words* du panneau latéral permet de définir le nombre de mots représentatifs à considérer pour l'exploration des thématiques.

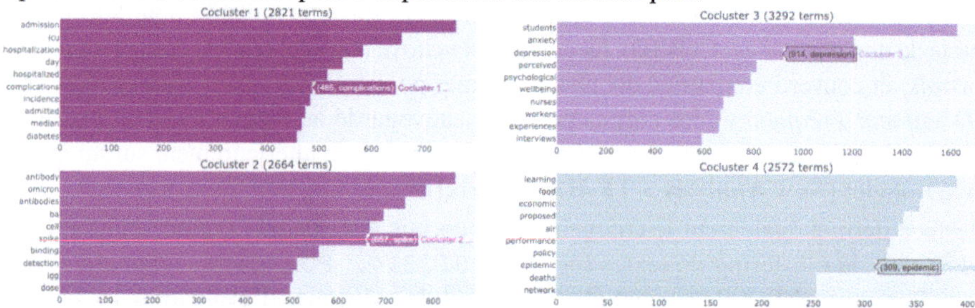

FIG. 2 – Termes représentatifs pour les co-clusters 1 à 4

⤳ **Application au COVID-19** Nous identifions ici quatre thématiques (Fig. 2). Le cluster 1 concentre un vocabulaire lié aux hospitalisations, plus particulièrement dans les services de soins intensifs (*icu, admission*) ou pour des patients présentant des comorbidités (*diabetes*).

Il est intéressant de noter que *cancer*, visible dans le nuage de mots (Fig. 3), n'apparaît pas dans l'histogramme. En effet, les nuages s'appuient sur les fréquence brutes, tandis que les histogrammes utilisent les valeurs pondérées. Ainsi, *cancer* est très fréquent dans le corpus, mais n'est pas fortement discriminant pour le cluster 1. Le cluster 2 se réfère aux aspects biologiques de la maladie. On retrouve notamment les appellations de variants (*omicron*, *ba* pour BA.4 ou BA.5) ou de protéine (*spike*, *igg*). Le cluster 3 est quant à lui en lien avec les effets psychologiques dus à la pandémie de COVID-19 (*anxiety*, *depression*) et le type de population touchée (*students*, *nurses*, *workers*). Enfin, le cluster 4 se rapporte aux politiques de santé publique et au suivi épidémiologique pendant la pandémie (*policy*, *epidemic*).

FIG. 3 – Nuages des termes pour les coclusters 1 à 4 (gauche à droite)

4   Conclusion

Dans ce travail, nous proposons un outil convivial et efficace permettant d'explorer un corpus biomedical. Il s'appuie sur des avancées récentes en terme de co-clustering. Notons que cet outil pourrait d'une part être utilisé pour d'autres applications dont les données à explorer sont de grande dimension éparses ou non et d'autre part intégrer d'autres nouvelles régularisations.

Références

Affeldt, S., L. Labiod, et M. Nadif (2021). Regularized bi-directional co-clustering. *Statistics and Computing 31*(3), 1–17.

Ailem, M., A. Salah, et M. Nadif (2017). Non-negative matrix factorization meets word embedding. In *Proceedings of the 40th International ACM SIGIR Conference on Research and Development in Information Retrieval*, pp. 1081–1084.

Banerjee, A., I. S. Dhillon, J. Ghosh, et S. Sra (2005). Clustering on the unit hypersphere using von mises-fisher distributions. *J. Mach. Learn. Res. 6*, 1345–1382.

Cho, H. et I. S. Dhillon (2008). Coclustering of human cancer microarrays using minimum sum-squared residue coclustering. *IEEE/ACM Transactions on Computational Biology and Bioinformatics 5*(3), 385–400.

Deodhar, M. et J. Ghosh (2010). Scoal : A framework for simultaneous co-clustering and learning from complex data. *TKDD 4*(3), 1–31.

Febrissy, M., A. Salah, M. Ailem, et M. Nadif (2022). Improving nmf clustering by leveraging contextual relationships among words. *Neurocomputing 495*, 105–117.

Govaert, G. et M. Nadif (2008). Block clustering with bernoulli mixture models : Comparison of different approaches. *Computational Statistics & Data Analysis 52*(6), 3233–3245.

Govaert, G. et M. Nadif (2013). *Co-clustering : models, algorithms and applications.* New York : John Wiley & Sons.

Govaert, G. et M. Nadif (2018). Mutual information, phi-squared and model-based co-clustering for contingency tables. *Advances in Data Analysis and Classification 12*(3), 455–488.

Hanczar, B. et M. Nadif (2012). Ensemble methods for biclustering tasks. *Pattern Recognition 45*(11), 3938–3949.

Hofmann, T. et J. Puzicha (1999). Latent class models for collaborative filtering. In *IJCAI*, Volume 99, Stockholm, Sweden, pp. 688–693. Morgan Kaufmann.

Mardia, K. V. et P. E. Jupp (2009). *Directional statistics*, Volume 494. New York, NY, USA : John Wiley & Sons.

Salah, A., M. Ailem, et M. Nadif (2018). Word co-occurrence regularized non-negative matrix tri-factorization for text data co-clustering. In *Thirty-Second AAAI Conference on Artificial Intelligence*, pp. 3992–3999.

Salah, A. et M. Nadif (2017a). Model-based von mises-fisher co-clustering with a conscience. In *Proceedings of the 2017 SIAM International Conference on Data Mining*, pp. 246–254. SIAM.

Salah, A. et M. Nadif (2017b). Social regularized von mises–fisher mixture model for item recommendation. *Data Mining and Knowledge Discovery 31*(5), 1218–1241.

Salah, A. et M. Nadif (2019). Directional co-clustering. *Adv. Data Analysis and Classification 13*(3), 591–620.

Summary

We propose an interface that supports corpus analysis via interactive visualizations of *coclusters* to explore the topics for a set of texts. The user can create or load a corpus of documents, clean them and study simultaneously the terms and the documents. This article details the functionalities related to the dynamic generation of corpora, especially in a biomedical context, and also the loading of document-term matrices for already pre-processed corpora. The analysis of the corpus by cross-classification (*co-clustering*) and the joint visualization of the terms and documents according to the co-partitioning, are effective tools for a quick understanding of the topics in a corpus. The automatic saving of the results allows to easily relaunch different *co-clustering* analyses and obtain crossed views of the topics at different levels of granularity.

ICDiscovery : Aide à l'annotation par une méthode de budget pour le codage CIM-9 des textes hospitaliers

Leonardo Moros*,***, Jérôme Azé*, Sandra Bringay*,**
Pascal Poncelet*, Maximilien Servajean*,**, Caroline Dunoyer***,****

* LIRMM UMR 5506, Université de Montpellier, CNRS, Montpellier, France
prenom.nom@lirmm.fr
** Groupe AMIS, Université Paul Valery, Montpellier, France
prenom.nom@univ-montp3.fr
*** Département d'Information Médicale, CHU Montpellier, Montpellier, France
prenom.nom@chu-montpellier.fr
**** IDESP, UMR UA11, INSERM - Université de Montpellier, Montpellier, France
prenom.nom@umontpellier.fr

Résumé. Le codage médical est une tâche liée à la facturation clinique, visant à annoter des textes, généralement non structurés, avec des codes décrivant les diagnostics et les traitements d'un patient. Cette tâche réalisée par des spécialistes du codage, est connue pour être très difficile, en raison de la grande quantité de codes et de la longueur des documents. ICDiscovery est un outil d'aide au codage basé sur une approche d'apprentissage automatique par budget, qui propose un nombre de codes différents à associer à des documents selon plusieurs stratégies et qui explique les prédictions en identifiant les parties de textes qui ont permis la prédiction des codes.

1 Introduction

Les professionnels de santé documentent minutieusement chaque rencontre avec les patients dans leurs dossiers médicaux. Ils produisent de nombreux documents structurés et semi-structurés contenant des informations sur les traitements, les procédures et les diagnostics effectués. Afin d'obtenir des financements, les établissements de santé doivent associer aux séjours des patients des codes de facturation, issus de la Classification Internationale des Maladies (CIM). Ce codage, initialement réalisé à des fins médico-économiques peuve avoir d'autres finalités que la facturation, telles que l'amélioration de la prise en charge du patient, la prédiction de l'évolution des soins, etc. Actuellement, cette tâche est effectuée manuellement par des spécialistes du codage, c'est une activité très complexe, fastidieuse, subjective, coûteuse, chronophage et sujette à erreurs.

De nombreux travaux ont proposé des systèmes automatiques pour cette activité de codage. Ces dernières années, les approches utilisant des modèles d'apprentissage profond ont obtenus les meilleurs résultats. Les réseaux neuronaux convolutifs (CNN) et récurrents (RNN) avec des mécanismes d'attention (Xie et Xing, 2018; Mullenbach et al., 2018; Vu et al., 2020) correspondent à l'état de l'art actuel.

Les performances de ces modèles de l'état de l'art sont actuellement insuffisantes pour mettre en pratique une approche complètement automatique dans les établissements de santé. En effet, ses approches sont évaluées sur un nombre limité de codes. Lorsque l'on considère tous les codes, elles obtiennent de bons scores sur les métriques micros agrégées mais des scores très bas sur les métriques macro agrégées. Par exemple, LAAT (Vu et al., 2020) obtient 57,5 avec la métrique micro F1 et 9,9 avec la métrique macro F1. Dans cet article de démonstration, nous proposons l'outil ICDiscovery qui, comme son nom l'indique, permet de "découvrir" des codes ICD[1] dans les textes médicaux. Il repose sur une approche semi-automatique où un modèle fait des propositions de codes que le codeur doit valider. L'objectif est triple : il s'agit 1) d'adapter le nombre de codes proposés avec une approche par budget, 2) de réaliser des prédictions à différents niveaux de la hiérarchie CIM et 3) d'expliciter les prédictions en guidant le codeur vers les parties de textes ayant impacté la prédiction. Le travail de validation du codeur est ainsi facilité car il n'a pas besoin de lire le document dans son intégralité.

Il est important de noter qu'une erreur du modèle provient soit de l'oubli d'un code, soit d'une prédiction erronée. Dans le premier cas, le codeur doit lire tout le document en ayant en tête la totalité des codes. Dans le second cas, le codeur se concentre sur les parties du document utilisées par le modèle pour faire sa prédiction. Il vaut donc mieux ajouter un code à tort que l'inverse. L'outil ICDiscovery repose sur une approche par budget qui va permettre de faire varier le nombre de codes proposés au codeur. Lapin et al. (2016) renvoient les K classes les plus probables pour chaque donnée d'entrée (Top-K). Lorieul et al. (2021) généralisent l'approche avec une méthode permettant d'avoir en moyenne K labels pour chaque document, en renvoyant tous les labels ayant un score supérieur à un seuil global calculé sur le jeu de test. Bien que ces approches aient été initialement conçues pour des tâches multiclasses, nous les avons adaptées au cas des problèmes multilabels.

Par ailleurs, les codes CIM appartiennent à une hiérarchie. Le modèle peut être certain des prédictions à un niveau plus général dans la hiérarchie (e.g. diabète) malgré de mauvaises performances au niveau des feuilles. L'objectif est donc de maximiser le rappel sous contraintes tout en s'adaptant à la hiérarchie CIM-9.

L'outil ICDiscovery inclut également une explication des prédictions avec la visualisation de l'attention issue du réseau de neurones. Cette visualisation de la participation des tokens à la prédiction se fait à l'aide de cartes de chaleur (Li et al., 2016a,b; Arras et al., 2017). Les utilisateurs peuvent ainsi facilement comprendre pourquoi le modèle fait ses choix et si les codes obtenus en sortie sont vraiment présents dans le texte.

Cet article est organisé de la manière suivante : dans la section 2, nous décrivons les besoins que nous avons identifiés pour un outil d'aide au codage puis, dans la section 3, la méthode par budget mise en œuvre. Dans la section 4, nous présentons l'outil ainsi qu'un cas d'étude montrant son utilisation avant de conclure dans la section 5.

2   Caractérisation du problème

Nous identifions dans la suite les questions exprimées par les codeurs médicaux et proposons une liste de besoins ayant guidé la conception de l'outil.

---

1. ICD est l'équivalent de CIM en anglais International Classification of Diseases.

2.1 Questions des utilisateurs

Selon les besoins exprimés par les codeurs, nous listons 5 questions pour lesquelles une réponse les aide à identifier les codes CIM et à interpréter le processus dont sont issues les prédictions de ces codes.

(Q_1) Pour un document donné, peut-on borner le nombre de prédictions en sortie du modèle pour limiter le travail de validation du codeur ?

(Q_2) Pour un document donné, quels sont les codes associés et quel est le niveau de confiance du modèle dans les codes prédits ?

(Q_3) Pour une prédiction donnée, quel est son parent dans la hiérarchie CIM ?

(Q_4) Pour une prédiction donnée, quels sont les mots dans le texte qui ont permis au modèle de choisir un code et dans quelles sections du document se trouvent-t-ils ?

(Q_5) Pour un mot et un code donné dans le texte, quelle est l'importance du mot par rapport au code ?

La question Q_1 est liée à la gestion du budget. Répondre à cette question permet aux codeurs de modifier le comportement du modèle pour qu'il s'adapte à la charge de travail souhaitée en fixant le nombre de codes proposés. La question Q_2 est liée à la hiérarchie et à la capacité du système à aider le codeur à naviguer dedans. Les questions Q_3, Q_4 et Q_5 sont directement liés à la génération des prédictions et à leurs explications. Répondre à ces questions permet aux codeurs de facilement valider les codes prédits.

2.2 Besoins identifiés pour l'outil

À partir des questions précédentes, nous identifions 5 besoins pour notre outil :

(B_1) Permettre la sélection de la méthode de gestion du budget et des paramètres associés : soit avec un budget fixe par document (Top-K), soit avec un budget moyen pour tous les documents (Average-K) ou soit avec un compromis entre ces deux approches (Hybride).

(B_2) Énumérer les codes prédits pour un document triés par ordre de confiance.

(B_3) Afficher les deux derniers niveaux de la hiérarchie CIM-9 correspondant aux prédictions.

(B_4) Naviguer facilement vers les différentes sections d'un document soit à partir d'une table des matières, soit à partir des mots importants pour une prédiction.

(B_5) Matérialiser dans le texte l'importance d'un mot par rapport à un code avec une carte de chaleur.

3 Méthode

Dans cette section, nous allons décrire brièvement l'approche par budget [2]. Nous montrerons comment nous prenons en compte la hiérarchie des codes CIM et comment nous donnons des explications des prédictions à l'aide de l'attention issue du réseau de neurones.

---

2. Un article portant spécifiquement sur cette approche par budget a été accepté en papier court à la conférence EGC 2023

3.1   Définir le nombre de codes avec un budget

Soit $\mathcal{X}$ l'espace d'entrée (les comptes rendus médicaux associés à chaque patient) et $\mathcal{Y}$ les nœuds de la hiérarchie CIM. L'espace produit $\mathcal{X} \times \mathcal{P}(\mathcal{Y})$ est un espace de probabilités avec une mesure de probabilité jointe $\mathbb{P}_{X,Y}$ où $Y \in \{0,1\}^L \sim \mathcal{P}(\mathcal{Y})$ est un vecteur binaire (représentant la hiérarchie CIM aplatie) qui indique, pour chaque code, s'il est présent ou absent. Nous voulons minimiser le risque suivant qui est l'inverse du rappel :

$$\mathcal{R}(\mathcal{S}) = \mathbb{E}_{X,Y} \left[\sum_{j=1}^{|\mathcal{Y}|} \mathbb{1} \left[Y_j = 1, Y_j \notin \mathcal{S}(X) \right] \right]$$

Nous rajoutons deux **contraintes de budget** :

1a) Entre K' et K codes sont retournés par document : $\forall x \in \mathcal{X},\ K' \leq |\mathcal{S}(x)| \leq K$

1b) K'' codes sont retournés au plus en moyenne : $\mathbb{E}_X \left[|\mathcal{S}(X)| \right] \leq K''$

Notre objectif est de construire une fonction $\mathcal{S} : \mathcal{X} \to \mathcal{P}(\mathcal{Y})$ satisfaisant certaines combinaisons des contraintes précédentes, répondant à différents besoins. La contrainte $1a$ (Top-K) permet d'avoir une méthode qui borne le nombre de codes par document entre K' et K. La contrainte $1b$ (Average-K) permet d'avoir une méthode adaptative qui retourne en moyenne K'' codes par document. Finalement, une combinaison des contraintes $1a$ et $1b$ (Hybride) permet d'avoir une méthode adaptative avec une borne supérieure pour éviter de renvoyer trop de codes pour un document donné.

3.2   Prendre en compte la hiérarchie CIM

Les prédictions doivent être cohérentes vis-à-vis de la hiérarchie. Si une feuille est associée au document, alors tous les nœuds parents doivent l'être.

$$\forall x \in \mathcal{X}, \forall y \in \mathcal{Y}, \forall \tilde{y} \in \text{ancestors}(y), y \in \mathcal{S}(x) \Rightarrow \tilde{y} \in \mathcal{S}(x)$$

Cette contrainte **de hiérarchie** peut être combinée aux deux contraintes par budget et elle garantit la cohérence de la méthode selon la hiérarchie CIM.

3.3   Visualiser les mots impactant la prédiction à l'aide de l'attention

Pour la visualisation des explications du modèle, nous utilisons les poids d'attention produits par LAAT. Le modèle donne en sortie un vecteur des poids ($x = x_1, ..., x_n$) pour chaque code, où un poids est assigné à chaque mot pour chaque code. Nous calculons z, un vecteur des poids normalisés :

$$z_i = \frac{x_i - min(x)}{max(x) - min(x)}$$

Ensuite, afin de limiter le nombre de mots mis en relief pour les utilisateurs, nous gardons uniquement ceux ayant un poids normalisé supérieur à un seuil fixé par expérimentation à 0,2.

4 Outil d'aide au codage

Dans cette section, nous décrivons l'outil ICDiscovery avec ses fonctionnalités ainsi qu'un cas d'étude illustrant comment un codeur pourrait s'en servir pour associer des codes à un compte rendu d'hospitalisation.

4.1 Implémentation

Nous construisons un estimateur via un réseau de neurones. Nous avons choisi LAAT (Vu et al., 2020) avec les paramètres optimaux mentionnés dans leur article. Nous entraînons le modèle avec un taux d'apprentissage de 0,001 et une taille de lot de 8 pendant 50 époques. Nous utilisons l'arrêt anticipé en surveillant la micro F1, s'il n'y a pas d'amélioration après 5 époques consécutives, nous arrêtons l'apprentissage. Nous utilisons les plongements word2vec[3] entraînés sur tous les comptes rendus et un abandon de neurones de 0,3 entre les couches de plongement et le LSTM. Finalement, pour les pré-traitements des textes, nous avons supprimé tous les tokens ne contenant pas des caractères alphabétiques et nous avons mis tout le texte en minuscule. L'estimateur produit des approximations de la probabilité conditionnelle de chaque code. Nous les trions de façon décroissante, ce qui nous permet de renvoyer d'abord les codes les plus probables. Une fois l'estimateur construit, nous l'utilisons en combinaison avec les règles Top-K, Average-K et Hybride.

4.2 Description de l'outil ICDiscovery

Le premier écran de l'outil permet de choisir le texte à utiliser en entrée par le modèle, soit en l'écrivant directement dans un champ de texte, soit en téléchargeant un fichier au format texte. Une fois que le texte est traité par le modèle, l'interface de la figure 1 est affichée. Dans l'encadré bleu (1), nous trouvons le texte utilisé en entrée.

L'une de caractéristiques d'ICDiscovery est qu'il permet de se déplacer dans les différentes parties d'un document. Grâce à des expressions régulières, l'outil est capable de détecter toutes les sections présentes dans le texte et d'afficher une table des matières comme vu dans l'encadré rouge (2). En cliquant sur une des sections dans la table des matières, l'outil déplace le focus automatiquement vers la section choisie. Cette fonctionnalité répond au besoin B4.

L'encadré vert (3) contient des options pour configurer la gestion du budget. En fonction des besoins, nous pouvons sélectionner les contraintes Top-K, Average-K et Hybride ainsi que leurs paramètres de configuration. Pour Top-K, nous pouvons choisir la valeur de K, pour Average-K, nous pouvons choisir la valeur de K''. Pour la méthode hybride, nous pouvons choisir K'' qui se comporte comme le K de Average-K ainsi que des bornes inférieures et supérieures pour garantir qu'au moins K' codes et au maximum K codes soient proposés par document. Cette fonctionnalité répond au besoin B1. Nous trouvons également une case à cocher qui permet d'activer l'utilisation de la hiérarchie dans les prédictions. Cette fonctionnalité répond au besoin B3.

Finalement, dans l'encadré orange (4), nous trouvons tous les codes prédits par le modèle triés par ordre décroissant. Quand la hiérarchie est utilisée, le tri est fait d'abord par rapport aux scores des parents et ensuite par rapport à ceux des enfants. Cette fonctionnalité répond au

---

3. https://github.com/aehrc/LAAT/tree/master/data/embeddings

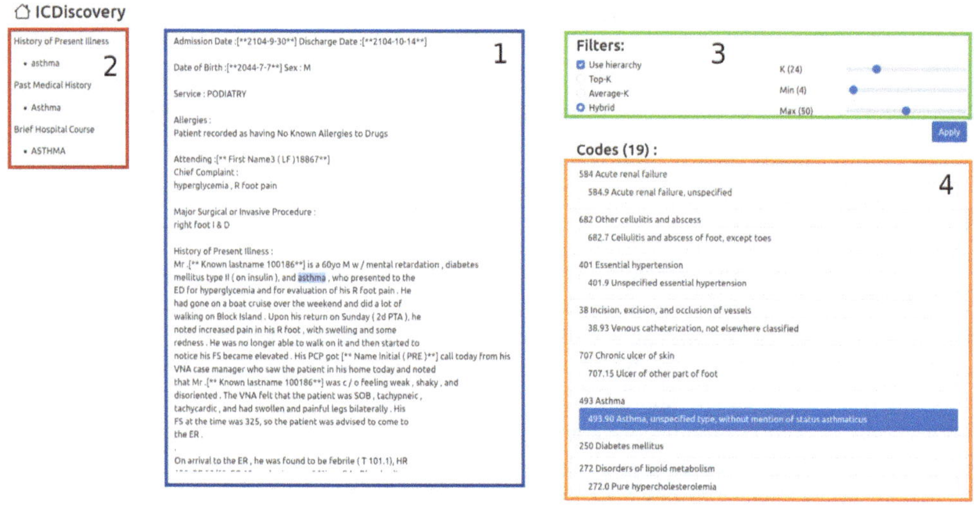

FIG. 1 – *Interface de l'outil.*

besoin B2. Cliquer sur une des prédictions permet de voir pourquoi le modèle l'a choisi. En effet, sous chaque section dans l'encadré rouge, une liste de mots importants pour la prédiction est affichée. Cliquer sur un des mots permet de se déplacer directement vers la partie du texte où le mot se trouve. Le texte est alors visualisé sous la forme d'une carte de chaleur où chaque mot prend une couleur plus ou moins foncée en fonction de l'importance de ce dernier par rapport au code sélectionné. Cette fonctionnalité répond au besoin B5.

4.3 Cas d'étude

Nous présentons un cas d'étude sur un document issu de la base MIMIC-III (Medical Information Mart for Intensive Care III) (Johnson et al., 2016). La plupart des études évaluent les approches sur la CIM-9, qui est la version précédente de la CIM-10 actuellement utilisée. Nous téléversons un compte rendu de sortie et utilisons la méthode Average-K en fixant K à 14 (la moyenne des codes par document dans notre jeu de test). Nous remarquons que l'outil propose 12 codes en sortie comme illustré sur la figure 1. Nous sélectionnons le code 493.90 (Asthma, unspecified) et remarquons que le modèle a trouvé trois mentions du mot "asthma" dans le document dans les sections "History of present Illness", "Past medical history" et "Brief hospital course". En cliquant sur les occurrences du mot dans la table de matières, nous naviguons directement vers les parties du texte où elles se trouvent. Ainsi, nous savons que le document traite d'un patient souffrant d'asthme et qu'il n'y a aucune information dans le texte précisant la nature de son asthme. Par conséquent, le code 493.90 semble correct. En suivant une approche similaire, nous pouvons valider la plupart des codes prédits.

Maintenant, concentrons-nous sur les codes 707.14 (Ulcer of heel and midfoot) et 707.15 (Ulcer of other part of foot). Ces deux codes sont très proches. Il est peu probable que le patient ait deux ulcères. Le modèle a donc du mal à détecter la bonne partie du pied à laquelle l'ulcère est associé. Pour le code 707.14, le modèle se concentre sur les mots "foot" et "ulcer" alors que pour le code 707.15, le modèle se concentre sur les mots "foot", "toes" et "gangrene". En lisant les sections contenant ces mots, nous trouvons dans la section "Medical Condition" une mention de l'ulcère au niveau du talon, ce qui permet de valider le code 707.14. Dans ce cas, le modèle n'a pas été capable de donner un code précis au plus bas de la hiérarchie mais il nous a orienté vers la partie du document qui nous a permis de trouver la bonne réponse.

Finalement, nous choisissons d'utiliser la hiérarchie avec Average-K en fixant K à 24 (la moyenne des codes par document dans notre jeu de test en prenant en compte la hiérarchie). Nous remarquons que le code générique 250 (Diabetes mellitus) apparaît. Le modèle se concentre sur les mots "hyperglicemia", "metformin" (médicament pour le diabète) et "DKA" (acronyme pour diabetic ketoacidosis). La prédiction est donc correcte mais elle ne se situe pas au plus bas dans la hiérarchie. Nous décidons d'augmenter le budget (K=34) pour voir si le modèle nous propose un code plus précis. Nous obtenons le code 250.12 (Type II diabetes with ketoacidosis) qui correspond au bon type de diabète.

5   Conclusion

Dans cet article, nous avons présenté l'outil ICDiscovery, une interface visant à faciliter la tâche de codage médical. Les méthodes automatiques actuelles pour le codage CIM sont limitées par le grand nombre des codes. La méthode de budget proposée, la prise en compte de la hiérarchie et la visualisation de l'attention pour expliquer les prédictions facilitent le travail du codeur. Nous avons également présenté un cas d'étude illustrant le codage sur un document réel issu de la base MIMIC-III.

Notre approche est indépendante du modèle et nous souhaiterions en utiliser d'autres, comme LAAT entraîné avec la fonction de perte LDAM (Cao et al., 2019) conçue pour des jeux de données déséquilibrés. Nous pourrions aussi utiliser des *transformers* bien qu'ils n'aient pas encore dépassé l'état de l'art pour cette tâche, par exemple, le *Longformer* adapté aux longs documents (Beltagy et al., 2020). Concernant la visualisation pour expliquer les prédictions, nous utilisons les poids d'attention directement et obtenons des explications. Néanmoins, il existe des travaux qui questionnent cette utilisation des poids d'attention (Jain et Wallace, 2019). Nous pourrions utiliser d'autres méthodes telles que SHAP (Lundberg et Lee, 2017) par exemple. Il a été démontré que cette méthode produit des explications consistantes avec l'intuition humaine, ce qui est très intéressant pour une application comme la notre.

Références

Arras, L., G. Montavon, K.-R. Müller, et W. Samek (2017). Explaining recurrent neural network predictions in sentiment analysis. In *Proceedings of the 8th Workshop on Computational Approaches to Subjectivity, Sentiment and Social Media Analysis*, Copenhagen, Denmark, pp. 159–168.

Beltagy, I., M. E. Peters, et A. Cohan (2020). Longformer : The long-document transformer. *ArXiv abs/2004.05150*.

Cao, K., C. Wei, A. Gaidon, N. Arechiga, et T. Ma (2019). Learning imbalanced datasets with label-distribution-aware margin loss. In *Proceedings of the 33rd International Conference on Neural Information Processing Systems*, pp. 1567–1578.

Jain, S. et B. C. Wallace (2019). Attention is not Explanation. In *Proceedings of the 2019 Conference of the North American Chapter of the Association for Computational Linguistics : Human Language Technologies, Volume 1 (Long and Short Papers)*, pp. 3543–3556.

Johnson, A., T. Pollard, L. Shen, L.-w. Lehman, M. Feng, M. Ghassemi, B. Moody, P. Szolovits, L. Celi, et R. Mark (2016). MIMIC-III, a freely accessible critical care database. *Scientific Data 3*, 160035.

Lapin, M., M. Hein, et B. Schiele (2016). Loss functions for top-k error : Analysis and insights. In *2016 IEEE Conference CVPR*, pp. 1468–1477.

Li, J., X. Chen, E. Hovy, et D. Jurafsky (2016a). Visualizing and understanding neural models in NLP. In *Proceedings of the 2016 Conference of the North American Chapter of the Association for Computational Linguistics : Human Language Technologies*, pp. 681–691.

Li, J., W. Monroe, et D. Jurafsky (2016b). Understanding neural networks through representation erasure. *arXiv preprint arXiv :1612.08220*.

Lorieul, T., A. Joly, et D. Shasha (2021). Classification under ambiguity : When is average-k better than top-k ? *arXiv preprint arXiv :2112.08851*.

Lundberg, S. M. et S.-I. Lee (2017). A unified approach to interpreting model predictions. In I. Guyon, U. V. Luxburg, S. Bengio, H. Wallach, R. Fergus, S. Vishwanathan, et R. Garnett (Eds.), *Advances in Neural Information Processing Systems 30*, pp. 4765–4774.

Mullenbach, J., S. Wiegreffe, J. Duke, J. Sun, et J. Eisenstein (2018). Explainable prediction of medical codes from clinical text. In *2018 Chapter of the ACL : Human Language Technologies, Volume 1*, pp. 1101–1111.

Vu, T., D. Q. Nguyen, et A. Nguyen (2020). A label attention model for icd coding from clinical text. In *Proceedings of the Twenty-Ninth International Joint Conference on Artificial Intelligence, IJCAI-20*, pp. 3335–3341. Main track.

Xie, P. et E. Xing (2018). A neural architecture for automated ICD coding. In *Proceedings of the 56th Annual Meeting of the Association for Computational Linguistics (Volume 1)*.

Remerciements

Ce projet a été soutenu par le LabEx NUMEV (ANR-10-LABX-0020) intégré à l'I-Site MUSE (ANR-16-IDEX-0006) et le CHU de Montpellier.

Summary

Medical coding is a task related to clinical billing, aiming at annotating non structured medical reports with codes describing diagnoses and treatments. This task which is generally done by coding specialists is known to be extremely difficult because of the myriad of existing codes and the long length of these documents. ICDiscovery is a coding aid application based on a machine learning process with a budget approach. The tool proposes a customizable number of codes by documents using different strategies and shows the text excerpts that allowed the model to make its predictions.

EMScan, une application mobile pour l'assistance au diagnostique des formes précoces de la maladie de Lyme

Sk Imran Hossain[*,**], Jocelyn de Goër de Herve[*,***,****], Yann Frendo[*,**,***], Delphine Martineau[*,♯], Isabelle Lebert[*,***,****], Olivier Lesens[*,♯,♯♯], Engelbert Mephu Nguifo[*,**]

[*] Univ. Clermont Auvergne, F-63000 Clermont-Ferrand, France
[**] CNRS, ENSMSE, LIMOS, F-63000 Clermont-Ferrand, France
[***] INRAE, VetAgro Sup, UMR EPIA
[****] Univ. Lyon, INRAE, VetAgro Sup, UMR EPIA, F-69280 Marcy l'Etoile, France
[♯] Infectious and Tropical Diseases Department, CHU Clermont-Ferrand, France
[♯♯] UMR CNRS 6023, LMGE.

Résumé. La maladie de Lyme est une maladie causée par la bactérie borrelia burgdorferi, transmise à l'homme lors d'une piqûre de tique infectée. Elle touche chaque année de nombreuses personnes en Europe et en Amérique. Le symptôme précoce le plus courant de cette maladie est une éruption cutanée appelée érythème migrant. EMScan est une application mobile d'aide au diagnostic précoce de la maladie de Lyme. EMScan établit un prédiagnostic, à partir de l'analyse d'image de l'éruption cutanée et d'un questionnaire de contexte d'apparition de celle-ci. L'analyse d'image est réalisée par un réseau neuronal convolutif entraîné via des méthodes d'apprentissage par transfert. L'analyse du questionnaire est réalisée par un modèle statistique, développé à partir de l'expertise d'un panel de médecins experts du domaine. L'application EMScan est en cours de certification en tant que Dispositif Médical et devrait être disponible auprès des professionnels de santé et du grand public, durant l'année 2023.

1   Introduction

La maladie de Lyme est une maladie causée par la bactérie borrelia burgdorferi, transmise à l'homme lors d'une piqûre de tique infectée. Au stade précoce, elle se manifeste le plus souvent par des lésions cutanées appelées érythème migrant (EM) (Hossain et al. (2022b)). Aussi, un meilleur diagnosticune permet généralement via une antibiothérapie appropriée, de prévenir le passage aux formes tardives plus sévères. Ces dernières années, les techniques d'apprentissage profond ont facilité la création de solutions permettant le développement d'outils d'aide au diagnostic des lésions cutanées. Les réseaux neuronaux convolutifs (CNN), ont notamment été utilisés dans différentes études pour diagnostiquer des lésions cancéreuses et d'autres maladies dermatologie courantes, à partir d'images (Liu et al. (2020)), avec l'ambition de pouvoir assister les professionnels de santé. Cependant, malgré de nombreux exemples d'utilisation de l'IA dans ce domaine, il n'existe que peu d'études traitant de la détection de la maladie de Lyme basées à partir d'images de lésions cutanées, via l'utilisation de CNN. Ceci peut être

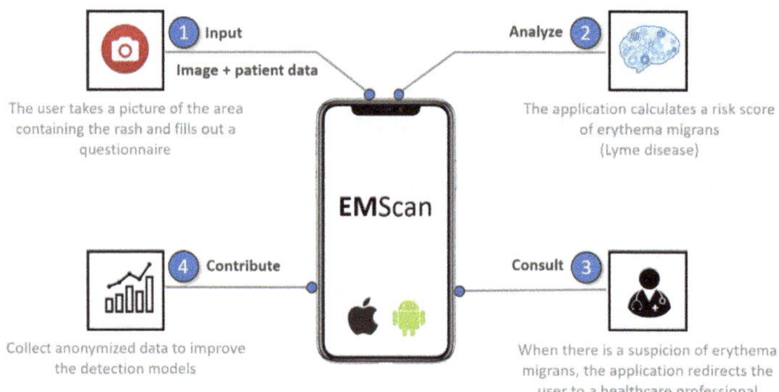

FIG. 1 – *Principes de fonctionnement de l'application EMScan.*

attribué au manque de jeux de données d'images d'EM publics, en raison de problèmes de confidentialité liés aux données médicales. Aussi les études présentes dans la littérature utilisent soit un ensemble de données privées, soit un très petit nombre d'images accessibles au public. (Burlina et al. (2020); Čuk et al. (2014)). Aucun jeu de données étiqueté public contenant des images d'EM n'étant disponible, nous avons dû en constituer un à partir d'images en provenance d'Internet et du Centre Hospitalier Universitaire de Clermont Ferrand et d'autres hôpitaux Français. Elles ont été classées par des dermatologues experts. Ce jeu de données peut être mis à la disposition des chercheurs sous réserve d'un accord de confidentialité. Au cours de ce travail, nous avons étudié de manière approfondie, l'efficacité des CNN pour l'aide au diagnostic des EM. En complément du premier jeu de donnée, nous avons utilisé un jeu de données contenant des lésions cutanées communes, appelé "Human Against Machine with 10000 training photos (HAM10000)", pour entraîner différent CNN, en complément de méthodes d'apprentissage par transfert, à partir de modèles pré-entraînés avec le jeu de données ImageNet. (Tschandl et al. (2018)). Les résultats montrent que l'utilisation de HAM10000 apporte un réel bénéfice. Les travaux existants basent leur analyse, uniquement sur des images d'EM, sans prendre en compte les métadonnées associées. Cependant, les médecins estiment que les métadonnées des patients doivent également être prises en compte pour un diagnostic plus précis (Hossain et al. (2022b); Burlina et al. (2020)). Cependant, la constitution d'un jeu de données d'images avec les métadonnées associées étant un processus long à réaliser, afin d'apport une réponse à ce problème, nous avons fait appel à un panel de quinze médecins experts, qui ont tout d'abord été chargé du classement des images puis de définir les critères (avis d'experts) qui ont permis le développement d'une méthode de calcul de score de probabilité, à partir d'un questionnaire. L'application EMScan a été créée dans le but d'apporter une aide au diagnostic précoce de la maladie de Lyme. Elle est destinée à être utilisée par des professionnels de santé et le grand public et a comme objectif secondaire de faire avancer la recherche sur le diagnostic de la maladie de Lyme, via des méthodes d'intelligence artificielle. Pour établir un pré-diagnostique elle se base à la fois sur l'image d'une lésion et les données relatives au patient. Le principe de fonctionnement de l'application est présenté figure 1.

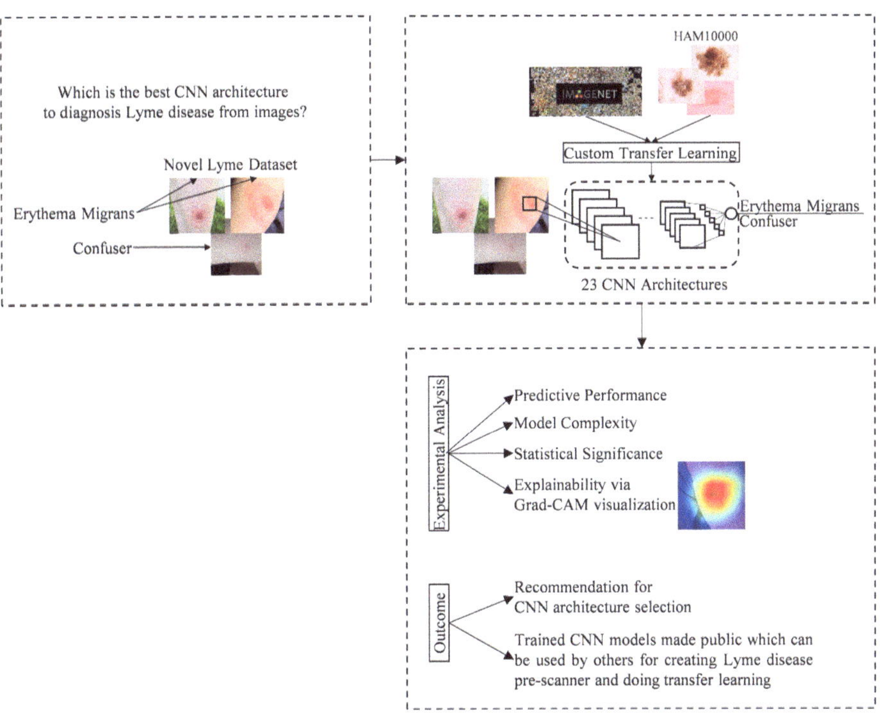

FIG. 2 – *Étude de l'efficacité des CNN pour le diagnostic de la maladie de Lyme à partir d'images (Hossain et al. (2022b)).*

2 Matériels and mémthodes

Les sous-sections suivantes décrivent la préparation du jeu de données, les phases d'apprentissage des différents modèle CNN, le processus de recuil des avis d'experts et le principe de fonctionnementde l'application EMScan.

2.1 Préparation du jeu de données d'entraînment

Aucun jeu de données contenant des images d'EM labélisées n'étant disponible, nous avons dû en constituer un à partir d'images en provenance d'Internet, du Centre Hospitalier Universitaire de Clermont Ferrand et d'autres hôpitaux Français. Dans un premier temps, les images dupliquées ont été supprimées à l'aide d'un outil basé sur des techniques de hachage perceptuel d'images. Les images inappropriées ont été supprimées par les experts. Au final, 1672 images ont été utilisées durant cette étude. Puis ces images ont été répartis au sein de deux groupes par les experts. Ainsi, 866 photos ont été assignées à la classe « EM », tandis que 806 images ont été assignées à la classe « Confuser ». Ce jeu de donné a été publié au sein de l'article Hossain

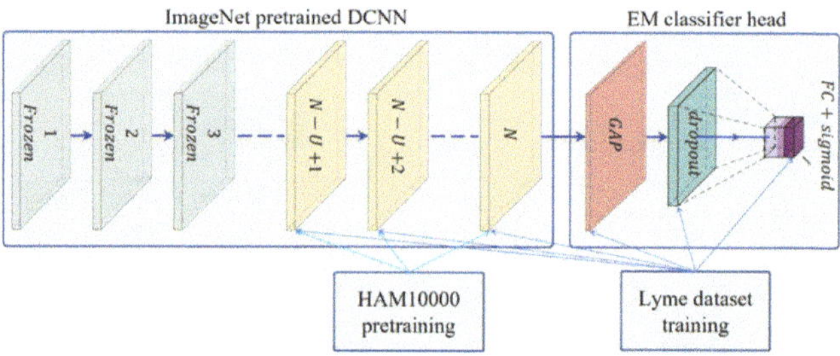

FIG. 3 – *Apprentissage par transfert d'un CNN pour le diagnostic de la maladie de Lyme. U représente le nombre de couches utilisées pour « fine tunning » et N est le nombre de couches pré-entraînées via ImageNet. GAP est l'abréviation de Global Average Polling (Hossain et al. (2022b)).*

et al. (2022b)[1].

2.1.1 Développement de différents CNN via des méthodes d'apprentissage par transfert, pour le diagnostic de la maladie de Lyme

Nous avons effectué une analyse comparative entre vingt-trois architectures CNN issues de la littérature que nous avons entraîné à partir de notre jeu de données. Puis les réultats obtnus ont été synthétisés en termes de mesures de performance prédictive, de complexité de calcul et de tests de statistique, comme le montre la figure 2. Durant cette étude comparative, nous avons opté pour l'utilisation de méthodes d'apprentissage par transfert, le nombre d'images présentes dans notre jeu de données n'étant pas suffisant pour pouvoir entraîner des CNN à partir de zéro. Ainsi, nous avons utilisé un réseau CNN au préalablement entraîné avec le jeu de données ImageNet, auquel nous avons ensuite ajouté une couche GAP (Global Average Pooling), une couche dropout et une couche entièrement connectée avec une fonction d'activation de type sigmoïde permettant de réaliser une classification binaire, comme le montre la figure 3. Cependant, les étapes de fine-tuning sur toute les architecture CNN, après l'entraînement de la couche de classification, à partir de notre jeu de données n'ont pas donné de bons résultats face aux fine-tuning partiels de plusieurs couches réalisés à la fin des architecture CNN, tout en gardant le reste des couches gelées. Aussi, pour chacune des architectures étudiées, nous avons déterminé empiriquement le nombre de couches U à affiner à partir du nombre N de couches pré-entraînées via ImageNet. D'après les résultats des expériences, le pré-entraînement des couches non gelées à partir du jeu de données HAM10000 a permi d'améliorer les performances de nos architectures CNN. Notre étude a confirmé que les CNN utilisant les méthodes l'apprentissage par transfert personnalisé, décrit ci-dessus, ont un fort potentiel pour les applications d'assistance au diagnostique de la maladie de Lyme. Pour des résultats détaillés, les lecteurs sont invités à consulter notre étude publiée. Hossain et al. (2022b). En résumé, un graphique à bulles représentant la précision du modèle en fonction des opérations en virgule flottante (FLOP) est présenté figure 4. Le nombre de paramètres pour chaque modèle est re-

---

1. Pour plus d'informations, les équipes de recherche intéressées peuvent contacter l'équie du projet à l'adresse dappem-project@inrae.fr

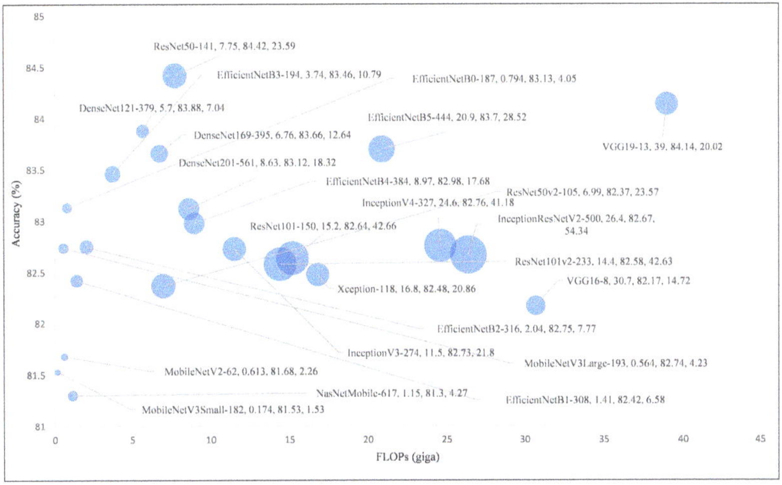

FIG. 4 – *Comparaison de la précision des différents modèles CNN entraînés, par rapport aux nombre d'opérations à virgule flottante (FLOPs) nécessaires pour leurs interrogations. Le nombre après le trait d'union du nom du modèle correspond au nombre de couches non gelées durant les phases d'apprentissage par transfert. Les trois valeurs suivantes, représentent respectivement les FLOPs, la précision et les paramètres des modèles. La taille de chaque bulle représente le nombre de paramètres du modèle, mesuré en millions d'unités. (Hossain et al. (2022b)).*

présenté par la taille de chaque bulle. Ce diagramme peut être utilisé pour choisir les modèles en fonction de leur complexité et de leur précision. La figure montre que EfficientNetB0-187 est une bonne solution pour être intégré au sein d'une application mobiles ayant des ressources de calcul limitée, avec toutefois une précision raisonnable.De plus, EfficientNetB0-187 a également obtenu de bons résultats durant les tests de visualisation Grad-CAM. (Selvaraju et al. (2017)). Enfin, le modèle RestNet50-141 peut aussi être utilisé pour obtenir la meilleure précision si les ressources ne sont pas un critère limitant.

2.2 Utilisation d'avais d'experts en l'absence de métadonnées patients d'entraînement

Étant donné que nous ne disposions pas des métadonnées correspondantes aux patients pour chacune des images de notre jeu de données, nous avons fait appel à des avis d'experts. Les questionnaires ainsi que l'attribution de poids pour chacune des questions, ont été préparés en recueillant les données de quinze dermatologues experts. Étant donné qu'il est difficile pour les médecins de fournir des estimations des paramètres d'une distribution de probabilité ou des estimations de probabilité pour un grand nombre de cas possibles, des valeurs de pondération ont été attribué aux différents symptômes dans un intervalle de -1 à +3 (la valeur plus élevée représentant une plus grande contribution du symptôme à la possibilité de la maladie). Nous avons résumé chacun des cas sous la forme la somme des poids moyens, avec une normali-

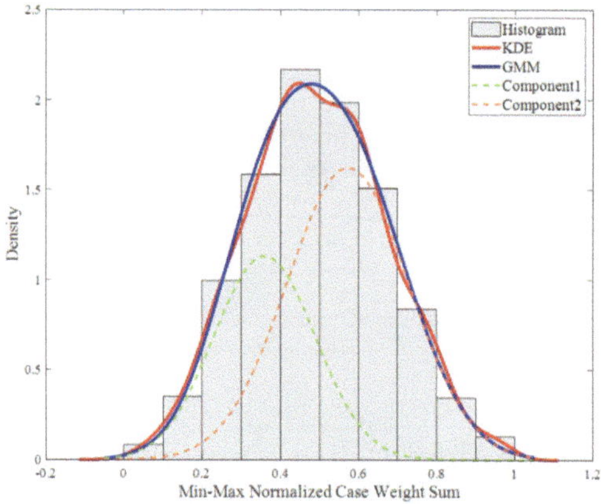

FIG. 5 – *Représentation des trois approches utilisées pour l'analyse des données d'exports. GMM et KDE signifient respectivement modèle de mélange gaussien et estimation par noyau (Hossain et al. (2022a)).*

sation min-max. Sur la base de tous les cas possibles, nous avons proposé aux experts trois approches pour convertir la somme des poids en un score de probabilité. Ces approches sont les suivantes :

1. Probabilité cumulée des sommes des poids normalisés basée sur une estimation par noyau ;

2. Probabilité cumulée d'une somme de poids normalisée basée sur l'estimation de la densité d'un modèle de mélange gaussien à deux composantes ;

3. Probabilité postérieure d'une somme de poids normalisée par rapport à la deuxième composante du mélange gaussien (en supposant que la deuxième composante représente la sous-population atteinte).

Les différentes approches sont présentées dans la figure 5.

Les experts ont opté pour la seconde approche. Le modèle obtenu a été validé en utilisant un arbre de décision et un approche d'analyse formelle des concepts. Nous avons également proposé un moyen de combiner le score de probabilité du classificateur d'images CNN avec la probabilité des données des patients, en veillant à ce que la probabilité basée sur les données des patients ait une influance majeure sur le score final. Les détails de cette méthode sont disponibles à l'adresse suivante Hossain et al. (2022a).

2.3   Principes étapes d'utilisation de l'applicaiton EMScan

La figure 6 La figure montre le principe de fonctionnement de l'application mobile EMScan. Tout d'abord, l'utilisateur prend une photo de la lésion cutanée à l'aide de l'appareil photo du mobile. Ensuite, l'application détecte et recadre automatiquement la lésion cutanée, qui peut également être ajustée manuellement par l'utilisateur. Troisièmement, les données du patient relatives à la lésion cutanée sont recueillies au travers d'un questionnaire comportant

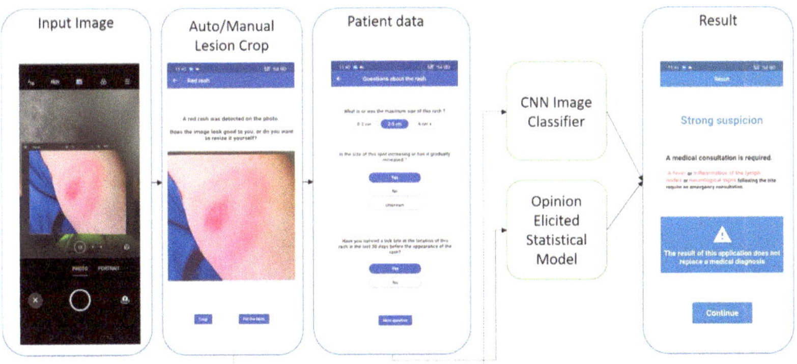

FIG. 6 – *Enchaînement des principales étapes d'analyse de l'application EMScan.*

15 questions. Quatrièmement, l'image de la lésion est analysée par le CNN et les données du patient sont analysées par le modèle statistique. Enfin, une estimation de la présence de la maladie avec des recommandations sont fournies à l'utilisateur, sur la base de l'analyse de l'image de la lésion cutanée et des données du patient. L'application fournit également à l'utilisateur des informations sur la maladie de Lyme. Enfin, les données annonymisées sont collectées à des fins de recherche, avec le consentement de l'utilisateur.

3   Conclusion

Au cours de ce travail, nous avons développé une application mobile d'aide au diagnostic précoce de la maladie de Lyme. Le principal défi scientifique a été de faire face à la faible quantité de données disponibles. Cependant, ces difficultés ont pu être surmontées grâce à une méthode personnalisée d'apprentissage par transfert et au développement d'une méthode d'estimation basée sur des avis d'experts. L'application EMScan est en cours de labélisation en tant que Dispositif Médical et sera par la suite mise à la disputions du grand public.

Utilisation et mise à disposition des données

Les données utilisées dans le cadre de ce projet de recherche sont disponibles en libre accès sur le site du projet DAPPEM (Développement d'une APPlication d'identification des Erythèmes Migrants à partir de photographies)[2].

Remerciements

Ce projet de recherche a été financé par le Fonds Européen de Développement Régional, projet DAPPEM-AV0021029. Le projet DAPPEM est coordonné par Pr. Olivier Lesens et réa-

---

2. https ://dappem.limos.fr

lisé dans le cadre de l'appel à propositions "Pack Ambition Researche" de la Région Auvergne-Rhône-Alpes, France. Ce travail a également été partiellement financé par la Mutualité Sociale Agricole (MSA), France.

Références

Burlina, P. M., N. J. Joshi, P. A. Mathew, W. Paul, A. W. Rebman, et J. N. Aucott (2020). Ai-based detection of erythema migrans and disambiguation against other skin lesions. *Computers in biology and medicine 125*, 103977.

Čuk, E., M. Gams, M. Možek, F. Strle, V. M. Čarman, et J. F. Tasič (2014). Supervised visual system for recognition of erythema migrans, an early skin manifestation of lyme borreliosis. *Strojniški vestnik-Journal of Mechanical Engineering 60*(2), 115–123.

Hossain, S. I., J. d. G. de Herve, D. Abrial, R. Emillion, I. Lebert, Y. Frendo, D. Martineau, O. Lesens, et E. M. Nguifo (2022a). Expert opinion elicitation for assisting deep learning based lyme disease classifier with patient data. *arXiv preprint arXiv :2208.14384 1*, 1.

Hossain, S. I., J. d. G. de Herve, M. S. Hassan, D. Martineau, E. Petrosyan, V. Corbin, J. Beytout, I. Lebert, J. Durand, I. Carravieri, et al. (2022b). Exploring convolutional neural networks with transfer learning for diagnosing lyme disease from skin lesion images. *Computer Methods and Programs in Biomedicine 215*, 106624.

Liu, Y., A. Jain, C. Eng, D. H. Way, K. Lee, P. Bui, K. Kanada, G. de Oliveira Marinho, J. Gallegos, S. Gabriele, et al. (2020). A deep learning system for differential diagnosis of skin diseases. *Nature medicine 26*(6), 900–908.

Selvaraju, R. R., M. Cogswell, A. Das, R. Vedantam, D. Parikh, et D. Batra (2017). Grad-cam : Visual explanations from deep networks via gradient-based localization. In *Proceedings of the IEEE international conference on computer vision*, pp. 618–626.

Tschandl, P., C. Rosendahl, et H. Kittler (2018). The ham10000 dataset, a large collection of multi-source dermatoscopic images of common pigmented skin lesions. *Scientific data 5*(1), 1–9.

Summary

Lyme disease a chronic disease caused by a pathogen transmitted by infected ticks affects a lot of people in Europe and America. The most common early symptom of Lyme disease is a red skin rash called erythema migrans. EMScan is a mobile application to assist with early diagnosis of Lyme disease. EMScan does the diagnosis based on image analysis of the rash and also considers patient data in the context of the appearance of the red rash. The Image analysis is powered by a deep convolutional neural network utilizing custom transfer learning. The image analysis is assisted by another probability score calculated from related patient data based on a statistical model created by eliciting opinions from a panel of expert doctors. The EMScan application is in the process of being certified as a Medical Device and should be available to healthcare professionals and the general public during the year 2023.

Lecture assistée de texte dans les bandes dessinées

Frédéric Rayar*, Clément Charrier**,
Rémy Leconge***, Sylvie Treuillet***, Frédéric Daubignard****

* LIFAT, Université de Tours, frederic.rayar@univ-tours.fr,
** PRISME, Université d'Orléans, clement.charrier@etu.univ-orleans.fr,
*** PRISME, Université d'Orléans, {remy.leconge, sylvie.treuillet}@univ-orleans.fr,
**** ALGONA, frederic.daubignard@algona.fr

Résumé. La reconnaissance de texte dans les documents et les images naturelles est un domaine de la recherche qui a connu des avancées spectaculaires ces dernières années. Cependant l'application de ces technologies à des domaines spécifiques, tel que l'accessibilité des livres à des publics dits "empêchés de lire", reste un défi. Dans cet article, nous proposons une approche hybride IA/Humain pour créer une application robuste d'aide à la lecture de bande dessinée via un terminal mobile, tout en maintenant le contact avec le support physique de ladite bande dessinée.

1   Introduction

L'accessibilité des livres pour les personnes dites "empêchées de lire" (dyslexiques, déficients visuels, autistes, ...) est un processus nécessaire pour donner à tous l'opportunité de bénéficier de cette activité ludique et enrichissante. Pour tirer parti de l'essor des livres numériques, des initiatives sont en cours de déploiement afin que ces derniers soient nativement accessibles : on peut citer la directive européenne relative à l'accessibilité des biens et des services [1] adoptée en 2019, mais dont la mise en application ne sera effective qu'en 2025. Mais, au-delà du format numérique, comment rendre accessible des livres imprimés à ces publics afin de maintenir le plaisir de manipuler le format papier tout en assurant une cohabitation physique/numérique pertinente et non-intrusive ?

Notre projet a pour objectif de fournir une application sur terminal mobile (smartphone ou tablette) offrant une aide à la lecture sous forme de lecture vocale de textes d'intérêt, sélectionnés par le lecteur et ce à l'aide d'algorithmes dits d'Intelligence Artificielle (analyse d'image, apprentissage machine, reconnaissance optique de caractères, ...). En particulier, nous avons opté pour un cas d'utilisation particulier et complexe : les bandes dessinées (BD). Mode d'expression culturelle transgénérationnel et répandu dans le monde entier, ce support permet de raconter des histoires en combinant des informations visuelles et textuelles. Ayant eu une reconnaissance contemporaine en recevant le qualificatif de 9e art, c'est aussi un marché en plein

---

1. `https://eur-lex.europa.eu/legal-content/FR/TXT/PDF/?uri=CELEX:32019L0882&from=ES`

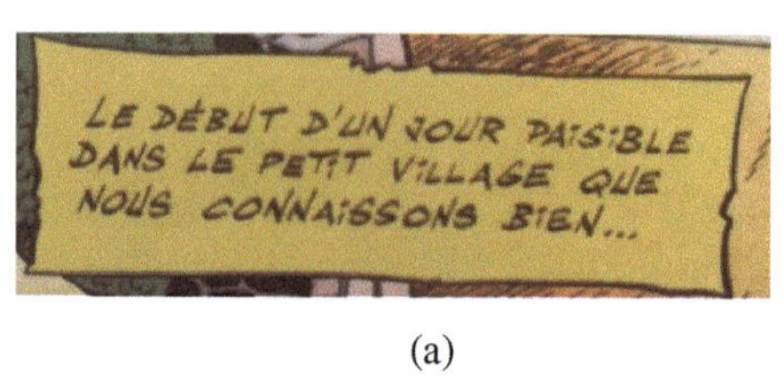

(a)

(b)

FIG. 1 – Exemples de bulles de bandes dessinées

Figure	Texte reconnu	CER	WER
Figure 1a	LE DÉBUT D'UN OUR PASBLE DANS LE PETIT VILLASE QUE NOÏS CONNAISSONS BIEN…	0.08	0.31
Figure 1b	V cuérie/on % ENFIN REÇU LE CATALOGIE DE LA MANUFACTURE DES ARMES ET CHARS/	0.15	0.39

TAB. 1 – Résultats obtenus par ML-Kit sur les bulles des Figures 1

essor dans le monde. En France, le secteur a vu son taux de croissance augmenter de 50% par rapport à 2020, selon le bilan annuel dressé par GfK Market Intelligence début 2022[2]. C'est par ailleurs un media qui est désormais accepté et reconnu, puisque salué il y a peu par le Ministère de la Culture avec l'année de la BD en 2020[3] et plus récemment avec l'attribution de la chaire annuelle Création artistique du Collège de France[4].

Dans une première étude (Le Meur et al. (2022)), une comparaison de différents algorithmes de segmentation et de reconnaissance de texte dans des bandes dessinées à partir d'images capturées par un terminal mobile a été réalisée. Afin de pouvoir réaliser cette comparaison de manière équitable et non complaisante, une base de 50 images de bandes dessinées, issues de 14 ouvrages différents (BD franco-belges, mangas, comics, graphic novel) en français et en anglais, a été constituée. L'étude a révélé de sérieuses limitations des algorithmes d'OCR (Optical Character Recognition) les plus performants utilisant du Deep Learning, comme Tesseract[5] et ML-Kit[6]. Ce constat n'est pas forcément surprenant dans la mesure où notre cas d'usage présente des contraintes spécifiques : l'acquisition des images se fait à main levée par un terminal mobile et non à l'aide d'un scanner à plat, sous des conditions d'éclairage non maî

---

2. https://www.gfk.com/fr/press/annee-2021-hors-norme-pour-les-acteurs-de-la-bd

3. https://www.culture.gouv.fr/Presse/Communiques-de-presse/BD-2020-1-Annee-de-la-bande-dessinee-prolongee-jusqu-au-30-juin-2021

4. https://www.college-de-france.fr/chaire/benoit-peeters-creation-artistique-chaire-annuelle

5. https://github.com/tesseract-ocr/tesseract

6. https://developers.google.com/ml-kit

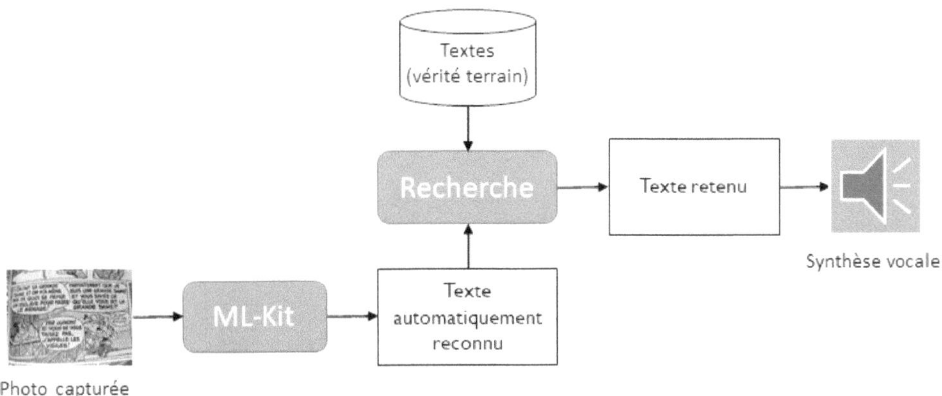

FIG. 2 – Workflow de notre système d'aide à la lecture de bande dessinée

trisées, et les bulles sont la plupart du temps manuscrites avec parfois des graphismes variés et complexes à déchiffrer (fond coloré, texte déformé, ...). La Table 1 présente des résultats de cette étude sur la reconnaissance de texte de ML-Kit sur les 2 images brutes (non segmentées) de la Figure 1. Le lecteur intéressé pourra trouver les résultats détaillés dans l'article original.

Ainsi le cas d'usage envisagé impose des contraintes fortes : luminosité de la prise de vue, angle de la prise de vue, spécificités du texte à reconnaitre, netteté du texte à reconnaitre, nécessité d'avoir une transcription exacte, rapidité du temps de réponse. Bien que les résultats soient prometteurs en terme des métriques utilisées (CER et WER, voir définition en section 2), la qualité des transcriptions obtenues n'est pas suffisante pour permettre une utilisation telle quelle. La possibilité d'utiliser des outils de correction orthographique pour post-traiter les transcriptions ou encore l'intégration de meilleurs systèmes de reconnaissance de texte (e.g. Rayar et Uchida (2019)), dédiés aux bandes dessinées est en cours d'étude et fera l'objet de futures communications. Néanmoins, le premier prototype réalisé dans le cadre de l'étude de Le Meur et al. (2022) reste non exploitable dans la mesure où la lecture vocale fait apparaitre de nombreuses erreurs, empêchant ainsi l'appropriation et l'adoption d'un tel dispositif d'aide à la lecture par nos publics cibles.

2 Approche proposée

En parallèle des nos travaux sur la reconnaissance automatique de texte dans les bandes dessinées et de l'amélioration de la qualité des transcriptions, nous proposons dans cet article une approche hybride. Cette approche permet de concevoir une solution robuste à notre cas d'usage, en exploitant des techniques d'OCR et des informations dites de vérité terrain. La Figure 2 illustre notre workflow. En amont, les informations vérité-terrain, nécessaires dans notre approche doivent être créées par un être humain : il s'agit de la transcription manuelle de l'ensemble des textes figurant dans chaque case présente dans les pages d'une bande dessinée. Bien qu'il soit possible de structurer cette vérité terrain, à l'aide de format tel que le CBML

FIG. 3 – Exemple de bulles se chevauchant, où un mauvais regroupement de blocs de textes peut s'opérer

(Comic Book Markup Language) présenté dans Walsh (2012), nous avons dans un premier temps opté pour une version brute ne faisant apparaitre que les texte bruts.

Lors de l'utilisation, le lecteur tire parti du système d'aide à la lecture en venant prendre une photo de la région de texte d'intérêt qu'il souhaite voir lue par l'application. Par la suite, ML-Kit est utilisé pour générer une transcription automatique. Cependant de manière à supprimer des écueils de regroupement des zones de texte généré par ML-Kit dans des cas de bulles complexes qui peuvent se chevaucher (voir la Figure 3), l'utilisateur doit indiquer le texte à lire dans l'image en l'englobant avec un rectangle, interaction classique sur des surfaces tactiles. Afin de pallier aux erreurs de transcriptions observées dans l'étude précédente (voir Table 1), la transcription est comparée à l'ensemble des textes vérité-terrain de notre base, et le texte de la base le plus proche est sélectionné. Les métriques utilisées pour comparer deux chaînes de texte et mesurer leurs différences sont classiquement le taux de caractères erronés (Character Error Rate / CER) et le taux de mots erronés (Word Error Rate / WER). Ces métriques se basent sur la distance d'édition ($dist$) entre deux séquences de caractères (s_{ref}, s_{rec}) normalisée par la taille de la séquence de référence (s_{ref}). On définit ainsi :

$$CER, WER = \frac{dist(s_{ref}, s_{rec})}{taille(s_{ref})}$$

La valeur du CER/WER obtenue est de 0 si les deux séquences sont identiques, de 1 si toutes les lettres ou tous les mots sont erronés, mais il est à noter qu'elle peut être supérieure à 1 en cas de nombreux faux-positifs dans la séquence reconnue (s_{rec}). Finalement, le texte de la base le plus proche est envoyé à un système de synthèse vocale. Nous avons dans le prototype développé utilisé l'API TextToSpeech de Google, intégré au système d'exploitation Android.

FIG. 4 – Image présentant multiples textes dans le décor

Texte présent dans la scène	Texte reconnu par ML-KIT	Vérité terrain associée
RESTAURANT GAULOIS	RESTAVRANT TANE GALOIS	RESTAURANT GAULOIS
VINS D'AQUITAINE ET DE NARBONNE	VINS TANE	VLAN !
SAUCISSON DE LUGDUNUM	-	-
SANGLIERS A LA BROCHE	SANGLS A LA BROCHE	SANGLIERS A LA BROCHE

TAB. 2 – Résultats obtenus par ML-Kit sur les élements de texte de la Figure 4

3   Évaluation

Afin d'exploiter notre prototype dans un cas réel d'utilisation, nous nous sommes concentré sur une bande dessiné : "Astérix gladiateur". Quatrième opus de la série Astérix scénarisée par René Goscinny et dessinée par Albert Uderzo, cet album de 44 planches a été publié en 1964. Pour réaliser une évaluation quantitative, 388 images ont été prises au smartphone, contenant 781 bulles/onomatopées. Sur ce jeu d'images, un taux de reconnaissance de 97% est atteint en ne tenant pas compte des onomatopées, difficilement géré par ML-Kit. En tenant compte des onomatopées, on descend à 92%. Le temps de traitement moyen observé est de $1407ms$. Ce temps de réponse, très souvent inférieur à 2 secondes, est occupé en grande majorité par les traitements liés à ML-Kit.

Parmi les erreurs de reconnaissance, on peut remarquer que les textes figurant sur des éléments constitutifs du décor de la scène posent souvent problème comme le montre la Figure 4. Dans cette image il y a quatre textes faisant partie intégrante du décor, deux d'entre eux sont partiellement reconnu par ML-Kit, mais la reconnaissance est suffisante pour permettre de retrouver dans la vérité terrain le texte exact à lire. Par contre, la reconnaissance des deux autres est si éloignée voire inexistante que le texte le plus approchant dans la vérité terrain (compte tenu de notre métrique) ne correspond pas du tout au texte qui devrait être lu. Ces éléments de décor textuel présentent des différences par rapport aux textes présents dans les bulles. Ils sont

FIG. 5 – Images présentant des éléments textuels de décor

Texte détecté par ML-Kit	Texte lu par notre application
NZ CALAe	ON NOUS ATTAQUE !
R	ROMA
UDERZO & GOSCINNY	-

TAB. 3 – Éléments textuels de décor de la Figure 5 mal reconnus

la plupart du temps sur un fond de couleur, et surtout sont soumis à la perspective visuelle du décor. Conséquence, avec une perspective marquée, sur une couleur de fond réduisant parfois le contraste des caractères, la séparabilité des lettres est réduite rendant la détection du texte difficile, voire impossible (Figure 5). Dès que la perspective des textes présents dans le décor est moins marquée, la reconnaissance des éléments textuels du décor ne pose plus de problème (Figure 6). Ce problème de reconnaissance des textes présentant une forte perspective, semble difficile à résoudre avec l'algorithme présenté ici, mais pourrait sans doute être réglé par un algorithme de traitement du type reconnaissance d'image associé à notre vérité terrain.

4   Conclusion et perspectives

Nous avons montré dans cet article qu'il était possible d'exploiter à bon escient une approche hybride IA/Humain pour créer une application robuste d'aide à la lecture de bande dessinée via un terminal mobile, tout en maintenant le contact avec le support physique de ladite bande dessinée.

Outre les travaux actuels que nous menons sur la reconnaissance de texte dans les bandes dessinées, plusieurs perspectives sont envisageables pour l'application présentée : (i) une évaluation et analyse de l'utilisation des utilisateurs in-situ (via des logs), (ii) une amélioration des interactions homme-machine de l'application, notamment par la prise en compte de la détection automatique des bulles (Dubray et Laubrock (2019)) pour éviter la sélection du texte d'intérêt par un rectangle englobant et (iii) une réflexion sur la structuration des textes vérité-terrain pour permettre de nouvelles fonctionnalités (prise en compte des personnages, des émotions).

FIG. 6 – Image présentant des éléments textuels de décor

Texte détecté par ML-Kit	Texte lu par notre application
ATTENTIoul SORTIER MENMIRS	CARRIÈRE OBÉLIX ATTENTION ! SORTIE DE MENHIRS
ATTENTION DALLES GHSSANTES 4	ATTENTION DALLES GLISSANTES
ROMA	ROMA
APODY TERIA	APODYTERIA

TAB. 4 – Éléments textuels de décor de la Figure 6 correctement reconnus

Références

Dubray, D. et J. Laubrock (2019). Deep cnn-based speech balloon detection and segmentation for comic books. In *2019 International Conference on Document Analysis and Recognition (ICDAR)*, pp. 1237–1243. IEEE Computer Society.

Le Meur, F., F. Rayar, S. Treuillet, et F. Daubignard (2022). Étude comparative de reconnaissance de texte dans les bandes dessinées. In *22e Conférence francophone sur l'Extraction et la Gestion des Connaissances*, Blois, France.

Rayar, F. et S. Uchida (2019). Comic text detection using neural network approach. In *Multi-Media Modeling*, pp. 672–683. Springer International Publishing.

Walsh, J. A. (2012). Comic book markup language : An introduction and rationale. *Digital Humanities Quarterly 6*(1).

Remerciements

Nous remercions le laboratoire PRISME pour le financement du stage de Clément Charrier et la société Algona, représenté par Frédéric Daubignard pour sa participation au projet.

Summary

Text recognition in documents and natural scene images has seen great advances in the last few years, both in academic and industrial sectors. However, application of these technologies to specific fields, such as the accessibility to books for people who face reading difficulties, remain a challenge. In this paper, we propose an AI/Human hybrid approach to create a robust assistive reading system of comics using a mobile device, while maintaining the usage of the physical comic.

POSTERS

Répondre aux requêtes des étudiants avec un agent conversationnel à mémoire supervisée

Florian Baud*, Alexandre Aussem*

* LIRIS UMR 5205 CNRS, Université Lyon 1, Lyon, France
{prenom}.{nom}@liris.cnrs.fr

1 Résumé

Chaque année des étudiants de dernière année de licence sont à la recherche d'un master. Ils ont, pour la majorité, beaucoup d'interrogations à propos de leur future formation. À l'université Lyon 1, un agent conversationnel est disponible pour répondre à toute demande d'information de la part des candidats pour le master Data Science. Le poster présente les aspects techniques de cet agent conversationnel actuellement en production [1].

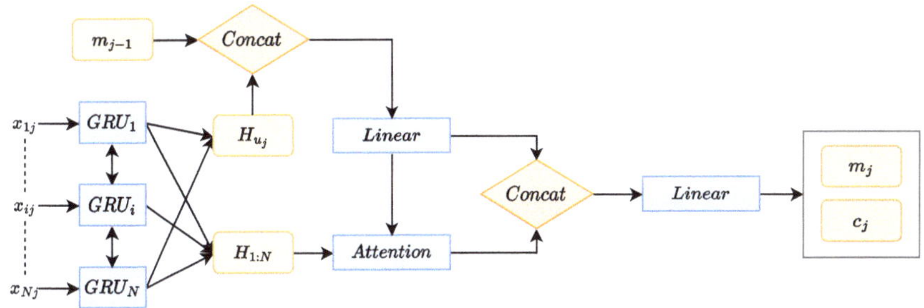

FIG. 1 – *Architecture de l'agent conversationnel.*

L'agent est capable de donner des réponses personnalisées au moyen d'une mémoire qu'il met à jour au fil de la discussion, aussi appelée *Dialog State Tracking* (Shukla et al. (2020)). La mémoire est représentée par un vecteur binaire et est apprise de manière supervisée. Elle encode les informations clées au cours de la conversation ; elle est simple, explicable et définie au préalable. L'architecture de l'agent (Fig. 1) est un réseau de neurones *seq2seq* (Cho et al. (2014)) et est augmenté avec un mécanisme d'attention (Bahdanau et al. (2015) ; Luong et al. (2015)). Cet agent n'est pas *end-to-end* contrairement à Aujogue et Aussem (2019) qui utilise un réseau hiérarchique pour traiter l'historique de la conversation et la déclaration courante de l'utilisateur. Cependant les agents *end-to-end* n'ont pas une mémoire contrôlable.

Les données d'entraînement de l'agent conversationnel ont été récoltées, traitées puis utilisées afin de créer des conversations synthétiques avec un générateur de dialogues. Il a été

---

demandé à des étudiants d'écrire des questions qu'ils se sont posées pendant leur recherche de master. Puis elles ont permis de construire une base de connaissances pour le générateur de conversations. La génération simule des échanges avec les états de la mémoire qui dépendent de l'historique de la conversation en cours de génération.

Des expérimentations en condition réelle ont été menée en montrant que l'agent est capable de répondre aux questions des étudiants. Néanmoins des progrès sont à faire car l'agent ne comprend pas toutes les déclarations de l'utilisateur. La mise en place d'un modèle linguistique comme *BERT* (Devlin et al. (2019)) est une piste pour l'améliorer.

Références

Aujogue, J. et A. Aussem (2019). Hierarchical recurrent attention networks for context-aware education chatbots. In *International Joint Conference on Neural Networks, IJCNN 2019 Budapest, Hungary, July 14-19, 2019*, pp. 1–8. IEEE.

Bahdanau, D., K. Cho, et Y. Bengio (2015). Neural machine translation by jointly learning to align and translate. In Y. Bengio et Y. LeCun (Eds.), *3rd International Conference on Learning Representations, ICLR 2015, San Diego, CA, USA, May 7-9, 2015, Conference Track Proceedings*.

Cho, K., B. van Merriënboer, C. Gulcehre, D. Bahdanau, F. Bougares, H. Schwenk, et Y. Bengio (2014). Learning phrase representations using RNN encoder–decoder for statistical machine translation. In *Proceedings of the 2014 Conference on Empirical Methods in Natural Language Processing (EMNLP)*, Doha, Qatar, pp. 1724–1734. Association for Computational Linguistics.

Devlin, J., M.-W. Chang, K. Lee, et K. Toutanova (2019). BERT : Pre-training of deep bidirectional transformers for language understanding. In *Proceedings of the 2019 Conference of the North American Chapter of the Association for Computational Linguistics : Human Language Technologies, Volume 1 (Long and Short Papers)*, Minneapolis, Minnesota, pp. 4171–4186. Association for Computational Linguistics.

Luong, T., H. Pham, et C. D. Manning (2015). Effective approaches to attention-based neural machine translation. In *Proceedings of the 2015 Conference on Empirical Methods in Natural Language Processing*, Lisbon, Portugal, pp. 1412–1421. Association for Computational Linguistics.

Shukla, S., L. Liden, S. Shayandeh, E. Kamal, J. Li, M. Mazzola, T. Park, B. Peng, et J. Gao (2020). Conversation Learner - a machine teaching tool for building dialog managers for task-oriented dialog systems. In *Proceedings of the 58th Annual Meeting of the Association for Computational Linguistics : System Demonstrations*, Online, pp. 343–349. Association for Computational Linguistics.

Epi_DCA : Adaptation et mise en œuvre de la théorie du danger pour la veille épidémiologique

Bahdja Boudoua[1,3], Mathieu Roche[1,4], Maguelonne Teisseire [1,3], Annelise Tran[1,2,4]

[1] UMR TETIS, Univ. Montpellier, AgroParisTech, CIRAD, CNRS, INRAE, Montpellier, France.
[2] UMR ASTRE, Univ. Montpellier, CIRAD, INRAE, Montpellier, France.
[3] INRAE, UMR TETIS, Montpellier, France.
[4] CIRAD, UMR TETIS, F-34398 Montpellier, France.

Le rôle principal des systèmes de surveillance basés sur les évènements (SBE) est de détecter les nouvelles épidémies (évènements) en explorant les informations sanitaires publiées en ligne dans un large éventail de sources formelles et informelles. Cependant, les facteurs de risque ne sont pas toujours pris en compte par les SBE. Dans ce contexte de veille sanitaire, nous avons posé les premières bases d'une démarche générique (indépendante d'une maladie ou d'un hôte spécifique) afin de renforcer ou non un événement détecté par les SBE en y intégrant les facteurs de risques disponibles. Epi_DCA est une adaptation de l'algorithme des cellules dendritiques (DCA) à la problématique de veille sanitaire.
Les cellules dendritiques permettent l'activation de la réponse immunitaire. Elles passent d'un état "semi-mature" (inhibiteur) à "mature" (activateur) en fonction des deux types de signaux auxquels elles sont exposées : 1) les signaux de danger augmentent à la présence de données représentant une situation "anormale", 2) les signaux sécuritaires augmentent à la présence de données représentant une situation "normale". Ce comportement a inspiré l'algorithme DCA qui se décline en quatre phases : 1) catégorisation du signal (utilisant en amont une réduction des attributs), 2) détection des antigènes (utilisant des pondérations éventuellement empiriques pour obtenir des signaux de sortie cumulés), 3) évaluation du contexte cellulaire, 4) classification finale des antigènes (par un coefficient d'anomalie). (Chelly and Elouedi, 2016). La contribution principale de ce travail est l'intégration de l'information spatio-temporelle dans la méthode. Dans le contexte de nos travaux, les évènements extraits d'articles détectés par les systèmes SBE représentent nos antigènes (ce que l'on veut classer), associés par correspondance spatiale à des données environnementales. Notre premier cas d'étude autour de l'influenza aviaire (IA) s'appuie sur un jeu de données constitué de 174 articles (87 pertinents et 87 non pertinents) issus du SBE Healthmap (Freifeld et al., 2008) et classés manuellement par un épidémiologiste, pour la région d'Asie du Sud-Est sur une période allant de 2018 à 2019. Les données épidémiologiques issues des articles détectés (source d'information, hôte, maladie) sont utilisées pour générer les signaux de danger. Nous nous référons à la connaissance d'experts afin d'établir un score pour chaque donnée observée. Pour générer les signaux sécuritaires, nous avons créé une carte de risque d'occurrence d'IA selon la méthode de (Stevens et al., 2013) en utilisant des données récentes sur les populations d'hôtes sensibles. Ensuite, les événements ont été associés aux données environnementales par correspondance spatiale

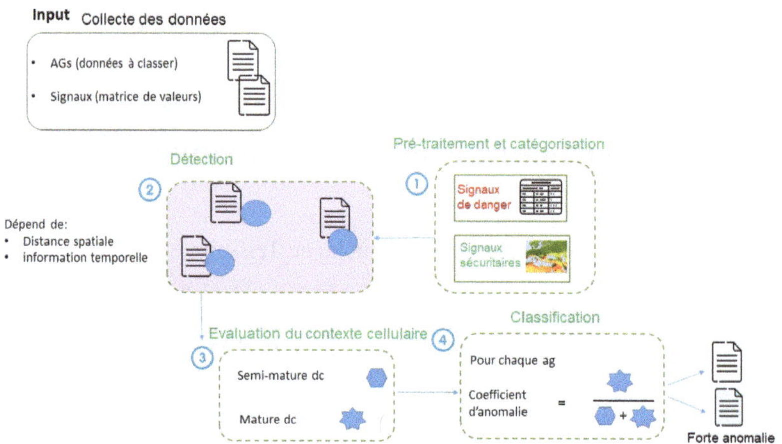

FIG. 1 – *Processus en 4 phases pour la veille épidémiologique*

à l'aide d'un Système d'Information Géographique (SIG)[1]. Les résultats obtenus, fondés sur un F-score de 0.86, suggèrent que la prise en compte du contexte environnemental (dans ses dimensions spatio-temporelles) dans l'analyse des données épidémiologiques permet de renforcer les articles détectés par les SBE.

Afin de comparer la méthode proposée, nous avons évalué 4 méthodes d'apprentissage supervisé (SVM, Naive Bayes, Knn et Random Forest) sur notre jeu de données en effectuant une validation croisée en 5 plis. Nous avons obtenu une F-mesure entre 0.86 (Naive Bayes) et 0.91 (SVM) ce qui montre que notre approche *Epi_DCA*, qui a la caractéristique d'être non supervisée, reste tout à fait compétitive.

Dans cette étude, nous avons réalisé une première évaluation de l'approche qui sera étendue à d'autres jeux de données et sur d'autres cas d'étude pour tester la généricité et la robustesse de la méthode.

Références

Z. Chelly and Z. Elouedi. A survey of the dendritic cell algorithm. *Knowledge and Information Systems*, 48(3) :505–535, 2016.

C. C. Freifeld, K. D. Mandl, B. Y. Reis, and J. S. Brownstein. Healthmap : global infectious disease monitoring through automated classification and visualization of internet media reports. *Journal of the American Medical Informatics Association*, 15(2) :150–157, 2008.

K. B. Stevens, M. Gilbert, and D. U. Pfeiffer. Modeling habitat suitability for occurrence of highly pathogenic avian influenza virus H5N1 in domestic poultry in Asia : a spatial multicriteria decision analysis approach. *Spatial and spatio-temporal epidemiology*, 4 :1–14, 2013.

---

1. www.qgis.org

Méthode pour enrichir sémantiquement les données en utilisant l'UML annoté

Sarra Ouelhadj*,***, Pierre-Antoine Champin*,**, Stéphanie Jean-Daubias*
Jérémy Gaillard***

* Univ Lyon, UCBL, CNRS, INSA Lyon, Centrale Lyon, Univ Lyon 2, LIRIS, UMR5205,
F-69622 Villeurbanne, France
** Université Côte d'Azur, Inria, CNRS, I3S (UMR 7271), France
*** Direction de l'Innovation Numérique et Systèmes d'Information,
Métropole de Lyon, 20 rue du Lac, CS 33569, 69505 Lyon CEDEX 3, France

1 Introduction

Les données publiées sur le web posent des problèmes d'interopérabilité car elles sont syntaxiquement et sémantiquement hétérogènes, et leurs sémantique est implicite. L'intervention humaine est nécessaire pour la capturer, mais elle s'avère fastidieuse à l'échelle du web. Le domaine du Web Sémantique (WS) introduit RDF (Schreiber et Raimond, 2014) comme modèle de données standard fournissant une structure de liaison et une sémantique explicite des données pour les humains et les machines. Plusieurs outils et langages de mapping ont été proposés pour convertir les données de formats courants (ex. CSV) en RDF, mais la majorité requiert un certain degré d'expertise en WS, ce qui ralenti leur adoption. Nous proposons une méthode destinées à des experts métiers, pour convertir en RDF les données ouvertes de divers formats courants. Nous présentons les premiers retours des experts métiers vis-à-vis de cette méthode.

2 Approche d'enrichissement sémantique

Notre méthode permet aux experts métiers de produire des données RDF en maximisant la réutilisation des ontologies existantes. La Figure 1 illustre cette approche.

L'expert métier produit un diagramme de classes UML reflétant la sémantique du jeu de données en entrée. Ce diagramme est retranscrit dans notre *modèle sémantique*, un tableur structuré en 5 feuilles de calcul inspirées de la terminologie UML (Classes, Attributs, Énumérations, Valeurs d'énumération et Associations).

Ensuite, l'expert métier sélectionne dans des ontologies existantes les termes (IRI[1]) qui correspondent à la sémantique implicite de chaque élément UML, et inclut ces IRIs dans le modèle sémantique. En cas d'absence de terme adapté, de nouveaux IRIs sont forgés automatiquement dont l'expert métier doit alors décrire la sémantique dans le champs 'définition' du

---

1. Internationalized Resource Identifier

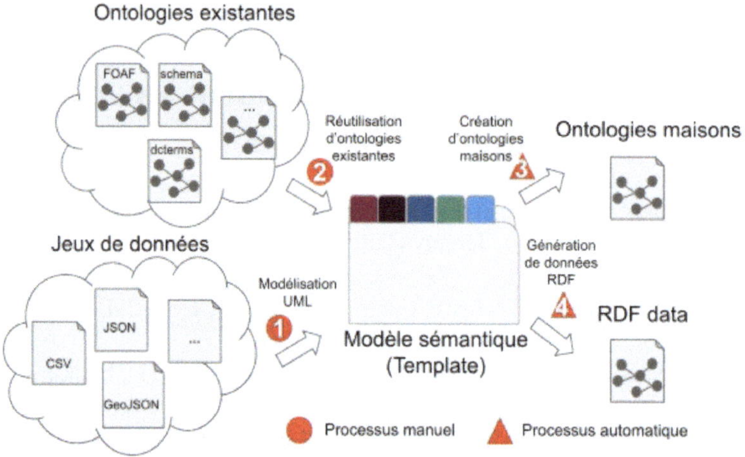

FIG. 1 – *Aperçu de l'approche d'enrichissement sémantique des données.*

modèle sémantique. Une ontologie maison est ainsi créée avec une approche bottom-up (Gandon, 2002) sujette à évoluer. Les détails d'implémentation sont disponibles dans le dépôt[2]. Enfin, les données peuvent être converties en données RDF utilisant les ontologies, existantes et maison, correspondantes.

3   Retours des experts métiers

Un atelier a été organisé auprès de 7 experts métiers de 4 départements distincts de la Métropole de Lyon. Les principales conclusions sont que l'approche de modélisation est à la portée des experts métiers, mais qu'ils ont besoin d'être assistés pour la sélection de termes dans les ontologies existantes. Pour cela, nous prévoyons de définir un processus de sélection et de maintenance d'un ensemble de vocabulaires partagés pertinents pour les experts métiers et de fournir certains outils pour y accéder (par exemple, une instance spécifique de LOV[3]).

Une autre remarque concerne la charge de travail importante que constitue la modélisation d'un jeu de de données conséquent. Nous comptons y répondre en insistant à l'avenir sur la possibilité de faire évoluer le modèle sémantique de manière incrémentale.

Références

Gandon, F. (2002). *Ontology Engineering : a Survey and a Return on Experience.* report, INRIA. https://hal.inria.fr/inria-00072192.

Schreiber, G. et Y. Raimond (2014). RDF 1.1 Primer. W3C Working Group Note, W3C. https://www.w3.org/TR/rdf11-primer/.

---

2. https://github.com/Sarra-Ouelhadj/YKWIM
3. https://lov.linkeddata.es/

L'analyse des dommages de voitures à l'aide de la reconnaissance des entités nommées et de l'ontologie

Hamid Ahaggach*,**, Lylia Abrouk*, Eric Lebon**

* Laboratoire d'informatique de Bourgogne
Université de Bourgogne Franche-Comté, France
prénom.nom@u-bourgogne.fr
** Syartec, Aix en Provence, France
elebon@syartec.com

La gestion des transports de voiture est une tâche complexe dans le domaine de vente d'automobile. Différents processus doivent être mis en place pour le suivi et le partage de dommages causés lors du transport tels que la prise de photos, la rédaction de rapports. La majorité des rapports d'assurance existants sont des documents textuels non structurés, parfois manuscrits et non numériques. De plus, il n'y a pas de norme pour décrire les dommages, ce qui rend le partage des rapports d'assurance entre les concessionnaires automobiles et les compagnies d'assurance difficile. Dans ce contexte, les ontologies sont utilisées pour la modélisation des dommages dans différents domaines (Rachman et Chandima Ratnayake, 2018; Hamdan et al., 2019; Everett et al., 2002). Dans le domaine automobile, les travaux existants (Barrachina et al., 2012) (Dardailler, 2012) visent à proposer des ontologies pour la modélisation des accidents de la circulation pour décrire les circonstances, la localisation, les causes et les effets de l'accident et ne s'intéressent pas à la modélisation des dommages causés par l'accident sur les voitures. Dans cet article, nous proposons une approche pour la construction et le peuplement d'une ontologie de domaine. Les contributions de notre travail peuvent être résumées comme suit : (1) La construction d'une ontologie pour modéliser la description des dommages en se basant sur les connaissances des experts et des rapports d'assurance. (2) La proposition d'un modèle d'extraction d'information basée sur l'approche neuronale pour la reconnaissance d'entités nommées en utilisant des données textuelles étiquetées. (3) Le peuplement de l'ontologie de domaine avec les informations extraites. (4) L'évaluation de notre modèle sur un jeu de données réel.

Construction d'ontologie :   Nous proposons une ontologie de domaine basée sur les connaissances des experts et leurs rapports d'assurance pour modéliser les avaries des voitures. Dans cette ontologie, la classe *Voiture* a plusieurs sous-classes qui contiennent les composantes de la voiture. Il existe des composantes qui ont également des sous-classes, par exemple, une roue de voiture contient plusieurs sous-classes (roulement de roue, jantes, pneus, fixations de roue). Ces composantes sont liées avec la classe *Avarie* qui définie le type et la sévérité de l'avarie, ainsi que de la partie de la voiture endommagée. Nous avons défini avec les experts du domaine 9 types d'avaries (Bosse, Casse, Coincement, Déchirure, Écrasement, Enfoncement, Manque, Perforation, Rayure). L'ontologie a été validée par les experts, et nous avons vérifié sa consistance et sa cohérence en utilisant les raisonneurs Pellet et HermiT.

Extraction d'information : Nous proposons une approche d'extraction d'information composée de quatre modules principaux : (1) le module de prétraitement des données pour la vérification d'orthographe. (2) le module de traitement automatique du langage (TAL) en appliquant les techniques suivantes : la lemmatisation, la tokenisation et la suppression des mots vides. (3) le module de l'extraction de l'information où nous avons utilisé la reconnaissance des entités nommées (REN) pour extraire les entités (concept) et les attributs (propriété de données). (4) le module de peuplement de l'ontologie en utilisant les packages *Owlready* et *Python-skos* (Lamy, 2017), qui fournissent une grande variété de méthodes pour traiter les ontologies, en particulier pour l'insertion d'instances dans l'ontologie.

Notre expérimentation est réalisée sur un jeu de données étiqueté qui contient 500 rapports pour extraire 4 types d'entités (Composante, Avarie, Marque, Modèle) avec apprentissage par transfert des modèles REN basés sur les réseaux de neurones les plus utilisés (Conditional Random Fields, Long Short-Term Memory Bidirectional, Bidirectional Encoder Representations from Transformers, et le modèle REN de SpaCy). Pour évaluer et comparer ces modèles, nous avons utilisé les mesures d'évaluation Rappel, Précision et F1-Score. Les résultats obtenus par la plupart des modèles sont satisfaisants. BILSTM-CRF donne de meilleurs résultats dans la reconnaissance des avaries, tandis que CRF est puissant pour reconnaitre les entités *Marque*, *Modèle* et *Composante*. Ces résultats s'expliquent par le fait que les entités ne dépendent pas du contexte. Les autres modèles basés sur les transformateurs comme BERT et le modèle REN de SpaCy donnent des résultats acceptables, mais moins performants que les CRF.

Références

Barrachina, J., P. Garrido, M. Fogue, F. J. Martinez, J.-C. Cano, C. T. Calafate, et P. Manzoni (2012). Caova : A car accident ontology for vanets. In *2012 IEEE wireless communications and networking conference (WCNC)*, pp. 1864–1869. Ieee.

Dardailler, D. (2012). Road accident ontology. `https://www.w3.org/2012/06/rao.html`. Accessed : 2022-12-05.

Everett, J. O., D. G. Bobrow, R. Stolle, R. Crouch, V. de Paiva, C. Condoravdi, M. van den Berg, et L. Polanyi (2002). Making ontologies work for resolving redundancies across documents. *Communications of the ACM 45*(2), 55–60.

Hamdan, A.-H., M. Bonduel, et R. J. Scherer (2019). An ontological model for the representation of damage to constructions. In *CEUR Workshop Proceedings*, Volume 2389, pp. 64–77. CEUR Workshop Proceedings.

Lamy, J.-B. (2017). Owlready : Ontology-oriented programming in python with automatic classification and high level constructs for biomedical ontologies. *Artificial intelligence in medicine 80*, 11–28.

Rachman, A. et R. Chandima Ratnayake (2018). Ontology-based semantic modeling for automated identification of damage mechanisms in process plants. In *Working Conference on Virtual Enterprises*, pp. 457–466. Springer.

Propriétés émergentes du *multi-clustering* bayésien non paramétrique: Application aux données images multivues

Reda Khoufache*, Mohamed Djallel Dilmi*, Hanene Azzag*, Etienne Goffinet**
Mustapha Lebbah***

* Université Sorbonne Paris Nord, Villetaneuse, France
** Technology Innovation Institute, Abu Dhabi, United Arab Emirates
*** Université de Versailles - Université Paris Saclay, Versailles, France

1   Introduction

Dans le cas multivarié, le *clustering* infère uniquement une partition ligne, tandis que le *multi-clustering* infère une partition en colonne (partition de variables ou vues), et une partition ligne pour chaque vue. La modélisation bayésienne non paramétrique permet d'estimer le nombre de composantes durant l'inférence en mettant une distribution a priori sur les paramètres du modèle.

Dans Mansinghka et al. (2009), les auteurs ont introduit un modèle de catégorisation croisée, et Guan et al. (2010) ont proposé un modèle de *multi-clustering* bayésien non paramétrique. Ces deux travaux partagent la même définition du modèle, qui met d'abord un a priori sur la partition colonne, qui estime automatiquement le nomble de *clusters* colonnes, ensuite met un a priori indépendant sur les proportions de chaque partition ligne.

1.1   Définition du modèle

Notons $X \in \mathbb{R}^{n \times p \times d}$ l'espace latent obtenu après une certaine transformation du jeu de données. Soit H le nombre de *clusters* de variables, v la partition de variables, Z une matrice indicatrice $n \times H$, des partitions lignes. Le modèle est défini comme suit :

$$x_{i,j} \mid \{v_j = h, z_i^h = k, \theta_k^h\} \sim \mathcal{N}\left(\theta_k^h\right),$$

$$\theta_k^h \sim G_0, \ v_j \sim \mathrm{Mult}(\eta), \ z_i^h \sim \mathrm{Mult}\left(\pi_h\right),$$

$$\eta_j(\mathbf{r}) = r_j \prod_{j'=1}^{j-1} \left(1 - r_{j'}\right), r_j \stackrel{\text{i.i.d.}}{\sim} \mathrm{Beta}(1, \gamma),$$

$$\pi_j^h\left(\mathbf{t}^h\right) = t_j^h \prod_{j'=1}^{j-1} \left(1 - t_{j'}^h\right), t_j^h \stackrel{\text{i.i.d.}}{\sim} \mathrm{Beta}\left(1, \alpha_h\right),$$

$$\gamma \sim \mathrm{Gamma}\left(a_\gamma, b_\gamma\right), \alpha_h \sim \mathrm{Gamma}\left(a_\alpha, b_\alpha\right).$$

Où les proportions de la partition de variables η et des partitions lignes π_h suivent le processus *Stick-Breaking* Sethuraman (1994).

2   Le framework proposé

Le *framework* que nous proposons est constituée de deux étapes : La première étape consiste à extraire des caractéristiques des images et de réduire la dimension de l'espace de représentation. Le jeu de données d'images est réarrangé sous forme d'un tableau bi-dimensionnel où les lignes représentent les observations, les colonnes sont les différentes variables. Dans la première étape, nous proposons d'utiliser un *Vision Transformers* pré-entraîné comme extracteur de caractéristiques. En raison du fléau de la dimension et de la complexité algorithmique, une analyse en composantes principales (*PCA*) est appliquée afin de réduire la dimension de l'espace de représentation. La seconde étape réalise le *multi-clustering* bayésien non paramétrique qui estime automatiquement le nombre de blocs. Le *framework* complet est illustré dans la figure 1.

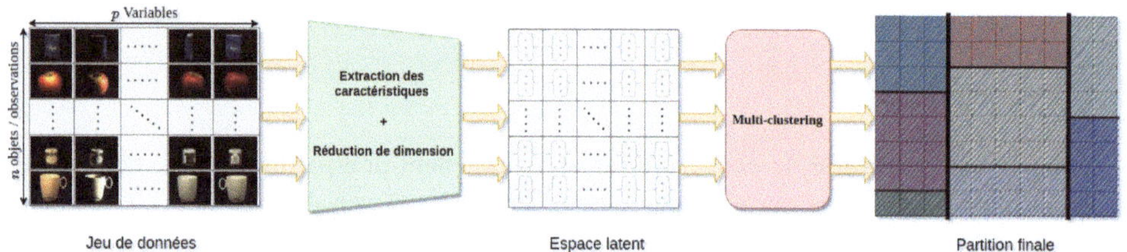

FIG. 1 – Le *framework* complet.

3   Conclusion

Dans ce papier, nous avons proposé un *framework* pour inférer de multiples solutions de *clustering* sur un jeu de données d'images multivues. Notre *framework* combine un *vision transformers* pré-entraîné avec un algorithme du *multi-clustering*. Nous avons proposé une approche bayésienne non paramétrique, qui permet d'estimer la structure du modèle durant l'inférence. Notre approche a fournit des blocs homogènes et cohérents.

Références

Guan, Y., J. Dy, D. Niu, et Z. Ghahramani (2010). Variational inference for nonparametric multiple clustering.

Mansinghka, V., E. Jonas, C. Petschulat, B. Cronin, P. Shafto, et J. Tenenbaum (2009). Cross-categorization : A method for discovering multiple overlapping clusterings.

Sethuraman, J. (1994). A constructive definition of dirichlet priors. *Statistica Sinica 4*(2), 639–650.

Réduction du risque du coût d'un modèle dans la détection de fraude financière.

Hamza Chergui*,**, Lylia Abrouk*, Nadine Cullot*, Nicolas Cabioch**

*Université de Bourgogne
hamza.chergui@etu.u-bourgogne.fr,
lylia.abrouk,nadine.cullot@u-bourgogne.fr
**SKAIZen Group
hchergui,ncabioch@skaizengroup.fr
https://skaizengroup.eu/

La lutte contre la fraude financière est une tâche complexe pour les institutions financières. Selon Knobel (2019), 98,9% des activités liées aux fraudes financières passent à travers les mailles du filet. Les institutions financières se doivent d'améliorer leurs systèmes sous peine de sanctions financières conséquentes des régulateurs du monde financier.

Notre travail s'inscrit dans les thématiques de recherche visant à améliorer la détection de fraude financière (DFF) avec des données provenant d'une société appelée SWIFT[1]. Cette dernière met à disposition un réseau interbancaire proposant différents services comme le transfert d'argent entre des institutions financières.

Ces dernières années, des travaux utilisant les techniques d'apprentissage automatique ont été étudiées pour la détection transactions frauduleuses. Elles permettent de pallier les limites des systèmes de détection de fraudes actuels basés sur des règles pré-définies, notamment avec des tâches de classification rapides et intelligentes à l'aide des modèles prédictifs.

Des nombreux travaux existent dans le domaine de la finance (Al-Hashedi et Magalingam, 2021) et plus particulièrement dans la détection de fraude par carte de crédit (Adewumi et Akinyelu, 2017).

Nous proposons d'organiser les techniques d'apprentissage automatique en 4 étapes : (1) **L'obtention des données** dans le milieu financier est difficile en raison des politiques de confidentialité des institutions financières. De ce fait, il existe une réelle disparité des jeux de données utilisés dans la littérature : des données publiques[2], synthétiques (Lopez-Rojas et al., 2016) et privées. (2) **L'extraction de caractéristiques** permet d'enrichir le jeu de données afin de distinguer les transactions frauduleuses des transactions légitimes. Dans les travaux liés à la détection de fraude financière, les travaux de Bhattacharyya et al. (2011) et Whitrow et al. (2009) renseignent les caractéristiques à calculer pour représenter le comportement des acteurs. (3) **L'entraînement d'un modèle prédictif** est basé sur un apprentissage supervisé, non supervisé ou semi-supervisé. Dans la DFF, l'apprentissage supervisé a pour but de classifier les transactions dans les classes *légitimes* ou *frauduleuses*. (4) **L'évaluation du modèle** s'effectue avec des mesures classiques de *précision*, *rappel* et *f1-score* (F1).

---

1. https ://www.swift.com/

2. https ://www.kaggle.com/datasets/mlg-ulb/creditcardfraud

Ces différentes étapes nous permettent d'avoir une vue sur les techniques d'apprentissage automatique utilisées au sein de la DFF. Nous proposons, ainsi, une méthodologie pour entraîner un modèle sur des transactions SWIFT en plusieurs étapes : (1) la définition de nouvelles caractéristiques basées sur les spécificités des transactions SWIFT, notamment sur leur dimension internationales (nombreux pays et devises) et interbancaires (présence d'intermédiaires dans le circuit de la transaction), (2) le choix du meilleur algorithme pour notre jeu de données et (3) une évaluation basée sur une mesure de risque du coût afin de minimiser le coût de notre modèle.

Après avoir enrichi notre jeu de données, les résultats de nos expérimentations nous montrent que l'algorithme *XGBoost* est le plus adapté à nos données en obtenant le meilleur F1 (0.78). Nous avons également remarqué que le comportement des acteurs et leurs interactions sont importants pour la détection de fraude. Les caractéristiques sur les pays sont moins impactants, mais les meilleurs résultats sont obtenus quand elles sont combinées avec celles des acteurs. En effet, les algorithmes d'apprentissage ensembliste ont prouvé leur efficacité sur des jeux de données déséquilibrés.

Une partie de notre contribution est la définition d'une formule de risque de coût, calculé à partir des prédictions de notre modèle. Une prédiction est associée à un coût pour une institution financière, par exemple une transaction prédite comme frauduleuse à un coût qui représente le coût d'un expert pour analyser une transaction.

Pour minimiser le risque de coût de notre modèle, nous avons choisi le seuil de probabilité à partir duquel une transaction est considérée comme frauduleuse par le modèle. Par défaut, le seuil est de 0.5 avec un risque de coût de 29285 euros. Avec nos expérimentations, nous avons fixé le seuil à 0.45 associé à un risque de cout de 28690 euros tout en gardant le même F1. Pour nos travaux futurs, nous souhaitons étudier la manière dont nous pouvons identifier des types de fraudes dans un jeu de données de transactions frauduleuses.

Références

Adewumi, A. O. et A. A. Akinyelu (2017). A survey of machine-learning and nature-inspired based credit card fraud detection techniques. *International Journal of System Assurance Engineering and Management 8*(2), 937–953.

Al-Hashedi, K. G. et P. Magalingam (2021). Financial fraud detection applying data mining techniques : A comprehensive review from 2009 to 2019. *Computer Science Review 40*, 100402.

Bhattacharyya, S., S. Jha, K. Tharakunnel, et J. C. Westland (2011). Data mining for credit card fraud : A comparative study. *Decision support systems 50*(3), 602–613.

Knobel, A. (2019). Swift data can be a global vantage point for tackling global money laundering.

Lopez-Rojas, E., A. Elmir, et S. Axelsson (2016). Paysim : A financial mobile money simulator for fraud detection. In *28th European Modeling and Simulation Symposium, EMSS, Larnaca*, pp. 249–255. Dime University of Genoa.

Whitrow, C., D. J. Hand, P. Juszczak, D. Weston, et N. M. Adams (2009). Transaction aggregation as a strategy for credit card fraud detection. *Data mining and knowledge discovery 18*(1), 30–55.

Etude comparative de modèles d'extraction non supervisée de mots-clés pour la recommandation d'emploi

Bissan Audeh*, Maia Sutter**, Christine Largeron**

* Inasoft, 2507 avenue de l'Europe, 69140, Rillieux-La-Pape, France
bissan.audeh@inasoft.fr,
** Laboratoire Hubert Curien UMR 5516, F-42023, Saint-Etienne, France
maia.sutter@etu.univ-st-etienne.fr, chistine.largeron@@univ-st-etienne.fr

1   Introduction

La recherche d'emploi peut être facilitée en augmentant la visibilité des postes qui correspondent le mieux à un candidat. Dans un tel contexte, il est essentiel d'attribuer des mots-clés aux offres d'emploi et aux CV pour réaliser l'indexation et la mise en correspondance mais aussi effectuer des analyses intéressantes pour la prise de décision quant au marché de l'emploi. Dans cet article, nous cherchons à évaluer dans quelle mesure les mots-clés extraits avec des approches non supervisées peuvent représenter du contenu textuel même sans apprentissage et sans connaissance externe dans un contexte de recommandation d'emploi. Nous avons sélectionné six méthodes non supervisées d'extraction de mots-clés que nous avons évaluées sur de vrais offres d'emploi et CV anonymisés. Pour cela nous avons élaboré un protocole d'évaluation qui inclut la construction d'un gold standard.

2   Cadre méthodologique

Nous avons évalué quatre modèles parmi les plus courants dans l'état de l'art : deux modèles statistiques TF-IDF et RAKE (Rose et al. (2010)), TextRank (Mihalcea et Tarau (2004)) un modèle basé sur le score PageRank et KeyBERT (Grootendorst (2020)) qui utilise les plongements de texte. En plus, nous avons évalué les extensions KeyBERT+ et TF-IDF+ des modèles KeyBERT et TF-IDF respectivement, où nous remplaçons la sélection de mots-clés candidats des méthodes par une sélection basée sur le modèle de langue français de Spacy[1] qui permet d'identifier des termes composés. Nous avons adapté toutes ces méthodes à notre corpus par des pré-traitements et post-traitements. Les données disponibles pour ce projet étaient constituées de 818 CV et 858 offres d'emploi mais seul un sous-ensemble a été annoté en vérifiant manuellement 12316 mots-clés; ce qui a permis de construire un jeu d'évaluation contenant 57 CV et 29 offres d'emploi. Le texte des CV a déjà été extrait et anonymisé en supprimant les données personnelles, et les offres d'emploi étaient au format HTML. Bien que la taille de ce jeu soit limitée, l'expérimentation a néanmoins permis de comparer les performances des algorithmes.

---

1. https ://spacy.io/models/fr#fr_core_news_lg

3   Résultats et Discussion

Pour chaque modèle évalué, la précision, le rappel et le F-score sont calculés pour chaque document en comparant des mots-clés validés manuellement aux dix meilleurs mots clés retrouvés par le modèle. Bien que les scores présentés dans le tableau 1 soient relativement faibles, ils confirment les résultats fréquemment rapportés dans la littérature consacrée à l'extraction des mots-clés. Parmi les approches testées, RAKE et TF-IDF+ surpassent les autres en précision pour les CV et les offres d'emplois. Alors que TF-IDF+ a besoin de statistiques au niveau du corpus pour calculer les scores des mots-clés, RAKE pourrait être un choix plus approprié pour ce contexte applicatif. Il faut noter que KeyBERT et KeyBERT+ ont été utilisées avec des plongements de texte pré-entraînés sur des corpus génériques qui ne sont pas composés de CV et offres d'emploi. Des expériences supplémentaires, notamment l'ajustement de ces modèles à notre contexte, pourraient apporter des améliorations. Une difficulté majeure dans ce travail était la subjectivité de l'évaluation, qui rend difficile l'interprétation des résultats. Une solution possible consiste à avoir plusieurs annotateurs travaillant sur le même document pour pouvoir établir un consensus. Par ailleurs, notons que comme les approches sont à l'origine développées et testées avec du texte en anglais, elles ne tiennent pas toujours compte des spécificités de la langue française, comme l'utilisation de parenthèses en français pour ajouter le «e» pour la forme féminine. Enfin, si cette étude permet d'éclairer les options d'extraction de mots-clés de CV et d'offres d'emploi, elle ne constitue qu'une étape dans l'élaboration d'un système de recommandation d'emploi qui nécessite d'aller plus loin.

	Modèle	CV			Offres d'emploi		
		Avg.Préc	Avg.Rappel	F-Score	Avg.Préc	Avg.Rappel	F-Score
@10	TF-IDF	0.193	0.096	0.128	0.186	0.127	0.151
	TF-IDF+	0.234	0.126	0.164	**0.193**	**0.130**	**0.155**
	TextRank	0.165	0.071	0.099	0.160	0.093	0.118
	RAKE	**0.299**	**0.141**	**0.192**	0.148	0.101	0.120
	KeyBERT	0.146	0.078	0.102	0.041	0.028	0.034
	KeyBERT+	0.217	0.122	0.156	0.128	0.095	0.109

TAB. 1 – *Résultats de l'évaluation à 10 mots-clés extraits. Meilleurs résultats en gras.*

4   Remerciements

Nous remercions Servan Cazenave, directeur d'Inasoft, pour son soutien à ce projet, son apport sur la connaissance métier, et son aide pour l'annotation.

Références

Grootendorst, M. (2020). Keybert : Minimal keyword extraction with bert. *Internet]. Available : https ://maartengr.github. io/KeyBERT/index.html.*

Mihalcea, R. et P. Tarau (2004). Textrank : Bringing order into text. In *EMNLP*.

Rose, S., D. Engel, N. Cramer, et W. Cowley (2010). Automatic keyword extraction from individual documents. Technical report.

Graphe de connaissances pour l'aide à la réalisation de recettes de cuisine

Farida SAID*, Jeanne VILLANEAU **, Samia BENFERHAT***, Arnaud BIGER****,
Valentin CADOU****, Thibault CELESTE ****, Kevin PHILIPPE****

* LMBA - Laboratoire de Mathématiques de Bretagne Atlantique
** IRISA-D6 - MEDIA ET INTERACTIONS
*** Lab-STICC - équipe SHAKER
**** UBS - Université de Bretagne Sud

L'essor de l'intelligence artificielle a ouvert des perspectives à la robotique d'assistance à la personne, avec le développement de solutions technologiques dédiées à des fonctions de soutien et d'assistance aux personnes isolées ou vulnérables. Dans ce contexte, nous cherchons à gérer l'interaction entre un humain en situation de handicap physique et un cobot (robot collaboratif) pour l'aide à la préparation de repas à domicile (Benferhat et al., 2020). La majorité des systèmes conçus pour pallier le handicap physique tendent à accomplir des tâches entièrement à la place de l'humain (Shimabukuro et et al., 2020), alors que notre objectif est de faire participer l'usager et de prendre en considération ses préférences et ses besoins avec un système adaptable qui lui apporte une aide mécanique et physique lors de l'exécution des gestes. Dans le domaine du développement d'aides technologiques pour la préparation de repas, nous citerons le projet Cook (Pinard et et al., 2019) qui s'intéresse spécifiquement au handicap cognitif en guidant l'utilisateur dans l'exécution des tâches, en soutenant la reconnaissance des ustensiles de cuisine, et en assurant la sécurité de l'usager en contexte réel. Nous nous distinguons de ces travaux par le type d'assistance apportée. Le système que nous développons comprend un niveau décisionnel et un niveau exécutif. Au niveau décisionnel, une interface permet à l'usager d'interroger la base de connaissances en langage naturel, puis de choisir une recette parmi celles proposées. Celle-ci est ensuite segmentée en gestes dont l'enchaînement est communiqué au cobot. Le niveau exécutif permet de faire réaliser les gestes par le cobot, en collaboration avec l'utilisateur ou en mode automatique, suivant les cas d'usage. La conception du système décisionnel se décompose en trois tâches principales : structuration de recettes de cuisine sous forme de graphe de connaissances *(tâche 1)* ; construction d'un moteur de recommandation pour proposer à l'usager des recettes basées sur son profil personnel (données médicales, environnement physique...) *(tâche 2)* ; construction automatique de scenarii de réalisation des recettes en fonction du niveau d'assistance souhaité *(tâche 3)*. *(placer, prendre, casser, verser, tourner,* etc.) est très limitée comparativement aux gestes détectés dans les recettes de cuisine, et l'association entre gestes de la base de connaissances et gestes de bas niveau réalisables par le cobot est effectuée au niveau exécutif. Par exemple, les actions *touiller, remuer, agiter, tourner* sont associées au geste de bas niveau *tourner*.

Approche utilisée :   Le monde de l'alimentation compte de nombreuses ontologies spécialisées dans des domaines spécifiques (agro-alimentaire, santé...). En unifiant diverses ressources,

Haussmann et et al. (2019) proposent l'une des ontologies les plus étendues en langue anglaise pour la recommandation de recettes de cuisine et d'aliments, avec plus d'un million de recettes couvertes et 67 millions de triplets. Cependant, elle n'intègre pas les gestes or ceux-ci sont essentiels à notre objectif ; nous avons donc construit une ontologie plus modeste mais adaptée à nos besoins et en langue française. Nous avons fait le choix d'une ontologie modulaire composée d'un noyau, *ontology*, lié à un module *recettes*. Le graphe de connaissances correspondant a été construit avec le système de gestion de bases de données graphiques *Neo4j*.
– Le noyau *ontology* est une taxonomie hiérarchique des "caractéristiques" des recettes de cuisine, avec 10 catégories à la racine : ingrédients, ustensiles, gestes, cuissons, origines géographiques, quantités, temps, types de plats, régimes alimentaires, et coût. Dans la catégorie "ingrédients" par exemple, nous retrouvons la sous-catégorie "viande" qui comprend les viandes blanches et les viandes rouges, puis dans les viandes blanches, nous retrouvons le poulet, la dinde, le veau, etc. Ce noyau a été construit à partir d'un thésaurus collaboratif [1] qui a été enrichi automatiquement avec le scraper de recettes décrit ci-dessous.
– Le module *recettes* intègre des recettes de cuisine issues de sites web spécialisés. Un scraper permet d'extraire le texte des recettes et on utilise les outils sur étagère [2] (lemmatisation, chunking, reconnaissance d'entités nommées, résolution de synonymie...) pour extraire les caractéristiques des recettes et leurs dépendances. Ces données permettent à la fois d'enrichir le noyau *ontology* et de modéliser les recettes de cuisine.

Graphe de connaissances : Le graphe de connaissances construit intègre actuellement 1000 recettes et il compte 2662 ingrédients, 325 ustensiles, 167 gestes et 267 caractéristiques réparties dans les 7 autres catégories. Une API permet d'interroger le graphe en langage naturel en identifiant dans les requêtes les noeuds et relations du graphe. Une évaluation manuelle sur quelques cas d'usage a mis en évidence que la synonymie et la polysémie (ingrédient "couteau" et ustensile "couteau" par exemple) sont les sources les plus fréquentes de doublons et de conflits. Une vérification à grande échelle du graphe de connaissances et des processus d'enrichissement et d'interrogation développés est en cours via une API dédiée. A son issue, le graphe de connaissances et les outils développés pour son enrichissement et son exploitation seront mis à la disposition de la communauté scientifique.

Références

Benferhat, S., F. Lamotte, C. Lohr, et J.-L. Philippe (2020). Modélisation d'interactions avec un cobot dans un contexte d'assistance à la personne. In *Handicap 2020*, pp. 206–211.

Haussmann, S. et et al. (2019). Foodkg : A semantics-driven knowledge graph for food recommendation. In *The Semantic Web – ISWC 2019*, pp. 146–162.

Pinard, S. et et al. (2019). Design and usability evaluation of cook, an assistive technology for meal preparation for persons with severe tbi. *Disability and Rehabilitation*.

Shimabukuro, Y. et et al. (2020). Self-feeding assistive 7-dof robotic arm simulator using solving method of inverse kinematics. *IEE J Trans. Elec. Info. Syst. 140*.

---

1. https://github.com/judbd/Thesaurus-Lightroom-Collaboratif.
2. https://nlp.johnsnowlabs.com/

EPIONE : Retour d'expérience de formalisation de processus métier par l'ingénierie de la connaissance

Céline Fourtout*, Patrick Prieur*, Alain Berger*, Jean-Pierre Cotton* Aline Belloni*, Daniel Marx**,

*Ardans SAS, 6 rue Jean Pierre Timbaud, 78180 Montigny-le-Bretonneux, France
{cfourtout, pprieur, aberger, jpcotton, abelloni}@ardans.fr
**CEA, DDSD, 618 Rte du Panorama, 92260 Fontenay aux Roses, France
{daniel.marx, celeste.briffaud-nehme, luisa.carvalho, laurent.gautier}@cea.fr

1 Le contexte opérationnel

Comme toutes les installations industrielles, à l'issue de leur période d'exploitation, les installations nucléaires font l'objet d'opérations de démantèlement, préalablement à une éventuelle libération du site sur lequel elles sont implantées, ou à une réutilisation de celui-ci pour une autre activité. La législation française ainsi que l'Autorité de Sûreté Nucléaire (ASN) imposent aux acteurs du nucléaire, en plus du démantèlement, de mettre en œuvre toutes les actions nécessaires pour réduire le terme source et retirer toute trace de contamination résiduelle dans les structures et les sols afin d'obtenir le déclassement. Ce dernier suit un processus établi par le législateur et l'ASN. L'exploitant nucléaire doit démontrer le respect des exigences définies par ce processus. L'objet de ce poster est de signifier comment à partir d'une expertise établie lors de premiers chantiers, une démarche outillée d'ingénierie de la connaissance a élicité et formalisé le processus métier pour une meilleure efficience opérationnelle et avec les éléments de preuve justifiant du bon respect de la législation. La phase métier considérée est le « déclassement »; c'est l'opération administrative qui consiste, à l'issue des opérations de démantèlement et d'assainissement d'une installation, à supprimer cette dernière de la liste des Installations Nucléaires de Base (INB) exploitées. Ce poster a pour objectif de décrire et d'expliciter certains aspects de la démarche d'ingénierie de la connaissance mis en œuvre au profit du CEA CEA (2021)] pour produire le dispositif EPIONE et montrer comment il accompagne les ingénieurs qui l'utilisent dans la constitution du dossier administratif dans le processus de déclassement d'une INB.

2 Le synthèse du retour d'expérience

Un projet de déclassement d'INB se déroule sur plusieurs années et fait appel à de nombreuses compétences, des recherches, de la documentation, mais soulève aussi un certain nombre de questions devant la complexité, la singularité, l'unicité, la spécificité de chaque chantier, sans oublier le besoin de traçabilité des informations pour un projet pluriannuel entre le montage des dossiers et l'instruction ASN (Belloni et al., 2017). La masse d'information immense est répartie sur différents supports et gisements : retrouver efficacement ce qui est cherché n'est pas aisé. Modéliser une vision consolidée de l'ensemble de la démarche en formalisant une partie de l'expérience d'un expert ayant travaillé sur le cycle complet d'un déclassement d'INB au profit d'une équipe motivée et désireuse de capitaliser a été une action de transfert de connaissance pour ainsi constituer une véritable mémoire métier au-delà de la constitution du dossier administratif justifiant la bonne avancée du processus de déclassement à l'autorité de sûreté. Cette opération montre les performances d'une démarche d'ingénierie de la connaissance supportée par la plate-forme Ardans Knowledge Maker® (Vexler et al., 2020) afin de répondre efficacement à un process industriel tel que le déclassement. On précise qu'un tel processus intègre plusieurs niveaux de complexités tant les sujets sont liés les uns aux autres. L'activité de déclassement outillée rend les informations plus accessibles à tous les acteurs concernés et intègre une véritable exploitation polyfonctionnelle de la connaissance. Grâce au paramétrage réalisé par l'ingénieur de la connaissance, il donne une vision consolidée entre l'aspect théorique et la production des livrables à partir des informations référencées. L'équipe en charge du déclassement s'appuie alors sur toutes les données pour réaliser les tâches nécessaires jusqu'à la rédaction des dossiers de déclassement, fort de la consistance de toutes les justifications nécessaires. La technologie produit en parallèle une matrice pour disposer d'un état des lieux précis à chaque instant dans l'avancée des tâches. Si le « coût » (temps à passer) pour initialiser un tel dispositif avec un si grand nombre d'informations existantes est élevé, il prémunit l'équipe des oublis et pertes de savoir, et garde une trace de chaque décision prise pour répondre à toute demande de justification de l'ASN. La mise à jour au fil de l'eau des divers référentiels nécessaire se réalisera selon l'évolution des projets et des besoins du CEA.

Remerciements. Nous remercions vivement l'Unité d'Assainissement et de Démantèlement de Fontenay-aux-Roses du CEA pour avoir sollicité et confié la maîtrise d'œuvre de cette opération en co-construction à Ardans selon les préceptes « *Construire en commun un objet inconnu* » [Grundstein (1994)], puis autorisé à produire cet article qui démontre tout l'intérêt d'une approche outillée de l'ingénierie de la connaissance dans les métiers de l'ingénierie et de l'audit, en particulier ceux relatifs à la sûreté et la sécurité nucléaire.

Références

Belloni, A., A. Berger, et J. Cotton (2017). Cibler une action de gestion des connaissances appropriée dans un cadre industriel. In S. Bringay (Ed.), *APIA 2017, Caen, France*, pp. 35–43.

CEA (2021). Bilan 2020 rapport transparence et sécurité nucléaire. *Centre CEA/Paris-Saclay Site de Fontenay-aux-Roses*.

Grundstein, M. (1994). Développer un système à base de connaissance : un effort de coopération pour construire en commun un objet inconnu. CP2I.

Vexler, F., C. Mary, A. Berger, et J.-P. Cotton (2020). Management des connaissances augmenté. *Revue des Nouvelles Technologies de l'Information Extraction et Gestion des Connaissances, RNTI-E-36*, 393–400.

Extraction d'itemsets graduels de haute utilité

Priscile Audrey Fongue Assondji*, Jerry Lonlac**, Norbert Tsopze*

*Département d'informatique, Université de Yaoundé 1, Cameroun
{fongueaudrey0,tsopze.norbert}@gmail.com
** IMT Nord Europe, IMT, Univ. Lille, Centre for Digital Systems, F-59000 Lille, France
jerry.lonlac@imt-nord-europe.fr

1   Contexte et problématique

Les itemsets/motifs graduels présentés sous la forme "plus/moins A, plus/moins B, ..." permettent d'exprimer des covariations entre les différents attributs qui décrivent les données. Ils ont fait l'objet de plusieurs études et de nombreux algorithmes (Lonlac et Nguifo, 2020) ont été proposés pour les extraire à partir des données quantitatives. Le nombre de motifs extraits est souvent élevé et de nombreuses mesures (support, saisonnalité, émergence) ont été proposées pour évaluer ces motifs. Par ailleurs, les motifs de haute utilité permettent d'exprimer d'autres intérêts de l'utilisateur dans la recherche des motifs à travers le concept d'utilité. Ces deux formes de motifs (graduel et de haute utilité) permettent d'exprimer d'une part des covariations et d'autre part l'intérêt de l'utilisateur. Ce papier aborde le problème d'extraction de motifs dits graduels de haute utilité permettant de présenter à l'utilisateur comment une covariation de certains items impactera sur son intérêt dans une base de données quantitative. Nous combinons la mesure d'intérêt utilité avec la gradualité pour extraire les motifs graduels de haute utilité. Pour ce faire, l'approche méthodologique consiste à transformer la base de données originale Δ en une nouvelle base Δ' qui stocke les écarts entre les valeurs du même attribut entre différentes transactions. L'algorithme EFIM (Zida et al., 2017) est modifié pour extraire des motifs graduels de haute utilité de la base Δ'.

2   Fouille d'itemsets graduels de haute utilité

Nous définissons un itemset graduel de haute utilité comme un itemset graduel ayant une utilité supérieure à un seuil fixé par l'utilisateur.

Le principe général de l'extraction d'itemsets graduels de haute utilité suit deux étapes : le codage de la base de données et l'extraction d'itemsets à partir de la base de données encodée.

1. **Codage de la base de données :** Il s'agit de transformer la base de données originale Δ en une base de données Δ' contenant les mêmes attributs que Δ mais dont les occurrences sont les différences entre celles de Δ. Pour une colonne c, les valeurs sont calculées de la manière suivante : $\Delta'^{c}_{kj}=\Delta^{c}_{j} - \Delta^{c}_{k}$. Une valeur positive de Δ'_{kj} représente une augmentation de la quantité lorsqu'on passe de k à j, tandis qu'une valeur négative traduit une diminution.

2. **Extraction d'itemsets graduels de haute utilité :** Deux algorithmes sont proposés à cet effet :(1) diviser la base Δ' en une base des items ayant une variation positive (Δ'_+) et une base des items à variation négative (Δ'_-), puis extraire les itemsets séparemment, puis fusionner les résultats (*HUGI-Merging*) ; (2) extraire directement des itemsets graduels de haute utilité à partir de la base Δ' *(HUGI)* .

3   Résultats expérimentaux

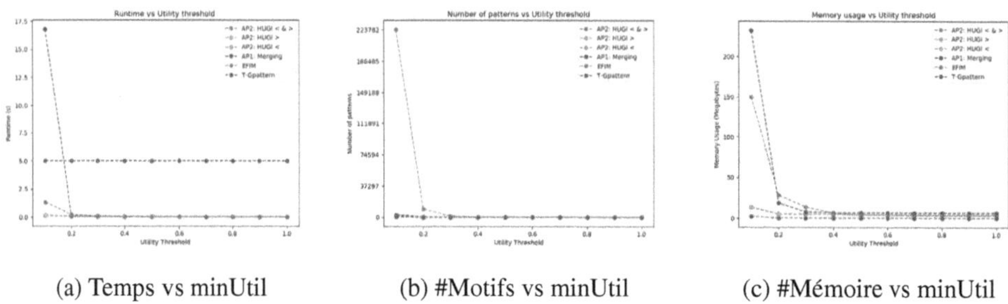

| (a) Temps vs minUtil | (b) #Motifs vs minUtil | (c) #Mémoire vs minUtil |

FIG. 1 – Evaluation comparative de HUGI sur les données des transactions commerciales

La figure 1 présente les résultats de l'expérimentation faite sur un ensemble de transactions commerciales (100 items ,418 transactions). Elle montre que HUGI-Merging prend plus de temps et d'espace mémoire pour un seuil inférieur 0.1 dû à la fusion des résultats. A partir du seuil 0.2, le nombre de motifs, le temps et l'espace mémoire diminue et devient quasi constant dû à la présence de plusieurs valeurs égales dans le dataset. Une analyse plus fine montre que HUGI génère moins de motifs que EFIM et T-Gpattern (Lonlac et Nguifo, 2020) comme il élimine les motifs graduels non utiles.

4   Conclusion

Ce papier[1] explore le problème de fouille d'itemsets graduels de haute utilité et propose deux algorithmes qui exploitent l'algorithme *EFIM* pour extraire efficacement de tels itemsets avec une utilité supérieure à un seuil prédéfini. Les expérimentations montrent que l'approche est efficace et extrait moins de motifs que les algorithmes EFIM et T-Gpattern.

Références

Lonlac, J. et E. M. Nguifo (2020). A novel algorithm for searching frequent gradual patterns from an ordered data set. *Intell. Data Anal. 24*(5), 1029–1042.

Zida, S., P. Fournier-Viger, J. C.-W. Lin, C.-W. Wu, et V. S. Tseng (2017). Efim : A fast and memory efficient algorithm for high-utility itemset mining. *Knowl. Inf. Syst. 51*(2), 595–625.

---

1. Ce travail a été partiellement soutenu par le CNRS à travers le projet AAP-Afrique FDMI-AMG.

Classification automatique de séries chronologiques de patients souffrant de douleurs chroniques

Armel Soubeiga*, Jessem Ettaghouti*, Violaine Antoine* Alice Corteval**, Nicolas Kerckhove***, Sylvain Moreno****

* Université Clermont Auvergne, CNRS, LIMOS, ENSMSE LIMOS,
F-63000 Clermont Ferrand France
armel.soubeiga@uca.fr
** Institut Analgesia, Clermont-Ferrand, France
*** Service de Pharmacologie médicale, CHU Clermont-Fd
**** Digital Health Hub, Université Simon Fraser, Vancouver, Canada

1 Introduction

La douleur chronique touche des millions de patients en France, soit environ 30% de la population générale. Les traitements disponibles sont anciens, ont une efficacité limitée et peuvent entraîner des effets indésirables importants (Kerckhove et al. (2022)). De plus, le parcours de santé des patients souffrant de douleur chronique est multiple ce qui entraîne des résultats médiocres en terme d'amélioration de leur santé. L'identification des profils de ces patients permettrait aux corps médical d'améliorer les résultats de soins et de mieux soutenir ces patients. Dans cette étude, nous proposons d'utiliser l'algorithme de clustering évidentiel des c-moyennes (ECM) pour identifier des parcours de soins et déterminer les divers profils de patients affectés par la douleur chronique.

2 Présentation des données et l'approche proposée

Toutes les données ont été collectées à l'aide de l'application mHealth eDOL (Kerckhove et al. (2022)), permettant aux patients et à leurs médecins de remplir des questionnaires cliniques, personnels et barométriques liés à la douleur chronique. Les six attributs barométriques (la douleur, la fatigue, le moral, le stress, le sommeil, le confort corporel, l'activité sportive et non-sportive), mesurés hebdomadairement ont en effet permis d'évaluer l'intensité de la douleur et ses répercussions. Au total, les données de 246 patients ont été analysées. L'objectif principal est de développer un cadre de clustering basé sur les caractéristiques des baromètres de la douleur. Pour cela, nous avons effectué d'abord, des transformations sur les baromètres pour extraire les caractéristiques et ensuite, nous avons appliqué des techniques de sélection de variables. Un grand nombre de caractéristiques de tendance, de dispersion, d'homogénéité, d'aplatissement et d'asymétrie ont été calculées. Ensuite, pour récupérer les caractéristiques relativement plus concises, la méthode de sélection proposée prend en compte la similarité

entre les données, par le calcul du score Laplacien (He et al. (2008)) et la corrélation de Pearson
entre les attributs (Hall (2000)).

3   Application et résultats

Nous avons extrait 97 attributs des séries brutes des baromètres dans la phase de transformation et 8 attributs pertinents ont été choisis selon la similarité et la corrélation durant la
phase de sélection. L'algorithme ECM (Masson et Denœux (2008)) est ensuite appliqué afin
d'identifier des typologies de parcours de soins. Le nombre optimal de clusters, qui maximise
la silhouette moyenne est deux clusters : un cluster caractérisé par les douleurs liées au stress
et un cluster regroupant des patients dont la douleur est liée à la fatigue et des troubles de
sommeil. Deux sous-groupes sont également identifiés : un groupe qui représente les patients
incertains entre les deux clusters et un groupe de patients atypiques. L'explicabilité des clusters
déterminés à travers une analyse descriptive et des tests statistiques nous a permis de déterminer le profil de ces patients douloureux chroniques.

4   Conclusion

Cette approche, nous a permis d'identifier deux typologies de parcours avec des profils
différents. En plus de ces parcours, nous avons identifiés des groupes de patients incertains et
atypiques. Il existe plusieurs améliorations possibles à ce travail. D'un point de vu technique,
il serait intéressant d'étudier le résultat de différents algorithmes de sélection d'attributs, ou
d'utiliser un algorithme de clustering évidentiel qui prend en entrée des données séquentielles.

Remerciements

Ce projet a bénéficié du soutien de l'Europe dans le cadre du FEDER. Les auteurs remercient également le soutien reçu de l'Agence Nationale de la Recherche du gouvernement
français à travers le programme Investissements d'Avenir (CAP 20-25).

Références

Hall, M. (2000). Correlation-based feature selection for discrete and numeric class machine
learning. *undefined 2000*, 359–366.

He, X., D. Cai, et P. Niyogi (2008). Laplacian score for feature selection. Technical report,
Department of Computer Science, University of Chicago.

Kerckhove, N. et al. (2022). eDOL mhealth app and web platform for self-monitoring and
medical follow-up of patients with chronic pain : Observational feasibility study. *JMIR
Form Res 6*(3), e30052.

Masson, M. H. et T. Denœux (2008). ECM : An evidential version of the fuzzy c-means
algorithm. *Pattern Recognition 41*, 1384–1397.

Étude comparative de méthodes de reconnaissance des émotions à partir d'expressions faciales

Rim El Cheikh[*], Hélène Tran[*,**], Issam Falih[*], Engelbert Mephu Nguifo[*]

* Université Clermont-Auvergne, CNRS, Mines de Saint-Étienne,
Clermont Auvergne INP, LIMOS, 63000 Clermont-Ferrand, France
{rim.el_cheikh, helene.tran}@doctorant.uca.fr
{issam.falih, engelbert.mephu_nguifo}@uca.fr
** Jeolis Solutions, 63000 Clermont-Ferrand, France

1   Introduction

La recherche en reconnaissance automatique des émotions est active depuis de nombreuses décennies et ses applications sont diverses, telles que la santé et le divertissement. Notre étude porte sur les méthodes qui prédisent les émotions à partir d'images d'expressions faciales (FER). Trois modèles d'état de l'art pour les tâches FER ont été sélectionnés pour être expérimentés. Ils divergent dans leurs architectures et la méthode utilisée pour améliorer la qualité de l'inférence des émotions. Nos expériences fournissent une comparaison équitable de leurs performances sur trois ensembles de données qui diffèrent en termes de taille, de méthode de collecte d'images et de distribution des classes.

2   Expérimentations et discussion

Les réseaux de neurones étudiés sont ESR (Siqueira et al., 2020), SCN (Wang et al., 2020) et DACL (Farzaneh et Qi, 2021), qui utilisent respectivement l'apprentissage par ensembles, la relabellisation des données incertaines, et l'attention. Ils sont évalués par validation croisée 5-fold sur les trois jeux de données FER+[1], AffectNet[2] et CK+[3]. Une description détaillée des réseaux, des données et du protocole expérimental se trouve dans notre article (El Cheikh et al., 2022).

Le tableau 1 reporte les mesures de performance des modèles sur chaque jeu de données. DACL fournit les meilleurs scores sur FER+ et AffectNet, deux jeux de données contenant des expressions faciales spontanées. Cela suggère que son module d'attention aide à se focaliser sur les régions pertinentes pour déduire l'émotion. ESR donne les meilleures performances sur CK+ qui contient des émotions actées. Le réseau utilise des représentations partagées pour l'entraînement de chaque branche (Siqueira et al., 2020), ce qui s'avère efficace dans un contexte où les émotions sont posées et intentionnelles.

---

1. https://github.com/microsoft/FERPlus/
2. http://mohammadmahoor.com/affectnet/
3. https://www.jeffcohn.net/resources/

		TJ	TJP	PR	RP	F1	AUC ROC
FER+	ESR	0.857	0.617	0.855	0.857	0.856	0.937
	SCN	0.810	0.520	0.808	0.810	0.809	0.956
	DACL	**0.867**	**0.647**	**0.863**	**0.867**	**0.865**	**0.973**
AffectNet	ESR	0.648	**0.439**	0.626	0.648	0.637	0.821
	SCN	0.651	0.390	0.622	0.651	0.636	0.894
	DACL	**0.664**	0.429	**0.633**	**0.664**	**0.648**	**0.901**
CK+	ESR	**0.915**	**0.888**	**0.922**	**0.915**	**0.918**	0.945
	SCN	0.820	0.703	0.798	0.820	0.808	**0.962**
	DACL	0.846	0.790	0.843	0.846	0.844	0.951

TAB. 1 – Moyennes des métriques de performance (taux de justesse (TJ), TJ pondéré (TJP), précision (PR), rappel (RP), score F1, score AUC ROC) sur les données de test.

Les matrices de confusion présentées dans notre article (El Cheikh et al., 2022) mettent en évidence la difficulté des modèles à différencier certaines émotions. Par exemple, de nombreux échantillons sont classés "neutre" alors qu'ils contiennent une émotion, notamment lorsque celles-ci sont naturelles (FER+ et AffectNet). En particulier, l'entraînement sur FER+ induit beaucoup d'erreurs en prédisant "neutre" pour les données étiquetées "triste", mais pas pour ceux étiquetés "surprise", bien que "triste" et "surprise" soient en proportions très proches. Cela suggère que l'expression neutre et la tristesse ont des caractéristiques physiques semblables.

3   Conclusion

Cette étude comparative montre l'impact de l'architecture neuronale sur la classification des émotions, actées ou spontanées. Des défis ont été identifiés, tels que la sous-représentation de certaines classes d'émotion et l'identification ambiguë de l'émotion dans un contexte non contrôlé. Etendre les expériences à plus de modèles et d'ensembles de données fournirait une référence fiable pour choisir un modèle FER adapté en fonction de l'application souhaitée.

Références

El Cheikh, R., H. Tran, I. Falih, et E. M. Nguifo (2022). A comparative study of emotion recognition methods using facial expressions. https ://arxiv.org/abs/2212.03102.

Farzaneh, A. H. et X. Qi (2021). Facial expression recognition in the wild via deep attentive center loss. In *Proceedings of the IEEE/CVF winter conference on applications of computer vision*, pp. 2402–2411.

Siqueira, H., S. Magg, et S. Wermter (2020). Efficient facial feature learning with wide ensemble-based convolutional neural networks. In *Proceedings of the AAAI conference on artificial intelligence*, Volume 34, pp. 5800–5809.

Wang, K., X. Peng, J. Yang, S. Lu, et Y. Qiao (2020). Suppressing uncertainties for large-scale facial expression recognition. In *Proceedings of the IEEE/CVF conference on computer vision and pattern recognition*, pp. 6897–6906.

Vers un noyau de graphes efficace basé sur l'entropie

Aymen Ourdjini*, Abd Errahmane Kiouche**, Hamida Seba**

* Ecole nationale Supérieure d'Informatique (ESI) Oued Smar Alger Algérie
ga_ourdjini@esi.dz,
https://www.esi.dz/
** Université de Lyon, Université Lyon 1, LIRIS UMR 5205 F-69622 France
{abd-errahmane.kiouche, hamida.seba}@@univ-lyon1.fr

1 Introduction

Les noyaux de graphes sont des algorithmes d'apprentissage automatique supervisé sur les graphes. Ils sont particulièrement appréciés pour leur efficacité en terme de précision. Cependant, la majorité des noyaux de graphes proposés dans la littérature ne sont pas assez rapides. Pour y remédier, nous proposons dans ce travail, un nouveau noyau de graphes basé sur le concept d'entropie. Notre méthode étend un noyau de graphes existant basé sur l'entropie de Rényi (Xu et al., 2021). Dans un graphe, l'entropie mesure la quantité d'information stockée dans un graphe. Ce qui revient à quantifier la complexité et le niveau d'organisation des caractéristiques structurelles de celui-ci. Le noyau qu'on propose améliore la précision du noyau de Xu et al. (2021) tout en réduisant son temps de calcul. Nos principales contributions sont :

— Nous avons remplacé l'entropie de Rényi par l'entropie de Von Neumann (Minello et al., 2019) pour tenir compte à la fois des relations de voisinage et de la distribution des degrés. Ce qui nous permet d'améliorer la précision du noyau ;
— Notre noyau tient également compte des informations auxiliaires portées par les nœuds comme les attributs ou les étiquettes (types) ;
— Nous proposons une nouvelle stratégie de calcul des scores de similarité entre deux graphes qui a la particularité d'être plus rapide ;
— Notre noyau proposé est parmi les plus rapides en terme de temps d'exécution ;

2 Notre noyau de graphes

Dans ce travail, nous proposons un nouveau noyau de graphe basé sur l'entropie de Von Neumann (Minello et al., 2019). Contrairement à la méthode de Xu et al. (2021), notre noyau est applicable sur les graphes étiquetés ou attribués. Notre méthode prend en entrée deux graphes étiquetés ou attribués. La première étape consiste à extraire le sous-graphe induit du voisinage de chaque nœud dans les deux graphes. Ensuite, nous calculons le score d'entropie de chaque nœud dans les deux graphes en appliquant l'entropie de Von Neumann (Minello et al., 2019) et en tenant compte des types (étiquettes) ou des attributs des nœuds. La dernière étape consiste à calculer le noyau entre les deux graphes en se basant sur les scores d'entropie des nœuds des deux graphes à comparer. Nous appliquons le noyau RBF (radial basis function) pour calculer le noyau final de similarité. Nous avons appelé notre noyau **EVEGK (Enhanced Von-Neumann Entropy Graph Kernel)**.

Nous avons évalué les performances de notre noyau de graphes sur plusieurs ensembles de données. Tous les ensembles de données sont publiquement accessibles (Kersting et al., 2016). Notre approche est comparée au noyau d'entropie de Rényi (Second order Rényi Entropy Graph Kernel) **SREGK** proposé par (Xu et al., 2021). Nous avons également comparé notre approche à plusieurs autres noyaux de graphes proposés dans la littérature. Ces noyaux sont (1) Shortest path kernel (**SP**), (2) Graph Hopper Kernel (**GH**), (3) Random Walk Kernel (**RW**), (4) Graphlet Sampling kernel (**GS**), (5) Neighborhood Hash Kernel (**NH**), (6) Weisfeiler-Lehman Optimal Assignment (**WL-OA**), et (7) Neighborhood Subgraph Pairwise Distance (**NSPD**). Dans nos expérimentations, nous utilisons la validation croisée (10-flods cross validation) en appliquant la classification par C-SVM pour calculer l'accuracy de la classification. La table 1 illustre les scores d'accuracy de classification de tous les noyaux considérés, sur les 6 ensembles de données étiquetés. Les résultats montrent que notre noyau est le plus rapide sur 5 ensembles de données. En terme d'accuracy de classification, notre noyau n'a pas obtenu les meilleures performances, mais il s'est montré compétitif par rapport aux autres noyaux. Nous pouvons observer que sur tous les ensembles de données sauf AIDS notre approche est plus performante que l'approche **SREGK**. Cela prouve l'utilité et l'efficacité des améliorations que nous avons proposées.

TAB. 1 – *Accuracy de la classification (± écart-type)*

Noyaux	MUTAG	ENZYMES	PTC_MR	PROTEINS	AIDS	MSRC_21C
SP	87.18(±0.99)	**62.03(±0.74)**	65.43(±1.48)	**76.74(±0.56)**	**99.59(±0.03)**	**85.72(±0.67)**
GH	83.34(±0.29)	42.33(±1.11)	58.62(±1.5)	76.33(±0.44)	99.42(±0.04)	27.34(±1.23)
RW	66.49(±0.0)	16.67(±0.0)	55.82(±0.0)	$OUT-OF-MEM$	80.0(±0.0)	13.88(±0.0)
GS	76.97(±0.38)	28.82(±1.15)	57.18(±0.48)	71.99(±0.36)	80.23(±0.04)	17.73(±1.69)
NH	90.15(±0.86)	58.58(±0.53)	66.08(±0.95)	75.77(±0.26)	99.44(±0.02)	63.39(±1.16)
WL-OA	88.54(±0.75)	59.25(±1.08)	**66.79(±1.08)**	76.11(±0.37)	99.36(±0.05)	80.78(±0.86)
NSPD	85.97(±1.04)	44.78(±0.99)	61.11(±1.23)	75.26(±0.25)	97.7(±0.14)	82.61(±0.62)
SREGK	86.65(±0.89)	44.53(±0.9)	59.82(±1.15)	71.52(±0.21)	98.88(±0.09)	15.84(±0.94)
EVEGK	**91.0(±0.5)**	58.43(±0.49)	63.02(±0.78)	73.46(±0.63)	98.29(±0.13)	68.06(±0.79)

N. B. : Ce travail a été effectué dans le cadre du projet ANR Gladis ANR-20-CE39-0008.

Références

Kersting, K., N. M. Kriege, C. Morris, P. Mutzel, et M. Neumann (2016). Benchmark data sets for graph kernels.

Minello, G., L. Rossi, et A. Torsello (2019). On the von neumann entropy of graphs. *Journal of Complex Networks 7*(4), 491–514.

Xu, L., L. Bai, X. Jiang, M. Tan, D. Zhang, et B. Luo (2021). Deep rényi entropy graph kernel. *Pattern Recognition 111*, 107668.

Partitionnement double-niveau de données médicales issues du post-traitement d'immunothérapie

Victor Dupriez*, Chanez Mokhtari*, Juba Agoun*, Mohand-Saïd Hacid*

* Univ Lyon, LIRIS UMR 5205 CNRS, Université Lyon 1, Lyon, France

1 Introduction

Le secteur de la santé produit quotidiennement de grandes quantités de données a travers les dossiers médicaux électroniques. Ces données représentent l'ensemble des informations recueillies lors des visites cliniques telles que les données démographiques, les diagnostics, un historique des opérations subies, les tests de laboratoire et les traitements. Une analyse exploratoire de ces données permet de fournir des informations capitales à la prédiction de l'évolution de l'état de santé des patients, la réduction des coûts de traitement et l'amélioration de la qualité de vie.

Notre étude [1] vise à générer des directives d'hygiène de vie afin de promouvoir la qualité de vie des patients suivant un traitement d'immunothérapie du cancer en se basant sur la caractérisation des groupes de patients. Nous diposons de :

– Données cliniques comprenant des résultats d'analyses et de bilans sanguins. Toutes ces données sont numériques (pour la plupart) ou textuelles.

– Données qualité & hygiène de vie contenant les réponses à un questionnaire rempli tous les 3 mois. Il comprend 6 parties couvrant notamment la consommation du patient, ses émotions et maladies au quotidien ainsi que son ressenti.

2 Approche proposée

Compte tenu de la différence sémantique de nos deux jeux de données, on procède à un partitionnement en deux niveaux, que l'on va ensuite croiser pour tirer des règles d'association.

2.1 Partitionnement des données cliniques

Lors du clustering de données complexes comme celles cliniques, le choix et l'évaluation de la qualité d'un tel partitionnement est complexd, un algorithme optimal n'existe pas a priori pour toutes les données cliniques (Pina et al., 2019).

En partant des données cliniques des patients, plusieurs méthodes de partitionnement sont évaluées suivant la méthodologie proposée par (Handl et al., 2005) : chaque algorithmes de

---

1. This research is supported by the European Union's Horizon 2020 research and innovation program under grant agreement No 875171, project QUALITOP.

clustering est appliqué pour différents nombres de clusters. On évalue alors les partitionnements selon 2 techniques de validation par mesure interne pour trouver l'algorithme et le nombre de clusters offrant le meilleur compromis entre 2 propriétés de partitionnement que sont compacité et connectivité.

2.2   Partitionnement des données qualité de vie

Les données évaluant l'hygiène de vie de chaque patient correspondent aux réponses à un questionnaire (selon une échelle). Nous utilisons la méthodologie proposée ci-dessus pour le partitionnement. Afin de visualiser le partitionnement obtenus et d'extraire les caractéristiques de chaque groupement, nous employons la méthode de (Khoie et al., 2017), qui consiste à utiliser des cartes auto adaptatives de Kohonen. Chaque nœud de la SOM est associé à un certain nombre (plus ou moins élevé) de patients dont la répartition est utile pour la suite de cette étude.

2.3   Association des résultats

En repartant de la SOM réalisée sur les données QoL, on examine pour les patients associés à chaque noeud le cluster clinique associé. Dans les cas où un cluster est sur-représenté pour un noeud, ce dernier peut être colorisé. On obtient alors une SOM avec les frontières des clusters QoL dessinées, et une colorisation partielle des nœuds, uniquement lorsqu'un cluster clinique majoritaire est trouvé. De cette visualisation des recoupements entre clusters cliniques et QoL se trouvent les associations.

3   Conclusion

Nous proposons une méthodologie permettant de catégoriser les patients selon leurs données cliniques et d'hygiène de vie à des fins de recommandation. Ces dernières seront validées par les experts du domaine médical afin de les proposer à leurs patients.

Références

Handl, J., J. Knowles, et D. B. Kell (2005). Computational cluster validation in post-genomic data analysis. *Bioinformatics 21(15)*, 3201–3212.

Khoie, M., T. Sattari Tabrizi, E. Khorasani, et N. Rahimi, S.; Marhamati (2017). A hospital recommendation system based on patient satisfaction survey. *Applied Sciences 7(10)*, 966.

Pina, A., M. P. Macedo, et R. Henriques (2019). Clustering clinical data in r. *Mass Spectrometry Data Analysis in Proteomics*, 309–343.

Apprendre sans données, une approche d'apprentissage automatique guidée par simulation en 3D pour l'extraction robuste de texte de cartes nationales d'identité

Edouard Bertrand*, Anaïs Druart*, Axel Thevenot*, Christophe Rodrigues*

* Léonard De Vinci Pôle Universitaire, Research Center, 92 916 Paris La Défense, France

Nous nous intéressons à l'extraction de texte à partir de cartes nationales d'identité (CNI) françaises. Les techniques de reconnaissance optique de caractères (OCR) sont performantes, mais les résultats peuvent être mitigés pour les numérisations à partir de smartphone en raison d'une grande variabilité des angles de vue, de l'éclairage, de la qualité de la caméra... A notre connaissance, il n'existe pas de base de donnée publique d'images de CNI. Dans ce contexte, est-il possible d'utiliser l'apprentissage automatique sans données annotées voire sans données du tout ?

En l'absence de données, nous proposons de créer une simulation qui permet de projeter des documents structurés synthétiques dans un environnement 3D. De cette façon, nous pouvons reproduire et contrôler les différentes difficultés qui seraient rencontrées avec l'image réelle d'un document. Cette solution nous permet de générer des exemples synthétiques d'apprentissage pour entraîner nos modèles d'intelligence artificielle de réseaux de neurones. Les étapes clés de la chaîne de traitements de création de données sont illustrées sur la figure 1.

Nous construisons d'abord une CNI vierge à partir d'un échantillon de Wikipédia, sur laquelle nous rajoutons du texte et une image de profil générée à l'aide du modèle StyleGAN. Cette image est alors projetée dans un environnement 3D fabriqué sur le logiciel Blender. Nous faisons ensuite varier la texture de la table et les paramètres de la simulation (tels que la position de la carte, la distance de la caméra, la distance focale...) afin d'obtenir une variété de rendus synthétiques annotés, pouvant être utilisés pour entraîner des modèles d'intelligence artificielle. Les jeux de données que nous avons ainsi générés sont désormais accessibles au public. [1] Néanmoins, en décidant de simuler entièrement les données, nous nous exposons au

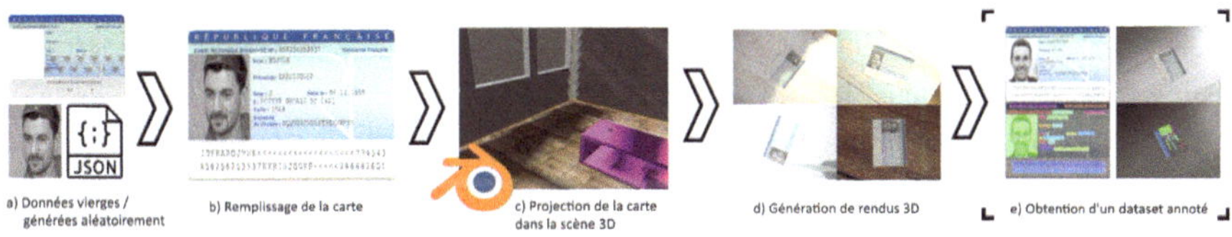

FIG. 1 – *Etapes clés de la chaîne de traitement pour la création de données*

problème de la représentativité des exemples générés. Afin de minimiser ce risque, nous proposons l'utilisation d'une procédure d'apprentissage actif guidée par la lisibilité pour régler

---

1. https://github.com/ResearchPaper0/Learning-without-real-data

automatiquement les différents paramètres de la simulation et couvrir au mieux les zones les plus réalistes de l'espace de simulation.

Nous décidons de guider notre modèle d'apprentissage actif en fonction de la lisibilité des CNI plutôt que des performances du modèle afin de réduire son coût, en partant du principe que des exemples de cartes à la frontière du lisible pourraient être plus intéressants pour le modèle si nous voulons l'entraîner dans des conditions réalistes. Cette hypothèse nous permet de limiter le processus d'apprentissage actif à la seule sélection des paramètres, sans chercher à obtenir un retour d'information de la part de l'entraînement et de l'évaluation des modèles. Concrètement, notre modèle d'apprentissage actif apprend à prédire pour un ensemble de paramètres de simulation donnés à quel point l'image que ces paramètres permettent de générer serait lisible. Pour déterminer la lisibilité d'une carte, nous mesurons la part de texte (box dice) correctement détecté sur l'image par un modèle oracle auquel on a fourni les coordonnées exactes de la carte. On définit par la suite comme "lisible" toute image dont la box dice est supérieure au seuil manuellement défini de 0,7. On génère ensuite les images tirés des paramètres dont la prédiction de la lisibilité est la plus incertaine. On répète ce processus itérativement en ajoutant à chaque boucle les nouvelles images générées aux données d'apprentissage du modèle d'apprentissage actif pour finalement obtenir un jeu de données d'images de cartes d'identité synthétiques à la frontière de la lisibilité. Cette méthode est schématisé sur la figure 2. Les

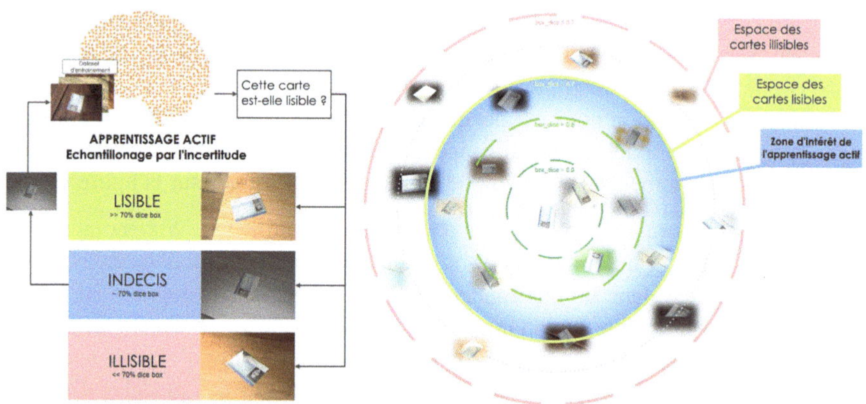

FIG. 2 – *Chaîne de traitement de l'apprentissage actif (gauche) et Espace de lisibilié des CNI (droite)*

principales contributions de ce travail sont les suivantes :
— Construction d'une chaîne de traitement pour créer un jeu de données réaliste d'images synthétiques entièrement annotées afin d'entraîner des modèles d'extraction d'informations dans des documents structurés.
— Création d'un modèle capable de localiser une CNI dans une image, recadrer et redresser la CNI pour une meilleure extraction de texte par un OCR.
— Mise en ligne d'un dataset d'images de CNI françaises synthétiques réalistes entièrement annotées en termes de contenu textuel ainsi que de position d'information permettant à d'autres chercheurs d'entraîner leurs propres modèles.

Traçabilité de l'information, de l'extraction à l'exploitation

Claire Laudy*, Charlotte Jacobé De Naurois*, Bénédicte Goujon*

*THALES, 1 avenue Agustin Fresnel, 91767 Palaiseau, France
<prénom>.<nom>@thalesgroup.com

1   Une chaîne intégrée de l'extration à l'exploitation

Afin de fournir un support à la prise de décision, nous proposons une chaîne fonctionnelle permettant d'extraire des informations à partir de textes et de les aggréger au sein d'un réseau d'informations sémantiques. Pour illustrer notre approche, nous proposons un exemple d'extraction d'informations précises (noms de composants chimiques et valeurs sur les propriétés associées) à partir d'articles scientifiques. Dans cet exemple, nous nous concentrons sur l'extraction et la fusion d'information concernant la molécule ABS/ZnO et ses propriétés.

Phrase1 : *The tensile strength for ABS/ZnO line samples were 23.3, 24.19, and 28.24 MPa for the infill density of 50%, 75%, and 100%, respectively.*

Phrase2 : *The tensile strength for ABS/ZnO rectilinear samples were 20.21, 20.32, and 22.19 MPa for the infill density of 50%, 75%, and 100%.*

La première étape d'extraction d'informations est réalisée par le module d'annotation de la plateforme STRASS (fig. 1). La plateforme STRASS est centrée sur l'apprentissage de patrons linguistiques à partir de textes annotés manuellement par un expert métier. Elle vise l'annotation automatique de textes et l'export des informations extraites (Goujon (2021)). En sortie de ce module, des graphes composés de nœuds entités isolés ou liés par une relation sont générés.

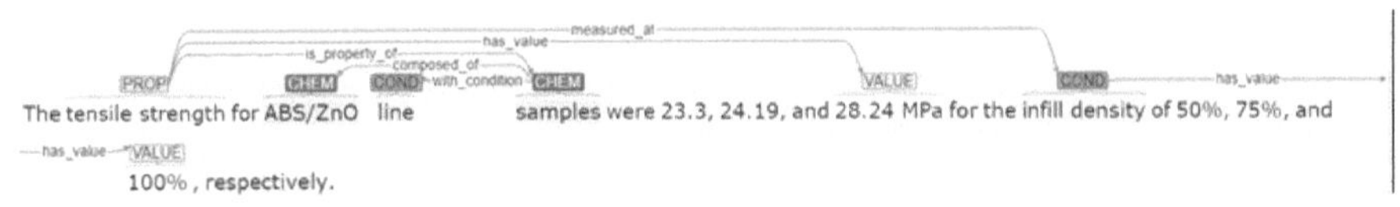

FIG. 1 − *Annotation de la Phrase1 de notre exemple illlustratif.*

Cet ensemble de petits graphes est aggrégé par fusion avec InSyTo. InSyTo est une bibliothèque d'algorithmes de manipulation de graphes conceptuels qui peuvent être combinés afin de fournir des fonctions avancées (Laudy (2017)). En sortie de ce second module, l'ensemble des informations extraites des textes initiaux est aggrégé au sein d'un graphe d'informations.

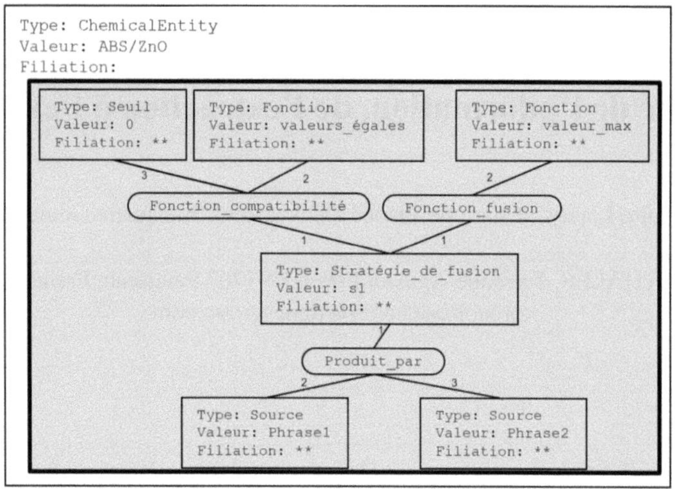

FIG. 2 – *Concept ABS/ZnO après fusion tracée des 2 phrases de l'exemple.*

2 Tracer la fusion d'informations

La fusion d'InSyTo est augmentée d'une capacité de traçabilité, afin de garder un lien entre les unités d'informations agrégées au sein du graphe et les textes sources. Si la traçabilité est souvent une fonction disponible dans les systèmes d'extraction d'informations issues de texte, une fois cette information extraite, il est plus rare que les liens des informations unitaires vers leur source soient conservés au fil des transformations.

Notre approche de la traçabilité est basée sur l'utilisation de graphes conceptuels imbriqués afin d'exprimer, pour chaque composant élémentaire de l'information, un graphe de filiation qui sauvegarde l'ensemble de l'"historique" de l'élément d'information tout au long de ses évolutions. Les graphes conceptuels imbriqués sont une extension des graphes conceptuels basiques (Chein et Mugnier (2008)). Ils sont utilisés afin de fournir différents niveaux de connaissance liés aux concepts d'un graphe. Alors que les concepts et les relations liées à un concept fournissent des informations contextuelles externes sur le concept, des informations internes sur le concept peuvent être fournies sous forme de graphe, imbriqué dans le concept.

Pour suivre toutes les fusions de concepts, nous proposons d'ajouter un *graphe de filiation imbriqué* à l'intérieur de chaque nœud concept qui permet de reconstruire l'ensemble du processus de fusion appliqué aux données (fig. 2).

Références

Chein, M. et M.-L. Mugnier (2008). *Graph-based Knowledge Representation : Computational Foundations of Conceptual Graphs*. Springer.

Goujon, B. (2021). Extraction d'informations spécifiques à partir de textes avec peu de textes d'apprentissage. In *TextMine*.

Laudy, C. (2017). Rumors detection on social media during crisis management. In *ISCRAM*.

Prise en compte de données séquentielles hétérogènes dans l'apprentissage profond : application aux données de soins intensifs

Mamadou Ben Hamidou Cissoko*, Vincent Castelain**, Nicolas Lachiche*

* ICube, Université de Strasbourg,
** Hôpitaux Universitaires de Strasbourg

1 Problématique

L'adoption généralisée des dossiers médicaux électroniques (DME) augmente l'intérêt pour les algorithmes d'apprentissage machine (ML) dans le domaine médical. Les données extraites du DME présentent souvent un grand nombre de valeurs manquantes pour les variables cliniques car les prélèvements de ces variables sont effectués à intervalles de temps irréguliers. Cela s'explique souvent par manque de collecte ou selon l'état sous-jacent du patient Afin de résoudre ce problème, plusieurs stratégies ont été utilisées allant des méthodes d'imputation basées sur les noyaux, des procédures statistiques de base pour l'imputation, telles que le zéro, la moyenne à des stratégies permettant de directement modéliser les observations contenant des valeurs manquantes. (Rajkomar et al., 2018; Song et al., 2018) ont proposé une méthode générale pour représenter ces séries temporelles d'événements multivariés irréguliers en séries temporelles régulières non biaisées en agrégeant les mesures en intervalles de temps discrets pour chaque variable médicale à chaque épisode de soins pour créer des séries temporelles multivariées avec un intervalle de temps régulier.

2 Approche proposée

Nous proposons un réseau neuronal multimodal basée sur LSTM capable de gérer la nature des irrégularités présentes dans les données DME, tant au niveau temporel qu'au niveau des caractéristiques mesurées. Il prends en entrée les données des patients et les indicateurs binaires de l'absence de chaque variable à chaque pas de temps (les données sont modélisées par heure). Nous montrons l'efficacité de l'approche proposée sur deux tâches médicales de référence (mortalité et durée de séjour) utilisant des données cliniques réelles dérivées des DME (MIMIC-III) (Johnson et al., 2016) pour des patients ayant séjourné dans les différentes unités des soins intensifs.

TAB. 1 – *TD-LSTM-ICU VS SAnD on (MORTALITY & LOS) TASKS : 48 HOURS DATA*

TASKS	TD-LSTM-ICU		SAnD	
	SAPS II FEATURES	ALL FEATURES	SAPS II FEATURES	ALL FEATURES
HOSPITAL-MORTALITY (F1-Score)	**0.61**	**0.63**	0.59	0.61
ICU-MORTALITY (F1-Score)	**0.62**	**0.66**	0.60	0.64
LOS (MAE)	**1.951 ± 0.057**	**1.925 ± 0.076**	3.177 ± 0.155	3.172 ± 0.15
LOS (RMSE)	**5.374 ± 0.06**	**5.323 ± 0.078**	6.947 ± 0.088	6.942 ± 0.086

3   Résultats

Nous comparons notre approche à celle proposé dans (Song et al., 2018). Nous nous posons également la question de l'impact de l'utilisation de différents ensembles de caractéristiques et de la durée d'observation sur la performance de prédiction. nous indiquons la moyenne et l'écart type de 5 plis pour les tâches de prédiction.

La table 1 montre les résultats de notre approche par rapport à celle définie dans (Song et al., 2018) en utilisant deux ensembles des caractéristiques A ou B utilisées comme variables d'entrées. Ainsi, nous constatons que notre modèle surpasse celui proposé dans (Song et al., 2018) sur les deux tâches de prédictions de plus de 2%. Nous effectuons également le même constat sur la tache de la durée de séjour où notre approche obtient de meilleures performances en termes d'erreur quadratique moyenne (en jours). De par ces résultats, nous constatons également que lorsque plus des données sont relevés sur un plus grande de temps pour les variables cliniques, la performance du modèle augmente significativement sur les différentes tâches de prédiction.

Références

Johnson, A. E., T. J. Pollard, L. Shen, L.-w. H. Lehman, M. Feng, M. Ghassemi, B. Moody, P. Szolovits, L. Anthony Celi, et R. G. Mark (2016). Mimic-iii, a freely accessible critical care database. *Scientific data 3*(1), 1–9.

Rajkomar, A., E. Oren, K. Chen, A. M. Dai, N. Hajaj, M. Hardt, P. J. Liu, X. Liu, J. Marcus, M. Sun, et al. (2018). Scalable and accurate deep learning with electronic health records. *NPJ digital medicine 1*(1), 1–10.

Song, H., D. Rajan, J. Thiagarajan, et A. Spanias (2018). Attend and diagnose : Clinical time series analysis using attention models. In *Proceedings of the AAAI conference on artificial intelligence*, Volume 32.

Détection de l'émotion à partir de ses composantes dans des récits émotionnels

Gustave Cortal*, Alain Finkel*,****, Patrick Paroubek*, Lina Ye*

* Université Paris-Saclay
**** Institut Universitaire de France, France

1 Introduction

L'analyse des émotions dans les textes consiste à associer à une unité textuelle une émotion provenant d'un ensemble prédéfini. Ce domaine de recherche prend rarement en compte les théories psychologiques pour clarifier la notion d'émotion et de sa cause. Nous considérons dans ce papier qu'**une émotion est constituée de plusieurs composantes** (e.g., ressentis, pensées, comportements) en interaction. Nous présentons **un nouveau corpus en français** composé de récits autobiographiques d'un épisode émotionnel, **structurés selon les composantes**. Ces récits ont été collectés à l'aide d'un questionnaire basé sur l'Analyse Cognitive des Émotions (ACE), une méthode permettant de mieux comprendre les raisons des émotions. Nous montrons, avec des méthodes d'apprentissage automatique, que l'**émotion discrète peut se prédire à partir des réalisations linguistiques des composantes**, une tâche proposée pour la première fois par Casel et al. (2021). Alors que Casel et al. (2021) analyse une composante indépendamment des autres, nous prenons en compte l'interaction entre les composantes. Nos résultats montrent que chaque composante augmente les performances de prédiction, et que le modèle prenant en compte la totalité des composantes possède les meilleures performances, ce qui soutient l'hypothèse qu'un épisode émotionnel est caractérisé par la synchronisation des composantes Scherer (2005). Nos résultats suggèrent également que les composantes auraient différents niveaux de compréhension pour l'inférence de l'émotion discrète.

Analyse cognitive des émotions. Durant une session ACE, les personnes qui souhaitent mieux gérer leurs émotions écrivent un récit autobiographique d'un épisode émotionnel passé qu'elles ont vécue Finkel (2022). Le récit est structuré par l'auteur selon les différentes composantes d'une émotion. L'auteur décrit les comportements observables de lui-même et des autres (COMPORTEMENT), ses ressentis physiques (RESSENTI), ce qu'il a pensé durant l'épisode émotionnel (PENSÉE) ainsi que les besoins satisfaits ou non, les territoires attaqués, acquis ou séparés (TERRITOIRE). Les territoires d'un individu peuvent être des objets concrets comme son corps ou son logement, ou bien des objets abstraits comme ses valeurs, ses croyances, l'image qu'il a de lui-même, etc.

Expérimentations. À quel point une composante influence-t-elle la prédiction de l'émotion discrète ? Les contributions sont-elles égales ? Peut-on bénéficier des intéractions entre les composantes ? Les modèles avec toutes les composantes sont-ils les

Détection de l'émotion à partir de ses composantes dans des récits émotionnels

meilleurs ? À l'aide d'un nouveau corpus composé de récits émotionnels, nous avons

Composante	Modèle	Précision	Rappel	Score F_1
Totalité	RL	71.2 ± 2.6	69.1 ± 2.2	67.8 ± 2.3
Totalité	DCBERT	**85.1**	**84.8**	**84.7**
Sans COMPORTEMENT	RL	77.4 ± 2.3	75.8 ± 2.4	74.5 ± 2.6
Sans COMPORTEMENT	DCBERT	80.3	79.8	79.7
Sans RESSENTI	RL	64.3 ± 1.9	61.5 ± 1.2	61.3 ± 2.2
Sans RESSENTI	DCBERT	81.6	79.8	79.9
Sans PENSÉE	RL	70.9 ± 1.8	69.1 ± 2.0	68.3 ± 2.2
Sans PENSÉE	DCBERT	79.6	78.5	78.7
Sans TERRITOIRE	RL	64.3 ± 4.1	64.5 ± 2.4	62.3 ± 2.8
Sans TERRITOIRE	DCBERT	78.7	78.5	78.6
COMPORTEMENT	RL	52.1 ± 3.5	54.6 ± 2.9	51.7 ± 2.9
COMPORTEMENT	DCBERT	68.4	67.1	66.6
RESSENTI	RL	69.6 ± 1.5	68.9 ± 2.1	68.4 ± 2.0
RESSENTI	DCBERT	67.8	68.4	67.7
PENSÉE	RL	50.1 ± 3.4	53.8 ± 2.3	50.6 ± 2.7
PENSÉE	DCBERT	70.5	70.1	70.1
TERRITOIRE	RL	68.2 ± 1.8	66.8 ± 2.2	66.6 ± 2.3
TERRITOIRE	DCBERT	71.4	68.4	68.9

TAB. 1 – *Scores (± écart-type) obtenus à partir des réalisations linguistiques des différentes composantes pour la prédiction de l'émotion discrète.*

prédit l'émotion discrète à partir des réalisations linguistiques des composantes d'une émotion. Nous observons que chaque composante apporte une information et contribue de manière égale à la prédiction de l'émotion discrète. DCBERT, affiné respectivement sur COMPORTEMENT et PENSÉE, obtient des performances supérieures à la régression logistique (respectivement +14.9 et +19.5 de score F_1), alors que les performances diminuent pour RESSENTI (-0.7) et augmentent sensiblement pour TERRITOIRE (+2.3). Ces résultats suggèrent que les composantes pourraient avoir des différents niveaux de compréhension dans le texte pour l'inférence de l'émotion discrète. Le modèle ayant les meilleures performances est celui qui prend en compte la totalité des composantes (DCBERT avec 84.7 de score F_1), ce qui soutient l'hypothèse qu'un épisode émotionnel est caractérisé par la synchronisation des composantes Scherer (2005).

Références

Casel, F., A. Heindl, et R. Klinger (2021). Emotion recognition under consideration of the emotion component process model. In *KONVENS 2021*, pp. 49–61.

Finkel, A. (2022). *Manuel d'analyse cognitive des émotions : Théorie et applications.* Paris : Dunod.

Scherer, K. R. (2005). What are emotions ? and how can they be measured ? *Social Science Information 44*(4), 695–729.

Analyse bénéfices-risques fondée sur une mesure d'opinion et son application à l'évaluation du potentiel de scénarios d'entomoconversion

Camille Vivas*, Christelle Planche**, Catherine Macombe***
Patrick Borel****, Erwan Engel**, Rallou Thomopoulos*

*IATE, Université de Montpellier, INRAE, Institut Agro, Montpellier, France
rallou.thomopoulos@inrae.fr
**QuaPA, INRAE, Theix, France
***ITAP, INRAE, Institut Agro, Montpellier, France
****C2VN, Aix-Marseille Université, INSERM, INRAE, Marseille, France

1   Introduction

Cet article présente la méthode et l'outil *MyChoice*, annoncés dans Thomopoulos et al. (2020) et appliqués à différents cas, et l'analyse résultant d'un cas d'application socialement très innovant, l'entomoconversion –élevage d'insectes comme moyen écologique de recycler et de valoriser des biodéchets. A partir d'un corpus documentaire qui prend des formes variées (littérature scientifique, technique, webinaires, etc.), le modèle permet de mesurer l'opinion qui émane du corpus concernant trois scénarios d'entomoconversion pour différents acteurs économiques, au prisme de différents critères, via la définition d'une mesure d'opinion contextuelle.

2   Positionnement méthodologique

Le cadre théorique s'inscrit en décision multicritère fondée sur l'argumentation et plus spécifiquement les approches bipolaires (Amgoud et Prade, 2009). Comme développé dans les recherches appliquées, la représentation des arguments est structurée. Ici chaque argument est décrit finement par un grand nombre d'attributs qui permettent de le rattacher à un acteur donné lui-même associé à un niveau d'expertise, un critère spécialisé en buts, à une source d'information associée à un niveau de fiabilité, au statut établi ou hypothétique de l'argument, etc. L'utilisation de ces attributs pour proposer différents angles d'analyse rattache également la méthode aux travaux en fusion d'informations et en constitue une spécificité.

3   Contributions techniques

Un mode d'agrégation des arguments positifs versus négatifs, laissé ouvert dans les travaux en décision argumentée, est proposé via la notion d'attitude collective. Issue du champ de la psychologie sociale où l'attitude est définie pour un individu via des questionnaires (Crano et Prislin, 2008), elle étend cette notion à une mesure descriptive d'un corpus variant entre deux limites, 0 (rejet total du scénario) et 1 (adhésion totale). Calculée de manière contextuelle en sélectionnant des sous-ensembles d'arguments selon la fiabilité des sources, l'expertise de leurs auteurs, le critère étudié, etc., elle fournit une synthèse de divers points de vue.

Cette méthodologie générique, implémentée dans *MyChoice* avec la préoccupation de se rendre accessible à des non-informaticiens, n'a pas d'équivalent en termes d'outil.

4   Résultats applicatifs

Dans le cadre du projet FLY4WASTE, trois scénarios d'entomoconversion sont explorés à un stade précoce sur la base des connaissances disponibles et comparés à l'aide de cette méthode. Le premier utilise des sous-produits agroalimentaires pour produire des larves d'insectes pour l'alimentation animale et du frass utilisable comme engrais. Le 2e génère des biocarburants et du frass à partir de biodéchets urbains compostables. Le 3e est le "business-as-usual".

Les sources de données sont 14 webinaires organisés dans le cadre du consortium Insect4City, où sont intervenus 18 chercheurs et 4 industriels sur des aspects disciplinaires variés. Puis une bibliographie élargie a été établie à l'aide d'outils de documentation scientifique sur des bases de données libres ou contractuelles, en utilisant les mots-clés descriptifs des scénarios. Enfin, un colloque industriel tenu en 2022 a permis de compléter les données du projet.

Les mesures d'opinion obtenues permettent de conclure que les aspects les plus mitigés concernent la sécurité sanitaire et l'acceptabilité sociale, qui apparaissent comme des sujets cruciaux à traiter par les entreprises qui souhaiteront se lancer dans les filières d'entomoconversion, suivant les acteurs interrogés et la littérature consultée.

5   Conclusion

Du point de vue de l'exploitation des graphes d'arguments, cette étude montre que leur utilisation peut être sous-jacente au modèle sans être apparente. En effet, la relation d'attaque, représentant la contradiction entre arguments, est déduite ici en considérant que deux arguments (en faveur/en défaveur du même scénario) s'attaquent. L'attaque est doublée s'ils se contredisent sur le même critère. Le graphe qui en découle est d'une lisibilité restreinte et le calcul des extensions revient à un regroupement des arguments selon le scénario soutenu.

Références

Amgoud, L. et H. Prade (2009). Using arguments for making and explaining decisions. *Artificial Intelligence 173*(3-4), 413–436.

Crano, W. D. et R. Prislin (2008). *Attitudes and Attitude Change*. Frontiers of Social Psychology. New York : Psychology Press.

Thomopoulos, R., J. Cufi, et M. Le Breton (2020). A Generic Software to Support Collective Decision in Food Chains and in Multi-Stakeholder Situations. In *FoodSim 2020*, Ghent, Belgium.

Moteur de recherche documentaire en langage naturel

Ying Zhang*, Matthieu Petit Guillaume*, Aurelien Krauth*

* Leviatan, 725 Boulevard Robert Barrier, 73100 Aix-les-Bains, France
y.zhang@leviatan.fr, matthieu@leviatan.fr, aurelien@leviatan.fr

1 Résumé étendu

Nous présentons un résumé étendu de l'article (Zhang et al., 2022) présenté à la journée scientifique LIFT-TAL 2022. À l'heure d'internet, il est de plus en plus facile et accessible de rechercher de l'information sur de nombreux types de sujets. Les archives documentaires et notamment celles générées par la presse spécialisée, jouent un rôle important chez les professionnels qui ont opéré leur transformation vers le numérique. Mais que deviennent ces archives documentaires et notamment les anciens numéros de magazines spécialisés ? Ceux-ci regorgent d'informations riches et précieuses dont la numérisation représente une solution efficace de stockage et un moyen rapide de recherche d'informations précises et pertinentes mis en oeuvre au travers d'une plateforme web. Dans le cadre de ce projet, nous avons stocké 1.1 To de magazines français initiaux aux formats pdf ou jpg.

Nous proposons un nouveau moteur de recherche documentaire en langage naturel, permettant d'accéder facilement à des informations précises dans des archives documentaires de masse. Le projet a été déployé dans un environnement de production avec un partenaire industriel et a été séparé en 4 composants principaux :

1. Prétraitement des magazines : Il s'agit d'un ensemble de prétraitements afin de transformer les magazines en version numérique. Nous avons principalement recours à un traitement OCR (Optical Character Recognition), au regroupement des textes par analyse de leurs informations géométriques, un ensemble de fonctions de nettoyage, une analyse linguistique et une transformation de paragraphe en word-embeddings (Yang et al., 2020).

2. Stockage des données : Les magazines originaux sont stockés dans un bucket AWS S3, les données numériques (sortie de l'étape 1) sont stockées dans un index Elasticsearch.

3. Filtrages des paragraphes à analyser pour une question posée : Nous avons 500 000 paragraphes stockés dans Elasticsearch. Étant donné qu'une question est posée par l'utilisateur, nous avons utilisé plusieurs stratégies de filtrages afin de récupérer uniquement les premiers 1000 paragraphes les plus pertinents pour des raisons de temps d'analyse.

4. Inférence de requête : Nous avons déployé une API de modèle MRC (Machine Reading Comprehension) afin de réaliser l'inférence de requête. Ce modèle a ensuite été ajusté, sur une base de modèle de langue CamemBERT (Martin et al., 2020) et de plusieurs jeux de données disponibles (Keraron et al., 2020; D'Hoffschmidt et al., 2020).

Le déploiement est basé sur un serveur GPU NVIDIA Tesla V100. Le temps de réponse du système est compris entre 3-5 secondes.

Nous avons testé ce système avec 4050 questions pré-annotées. 3703 questions ont des réponses et 348 questions liées aux bons documents mais n'ont pas de réponses précises. Nous proposons un maximum de 10 réponses pour chaque question selon l'ordre de score de fiabilité.

Dans les 3703 questions avec réponses, nous avons 3077 bonnes réponses retrouvées. Parmi ces 3077 bonnes réponses, 2906 réponses ont reçues un score de fiabilité du MRC élevé (>0.2), 171 réponses ont reçues un score de fiabilité faible (<0.2). Le système a proposé 355 mauvaises réponses mais tout de même trouvées dans le bon document. Enfin, le système a proposé 271 mauvaises réponses qui ne sont pas dans les bons documents.

Dans les 348 questions sans réponses, nous avons retrouvé 160 bons documents (79 questions ont reçues une réponse avec un score de fiabilité élevé et 81 questions ont reçues une réponse avec un score de fiabilité faible). 188 questions n'ont quant à elles pas pu être rattachées au bon document.

Notre plateforme web permet non seulement de présenter les résultats d'une requête, mais également de gérer un espace membre dédié afin que les utilisateurs puissent partager et contribuer aux contenus les plus pertinents associés aux sujets donnés.

Références

D'Hoffschmidt, M., W. Belblidia, Q. Heinrich, T. Brendlé, et M. Vidal (2020). FQuAD : French question answering dataset. In *Findings of the Association for Computational Linguistics : EMNLP 2020*, Online, pp. 1193–1208.
English

Keraron, R., G. Lancrenon, M. Bras, F. Allary, G. Moyse, T. Scialom, E.-P. Soriano-Morales, et J. Staiano (2020). Project PIAF : Building a native French question-answering dataset. In *Proceedings of the Twelfth Language Resources and Evaluation Conference*, Marseille, France, pp. 5481–5490.

Martin, L., B. Muller, P. J. Ortiz Suárez, Y. Dupont, L. Romary, É. de la Clergerie, D. Seddah, et B. Sagot (2020). CamemBERT : a tasty French language model. In *Proceedings of the 58th Annual Meeting of the Association for Computational Linguistics*, Online, pp. 7203–7219.

Yang, Y., D. Cer, A. Ahmad, M. Guo, J. Law, N. Constant, G. Hernandez Abrego, S. Yuan, C. Tar, Y.-h. Sung, B. Strope, et R. Kurzweil (2020). Multilingual universal sentence encoder for semantic retrieval. In *Proceedings of the 58th Annual Meeting of the Association for Computational Linguistics : System Demonstrations*, Online, pp. 87–94.

Zhang, Y., M. Petit Guillaume, et A. Krauth (2022). Documentary Research in Natural Language (D.R.N.L.) : Plateforme d'accès numérique aux archives documentaires en langage naturel. In *Journées Jointes des Groupements de Recherche Linguistique Informatique, Formelle et de Terrain (LIFT) et Traitement Automatique des Langues (TAL)*, Marseille, pp. pp.74–83.

Overlapping Modularity Vitality : Une mesure d'influence dans les réseaux complexes à structure communautaire avec recouvrement

Stephany Rajeh, Marinette Savonnet, Eric Leclercq, Hocine Cherifi

Laboratoire d'Informatique de Bourgogne EA 7534 - Université de Bourgogne

L'identification des nœuds influents au sein des réseaux est un enjeu crucial. Ce problème a donné lieu à plusieurs propositions dans la littérature. Récemment introduite, *Modularity Vitality* a montré son efficacité dans un scénario où la structure communautaire est sans recouvrement (Magelinski et al., 2021). Elle évalue l'importance d'un nœud à partir de sa contribution à la qualité de la structure communautaire mesurée par la modularité. Cette mesure peut cibler les hubs (localement influents) et les ponts entre communautés (globalement influents).

De nombreux réseaux, tels que les réseaux sociaux, les réseaux de collaboration, les réseaux biologiques et les réseaux d'infrastructure, sont caractérisés par une structure de communauté avec recouvrement. Autrement dit, les nœuds peuvent appartenir à plusieurs modules. Ce travail propose une extension appelée *Overlapping Modularity Vitality* intégrant des informations sur le recouvrement des communautés. Le présent article est un résumé de l'article publié dans la conférence ASONAM (Rajeh et al., 2021).

Nous comparons les mesures de centralité sur six réseaux du monde réel provenant de trois domaines : infrastructure, collaboration et réseaux sociaux. Nous utilisons le modèle d'épidémiologie Susceptible-Infecté-Rétabli (SIR) pour évaluer l'efficacité des mesures de centralité. Dans ce modèle, les nœuds peuvent être dans l'un ou l'autre de ces états : Susceptible (S), Infecté (I) ou Rétabli (R). La propagation se poursuit jusqu'à ce que tous les nœuds soient dans l'état rétabli ou susceptible. À ce stade, on calcule la taille de l'épidémie, qui est le nombre de nœuds dans l'état rétabli (R) qui quantifie l'efficacité de propagation d'une mesure de centralité. Depuis que les mesures sont signées, nous les comparons lorsque la fraction de nœuds initialement infectés (f_o) est déterminée à partir des valeurs de centralité positives les plus élevées (Hubs-first), à partir des valeurs de centralité négatives les plus élevées (Bridges-first), et enfin à partir de la valeur absolue des rangs des mesures de centralité (Hubs & Bridges). Ceci nous permet d'examiner les mesures exploitant différentes informations du réseau. La figure 1 montre la différence relative de la taille de l'épidémie (ΔR) en fonction de la fraction de nœuds initialement infectés (f_o).

Les résultats montrent que *Overlapping Modularity Vitality* surpasse son homologue conçu pour les communautés sans recouvrement dans les six réseaux. Ces résultats signifient l'importance d'incorporer des informations sur le recouvrement des communautés pour mieux identifier les nœuds influents. De plus, il est plus efficace de cibler les hubs et les ponts simultanément plutôt que de les cibler indépendamment.

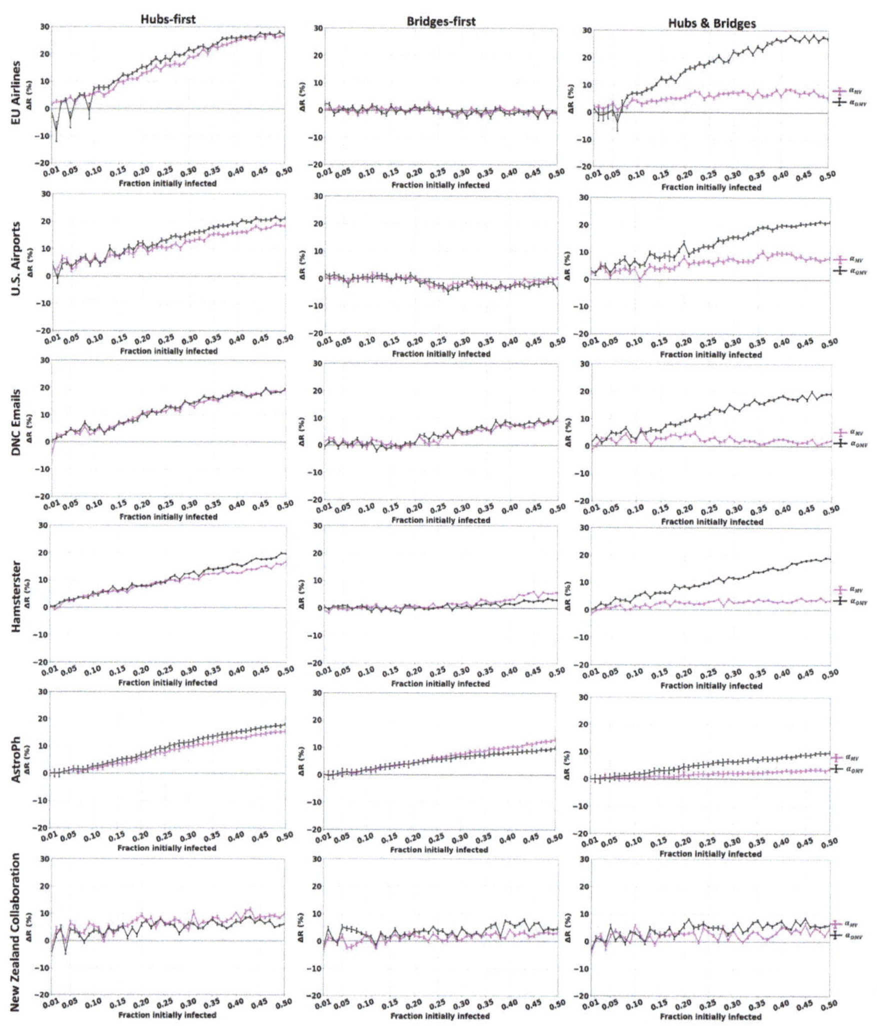

FIG. 1 – *Différence relative de la taille de l'épidémie (ΔR) en fonction de la fraction de nœuds initialement infectés (f_o). Les mesures sont Modularity Vitality = α_{MV} et Overlapping Modularity Vitality = α_{OMV}. À gauche, au milieu et à droite, les nœuds sont classés respectivement par ordre décroissant à partir des valeurs de centralité positives, négatives, et absolues.*

Références

Magelinski, T., M. Bartulovic, et K. M. Carley (2021). Measuring node contribution to community structure with modularity vitality. *IEEE Trans. Netw. Sci. Eng. 8*(1), 707–723.

Rajeh, S., M. Savonnet, E. Leclercq, et H. Cherifi (2021). Identifying influential nodes using overlapping modularity vitality. In *Proceedings of the 2021 IEEE/ACM International Conference on Advances in Social Networks Analysis and Mining*, pp. 257–264.

Une approche sémantique pour générer des représentations graphiques d'un texte de maintenance aéronautique

Ba-Huy Tran*, Thi-Bich-Ngoc Hoang*
Marzieh Mozafari*

*Capgemini Engineering
prenom.nom@capgemini.com

1 Introduction

La maintenance industrielle est une fonction métier stratégique. Au cours des vingt dernières années, le rôle de la maintenance dans les entreprises industrielles est devenu de plus en plus important tant sur le plan technologique qu'économique. Cependant, le service de maintenance n'a pas pris en compte les changements fréquents dans les connaissances de maintenance, la perspective des utilisateurs et les préférences des utilisateurs en matière de documents de support. Dans cet article, nous proposons une approche sémantique pour faciliter la représentation des procédures de maintenance. Nous générons une illustration graphique correspondant à chaque tâche de maintenance décrite dans le texte grâce à une base de connaissances préparée au préalable. Nous croyons que notre approche contribue à augmenter les performances des opérations de maintenance en termes de réduction de temps et de coût, et aide les utilisateurs à mieux comprendre la procédure. L'article résume notre travail en cours qui est déjà publié dans la conférence (Hoang et al., 2022).

2 Méthodologie

Nous construisons d'abord notre base de connaissances à partir de différentes sources : des éventuelles informations extraites à l'aide du traitement automatique du langage naturel (TALN), des sites web, ou encore des données des fabricants. Ensuite, nous enrichissons notre base par des données provenant des dictionnaires, des sources ouvertes, et des connaissances des experts du domaine. Nous intégrons également des images correspondant aux concepts de notre base. Enfin, nous générons un graphique illustrant une tâche de maintenance donnée à l'aide de notre base de connaissances construite. La Figure 1 décrit les étapes de notre workflow.

Construire la base de connaissances : Nous avons développé notre ontologie en analysant des manuels de maintenance aéronautique publiquement accessibles en ligne. Notre ontologie [1] est composée de trois modules : (1) Description de la procédure de maintenance, (2) Composants d'avion, et (3) Informations graphiques.

---

1. Pour le moment, nous ne sommes pas en mesure de publier notre ontologie pour des raisons de confidentialité

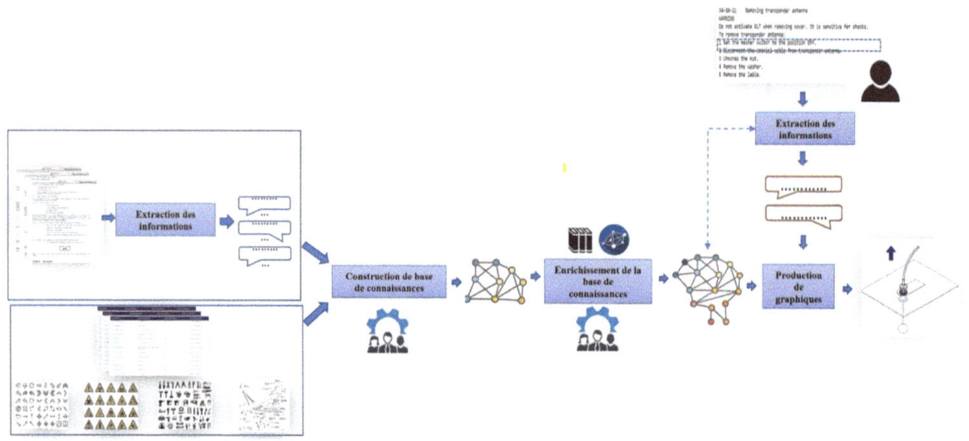

FIG. 1 – *Un workflow pour générer une représentation graphique à partir du texte*

Extraire les informations de base du texte de maintenance : Nous avons réentraîné le modèle et appliqué des règles de segmentation pour améliorer la segmentation de Spacy. Nous avons pu extraire des actions à réaliser, des objets consernés (outils ou composants d'avion), et des informations supplémentaires comme la direction, l'état, ou la position.

Générer une illustration : D'après l'ontologie construite, une ressource ou un contexte peut avoir une représentation graphique (en SVG dans notre cas) basée sur laquelle on peut générer de nouvelles graphiques d'illustration. Grâce à l'identifiant et à l'ordonnancement, les composants peuvent être manipulés de manière automatique par des scripts.

3   Conclusion

Dans cet article, nous avons présenté une approche pour simplifier les processus de maintenance aéronautique en utilisant une ontologie et le TALN. Nous souhaitons améliorer notre base de connaissances en appliquant davantage de sources externes et en la faisant valider par des experts du domaine. Nous voudrions également élargir la capacité de la représentation graphique en prenant en compte des images en 3D ou encore la réalité virtuelle. Nous n'oublierons pas de construire une vérité terrain sur un grand ensemble de données et d'utiliser ce dernier pour évaluer notre modèle de TALN. Nous supposons que notre approche a une large gamme d'applications dans plusieurs domaines industriels tels que la maintenance automobile, la maintenance navale ou la maintenance mécanique des machines.

Références

Hoang, T.-B.-N., B.-H. Tran, et M. Mozafari (2022). A semantic approach for generating graphical representation from aircraft maintenance text. In *Proceedings of the 14th International Joint Conference on Knowledge Discovery, Knowledge Engineering and Knowledge Management - Volume 3 : KMIS.*

Résumé

La sélection d'articles publiés dans le présent recueil constitue les actes des 23e Journées Internationales Francophones Extraction et Gestion des Connaissances (EGC 2023) qui se sont déroulées à l'Université Lumière Lyon 2 du 16 janvier au 20 janvier 2023. L'objectif de ces journées scientifiques est de rassembler dans un même lieu les chercheurs de disciplines connexes (Bases de Données, Statistiques, Apprentissage, Représentation des Connaissances, Gestion des Connaissances et Fouille de Données) et les ingénieurs qui mettent en œuvre sur des données réelles des méthodes d'extraction et de gestion des connaissances. Cette conférence est un événement majeur fédérateur de la communauté francophone en Extraction et Gestion des Connaissances et regroupe des chercheurs de nombreux pays (notamment France, Belgique, Suisse, Canada, Afrique du Nord). Le programme de la conférence comprend aussi des présentations de chercheurs invités reconnus mondialement pour leurs travaux. Les communications rassemblées dans ce volume traduisent à la fois le caractère multidisciplinaire des travaux de recherche présentés, la richesse des applications sous-jacentes et la vitalité des innovations issues de l'extraction et de la gestion des connaissances.

Summary

The collection of papers presented in this book is the proceedings of the 23th International (French Speaking) Conference on Knowledge Discovery and Management (EGC 2023 in French) which took place on January, 16 to 20 2023 in Lyon, France. The goal of this scientific conference is to bring together in the same location researchers working on closely-related subject (databases, statistics, learning, knowledge representation and manipulation, knowledge management, data mining) and engineers using knowledge discovery and management methods on real-life datasets. The conference is a major scientific event within the French speaking scientific community of these fields and gathers researchers from several countries (e.g., France, Belgium, Switzerland, Canada, North Africa). The conference program includes keynotes from worldwide known researchers. The papers compiled in this book show at the same time the multidisciplinary aspects of the fields, the abundance of the underlying applications and the vitality and the constant innovation of knowledge discovery and management.

Rédacteurs invités

Catherine FARON est professeure en informatique à l'Université Côte d'Azur. Elle a obtenu son doctorat en informatique à l'Université Paris Sorbonne en 1997. Elle est vice-responsable de l'équipe de recherche WIMMICS commune entre I3S-CNRS et Inria Côte d'Azur et responsable d'une mineure de master sur l'Intelligence Artificielle et l'Ingénierie des Données. Elle mène des recherches dans le domaine de l'intelligence artificielle, et plus précisément en ingénierie des connaissances et web sémantique. Elle s'intéresse particulièrement à la représentation des connaissances et au raisonnement avec des graphes et aux systèmes intelligents hybrides.

Sabine LOUDCHER est professeure en informatique à l'Université de Lyon. Elle a obtenu son doctorat en informatique à l'Université de Lyon en 1996. Elle est responsable d'une équipe de recherche sur les systèmes d'information décisionnels au sein du laboratoire de recherche ERIC et elle dirige un master en Humanités Numériques. Elle a précédemment été directrice adjointe du laboratoire ERIC, de 2003 à 2012. Elle mène des recherches sur la science des données et l'analyse du big data et ses principaux sujets de recherche sont les lacs de données et l'exploration de données provenant de documents ou de réseaux sociaux.